한국전쟁납북사건사료집 ❶

일러두기

1. 한국전쟁(6 · 25전쟁) 당시 북한에 피랍(被拉)되어 간 사람들을 지칭하는 용어는 납북자(拉北者), 피랍인(被拉人), 피랍자(被拉者), 피랍치자(被拉致者), 납치자(拉致者), 납북인사(拉北人士) 등으로 다양하다. 대상은 같지만 지칭하는 용어는 다양해서 다소 혼란이 예상되는데 모두 동일한 의미라는 것을 밝혀둔다. 본 사료집은 통칭(通稱)으로 '납북자' 라는 용어를 채택하고, 납북자를 개별적으로 지칭할 때 '피랍인' 이라는 용어를 선호하지만 경우에 따라서 위 여섯 가지의 용어를 적절하게 사용하고 굳이 한 가지로 통일하지 않았음을 일러둔다.

2. 한국전쟁 납북자에 대해서 '실향사민(失鄕私民)' 이라는 용어로 지칭하고 있는 경우가 있는데 이는 북한과의 정치적 협상을 위해 납북자에 대해 '고향을 잃은 민간인' 이라는 의미의 중립적 용어로 표백한 결과로 생긴 조어(造語)이다. 따라서 본 사료집에서 사용되는 '실향사민' 은 납북자와 동일한 의미를 가진다. 대한적십자사는 1956년 두 달간 납북자 가족을 대상으로 '실향사민신고서' 를 받았는데 이는 납북자 신고서를 뜻한다.

3. 본 사료집은 증언을 녹음하여 문서화시킨 자료와, 각종 사료를 영인(影印)한 자료를 주 내용으로 하고 있어 원 자료를 최대한 살리려 노력했다.

4. 원 자료상 판독이 불가능한 문자에 대해서는 O표로 표기했다.

5. 한글 전용을 원칙으로 했으나 원 자료를 통해 한문 대조가 가능하도록 자료를 배치해 의미상의 혼동을 최대한 피하려 했다.

6. 사료에 대한 해설은 전문적 식견을 갖춘 학자에 의해 이루어진 것이 아니라 자료원의 비전문 요원들에 의해 기록되었으므로 비전문성으로 인한 해설상의 오류가 있을 수 있음을 밝혀둔다. 향후 학자 제위의 활발한 수정이 있기를 기대하며, 본 자료원은 기꺼이 전문가의 의견을 반영해서 수정 보완본을 제작할 의사가 있음을 밝혀둔다.

목 차

제 3 부 국내외 문서자료

1. 납북자 명부 및 명단

2. 정부 행정 문서

3. 국회 의사록 및 국회 발간 자료

4. 북한의 납북정책 관계자료

부록

未來를 위한 기획

1000쪽이 넘는 이 사료집을 기획하고 발간하는 과정에서 가장 먼저 생각되는 것은, 과연 누가 이 책의 독자가 될 수 있을 것인가이다. 이 책은 읽기에 편안하고 재미있지도, 정보가 풍부하거나 살아가는 데 도움이 될 만한 지혜가 담겨 있다고도 말하기 힘들다. 그럼에도 불구하고 이 책은 '미래'를 위해서 기획되었다고 발간의 변을 시작하고 싶다.

이 책은 뒷날 학자들이든 정치가이든 젊은 학생들이든 우리의 역사를 바로 이해해야 할 책무가 있는 사람들에게 큰 도움이 될 수 있으리라고 믿고 기획되었다. 뒷날 누군가가 이 책을 접하면, 자칫 흔적도 없이 사라져갔을 연약하고 작은 이들의 존재가 어떤 사람들에게는 천근 만근보다 무겁고 평생을 찾고 기다리고 사랑할 만큼 가치 있다는 것을 문득 발견하게 되기를 바라는 마음이 또한 이 책이 기획된 까닭이다. 바로 이 대목에 '역사적 기록'의 준엄함과 경건성이 깃들어 있는 것이 아닌가 한다.

우리 납북자 가족들에게 6 · 25전쟁은 아직 끝나지 않았다. 1953년 7월 27일 휴전이 성립되고 포성이 멎은 지 53년이 되었지만 전쟁 중에 북한이 납치해간 10만을 헤아리는 남한 민간인들은 돌아오지 못하고 있을 뿐 아니라 생사조차 모르고 있다. 이 책의 화보에서 보여주는 희미한 흑백의 영상들, 특히 포승에 묶여 어디론가 끌려가는 납북자들의 뒷모습만이 이 심각한 인적 피해 문제를 증언하고 있을 뿐이다.

역사의 뒤안길로 사라져 가는 그들의 뒷모습을 쓸쓸히 바라보는 것은 살아남은 이들의 몫이 아닌 듯하다. 남북한의 화해 무드가 조성될 때마다 우리 납북자 가족들에게 찾아왔던 그 실낱 같은 희망보다 우리에게 심각하게 엄습해 오는 것은 불안감이었다. 거대한 역사의 수레바퀴 밑에 깔린 순수한 피해자에 불과했던 납북자들은 그야말로 이름도 흔적도 없이 희생자로서 역사의 뒷장으로 사라지고 말지도 모른다는 것이었다. 망각이야말로 납북자들에게 가하는 또 하나의 형벌이 될지도 모른다는 걱정으로 남쪽에 남은 우리 가족들이 팔을 걷어붙이지 않을 수 없었다. 2000년 '6 · 25전쟁 납북인사가족협의회' 활동과 함께 역사적 자료 발굴에 애썼던 것은 이런 까닭이다.

……

6 · 25전쟁 납북자 문제는 아직 현대사를 연구하는 사가(史家)들의 관심권에 들어 있는 것 같지

않다. 하물며 정치권이나 언론은 곧잘 전후 민간인 납북사건만을 이른바 납북자 문제로 인식하는 경향마저 있는 것이 사실이다. 대한민국 정부가 1953년 이후에나 시작된 것이 아님에도 불구하고 이런 현상이 벌어져 있는 현실은 우리 전쟁 납북자 가족들을 망연자실케 했다.

이런 상황에서 40여 년 전에 중단된 가족회 활동을 다시 시작했을 때 우리 가족들의 심정은 황무지를 딛는 것과 같았다. 납북자의 존재를 확인해 줄 만한 명부나 문서 하나 없는 상황이었다. 그런 의미에서 우리 가족회 활동은 가장 먼저 시간과 무관심에 저항하는 싸움이었다고 할 수 있다. 우리 가족들이 너무나 자명한 것으로 인식하고 있었던 6 · 25전쟁 납북자들의 존재 확인부터 다시 시작할 수밖에 없었던 것이다. 말하자면 이 사료집은 우리 가족들이 존재의 흔적을 속절없이 지워가는 무형의 시간과의 싸움이면서, 정부 · 학계 · 시민들의 철저한 무관심에 실증적으로 저항하기 위해서 벌인 우리의 외로운 싸움의 결과물이라고 말할 수 있다.

발간의 변을 쓰면서 지난 6년간의 우리의 가족회 활동과, 작년에 비로소 전문가들의 도움으로 개원한 한국전쟁납북사건자료원의 역사 기록 작업을 반추해보자니 감개가 무량하다. 명부 하나하나, 문서 하나하나가 발견되는 순간이 마치 기적과 같이 느껴지기도 해서 발간사가 길어지는 우려에도 불구하고 자세히 기록하고자 한다.

2000년 우리 가족들의 첫 작업은 납북자들의 실체를 공식적으로 인정하고 있는 자료, 곧 공식 명부를 찾는 것이었다. 우선 우리는 대한적십자사가 1956년 전쟁납북자 가족들의 신고를 받아 작성한 명부인 「실향사민등록자명부」 사본을 대한적십자사로부터 입수했다. 이 명부에는 총 7,034명의 납북자 인적사항이 기록되어 있었다. 또한 북한이 이 명단을 받아 1957년에 회신해 준 337명의 생존자 회답서도 함께 받았다. 이 회답서는 지금까지 전쟁납북자 관련 국제 적십자사를 통하여 받은 유일한 성과물이었다고 할 수 있다.

이어서 우리 가족들은 정부기관 어딘가에는 좀더 자세한 명부가 보관되어 있으리라고 믿었다. 정부 관계기관들에 서신을 발송하여 명부 관련 자료 보관 여부를 질의하였지만 한결같이 부정적인 답변이었다. 직접 발품을 팔아 도서관, 고서점 등을 다니며 1년여를 찾아 헤맨 끝에 어느 고서 장서가로부터 납북자 명단이 적힌 명부가 있다는 소식을 듣고 확인한 결과, 1950년 12월 1일 공보처 통계국에서 최초로 작성한 「서울특별시피해자명부」로 총 4,616명의 피살 · 납치 · 행불자 명단과 인적사항이 분명하고 꼼꼼하게 기록되어 있었다. 그 중 납북자가 2,438명으로 가장 많았다.

이 명부를 기초로 우리 가족회의 의뢰를 받은 「월간조선」은 심층 취재에 돌입, 당시 김성동 기자가 취재 과정에서 대전 통계청에서 「6 · 25사변피랍치자명부」를 발견했다. 이 명부는 국립중앙도서관에도 마이크로필름으로 보관되어 있었다. 그러나 유감스럽게도 기(其)1권만으로 「서울특별시 납북자 명단」만 기록되어 있었다. 대신 명단은 없이 서울 명부에 전국의 납북자수 '총 80,661명' 이라는 수치가 명시되어 있었다. 이 전국 단위의 명부를 찾는 숙제가 남은 셈이었다.

그러던 차에 2002년 2월 16일, 오세영 선생이 우리 가족회 사무실을 찾아 왔다. 그분의 아버지가 납북되어 갔다며 증빙서류로 「6 · 25사변피랍치자명부 추가분」 표제와 아버님 함자가 있는 명부면을 복사해 왔다. 국립중앙도서관에 다섯 권의 전국 명부가 보관되어 있다는 것이었다. 그때까지 여러 차례 국립중앙도서관에 가서 검색했지만 그동안 사장되어 있어서 찾아내지 못했던 것이었다.

이렇게 해서 1952년 대한민국정부가 작성한 82,959명의 「6 · 25사변 피랍치자 명부」가 확보되었다. 이런 명부의 존재가 언론을 통해 알려지면서 수많은 납북자 가족들이 연일 사무실로 달려 왔다. 이 명부에서 납북된 가족의 이름 석 자만 확인하고도 오열하던 이곳 가족들의 모습이 눈에 선하다.

그러나 전국 명부의 연고자를 일일이 확인하는 일은 결코 쉽지 않았다. 우리는 정부에 이 명부를 디지털 데이터베이스화해 줄 것을 요청했지만 예산 문제로 난색을 표했다. 이때 강릉대학교 김명호 교수께서 이 명부를 디지털 자료로 만들어 주시겠다고 제안해 오셨고 순수한 자원봉사로 석 달 만에 이 작업을 마쳐 주셨다. 김교수님의 디지털 작업 덕분에 우리 가족회 인터넷 홈페이지에서 직접 납북자 82,959명의 인적사항을 검색할 수 있게 되었다. 이 자리를 빌어 다 표할 길 없는 감사를 김교수님과 강릉대학교 학생들에게 드리고 싶다.

또 하나의 가장 의미 있는 자료는 1956년 대한적십자사에서 전쟁납북자의 가족들로부터 받은 「실향사민안부탐지신고서」 원본 7,034부였다. 이 신고서는 당시 납북자 가족들이 육필로 납치 당시 상황을 생생히 기록해 신고한 가장 오래된 1차 증언 기록물이라고 할 수 있다. 우리 가족회가 대한적십자사를 방문하여 이 신고서 원본 열람을 청하였을 때 이 생생한 육필자료들은 상자에 원본 그대로 가득 꽂혀 있었다. 종이도 다양하고 낡아서 금방이라도 부서질 것 같은 신고서가 태반이었다. 납북된 가족을 찾아 남쪽의 가족들이 꼼꼼하게 적은 육필의 이 자료들을 보았을 때의 감동을 잊을 수 없다. 우리는 이 자료의 가치를 인식시키고 시급히 보존해줄 것을 요청했고, 대한적십자사가 이를 받아들여 우리 가족회도 사본 한 질을 소장하고 있다. 이 자리를 빌어 대한적십자사와 당시 민병대 남북교류국장, 또한 이 자료를 가족회에서 소장할 줄 수 있도록 도와준 당시 김성호 국회의원께도 감사를 전하고 싶다.

2002년 초부터 우리의 작업을 도와준 사유진씨는 이 사료집이 존재할 수 있게 한 데 가장 큰 공을 돌리기에 족한 분 중 한 분이다. 그는 전쟁납북자 관련 다큐멘터리 「돌아오지 못한 사람들(People of No Return)」을 제작하기 위하여 필요한 자료수집과 증언채록에만 거의 3년을 헌신하였다. 그 결과 국내에서 납북관련 유의미한 각종 문서들을 발굴할 수 있었다. 사 감독은 자료수집에 대한 열정이 대단하였고 자료를 찾아내는 방법에 있어서도 일가견이 있었다. 그의 장인정신을 이 자리를 통해 깊이 치하하고 감사의 마음을 전하고 싶다.

사감독이 수집한 자료를 통해서 우리는 왜 '납북자'라는 단어가 휴전 협상 테이블에서 사라지고 '실향사민' 이라는 애매모호한 용어가 등장하게 되었는지 확인할 수 있었다. 북한은 지금도 대북협상에서 '전쟁납북자' 라는 용어 대신 '전쟁 중 소식을 모르게 된 사람' 이라는 용어를 쓰기를 주장하고 있는데, 이러한 용어상의 양보가 결국 이 문제를 역사의 뒤편으로 사장시켜 버리는 결과를 낸 것에 대해 우리 가족들로서는 몹시 유감스러운 마음이다. 남도 북도 정직하게 대면하지 않는 한 이 문제에 있어 진정한 진전이 있을 것 같지 않아 남북 양측 정부에 진실하고 성실한 태도로 전쟁 납북자 문제를 다루어줄 것을 이 자리를 빌어 촉구하는 바이다.

……

우리의 활동 과정에서 가장 중요한 쟁점 중 하나는 어디까지 납북자로 규정할 것인가였다. 도무지 납북자 수를 8만여 명이라고 주장한다면 그것은 너무 광범위하지 않는가라는 의문도 종종 접했다. 실지로 1952년의 정부 명부에서 기록한 82,959명의 이름은 1954년 전후 내무부에서 다시 작성할 때 17,940명으로 대폭 축소되었다. 우리는 이들 지워진 이름들이 대부분 미혼의 젊은 남자들, 곧 강제로 북한군에 끌려간 의용군임을 확인할 수 있었다. 이 문제를 다루면서 우리는 이들 어린 영혼 역시 남에서도 북에서도 외면당한 진정한 전쟁 피해자이며 납북자의 범주에서 마땅히 다루어져야 할 사람들이라는 입장을 갖게 되었다. 강압에 의해 북한군에 봉사했다는 점이 대한민국으로부터 제명당해야 할 이유라고 생각되지 않는 것이다.

우리의 관심은 이념과 정치적 이해관계를 넘어서 있다. 전쟁론의 상식은 전쟁을 결정하는 정치가들과 그것을 수행하는 군인들의 입장, 그리고 전쟁의 피해를 받는 민간인들의 입장이 다르다는 것인데, 왜 순수한 피해자인 민간인들만 언제까지나 이름도 빛도 없이 사라져가야 하는 것인가?

1950년부터 3년간 한반도에서 벌어졌던 한국전쟁은 많은 상처를 남겼고 우리 마음에 뿌리 깊은 불신과 미움, 원망을 가져다 주었다. 이제 증오와 반목에서 벗어나 인간적인 관점에서 순수하게 이 문제를 직시할 때가 왔다고 본다. 좌우 이념을 떠나 인간의 생명과 삶에 대한 경건한 마음으로 이 문제를 바라보고, 아픔과 상처를 치유해야 할 시점이 오지 않았나 생각된다.

우리의 작업은 한국전쟁 기간 민간인 납치사건을 바르게 조명하여 역사에 엄밀하고 정확한 기록을 남기려는 취지에서 출발하지만 그 바탕은 북한에 피랍돼 희생된 모든 분들과 그 가족들에 대한 인간애에 기초해 있다. 우리의 이 작업은 그 자체로 이분들 삶에 작은 위로가 되기를 바라며, 납북자 가족의 한 사람으로서 나 자신도 납북되어 간 후 생사도 모르는 사랑하는 내 아버지와 이 일을 함께 해 온 우리 가족회 회원들의 또 잊을 수 없는 피랍된 가족들에게 사랑의 인사가 되었으면 한다.

……

지난 6년간 여러 훌륭한 분들의 도움이 없이는 오늘 사료집 출간은 불가능하였을 것이다. 앞에서 언급한 분들 외에도 정진석 한국외국어대 신문방송학과 명예교수가 언론계 인사들과 종교계 인사들에 대한 세밀한 자료분석을 하여 저서로 출판해 주었기에 그 노고에 감사 드린다. 바쁘신 중에 선뜻 감수를 맡아준 경희대학교의 허동현 교수께도 감사드린다. 또, 본인의 어머니 김복남여사의 재정적 뒷받침과 김영식 가족회 운영위원, 오세영 회원, 그리고 가족회 임원진과 회원들의 적극적인 협조에 감사의 마음을 전한다.

특별히 이 사료집이 나올 수 있도록 계획안에서부터 편집까지 모든 과정에 길잡이가 되어 함께 헌신해 준 김미영 자료원 연구실장의 6 · 25전쟁납북 문제에 기울인 관심과 애정에 가족들을 대신하여 심심한 감사의 마음을 전하고 싶다. 작년부터 가족들을 일일이 인터뷰해서 증언을 채록해 온 김세연 연구원은 이 책의 편집에도 함께 해 섬세하게 한장 한장을 챙겨주었고, 증언 영상을 찍어 편집하고 홈페이지를 통해 알려준 나훈석 연구원, 사료집 편집의 여러 대목에서 손을 보태준 가족회 이석유 실장 등에게도 감사를 전하고 싶다. 무엇보다 까다로운 편집 작업을 불평없이 진행해 준 디자인실 앤드에 깊은 감사의 인사를 전한다.

지난 6년의 세월을 함께 해온 우리 가족회 회원 여러분들의 노고에 대한 감사는 생략하려 한다. 이 한정된 지면에 깊은 감사와 우정, 사랑의 마음을 다 담기가 쉽지 않기 때문이다. 앞으로 이 책과 자료원의 모든 활동이 한국전쟁기 납북사건의 진상을 규명하고, 나아가 북한에 살아 계시거나 이미 돌아가신 분들의 행적과 생사를 확인하는 데 필요한 자료와 연구물들을 풍성히 생산할 수 있는 데 기여하기를 기대한다. 무엇보다 납북 희생자들을 대한민국 역사의 제자리로 모셔오는 날이 속히 와서 그분들의 명예와 인권이 회복되기를 기원한다.

이미일 한국전쟁납북사건자료원장

납북의 비극을 記錄으로 남기는 작업

정 진 석 (한국외국어대 명예교수)

북한으로 끌려 가 돌아오지 못하고 있는 피랍자(被拉者) 문제가 국제적인 관심의 대상으로 부각되고 있다. 북한은 전쟁을 일으킨 직후에 남한에서 적어도 8만 명 이상, 많게는 12만 명에 달하는 비전투 민간인을 북으로 끌고 갔다. 전쟁이 끝난 후에도 한국인을 강제로 납치한 경우는 여러 차례 있었다.

어선과 여객기를 납북하여 타고 있던 사람들을 돌려보내지 않고 강제 억류한 사건은 널리 알려져 있다. 간첩들이 공작선을 타고 내려와서 불법적으로 끌고 간 사례도 여러 건이다. 해수욕장에 놀러갔다가 흔적 없이 사라진 고등학생들도 있었다.

17살 소년의 나이에 납치되어 일본에서 납북된 요코다 메구미(横田惠)와 결혼해서 딸까지 낳았다는 김영남(金英男)도 그런 비극의 인생을 살고 있는 사람이다.

해외에서 납북된 한국인들도 여러 명이다. 알려지지 않은 사례는 더 많을 것이다. 의문의 실종으로 알고 있지만 공작원들이 비밀리에 끌고 간 사람이 얼마나 되는지, 북한 당국 외에는 누구도 정확한 실태를 파악할 길이 없었다. 납북된 사람은 한국인들이 가장 많았지만 일본인을 비롯하여 세계 여러 나라 국적의 납북자들이 더 있다는 주장도 있다.

최근에 와서야 정부가 납북자 문제에 작은 관심이라도 보이는 것은 일본이 납북자 송환을 강력히 요구하고 있으며, 진실 규명의 노력을 기울이는 국제적인 압력에 영향을 받았기 때문일 것이다. 일본에서는 북한의 일본인 납북사건을 집요하게 여론화하고, 총리가 나서서 외교문제로 해결하려는 자세를 보이고 있다. 국제적으로도 북한의 불법행위에 대한 여론이 나빠지면서 우리 정부도 더 이상 침묵할 수 없게 된 상황에 처하게 되었다.

외국의 여론에 등 떠밀리는 형국으로 우리 정부는 자국 국민의 안위를 논의하기 시작했으니 인권, 과거청산 등을 기치로 내건 정부의 진심과 신뢰도 의심받지 않을 수 없는 처지이다.

그러나 납북자 문제는 더 근본적인 접근이 필요하다. 전쟁 중에 납북된 사람들의 송환과 생사 확인도 전후 납북자 못지 않게 시급하고 중요하기 때문이다. '6 · 25전쟁납북인사가족협의회'는 2000년 11월에 결성되어 전쟁 중에 납북된 사람들의 생환을 요구하면서 당장은 그들의 안부라도 알기 위해 애타는 노력을 기울이고 있다.

정부는 최근에야 전쟁 중에 포로가 된 국군의 송환과 안위를 확인하기로 했다고 말했다. 당연한 일을 정부는 그동안 방기하고 있었던 것이다. 나라를 위해 전쟁터에서 싸우다 포로가 된 군인들은 최우선으로 국가가 나서서 백방으로 송환의 노력을 기울여야 한다. 전쟁에는 군인의 희생이 따른다. 전사자도 있고, 포로도 있다. 부상자도 생기게 마련이다. 그들을 보호하고 보상하는 일은 국가가 해야 할 최우선의 임무다. 그들을 돌보지 않으면 애국심을 지니고 나라를 위해 목숨을 던지는 사람이 나오지 않을 것이다. 늦었지만 국가가 나서서 전쟁포로의 송환을 위해 나서겠다니 어떤 성과가 있을지 기다려 보기로 한다.

전쟁 중 납북자와 전후 납북자

납북자는 시기로 구분하여 두 부류로 나눌 수 있다. 첫째는 6 · 25 전쟁 중에 납북된 사람들이고, 두 번째로는 전쟁 후에 납북된 사람들이다. 1994년 8월9일 이홍구 통일부총리는 휴전 이후 납북된 사람은 438명이었다고 밝히고 그 명단을 공개했다. 2002년의 정부 발표에 의하면 전후에 납북된 민간인은 487명이다. 최근에 밝혀진 사실로 명단에 없었던 납북자 김영남의 경우처럼 한국정부나 일반인이 모르는 피해자도 있기 때문에 피해자의 숫자는 훨씬 많을 것이다. 하지만 전쟁 중에 납북된 인원에 비하면 전쟁 후 납북자는 비교조차 되지 않을 정도로 적다. 그러나 그동안 우리 정부는 정전협정 후 잠시를 빼고는 대체로 전쟁 후 납북자에 대해서만 북한과의 협의를 하고 있는 실정이다.

전쟁이 끝난 후 1950년대에서 1960년대 중반에는 정부와 민간 차원에서 전쟁 중에 납북된 사람들의 송환, 생사와 안위를 파악하려는 노력도 있었으나 세월이 흐르면서 전쟁 중의 납북자 문제의 해결은 점차 망각되고 있는 실정이다. 정부는 83,000여 명, 또는 12만 명에 달하는 민간인 피랍자들에 대해서 어떤 노력을 기울인다는 소식은 없다. 반세기 전에 끌려간 사람들이니 대부분 사망했을 것이다. 그러나 살아 있는 사람도 있을 것이다. 죽었는지, 살았는지는 2차적인 문제다. 죽었다 한들 잊어버릴 수는 없다. 남아 있는 가족들은 죽은 아버지, 할아버지의 제사라도 지내야 할 것이고, 북한에서는 어떤 삶을 살다 갔는지도 궁금하다. 정부는 전쟁 중에 납북된 수만 명의 민간인들에 대해서도 똑같은 기준으로 송환을 요구해야 한다. 전쟁 중에 북으로 끌려간 사람들도 가족과 헤어진 고통이 어찌 덜하랴. 그들을 포기해서는 안 된다. 잊고 넘어갈 수는 없다.

미국은 전사한 군인들의 유골까지 찾아가는 노력을 지금도 계속하고 있다. 우리도 납북자들의 생사, 북한에서의 행적, 오랜 세월 그곳에 살면서 새로운 가족을 만들었다면 그들은 누구인지를 알도록 정부가 나서야 한다. 그러나 정부는 진지한 노력을 기울이는 기색이 보이지 않고 있다. 그러면서도 과거사를 다시 캐고 바로잡겠다는 명분으로 매년 수천 억원의 국가 예산을 사용하고 있다. 납북자 문제야말로 가장 우선적으로 밝혀야 할 과거사다. 8만여 명이 넘는 국민의 생명과 안위와 관련된 과거사이자 현재의 문제이기 때문이다. 이보다 더 절박하고 중요한 과거사 정리가 무엇인가.

북한을 지원하는 경제 원조는 정부와 민간 단체를 통해서 활발하게 진행되고 있다. 남북한의 인적 교류도 빈번하다. 그러면서도 전쟁 중에 납북된 민간인들에 대한 정부 차원의 논의는 없다. 그래도 과거 정부에서는 비록 냉전시대였지만 1956년 대한적십자사가 실향사민이라는 이름으로 납북민간인 7,034명의 안부를 탐지하여 1957년 337명에 대한 소재와 근황을 파악하는 성의를 기울였고 현재까지 유일한 성과물이다. 남북간에 직접적인 대화의 채널도 없었고, 북한을 압박할 수단도 우리는 갖지 못했던 시기였다. 이에 견주어 지금은 대화의 채널이 열려 있고, 왕래가 빈번하다. 우리는 매년 정부와 민간 차원에서 북한에 원조를 제공한다. 이러한 시기에 우리는 할 말을 못할 이유가 없다.

생사확인과 송환사업의 기초자료

이런 상황에서도 우리가 할 일은 있다. 일차적으로는 인적 피해의 실상을 정확하게 파악하는 일이다. 정부는 전쟁 중과 직후에 4차례에 걸친 납북 실태 피해자 조사를 실시한 바 있다. 대한적십자사는 납북자의 가족들의 신고를 받아 국제적십자사를 통해서 송환을 요구했다. 정부와 적십자사가 조사한 자료에는 기본적인 실상이 담겨 있었다. 민간단체가 작성한 자료를 포함하여 6종류의 자료를 토대로 납북 실태를 재구성하고 송환과 생사확인 작업을 진행해야 한다.

나는 언론인과 종교인의 피살과 납북 실태를 조사한 바 있었다. 정치, 법조, 경제, 문화, 교육 등 여러 분야의 인사들이 어떻게 납북되었는지를 각 분야별로 전문가들이 나서서 조사를 진행해야 한다.

정부와 적십자사, 그리고 남북교류와 통일을 외치는 여러 단체가 나서야 할 때다. 북한도 이 자료를 토대로 남북화해가 말로만이 아니라는 증거를 보여주어야 한다. 남북공조를 우리보다 더 열성적으로 외치는 북한이 이에 호응하지 못할 이유는 없지 않은가. 북한의 협조를 유도하면서 필요한 경우 압력을 행사할 필요도 있다. '납북자'는 없고 '자진 월북자'만 있다는 북한의 주장이 사실이라면 북으로 간 사람들의 후일담을 공개하지 못할 이유는 없지 않은가. 우리 정부가 납북자로 규정하여 작성한 자료에 들어 있는 사람들이 북한에서는 어떤 생활을 했는지를 알려주어야 한다. 그들을 송환하는 문제는 그 다음의 일이다.

이번에 6 · 25전쟁납북인사가족협의회가 발간하는 자료집은 두 가지 중요한 의미를 지닌다.

첫째는 전쟁 당시의 인적 손실을 역사적인 사료로 남긴다는 사실이다. 전쟁 중 또는 전쟁 후에도 기록이 유실되거나, 정리되지 않은 상태로 흩어진 것들이 많았다. 증언을 남겨야 할 사람들도 점차 줄어든다. 사료정리 사업의 중요성은 길게 말할 필요도 없다. 이런 사업은 정부가 주체가 되는 것이 마땅하다. 정부가 하지 않는다면 민간 차원에서라도 해야 할 일이다. 자료가 있으면 언젠가는 역사학자들이 더욱 깊이 있는 연구를 진행할 수 있을 것이고, 역사적인 진실도 밝혀질 수 있다. 동족상잔의 비극은 먼 후일이라도 제대로 밝혀야 할 것이고, 그 첫걸음은 사료의 보존과 정리다.

둘째는 피랍자들의 생사와 북에서의 행적을 밝히는 자료를 제공한다는 중요성이다. 북에 남아 있는 사람들은 고령이므로 대부분 사망했을 것이지만 아직 생존한 사람들도 있다. 생존한 사람들은 물론이고, 사망한 사람들의 행적도 알아야 한다. 이들의 소식을 알기 위해서는 북으로 끌려간 사람이나 자진 월북한 사람들에 관한 객관적인 자료가 필요한 것이다. 자료를 정리하고 널리 보급하는 일은 정책적인 차원에서 시급하고도 중요하다.

민족 분단의 비극 치유하는 밑거름

6 · 25전쟁납북인사가족협의회는 창립 이후에 여러 종류의 자료를 발굴하고 출간한 바 있다. 특히 1950년 12월에 공보처가 작성한 「서울특별시 피해자 명부」와 「6 · 25사변 피랍치자 명부」(대한민국 정부, 1952.10), 그리고 「6 · 25사변 피살자 명부」의 발굴은 납북인사가족협의회의 노력의 결과였다. 이는 전쟁 피해자의 연구와 생사확인에 결정적인 자료이다. 국립중앙도서관, 정부기록보존소에 보관되어 있었으나 오랫동안 주목을 끌지 못한 채 방치되어 있었는데 '6 · 25전쟁납북인사가족협의회'가 찾아낸 것이다. 피랍자와 피살자 자료는 2003년에 「월간조선」이 각각 2권의 책으로 발간하여 북한에 끌려간 뒤에 소식을 알 길이 없는 수만 명에 달하는 피해자 가족들에게 납북 당시의 실상을 알리고, 이 분야의 정책 자료로도 활용할 수 있도록 하였다.

납북인사가족협의회는 일반인들의 관심이 점차 희박해지고, 당국의 지원을 받지 못하는 가운데도 꾸준히 자료를 수집하고 증언의 청취, 다큐멘터리 영상물 제작 등의 활동을 벌여왔다. 희생된 부모와 가족을 그리는 애타는 심정이 아니고는 하기 어려운 일을 묵묵히 수행해온 것이다. 이제 그동안 모은 자료를 일반인들도 널리 이용할 수 있고, 후세의 역사가들이 연구의 자료로 활용하도록 자료집을 발간한다니 그 의미는 자못 클 것이다.

또한 이 자료집은 민족 분단의 비극을 치유하는 작업의 밑거름이 될 것으로 기대된다. 납북된 사람들의 남은 가족들에게는 그동안의 고통을 조금이나마 치유하고 영원히 잊을 수 없는 상처를 기록으로라도 남겨둔다는 의미도 클 것이다. 이 자료집의 많은 이용 있기를 기대한다.

자료 화보

1950년 9월 서울 수복 직전 수백명에서 수천명에 이르기까지 무리를 지어 여러 차례 납북돼 갔는데 그 중 한 장면으로 보인다. (출처 : 국가기록원)

끌려가는 양민들1 (출처 : KBS 영상실록 '1950년')

끌려가는 양민들2 (출처 : 대한뉴스 1964.7.11 '납북인사를 송환하라' 중)

끌려가는 양민들3 (출처 : 대한뉴스 1964.7.11 '납북인사를 송환하라' 중)

끌려가는 양민들4 (출처 : 『민족의 증언』, 중앙일보사)

1951년 9월 1일 부산 새들공원에서 납북자 가족들이 모여 「6 · 25사변피랍치인사가족회」를 결성하고 창립총회를 가졌다. (출처 : 국가기록원)

1953년 3월 11일 「6 · 25사변피랍치인사가족회」가 주최하여 덕수궁 뒤에서 송환 촉구 시위를 하고 있다. (출처 : 국가기록원)

1964년 6월 25일 대한적십자사 · 조선일보사가 공동 주최한 납북인사 송환을 위한 100만인 서명운동을 하고 있다. (출처 : 국가기록원)

百萬人署名綴

「유엔」에 提出

◇「유엔」찾아간「悲願」

1964년 12월 11일 주최측은 납북인사 송환을 위한 100만인 서명철을 유엔에 제출했다. (출처 : 조선일보 1964년 12월 13일자)

가족회 주요 활동

2000년 11월 30일 6 · 25사변납북자가족회 창립총회
(기독교백주년기념관)

2001년 3월 22일 6 · 25전쟁납북인사 생사확인 서명운동 시작

2002년 3월 13일 6 · 25전쟁납북인사 정책전환촉구 시위집회

2003년 6월 23일~24일 납북인사송환 한일공동 촉구대회 (서울)

2004년 5월 4일 유엔 북한대표부방문 북한참사관 면담

2005년 6월 21일 제2회 납북길따라걷기

2005년 6월 23일 세미나 – 6 · 25전쟁 납치피해에 대한 법적 대응방안 모색

2006년 1월 17일 국가상대손해배상청구소장 접수

2006년 4월 27일 이미일이사장 미하원청문회 증언

제1부

증언자료(1)

납북자 가족 직접증언

납북자 가족 직접증언

이성환 김점석 김말란 김병기 김경희 김정기
류인하 김창희 권경정 윤태경 최용준 최 준
최시철 이봉우 박기성 윤기섭 이종각 김우순
김현일 홍남석 박점석 안호철 김재봉 유한목
유홍목 이재관 김경도 박성수 유계식 신치호
서병호 서정선 김추성 김희진 김유연 이각의
류인홍 정구연 박성우 조완섭 이타관 정진옥
지영조 양승욱 이규찬 김상덕 정인보 최용주
이길용 김동환 오헌식 김근호 박찬문 하격홍
이주신 이 헌 최홍식 (피랍인명 – 채록 일자 순)

해제

한국전쟁납북사건자료원은 2005년 4월부터 6 · 25전쟁 당시 납북된 사람들의 남은 가족들을 대상으로 피랍 당시의 상황과 피랍 후 남은 가족들의 삶에 대한 1차 증언을 육성 그대로 기록하는 작업을 해오고 있다. 전쟁 발발 55주년이 지난 이 시점에 이들 목격자 또한 점점 세상을 뜨고 있는 상황의 긴박성을 인식했기 때문이다.

2005년 4월 9일 김복남 · 이미일(피랍인 이성환씨 가족)씨의 면담을 시작으로 2006년 6월 19일 최광석(피랍인 최홍식씨의 가족)씨 가족까지 총 57건의 증언채록 작업이 진행되었다. 인터뷰는 사단법인 6 · 25전쟁납북인사가족협의회 회원을 우선 대상으로 증언을 요청했고, 그들의 부모, 형제, 배우자, 자녀 등 피랍인의 직계 또는 부양가족들로 확대해서 복수 증언을 듣기도 했다. 직접 목격자 또는 체험자 위주로 면담을 진행했으며, 직접 목격자가 없을 경우에 한하여 전해 듣거나 간접적으로 체험한 내용을 담았다.

증언은 증언자의 자택이나 자료원에서 한두 시간에 걸쳐 비교적 편안한 분위기 속에서 이루어졌다. 채록된 내용은 각 피랍인당 녹음테이프, 개인문서파일(요약 녹취록), 영상테이프, 컴퓨터파일을 한 세트씩 제작해 멀티 매체 시대에 걸맞는 기록물을 남기려 했다. 증언 영상은 홈페이지(http://www.kwari.org)를 통해 볼 수 있다.

이 채록 작업에 있어 증언자들이 모두 55세 이상의 고령자로서 기억의 한계를 드러내는 경우도 있었지만, 한 명의 피랍인에 대해 여러 가족 구성원들의 증언 내용이 대체로 일치하고, 면담자가 질문을 통해 여러 각도로 검증하려고 노력했으므로 증언 내용은 대체로 높은 신빙성을 갖는 것으로 사료된다.

피랍인 가족들의 증언은 납치 경로나 이유 등에서 여러 가지 일치점을 보이고 있어 한국전쟁 당시 광범위하게 이루어진 납치 사건을 유형화하는 데 도움이 될 것으로 보인다. 북한에 의한 민간인 납치는 한국전쟁 발발 직후부터 9 · 28 서울 수복 직전까지 가장 많이 이루어졌으며, 피랍 대상자는 공직자, 정치계 · 언론계 · 종교계 · 문화계 유명인사는 물론 일반 농민, 기술자, 자영업자에 이르기까지 사회 각계각층의 민간인들이 포함됐다. 특히 대한민국 정부를 위해 공헌한 자 및 반공단체에 소속되었던 민간인은 납치 1순위로 분류되었던 것으로 보인다.

예기치 않은 전쟁을 맞고, 한강 다리가 끊어진 상태에서 피난이 불가능해 자택 혹은 인근 지역에 숨어 있다가 지방 좌익 세력들에 의해 고발 · 연행된 경우가 많으며, 요인들의 경우 전쟁 이전부터 조직적으로 납치가 계획돼 서울 점령 후 곧바로 실행된 사례가 유형적으로 발견된다.

또한 북한의 전세가 불리해지는 시점인 9월 초순부터는 무작위로 대상자를 추출 · 납치해 북한으로 이송해 간 것으로 보인다. 납치범들은 주로 피랍인의 긴장이 완화된 새벽 혹은 늦은 밤에 찾아와 "조사할 것이 있다"며 각 지역 내무서로 데려갔던 것으로 보이며 이 과정에서 폭력사태가 있었던 경우는 매우 드물게 발견된다.

피랍자는 지역 내무서에서 며칠간 구금된 후 정치보위부, 서대문형무소를 거쳐 북송됐으며, 연행된 날 이후 현재까지도 가족을 만난 사례 및 소식이 전해진 경우는 거의 없는 형편이다. 이외에도 지역 초등학교나 대강당에 소집, 학생들을 의용군으로 끌어간 사례가 있으며 의료인과 같은 전문인의 경우 전쟁 초반부터 전문 기술을 이용할 목적으로 북송했던 사례도 있다.

한편 납북자들의 남은 가족이 겪은 가장을 잃은 후의 삶 역시 한국 현대사적 기록으로 사료되어 상세히 정리했다. 전쟁을 결정한 자(정치가)와 수행한 자(군인)에 비해 순전한 피해자들(민간인)에 대해서 인색하지만, 이름도 흔적도 없이 역사의 뒷장으로 유폐된 그 수많은 전쟁 피해자들, 특히 남한과 북한 모두에서 홀대를 받으며 지난 55년 동안 신고간난의 세월을 견뎌야 했던 납북자들과 납북자 가족들의 삶 역시 한국 현대사의 중요한 한 장으로 기록될 날이 올 것임을 믿고 바라며 이 증언록은 제작되었다.

증언 채록은 본 자료원의 요원과 가족회 회원들의 조력으로 이루어졌다.

인터뷰 : 김미영(050409A) / 정수림(050503A ~ 050531A) / 이석유(050825A)
김세연(051004A ~ 060524A)

영상 : 나훈석(050409A ~ 060524A)

2005. 4. 9. 채록

050409A 이 성 환(李聖煥)

피랍인

생년월일:	1920년 음력 8월 7일
출생지:	평북 박천
당시 주소:	서울시 동대문구 청량리동 188번지
피랍일:	1950년 9월 4일
피랍장소:	자택
직업:	무역업, 라사점, 유기공장 경영
학력/경력:	휘문고, 일본 와세다 법대 중퇴/미군정청 통역관
직계/부양가족:	배우자, 자녀 3녀
외모/성격 :	키가 크고 안경을 씀. 온순하고 말이 없는 편

증언자

성명:	1.김복남(1922년생) 2.이미일(1949년생)
관계:	1.배우자 2.차녀
증언 성격:	직접증언 V 간접증언 V

특이사항 (납치주체/상황/원인)

- 피랍인 및 일가족은 전쟁 직후 어수선한 가운데 피난길에 올랐으나, 한강 다리가 끊어지는 바람에 남하하지 못하고 청량리동 자택에 돌아와 거주함.
- 1950년 9월 4일 정치보위부 '유소위'가 집으로 찾아와 피랍인이 서북청년단에 기부를 한 바 있다는 이유로 더 조사할 것이 있다며 인근 내무서로 연행, 그날 밤 본서로 이송.
- 피랍인이 납치되기 전인 6 · 25전쟁 후 얼마 되지 않은 7월에 피랍인의 친형인 소아과 의사 이성봉 박사가 앞서 북한으로 피랍된 바 있음.

증언자 요청사항

(對정부) 납북자 생사확인 및 송환, 인권 문제 해결 차원에서 적극적으로 납북자 문제 해결에 관심과 노력을 기울여 줄 것

"'언제 남한에 왔느냐'고 물어봤어요. 우리가 평북이 고향이거든요. '일정(日政) 때부터 서울 와서 살았다'고 하니까 한참 있더니 '서북청년단에 기부 많이 했죠?' 그러더라고요. 남편이 '경제적으로 그렇게 넉넉하지는 못해서 조금 했다'고 말하니까 '조금은 왜 했냐?' 고 소리를 버럭 지르더라구요. 그리고는 또 물어볼게 있다며 지서로 가자고 했어요."

(김복남)

"가족회를 하면서 정부에서 작성한 납북자 명부를 찾아냈어요. 그동안 적십자에 신고된 명부는 전부터 계속 사람들한테 알려지고 이용이 되어 왔지만, 공식적인 정부 명부는 없었거든요. 그것을 통해 저희 아버지의 이름을 발견하고는 정말 가슴 벅차고, 마치 아버지가 살아서 내 곁에 오신 것 같은 느낌을 받았어요."

(이미일)

○ 시대 상황

〈전쟁 직후 어수선한 가운데 피난길에 올랐으나, 한강 다리가 끊어지는 바람에 남쪽으로 가지 못하고 다시 청량리동 자택에 거주〉

답_ (김복남)

그때 제가 셋째 애를 8월 7일에 낳았거든요. 그래서 우리가 더 피난을 못 갔었지요. 그래서 집에 있었고 조카아이들은 우리집 다락에 숨어 있었어요. 우리가 조금만 북한 사정을 알고 있었으면 피난을 갔을 텐데 그땐 별로 그러지 못해서 맘을 놓고 애들만 보고 있었죠.

그런데 6월 27일 그날은 아침에 포천 쪽에서 막 맨발로 뛰어나오는 사람들이 있었어요. 그래서 우리도 피난가자며 짐을 간단히 꾸렸어요. 저녁 4시쯤 할머니가 애를 업고, 저는 해산 도구를, 애 아빠(피랍인)는 먹을 것을 가방에 넣어서 나갔는데 남영동 가는 데에서 길을 막고 안심하고 돌아가라고 하더라구요. 그래서 거기서 돌아갈 데가 없으니까 원효로 쪽으로 돌아갔어요. 원효로 쪽으로 돌아가다가 친구 집에서 하루 머무는데 새벽 3시 반인가 한강 다리 끊는 소리를 듣고 깜짝 놀랐어요.

이후엔 한강 다리가 끊겨서 건너갈 수가 없잖아요. 그래서 다시 마포로 해서 청량리 집으로 돌아왔어요. 집에 와서는 집이 이렇게 편한데 우리가 어딜 가느냐고. 그래서 우리집이 피난처라고 그렇게 하고 있었죠.

○ 납북 경위

〈1950년 9월 4일 정치보위부 유소위가 집으로 찾아와 피랍인이 서북청년단에 기부를 했다는 이유로 조사할 것이 있다며 인근 내무서로 연행, 그날 밤 본서로 이송됨. 피랍인이 납치되기 전 6·25전쟁 발발 직후 친형인 소아과 의사 이성봉 박사도 북한으로 납치되었음〉

답_ (김복남)

9월 4일, 정치보위부 '유소위' 라는 사람이 찾아왔어요. 찾아와서 남편을 나오라고 했어요. 나는 뒤쪽에 있는 남편을 밀면서 나오지 말라고 그랬는데, 남편이 "괜찮아" 그러면서 마당에 나와서는 그 사람을 맞이해서 마루에 앉아서 얘기를 했어요. 처음엔 "언제 남한에 왔느냐"고 물어봤어요. 우리가 평북이 고향이거든요. "일정(日政) 때부터 와서 살았다"고 하니까 한참 있더니 "서북청년단에 기부 많이 했죠?" 그러더라고요. 저희는 공장을 했는데 '서북청년단 분단' 이라고 간판을 써 붙였었거든요. 그러니까 "서북청년단에 기부 많이 했죠?" 해서, 남편이 "기부는 많이 못했다"고. "우리가 이북에서 내려왔으니까 그렇게 경제적으로 넉넉하지 못해서 조금 했다"고 하니까 "조금은 왜 했냐?" 고 소리를 버럭 지르더라구요.

우리는 가만히 있었는데. 또 물어볼 게 있는지 지서로 가자고 했고, 그래서 남편이 집에서 입고 있던 반바지에 고무신을 신고 같이 지서로 갔어요. 지서로 가서는 몇 가지 물어보고 금방 내보낼 줄 알았는데 안 내보내 줬어요. 그렇게 저녁이 되고, 나는 저녁밥을 해놓고서는 어린애를 업고 지서 앞에 가서 서성거렸죠. 그런데 그때까지 얘기를 하고 있더라구요. 그리고는 날이 어둑어둑 땅거미가 질 때 지서에서 둘이 같이 나와요. 끝났나 보다 해서 앞에 가서 물으니까 "본서로 간다"며 "아마 내일은 나올 거야" 했어요. 그러니 제가 뭐라고 말할 수 없잖아요. 뻔히 바라다보고 있는데 전차를 타고 동대문 쪽으로 들어갔어요. 유소위란 사람은 키가 조그마하고 눈이 쌍꺼풀이 지고 함경도 사투리를 썼어요. (인상이) 아주 몹쓸 사람 같아 보이진 않았어요.

문_ 그 당시 다른 가족들도 납치되지 않았나요?

답_ (김복남)

우리 큰아버지(피랍인의 친형)가 먼저 납치됐어요. 우리 큰아버지는 6·25전쟁 때 피난을 갔어요. 온양에 친척이 있어서 충청도 온양으로. 그런데 온양 갔다가 식구가 많고 인민군이 온양까지 내려와서 너무 고생스러워서 다시 올라오셨어요. 이성봉 박사라고 그 분은 국내에서 소아과 의학박사로 유명하셨거든요. 그런데 평소 알던 사람이 이성봉 박사를 모셔오라고 했다는 거야. 그래서 대뜸 "가십시다" 하면서 큰아버지를 모셔갔어요. 그래서 그냥 큰아버지만 걱정하면서 "우리는 걸릴 게 없다" 하고 있었는데 9월 4일 막판에 와서 (남편을) 데려간 거죠. 야단도 안 쳤었고 해서 그냥 살살 따라갔어요.

문_ 집을 나서실 때는 납치라는 것은 인식하지 못하셨습니까?

답_ (김복남)

전혀 생각도 못했죠.

○ 납치 이유

〈서북청년단에 많은 돈을 기부했다는 사실을 이유로 연행〉

답_ (김복남)

(서북)청년단에 기부 많이 했다고. "사상이 철저하지 않으니까 기부했지 않았냐"고 소리를 지르고서는 데리고 갔어요.

문_ 기본적으로 서북청년단에 기부했던 걸 가지고 아마 그걸 범죄시한 것으로 보십니까?

답_ (김복남)

네. 그럼요. 북한 체제가 싫어서 내려온 것이 아니고 일정(日政) 때부터 와서 공부하고 그랬으니까요.

○ 납치 후 소식

문_ 납치된 후에 소식을 들으신 게 있습니까?

답_ (김복남)

(소식은) 없었어요. 그러니까 "본서로 간다"는 소리는 동대문서로 간다는 소리예요. 동대문서에서 1주일 후 죄 없어서 내준다고 하더니 못 나왔어요. 다시 알아보았더니 북한에서 지령이 내려와 못 내주고 안전지대로 대피시켰다고 한 후 무소식이었어요. 정치보위부가 국립도서관 자리(현 을지로)에 있었거든요. 그래서 혹시나 해서 정치보위부에도 가보았지만 삼엄하게 경비하면서 "안 된다"고만 했어요.

문_ 납치 후 남편분이 많이 그리우셨겠어요?

답_ (김복남)

(애 아빠가) 안 계시니까 그리움이야 말할 수 없죠. 매일 밤 울고서는 오늘 올까 내일 올까 기다리고 있었는데, 9·28 (서울 수복)이 됐어요. 9월 초나흘에 잡혀갔는데, 9·28이 오니까 너무 기가 막히더라구요. 그때부터는 시체를 찾으러 다녔죠. 애 아빠 시체만 찾으면 옆에서 어린 딸 셋과 함께 죽겠다는 생각뿐이었지요. 동대문경찰서엘 가보니 경찰관은 하나도 없고 시체만 넘어져 있어요. 부역한 이쪽 사람들을 전부 쏴 죽였더라구요. 그런데 정치보위부 가도 시신이 없고, 서대문경찰서 가서도 시신 확인을 못했어요. 결국 집에 돌아와서 그냥 목놓아 울기만 했죠.

○ 남은 가족의 생활은?

<남쪽으로 피난을 갔다가 서울로 올라와 당시 산부인과 의사였던 아내 김복남씨가 시댁 어른을 마음으로 의지하며 자녀 셋을 양육함. 둘째딸이 전쟁 통에 얻은 병으로 장애를 겪게 되었으나 다행히 모두 자립해서 경제적으로 큰 어려움은 없었음>

문_ 이후 피난을 하셨습니까?

답_ (김복남)

1·4 후퇴가 닥쳤어요. 처음엔 소식을 듣겠다고 피난 안 가고 여기에서 기다리고 있을 작정이었어요. 그런데 시부모님께서 "아범은 죽지 않고 북으로 끌려갔을 테니 일단 살고 봐야 할 게 아니냐"고 해서, 그냥 울면서 피난간 거죠. 다 같이 갔어요. 시아버지, 시어머니 모시고 애 셋 데리고. 처음에 대구로 갔다가 부산으로 갔죠. 그런데 그때부터

(둘째) 애가 아프기 시작했어요. 첨엔 '만일 애 아빠 죽었으면 결국 우리도 다 죽을 건데' 하면서 아픈 것도 별로 걱정도 안 하다가, 나중에는 "그래도 안 되겠다. 애 아빠 오면 건강한 아이를 보여줘야겠다" 하면서 그 다음엔 병원 다니기 시작했어요. 병원을 밤새 찾아다니고 깁스를 하고 했는데 별 효과가 없었어요. 결국 서울 수복돼 와서 애가 일곱 살 때 부천 가서 수술을 한 거죠. 아픈 거는 좀 멈췄는데 그래도 뼈의 병이 그대로 진행돼 장애가 됐어요. 다행히 공부를 잘해서 학교를 보낼 수 있었던 것이 대견하죠.

답_ (이미일)
우리 할아버지가 같이 계시면서 어머니한테 그래도 많이 힘이 되셨어요. 이를테면 어머니가 죽어버리겠다고 식음을 전폐하고 밤에 잠을 못 주무시고 그랬어요. 어머니가 지금은 풍채가 좋으시지만 예전에는 무지 말랐었대요. 그때 생각하면 '그 상황이 얼마나 힘들었을까?' 싶고, 견뎌내실 수 있었던 게 모두 하나님의 은혜가 아니었나 싶어요.

○ 연좌제 피해

〈감시는 있었으나 특별한 피해는 없었음〉

답_ (이미일)
저희는 없었어요. 그런데 어머니의 경우는 가끔 형사들이 왔다는 얘기를 하셨어요. 형사들이 와서 "혹시 잡혀간 남편이 갑자기 나타나면 곧바로 신고해라"고 했으니, 감시는 받았던 것 같아요. 아버지가 혹시 돌아오나 그런 거에 대해서.

○ 호적정리

〈실종선고로 정리〉

○ 정부의 노력

〈없었음〉

문_ 신고는 하셨나요?
답_ (김복남)

1 · 4 후퇴 후에 수복되어 그것도 우리 납치인 가족들이 모여서 신고를 받기 시작하면서 적십자사에서도 "신고를 하라" 해서 했죠.

문_ 정부에서 도움은?

답_ (김복남)

아무 도움도 없었어요. "아무데나 가면(없으면) 납치됐다 그러냐?" 면서 얘기 하기나 했지, 어느 누구 하나 동정을 하거나 찾아주겠다느니 한 마디도 없었어요. 그래서 결국 가족회로 모여서 정부에 얘기하고 적십자사에 얘기하고 그랬죠. 그때만 해도 정부가 오히려 잘됐다고 생각하는 것 같았어요. 유명인사들이 다 잡혀가서 자기들이 자리를 차지할 수 있으니까요. 우리는 막막한 상황에서 정전위원회 대표들을 모셔다가 식사도 대접하고 미군 대표들도 한 번인가 모셔다가 대접하고도 했어요. 맨날 모여 앉아서 이 문제를 '언제나 얘기 할까', '어디다가 얘기하면 좋을까' 고민했으니까요.

문_ 국제사회에도 호소하지 않으셨어요?

답_ (김복남)

국제사회에다가 얘기하려고 해도 누가 얘기할 사람이 있겠습니까? 그때 임병직 미국대사 양반한테 호소문도 보내고 궐기대회도 하고 그랬죠. 주요한씨, 정일용씨께 부탁해서 영어로 호소문도 작성하고 그랬죠.

○ 정부에 바라는 점

〈납북자 생사확인 및 송환, 인권 문제 해결 차원에서 적극적으로 납북자 문제 해결에 관심과 노력을 기울여줄 것〉

답_ (김복남)

나이도 많고 하니까 생사확인이나 해줬으면 좋겠어요. 생사확인 해서 남편이 어디서 어떻게 잘못 됐는지 그거라도 알고 그 유해라도 찾아서 우리가 간직했으면….

답_ (이미일)

우리 정부나 사회가 지금 선진국이 됐다 하지만 개인의 인권의 소중함을 아직 잘 모르는 것 같아요. 만약 나의 아버지가 그렇게 잡혀가서 55년간 소식도 모른다면 자기 자신은 어떻게 할 것인가? 내 아버지가 납북되어 생사도 모르는 것에 대해 우리가 이 문제를 해결하고 그분을 우리 곁으로 모셔오기 위해서 대외적으로 알리는 것이 필요하다고 생각해요. 또 우리(가족회)가 이야기할 때 우리 말에 귀를 기울여주고 같이 동감해주면 상당히 힘이 될 것 같다는 것이 사회에 하고 싶은 말이고요.

정부는 국민을 대표하고, 보호하는 책임이 동시에 있는 건데 너무나 그 문제에 있어서 소극적으로 대하는 것이 참으로 안타깝고 유감이라고 생각해요. 사실 제가 이 활동을 처음할 때는 정부 탓도 많이 했는데, 이제는 정부도 나와 같은 사람이 모여서 이 나라를 구성한 것이니까 정부의 탓만 하지 않겠다고 생각해요.

어쨌든 나만이라도 이 일을 계속 추진해간다면 정부도 언젠가는 이 문제에 대해서 적극적으로 나서야 된다는 것을 알게 되지 않을까 하는 생각이에요. 정부를 원망하거나 그러고 싶지도 않고, 그동안 당사자인 내가 가만히 있었으니까요. 이제는 가족회가 2000년 9월에 결성되어 활동을 시작했고 여러 관련 자료를 수집하여 한국전쟁납북사건자료원을 가족회 부설로 곧 개원할 예정입니다.

○ 피랍인에게 전하는 말

답_ (김복남)

얼마나 고생했어요? 이럴 줄 정말 몰랐어요. 그래도 난 아이들 데리고 살았는데. 그 험악한 정치하에서 이때까지 살아 있다면 얼마나 고생했을까? 할 말이 진짜 없어요. 기막히고, 원통하고….

답_ (이미일)

아버지 정말 보고 싶고요, 정말로 사랑하고요, 정말로 존경해요. 저한테 이렇게 이쁜 이름을 지어주시고 저를 사랑해주신 아버지, 비록 이렇게 긴 세월 아버지하고 같이 지내지 못했지만 항상 아버지의 사랑이 내 가슴 속에 흐르고 있어요. 아버지와 같이 남은 여생을 함께 보내면서 정말 행복하게 해드리고 싶어요.

○ 가족회 활동

문_ 6·25납북자가족회 일을 결심하게 된 동기는?

답_ (이미일)

어머니가 갑자기 건강이 안 좋아지셔서, 갑자기 말씀도 잘 안 하시고, 걷는 걸음걸이도 힘들어지시고 하는 걸 보면서, 더 늦게 아버지를 만난다면 어머니가 못 알아보실지도 모르겠다 싶었어요. 그래서 처음에는 적십자사에 호소하고, 통일부에 호소하고, 전쟁 납북자들의 생사확인이라도 했으면 좋겠다며 우리 아버지 케이스만 얘기를 하곤 했어요. 그런데 아무런 반응도 없었고 신문에서는 전후 납북자만 나오면서 납북자는 모두 400여 명이라고 얘기를 하는데, 정말로 그때 소외되고 비참하더라고요. 그 수만 명의 전쟁 납북자가 어디로 가고 납북자가 400여 명이라고 그렇게 말할 수 있는가 말이에요.

처음엔 나는 별 능력이 없고 평범한 소시민이니까 누군가 정말 능력 있는 유능하신 분들의 자제분이 많을 것이라고 생각하고 기다렸어요. 그런데 계속 1년이 지나도 전쟁 납북자는 단어 하나도 안 나오더라구요. '이래서는 안 되겠다. 내 가족 얘기니까 내 일이다' 라는 생각을 하고 여러 신체 장애가 있지만 시작을 하게 됐어요.

문_ 일을 하시면서 다른 가족들 사연을 많이 들으셨을 텐데 다른 가족 사연과 비교했을 때 차이가 있다면 무엇인지?

답_ (이미일)

우리는 그래도 납치된 가족치고는 경제적 면이나 주변 여건들이 나쁘진 않았다고 생각해요. 그런데 다른 가정의 얘길 들어보면 많이 박해를 받았고, 잡혀가서 문초당한다거나 하는 일도 있었고. 아버지와 아들이 같이 잡혀간 경우엔 아들은 나왔고 아버지는 못 나오고 거기에서 심한 구타나 고문을 당했던 경우도 있었어요. 그리고 후에 우리나라 정부에 의해서 연좌제, 즉 취업이 안 되거나 해외를 못 나간다거나, 승진에 문제가 있다던가, 정보에 접근을 할 수 없던가 하는 불이익을 받은 아들들이 많았더라고요. 아들이나 동생, 남자들의 경우가 특히 많았고요. 여자들은 간혹 있고요. 제가 몰랐던 건 그거였어요. 연좌제로 인해서 피해 받은 가정들이 많다. 그리고 잡혀간 상황도 강제로 연행된 사람도 있고, 우리처럼 좋게 잠시 물어볼 말이 있어서 가자고 한 사람도 상당수 있어서 적극적으로 도망을 가지 않은 경우도 있다는 거, 이런 것들이에요. 요새 가족회에서는 우스갯소리로 "전쟁이 났다 그러면 이런 거 저런 거 생각하지 말고 가족 다 필요 없고 일단 아무도 모르는 곳으로 피신을 하는 것이 제일 먼저 할 일이다" 하면서 웃기도 해요.

문_ 지금까지 발굴한 문서나 자료는 어떤 것인지요? 또, 이를 통해서 아버님에 대해서 확인할 수 있었나요?

답_ (이미일)

대한민국 정부가 작성한 「6 · 25 사변피랍치자명부」를 발견한 것이 큰 성과였어요. 적십자에 신고된 명부는 전부터 계속 사람들한테 알려져 왔고 이용이 되어 왔어요. 예를 들어 적십자사에서 납치 확인서를 떼어가긴 했지만 공식적인 정부 명부는 없었거든요. 가족회 신고로 작성된 것 말고, 정부가 객관적으로 납치되었다고 판단해서 기록된 명부는 없었는데, 이 명부를 발견하고 저희 아버님 함자를 명부에서 찾았을 때, 정말 그때 가슴이 벅찼고 마치 아버지를 뵌 것처럼 기뻤어요.

문_ 몇 년도에 작성된 것인가요?

답_ (이미일)

1952년도에 작성된 명부예요. 대한민국 정부에서 작성한 것으로 82,959명의 인적사항이 비교적 자세하게 적혀 있었는데, 단지 유감인 것은 납치 사유가 없는 것이 아쉬워요. 너무나 자료가 방대하다 보니까 그랬나 본데, 그래서 저는 이런 증언채록 자료가 필요하다는 생각을 해요.

2005. 5. 3 채록

050503A 김 점 석(金占碩)

피랍인

생년월일: 1913년 1월 13일
출생지: 전남
당시 주소: 서울 용산구 남영동 43번지
피랍일: 1950년 7월 8일
피랍장소: 자택
직업: 변호사
학력/경력: 일본중앙대학교/부장검사
직계/부양가족: 배우자, 자녀 3녀
외모/성격: 키가 작은 편

증언자

성명: 1.박옥련(1921년생) 2.김지혜(1942년생)
관계: 1.배우자 2.장녀
증언성격: 직접증언 V 간접증언 V

특이사항 (납치주체/상황/원인)

- 1950년 7월 8일 오후 2시 용산구 남영동 자택에서 용산 정치보위부 (現 용산경찰서)에서 조사할 것이 있다고 데려간 후 소식 없음.
- 이후 1·4 후퇴 직전 평안북도 만포진에서 피랍인을 보았다는 사람이 있었음. 부장검사를 할 정도로 대한민국에서 직위가 높았고, 경제적으로 유지격이라 공산당의 표적이 된 것으로 추정. 피랍인의 형님도 지방 유지라는 이유로 피살당함.

증언자 요청사항

(對정부) 납북자 생사확인

"검사, 변호사라는 높은 직위를 했고, 부자였고, 또 국회의원 출마했다는 것도 죄목이 됐대요."

"우리 큰아버지도 자은도에서 면장을 하시고 괜찮게 사셨는데 전쟁 때 학살당하셔서 시체도 못 찾았어요. 다 죽었어요. 당시 자은도에서 김씨와 성씨가 잘살았는데 공산당들이 들어와 머슴들을 이용해서 돌을 매달아 물에 빠뜨려 죽이고 다 학살했대요. 잘산다 하면 무조건 다 죽이는 거예요. 또 산 사람을 땅에 그대로 묻기도 하고 전국적으로 그랬어요. 우리 아버지 친구 중 한 분도 당했다는데, 지금 젊은 사람들은 그런 걸 몰라요. 당시 전라남북도가 심했어요."

"정부가 납북자에게 성의를 베푸는 일은 안 한 것 같아. 지금 정부의 높은 사람들이 납북된 사람들이 돌아오면 자기 자리 뺏길까 봐 납북자 가족을 도와주지 않는 게 아닌가 하는 그런 말까지 했었어. 그만큼 성의를 안 보였다는 말이지."

○ 납북 경위

〈1950년 7월 8일 오후 2시 용산구 남영동 자택에서 용산 정치보위부(現 용산경찰서)에서 조사할 것이 있다고 데려간 후 소식 없음. 전쟁 직후 피난을 시도했으나 아픈 아내와 자녀를 두고 갈 수 없어 다시 집으로 들어와 지내던 때, 인근에서 평소 알고 지내던 단국대 법대 학생이 찾아와 본인이 피랍인을 살린다며 몇 마디 나누고, 곧이어 용산경찰서 인민군이 뒤따라 들어와서 연행해감〉

문_ 당시 납치 상황에 대해 자세히 얘기해주시겠어요?

답_ (박옥련)

6·25 당일 남편과 명동에 있는 수도극장엘 갔었어요. 그런데 그날 갑자기 영화가 중단되면서 전부 대피하라는 거였어요. 그래서 집으로 갔더니 의정부 쪽에서 인민군이 내려온다고 하더라고요. 사람들은 겁이 나서 도피할 준비를 하는데 도피하지 말라는 이승만 박사의 방송이 나왔어요. 다 우리나라에서 방비책을 쓰고 있으니 걱정하지 말라고.

(남편이) 26일날 법무부엘 가본다고 나갔어요. 갔더니 당시 이호 법무장관과 지방검찰청장 장재갑씨가 지프차를 가지고 와서 같이 피난가자고 해서 차를 타고 가는 중 (남편은) 남영동에서 우리(가족들)가 사는 곳이니 잠깐 들여다본다고 내렸어요. 그때 마침 제가 위궤양을 앓아서 자리에 누워 있었어요. 식모도 가버리고 집 일을 봐주던 사람이 하나도 없으니까 이 사람이 도저히 못 간 거예요.

그래서 나중에 이호씨와 장재갑씨가 날 찾아와서 그날 아무리 기다려도 안 오니까 할 수 없이 남하했다며 자기네가 맘이 아주 괴롭다는 말씀을 하시더라고요.

그러고 우리는 그래도 가만히 집에 있을 수 없겠다 싶어서 노량진 아는 집으로 갔어요. 그런데 갔더니 쌀도 없고 아무것도 없어서 결국 한강 다리는 끊겼고, 도로 뗏목을 타고 집으로 들어온 거예요.

그러다 이튿날 마침 저의 이모 아들이 사회주의 운동을 했는데, 그 아이가 와서 도피를 하려면 자기가 좋은 데로 해주겠다고 해서 남편과 같이 나갔거든요. 가서 보니까 그 집에 사회주의 프락치들이 많아서 남편은 못 있겠더래요. 그래서 다시 집에 왔다가 가방이랑 옷을 챙겨서 다른 곳으로 가려 했는데, 알고 봤더니 그것을 주위의 프락치들이 다 보고 있었던 거예요. 그 사람이 집으로 들어오는가 안 오는가를.

그러다 완장을 찬 단국대 학생이 왔어요. 그러더니 그 동네 여관집 아들인데 우리집에 와서 평소에 법률책을 참 많이 빌려갔던 애예요. 그 아이가 와서 "선생님 고생하지 말라고, 제가 선생님 살린다"고 했는데, 조금 있으니까 경찰서에서 완장 찬 사람이 오더니 (인민군인가 봐요) "선생님 잠깐만 몇 마디만 답변해주시면 됩니다" 해요. 그리고 그이를 데리고 간 데가 용산서예요. 마침 먼 친척 되는 애가 따라갔는데 그 아이는 가라고 하더래요. 며칠 조사받고 나가신다고.

우리가 이튿날 갔더니 2~3일 더 있어야 된다고 가라고 하더라고요. 그리고 그 다음날 또 갔더니 거기 없다는 거예요. 어디 갔냐 했더니 당시 국립도서관 자리였던 정치보위부로 갔다는 거예요. 그래서 거기를 몇 번을 갔는데도 만날 수 없었어요.

문_ 납치하러 온 사람은 어떤 사람들이었나요?

답_ (박옥련)

붉은 완장 찬 사람들. 용산경찰서 사람인데 "물어볼 말이 있습니다. 잠깐이면 됩니다"라면서 얘기하고 데려갔어요. 차로 데려갈 때도 아주 공손하게 하고 포박도 안 하고 그냥 같이 갔어요.

○ 납치이유

〈전에는 부장검사였고 납북 당시 변호사로서 경제적으로 유지격이라 공산당의 표적이 된 것으로 추정, 피랍인의 형님도 지방 유지라는 이유로 학살당함〉

답_ (김지혜)

전직 검사, 당시 변호사라는 높은 직위였고, 부자였고, 또 국회의원 출마했다는 것도 죄목이 됐대요. 5 · 3선거 때 전남 무안에서 출마하기도 했어요.

또 우리가 6 · 25 때문에 피해본 것은 우리 큰아버지가 자은도에서 면장도 하시고 괜찮게 사셨거든요. 학살당하셔서 시체도 못 찾았어요. 다 죽었어요. 왜냐 하면 당시 자은도에서 김씨와 성씨가 잘살았는데 공산당들이 들어와 머슴들을 이용해서 돌을 매달아 물에 빠뜨려 죽이고 다 학살했대요. 우리 사촌오빠는 헤엄을 쳐서 겨우 물에서 빠져나와서 얘기를 하더라구요. 잘산다 하면 무조건 다 죽이는 거예요. 또 산 사람을 땅에 그대로 묻기도 하고 전국적으로 그랬어요. 우리 아버지 친구 중 한 분도 당했다는데, 지금 젊은 사람들은 그런 걸 몰라요. 당시 전라남북도가 심했어요.

○ 납치 후 소식

〈정치보위부에서 취조를 받을 때 피랍인이 본인은 애국자라며 거센 항의를 한 적이 있다고 전해 들음. 나중에 형무소에서 납치 당시 입었던 윗옷이 발견됨. 그 이후 피랍인의 얼굴을 아는 명태장수가 북한으로 갔을 때 만포 자강도 어느 식당에서 몇몇 사람들과 식사를 하고 있는 김점석 검사를 봤다고 한 것을 전해준 뒤로는 소식 없음〉

문_ 납치된 이후에 소식을 들으신 게 있습니까?

답_ (박옥련)

6 · 25가 끝나고 후일에 장후영 변호사가 한 방에 같이 있었다며 우리한테 연락을 했어요. 자기는 변호사만 해서 나올 수 있었는데 (남편은) "내가 잘못한 게 뭐 있냐? 나는 애국자다" 하면서 그 사람들하고 싸웠대요. 그래서 더 조사해야 한다며 안 보내줬다는

그런 얘기를 하더라구요. 우리가 아는 상황은 그게 전부죠.

문_ 북송 과정에는?
답_ (박옥련)
정치보위부에서 북으로 가는 중의 소식은 없었고, 윤 변호사(피랍인의 지인)가 형무소 간수가 윗옷을 하나 주웠는데 그 안에 '김점석' 이름 석 자가 수놓여 있었다는 얘길 전해줬어요. 남편이 그날 위에 그거를 걸치고 갔었어요. 그래서 법조계에서는 (남편이 거기 있었다는 걸) 알아요. 당시 서대문형무소에 있었나 봐요.

문_ 그것이 마지막 소식이었나요?
답_ (박옥련)
그후 소식은 별로 없고, 피난 가 있을 때 윤무선 변호사가 한 번 만나자고 해요. 그래서 만났더니 누구한테 얘긴 하지 말라면서 자기 아는 사람이 1·4 후퇴 직전에 이북에 명태 장사를 갔었대요. 그게 사실인지는 잘 모르지만, 그땐 이북하고도 왕래를 했지 않습니까? 여하튼 그분이 만포 자강도 어디 식당에서 (남편을) 본 일이 있다고 하더래요. 몇 사람하고 같이 있었는데, 그분이 보니 검사가 맞아서 남편에게 "왜 여기 계시냐?" 고 했더니 깜짝 놀라면서 아무 말 하지 말라고 하더래요. 그러더니 나중에 나올 때 (남편이 그 사람한테) "내가 끌려온 사람이다. 그러니 말하지 말라. 큰일난다" 그래서 말을 못하고 왔다고 그러더래요. 그 얘길 한 번 듣고는 몰라요.

○ 남은 가족의 생활은?

〈용산경찰서에서 완장을 찬 사람이 나와 가택 수사 및 현금과 귀중품을 모두 압수함. 이후 자택은 인민여성동맹의 근거지로 사용되었고, 피랍인의 가족은 친척집으로 피신함. 1·4 후퇴 때 부산에서 지인의 도움으로 연수원을 차려 운영하다가 서울로 온 뒤 피랍인의 아내가 직장 생활과 장사를 하면서 생계를 꾸려감〉

문_ 재산을 약탈당한 것은 없었는지?
답_ (박옥련)
(남편이) 용산경찰서에 들어간 다음날 용산서에서 완장 찬 사람이 서너 명 와서 가택수사를 했어요. 와서 현찰이며 돈이며 찾아서 싹 다 가져갔어요. 보관한다면서 살림은 거의 한 쪽으로 운반을 해서 손 못 대게 못질을 해요. 그러니 우리가 무서워서 거기 있을 수가 없어서 안암동 친척집으로 애들을 데리고 도망을 쳤어요.
나중에 고추장, 된장을 가지러 그 집에 다시 가보니까 거기다 인민여성동맹 간판을 붙이고, 여자들이 많이 있더라구요. 내가 집주인이라니까 나더러 반동분자라는 거예요. 그래서 우리집 된장 고추장을 못 준대요.

그런데 나도 그 당시 겁이 없어 그랬는지 파출소로 갔어요. 가서 빨간 완장 단 인민군에게 "내가 내 집이라서 내 고추장, 된장 가져가려 하는데 왜 안 주느냐? 공산당 이데올로기가 이거냐? 나도 젊었을 때 사회주의 · 공산주의 책도 많이 본 사람이다. 그런데 이남에 이러려고 왔냐"고 소리지르니 그 사람이 나를 데리고 우리집을 가서 여성위원장을 막 야단을 쳤어요. 그러니 다 가져가라고 해서 내가 양푼에 된장, 고추장을 퍼서 그걸 이고 안암동까지 왔던 기억이 나요. (이후 집에 찾아가니) 물건을 가져가는 건 못 봤는데 다 없어졌더라고. 근데 파출소에 가보니 우리집 응접세트가 다 가 있더라고. 책상이고 테이블이고. 가정용품은 여성위원들이 다 가져갔는지 아무것도 없구요.

문_ 피난은?

답_ (박옥련)

저는 쭈욱 있다가 1 · 4 후퇴 때 부산으로 피난을 갔어요. 가서 아는 대법원 판사를 알아서 그 사람이랑 지금의 연수원 같은 데를 같이 (운영)했어요. 제가 남영동서 살다가 6 · 25를 만났고, 다른 사람은 다 피난을 갔는데 난 그때 몸이 아파서 못 나간 거죠. 그러다 안국동에 잠시 머물다가 나중에 부산으로 간 거죠. 셋째딸이 조폐공사 폭격할 때 도망쳐 나오다가 파편에 다쳐서 피투성이가 돼서 안국동의 외과병원에 갔더니 전부 인민군이 와서 의사들 데려가고 없는데 촌으로 가면 의사가 있을 거라 해서 안암동으로 가서도 있었어요. 거기서 석 달 동안 있었어요. 그 당시 잘살아서 금패물이 있었는데 이걸 다행히 안 뺏기고 들고 나와서 그걸 하나씩 팔아가며 페니실린 구해서 그래서 셋째딸이 나은 거예요.

문_ 이후 생계는?

답_ (박옥련)

제가 직장 생활을 했어요. 처음에 군청에 취직을 했어요. 그래서 도청을 왔다갔다 하면서 직장 생활하고, 그 다음엔 장사도 많이 했죠. 여러 가지 은행 융자 받아 장사도 하고 그렇게 살아서 애들이 고생 많이 했습니다.

○ 호적정리

〈미정리〉

○ 정부의 노력

〈전혀 없음〉

문_ 신고는 하셨나요?

답_ (박옥련)

적십자에 신고했죠. 그런데 사람들이 하도 많아 그런지 첨에 아주 까다롭게 굴더라구요. 그래서 이태희 검찰총장하고 장재갑 지방경찰총장 두 분이 가셔서 "이거는 너희가 잘 못하고 있다. 이 부인 신고해주라"고 해서 한 거예요. 이북에 간 사람은 무조건 안 해준다는 식이더라구요. 정부가 납치인에게 성의를 베푸는 일은 안 한 것 같아. 왜냐면 나랑 같이 납치된 가정들이 있는데, 그 사람들이 모두 불평이 많아. 심지어는 현 정부의 높은 사람들이 납치된 사람들이 돌아오면 자기 자리 뺏길까 봐 납치된 가족을 도와주지 않는 게 아닌가 하는 그런 말까지 했었어. 그만큼 성의를 안 보였다는 말이지. 정부에다 탄원을 하고 진정을 해봤자 아무 소용 없으니까 안 하는 거야.

문_ 정부에서 피랍인을 찾으려는 노력은?

답_ (박옥련)

피랍인에 대해 국가가 너무 성의가 없다 이거예요. 이북에서도 그렇고, 이남에서는 바쁘고 사람이 많고 해결할 길이 없으니 못한다고 말하는 거예요. 그런데 하려면 왜 못하겠습니까? 납치인에 대해서는 만날 수도 없게 하지 않습니까? 뒤늦게라도 이북에 가서 돌아가셨다 하더라도 거기 가 있었다는 것을 발표해주면 좋을 텐데, 그런 명단 발표도 못하지 않았습니까? 안 하죠. 안 한다고 보는 거죠.

○ 정부에 바라는 점

〈피랍인 생사확인〉

문_ 정부에 바라는 점 있으시면?

답_ (김지혜)

북한을 건드리지 않으려고 지금 벌벌 떨고 납북자 문제를 거론하지 못하고 있잖아요. 만일 돌아가셨다면 저희 아버님이 북한에 잡혀가서 어떻게 사셨는지 확인이라도 할 수 있었으면 좋겠고, 살아 계시면 상봉하고 싶은 그게 다예요. 그 이상은 바라지도 않아요. 지금 우리 정부의 힘이면 강하게 얘기해도 될 것 같은데 왜 그걸 못하는지 원망스럽죠.

○ 피랍인에게 전하는 말

답_ (박옥련)

오래 살았으면 좋겠어. 오래 살면 언젠가는 만날 수 있겠죠. 그런데 이북에 다녀온 의사들 얘기 들어보니 이북에 약이 없대요. 그래서 오래 살기 힘들다는 얘길 들었는데 명은 알 수 없잖아요. 건강히 오래 살아서 꼭 와서 만났으면 좋겠어요. (울음)

답_ (김지혜)
(눈물) 바람이 있다면 이북에 붙잡혀가셨어도 거기서 가족을 이루고 잘 사시다가 솔직히 공산당에 협력을 하셨더라도 다 괜찮아요. 아무쪼록 잘 사시다가 자기 수명대로 가셨으면 하는 게 제 최대 바람이고 소망이에요. 그 이상은 바라지 않아요. 우리 어머니도 거기서 잘 사시다 가시기를 바라실 거예요.

2005. 5. 3 채록

050503B 김 말 란(金末蘭)

피랍인

생년월일: 1932년 5월 5일생
출생지: 경북 성주
당시 주소: 서울대병원 기숙사 거주 중
(본가: 경상북도 성주군 성주면 대황 2동)
피랍일: 1950년 9월 초
피랍장소: 서울 종로구 소격동 165 서울대 의과대 부속 제 2병원
직업: 적십자 간호학과 2학년 학생(비상시 간호사로 차출됨)
학력: 적십자간호고등학교 재학 중
직계/부양가족: 형제 6남매, 조카 배용종
외모 및 성격: 보통 키에 날씬함. 온순한 성격

증언자

성명: 배용종 (1932년생)
관계: 조카
증언 성격: 직접증언 V 간접증언 □

특이사항 (납치주체/상황/원인)

- 김말란(당시 19세)은 언니의 근무지였던 서울대병원 기숙사에 머물러 있다가 본인도 간호교육을 받았다는 이유로 인민군 간호보조사로 불려나감.
- 이후 9 · 28 수복 직전 인민군 부상자를 북송해야 한다는 상부 지시가 내려와 의사와 간호사 몇 명과 함께 중환자 후송에 차출됨.
- 김말란 납북 1주일쯤 후 조카 배용종과 언니 김을란도 병원에서 단체로 납북, 강원도 근처까지 갔다가 배용종은 기회를 보던 중 폭격 때문에 어수선한 상황 속에서 탈출함.
- 언니 김을란도 폭격 상황에서 탈출했으나 김말란의 소식은 알 수 없음.

증언자 요청사항

(對정부) 피랍인 생사확인

"6 · 25를 당해서 그 당시엔 부속병원뿐만 아니라 전의료기관에 상부에서 지시가 있었습니다. '피난 가지 말고 다 대기해라. 특히 병원은 전쟁이 일어나 국군부상자를 위해 치료를 해야 하니까 어떤 직원이라도 한 사람이라도 남김없이 비상근무를 해야 한다'는 명령이 있었어요. 그래서 피난을 못했죠."

"그러다 9 · 28 인천 사건이 오기 전에 병원에서 '중환자를 이북으로 후송시켜야 한다'는 인민군의 지시가 있었어요. 그래서 병원 당국에서 앰블런스 차 하나에 의사 몇 명 간호사 몇 명, 보조원 몇 명 해서 환자 후송을 시켰어요. 경환자들은 그대로 두고, 그때 막내 말란이 이모님이 중환자 이송하는 데 차출이 된 거예요."

○ 전쟁 당시 상황

〈서대문 적십자 부속 간호전문대에 재학 중이던 피랍인은 조카(증언자)와 함께 서울대병원 간호부장으로 재직 중이던 언니의 병원 기숙사에 거주 중이었음. 6 · 25 발발 후 당시 의료 계통 직원들은 상부에서 부상자 치료를 위한 비상 근무 명령을 받아 피난이 어려웠음. 나중에 인민군들이 병원에 들어오면서는 의복을 위장해 치료를 받던 국군 부상자를 색출, 여러 명을 부상당한 채로 지하실로 끌고가 단체로 학살하는 등 피해와 공포가 심했음. 피랍인의 조카 배용종은 의용군에 해당하던 나이라 반동으로 몰리며 위험을 겪었으나 1차로는 다행히 피했고, 학교로 불려갔던 친구들은 의용군으로 끌려간 사람이 많았음〉

문_ 6 · 25전쟁 때 서울대병원에 계셨던 것으로 알고 있는데, 당시 병원의 분위기와 상황이 어땠나요?

답_ 6 · 25 전쟁이라는 것은 그 당시의 이북 김일성이 적화통일을 하기 위해서 불시에 남침한 것입니다. 그 당시 대한민국으로서는 그러한 전쟁이 일어날 것으로는 꿈에도 생각하지 못했습니다.

당시 저는 서울에서 공부하고 있었고 지금은 캐나다에 이민 가 있는 김을란 큰이모님은 서울대학 부속병원 제1,2병동 중 중앙청 옆 소격동 195번지 제2병원 간호부장으로 재직 중에 있었습니다. 6 · 25를 당해서 그 당시엔 부속병원뿐만 아니라 전의료기관에 상부에서 지시가 있었습니다. "피난 가지 말고 다 대기해라. 특히 병원은 전쟁이 일어나 국군부상자를 위해 치료를 해야 하니까 어떤 직원이라도 한 사람이라도 남김없이 비상근무를 해야 한다"는 명령이 있었어요. 나는 그 당시에 서울에 와서 이모님 기숙사에서 공부를 했습니다. 학교를 다녔고, 납북당한 말란 이모님도 서대문 적십자 부속병원 간호기술 전문학교에 재학 중이었고 6 · 25전쟁으로 인해 피난을 못 가고 큰이모님 기숙사로 피신을 한 거죠.

당시 6 · 25가 발발해서 일산에서 국군부상자들이 후송되어 병원에서 치료받고 있었어요. 중환자, 경환자 해서 받았는데, 당시 6 · 25 전쟁으로 38선 터지고 순식간에 밀리고 있었지 않습니까? 직원들은 피난을 못 가고 부상자를 치료하고 있다가 어쩔 수 없이 일부 부상자들은 개인으로 피난을 가고 중환자들은 갈 수가 없어서 국가에서도 대피시킨다는 어떤 대책도 없어서 병원장의 지시로 살려주기 위해 환의(患衣)를 입혀서 일반 환자실에 섞어서 입원을 시킨 거죠. 그런데 새벽에 인민군이 왔어요. 그때 공포라는 것은 말을 못합니다. 그러니 그 사람이 하라는 대로 하는 겁니다. 원장도 그렇고 그 윗사람들도 전부 절절 매며 따라다니고 그랬어요.

그리고 병실을 시찰했는데 국군 중환자를 입원시킨 게 문제가 되잖아요. 결국 그 사람들이 어떻게 국군 중환자가 입원한 걸 알아가지고 중환자를 환의복(患衣服) 입힌 채로 서울대학 제2병원 지하로 데려가서 따발총을 쐈어요. 직원들은 총소리만 나면 또 '누가 죽었나 보다' 하면서 가슴이 덜거덕거렸고 공포가 점점 쌓였어요. 국군(부상자)들을 모조리 모아 지하실로 데려가 얼마 지나지 않아 총소리가 난 거니까 분명히 거기 가서 죽인 거죠.

문_ 배용종씨 나이도 의용군에 해당됐는데….

답_ 내가 직접 목격한 것은 '나는 어린 학생이니까 괜찮겠지' 하고 한 번 병원 밖으로 나간 적이 있었어요. 병원 밖으로 나가면 개천이 있었어요. 그 개천에 가보니까 민간인이니 군인이니 시체가 엄청나게 많았어요. 인민군이 모자에 별도 달고 완장을 달고 따발총 들고 왔다갔다 해서 우리 민간인들은 다니지 못했어요.

그러다 따발총 든 사람이 저를 불렀어요. "학생동무, 여기 6 · 25 전에 총독부 있는 장소가 어디 있습니까?" 하고 물어요. 저는 하도 겁이 나니까 "예, 바로 저기입니다" 하고 가리켰어요. 그리고 "동무는 뭐 하는 사람이오?" 물어서 저는 "학생이오" 하니까 "어디 사는 사람이냐?" 그러대요. 전 그 당시에 솔직히 다 얘기했지. 그러니 "동무는 반동분자구만" 하길래 아니라고 하면서 겁이 나서 병원으로 도망을 쳤어요. 그래서 그 당시 큰이모한테 얘기하니까 "너 큰일 난다. 너 그러다가 끌려간다"고 했어요.

그렇지 않아도 그 당시에 인민군 들어오고 얼마 되지 않아서 방송으로 학생들 전부 등교하라고 했어요. 저도 학교를 가고 싶으니까 나가볼까 해서 큰이모한테 얘기했더니 큰이모가 깜짝 놀라면서 너 거기로 나오라고 하는 것은 전부 잡아다가 인민군 의용군에 보내려는 거니까 너 죽으려면 나가라고 해서 안 나간 거죠. 그런데 그 뒤에 알고 보니까 전부 인민군 의용대로 끌고 간 거였어요.

○ 납북 경위

〈피랍인(당시 19세)은 언니의 근무지였던 서울대병원 기숙사에 머물러 있다가 본인도 간호교육을 받았다는 이유로 인민군 간호보조사로 불려나감. 이후 9 · 28 수복 직전 인민군 부상자를 북송해야 한다는 상부 지시가 내려와 의사와 간호사 몇 명과 함께 중환자 후송에 차출됨. 김말란씨 납북 1주일쯤 후 조카 배용종과 언니 김을란도 병원에서 단체로 납북, 강원도 근처까지 갔다가 배용종은 기회를 보던 중 폭격 때문에 어수선한 상황 속에서 탈출함. 언니 김을란도 폭격 상황에서 탈출〉

문_ 김말란 이모님은 어떻게 납치된 것인지?

답_ 전 의용군에 끌려가지 않은 게 다행이었는데, 그 당시에 간호사나 직원들은 도망치다가 붙들려서 총살을 당했다고 들었어요. 하여튼 수백 명 전직원이 파트 별로 근무를 하고 그랬는데 말란이 이모는 기숙사에만 있다가 간호학교를 다녔으니까 간호보조사로 배치되어서 인민군 환자들 치료하는 일을 하게 됐어요. 당시 우리 국군은 계속 후퇴하던 때죠. 그런데 방송에서 이승만 대통령은 "서울 시민 여러분 안심하십시오. 유엔군이 곧 도착해서 인민군을 후퇴시킬 것입니다. 피난 가지 마시고 안심하십시오" 계속 그런 말만 했어요.

그 와중에 우리 국군은 계속 밀리고 '아, 정말 이제는 인민군 세상이 되는구나' 생각했어요. 그러다가 유엔군에서 한국을 돕는다 결의를 하고 미국이 지원을 나왔어요. 16개국의 유엔군이 들어오자 인민군은 감당을 못하고 결국 후퇴를 하게 되었죠. 가만히 이불 속에서 라디오를 듣기도 하고 이모가 알려주기도 해서 기숙사에서도 유엔군이 어디까지 왔는지 얘기를 들을 수 있었어요. 비행기인 호주 쌕쌕이가 나와서 서울 바닥에 계속 들이쏴대고 정찰기가 나와 연막탄을 때리고, 흰 연기만 나면 그냥 불이 붙고 했어요. 용산에 폭탄이 터졌는데, 소격동 서울대병원까지 울림이 왔어요. 지진이 나서 울림이 나듯이 말이에요. 그 정도로 폭격이 심했어요. 그때 병원에 인민군 환자가 거의 다 찼어요.

경환자는 조금 나으면 전방에 보내고 중환자는 이북으로 보냈는데, 그러다 9·28 인천 사건이 오기 전에 병원에서 "중환자를 이북으로 후송시켜야 한다"는 인민군의 지시가 있었어요. 그리고는 병원 당국에서 앰블런스 차 하나에 의사 몇 명 간호사 몇 명, 보조원 몇 명 해서 환자 후송을 시켰어요. 경환자들은 그대로 두고. 그때 막내 말란이 이모님이 중환자 이송하는 데 차출이 된 거예요. 우리 이모가(김을란) 책임자로 있었으니까 그 사실을 알았겠지요. 말란 이모가 그 명령을 받고 언니(김을란)를 찾아와가지고 "중환자 이송하는 데 차출이 됐어요." 하니까 이모는 "그래, 뭐 어쩔 수 없다. 차출이 됐으면 가야지" 했었대요.

문_ 당시 김말란 이모님 나이가 19살인가요?
답_ 제가 18살. 말란 이모님이 19살. 졸업반이었어요. 그때는 적십자 간호학교가 2학년에 졸업인가 했었어요. 졸업만 하면 바로 적십자 병원에 발령받는 거예요.

문_ 그 당시는 나이와 상관없이 다 데려갔다는 말씀이세요?
답_ 나이고 뭐고 데리고 가는 것은 다 상관이 없었죠. 가족들도 다 데리고 가는데요. 도망치면 쏴 죽이는 거고. 도망만 안 치고 말만 잘 들으면 다 이북으로 데리고 가는 거죠.

○ 특이사항

〈김말란씨 납북 1주일쯤 후 조카 배용종과 언니 김을란도 병원에서 단체로 납북, 강원도 근처까지 갔다가 배용종은 기회를 보던 중 폭격 때문에 어수선한 상황 속에서 탈출함. 언니 김을란도 폭격 상황에서 탈출했으나 한동안 만날 수 없었음〉

문_ 배용종씨 본인도 납북되셨었는데, 말린 이모와는 며칠 간격으로 출발하셨나요?
답_ (이모가 떠난 건) 우리가 전체적으로 이동하기 아마 1주일 전 일거예요. 학교고 뭐고 다 가지도 못하고 있는데 병원에 있던 사람이 전부 다 끌려갔어요. 큰이모도 끌려가고 차에 타라니까 타는 거죠. 그냥 이북으로 잡고 가는 거죠. 차에서 자고, 비행기가 폭격하면 숨어 있다 다시 가고. 그렇게 계속 끌려간 사람들은 거기에서 애 낳고 살고 그런 거죠. 나중에 서울대병원 간호사였던 사람들이 이산가족에 나왔는데 우리 이모는 봐도 못 찾았어요. "그냥 죽은 걸로 생각해라"라는 얘기만 들었어요.

문_ 거의 같은 경로로 올라가셨을 텐데. 가시는 길에 폭격 받은 차량은 못 보셨어요?
답_ 많이 봤어요. 차량 수십 대가 잿가루가 됐어요. 그뿐만 아니라 길에 사람들이 엄청나게 죽었어요.

문_ 올라가서 간호사나 의사들 시체는 못 보셨어요?
답_ 시체로 봐서는 간호사인지 의사인지 모르겠지만 시체는 많이 봤어요. 전 매일 도망칠 생각만 했어요. 죽기 전에는 도망을 친다는 생각요. 저희 큰이모도 "도망칠 기회가 있으면 도망을 쳐라. 낮이면 태양 보고 밤이면 북두칠성을 보고 도망을 치면 산다. 우리는 죽더라도 네가 살면 되니까 고향에 가면 되지 않느냐?"는 얘기를 했어요.

문_ 뭐라고 하면서 데려가던가요?
답_ 환자 후송. 후방으로 후송. 병원을 옮기는 거죠. 차에 싣고. 그후에 알고 보니까 전부 이동을 한 거였어요. 비행기가 어디 가만히 둡니까? 비행기로 병원이고 뭐고 다 폭격을 해 가지고. 지상은 폭격으로 난리가 나는 거죠. 비행기만 뜨면 차고 뭐고 다 섰다가 비행기가 안 보이면 이북으로 가고 그랬죠.
저는 강원도 어느 지역까지 끌려갔어요. 제가 탄 차도 의사나 간호원, 직원들이 타고 간 거죠. 어느 날 새벽에 차가 다시 출발하려고 했는데 정찰기가 날아왔어요. 그리고는 빙빙 돌다가 연막탄을 탁 때리니까 흰 연기 나자마자 비행기가 날아오는 거예요. 그리고 쏴대는 거예요. 차 안에 있던 사람은 맞아 죽는 거예요. 아니면 도망가는 거죠. 그쯤에 저도 도망쳤어요.
어릴 때 우리 이모가 "네가 도망을 치더라도 북으로 도망치면 안 된다. 남쪽을 향해서 도망쳐야 산다"는 교육을 받았어요. 그 당시 남쪽이 어딘지 분간을 못하죠. 아침에 날이 새자마자 '이쪽이 남쪽이겠다' 하고 그냥 도망을 친 거죠. 도망가니까 인민군이 따발총으로 들이쏘고 그랬어요. 그래서 더 많이 맞아 죽었을 거예요. 그 당시에 나뿐만 아니라 그렇게 끌려가다가 후퇴하다 도망가던 사람들이 살아 뛰어나와서 국군이 나오면 만세 부르고 그랬죠.

○ 납치이유

〈김말란은 간호사였기 때문에 인민군 부상자 치료를 목적으로 납북, 중환자 북송에 차출당함〉

○ 납치 후 소식

〈없음〉

문_ 북으로 올라가시면서 이모님에 대한 소식을 들으셨나요?
답_ 저는 내려와서 바로 군대로 가서 집에는 2년 몇 개월 만에 돌아갔어요. 고향에서는 제가 죽은 줄 알았는데 나중에 제가 군에 있으면서 출장간 사람에게 소식을 들려주어 집에 제가 산 걸 알렸죠. 그렇지만 큰이모와 막내이모의 행방을 알지 못했죠.

○ 남은 가족의 생활은?

〈납북자의 조카 배용종씨는 입대했다가 2년 만에 고향에 돌아옴. 언니 김을란은 거제 수용소에서 간호 책임자로 근무하다가 서울대로 돌아와 간호과장으로 계속 일함. 이후 캐나다로 이민. 가족 모두 잃어버린 김말란에 대한 그리움이 여전히 깊음〉

답_ 이모하고 헤어지고 해서 어린 마음에 어디로 갈 수도 없잖아요. 그래서 저도 6사단에 들어가 인민군을 쳐야겠다는 생각을 가지고 들어간 거예요. 들어갔는데 그때 서울에서 학도병 지원을 해서 많이 들어왔어요. 그러다 인사계 상사가 어린 내가 들어온 걸 보고 시키는 대로 하라고 했고, 대대본부에 배치돼서 대대장 호위병 같은 일을 했어요. 계속 북진 북진해서 이북 초산까지 갔어요. 중공군에게 포위된 적도 있어요. 그때 다행히 불발탄이 많아서 살 수 있었죠. 제가 종교를 가지고 있는데 하나님이 날 살려주나 보다 하는 생각이 들었어요.

문_ 큰이모님은 같이 도망친 줄 아셨나요?
답_ 큰이모도 저처럼 폭격으로 나왔대요. (돌아와서) 남쪽 포로수용소인 거제수용소에서 국군 치료하고 간호사 책임자로 있었는데, 계급이 소령 정도였어요. 그 소식을 후에 안 거예요. 그 이모는 계속 서울대 간호과장으로 몇 년 계시다가 시립병원으로 나오셨어요. 이후에 큰이모님은 나이팅게일상도 받으시고 캐나다에 마침 가셨다가 그곳 병원에서 간호사로 근무하셨어요. 지금도 신앙으로 지내세요. 저는 제대하고 부산으로 내려갔구요. 그런데 말란이 이모님 소식만 몰랐어요.

○ 정부의 노력

〈없었음〉

○ 호적정리

〈미정리〉

○ 연좌제 피해

〈없었음〉

○ 정부에 바라는 말

〈피랍인 생사확인〉

답_ 제가 직접 보고 피부로 느낀 당사자니까 그대로 아는 대로 얘기하고 싶었습니다. 이젠 기억도 상실하고 얘기도 잘 안 돼요. 그런데 말란이 이모님을 찾아보겠다는 생각만 가지고 있다가 여기 가족회는 신문에서 보고 참여하게 됐어요. 우리같이 6 · 25 전에 공직이나 관리직에 있었던 사람들의 행방을 정부가 어떻게 해서든 알려줘야 하는 게 아닙니까? 전 이게 불만입니다. 민간인들, 관리직들 생사불명을 어떻게 먼저 알려줘야 합니다. 그 사람이 죽었는지 살았는지, 서울대병원이라면 환자가 얼마이고, 사망자가 얼마인지 기록이 남아 있을 거 아닙니까? 그런데 그 기록만으로도 충분히 알아볼 수 있지 않겠습니까? 이 단체만을 믿고 어떻게든 알아보려고 합니다.

○ 피랍인에게 전하는 말

문_ 이모님께 하고 싶은 말?

답_ 살아만 계신다면 정말 감탄하죠. 살아 있다는 걸 알았으면 좋겠습니다. 살아만 계시다면 모든 가족들이 얼마나 기쁘고 춤을 출 그런 일이 되지 않겠습니까? 살아만 계시길 간절히 바랍니다. 떠날 때가 다 됐는데, 죽기 전에 말란이 이모님 소식을 알기를 하나님께 간절히 기도를 드리고 있습니다. 생사라도 확인했으면 좋겠어요.

문_ 이모에 대한 그리움이 많으시죠?

답_ 그 당시의 말란이 이모님이 자기 언니에게 남겨둔 말씀, 부탁이 이랬습니다. 제가 경상도에서 태어났는데 그 당시만 해도 외가가 잘살고 우리도 못살지는 않았지만은 이모가 서울에 와 있고 외가댁으로 해서 아저씨들이 서울대 약대 다니고 연세대 다니고 해서 "여기에서 공부 좀 해봐라" 해서 제가 서울로 오게 된 겁니다.

말란이 이모는 6 · 25를 당해서 그 당시 차출이 돼 가면서 "언니, 전 가다가 폭격으로 죽어도 좋아. 그렇지만 배용종은 살아야 된다. 고향에 계시는 부모님과 큰언니가 얼마나 걱정을 하겠느냐. 그러면서 국군이 점령하게 되면 남한 세상이 되니 어떻게든 살려달라"는 부탁을 하고 떠났다고 해요.

그 얘기를 들으니까 그때를 생각하면 눈물이 쏟아지고(눈물) 그 당시 공포에 대해 얘기하면 캐나다 이모는 "이제 생각하지 말자" 그래요. 그 당시엔 무섭고 비극이니까 잊자 그러지만 저는 살아 있는 동안에는 말란이 이모가 참 보고 싶고. 저보다 한 살 위입니다. 우리 외할머니가 나이 어릴 때 어머니를 낳아가지고 외할머니가 나 태어나기 1년 전에 막내이모를 낳은 거예요. 그래서 서울에서 아는 친구 지간처럼 다정하게 지냈어요. 제가 서울병원에 와서 왔다갔다 하면 토요일마다 나와서 벚꽃나무 열매 따서 주고 그렇게 저를 아꼈던 이모예요. 그렇게 정이 들었던 이모인데….

2005. 5. 6 채록

050506A 김 병 기(金秉基)

피랍인

생년월일:	1894년 음력 5월 1일생
출생지:	서울시 종로구
당시 주소:	서울시 종로구
피랍일:	1950년 9월 15일
피랍장소:	종로 4가 제일극장(現 평화극장) 앞 인도
직업:	상업(도윤상회, 불로상회 운영)
학력/경력:	YMCA전수학교/장면 박사 선거사무장
직계/부양가족:	배우자, 자녀 3남 3녀
외모/성격:	키가 크고 건강함. 온순한 성격

증언자

성명:	김용준(1932년생)
관계:	아들
증언 성격:	직접증언 ☐ 간접증언 V

특이사항 (납치주체/상황/원인)

- 전쟁 직후 압구정(한강 이남)으로 피난을 했다가 인근 좌익의 의심과 움직임에 9월경 다시 서울 자택으로 돌아옴.
- 마침 미아리에서 상업을 하며 민보단 단장이었던 사위가 납치되었다는 소식을 듣고 인근에 소식이라도 얻으러 나갔다가 정치보위부원에게 발각, 과거 장면 박사 선거사무장을 했다는 이유로 연행됨.
- 이후 함께 수감·납북되던 중 탈출했던 사람들로부터 서대문형무소, 미아리를 경유해 38선 근처까지 갔다가 만포진 탄광이 있던 지역까지 끌려갔다는 사실을 전해 들음.

증언자 요청사항

(對정부) 피랍인 생사확인, 사망시 사망일자 확인 및 유골 송환

"인천 상륙 이후에 서대문형무소에서 문을 열어놓고 나가라고 했대요. 그 당시에 도망 나온 사람이 있었는데 아버님과 함께 38선 근처까지 같이 묶여갔었대요. 그 사람은 38선 근처에서 감시가 잠시 느슨해진 틈에 풀숲으로 굴러서 도망을 나온 거였어요. 그 이후에 또 아버지와 같이 묶여서 가다가 도망온 사람을 만났는데, 그 사람 말이 평양까지 가서는 약간 휴식을 하고 평북 만포진까지 갔대요. 거기에 탄광이 있었다고 하더라고요. 그 소식이 전부예요."

"둘째누이가 아버지 소식을 알 수 있지 않을까 해서 서울에 있는 인민군 여맹에 들어갔어요. 그런데 아군이 들어오고 누이는 그 여맹 활동을 했다는 이유로 경찰에 잡혀갔어요. 그 후 누이는 어디에서 죽었는지도 몰라요. 그게 한이 돼요."

○ 당시 직업 / 활동

〈종로에서 도윤상회, 불로상회 등을 운영하면서 정치 활동도 겸함. 제헌국회의원이었던 장면 박사의 선거사무장을 했고, 한국민주당을 창설하는 등 다양한 활동들을 했음〉

문_ 전쟁 당시 어떤 일을 하고 계셨는지?
답_ 그 당시 아버지는 종로 5가에서 도윤상회. 또 불로당, 불로양주장, 불로상회를 친구분하고 같이 하셨어요. 그리고 불로버스도 운영했어요. 그 당시에는 상회라면 주식회사였어. 아버지가 한약재를 강원도에서 들여와서 중국으로, 대만으로 보내는 무역을 했어. 물물교환이라는 걸 했는데, 그 당시 강원도 쪽에 마차로 끌고 가서 강원도까지 끌고 가는 건 고급 무역회사야. 일본사람들이 쓰던 차인 트럭도 있어서 그 차로 강원도에 1주일에 와서 한 번 (짐을) 풀고 했어요.

그러면서 또 저희 아버지는 일은 다른 사람에게 맡기고 (당신은) 나가다니면서 정치적인 일을 많이 했어. 한국민주당 창설도 했고…. 6 · 25전쟁 전 해방되기 직전에는 국회의원 부위원격인 경성부의원을 했어요. 그러면서 다리도 놓고 굶는 사람들에게 쌀도 주고 했어요. 우리 아버지는 일본말도 곧잘 하셨는데 그래도 친일은 아니셨어요. 언제나 한복만 입고 그러셨어요. 우리나라 역사학자 한 분을 도와주시기도 했고요. 또 천주교 신자인 장면 총리를 뒤에서 밀어주셨어요. 그 당시 장면 총리는 제헌국회의원으로 당선된 상황이었어요. 발이 넓으신 분이셨거든요.

문_ 장면 박사님의 제헌국회의원 재임 때 사무장을 하셨던 건가요?
답_ 네. 그 당시엔 '김병기' 하면 다들 잘 알았어요.

○ 납북경위

〈전쟁 직후 압구정(한강 이남)으로 피난을 했다가 인근 좌익의 의심과 움직임으로 인해 9월경 다시 서울 자택 쪽으로 들어옴. 마침 미아리에서 상업을 하며 민보단 단장을 했던 사위가 납치되었다는 소식을 듣고 인근에서 정보를 구하러 나갔다가 정치보위부원에게 발각, 과거 장면 박사 선거사무장을 했다는 이유로 연행돼 가서 연락 두절됨〉

문_ 어떻게 납북이 되셨는지?
답_ 아버님이 쉰일곱 살에 아들에게 넘겨주시려고 압구정 정자 주변으로 2,700여 평 정도의 집을 사두셨어요. 큰형 부부를 그곳에서 관리를 하게 두셨는데 그 다음해 6 · 25전쟁이 발발됐죠. 그래서 피난을 그곳으로 간 거예요.

저는 6 · 25전쟁 전에 보성중학교를 다니고 있었는데 인민군이 6월 27일에 (종로로) 들어왔어요. 저는 당시 너무 어려서 전쟁이라는 것도 잘 모르고 학교를 계속 나오라고 하니까 학교를 계속 다녔죠. (그때) 나머지 식구들은 다 아버님이 사두셨던 압구정 집으로 내려갔어요. 당시엔 압구정이 시골이었어요. 그때 가족들은 둘째형, 누이동생, 어머니, 장조카(외조카), 아버님이 계셨는데 첫째, 둘째누이는 시집을 간 상태였어요. 그렇게 혼자 집에 남아 있으며 학교를 다녔는데 당시 저희 선생님은 중국에서 전쟁을 겪으셨던 분이라 학생들한테 전쟁에서는 먹는 게 중요하고, 긴장하지 말고 차근차근 하라고 일러주셨어요.

그러고 얼마 되지 않은 어느 날 아침 6시쯤에 '펑' 하며 한강 다리 끊는 소리가 들리는 거예요. 저는 부랴부랴 선생님 말씀대로 집안에 있던 쌀을 다 가방에 넣어서 압구정으로 갔죠. 가던 중에 펑펑 하는 소리가 계속 들렸어요. 배를 타고 다리를 건너려고 기다리는데 인민군이 보이더라고요. 제가 배를 타고 압구정으로 건너가서 보니 친척들이 한 200여 명 찾아와 있었어요. 사람이 너무 많아서 밥 세 끼를 다 먹이지는 못하고 점심에는 호박을 주고 그랬어요. 그때 매형이 인민군이 발행하는 통행신분증을 갖고 있어서 서울 하고 왔다갔다 하면서 소식을 알려주곤 했어요. 그런데 아버님이 (압구정에) 계속 계시다가 보니까 당시 큰형님 댁 사돈집에서 아버님을 눈여겨본 거예요. 그러더니 빨간 완장을 찬 지역 사람들이 들어와서 아버님을 찾더라구요.

결국 아버님은 여기서나 거기서나 잡혀가기는 같을 것 같아서 다시 서울로 올라가셨어요. 우선 어머니를 먼저 올려보내셨고 그때 저는 압구정에 있었는데 저는 얼굴이 까맣게 타서 농사꾼인 줄 알았지만 작은형은 계속 얼굴이 하얀 편이라 언제나 인민군에게 의심을 사곤 했어요. 그러고 누이가 서울과 압구정을 왔다갔다 했어요. 남자들은 나이만 되면 의용군으로 끌려가서 밖에 나가질 못했거든요.

그렇게 아버님이 9월달에 (서울로) 가신 지 며칠 되지 않아서 아버님은 서울에서 변장을 하고 매형을 찾으러 돌아다니셨어요. 우리 매형은 6 · 25 전에 종로4가 동회장을 하고 민보청년단장을 했어요. 그랬더니 어떤 놈이 찔러서 정치보위부, 경찰에 붙잡혀간 거예요. 6 · 25가 터지고 충청도로 도망갔다 조용해져서 다시 왔더니 잡아간 거죠. 동대문시장 대로변에 지금은 없어졌지만 '애국공사'라고 해서 페인트 공장을 하다 납치를 당하셨어요.

그러니까 아버지는 사위가 납치되어간 그 근처에 가서 어디로 납치되어갔나 하고 (알아보려고) 슬슬 다니다가 매형 집 앞에서 잡혀갔어요. 거기다 장면 박사 사무장을 했다 한 것이 문제가 돼서 바로 잡힌 거죠. 누가 일러서 잡혀 들어가신 거였어요. 처음에 정치보위부로 잡혀가셨다가 서대문형무소에 감금되셨죠. 거기에서 손톱을 다 뽑아냈대요. 그런 고문을 당하셨어요. 그렇게 잡혀 들어간 걸 왔다갔다 한 누이가 압구정에 와서 알려줬어요.

○ 납치이유

〈전쟁 전 제헌국회의원이었던 장면 박사 선거사무장을 했던 것을 밀고당해 정치보위

부원에게 연행됨〉

○ 납치 후 소식

〈함께 수감 · 납북되던 중 탈출했던 사람들로부터 서대문형무소, 미아리를 경유해 38선 근처를 거쳐 만포진 탄광이 있던 지역까지 끌려갔던 것을 전해 들음〉

답_ 그때 인천 상륙한 이후에 서대문형무소에서 문을 열어놓고 나가라고 했대요. 그때 다들 무서워서 나가지 못했는데, 그 당시에 도망나온 사람이 있어서 아버님이 어떻게 지내셨는지 얘기를 해주셨어요. 그러고 아버지는 손발이 다 묶여서 미아리로 해서 끌려가셨대요. 그 이후에 38선에서 도망나온 사람이 있었어요. 당시 저희 집에서 100미터 떨어진 곳에 살던 효제동 민보단장이었던 사람이 아버님하구 같이 묶여갔대요. 그런데 그때 38선 근처에서 잠시 감시가 느슨해진 틈을 타서 그 민보단장이던 사람이 "영감님 뛥시다" 하였는데 아버님은 뛰기 힘들 것 같다며 "난 못 가겠다" 하고 단지 민보단장이던 사람의 손목의 끈만 풀어주어 그 사람만 길 옆에 있는 높은 풀숲 속으로 굴러서 도망갔대.

따발총을 쐈지만 다행히 맞질 않고 도망나온 거지. 그 사람 얘기를 듣고 "아, 아버님이 거기까지는 사셨구나" 알았지. 그런데 그 이후에 평양에서 도망나온 사람이 있어서 알려줬어. 그 사람은 평양 사람이었어. 평양이 고향이었는데 당시 아버지하고 같이 묶였대. 약간 휴식만 하고 갔는데 만포진까지 갔대요. 그런데 그때 거기에 탄광이 있었다고 하더라고요.

그렇게 저희는 세 번 아버님에 대한 소식을 들었어요. 그 당시 저는 아버지가 어디로 잡혀갔는지 알 수 있지 않을까 해서 (군대를) 갔는데 전혀 알 수가 없더라고요. 내 희망은 아버지가 계시는 북한 만포진까지 가서 그 탄광에서 뭘 했는지, 혹시 살아 계시는지, 돌아가셨다면 유골이라도 찾아보는 거야.

○ 남은 가족의 생활은?

〈아들 김용준은 곧바로 군대에 가고, 남은 가족들도 다행히 집안에 재산이 있어 경제적인 어려움은 적었음. 그러나 의사였던 차녀는 아버지 소식을 듣고자 인민군 여맹에 들어갔다가 서울 수복 후 아군에게 잡혀가 행방불명됨〉

답_ 그렇게 돼서 나는 1950년 12월에 군대를 가고 군대에서 6년 후 제대를 했어. 종로4가에 재산이 있었어. 그래서 따로 고생은 안 해봤어. 다행히 당시 다들 어른이라서 고생하질 않았던 거야. 식구들이 아주 어리진 않아서 생계는 괜찮았는데 어머님이 아들 둘이 군대를 가서 신경을 많이 쓰셨지.

둘째누이가 의사 출신이에요. 고모 중매로 만나서 결혼한 둘째매형이 이북 사람이었어요. 결혼을 하긴 했는데 신통치 않게 생각해서 같이 살지는 않았어요. 애도 안 낳고 그런 상황이었는데 누이가 아버지 소식을 알 수 있지 않을까 해서 서울에 있는 인민군 여맹에 들어갔어요. 그런데 아군이 들어오고 나니까 둘째누이가 그 여맹 활동을 했다는 이유로 경찰에 잡혀갔어요. 그래서 제 누이는 어디에서 죽었는지도 몰라요. 그게 한이 돼요. 그렇게 잡혀가고 무소식이에요. 그 당시에 제가 군대에 가 있어서 몰랐어요.

○ 정부의 노력

〈기대가 없어 신고조차 않았음〉

문_ 신고는 하셨나요?

답_ 신고는 전혀. 신고는 해봤자 도와주지도 않을 것 같아서 하지도 않았어요. 이젠 식구들도 다들 포기했어요. 사실 아버지가 잡혀가지 않으셨으면 군대를 가지 않았겠지. 하늘이 무너진 것 같아.

○ 호적정리

〈장자 김용진 명의 호주 상속〉

○ 정부에 바라는 말

〈생사확인, 사망시 사망일자 확인 및 유골 송환〉

○ 피랍인에게 전하는 말

답_ 생존해 있으시리라고는 믿지 못합니다. 생존해 계시면 106세가 되십니다. 그래서 그건 기대하지 않지만 아버님, 하늘나라에 계시면 꿈에서라도 보여주세요. 유골이 어디

묻혔는지 알면 어머님하고 합장시켜서 아버님 산소에 묻어드릴게요. 부디부디 꿈에라도 나타나주세요. 돌아가신 날짜만 알아도 제가 살아 있는 동안에라도 제사를 지내드릴게요. 제가 한 되고 원 되는 게 그것밖엔 없습니다.

2005. 5. 7 채록

050507A 김 경 희(金敬喜)

피랍인

생년월일:	1923년 4월 1일
출생지:	경기
당시 주소:	서울시 서대문구 창천동 47-11
피랍일:	1950년 7월 28일
피랍장소:	서울시 서대문구 대현동 신촌역 부근
직업:	사업
학력	연희전문
직계/부양가족:	배우자, 자녀 1남 1녀
외모/성격:	눈썹이 진한 편이고 코가 오똑함. 온순한 성격

증언자

성명:	1.이정림(1929년생) 2.김교현(1948년생)
관계:	1.배우자 2.장남
증언성격:	직접증언 V 간접증언 ☐

특이사항 (납치주체/상황/원인)

- 전쟁이 발발하자 피랍인은 숨어 생활을 하다가, 친형이 정치보위부에서 조사를 받고 돌아온 뒤, 자수하라는 권유로 음력 7월경 자수하러 갔다가 납북됨.
- 당시 아내 이정림씨가 정치보위부에 갔다가 피랍인을 트럭에 태우는 것을 목격함.
- 피랍인은 당시 민보단 단장 및 다양한 정치활동을 하던 형님의 일을 도와 민보단 부단장을 해왔고, 유지집안의 젊은 청년이란 것도 납치의 이유가 됐을 것으로 추정됨.

증언자 요청사항

(對정부) 생사확인 및 유골 송환

"(사람들을 트럭에 태우는 것을) 본다고 사람들이 굉장히 많았어. 그냥 구경만 했어. 가까이 접근하지 못하게 줄로 못 가게 막은 거야."

"재 큰아버지가 민보단 단장으로 있었는데 애 아버지가 그 밑에서 비슷한 일을 했어. 그게 (피랍) 이유가 됐고, 나이 차이가 20년 정도 났는데, 나이 많은 사람은 데려가지 않고 젊은 사람만 데려간 것 같아요."

○ 납북 경위

〈전쟁 직후 피랍인은 반공 수보에 숨어 생활을 하다가, 친형이 정치보위부에서 조사를 받고 돌아온 뒤, 자수하라는 권유로 음력 7월경 자수하러 갔다가 납북, 당시 아내 이정림씨가 정치보위부에 갔다가 피랍인을 트럭에 태우는 것을 목격함. 그 이후로는 소식을 알 수 없음〉

문_ 당시 어머님께 들은 아버님 납치상황에 대해 자세히 얘기 좀 해주시겠어요?
답_ (김교현)
큰아버님이 많은 사회활동을 하셨는데 정치보위부에서 조사받고 나오시고 저희 아버님은 반공 수보에 숨어 계셨다고 해요. 엄마하고 할머니하고 주먹밥 갖다 드리고 했나봐요. 저희 큰아버지가 조사를 받고 와서 "저쪽 세상이 됐으니 숨어 살지 말고 조사받고 나오너라" 해서 당시 저희 아버지가 큰아버지 말을 철저하게 들었나 봐요. 아버님 친구 몇 분들은 피난 가자고 했는데 가족들 때문에 피난 가지 못한다고 하시면서 큰아버님 말대로 자수하러 가시면서 제 세발자전거를 사가지고 오시겠다고 하시고는 다시 돌아오지 못하셨어요. 음력 7월에 그랬다고 하시더라고요.

문_ 큰아버님은 직접 가셨다는 말씀이세요?
답_ (김교현)
조사를 받으라고 해서 가봤던 거고, 동생보고 와서 자수받으러 오라고 했다는 거예요. 큰아버지가 그러시더라고요.

문_ 어머님 말씀에 의하면 큰아버님이 민보단 단장에서 활동하셨다고 하셨는데.
답_ (김교현)
큰아버님이 당시 유지라 활동을 많이 하셨어요. 후에 5 · 16혁명 나고 재건 국민준비운동도 하시고 선거에도 출마하시고 그러셨어요. 그 당시에 무슨 일인가 하셨나 봐요. 2살이라 잘 모르겠어요. 항상 큰아버님이 너희 아버지는 돌아올 거다 하시면서 가끔 큰아버님이 끌려간 얘기, 어렸을 때 자란 얘기를 해주셨어요.

문_ 당시 큰아버님은 정치보위부에 갔다가 돌아왔지만 아버님께서는 돌아오지 못하신 거고요?
답_ (김교현)
그게 마지막이었죠. 조사받으러 갔다가 그게 끝이죠. 그후 모습은 트럭에 타는 것을 보고, 저희 할머니가 서대문형무소에 찾아다니고 그랬대요.

문_ 그 이후 어머니가 보신 적이 있다고 하셨는데, 당시 납치상황에 대해 자세히 얘기해 주시겠어요?
답_ (이정림)

정치보위부가 있는 을지로에 갔었어. 밤낮 거기 가서 보고 오고 그랬거든. 그런데 어느 날 끝에 가서 보니까 모자를 쓰고 가는 사람이 꼭 쟤 아버지 같아. 따라가려고 했더니 막 못 가게 막대. 엎드리고 가시는 게 꼭 쟤 아버지 같았어. 그리고 갔더니 소식도 없어.

문_ 그 당시엔 어디로 데려갔는지?
답_ (이정림)
그 당시에는 이북으로 끌려갔다고 그러잖아. 가다가 죽었다는 사람도 있고 했는데. 그런데 어떤 사람이 와서 얘기하는데, 같이 가는데 구사일생으로 그 사람만 살아왔대. 그렇다고 얘기를 해. 총을 막 쏘는데 맞지 않아서 그 사람만 살아나왔대.

문_ 남편분과 같이 북송되다가 탈출한 분이 직접 얘기해 주신 건가요?
답_ (이정림)
응.

문_ 그때 데리고 갈 때 직접 목격하셨는데, 때리거나 포박해서 데리고 가던가요? 총으로 위협한 것은 보셨나요?
답_ (이정림)
그냥 엎드려서 차에 타는 것만 봤지. 총으로 위협하는 것도 못 보고.

문_ 데리고 가는 사람은 못 보셨어요?
답_ (이정림)
보러온 사람들이 굉장히 많았어. 그냥 구경만 했어.

문_ 가까이 접근하지 못하게 막았나요?
답_ (이정림)
줄로 못 가게 막은 거야.

○ 납치이유

〈피랍인은 당시 민보단 단장 및 다양한 정치활동을 하던 형님의 일을 가장 많이 도와 행동하던 인물이었고, 유지 집안에 민보단 부단장을 했던 젊은 청년이라는 것이 납치의 주요 이유가 됐을 것으로 추정됨〉

문_ 무슨 이유로 데려갔는지 아세요?
답_ (이정림)
쟤 큰아버지가 민보단 단장으로 있었는데 얘 아버지가 그 밑에서 비슷한 일을 했어.

문_ 민보단 단장을 도왔다는 이유로 데리고 간 거였나요?

답_ (이정림)

응.

문_ 큰아버님은 들어갔다가 나오셨는데 연세가 어떻게 되셨나요? 나이 차이가 많이 나셨나요?

답_ (김교현)

차이가 많이 났지. 20년이 났다는 거야.

문_ 민보단 단장으로 계신 분은 나오고 그 부단장은 나오지 못한다는 건 이해가 되지 않는군요.

답_ (김교현)

나이 많은 사람은 데려가지 않고 젊은 사람만 데려간 것 같아요.

○ 납치 후 소식

〈유신 시절, 납북자의 조카가 데모하다가 연행돼 취조 당하던 중 담당 직원이 납북자의 생존 사실에 관해 언급함. 정확한 근거는 알 수 없음. 이후 다방면으로 찾아보려는 노력을 기울였으나 여전히 소식을 들을 수 없었음〉

문_ 납치된 이후에 아버님 소식을 들으셨습니까?

답_ (김교현)

간접적으로 두어 번 들었어요. 형사들이, 정보과 사람이 쫓아다니면서 하는 걸 듣고, 사촌동생한테 한 번 듣고. 살아 계시다고. 사촌동생이 서강대 다녔을 때 데모를 하다 잡혔는데, 새벽 미국인 지도교수 앞에서 잡혀 들어갔어요. 유신 때. 그때 들어가니까 보따리를 잔뜩 늘어놓더니 삼촌 얘기를 하고. 그래서 제 느낌이 살아 계신 것 같았어요.

문_ 찾으시려고 노력하셨던 적이 있습니까?

답_ (김교현)

많이 있었죠. 「한국일보」 신문에 캐나다에 있는 어떤 할머니가 납북당한 아들을 만났다는 기사가 난 적이 있어요. 그래서 「한국일보」에 전화를 걸었죠. 이 기사를 어디에서 얻었냐고 물어보니까 한겨레 상봉회에서 얻었다는 거예요. 거기에 전화 걸고 등록하고. 캐나다에 삼촌이 사셔서 거기에까지 가서 그 할머니가 만난 순서대로 그 신문사에 접수하고 돈 내고 찾으려고요. 그때부터 관심을 갖고 여기에 온 거죠. 찾으려고 많이 노력한 거죠.

○ 남은 가족의 생활은?

〈피랍인 형님의 도움으로 작은 집을 얻어 하숙을 치면서 생계를 유지함〉

문_ 납치된 이후에 자녀들이나 식구들 생계는 어떻게 하셨는지?

답_ (이정림)

동네사람들이 그러더라구요. 보지는 않았지만 모두 끌려가서 죽었을 거라고 그래요. 우리는 그래서 그런가 보다 했지. 큰집에서 작은 집을 하나 사줘서 하숙 치고 살았었지.

문_ 자녀분들이 아버님을 그리워하던가요?

답_ (이정림)

아버지가 없나 보다 했었지. 너무 어려서.

문_ 어머님 말씀이 피난갔다 다시 돌아왔다고 하시던데 아버님 없이 생계 문제는 어떻게 하셨는지?

답_ (김교현)

큰아버님 도움을 받고 살았던 것 같아요. 제가 어머니를 기억하는 게 둘째 큰아버님 집에서 편지 봉투 부치는 거. 그게 최초의 기억이에요. 그때 그거 잠깐 하시고 큰아버지가 주택을 하나 마련해주셔서 연세대학교 학생을 상대로 하숙을 하셨죠. 그걸로 생계를 유지하셨어요.

문_ 오랫동안 하셨나요?

답_ (김교현)

저 학교 졸업할 때까지 하셨으니까 오래 하신 거죠.

문_ 아버님이 납북되신 이후에 아버지 생각 많이 하셨을 것 같은데요.

답_ (김교현)

생각은 많이 나요. 친구 집에 가면, 아버지 있는 집에 가면, 사촌들이 다 아버지가 있는데 그럴 때 생각이 많이 났어요.(말을 잇지 못함)

○ 호적정리

〈1978년 2월 9일 서울 가정법원 실종선고로 정리〉

○ 정부의 노력

〈전혀 없음〉

문_ 납치된 이후에 정부나 관청의 도움은?

답_ (김교현)

적십자사에 가보니까 큰아버님 자필로 신고는 하셨더라고요. 나름대로 그분은 노력을 하셨겠죠. 형제 중에 젤 아끼는 형제였으니까 학비 대주면서 아버지 노릇을 하셨더라고요. 그런데 전 너무 어려서 잘 몰라요. 정부에서 도와준 것은 전혀 없어요. 피해만 입은 거죠. 어린 사춘기 때 형사들이 쫓아다니고. 어린 나이에 감당하기 힘들죠. 그렇게 자랐죠.

○ 연좌제 피해

〈정보를 담당하던 정부기관에서 계속해서 감시를 해서 가족들이 괴로움을 당했고, 공직 취업 및 해외여행에 결격됐던 주변 사례가 많아 당사자들은 도전할 엄두조차 없이 스스로 삶을 제한할 수밖에 없었음〉

문_ 납치 이후에 정부나 관청에 가서 직접 얘기한 적은 있으신가요?

답_ (이정림)

그런 것은 없었어요. 정보부에서 나한테 와서 소식이 좀 있냐고 물어봤어. 그래서 내가 모른다고 했어.

문_ 연좌제가 있으셨다는 말씀이신가요?

답_ (김교현)

그런 게 연좌제일 수 있죠. 해외여행도 못 간다, 육사나 공무원은 생각하지도 못했죠. 난 다 포기하고 있었죠. 정말 그런 줄만 알았죠. 그냥 쳐다도 보지 못했죠. 공무원은 특별한 사람만 하는 줄 알았죠. 비행기 타는 사람도 특별한 사람만 가는 줄 알았어요.

큰아버지는 일찍 돌아가셨지. 집안에 어른도 없고. 할머니만 가끔 아버지 얘기 많이 하시고. 할머니가 많이 우셨죠.

문_ 어렸을 때 형사들이 쫓아다녔다는데…

답_ (김교현)

경찰 정보과에서 하더라고요. 제가 마포서에서 확인해보니까. 어렸을 때부터 동네 형들이 "넌 아버지가 그래서 아무것도 못한다"고. 그래서 전 아무것도 생각하지 못했어요. 지금 생각해보면 진짜 그게 피해지. 아예 할 생각을 안 했으니까 못 느낀 거지.

이 나라에 살기 싫어서 아르헨티나로 이민 가서 살고 계신 삼촌이 있어서 절 좀 불러

달라고 간절히 몇 번 편지도 쓰고 그랬죠.

○ 정부에 바라는 점

〈생사확인 및 유골 송환〉

문_ 사회에 바라는 점 있으시면?
답_ (이정림)
살아 있으면 죽기 전에 한 번 봤으면 하지. 그런데 살아 있는 것 같지 않아요.

문_ 정부나 관청에 바라는 게 있으시다면?
답_ (김교현)
이제 와서 뭘 바라겠어요. 생사확인 좀 해줬으면 좋겠어요. 아버지 가묘가 있어요. 그래서 유골이라도 송환돼서 모셨으면 바라는 거죠. 선산이라 오래됐어요.

○ 피랍인에게 전하는 말

답_ (이정림)
그동안 고생하지 않고 잘 있었냐고 물어보고 싶지. 잘 있는지 한 번 보고 싶다고 생각했다는 얘기 하고 싶지. 이제 어쩌겠어.

문_ 아버님께 하고 싶은, 전하고 싶은 얘기가 있다면?
답_ (김교현)
보고 싶었습니다. 고생은 안 하고 잘 살아왔습니다. 그거 인사 드립니다.

2005. 5. 10 채록

050510A 김 정 기(金晶起)

피랍인

생년월일: 1909년 2월 10일생
출생지: 강원도 강릉
당시 주소: 서울시 효자동 138-5호
피랍일: 1950년 8월 4일
피랍장소: 서울 중구 충무로 2가 서울전기㈜ 사무실
직업: 서울전기주식회사 사장, 대한청년단원
학력/경력: 보통학교/고려전기상공업(주) 사장
직계/부양가족: 배우자, 자녀 9남매
외모/성격: 키 175cm, 안경 착용, 온화한 성격

증언자

성명: 김남주(1940년생)
관계: 5남
증언성격: 직접증언 V 간접증언 V

특이사항 (납치주체/상황/원인)

- 1950년 8월 4일 11시경 충무로 2가 사업장에서 근무하던 중 정체 불명의 남자 2인이 찾아와 물건을 찾다가 없으니까 사장님 좀 뵙자고 하고 나간 후, 바로 인민군 서너 명이 사무실로 들어와 피랍인의 양쪽 팔을 잡고 끌고감.
- 그날 밤 12시경 인민군 3명이 피랍인을 태우고 자택으로 찾아와 반동인 증거를 입수하기 위해 집안을 수색하고, 모든 가구에 딱지를 붙였음. 장성한 아들들을 데려가려 했으나 미리 피신해 실패하고 돌아감.
- 납치 다음날 인민군들이 찾아와 회사에서 트럭 5대, 자택에서 1트럭 분량의 재산을 털취해감.
- 피랍인이 서대문형무소까지 잡혀갔다는 소식만 들을 수 있었음.
- 피랍인은 당시 대한청년단에도 관여했었고, 서울전기주식회사 사장으로 이승만 대통령으로부터 산업박람회에서 감사장을 받는 등 사회적 활동을 활발히 하고 있었음.

증언자 요청사항

(對정부) 생사확인 및 유해 송환

“당시 열두 살이었습니다. (인민군이) 6월 27일에 서울 들어와서, 제가 효자동 살 때인데 전 그때 잘 모르죠. 그 사람들이 ‘너, 국기 그려봐’ 하길래 태극기를 그렸죠. 그랬더니 구둣발로 사정없이 차고 아주 무자비한 놈이에요.”

“점심 무렵에 민간인 두 사람이 가게로 와서 전구를 찾더라고요. 없다고 하니까 나갔어요. 그리고 조금 있더니 인민군이 서너 명이 들어와서 사장을 찾아요. 아버님이 나가시니까 그대로 양쪽 팔 잡아 끌고가신 게 다예요.”

○ 전쟁 당시 상황

〈전쟁 발발 직후 효자동에는 인민군들이 젊은 사람들을 의용군으로 데려가기 위해 집을 자주 찾아와 협박하고, 어린아이들에게 총을 겨누고 폭행을 일삼는 등 횡포가 심했음〉

문_ 한국전쟁 발발 직후에 사셨던 곳이 어디셨나요?
답_ 효자동.

문_ 한국전쟁 발발 직후에 주변 분위기는?
답_ 살벌했죠. 우리가 끌고 가는 것도 다 보고 대중 앞에서 구타당하는 것도 많이 목격했고요. 저희들도 그때 초등학교 5학년 때지만 인민군한테 많이 맞았어요.

문_ 당시 나이가?
답_ 열두 살이었습니다. 많이 맞았어요. (인민군이) 6월 27일에 서울 들어와서. 제가 효자동 살 때인데 전 그때 잘 모르죠. 그 사람들이 "너, 국기 그려봐" 하길래 태극기를 그렸죠. 5학년 때였어요. 그랬더니 구둣발로 사정없이 차고 무지 무자비한 놈이에요. 인민군이 총을 겨눈 것은 한 세 번이에요.
9 · 28 수복되고 군인들이 좌익 하던 놈들 청와대 앞에 쫙 엮어서 묶어놨을 때 거기 있던 피난 못 간 국민들이 몽둥이 가지고 막 쳤어. 지금도 여기가 치밀어 올라와요. 빨갱이라면 김대중 정권 때부터 아주 진짜 못마땅하다고. 저 사람들이 빨갱이의 본질을 몰라. 당해보지 못하면 정말 몰라요. 아무리 그래도 변하지 않아요.

문_ 총 겨눔을 당한 때는?
답_ 제가 1950년 7월 여름이니까, 애들이랑 청와대에서 놀고 있었어요. 풀들이 이렇게 자랐는데 오라고 하니까 저희는 잘 모르죠. 총을 파당 쏴서 기어나갔더니 "꿇어"그래요. 개머리판으로 치는 거예요. 아버지 피랍되셨을 때 개머리판 맞았고 태극기 그렸다가 묵사발 되고 그 외에도 말도 못하게 당했어요.

문_ (전쟁이 나고 인민군이 계속해서 젊은 사람들을 의용군으로 데려가기 위해서 집을 찾아왔다고 했는데) 어머님은 폭행은 안 당하셨나요?

답_ 뭐. 어머님은 대꾸도 잘 안 하고. 제일 많이 맞은 게 저희 셋째형과 저였어요. 반항을 많이 했으니까.

문_ 협박은 없었나요?
답_ 협박 정도가 아니었어요. 죽인다는데 뭐라 그래요. 형들 어디 갔냐고 불라는데 이런 거 맞는 것은 예상했었어요. 밤낮 똑같은 대답만 했어요. 그냥 "식량 구하러 나가서 연락이 안 된다" 그랬어요.

문_ 몇 차례나 왔나요?
답_ 하여튼 아버지 피랍될 때까지 그러니까 8월 4일까지 약 한 달 동안 이삼 일에 한 번씩 왔어요. 사실 동네 빨갱이가 너무 무서웠어요. 전부 사정을 다 아니까. 후에 알고 보니까 그놈들이 전부 찔렀어요(밀고해서).

문_ 지방 좌익들의 이름은 기억이 나나요?
답_ 우리 윗집에 살았던 사람이 일본 이름으로 '가네하라' 라고. 일본 이름만 알아요. 앞잡이 해서 동네사람들 끌고 갔어요.

문_ 그 이후에 그 사람들 소식을 들으셨나요?
답_ 그후엔 전혀 듣지 못했어요. 그게 마지막 소식이었어요. 1 · 4 후퇴 때 내려갔는데 그 동네에 있던 좌익들 중 한둘이 서울에 왔다는 얘기를 들었어요.

○ 납북 당시 상황

〈1950년 8월 4일 11시경 충무로 2가 사업장에서 근무하던 중 정체 불명의 남자 2인이 찾아와 물건을 찾다가 없으니까 사장님 좀 뵙자고 하고 나간 후 바로 인민군 서너 명이 사무실로 들어와 피랍인의 양쪽 팔을 잡고 끌고감. 그날 밤 12시경 인민군 3명이 피랍인을 태우고 자택으로 찾아와 '반동' 인 증거를 입수하기 위해 집안을 수색하고, 모든 가구에 딱지를 붙였음. 장성한 아들들을 데려가려 했으나 미리 피신해 실패하고 돌아감. 그 이후 피랍인은 서대문형무소까지 잡혀갔다는 소식만 들을 수 있었고, 자녀들을 잡으러 계속해서 집을 찾았으나 다행히 석 달을 숨어서 버팀. 나중에 피랍인의 조카들이 의용군으로 끌려갔다는 소식을 들음〉

문_ 아버님이 납치되던 상황은?
답_ 1950년 8월 4일. 저희 가게가 충무로 5가 5층 건물인데 아래층은 영업장이고 2층이 사무실과 사장실, 3~5층을 창고로 썼어요. 점심 무렵에 민간인 두 사람이 가게로 와서 전구를 찾더라고요. 용량에도 없는 전구를 찾길래 없다고 하니까 나갔어요. 그리고 조금 있더니 인민군 서너 명이 들어와서 사장을 찾아요. 아버님이 나가시니까 그대로 양쪽 팔을 잡혀서 끌려나가신 게 다예요. 직접 보지 못했고 친척들이 봤어요. 거기 나가 있던 사촌누이가 집으로 연락해서.

사태가 좋지 못하니까 그날 올지 모른다고 형 셋은 밤에 오면 담 넘어서 인왕산으로 내뛸 요량으로 있었는데 밤 12시쯤 넘어서 대문을 두드리더라고요. 도망가는 시간을 끌기 위해 형들은 담 넘어 뛰질 못하고 급하니까 지붕으로 피신했고요. 10분 늦게 나갔더니 인민군이 나한테 권총을 들이대더라고요. 딱 보니까 지프차가 앞에 있더라고요.

뒤에 아버님이 계시길래 “아버지” 하고 뛰어가니까 권총 개머리판으로 머리를 쳤어. “아버지” 소리 듣고 아버지도 나오려다가 아버지도 주저앉고. 전 맞고 끌려 들어오고. 뭐 들어와서 뒤지기 시작하는데 다 뒤졌어요.

문_ 뭘 찾던가요?

답_ 딱 보니까 어머니 말씀이 산업박람회 때 이승만 대통령 감사장 받았던 거 찾으려던 것 같아. 반동이라는 증거. 그래서 어머님이 화장실에 갔다 넣으신 것 같아. 전부 뒤져서 안 나오니까 딱지 붙이고 나가더라고요. 한 두어 시간 뒤졌어.

그러고 간 다음 형들은 지붕에서 내려와서 그 다음부터는 불안하니까 전부 수소문해서 알아보니 알아볼 방법이 없더라고요. 또 들이닥칠 것 같아 준비하고 있는데, 그날 밤에 또 들이닥쳤어요. 저희 지붕에서 보면 일본 적산가옥이 있었는데 거기가 인민군 내무서원들이 있는 집이었어요.

옛날엔 ‘오시래’ 라는 것이 있었어요. 오시래 앞에 장롱을 놓아요. 그 앞에 공간이 있었는데, 그 옆에는 평평하게 얼마만큼 들어가는데, 옛날 장들이 베니아 합판이잖아요. 그 속을 뜯고 전부 들어가고 옷을 다시 넣고 그 안에 숨었는데 그날 밤에 그놈들이 오자마자 지붕으로 올라가는 거예요.

어디 갔냐 하길래 사변 나고 얼마 안 돼서 쌀 구하러 나갔다 했더니 어제 지붕에 있는 거 봤다 그래요. 우린 모른다 했더니 소란 치고 “내일 또 올 테니까 기다려라” 그러고 갔어요. 그 다음날 여기에서 활동하던 빨갱이들을 앞장세워서 한 트럭 다 싣고 갔어요. 집안 살림살이 다 가지고 갔어요. 여기 있던 빨갱이들이 악질이더라고요. 밥그릇, 숟가락은 두고 가야 하지 않겠냐 했더니 밥그릇, 숟가락만 두고 다 가지고 갔어요. 석 달 동안 전부 거기서 숨어서 지냈어요.

문_ 데리고 갈 때 무슨 말을 했습니까?

답_ 아무 말도 없이 데리고 가버린 게 다예요.

문_ 그 사람들이 어디에서 나온 사람들인지 들었습니까?

답_ 인민군이야. 제복 입고, 군복 입고, 군용 지프차 타고 집으로 다시 온 사람도 제복 입고 온 사람이에요.

문_ 잡으러 온 이유는?

답_ 그 나이 때가 인민군으로 끌고 갈 수 있는 나이이니까. 그래서 형 셋과 누이 해서 넷이 숨어 있었던 거죠. 오시래 속에서.

문_ 다른 가족분들도 납치를 당했습니까?

답_ 그후에 사촌들이 의용군으로 끌려갔는지 행방불명 됐어요. 당시 경기중학을 다니던 사촌들이 의용군으로 끌려간 것 같아요. 생사도 모르니까요. 정부에서는 자진해서 따라갔다느니 그런 얘기를 하는데 그 얘기는 정말 억울해요.

○ 납치이유

〈피랍인은 당시 대한청년단에 관여했고, 서울전기주식회사 사장으로 이승만 대통령으로부터 산업박람회에서 감사장을 받는 등 사회적 활동을 열심히 하고 있었음〉

○ 납치 후 소식

〈납북되던 중 도망한 피랍인의 친구를 통해 평양 인근까지 갔다는 소식만 전해 들었고, 이후로는 전무〉

문_ 어디로 데리고 갔는지 아세요?
답_ 저희 동네에 6 · 25가 터지니까 윗집도 좌익이고 한 네다섯 집이 좌익이더군요. 사정해서 물어서 서대문형무소로 간 것까지 알았어요.

문_ 면회는 시도해 보셨습니까?
답_ 찾아가 보니까 면회를 시켜주지 않아요. 당시 납치된 사람들은 다 서대문형무소로 갔다 하는 것만 확인했어요.

문_ 아버님에 대한 기억이 있습니까?
답_ 저까지는 기억이 나요. 계속 떠오르고 꿈에도 나타나고. 1952년 아버님 친구분한테 얘기를 들었어요. 그분도 납치돼 가다가 평양 근교까지 가서 함께 탈출하자고 했는데 아버님이 마음이 약해서 탈출을 못했어요. 아버님 친구분은 탈출에 성공하셨어요. 오셔서 얘기를 하는데 그걸로 봐서 평양까지는 끌려가신 것 같아요.

○ 남은 가족의 생활은?

〈납치 다음날 인민군들이 찾아와 회사에서 트럭 5대, 자택에서 1트럭 분량의 재산을 탈취해감. 토지 문서 등이 들어 있는 금고째 가져가는 바람에 일산에 있는 토지를 찾지도 못하고 배우자와 9남매가 어렵게 생활함. 전쟁 당시 형들은 잡혀서 의용군으로 끌려갈 위기에 놓인 적도 있었으나 4층 건물에서 뛰어내리기도 하며 겨우 위기를 모

면해서 생존할 수 있었음. 이후 피랍인의 장자는 군대에서 부상을 입고 포로가 되었다가 1차 포로교환 때 돌아와 국가유공자로 살았고, 나머지 자녀 모두 자수성가해 어려운 형편에서 꿋꿋이 살아왔음〉

문_ 아버지가 납치되신 후 가족들의 생활은 어땠나요?
답_ 그때까지만 해도 잘살았는데. 그때 이후부터는 저를 비롯해서 형제들 모두 나가서 껌팔이, 담배팔이로 살았어요.

문_ 납치 후 인민군들이 집 외에 회사 물건까지 가져갔나요?
답_ 회사에 있는 기자재 다섯 여섯 트럭으로 다 가져가고, 옛날에는 모든 문서를 아버지가 다 금고에 넣어 관리했는데 금고째 다 가져갔어요. 일산 쪽에 엄청난 토지가 있는데 하나도 못 찾은 거예요. 쓰고 있는 효자동 집과 충무로에 있는 것만 겨우 찾고 다 못 찾았는데 근자에 장조카가 수소문해서 땅을 두어 개 찾아봤는데 그게 국유로 넘어갔어요. 소송해서 졌어요. 말도 안 되는 소리죠.

그렇게 해서 완전히 몰락했어요. 하나도 남김없이 다 가져갔어요. 소송한 것도 아무것도 안 되더라고요. 납치되어 가신 후 형제들이 다 직업 전선에 뛰어들었고 큰형은 그 당시 제주도 훈련소로 가서 바로 전방에 투입돼 기마전투에서 화상 입고 포로로 잡혀갔어요. 이북으로 잡혀갔어요. 기마전투에서 7월 27일 얼마 전에 소대원들이 피신했는데 인민군이 아니고 중공군이라 밖에서 뭐라고 하니까 겁나서 못 나가고 한참 있으니까 연기가 들고 뜨거우니까 타 죽고… 저희 큰형도 살아났던 것이 뛰어가다가 넘어져서 쓰러졌나 봐요. 그래서 중공군이 항복한 줄 알고 끌어내갔죠.

온몸에 형편없는 화상을 입었어요. 그 몸으로 평양까지 끌려갔어요. 여름에 끌려갔으니까 구더기가 말도 못했대요. 구더기가 온몸에 붙어서 나뭇가지 하나 꺾어서 털고, 같이 끌려간 멀쩡한 포로들이 좀 도와주어야 하는데 아무도 안 해주었대요. 죽기 아니면 살기로 끌려갔다가 포로협상 제 1진으로 넘어왔어요.

여기 와서 입원 몇 달 하고 명예제대했어요. 국가유공자로 지내시다가 돌아가셨죠. 저희 8형제가 다 군대 갔다 왔어요. 살기 어려웠죠. 전부 다 자수성가해서 살고 있어요. 어머님은 1978년도에 돌아가셨죠. 어머님이 고생을 많이 하셨죠.

하여튼 인민군이라면 치가 떨려요. 9 · 28 수복할 때 저희 집에 와서 열댓 명이 묵고 있었거든요. 퇴각하는 인민군이 묵고 있었죠. 동네 집을 차지해서 묵고 그렇게 퇴각을 했죠. 숨도 못 쉬었죠. 말 잘못하면 쏘고 가버릴 테니까 말도 못했죠. 저항도 못했죠.

문_ 형님들은 계속 그 장 속에서 숨어 계셨나요?
답_ 그럼요. 다 듣고 있죠. 저희는 그거 아니었으면 형 셋과 누이는 저놈들이 말하는 의용군으로 끌려갔을 거예요. 그리고 형하고 그 당시 서울 의과대학 다니던 가정교사하고 둘이 나갔다가 붙잡혔어요. 남대문에서.

서울시 경찰국장 자리였던 거기에 잡혀가면 무조건 의용군으로 보냈어요. 꼼짝없이 의용군으로 가게 생겼는데 저희 가정교사가 좀 독해요. 형하고 4층인데 이놈들한테 끌려가느니 아버지도 납치당해 이가 갈리는데 여기에서 떨어져 탈출하자 해서 4층에서 뛰어내렸는데 옛날 사과상자가 나무들이었어요. 그 위로 떨어져서 다시 뛰어내렸더니 내리고 보니 막다른 골목이에요. 나갈 구멍이 없어 들창문을 박차고 들어갔더니 노인 두 분이 있어요. 그래서 사정 얘길 했더니 그 양반이 보호해주고 있다가 날이 어두워져 밤에 나왔어요. 그 다음부터는 일절 못 나갔어요.

○ 정부의 노력

〈없었음〉

문_ 납치 이후에 주위 사람들에게 도움을 청해보셨나요?
답_ (소식을 알려고) 동네 좌익에게 도움을 청했고 수복 이후에는 정부에서는 "신고만 하라" 하고 정부에서 해준 게 아무것도 없어요. 아무런 것도.

○ 호적정리

〈사망으로 정리〉

○ 연좌제 피해

〈없었음〉

문_ 연좌제의 피해는?
답_ 특별한 피해는 없었는데 해외여행 갈 때, 저희 막내가 군에 있을 때 월남파병 갈 때 그때 문제가 되더라구요. 결국은 월남을 못 갔어요.

문_ 정부에서 나온 사람의 감시는?
답_ 그것은 피부로 못 느꼈는데 저희 친척들은 그런 감시를 당했어요. 저희 자식들은 공직에 근무한 사람들이 없었는데 공직에 있는 다른 사촌들은 그걸 받았다고 하더라구.

○ 정부에 바라는 말

〈생사확인 및 유해 송환〉

답_ 매번 역대 정권에서 그렇지만 관심이 없어요. 최소한 생사확인만 해주면 좋겠어요. 돌아가셨으면 돌아가신 날짜라도 알고 유해라도 받았으면 좋겠는데 정부에서는 전혀 무관심이니까 지금부터라도 적극적으로 임했으면 좋겠어요.

문_ 더 하고 싶은 얘기는?
답_ 정부에서 정식으로 인정해주고 6·25 때 납치된 사람들의 명예도 회복해주고 했으면 좋겠어요. 지금은 우리가 거꾸로 역적 비슷하게 몰려 있어요. 지금 집권층에 있는 사람의 색깔을 의심하지 않을 수 없어요. 공산주의 본질을 모르는 것 같아요. 정확히 아셔서 이제는 체계적으로 해줬으면 하는 바람뿐입니다.

○ 피랍인에게 전하는 말

답_ 정말 눈물 나죠. 아버님 납치가 마흔두세 살 됐을 거예요. 고만고만한 애들 놓고 갔으니 얼마나 마음이 아프셨겠어요? 아버님이 납치당하셨을 때 9남매였어요. 끌려가실 때 맨발에 철사로 쭉 끌려서 가셨다고 하는데. 그거 생각하면 정말 마음이 아프죠. 눈물이 나죠. 자식 낳고 손주 보고 나니까 더 그리움이 남죠. 지금 살아 계셨으면 아흔여섯이신데. 성격상으로는 살아 계셨을 것 같고. 그런 바람이에요.

아버님, 저희 자식들은 9남매가 다 살지 못하고 형 둘 동생 둘은 다 저세상 가고 어머님 가시고, 남은 자식은 손주들 다 키워서 다들 잘사는데, 아버님과 같이 이 손주들 봤으면 얼마나 좋겠습니까? 아버님, 보고 싶습니다. 가슴이 메이지요, 진짜.

2005. 5. 13 채록

050513A 류 인 하(柳寅河)

피랍인

생년월일: 1910년 7월 27일
출생지: 충남 금산군 진산
당시 주소: 서울 성동구 행당동
피랍일: 1950년 8월 2일
피랍장소: 자택
직업: 서울시 소방공무원
학력: 전주농업
직계/부양가족: 배우자, 자녀 4남매
외모/성격: 키 170센티미터 정도. 급하고 괄괄한 성격

증언자

성명: 류택열(1933년생)
관계: 아들
증언성격: 직접증언 [V] 간접증언 [ ]

특이사항 (납치주체/상황/원인)

- 서울시 소방공무원으로 재직 중 9월 25일 새벽 3시경 무장 인민군에 의해 연행됨.
- 가장이 피랍된 후 배우자마저 함께 피난하던 자녀와 폭격을 맞아 사망, 아들 둘과 딸 하나만 생존해 금산에 사는 친척들에게 의존해서 생활했음.

증언자 요청사항

(對정부) 피랍인 생사확인, 납북자 문제 특별법 제정 및 가족회 법제화

"새벽 3시쯤 해서 인민군이 완전 무장을 해서 따발총과 총기를 가지고 방으로 들이닥쳐서 아버님과 가족을 깨워 방안에 있는 모든 물건을 수색한 후에 아버님이 입고 계셨던 소방 공무원 관복과 장농 속에 있던 태극기, 라디오, 아버님이 애용하시던 물건을 모두 보따리에 싸게 했어요. 그리고 아버지는 잠옷바람으로 무장 인민군에 의해서 성동내무서에 연행이 되셨습니다."

"아버님이 납북되시고 나서 가족들의 생활상이란 것은 말로 표현할 수 없습니다. 가장이 납치를 당해 가셨으니 어린 저희들이야 그야말로 고아 중에 고아죠. 어머니도 폭격으로 돌아가시고 다행히 저희 아버님이 9남매인 고로 금산 친척집에 의존해 살아왔고, 그 사는 과정에 아픔이라는 것은 이루 말로 표현할 수 없을 정도였습니다."

○ 납북 당시 상황

〈전쟁 직전 평택에서 서울로 올라와 집에서 숨어 지내다가 8월 2일경 아들의 얼굴을 아는 사람이 그에게 집을 물어 찾아내 연행〉

문_ 전쟁 직후 바로 피난을 가지 않았는지?
답_ 그 시기에 우리나라 정부가 절대로 피난가지 말라고 라디오를 통해 발표했습니다. 공무원들도 피난가지 말라고 정부 쪽에서 라디오를 통해 새벽까지도 방송이 나온 것을 기억합니다. 일부 피난한 공무원도 있지만, 피난을 하려다가 자식과 가족 때문에 못 가고 되돌아선 분들도 많이 있습니다. 아버지도 한강 앞까지 가셨다가 다시 집으로 돌아오셨습니다.

문_ 납북 경위는?
답_ 지금 제가 (흐느낌) 그 시기를 연상하니 눈물이 나서 말문이 막힙니다. 1950년에 6·25 사변이 나던 해 8월 1일 성동구 행당동 무학여고 바로 옆 운전 면허 시험장 옆에서 살고 있었습니다. 그날 새벽 3시쯤 해서 인민군이 완전 무장을 해서 따발총과 총기를 가지고 방으로 들이닥쳐서 아버님과 가족을 깨워 방안에 있는 모든 물건을 수색한 이후에 아버님이 입고 계셨던 소방 공무원 관복과 장농 속에 있던 태극기와 라디오와 아버님이 애용하시던 물건을 모두 보따리에 싸게 했어요. 그리고는 아버지는 파자마 바람으로 무장 인민군에 의해서 성동내무서에 연행이 되셨습니다.

○ 납치이유

〈고교 졸업 후 소방공무원 취직, 해방 이후까지 소방 간부로 근무하던 중 납북, 특별한 청년활동을 한 건 없고, 집안이 반공을 하던 집안이라 소문이 나 있었음〉

○ 납치 후 소식

〈성동내무서⇨정치보위부⇨서대문형무소로 연행됐다는 소문을 듣고 수 차례 가족이 면회를 시도했으나 거절당하고, 납북 이후 소식은 전혀 들을 수 없었음〉

문_ 연행된 장소는 아셨나요?
답_ 소문으로 들어서. 당시 아버님이 근무하시던 곳인 왕십리 성동소방서 앞에 성동경찰서가 있었습니다. 그곳을 그 사람들이 접수하고 성동내무서라는 간판을 걸어서 사용하고 있었습니다. 그래서 아버님이 납치당한 이후 찾아가서 여러 차례 면회를 시도했지만 번번히 어린 저에게 거절을 하고 반동의 자식이라는 용어를 사용하면서 저를 박대한 사실이 있습니다.

그 이후에도 여러 차례 면회를 시도했으나 생사확인이 되지 않고 오늘날에 이르렀고, 그 당시 대한민국 정부의 도서관이던 건물이 있었는데 그곳이 인민군의 정치보위부로 사용되고 있었습니다. 아버님이 성동내무서를 거쳐 정치보위부로 연행되셨다고 해서 정치보위부에 가서 면회를 신청했지만 반동 가족이란 이유로 면회가 사절이 되었고, 9 · 28 수복이 된 다음에는 서대문교도소에 가서 시체가 즐비하게 늘어진 곳에서 아버님의 형체를 찾아봤으나 찾을 수 없었고, 혹시 그 이후 생사를 확인하고자 부단히 노력했지만 알 길이 없었습니다.

○ 남은 가족들의 생활

〈가장이 납북된 후 배우자마저 함께 피난하던 자녀와 폭격을 맞아 사망, 아들 둘과 딸 하나만 생존, 금산에 사는 친척들에게 의존해 생활함〉

답_ 납북되신 후에 가족이 뿔뿔이 흩어졌습니다. 저는 보행으로 8월 31일 서울을 출발해 홀로 아버님의 고향인 충남 금산면까지 1주일이 걸려 굶주리며 큰집에 찾아가 겨우 살기도 했습니다. 그 이후 어머니는 경기도 광주로 자식들을 데리고 피난을 가다가 폭격을 맞아 돌아가셨어요. 당시 동생도 죽고 지금 막내 류성렬만 살아 있어요. 둘째 여동생은 마침 큰집에서 기거하고 있었기 때문에 지금 생존해 있습니다.

아버님이 납북되시고 나서 가족들의 생활상이란 것은 말로 표현할 수 없습니다. 그 시기에 어린 저희들을 남겨놓고 가장이 납치를 당해 가셨으니 어린 저희들이야 그야말로 고아 중에 고아죠. 마침 저희 아버님이 9남매인 고로 금산 쪽에 가서 친척집에 의존해 살아왔고, 그 사는 과정에서의 아픔이라는 것은 이루 말로 표현할 수 없을 정도였습니다.

○ 호적정리

〈미정리〉

답_ 글쎄요. 아버님의 사망신고를 아직까지도 안 하고 있습니다. 아버님이 납치당할 때 상황을 그리면 비참하게 잡혀가셨기 때문에 사망신고를 일부러 안 하고 있습니다.

지금쯤은 돌아가신 것으로 생각은 되나 확인되지 않은 고로 아직 사망신고를 하지 않았습니다.

○ 연좌제 피해는?

〈없었음〉

답_ 저희 가족은 연좌제 피해는 받은 일이 없습니다. 오히려 저희 아버지 형제분들이 서울 수복 이후 정부기관에 근무한 분이 있었고, 가족 중에 정부에 공을 세운 형제들이 있었던 덕분에 연좌제에 걸릴 이유가 없었습니다. 감시도 없었습니다.

○ 정부의 노력

〈없었음〉

문_ 신고는 하셨나요?
답_ 어디에 도움을 청한 일은 없고요. 아버님이 납치당한 것을 신고해야 하는 것을 저희는 어려서 몰랐습니다. 마침 당시 돈암동에 살던 둘째고모님께서 대한적십자사에 신고하셔서 납치 가족으로 등록이 됐습니다. 그리고 현재 가족회 모임이 있어 여기 와서 겨우 상황을 발견했습니다.

문_ 정부의 도움은?
답_ 도움을 청해봤자 응할 리도 없고, 또 납치당한 사람이 한두 사람입니까? 그 시기에 7~8만 명이란 얘기를 후에 들었습니다. 납치된 가족들이 정부로부터 부당한 대접을 받을 이유가 없습니다. 납치당해가신 가족은 그야말로 애국의 가족들입니다. 그 납북자들이 한국에서 무엇인가 자기가 많은 직무를 충실하게 수행했다는 이유만으로 무모하게 김일성 공산당이 침입을 해서 그 인재를 납치해갔습니다. 그런 것을 저희 가족들이 어디 가서 호소할 길도 없었고, 지금에 와서 생각하니 그때가 연상돼 눈물이 앞을 가립니다.

○ 정부에 바라는 점

〈생사확인, 납북자 문제 특별법 제정 및 가족회 법제화〉

답_ 50여 년이 지난 이 시기까지 그 억울하게 납치당하신 분들의 생사확인을 못하고 있을 정도로 우리 정부가 무력한 것이 현실입니다. 하루 빨리 이 정부가 북한과의 통상이라든가 대북사업 등을 빌미로 삼아 북에 할 말을 못한다거나 하지 말고 정정당당하게 역사를 바로잡는 의미에서 생사를 확인해주는 역할을 했으면 고맙겠고요.

이 정부가 해야 할 일은 과거사 진상 규명 등에만 치중하고 있는 것 같은데 바로 이것이 과거사입니다. 이 과거만큼 중요한 것이 어디에 있습니까? 이 중요한 대목을 내팽개치는 것 자체가 시대적으로 국민들에게 부끄럽게 생각하면서 반성을 해야 할 것입니다. 정부가 현명하게 50여 년이 지난 이 시간도 그 시대만 생각하면 목이 메어 피눈물이 나는 감정이 살아 있는 가족이 있다는 것을 역지사지 바꿔놓고 생각해서 이 목메는 심정을 이해하고, 현명한 국회의원들이 바로 생각하셔서 법령을 법제화시켜 6 · 25 납북자 가족 모임에 보답해 주시길 부탁드립니다.

○ 피랍인에게 전하는 말

답_ 아버님, 제가 어렸을 때는 몰랐으나 지금은 불효임을 절감하고 있습니다. 죄송합니다. 아버님.

2005. 5. 16 채록

050516A 김 창 희(金昌熙)

피랍인

생년월일:	1919년 9월 22일생
출생지:	평북 삭주
당시 주소:	서울시 성동구 신당동
피랍일:	1950년 8월경
피랍장소:	서울시 용산구 남영동
직업:	금창 사진관 운영
직계/부양가족:	모, 배우자, 자녀 2남 1녀
외모/성격 :	미남형, 왼쪽 뺨에 동전 크기의 점이 있음.

증언자

성명:	김동일(1941년생)
관계:	아들
증언성격:	직접증언 [ ] 간접증언 [V]

특이사항 (납치주체/상황/원인)

- 6 · 25 전쟁 나고 피난을 가지 않고, 남영동에서 운영하는 사진관에 출퇴근하던 중, 8월경 출근을 한 후로는 소식 없음.
- 납북자의 어머니가 사진관을 가봤지만 사람이 없었음. 이후 소식을 알 수 없다가 1953년 먼 친척뻘 되는 강조식씨와 과거 북한에서 월남해 알고 지내던 김여택씨가 거제도 포로수용소에서 김창희씨를 봤다고 전해줌.
- 포로교환 과정에서 북한으로 보내진 것으로 추정됨.
- 김창희씨는 평북 삭주 출신으로 해방 이후 월남한 상태였고, 가정 형편이 풍족한 편이었으며 사진 기술을 보유하고 있었음.

증언자 요청사항

(對정부) 납북자 명단 확인 및 생사확인

"할머니가 여기저기 알아보니까 후에 누가 거제도 포로수용소에서 봤다는 얘기를 들었다고 하더라고. 그 당시 포로수용소에서 반란이 심해서 이북으로 갈 사람 이북으로 가고 남한 갈 사람 남한으로 가고 그때 갈린 거야. 아버님이 반란 때 돌아가신 게 아니시라면 반반씩 나눌 때 그때 실려서 가신 게 아닐까 싶어. 포로교환이라고 해서 휴전 당시 때 그런 게 있었어."

"집안에 남자가 없고 친척도 없고 여자만 있었어. 한 가정에 가장이 없으면 쑥대밭이 되는 거야. 다들 그럴 거야. 그때는 아주 살기 힘들었고, 눈물을 흘린 적이 한두 번이 아니야."

○ 전쟁 당시 직업 및 활동

〈사진관을 운영하면서 연예계 사람들과도 친분을 쌓으며 활동적으로 생활함. 경제적으로는 넉넉한 편이었음〉

문_ 전쟁 당시 어떤 일을 하고 계셨는지?
답_ 사진관을 경영하고 있었어요. (청년단 활동이나) 그런 것은 없었고 그 당시에 사진과 연결이 되어 있으니까 연예인들, 연극계, 영화계 사람들하고 접촉해서 어울려 다녔다는 것은 기억나지. 지금은 돌아가셨지만 그 당시에 남춘, 황해, 독고성, 박노식 같은 분들하고 연관이 있었어요.

문_ 당시 집안 형편은?
답_ 괜찮았어요. 사진관 경영하는 게 상당히 풍족했어요. 괜찮았어.

○ 납북 경위

〈6·25 전쟁 나고 피난을 가지 않고, 남영동에서 운영하는 사진관에 출퇴근하던 중, 8월경 출근을 한 후로는 소식 없음. 납북자의 어머니가 사진관을 가봤지만 사람이 없었고, 이후 전해들은 소식을 통해 납북된 것으로 추정함〉

문_ 어떻게 피랍당하셨는지?
답_ 그때가 6·25 사변 나고 7~8월경쯤에 여름 방학 때인데 한 8월경에 할머니가 그 당시에 내가 성동구 중앙시장 근방에 살았거든요. 그때에 아버지는 사진관을, 용산구 남영동에서 금창사진관을 경영하고 있었는데 거기에 출퇴근하셨어요. 아버지가 하루 이틀 안 들어와서 할머니가 사진관에 다녀오시더니 문을 잠궈놓고 한숨 섞인 목소리로 "아무래도 잡혀간 것 같다"고 하신 것을 들었어요. 그건 기억이 나요. 한숨 섞인 얼굴로 그랬던 걸 기억하지. 그 외는 잘 몰라요.

문_ 주위 사람들이 납치당한 경우가 많았나요?
답_ 네. 의용군으로 납치된 사람들이 많았어요. 의용군이라고 그랬어. 인민군이 무조건 잡아가는 의용군이었지. 내 생각에는 나이 17~18세면 의용군으로 다 잡아갔어. 그리고 밤에 소방훈련이 심했어. 불을 켜지 못했어. 밤에는 불을 무조건 꺼야지 켜지 못했어. 9월 28일에 인천 상륙하고 올라갔다 내려오는 게 1·4 후퇴인데 그때 많이 내려갔어. 우리도 피난 내려갔지.

○ 납치 후 소식

〈먼 친척뻘 되는 강조식씨와 과거 북한에서 월남해 알고 지내던 김여택씨가 1953년 거제도 포로수용소에서 김창희씨를 봤다고 직접 전해줌. 이후 포로교환 과정에서 북한으로 보내진 것으로 추정〉

문_ 할머니가 직접 찾으러 다니셨던 일은 없으셨나요?
답_ 글쎄. 할머니가 여기저기 알아보니까 후에 누가 거제도 포로수용소에서 봤다는 얘기를 들었다고 하더라고. 내가 많이 옆에서 지켜봤지. 거제도 포로수용소에서 이승만 대통령이 석방시킬 때가 1953년도로 알고 있어. 난동이 있어서.

문_ 아버님이 거제도 포로수용소에서 있었던 것이 1953년도라고 생각하시나요? 찾아가 보셨나요?
답_ 들었던 얘기는 1953년도에 들었어. 아버님께서 계신 거제도 포로수용소에 찾아가지는 못하고 들었던 얘기가 그랬어. 난리가 벌어져서 많이 죽었어. 그래서 이승만 대통령이 할 수 없이 막 석방시켰던 거야. 이승만이 석방시킨 거야. 난동이 벌어졌어.

문_ 거제도 포로수용소에서 만났다던 분은?
답_ 돌아가셨겠지. 아버지 나이 때인 분들은 다 돌아가셨지. 그분들이 얘기한 거니까. 거기에서 만났다 어쨌다 그런 거니까. 그 당시 포로수용소에서 반란이 심해서 이북으로 갈 사람 이북으로 가고 남한 갈 사람 남한으로 가고 그때 갈린 거야.
 내가 한참 후에 재작년에 포로수용소에 한번 가본 적 있어. 옛날 복원된 곳에 가본 거지. 아버님이 반란 때 돌아가신 게 아니시라면 반반씩 나눌 때 그때 실려서 가신 게 아닐까 싶어. 포로교환이라고 해서 휴전 당시 때 그런 게 있었어.

문_ 몇 년도에 그분께서 아버님을 보셨다고 하셨나요? 그 소식을 알려준 분의 성함은? 알고 지낸 분이셨나요?
답_ 그게 1953년도지. 김여택이라고 아버님보다 두 살 아래인데 돌아가셨어. 아버님하고 포로수용소에서 같이 있었어. 이북에서부터 같이 알고 내려온 사람이었지. 친척은 아니고 의형제 맺은 분이셨어. 날 장가도 보내고 친하게 지낸 분이었어. 돌아가신 지 3~4년 됐어. 극진히 형을 모시고 날 늦게 만나서. 6 · 25 사변되고 20년 후에 만난 거야. 할머니가 어떻게 알아서.

문_ 강조식씨, 김여택씨가 직접 찾아오셔서 거제도 포로수용소에서 뵈었다고 말씀해 주셨다는 게 맞나요?
답_ 응.

○ 남은 가족의 생활은?

〈가장이 납북되어 어머니와 배우자, 자녀 세 명이 어려운 형편 속에서 호떡 장사, 떡 장사 등을 하면서 생계를 꾸려감. 경제 사정이 좋지 않아 자녀들이 교육을 받는 데도 어려움이 있었음〉

문_ 어떻게 지내셨어요?
답_ 그때는 안정이라는 게 없고 정말 힘들었어. 비참했어. 보통 사람들은 학교를 다닐 수 없었어. 그래도 할머니가 힘써서 전쟁 끝나는 해에 중학교를 들어갔으니까. 학교 들어가면서 할머니가 3, 4년을 힘써서 중학교 졸업하고 고등학교 1학년, 2학년 다니면서 그만뒀어. 학비 내는 게 힘들었어.

문_ 생계는 어떻게 했나요?
답_ 장사했지. 안 해본 게 없어. 그런데 그게 괜찮은 장사는 아니고 호떡 장사하고, 떡 장사하고, 남의 집에 가서 식모도 하고 그랬어. 매일 그렇게 연명해가고.

문_ 자녀분들은 모두 어떻게 지내셨나요?
답_ 난 학교 졸업하고 군대 가고, 여동생 결혼하고. 세월 흐르다 보니 1970년대쯤 되니까 자꾸 나아지지. 괜찮지.

문_ 할머님과 어머님은 돌아가셨나요?
답_ 할머니는 벌써 돌아가셨지. 1970년대쯤 돌아가시고 어머니는 7년 전에 돌아가셨지. 할머니 힘이 컸지. 전부 다 고생이 많았어. 생활이 힘들었다고.

문_ 아버님에 관한 얘기를 들으셨던 게 많으셨을 텐데.
답_ 아버지가 이북에서 내려온 2대 독자였어요. 아버지 얘기를 하시면서 할머니가 자꾸 울어요. 6 · 25 사변 나서 아버지 생각하는 게 10년 되더라구. 그후는 날 믿고 사니까 아들 겸 손자 겸 그렇게 살았어. 아버지 생각 나서 많이 우셨어. 어머니도 애들 데리고 살면서 많이 우셨죠. 그 당시에 다들 미망인이었어. 전사하고 그래서. 우리 어머니 29세에 과부가 돼서 그랬으니까 그런 분들이 많았지.

○ 정부의 노력

〈없었음〉

문_ 신고는 하셨나요?

답_ 그런 건 없었어. 정부에 신상 비슷한 거 적어가는 건 있었어. 그 외에 특별히 관청에 신고를 하는 건 없었어. 먹고 살기 바쁜데 그런 거 신경 쓰겠어? 그 당시엔 납치당한 사람이 한두 사람이 아니라서, 많아서 구태여 새삼스럽게 그러는 건 없었어.

문_ 도움을 받았던 것은?
답_ 그런 건 전혀 없지. 여기도 내가 찾아온 거지. 적십자사에 갔다가 여기 찾아온 거지. 아버지 생사를 확인하고 싶은 마음에. 내가 보기엔 술, 담배 안 하시고 활발하시기 때문에 명이 길지 않을까 하는 생각에 적극적으로 하는 거지.

○ 연좌제 피해

〈없었음〉

○ 호적정리

〈미정리〉

○ 정부에 바라는 말

〈납북자 명단 확인 및 생사확인〉

답_ 바라는 것? 6 · 25 사변이 50년이 넘었는데. 납북자 명단이나 생사확인 빨리 해야 돼요. 되긴 되는데 너무 늦으면 나중에 2세 되면 얼굴을 몰라. 그때 통일이 되어야 소용이 없는 거야. 생사확인 하려는 거야. 5~6년 되면 나도 죽는 거거든. 얼굴을 모르니까 방법이 없어. 이제 아버지를 만나면 얼굴을 기억하지. 시간이 촉박해. 할 바엔 빨리 해야지. 난 10년 못 살아. 내 여동생은 예순두 살인데 6 · 25전쟁이라는 것 자체를 몰라.

집안에 남자가 없고 친척도 없고 여자만 있었어. 가장이 없으면 쑥대밭이 되는 거야. 다들 그럴 거야. 그때는 아주 살기 힘들었고 가장이 없으면 고생을 무척 했을 거야. 눈물을 흘린 적이 한두 번이 아니야. 전쟁은 있어서는 안 되고 50년이 넘은 상태인데 되도록이면 빨리 소식 좀 알았으면 하고. 조금 더 넘으면 가치가 없는 거야. 가치가 있으려면 살아 있을 때 봐야 되는 거야. 가치가 없는데 되면 뭐 해.

건강하게 만날 때까지 살아 계셨으면 하는 게 바람이야. 아버님이 꼭 살아 계실 것 같아. 그분이 살아 계셔도 가정을 가지고 계실 거란 말이야. 씨는 같은 형제일 거 아냐. 나중에 알고 지내야지. 안 그러면 혹시라도 형제끼리 같은 가정을 갖게 되는 불미스러운 일이 생길 게 아니야.

○ 피랍인에게 전하는 말

답_ 아버님, 고생이 많으십니다. 빠른 시일 내에 좋은 소식이 있어서 아버님하고 상봉하는 게 꿈에 그리던 겁니다. 흘러가는 50여 년을 밤을 새도록 얘기하는 게, 꼭 건강해서 만나는 게 소원입니다. (눈물) 자꾸 어쩔 때는 눈물이 날 때가 있어요. 할머니하고 어머니가 아버지보다 더 많이 고생하신 것 같아 가슴이 아파요. 아버지 만나면 전해주고 싶어요.

2005. 5. 18 채록

050518A 권 경 정(權慶晶)

피랍인

생년월일: 1920년 음력 4월 19일
출생지: 경상도 봉화
당시 주소: 서울시 마포구 도화동 71번지(마포형무소 관사)
피랍일: 1950년 7월 초
피랍장소: 마포형무소 부근 집 다락방
직업: 마포형무소 간수부장
학력: 춘양보통학교
직계/부양가족: 배우자(임신 중), 자녀 1남 1녀
외모/성격 : 키가 크고 호남형

증언자

성명: 1.김옥분(1928년생) 2.권기영(1945년생)
관계: 1.배우자 2.장남
증언성격: 직접증언 V 간접증언 V

특이사항 (납치주체/상황/원인)

- 마포형무소 간수부장으로 있던 피랍인의 가족은 마포형무소 관사에 살다가 전쟁 즈음해서 상황이 나빠 인근에 작은 방을 얻어 거주함.
- 전쟁이 나고 형무소 문이 열리고 피랍인은 남쪽으로 피난을 가려 했으나 가족들이 걱정돼 남하를 포기.
- 7월 경 피랍인 사촌의 뒤를 밟은 지방 좌익들에 의해 연행된 뒤로는 소식을 들을 수 없음.

증언자 요청사항

(對정부) 피랍인 생사확인

"'이웃 동네사람들이다' 라면서 데려갔으니 누군지 몰라. 사변 나고 보니까 동네사람이 다 빨갱이였어. 그때가 여름이었는데 7월쯤이었겠지."

"피난은 봉화 우리 친정으로 갔지. 가서 애들 데려다 놓고 나는 친정 밥 얻어먹고 있다가 장사했지. 휴우, 그만 물어요. 가슴이 터져. 고생한 거 말도 말고 그만합시다. 그 고생한 걸 어찌 다 말해."

○ 피랍인의 직업 및 활동

〈마포형무소 간수부장으로 근무 중 전쟁 발발〉

문_ 당시 피랍인은 어떤 일을 하고 있었는지?

답_ (김옥분)

마포형무소에 간수부장으로 있었어.

○ 납북 당시 상황

〈피랍인의 가족은 마포형무소 관사에 살다가 전쟁 즈음해서 상황이 나빠 인근에 작은 방을 얻어 피신함. 7월경 피랍인 사촌의 뒤를 밟은 지방 좌익들에 의해 연행된 뒤로는 소식을 들을 수 없음〉

문_ 당시 납치 상황에 대해 자세히 얘기해주시겠어요?

답_ (김옥분)

6·25 사변 나자마자 형무소 문을 확 여니까 끝이지 뭐. 죄인들도 나오고 하니까. 우리는 처음엔 형무소 관사에 있었는데 (상황이 안 좋아서) 도망가려고 방을 얻어 있으면서 남편에게 계속 부산으로 내려가라고 했어. 그래서 남편이 강을 건너러 갔는데 가다가 생각해보니 애가 다섯 살, 세 살짜리 있지. 나는 아기를 배고 있지. 그러니 셋을 두고 갈 수 없다고 도로 돌아온 거야. 다시 왔다가 붙들려간 거야.

안동에 사촌동생들이 있었는데, 우리가 방을 줘서 우리집에 같이 있다가 6·25가 나고 며칠 동안 자기 집에 간다고 갔었어. 그러다 형님이고 형수고 하니 우리가 궁금해서 다시 집에 찾아왔는데 (그놈들이) 그 뒤를 밟아서 따라서 들어와서 (남편하고) 걔들까지 셋을 다 잡아간 거야.

"이웃 동네사람들이다"라면서 데려갔으니 누군지 몰라. 사변 나고 보니까 동네사람이 다 빨갱이였어. 그때가 여름이었는데 6월 아니면 7월쯤이었겠지. 장소는 서울 마포형무소 근처였는데 잘 몰라….

답_ (권기영)

6·25전쟁 나고 이듬해 1·4 후퇴 때 저희들은 피난을 가게 됐는데, 그 전에 저희 아버지가 납북된 경위는 아버지가 마포형무소 직장을 떠날 수 없었기 때문에 아는 집 2층 다락방에 숨어 있다가 지방 공산당원의 밀고로 잡혀갔다고 알고 있습니다. 직장에서 후퇴하라는 얘기도 없었고 해서, 직장에 출근할 목적으로 인근에 숨어 계셨다고 들었어요.

○ 납치 후 소식

〈전혀 알 수 없음〉

문_ 납치된 이후에 소식을 들은 게 있으셨나요?

답_ (김옥분)

전혀 몰라. 내가 그 길로 애는 배 있는데도 경찰서고 형무소고 사람 내놓으라고 안 간 데가 없는데 이놈들은 말이 똑같아. "곧 나갑니다. 집에 가 계세요" 전부 다 똑같은 말만 해. 밤낮 찾아다녀도 못 찾아.

답_ (권기영)

저희들 어머니가 백방으로 당시 인민위원회라든지 여러 군데를 알아봤는데 알 수가 없고, 그 이후로 행방불명이 된 상태예요. 나중에 목격했다든지 하는 것도 없었고, 거의 소식이 두절된 상태예요.

○ 남은 가족의 생활

〈피랍인의 처가 친정에 아이들을 맡기고 장사를 하면서 어렵게 생계를 유지함〉

문_ 피난은 가셨는지?

답_ (김옥분)

피난은 봉화 우리 친정으로 갔지. 가서 애들 데려다 놓고 나는 친정 밥 얻어먹고 있다가 장사했지. 봉화가 고향이고 하니. 휴우, 그만 물어요. 가슴이 터져. 고생한 거 말도 말고 그만합시다. 그 고생한 걸 어찌 다 말해. 다 지나간 얘기.

문_ 납치된 이후에 자녀들이나 식구들 생계는 어떻게 하셨는지?

답_ (김옥분)

피난갔다 와보니 관사에는 아무것도 없어. 세간살이고 뭐고 하나도 없어.

다 가져가고 하나 없어. 내가 피난갈 때 옷을 꿰매 많이 해가지고 시골에 가서 그걸 하나씩 주면서 쌀 한 되씩 받고 산 거야. 나중에는 애들 셋은 친정에 맡겨놓고 내가 장사했어. 처음에는 기름 장사에서부터….

답_(권기영)

어머니가 그동안 작은 구멍가게도 하시고, 보따리 장사도 하시고, 나중에 식당을 하시게 됐는데 저희 3남매를 위해 많이 고생하신 걸로 알고 있습니다.

○ 호적정리

〈미정리〉

답_ (김옥분)
호적정리 안 돼 있어. 그걸 어떻게 하는지도 모르겠어.

○ 정부의 노력

〈전혀 없음〉

문_ 당시 신고는 하셨나요?
답_ (김옥분)
곧바로 친정으로 내려가는 바람에 신고를 못했다고. 올라오지를 못해서 신고를 못했어. 그 당시 했으면 뭐라도 타 먹었을지 몰라도 못했다고.

문_ 정부에서 도와준 것은 없으셨나요?
답_ (김옥분)
1원도 안 타 먹었어. 10원도 안 타 먹었어. 내가 보따리 장사도 하고 옷 장사도 하고 다 했지. 그렇게 살았어. 도움 받은 거라 봤자 친정에 애들 맡겨놓은 거지. 내가 장사했으니까.

○ 연좌제 피해

〈없었음〉

문_ 납치 이후에 정부나 관청의 감시는 없었는지?
답_ (김옥분)
감시를 하기만 해봐. 내가 그냥 있는가? 애들 3 남매를 두고 사람이 잡혀갔는데 우리가 누구 때문에 그렇게 된 건데. 마침 친정 가는 차가 하나 있어서 봉화를 가려는데 겨울 12월 동짓달 추운 날이었어. 그런데 차에 자리를 하나 안 내줘서 내가 경찰서를 찾아갔었어. 당신네들이 우리를 보호 안 해주면 누가 하냐고. 빨리 자리 만들어달라고. 얼마나 울고 불고 난리를 쳤는지 몰라. 빨리 자리 하나 만들어달라고. 애들하고 얼어죽기 전에 친정 가야 한다고.

문_ 그러면 연좌제 피해는 없었는지?

답_(권기영)

그런 건 없습니다. 공산당원도 아니고, 엄연히 국가공무원이기 때문에 연좌제 관계로 피해를 본다던가 하는 것은 있을 수 없다고 생각합니다. 과거, 제가 어릴 때는 어디서 왔는지 모르지만 경찰서 계통 같아요. 어머니에게 아버지 관련해서 물은 적이 있는 것 같아요. 몇 번 있다가 없는 것으로 알고 있어요.

○ 정부에 바라는 점

〈피랍인 생사확인〉

문_ 정부나 관청에 바라는 게 있으시다면?

답_(김옥분)

솔직히 정부가 우리 같은 사람들 좀 봐줘야 한다고. 이렇게까지 냉정하게 그럴 수가 없는 거야. 우리가 형무소 간수부장으로 있었는데 이렇게까지 나 몰라라 하고. 아무것도 없어. 혜택이라곤 없다고. 우리네 자식들 사업하는 거 잘하도록 도와준다거나 해야 되는데 도움이 뭐 있어? 해코지나 안 하면 다행이지. (어떻게 됐냐고) 묻는 놈 하나 없어.

바라는 거는 남북통일 되기나 기다리는 거야. 이제야 세월이 하도 흘러 더 바랄 수도 없겠지만 혹시 끌려가서 죽었는지 살았는지 그게 알고 싶은 거지…. 도움이야 3남매 데리고 피난다니고 할 때 그때 좀 돌보아줬으면 얼마나 좋았느냐 그거지. 이제 이야기해 봐야 무슨 소용이 있어. 이제 뭐 우리 고생했으니 배상해 달라고 할 수가 있어? 무슨 소용이 있어.

정부 있으면 자기 배 불리기 바쁘지, 우리 이렇게 고생한 거 누가 알겠어. 미안하다고 말 한 마디 하는 사람이 있길 하나. 정부 소리는 하지도 말라고. 하다못해 쌀이라도 한 주먹 주고 돌아봐 준 일이 있나? 말 한 마디 해준 사람이 있나? 정부 정치 바라지도 않겠지만 바라는 사람도 없어.

답_(권기영)

사실 소식이라도 알고 생사확인이라도 되면 제사라도 지내드리고 또 호적정리도 해야 되겠고, 그외에 공무원이기 때문에 국가에 대해서 보상이라도 민원해 볼 수 있을 텐데 생사를 모르니 처리할 수도 없고. 또 자라나는 자손들한테도 미안하고. 그러니 이북에서는 빨리 생사라도 확인해줬으면 좋겠어요.

정부가 요청을 당연히 해야 하는 거고, 그게 정부에서 할 도리라고 생각합니다. 정부에서는 단 한 사람의 국민의 생명이라도 소중히 여겨주셔서 미국만큼은 못 되더라도 최대한의 노력은 해야 하지 않겠나 생각하고, 여태 생사를 모르고 지내는 가족들의 심정을 조금이라도 이해하고 조속히 결과가 나와줘서 후손들이라도 고통 없는 앞날이 되었으면 좋겠다고 생각합니다.

○ 피랍인에게 전하는 말

답_ (김옥분)
이제는 보고 싶은 거 말해봐야 소용없는 거야. 이제는 죽은 사람이지 뭐. 10년 전까지도 기다려도 봤는데 이제는 소용 없는 일이야. 보고 싶고 만나고 싶은 거 말할 수 없지만. 꿈에 한 번 딱 보였는데 내가 부엌에서 일하다 보니 옷이 축축하게 젖어 있었어. 그러니 남편이 "옷이 그게 뭐야?" 그래요. 참 깨끗한 사람인데 마누라가 보니 그 모양이니 그랬나 봐. 그렇게 한 번 꿈에 보이고는 다시는 안 나타나.

답_ (권기영)
아버지, 정말 살아 계신다면 하루 속히 소식이라도 닿았으면 싶습니다만, 지금 연세로 봐서 생사 관계도 확실히 살아 있다고 보장할 수도 없는 입장인데 마지막이라도 혹시 살아 계신다면 그동안 못 다한 효도의 기회라도 주어졌으면 고맙겠습니다.

2005. 5. 18 채록

050518B 윤 태 경(尹泰慶)

피랍인

생년월일: 1909년 11월 27일생
출생지: 서울
당시 주소: 서울시 서대문구 교남동 137-2
피랍일: 1950년 9월 1일
피랍장소: 자택
직업: 국회 감찰위원회 정보과 직원
학력/경력: 배재학당/교육위원회 장학지도 학무담당
직계/부양가족: 배우자, 자녀 5남매
외모/성격 : 키가 크고 마른편, 침착하고 온순함.

증언자

성명: 1.윤명식(1939년생) 2.윤창식(1941년생)
관계: 1.장녀 2.장남
증언성격: 직접증언 V 간접증언 □

특이사항 (납치주체/상황/원인)

- 국회 감찰위원회 정보과에 재직 중 전쟁이 나서 도피 생활을 하다가 1950년 8월 31일 아들의 생일에 저녁식사를 같이 하러 집으로 들어옴.
- 이튿날 아침 속옷 차림으로 내무서원들에게 포박당해서 연행되어감.

증언자 요청사항

(對정부) 피랍인 생사확인 및 명예 회복. 북측과의 대화에서 납북 사실 확인 및 적극성을 보여줄 것. 납북인사가족협의회 운영 지원 요청

"9월 1일 주무시다 말고 런닝 차림으로 팔을 양쪽 옆에 끼여 갔어요. 그냥 옷도 차려 입지 못하고 나가셨어요. 내무서원이 데려갔어요."

"저는 경기여중 1학년 때 납북인사 가족모임의 가두방송을 했어요. 교복 입고 마이크 잡고 승용차 위에 타고 가두방송 하고 했어요. 학교 끝나면 마이크 붙잡고 방송하고."

○ 전쟁 당시 직업 및 활동

〈국회 감찰위원회 정보과에 재직〉

문_ 피랍인의 납북되기 전의 직업은?
답_ (윤명식)
교육위원회 장학지도 학무를 보셨다가 국회 감찰위원회에 계셨죠. 정보관. 아주 희미한 기억이에요.

문_ 아버님의 납북 전 단체 활동?
답_ (윤명식)
그건 잘 모르겠어요. 국회 감찰위원회의 정보관으로 있으시면서 뇌물 같은 게 들어오면 어머님이 반환하시기 바쁘셨어요. 어머님도 집에 안 계시고 일하는 분이라서 일하시는 분이 그걸 받아놓고는 해서 아버님 호령이 떨어지면 나 데리고 그 집 찾아서 갖다 주셨어요.

○ 납북 경위

〈전쟁이 나고 여기저기 도피 생활을 하다가 1950년 8월 31일 아들의 생일에 저녁식사를 같이 하러 집으로 들어옴. 그 다음날 아침 곧바로 런닝 차림으로 내무서원들에게 포박당해서 연행되어감〉

문_ 어떻게 납북 당하셨는지?
답_ (윤명식)
제 기억에 아버지는 짐을 싸서 바로 피난을 가셨다가 얼마 있다 다리 끊어지고 (못 내려가시고) 돌아오셨다가 다시 나가서 여기저기 집을 전전하며 피난을 했어요. 그러다 8월 31일에 동생 생일 한다고 오셨다가 하루 저녁 주무시고 9월 1일 주무시다 말고 런닝 차림으로 팔을 양쪽 옆에 끼인 채 갔어요. 그냥 옷도 차려 입지 못하고 나가셨어요. 내무서원이 데려갔어요. 그래서 그때 주무시다 말고 아버지가 옷이나 입고 나가자고 하셨는데 옷 입을 것도 없다고 하면서 잠깐만 여쭈어보고 금방 오실 거니까 그냥 가자고 해서 그냥 가셨죠.

문_ 아침에 찾아와서 뭐라고 하셨나요?
답_ (윤명식)
그건 잘 모르죠. 시끄러워서 잠을 깨서 보니까 낯선 사람 둘이 와서 아버님 데려간다고 하니까, 아버지는 "옷 좀 갈아입고 가자"니까 "금방 오신다"고 하면서 데리고 갔어요. 어린 마음에 금방 오시나 보다 생각을 했죠. 그런데 그렇게 데리고 갔어요.

문_ 그 당시 어머님의 상황 대처는?
답_ (윤명식)
어린 마음에 심상치 않은 게 어머님 표정 보고 알고, 당황해하시는 태도를 보고 나쁜 일인가 보다 했지. 사실 그 전에도 서울에는 일가 친척이 없었어요. 어머님 8촌이 문산 살았어요. 그래서 아버님이 문산에 저하고 동생들 셋만 피신을 시키셨어요. 그런데 우리 동생이 생일이 돼서 같이 식사하자고 오라고 하셨다면서 작은아버님이 자전거를 가지고 오셔서 대바구니에 동생 둘을 싣고 가다가 다시 내려놓고 다시 돌아와서 저를 싣고 데려오고 번갈아 가면서 문산에서 서울까지 와서 생일을 한 거예요.

문_ 잡혀갈 때 폭력이나 협박은 전혀 없으셨나요?
답_ (윤명식)
그 기억은 안 나요. 잠결에 소리가 나서 눈을 떠보니까 양쪽 팔을 끼인 채 가셨어요. 아버님이 옷 좀 갈아입고 나가자고 얘기를 하셨어요.

○ 납치이유

〈국회 감찰위 정보과 직원으로 재직 중이었음. 자택 소속 내무서원의 아들이 그 지역 유명인사를 고발, 한꺼번에 연행했다는 후문을 들음〉

답_ (윤창식)
그 당시에 지나간 얘기에 아버님 납치당하신 그날 우리 앞집 산부인과 아주머님이 잡혀가셨어요. 그런데 지나가고 나서 흐르는 얘기가 활명당 약국 아들이 전향해서 내무서원으로 들어갔다고 해요. 그런데 우리 동네 그 주위 주변 사람들이 여러 명 잡혀갔어요. 그런데 그때 얘기들이 내무서원 아들이 정보를 제공하지 않았냐는 등 그 이후에 많은 얘기들이 있었어요.
그 산부인과 아들이 군대를 가서 장교가 돼서 이북으로 넘어갔어요. 어머님 찾는다고. 그런데 우리집에 왔다 가고 했지만 그후에 연락이 끊겼지. 그 주위 저명인사들이 같은 날 같은 시에 잡혀갔다고 얘기를 하더라고요. 지나고 나서 얘기하더라고.

○ 납치 후 소식

〈당시 국립도서관에 감금됐다고 해서 여러 차례 찾아갔으나 면회 어려움. 이후 형무

소 88호로 옮겨졌다는 소식을 듣고 그쪽으로 찾아갔지만 실제로 목격하지는 못함. 이후 소식 두절〉

답_ (윤명식)

아버님이 상당히 정갈하셨어요. 런닝 바람으로 나가셨다는 건 상상도 못할 얘기죠. 그래서 어머니는 정치보위부에 계시다는 것만 알고 옷이 좋지 않아서 아버님 옷 입으실 거 저한테 싸주셨어요. 그 앞에서 있다가 나오시면 옷 드리라고 해서 기다리고 있었던 거죠.

그런데 어느 날 거기서 몇 명 끌고 가는 걸 봤어요. 포박하고 가더라고. 아버님이 곱슬머리에 날씬하고 키가 크시고 해서 이렇게 끌려가는 걸 봤죠. 계속 거기 있다가 형무소 88호에 있다는 소식을 듣고는 어머니가 형무소로 찾아가셨죠. 가셨는데 한 번도 본 적은 없대요.

저도 거기 계단에 앉아서 저처럼 잡혀간 아버지를 기다리는 중학교 다니는 어떤 언니와 같이 아침마다 둘이 기다리고 있었어요. 문만 쳐다보면서 있었는데, 이쪽 건물에서 사람들이 묶여서 바로 옆 건물로 옮기더라구요. 지금 롯데백화점 자리야. 산업은행 본점이고 그 옆이 국립도서관이었어. 그 건물 그림이 이렇게 됐어요. 국립도서관인 빨간 벽돌 건물로 데려갔어. 을지로 건물 계단에 둘이 앉아서 봤었지.

그런데 이 건물에서 이 건물로 끌고 가는 것을 봤어. 우리 아버님만. 그 자리가 외환은행에서 을지로 쪽으로 내려가는 곳인 그 롯데백화점 자리가 옛날에 한전건물이었어. 그 한전건물 계단에서 바로 앞을 본 거지. 그랬는데 그 다음에 형무소로 가셨다고, 88호에 계신다고 통보는 해주더라고.

그런데 그곳에 갔는데 한 번도 면회는 안 되더라구. 9 · 28 수복 되자마자 또 그곳에 가셨거든. 그곳에서 많이 총살하고, 그러지 않은 사람은 모시고 갔다고 해서 어머니는 시체라도 찾는다고 하셔서 막내만 업고, 우리들은 보면 좋지 않다고 집에 있으라고 하고 가셔서 하나하나 다 들춰보셨다고 하더라고. 바로 그렇게 같이 넘어가신 것 같아. 집도 가깝고 해서 매일 갔는데 한 번도 면회는 안 되더라고요.

문_ 88호~라는 통보는 누가 했나요?

답_ (윤명식)

그건 모르겠어요. 어머니가 누가 그러셨다고 하시더라구요. 누가 찾아왔는지는 모르고요. 88호라고 어머님이 매일 말씀하셨어요.

문_ 그 이후 아버님에 관한 소식은?

답_ (윤명식)

그후에 듣지는 못했구요. 아버님 생신이면 임진각 북쪽하늘 바라보면서 예배를 드리고 그랬어요.

○ 남은 가족 생활

〈배우자와 자녀 5명은 1·4 후퇴 때 소사까지 피난을 했다가 서울로 돌아옴. 당시 적십자사에 납치 상황을 신고하고 딸이 가두방송에 참여하기도 하면서 적극적으로 송환을 요구했으나 소식을 들을 수 없었음. 생계는 납북자의 배우자가 교직에 있으면서 절약과 헌신으로 5남매를 교육 및 양육해옴〉

문_ 납치 이후 피난은?

답_ (윤명식)

1·4 후퇴 때 그때는 피난을 갔죠. 그때는 다 한꺼번에 피난갔죠. 다들 어리니까. 돌 지난 동생은 등에 업고 그때는 제가 6학년이었으니까 4학년, 1학년, 4살, 돌이어서 일찌감치 피난을 가자고 해서 소사까지 걸어서 갔다 왔어요. 그곳에 한동안 있다가 다시 서울로 돌아왔죠.

문_ 아버님 납치 이후에 따님도 많이 고생하셨을 것 같아요.

답_ (윤명식)

전 어머니에 비할 데가 못 돼요. 경기여중 1학년 때 납북인사 가족 모임의 가두방송을 했어요. 교복 입고 마이크 잡고 승용차 위에 타고 가두방송 하고 했어요. 학교 끝나면 그거 붙잡고.

문_ 가두방송을 할 때 사람들의 관심이 있었나요?

답_ (윤명식)

그때나 지금이나 마찬가지였어요. 그 당시 수복 후 생활 형편이 어려울 때니 큰 관심을 갖진 않았던 거 같아요. 그냥 지나가나 보다 하지. 한 문중에 그런 일 안 당한 사람도 없고, 워낙 과도기였고 힘든 때였으니까. 그 이후에는 납북 가족들 명단 제출하라고 해서 제출했어요. 그때도 납북인사가족협의회가 있었어요. 그렇게 신고도 하고 다 했지.

문_ 아버님 납치 이후의 생계는?

답_ (윤명식)

어머님이 교직에 계셨는데, 교직으로 5남매를 최고학부까지 마치게 해주셨어요. 어머님 생활이라는 게 말을 못해요. 저희 동생이 참 효자예요. 그렇게 안 할 수가 없죠. 어머니는 5남매 공부시키시려고 옷이고 신발이고 당신 돈으로 사 입고 하신 적이 없어요. 친구분들이 다 교직에 계시던 분이라 그분들이 신던 거 입던 거 다 입으시고 그러셨어요. 그걸 모르는 자녀들이 많은데 우리 동생이 그렇게 잘 했어요.

답_ (윤창식)

어머니는 일제 시대 때 경성 사범대학을 나오셨는데, 그 당시엔 한국 사람이 몇 분 되지 않으셨는데, 그 중에 있던 분들이 중추적인 역할을 하던 분들이 많았어요. 그 당시 여성 제 1호의 장학사가 다 그 동기분이셨어요. 나오셔서 바로 교편 생활 하시면서 저희 5남매를 어머님 손으로 다 키우셨어요. 남부럽지 않게 최고학부 나오면서 할 거 다 하면서 그랬을 때 어머님의 고충은 말로 다 못하죠.

아버님도 배재학당을 나오셨고. 마찬가지겠죠. 자식한테 헌신적인 건 말로 다 못하죠. 특히 사랑은 진짜 헌신이죠. 그래서 다 가정을 이루고 파생되고 파생되고 해서 손자손녀 다 하면 40명이고.

○ 정부의 노력

〈없었음〉

문_ 신고는 하셨나요?
답_ (윤명식)
대한적십자사에서 한 번, 그리고 최근 납북인사가족협의회에 또 하고. 거기서 가두방송을 시켰나 봐요.

문_ 도움을 받았던 것은?
답_ (윤창식)
도움은 일절 없어요. 납북인사로서의 도움은 하나도 없어요. 세금을 내서 도움을 줬으면 줬지 도움을 받아본 적은 단 한 번도 없어요.

○ 연좌제 피해

〈납북인사 가족이라는 이유로 자녀가 R.O.T.C.에 지원 당시 신원조회상으로 어려움을 겪었음〉

답_ (윤창식)
우리 막내동생이 R.O.T.C.를 지원했었는데, 납북인사 가족이라고 해서 정말 힘들었어. 자격 여건에서 많이 제재가 있더라고. 정부에서. 납북인사라고 하니까 정상적으로 보지 않고 일단 자연적인 자격에서 점수가 안 나오고 위험성이 있는 것으로 보고 다시 신원조회를 하고, 굉장히 힘들었어요. 그래서 가족들이 보기에는 어찌됐든 간에 정부에서 보호해주어야 하는데 오히려 이러는 것은 본인에게는 심적인 부담뿐만 아니라 우리 가족들에게는 말도 못하는 두 번째 피해가 될 뻔했더라고. 그런데 어떻게 연락을 하고 해서 무사히 제대를 했어요. 납북인사 가족이라고 해서 법적으로 외려 보호해주어야 하는 가족을 제재 대상으로 생각하는, 막내동생에 대한 처사로 보아서는 정부의 시책이 잘못됐다고 봐요. 감시는 없었어요. 이 외에는 없었어요.

○ 호적정리

〈미정리〉

○ 정부에 바라는 말

〈납북 사실 확인 및 북측과의 대화에서 적극성을 보여주고, 납북인사가족협의회 운영 지원 요청〉

답_ (윤창식)

동족상잔의 비극이 다시 오지 말았으면 하고. 지금 정부가 북한에 많은 원조를 하는데 그만한 해답이 없어. 단지 짝사랑 하는 것뿐이고. 그 사람들이 우리를 납북인사로 인정해주지 않고 자진월북으로 하는 것을 보면 우리 동족인가 하는 생각도 들고. 그런데 우리 정부는 우리 세금을 가지고 그쪽에 퍼주기만 하고 있어. 대화하자고 퍼주고.

동족이라는 건 하나도 없는데 정부는 그대로 끌려가는 거라고. 미국 같은 나라는 전쟁 후에도 자기 동족 유해 찾는다고 수십 억 들여서 하고 있는데, 우리는 살아 있는 국군포로도 인정 안 해주고 못 데려온다고. 그런데 왜 대화를 못하는지 모르겠어.

그리고 납북인사들. 분명히 납북인데 뭐가 무서워서 대화할 때 말도 못 꺼내느냐고. 정부 하는 일 보면 정말 답답해 죽겠어. 정부가 국민을 위한 것인데 가려운 걸 긁어줘야지. 기껏해야 이산 가족 만나게 해주는 거 그게 무슨 대수야. 그런데 생사도 확인해주지도 못하고. 납북 자체도 인정 안 되는데.

그러나 개인이기 때문에 정부에서 내라는 세금 다 내지만 단지 정부 하는 일이 달라져야 한다고만 생각해. 정부에서 납북인사 관련 과를 만들어야 하지 않겠어요? 국내에 그런 것을 만들 수 있는 법률도 만들고. 법적 · 제도적 · 정책적으로 반영해야 할 필요가 있을 것 같아.

그리고 납북인사협의회도 좀 더 번창해서 힘이 있는 단체가 돼야 해. 많이 홍보를 하고 계속 정부와도 접촉하고 자생력을 갖춘 기관으로 발돋움을 해야 하는데 그게 바로 정부에서 인정을 하고 정부에서 지원을 해주고 해야 하는데 지금 보면 회원들 회비로 자체적으로 운영하고 있잖아. 이북에 줄 돈을 남겨서 해야 되는데 정부에서 볼 때 여기는 시끄러우니까 눈엣가시로만 생각해. 하여간 정부에서 관심을 갖고 잘못은 인정하고…

ㅇ 피랍인에게 전하는 말

답_ (윤명식)

어린 마음에도 아버님이 우상처럼 보였어요. 실제 나이가 95세쯤 됐을 건데 아버님 생사를 알았으면 좋겠고요. 5남매 잘 성장한 모습 보여드리고 싶고 효도 하고 싶고 그래요.

답_ (윤창식)

저는 어렸을 때 친구들이 "아버지" 하는 소리가 그렇게 부러웠어요. (말을 잇지 못함. 눈물) 뵙는다는 것은 하늘나라에 가서야 뵐 수 있겠고 저희 어머니 하늘나라에 계시지만 젊으셨을 때 우리 5남매 참 어렵게, 남부럽지 않게 학교도 최고학부까지 나오게 해주셨고. 얼마나 힘드셨겠어요? 이 자리가 우리 어머님이 살아 계셨음 더 좋은 자리가 됐을 텐데, 납북인사 가족들 모두 다 저와 같은 입장일 것입니다. 보상을 원하는 게 아니고 생사가 어떻게 됐나. 명예 회복을 바라는 거고. 아직도 정부는 좋은 해답도 없고 그 자체까지도 인정해주지 않으려고 하는 게 안타깝고.

2005. 5. 20 채록

050520A 최 용 준(崔容俊)

피랍인

생년월일: 1907년 음력 6월 20일
출생지: 서울
당시 주소: 경기도 평택군 평택읍 평택리
피랍일: 1950년 7월 말경
피랍장소: 경기도 안성군 원위면
직업: 의사
학력/경력: 세브란스의전 卒
직계/부양가족: 배우자, 자녀 9남매
외모/성격 : 키 175cm, 원만한 성격

증언자

성명: 최홍재(1941년생)
관계: 아들
증언성격: 직접증언 V 간접증언 V

특이사항 (납치주체/상황/원인)

- 평택에서 동아의원을 운영하던 의사로 교통부 촉탁의를 겸하고 있었음.
- 전쟁이 발발하고 평택에서 30리 떨어진 인근 산 속으로 가족 모두 피신함.
- 7월 말경 안면이 있던 지방 좌익들이 찾아와 협조를 요청, 의사로서 환자 치료를 위해 따라나선 후 연락이 두절됨.
- 가장이 피랍된 후, 집마저 폭격에 맞아 불타 없어지자 피랍인의 아내가 도넛 장사 등을 하며 9남매를 키워옴.
- 납북을 월북으로 오해받아 피랍인 자녀들의 유학, 해외출장 등에 곤란을 여러 차례 겪음.

증언자 요청사항

(對정부) 피랍인 생사확인 및 정부의 적극적인 문제 해결 의지 촉구, 북한에 주소가 없는 경우에도 이산 가족 신청을 할 수 있는 해결책 마련

(對가족회) 납북자 가족들의 적극적인 참여와 대정부 요청 강화

"북쪽 사상을 가진 사람들인데 이 사람들이 산 속으로 찾아와서는 아버지한테 '최 선생 협조해 주시오, 같이 갑시다' 해서 아버지는 불려서 따라갔다고 해요. 협조해 달라는 건 의사니까 치료해 달라는 거니까. 그런데 그게 마지막이 된 거죠."

"중앙정보부로 담당자를 만나러 갔어요. 딱 보더니 '무슨 개소리가 많냐?'면서 금방 팰 듯이 '당신 지금 신분을 보장하지 못하니까 (여권을) 못 주는 거다'라는 거야. 그럼 어떻게 해? 나는 당장 내일 미국을 가야 되는데 꼼짝 말고 가만히 있으란 거야?"

"내가 그때 물어봤어요. 우리 아버지가 어찌 됐는지 정보부에서는 알고 있느냐고. 근데 아무것도 모른대요. 모른다면서도 막연하게 납북자라면 그렇게 엄청난 피해를 준 거야."

○ 직업 및 활동

〈피랍인 최용준은 세브란스의전을 졸업하고 평택에서 동아의원을 운영하던 의사였음. 당시 교통부 촉탁의가 되어 준(準)공무원 신분을 지니고 있었음〉

문_ 전쟁 당시 어떤 일을 하고 계셨는지?
답_ 우리 아버지 명함이 있는데 평택 동아의원을 하셨고, 도청에서 역에 긴급사고 발생 시 의사들이 올 수 있게끔 촉탁으로 의뢰를 하는데 그때 아버지가 교통부 촉탁의가 돼서 교통부원증도 있었어요. 준공무원 신분으로 병원에 위촉을 해서 당시 철도사고 난 사람들을 맡아서 치료해주고 하는 일을 하셨어요.

○ 납북 경위

〈전쟁 상황이 악화되어 평택에서 30리 떨어진 인근 산 속으로 가족 모두 피신함. 7월 말경 안면이 있던 지방 좌익들이 찾아와 협조를 요청, 의사로서 환자 치료를 위해 따라나선 후 연락이 두절됨〉

문_ 어떻게 피랍되셨는지?
답_ 6 · 25 사변이 터지니까 사람들이 서울에서 내려오면서 (당시 거주지였던) 평택에 들러서 같이 부산으로 피난가자고 하곤 했어요. 그런데 공부하느라 딸 셋이 서울 할아버지, 할머니 댁에 있으니까 궁금하고 걱정이 돼서 아버지가 못 간다며 피신을 못했죠. 상황은 점점 악화되고 결국 멀리는 못 가고 우리는 평택 시내에서 30리쯤 떨어진 산 속 마을로 일단 피난을 갔어요. 아버님은 혼자 병원에 계시면서 부상당한 환자들이 오고 하니까 진료를 보고 하셨어요.

그러다 딸들이 1주일 만에 서울에서 평택까지 걸어서 왔어요. 그래서 우리가 피난한 곳으로 가족 모두 모였죠. 그때쯤 인민군은 다 들어왔어요. 7월 말쯤인가 몇 사람들이 산 속으로 찾아왔어요. 그런데 다 안면이 있는 사람들이었대요. 북쪽 사상을 가진 사람들인데 이 사람들이 산 속으로 찾아와서는 아버지한테 "최 선생 협조해주시오. 같이 갑시다" 해서 아버지는 불려서 따라갔다고 해요. 협조해 달라는 건 의사니까 치료해 달라는 거니까. 그런데 그게 마지막이 된 거죠. 어머니는 그 사람들을 아니까 옷이랑 영양제 같은 것을 싸서 아버지에게 전해주려고 찾아갔대요. 그런데 그 사람들이 "전해주겠다" 고만 하고 직접 아버지를 보지는 못했대요. 그게 마지막이에요.

○ 납치이유

〈의료인이었으므로 전쟁 중 부상자를 치료할 목적〉

○ 납치 후 소식

〈소문만 무성할 뿐 소식 없음〉

답_ 그리고는 이 사람 저 사람 입을 통해 평양 어디서 봤다는 사람도 있고, 판문점에서 포로교환 할 때 북측의 의사로 나왔다는 얘기도 들리고 직접적으로 본 사람은 아무도 없고 소문만 무성했어요.

○ 남은 가족의 생활은?

〈남편이 피랍된 후, 평택 집마저 폭격에 맞아 불타 없어짐. 피랍인의 아내가 도넛 장사 등 다양한 장사를 하며 9남매를 먹여 살림. 서울로 와서는 장성한 딸들이 교원, 간호사 등 직업을 가지면서 생계에 보탬을 줌〉

답_ 어머니가 혼자 몸에 서른여덟인데 애가 아홉이야. 아홉을 줄줄 끌고 다니는데 제일 막내는 불과 3개월짜리였고, 그 고생한 건 말 안 해도 짐작이 될 거야. 다행히 워낙 평택에서 유지로 살아서 주위 사람들이 많이 동정해줬어. 근데 사실 인민군이 들어와 있을 때는 혹시나 피해가 올까 봐 전부 외면했어. 나중에 국군이 들어오니까 우리집이 폭격 맞아 전부 날아갔으니 이웃들이 자기 집에 와 있으라고 하고 그랬어. 그 사람들도 결국 인민군에 동조했던 것을 피해를 덜 보려는 거였지.

그러면서 우리 어머니는 숙명을 나오시고 넉넉한 집안에서 호강스럽게 살던 분이었는데 애들이 있으니 나가서 별 장사 다 하시고, 음식 솜씨가 좋으니 음식을 해서 집에 일봐주던 분한테 대신 팔아달라 그러고 그렇게 애들을 먹여 살렸어. 그후엔 다행히 서울 집은 남아 있어서 애들을 다 데리고 올라갔지. 그때부터는 딸들도 교원, 간호사로 근무하면서 돈을 벌기 시작했지. 내가 국민학교 6학년 때인데 어머니가 시장에서 도넛 장사 했던 것도 기억나고 그렇게 고비를 넘겼죠.

○ 정부의 노력

〈없음〉

문_ 신고는 하셨나요?
답_ 어머니가 적십자사에 신고를 하고, 1955년도인가 그때 덕수궁인가에 모여서 납북자 궐기대회 같은 걸 한 적도 있어요. "가족 찾아내라" 하면서. 근데 뭐 별 성과는 없었고, 그냥 명단만 낸 거죠. 당시는 적십자밖에 신경 쓴 데가 없죠.

문_ 정부 차원에서 찾으려는 노력은?
답_ 우리집은 피해만 보고 도움 받은 거 하나도 없어요. 소식이야 들을 수도 없는 거고, 납북자가 월북자로 의심받아 피해만 봤어요.

○ 연좌제 피해

〈피랍인의 자녀들의 해외유학, 출장시 신원조회 과정에서 어려움을 겪음. 여권 관련 사항도 남산의 중앙정보부에서 관리하며 피랍인의 가족들에게 피해를 줌〉

답_ 내 동생이 미국으로 유학을 들어가는데 엄청 힘들었어요. 엄청 심하게 조사를 해서. 근데 그게 조사한다고 나오냐고? 빨갱인지 아닌지를 어떻게 알아? 괜히 그렇게 오라 가라 하면서 고생을 시키더라고.

또 내가 피해를 본 건 1979년도에 회사 때문에 미국을 나가려고 하는데 경찰서에서 신원조사하는 자료를 남산 중앙정보부로 보내더라고. 나는 미국 갈 날짜가 다 되어가는데 여권이 안 나와. 여권과에 물어보니 신원조회가 지금 남산에서 걸려 있다 이거야. "아버지가 6 · 25 때 행방불명된 사람이다"라면서 남산에서 해주질 않는 거야. 이게 참 한심한 얘기 아니냐고. 회사 담당자는 자기들은 못하겠다고 "직접 가 떼라" 그러고. 그래서 내가 여권과에 직접 가서 과장을 만나고, 결국은 중앙정보부로 담당자를 만나러 갔어요. 딱 보더니 "무슨 개소리가 많냐?" 면서 금방 팰 듯이 "당신 지금 신분을 보장하지 못하니까 (여권을) 못 주는 거다" 하는 거야.

그럼 어떻게 해? 나는 당장 내일 미국을 가야 되는데 꼼짝 말고 가만히 있으란 거야? 이렇게 한심한 노릇이 어딨어? 그런데 그 담당자가 잠시 내 서류를 뒤적거리더니 참 웃기는 얘기지. 내가 경복고등학교를 나왔는데 그 친구가 경복고등학교 나왔다 그거야. 내 서류를 보더니 자기가 한 해 후배인 거야. 나보고 욕지거리 하던 사람이 별안간 안색이 달라지더니 "아유 형님, 제가 몰라봤습니다" 이래요. 그게 경복 나온 거하고 무슨 상관이야? 그리고 자기 선배랍시고 "죄송합니다"라며 사과하고, 최홍재씨 여권 빨리 만들라고 전화를 해요. 그런 식으로 여권이 나오더라고. 내가 그때 물어봤어요. 우리 아버지가 어찌 됐는지 정보부에서는 알고 있냐고. 근데 아무것도 모른대요. 모른다면서도 막연하게 납북자라면 그렇게 엄청난 피해를 준 거야. 내가 그 직원과 선후배 관계가 아녔으면 미국 못 간 거지. 그렇게 지냈던 시대라고. 난 운이 좋았으니 간 거지만, 운이 없으면 못 간 거라고. 이런 피해를 나뿐이 아니라 여러 사람이 당했어.

○ 호적정리

〈실종자로 정리〉

○ 정부에 바라는 점

〈피랍인 생사확인 및 정부의 적극적인 문제 해결 의지 촉구, 북한에 주소가 없는 경우에도 이산 가족 신청을 할 수 있는 해결책 마련〉

답_ 너무 오래돼서 바라봤자(한숨). 정부에서 적극적으로 관심을 가져줘야 하는데 지금 아무리 졸라봐야 김정일이 눈치 보느라 말도 못 꺼내요. 김정일이한테 그런 얘기 꺼내 봤자 "몰라" 하면 그만이니 왜 정부에서 그걸 가지고 하겠어? 지금 정권에서는 기대할 수 없을 것 같아. 지금 여기 납북인사가족협의회 여러분이 애를 쓰는데 성과가 기대하기 힘드니.

전후 어부들 납북되고 한 것도 얘기도 못 꺼내는데 6 · 25 때 얘기하면 북한에서 들어주지도 않을 거고, 정말 적극적으로 얘기해 줄 정부, 대통령이 나온다면 모르겠지만 힘들 것 같아. 생사확인 알아보고 싶은 건 너무 당연한데 알아봐 달라고 소리쳐봐야 정부에서 듣지도 않는데 뭐. 나는 요즘 이산 가족 상봉하고 하는 걸 보면 너무 답답해. 우리 같은 경우는 신청도 할 수 없고 방법이 없잖아. 이북에 주소가 있어야 신청을 하지. 무슨 방법을 강구해서 해결책을 찾아줘야 하는데, 전혀 그런 여지가 없으니 답답할 뿐이지.

○ 가족회에 바라는 말

〈납북자 가족들의 적극적인 참여와 대정부 요청 강화〉

답_ 내가 한 가지 실망한 게 작년에 내가 6 · 25날 가족협의회에서 서대문형무소 앞에서 궐기대회 하고 도라산에 갔는데, 납북자는 10만 명이 넘는다고 하면서 그때 70명인가 80명인가 모였더라고. 그게 너무 섭섭하더라고. 지금 몇백 명 나와서 그래도 들어줄까 말까 한데 몇십 명이 뭐 해달라 하면 그걸 누가 들어주겠냐고. 그러니까 이런 행사들이 있으면 납북자 가족이 우선 열심히 나와서 해야 하는데, 어휴. 그러니 정부에서 겨우 몇십 명 그러니 콧방귀 끼고 말지 뭐. 앞으로 납북자 가족 손주고 며느리고 다 나와서 적극적으로 협조해야 된다고. 몇십 명 그래 가지고는 안 돼. 내가 하고 싶은 말은 정부에다 소리질러 봐야 협조해 달랄 상황도 아니고, 납북자 가족들이 적극적으로 참여해주는 게 필요하다 생각해.

○ 피랍인에게 전하는 말

답_ 북쪽에 쭉 살아 계셨다면 내 동생들이 있을 것이고. 찾으면 또 혈육이 있을 수도 있고. 글쎄요. 찾을 수 있을는지.

지금 가족들 현황은 딸이 지금 둘은 가고, 남은 딸 아들 잘살고 있고, 증손주도 있고, 어머니는 1992년에 돌아가셨고, 그렇게 다들 잘살고 있어요.

2005. 5. 23 채록

050523A 최 준(崔峻)

피랍인

생년월일: 1910년 4월 14일생
출생지: 평북 영변
당시 주소: 서울시 동대문구 제기동 137
피랍일: 1950년 9월 13일
피랍장소: 자택
직업: 서울대광중 · 고 교사
학력/경력: 연희전문/순덕학교 교사, 상일중학교 교감
직계/부양가족: 배우자, 자녀 4남매
외모/성격 : 키 크고, 코도 커서 서양사람처럼 생김.

증언자

성명: 최광석(1933년생)
관계: 장남
증언성격: 직접증언 V 간접증언 □

특이사항 (납치주체/상황/원인)

- 인민군의 눈을 피해 매일 밤 늦게 집에 들어오던 중, 9월13일 동회장 백운현의 밀고로 박상길이란 사람이 자택으로 찾아와 동대문구 정치보위부로 피랍인 최준과 장남 최광석을 연행.
- 월남한 기독교 장로라는 이유로 피랍인을 심하게 고문 · 폭행함. 이어 장남 최광석을 취조하며 당시 재학중이던 대광고의 반공 활동을 하는 학생들을 밀고하면 아버지를 풀어줄 것이라 유인하며 9월 17일 석방시킴.
- 피랍인은 그 이후 소식을 들을 수 없었음.

증언자 요청사항

(對정부) 납북자 명예 회복, 생사확인 및 유해 송환

"동사무소 회장인데 백운현이라는 그분이 밀고해서 잡혀간 거였어요. 그리고 나하고 우리 아버지를 잡아간 사람은 박상길이라는 사람인데, 마포형무소에서 출옥한 사람이에요. 6·25 나고 6월 28일 서울을 뺏겼을 때 서대문형무소하고 마포형무소에서 나온 사람이 악질로 사람 많이 죽이고 때리고 했어요. 그놈이 날 끌고 간 곳은 조그만 취조실인데 때리는 것도 있고 물 바께쓰랑 고문 도구들이 있었어요. '저는 13살이었는데 아무것도 모르고 아버지, 어머니 따라서 월남 했다'고 했어요. 그런데, 그때 아버지 죄명이 월남한 기독교인이라는 거였어요. 기독교 장로로서 선교 활동을 하면서 얼마나 많이 김일성 장군을 욕했느냐는 건데."

"저한테 큰 밥그릇이 있어요. 아버지 만나면 그 밥 한 그릇을 드리고 싶은 거 그거 하나밖엔 없어요."

○ 전쟁 당시 납북자의 직업 및 활동

〈1919년 평북 연희전문 학생 때 독립운동을 하다가 투옥돼 복역. 출옥 후 주기철 목사와 여러 해 종교 활동을 하다가 순덕학교에서 교편을 잡음. 해방 후 인민군의 압박이 심해 월남, 수원 상일중학교 교감으로 재직. 이때 대한독립촉성국민회, 대동청년단부단장을 겸함. 납북 직전에는 대광고등학교 교사로 재직하면서 동대문구 계몽단장 및 각 학교 웅변부장을 맡아 함〉

문_ 납북되기 전의 활동은?

답_ 아버지는 1919년 기미년 독립만세 때 평안북도 영변에서 연희전문학교 학생이었는데 독립선언서를 이북에 가져가서 선생님들과 같이 독립만세를 불렀죠. 투옥돼서 1년형을 받아서 8개월 27일을 복역하시고 나오셨어요. 나오시고 그후에 마산 문창교회 주기철 목사님과 여러 해 동안 같이 종교 활동하시다가 마산에 있던 학교가 선교사들이 운영하던 학교인 관계로 문을 닫아서 고향으로 돌아와서 모교인 순덕학교에서 교편을 잡고 계시다가 해방을 맞았어요. 해방 직후 공산당의 시달림을 받으시고 심지어 인민재판까지 받았습니다. 백학식 목사님과 같이 월남해서 수원 상일중학교 교감으로 재직 중이셨어요.

수원 상일중학교에 있으시면서 대한 독립촉성국민회, 대동청년단 부단장을 했어요. 수원사람들이 옛날에 많이 깍쟁이라고 했어요. 그런데 외부 사람이 부단장을 했으면 상당히 실력이 있지 않았나 싶어요. 그후에 납북되기 직전에 신설동에 있는 대광고등학교에 오셨는데, 그때 당시 서울시의 동대문구 홍보단장을 맡았어요. 국민 계몽 운동, 남조선의 단독정부가 왜 필요하다는 등의 서울시 동대문구 계몽단장으로 활동하고 학교의 각 중고등학교 변론부장, 웅변부장으로 있어서 이런 이유 때문에 납치되는데 큰 역할을 했어요.

인민군이 우리 아버지가 뭘 했는지 어떻게 알겠습니까? 동회장이 동사무소 회장인데 백운현이라는 그분이 밀고해서 잡혀간 거였어요. 그 동회장을 우리 어머님이 잡았습니다. 그분이 신당동 중앙시장에서 도장을 파고 있어요. 치안대에 넘겼는데 그후 1·4 후퇴 때 돌아와보니까 그 사람 사위가 경위가 돼서 나와서는 월북했다고 하더라고요.

○ 납북 경위

〈장남 최광석이 대광고 2년 시절, 의용군으로 잡혀갈 것을 피해 여기저기 피신했다가 사정이 여의치 않아 제기동 자택으로 다시 들어옴. 피랍인 최준도 인민군의 눈을 피해 매일 밤 늦게 집에 들어오던 시절 9월13일 박상길이 자택으로 찾아와 동대문구 정치보위부로 최준과 장남 최광석을 연행. 월남한 기독교 장로라는 이유로 납북자를 심하게 고문, 폭행함. 이어 아들 최광석을 취조하며 당시 재학중이던 대광고의 반공 활동

을 하는 학생들을 밀고하면 아버지를 풀어줄 것이라 유인하며 9월 17일 석방시킴. 피랍인은 그 이후 소식을 들을 수 없고, 수복 후 시체를 찾으러 갔으나 찾을 수 없었음〉

문_ 9월 13일엔 아버님과 같이 납치해 가셨나요?

답_ 그때 당시 저는 대광고등학교에 5학년, 그러니까 지금의 고등학교 2학년에 재학 중이었어요. 의용군에 해당되기 때문에 친척 집에 숨어 있었어요. 피해 있다가 불편해서 다시 동대문구 제기동 고려대학교 앞 집으로 돌아왔어요. 그때 아버님은 집에 있을 수 없어서 늘 아침에 나갔다 저녁에 돌아오시는데 그날은 잡으려는 정보를 알았나 봐요. 학교 선생님 댁에도 가고 해서 최 선생 잡으려고 다닌다 하니까 날 피신시켜 줄라고 낮에 집으로 돌아와서 "야, 광석아, 빨리 도망가야 된다" 했는데 금방 사복한 사람이 따라 들어왔어요. 그래서 저하고 아버지하고 동대문구 제기동 우리집에서 붙잡혀 갔어요.

지금의 기독교방송 뒤로 들어가는데, 저는 간판을 보지 못했는데. 동대문구 정치보위부라고 쓰여 있었대요. 9월13일 붙잡혀갔는데 저희 아버지가 들어가면서, 동대문구 정치보위부, 언덕길인데 지금은 기독교 100주년 기념관 위에서 보면 제가 잡혀갔던 길이 다 뻔히 보여요. 길 옆에는 코스모스가 좋더라구요. 가면서 그때 아버지가 공산당을 잘 모르시고 여기가 정치보위부다 하면서 우리는 관계된 곳이 아니다, 그러니까 우리는 수원에서 대동청년단에 관계는 했지만 지금은 대광학교 교사이기만 하니까 그랬는데 거기에 들어가니까 선교사들이 쓰던 건물이었어요. 양옥집 두 채가 있는데 그 아래채로 붙잡혀 들어갔어요.

긴 방에 사람들이 빼곡히 들어가 앉아 있어요. 거기는 밤에 누워도 하나 가득, 앉아도 하나 가득. 국군장교인 듯한 사람이 다리에 부상을 입은 사람이 드러누워 있고 다른 사람들은 다 제정신인지 아닌지 모르겠지만, 다 죽은 심정이었죠. 그 사람들이 다 납북자들이에요. 서로 말도 안 하고. 아버지랑 기대어 앉아 있었는데. 해가 질 무렵에 아버지를 먼저 불러냈어요. 새벽에 돌아오셨는데, 그때는 아버지가 무명으로 양복을 해 입었어요. 그런데 옷이 다 찢어진 것도 아니고 다 닳아서 해지고, 고문을 당하신 거예요. 코도 새파래지고, 그러고 나오시면서 아버지가 "나는 살아나오기 틀렸다" 하시면서 가만히 얘기하시더라구요. 그러면서 아버지가 "너 수원에 있었던 얘기는 절대 하지 마라" 하셨어요.

그때 제 나이가 17세였어요. 저와 아버지를 잡아간 사람은 박상길이라는 사람인데, 마포형무소에서 출옥한 사람이에요. 6 · 25 나고 6월28일 서울을 뺏겼을 때 서대문형무소하고 마포형무소에서 나온 사람이 악질로 사람 많이 죽이고 때리고 했어요. 그놈이 날 끌고 가서 조그만 취조실인데 때리는 것도 있고 물바께쓰랑 고문 도구들이 있어요. 저는 미리 떨었죠. "13살 때 아무것도 모르고 아버지, 어머니 따라서 월남했다"고 했어요. 그런데 그때 아버지 죄명이 월남한 기독교인이라는 거였어요. 기독교 장로로서 선교 활동을 하면서 얼마나 많이 김일성 장군을 욕했느냐는 건데 우리 아버지는 "난 그런 적 없다. 성경 말씀대로 얘기한 것밖엔 없다." "왜 그럼 월남했느냐" 하고 물어보고 얘기 도중에 "하나님을 봤느냐?"는 얘길 하고, 그래서 아버님이 "너는 하나님이 없지만 나는 하나님이 있다"그래서 더 맞았어요.

아버지가 제가 취조 받으러 나가기 전에 지침을 하나 주셨어요. "너는 김일성 만세 하면 해라. 그렇지만 하나님이 없다 이 얘기에는 수긍하지 말라"고 하셨어요. 지금 와서 생각하면 나를 살리려고 하나님을 끝까지 부인하지 말라는 얘기셨어요. 그래서 저는 아버님은 순교자로 인정하고 지금도 가장 존경하는 분이세요. 그런데 저는 취조실로 끌려가서 한 대도 맞지 않았어요.

저는 4월에 대광고등학교에 들어가서 6월에 사변이 났으니까 당시 저학년이고 새로 편입되어 있고 해서 반공학생연맹에 가입해 있지 않았어요. 이놈이 잘 해주더니 9월 13일에 들어가서 9월 17일 저만 석방됐는데 석방시킨 이유는 "너를 석방시킬 테니, 나가서 대광학생들이 동대문시장에서 생활하고 있다. 동대문시장을 한 바퀴씩 돌고 누가 어디 있다는 걸 자기한테 얘기해주면 잘 보고해주면 아버지를 풀어주겠다"고 한 거죠. 믿지 않았죠.

우리 아버지는 내가 나간다는 얘기를 들으니까 굉장히 기뻐하시는 거예요. 너 나가서 할머니 모시고 어머니 모시고 동생들 잘 보살피고 잘 지내라는 거예요. 눈물밖엔 안 나와요. 박상길이 끌어내요. (눈물) 옆에 경비대 인민군이 있는데 도저히 발이 떨어지지 않아요. 말할 수가 없어요. 미리 약속했는데 생각만 해도 이것은 할 수가 없어요. 우리 아버지한테 최후 작별 인사를 하면서 원수 갚겠다. 원수 갚아드린다는 건데, 그건 도저히 표현할 수가 없어요. 거기에서 인민군이 옆에 있어서. 제가 막 우니까 아버지가 창문을 잡고 겨우 일어서셔서 "사나이가 울긴 왜 우냐. 얼른 나가서 할머니하고 동생들 잘 지켜야 하지 않겠느냐" 하시더라구요.

최후 작별을 거수 경례로 하고 아버지 보면서 마음 속으로 "아버지 나하고 말이 통하죠? 원수 갚아 드릴게요" 그러고서는 돌아서 나왔습니다. 나왔는데 의용군 붙잡혀가는 건 겁이 없어요. 그 전에 들어가기 전에는 의용군에 붙잡혀갈까 봐 걱정했는데, 그러면 국군에 빨리 갈 거 아니냐는 생각이 들었어요.

그때는 자전거포가 있었어요. 그때 9월 17일에 나와서 물을 많이 먹고 골목길로 안 가고 사이렌 소리도 들리고 비행기도 다니고 하는데 큰 길로 막 걸어서 제기동까지 지나서 집 근처 안암동까지 오니까 비행기가 무서워요. 살고 싶던지. 또 어머니를 만나고 싶더라고요. 비행기를 피할 수는 없지만 비행기가 꼭 나한테 오는 것 같아서 이리저리 숨고 해서 집으로 들어갔어요. 어머니가 나오시면서 "아버지 어떻게 됐냐?" 그러세요. 뭐 말할 게 없어서 "아버지, 죽었소" 그리고 집에 들어가 앉았어요. 그때부터는 인민군이 자꾸 퇴각하는 것 같아요.

문_ 어떻게 납북당하셨는지?

답_ 그 사람이 잡아가고 그 사람이 직접 취조를 했어요. 다른 정치보위부는 보지 못하고 거기 들어가서는 인민군 정복 입은 몇 사람 보고 취조는 박상길, 제가 본 거는 저녁 때 지프차에 네모난 추레라를 달고 다녔거든. 추레라가 높지도 않았어요. 그런데 사람이 낮으면 보여요. 그런데 사람을 눕혀서 실었나 봐요. 보이지도 않아요. 취재 갔다 봤는데, 묶인 채로 구겨 넣더라고요. 그게 어디로 데려가는지는 모르고 그게 아마 납북자가 아닌가 싶어요.

그리고 9 · 28 수복돼서 저하고 어머니하고 안암동 뒷산으로 미아리로, 시체가 막 많았어요. 시체가 막 썩어 있고 옷도 시꺼멓게 썩어 있고. 거기를 우리 어머니하고 삽 하나 들고 (아버지) 찾으면 묻어드리려고 찾아다녔습니다. 시체를 이렇게 보니까 무섭더라구요. 나는 잘 보지 못하고 우리 어머니가 아버지 찾는다고 찾았는데 찾는다 찾았지만 못 찾았어요.

○ 납치이유

〈월남한 기독교 장로라는 이유로 심한 학대와 고문을 함. 이외에도 최준은 교직에 몸담으면서 수원에서 다양한 반공 청년 활동을 했으며 탁월한 웅변가로도 정평이 나 있었음〉

○ 납치 후 소식

〈없었음〉

문_ 그 이후 아버님의 소식은?
답_ 어디로 갔는지는 모르고 동대문구 정치보위부, 기독교 기념관 위쪽이고 저쪽은 정신여고이고. 거기에서 9월18일까지 살아 계셨다는 것만 보고요. 제가 나온 이후에 소식은 전혀 듣지 못했고요.

문_ 후에 정치보위부에 다시 가보셨나요?
답_ 바로 가봤죠. 수복되자마자 가봤어요. 지하실도 보고 했는데 아무 흔적도 없고. 거기에서 헤어졌기 때문에 거기를 맨 처음 가봤어요. 아버지의 시체도 찾지 못했어요.

○ 남은 가족의 생활은?

〈가장이 납북되어 장남은 군대에 가고, 납북자 배우자가 빈대떡 장사를 하면서 생계를 꾸려감. 부산의 한 목사님의 도움으로 작은 판잣집을 얻어 근근히 생활. 경제 사정이 좋지 않아 자녀들이 교육을 받는 데도 어려움이 많았음〉

문_ 납치 이후의 생활은?

답_ 비참합니다. 아버지가 납치돼서 전 군대를 나갔고. 저희 어머니가 다 동생들을 키웠어요. 그래서 대구로 피난 가고. 대구 있을 때 제가 제대를 했습니다. 그때 저희 어머님은 떡장사를 나가고. 또 내 동생은 버스터미널에 나가서 뭘 파는 거예요. 과자도 팔고, 껌도 팔고.

그렇게 생활을 하던 중에 도움을 받아본 적이 없는 게 아니라 한 번 있었습니다. 부산에 있는 감리교 선교회에 싸울 목사님이 계십니다. 어떻게 어머니가 대구에 있으면서 거기를 찾아가셨어요. 찾아가서 잘 모르겠다고 했는데 30년 전입니다. 그리고 싸울 목사님이 구제물자의 돈을 주는 겁니다. 그래서 부산으로 이사 와서 하꼬방이라고 얇은 판자로 무허가 건물을 짓는 거예요. 살면서 싸울 목사님 도움이 50% 정도 돼요. 목사님이 내 동생 공부도 시켜주고.

그러고 제가 제대해서 제가 좀 벌고, 우리 어머니는 화로 갖다 놓고 빈대떡 장사를 해서 우리는 평안도 사람이라 빈대떡을 잘 해서 그렇게 생활하고. 저는 고등학교 2학년이 최종 학력입니다. 저희 동생들도 고졸이 마지막입니다. 아버님이 살아 계셨으면 계속 공부를 했을 겁니다. 그래서 저는 김일성 때문에 그렇게 됐다고 생각합니다.

○ 정부의 노력

〈납북인사라는 명목으로 도움을 받은 적은 전혀 없었음. 다만 1917년 일본 보안법 위반, 즉 독립운동한 것을 근거로 독립유공자 신청을 했는데 당시 최준이 아닌 최장부란 가명으로 활동해 증명 과정에서 어려움을 겪었음. 최근 자료를 구비해 다시 제출한 상태임〉

문_ 아버님에 대해 독립유공자 신청을 하게 된 사유는?

답_ 1917년 보안법 위반했다는 것은 일본 보안법 위반했다는 겁니다. 연희 전문대학 학생 신분으로 3 · 1만세 운동의 주모자가 되었다는 겁니다. 보훈처에서 연락이 왔어요. "1919년 보안법은 3 · 1운동밖엔 없다. 그러니 후손이 할 일이 있으니 찾아봐라" 하고 연락이 왔어요.

보훈처에는 2001년 7월까지는 전산화를 했어요. 찾기는 찾았는데 이름이 다르잖아요. 최장부라는 이름으로 독립운동을 했는데 최준의 아들이지 최장부의 아들로 증명할 방도가 없었어요. 이걸 증명할 방법이 없어요. 지금은 제 친구 고향 친구들밖엔 없어요. 고향 친구도 다는 아니죠. 친구 아버지의 이름을 알아야 제 친구들도 제 아버지의 이름을 알죠. "저 사람이 최장부 아들이에요"라고 해줄 사람이 거의 없는 거예요.

자료를 찾다찾다 흥사단에서 완전한 자료를 찾아서 3월 21일에 보훈처에 접수를 했는데 그때 눈물이 그쳤어요. 3월 21일날 보훈처에 접수를 시키고 사무관이 정말 서류가 완벽하네요. 그말 들을 때 기분이 좋더라고요.

문_ 아버님은 납치된 것으로 나와 있는데 정부의 도움은?
답_ 그런 건 전혀 없어요. 일절 없다고 들었어요.

○ 연좌제 피해

〈예비군 창설 때 갔다가 정보과에서 부친을 월북자로 매도한 적이 있었음. 그외에는 큰 피해는 없었음〉

답_ 저는 당할 기회가 없었어요. 이때까지 좋은 자리에 가진 않고 개인 사업장이나 그런 곳에서 일해서 당할 일이 없었어요. 다만 예비군 창설될 때인데, 정보과에서 사상에 대해 물어보더라고요. "왜 최전방에서 싸우지 않았느냐"면서 "우리 아버지가 공산당에 끌려갔기 때문이야"라고 하니까 피해자라고 생각하지 않고 유도 신문하면서 자진월북자로, 용공분자로 만들려 하더라고요. 이게 피해라 하면 피해라고 얘기할 수 있습니다. 그외엔 일절 느끼진 못했습니다.

○ 호적정리

〈가호적 신고시 사망으로 신고함〉

○ 정부에 바라는 점

〈납북자 명예 회복, 생사확인 및 유해 송환〉

답_ 이젠 지쳤어요. 물론 6 · 25 납북자에 대한 응당한 주장을 해야 하지 않겠어요? 그런데 김정일은 납북자가 없다고 한단 말입니다. '자진월북, 실종자' 그렇게 표현한단 말입니다. 우리나라에서 그렇다고 생각해요. 북에 말 한 마디 못하고 우리 가족협의회만 있지. 좀더 당당히 있으면 있다, 사실대로 주장해주길 바라고, 우리 아버지가 살아 계시면 105세인데 생존해 계실 거라는 건 바라지도 못합니다. 그래서 언제 어디에서 죽었는지 알고 싶고, 남쪽에 아버지 산소가 없잖아요. 우리 아버지 유해라도 찾으면 국립유공자 묘에 안장할 수 있거든요. 그걸 바라거든요. 유해를 찾기를 바라는 거고. 사회에 뭘 바라겠어요? 공산당 활동한 사람들이 왈가왈부한 세상에. 자유통일 바라지만 많이 생각이 좌절됐어요. 그렇게 좋으면 공산당 세상이 돼 봐라. 그래야 너희들이 정신차릴

거 아니냐 싶어요. 이제는 힘도 없구요.

○ 피랍인에게 전하는 말

답_ 아버지는 저 때문에 그런 거예요. 수원에 사셨으면 한강 이남이라 피난도 가실 수 있었잖아요. 제가 중학교 다닐 때도 아주 공부를 못했어요. 그래서 아버지 있는 학교에만 제가 입학할 수 있잖아요. 저를 공부시키기 위해 대광학교에 왔어요. 또 내가 의용군 피해서 친척집에 가 있다가 다시 집으로 돌아온 바람에 날 또 피신시키시려고 붙잡히신 거예요. 제가 그렇게 한 장본인 불효자입니다. … 저한테 큰 밥그릇이 있어요. 아버지 만나면 그 밥 한 그릇을 드리고 싶은 거 그거 하나밖엔 없어요. 그런데 우리 아버지는 천국에서 좋은 음식 드시고 있겠죠. 그런데 제가 드리고 싶은 건 그 밥그릇 하나밖엔 없어요. 그거 드리고 싶어요. 아버지 죄송합니다. 그래서 밥그릇은… 그런 밥그릇 이젠 구하기도 힘들어요. 아버지 드시기 힘드니까 제가 동생들하고 나눠 먹을 거예요.

2005. 5. 24 채록

050524A 최 시 철(崔時澈)

피랍인

생년월일: 1923년 음력 6월 9일(음)
출생지: 강릉 박월리
당시 주소: 강릉군 성덕면 박월리 199
피랍일: 1950년 8월 15일
피랍장소: 자택
직업: 농업
직계/부양가족: 배우자, 자녀 2남
외모/성격 : 키가 작음. 밝은 성격

증언자

성명: 1.최상동(1944년생) 2.전재임(1922년생)
관계: 1.아들 2.배우자
증언성격: 직접증언 V 간접증언 ☐

특이사항 (납치주체/상황/원인)

- 지방 좌익을 피해 집안 다락에 숨어 지내다가 음력 7월 초하루 지방 좌익의 몇 차례 방문과 수색 끝에 발각되어 잡혀감.
- 병력 확보를 위해 의용군으로 강제로 투입시킴. 이후 동네사람들로부터의 곱지 않은 시선으로 어려움을 당한 것은 물론, 같은 전쟁 피해자임에도 정부로부터 외면당함.
- 피랍인 아들은 해외취업 불가, 공무원 시험 합격이 안 되는 등 연좌제 피해도 적지 않았음.

증언자 요청사항

(對정부) 정부의 책임 자각 및 피랍인 생사확인

"동네에서도 보이지 않게 따돌림을 당했어요. 마치 내가 북에서 이남으로 와서 사는 사람 같은 느낌을 많이 받았어요. 어렸을 땐 그랬어요. 지금은 담담하지만 어렸을 때는 아버지가 끌려가는 것을 내 눈으로 목격하고 그랬는데도 다른 애들은 '우리 아버지는 군인 갔는데 너희 아버진 인민군에 갔잖아. 우리 아버지하고 적대 관계 아니냐?' 하고 놀리고. 그런 삶을 살아온 거죠."

○ 납북 당시 상황

〈음력 7월 초하루 지방 좌익을 피해 집안 다락에 숨어 지내다가 몇 차례 방문과 수색 끝에 발각되어 잡혀감. 당시 인근 지역에서는 인민군에 협조하지 않은 청년을 잔인하게 죽이며 공포감을 조성하는 일들이 있었음〉

문_ 납북되던 상황을 기억하시는지?

답_ (전재임)

붙잡아가려고 그러지. (남편이) "어린 새끼들, 부모, 동생들이 많은데 내가 떠나길 어디를 가느냐?" 하면 (납치자는) "나라가 있고 국가가 서야 부모 동기가 서고 자식이 있지, 나라 없는 자식이 어디 있겠냐?" 그렇게 말하니 뭐라고 대답하겠어요. 공산주의에 고통 받은 건 말도 못해요.

내 친정 동생 3형제가 군대(의용군)로 가서 잡혀가고, 그집에는 사무실을 차려놓고 법석거리고 우리 부친이 그게 꼴보기 싫어서 속을 태우다 세상을 떠나고. 또 나를 붙잡아다가 대가리를 흔들어 놓는다는 소리를 맨날 하고. 그렇게 살았어. (남편은) 자꾸 사람 뒤지려고 오니까 안 붙잡히려고 그 다락에서 멍석에 파묻혀 있다가 저녁이면 나와서 식사를 하고, 어디를 꼼짝을 못하고 그랬어. 그러다 끝에는 그렇게 잡혀갔지. 안 잡혀갈 수가 없었어.

문_ 완장을 찬 사람이라고 하셨는데 맞나요? 잡혀가던 날짜는?

답_ (전재임)

어떤 사람인지 잘 몰라. 7월 초하룻날 갔어. 음력.

문_ 가족들이 있는 자리에서 데리고 갔나요?

답_ (최상동)

구체적으로 얘기하면 (아버지가 숨어 있는 곳이) 아궁이 있는 옆에 소외양간 위에 다락을 만들고 그 위에 멍석을 둘둘 말아서 얹어놓았어요. 지금 누군지는 기억이 안 나는데 자꾸 (아버지를) 찾고 집을 뒤지러다니는 사람들이 있었어요. 그때 옆 동네에 낯이 익은 사람이 파란색인지 빨간색인지 광목 완장을 차고 와서는 아버님 함자를 부르면서 "나와라. 나와라." 해요. 우리 조부님이 없다고 하면 또 다른 청년이 집을 뒤지더라고. 인민군 모자도 아닌데 무슨 작업복 모자를 쓴 사람이 와서 뒤졌어요. 방문도 열어보고 부엌에도 가보고 그랬단 말이야. 가면서 안 오면 반역이라고 하던가, 반동이라고 하던가. 처형된다고 하고. 아마도 동네에서 동원이 안 되고 해서 그런지 몰라도 마지막으로 잡혀갔어.

얼핏 기억나는데 우리 밑에 집에 논이 있고, 그 밑에 밭에 소를 놔두는 데가 있는데 저녁에는 마굿간에 두고 낮에는 거기에 매어놓는데, 거기에다가 누군지는 몰라도 청년 하나를 묶어놓고 1미터 이상 되는 대나무 끝을 날카롭게 만든 죽창을 가지고 시범적으로 죽인다 하면서 공포감을 조성하고 그랬었어. 그 사람들은 거기에서 진짜 소를 때려잡아 먹기도 했어요. 아버지는 계속 다락에 숨어 계시고, 어머니가 밥도 위로 올려드리고 그랬어요. 언제 올지 모르니까. 저녁이면 내려오셨는데, 그래도 밤새 바깥에 경계가 되고. 그런데 결국 밤인가 새벽인가 끌려가신 거예요.

할아버지, 양할머니, 어머니는 내다보시기만 하고 어머니는 어른들이 다 계시니까 어머니가 어떻게 할 수 없었고. 안 가면 죽는다는 생각과 압박감이 있었기 때문에 갔다가 전쟁 마치고 온다 하는 생각을 했어요. 그렇게 끌려가는 길을 따라갔는데 "내가 어떻게 하든 1주일만 되면 어떻게 빠져나오든 올 거야" 이 소리 한 마디만 하시고는 못 왔어.

○ 납치이유

〈병역의 의무라고 함〉

문_ 무슨 이유로 데려갔는지 아세요?

답_ (최상동)

병역의 의무라고 했어요. 가다가 죽었던지 이북에도 채 못 가고 죽은 것 같아. 그런 얘기를 들었어요. 여기에서 막 후퇴하면서 원산쯤에 가서 다 전멸했다고 하더라고요.

○ 납치 후 소식

〈소식 없음〉

문_ 소식을 들으셨나요?

답_ (최상동)

전혀 듣지를 못했어. 어디로 떠났는지 몰라. 같이 갔다가 돌아온 분의 얘기에 의하면 학교에 일단 집결을 해서 하루 정도 있었대요. 그곳에서 머물면서 부대 배치도 했겠죠. 제가 보기에는 짐꾼이나 그런 걸로 끌려가지는 않은 거 같고, 아무래도 전쟁 방패막이로 가지 않았나 생각돼요.

의용군이라는 말 있지. 인민군이 아니라 '의용군, 아주 의롭게 전쟁을 우리가 하지 않으면 안 된다' 하는 식으로 '이미 적화가 되어 있다. 그러니까 국방의 의무를 해라' 하는 식으로 다 설득을 시킨 것 같습니다.

○ 남은 가족의 생활은?

〈폭격이 심하고 거주 지역에서 교전이 있어 피난을 두 차례 떠났다가 돌아옴. 이 과정에서 집은 모두 불타 피랍인의 큰어머니도 돌아가심. 가진 농토가 없어 피랍인의 아내가 집안 어른들을 모시며 생선장수 등 행상을 하다가 서울로 와서 30년간 공장 근무를 하며 가정을 꾸려감〉

문_ 아버님 납치당하시고 어떻게 지내셨는지?

답_ (최상동)

초등학교 다닐 때는 동네 친구들한테 왕따를 많이 당했어요. 왕따를 당한 게 학도병 간 사람들은 후에 사람이고. 그 당시엔 다들 의용군으로 갔는데 후배 아이들한테도 동네 친구들이 농담이라도 "넌 통일 되면 북으로 갈 사람이잖아" 라고 해서 맘이 찢어지게 아팠어요. 뒷집은 삼형제가 아군으로 가서 우리 어머니한테 상처를 많이 주셨습니다. 둘은 죽고 하나는 얼마 있다 죽고. 그래서 우리 어머니한테 우리 아들 셋 다 나라에 충성했는데 농담이라도 당신 남편은 빨갱이라는 거야. 그 사람들은 해마다 연금 타면서 갈림길이 다르다 보니까 후에 살아오면서도 그 고통은 오래 가더라고요. 연금 타면 자랑스럽게 그러시고.

문_ 아버님 납치 이후에 피난은 가셨나요?

답_ (최상동)

폭격이 심해서 피난을 가지 않을 수 없었어요. 7살이었는데 눈이 많이 왔습니다. 우리 큰할머니는 못 가시고 집을 지키겠다고 계시고. 이분은 할아버지의 형수님이셨어요. 할아버지 짐보따리 위에 제가 타고 우리 어머니는 두 형제를 업고 갔어요. 갔다가 돌아와 보니까 인근 지역에서 교전이 있었나 봐요. 우리 마을이 논가로 다 마을인데 전부가 다 폭격 대상이었어요. 산 집은 괜찮았는데 빈 집은 다 불타 버렸어요. 저희 집은 완전히 불타 버렸는데 그 당시 정황은 진짜 참혹했어요. 피난 다니면서도 못 느꼈는데 와서 보니 시체들이 전부 벌건 실탄을 감아서 아군은 바가지를 썼고요. 적군은 괴뢰모를 썼어요.

그런 사람들이 따발총을 메고 실탄을 감고 철통을 메고 할아버지랑 찾는데 아군이 7명인가 인민군이 11명인가 더 많았어요. 열다섯여섯 구를. 할아버지 우시는 것을 처음 봤는데, 큰할머니가 불에 타셨다는 거야. 집이 탔으니까. 할아버지가 우시고. 나중에 우리 할아버지랑 둘이서 내가 7살이었는데도 제가 다리 부분을 들어서 우리집 밖의 논 위에 깊이싶이 파서 그곳에 묻었어요. 그리고 여러 시신을 치우는 걸 삼촌들 오시고 동네 사람들이 거드는데 우리집 앞 논 건너편 산 있는데 거기에 겨울이라 팔 수가 없어서 대충 파고 넣고는 돌을 쌓았어. 그런 시신들을 어느 가족들이 어떻게 찾겠어요. 못 찾아요. 지금 생각해보면 우리 아버지도 이렇게 돌아가셨겠지, 생각하는 거예요. 찾을 방법이 없겠구나 싶어요.

문_ 아버지 붙잡히고 나서 피난 가신 건가요?

답_ (최상동)

견디다 견디다 못해서 정월에 피난간 거지. 1차 갔다 오니 2차 또 와서 피난가고. 아버지는 6 · 25 발발하면서 강릉이 제일 먼저 점령이 됐거든요. 그때 바로 징집해갔어요. 7월 초하룻날에 데리고 간 거예요. 그때 바로 붙잡혀가신 거예요. 아주 초기는 아니고.

문_ (피랍인의 아내에게) 가정은 어떻게 꾸려가셨어요?

답_ (전재임)

어떻게 말도 못해. 살아나간 얘기는 말로 다 못해. 집 다 태웠지. 수리도 덜 하고 갔다고, 그러고 갔기 때문에 6 · 25 지나고 먹을 게 있는가, 입을 게 있는가? 이렇게 막막할 노릇이 어디 있어? 친정에 가서 숟가락 얻고, 그래도 친정은 집이 있어 남은 게 있었어. 동생이 이부자리는 없다고 해서 따로 모포를 구해서 시아버지 한 장 드리고 시어머니 한 장 드리고 애들 한 장 덮고.

시아버지 빨래를 해드리려니, 입을 옷이 있어야지. 피난 나간 옷뿐이니 겨우 옷을 빨래 해서 옷을 다시 입혀드리고. 이렇게 살고. 살아나간 건 말도 못해. 행상을 했어요. 농토가 없어서 농사를 못 지으시니까, 대관령 넘어서 생선장사를 했어요. 고기를 사서 소금을 치고 꽁치를 절여서 아침이면 차에 싣고 대관령 넘어서 다녔어. 또 감자를 가득 이고 산골지리를 내려오고. 그렇게 먹고 살았어. 감자도 삶아 팔고 행상만 하다가 애들이 커서 서울로 올라왔어. 공장 일을 하루 종일 하면서 30년 세상 모르고 일만 하고 집을 샀어. 그렇게 고생하고 살았어.

○ 호적정리

〈행방불명으로 처리됨〉

○ 정부의 노력

〈여러 차례 신고하고 알아봤으나 사망자 명단에도 없고 전혀 소식 없었음〉

문_ 납치 이후에 신고는 하셨나요?

답_ (최상동)

어떻게 신고를 하나. 납북자라고 안 하고 실향사민이라고 보고를 했지. 방북한다고 해서. 그때 송파구인가 강동구인가 그때가 몇 년인지는 기억을 못하는데 구청에서 접수를 한다고 해서 새벽부터 구청에서 접수를 받아서 내가 1번으로 접수를 했어. 아버지의 무죄를 찾는다고 한 번씩 한 게 있고 그 이후부터 이산 가족이 자꾸 이슈화되어서 신고하라고 할 때마다 신고를 했고.

종로구청에서 신고하라고 해서 신고하고 우리 협의회도 한 번 뉴스에 나와서 알게 되었고, 국군묘지에도 가보고. 혹시 6·25 때 전사자 명단에서라도 찾아보려고. 아버지 비슷한 이름이 있지 않을까 해서. 무연고자 다 찾아보고 울기도 많이 울고(목소리 떨림).

아무 데도 가도 없고. 남들은 돌아가셨다고 당당하게 얘기하는데 나는 그렇지도 못하고(흐느낌). 지금 소원이라면 돌아가셨는지 살아 계신지 생사만이라도 알았으면 좋겠어요. 만나건 못 만나건 고사하고, 어머니 생전에 제사를 지내려고 해도 언제 돌아가신 줄 알아야 되니. 나간 날로 제사를 지내자니 그때는 분명히 살아 계신 거고. 막막했어요. 그래서 앞으로 어머니 묘는 합장을 안 하고, 혼자 할 거구요. 어머님은 화장을 해달라고. "그러면 아버지를 찾아가마" 그러시는데. 한 번의 시대의 잘못된 일로 그 평생 시련 속에 사는 것 같아요. 그 자식들까지도 대대로.

○ 연좌제 피해

〈해외취업 불가, 공무원 시험 합격 안 됨, 청와대 직원 딸과의 혼담이 있었는데 거절당하고, 친구들과 동네사람들에게 따돌림을 당함〉

문_ 그 이후에 정부에 도움을 청했는지요?

답_ (최상동)

아니오. 연좌제 때문에 고통만 많이 받았지요. 6·25 때 납북된 사람들이 그 당시 의용군 끌려간 사람들이 마침 아군도 학도병 징집도 되고 그러니까 의용군 사람들이 완전히 그쪽 좌익계에 물들어서 간 것처럼 이런 인식을 사회에서 우리가 받았단 말예요. 그런 건 아닌데. 친구 어머니가 동네사람들 색출하는데 아주 앞장서서 했고요. 지금 기억나는 게 동네사람들한테 아주 모질게 했어요.

연좌제 때문에 제가 한 번은 해외를 희망을 했었는데 무슨 이유인지 승인이 안 되더라구요. 또 한 번은 공무원 시험을 치뤘어요. 시험 성적은 괜찮았을 거라고 생각했는데 합격이 안 되더라구요. 제 생각으로는 자격지심인지 모르겠지만 밝혀봤자 가르쳐주지 않을 것 같구요. 아무래도 연좌제 때문이 아니겠느냐 하는 것이 제 피해 의식일지 몰라요.

저하고 같이 자랐던 친구가 이북을 갈 일이 있어서 가려는데 신원조회 연좌제에 걸렸구요. 의용군으로 간 사람들한테는 적군이라는 이미지 때문에 보이지 않는 불이익을 당했습니다.

문_ 연좌제의 자세한 피해 사례를 말씀해주세요.

답_ (최상동)

중요 감시에 속해 있던 걸로 알고 있습니다. 그걸 언제 느꼈냐면 제가 청와대 식물원에 근무하시던 분으로 알고 있습니다. 1970년대 초에 제가 경복궁 처음으로 근무할 때인데 근무하다 보니까 청와대 식물원에 있던 직원의 딸하고 혼담 얘기가 있었어요. 그런데 그쪽이 신원조회를 저 몰래 했더라구요. 굉장히 불쾌했어요. 청와대 직원들은 누구나 다 한다는 건 이해가 되는데 신원조회 후 혼인 얘기가 없었다는 것은 연좌제의 영향이 아니었느냐는 거죠. 나중에 신원조회 공문을 보면 다 '이상 없음' 으로 나오는데도 나중에 들었는데, 감시 분류는 일반인이 알 수 없다는 거예요. 그런 걸로 영향이 있다는 것을 직접적으로 들었구요. 공무원 시험 쳐서 가능했었는데 신원조회 결과에서 그런 영향이 있지 않았나 싶어요. 하나의 피해 의식 속에서 생활을 했구요. 그 당시 9급 공무원 시험이었어요.

문_ 동네에서도 따돌림을 받았는지?

답_ (최상동)

동네에서도 굉장히 보이지 않는 따돌림, 마치 내가 북에서 이남으로 와서 사는 사람 같은 느낌을 많이 받았어요. 어렸을 땐 그랬어요. 지금은 담담하지만 어렸을 때는 아버지가 끌려가는 것을 내 눈으로 목격하고 그랬는데도 다른 애들은 "우리 아버지는 군인 갔는데 너희 아버진 인민군에 갔잖아. 우리 아버지하고 적대관계 아니냐?" 하고 놀리고. 그런 삶을 살아온 거죠.

그 다음은 각 동장이나 경찰서장에게 강릉시에서 공문을 만들어서 '아버지를 찾습니다' 하고 행적을 알아보려고 했는데 별로 반응이, 도움이 되지 못하더라구요. 많이 찾고 싶어서 매스컴이나 국가에서나 사회단체에서 한다는 거 있으면 앞장서서 나가보고 먼저 가서 접수를 해보고 해도 어떤 기대치가 없으니까. 살아 있을 때만 피해 속에서 사는 것 같은데 돌아가셔도 내 육신을 어떻게 할 건가도 아버지 곁에 묻어드리지도 못하고. 자식으로서 굉장히 가슴이 아파요.

마지막으로 소원이 있다면 빨리 통일이 되든, 남북교류가 되든, 생사만을 일단 알면 제사를 빨리 모셔야겠구요. 소속도 알면 더욱 좋겠고. 그래서 시신이나 유골이 있는 부근만 안다면 망향제라도 드리고 싶어요. 참 안타까운 게 많아요.

○ 정부에 바라는 점

〈정부의 책임 자각 및 피랍인 생사확인〉

답_ (최상동)

그저 빨리 정말로 책임 있는 사람들의 회담으로 동족간의 아픔을 대화로 풀어서 생사라도 알고, 만약 살아 계신다면 정말로 만나보고 싶구요. 그렇지 않으면 어떤 경로로든 어떻게 돌아가셨는지 언제 돌아가셨는지 생사라도 알게 됐으면 좋겠어요. 정부에서는 이 부분에 정말 무심한 것 같아요. 하고 싶은 말이 이거예요. 예를 들면 민주화 운동한 사람들이 다 시대의 아픔인데도 어떤 사람들은 횡재라고 생각되는 사람들이 있고요. 어떤 사람들은 정말 비참하게 대대로 살고 있고요. 누가 득이고 손해고 있겠어요? 똑같은 아픔이란 말이에요.

그 당시에 정부가 전쟁을 못 막은 건 정부 책임이지 국민 책임이 아니란 말이에요. 정부가 잘못한 거란 말입니다. 정부가 잘못해 놓고 국민들의 피해를 몰라라 하는 것은 적반하장이지. 정부가 앞장서서 다 국민의 아픔을 다 알아줘야죠.

군대를 안 가면 국민의 의무를 다한 게 아니라고 잡아들이잖아요. 제재를 하잖아요. 그럼 정부도 전쟁을 못 막았으면 응분의 책임을 지고, 보상을 해줘야지 책임을 져야지요. 당연하지요. 60년이 흘러갔는데. 우리도 정말 생사를 알 수 있었으면 좋겠어요. 하루빨리. 돌아가시면 무슨 의미가 있겠어요.

○ 피랍인에게 전하는 말

답_ (전재임)

무슨 하고 싶은 얘기가 있겠노? 어디에서 살아 있으면 몸 건강히 살아 있는지 소식이라도 알고 죽었으면. 이렇게 저렇게 고생해서 갖은 고생 다하고. 새끼들 보고 이만치 팔십 평생을 살았는데 당신은 어디 가서 이런 허망한 세월을 보냈는지, 어디 가서 살아 있는지, 살아 있다는 소식이라도 알고 있었으면. 자식들이라도 애비라고 찾아보지를 못하고 할 말이 무슨 할 말이 있소. 더 할 말이 없소. 어디 가서 살아 있음 소식이라도 알려주지. 당신과 내가 만나, 당신은 스물여섯이고 난 스물일곱이고. 한 오 년 살았나? 헤어지니 할 말도 없고. 허망한 세월은 다 흘려보내고, 그래도 나는 자식들 안아보고 살았는데 어디 살아 있든 어쨌거나 얼른 소식이라도 알려줬으면 좋겠소.

답_ (최상동)

글쎄요. 이 녹취가 이북까지 가서 아버님 귀에까지 들릴 수 있다면 얼마나 좋겠어요. 그저 부디 살아 계시다면 건강하시구요. 건강하시다면 제가 어떤 방법으로든 찾아뵙겠어요. 그날까지 건강만 하세요(눈물). 만약에 살아 계시다면 그쪽에도 가족이 계실 터, 다 가족들이 수용을 하구요. 다 혈육이지 않겠습니까. 혹 어디에서든 살아 계셔서 아버님의 큰아들 상동이 목소리를 들으신다면 연락이 서로 됐으면 좋겠어요. 그래서 생사만이라도 확인이 된다면 전 어떤 방법으로든 찾아뵙겠습니다. 건강하세요.

2005. 5. 25 채록

050525A 이봉우(李鳳雨)

피랍인

생년월일: 1924년 6월 9일
출생지: 서울
당시 주소: 경기도 수원시 서둔동 농촌진흥청 관사 사택
피랍일: 1950년 8월 21일
피랍장소: 수원시 서둔동 진흥청
직업: 농사시험장(농촌진흥청) 곤충계장
학력: 서울농대
직계/부양가족: 모, 여동생, 배우자, 자녀 1남
외모/성격: 키가 크고 건강함. 온순한 성격

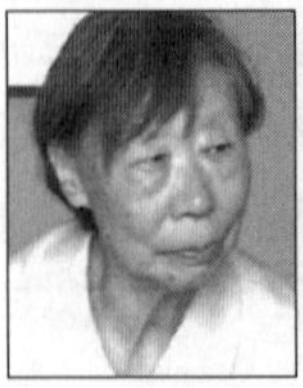

증언자

성명: 1.유정옥(1930년생) 2.이소우(1942년생) 3.이상일(1949년생)
관계: 1.배우자 2.여동생 3.장남
증언성격: 직접증언 V 간접증언 V

특이사항 (납치주체/상황/원인)

- 전쟁 직후 가족 모두 화성군 봉당으로 피신함. 피랍인은 연구 자료들을 살피러 종종 당시 직장이었던 농사시험장에 들르곤 함.
- 납북 당일도 동생 이소우와 수원 농사시험장 관사에서 들러 점심 식사를 하다가 지인이었던 김호식 교수와 황 과장이 찾아와 내무서로 가자고 해서 함께 나간 뒤 연락이 두절됨.
- 1주일 뒤 김호식 교수는 돌아왔으나 피랍인과 황 과장은 소식을 알 수 없음. 인민군이 피랍인의 측근을 이용, 회유하여 포섭하려는 의도가 사전에 진행된 것이 아닌가 추정됨.
- 피랍인은 당시 공무원 신분으로 곤충계 연구에 초석을 다진 인물이었고, 천주교 신자였음.

증언자 요청사항

(對정부) 피랍인 생사확인

"김호식 교수와 화학과 황 과장이란 양반 두 분이 와서 '이 선생 갑시다' 하고 같이 나갔던 거예요. '오빠 어디가?' 하니까 '잠깐 나갔다 올게' 그러더라고. 내무서 간다고 그랬어요. 죄가 있는 게 아니라 때릴 이유가 없다고. 그리고 김호식 선생은 갔다가 1주일 후에 나오셨어요. 그런데 우리 오빠와 황 과장님만 아직까지 못 오고."

"'이북에 왔다 갔다 하지 않느냐' 하는 그런 질문도 있었어요. 서대문경찰서에서 오라고 해서 갔었어요. 그랬더니 '거기 연락하고 왔다 갔다 하는 게 아니냐' 하고 몇 번을 다그쳤어요."

"이북에 갔다는 자체로 무슨 사상에 동조해서 간 걸로 주위사람들이 그렇게 생각해요. 그렇게 하면 안 되지. 우리는 억울한데. 국가 공무원으로 근무하고 아주 선량한 국민인데 그런 걸 나라에서 도와주지 못할망정 그렇게 뒤집어씌우면 안 되지."

○ 납북 당시 상황

〈전쟁 직후 화성군 봉당으로 가족이 피신을 했는데, 피랍인은 연구 자료들을 살피러 종종 당시 직장이었던 농사시험장에 들르곤 함. 납북 당일도 동생 이소우와 수원 농사시험장 관사에 들러 점심 식사를 하다가 지인이었던 김호식 교수와 황 과장이 찾아와 내무서로 가자고 해서 함께 나간 뒤 연락 두절됨. 인민군이 피랍인의 측근을 이용, 회유하여 포섭하려는 의도가 사전에 진행된 것이 아닌가 추정됨〉

문_ 6 · 25 발발 직후에 어머님과 아버님은 어디 계셨어요?

답_ (이상일)

(화성군) 봉당. 피난간 데가 있었어요. 바로 피난갔어. 아버지는 사무실로 왔다갔다 하고. 주소는 수원시 서둔동 진흥청. 옛날엔 농사시험장. 그곳에서 8월 21일 그렇게 되었다는 소식을 들었지.

문_ 납치 당시 주위 사람들 누가 봤나요?

답_ (유정옥)

나는 그날 떠나는 것은 못 봤고. 고모님(이소우)이 혼자 보셨어요.

문_ 어떻게 데려갔다는 얘기는 들었나요?

답_ (유정옥)

포박해서 데려갔다는 것은 6년 후에 들었어요. 경찰서에서는 아마도 그랬을 거예요.

답_ (이소우)

(잡혀간) 그날은 두 분이 오셔서 "갑시다" 하더라고. 그게 바로 내무서를 찾아간 거였어. 내무서로 세 분이 스스로. 아마 뒤로 상당히 자술서를 쓰면 된다며 오라고 구슬르는 게 있었겠지. 그러니까 다 고상한 분들이니까 자술서만 쓰면 나올 줄 알고. 그런데 두 분이 다 선배시고 스승이시고 한데 (상황을 보니까 그분들도) 우리가 젊은 사람을 데리고 왔다는 게 나중에 생각해보니까 이상하다 싶은 거예요. 오빠가 스스로 간 것도 아니고.

(피랍된 그날 오빠와 저는) 점심 시간에 밥을 마주 겸상으로 먹고 있었어요. 그때 김호식 교수와 화학과 황 과장이란 양반 두 분이 와서 "이 선생 갑시다" 하고 같이 나갔던 거예요. "오빠 어디가?" 하니까 "잠깐 나갔다 올게" 그러더라고. 내무서 간다고 그랬어요. 죄가 있는 게 아니라 때릴 이유가 없다고.

문_ 혹시 김호식 선생과 황 과장이란 분이 좌익 계통 사람이었는지?

답_ (이소우)

그 두 분은 이북에서 내려오셨어요. 천주교 신자라는 것, 처갓집이 좀 잘산다는 것 그것밖에 아는 건 없고, 그 두 분이 평양에서 뭘 했는지는 모르겠어요. 그리고 김호식 선생은 갔다가 1주일 후에 나오셨어요. 그런데 우리 오빠와 황 과장님만 아직까지 못 오고.

문_ 목격자이신데 납치 당시 상황을 자세히 말씀해주세요.

답_ (이소우)

당시 전 너무 어렸기 때문에 왜 그랬는지 이유는 모르겠고. 우리가 6 · 25 나고 이북에서 쳐들어왔다 하면서 피난가야겠다 했을 때 우리가 살았던 곳이 수원시 서둔동 농사시험장 관사에서 살았어요. 그곳에서 조카랑 올케랑 어머니랑 살았는데 수원 근처 봉당면에 일시적으로 피난을 갔어요. 모든 보따리를 다 쌌다기보다는 얼마만큼 가지고 갈 만큼만 가지고 갔어요. (그곳에서 여기 농사시험장까지) 20리 정도되는 거리를 걸어다니는 거죠.

오빠가 당시 27살이어서 곤충계 계장으로서 (연구) 시작을 처음 하시는 거예요. 아마 일제 시대 때 여러 가지 해놓은 잔여물인 채집 나비, 여러 가지 벌레가 있었어요. 넓은 농대 밭에 보면 오빠가 커다란 전봇대에 있는 불 밑에 곤충들이 모여들어와 툭 떨어지는 것을 일일이 채집해 놓았는데요. 그것 때문에 오빠가 피난가서도 그것이 잘 간수가 되는지 가끔 사택으로 오는 거예요.

가끔 들르는 어느 날 오빠랑 나랑 나왔단 말이에요. 사진 보시면 아시겠지만 제가 오빠가는 길에는 어디든 쫓아다녔어요. 와서 같이 점심 먹고 있던 도중에 두 분이 와서 어디를 가자고 그러더라구요. 내무서로. 그때가 낮 한두 시쯤 됐는데 그렇게 나가시고 영 집에 못 들어오신 거예요. 소식은 없었던 거예요.

○ 납치 이유

〈공무원 신분으로 곤충계 연구에 초석을 다질 만큼 전문인이었고, 천주교 신자였음. 또한 처가가 유지였음〉

○ 납치 후 소식

〈소식 없음〉

문_ 아버님을 찾으러 다니셨나요?

답_ (유정옥)

친정고모가 여기저기 한 달을 찾으러다녔는데 가면 "내일 오라, 모레 오라" 하면서 일절 만나지 못하게 해요. 그러면서 친정고모한테 얘기하기를 '옷만 가지고 오라' 해서 옷만 전해주고 옷을 받았는지 안 받았는지도 몰라요.

문_ 가족회에 제출했던 생사확인 의뢰서에 의하면 이후 소식에 관해 적으셨던데?

답_ (이상일)

그 부분은 돌아가신 백부님한테서 들은 얘기인데 제가 직접 본 것은 아니고, 그런 얘기가 있더라 하는 얘기를 들은 적이 있습니다. 미확인인 얘기고 6 · 25 전쟁 발발 몇 년 후에 아는 분을 노상에서 만나셨는데 마침 그분이 연천 쪽에서 아버님이 포승줄에 묶여 가면서 점심을 먹는 것을 봤다고 했는데, 직접 보지는 못하고 확실치가 않아 그저 안타깝기 짝이 없는 얘기입니다.

○ 남은 가족의 생활은?

〈가족들이 대구, 부산까지 피난갔다가 돌아와 농사시험장에서 내어준 작은 사택에서 피랍인의 어머니와 동생이 살고, 배우자와 자녀는 처가의 도움으로 하숙을 치면서 생계를 유지함. 배우자의 경우 남편을 잃은 상실감이 병이 되어 힘겨운 나날을 보냄〉

답_ (이소우)

우리가 처음엔 사택에서 살았잖아요. 사택에서 사는 이유는 직원이 있어야 되는 건데 오빠가 납치돼서 이제는 거기에서 살 수가 없잖아요. 한국적 인정으로 금방 나가라고 할 수는 없으니까 6 · 25부터 6, 7, 8, 9월, 1월까지는 살았어요. 1 · 4 후퇴 때 피난가기 전까지는 거기에서 살았어요. 다 가져갈 수 없어서 묻기도 하고, 다들 피난간 거지. 당시 다들 피난가던 스타일로 갔던 거죠.

당시 동네에서 우리는 반동분자 가족이라고 다 죽이려고 그래서 아주 일찌감치 피난가서 그나마 부산까지 가고 대구까지 가고. 그랬더니 갔다 왔더니 집도 없어지고. 그래도 워낙 인정이 있어서 조그마한 사택을 주더라구요. 그래서 거기에서 살았어요. 그 전에는 큰 집, 좋은 집이었다면 아주 조그마한 방 한 칸짜리 내어준 사택에서 나하고 우리 어머니하고 살았어요.

그때 다 같이 살면 누가 돈을 벌어야 하잖아요. 그래서 저하고 어머니만 관사에서 살고 올케는 애 들쳐업고 친정 가서 살고. 우리 어머니, 나, 올케, 그리고 애 넷이 남은 거죠.

문_ 어려운 상황에서 어떻게 대처하셨나요?

답_ (유정옥)

말도 못했죠. 소식도 전혀 듣지 못하고. 나중엔 먹고 살기 위해서 연세대 식당에서 후에 일했고. 그 당시엔 몰라요. 그러고 나서는 아무것도 모르고. 몰랐죠.

답_ (이소우)

큰오빠는 피난을 가버렸고 지금 생각해보면 누군가가 도와줄 사람이 있어야 쫓아다니면서 알아봐 주지. 올케는 19살에 시집왔어요. 그래서 그때 스물밖엔 안 됐는데. 그때 여자들이 이리 뛰고 저리 뛸 수완이 좋은 사람이 어디 있어?

답_ (이상일, 이소우)

그때부터 언니는 친정살이를 그렇게 하신 거죠. 친정집이 잘 사니까 조카들 데리고 살게 되신 거죠. 친정도 가세가 점점 기울었다고. 그러니 애들 학교도 다녀야 되겠고 하니까 심적 · 육체적 고생도 많이 하신 거죠. 그때 황 선생 부인 측에서 알선해서 식당에서 잠깐 일도 하시고. 그때는 같은 운명체 사람이니까 같이 식당에서 일도 하고 했지. 또 워낙 건강이 안 좋았어요. 그때 수술도 하고. 다행히 친정에서 도와주셔서 산 거죠.

문_ 남편이 많이 그리우셨을 것 같은데.

답_ (유정옥)

그래서 병이 났죠. 남편이 억울하게 붙잡혀갔는데 병이 돼서 자궁 수술을 한 거예요. 젊었을 때 하혈을 하는 거예요. 그게 스트레스거든. 젊어서 그냥 다 들어내고 수술했어요. 참고 살려니까 억울한 것도 있고 분한 것도 있고. 몇 년 살지도 못하고.

오죽하면 우리 친정어머니가 옛날에 시집가라고. 수술하는 게 몸도 약하고. 요새는 알아주지도 않지만 정절 지키고 아들 하나 키우고 살았다고 우리 경주 이씨 집안에서 환갑 때 표창장 줬어요. 그런데 선산이 있는데 할아버지 산소도 있는데 얘 아버지는 시신이 없으니까 산소도 없잖아.

문_ 아버지에 대한 그리움은 없으신지요?

답_ (이상일)

그렇지 않다고 하면 말이 안 되겠지만 매년 5, 6월이 되면 뭔가 생각이 자꾸, 직접적인 아버님 얼굴이 생각이 나는 건 아니지만 사진을 보게 되고 여자로 치면 우울증이라나. 6월이 되면 매년 착잡하고 우울한 생각이 듭니다.

○ 호적정리

〈아들 이상일이 입대 전 부재자 신고 특별법을 통해 호주 승계함〉

답_ (이상일)

이 (납북) 문제는 제가 성년이 되고 사회 활동을 하면서 군대 문제가 대두되지 않겠어요? 다른 분도 그렇겠지만 납치나 납북되신 분들의 호적상에 다른 방법이 없어요. 군대 입대하면서 나이가 들어서 그때 참 고생 많이 했습니다. 5 · 16 혁명 후 부재자 신고 특별법이 있어서 그때 사망으로 부재자 신고를 하면서 제가 호주가 되면서 군대를 가게 되었어요.

○ 정부의 노력

〈피랍인의 근무처에서 작은 사택 하나를 주어 피랍인의 어머니와 동생이 살았음. 그 외 피랍인을 찾으려는 노력이나 지속적 도움은 없었음〉

문_ 납치 후 정부에 신고를 하셨나요?

답_ (이소우)

그건 어려서 잘 모르겠는데, 우리가 못했으면 직원들이라도 했을 것 같아요. 제 생각에는.

문_ 적십자에 신고는 하셨어요?

답_ (이상일)

그때 했어요. 백부님, 저희 큰아버님이 하셨어요. 그후에 제가 이산 가족 상봉이 이루어지면서 어떤 연결 통로가 없나 싶어서 직접 적십자사에 갔습니다. 자료가 있나 싶어서 찾아보려 했더니 직원들이 잘 몰라요. 이런 이런 자료가 있는데 하면서 젊은 담당 직원하고 쭉 찾아보니까 1957년에 보니까 행불자 신고 한 명단에 기록이 되어 있는 것을 발견을 하고 남북 이산 가족에 상봉 신청까지 했습니다. 사실은 저희가 이산 가족은 아니지 않습니까? 그런 아픔이 있는 거죠.

문_ 신고 처리는 잘 됐나요?

답_ (이상일)

일단은 서류상에는 제출되었고, 한 번은 국내 이산 가족의 신고를 하다 보니까 몇 년 전엔가 강남경찰서에서 연락이 왔어요. 아버님 이봉우란 분이 국내 전산망에는 전혀 없더라는 그 연락은 받은 기억이 납니다.

문_ 도움을 받았던 부분은 있으신가요?

답_ (이상일)

그런 건 전혀 없지요. 이런 사람들의 제일 정신적 · 물질적으로 고생되던 부분이 이런 거였죠. 경제적인 부분도 그렇지만 연좌제로써 경제적인 활동이나 사회 활동에 많은 제약을 받는 그런 명예 회복이 빨리 이루어져서 조금이나마 상처를 씻어주는 것이 저의 소망입니다.

○ 연좌제 피해

〈항상 정부의 감시 속에서 살았고, 자녀가 사범대학에 입학하려고 할 때 자격 조건에 걸려서 진학을 할 수 없었고, 공직 계통은 포기할 수밖에 없어 심적으로 안타까움을 겪음〉

문_ 정부에서는 어땠나요?

답_ (유정옥)

"이북에 왔다갔다 하지 않느냐" 하는 그런 질문도 있었어요. 서대문경찰서에서 오라고 해서 갔었어요. 그랬더니 "거기 연락하고 왔다갔다 하는 게 아니냐" 하고 몇 번을 다그쳐요. 어떻게 오냐고. 수복 이후에 서울 올라와서 그런 거예요. 1950년대 말 1960년 초.

답_ (이상일)

이게 연좌제죠. 형사들이 근황을 파악하는 거예요.

답_ (이소우)

그런데 이북에 갔다는 자체로 무슨 사상에 동조해서 간 걸로 주위 사람들이 그렇게 생각해요. 그렇게 하면 안 되지. 우리는 억울한데, 국가공무원으로 근무하고 아주 선량한 국민인데 그런 걸 나라에서 도와주지 못할망정 그렇게 뒤집어씌우면 안 되지. 그렇게 많이 왔었어? 몇 번 왔었어?

답_ (유정옥)

오라고 해서 갔었어요. 두 번이나.

답_ (이상일)

수원에서도 이사갈 때마다 확인하고, 거처 옮길 때마다 나오고.

답_ (유정옥)

수원에서도 아범 학교 다니는 것도 고생이 말도 못하고, 사범대학 가는 것도 아버지가 그러니까 못 가고.

문_ 자세하게 얘기해주시겠어요?

답_ (이상일)

그러면서 제가 고등학교 졸업을 하고 상급학교 진학하려니까 사관학교를 한 번 생각했었지요. 가사가 어려우니까 그런데 알아보니까 신원조회 관련해서 그런 불이익을 당하게 된 거죠. 그래서 사관학교는 꿈도 꾸지 못하고. 일반 대학 학과를 가게 된 거죠. 정신적으로 물질적으로 피해를 보는 상황이었다고 얘기할 수 있는 거죠.

구체적으로 말하면 고등학교 졸업하고 상급학교 진학시 사관학교 지원하려고 알아보니까 일단 자격요건에서 안 되는 거예요. 행불자로 신고가 되었기 때문에. 그런 불이익을 당하고 있었던 거죠.

문_ 이후 본인에게 정부의 감시는 없었나요?

답_ (이상일)

그거는 모르겠어요. 주위에 당시 감시하는 요원이니 그건 말할 수 없는 거고 그거는 직접적인 것을 느끼지는 못했어요.

○ 정부에 바라는 점

〈피랍인 생사확인〉

답_ (이상일)

왜 아버지를 그렇게 억울하게 잃어버렸는데 어떤 방법으로든 소식을 알고 싶지 않겠어요? 5, 6년 전에 납북인사가족회가 이루어질 때 당시 납치당한 현장 쪽의 경찰서에 백방으로 수소문을 했는데 현업에 근무하시는 분으로는 전혀 기억도 못하고 자료나 근거가 될 만한 일이 없더라구요.

남부경찰서까지 가서 그 당시 상황을 얘길 하고 기억하는 사람을 찾아보려니까 그 당시에만 해도 거의 내용을 아는 사람이 없어요. 답답하기 짝이 없는 거예요. 그리고 대한적십자사에 가서 명단이 하나 있다는 것만으로도 위안을 삼고.

오늘이나 내일이나 통일이 될까? 또는 통일은 그렇다 치더라도 당사자 간의 생사확인만이라도. 1세대인 연세만 봐도 기간이 너무 짧지 않습니까? 명예 회복도 좋고 다 좋지만 생사여부만이라도 확인이 된다면, 제사도 못 드리고 그동안 자식된 입장으로 불효죠. 아버님 소리 한 번 못 부른 게 어머니가 제일 가슴 아프게 생각하는 겁니다.

저야 고생은 안 했죠. 어려운 가운데 어머님이 학비 대주시고 생활을 져주셨기 때문에. 자라는 동안은 큰 고생은 안 했습니다. 항상 감사하는 마음으로 살다 보니까. 자녀 둘 데리고 어머님 모시고 집사람하고 식구는 다섯 식구입니다.

답_ (이소우)

저는 왜 납북시켰는지 왜 끌어갔는지가 궁금해. 그 당시에 경찰 그런 것도 아니고 전 왜 데려갔는지 그게 제일 궁금해. 세월이 이렇게 지났으니 처나 자식들은 생사생사 하는데 난 살아 있다고 생각하지도 않아요. 그래도 살았는지 죽었는지 알아야 일 처리를 하잖아요. 얘 말처럼 제사를 지낼 수 있나 산소가 있기를 하나. 너무나 이런 걸 나라에서 도와줘야 돼. 미국에서는 군인들 뼈도 찾아온다는데 그런 소식이라도 해오든지 해야지. 이거는 너무 억울하잖아.

난 우리 올케가 이렇게 억울하게 경찰서에 간 줄 몰랐어. 같이 살면 힘들어서 따로 살아서 자세히 몰랐는데 왜 이렇게 억울하게 우리는 사람 잃어버려서 억울한데. 국가에서 위로를 못해줄망정 우리를 왜 괴롭혔어? 우리가 스스로 이북을 찬양하면서 올라간 것도 아닌데 억울하게 간 건데.

○ 가족에게 전하는 말

답_ (유정옥)

진짜 이날이나 올까 저날이나 올까 항상 지금까지 살아온 거예요(눈물, 더 이상 말을 잇지 못함).

답_ (이상일)

아버님이라고 불러보고 싶은 거뿐입니다. 아버님(울음).

답_ (이소우)

(울음)글쎄, 오래 살아서 납치만 안 됐더라면 정말 행복한 가정 꾸려서 좋은 아버지, 좋은 남편 했을 텐데. 사실 오빠가 날 보고 "공부만 잘하면 영국 옥스포드에 보내줄게. 공부 잘해라 잘해라" 오빠가 늘 그랬잖아. 그래서 내가 옥스포드가 어디 있나 싶어서 영국까지 가보았어요. 제가 옥스포드는 못 갔지만 보스턴 대학에 가서 공부한 건 오빠가 어딜 가서나 우리 가족을 위해 기도해준 덕분인 것 같아요.

우리 상일이도 어렵게 그렇게 어렵게 자라서 자기가 성실하게 남한테 해(害) 주지 않고, 오빠가 남들 사랑하는 것만큼 상일이도 사랑해서 그런지 자기가 하는 일 다 잘되고 손녀딸은 미술 공부한다고, 주미는 사법고시 한다고 다시 대학에 들어갔는데. 그 녀석 잘 되도록 어디서든 지켜주세요. 언니 건강하게 그래도 끝까지 아들 곁에 있고 살도록 오빠가 밀어줘야지.

엄마는 2년 전에 가셔서 오빠가 아마 천당에서 만나셨겠죠. 천당이 있다고 믿는 사람들이니까 우리도 사는 날까지 잘살고 억울하게 죽지 않도록 오빠가 도와주세요. 하고 싶은 얘기 말로 하니까 좋네요. 어디 계시더라도 가족들이 다 즐겁게 산다는 거, 그거 하나로 위로삼고 우리 상일이 끝까지 잘 돌봐주시고 손녀들 돌봐주세요(울음).

2005. 5. 27 채록

050527A 박 기 성(朴基成)

피랍인

생년월일: 1920년경
출생지: 서울
당시 주소: 서울시 양평동
피랍일: 1950년 7월경
피랍장소: 자택
직업: 제재소 운영
학력/경력: 일본에서 대학 졸업/제재소 직원
직계/부양가족: 장모, 배우자(임신 중), 자녀 2녀
외모/성격: 키가 크고 미남형

증언자

성명: 박금석(1948년생)
관계: 딸
증언성격: 직접증언 ☐ 간접증언 ☑

특이사항 (납치주체/상황/원인)

- 피랍인의 장인이 운영하던 제재소에서 책임을 맡아 근무하던 중 전쟁을 맞음.
- 직원들을 공장에 피신시켰다가 장인 최종환씨는 인민군에게 총살당하고 며칠 지나지 않아 다른 직원의 밀고와 협박으로 박기성씨도 연행당함.
- 영등포 얼음창고로 끌려가 머리를 삭발당한 뒤 이튿날 포승줄에 묶여 납북됨.

증언자 요청사항

(對정부) 피랍인 생사확인 및 대북 관계에 적극적인 태도로 임할 것, 하루 빨리 남북통일이 돼서 피랍인은 물론, 피랍인의 북한 가족이라도 살아 있다면 상봉했으면 하는 것

"외할아버지가 제재소에 톱밥 쌓아 놓은 데다가 직원을 다 숨겨 놓고 있었대요. 그러다가 외할아버지가 밖을 내다보니까 국군이 오는 것 같아서 '만세' 하면서 나간 거야. 그런데 적군들이어서 그 자리에서 총살을 당하신 거예요. 저희 외할아버지는 최종환씨라고 그 당시 제재소 일하시면서 독립운동에 자금조달도 좀 하시고, 언제든지 그런 투사적인 마음이 있는 분이었어요. 그리고 며칠 안 돼서 아버지도 우리 공장에서 일하던 직원이 밀고 해서 끌려간 거예요."

○ 납북 경위

〈피랍인의 장인이 운영하던 제재소에서 책임을 맡아 근무하던 중 전쟁을 맞음. 직원들을 공장에 피신시켰다가 장인 최종환씨는 인민군에게 총살당하고 며칠 지나지 않아 다른 직원의 밀고와 협박으로 박기성씨도 연행, 영등포 얼음창고로 끌려가 머리를 삭발당한 뒤 이튿날 포승줄에 묶여 납북됨〉

문_ 어떻게 납북이 되셨는지?

답_ 아버지는 일본에서 공부하고 오셔서 양평동에서 제재소를 하고 계시는 외할아버지의 공장 관련 일을 도왔어요. 우리 제재소에 직원들이 많았는데 전쟁이 나고 다 피신을 해야 되니까 외할아버지가 제재소에 톱밥 쌓아놓은 데다가 직원을 다 숨겨놓고 있었대요. 그러다가 할아버지가 밖을 내다보니까 국군이 오는 것 같아서 "만세" 하면서 나간 거야.

저희 외할아버지는 최종환씨라고 그 당시 제재소 일하시면서 당시 독립운동에 자금조달도 좀 하시고 언제든지 그런 투사적인 마음이 있는 분이었어요. 그러니 국군 같아 보여서 바로 뛰어나갔는데, 적군들이어서 그 자리에서 총살을 당하신 거예요. 그때는 외할아버지 장사를 치를 수도 없어서 저희 아버지가 싣고 가서 염창동에 묻으셨어요. 거기에 옹기 두 개를 엎어 표시를 해놓고. 그래서 나중에 어머니와 시신을 찾아서 장례를 치렀죠.

외할아버지는 그렇게 돌아가시고, 아버지는 큰댁으로 잠시 갔다가 돌아오셔서는 그 길로 잡혀가신 거예요. 우리 공장에서 일하던 직원이 밀고하고, 협박해서 끌고 간 거예요. 잡혀가셔서 영등포 얼음창고에 집합했다가 그 이튿날 보니 끌어가려고 다 머리를 삭발시켰대요. 그리고 포승줄에 묶어 거기서 끌고가는 거지.

엄마가 쫓아나와서 살려달라며 아버지를 부르니까 너네들도 총 다 쏘기 전에 빨리 비키라고 그랬대요. 엄마는 그때 끝까지 못 쫓아간 게 한스럽다고 하더라고요.

○ 납치 후 소식

〈없음〉

○ 남은 가족의 생활은?

〈외할아버지도 총살당하고, 가장도 피랍된 터라 남은 가족들이 집을 버리고 나옴. 집에 있던 돈을 몸에다 챙겨 나와서 생계는 유지했지만, 자녀들이 교육을 많이 받을 수

없었음〉

문_ 피난은 가셨나요?
답_ 그 당시는 정말로 남자들을 다 잃어버리게 되니까 그 집을 버리고 나오신 거예요. 그러다 피난을 가야 되니 중요한 건 구루마에 싣고 우선 사무실에 있는 걸 정리하면서 돈을 자루에 담아 나오시는데 우리 외할아버지 영정을 방에 모셔놓고 나오려고 하는데 갑자기 뒤에서 벼락치는 소리가 나더래. "'어서 돈을 챙겨 엄마하고 너하고 몸에다 차라"고 하는 소리가 들리더래. 그래서 외할머니하고 엄마하고 돈을 방에서 챙겼고 그 사이 중요한 걸 실은 구루마는 작은할아버지가 챙겨 가버리고. 우리는 이제 돈하고 몸뚱이밖에 없어서 울면서 울면서 피난을 가셨대요.

문_ 생계는 어떻게 하셨나요?
답_ 부자가 망해도 삼 년은 산다고 해서 그냥 보리밥 먹은 것 아니고 이렇게 저렇게 살았어요. 먹고 사는 건 했지만 공부를 많이 못한 게 가슴 아프죠. 할머니가 많이 힘드셨고, 너무 가슴이 아프고 해서 다들 오래 살지 못하셨어요. 여자끼리만 살아야 되니까 엄청 어려운 일이 많은 거죠. 돈도 유지도 못하고 갖은 험한 소리들 다하고 그 서러움은 말도 못한 거죠.

문_ 그리움도 많았을 텐데요?
답_ 우리 어머니는 맨날 아침이면 밥해서 밥을 떠 놓으면서 뚜껑을 열면 습기가 차서 물이 떨어지는 걸 보고 매일같이 "네 아버지가 배고파서 운다"고 그러곤 했어요. 나도 양평동이 집인데 그 집을 버리고 근처 여기로 와서 지금까지 우리 아버지가 나를 찾을까 봐 이사를 못 가. 제가 여기(양평동) 산 지 50년이 넘었어요. 혹시라도 내가 멀리 가면 못 찾을까 봐. 참 바보 같은 얘긴데 이때까지 여길 지키고 있는 거예요.

○ 정부의 노력

〈없음〉

문_ 신고는 하셨나요?
답_ 신고를 했다는 얘기는 못 들었어요.

문_ 가족을 찾고자 정부에 도움을 청하지는 않았는지?
답_ 도움을 청할 수 없는 게 그 당시 돈이 조금 있었으니 우리를 협박하려 할 수도 있고 그래서 외부 사람을 안 만난 거죠. 혹시라도 그 남아 있는 것까지 불이익을 당할 수 있으니 그런 요청을 안 하셨어요. 그냥 제가 성장하면서 지금은 자유총연맹이 됐지만 반공연맹 일을 봐왔어요. 언젠가 통일이 되면 우리 아버지부터 찾으러가야 한다고 해서 지금까지 거기 일을 보고 있어요.

○ 호적정리

〈유복자가 성장하면서 군입대 문제로 피해를 입자, 향후 피해를 받지 않고자 사망 신고함〉

○ 연좌제 피해

〈피랍인의 자녀가 군입대 과정에서 헌병 훈련을 받고도 섬으로 발령 나서 고생을 함〉

답_ 유복자 동생이 있었어요. 그 아이가 성장을 하고 군대를 보냈는데 헌병대 훈련까지 다 받았어. 헌병대에서 차출을 했는데 헌병 훈련을 다 받고는 갑자기 저기 먼 교동, 섬으로 보낸 거야. 그래서 내가 군위관을 만나서 해군 본부에서 그 어려운 훈련을 다 받고 얘가 왜 여기까지 왔냐고 물었더니 아버지가 납북자라는 것 때문에 그렇다고 하더라구요.

○ 정부에 바라는 점

〈피랍인 생사확인 및 대북 관계에 적극적인 태도로 임할 것. 피랍인의 북한 가족이 있다면 상봉 원함〉

답_ 정부가 그렇게 힘이 없느냐고 묻고 싶어요. 다른 일은 다 하면서, 납북자 가족 우리는 너무 억울하잖아요. 우리나라도 이만큼 컸는데 하루라도 빨리 찾아주면 좋겠어요. 그 당시 납북자 명단을 지하에 파묻고 있었고, 우리는 명단을 찾았지만 그 중에는 훼손돼서 없어진 것도 있다고 하는데 그걸 생각하니 너무 가슴이 아파요.

정부가 너무 미진하다는 거야. 빨리 남북통일이 돼서 아버지를 만날 수 있었으면, 만일 우리 아버지가 장가를 가서 가족이 있다고 생각하면 형제라도 만나면 너무 반가울 것 같아. 그 이상 더 바람은 없죠.

○ 피랍인에게 전하는 말

답_ '아버지' 라고 불러보고 싶어요. 앞에 계시면 불러보고 만져보고 싶은 거 그거예요.

2005. 5. 31 채록

050531A 윤 기 섭(尹琦燮)

피랍인

생년월일:	1887년 음력 4월 4일
출생지:	경기도 파주
당시 주소:	서울 서대문구 불광동
피랍일:	1950년 8월 초경
피랍장소:	자택
직업:	독립운동가로 2대 국회의원 (옥중 당선)
학력/경력:	오산학교/국학대학장
직계/부양가족:	배우자, 자녀 3녀
외모/성격:	보통 키에 카이젤 수염이 인상적이었다고 함.

증언자

성명:	윤경자(1942년생)
관계:	장녀
증언성격:	직접증언 V 간접증언 ☐

특이사항 (납치주체/상황/원인)

- 피랍인 윤기섭은 30여 년 만주 등지에서 독립운동을 하다가 해방 직후 귀국, 국학대학 학장을 역임.
- 1950년 제 2대 국회의원으로 (옥중) 당선된 상태였음.
- 서울 서대문구 자택에 계속 거주 중 8월경 사복을 입은 사람이 지프차를 몰고 와 잠시 나눌 얘기가 있다며 피랍인을 만나기를 요청, 인근에 있다가 집으로 돌아온 피랍인은 가족에게 금방 돌아오겠다며 그 사람과 나간 후 연락이 두절됨.
- 단행본「죽음의 세월」,「동아일보」기사 등을 통해 피랍인의 이북에서의 활동 및 사망 소식을 들을 수 있었음.
- 납북 후 북한에서 '재북평화통일촉진협의회' 에 소속, 나름의 활동을 하다가 1959년 반동으로 몰려 숙청 당했다고 전해짐. 이후 1989년 국가에서 독립유공자로 서훈을 받음.

증언자 요청사항

(對정부) 생사확인 및 유골 송환, 정부 차원의 6 · 25납북인사가족회 활동 지원. 국립묘지에 제대로 비석을 세워줬으면 함.

"우리집 맞은편 가게 앞에 군용 지프차를 세워 놓고 위에 하얀 남방을 입은 사복하신 분이 신문지를 둘둘 말아 가지고 오셔서 아버지를 찾으셨어요. 잠시 후 아버지는 그 사람을 따라 나섰고, 어머니가 '언제 오시냐' 하니까 '잠깐 다녀오겠다. 늦으면 내일 오리다' 하시면서 가신 게 마지막이었어요. 그때 여러 분들이 납북 되셨더라구요. 김규식 박사, 춘원 이광수씨 등 상해 임시정부 핵심 요원들을 모두 잡아갔더라구요."

"북에 가셔서는 그쪽 치하에서 '재북평화통일촉진협의회' 만드셔서 아마 통일을 이루려 했든지, 아니면 북이 그분들을 이용해서 자기네 체제를 옹호하려고 했든지 아마 나름의 계획이 있었겠죠. 여하튼 기록을 보면 그렇게 활동을 하시다가 반동분자로 몰려서 나중에 숙청됐다고 나와 있어요."

〈윤기섭 선생 약력〉

경기 장단(長湍) 사람이다. 1908년 안창호(安昌浩) 등과 청년학우회(靑年學友會)를 조직하여 활동하다가 동삼성(東三省)으로 망명하여 신흥무관학교(新興武官學校)의 교장으로 있으면서 독립군을 양성하는 데 전력을 다하였다. 1912년 부민단(扶民團)이 조직되자 이에 가입하였으며, 1919년 4월 대한민국 임시정부의 요청에 따라 부민단의 대표로 임시정부에 파견되었다. 1920년 상해에서 육군무관학교(陸軍武官學校) 교관과, 임시정부군무부(臨時政府軍務部), 임시편집위원장(臨時編輯委員長), 상해거류민단(上海居留民團) 본구역의 위원 등을 맡아 활동하였다.

1921년 8월 임시의정원(臨時議政院) 의원과 임시정부 국무원의 군무차장(軍務次長)으로 독립운동을 전개하였다. 1921년 5월 중한국민호조사총사(中韓國民互助社總社)를 조직하는 데 참여하였고, 7월에는 임시정부를 지원하는 협성회(協成會)에 가입하였으며, 우리말 사용의 장려를 위한 연설회와 강연회를 통하여 독립정신을 고취하였다. 즉 "일본에 의해 우리말이 전멸하고 있다. 독립운동을 하던 중의 여가에는 반드시 우리말을 익히도록 하라"는 요지의 강연을 7월 5일부터 시작하여 8월 말까지 실시하였다.

1921년 11월 임시의정원 의원 25명과 연서로 독립청원을 태평양회의(太平洋會議)에 참석하는 각국의 대표들에게 발송하였다. 1923년 5월 임시의정원 회의에서 이승만(李承晩) 대통령을 옹호하는 활동을 전개하였으며, 상해에서 조직된 협성회(協成會)의 단장으로 단원 150명과 임시정부를 옹호하는 데 앞장섰다. 1924년 2월 임시의정원 의장으로 피선되어 독립운동의 추진책을 강구하였고, 1926년 12월에는 임시정부의 국무원(國務員)에 선임되어 1935년까지 군무장(軍務長) 등으로 활약하였다.

1927년 3월 한국의 독립을 위한 혁명을 완수한다는 목적하에 한국국민당(韓國國民黨) 조직에 참여하여 활동하였다. 1932년 4월 한국혁명당(韓國革命黨)의 대표로 한국대일전선통일동맹(韓國對日戰線統一同盟)의 결성에 참여하였다. 1934년 2월 한국혁명당 대표로 민족단체의 합류를 추진하여 1935년 7월에 민족혁명당(民族革命黨)을 결성하였고, 1936년 2월에는 민족혁명당의 당보부 책임자로 임명되어 활동하였다. 1943년 3월에 대한민국 임시정부의 군무부 차장에 임명되어 독립운동을 위한 활동을 전개하였다.

8 · 15 광복 뒤 귀국하여 1946년 좌익세력의 연합조직인 민주주의민족전선 의장단의 부의장 · 상임위원을 지냈으며, 남조선과도입법의원에 선출되어 부의장을 맡았다. 1948년 국학대학(國學大學) 학장이 되었으나, 6 · 25 전쟁 때 북한에 납북되었다. 그 뒤 안재홍(安在鴻) · 엄항섭(嚴恒燮) 등 납북인사를 중심으로 평화통일촉진협의회를 결성하고 집행위원으로 일했다. 그러나 1959년 북한 정권은 그를 반혁명분자로 몰아 숙청했다. 한국 정부는 1989년 건국훈장 대통령장을 추서했다.

〈출처: 「大韓民國 獨立有功者 功勳錄」 第 8卷, 國家報勳處, 1990年, pp.449~450〉

○ 납북 당시 상황

〈30여 년이 훨씬 넘는 기간 동안 만주로 떠나 독립운동하다가 해방 직후 귀국, 서대문구에 거주, 국학대학 학장을 하셨고, 옥중에 있을 때 1950년 제 2대 국회의원으로 선출된 상태였음〉

문_ 아버님이 어떻게 지내오셨는지?

답_ 광복회에서 뽑은 자료를 보면 아버지가 1908년 만주로 떠나셨어요. 아무래도 나라가 위태로운 상황이면 사람을 먼저 만들어야 된다면서 만주로 망명하셔서 독립군도 양성하고 여러 가지 활동을 하셨어요. 해방이 1945년에 됐고, 1950년에 6 · 25가 났으니 우리나라가 혼란기였어요. 그때는 아버지가 상해 임시정부 요인으로 상당히 중책을 맡아 일을 하셨어요.

그러나 이승만 정부가 이 활동 내용을 제대로 인정을 안 했고, (아버지는) 일단은 개인 자격으로 귀국하셨어요. 1946년에 같이 활동하셨던 임시정부 요인과 귀국을 하셨는데, 오셔서는 국학대학 학장도 하셨고, 또 납북됐을 당시는 5월 31일 서대문 을구에서 2대 국회의원으로 옥중 당선되셨던 때예요. 국회의원 당선 등록이나 제대로 했는지 모르겠어요. 그렇게 계시다가 6 · 25 나고 바로 납북되셨으니까요.

○ 납북 경위

〈전쟁이 나고 서울 서대문구 자택에 계속 거주 중 8월경 사복을 입은 사람이 지프차를 몰고 와 잠시 나눌 얘기가 있다며 피랍인 윤기섭씨를 만나기를 요청, 인근에 있다가 집으로 돌아온 피랍인은 가족에게 금방 돌아오겠다면서 그 사람과 나간 후 연락이 두절됨〉

문_ 피난은 안 가셨나요?

답_ 저희 아버지 주장은, 직접 말씀하신 것은 아니지만 아버지의 평소 말씀이나 전력으로 봐서 내가 죄 지은 것이 없는데 왜 도망을 가느냐가 아니었겠나 생각해요. 이분들은 좌우익을 떠나 오로지 독립을 위해서만 투쟁하셨던 분이라 국가에서도 민족지도자라고 지칭을 했으니까요

문_ 만주에서 귀국 후 생활은?

답_ 아버지는 그 당시 외국에서 몇십 년 만에 왔으니 아무 생활 근거도 없고 아는 사람도 없고 그랬는데, 그때 당시 고위직에 있는 어느 공무원이 (도와줬어요). 아버지가 그 분에게 "나는 농사꾼이다. 나는 땅이나 좀 주면 농사 지어서 먹고 살겠다" 하니까 그때 당시 신한공사 땅이라고 일본 사람들이 뺏어 쓰다가 두고 간 땅이 있었는데 그분이 거

기 땅을 4천 평 마련해주셨다나 봐요.

너무 훌륭한 분이 너무 고생하고 사시니까 안쓰러워 보여서 간간히 쌀도 보내 주시고, 그 땅은 1년에 얼마씩 상환해 가는 조건으로 해주셨어요. 당시 국가에선 (독립운동과 관련해) 아무런 보상도 예우도 대책도 없었어요.

문_ 납북 경위?

답_ 그때는 제가 어렸고, 여름이라 아마 방학 때였나 봐요. 집에 있는데 우리집 맞은 편 가게 앞에 군용 지프차를 세워놓고 어느 위에 하얀 남방을 입은 사복하신 분이 신문지를 둘둘 말아 쥐고 오셔서 아버지를 찾으셨어요. "선생님 뵙고 상의 드릴 게 있다"고 말씀하시니 우리 어머니가 "이웃에 볼일 보러 잠깐 가셨다"며, 저를 심부름을 보냈죠. 제가 찾아가서 "아버지 손님이 오셨는데 잠깐 동안 오시란다" 했더니 아버지가 오셔서 방에 들어가셔서 잠깐 이야기 하시더니 나오셔서 같이 따라 나가셨어요.

그래서 어머니가 "언제 오시냐" 하니까 "잠깐 다녀오겠다. 늦으면 내일 오리다" 하시면서 가신 게 마지막이었어요. 그리고 나서 소식이 없으니 어머니가 찾아나섰는데 그때 여러 분들이 납북되셨더라구요. 김규식 박사, 춘원 이광수씨 등 상해 임시정부 핵심 멤버들을 모두 잡아갔더라구요. 납북 날짜는 정확히 기억 안 나고 8월경이었어요.

○ 납치 후 소식

〈직접적으로 소식을 들은 것은 없고, 최근에 책 『죽음의 세월』, 「동아일보」 기사 등을 통해 윤기섭씨의 이북에서의 활동 및 사망 소식을 들을 수 있었음. 납북 후 북한에서 재북평화촉진위원회에 소속, 나름의 활동을 하다가 1959년 반동으로 몰려 숙청당했다고 전해짐〉

답_ 이북에 가셔서는 그쪽 치하에서 '재북평화촉진위원회'를 만드셔서 아마 자기네 통일을 이루려 했든지, 아니면 그분들을 이용해서 자기네 체제를 옹호하려고 했든지 아마 나름의 계획이 있었겠죠. 여하튼 거기 기록을 보면 그렇게 활동을 하시다가 반동분자로 몰려서 나중에 숙청됐다고 남아 있어요. 그런데 막상 『현대사실록』 책에서 보니까 끝까지 거기서는 나름대로 예우를 받으셨나 봐요. 거기서는 정부 산하 좋은 병원에서 돌아가셨다고 하더라구요.

○ 남은 가족의 생활

〈배우자가 두 딸을 데리고 전라남도 친척 집으로 피난, 주변의 감시가 있어 산 속에서

은둔함. 그때 피랍인 제자 양응남씨가 수소문해 가족을 찾아 작은 집을 마련해주고 생활비를 간간히 조달해주어 생활함. 어린 자녀들이 노점에 나가 장사를 하기도 하고, 공부도 제대로 마치지 못하며 가족의 고생이 심함〉

문_ 피난은 가셨어요?
답_ 저희 어머니 고향이 전라남도인데 이모님 댁으로 피난을 갔어요. 피난갔다가 아버지가 월북했네 어쨌네 말을 하니까 어머니가 무서워서 산 속에 가서 살고 있었대요. 그러니까 그 양응남이라는 선생님(윤기섭씨가 국학대학에 있을 당시 제자)이 수소문해서 우리를 찾아서 어머니께 방을 얻어드리고 간간히 생활비 드리고 저는 그댁에서 먹고 자고 하면서 학교를 다니고 그랬어요. 그 시대에는 식생활 해결이 가장 어려웠잖아요. 어머니도 병환 중이시고 하니 어린 우리들이 노점에 궤짝 같은 거 놓고 뭐 팔기도 하고 호구지책으로 살았기 때문에 저도 배움의 시기를 놓치고 사실은 공부도 못했어요. 어렵게 힘들게 힘들게 산 거죠.

그렇게 아버지에 대한 것은 까맣게 잊어버리고 살다가 오늘에까지 온 거예요. 아버지가 서훈 받기 전에도 아버지 관련 자료(독립운동 증거)가 독립기념관에 다 있었어요. 그러니 저희 이종 언니는 "너는 너희 아버지 독립운동하고 하셨는데 보훈처 가서 연금 달라 하라"고 그랬어요. 저는 뭐 생각도 안 해보고 제가 달라 해서 주는 것도 아니고 해서 그냥 있었어요. 나중에 보니까 이미 자료가 다 있고 역사학자들이 아버지나 납북되신 분들의 공적을 알고 포상하려 했는데 납북됐다는 사실 하나만으로 그분들을 몰라라 하고 놔뒀던 거라고 해요.

○ 정부의 지원

〈1989년 독립유공자로 서훈 받음〉

문_ 신고는 하셨나요?
답_ 신고는 돼 있더라구요. 양웅남이라는 아버지 제자분이 어머니가 딸 둘 데리고 헤매고 다닐 때 방도 하나 얻어주시고 저는 그분 댁에서 애기도 봐주고 하면서 국민학교를 다녔거든요. 나중에 그분이 목포로 전근가시면서 헤어졌는데 나중에 보니까 그분이 적십자사에 신고를 하셨더라구요. 그 사실을 나중에 알고 그분에 대해 고마운 마음이 들더라구요.

문_ 정부의 지원이나 노력은 없었나요?
답_ 그런 거 전혀 없었어요. 생사확인을 신경 써서 알려줬다든가 자기네들이 알아서 어떻게 해주려는 의지는 조금도 안 보였으니까요.

○ 연좌제 피해

〈없었음〉

문_ 연좌제 피해는?
답_ 피난가 있을 때 이모님 댁 쪽이 피해를 받았다는 얘기는 있었어요. 크게 제재 받은 건 없었는데, 제 생각엔 윤기섭씨와 친척 관계니까 뭔가 연락 같은 게 있지 않았나 하고 좀 주의깊게 본 정도였나 봐요.

○ 호적정리

〈독립운동을 하느라 만주에 있는 동안 왜경의 감시가 심해 윤기섭씨는 호적에서 지운 상태였음. 이후 혼란기에 다시 신고 및 정리를 못했고 아직까지 불분명한 상태임〉

답_ 아버지가 젊어서 외국에 몇십 년을 나가 계시는 동안에 문중에서 아버지를 (호적에서) 빼 버리셨나 봐요. (독립운동 때문에) 자꾸 왜경의 감시를 받고 하니까. 그리고 해방 후에 돌아왔지만 정국이 혼란스러운 상태라 모든 게 제자리를 못 찾은 거죠. 저도 아버지가 임시정부에서 일을 보고 있기 때문에 상해 중경에서 태어났어요. 그래서 해방되고 (한국에) 나와서 아버지가 호적정리를 하셔야 되는데 혼란기에 못하셔서 저도 고아처럼 아버지 없는 어머니 슬하에 들어가게 되었고, 제가 나중에 결혼할 때도 문제가 되고 가족사가 좀 그랬어요. 그러다 나중에 일가 창립법에 의해 새 호적을 만들었어요. 딸만 셋을 두셨는데 막내여동생은 6 · 25 때 아파서 죽고, 여동생이랑 저랑 있어요.

○ 정부에 바라는 점

〈생사확인 및 유골 송환, 정부 차원의 6 · 25납북인사가족회 활동 지원, 국립묘지에 제대로 비석을 세워줬으면 하는 바람이 있음〉

답_ 6 · 25 사변으로 가족을 잃고 생사도 모르는 후손들이 애절한 마음을 갖고 있는데 지금이라도 국가 차원에서 발벗고 나서서 밝혀주고 최선의 방법이 있다면 이산 가족 상봉처럼 생존자는 만날 수 있는 기회도 만들어주시고, 또 돌아가신 사실이 확실하다면 그분들 유골이라도 자녀들이 돌려받을 수 있도록 정부 차원에서 꼭 해결해줬으면 좋겠고요. 지금 여러 가지 중요한 문제들이 있지만 이것도 참 중요하고, 또 6 · 25전쟁납북인사가족회를 우리가 민간 차원에서 하기보다는 국가에서 해야 하는 일인데 국가에서 좀 많이 관심을 갖고 애타는 마음을 이해해주셨으면 좋겠어요. 믿고 기다려 보겠습니다.

또 사실, 현충일이나 국립묘지에 가면 1989년도에 건국훈장 대통령장을 받으시고 훌륭한 업적이 인정됐지만, 위패를 무후 자손의 위패가 있는 곳 한 귀퉁이에다 모셔 놨어요. 납북되신 민족지도자 영령에 대해 그것도 참 성의 없다고 생각하고 그분들 비석이라도 세워서 애국 애족할 수 있는 젊은이들에게 그런 것을 보여주고, 그분들의 공적을 알렸으면 좋겠는데 천대를 받는 것이나 다름없어요. 사실 이북에는 보면 크게 해서 업적도 쓰고 좋은 비석을 해놓은 걸 신문에서 봤는데 여기서 그러는 건 사실 좀 섭섭해요.

○ 피랍인에게 전하는 말

답_ 제가 태어나서 몇 년 정도만 아버지를 불러보고 그 이후는 '아버지' 라고 불러본 적도 없고 하니까 아버지에 대한 그리움이나 사무친 것은 많죠. 그러나 어쩔 수 없는 거고, 그냥 가슴에 삭히고 산 거죠.

말을 하려니 또 목이 메는데요. 유감스럽게도 아버지께서 나라를 위해 고군분투 하셨던 것이 많이 묻혀지고, 그래도 다행히 지금 후세에 그 이름은 훌륭하게 남기셨지만 좀 더 아쉬운 것은 아들이 없어서 못난 딸로 인해 훌륭한 업적이 더 빛나지 못한 것이 참 애닯구요. 아버지를 많이 그리워했죠. 편히 쉬세요. (흐느낌)

2005. 5. 31 채록

050531B 이 종 각(李鍾珏)

피랍인

생년월일: 1909년 1월 27일생
출생: 충북 괴산군
당시 주소: 충북 청주
피랍일: 1950년 9월 27일경
피랍장소: 충북 청주시 북문로 1가 4거리 노상
직업: 청천면장
직계/부양가족: 배우자, 자녀 2남 4녀
외모/성격: 마른 체격에 급한 성격

증언자

성명: 이진수(1933년생)
관계: 아들
증언성격: 직접증언 ☐ 간접증언 V

특이사항 (납치주체/상황/원인)

- 청천면장을 지낸 피랍인은 전쟁 직후 가족 및 일가 친척과 충북 영동으로 피난했다가 우천 등으로 상황이 여의치 않아 다시 청주 인근 지역으로 돌아와 두 달 정도 생활했음.
- 지역 좌익계를 피해 9 · 28 수복 직후 청주 본가로 들어왔다가, 동네 길 어귀에서 장총을 든 사람에게 끌려가 납북됨.

증언자 요청사항

(對정부) 호적정리를 위한 법 제정, 전쟁 피해자 보상 및 생사확인

"동네 친구 아버지가 우리 아버지를 만나셨나 봐요. 당시 9·28 수복되고 나니까 '민보단 같은 걸 조직해서 동네를 지켜야 하지 않겠냐?'며 제안을 했대요. 그러니까 아버지가 그때 당시 그런 것 때문에 밖에 왔다갔다 하시다가 걔들한테 꼬투리를 잡혀서 납북된 게 아닌가 하는 생각도 듭니다."

○ 직업 및 활동

〈청천면장을 하고 있었음〉

문_ 전쟁 당시 어떤 일을 하고 계셨는지?
답_ 청천면장을 오랫동안 하셨어요. 괴산군 일대를 왔다갔다 하면서 면장을 하시고, 특히 청천면에서 오랫동안 면장을 하셨죠.

○ 납북 경위

〈전쟁 직후 피랍인은 충북 영동으로 가족 및 일가 친척과 피난했다가 우천으로 상황이 여의치 않아 다시 청주 인근 지역으로 돌아와 두 달 정도 생활함. 그러다 그 동네 주민 중 좌익 계열이 있음을 알고 또 다시 이를 피해 9 · 28 수복 직후 청주 본가로 들어왔다가, 동네 길 어귀에서 장총을 든 사람에게 끌려가 납북됨〉

문_ 어떻게 납북이 되셨는지?
답_ 6 · 25 되니까 피난을 다른 사람은 시골로 가는데 아버지는 청천면에서 어머니하고 가족이 살던 청주로 왔어요. 아버지가 청주로 올라오셔서 모두가 충북 영동까지 피난을 갔죠. 그런데 일행(집안 친척)이 한 20여 명 되는데 노인들이고 하니까 잘 걷지를 못해요.

충북 영동까지 가긴 갔는데 소나기가 쏟아져서 강물이 범람을 했고, 전부 흙탕물이 돼서는 피난민들이 건너가지를 못해서 하루,이틀 기다리는데 인민군이 또 나타났어요. 그래서 피난민들은 손을 땅에 비비고 흙을 묻히고 노동자인 체하고 있기도 했고, 결국 더 이상 남하를 못하고 올라왔죠. 그래서 청주시에서 한 30리 떨어진 곳에서 방을 얻어 두 달 정도 피난 생활을 했어요. 그런데 동네 주민 하나가 인민군 무슨 간부인 거 같아요. 동네 어르신들 사이에서 전세가 불리하니 피난민, 불순분자를 처단할 거라는 소문이 나요. 그래서 저는 고향으로 도망가고, 아버지는 청주 본가로 들어와서 숨어 살았어요.

그랬기 때문에 사실상 저는 아버지가 납치된 것은 저도 못 봤고 나중에 집안 아저씨가 와서 얘기해서 알았어요. 9 · 28 수복 직후예요. 추석이 다음 다음 날인가 그랬어요. 당시 청주 보문당이라고 해서 문구점도 하고 책방도 하던 가게가 있었는데 거기에서 아저씨가 보니까 (아버지가) 사복을 입고 장총을 든 인민군과 옥신각신 하더래요. 장총을 들었으니 지방 빨갱이 같기도 했었대요. 아무래도 (아버지가) 전에 민보단이라도 해야겠다 했으니 이미 삐라를 만들다 걸렸든지 해서 어떤 식으로든 걔들한테 빌미를 잡혀 끌려간 게 아닌가 생각돼요.

○ 납치이유

〈청천면장을 오랫동안 하면서 인지도 있는 인물이었고, 수복 후 청년단 결성을 위한 움직임도 있었던 것으로 추정됨〉

답_ 공직에 계셨으니까 다른 특별한 청년 활동은 없었고, 나중에 납북되시고 난 다음에 들었는데, 그때쯤 동네 친구(송재갑)의 아버지가 우리 아버지를 만나셨나 봐요. 당시 9 · 28 수복되고 나니까 민보단 같은 걸 조직해서 동네를 지켜야 하지 않겠냐며 제안을 했대요. 그러니까 아버지가 그때 당시 그런 것 때문에 밖에 왔다갔다 하시다가 걔들한테 꼬투리를 잡혀서 납북된 게 아닌가 하는 생각도 듭니다.

○ 납치 후 소식

〈없음〉

○ 남은 가족의 생활은?

〈넉넉지 않은 형편에 있던 집을 줄여가며 생활함〉

답_ 어머니하고 우리 여섯 식구는 어머니만 믿고 살았죠. 산에 가서 나무를 하기도 하고, 오촌 당숙이 피난민 수용소에서 간부로 근무하셨어요. 청주 시내 시청에 근무하면서. 그래서 그 아저씨가 피난민 배급 나오는 거 보태주고 해서 살다가 제가 군대 들어가서 봉급 나오는 거 조금씩 어머니한테 보내주고 그렇게 해서 거의 반은 굶다시피 하고 반은 먹으면서 살다가 나중에 제가 군대생활 하면서 서울 와서는 좀 나아지고 했죠.

그때 당시 아버지 살아 계실 때 사 놓은 집이 한 채 있었던데 이걸 팔고 팔고 해가지고 생활을 하다가 나중에 집이 전세로 전락했어요. 그러나 나중에 제가 제대하면서 잠실에 조그만 집을 얻어 가족하고 살면서 아들하고 딸 둘을 데리고 살고 있어요.

○ 정부의 노력

〈없음〉

문_ 신고는 하셨나요?
답_ 신고를 그때 못했어요. 그래도 동네에서 다 알고 하는데 그때 당시는 좀 있으면 오시겠지 생각한 거예요.

문_ 정부의 도움은?
답_ 도움 받은 건 없어요.

○ 연좌제 피해

〈없었음〉

○ 호적정리

〈증거 불충분으로 호적정리 못했음〉

답_ 군대 가서 제가 호적정리를 하려고 면에 갔는데, 우리 고향 면에서도 (부친의 납북 사실을) 다 알고 있으니까 해달라 했더니, 자기네들도 말만 들었지 근거가 없어서 못하겠다 하더라구요. 변호사를 선임해서 하라고. 그래서 변호사한테 물어보고 하니까 법원에 신청해서 하면 접수를 해서 신문에 실종 공고를 3개월 내면 3개월 후에 정리된다고 하더라구요. 그래서 그 당시 제가 몇 번 왔다갔다 하다가 군대 생활 하던 중이고 하니, 괜히 쓸데없는 일 해서 불이익이나 당하지 않을까 해서 나중에 해야겠다 했는데, 그 다음엔 목격한 아저씨도 돌아가시고 그래서 끝내 못했죠.

동네서는 다 알고 청천에서도 아무개 면장이 납북된 것을 다 알지만 호적정리는 증거가 있어야 되기 때문에 목격자 두 사람 이상을 인증을 받아오라 하는데 확인서 받을 사람이 없어요. 집안 사람도 당시 목격자도 아니고 그래서 제 지금 생각이 호적정리 하는 법을 나라에서 빨리 제정해줬으면 하는 바람이에요.

○ 정부에 바라는 말

〈호적정리를 위한 법 제정, 전쟁 피해자 보상 및 생사확인〉

답_ 호적정리 하는 법을 빨리 제정해줬으면 좋겠다는 것과 5 · 18 이런 것도 피해자 보상을 해주고 하는데 우리도 6 · 25 피해자인데 피해자 입장에서 정부에서 빨리 좀 법적 조치를 해 주시고, 북한하고 왕래도 있고 쌀도 주고 비료도 주면서 줄 건 다 주고 있는데 받을 건 못 받고 있는 것 같아 불만이 많아요. 할 말은 하고 받아올 것은 받아오고 여기서 공산주의자들도 다 송환은 해주면서 우리에겐 전혀 그런 것이 없잖아요.

우리 정부에서 강력하게 항의 해서 살아 계시다고 하는 것은 100분의 1도 가능이 없으니 시체라도 찾는다든가 어디서 어떻게 돌아가신 것이라도 좀 알고 그렇게, 제발 우리 세대에 좀 해결해줬으면 좋겠다고 생각합니다. 정부가 빨리 마무리해 줬으면 하는 게 소원입니다.

○ 피랍인에게 전하는 말

답_ 아버지께서 살아 계시면 우리 식구가 지금 여섯 식구 모두 단란하게 평화롭고 행복하게 살 수 있는 분위기인데 그러지 못해 안타깝고, 어머니가 아흔셋인데 아직 살아 계십니다. 지금 아버지 제사를 지내고 있는데 어머니 뵙기도 민망하고, 어머니 살아 계실 때 빨리 모두 해결을 해서 어머니 소원을 풀어 드렸으면 하는 게 바람입니다.

2005. 6. 7 채록

050607A 김 우 순(金雨順)

피랍인

생년월일:	1911년 음력 5월 1일생
출생지:	서울 종로
당시 주소:	서울시 중구 을지로 1가 23번지
피랍일:	1950년 9월 3일
피랍장소:	서울시 중구 무교동 22번지(남일자동차상회)
직업:	상업(남일자동차상회 운영)
학력/경력:	배재중학교/상업, 경기도청 직원
직계/부양가족:	모, 배우자, 자녀 1남 1녀
외모/성격 :	도수 없는 안경을 썼고 미남형

증언자

성명:	김형목(1933년생)
관계:	아들
증언성격:	직접증언 ☐ 간접증언 V

특이사항 (납치주체/상황/원인)

- 6월 28일부터 피랍인은 본인이 운영하던 남일자동차상회에 숨어 지냄.
- 9월 2일, 일제 때 경기도청에서 함께 근무하던 지인이 자택을 찾아와 소식을 물어와서 다음날 가족들이 피랍인이 숨어 있는 곳으로 그를 데려다 줬는데, 잠시 후 이웃 주민에 의해 그 친구가 피랍인을 끌고 갔다고 전해옴.
- 정치보위부, 서대문경찰서 앞에서 포승줄에 묶여 트럭에 태워지던 것이 목격됨.

증언자 요청사항

(對정부) 피랍인 생사확인 및 문제의 시급성을 알고 북한과의 회담 과정에서도 당당하게 요구해줄 것

"6월 28일 새벽에 빨갱이들이 쳐들어올 때 국군이 그렇게 허망하게 패배할 줄은 아무도 몰랐죠. 라디오에서는 이승만 대통령이 '(서울)사수한다. 걱정 마라. 내쫓는다' 하고 있으니 아무도 상황을 알 수 없었죠."

"북침이라고 하는 사람들이 있지요? 내가 6월 25일 12시에 을지로 1가 23번지에 있었는데 경비행기가 확성기를 달고 채병덕 참모총장 각하를 찾아서 한 20분 돌아다니더라고. 경비행기가 저공비행을 하며 다녀요. 우리가 북침을 했다면 도대체 참모총장이 모르는 북침이 어딨습니까? 그런데도 북침이라니."

○ 직업 및 활동

〈자동차 부속상 운영〉

답_ 일제 때 경기도청을 다녔고, 해방 후에는 무교동 22번지에서 남일자동차상회라는 자동차 부속상을 경영하던 중 사변이 났어요.

○ 시대 상황

〈이승만 대통령의 선무 방송으로 서울에는 전쟁 시작 후 3일까지도 피난을 하지 않은 가구가 허다함〉

문_ 전쟁 당시 어떤 일을 하고 계셨는지?
답_ 6월 28일 새벽에 빨갱이 쳐들어올 때 국군이 그렇게 허망하게 패배할 줄은 아무도 몰랐죠. 라디오에서는 이승만 대통령이 "(서울)사수한다. 걱정마라. 내쫓는다" 하고 있고 하니 아무도 상황을 알 수 없었죠.

그런데 밖이 이상하길래 새벽 6시쯤 골목에서 내다보니 탱크가 지나가요. 포탑에 333이라고 정확히 쓰인 걸 봤어. 근데 아무리 봐도 우리 탱크 같지가 않아. 별표가 있는 건 아니었지만 아무래도 기분이 섬뜩해서 도로 쫓아들어갔더니 우리 면에서는 벌써 붉은 기가 어쩌고 인민군 방송 나오기 시작하더라고요.

○ 납북 경위

〈6월 28일부터 피랍인은 본인이 운영하던 남일자동차상회에 숨어 지냄. 그러던 중 9월 2일 왜정 때 경기도청에서 함께 근무하던 지인이 자택을 찾아와 소식을 물어옴. 다음날 가족들이 피랍인이 숨어 있는 곳으로 그를 데려다 줬는데, 잠시 후 이웃 주민에 의해 그 친구가 피랍인을 끌고 갔다고 전해옴〉

문_ 피난은 가셨나요?
답_ 피난은 못 갔죠. 갈 생각을 꿈에도 못했으니까. 송학산 38선 부근에서 꺼떡하면 충돌이 있었으니 이번에도 그러다 격퇴하고 말겠지 하고 있었지. 사흘 만에 서울까지 밀려들어오리라고는 꿈에도 생각 못했지.

2~3일 지나니 분위기가 이상해. 빨간 거 매고 달리는 놈들이 보이고, 형무소에서 나온 놈들, 별놈이 다 보이고, 정구영이란 놈이 나를 찾아 잡으러 오고 하는 바람에 6월 28일 저녁

서부터 아버지하고 나하고는 숨어 버린 거예요.
아버지는 가게에 들어가서 숨고, 같이 있으면 같이 죽는다 해서 나는 다른 데 숨고. 그 당시 나도 만 17세 넘었고 건장했으니 붙들려가면 의용군으로 가는 거야. 그래서 그날 밤부터 우린 숨어 버린 거지.

문_ 아버지는 어떻게 납북이 되셨는지?
답_ 아버지 납치당한 거는 9월 3일 오후 3시쯤으로 기억해. 납치당하기 전날 9월 2일에 아버지 친구라고 하는 사람이 우리집에 찾아와서는 어머니보고 "내가 우순이하고 전에 같이 있던 사람인데 걔도 고생할 텐데 소식을 알고 싶어 왔다" 하더래요. 그래서 "6월 28일 나가서는 소식이 없다"고 하니까 "그럼 내일 다시 오겠다" 하면서 가더래요.
그날 밤에 아버지가 숨어 계신 데로 다음날 먹을 식사랑 요강을 어르신들이 갖다 주면서 "아무개라면서 왔더라"고 전하니까 아버지가 그 친구도 왜정 때 공무원이 돼서 지금 곤란할 것이라며 "내일 또 오면 거기로 데려다 달라" 같이 숨어있겠다고 그러시더래요. 그래서 9월 3일날 그 친구가 오니까 "여기 있습니다" 하고 아버지 계신 문 앞에다 데려다 주고 온 거야.
그러다 이준범씨라는 동네분이 오더니 우순이가 누구한테 잡혀가더라고. 밀짚모자 쓰고 베잠방 입은 놈이 끌고 가더라 해요. 그런데 인상 착의를 들어보니 아버지 친구 그 사람이야. 이름도 모르고 그냥 아버지와 경기도청에서 같이 근무했던 사람인 거로만 알지.

○ 납치 후 소식

〈피랍 며칠 후 이웃 주민이 정치보위부, 서대문형무소 앞에서 피랍인이 포승줄에 묶여 트럭에 타는 모습을 목격해서 전해줌〉

문_ 납치 후에 어디로 가셨는지 전해 들은 거라도?
답_ 아버지 납치당하고 1주일 후에 동네 노인 한 분이 오더니 본인이 우리 아버지를 봤다 그러더래요. 그래서 어디서 봤냐니까 을지로 입구 국립도서관 자리 앞에서 줄줄이 오랏줄에 묶여 타는데 아버지가 타는 걸 봤다고 하더라고요. 아버지도 그 사람을 보더니 손가락으로 두 번 손짓을 하길래 "아무래도 가족에게 소식을 전해달라 한 것 같다"는 말을 하더라구요.
그리고 한 열흘 후쯤, 동네 어른이 돌아가셔서 동네사람들이 장례를 지내고 오는데 서대문형무소 앞에서 또 (사람을) 줄줄이 엮어 트럭에 막 태우더랍니다. 묶여 타는 걸 보니까 아버지가 보이더래요. 아무리 봐도 자기와 눈을 마주치지 않고 고개를 푹 숙이고 있더래요. 그래서 자기도 오래 있을 수도 없고, 말을 붙일 수 없어 그냥 왔는데 오면서 보니까 트럭이 홍제동을 넘어가더래요. 그게 마지막이에요.

문_ 가족을 찾으려는 노력은?
답_ 그러다 9월 28일 오후에 국군이 들어왔잖아요. 태극기 들고 옷도 우리 군복을 입고 미군도 있고. 그래서 만세 부르고 소리치며 종로까지 갔어요. 그 당시 보신각이 불에 타고 있더라고. 그후에 이제 아버지를 찾아야 하잖아요. 그래서 국립도서관 자리, 정치보위부 지하에 가봤죠. 가보니 시체 찾느라 정신이 없어서 냄새가 나는 줄도 몰라요. 시체를 장작처럼 쌓아놨는데 이리저리 뒤지다 보면 시체가 썩어서 다리가 뚝 떨어져 나오기도 하고. 남산에도 가고 서대문형무소도 쫓아다녀보고 하루 종일 물 한 모금 못 먹고 통행금지 되기 전까지 돌아다니다가 집에 와서는 지쳐 쓰러져 울고 그랬어요.

○ 남은 가족의 생활은?

〈본거주지(을지로)가 인근 고려문화사(붉은 지폐를 찍었다고 전해짐) 폭격 과정에서 피해를 입었음. 한편, 피랍인의 아들도 장성한 연고로 의용군 차출이 걱정되어, 피랍인이 소유한 다동에 위치한 집 뒤채에서 가족이 숨어 지냄. 9 · 28 수복 이후 장남은 군대에 입대하고 피랍인의 어머니는 사망. 장남이 제대 후 전에 운영하던 가게(남일자동차부속상)를 다시 꾸려 운영해 생계를 유지하며 살아감〉

문_ 남은 가족들의 생활은?

답_ 아버지가 9월 3일 납치당해 가셨는데 9월 13일에 우리집이 폭격을 당했습니다. 지금 시청 앞에 고려문화사라는 인쇄소가 있었어요. 나중에 보니 그곳에서 붉은 지폐를 찍었대요. 그래서 거길 폭파하려고 그런 겁니다. 거기 길 하나 떨어져서 우리집이 있었는데 폭탄이 앞집 마당에 떨어졌어요. 그 폭음에 숨을 못 쉴 정도였는데 우리 식구 모두 부엌 바닥에 엎드리고 숨어 있다가 조용해져서 나와 보니 그제서야 사람들이 나오고 하더라고요. 나가 보니 폭탄이 막 떨어지니까 그땐 사람들이 여기저기 도망가고 난리였어.

나는 다동에도 우리집이 한 채 있어 그리로 도망갔는데 나중에 폭격 끝나고 집에 와보려하니까 (인민군이) 골목 끝에 서서 의용군으로 잡아가려고 다 잡더라고. 그래서 나는 다동집에서 계속 숨어서 안 나오고 있었지. 나중에 어른들한테 들어보니 폭격 때문에 우리집 2층이 다 날아갔대.

그 사이 도둑도 들어와서 다 털어가고 남은 게 아무것도 없고, 아버지가 즐겨 타시던 스케이트도 없어지고. 그래서 할 수 없이 다동 집 뒤채에 붙어서 그렇게 네 식구만 남아서 산 거죠. 그리고 나는 군대엘 갔는데 가면서 할머니한테 “할머니, 저 갑니다” 하고 갔었어. 학도병 가면서 살아올 생각을 못했거든. 그때 군인 가던 사람들은 제대란 건 모르고 갔어요. 그후에 내가 간 지 달포 만에 할머니 돌아가시고.

문_ 생계는 어떻게 하셨나요?

답_ 그때는 생계라는 것이 있는 거, 우선 귀금속은 물론이고 옷이고 양복이고 이불이고 요고 반반한 건 내다 파는 겁니다. 그때 금반지 한 개 들고 가면 보리 한 말입니다. 그러고 겨울 옷도 가져가면 보리 한 되, 미싱도 머리만 뽑아 왕십리에 가면 배추 5포기, 그렇게 9 · 28 수복

될 때까지 산 겁니다.

첨엔 피난 못 갔죠. 그땐 간 사람이 이상한 겁니다. 그렇게 될 지 꿈에도 몰랐으니까. 그리고 나는 1·4 후퇴 전에 학도병으로 갔고 가족들은 이불 보따리와 짐을 싸서 걸어서 피난을 갔다 왔대요.

그러다 내가 1년여 만에 다동 집으로 와보니 빈 집이고 허허벌판이더라구. 거기서 며칠 있으니 어머니가 외갓집 쪽으로 오시더구만. 사변을 그렇게 겪었어요. 그러고는 그때부터 아버지가 하시던 남일자동차부속상에서 물건을 다시 닦아 진열하고 장사를 했어. 나도 사변 전에 면허를 받았었고 아버지 어깨 넘어 배운 것도 있고 하니 했죠. 물건 판 것이 돈이 되고 한동안 해서 먹고 살았어요. 장사는 곧잘 됐어요. 그후에 내가 중학 6학년에 복교하고, 경기여고 자리에 있는 서울 훈육소를 통해 졸업을 했죠.

문_ 아버님에 대한 그리움은?
답_ 그리웠죠. 외아들이었는데. 내 누이동생은 이복 동생이에요. 내가 어렸을 때 생모와 아버지는 이혼을 하셔서 계모가 들어왔는데 아버지 납북 후 계속 연락은 했지만 그 어머니는 사변 동안 재가를 해갔어요. 누이동생은 내가 수성국민학교에 넣어줬기 때문에 학교 가서 만나고 그랬어요. 지금은 그 애가 벌써 환갑이니 세월이 이렇게 많이 흘렀습니다.

○ 정부의 노력

〈신고 확인 외에 없었음〉

문_ 신고는 하셨나요?
답_ 9·28 수복 후에 제가 직접 바로 했습니다. 그거 말고 정부 수복 후에 적십자사에 또 한 번 했습니다. 그 기록은 지금까지 남아 있더라구요.

문_ 정부 조치는 없었나요?
답_ 아무것도 없었습니다. 이번에 대한적십자사에서 전화 한 번 왔대. 또 통일부에서 공문이 한 번 온 적이 있어. 생사확인 할 길이 없다. 다른 건 전혀 없죠.

○ 연좌제 피해

〈피랍인 장남의 군 입대시 신원조사가 매우 철저함〉

문_ 연좌제 피해를 입은 것은 없었는지?

답_ 내가 해군이었는데 그때 신원조사니 하는 것이 엄청났습니다. 제가 해군 26기 시험을 보는데 제 번호가 없어요. 떨어졌나 보다 했더니 저쪽에 20명을 합격 예정자라고 따로 적어놓은 것이 있더라고. 남들은 그날 다 발표가 되는데 나는 그날 집결을 시키더니 "누구는 누구 집을 알아둬라", "누구는 누구 집을 알아둬라" 하면서 20명을 연결을 시키더라고. 그리고 집에 가 있는데 이웃집 아줌마들이 야단이 났어. "그집 아들이 무슨 일 있어요?" 하면서. 경찰이고 헌병이고 별 사람이 다 와서 우리집 얘길 묻고 가고, 신원조회를 엄격하게 하더라고.

그리고 들어갈 때 신원자술서라고 8절지 앞뒤로 된 설문지를 주더라고. 거기에 별의별 걸 다 씁니다. 성장 과정부터 아버지 관계 등 하여간 내 인생의 전부를 썼다고 해도 과언이 아닐 겁니다. 그걸 시도 때도 없이 네 번을 쓰니 조금이라도 거짓말하거나 틀리면 무조건 떨어지는 겁니다. 그렇게 해서 합격을 시켰어요.

○ 호적 정리

〈실종자로 정리됨〉

문_ 호적은 어떻게 남아 있는지?

답_ 9월 3일 납치당해 가신 날에 제사를 지내고 있는데, 내가 결혼할 때는 상관없었지만 내 딸을 시집 보내려니 할아버지가 호주로 있고 복잡해서 실종 신고 신청을 해서 선고를 받았어요. 그래서 호주를 나로 하고 딸을 시집을 보냈죠. 한 20년도 넘었죠. 실종 선고를 했던 것은 생사확인을 하거나 살아 있으면 다시 복원을 할 수 있다고 하더라고. 그동안은 혹시나 오실까 해서 안 했어. 정리를 해서 내가 뭐 상속받을 재산을 가진 것도 아니고, 그런 건 걱정도 안 하고 있었죠, 뭐.

○ 정부에 바라는 말

〈피랍인 생사확인 및 문제의 시급성을 알고 북한과의 회담 과정에서도 당당한 요구를 해줄 것〉

답_ 정부에서 피랍인이나 가족을 위해 한 것은 아무것도 없습니다. 일본 고이즈미는 허리 하나 안 구부리고 북한에 손을 내밀고 악수하는데, 이 빌어먹을 나라는 머리를 땅에 대고 빌빌대면서도 말 한 마디 못하고. '소탐대실' 어쩌고 하는데 납치자들 찾는 것은 소탐이고 퍼주는 건 대실이에요? 소탐대실이라고 하는 말도 안 되는 소립니다. 납북자 가족은 가족이고 납북자 본인들의 생사확인이라도 하고 유해 발굴이라도 하자는 말 한 마디라도 꺼내봤나 이거예요. 세금을 할 수 없이 내지만 세금내기 아까워 죽겠어요. 하고 싶은 말도 그거예요. 이제 나도 일흔셋이니 앞으로 시간이 얼마 안 남았다고 보는데, 여기 다른 가족들도 앞으로 10년만 지나면 이런 말 할 사람도 없을 겁니다.

가족이 납치당해 가고 6 · 25 사변을 알고 하는 사람이 없어요. 지금 북침이라는 미친 놈들이 있지요? 내가 6월 25일 12시에 을지로 1가 23번지에 있었는데, 경비행기가 확성기를 달고 채병덕 참모총장 각하를 찾아서 한 20분 돌아다니더라고. 그날 밤에 이 빌어먹을 놈이 이 동네 다방골 어디 기생촌에 가 있었나 보지.

참모총장을 찾으면서 경비행기가 저공비행을 하며 다니더라고. 전쟁을 북침을 했으면 참모총장이 모르는 북침이 어딨습니까? 대전에서 전사했길래 망정이지 살아 있으면 총살감 아니야? 그런데도 북침이라니. 얼빠진 놈들이.

그리고 얼빨갱이들이 나와서 자기가 빨갱이라는 것을 말하기 위해서 "이놈도 나쁜 놈이다 저놈도 나쁜 놈이다"라며 거짓 고발하고 다니는 바람에 더 많은 피해를 입었습니다. 지금 정부가 해줄 것 같지도 않고 이제는 우리끼리 아픈 가슴 묻고 세상 떠나는 길밖에 없어요. 그래도 다행이 가족회가 발족해 탄원도 하고 이런 작업도 하고 해서 다소라도 세상에 알릴 수 있는 길이 있음을 고맙게 생각하고 반깁니다.

○ 피랍인에게 전하는 말

답_ 아버지 형목이예요. 내가 작년 6 · 25 때 우리 가족회에서 마련해서 산에 갔을 때도 술 한 잔 올리면서 내가 아버지를 외쳐 불렀지요. 지금은 지나간 얘기를 마치 남의 얘기나 소설같이 얘기했지만 막상 가슴이 미어집니다. 봉양도 못하고 효도를 못하고 어디서 어떻게 돌아가셨는지도 모르고 저도 얼마 안 남았으니 구천에나 가면 거기서 제가 큰절 올리겠습니다. 아버지 아무쪼록 안녕히 계세요.(울음)

2005. 6. 7 채록

050607B 김 현 일(金顯一)

피랍인

생년월일:	1922년 음력 5월 5일생
출생지:	충청북도 엄정면 목계면
당시 주소:	서울 영등포구 양평동 9번지
피랍일:	1950년 전쟁 이후
피랍장소:	서울시 회현동 (납북자의 처가 지하실)
직업:	㈜대한산소 영등포 지점 총지배인, 영등포지구 대한청년단장
직계/부양가족:	배우자, 자녀 1남 1녀
외모/성격 :	다리에 큰 점이 있음.

증언자

성명:	김영희(1948년생)
관계:	장녀
증언 성격	직접증언 ☐ 간접증언 V

특이사항 (납치주체/상황/원인)

- 전쟁 직후 일가족이 회현동에 위치한 피랍인의 처가 지하에 숨어 지냄.
- 식량을 얻기 위해 피랍인이 옷가지를 팔러 장터에 잠시 다녀왔다가 인근 여자 동반장에게 발각, 밀고당한 뒤 서너 명의 사람들이 집으로 찾아와 끌고 간 뒤로 연락 두절.
- 피랍인은 당시 상업을 하면서 영등포지구 대한청년단장을 맡고 있었고 경제력이 있었음.

증언자 요청사항

(對정부) 이산 가족 상봉시 피랍인이 제외된 사실에 대해 매우 유감임. 생사확인 및 생존시 상봉을 원함.

"한강 다리가 끊기니까 피난은 못 가고. 아버님이 라디오 들으며 지하실에 숨어 계시다가 잡혀가셨어요. 얼마 동안 살았는데 나중에 식량이 떨어지니까 하루는 시장에 옷을 팔러 나가셨어요. 그걸 보고 동네 여반장이 밀고를 했다나 봐요. 아버지 잡혀가실 때 우리는 애기들이니까 항아리 뒤에 숨어 있었다고 하더라구요."

"이번에 이산 가족 만남 했을 때 솔직히 우리는 납북된 사람이 첫째로 만날 줄 알았어요. 그런데 상봉하는 사람들을 보니까 거의 이북에 남아 있던(살던) 사람 아니면, 여기서 소위 말해 공산당 쪽으로 넘어간 가족이 만나더라구요. 너무 기대를 많이 하고 할머니도 그 명단에 끼지 않을까 굉장히 기대를 했었는데, 명단을 보니 납북된 사람은 하나도 없는 것 같았어요."

○ 납북 당시 상황

〈전쟁 직후 일가족이 피랍인의 처가로 가서 며칠 머물다가 한강 다리가 끊겨 더 이상 피난을 못 가고 회현동에 위치한 처가 지하에 계속 숨어 지냄. 어느 날 피랍인이 옷가지를 팔러 장터에 잠시 다녀왔다가 발각, 인근 여자 동반장이 밀고해, 서너 명의 사람들이 집으로 찾아와 끌고 간 뒤로 연락 없음〉

문_ 아버님이 납치되던 상황은?

답_ 할머니한테 좀 들었다가 나중에 엄마한테 들었는데, 6 · 25 전쟁 나니까 엄마가 외삼촌 댁에 가서 같이 (피난)가야 한다고 (가족들이) 영등포에서 회현동으로 왔어요. 와 보니까 외삼촌은 떠나셨고, 거기 며칠 있다가 한강 다리가 끊기니까 피난은 못 가고. 거기서 아버님이 라디오 들으며 지하실에 숨어 계시다가 잡혀가셨어요. 얼마 동안 살았는데 나중에 식량이 떨어지니까 하루는 시장에 옷을 팔러 나가셨어요. 그걸 보고 동네 여 반장이 밀고를 했다나 봐요. 아버지 잡혀가실 때 우리는 애기들이니까 항아리 뒤에 숨어 있었다고 하더라구요.

나중에 세 들어 살던 사람은 남편이 다행히 목욕탕 갔다가 안 잡아갔다고 말하다가 인민군이 마루 밑에 숨어 있다가 나와서 그 사람도 바로 잡아갔다고 했어요. 여러 명, 세 명 정도가 들어와서 순식간에 뒤져서 데려갔다 그래요. (납치) 이유는 모르겠고, 그 동네에서 외갓집이 큰 댁이고 아버님이 반장인지 하는 분도 잘 아는 분이었대요. 그래서 그 전에 활동한 것도 잘 알고. 날짜는 잘 모르겠어요.

○ 납치이유

〈영등포 지구 대한청년단장을 맡고 있었고, 집안이 경제력이 있었음〉

○ 납치 후 소식

〈북한에서 탈출한 사람으로부터 외교관이 됐다는 얘기를 들었으나 정확한 근거 없고, 그 외 소식은 전혀 없음〉

답_ 어떤 분이 이북에서 아버님을 만나셨다는데 뜬소문 같기도 해요. 아버님이 외교관으로 계신데 도움을 받아 내려오셨다고 했어요. 그래서 좀 자세히 알아보려고 할머니가 그 사람 고향으로 찾아가셨는데 그 사람은 무서워서 이북으로 도로 넘어갔다고 하더라고요. 그러고는 전혀 소식이 없었어요.

○ 남은 가족의 생활은?

〈피랍인의 아내는 재가하고 자녀들은 피랍인의 형님 댁에서 기거하며 생활함〉

문_ 아버지가 납치되신 후 가족들의 생활은 어땠나요?
답_ 아버지 납치당하시고는 엄마가 영등포 집으로 와서 사셨는데, 양옥집이었는데 폭격에 유리창이 다 깨지고 하니까 큰 집에서 혼자 살기도 무서웠겠죠. 열아홉 살이었으니까, 주변에서 시집가라고 하니까. 당시 피난은 1·4 후퇴 때 대구로 갔다가 큰고모부님이 국회의원 하셔서 그 옆에 좀 같이 있다가 다시 서울로 올라왔죠. 올라와서 엄마가 나는 할머니가 계신 충주로 보내고 (재가하셨고), 큰아버지가 본인 동생들하고, 저하고 동생하고 공부를 가르쳤어요.

○ 정부의 노력

〈없었음〉

○ 호적정리

〈미정리〉

답_ 아직까지 안 했어요. 살아 계실 거 같아서요.(울음) 제사도 안 지냈는데….

○ 연좌제 피해

〈특별한 것은 없었으나 경찰서에서 한두 차례 확인 작업은 있었던 것으로 기억함〉

문_ 연좌제의 피해는?
답_ 제가 스무 살 때쯤 한 번은 경찰서에서 빨갱이 아니냐고 전화가 와서 작은아버지가 펄펄 뛴 일이 있었어요.

○ 정부에 바라는 말

〈이산 가족 상봉시 피랍인이 제외된 사실에 대해 매우 유감임. 생사확인 및 생존시 상봉을 원함〉

답_ 이번에 (이산 가족) 서로 만남 했을 때 우리는 납북된 사람을 첫째로 만날 줄 알았어요. 솔직히. 그런데 상봉하는 사람들을 보니까 거의 이북에 남아 있던(살던) 사람 아니면, 여기서 소위 말해 공산당 쪽으로 넘어간 가족 이런 사람이 만나는 것 같더라구요. 너무 기대를 많이 하고 할머니도 그 명단에 끼지 않을까 굉장히 기대를 했었는데, 명단을 보니 납북된 사람은 하나도 없는 것 같아요.

우리 작은할아버님 아들이 이북에 공산당으로 넘어갔었는데 제 1차 방문에 온 걸로 알고 있거든요. 사촌인데도 (아버지 소식은) 전혀 모른다고 하더라구요. 그분은 북에서 차관으로 지내고 있고 부인은 의사라고 하더라구요.

만일 살아 계시지 않는다면 어디서 어떻게 되셨는지 알고 싶고 살아 계시면 빨리 좀 만날 수 있으면 좋겠어요. 기억에 아버지가 검은 색 코트 입고 들어오시면 제가 뛰어가서 아버지 주머니에 손을 넣고 했었어요. 젊으신 나이에 너무 안 됐으니, 정부에서 빨리 좀 알게 해 줬으면 좋겠어요.

○ 피랍인에게 전하는 말

답_ 어디서 계시든 건강하고 행복하게만 계시면 좋겠어요. 빨리 보고 싶어요.

2005. 8. 25 채록

050825A 홍 남 석(洪南錫)

피랍인

생년월일: 1910년 10월 26일
출생지: 경기도 평택군 청북면 삼계리
당시 주소: 경기도 평택군 청북면 삼계리
피랍일: 1950년 9월 15일
피랍장소: 마을 창고 회의장
직업: 사업(전쟁 당시 안동에 화학공장을 짓던 중), 마을구장(이장)
직계/부양가족: 배우자, 자녀 5남매
외모/성격 : 키가 크고 준수한 외모

증언자

성명: 홍능자(1941년생)
관계: 차녀
증언성격: 직접증언 ☐ 간접증언 V

특이사항 (납치주체/상황/원인)

- 전쟁 발발로 안동에서 공장을 짓던 중 가족을 걱정해 고향으로 돌아옴.
- 인민군이 여러 차례 자택으로 피랍인을 찾으러 와서 총격을 가하고, 가족의 목숨을 걸고 협박하기도 함.
- 납치 당일은 잡혀가지 않기 위해 당시 사람들을 모아놓고 공산 교육을 하던 회의장에 갔다가 그를 찾으러 온 인민군들에게 연행됨.
- 인근 주민의 거짓 고발 때문에 심한 고문을 당했다고 전해짐.

증언자 요청사항

(對정부) 피랍인 생사확인 및 유골 송환, 납북인사 가족 보상

(對북한) 평화통일

"인민군들이 집에다 막 총을 쏘고 문 벽면에다 우장을 걸어놨는데 그걸 아버지로 알고 쐈는지 그 우장이 몇 구멍이 났어요. 아버지 내놓으라면서. 다행히 그때는 아버지가 잡으러 온다는 걸 알고 이미 피신한 상태라 위기는 모면했는데 그 뒤로 계속 협박을 가하는 거예요. 홍남석 안 나오면 가족을 다 죽인다고 동네에 소문을 내고, 그 동네에서 아무것도 모르고 한글도 모르는 사람들은 위원장이라고 완장을 차고, 지주의 재산을 다 나눠준다니, 나서서 아버지를 찾아다니고 했어요."

"거기 무식쟁이들도 잡혀갔는데 지들이 매 안 맞으려고 '홍남석이가 다 했습니다' 그러더래요. 그래서 우리 아버지를 그렇게 때리더래요. 때리니까 살점이 다 튕겨서 하얀 중의 적삼에 피가 엉겨 붙었더래요. 그 정도로 맞으셨대요. 거기서 잡혀갔다 나온 사람에게 들은 말이에요."

○ 납북 당시 상황

〈전쟁이 발발하자 피랍인은 안동에서 공장을 짓던 중 가족을 걱정해 고향으로 돌아옴. 인민군이 여러 차례 자택으로 피랍인을 찾으러 와서 총격을 가하고, 가족의 목숨을 걸고 협박하기도 함. 납치 당일은 잡혀가지 않기 위해 당시 사람들을 모아놓고 공산 교육을 하던 회의장에 갔다가 그를 찾으러 온 인민군들에게 연행됨. 이후 인근 주민의 거짓 고발 때문에 심한 고문을 당했다고 전해짐〉

문_ 전쟁 직후 바로 피난을 가지 않았는지?

답_ 피난은 못 갔어요. 1 · 4 후퇴 때만 피난가려다 못 갔지. 피난 당시는 (우리 동네는) 아무도 안 갔어요. 다 서울에서 왔어요. 우리 고모도 서울에서 왔어요. 우리 아버지가 (공장을 짓던) 안동에서 오셔서 모두 데려가려고 했는데 바로 잡혀가시는 통에 못 갔죠.

문_ 납북 경위는?

답_ 제가 열살 때인데 그때는 6 · 25가 나고 여름 방학 때였던 것 같아요. 아버지가 안동 공장에서 가족 때문에 집에 오셨어요. 와 계신데 (인민군들이) 집에다 막 총을 쏘고 문 벽면에 다 우장을 걸어놨는데 그걸 아버지로 알고 쐈는지 그 우장이 몇 구멍이 났어요. 아버지 내놓으라면서. 그때는 아버지가 잡으러 온다는 걸 알고 피신한 상태였어요. 그래서 그 위기는 모면했는데 그 뒤로 계속 협박을 가하는 거예요. "홍남석 안 나오면 가족을 다 죽인다"고 동네에 소문을 내는 거예요.

그 동네에서 아무것도 모르고 한글도 모르는 사람들이 위원장이라고 완장을 차고, 지주의 재산을 다 나눠준다니, 나서서 아버지를 찾아다니는 거예요. 그리고 그 동네 안에 잠재 공산당들이 있었나 봐요.

아버지 친구 중에도 공산당이 하나 있었대요. 해방되고 공산당 잡으러다니던 때 우리집 큰 항아리에 숨겨주고 살려준 그 친구가 나중에 배신해서 아버지를 잡으러다니고 한 거예요. 결국 아버지는 가족을 죽인다고 하니까 나오셔서 하루 주무시고 그 이튿날은 회의장엘 갔어요. 왜냐면 6 · 25 나고 마을에 큰 창고가 있었는데 (인민군들이 동네사람들에게) 날마다 "나와서 노래 배워라" "회의 한다" 그랬어요. 그때 안 나가면 반동분자로 몰리는 거예요. 그래서 우리도 날마다 가서 무슨 인민군 노래 배우고 가서 만세 부르고 인민군들이 연설하는 거 듣고 그랬어요. 안 나오면 안 되니까. 그날도 (동네 사람들을 나오라고 하니까) 아버지가 안 나가면 반동분자로 몰아갈 것 같아 그날 나갔어요.

그 당시 대학교에도 공산당들이 있었나 봐요. 예전에 아버지가 한 번 잡혀가셨는데 우리 사촌오빠 친구들이 공산당들이 있어서 사촌오빠가 "우리 작은아버지다, 내주라"고 부탁해서 풀려나신 적이 있었어요. 그러니 (납북되신 날은) 또 안 가면 무슨 일이 있을까 봐 회의를 간 거예요. 그런데 그날 낮 11시쯤 한 남자와 여자 인민군 몇 명이 집에 왔어요. 오더니 막 총을 쏘면서 "아버지를 찾아내라" 하더라구요. 그러니까 우리 엄마가 겁이 나서 "회의장에 갔다" 했더니 거기를 찾으러 갔어요. 그래서 그곳에서 아버지를 잡아서 우리집 앞에 신작로가 쭉 있는데 거기를 인민군이 앞에 총 들고 뒤에서 총을 겨누고 우리 아버지는 중의 적삼 입고 우리가 자꾸 대문에서 내다보니까 대문 쪽을 계속해서 쳐다보며 가시더라구요. 그게 마지막이에요.

문_ 함께 잡혀간 사람들은 없는지?
답_ 그날은 우리 아버지 한 분만 잡아갔는데 소식을 들어보니 아버지 친구들이며 동네 면장이며 경찰서 누구며 전부 잡아가고 굉장하더래요. 그런데 거기 무식쟁이들도 잡혀갔는데 지들이 매 안 맞으려고 "홍남석이가 다 했습니다" 그러더래요. 그래서 우리 아버지를 그렇게 때리더래요. 때리니까 살점이 다 튕겨서 하얀 중의 적삼에 피가 엉겨 붙었더래요. 그 정도로 맞으셨대요. 거기서 잡혀갔다 나온 사람에게 들은 말이에요.

○ 납치이유

〈오랜 기간 구장(이장)일을 보면서 마을에서 신임과 지지를 얻었고 당시 동네 유지였음〉

문_ 아버지가 어떤 일들을 하셨는지?
답_ 구장. 지금으로 말하면 이장을 오랫동안 하셨어요. 당시 동네에 배운 사람이 없었는데, 아버지는 소학교도 나오고 똑똑하셨어요. 그러면서 야학당도 지어 동네 문맹인도 가르치시고 아주 동리에 당시 100가구 정도 있었는데 우리 아버지 계실 때는 동네가 굉장히 융성했어요. 그러다 안동에서 화학 공장을 짓는다고 내려가셨다가 6 · 25를 맞은 거예요.

○ 납치 후 소식

〈청북면 지서에서 평택경찰서로 넘어갔다가 수복되면서 손발을 묶어 트럭에 싣고 북송. 당시 도망한 사람의 말을 들어보면 피랍인이 너무 심한 고문을 당해 움직이기가 쉽지 않아 도주할 엄두도 못 내고 끌려갔다고 함〉

문_ 연행 이후 어디로 가셨다고 들었는지?
답_ 거긴 청북면 지서였고, 평택경찰서로 다 넘어간 거예요. 넘어갔는데 엄마가 우리 아버지를 만나려고 그 여름에 70리 길을 걸어 가신 거예요. 그런데 못 만나게 하더래요. 발이 부르터도 또 가고 또 가고, 피가 너무 묻었다니까 갈아 입힐 옷을 가지고 갔는데 끝내 못 만나게 했어요.

그 이후 행적은 9 · 28 수복되고 (잡혀갔다 돌아왔던) 면장님 얘기가 트럭에다 손을 묶고 발을 묶고 무슨 짐승처럼 싣고 갔다 그래요. 북한으로 끌고 갔다 그래요. 수복되니까 급해져서. 그렇게 가는데 미군 폭격기가 막 폭격을 하더래요. 그래서 인민군들이 산 속으로 숨기도 했대요. 그때 면장님이 우리 아버지보고 도망가자고 했대요. 근데 아버지가 "나는 너무 매를 맞아 한 발자국도 못 간다. 가다 죽으나 여기서 죽으나 마찬가지다"라면서 "돌아가서 가족들한테 소식이나 전해달라" 했대요. 그러니 반은 이미 돌아가신 거예요. 그러니 북한까지 끌려가셨는지 가다가 돌아가셨는지 그건 정확히 몰라요.

○ 남은 가족들의 생활

〈시댁에서 조금 도움을 받아 피랍인의 배우자가 1남 4녀의 자녀들을 키움. 경황이 없는 통에 있던 재산을 모두 시효가 지나 잃고, 어렵게 생활함. 자녀들의 교육도 제대로 시킬 수 없었음〉

답_ 우리 어머니는 80까지 사시고 돌아가셨어요. 근데 우리 어머니가 그때 너무 혼나서 자세히는 기억을 못하세요. 거의 정신이 나갔어요. 고생 많이 하셨어요. 아버지가 혹시 오실까 하고 저녁마다 밥을 떠서 아랫목에 밥을 이불에 덮어놓고 아버지를 기다렸어요. 그리고 양복 입은 사람만 지나가면 아버님 오신다고 뛰어가고 그러셨어요.

우리 엄마는 양반 집에서 시집오셔서 밭이 어딨는지 논이 어딨는지도 모르고, 집안 살림만 하셨으니 재산이 어디 있는지도 몰라요. 그래서 나중에 남동생이 커서 아버지 이름으로 된 재산을 찾으려고 재판을 했는데, 시효가 지나서 다 재산을 뺏겼어요. 재산 있는 것까지도. 공장도 못 찾고. 어린 아이들 데리고 정말 고생 말도 못하셨어요. 그러니 제가 가슴에 원한이 맺혔죠.

생계가 어려워 땅도 엄마 아는 건 다 팔고 그저 큰댁에서 좀 도와주셔서 살았어요. 어머니가 고생을 많이 했어요. 저는 형편을 알고 중학교도 못 가고 동생만 보내고 저는 그때 공부 못한 게 지금까지도 한이 돼요. 지금 같으면 학자금도 있고 했을 텐데…. 형제들 다 공부도 못하고 우리 남동생만 고등학교 나왔지 나머지는 다 초등학교밖에 못 나왔어요. 나중에 소송을 했어도 다 찾을 수 없었고. 그러니 고생은 말도 못했어요.

○ 연좌제 피해는?

〈없었음〉

답_ 그건 없어요. 그건 우리 아버지가 공산당에게 끌려가신 거라 그런 건 전혀 없어요.

○ 정부의 노력

〈없었음〉

문_ 아버지를 찾으려는 노력은? 신고라도?
답_ 어디 가서 계신 줄 알아야 찾죠. 정부에다 말할 엄두도 못 냈고, 나는 열 살이고, 어머니는 집안 일 하느라 모르고, 남동생이 커서 겨우 기반을 잡았지. 당시는 어디 가서 뭘 할 줄을 몰랐어요.

문_ 정부 차원의 조치가 있었는지?
답_ 그런 건 전혀 없었어요. 다만 아버지를 고발한 사람들 잡아간 건 알아요. 9 · 28 수복 후 바로 치안대가 있었는데, 아버지를 (잡아)넣은 다섯 사람을 우리 앞마당에 불러왔어요. 큰아버지가 좇아오셔서 내 동생 찾아내라며 그 사람들을 때려서 한 사람이 머리에 피가 났는데 우리 엄마가 쑥을 얻어다 매어줬어요. 그렇게 인정이 많으셨어요. 지금 나는 법이고 뭐고 때려줬을 텐데 못 때린 게 한이 돼요. 그런데 우리 어머니는 불쌍하다고 그걸 막아준 사람이었어요.

○ 정부에 바라는 점

〈피랍인 생사확인 및 유골 송환, 납북인사 가족 보상〉

답_ 제가 바라는 건 요즘 전라도 민주화 운동 한 것, 독립운동 한 것에 대해 다 뭔가가 있는데 우리 아버지도 나라가 부족해서 잘못해서 끌려간 것인데 우리는 아무 보상도 없고, 그 이름이라도 우리의 잘못이 아니었다는 것이 바로 됐으면 좋겠고, 우리한테도 조그만 보상이라도 있었으면 해요. 우리가 그렇게 어렵게 살았으니까. 제 욕심이라 할지는 몰라도 너무 힘들게 살았으니까. 또 그리고 요즘 북한에 다 양보하고 주고 하는데, 우리도 이거 한 가지 피랍인의 생사확인쯤은 정확히 알아내야 한다고 생각해요. 거기 이름이 있으니까 어떻게 돌아가셨고 언제 돌아가셨고 어디에 묻혔는지 이 정도는 알아서 하다못해 시신이라도.

우리 아버지는 돌만 새겨 엄마 옆에 묻었어요. 그게 한이 돼요. 뼈라도 추려서 엄마 곁에 묻었으면 여한이 없겠어요. 또 북한에도 하고 싶은 말이 있는데 북한이 우리에게 진실로 평화통일을 하자는 것인지 다른 야욕을 가지고 남한테 와서 허위로 평화통일을 하자는 것인지 그게 젤 알고 싶고요. 북한이 더 이상 전쟁은 안 해야 된다, 핵은 없어야 된다는 걸 꼭 말하고 싶어요. 전쟁은 절대 있어서는 안 돼요.

○ 피랍인에게 전하는 말

답_ 우리 아버지가 지금 살아 계시면 아흔다섯인데 옛날에 고생한 얘기부터 아마 열흘을 얘기해도 모자랄 거예요. 요즘은 아버지가 꿈에도 안 보여요. 한 번만이라도, 단 한 번만이라도 아버지를 보았으면 좋겠어요.

2005. 10. 4 채록

051004A 박 점 석(朴点石)

피랍인

생년월일: 1897년 2월 13일
출생지: 서울
당시 주소: 서울 마포구 아현동
피랍일: 1950년 7월경 (B-29기 용산 폭격 며칠 후)
피랍장소: 자택
직업: 약방 운영, 대한반공청년단 아현동 지부장
직계/부양가족: 배우자, 자녀들
외모/성격 : 키가 크고 준수한 얼굴

증언자

성명: 박정선(1936년생)
관계: 딸
증언성격: 직접증언 [ ] 간접증언 [V]

특이사항 (납치주체/상황/원인)

- 대한청년단 아현동 지부장이었던 피랍인은 전쟁 직후 친척집에 피신함.
- 7월경 용산 일대를 잿더미로 만든 B•29 폭격(1950.7.16)이 있은 후 동생이 피해를 입은 것을 듣고 시신 수습 차 잠시 집으로 돌아옴.
- 가족의 생계 유지를 위해 당시 운영하던 약방에서 약품을 가방에 담아 팔러 떠나기 전 이발소에 다녀오는 길에 곧바로 연행되어 소식 두절

증언자 요청사항

(對정부) 피랍인 생사확인

"옆집 사람이 빨갱이로 지하운동을 하던 사람이야. 우리는 몰랐는데 그 사람이 우리 아버지를 내무서에 고발을 해서 우리 아버지가 잡혀가게 된 거래. 엄마가 그러는데 내무서 옷 입은 게 아니라 그냥 평복 입은 사람 두 사람이 와서 아버지를 찾더래."

"1·4 후퇴 때 우리집 터에 중공군 장교가 왔다갔다 하더래. 우리 오빠도 전쟁 중에 잃었어. 어느 날 어떤 사람이 편지를 가져왔는데, 오빠가 '내가 길 가다가 붙들렸는데 의용군으로 붙잡혀간다. 수송국민학교에 있다'라고 적었어. 엄마하고 나하고 수송국민학교에 뛰다시피 해서 가니까 벌써 다 떠났어. 낙동강 쪽으로. 그래서 '죽었겠구나' 했는데 1·4 후퇴 지내고 환도해서 올라오니까 동네 주민들이 그런 얘기를 하더라고."

○ 직업 및 활동

〈당시 약방을 운영하며 대한청년단 아현동 지부장을 맡아 동네 주민들의 존경과 지지를 받는 인물이었음. 지방 좌익의 고발을 당함〉

답_ 아버지는 약국을 하셨어요. 활달하시고 천성적으로 의협심이 강하셔서 가난한 사람 보면 나눠주려 하셨어요. 그리고 해방이 되니까 그때 당시 동회장을 하시고 대한청년단 단장을 하셨어요. 인기도 많으시고 성품이 아주 좋으세요. 아주 외향적이세요. 제가 어렸을 때 우리 아버지를 보면 굉장히 사람들이 좋아하셨어요.

○ 납치 당시 상황

〈전쟁 발발 후 피랍인은 친척집에 피신 중이다가, 용산 일대를 잿더미로 만든 B-29 폭격(1950.7.16)이 있은 후 피해를 입은 가족(동생) 시신 수습차 잠시 집으로 돌아옴. 이후 가족의 생계 유지를 위해 당시 운영하던 약방에서 약품을 가방에 담아 팔러 떠나기 전 이발소에 다녀오는 길에 곧바로 연행됨. 나중에 동네 좌익이 밀고했다는 얘기를 듣게 됨〉

답_ 아부지가 "내가 동네 일을 많이 봤으니까 아무래도 몸을 피하는 게 좋지 않을까" 하고는 가족회의를 해서 아버지는 당인리 발전소 근처 외갓집으로 피신하셨어요. 그리고 가족은 엄마와 나하고 동생, 어린애들만 집에 있었었요. 그런데 왜 아버지가 다시 집으로 오셨냐면 B-29가 처음에 용산을 폭격을 했거든요. 그때 작은아버지가 용산에 3층 건물에서 건교 택시라고 사장을 하셨어요.

그런데 거기서 (폭격으로) 건물이 무너지는 바람에 돌아가셨어요. 그러니까 아버지가 라디오를 듣고 집으로 나오신 거예요. 구루마에 작은아버지 시신을 모셔와서 식구들끼리 염을 했어요. 그리고 돌아가신 지 3일 후 시신을 모시고 돌아와서는 "이제는 작은집까지 책임져야 하니까 내가 더 이상 숨어 있을 게 아니다"라면서 트렁크에 약을 전부 꺼내 넣으시고 그걸로 시골을 다니며 행상을 해서 쌀이라도 받아 와야겠다고 하셨어요. 그런 식으로 식구들 연명을 해야 되지 않겠냐 했어요.

그런데 그때 당시는 이승만 대통령이 전쟁이 금방 끝난다고 방송을 했거든. 그래서 서울 시민들은 모두 그렇게 생각하고 피난도 안 갔어요. 그러다가 아버지가 트렁크를 싸 놓고 "이제 길을 떠나야 하니까 이발을 해야겠다" 하시고 이발소로 가셨어요. 이발소를 가셨는데 집에서 그쪽으로 가는 길이 두 길이 있는데, 아버지가 혹시 인민위원회 관련 사람 만나면 안 좋으니까 사람이 잘 안 다니는 길로 가셨나 봐요. 나중에 안 사실이 그 옆집이 전라도 사람인데 그 사람이 빨갱이로 지하운동을 하던 사람이야.

우리는 몰랐는데 그 사람이 우리 아버지를 내무서에 고발을 한 것이야. 그래서 우리 아버지가 잡혀가게 된 거래요. 나중에 알고 보니까, 엄마가 그러는데 내무서 옷 입은 게 아니라 그냥 평복 입은 사람 두 사람이 와서 아버지를 찾더래. 그래서 엄마가 "지금 잠깐 어디 나가셨다"고 그러고, 나보고 눈짓을 하는 거야. 빨리 아버지 찾아가서 피신시키라고. 그런데 나는 사람이 많이 다니는 환한 길로만 가니까 아버지는 이미 이발을 하고 집으로 오셨더라구. 내가 이발소 찾아가니까 지금 막 가셨다고. 그래서 내가 막 되짚어서 집에 오니까 그 사람들하고 얘기를 하고 있어요.

그게 운명이에요. 내가 다른 길로 갔으면 아버지를 만나서 "아버지, 수상한 사람들이 아버지를 찾으니까 빨리 외갓집으로 피신하세요" 하면 되는데 내가 어린애니까 좁고 외진 골목길보다는 항상 다니던 길로 간 거지. 그 사람들하고 뭐라 얘기가 됐는지는 몰라요. 벌써 이미 얘기가 됐나 봐. 아버지가 "나는 가서 조사할 게 없다"고. "나는 경찰도 아니고 상업하는 사람이고 특별한 사람 아니니까 당신네가 나를 의심하면 묻고 싶으면 할 수 없다"고 하면서 따라가더라고.

우리 엄마는 너무 맥이 풀려서 못 움직이더라구. 그리고 나더러 저 사람들이 아버지를 어디까지 끌고 가는지 따라가 보래요. 그래서 따라가는데 마포경찰서 쪽으로 내려가더라구. 내가 막 따라가니까 아버지가 뒤를 돌아다보고 너무 조그만 애가 거기까지 걸어오니까 "아버지는 죄 없으니 금방 갈 테니 오지 마라" 하시고, 그 사람들은 "얘야, 집에 가 있어. 아빠 집에 보내드릴게" 하면서 빨리 가라더라고. 내 판단으로는 따라가 봤자 소용이 없겠더라구. 그래서 중간쯤 따라가다가 공덕동 초입에서 돌아왔죠.

○ 납치 후 소식

〈없었음〉

답_ 어머니가 우리 오빠하고 같이 마포경찰서에 시체가 많다는 소문을 듣고 가서 다 뒤져보고, 서대문 경찰서에도 많이 죽였다길래 거기도 가고, 미아리 고개 있는 데도 가보시고 그러다 포기를 하셨어요.

○ 연좌제 피해는?

〈동생이 외국으로 공부하러 나갈 수 없었음〉

답_ 우리 동생은 고등학교 교장까지 됐는데, 그때는 박사 되고 외국으로 유학을 가야 되는데 연좌제로 이게 걸리는 거야 . 우리 집안이 공부를 참 잘했어요. 사촌들은 다 유학을 가서 박사 되고 다 코스가 좋았는데 내 동생, 오빠는 다 빨갱이로 취급을 하는 거야. 그래서 외국으로 나가지를 못했어요. 그래서 나도 고등학교밖에 못 나왔으니까 공부를 더 하고 싶었거든.

우리 아버지가 너는 머리가 좋으니까 외국까지 공부해서 여성지도자 해준다고 맨날 그러셨어. 그런데 못했지. 우리 동생은 더 공부를 하려고 했는데 외국이 차단되니까 그때는 아버지가 납치당해 갔다는 것까지 오해를 받더라구. "월북했지, 피랍인이 아니다" 이러면서. 그래서 "어이구, 니네 마음대로 생각해라" 하고 말았어. 우리는 너무 한이 맺힌 사람이고 변명해봤자 소용이 없으니. 그러다가 협회가 생기니까 내가 처음으로 갔다니까. "아이고 이런 동지들이 있구나" 했어.

○ 정부의 노력

〈없었음〉

문_ 신고는 하셨나요?
답_ 남산 꼭대기 적십자사에 내가 가서 신고했어요.

문_ 신고하고 나서 정부에서 도움은 없었나요?
답_ 그런 거 없어, 아무것도 없었어요. 그때는 돈 주는 사람 없어요. 나라에서도 그런 거 안 해줘. 그때 우리 아버지가 대한청년단 단장을 하고, 우리 옆집 아저씨가 서기인가 총무인가 했는데 그 사람까지 다 잡아갔어.

○ 정부에 바라는 말

〈피랍인 생사확인 요청〉

답_ 나는 서명날인이라도 하든지 무슨 뭐가 있었으면 좋겠는데 지금 현정부가 이북 사람들에게 너무 저자세로 하니까…. 통일부 장관이 지난 번에 납북인사 소식 들을 수 있는 희망이 있다고 해놓고, 회담할 때 자료를 꺼내지도 못했다잖아.

나는 연세적으로 볼 적에 돌아가셨을 것 같고 살아 계셨더라도 좋은 데는 못 가셨을 거 같아. 아오지 탄광이나 그런데 가셨을 거 같고. 어디서 어떻게 돌아가셨더라도 유골이라도 찾을 수 있으면. 뭐 증거품이라도 하나 있으면 좀 봤으면 좋겠다.

○ 피랍인에게 전하는 말

문_ 어머니는 어떠셨어요?
답_ 어머니는 자다가 보면 혼자 앉아 있어요. 얼마나 가슴 찢어지게 아프면 그랬겠나 싶어. 그러다 돌아가실 적에 내가 통일이 되면 영감 소식을 듣고 죽을 줄 알았는데 못 듣고 세상을 떠나니 안타깝다. 그렇게 유언을 하시더라고….

문_ 만일 아버지가 살아 계시다면?
답_ 아버지, 우리 자손들이 아버지 안 계셔도 다 잘 됐어요. 서울대학 나오고 다 좋은 사람들이 됐는데…. 그러니까 아버지가 안 계셔도 고생은 했지만, 저희들은 보람 있게 잘 살고 있습니다.

○ 특이 사항

〈아버지 납북 이후 실종되었던 둘째오빠가 환도 이후 중공군 장교로 왔었다는 소문을 들음〉

답_ 1·4 후퇴 때 노인네들은 피난을 안 가고 움을 짓고 사는데 이렇게 보니까 우리집 터에 중공군 장교가 왔다갔다 하더래. 그 오빠가 중국으로 건너가 가죽 장화를 신고 권총을 차고 왔더래. 동네사람들은 죽일까 봐 무서워서 가만히 내다보니 약국집 둘째아들이더래. 그렇게 왔다갔다 10분 그러다가 가더래.
그러니까 이게 진짜 중공군 장교로 들어갔나? 우리 오빠가 빨갱이였나? 빨갱인 아닐텐데. 대학 다닐 때는 유진오 박사가 제일 아끼던 제자였대. 시계를 바꿔 찼으니. 그 정도로 대학 다닐 적엔 괜찮았나 봐요. 그러다가 어떤 사람이 편지를 가져왔는데, "내가 길 가다가 붙들렸는데 의용군으로 붙잡혀간다. 수송국민학교에 있다" 이래 가지고 엄마하고 나하고 수송국민학교에 뛰다시피 해서 가니까 벌써 다 떠났어 낙동강 쪽으로. 그래서 죽었겠구나 했는데 1·4 후퇴 지내고 환도해서 올라오니까 친구가 동네 주민들 얘기를 하더라구요. 내 생각에는 이 사람이 학문도 있고 하니까 중공군으로 들어가서 아버지 소식을 알려고 했나 그런 생각이 들어.

2005. 10. 10 채록

051010A 안 호 철(安浩哲)

피랍인

생년월일: 1934년 2월 13일
출생지: 강원
당시 주소: 강원도 평창군 봉평면 창동리 388번지
피랍일: 1950년 8월 17일
피랍장소: 자택
직업: 춘천중 4학년 재학 중
학력/경력: 춘천중학교
직계/부양가족: 부모님, 여동생 1, 남동생 1
외모/성격 : 안경 착용, 다리에 물화상 자국 있음.

증언자

성명: 1.김직자(1915년생) 2.안청자(1940년생)
관계: 1.모 2.여동생
증언성격: 직접증언 V 간접증언

특이사항 (납치주체/상황/원인)

- 당시 춘천중 4학년생으로 6 · 25 남침 이후, 가족과 피난길에 나섰으나 포위망에 걸려 다시 고향(봉평)으로 돌아와 있었음.
- 8월 14일 늦은 밤, 내무서원들이 당시 군민 촉성회장이자 지방 유지였던 안상몽(피랍인의 부친)을 잡으러오자 안상몽은 창문을 통해 급히 도주하고, 그를 대신해 아들 안호철이 연행됨. 3일 후 풀려났다가 다시 연행된 뒤로는 소식 없음.
- 안호철은 연행됐던 상황을 노트에 상세히 기록해 놓고, 친구와 함께 서울 수복 관련 소식을 담은 유인물을 뿌리는 일도 했었음.

증언자 요청사항

(對정부) 생사확인

"밖에서 달그락달그락 소리가 나더니 남폿불을 탁 올리더니 방으로 들어오는 거야. 그때 남편은 피곤해서 잠이 들었지. 내가 '여보 여보, 사람들이 남폿불을 들고 들어온다' 하니까 '옳다' 하고 나체로 냅다 뛰는 거야. 창문으로 훌쩍 뛰니까 그놈들이 기절을 하더래. 그래서 자기는 춘천 동생네 가서 살았는데 얘(안호철)는 대신 잡혀간 거야."

"아버지가 신고한 것을 보니까 '서울 수복된다' 이런 소식을 어디서 듣고, 같이 잡혀간 오빠하고 같이 삐라를 뿌렸던 거야. 곧 수복이 될 거니까 면민들에게 희망을 가지라고. 이런 걸 적은 삐라를 지서에도 붙이고 했다는 거야. 그 사람들이 그걸 가만둘 리 있어요? 오빠랑 같이 했던 오빠도 잡아가고."

○ 납북 당시 상황

〈피랍된 안호철은 당시 춘천중 4학년생으로 6 · 25 남침 이후, 가족과 피난길에 나섰으나 포위망에 걸려 다시 고향(봉평)으로 돌아와 있던 상태였음. 8월 14일 늦은 밤, 내무서원들이 안상몽(피랍인의 부친)을 잡으러오자 안상몽은 창문을 통해 급히 도주하고, 그를 대신해 아들 안호철이 연행됨. 3일 후 풀려났다가 다시 연행된 뒤로는 소식 없음〉

답_ (김직자)

걔 아버지가 6 · 25당시 군민 촉성회장을 했거든. 그래서 많이 봉사했지. 그이는 6 · 25가 나서 피난갔다가 집에 돌아와 있었어. 밤에 쉴라고 하고 있는데 이것들이 습격을 한 거야. 거의 나체 차림이었지. 그런데 밖에서 달그락달그락 소리가 나더니 남폿불을 탁 올리더니 방으로 들어오는 거야. 그때 남편은 피곤해서 잠이 들었지. 내가 "여보 여보, 사람들이 남폿불을 들고 들어 온다" 하니까 "옳다" 하고 나체로 냅다 뛰는 거야. 뛰려고 하니까 좌우로 포위를 하고 있었는데 창문으로 훌쩍 뛰니까 그놈들이 기절을 하더래. 그래서 뛰어서 자기는 살았지. 춘천 동생네 가서 살았는데 얘(안호철)는 대신 간 거야. 그러니까 8 · 15가 되니까 술렁술렁 하더라구. 이쪽이 위험하다고.

8월 14일날 애를 체포해간 거야. 내무서에서 체포해서 사흘 후 17일날 본사로 데려간다 하더라고. 그래서 내가 네 살박이 애를 업고 내무서로 가서 3시에서 7시까지 서서 기다렸는데 화물차에 두 놈을 태워가지고는 본사로 간다길래, 그래서 "나도 가자" 했더니 "간나 새끼 너 죽을래" 이러더라구. 할 수 없이 화물차가 발동을 거는데 안호철이 "어머니 다녀오겠습니다" 절을 하고 가는데 모퉁이 돌아갈 때까지 둘이 손을 흔들고(눈물)….

○ 납치이유

〈당시 군민 촉성회장을 하며 지방 유지였던 아버지 안상몽을 대신해 잡혀감. 피랍인은 연행됐던 내용을 노트에 상세히 기록하고, 친구와 함께 전쟁 관련 소식을 담은 유인물을 뿌리는 일 등을 했었음〉

문_ 아버지를 대신해서 잡혀갔다고 했는데 당시 아버지는 어떤 일을 하셨는지?

답_ (김직자)

지방 유지지 뭐, 군민회장 하고. 그냥 뭐 지방 유지로 군민회장이다 해서 청년들 동원시켜 백골부대니 뭐니 떡 해서 그 많은 거 다 바치고…. 난 또 부인회장을 했어. 백골부대 밤낮 떡 해다 다 주고 봉사만 했지. 만일 그날 잡혔으면 학살당한 거야. 다행히 나체로 뛰어서 살았지. 그날 잡힌 사람은 둘다 죽었어. 그날 밤에. 다행히 살았는데 대신 아들이….

답_ (안청자)

아버지 대신 잡혀갔다 하지만 그후로 피랍인 가족을 보니까 그런 사람들 많이 잡혀갔더라구요. 봉평이 아주 좋은데 그래도 중학생이면 좀 사는 사람이 중학생이니까 그 사람들이 가만뒀을 리 없을 거란 생각이 들구요. 그런데 오빠가 춘천에 있다가 난리가 나니까 작은아버지와 같이 피난을 가다가 포위가 됐잖아요. 서울 한강 다리 끊어지듯이 그 쪽도 인민군이 먼저 앞질렀는데 그래서 그만 가지를 못하고 춘천에서 내려오다가 봉평으로 들어온 거예요.

그 당시 오빠 나이의 사람은 어머니 얘기를 들으니, 같이 나가서 감자서리도 해먹고 이러더래요. 특이한 사항은 아버지 잡으려다 못 잡은 것 있고, 여태껏 알고 있기로는 어머니가 조금 생략하셨는데 8월 15일에 데리고 가서 일단 내보냈어요. 그러다 17일에 와서 다시 잡아갔거든요. 근데 틀림없이 내보내면 아버지가 어디서 나타나지 않을까 생각했을 것 같은 맘이 이제서야 들고, 그래도 그 시기에 가만히 보니까 오빠가 뭐를 써요. 그래서 제가 한 번은 선반에 올려놓은 노트를 보니까 그 사람들이 못된 행패한 거 그걸 적었더라구요. 그래서 '아 오빠가 이런 걸 쓰는 구나' 했어요.

그 당시 우리는 "노래하러 나와라" "배우러 나오라"고 해도 하나도 안 나갔거든요. 그래서 지목 받은 건 사실인데, 오빠는 더구나 그런 글을 썼으니. 결정적으로 실향사민 명부에 아버지가 신고를 했더라구요. 그걸 보니까 '서울 수복된다' 이런 소식을 어디서 듣고 같이 잡혀간 오빠하고 같이 삐라를 뿌렸던 거야. 곧 수복이 될 거니까 면민들에게 희망을 가지라고. 이런 걸 적은 삐라를 지서에도 붙이고 했다는 거야. 그 사람들이 그걸 가만둘 리 있어요? 오빠랑 그일 같이 했던 오빠를 잡아가고. 그거를 실향사민 신고서에서 비로소 알았어요.

○ 납치 후 소식

〈없었음〉

답_ (김직자)

하도 (마음이) 안 돼서 며칠 안 되어 고무신을 신고 새벽에 떠나서 평창 본사로 100리를 걸어 당도를 해서 면회를 하자고 했더니, "간나 새끼 왜 왔어. 안상몽 찾아내! 찾아내면 모든 것이 해결된다" 해요. 기가 막혀서 말을 못하고 있으니까 "빨리 돌아가라고" 떠밀어 버리더라고. 도대체 애원을 하다 하다 안 돼서 가고, 그러다 또 안 돼서 또 갔어. 평창을 갔더니 그때는 왜 왔냐고 학대가 심한 거야. "너도 죽어볼래?" 떠밀어서 "마지막으로 면회하자"고 했더니 "없다"고. 그럼 "어떻게 됐냐"고 했더니, "없다. 없다"고 하면서 떠밀어서 할 수 없이 집에 돌아 온 거야. 한 며칠 지나서는 지방놈들까지 협조를 해서는 우리가 정미소를 했었는데, 모든 것에 다 딱지를 붙이고 당장 나가라는 거야.

그래서 사흘을 여유를 준다고 안 나가면 내쫓는다고 해서, 애들 둘을 데리고 아흐레

만에 산중으로 해서 춘천으로 간 거야. 춘천 와서도 아무리 기다려도 소식은 없고. 그렇게 춘천에서 세월 보내고 살다가 봉평으로 또 왔어요.

왔더니 집은 다 타고 없고 해서 집을 또 하나 지었어. 사는 내내 애를 보내고 나니 어찌나 애통한지. 동기들이 진정서도 써 냈어. 그때는 반공연맹이 있었어. 거기다 내가 서류를 바치고, 나중에 동기들도 그 서류를 바쳤더니, “지금 행방불명이 한두 명이냐고 군인도 못 찾는데 안 된다”고 하더라고…. 나중에 보니 서류도 없어. 그렇게 답답해서 애원을 하고 나중에 전두환 대통령한테도 (서류를) 올렸어. 그랬더니 아무 소리도 없이 반송하더라고.

○ 연좌제 피해

〈서류 조회시 항상 까다롭고, 피랍인의 동생이 진급이 어려웠음〉

답_ (안청자)

공무원증하고 이럴 때 무슨 서류를 내는 거 많잖아요. 지금 생각을 하면 그게 연좌제가 아녔을까 생각해요. 동생이 대한항공에 취직을 했는데도, 그렇게 취직이 안 돼요. 될 만하면 안 되고 또 안 되고, 하여튼 난리 이후 되는 일 하나도 없고 그냥 그렇더라구요.

○ 정부의 노력

〈전혀 없었음〉

문_ 신고는 하셨나요?

답_ (안청자)

신고 이거는 아버지가 한 거 같아요. 1952년, 1956년 명부에도 있는 걸 보니.

문_ 도움은?

답_ (김직자)

전혀 없었지. 납북된 소식이야 파출소에서도 다 알았지. 파출소에서도 안타깝다고 나를 많이 위로했지. “어떡하면 소식이 있겠냐고, 도와주고 싶어도 안 되네요” 하면서.

○ 호적정리

〈정리〉

답_ (안청자)

호적정리는 그전에 벌써 했어요. 자꾸 영장이 나오잖아요. 자기들이 잘못해서 잡아가 놓고 이 사람에 대해 무슨 영장이 나오고 이런다니까. 아버지가 그 당시 호적정리 하면서 신고할 거 하고 했어요.

○ 정부에 바라는 말

〈피랍인 생사확인〉

답_ (김직자)

생사나 알았으면 좋겠어. 생사를 모르니 항상 살았거니 생각하는 거지. 지금이라도 살아왔으면.

답_ (안청자)

내 생각은 56년이 지난 시점에서 화해할 건 하면서, 그게 전제이니까. 김일성이 나쁜 거야 세계가 다 아는 거고, 이념 때문에 힘들고 갈라졌던 것 이제는 다 털고 하면서 갈 사람은 가고 올 사람은 오고 했으면 좋겠는데. 갈 사람만 보내주고 올 사람은 못 데려온다 이러는데, 그것도 지금 시기가 지나면 될까 그런 생각이 들고. 일단 납북에 대한 책임은 이승만한테 있었거든요. 첫 단추를 잘못 끼워서 바로 끼기가 힘든 상황이니까, 천상 역사를 바로잡는 차원보다는 화해하고 인권적인 차원에서 서로가 보내주고 데려가고 생사확인하고 했으면….

○ 피랍인에게 전하는 말

답_ (김직자)

아들아! 엄마 살아 생전에 만나면 오늘 죽어 이 한을 영원히 너한테 풀 것이니. 엄마 사후에도 엄마를 불쌍하게 여겨라. 엄마가 얼마나 기다렸는지 아느냐.

답_ (안청자)

오빠 어디에 있어도 좋으니까 상황이 살려놓은 상황이라면, 너무 이념이라든가 이런 걸 고집하지 말고 협조하더라도 가정을 이뤄서 남은 인생을 살았으면 싶어요. 그래서 돌아올 수 있으면 좋은 거지만. 그냥 지금까지 살아 있으면 최선을 다해서 어떤 이념이라도 좋으니까 살아 있었으면 좋겠고. 돌아가셨으면 안식을 취하시길.

ㅇ 특이사항

〈피랍인의 작은아버지 안상민도 납북됨〉

답_ (안청자)

작은아버지도 납치돼 가서 작은아버지 식구까지 아버지가 사과 장사하시면서 다 먹여 살리면서 고생하셨었다. 작은아버지는 안상민. 살아 있으면 현재 나이는 93세, 작은아버지도 봉평에 사셨었는데 북방 군인에 협조를 많이 했어요. 작은아버지는 차(트럭)가 하나 있었는데 거기에는(오대산 부근) 6 · 25 전인데도 일찌감치 공비들이 나타났었어. 그 공비들을 토벌할 때마다 작은아버지 차가 가서 싣고 오고 이런 일을 했기 때문에, 피란은 잘했다가 수복이 되자마자 얼른 진부에 가서 나무 잘라 집을 지으려 했대. 근데 우리 아버지가 신고한 기록을 보니까 그 지역은 패전병들이 후퇴하다가 다시 돌아왔대. 그래서 그때 다시 잡혀갔다 하더라고.

2005. 10. 11 채록

051011A 김 재 봉(金在鳳)

피랍인

생년월일: 1920년 7월 17일
출생지: 인천시 강화군
당시 주소: 인천시 강화군 교동면 읍내리
피랍일: 1950년 8월 20일
피랍장소: 자택 안방 천장
직업: 교동 지서 금융 조합원, 대한청년단 단장
학력: 서울농업고등학교
직계/부양가족: 배우자(임신 중)
외모/성격 : 보통 키에 호남형, 바르고 내성적인 성격

증언자

성명: 김항태(1929년생)
관계: 배우자
증언성격: 직접증언 V 간접증언 ☐

특이사항 (납치주체/상황/원인)

- 6·25 전쟁이 발발하자 피랍인과 아내는 조카 10명을 데리고 인천으로 피난갔다가 7월에 고향으로 다시 옴.
- 피랍인은 삼산면 누이집에 피신했으나, 그 지방 좌익과 내무서원들에게 잡혀 심한 매질을 당함. 며칠 수감됐다가 교동으로 귀가 조치됨.
- 9·28 서울 수복을 앞두고 인민군이 북한으로 쫓겨가던 중, 다시 내려와서 동네 주민들을 납치해감.
- 피랍인은 당시 그 지역 대한청년단 단장이자 교동 지서 금융조합원으로 근무했음.

증언자 요청사항

(對정부) 생사확인 및 정부가 직접 기업 상대로 보상 문제 해결을 도울 것

"강화도는 미리 후퇴하라고 명령이 내렸었나 봐요. 하루 아침에 일어나니까 우리 앞집에 사는 아저씨가 저 사람들(인민군)이 다 나갔다는 거예요. 이상하다 했죠. 그때가 9·28 나기 열흘 전쯤이었어요. 그런데 인민군이 나가고서는 그 이튿날 새벽에 다시 들어왔어요. 그 사람들이 며칠 더 있으면서 못 붙잡아간 사람들 전부 잡아간 거예요."

"나중에 우리 딸 10살 되던 해, 내가 시집을 안 갈래야 안 갈 수 없더라구요. 왜냐 하면 지붕엔 풀이 내 키보다 더 크게 돋았고, 노랭이 굼벵이가 자꾸 떨어지고(흐느낌)."

○ 직업 및 활동

〈당시 대한청년단 단장을 했고, 교동 지서 금융조합원으로 근무함〉

답_ 대한청년단 단장을 했대. 연애할 때 자기 말로는 경찰들이 순찰 돌 때, 경찰 한두 분에다가 동네 청년단원 두 사람 합쳐서 동네를 돌았대요. 왜냐면 그 당시는 암암리로 빨갱이들이 집집마다 찾아다니면서 "도장 찍어라" 하면 입당이 되니까 그렇게 모이지 못하게 순찰을 도는 거죠.

또 우리집 양반 방에 그 당시엔 책장도 없죠. 그때 책이 방바닥에서 저기까지 닿아 있을 만큼 많은 거야. 그래서 동네 청년들이 밤이면 그리로 놀러온대요. 와서는 책을 빌려가고. 그래서 빌리러오는 사람, 빌려간 사람, 빌려간 책 갖다 주러 오는 사람 해서 늘 방에 친구들이 그렇게 모였대요.

그런데 그 중에 한 사람이 "어제 나보고 공산당원으로 도장 찍으라는 사람들이 왔었다"면서 우리집 양반 찾아와서는 "너가 찍으면 나도 찍고, 니가 안 찍으면 나도 안 찍겠다" 했는데 남편은 아니라고 해서 그 사람들이 다 안 찍고 그랬어요. 그 정도로 그러면 애국자 아니겠어요? 애국자들을 몰라보고 이렇게 무시하고 세상에 내가 그동안 내가 어떻게 살았겠어요?

○ 납북 경위

〈6·25 전쟁이 발발하자 피랍인과 아내는 조카 10명을 데리고 인천으로 피난갔다가 7월에 고향으로 다시 돌아옴. 오는 도중 피랍인은 삼산면 누이집에 피신했으나, 그 지방 좌익과 내무서원들에게 잡혀 심한 매질을 당함. 며칠 수감됐다가 교동으로 귀가 조치됨. 9·28 서울 수복을 앞두고 인민군이 북쪽으로 쫓겨가던 중, 다시 내려와서 동네 주민들을 납치해감〉

문_ 6·25 때 바로 피난은 안 갔는지?
답_ 인천으로 피난갔다가 돌아왔어요. 우리 둘과 조카들 열을 데리고 금융조합원 식구들과 조그만 배를 얻어 타고 사흘인가 갔는데, 애들을 데리고 있으니 일도 많고 너무 힘들어 돌아왔죠. 그런데 돌아오는 중에 우리가 어느 배에 탔다는 것까지 벌써 그 사람들이 다 알고 중간에 와서 기다린 거예요. 다행히 우린 다른 곳으로 도망가서 그땐 안 잡혔지. 그러다 중간 또 어디 섬에 삼산면이라고 보문사라는 절 있는 데, 거기가 누님집이 있어 그리로 피신을 했어요. 그리고는 (남편이) 날보고 "교동 가서 집에 잘 들어가 있어라. 내가 편안하면 금방 돌아간다" 이랬거든요.

그래서 우리들은 오고 그 사람은 안 오니까 배 터에서 군인들이, 동네 빨갱이, 내무서원이고 그렇겠지 뭐. 내가 누가 내무서원인지는 모르니까. 여하튼 그런 사람들이 섰다가 남편은 안 왔다니까 그럼 잡아오라고 했나 봐요. 삼산면으로 가서 누님집에 있는 걸 득달같이 잡아왔대요. 잡아와서는 때리고. 그래서 머리에서 피가 났다고 (울음) 얼굴을 동여매고 있다고 기별이 왔어요. 그래서 제가 가니까 (말을 잇지 못함). 그렇게 매맞고 거기서 감방에 며칠 갇혔다가 근신하고 있으라고 해서 나와서는 한 달쯤은 있었어요.

문_ 피랍 상황을 말씀해 주세요

답_ 강화도는 미리 후퇴하라고 명령이 내렸었나 봐요. 하루아침에 일어나니까 우리 앞집에 사는 아저씨가 저 사람들(인민군)이 다 나갔다는 거예요. 이상하다 했죠. 그때가 9·28 나기 열흘 전쯤이었어요. 그런데 인민군이 나가고서는 그 이튿날 새벽에 다시 들어왔어요. 그 사람들이 며칠 더 있으면서 못 붙잡아간 사람들 전부 잡아간 거예요. 새벽에 들어와서 대문을 두드리는데 일어나려 하는데, 벌써 대문이 부서져서 나자빠지는 소리가 나고, 사람이 집을 에워싼 거예요. 남편은 우리집 천장으로 올라가서 숨어 있는데, 거기 있냐고 소리지르니까 내려와서 붙잡혀가고, 그 다음부터는 내가 정신을 잃었어.

문_ 구타는 없었는지?

답_ 납북되기 전에 이미 다 맞았다고 누가 그러더라구요. 이후에 가보니 (잡혀간 곳) 마당에다 둘씩 셋씩 세워놓고 끈으로 매놨어요. 몇 미터쯤 떨어져서 보니까 눈을 쏘아볼 듯 보더라고. 그때 나는 기운이 없어 외숙모 의지하고 겨우 서서 보는데 마지막이라 그러고 가는 건지 어휴.

○ 납치 후 소식

〈황해도 연백에서 어느 할머니를 통해 전해온 안부 쪽지 외에는 없었음〉

답_ 우리는 9·28 때 잡혀간 건데, 그 전에 6·25 때 잡혀간 사람들은 소문 듣기에는 강화도로 가서 개풍군으로 건너서 이북 땅으로 갔다고 하더라구요.

남편 소식은 잡혀가고 그 이튿날인가 봐요. 자기 걱정하지 말라고 썼고요. '당신의 남편 김재봉' (눈물) 이렇게 쪽지를 그 당시 어떤 할머니가 전해준 거예요. 당시 교동 사람들은 가까운 거리에 있어요. 황해도 연백을 많이 왕래하고 사셨어요. 할머니들은 온천도 다니고 연안온천장에도 다니고 그랬대요. 그때 (남편이) 거기(연백)까지 무사히 왔으니까, 어떤 할머니를 보고는 얼른 찢어 가지고 저희 집사람한테 전해주라고 했나 봐요.

○ 남은 가족의 생활은?

〈은행에서 담보로 산 집에서 임신 중이었던 피랍인의 아내는 딸을 낳고, 피난민들과 함께 살았으나 이후 생활고에 시달려 재가함. 남편이 재직했던 금융조합원에서 퇴직금을 주었으나 집안의 모든 빚을 제한 것이라 거의 도움이 되지 못함〉

답_ 우리집이 하나 있었는데, 피난민들이 내려오면서 부대 대장쯤 되는 분이 방 좀 달라고 하더라고. 그래서 나는 그쪽이 식구도 많고 하니 안방을 쓰라고 주고, 나는 건넌방으로 왔어요. 그땐 뱃 속에 애기도 낳은 때예요. 그런데 밥을 내가 혼자 해먹고 하니, 그집 할머니가 애기 엄마가 어찌 밥을 해 먹냐며 같이 먹자고 해서 한 1년 그집 밥을 얻어 먹었어요.(울먹이면서) 그런 중 애기 낳기 전에 금융조합에서 퇴직금이라고 갖다 주더라구요.

그런데 내가 그 당시 똑똑했으면 "지금 전시에 우리 남편이 놀면서 안 나가는 것도 아니고 잡혀갔는데 무슨 퇴직이냐" 하고 본사로 뛰어올라 갔을 거예요. 정말 분해요. 근데 직원이 하는 말이 다른 직원은 무단 결근하면 3개월이면 퇴직금을 주는데 전시니까 봐서 6개월이니까 더 이상 참을 수 없어 퇴직금을 준다고 하더라구요. '회사는 회사대로 그렇겠지' 그렇게 생각하고 준 돈을 보니까 우리집 담보로 갚기로 한 집값을 거기에서 제하고, 또 형님이 어디 가서 빚진 것도 제하고, 그리고 가져온 것이 아기 날 때 먹으려고 쌀 한 말 사다놓고, 미역 한 잎 사다놓으니 아무것도 없었어요. 남은 게. 난 지금 그게 원통해요.

나는 대통령한테 하고 싶은 말이 그거예요. 대통령이 금융조합 이사 그 높은 사람들 보고 '전시에 무슨 퇴직금을 줬냐고 그 아줌마 딸하고 살게 두지 지금이라도 계산해서 줘라' 그런 말 해주라 해달라고 난 꼭 대통령 만나고 부탁하고 싶어요. 그거 아니고 그 딸도 어떻게 길렀는데(눈물).

그땐 취직 자리도 없고 애가 딸렸으니 누가 식모로 쓰지도 않아요. 어휴(눈물), 이후 군인 집이 나가고 혼자 아이를 키우는 피난민 여자가 있어서 같이 살았어요. 그이는 인천으로 장사를 하러 가고, 나는 집에서 애들 봐주고 그렇게 해서 먹고 살았어요. 나중에 우리 딸 10살 되던 해, 내가 시집을 안 갈래야 안 갈 수 없더라구요. 왜냐하면 지붕엔 풀이 내 키보다 더 크게 돋았고, 노랭이 · 굼벵이가 자꾸 떨어지고(흐느낌).

○ 정부의 노력

〈없었음〉

○ 연좌제 피해

〈없었음〉

○ 호적정리

〈피랍인의 조카들이 사망으로 정리함〉

○ 정부에 바라는 말

〈피랍인 생사확인 및 정부가 직접 기업 상대로 보상 문제 해결을 도울 것〉

답_ 바라는 게 있다면 물론 사람 찾아오든가 하는 거고. 나는 대통령한테 하고 싶은 말이 그거예요. 대통령이 금융조합 이사 보고, 그 높은 사람들보고 "전시에 무슨 퇴직금을 줬냐. 그 아줌마 딸하고 살게 두지. 지금이라도 계산해서 줘라" 그런 말 해주라고 난 꼭 대통령 만나고 싶어요.(눈물)

○ 피랍인에게 전하는 말

답_ 내 복이 없어서 당신같이 좋은 사람을 놓치고, 거지 중에 거지로 사람들에게 멸시당하고, 업신여김을 당하며 살았어(흐느낌). 당신 만나서 못 다한 얘기나 한 마디 하고 가려고 내가 살고 있는데, 며칠 전엔 아파서 이제 죽나 보다 했어요. 또 살아난 거 같은데, 만일 거기서 가족을 이루고 산다면 오래오래 더 잘 살라고 하고 싶고, 조카 자식들이 당신이 장만한 집을 팔았어요. 우리 딸 줄 거라고는 그거밖에 없는데, 그걸 팔아서 가졌어(원통함).

딸이 나를 데리고 어느 계곡인가를 가서 거기다 발을 담그고 있는데 보니까 낙엽 잎이 여러 개 있는 중에 다른 건 흘러가는데 하나가 깊은 데로 들어가서 맴돌고 있더라고. 저건 언제 내려갈건가 한참 얘기하다가 쳐다보면 그게 여전히 맴돌고 있어요. 그래서 내가 당신이 먼저 가셨다면 하늘나라에 가서 저렇게 맴돌고 나를 기다려주고, 내가 먼저 죽으면 내가 저렇게 낙엽처럼 내가 깊은 물에서 저렇게 기다린다고. 그러고 싶어요.

2005. 10. 11 채록

051011B 유 한 목(俞翰穆)

피랍인

성명: 유한목
생년월일: 1924년 음력 8월 27일
출생지: 충남 당진군
당시 주소: 서울 마포구 공덕동
피랍일: 1950년 7월경
피랍장소: 서울
직업: 메리야스 공장 기술자
직계/부양가족: 부모님, 배우자, 자녀 1녀, 여동생 4
외모/성격 : 눈초리가 날카롭고 키가 큰 호남형

증언자

성명: 유영숙(1929년생)
관계: 여동생
증언성격: 직접증언 V 간접증언

특이사항 (납치주체/상황/원인)

- 동생 유홍목이 의용군으로 피랍되자, 대구 메리야스 공장에서 근무하던 피랍인은 서울로 상경. 동생을 찾으려 하다가 생계 유지를 위해 잠시 취직했던 왕십리 지역의 메리야스 공장에서 집단으로 납북됨.
- 몇 년 후 간첩으로 잡혔던 마영목이란 사람으로부터 피랍인의 생존 사실을 확인함. 추가로 개별적으로 사람을 사서 수소문한 결과, 유한목은 평양에서 근무하며 아들 둘을 낳고 살고 있다는 소식을 들음. 이후 탄광으로 집혀갔다는 소문이 들리고는 소식 없음.

증언자 요청사항

(對정부) 피랍인 생사확인 및 유골 송환, 그리고 북한에 생존해 있다는 피랍인의 자녀 소식을 찾고 있음.

"우리 고향에 이북으로 갔었던 간첩이 있었어. 마영목이라고. 그런데 이 사람을 대전 사형장에서 사형을 시키러가는데 할 말이 있다고 하더니, '유한목이는 지금 이북에서 근무하고 있다. 아들 둘이 있다' 하고는 사형장에 간 거야. 그러다 적십자사에 명단을 적어낸 적이 있는데, 그때 또 이름이 나왔었어. 그때도 유한목이가 생존하고 있다고 했었어. 그러고 간간히 소식을 듣다가, 탄광으로 갔다는 이후로는 통 소식이 끊겼어."

○ 납치 경위

〈동생 유홍목이 의용군으로 피랍되자, 대구의 메리야스 공장에서 근무하던 피랍인은 서울로 상경, 동생을 찾으려 하다가 생계 유지를 위해 잠시 취직했던 왕십리 지역의 메리야스 공장에서 집단으로 납북됨〉

문_ 어떻게 납북된 것인지?

답_ 오빠는 납북된 것이 분명한 것이, 내가 오빠랑 같이 있다가 그렇게 된 거라. 6 · 25 때 공덕동에 집이 있었는데, 재봉틀하고 가구가 (거기에) 있어서 그것을 찾으러 (서울) 집에 나하고 고향에서 (충남 면천) 걸어왔었어. 와보니까 (가구가) 그대로 있긴 하는데 식량이 있어야지. 그래서 오빠가 왕십리에 있는 메리야스 공장에 간다고 나가더라고. 식량 때문에. 그러다 오빠가 "나는 여기서 근무하니까 (너는 집에) 가서 여기서 밥해 먹을 냄비하고 가져오라"고 해. 그래서 내가 집에 내려갔다가 다시 올라와서 왕십리 근처 공장으로 가니까 벌써 이북으로 끌려갔다는 거야. 원래 (6 · 25 이전) 오빠는 대구의 큰 메리야스 공장에 있다가 6 · 25 때 식량 배급이라도 탈라고 왕십리에 취직을 한 건데, 이미 끌려갔대요. 기가 막히더라구.

○ 납치 후 소식

〈간첩으로 잡혔던 마영목이란 사람으로부터 유한목의 생존 사실을 확인함. 개인적으로 사람을 사서 수소문한 결과, 유한목은 평양에서 근무하며 아들 둘을 낳고 살고 있다는 소식을 들음. 이후 탄광으로 잡혀갔다는 소문이 들리고는 소식 없음〉

답_ 그 뒤에 유영남(여동생)이 여기저기 수소문해보고… 이북하고 연결이 되는 사람이랑 (돈을) 줘가며 알아봤는데, 주소까지 알았더래요. 평양에 어느 회사에 근무한다는 소리까지 들었어.

그런데 한 번은 어떤 사람으로 인해 소식을 들었는데 탄광으로 갔다고 그래. 근데 이북에서는 탄광에 가는 사람은 사상적으로 저거 하거나 자손들이 무슨 범죄를 저질렀다거나 그런 사람을 탄광으로 보낸다네. 제일 말단이잖아. 거기 가면 (죽는 게) 예정된 거나 마찬가지지 뭐. 그런데 오빠가 거기서 아들 둘이 있대.

이 얘긴 안 했었는데 우리 고향에 이북으로 갔었던 간첩이 있었어. 그 사람이 우리 면천에 왔다가 간첩으로 잡혔어. 마영목이라고. 그런데 이 사람을 대전 사형장에서 사형을 시키러가는데 할 말이 있다고 하더래. 그때 우리 큰댁 큰오빠가 지방에서 도의원을 하고 있었는데, 그 사람을 좀 보고 싶다고 하더래. 그래서 만나서는 "유한목이는 지금 이북에서 근무하고 있다. 아들 둘이 있다"고 하고는 사형장에 간 거야. 오빠가 유지로 있으니까 그 얘기를 남기고 간 거야. 아들 둘이 있다는 거는 그때 분명히 들었지. 그러다 적십자사에서 이북 가서 명단 적어 나온다고 해서 적어낸 적이 있는데, 그때 또 명단이 나왔었어. 그때도 유한목이가 생존하고 있다고 했었어. 그러고 간간히 소식을 듣다가 탄광으로 갔다는 이후로는 통 소식이 끊겼어.

○ 남은 가족들의 생활

〈부모님은 시골에서 농사를 짓고, 누나는 서울에서 공장을 다니며 그럭저럭 생활함. 부모님의 심적 고통이 심했음. 아내(강숙영)는 딸과 함께 살다가 몇 해 전 사망〉

답_ 남은 가족들 어머니하고, 아버지는 시골에서 사시고, 서울에서 나는 동생이랑 살다가 잃어버리고, 오빠하고 살다가 오빠 납치당하고 내가 계속 일하면서 생활은 했지. 부모님의 심적 고통이 심했어.

○ 연좌제 피해

〈크게 구애받지 않았음〉

○ 호적정리

〈미정리〉

○ 정부의 노력

〈없었음〉

○ 정부에 바라는 말

〈생사확인 및 유골 송환, 그리고 북한에 생존해 있다는 피랍인의 자녀 소식을 알려주

기 바람〉

답_ 살고 있나. 만나는 것은 어떻게 하든 간에 생사라도. 유골이라도 말이야 찾을 수 있길 바라는데. 또 살아 있는지 죽었는지만이라도…. 그런데 연세 잡숴으니 아무래도 돌아가셨을 꺼 같아.

자손들 이름이 학용이, 학만이래요. 오빠 몸에서 난 애들. 이름까지 알아. 큰애는 학용이 작은애는 학만이래요. 그런데 작은애는 집을 가출했나 봐. 걔가 무슨 잘못을 해서 탄광으로 갔는가 싶기도 하고.

○ 피랍인에게 전하는 말

답_ 오빠, 너무 만나고 싶은데, 만날 수는 없고, 어디 계신가 알고나 싶어요.

2005. 10. 11 채록

051011C 유 홍 목(兪弘穆)

피랍인

생년월일: 1932년 음력8월 14일
출생지: 충남 당진군
당시 주소: 서울시 마포구 공덕동
피랍일: 6 · 25 발발 며칠 후
피랍장소: 서울 양정중학교
학력/직업: 양정중학교 6학년 재학 중
직계/부양가족: 부모님, 형 1, 누나 2, 여동생 2
외모/성격 : 손재주가 많고 머리가 좋은 편

증언자

성명: 유영숙(1929년생)
관계: 누나
증언성격: 직접증언 V 간접증언 □

특이사항 (납치주체/상황/원인)

- 양정중 6년에 재학 중이던 피랍인은 6 · 25 발발 며칠 후 양정중에 소집, 의용군으로 바로 끌려감. 이후 소식 없음.

증언자 요청사항

(對정부) 피랍인 생사확인

"양정중학교에서 나오라고 통지가 왔더라구요. 학생들 소집이죠. 출두하라고. 나가서 강당에서 바로 끌려간 거예요. '여기서 의용군 안 나갈 사람은 나가라' 그러니 그때 당시 살벌했잖아요."

○ 납북 경위

〈양정중 6년에 재학 중이던 피랍인은 6 · 25 발발 며칠 후 양정중에 소집, 의용군으로 바로 끌려감〉

문_ 피랍 당시 상황 기억나세요?
답_ 동생은 양정중학교에 다녔는데, 6 · 25 때 저하고 같이 마포구 공덕동에 살았어요. 그때 양정중학교에서 나오라고 통지가 왔더라구요. 학생들 소집이죠. 출두하라고. 나가서 강당에서 바로 끌려간 거예요. "여기서 의용군 안 나갈 사람은 나가라" 그러니 그때 당시 살벌했잖아요. 그래서 할 수 없이 거기서 끌려갔는데, 낙동강 어디로 갔다는 얘기도 있고.

○ 납치 후 소식

〈피랍인은 의용군이 되어 임진강 혹은 낙동강으로 갔다는 소문 후 소식 두절〉

답_ 근데 나중에 제가 6 · 25 때 식량난 때문에 인민군 피복 짓는 공장을 다녔었는데. 그때는 돈이 있어도 사먹을 수 없었어. 그랬다가 배급 타기 위해 나갔는데, 나중에 수복되면서 막 나를 잡으러 왔더라고. 그래서 마포형무소에 (잡혀)갔다가 경찰서로 넘어갔어. 거기서 취조를 받는데 양정고등학교 학생이 (거기서) 취조를 받고 있더라고. 그때 1차 의용군에 나갔었던 양정고등학교 학생인데, 달밤에 이북으로 끌려가다 보니 고향 생각이 나더래요. '내가 임진강 여기만 건너면 그만이구나' 싶어서, 소변본다 하고 뒤돌아 도망쳐온 거래요. 거기서 그 얘길 하더라구요. 그때 나도 경찰서에 취조받으러 갔다가, "유홍목이랑 같이 나갔냐?"고 물어봤다구. 걔도 1차에 나간 거예요. 그래서 임진강에 갔다고 알고 있었는데, 그랬다가 낙동강 격전지로 갔다는 소식도 들리고. 그 뒤로는 소식을 몰라요.

문_ 신고는 하셨나요?
답_ 안 했죠. 그 뒤로는 신고도 않고 오빠도 납북돼서 오빠에게만 관심이 쏠렸죠. 걔는 이미 세상을 뜬 아이로 생각을 한 거고.

○ 정부의 노력

〈없었음〉

○ 호적정리

〈미정리〉

2005. 10. 12 채록

051012A 이 재 관(李載寬)

피랍인

생년월일:	1915년 9월 30일
출생지:	경기도 시흥군
당시 주소:	서울시 동대문구 창신동 600-17
피랍일:	1950년 7월
피랍장소:	경성전기㈜
직업:	경성전기㈜ 노동조합 사무국장
학력:	군포초등학교
직계/부양가족:	배우자, 자녀 2남 1녀
외모/성격 :	사교적이고 활동적

증언자

성명:	이길용(1945년생)
관계:	차남
증언성격:	직접증언 ☐ 간접증언 ☑

특이사항 (납치주체/상황/원인)

- 전쟁 발발 직후 친척집에 피신했다가, 회사에 출근해도 괜찮다는 직장 동료의 말에 1950년 7월경 경성전기 주식회사로 출근했다가 연행됨.
- 함께 갔던 동료가 탈출해 화신백화점 지하에 함께 감금되었었다는 소식을 전한 이후 상황은 알 수 없었고, 납북된 사실은 경성전기 주식회사 자체 조사를 통한 명단에서 확인함.
- 피랍인은 당시 경성전기㈜에 근무하면서 민주 계열 노동조합 사무국장을 맡고 있어, 회사 내의 반대파인 좌익 계열 노동조합과 대치 상황에 있었음.

증언자 요청사항

(對정부) 피랍인 생사확인 및 유골 송환

"노동조합이 그 당시 경성전기 주식회사에서는 두 개였대요. 운전기사와 같은 노무 근로자를 중심으로 한 노조, 그 노조가 좌익 사상에 물들었던 노조였고, 거기에 대응해서 간부들이 구성한 민주 계열의 노조가 있었어요. 그 중에 아버지는 민주 계열 노조의 총무국장을 하셨어요. 그러니 자연히 반대 좌익 계열의 노조와 대항도 되고 지목도 될 수 있고."

"그 당시 경성전기 주식회사에서 회사 자체 내에서 확인을 하셔서 납북된 게 확인돼서 저희 어머니를 경성전기 주식회사 직원으로 채용해 주셨어요. 그래서 어머니가 생계를 도맡아 운영하시게 됐죠."

○ 납북 경위

〈전쟁 발발 직후 친척집에 피신했다가 1950년 7월경 경성전기 주식회사로 출근했다가 연행〉

문_ 어떻게 납북이 되셨는지?

답_ 경성전기 주식회사, 지금 한국전력 주식회사 전신이에요. 한전이 서울의 경성주식회사와 부산의 남성 주식회사와 합쳐서 반관반민(半官半民)으로 운영이 되고 있는데, 아버님은 그 전신인 경성전기 주식회사에서 당시 노동조합 총무국장을 하셨어요.

노동조합이 그 당시 경성전기 주식회사에서는 두 개였대요. 운전기사와 같은 노무 근로자를 중심으로 한 노조, 그 노조가 좌익 사상에 물들었던 노조였고, 거기에 대응해서 간부들이 구성한 민주 계열의 노조가 있었어요. 그중에 아버지는 민주 계열 노조의 총무국장을 하셨어요.

그러니 자연히 반대 좌익 계열의 노조와 대항도 되고 지목도 될 수 있고 해서 당시 피하셨던 것 같아요. 들은 얘기로는 일단 잠시 피신하셨다가 회사에서 어떤 분이 오셨대요. 이제 나오셔도 된다고 해서 그 말을 듣고 출근을 하셨다가 근무처에서 내무서원에게 연행돼 가신 거죠.

그게 여름이죠. 7월에 어머니와 제가 손을 잡고 창신동에서 지금 종로 4가에 있는 그 자리 동대문경찰서에 어머니가 아버지를 면회하러 가실 때 데려가신 것 같은데, 만난 기억은 없고 그냥 온 기억이 나요.

○ 납치이유

〈경성전기(주) 민주 계열 노동조합 사무국장으로 있었음. 반대파인 좌익 계열 노동 조합과 대치 상황〉

○ 납치 후 소식

〈함께 갔던 동료가 탈출해 화신백화점 지하에 함께 감금되었었다는 소식을 전한 이후는 전무. 납북된 사실은 경성전기 주식회사 자체 조사를 통해 명단에서 납북 사실을 확인〉

답_ 그후에 우리 누이하고 얘기를 듣다 보니까, 지금 국세청 자리, 전에 화신백화점이었는데 거기 지하에 감금되셔서 조사를 받으셨대요. 거기 같이 조사받던 동료 한 분이 탈출해 나와서 전해주셔서 그 얘길 들었는데, 그분이 같이 나가자고 했더니 아버지가 "우리가 잘못한 것이 뭐가 있냐"고 그러셨대요. 그래서 그분은 탈출하셨고, 저희 아버지는 거기서 납북되신 게 아닌가 그런 생각이 들어요.

○ 남은 가족의 생활은?

답_ 그 당시 경성전기 주식회사에서 회사 자체 내에서 확인을 하셔서 납북된 게 확인돼서, 저희 어머니를 경성전기 주식회사 직원으로 채용해주셨어요. 그래서 어머니가 생계를 도맡아 운영하시게 됐죠.

○ 연좌제 피해는?

〈없었음〉

답_ 연좌제 피해는 저는 그런 피해를 받은 건 없어요. 제가 공직 생활을 했으니까.

○ 정부의 노력

〈없었음〉

문_ 신고는 하셨나요?
답_ 적십자사에서 신고를 받는다고 해서 저희 형님이 신고하셨다는 얘길 들었어요. 저는 초등학교 때. 그렇게만 알고 있었는데 여기(가족회에) 나와보니까, 신고가 돼 있더라고요.

문_ 신고하고 나서 정부에서 도움은?
답_ 정부 차원에서의 지원은 전혀 없었어요. 할 수도 없었고. 어떻게 보면 모두 전쟁 피해자거든요. 물론 저는 우리 아버지가 납치당한 납치 피해 가족이지만 다른 사람들도 전쟁 피해는 똑같이 입은 거거든요. 그러니 나라에서 한 거나 그런 건 없어요. 경성전기 주식회사 자체에서는 (도움을 줘서) 어머니를 취직시켜줘서 생계 유지가 됐지.

○ 정부에 바라는 말

〈생사확인 및 유골 송환〉

답_ 현재 정부든 과거 정부든 지금 우리 국민으로 할 수 있는 말은 지금 미국은 물론 강국이고 선진국이고 강한 나라라손 치더라도 지금 6 · 25 참전했던 미군 병사 유골 찾느라고 하고 있는 거거든요. 그런데 우리나라뿐만 아니에요. 미국은 베트남 가서도 유해 찾고 포로 찾고 어디 가든지 그걸 해요. 그게 뭐냐 하면 실상은 국민들의 애국심과 단결심을 유도하기 위해서 하는 거고 그게 국가의 의무거든요.

그런데 내가 살다가 내가 죽어야 할 이 땅 이 나라는 그 전쟁에서 공산당을 물리치고 지켰던 사람들의 혼을 찾을 생각들 안 했어요. 국가의 의무를 안 한 거죠. 그런 사회 속에서 우리가 살았어요. 그러나 이제 우리가 정신 차려서 생사확인이니 유골 송환이니 이런 얘기를 하고 있지만, 이건 민간 단체에서 할 일이 아니라 실상은 나라에서 해야 할 일들이야. 나라에서 해야 할 일들을 안 하고 있기 때문이야.

○ 피랍인에게 전하는 말

답_ 아버님, 이제 둘째가 환갑을 맞았습니다. 꼭 한 번 뵙고 싶습니다. 살아 계시면 육성이라도 듣고 싶고 정말 보고 싶습니다.

○ 기타 가족회에 하고 싶은 말

답_ 이제 제 나이가 환갑이고 앞으로 10년 있으면 아마 납북되신 분들도 거의 다 돌아가실 나이에요. 제가 기록을 보니까 최연소 나이가 열몇 살이던데, 그런 분들 지금 생존해 계시면 70여 세고, 10년만 지나면 80여 세고, 북한의 평균 수명이 60세도 안 되는 상황으로 본다면, 거의 돌아가실 형편이 아닌가 생각이 되는데, 우리 대한민국에 있는 피해 가족들이 정말 힘을 모아서 하나씩 하나씩이라도 정부와 해결해 나가기 위해 힘을 합쳐야겠죠. 대부분 나이가 차셨으니까 그냥 소극적으로 한다면 누가 해결해 주겠어요. 나라에서도 나서지도 않고. 그러니까 저희들이 목소리를 함께 내서 저희 살아 있는 동안은 찾고자 생사확인이나 유골 송환이라는 하나의 목표를 위해서 열심히 활동하는 수밖에 없는 거죠.

더군다나 우리 생전에 북한이 붕괴되면 최고의 바람이지만 저 북한이 계속 있는 한은 상대가 있으니까, 꾸준히 하다 보면 길이 보이지 않을까 하고. 그러나 그냥 기다리면 소용이 없어요. 끊임없이 정부에 대고 하고 또 재판도 하고 그렇게 해서 우리의 요구도 주장하고 여론도 환기시키고, 실상 어떻게 보면 전쟁이 제일 무서운 전쟁이 종교전쟁이고 두 번째가 민족 내부 전쟁이래요. 그것도 사상전이니까 큰 아픔을 가지고 있는 거죠. 제 3국간의 전쟁은 그냥 포로교환 어쩌고 하면 끝나는 거예요.

그러나 이 민족 내부의 전쟁은 하나가 없어지지 않는 한은 계속되는 거거든요. 그러나 이런 애처로움을 우리 후대에는 주지 말아야지. 우리가 우리 생전에 해결하면 가장 최고의 바람이고. 또 하나 저 북한이 김정일 정권이 빨리 붕괴되고 저기에도 자유 민주주의가 들어가서, 정말 우리가 맘놓고 살 수 있는 한반도가 돼야, 대한민국이 돼야 하지 않을까 생각해요.

2005. 10. 12 채록

051012B 김 경 도(金景道)

피랍인

생년월일: 1905년 4월 7일
출생지: 경남 함양
당시 주소: 서울시 종로구 삼청동
피랍일: 1950년 7월 초로 추정
피랍장소: 자택
직업: 2대 국회의원 낙선 후 내무부 차관 추천 기다리던 중
경력: 함양면장, 제헌국회의원
직계/부양가족: 배우자, 자녀 2남 1녀

증언자

성명: 김재관 (1943년생)
관계: 차남
증언성격: 직접증언 ☐ 간접증언 ☑

특이사항 (납치주체/상황/원인)

- 피랍인은 오랜 기간 교직 생활을 하다가 함양면장으로 추대됨. 해방 후 제헌국회의원에 당선돼 서울에서 의정 활동을 함. 2대 국회의원 출마, 낙선하고 다른 정치 활동을 전개코자 서울 삼청동에 혼자 거주함.
- 전쟁이 나고 인근 지인 집에 숨어 있다가, 제헌국회의원임을 알고 거주를 파악한 서울 내부 좌익에 의해 연행됨. 언론 매체를 통해 북한에서 조국평화통일위원으로 활동하다가 탄광으로 갔다는 소식을 들은 이후 연락이 두절됨.

증언자 요청사항

(對정부) 피랍인 생사확인 및 유골 송환

"어버님은 삼청동 주변 아시는 분 집에 있었다고 해요. 그런데 그 주위의 북한군들이, 특히 북한군보다 서울 내부에 있는 북한 좌익들이 아버님을 몇 번 추격했대요. 한 번은 어떤 사람이 와서 신분을 확인을 하더래요. 서울에 있는 좌익들이 벌써 신원 파악을 다 하지 않았습니까? 전에 의원을 하셨으니까."

"1980년에 우리 형님이 미국에 가기로 돼 있었어요. 그때 신원조회에 걸려 여권이 나오지 않았다. 그래서 중앙정보부에 가서 확인을 했었어요. '왜 여권이 안 나오나?' 했더니 '아버님이 살아 계시다' 더라구요. 그래서 그때까지는 아버님이 살아 계신다는 확신을 가졌죠."

○ 직업 및 활동

〈오랜 기간 교직 생활을 하다가 함양면장으로 추대됨. 해방 후 제헌국회의원에 당선돼 서울에서 의정 활동을 함. 2대 국회의원 출마했다 낙선하고 지인을 통해 내무부 차관 추천 기다리던 중이었음〉

답_ 아버지는 진주 사범학교를 졸업하고 교편을 오래 잡고 계셨습니다. 그러다가 함양면장으로 추대되셔서 함양면장을 지내고, 1945년 해방과 동시에 고향에서 제헌국회의원에 당선되셔서 2년 동안 서울에서 국회의원을 하셨습니다. 그리고 2대 국회의원에 출마를 하셨는데 낙선을 하셨습니다.

그 당시 1950년 서울에서 여러 가지 일들을 마무리 작업하는 과정에서 전쟁이 나서 납북되셨습니다. 아버님만 혼자 청와대 바로 밑 삼청동 독신자 아파트에 계셨고, 가족은 고향인 경남 함양에 있었습니다.

○ 납북 경위

〈당시 서울시 삼청동 인근 지인의 집에 머무르며, 정치 일을 준비하던 중 서울 내부 좌파들에 의해 연행〉

답_ 외삼촌이 비서를 해서 함께 계시다가 외삼촌은 마지막 기차를 타고 오시고, 아버님은 무슨 다른 특별한 일이 있겠냐 하시며 안심을 하고 계셨는데, 거기 삼청동 주변 아시는 분 집에 있었다고 해요. 그런데 그 주위의 북한군들이, 특히 북한군보다 서울 내부에 있는 북한 좌파들이 아버님을 몇 번 추격했대요. 왜 아버님이 거기 계셨냐면 같이 납치당하신 경남 합천 출신 김효석 의원이 그 당시 내무부 장관을 하셨는데 아버님하고 절친하셨다고 해요.

그분이 아버님께 강원도지사로 가라고 추천을 했는데 강원도지사는 못하겠다 했더니, 그러면 조금만 더 기다리면 내무부 차관으로 추천을 하겠다고 해서 발령을 받는 시점이라고 해요. 그래서 지인 집에 계셨다가 한 번은 어떤 사람이 와서 신분을 확인하더래요. (함께) 계시던 분이 고향에 내려와서 6 · 25 이후에 만났어요. 그래서 그분이 상황을 설명하는 것이 서울에 있는 좌파들이 벌써 신원 파악을 다 하지 않았습니까? 전에 의원을 하셨으니까. 그래서 신원을 파악하고 계신 곳을 확인하고는 2,3일 후에 다시 와서는 같이 동행을 하자 해서 그 이후부터는 소식을 몰랐다고 해요.

문_ 그게 언제쯤이죠?
답_ 1950년 6월 말 7월 초 정도 됐다고 해요.

○ 납치이유

〈제헌국회의원의 경우 민족주의 계열의 사람도 많았을 뿐더러 북한 정부의 정통성 확보를 위해 정치적 목적으로 납치당한 부류가 있었음〉

○ 납치 후 소식

〈북한에서 조국평화통일위원으로 활동하다가 탄광으로 끌려갔다는 소식 이후 두절〉

답_ 1962년도 「동아일보」에 『죽음의 세월들』이란 납북인사들의 시리즈가 게재되었어요. 그때 아버지 성함을 거기서 발견했어요. 보니까 아버님이 이북에 납치돼 가셨더라구요. 생활상과 탄광에 가서 고생한 이야기 등이 상세하게 나와서 "아버님이 살아 계시구나" 생각을 했었어요.

그 이후는 추적을 하려고 해도 할 수가 없다가 1970년도 『북한연감』이 발행됐었어요. 그 당시 납북되셨다가 조평통의 중앙위원으로 계신다는 얘기가 있어서, 그 정도 같으면 거기에 나올 것 같아서 『북한 연감』을 찾아보니 거기 나와 계시더라구요. 조국평화통일위원회 중앙위원회에 계시다가 탄광으로 추방됐다는 짤막한 것이 쓰여 있었어요.

또, 1980년에 우리 형님이 미국에 가기로 돼 있었어요. 그때 신원조회에 걸려 여권이 나오지 않았어요. 그래서 중앙정보부에 가서 확인을 했었어요. "왜 여권이 안 나오냐?" 했더니 "아버님이 살아 계시다" 하더라구요. 그래서 그때까지는 아버님이 살아 계신다는 확신을 가졌죠. 그게 1980년 2월이었죠.

○ 남은 가족의 생활은?

〈제헌국회의원 가족이라 잡히면 죽는다는 위협 속에서 피해다니기도 하고, 나중에는 집도 모두 부숴져서 상당히 어렵게 생활함〉

답_ 6·25 사변 터지고 국회의원 가족이 남아 있으면 잡혀 죽는다고 해서 피난을 갔다가, 추석 무렵 돼서 다시 고향으로 돌아왔어요. 그 이후 상황은 엄청나게 많이 나빠졌죠. 왜냐면 맥아더 장군이 인천 상륙작전 하고 갈라 버려서 남아 있는 빨치산들이(공산군들이) 지리산하고 소백산으로 다 숨었어요. 지리산이 특히 아지트가 돼 있었죠. 거의 1주일에 한 번씩 그놈들이 내려왔어요. 그때가 제가 2학년 지나고 3학년 때였는데 밤 12시, 1시라도 저희들이 담을 몇 번을 넘었어요.

제헌국회의원 가족이라서 잡히면 죽는다고. 그래서 제일 허름한 초가집에서 3년 동안 어머니하고 숨어 있었어요. 어떤 때는 남의 집 배밭에 숨어 있기도 하고 그런 악몽을 상당히 겪으면서 생활했었어요. 고생 많이 했죠. 저희들 고향에 집이 참 좋았는데, 반동분자집이라 해서 집을 다 부수고. 간장, 된장을 우물에 다 집어넣고 엉망을 해놨더라고. 그걸 보고 우리 어머니가 미치더라고.

○ 연좌제 피해

〈없었음〉

답_ 저희는 연좌제로 감시당하고 그런 일은 전혀 없었어요.

○ 정부의 노력

〈없었음〉

문_ 신고는 하셨나요?
답_ 1970년도 가까이 됐을 때 적십자사에 신고를 하고 지방자치부에서도 신고하래서 하고, 요 앞에 「조선일보」 명부 확인하래서 가보고.

문_ 신고하고 나서 정부에서 도움은?
답_ 전혀 없었다. 바라지도 않고.

○ 정부에 바라는 말

〈피랍인 생사확인 및 유골 송환〉

답_ 미국 사람들 보십쇼. 전쟁난 지 50년 됐는데 지금도 땅 파면서 시체를 발굴하고 있는데. 돌아가신 분들은 차지하고라도 지금 어부들 잡혀간 사람들도 못 데려오는 정부 아닙니까? 이건 정부가 아니죠. 대한민국 정부란 것이 무엇이냐? 링컨이 말한 'for the people / of the people / by the people' 에도 나오듯이 국민을 위해야 정부지. 자기 자신을 위한 정부가 아니거든요. 정부가 이때까지 피랍인을 위해 무엇을 노력했냐 그런 말입니다.

○ 피랍인에게 전하는 말

답_ 아버님. 어머님을 위시해서 저희 삼 남매 잘 컸습니다. 어머니는 항상 아버님 부르시며 그리워하며 못 잊고 결국 눈을 감으시고, 누님도 교통사고로 일찍 돌아가셨습니다. 지금 뉴욕에 형님이 계시고 아들도 셋이 있습니다. 그리고 막내 재관이도 아들 딸 있어서 결혼시키고 다 잘살고 있습니다. 아버님, 보고 싶습니다. 아버님 돌아가셨다고 판단하고 있지만 아버님 무덤에 흙이라도 한 줌 대한민국에 가져와서 어머님 옆에 모시고 싶습니다. 아버님, 보고 싶습니다.

2005. 10. 14 채록

051014A 박 성 수(朴星秀)

피랍인

생년월일: 1925년생
출생지: 인천시 남구
당시 주소: 인천시 남구 만수동 51번지
피랍일: 1950년 가을로 추정
피랍장소: 자택
직업: 전매청 근무(생산직)
직계/부양가족: 배우자, 자녀 1 (직계 4형제와 함께 거주 중)

증언자

성명: 박제완(1949년생)
관계: 아들
증언성격: 직접증언 ☐ 간접증언 V

특이사항 (납치주체/상황/원인)

- 피랍인 가족이 저녁 식사를 하던 중 인민군이 들이닥쳐 4형제 중 장남을 빼고 모두 끌고감. 인근 동네 젊은 청년들이 대부분 잡혀서 차로 북송됨.
- 탄약 운반 및 보급품 수하 작업에 투입하려는 목적이었다고 전해짐.

증언자 요청사항

(對정부) 생사확인 및 유골 송환, 피랍인 명예 회복

"크게 많이 배우지 않은 양반들이라 (사전에 반공 활동 같은 건) 없었을 거고, 젊었으니까…. 인민군들이 와서 젊은 사람들은 다 잡아갔고, 주로 그 사람을 탄약 나르고 보급품 수하하는 데 썼대요. (도망 나온) 큰아버지도 그러시더라고. 어디 가서 포탄 운반하러 가는 걸로 얘기 들었다고."

"나도 천상 많이 배우지 못하고 가진 거 없어서 공장 이런 데 가다 보면 지금도 그렇지만 시위하는 데 더럭 끼게 되잖아요. 그런데 껴서 걸려서 불들려가면 꼭 단순 집시법 위반자가 아니라 보안법 위반자로 보더라고. 같이 간 사람들은 단순 집시법 위반자로 처리되는데 나는 꼭 그런 쪽으로 연결이 되더라고."

○ 납북 경위

〈피랍인 가족이 저녁 식사를 하던 중 인민군이 들이닥쳐 4 형제 중 장남을 빼고 모두 끌고감. 인근 젊은 청년들은 대부분 잡혀서 차로 북송됨〉

문_ 어떻게 납북이 되셨는지?
답_ 우리 큰어머니 말씀에 의하면 인천이 그 당시 농촌이었으니까, 일 마치고 돌아와서 저녁 먹는데 들이닥쳐서 아들 넷이 밥을 먹는데 큰아버지만 두고 3형제는 잡아갔는데, 둘째 큰아버지는 가다가 도망 나왔고, 둘은 잡혀갔대요. 도망 나온 분이 박창수씨고, 우리 아버지는 박성수, 우리 작은아버지는 박남수예요.

문_ 박창수씨가 돌아오신 이야기를 해주세요.
답_ 차에서 뛰어내려서 도망왔다고 해요. (북으로 가다가) 우리 컸을 때도 봤으니까. 한 20년 전까지 살아 계셨어요. 그때 우리 아버지는 나 하나 있었지만, 둘째 큰아버지는 자녀들이 여럿 있었나 봐요. 그래서 걱정이 돼서 뛰어내려서 논으로 도망을 쳐서 산 넘어 도망왔다더라구요. 서울 쪽으로 올라가다가 부천 이쪽 어디에서 도망왔대요.

○ 납치이유

〈북한의 노동력 확보〉

답_ 크게 많이 배우지 않은 양반들이라 (사전에 반공 활동 같은 건) 없었을 거고, 젊었으니까…. 인민군들이 와서 젊은 사람들은 다 잡아갔고, 주로 그 사람을 탄약 나르고 보급품 수하하는 데 썼대요. (도망 나온) 둘째 큰아버지도 그러시더라고. 어디 가서 포탄 운반하러 가는 걸로 얘기 들었다고. 가면 포 쏘고 총 쏘니까 이래 죽으나 저래 죽으나 똑같다 싶어서 차에서 뛰어내려 도망쳤다고 하더라구요. 반공 쪽이나 정치적으로 필요해서라기보다는 단순 인력으로 쓸라고 데려간 거 같아.

○ 납치 후 소식

〈전혀 알 수 없음〉

○ 남은 가족의 생활은?

〈피랍인의 배우자도 죽고 아들 박제완은 친척집에서 기거하면서 경제적으로도 힘든 상황 속에서 살았음〉

답_ 어머니도 아버지 납북 후 2년 후에 돌아가셨어요. 타살이란 사람도 있고 자살이란 사람도 있고 내가 어리니까 확인도 못했고. 그래서 그냥 큰아버지 집에 얹혀 산 거죠.

형편이야 어려울 수밖에 없죠. 큰아버지 자녀도 6남매인데 내가 얹혀 있으니. 혹 아니에요? 자기 자녀 챙기기도 바쁜데, 풍요롭게도 아니고 농사로 근근히 살 때인데. 그러니까 아무래도 살기가 어려웠죠. 그래서 일찍 객지 나와서….

○ 호적정리

〈행방불명으로 처리됨〉

답_ 나 군대 갈 때가 되니까 호적정리를 해야 할 것 같아서 갔어요. 그냥 빨간 글씨로 '행불' 되어 있더라구요. 그래서 내가 마을 어른들한테 인우 보증을 세워서 사망신고를 했어요. 이미 잡혀간 지도 오래 됐고 아무 소식도 없었으니까.

○ 정부의 노력

〈없었음〉

문_ 신고는 하셨나요?
답_ 그 당시만 해도 우리 마을에만 해도 저희 당숙까지 해서 젊은 사람은 거의 잡혀갔대요. 우리 아버지 또래들 그 당시 30세 미만들은 거의 잡혀갔나 봐요. 그 이웃마을도 그랬고. 생계가 다 그랬죠 뭐. 신고하거나 할 경황이 없었나 봐요.

문_ 일가족이 다 잡혀간 건데 정부 차원의 보호나 지원은 없었는지?
답_ 없었죠.

○ 연좌제 피해

〈피랍인의 아들은 1970년대까지 해외취업이 어려웠고, 직장 생활 하는 중 단순히 시위에 가담했을 때에도 다른 사람과 달리 보안법으로 처리돼 갖은 고통을 당함. 또한 친척 조카들의 경우도 취업 당시 연좌제로 곤란을 겪음〉

답_ 제가 나중에 운전을 배워서 공장도 다니고 운전도 하고 하다가 해외취업 유행할 당시 해외를 가려고 했더니 신원조회에서 걸려서 여러 번 못 가게 하더라구요. 그 당시에 여러 번 리비아 갈 기회도 있고 해서 서류를 넣었는데 결격 사유가 없는데 꼭 최종 신원조회에서 떨어지고 떨어지고 하더라고. 그런데 나중에 1982년도 되니까 사우디 취업 신청하니까 그때는 되더라구요. 그래서 사우디에는 갔다왔어요.

또 큰아버지 자녀들은 공무원도 되고 교원도 되고 할 때 삼촌들이 행불자인 것 때문에 상당히 지장을 받는 것 같더라구요. 누이들이나 형들이 (처음엔) 임용되는데도 임용고시에 떨어지고 그런 게 있었어요. 나중에 "야 너희 아버지 때문에 취직도 안 되고 그렇다"고 하더라구. 그게 아마 연좌제였던 거 같아요.

문_ 많이 힘드셨을 것 같아요. 고아로 컸는데?

답_ 아버지 없이 여태 큰 거죠. 그렇게 (친척집에) 얹혀서 사회 생활하면서 천상 많이 배우지 못하고 가진 거 없어서 공장 이런 데 가다 보면 지금도 그렇지만 시위하는 데 더러 끼게 되잖아요. 그런데 껴서 걸려서 붙들려가면 꼭 반공 쪽으로 보더라구요. 단순 집시법 위반자가 아니라 보안법 위반자로 보더라고. 같이 간 사람들은 단순 집시법 위반자로 처리되는데 나는 꼭 그런 쪽으로 연결이 되더라고. 경찰 쪽으로.

문_ 납북되신 아버님을 월북하신 걸로 보는 건가 보죠?

답_ 그렇죠. 그게 연좌제겠죠. 색안경을 쓰고 보고 너 혹시 이상한 놈 아니냐고 보고. 아니라고 그래도 어디 그 사람들이 믿어요? 단순 집시법 위반자는 처벌도 간단한데 보안법 위반자는 매 맞고 몇 개월이고 살다 나와야 돼요. 불라고 하는데 뭘 알아야 불지. 뭘 불어. 그때가 박정희 대통령 시절, 사회 시끄러우면 간첩 잡았다 하던 시절이니까 간단하게 시위를 해도 잡히면 그런 식으로 몰아가더라구요.

○ 정부에 바라는 말

〈생사확인 및 유골 송환, 납치자 명예 회복〉

답_ 생사 여부나 알고 싶고 돌아가셨으면 유골이라도 찾고 싶은 게 솔직한 심정이죠 뭐. 이건 남한이 됐건 북한이 됐건 우리 민족끼리 싸움하다가 생긴 일이니까 어느 쪽이 책임을 지던 져야 해요. 어떤 보상이란 것이라기보다 최소한 명예라도 회복시켜주고 가능하면 생사여부라도 확인 좀 해줬으면. 정말 제삿날도 몰라서 우리 어머니 돌아가신 날로 한꺼번에 제사 지내요. 나뿐 아니라 우리 당숙과 육촌, 팔촌들도 제삿날이 다 한 날이에요. 집 떠난 날이 제삿날이고. 동네가 다 제사 지내요.

생사여부만 확인됐으면 다 산 거 이제 뭐. 어쨌든 남한이든 북한이든 책임을 져야 할 것 같아요. 군인이나 경찰로 잡혀가면 거기에 해당하는 보상이 있고 뭐가 있는데 이 민간인이 잡혀간 경우는 그 사람들도 생사람을 강제로 끌고 간 거예요. 끌고 갔으면서 아무런 것도 없고 피해까지. 어떤 사람은 죽이고 갔잖아요. 연좌제 해서 취직도 제한받고, 해외여행도 못했다 그래요. 난 나중에 사우디 가면서 비행기 타고 가니까 담당 직원이 당신들이 올해 첫 케이스라고 1982년도에. 근데 그때 교육받으러 가니까 그 직원이 그러더라구요. 그렇게 품팔이 하러 가는데도 생색을 내고 보내주더라고.

○ 피랍인에게 전하는 말

답_ 하고 싶은 말은 따로 없어요. 그냥 보고 싶은 마음뿐이에요.

2005. 10. 14 채록

051014B 유 계 식(俞桂植)

피랍인

생년월일: 1923년생 추정
출생지: 전북 완주
당시 주소: 서울시 이태원동(용산구)
피랍일: 1950년 8월 4일 새벽 4시
피랍장소: 자택
직업: 미 8군 통역관
학력: 동경음악대학
직계/부양가족: 여동생과 거주 중(고향에 부모님, 형 1, 남동생 있음)
외모/성격 : 미남형

증언자

성명: 유종근(1934년생)
관계: 동생
증언성격: 직접증언 ☐ 간접증언 ☑

특이사항 (납치주체/상황/원인)

- 호남 지주의 아들로 동경에서 유학하고 당시 미군 통역관 근무 중 인근 주민의 취직 청탁을 거절한 것이 개인적인 원한이 되어 전쟁 후 고발당함.
- 1950년 8월 4일경 함께 거주하던 여동생과 함께 중앙청까지 잡혀갔다가 여동생은 귀가 조치되고 피랍인은 소식 없음. 피랍 열흘 후 집에 있는 악기(아코디언)를 가지러 인민군과 다녀간 적이 있음.
- 피랍인의 가족 모두 심정적으로 힘든 시기를 겪었고, 경찰서 등에서 지속적으로 감시를 당해 곤란했음.

증언자 요청사항

(對정부) 피랍자 생사확인 및 유골 송환

"알고 보니 동네 사람이 전에 우리 형님에게 취직을 부탁했는데 거절당한 적이 있대요. 그래서 그 원한이 있어서 '저 사람은 미군하고 통역하며 잘살았다' 고발을 했대요. 우리 형님은 중앙청까지 작은누나와 동행해서 그때 당시 내자파출소 지금도 있는 청와대 근처까지 갔대요. 거기서 누님은 풀어주고 작은형님은 그때 이후로는 어디로 갔는지 몰라요."

"당시 사상계, 지금으로 치면 정보부 뭔데 (그 사람이) 와서는 동네 시골 핫바지(잘 모르는 사람)한테 '저분 아들이 납치당했는데 압니까?' 라고 물었대요. 그 사람이 건성으로 그냥 '월북한 거다' 라고 말한 것이 또 그대로 기록이 됐네요."

○ 당시 시대 상황

〈인근 주민(좌익)의 밀고가 많이 있었음. 국가공무원(경찰관)이나 민주 계열 인사가 확실할 경우 본인 및 가족까지 즉각 처형 단행〉

답_ 이태원에서 아침에 일어나니까 6월28일에 벌써 인민군 탱크가 와 있더래요. 3일 만에 서울이 점령이 된 거예요. 미아리 고개를 넘어왔는데, 대한민국 정부 관료는 수원, 대전으로 도망가고 "염려 없다"고 허위 방송을 하고 말이야.

형이 납치될 때 그 옆에 사는 동네의 경찰이 있었는데 "저분은 대한민국 시절에 경찰관을 했다" 면서 그분도 납치했어요. 그런데 (나중에 알고 보니) 경찰관은 안 끌어가고 "너는 대한민국의 앞잡이다"면서 경찰관 집에서 죽여 버렸대요. 막내아들은 항문에 뭘 찔러서 죽였답디다. 잔혹한 놈들입니다. 그리고 9 · 28 이후 밀고자를 잡았는데 그 이후에도 밀고를 했나 봐요. 동네사람들에게 잡혀 끌려가서는 이분이 정신 이상 행동을 해서는 조금 있다 풀려났다고 하더라구요.

○ 납북 경위

〈피랍인은 호남 지주의 아들로 동경에서 유학하고 당시 미군 통역관 근무 중, 인근 주민의 취직 청탁을 거절한 것이 개인적인 원한이 되어 전쟁 후 고발당함. 8월 4일경 함께 거주하던 여동생과 함께 중앙청까지 잡혀갔다가 여동생은 귀가 조치되고 피랍인은 소식 없음〉

답_ 알고 보니 동네사람이 전에 우리 형님에게 취직을 부탁했는데 거절당한 적이 있대요. 그래서 그 원한이 있어서 "저 사람은 미군하고 통역하며 잘살았다" 고발을 했대요. 우리 형님은 중앙청까지 작은누나와 동행해서 그때 당시 내자파출소, 지금도 있는 청와대 근처까지 갔대요. 거기서 누님은 풀어주고 작은형님은 그때 이후로는 어디로 갔는지 몰라요. 우리 형님은 음악도 잘하고 영어도 잘했고, 전주에서 호버였어요. 호버라는 것이 유지급이에요. 저희 형님이 그때 당시 동경으로 유학을 했어요. 당시 동경 유학을 했으면 좀 알아보지요. 동경 유학을 한 사람이 전라도에 몇 명 안 된대요. 그래서 동경 유학을 하고 돌아오면 경찰서장이 무릎을 딱 꿇는다고 소문이 그랬어요.

○ 납치 후 소식

〈납치 10일 후 집에 아코디언을 가지러 인민군과 정치보위부 사람과 함께 다녀감. 이

후 소식 두절〉

답_ 끌려가서 몰랐는데 우리 형님이 부전공으로 음악을 했어요. 당시 집에 악기가 많았어요. 아코디언도 이태리제로 한국에서 제일 좋은 거예요. 그래서 10일 후에 인민군하고 무슨 정치보위부 셋이 (서울 이태원 집에) 악기를 가지러 왔었대요. 그래서 아코디언을 가져갔죠.

문_ 그 이후 찾아보려는 노력은?
답_ 제가 정보를 알려고 도문까지 간 적이 있는데 이북에 갈 수도 있다고 하대요. 용정역에 갔는데 거기 조선족하고 술도 먹고 하니까 그 사람들이 사흘에 한 번씩 이북에 들락거린대요. 그래서 공한증인가를 400인가 액수가 (정확히) 없는데 800만원만 있으면 이북도 간댔는데 가서 어떻게 찾냐 말이야? 그런 방법도 연구를 하긴 했어요. 그렇지만 뭐 믿기도 힘들고 나 혼자 이렇게 비공개적으로 갈 수 있다 한들 이북 어디서 찾겠느냐고.

○ 남은 가족의 생활은?

〈고향(호남)에서 거주. 납치로 인한 경제적 피해는 별로 없었지만 심정적으로 부모님의 괴로움이 심함〉

○ 호적정리

〈행방불명자로 정리〉

답_ 호적정리 안 했어요. 왜냐면 그냥 호적정리를 하려면 형님에게 미안한 생각이 들어서. 호적정리를 하면 영원히 형님이 죽었구나 해야 하니까요. 그러다 (감시를) 견디다 견디다 못해서 그냥 사망이 아니고 행불자로 늦게 했지요.

○ 연좌제 피해

〈지속적으로 경찰들에게 감시당함. 사촌형 아들 사관학교 입학 어려움〉

답_ 형사 놈들이 공산주의로 몰아요. 좌우간 우리 동네에서 자랑 같지만 우리집이 인심을 잃지 않았어요. 근데 그때 당시 사상계, 지금으로 치면 정보부 뭔데 (그 사람이) 와서는 동네 시골 핫바지(잘 모르는 사람)한테 "저분 아들이 납치당했는데 압니까?"라고 물었대요. 그 사람이 건성으로 그냥 "월북한 거다"라고 말한 것이 또 그대로 기록이 됐네요. 그러다가 나중에는 당시 쌀이 귀할 땐데 내가 그 형사한테 술도 주고 하면서 "왜 그러시냐?"고 "일등 유지가 다 안다"고 하면 "여기 훌륭한 집안인데 우리도 밥 먹고 살랑게 (그런다며) 다시는 안 올립니다" 그러고. 그래서 아무 조건 없이 술값도 내가 내고, 우리집은 그때 잘사니까 인사 치레로 쌀 한 가마니고 두 가마니고 주고 그랬어요.

우리집에 온 손님은 밥은 꼭 해 먹입니다. 가풍이 그래요. 그러면 (그 사람이) 고맙다고 해요. 그리고 1년 후면 또 그 사람이 오는 수도 있고, 아니면 직원이 바뀌어요. 한 번은 고함을 질렀어요. "어떻게 너희는 우리 형님이 이북에 있는 증거가 있느냐. 이북서 간첩으로 살아 있는 거냐 죽은 거냐. 간첩이라도 안 죽고 살아 있으면 좋겠다" 했더니, 그것은 저들도 모르고 살아 있을 가능성이 있으니까 저들도 오는 거라며 둘러붙여요. "만약에 이북서 밤에 형이 오면 달래서 이북을 찬양을 하면 나도 따라 같이 찬양하는 척하고 형님하고 동조해서 안심시키고 같이 이북에 가자면 간다고 하면서 하고 살짝 신고하라"며 이런 회유책을 당하고 아주 성가셔서 혼났습니다.

그러고 말이야. 우리 사촌형님 아들이 사관학교 시험을 보는데 사촌간인데 안 된다 하더래. 입학 자격이 아니다 이거지. 그리고 우리집이 잘살고 하니까 심심하면 형사가 오고, "왜 공산주의 아닌 사람을 공산주의를 만드냐?" 하면 갔다가 또 심심해지면 오고 말이야.

문_ 혹시 형님이 그럴(월북) 가능성이 있나요?

답_ 아니오. 절대 그럴 사람도 아니고. 우리집이 호남 지역 지주예요. 저것들이 지주는 A급으로 싫어한다고. 저것들 핑계가 미군 앞잡이다, 대부호다 지주다, 해서 그런 거예요.

○ 정부의 노력

〈없었음〉

문_ 신고는 하셨나요?

답_ 신고는 했지요. 10~20년 전에 신고한 것이 있고, 여기(가족회도)도 있고.

문_ 신고하고 나서 정부에서 도움은?

답_ 아무것도 없지요 지원 같은 거 안 바라요. 만에 하나 살았는가 어디서 죽었는가, 또 혹간 운명을 해서 유골이라도 있으면 혈육간 도리로 어떻게 그걸 그냥(눈물)….

○ 정부에 바라는 점

〈피랍인 생사확인 및 유골 송환〉

답_ 정부가 노력해야 해. 생사확인이라도. 이거 벌써 오십 몇 년 돼가지고. 내가 알기로는 납북된 사람이 8만 명인가 10만 명인가 되는데, 이북서 없다고 했다가 3~4만 명인가 했다가, 걔들 말만 듣고 지금 뭐 하는지 모르겠어.

○ 피랍인에게 전하는 말

답_ 아버님이 74세에 운명하셨는데, 2년 동안 아프시면서 저한테 "야 이놈아, 네 형님 찾아내라"며 눈물을 흘리셨어요. 이게 얼마나 비극이에요. 근데 이제 나이도 먹어가고, 요새 이제 남북이 화해도 한다 하고 그래도 가끔은 원망이 나요. 여기 다니면서 행여나 행여 하게 되니까. 속에 있던 것이 생각이 나서.

형님, 만일 살아 계시면 중국을 통해서 이남에 오는 교포한테 얘기를 하면 내가 중국 땅에 가서 형님을 도울 수 있는 힘이 있으면 돕겠습니다.

2005. 10. 17 채록

051017A 신 치 호(辛致浩)

피랍인

생년월일: 1922년 8월 18일
출생지: 황해도 평산군 적암면 온정리
당시 주소: 서울시 용산구 한강로 2가 30번지
피랍일: 1950년 7월경
피랍장소: 서울시 종로구 숭인동
직업: 육군본부 4국 3과장, 통알처장, 신익희 · 조병옥씨 보좌관
학력: 일본명치대학교
직계/부양가족: 배우자, 자녀 2녀
외모 및 성격 : 신장 175cm, 미남형

증언자

성명: 1.조금자(1923년생) 2.신경순(1946년생)
관계: 1.배우자 2.장녀
증언성격: 직접증언 [ ] 간접증언 [V]

특이사항 (납치주체/상황/원인)

- 피랍인은 동료와 함께 피신했다가, 다시 처가로 도망하던 중 집 앞에서 인민군들에게 발각되어 지프차를 타고 동묘경찰서로 연행됨. 당시 직속 높은 간부들(정치 관료) 및 부하 직원들 사이에 간첩들이 많아 피랍인이 피신할 만한 모든 곳이 감시하에 있었음.
- 피랍인은 육군본부 4국 3과장, 통알처장, 신익희 · 조병옥씨 보좌관을 하면서 다양한 정치 활동을 맡고 있는 인물이었음.

증언자 요청사항

(對정부) 피랍인 생사확인 및 공무원 가정 피해 보상

"아버지는 농사꾼처럼 꾸미고 숨어 계셨는데, 6·25가 터지니까 간첩이 다 인공기를 들고 나오면서 신치호씨 잡으라고 뒤집어졌대요. 그런데 알고 봤더니 아버지 직속 밑에 부하들이고 전부 다 간첩이에요. 바로 아버지 밑에 가방 들고 다니던 사람도 다 간첩이었대요. 그러니까 친정이고 어디고 샅샅이 다 알고, 어디서 자는 것까지 다 아는 사람이니까 그 사람들이 잡아간 거죠."

"우리 어머니가 노출을 시키지 말라고. 간첩들이 많다고 쥐도 새도 모르게 자식들 다 죽인다고 그러셔서 우리는 이날 이때까지 입 닫고 살았죠. 사람 하나 사라지니까 다 무서운 거야."

○ 직업 및 활동

〈육군본부 4국 3과장, 통알처장, 신익희 · 조병옥씨 보좌관〉

답_ (신경순)

직책은 육군본부 4국의 3과장. 또 하나는 남북통일하는 통일과장. 지금 정보부장 역할 하는 것이었고요. 그때 당시 신익희씨와 조병옥 박사의 직속 비서 일을 하셨어요. 이승만 대통령을 1주일에 두세 번 만나서 결과 보고를 했었대요. 이북에 넘어가고 넘어온 사람은 잡아다가 문초해서 집어넣고 여기서 간첩은 교육시켜 이북으로 보내고 그런 일을 하셨어요.

○ 납북 경위

〈피랍인은 동료와 함께 피신했다가 다시 처가로 도망하던 중 집 앞에서 발각되어 연행됨. 당시 직속 높은 간부들(정치 관료) 및 부하 직원들 중에 간첩들이 많았음〉

문_ 어떻게 납치당하셨는지?

답_ (조금자)

이 사람이 어디로 어디로 돌아다니다가 (군인)1부장이란 사람하고 같이 다녔는데 그집은 마누라하고 애기하고 같이 다녔대. 우리집 이는 혼자 다녔는데. 그런데 그집 애기가 뭐 사러 가자고 조르는 바람에 엄마가 밖에 나갔는데, 벌써 그 빨갱이들이 이미 얼굴을 다 알잖아. 그래서 그집으로 좇아 들어왔대요. 다행히 남편은 그집에서 피해서 숨을 만한 곳은 이미 다 물색해놨지. 일본 사람 집인데 지하에 모래를 쌓아뒀었대. 처음에 전부 나오라 해서 다 나왔는데 그런데 이 사람은 어떻게 용케 빠졌어.

(지하에) 모래 속으로 들어가서 모래를 끼얹고 드러누웠었대. 조금 있으니까 "사람 도망갔다"고 그러더래요. 그랬는데 촛불을 켜고 보니까 얼굴 위로 사람들이 요로케 요로케 지나가더래. 그리고 잠잠하니까 그길로 우리 친정으로 왔지. 발가벗은 몸이고 하니까. 그런데 친정으로 오니까 이미 친정을 다 포위하고 있더래. 그것도 모르고 터벅터벅 왔다가 그 사람들이 다짜고짜 잡고 잠깐 할 말이 있다고 그길로 끌려갔대.

답_ (신경순)

6 · 25 사변 직전에도 아버지는 얼굴이 다 알려져 있으니까 농사꾼처럼 바지 저고리 입고 갓 쓰고 그러고 다니셨대요. 그리고 집으로 못 들어오시고. 저희 어머니 친정이 숭인동인데 거기서 농사꾼처럼 그러고 계셨는데, 6 · 25가 터지니까 간첩이 다 인공기 들고 신치호씨 잡으라고 뒤집어졌대요. 그런데 알고 봤더니 아버지 직속 밑에 부하들이고 전부 다 간첩이었대요. 바로 아버지 밑에 가방 들고 다니던 사람들이 다 간첩이었대요.

그러니까 친정이고 어디고 샅샅이 다 알고, 어디서 자는 것까지 다 아는 사람이니까 그 사람들이 잡아간 거라구요. 잠깐만 말하고 온다며 지프차 타고 여럿이 와서 데려갔대요.

문_ 주변에 간첩이 많았다고 했는데?

답_ (신경순)

항상 우리집에는 이북 돈이 (많이) 있었어. 왜냐면 여기서 교습 · 훈련시켜서 돈 줘서 보내야 되니까. 그런데 백발 백중 안 됐대. 왜냐면 아버지 밑에 사람들이 다 간첩이래. 그때는 간첩인지 아무도 몰랐을 텐데 나중에 보니까 아버지 가방 들고 다니는 사람, 밑에 위에 사람 다 간첩이었대. 여기서 완벽하게 교습시켜 돈 줘서 이북으로 보내면 죽고 죽고 한 명도 살아온 사람이 없었어.

문_ 혹시 부하 이름을 기억하는지?

답_ (조금자)

조영철.

○ 납치이유

〈정치적인 활동을 많이 했고, 좌익 사상자들을 다수 구속시켰음. 상사 및 부하(조영철 外) 모두가 간첩이라 철저한 감시하에 있다가 납치됨〉

답_ (조금자)

육군형무소에서 적색 분자들 다 잡아다가 이 사람 통해서 하나씩 (형무소에) 다 들어가고 그랬죠. 그러다 6 · 25 사변 때 (이 사람들이) 다 튀어나왔으니까, 애 아버지를 해치운 거지.

○ 납치 후 소식

〈동묘경찰서로 잡혀간 후 하루 만에 끌려간 뒤로는 소식 없음〉

답_ (조금자)

동묘경찰서로 나는 어린애를 업고 쫓아갔는데 오지를 못하게 해요. 문간에 섰는데 총대로 밀고 가라 그래요. 조사할 게 있으니까, 보낼 테니까 걱정하지 말라고. 그래서 파출소에 있지도 못하고….

문_ 때리거나 그런 건 없었는지?

답_ (조금자)

그런 건 없어요. 그 속에서 조용히 얘기하고 그래요.

답_ (신경순)

그러고 그 다음날 가니까 아무도 없더래. 그래서 "여기 있던 사람 어딨냐"고 했더니 "모른다"고. 그 다음부터 소식이 없어요.

문_ 그 이후 찾아보려는 노력은?

답_ (신경순)

이산 가족 할 때는 혹시나 살아 계시나 싶었는데, 살아 계신 건 아닌 것 같아. 우리가 몇십 년 찾아봐도 안 되고, 우리 작은아버지가 살아 계신데 이분이 기자셨어요. 그래서 외국에 많이 다니셨는데 거기서도 찾아보려고 갖은 노력을 해도 잘 안 됐어요.

문_ 어떤 노력을 하셨나요?

답_ 외국에 가셔서 혹시 이북에는 안 계시고 타국에 계시나 해서 대사관을 통해서 찾아보시고 했는데 하나도 없대요. 결론은 우리는 돌아가셨다 생각하고 여태껏 살았어요.

○ 남은 가족의 생활은?

〈피랍인의 배우자가 혼자 자녀 둘을 키우느라 고생이 많았음. 식당일, 침대 사업 등 많은 일을 하며 생계를 유지함〉

답_ (신경순)

우리 어머니가 딸 둘 데리고 대구로 피난갔다가 그 다음부터 거기서 피난가서 있다가 다시 서울로 올라왔죠. 올라와서 한강로에 있는 우리집에서 살았는데, (처음) 거기 가보니까 무덤이 몇 개가 있더래. 근데 보니까 우리 아버지는 아니고 생 모르는 사람을 거기다 파 묻어 놨더래요. 그집에다.

커다란 집에 어떤 사람이 드러누워 있으니까 "당신 신치호냐" 그러니까 사람들이 그냥 "그렇다" 그랬대나 봐. 그러니 거기서 총 쏴서 묻고 묻고 했다는데 시체가 두 구 있으니 도저히 무서워서 살 수가 없었어요. 우리 어머니가 그때만 해도 나이가 스물여덟, 아홉이고 우리가 세 살, 다섯 살이니까. 그때부터 고생 바가지지 뭐. 고생 엄청 하셨어요.

식당 해서 근근히 먹고 살았죠. 그때 신익희씨만 찾아가도 뭐라도 있었을 텐데. 우리 어머니가 노출을 시키지 말라고, 간첩들이 많다고 쥐도 새도 모르게 자식들 다 죽인다고 그러셔서 우리는 이날 이때까지 입 닫고 살았죠. 사람 하나 사라지니까 다 무서운 거야. 믿었던 사람들이 다 간첩이니까….

○ 호적정리

〈실종 정리〉

답_ (신경순)
호적정리는 이북에 그때 당시 호적이 돼 있었대요, 혼인신고가. 본적이 황해도 평산이니까. 그러다가 서울에 오셔서 가호적을 하셨어요. 딸 둘을 낳아서. 그리고 6 · 25 때 신고 기간이 있었어요. 그때만 해도 아버지가 살아 계신지 아닌지 모르니까 일단 살아 계신 걸로 해서 우리가 학교를 들어가야 하니까. 지금은 제적시켜 놨는데 한 10여 년 됐어요. 제가 돌아가신 분인지 어쩐지 모르고 호적에 넣어둔다는 게 그렇더라구요. 그래서 실종 신고를 했어요. 법원에 가서 재판을 해서. 기일도 모르고 생신만 8월 18일인 거만 알아요.

○ 연좌제 피해는?

〈가족이 피랍된 사실을 주위에 밝히지 않고 침묵하며 살아와서 큰 피해는 없었음〉

답_ (신경순)
그게 무서우니까 우리가 조용히 피해 살았지. 이름 석 자까지도 감추고 살았으니까. 아버지 이름 석 자를 내놓지 못하고 살았죠.

○ 정부의 노력

〈없었음〉

문_ 신고는 하셨나요?
답_ (신경순)
맨 첨에 이산 가족 할 때가 한 십몇 년 됐어요. 15년 넘었죠? 그때부터 했어요. 난 그때 방송국에 와서 접수하라고 해서 제일 먼저 가서 접수하고 했어요. 그때만 해도 아버지 살아 계시리란 희망이 있었는데 이제는 연세도 살아 계셔도 84세고, 그런데 우리가 찾아보려고 해도 안 되니까 작은아버지가 찾아보려고 대사관이고 소련까지 가봐도 없고.

문_ 신고하고 나서 정부에서 도움은?
답_ (신경순)
10원도 없었어. 그래서 우리가 자라면서 그런 생각을 많이 했어요. 아버지가 나라를 위해 가정이고 뭐고 다 버리고 가신 분인데, 아니 군인도 가서 저거 하게 되면, 보상이 되는데 우리는 왜 이렇게 보상도 못 받고 이렇게 억울하게 사나, 자라면서 그런 생각은 했어요. 그러나 또 어머니가 조용히 살자고 하고. 그때만 해도 이승만 대통령, 신익희씨 모두 살아 계셔서 말 한 마디만 하면은 학교라도 무료로 다닐 수 있는 혜택이 있을까 하는 마음도 있었지만 우리는 그런 보상 10원도 안 받고 정말 어렵게 살았어요.

○ 정부에 바라는 점

〈피랍인 생사확인 및 공무원 가정 보상 해결〉

답_ (신경순)

그거는 진작했어야 해. 우리가 공부할 때 너무 힘들었거든요. 그때 조금이라도 우리에게 보상을 해줬으면 공부라도 제대로 했을 텐데 공부들도 다 못했어요. 어머니 혼자 식당에서 일하면서 먹고 사는 것도 힘들 때에 무슨 딸들 공부시켰겠어요. 그때는 보상 받았으면 하는 생각이 간절했어요. 그런데 지금이라도 어머니도 계시고 하니까 살아 생전 그렇게 하면(보상) 좋을 것 같긴 하죠.

○ 피랍인에게 전하는 말

답_ (조금자)

죽기 전에 한 번 봤으면 한이 없어. 내가 맨날 아프니까….

2005. 10. 18 채록

051018A 서 병 호(徐丙昊)

피랍인

생년월일: 1908년 6월 16일
출생지: 서울
당시 주소: 서울시 은평구 응암동 61-5
피랍일: 1950년 7월 14일경
피랍장소: 경기도 고양군 능곡
직업: 대한청년단장, 서대문 을구 이시형씨 선거사무장, 은평국민학교 사친회장
직계/부양가족: 배우자, 자녀 2남 2녀
외모/성격 : 신장 175cm, 갸름한 얼굴형, 활동적임.

증언자

성명: 서재설(1939년생)
관계: 차남
증언성격: 직접증언 ☐ 간접증언 ☑

특이사항 (납치주체/상황/원인)

- 대한청년단 은평지구 단장으로 진쟁 빌발 직후 친척집에 피신했다가 본인 대신 치남을 잡이갔디는 소식을 듣고 자진해서 녹번동 내무서 은평출장소로 찾아가 자수한 뒤 소식을 들을 수 없었음.
- 가장 납치 이후 가족이 오랜 기간 뿔뿔이 흩어져 생활함.

증언자 요청사항

(對정부) 피랍인 명예 회복 및 유골 송환

"아버지가 피신했기 때문에 인민군 내무서원이 와서 우리 외삼촌을 대신 잡아갔어요. 그리고는 아버지를 찾아오지 않으면 외삼촌을 죽이겠다고 해서 아버지는 그 소식을 듣고 인민군에게 와서 자수를 했어요. 결국 아버님이 잡히시고 우리 큰외삼촌은 풀려났죠."

"어떻게 저 사람들이 와서 부르주아와 비부르주아로 구분했을까? 그건 증거가 있을 것 아녜요. 그 증거는 학교밖에 없다 이거야. 관청에도 직업, 재산 이런 내용은 알 수 없어요. 학교라는 데에 학적부가 있으니 그걸 보고 유산 계층의 자손이다 구별해서 싹 잡아들인 거죠. 그리고 단 열흘 만에 여기 와서 지금 같으면 시민증이죠, 그걸 주기도 하고, 열흘 만에 인민회의를 실시하고, 요주의 인물을 잡아내서 인민재판을 했는데 곡괭이로 막 때려 죽였다구요. 못사는 사람들이 완장 차고 각목으로 때리고 곡괭이로 찍어 죽이는 것을 우리도 봤어요."

○ 납북 경위

〈전쟁 발발 직후 친척집에 피신했다가 본인 대신 처남을 잡아갔다는 소식을 듣고 자진해서 내무서로 찾아감〉

답_ 그때 당시 6 · 25 당일 대포 소리가 쾅쾅 나는데 그해가 가물었어요. 학교 선생님이 천둥치는 거라면서 안심하고 집에 가라고 했어요. 그리고 다음날 아이들을 불러서 지하실에 가서 물건을 꺼내오는데 인공기며, 장백산(악보) 이런 거를 들고 와서 6월 26일 오후서부터 우리가 그걸 배웠어요. 그때 당시 아버지는 대한청년단 단장이라는 완장을 차고 국민들이 동요하고 하니까 단원들을 전부 통솔하시고 군병과 같이 했을 때였는데 26일날 내가 '장백산 줄기 줄기…' 하는 노래를 배우고 하면서 아버지 완장을 뺐었어요. 빼시라고, 큰일난다고.

그런데 아버지는 완강하게 청년단장을 주장하시고 진두 지휘하시고 그런 활동을 하시다가 그 이후로 아버님이 피신하셨어요. 아버지가 피신했기 때문에 인민군 내무서원이 와서 우리 외삼촌을 대신 잡아갔어요. 그리고는 아버지를 찾아오지 않으면 외삼촌을 죽이겠다고 해서 외삼촌은 지서에 붙잡혀 있었고, 외숙모가 울며불며 우리 어머니 찾아다니면서 이렇게 돼서 억울하게 죽는다며 얘기하고 했어요.

그때 아버님은 능곡(피랍인의 처제집)에 피신해 있다가 그 소식을 듣고 인민군에게 와서 자수를 했어요. 아버님이 잡히시고 우리 큰외삼촌은 풀려났죠. 그게 1950년 7월 14일인가 15일인가 그랬죠.

○ 납치이유

〈활동적인 성격으로 대한청년단 은평 지구 단장을 역임하고 서대문 을구에 출마했던 이시형씨 선거사무장을 하는 등 활동 범위가 넓었고, 국민학교 사친회장을 할 정도로 윤택한 생활을 했음〉

답_ 사친회장이면 유산 계층이고 모든 재단을 간섭하고 기부하고 교장들 관리하고 하니까 그럴 수밖에 없죠.

○ 납치 후 소식

〈없음〉

○ 남은 가족의 생활은?

〈오랜 기간 남은 가족이 뿔뿔이 흩어져 살았음〉

답_ 나는 5촌 당숙네 가서 농부일을 했고, 형은 이모집에 있었고, 여동생 둘은 어머니랑 있으면서 여기저기 다니며 온갖 노동일을 다 하셨죠. 특별한 직업이 없으니까. 밭일도 하시고 김도 매시고 채소를 염천에 가서 파시고 친척집 일 봐주시고 그래서 공부를 제대로 못했어요.

문_ 가족이 모여 살지 못하셨다고요?
답_ 어머님이 부양 능력이 없으니까. 어머니가 여동생 둘만 책임을 진 거고, 나는 5촌 당숙네서 농사지었고, 형은 이모집에 있다가 와서 심지어 다방 가서 일들을 하고 야간 학교를 다니고 그랬죠.

문_ 아버님이 계실 때는 부유하게 사셨는데?
답_ 몰락한 거죠. 그래도 어머님이 아버님 친구 댁에서 절대 아쉬운 소리, 도와달라 하지 말고 너네 스스로 일어나라 하시는 게 지침이었어요. 그래서 스스로 노동하고 모으고 그랬죠. 아마 사죄하는 의미에서 그랬을 거예요. 그 전에는 잘살았으니까.

그러다 어머니는 정부에서 빈민 구호물자를 좀 타서 쓰시고 그랬대요. 미국에서 480 구호물자가 나와서 통 · 반장이 "구호물자 나왔습니다"하면, 나가서 타서 쓰고 그러면서 제일 가슴이 아프셨대요. 어머니의 생활은 말도 못했던 거죠. 주변에서 개가하라고 해도 듣지 않고 수절하면서 자식들을 키우신 거죠.

○ 연좌제 피해

〈없었음〉

답_ 연좌제 피해는 하나도 없었어요. 우리는 명확하게 아버지가 대한민국을 위해 일하다 가신 거니까. 다 아는 사실이고 하나 그런 걸 물어보는 사람도 없고 도움을 받은 건 없지만 반대로 제약받은 것도 없었어요.

○ 정부의 노력

〈없었음〉

문_ 정부에서 도움은?
답_ 하나도 없었죠. 없었으니 자식들에게 올바르게 스스로 독립할 수 있도록 교육시키셨죠.

○ 호적정리

〈사망으로 정리〉

답_ 호적정리는 사망으로 해서, 여동생이 아버지가 1980년도에 간첩으로 넘어오셨다는 소문을 듣고 해서 정리했습니다. "이상한 소리 안 나게 아버님 호적을 사망으로 정리해라" 했었죠. 그때 날짜를 사망일자로 해서. 그 자손들이 두려워서 그 말을 퍼뜨린 것 같습니다. 역선전을 했던 것 같아요. 그때 우리가 기독교에 있고 우리 형이 절대 개의하지 말고 용서하자 해서 그때는 제가 나서지 않았죠.

○ 정부에 바라는 말

〈피랍인 명예 회복 및 유골 송환〉

답_ 납북된 자손이기 때문에 "도와달라" 이런 말은 안 했어요. 단 아버님이 그렇게 억울하게 돌아가신 거에 대해서는 명예 회복을 해야겠다 싶어서, 단 유골이라도 있으면 DNA라도 해서 찾아야겠다 그 마음밖에 없어요.

○ 피랍인에게 전하는 말

답_ 아버지, 어머니가 눈물 흘리지 말라고 하셨는데 제가 무릎쓰고 아버님을 부릅니다. 어디에 유골이 있는지 찾아서 아버님의 묘소에 모시겠습니다. 이게 둘째아들의 소원입니다.

○ 기타 ·시대 상황

〈6·25 전쟁 직전의 사상이 모호한 상황. 이미 학교 선생님들도 조용히 좌익 활동을

벌이고 있었고, 시간과 정황상 인민 재판에 나올 사람이나 납치인의 명부 역시 전쟁 전에 작성되었을 것으로 추정됨〉

답_ 그때 당시는 북한 신문도 여기에 넘어왔었어요. 북한 신문도 구입해서 볼 정도였어요. 스탈린에 관한 거나 신탁 통치 등 당시는 사상이 모호했어요. 남북한의 신문이 왔다 갔다 했고 동양극장에서 '12용사' 같은 것도 학교에서 열람 많이 했어요. 수류탄 투척하고 북괴군이 내려와서 소 끌고 가고 양민 학살하는 그런 전쟁 장면 많이 봤죠. 그때도 조그만 전쟁들이 많이 벌어지고 있었죠.

그러면 어떻게 저 사람들이 와서 부르주아와 비부르주아로 구분했을까 그건 증거가 있을 거 아녜요? 그 증거는 학교밖에 없다 이거야. 관청에도 직업, 재산 이런 내용은 알 수 없어요. 심지어 면이나 구청 가서도 안 해줘요. 호적 초본에도 누구 자손, 본관 등 뼈대만 나오지 거기야 직업란도 없어요. 그럼 이 사람이 직업이 뭐고 재산이 뭐고 (어떻게 아느냐) 와서 열흘 만에 잡아들이기 시작했는데 그 근거가 어디서 나왔겠냐 그건 학교밖에 없어요. 학교라는 데에 학적부가 있으니 그걸 보고 유산 계층의 자손이다 구별해서 싹 잡아들인 거죠.

그리고 단 열흘 만에 여기 와서 지금 같으면 시민증이죠. 그걸 주기도 하고, 열흘 만에 인민회의를 실시하고 요주의 인물을 잡아내서 인민 재판을 했는데 곡괭이로 막 때려 죽였다구요. 못사는 사람들이 완장 차고 각목으로 때리고 곡괭이로 찍어 죽이는 것을 우리도 봤어요.

그러면 어떻게 체포될 리스트가 열흘밖에 안 된 시점에서 난중에 어떻게 작성이 됐나 이거야? 그것은 뭔가 미리 작성이 돼 있었기 때문에 와서 잡아들이라는 명부가 하달됐겠지. 그걸 여기서 누가 일일이 작성할 사람이 누가 있고 조직력이 뭐가 있었겠습니까? 명단은 평시에 작성해서 북한에서 보냈기 때문에 내려오자마자 명부 보고 다 잡았으리라 생각합니다. 그건 명확한 겁니다. 전쟁난 지 1주일 만에 인민회의를 하고 7월 3일쯤에 인민증인가 뭔가 인쇄된 걸 다 나눠줬는데.

2005. 10. 19 채록

051019A 서 정 선(徐廷善)

피랍인

생년월일: 1925년 12월 5일
출생지: 북한
당시 주소: 경기도 포천군 포천면 송우리 395번지
피랍일: 1950년 8월 22일 밤 10시
피랍장소: 자택
직업: 농업
학력/경력: 서울철도고등학교/원산 철도공무원
직계/부양가족: 배우자, 자녀 1남 1녀
외모/성격 : 온순한 성격

증언자

성명: 1.우정희(1928년생) 2.서보석(1948년생)
관계: 1.배우자 2.딸
증언 성격: 직접증언 V 간접증언 V

특이사항 (납치주체/상황/원인)

- 같은 마을에 거주하던 방영섭이라는 인민군 부역자(지방 좌익)가 자신의 친척인 방인수를 비롯 마을 사람 20여 명을 인민군에게 고발해 끌고 감.
- 피랍인은 해방 후 북한에서 철도공무원을 하다가 월남한 상태였음.

증언자 요청사항

(對정부) 피랍인 생사확인

"우리 경우는 방영섭이 댕기면서 직접 '나와라' 그래서 데려가고 했어. 그 사람이 동네로 치면 먼 친척뻘 되는 사람들 그집 형제들 둘도 데려갔어요. 방인수란 사람이고 그 사람도 아들 딸 남매 인화 인숙이 있는데, 그집도 데려가고 선자 아버지도 잡아가고 일가 친척 동네사람 열일곱 명인가를 데려갔어."

"나이 어릴 때 너무 고통스럽게 살았어. 딸은 지금이라도 '아버지 돌아오면 같이 살아라' 하는데 미쳤냐구. 자살을 하면 했지 그렇게는 안 살아. (재혼을 해서) 더럽혀진 몸을 가지고 어디를 또 가. 나는 봐도 면목이 없어. 아들이 살았으면 떳떳했을 텐데 아들이 죽었으니 봐도 면목이 없어."

○ 납북 경위

〈인민군이 철수하던 8월 22일 같은 마을에 거주하던 방영섭이라는 인민군 부역자(지방 좌익)가 자신의 친척인 방인수를 비롯 마을 사람 20여 명을 인민군에게 고발해 끌고 감〉

답_ (우정희)

하루에 몇 번씩 빨갱이가 데려갈라고 집에 찾아왔어. 그러더니 밤 10시에 잡아갔어. "나오랄 때 나와야지 안 나오면 친척들까지 다 쏴 죽인다. 그러니까 알아서 하라"고 이러잖아. "아니 아까 오라서 갔는데 뭘 또 오래요? 데려다 어떡 하고 또 오란데요" 했지. 방에 감춰놓고 그랬지. "찾아서 나오면 어쩔 거냐"고 해서 "찾아보라. 없는 사람이 어디서 나오냐"고 그러고서는 (그때는) 갔는데, 그러다 밤에 잡혀간 거야.

그 이튿날 면에다 데려다 놓고 "쌀 서 되랑 짚세기 3켤레를 보내라" 그래서 우린 먹을 게 없으니까 밭에 가서 조 이삭 모가지 달린 걸 솥에서 볶아서 신던 헌 고무신짝이랑 줘서 보냈어. 그런데 면에서 이틀 지난 밤에 가니까 벌써 북한으로 잡혀가고 없어. 그러면서 가져갔던 좁쌀을 도로 갔다 주더라고. 8월 22일 밤 10시야 그게.

답_ (서보석)

제가 작은할아버지네 있을 때 작은할머니가 너네 아버지는 한 번 붙잡혀갔다가 와서 배고프다고 밥 먹는다고 왔었대요. 처음에 다락에 20명이 있었다는 거 같아요. 그러다가 한꺼번에 다 잡혀갔다가 우리 아버지가 밥 먹는다고 왔대요. 그래서 할머니가 산에 누굴 숨겨놓고 해서 밥 갖다 주러 가다 보니 (아버지가) 밤을 따고 있더래요. 밤이나 따주고 간다고. 그래서 내려와 보니까 없어졌더래요.

○ 당시 시대 상황

〈북한군이 일반 사람들을 잡아들여 총살을 하기도 하고, 좌익 우익 양쪽에서 학생들 추출이 심해 마을이 거의 초토화될 지경이었음〉

문_ 연행해간 사람이 누군지?

답_ (우정희)

방영섭. 동네사람이지. 그 사람이 여러 사람 잡아갔어. 그리고 권가인가? 거기 빨갱이가 많았어. 내무서 부역하던 사람들. 어느 날 밭에서 조를 자르다가 보니까 젊은 여자인데 새하얀 스커트에 분홍 블라우스 입은 여자가 길 가는 걸 잡아가더라고. 그리고 한 젊은 남자가 감자 두 말인가 될 것을 지고 가는데 그걸 또 잡아가더라고. 그래서 우리는 조 자르다가 못 다 자르고 집에 갔단 말이야.

가서 보니까 두 사람이 방죽 둑에 섰더라고. 빨치산이라고 그러지. 그 사람들하고 거기 섰더라고. 그리고 웃말에 할아버지 둘도 같이 잡아갔단 말이야.

데리고 가다가 벌말이라는 데가 있는데 거기가 집도 있고 무덤도 있는 곳이 있어. 거기 가서 세워놓고 다 죽여 버리더라고. 젊은 사람 둘하고 노인 둘까지 빨갱이들이. 우리 경우는 방영섭이 댕기면서 직접 "나와라" 그래서 데려가고 했어. 그 사람이 동네로 치면 먼 친척뻘 되는 사람들 그집 형제들 둘도 데려갔어요. 방인수란 사람이고 그 사람도 아들 딸 남매 인화 인숙이 있는데 그집도 데려가고, 선자 아버지도 잡아가고 일가 친척 동네사람 열일곱 명인가를 데려갔어.

문_ 찾으려는 노력을 해보지 않았는지?

답_ (우정희)

없었죠. 미군들이 와서 포 쏘고 총질하는데 무슨. 중고등학교 학생들 전부 붙잡아갔으니까. 그러니까 아주 휩쓸었어. 중고등 학생들 젊은이들 다 붙잡혀갔지 마을이 완전 폭락이 됐지. 중고등 학생은 빨갱이들이 공비로 쓸라고 잡아가고, 또 미군들이 비행기로 공비로 내려보낼라고 데려가고 양쪽에서 붙들어가서 홀랑 다 간 거야. 중고등학생이 몽땅 붙잡혀간 거야.

○ 납치이유

〈북한에서 월남한 사람들을 잡아들임. 당시 마을 사람들이 여럿이 함께 잡혀감〉

답_ (우정희)

죽었으면 잡혀가서 죽었을 거야. 왜 죽었냐면 북한에서 반대하고 넘어온 사람은 다 죽였거든. 근데 우리는 북한에서 반대하고 넘어온 거잖아. 가다가 김일성 별장 있잖우. 거기 지하실에 그쪽에서 말 안 듣는 사람 데려다 놓고, 이쪽에서 말 안 듣는 사람 데려다가 다 그 속에 잡아 넣고 후퇴해서 갈 때 다 총으로 쏴 죽이고 갔단 말이야. 그리고 철문 딱 닫아 버리고 갔어. 근데 몇 년 전에 땅굴들 보러 가자고 그래서 갔는데 마침 거기를 가보자는데 나는 무서워서 안 갔어. 다녀온 사람 얘기 들어보니까 벽이 모두 총 구멍이고 사람 죽어서 바닥은 썩어서 새까맣더래.

○ 납치 후 소식

〈없음〉

○ 남은 가족의 생활은?

〈가난으로 인해 고생이 심함, 막내아들은 기아로 사망, 딸은 식모살이를 전전했고, 큰 아들 역시 경제적인 어려움과 부모님의 보호 아래 있지 못해 자살함. 부인 유정희씨는 3년 뒤 반공 포로를 만나 재혼을 했으나 경제적으로 어려움이 많아 원만한 결혼 생활이 안 됐음〉

답_ (우정희)

남은 가족이야 얘(딸) 오빠하고 얘 하고 얘 동생인데, 동생은 굶어 죽었지. 촌에서 일을 해야 먹고 사는데 내가 젖 먹이러 안 가고 일 가니까 시들어 말라죽은 거야. 얘 오빠는 다 커서 내가 돌보지 않는다고 약을 먹고 자살을 한 거야. 첨엔 혼자 농사짓고 살았죠. 얘(딸) 작은아버지가 38선 넘어오면서 땅 판 것이 있는데 "그걸 갈라 너희를 주마" 해서 믿고 살았다고. 그런데 동생네 딸 다섯에 아들 하나 있는 식구가 몽땅 다 넘어왔다고. 그래서 자기 동생에게 그 땅을 주고 나는 남이 농사가 안 돼서 내버린 땅을 세를 얻어서 주더라고.

면에서 거름 쌓잖우. 근데 거기 폭격을 해서 거름이 다 타서 그 재를 져다가 뿌리고 6·25 때 농사 지어서 겨우 사는데 (주인이) 먼저 해 먹은 농사 값하고 지금 해 먹은 값하고 합해서 내놓으란 거야. 땅 임자가 땅세를 내라 이거지. 줄 것도 없고 먹을 것도 없고 어떻게 살아. 그래서 얘네 다 내버리고 간 거지(재혼). 얘 작은아버지가 나를 앉혀 놓고 "나도 늙어서 나 살 수도 없으니 너도 너 살 궁리해라. 난 이제부터 못 도와주겠다" 그래요. 그거 가란 말이지 뭐. 촌에서 일을 해야 사는데 겨울에 무슨 일 있어?

얘네들 데려가서 밥 많이 먹는다고 싫다고, 어린애 젖 먹이러 간대서 싫다고. 그러니까 무조건 붙어서 일을 했는데. 얘네들 내버리고 나오니까 애들 작은 할아버지가 이리저리 애들을 돌린 거야. 그래서 애들이 다 망가진 거지.

그리고 우리 영감(재혼한 남편)이 조금만 도와줬으면 (아들이) 살았을 텐데 아주 지독해서 한 푼도 안 주는 거야. 지금도 가슴을 꼭 붙들고 안 놓는 거 같아. 그렇게 해서 식구들 다 잃어버린 거야.

답_ (서보석)

처음에 아홉 살 때 서울로 보냈어요. 애 보는 데로. 남의 애 봐주고, 그리고 거기서 살다가 또 집에 가고 싶다고 내가 어린 맘에 울었어요. 그랬더니 1년 있다 집에 보내주더라구. 그때는 작은할아버지네인데, 오빠가 거기 있으니까 오빠하고 작은할아버지네 식구랑 살다가 봄 되니까 먹을 거 없다고 또 가래요.

그래서 열두 살 때 또 가서 남의 집에서 애 보고 살다가. 남들은 다 학교 가고 그러는데(흐느낌) 나도 입학원서가 아홉 살 때 나왔어요. 우리 엄마가 서울에서 돈을 벌어 내복을 사서 보냈어요. 그걸 입혀 나를 학교를 보내라고. 그런데 우리 6촌 동생, 나보다 한 살 어린 남자였는데 작은할아버지가 하는 말씀이 한 달에 300원인가 월사금을 못 낸다고 나한테 "여자가 무슨 학교를 가냐"고 그래요. 그러면서 엄마가 사준 내복 내 것을 개를 입혀서 학교를 보내고 나는 안 보내더라구요.

그때 어렸을 때는 맨날 소원이 우리 아버지 돌아오는 것만이 소원이었어요. 우리 아버지 돌아오면 나도 우리 오빠하고 아버지하고 살 수 있으니까 이런 고생 안 해도 된다고. 꿈에도 소원이 아버지 오는 거였어요(눈물). 엄마하고는 제가 일곱 살 때까지밖에 같이 못 살았어요. 진짜 죽지 못해 사는 거였어요. 남들은 공부할 나이에 맨날 남의 집 애나 봐주고요. 그래서 아버지가 얼마나 보고 싶은지 그때는 남들이 엄마 아버지랑 같이 사는 것만 보면 정말 보고 싶고, 왜 6 · 25가 났나 그게 진짜 원망스러웠어요.

그리고 우리 시골에 작은할아버지도 유식한 분들 같으면 날 학교를 보냈으면 괜찮았을 텐데. 그때 당시 오빠가 학교를 다니는데 엄마가 서울에서 돈을 벌어 부쳐주면 그걸로 월사금을 빨리 내줘야 우리 오빠가 안 쫓겨오는데요. 월사금을 안 주니까 우리 오빠가 맨날 쫓겨오는 거예요.

○ 호적정리

〈미정리〉

답_ (서보석)

호적정리는 안 했죠. 우리 아버지 지금도 살아 계신 걸로 있어요. 행방불명자로.

○ 정부의 노력

문_ 신고는 하셨나요?

답_ (서보석)

제가 남의 집 살고 오빠가 제가 어렸을 때 죽고 하니까, 아버지가 날 찾아오리라 생각만 했죠 뭐.

문_ 정부에서 도움은?

답_ (서보석)

그게요. 6 · 25 지나고 나서 우리들이 시골에 있을 때 아버지 없다고 송우리 지서에서 배급은 나왔어요. 옥수수 가루, 밀가루, 납작보리가 나오더라고요. 그런데 내가 열두 살 때 (서울에) 올라와서 아예 안 내려가니까 취소가 됐다고 하더라구요.

○ 정부에 바라는 점

〈피랍인 생사확인〉

답_ (서보석)
나는요 정말 살아 계신지 그게 너무도 궁금해요.

답_ (우정희)
기술이 좋으니까 북한에서 살려뒀는지, 아니면 북한 배반하고 나왔다고 죽였는지…. 그게 궁금하구요. 살아 계시다면 얼굴이라도 한 번 보고 싶은 게 소원이죠. 지금 같으면 나라에서 애들 공부나 시키고 하지만, 그때도 군인 가족들, 죽거나 잡혀간 사람 애들은 혜택이 있었나 봐요. 근데 저는 행방불명자 (자녀)니까 그런 것도 없었죠. 나는 왜 아버지가 없을까 맨날 하늘에다 대고 '하나님 우리 아버지 좀 빨리 보내주세요' 맨날 그게 소원이었어요(눈물).

○ 피랍인에게 전하는 말

답_ (우정희)
나이 어릴 때 너무 고통스럽게 살았어. 얘(딸)는 "지금 아버지 돌아오면 같이 살아라" 하는데 미쳤냐구. 자살을 하면 했지 그렇게는 안 살아. 더럽혀진 몸을 가지고 어디를 또 가.

문_ 미안해서 그러시는 거죠?
답_ (우정희)
나는 봐도 면목이 없어. 아들이 살았으면 떳떳했을 텐데 아들이 죽었으니 봐도 면목이 없어. 만나도 할 말이 없지. 사랑은 무척 했지. 나는 나이가 어려서 싫어했는데 나를 아주 무척 사랑했다고. 예뻐하면 뭐해 같이 살질 못했는데(한숨).

답_ (서보석)
아버지 얼굴도 모르지만 아버지 살아 계신다면 꼭 한 번 보고 싶어요. 아버지, 애기였던 딸이 이렇게 늙어서 얼굴도 모르겠지만 보고 싶은 게 소원입니다. 꼭 살아 계시기를 너무나 소원하며 기도도 했어요. 정말 이 하늘 밑에 어디 계신지 보고 싶어요.

2005. 10. 21 채록

051021A 김 추 성(金樞星)

피랍인

생년월일: 1889년 7월 28일
출생지: 경기도 강화
당시 주소: 경기도 강화군 강화면 관청리 681번지
피랍일: 1950년 9월 14일
피랍장소: 자택
직업: 미 8군 ASCOM 근무
학력/경력: 배재학당/강화 경찰서장
직계/부양가족: 배우자, 자녀 1남 1녀
외모/성격 : 비만한 체격, 고지식한 성격

증언자

성명: 김동진 (1937년생)
관계: 장남
증언성격: 직접증언 V 간접증언 □

특이사항 (납치주체/상황/원인)

- 미 8군 ASCOM 근무 중이던 피랍인은 가족이 거주하던 강화로 피신하던 중 1차로 연행돼 서울에서 인민 재판을 받음.
- 무죄 선고를 받고 풀려나 고향으로 돌아왔으나 9월 14일 이백겸을 비롯한 정치보위부 사람들이 찾아와 재산 압류 스티커를 붙이고 연행, 20일 정도 인근 공장에 감금했다가 맥아더 상륙 소식이 들리자 단체로 북송
- 피랍인은 당시 미군 부대에서 근무했을 뿐 아니라 이전에는 사재를 털어 강화 경찰서장을 지냄. 지방 유지로 민간인으로서는 대외적인 활동을 많이 한 인물

증언자 요청사항

(對정부) 피랍인 생사확인 및 명예 회복

"그해가 우리 아버님 환갑이야. 이놈들이 정치보위부라고 딱 들어와 가지고 우리 아버지 잡아가고, 재산 몰수, 장이고 뭐고 다 딱지 붙였어요. 딱지에다가 이름을 쓰고 도장을 찍었더라고. 이백겸 강화 정치보위부 부장인가 그런가 봐. 이후 하도 잡아간 사람이 많으니까 강화감옥소에 가두지 않고 공장에 잡아다 넣고, 한 20일 거기 가둬 뒀나 봐요. 그런데 인천에 맥아더가 상륙을 하는 바람에 다 끌고 나간 거예요."

"우리 아버지는 강화의 초대 경찰서장을 했어. 다른 사람은 퇴직금 타고 월급 타고 일했는데, 우리 아버지는 내 돈 들여 서장하다가 그렇게 된 거야. 그냥 미군 부대 다녔음 붙들려가진 않지. 그런데 그 서장 때문에 붙들려간 거랑 다름없지."

○ 납북 경위

〈전쟁 발발 직후 미 8군 ASCOM 근무 중이던 피랍인은 가족이 거주하던 강화로 피신하던 중 1차로 연행돼 서울에서 인민 재판을 받음. 다행히 무죄 선고를 받고 풀려나 고향으로 돌아왔으나 9월14일 이백겸을 비롯한 정치보위부 사람들이 찾아와 재산 압류 스티커를 붙이고 연행, 20일 정도 인근 공장에 감금했다가 맥아더 상륙 소식이 들리자 단체로 북송됨〉

답_ 내가 부평 애스컴 관사에 아버지랑 같이 있는데 주일날 새벽에 6 · 25가 났는데 그 다음날 밤새도록 차가 오는 거예요. 뭔가 했더니 미국 사람들 가족이 그리로 다 집합을 하는 거야. 그니까 대전 위쪽으로는 부평 ASCOM에 집합을 해가지고 대전 밑으로는 부산으로 집합해서 일본 상선인가를 불러서 인천에 있는 미국 사람 가족과 부산에 모인 가족들 모두를 일본으로 실어가요. 우리 아버지 보고도 당신은 여기 남으면 죽는다고 같이 가자고 했는데, 강화에 가족이 있다고 못 가신다고 하시고 (강화로) 오신 거예요.

그 당시 교통 수단이 없어서 목선을 세를 내서 그 배를 타고 강화에 오셔서 내려서 오는데 밤중인가 새벽에 인민군에게 붙잡힌 거야. 강화에 내려서 집에 내려오는 중간에 잡히신 거야. 그걸 어떻게 알았냐면 강화에서 소식이 왔는데 우리 아버지가 경찰서장이셨기 때문에 권총을 가지고 계셨어.

강화 일변에서 8 · 15 해방 나고 자동차 타고 다닌 건 우리 아버지밖에 없어요. 미군 차 끌고 다니신 거고 또 사냥총을 가지고 계셨어. 평소에 우리집엔 미국측 군정 관계 사람이 많이 왔었어요. 사냥도 하고 업무상으로도 오고 나는 조그마니까 권총이 있었는지 뭐가 있는지 모르죠.

근데 사람들을 통해서 권총이 나오고 해서 아버지 갇힌 걸 알았다고 하더라구요. 그렇게 해서 감옥소에 갇혔다가 서울로 다 붙들어 갔다구요. 강화 유지들, 제가 알기론 홍제룡이란 사람이 군수였어요. 그런 사람, 그 유지들을 다 잡아서 서울로 갔는데 우리 아버지는 인민 재판에서 죄 없다고 고향으로 내려가라고 해서 왔어요. 그런데 이 노인네가 잠시 말미를 준 걸 모르고 나는 죄 없다고 했다고 그냥 있었던 거예요.

한 달인가 집에 잠깐 계시다가 자꾸 도망가라 해서 도망가셨어요. 동네 남의 집으로. 그런데 우리 아버지가 고지식한 양반이라 난 인민 재판에서 죄 없다고 했다고, 그래서 난 집으로 간다고. 그러다가 추석날 붙들어갔어요. 그해가 우리 아버님 환갑이야. 1950년 9월 며칠이에요.

그렇게 잡아갔는데, 이놈들이 오더니 정치보위부라고 딱 들어와가지고 우리 아버지 잡아가고, 재산 몰수, 장이고 뭐다 다 딱지 붙였어요. 그 사람이 누구인가를 어떻게 아느냐면 딱지에다가 이름을 쓰고 도장을 찍었더라고. 이백겸 강화 정치보위부 부장인가 그런가 봐. 이백겸이란 놈이 잡아갔어. 그래가지고는 강화감옥소에 갇히지 않고 하도 잡아간 사람이 많으니까 공장에 잡아다 넣고 한 20일 거기 갇혀 계셨나 봐요. 그런데 인천에 맥아더가 상륙을 하는 바람에 다 끌고 나간 거예요. 그리고는 한강 그리로 건너갔어요.

문_ 북송될 때 상황을 좀더 자세히 말씀해주신다면?

답_ 사람이 부모 자식과의 관계가 무섭나 봐. 우리 아버지가 강화 공장에 갇혀 계시다가, 산업조합이라고 방직 · 광목 짜는 공장 거기 창고에다 강화 유지들 전부 붙잡아다 놨거든요. 그런데 1차로 끌려간 사람은 우리 아버지하고 같이 이북으로 끌려가고 2차로 끌려간 사람은 인화성에서 다 쏴 죽였어요. 2차는 그 다음날 간 거지.

그런데 (내가) 어렸을 때니까 괜히 놀러 나가고 싶어 나갔는데 비행기가 뜨더라고. 그래서 이상하다 싶어 갔는데 저녁 네다섯 시 무렵이었는데 그때 감옥소로 붙들어간 사람들을 이북으로 끌고 가요. 끌고 가는데 폭격하고 난리를 치니까 이북 애들은 비행기 뜨니까 "방공"이라 그래요.

그렇게 해서 다 흩어져 숨었다가 호루라기를 부니까 다 기어나와. 강화에 큰 길이 있거든요. 그리로 다 나오는 거라. 그래서 나도 그리로 가봤더니 아 우리 아버지가 가시네. 그래서 "아버지" 했더니 니가 왜 여기 있느냐고 하셔서 내가 그냥 놀러 나왔다고 하니까 "나 며칠 있다가 돌아올 테니까 가서 어머니 말씀 잘 듣고 있어" 하시더라고.

근데 우리 아버지가 체격이 크고 뚱뚱하고 했는데 그때 각각이 쌀을 반 가마씩 지게 했대요. 근데 우리 아버지는 처음엔 안 시키더래요. 그 당시 60 넘으면 많이 죽였어요. 당시 우리 아버지는 61세니까 처음엔 안 시켰는데 나중엔 우리 아버지도 짊어지고 가셨다고 하더라구요. 중간 중간에 살아나온 사람이 몇 있었어요.

○ 납치이유

〈당시 미군 부대에서 근무했었을 뿐 아니라, 전직 강화 경찰서장을 하는 등 지방 유지로 대외적인 활동을 많이 하던 인물이었음〉

문_ 당시 직업이 무엇이었나요?

답_ (미 8군 ASCOM 근무함) 우리 아버지가 16살에 미국에 들어갔어. 확실한 건 모르겠는데 아마 1941년도인가 2차 세계대전 나기 1년 전에 나왔대요. 그래서 우리 아버지는 미국 시민권 갖고 있는 사람이에요.

문_ 전직 경찰서장을 하셨다고 하셨죠?

답_ 자세하게는 모르는데 이게 우리 아버지 경찰서장한 근거고 강화의 초대 경찰서장이었다고 해요.

○ 납치 후 소식

〈개성을 넘어갔다는 소식 외에는 전무함〉

답_ 그래서 어디까지 간 거를 아냐 하면 개성서 100리를 더 들어간 거를 알아요. 왜냐면 거기까지 갔다가 도망 나온 사람이 있거든요. 근데 우리 아버지는 특이해서 뚱뚱하고 키가 좀 큰 편이에요. 그 당시만 해도 한국 사람이 뚱뚱한 사람이 별로 많지 않았어요. 못 얻어먹어서. 근데 우리 아버지는 뚱뚱했거든요. 금방 알더라구요. 그분이 우리 아버님이라고. 그래서 거기까지 간 거는 알아요. 그 사람이 38선에서 100리까지 갔다 돌아왔대요.

거기까지 간 걸 아는데 우리 어머니는 또 (사람들이) 죽었다 그래서 시체를 찾으러 갔는데 송학산을 쭉 올라간 거예요. 사람들이 올라가는데 미국 군인들이 내려오더라구요. 우리 어머니가 그 당시만 해도 50대인데 여자니까 좀 떨어졌을 것 아니에요. 지네(미국인)들이 공산당인가 보라고 쏴 버리라고 하더래요. 시체 찾아가는 사람들을. 근데 우리 어머니가 영어를 해요. 그래서 아니라고, 우리는 인민군에게 납치되어간 사람들 시체를 찾으러 왔다고. 그러니까 그 사람들(미군)이 당신이 어떻게 영어를 아느냐고.

우리 어머니가 하와이 원주민이에요. 그래서 한국 사람이지만 하와이에서 태어났거든. 그래서 40~50명 간 사람 다 살았어요. 거기까질 내가 얘기하는 건데 거기서 못 찾고 왔어요. 그 넘어간 뒤로는 사셨는지 죽었는지 모르죠. 그리고 찾을 수가 없대요. 죽이면 한 구덩이에 죽였기 때문에 엉망이래요.

문_ 그 외 찾으려는 노력은?

답_ 강화에 한창 6 · 25 때 공군 정보대가 있었어요. 그 당시 그게 재미있는 얘긴데 가면 여기 비밀을 말해줘야 살지. 그러니까 이중간첩이 되는 거지. 여기처럼 자유롭지 않은 동네에 이상한 사람인가 봐요. 금방 신고를 하지. 왜냐면 그 당시 모르셨겠지만 마누라가 남편 신고하고 자식이 부모 신고하고 그럴 때라고. 이북놈들은 그래요. 그런데 그거 신고 안 해보세요. 아무리 해도 제까닥 잡히지.

근데 공군 G2가 강화에 왔는데 이북을 가래요. 그 당시 꽁보리밥 먹고 할 땐데 거기가니 하얀 쌀밥에 고깃국을 줘요. 그래서 가봤는데 아버지 이북 있으니까 가보라고 하더라고. 그래서 지원을 했어요. 15살에 이북을 가겠다고. 강화 가면 강 하나만 건너면 이북이거든요. 거기서 2~3일 있더니 밤중에 깨우더라구요. 그러더니 가래. 이북으로. 나는 그냥 하는 건 줄 알았거든. 그때 나갈 때 3명이 갔는데 너는 이쪽으로 너는 가운데로 너는 이리로 가라 해요. 그때 다들 각자 메시지를 줘요. 너는 이걸 알아오고 너는 저걸 알아오라고. 나는 38선에서 백몇십 리 되는 데에 금천이라고 있어요. 거기 가서 어디 부대가 있고 어디 인민군 주요 시설이 있고 그걸 알아오래요.

그래서 조금 걸어가는데 막 신호탄이 올라오고 아 못 가겠어. 15살짜리가. 못 가겠다고 배 쪽으로 다시 왔어요. 이 새끼가 이런 새끼가 있냐고 비겁하게. 저 신호탄 올라오는 거 보라고. 아 나는 못 가겠다 했더니 포박이 더 심해요. 돌아왔다고. 그런데 그때 우리 어머니가 정보대 대장을 찾아가셨어. “우리 아들 3대 독자요. 거기 가면 죽을 텐데 제발 모르고 그랬으니 살려달라”고 그랬더니 대장이 그래요. “만일 안 갔으면 돌려보내 주겠다”고 해서. 그래서 밤중 2시 3시에 다시 가는데 나는 본대로 들어오라고 하더라고. 그래서 살았어요. 근데 그 당시 간 사람들이 많이 못 돌아왔어요.

○ 남은 가족의 생활은?

〈토지개혁 이후 재산을 몰수당하고 어려운 생활을 함, 이후 장남은 가난으로 인해 폐결핵으로 고생함〉

답_ 고생 무진장 했어요. 내가 지금 이렇게 된 것도 중고등학교 다닐 때 어렵고 못 먹어서 고등학교 때 폐가 약했어요. 폐병. 우리 친구들도 다 못 먹어서 그런 거예요. 우리 어머니 고생은 말도 못해요. 안 해보신 거 없지요. 그래도 우리 어머니도 자존심 있어서 누구한테 달라고도 안 해요. 나중에 나이가 들어서 통역 같은 건 못하고 하우스 메이드를 했어요. 식모 같은 거죠.

문_ 6 · 25 당시 피난은 안 가셨나요?
답_ 우리 아버지가 강화 경찰서장할 때 불의는 못 봐도 강화에 부자가 있는데 고재섭이라고. 화전면이 제 2의 모스코바예요. 그렇게 빨갱이가 많았어. 그 사람이 강화경찰서에 갇혔는데 그때 우리 아버지가 경찰서장을 하셨는데 얘기를 들어보니까 별 일이 아니거든. 그래서 훈방을 했어요. 그랬더니 6 · 25가 나서 1 · 4 후퇴를 했잖아요.

우린 피난갈 여력이 없지. 근데 누가 찾아와서 고재섭씨가 사모님 모시고 나오라고 해서 왜 날 모시고 오라고 했냐고 하니까 나는 강화 경찰서장했던 김추성씨한테 은혜를 입은 사람인데 그 사람이 내가 1 · 4 후퇴하는데 사모님 모시고 나가겠다고 해서 나, 우리 엄마, 내 동생 다 데리고 나가서 충청도까지 피난갔다 왔어요.

○ 연좌제 피해는?

〈신원조회를 받긴 했으나 신원을 보장하는 간부급 지인들이 있어 특별한 피해는 없었음〉

답_ 인천 시청에 들어가려고 넣었어요. 발령이 안 나는 거라. 다른 사람은 발령이 나는데. 왜냐고 했더니 아버지가 이북에 납치당했는데 이북 가서 뭘 하시는 줄 아냐 그거예요. 그렇게 발령이 안 나요. 그래서 경찰에 높은 사람 보증을 서서 직장에 들어갔어요.

○ 정부의 노력

〈없었음〉

문_ 정부에서 퇴직금이라도 없었는지?

답_ 퇴직금 같은 것도 없어요. 전쟁인데. 경찰서도 우리 아버지 논밭 팔아서 했다니깐. 우리 엄마가 그래요. 강화경찰서에서 우리 아버지한테 은혜를 입은 부하가 있을 거 아녜요. 그래서 다른 사람은 몰라도 서장님은 공덕비라도 해야겠다면서 우리 어머니한테 올라왔어요. 그런데 어머니가 싫다고 하셨어.

○ 호적정리

〈실종으로 정리〉

답_ 아휴, 그거 하느라고 말도 못해요. 그것도 안 하려고 했는데 제가 예수 믿습니다. 근데 하나님이 나한테 준 땅은 언제든지 돌아와요. 왜냐면 우리 아버지 땅이 있는데 모르죠. 풍비박산 나서 했으니까 뭐가 뭔지 하나도 모르는데 어느 날 직장에서 신문을 보는데 거기 우리 아버지 이름이 나오더라구. 밑에 광고같이 된 것에 우리 아버지 이름이 나와요. 땅이 도로로 들어갔대. 그러니까 찾아가라 이거야. 언제까지 찾지 않으면 정부에 귀속시키겠다고 해요. 그 당시 한 200만원 됐어요. 그래서 부랴부랴. 아 그러니까 실종 신고를 해야 되잖아요. 그것도 법원에 돈 들이고 그래서 실종 신고해서 찾았어요.

○ 정부에 바라는 말

〈피랍인 생사확인 및 피랍인 명예 회복〉

답_ 생사나 확인해서 만날 수나 있었으면 좋겠는데. 김추성이란 사람이 이렇게 이렇게 해서 납북됐으니 결과적으로 순국한 거나 똑같지 않습니까? 그냥 대통령이 그거나 해 달란 거예요.

○ 피랍인에게 전하는 말

문_ 아버지가 보고 싶지는 않으셨어요?

답_ 살다 보니까 삶의 여유가 있어야 그런 생각도 하는데 그러질 못했어요. 그리고 납북돼서 1950년 9월에 붙잡혀갔으니 이제는 살았다는 소망이 하나도 없어요.

2005. 10. 21 채록

051021B 김 희 진(金熙鎭)

피랍인

생년월일: 1922년 음력 8월 11일
출생지: 전남 강진
당시 주소: 서울시 돈암동
피랍일: 1950년 8월 28일
피랍장소: 자택
직업: 경찰관(관수동 파출소 주임)
직계/부양가족: 배우자(임신 중), 자녀 1 남 2녀
외모/성격 : 남성스러운 외모, 성실한 성격

증언자

성명: 손수현(1924년생)
관계: 배우자
증언성격: 직접증언 V 간접증언 □

특이사항 (납치주체/상황/원인)

• 관수동파출소에서 주임으로 근무 중이던 피랍인은 6 · 25 발발 직후 고향으로 피난을 갔다가 서울에 두고 온 가족 걱정에 2개월 만에 다시 상경, 잠시 집에 머무르다가 8월 28일 새벽에 두 명의 인민군이 찾아와 곧바로 연행해감. 이후로는 소식을 알 수 없음.

증언자 요청사항

(對정부) 피랍인 생사확인 및 공무원 가정 보상 해결

"인민군들이 불도 못 켜게 하고, 불만 켜면 신호불인 줄 알고 총을 탁탁탁 쏘고. 거리에 나가보면 맨 송장이야. 동대문경찰서 앞에 가보니까 경찰관이 이놈들하고 싸워가지고 많이 죽었어. 그 앞에 경찰관들을 죽여서 쌓아놓고 가마니로 덮어놨어. 나가면 송장이고 다리 밑에도 송장이고 탱크 부서진 거 군화 벗어놓고 도망간 거 투성이야."

○ 직업 및 활동

〈당시 관수동파출소에서 주임으로 근무 중이었음〉

○ 납북 경위

〈피랍인은 6 · 25 발발 후 고향으로 피난을 갔다가 서울에 두고 온 가족 걱정에 2개월 만에 다시 상경, 잠시 집에 머무르다가 8월 28일경 새벽에 곧바로 연행되어감〉

문_ 6 · 25가 난 건 언제 아셨어요?
답_ 내가 계란을 사왔는데 계란이 골았더라고. 돈암동 시장에 그래서 계란을 갔다주러 갔는데 사람들이 수군수군하더라고. 지금 이북에서 쳐들어 온다고. 그러더니 그날 밤에 이 양반이 집에 왔어. 지금 쳐들어오니까 빨리 애들 데리고 피난을 가래요. 자기네 집으로. 근데 그때 세 살 네 살, 애들이 어리니까 애들을 데리고 내가 장거리를 어떻게 가느냐고 못 간다고 했어.

남편은 그날 옷을 속에다가 와이셔츠하고 딴 거를 또 입었어. 급하면 벗어 내버린다고. 경찰복을 위에 입고 속에. 어떤 사람은 적삼만 입고 간 사람도 있어. 달밤인데 그날 저녁에 참 안 됐더라고. 마지막인가 싶고. 그날이 마지막이었지.

그러면서 호외가 돌더라고. 우리집 앞쪽에 대포도 갔다 놓고 그랬거든. 그때는 정말이지 이제 죽는가 했지. 그놈들이 벌써 점령을 다했고 새벽에 돈암동 돈암국민학교에 인민공화국 기를 꽂았어. 이놈들이 어떻게 들어오나 싶어서 봤더니 여군들이 권총 하나씩 딱 들고 큰 건물은 사람 있을까 봐 다 쏘는 거야. 그 순간 무서워서 나도 엎드렸지. 엎드리면 산다고 해서. 그리고 걔들 지나간 다음에 들어가서 피난을 가려고 했는데 27일 비가 왔어. 그래서 어디로 가지도 못하고 방공호 속에 들어갔어. 포를 막 쐈거든. 포 쏠 적이 제일 무서웠어. 큰 개천가에 이불 가져가서 자고 그랬거든.

나는 방공호 가서 애들하고 울었어. 나는 이만큼 살았지만, 요 인생들이 못 살고 죽나 싶어서. 근데 요렇게 보면 포가 빨간 불이 휑하고 날아와. 돈암국민학교도 탔을 거야 아마. 거기 떨어졌었어. 맥아더 장군 들어와서는 조용해가지고서는 그때 보면은 들어올 때는 산에다가 불을 확 켜대. 그럼 대낮 같아. 서울서 이럭저럭 견디다가 1 · 4 후퇴 때는 제일 먼저 내빼왔지. 애들 데리고.

문_ 납치될 때 상황을 말씀해주세요.
답_ 6 · 25 사변 나고 두 달 동안 전라도 자기네 집으로 피신을 했어. 무서우니까. 그때는 떨어져 있었어. 자기는 직장에서 자고 나는 집에 있어 왔었고. 그런데 두 달 만에 돌아왔더라고. 그때 내가 임신 중이고, 세 살 네 살짜리 애기들이 있는데 와서 보니까 비참하지. 그런데 누가 신고를 했는지 집에 온 지 사흘 만에 괴뢰군한테 붙들려갔어. 그리고 나서는 알아볼라 해도 그 사람들은 한번 데려가면 안 알려주더라고. 그래서 전혀 소식을 몰랐지.

문_ 몇 명이나 왔던가요?
답_ 당시에 두 명인가가 나오라 하더니 데려갔지. 우리는 영문도 모르고 나갔는데 그 이후로 소식이 없어. 잘 무렵 새벽이지.

문_ 남편이 피신했을 때 생활은?
답_ 자는데 한강 다리가 끊어졌잖아. 그런데 일어나 보니까 피난을 다 갔더래. 우리 그이는 잠귀가 어두워서 깨보니까 아무도 없더래. 그래서 그 길로 막 가서 자기 말로는 수영을 해서 건너갔다 하대. 처음에는 충청도로 피난을 했지. 그러다가 헌병한테 붙들려서 이도 두 개가 부러졌어. 맞아서. 그 길로 아마 자기네 고향으로 갔는가 봐.

거기서도 방 하나에 가둬놓고 숨겨놓고 문을 잠그고 식사 조금 넣어주고 그러다가 두 달 만에 걸어서 강진이 여기서 천 리는 될 거야. 천 리 길을 인민군 행세를 하고 온다고 머리를 삭발하고 조카 애들 옷가지를 가지고 저쪽에서 넘어온 것처럼. 밥이 없으면 논밭에 가서 일을 해주고 밥 얻어먹고 이러면서 한 달을 걸어왔대. 우리가 어떻게 됐을까 봐. 그래서 만일 처자식을 인민군들이 해쳤으면 자기도 총칼 들고 그놈들 가만히 안 둔다고 하면서 오긴 잘 왔는데 그렇게 됐어.

○ 납치 후 소식

〈소식 없음〉

문_ 찾아보진 않으셨나요?
답_ 홍제동 절 뒤에다 사람을 많이 죽였다고, 그리고 성신여대 뒷신에도 많이 죽었다고 그래서 찾아갈라 그랬어. 그랬더니 여자는 가봤자 여름이라 (시체가) 부패가 돼서 겹겹이 쌓아놨는데 그걸 다 뒤적거려야 되는데 누가 누군지도 모른다고 가지 말라 하더라고. 그래서 못 가고선 말았는데….

문_ 당시에 경찰들도 많이 죽였나 보죠?
답_ 인민군들, 글쎄 그놈들 불도 못 켜게 하고 불만 켜면 신호불인 줄 알고 총을 탁탁탁 쏘고. 거리에 나가보면 맨 송장이야. 아무나 경찰소에서 감옥에서 납북했다 그러면 죽어. 동대문경찰서 앞에 가보니까 경찰관이 이놈들하고 싸워가지고 많이 죽었어. 경찰들. 그 앞에 경찰관들을 죽여서 이렇게 쌓아놓고 가마니로 덮어놨어. 나가면 송장이고 다리 밑에도 송장이고 탱크 부서진 거, 군화 벗어놓고 도망간 것 투성이야.

○ 남은 가족의 생활은?

〈당시 아들 딸과 임신 중이던 피랍인의 아내는 처가에서 해산을 하고, 친정언니와 함께 장사를 하며 고생스럽게 살았음. 돈암동에 집이 있었는데, 시댁에서 가져가 버리는 바람에 현재까지도 형편이 넉넉지 않음〉

답_ 고생이라는 거는 이루 말할 수 없지. 잡화상 장사하고 가게 보고. 안 해본 거 없지 뭐. 혼자 사는데 오죽하겠어? 처음엔 노점 장사도 하고 애들 끌고 다니면서. 미아리 가서 파를 갖다 팔고 밀죽 끓여 먹고…. 지금 유복녀가 벌써 55살이야. 근데 하나 잃었어. 큰딸을. 15년 전에 아파서.

○ 호적정리

〈미정리〉

답_ 근거가 없어 사망이 안 된다데. 그래서 실종으로 돼 있어.

○ 정부의 노력

〈전혀 없었음.〉

답_ 내가 연금 때문에 종로서에도 찾아가 보고, 원호처에도 찾아가 봤는데 명단이 있는 사람이 있고 없는 사람이 있고 그래요. 명단이 없는 거라. 우리 신랑 명단이. 근거가 없어. 그런데 그것도 (연금을) 탄 사람은 타고, 없는 사람은 없고 그런가 봐.

○ 정부에 바라는 점

〈피랍인 생사확인 및 공무원 가정 보상 해결〉

○ 피랍인에게 전하는 말

답_ 막내딸이 그래. 언니하고 오빠는 아빠라고 불러보고 아빠 손도 잡아봤지만 나는 아빠 한 번 불러보지도 못했다고. 가슴에 한이 맺히는 거 말도 못해. 바라는 점은 그 전에 통일이 돼서 한 번 만나나 보고 내가 살아온 얘기라도 하고 싶어 지금.

2005. 10. 24 채록

051024A 김 유 연(金有淵)

피랍인

생년월일: 1899년 12월 2일
출생지: 황해동 옹진
당시 주소: 서울시 마포구 공덕동 111의10
피랍일: 1950년 8월 23일
피랍장소: 자택
직업: 목사, 서울신학교 교수
학력/경력: 경성성서학원/「동아일보」 기자 및 경서 지국장
직계/부양가족: 배우자, 자녀 2남 2녀
외모/성격 : 마른 편. 깔끔하고 깨끗한 선비형, 의지가 강함.

증언자

성명: 김성호(1930년생)
관계: 장남
증언성격: 직접증언 ☐ 간접증언 ☑

특이사항 (납치주체/상황/원인)

- 목사와 서울신학대 교수로 재직 중이던 피랍인은 교회와 학교를 두고 떠날 수 없어 피난을 포기, 자택에 거주 중 8월 23일 사복을 입은 정치보위부 사람들이 찾아와 지프차에 태우고 감.
- 당일 종교계 인사 5명 정도가 함께 연행됨. 이후 동아일보에 연재 발표된 『죽음의 세월』이란 기고를 통해 피랍인이 북한에서 수용소 생활을 하던 중 지하 교회 목사와 연락을 취하다 발각, 다시 연행된 이후 다시 볼 수 없게 됐다는 것이 전해짐.

증언자 요청사항

(對정부) 인권적 차원에서의 피랍인 문제 해결

"우리 교단에 있던 지도층 5명이 내무소 혹은 보위부에 끌려가서 함께 수용되다가 같이 끌려간 것으로 알고 있어요. 마포내무소로 끌려간 것은 신학교 캠퍼스에 있던 분들이고, 저희 아버지는 바로 정치보위부 요원들이 바로 끌고간 거 같아요. 동생 말로는 정복을 입은 사람이 아니라 사복을 입은 사람이 와서 끌고 갔다니까."

○ 시대 상황

답_ 겪어보지 않은 분들은 정말 이해하기 힘들 거예요. 6 · 25를 알지 못하는 분들은. 8 · 15해방 후 5년 동안 6 · 25 전쟁이 터지기 전까지 한국 사회의 혼란은 이루 말할 수가 없었어요. 저도 그때 중학교 · 고등학교 재학 시절에 공부는 못하고 매일 좌익 우익으로 갈라져서 싸우고 사회는 더 말할 것도 없죠.

싸우는 빈도나 도수가 얼마나 격렬했나 하면 학교 끝나고 집으로 가는 뒷골목에서 거의 곤봉 들고 매일같이 싸웠어요. 머리 터지게 그러다가 죽은 학생들도 있고. 그러니 얼마나 그 시대에 좌우로 갈라진 사회 혼란이 얼마나 컸던가를 알 수 있죠. 그런 가운데서 우리 한국 사회는 전혀 준비가 안 된 상태에서 북한에 의해 기습을 당하고 나서는 그렇게 엄청난 피해를 입게 된 거라 생각을 하구요. 그리고 피랍인 가족들이 입은 피해가 지금 이 순간까지도 계속되고 있다고 생각합니다.

○ 납북 경위

〈당시 목사와 서울신학대 교수로 재직 중이던 피랍인은 교회와 학교를 두고 떠날 수 없어 피난을 포기, 자택에 거주 중 8월 23일 사복을 입은 정치보위부 사람들이 찾아와 지프차에 태우고 감. 당일 종교계 인사 5명 정도가 함께 연행됨〉

문_ 어떻게 납북이 되셨는지?

답_ 저는 아버님이 납북당하시기 전에 6월 28일 수도 서울이 함락됐을때 일시 피신하고 있다가 다시 집으로 왔어요. 우리 아버님이 기독교계의 요인으로 있었어요. 그래서 아무래도 신변에 위험이 있을 것 같아 "남쪽으로 피난갑시다" 해서 그때 마포 전차 종점이 있었는데 거기까지 제가 아버님을 모시고 갔어요.

그리고 배를 빌려 도항하려 했는데 아버님이 전차에서 내리시고 나서는 하시는 말씀이 아무래도 "나는 못 갈 것 같다. 너나 피신하고 안전하게 만났으면 좋겠다" "왜 안 가시겠습니까" 하니까 그때 아버님은 신학교 교수로 있었지만 또 신공덕교회에 담임목사이기도 했어요. 그러니 "신자들이 아직 저렇게 남아 있는데 나를 아직도 의지하고 있는 신자들이 있는데 내가 저들을 내버리고 갈 수가 없다. 그리고 내가 신학교를 지켜야 될 의무가 있다. 왜냐면 교수들이 남아 있어야 빼앗기지 않는데 교수들이 다 피신하고 나면 신학교는 공산당에 의해서 점령당하고 빼앗기지 않겠느냐? 그래서 내가 지켜야 되겠다. 그래서 나는 하나님께서 보호해주실 꺼다"라면서 오던 전차를 다시 타고 집으로 가신 거야. 그게 마지막입니다.

저는 충청도 예산 구만리에 아는 분이 있어서 잠시 피신했다가 아버님이 납치당한 소식을 듣고 다시 서울로 올라왔어요. 올라와보니 정치보위부로 끌려갔다고 해서 거기로 갔다가 현관에서 내가 또 잡힐 뻔했어요. 그래서 또 피신했다가 미아리로 갔다고 해서 자전거를 타고 달려가 보기도 했지만 아무런 소득이 없었고 그후부터는 아무런 소식도 못 들었죠.

문_ 당시 상황을 좀더 구체적으로?

답_ 우리집에는 어머니하고 동생이 남아 있었는데 때마침 어머니가 양식을 구하러 집을 비운 사이에 정치보위부 요원이 집을 포위했어요. 여자동생이 나이가 좀 어렸지만 그래도 중학교 다닐 때니까 다 목격을 했죠. 어떻게 잡혀가는 것을. 검은 지프차를 가져와서 집 앞에 대기시켜 놓고는 문 열라 하더니 막 들어와서는 김유연 목사 어디 있냐고 나오라고 소리소리 지르는 것을 들었고, 그때 아버님은 동료 교수가 미리 와서 아무래도 위험한 것 같다고 말하고 있는 중에 (그들이) 닥쳐 온 거예요. 그래서 동료 교수는 방에다 숨겨놓고 우리 아버님이 혼자 현관으로 나와서 그때가 여름이었기 때문에 집에서 신던 것을 신고 맨발로 잡혀가셨대요. 그리고 숨어 있던 동료 교수는 우리 아버지가 잡혀가는 틈을 이용해서 살아남았죠.

문_ 누가 납치해갔는지?

답_ 그때 우리 교단에 있던 지도층 5명이 내무소 혹은 보위부에 끌려가서 함께 수용되다가 같이 끌려간 거로 알고 있어요. 마포내무소로 끌려간 것은 신학교 캠퍼스에 있던 분들이고, 저희 아버지는 바로 정치보위부 요원들이 바로 끌고 간 거 같아요. 동생 말로는 정복을 입은 사람이 아니라 사복을 입은 사람이 와서 끌고 갔다니까.

○ 납치이유

〈당시 종교계 주요인사였음〉

문_ 왜 납치됐다고 보시는지?

답_ 납치이유는 당시 법조계, 정치계 주요인사를 모두 납치하라는 김일성 비밀지령에 의해 종교계 인사들도 계획적으로 납치를 했는데 그때 개신교 목사들이 70명 가까이 납치당했는데 그중 주요인사 가운데 우리 아버님도 들어 있어요. 나중에 정철씨 같이 수용소에서 탈출한 분의 증언에 의하면 기독교계 납치인사들 남궁혁씨나 송창근 목사 이런 분들하고 같이 중견 인사 모두 납치 행렬에 끼어 있었으니까요. 그러니까 계획적인 납치 지령에 의해 잡혀간 것이지 어쩌다가 체포된 것은 아니죠.

문_ 계획됐다는 근거가 있는지?

답_ 계획됐다는 근거는 그건 『김일성 전집』에도 나와 있듯이 "남조선에서 인텔리(지성 지도층)를 데려와라 모셔와라" 좋은 말로 모셔오라고 했지만 그건 납치해오란 것이나 똑같거든요. 그것은 우리가 넉넉히 짐작하는 것이 당시 북한은 인적인 빈곤이 있었잖아요. 주요 지도층 사람들이 북한에서 많이 월남을 했기 때문에 북한은 인적인 공백이 있었다고 봐요. 그러다 보니 전쟁을 통해서 북한 정부가 이용해 먹을 수 있는 사람을 계획적으로 각계 각층의 사람들을 납치했는데 데려가 봐서 이용 가치가 없을 때는 아주 무자비하게 처단하고, 또 변방으로 함경도 탄광 수용소 이런 데로 강제 이주를 시킨 것도 나중에 증거자료가 다 나온 것으로 그렇게 정확한 것으로 알 수가 있죠.

○ 납치 후 소식

〈「동아일보」 연재 발표 『죽음의 세월』을 통해 북한에서 수용소 생활을 하는 중 지하교회 목사와 연락을 취하다 발각, 다시 연행된 이후 다시 볼 수 없었다고 전해짐〉

답_『죽음의 세월』이라고 하는 수기가 「동아일보」에 연재됐는데 그 당시 중앙정보부 산하 북한 정보 연구 기관인 내외 문제연구소 발표에 의해서 알았죠. 그것이 조철씨란 사람이 상해 임시정부 요원으로도 있었던 사람이고 그리고 한국에서 함께 납치된 사람이었고, 또 이 사람이 북한에서 영향을 행사하게 됐는데 그 사람이 중요 납치인사 수용소에 식량을 감독하는 책임자로 있었어. 그래서 함께 납치 길에서 목격한 것, 납치인사들의 수용소에서 같이 생활하면서 목격한 것을 메모한 것을 가지고 탈출을 해서 한국에 와서 증언록에 의해 정리된 납북인사 북한 생활기를 제목을『죽음의 세월들』이라고 해서 중앙정보부 산하 내외문제 연구소를 통해 발표했으니 이것을 거의 정확하다고 보지. 주요 납북인사들에 대한 정보는 그것이 가장 신빙성 있는 납북인사 정보자료라고 말할 수 있습니다.

거기에 의하면 아버지는 북한의 지하 교회 목사와 비밀 연락을 하다가 그나마도 거기에서 조용히 계셨으면 목숨이 조금 더 연명됐을는지 모르지만, 지하 교회 목사들하고 연락하면서 북한의 지하 교회 신자들하고 연락을 취했나 봐. 우리 아버지가 신의주에서도 목회를 하셨거든. 그때 알던 목사였던 것 같아요. 그 두 사람하고 비밀 연락을 한 것이 발각이 돼가지고 수용소에서 별도로 정치보위부로 연행된 후로는 나오지 못했어요.

다시는 수용된 목사들 납북인사들 캠프로 나오지 못하고 소식이 없어졌어요. 그거는 뭐 북한에서 정치보위부로 끌려갔다, 또 거기 죄목이 주모자로서의 죄명이 있더라구요. '지하 조직하고 연락한 주모자로 죄명을 쓰고 끌려갔다' 그걸 보면 바로 며칠 안에 벌써 고문당해서 돌아가셨거나 그렇게 생각됩니다.

문_ 북한에 다른 연고가 있었는지?

답_ 그 당시 북한에서는 기독교는 다 말살됐고 다 지하로 들어갔기 때문에 한국의 저명한 목사들이 와 있다 하니까 수용소에 떡도 팔고 하는 할머니가 있었던 것 같아요. 그 할머니를 통해서 연락망이 생긴 거예요. 그래서 할머니를 통해 북한의 이런 목사가 아버님께 소식을 전한다 하면 아버님은 쪽지를 통해 전해주고 이걸 몇 차례 하다가 발각이 된 거예요.

그때 나이가 50세거든요. 납북 증언에 의하면 그 다음해니까 아마 51세 되던 해에 돌아가셨을 것이다 그렇게 추측을 합니다.

문_ 「동아일보」 기사를 보기 전까지는 어떤 찾으려는 노력들을 했었는지?
답_ 찾으려는 노력은 많이 했죠. 1차적으로 찾으려고 한 것은 1950년 12월 24일날 특수부대에 입대를 했어요. 북파 공작원들 전시 1기라고 할 수 있어요. 최초로 무장 첩보요원으로 최전방에 배치돼서 전투를 했는데 그때에 저는 북한에 들어갈 수 있는 유일한 정보부대니까 북한에 먼저 들어가서 혹시 납북된 분들 만날 수 있지 않을까 소식이라도 들을 수 있지 않을까 그런 마음 가지고 젊은 혈기로 위험한 부대지만 자원했어요. 그렇게 1951년 여름 한창 더울 때 최전방에 많은 죽을 고비도 넘기면서 아버지 소식을 들어보려 했지만 전혀 불가능한 일이었어요.
그러다 조철씨의 증언 듣고 나서는 포기를 했지요. '아버님은 돌아가셨을 것이다' 포기하고 그래도 가족이 얼마나 아플까? 그 아픔을 같이 해보자는 뜻에서 동참을 하게 됐고. 가족회 이사장으로도 몇 년 동안 봉사도 하고 그랬습니다.

○ 남은 가족의 생활

〈피랍인의 아내가 4남매를 양육하느라 고생함. 이후 장남이 군대를 제대하고 학교를 마친 후 생계를 도와 살아옴〉

답_ 남아 있던 가족은 어머니와 동생 셋이 남았고 나는 전방에 나가 있었고, 소위 1·4 후퇴 때는 어머니하고 동생이 어디로 피난갔는지도 몰랐죠. 그래서 제가 부산에 후방 근무를 하게 돼서 부산에 와가지고 우연히 만났어요. 그때 상황은 이루 말할 수 없죠. 길거리에서 그냥 거지처럼 살았으니까요. 그러면서 지금 살아남게 된 것만으로도 감사하죠. 그렇게 가족과 부산에서 만나서 몇 년 살다가 서울이 환도가 된 후에 올라와서 제가 또 신학교 마치고 군목 생활하면서 어머니 모시고 동생들 공부시키면서 오늘에 이르게 된 거죠.

문_ 생활 형편은 어땠는지?
답_ 교수로 있었지만 과도기였고 연금도 아무것도 없었어요. 교단에서 지원도 없었고 국가적인 차원의 어떤 보상도 없었죠. 그건 우리 가족뿐만 아니라 다들 어떻게 살았는지도 모르겠어요. 바닥 인생을 살았죠. 어머니가 고생하시면서 하루의 끼니를 위해서 살았던 안쓰러운 모습은 아직도 생생하게 기억합니다. 길거리에서 뭘 파시기도 하고. 그걸 일일이 말할 수도 없을 정도니까요. 저는 일반 대학을 다니다가 아버님이 근무하시던 신학교에 전학을 했어요.
신학생으로 있으면서 아르바이트를 하고 별의별 아르바이트를 다 해봤습니다. 그러면서 가족들 겨우 식생활 유지하면서 환도 후에 신학교 마치고 다시 군목으로서 그땐 장교니까 월급을 받으면서 생활의 안정이 조금씩 되어간 거죠.

○ 호적정리

〈장남 이름으로 호주 승계함〉

답_ 호적정리는 했습니다. 행방불명으로 해서 하고 제가 호주 승계를 받았죠. 꽤 오래 됐어요. 제가 호주가 되지 않으면 우리 동생들도 그렇고 좀 어려운 게 있어서요. 제가 호주 승계는 일찍 했습니다.

○ 연좌제 피해

〈없었음〉

답_ 연좌제 이런 것은 제가 해당이 안 된 것이 제가 대한민국 육군 군목으로서 모든 심사를 거쳤고, 우리 아버님 하신 일이 사실 대한민국에 공을 했지 해를 끼친 게 없는 것이 객관적으로 인정이 되기 때문에 연좌제는 없었습니다.

○ 정부의 노력

〈없었음〉

○ 정부에 바라는 말

〈인권적 차원에서의 피랍인 문제 해결〉

답_ 저도 여기 이사장을 할 때 정 장관 만나서도 강력히 항의하고, 구체적으로 우리 일을 추진해달라고 주문도 하고 또 적십자사 총재들을 만나 그러한 타협도 해봤고, 또 미국에 가서는 뉴욕에 있는 북한 대표부까지 들어갔어요. 들어가서 인도주의적인 차원에서 우리 문제 좀 정부가 못하는 것을 민간 NGO 차원에서 서로 대화를 나누며 해결할 수 있는 방법이 없겠느냐 그런 의논까지 해봤는데 바위에 계란 던지기였죠.

그러나 노력하는 데까지는 노력했다고 생각하고, 미국에 있는 NGO들 특별히 쏠티 여사 같은 경우는 우리 납북인사가족협의회를 자기네들 인권 단체 안에 우리를 가입시켜 줬어요. 그래서 우리가 같은 협의체 안에 들어가 있습니다.

앞으로 미국에서 피랍인, 북한 인권 관계에 대해 도움이나 모색할 때에 아마 협력이 되지 않을까? 아직은 구체적으로 가시적인 것이 없기 때문에 우리가 이러저러한 주문을 할 수 없지만 이미일 회장님이 열심히 수고해서 많은 자료도 발굴해놨고, 정부 차원 진전도 어느 정도 된 것 같고, 또 법률안 상정도 굉장히 구체적으로 진전이 됐는데 아직까지 정부측에서 확실한 의지가 없어서 그런지 북한의 변화가 아직도 덜 돼서 그런지 몰라도 눈에 보이는 성과는 아직 답답한 것뿐이지만 계속 문을 두드리면 언젠가는 문이 열리리라 그렇게 믿고.

정부가 가장 시급하게 해야 할 일은 남북관계에 있어서 그것이 사실은 평화 공존, 민족 공조 이런 거 자꾸 말하는데 저는 참 평화 공존도 좋고 민족끼리 돕고 통일 이룩하자 다 좋은 말이죠.

그런데 그게 인권 문제가 풀리지 않으면 그건 가공적인, 전혀 이뤄지지 않는 헛구호가 된다고 말하고 싶습니다. 왜냐 하면 모든 관계에 있어서 정부 대 정부, 경제 협력의 관계 모두 사람 대 사람의 관계거든요. 그런데 여기서 응어리지고 원한진 사람들이 이렇게 한국에 많은데 그것을 땅에 묻어 버리고 경제 협력 잘 해봅시다. 남북통일합시다. 이것은 현실적으로도 이뤄지지 않을 뿐더러 국제 사회에서도 웃음거리가 되는 얘기라고 생각합니다.

그래서 저는 말하자면 인권 차원의 문제, 피랍인 해결 문제 이런 것이 남북 관계에서 최우선적으로 해결되어야 하는 문제라고 지금까지도 주장해오고 있고, 이것이 해결되기까지는 평화 공존이고 평화통일 안 된다 그렇게 생각하고 있어요.

그래서 말하자면 이러한 응어리가 풀어질 수 있도록 북한도 우리의 문제에 대해 성의 있게 협조하고 우리 정부도 경제적인 원조할 때에 이런 인권 문제, 피랍인 해결 문제를 반드시 연계해가지고 강력한 주문을 해야지 북한의 태도에 따라 눈치 봐가며 그냥 명분만 내세우고 “잘 될 겁니다. 북한이 협력하기로 했습니다” 이런 변명만 하는 것은 전혀 우리를 기만하는 일밖에 안 된다고 생각합니다.

어쨌든 피랍인 해결 문제는 한국만의 문제가 아니라 지구촌 모두가 다 관심을 가지고 풀어야 할 아주 중요한 인권 문제라고 생각해요. 그래서 이런 문제가 한반도에서 풀려질 때에 국제 사회도 평화가 깃든 지구촌이 되지 않을까, 그래서 이것은 굉장히 중요한 과제인데 한국 정부가 이러한 과제를 재인식하고 정말 성의 있는 노력을 해주기를 바랍니다.

○ 피랍인에게 전하는 말

답_ 아버님, 아버님께서는 부끄럼 없이 맑게 사신 분이었습니다. 저도 그렇게 살려고 이제까지 노력해왔는데 아버님 앞에도 부끄럽고 혹시 하나님 나라에서 아버님 뵐 때 어떻게 살고 왔느냐 물으시면 ‘아버님처럼 살려고 했는데 너무나 부족했습니다’ 그 말밖엔 없습니다. 아버님, 짧은 생애였지만 위대하게 사신 분이셨습니다. 아버님, 정말 존경하고 사랑합니다.

2005. 10. 24 채록

051024B 이 각 의(李珏儀)

피랍인

생년월일: 1922년생
출생지: 경기 양주
당시 주소: 경기도 양주군 장흥면 교현리 22번지
피랍일: 1951년 1월경
피랍장소: 자택
직업: 장흥국민학교 교사
직계/부양가족: 부모님, 형 내외, 조카 4명

증언자

성명: 이기정(1940년생)
관계: 조카
증언성격: 직접증언 V 간접증언 □

특이사항 (납치주체/상황/원인)

- 당시 장흥국민학교 교사로 근무 중이던 피랍인은 전쟁 발발 직후 한강 쪽으로 피난갔다가 12월에 다시 고향 장흥으로 돌아옴. 이후 1월 초 지방 좌익과 함께 서너 명이 찾아와 피랍인을 연행해간 뒤로 소식 없음.

증언자 요청사항

(對정부) 민주적 통일, 피랍인 생사확인 및 가족 상봉

"우리가 지주였어. 근데 할아버지 삼형제가 모아서 몇백 석 하신 분이야. 그 통에 그렇게 됐으니 반대하는 사람이 많았을 것 아니야. 그래서 그렇게 된 거 같아."

"우리 할머니에겐 셋째아들이잖아(울먹). 아무 때라도 그 생각만 하시면 코피를 흘리시더라고. 하루에도 몇 번씩. 그렇게 고통을 당하셨어."

○ 납북 경위

〈당시 장흥국민학교 교사로 근무 중이던 피랍인는 전쟁 발발 직후 한강 쪽으로 피난 갔다가 12월에 다시 고향 장흥으로 돌아옴, 이후 1월 초 지방 좌익과 함께 서너 명이 찾아와 연행해감〉

문_ 어떻게 납북이 되셨는지?
답_ 6 · 25 나가지고 젊은 아저씨들과 형님은 모두 나가시고 할머니, 할아버지, 나, 동생이 살고 있었는데 삼촌도 나가셨어요. 왜냐면 젊은 사람들은 다 잡아간다고 해서 한강 건너로 모두 나가셨거든. 피난 나가셨다가 12월에 들어오셨어.

저는 어렸을 때라 기억이 어렴풋이 나는데 1월에 밀려나갈 적에 1 · 4 후퇴 즈음해서 잡혀가셨거든. 겨울인데 할아버지, 할머니가 왜 집에 계셨냐면 다른 사람도 다 나갔지만 우리집을 못 벗어나셨어. 그런 줄 아시면서 아저씨(삼촌)가 피난을 가셨다가 오셨단 말이야. 오셨는데 나중에 완장을 차고서 3, 4사람이 와서는 우리 삼촌을 찾는 거야.

그때 숨어 있었는데 그 사람들은 다른 데로 가야 하니까 숨바꼭질 하는 사람처럼 계속 왔다갔다 하다가 아저씨하고 맞닥뜨린 모양이더라고. 그래서 들키셨으니까 이제는 할 수 없다면서 나가셨는데, 그 사람들은 뒤에서 있고 삼촌은 가운데 서더니 나갔어요. 아버지, 할머니, 할아버지 이런 분들은 멍하니 보고 있고. 구타는 안 했어요. "잠깐 면에 좀 가자"고 해서 가셨는데 그리고는 소식이 없어요.

○ 납치이유

〈당시 집안이 지주였음〉

답_ 우리가 지주였어. 근데 할아버지 3형제가 모아서 몇백 석 하신 분이야. 그 통에 그렇게 됐으니 반대하는 사람이 많았을 것 아니야. 그래서 그렇게 된 거 같아.

○ 납치 후 소식

〈전혀 알 수 없음〉

답_ 아주 꽁꽁 무소식이야. 돌아가셨는지 혹시 거기 사셨으면 누구에게 말을 해서 우리 집에 연락이 됐을 것 같은데 아무 소식이 없어. 그때 당시 나가실 적에 다른 사람과 나가시지는 않았어. 동네 여러 사람이 같이 나갔지만 아저씨는 "면에 좀 같이 가자"고 해서 그리로 갔는데 나중에 알 수 있어야지.

문_ 북쪽으로 간 건 확실한가요?
답_ 그건 단정할 수 있지. 그때 같이 와서 아저씨를 모시고 간 사람이 이북 사상을 가지고 있는 사람이었다 이거야. 동네사람. 김씨인데 정확히는 모르겠어. 그때 당시 동네가 무척 시끄러웠지.

○ 납북 후 남은 가족의 생활은?

답_ 어려웠죠. 다른 사람들도 똑같겠지만, 살아남은 목숨만 있었지 그렇게 호화롭게는 못 살았죠. 우리 할머니에겐 셋째아들이잖아. 그 셋째아들이니까(울먹). 아무 때라도 그 생각만 하시면 코피를 흘리시더라고. 하루에도 몇 번씩. 그렇게 고통을 당하셨어. 다른 사람들은 다들 생활에 쫓겨서 우리는 그런 어려운 생활을 해야 하기 때문에 (찾아볼) 생각을 할 겨를이 없었다고.

○ 연좌제 피해

〈조카가 취직이 어려운 경우를 당한 적이 있고, 정부의 감시가 있었음〉

답_ 작은형님이 피해를 보신 거 같아. 젊었을 적에. 이북으로 넘어간 사람이 있으니 따로 분류했을 거 아냐. 그래서 취직이 안 되고 그랬어. 다른 가족은 없었어.

○ 정부의 노력

〈없었음〉

문_ 신고는 하셨나요?
답_ 신고는 우리집에서 아버지가 하셨는지는 모르겠는데 그때 당시 박정희 대통령 때든지 이승만 대통령 때 그때 (정부에서) 많이 우리집을 찾아왔어요. 아저씨 때문에. "어떻게 나갔는지, 어떻게 됐느냐?" 그러니 우리 아버지나 할아버지는 그때도 있는 그대로 말씀하셨죠. 아저씨가 이북 빨갱이처럼 나서서 한다고 했으면 모르지만 그냥 교사하다가 끌려갔는데 뭐, 그 사실 외에 거기다 덧붙이고 빼고 그럴 수 있나 뭐.

문_ 신고하고 나서 정부에서 찾으려는 노력이나 공무원 퇴직금 같은 건 없었는지?
답_ 그때 뭐 나라에 그런 게 있었겠어? 퇴직 정리가 어떻게 돼? 삼촌의 신상명세는 붕 뜬 거지 공무원이었는데 그때 당시 퇴직금이라든가 이런 건 하나도 없었다고. 그때 당시에도. 나라에서 지원금이 어디서 나오겠어. 지금 내가 생각해봐도 어떻게 해서 지원금을 받을 수 있는지 모른다고.

문_ 오히려 월북이라고 생각한 건가요?
답_ 그렇죠. 잡혀간 건 분명한데 나라에서 월북 가족이라 생각하고 낙인찍었던 거 같아.

○ 정부에 바라는 말

〈민주적 통일 및 가족 상봉〉

답_ 정부에 바라는 것은 무조건 통일이요. 어떻게 됐던 간에. 근데 자유로운 통일이 돼야 해. 지금 이북처럼 요리조리 피해가지고 생활을 하는 것보다 모두 까놓고 생활을 할 수 있는 그런 통일이 돼야 하는 거지. 이 나라는 다 개방이 됐는데 김정일 정부는 아직도 안 됐다 말이야. 육해 · 공군만 박수치고 열병하는 그런 식의 통일은 아니야. 아주 톡 까놓고 서로 우리나라하고 다 얘기해야 한다고.

○ 피랍자에게 전하는 말

답_ 아저씨, 어떻게 생활한지는 모르겠지만 이 남쪽으로 오십시오. 오시면 잘 모시려고 합니다. 보고 싶고 어떻게 된 건지 그 결과를 알고 싶어서 이 문을 두드리는 겁니다.

2005. 10. 25 채록

051025A 류 인 홍(柳寅弘)

피랍인

생년월일: 1902년 7월 7일
출생지: 충남 금산군 진산
당시 주소: 서울시 종로구
피랍일: 1950년 9월 25일경
피랍장소: 서울 종로구 관철동 33번지 8호
직업: 평택경찰서 서장, 한민당 사무국장
직계/부양가족: 배우자, 자녀 5남
외모/성격 : 체격이 크고 호남형

증언자

성명: 류무열(1936년생)
관계: 아들
증언성격: 직접증언 ☐ 간접증언 ☑

특이사항 (납치주체/상황/원인)

- 평택 경찰서장이자 한민당 사무국장이었던 피랍인은 서울 자택에 숨어 지내다가 9월 25일경 사복을 입은 사람에 의해 연행된 이후 소식 없음.
- 이후 피랍인의 아들 3명도 의용군으로 끌려갔다가 첫째, 셋째는 고향으로 돌아오고, 둘째 류광열은 북에 거주함, 2004년 적십자사 이산 가족 상봉을 통해 가족과 만남.

증언자 요청사항

(對정부) 전쟁 상황을 겪지 않은 위정자들의 반미, 친북 경향이 매우 통탄스럽고, 하루 빨리 피랍인의 유골이라도 모실 수 있도록 내부적인 일들을 처리해줬으면 함.

"그 양반이 6·25 사변 나기 전까지 서장을 했어요. 그래서 내가 경찰서로 알아봤어요. 우리 아버지가 거기서 서장을 했는데 '재직한 근거가 있지 않느냐' 했더니 없대요. 나보고 또 '경찰청으로 알아보라' 이거야. 그래서 그리로 전화했더니 '여기도 근거가 없다'고 '평택으로 알아보세요' 하더라고. 제복은 있었는데 6·25 때 혹시 걸리면 문제될까 봐 태워버린 거죠."

"제일 비참한 것이 금산경찰서 수사계 아이들이 나한테 와서 묻는 거야. '아버지 소식 듣느냐?' 애들이 나를 의심하는 겁니다. 아버지가 좌익에 있다가 내려와서 활동을 하는가? 그러고 몇 년 동안을 애들이 나는 모르지만 오고 가고 추적을 하는 것 같아. 그러다가 내가 시골에서 군대를 갔다 오니까 내가 제대한 걸 알고 또 온 거야."

○ 직업 및 활동

〈평택 경찰서장이자 한민당 사무국장이었음〉

답_ 납치당할 무렵에는 평택경찰서 서장으로 계시면서 한민당 사무국장을 겸직하셨어요. 그 당시 야당 총재까지 하신 유진산씨가 우리 5촌당숙이셨어요. 한국 민주당은 한국 민주 청년단으로 좌우파 갈등이 있을 때 우파로 활동을 많이 했었죠.

○ 납북 경위

〈전쟁 직전 평택에서 서울로 올라와 집에서 숨어 지내다가 9월 25일경 아들의 얼굴을 아는 사람이 그에게 집을 물어 찾아내 연행〉

답_ 우리 아버님하고 그 밑에 있던 친구들인 거 같아요. 우리집에 자주 왔다갔다 하던 사람들인 것 같은데 나는 어려서 잘은 몰랐어요. 그런데 이 양반이 나를 보고 "야 너 유인홍씨 자제분 아니냐" 어떤 사람이 그러더라고. 집이 어디냐길래 관철동이라 했더니 같이 갈 수 없느냐고 해서 알려줬어요. 그러니까 결국은 내가 신고를 한 거나 마찬가지야. 그것이 지금 한이 되는 겁니다.

사복을 입었으니까 난 누군지도 모르고. 그때가 9월 25일인가 그랬어요. 우리 아버지가 납치당한 날짜가. 그래서 내가 몇 번지다 집까지 알려줬어요. 알고 보니 얘들은 전향했나 봐요. 나를 아는 것을 보니까.

그 당시 관수파출소라고 있었어요. 아버지가 그리로 납치당했다고 그래서 깜짝 놀라서 막 뛰어갔어요.

아, 이놈들이 조사를 하면서 구두주걱 같은 걸로 머리를 때리는 것을 유리창으로 봤어요. 바른대로 얘기하라고 그러는 것 같아. 내가 들어가지는 못하고, 조사받는 걸 보다 못 봐서 집으로 돌아왔어요. 그랬다가 저녁에 다시 갔어요. 아버지가 안 계셔서 "어디로 갔습니까" 하니까 가회동에 2층 건물 그리로 옮겼다 이거예요. 어머니가 옷하고 담배하고 좀 갖다 드리라고 해서 가지고 갔더니 안 계신 거야. 완전 비어 있어요. 알고 보니까 내무부 치안국이 을지로 입구에 있었어요. 거기에 소위 반동분자들 있다 그래요.

거기 지하실에 가뒀대서 가봤더니 시끌시끌해요. "혹시 유인홍씨라고 있냐" 했더니 "국립 도서관 그리로 갔을 거다. 그리로 가봐라" 해서 그리고 가봤더니 트럭에 사람들 막 싣고 어디로 가는 거야. 그래서 어디로 끌려가는가 싶어서 차 입구 쪽으로 갔는데 뵈질 않는 거야. 차가 수십 대 가는 거야. 그래 지금도 내가 왜 그 녀석하고 마주쳐서 그리 됐는지 한이 돼요.

문_ 그럼 집에서 피신 중이었나요?

답_ (자택) 지하실에 숨어 살다가 수염이 기니까 어머니가 깎아주고 그러기도 했어요. 그런 상태에서 끌려갔어요.

문_ 경찰서장까지 했으면 신변의 위협을 느꼈을 텐데 왜 더 멀리 피난을 가지 않았나?
답_ 피신을 가족 때문에 평택에서 서울로 올라왔어요. 와서는 전쟁이 나고 이제는 내려갈 수가 없지. 그때만 해도 몰랐죠. 방송은 애들이 "괜찮다, 괜찮다. 38선을 뚫고 내려왔다"만 얘기했지 피난을 해라 그런 얘기는 없었어요. 그러니 그 다음날 한강 철도는 폭파됐지 어디로 또 가느냐고.

○ 납치 후 소식

〈전혀 없음〉

문_ 그 이후 찾아보려는 노력은?
답_ 사실은 제가 제대하고 하도 맘이 그래서 문산까지 갔었어요. 넘어가려고. 넘어가서 아버지 좀 만나야겠다는 마음에. 지금도 그래요. 내가 왜 태어나서 아버지 납치되게 했는지. 나만 그때 동네 안 나갔으면 싶은 게….

○ 호적정리

〈미정리〉

답_ 호적정리 안 돼 있죠. 호적에 아버지는 행불로 돼 있어요.

○ 연좌제 피해

〈지속적으로 경찰들에게 감시당함, 취직 어려움〉

답_ 시골에 가서 산 후로는 소식을 몰랐는데 제일 비참한 것이 금산경찰서 수사계 아이들이 나한테 와서 묻는 거야. "아버지 소식 듣느냐?" 얘들이 나를 의심하는 겁니다. 아버지가 좌익에 있다가 내려와서 활동을 하는가? 그리고 몇 년 동안을 얘들이 나는 모르지만 오고 가고 추적을 하는 것 같아.

그러다가 내가 시골에서 군대를 갔다오니까 내가 제대한 걸 알고 또 온 거야. 내가 "어려서는 몰랐지만 나도 성인이 됐다. 아버지 잃고 맘 좋은 사람이 어딨느냐? 너희들은 집에 납치당한 사람이 있는지 없는지 모르지만 나는 빨갱이 땜에 고생을 숱하게 한 사람인데 알려면 너희들이 직접 추적을 하든지 하지 가족한테 물어보면 이제 겨우 잊을라 하고 있는데 자꾸 물어보면 내가 뭐가 되겠느냐? 나는 몰라. 절대 오지를 마라" 아주 한 마디를 했습니다.

또 취업은 할래야 할 수도 없는 거죠. 근근히 서울 와서 동국대 정외과를 졸업했는데. 그러다 뭘 해도 안 돼. 취직이. 오죽해야 제대하고 나서 부산으로 가서 하역 작업을 했죠. 하여튼 고생을 말할 수 없이 하다가 서울로 다시 와서 노동일 하고…. 1960년도 말 그때 당시 우리나라 경제가 엉망이었다구.

○ 정부의 노력

〈없었음〉

문_ 신고는 하셨나요?
답_ 신고는 그때 중앙청인가 어디서 왔었어요. 12월인가에 나와서 묻더라고. 그래서 전부 다 진술을 했어. 그걸 집에서 했나 적십자사에서 했나 어쨌든 거기서 그대로 진술을 해줬죠.

문_ 경찰서장까지 하셨는데 정부의 도움은?
답_ 그 양반이 6 · 25 사변 나기 전까지 서장을 했어요. 그래서 내가 경찰서로 알아봤어요. "우리 아버지가 거기서 서장을 했는데 재직한 근거가 있지 않느냐" 했더니 없대요. 나보고 또 "경찰청으로 알아보라" 이거야. 그래서 그리로 전화했더니 "여기도 근거가 없다. 평택으로 알아보세요" 하더라고. 제복은 있었는데 6 · 25 때 혹시 걸리면 문제 될까 봐 태워 버린 거죠.

○ 정부에 바라는 점

〈전쟁 상황을 겪지 않은 위정자들의 반미, 친북 경향이 매우 통탄스럽고, 하루 빨리 유골이라도 모실 수 있도록 내부적인 일들을 처리해줬으면 함〉

ㅇ 피랍인에게 전하는 말

답_ 아버님, 얼마 안 가서 아버님 곁으로 가게 되면 아버님께 사죄를 해야 되지 않을까 생각하면서 세상을 지냈습니다. 아버님, 죄송합니다. 이 불효를 용서하십시오. 머지않아 아버님 곁으로 가서 사죄 드리겠습니다. 저 세상에서 그동안 편히 지내십시오.

ㅇ 특이사항

〈피랍인의 아들 3인이 의용군으로 끌려갔다가 첫째, 셋째는 고향으로 돌아오고 둘째 유광열은 북에 거주, 재작년 적십자사 이산 가족 상봉을 통해 만남〉

답_ 형제가 남자만 5형제였어. 큰형, 작은형, 셋째형은 의용군으로 끌려갔다가 둘째는 이북으로 넘어가고 첫째하고 셋째만 안 넘어가고 집으로 시골로 온 거죠. 둘째 류광열은 의용군으로 단국대 3학년인가 재학 중에 끌려간 거야. 6 · 25 무렵에 큰형하고 이태원인가 살았다고. 나중에 끌려서 의용군으로 간 거를 알았지. 그러니까 6 · 25 사변 나고 7월달에 그랬어요. 그래서 제가 작년, 재작년에 이산 가족 쪽에서 상봉을 했어요. 금강산에서 만났어요. 그랬더니 오히려 아버지 소식을 나한테 묻는 거야. 나는 그쪽에서 있나 했더니….

둘째형은 영어를 잘했어요. 그러면서 보니까 미군 잡아오면 통역시키고 그래줬단 말이야. 그러다가 애들한테 부역했다 그래가지고 9 · 28 수복이 되니까 같이 끌려간 거 같아요. 그래서 거기서(이산가족 상봉) 만난 거예요. 그 양반은 의용군으로 끌려간 건 아니고 내무소 통역관으로 있었던 거지. 부역을 한 거지.

그리고 나서 나중에 물어보니까 "미군에서 잡아오면 내가 나쁘게 통역 안 했다. 나쁘게 말해도 좋게 말해주고 그랬다"고 자기가 실토를 하더라구 그때 금강산에서 만났을 때. 한 사람이 꼭 붙어다녔는데 없을 때 살짝 그런 비밀 얘기도 하고 했죠.

2005. 10. 26 채록

051026A 정 구 연(鄭求然)

피랍인

생년월일: 1921년 음력 5월 21일
출생지: 경기도 경안
당시 주소: 서울시 행당동 257-5
피랍일: 1950년 8월 28일
피랍장소: 모름
직업: 민보단 단장
경력: 양복점 근무
직계/부양가족: 부모님, 남동생 2, 배우자, 자녀 2남
외모/성격 : 유하고 아량이 넓고 인정이 많음.

증언자

성명: 민덕순(1922년생)
관계: 배우자
증언성격: 직접증언 ☐ 간접증언 ☑

특이사항 (납치주체/상황/원인)

- 민보단 단장으로 활동했고, 김구 선생 문하생이기도 했음. 7월 2일에도 민보단 일을 보러 나갔다가 돌아오지 못함.
- 막내동생 정용택씨도 의용군을 회피했다가 잡혀가서 총살당함.

증언자 요청사항

(對정부) 피랍인 생사확인 및 사망시 유골 송환

"대한민국 애국자 됐다가 잡혀간 거야. 걔네들은 빨갱이니까. 민보단 단장이고, 김구 선생 문하생으로 있고 이런 게 다 이유가 돼서 잡아간 거야. 거기서 책도 받아와서 여러 권 있었는데 나중엔 무서워서 강물에다 다 버렸어. 김구 선생한테 공부한다면 혜택이 있을까 했더니 그게 아니고 더 나쁘더라구."

"막내시동생이 의용군을 회피했다고 잡아갔는데 어떻게 말을 잘해서 일단 나왔어. 그후 응봉동 누나네 마루 밑에 숨어서 뉴스를 듣고 '국군이 어디 왔다 어디 왔다' 이런 거를 전하고 했어. 그러다 동네 여자들한테 밀고당해서 열아홉에 막내시동생이 잡혀갔지. 둘째형이 성동내무서에 찾아갔더니 반공골이라고 양쪽으로 문이 있는데 거기에 두 아이를 넣어놓고 양쪽으로 총을 쐈대. 그때가 8월 15일. 걔네 갈 무렵, 13일에 잡아다 죽이고 간 거야."

○ 납북 경위

〈민보단 단장으로 활동하던 중 7월 2일에 나갔다가 돌아오지 못함〉

○ 납치이유

〈민보단 단장으로 활동했고, 김구 선생 문하생이었음〉

답_ 청년단 민보단 단장할 때 내무서에서 순경들이 모르는 사람이 없고, 행당동에서는 청년으로 알아주던 사람인데. 그중에 또 빨갱이 물이 섞인 사람들 사이에 "정구연이 잡아다 죽여야 된다. 대한민국의 애국자다"라고 소문이 났고, 그렇게 투서가 자꾸 들어왔대요. (납치된) 이유가 대한민국 애국자 됐다가 잡혀간 거야. 걔네들은 빨갱이니까. 민보단 단장이고, 김구 선생 문하생으로 있고. 이런 게 다 이유가 돼서 잡아간 거야. 거기서 책도 받아와서 여러 권 있었는데 나중엔 무서워서 강물에다 다 버렸어. 김구 선생한테 공부한다면 혜택이 있을까 했더니 그게 아니고 더 나쁘더라구.

○ 납치 후 소식

〈소식 없음〉

문_ 찾아보진 않으셨나요?
답_ 나중에 보니까 서대문형무소에서 누가 거기서 나오면서 "정구연이도 며칠 안 있으면 나올 거라"고 하더니, 어기 폭격이 심하니까 전부 잡아갔대. 그렇게 한 달 후에 소식은 들었는데 서대문형무소에 있는 사람들을 '철사 줄에 묶여' 하는 노래도 있잖아. 그렇게 묶여갔다 그래. 내가 우리 작은아들을 업고 서대문형무소로 갔는데 거기서 빨갱이들이 총들을 들고 서서 꼼짝 못해. 어디 가서 물어볼 데도 없고 말 한 마디 걸어볼 데가 없어. 그래서 다 저녁 때 되어서 도로 왔지.

○ 남은 가족의 생활은?

〈피랍인 막내동생 정용택씨도 의용군을 회피했다가 잡혀가서 내무서 반공골에서 총살당함. 이후 피랍인의 아내와 부친이 가게를 운영하면서 생계를 꾸려감. 자식을 잃은

어머니는 마음의 병을 얻어 계속 누워계시다가 돌아가심〉

답_ 막내시동생이 의용군을 회피했다고 잡아갔는데 어떻게 말을 잘해서 나왔다고. 그랬더니 나중에 뒤로 또 잡아갔어. 응봉동에 누나가 살았는데 누나네 마루 밑에 숨어 있었거든. 거기서 친구하고 둘이 숨어서 뉴스를 듣고 "국군이 어디 왔다. 어디 왔다" 이런 거를 전하고 했어.

그러다 그 친구 집이 고 밑인데 걔가 집에서 오다가 보도연맹인가 인민청인가 거기 여자들이 보고 반동이 있다고 내무서에다 일렀어. 그래서 잡혀갔지. 열아홉에 막내시동생이. 둘째형이 성동내무서에 찾아갔더니 반공골이라고 양쪽으로 문이 있는데 거기에 두 아이를 넣어놓고 양쪽으로 총을 쐈대. 그때가 8월 15일. 걔네 갈 무렵, 13일에 잡아다 죽이고 간 거야. 그래서 자식들을 가슴에 묻은 우리 시어머니는 신음병이 들어서 마르고, 말할 수도 없이 고생하다 돌아가셨어.

문_ 피난은 안 가셨나요?
답_ (남편 납치되고 나서) 피난을 자양동으로 갔다가 다시 들어왔다가 할아버지는 고향 경안으로 가다가 용인까지 갔다가 애들이 너무 울고 춥고 해서 갈 수가 없어. 그래서 거기 있다가 3월에 다시 들어왔어. 전쟁 이후에 우리 어머니는 매일 아프시니까 내가 나갈 수는 없고 하숙을 16년을 하고, 쌀가게, 잡화가게를 시아버지하고 8년인가를 해서 돈은 곧잘 벌고 먹고 살았다고. 그러니까 시아버지하고 나는 돈을 벌면서 그냥 살았는데 우리 시어머니는 방 속에서 고민만 하니까 빨리 돌아가신 거야.

○ 호적정리

〈행방불명으로 처리〉

○ 정부의 노력

〈없었음〉

문_ 신고는 하셨나요?
답_ 우리 시아버지가 적십자사에도 신고해 놓은 것도 있고…. 그래도 소식이래도 들을까 봐 해서 우리 아버님도 갖은 백방으로 노력하셨지만 캄캄이야.

문_ 정부의 노력은 없었는지?

답_ 내 친구들도 납치당해 간 양반 가족이 더러 있는데, 그이들도 국군포로고 하는 사람은 혜택이 있는데 이 납치자들만 아무런 혜택이 없어. 이래저래 억울하게만 된 거야. 도리어 우리 아들들 학교 다닐 때 R.O.T.C.도 그것 땜에 못 간 거야. 오히려 아버지를 의심을 하는 거야.

○ 연좌제 피해

〈피랍인 자녀가 군입대 등에서 신원조회로 곤란을 겪음〉

○ 정부에 바라는 점

〈피랍인 생사확인 및 사망시 유골 송환〉

답_ (민덕순)
내가 바라는 건, 이제 와서 돈을 해 뭐해. 자식들하고 사는데. 진작엔 그런 생각을 했어. 국군이건 납치된 사람이건 대한민국 일 보다 죽은 거 똑같은 거 아닌가. 그런 사람들 만나면 그렇게 얘길 했어. 없어서가 아니라 너무 억울해서. 나는 이제 아무것도 안 바래. 자식들만 건강하게 잘살라 말하고.

답_ (장남 정승의)
이제는 욕심은 없고 어디서 묻히셨는지 소식이라도 알아서 뼈라도 찾을 수 있으면 좋고. 가족들과 함께 모실 수 있으면 좋겠어요.

○ 피랍인에게 전하는 말

답_ 한 번만 보면 죽어도 원이 없겠어. 우린 싸움 한 번 안 해보고, 서로 싫은 소리도 안 해봤어. 잘해야만 되는 줄 알고 식구한테 전부 잘했으니까. 만나면 고생한 얘기 다 나오겠지. 나는 고생을 너무 많이 해서 그 고생한 얘기 한 번만 다 하고 죽었으면 원이 없겠어.
그때 고생할 때도 고생을 달게 알고 했다고. 나중에 만나면 다 얘기하려고. 이제 할아버지가 나이가 여든여섯이야. 그러니 사셨겠어? 차라리 국군 나가서 덜컥 죽은 사람보다 이게 사람 말려 죽이는 일이야. 어디 가서 말 한 마디 못하고.

2005. 10. 28 채록

051028A 박 성 우(朴性宇)

피랍인

생년월일: 1909년 4월 15일
출생지: 경북 상주
당시 주소: 서울 용산구 용문동
피랍일: 1950년 7월 추정
피랍장소: 자택
직업: 제 2대 국회의원
학력: 상주공립농잠학교
직계/부양가족: 배우자, 자녀 7남매
외모/성격 : 유화적이고 화술이 좋음.

증언자

성명: 박두곤(1933년생)
관계: 장남
증언성격: 직접증언 ☐ 간접증언 V

특이사항 (납치주체/상황/원인)

- 제 2대 국회의원으로 대한잠사회 중앙위원, 대한농민회 중앙위원을 역임.
- 상주 지역에서 영향력 있는 인물이었던 피랍인은 서울 용문동 처제 집에 거주하던 중 6 · 25를 맞음.
- 한강 다리가 끊어져 피난을 못하고 서울에 있다가 세 명의 북한 조직원이 찾아와 잠깐 물어볼 말이 있다며 데려간 뒤 소식 없음.
- 적십자사에서 피랍인이 1956년 북한에 있는 남북촉성회에 있다가 협동농장으로 옮겨졌다는 공문을 받음.
- 2005년 7월 27일 「동아일보」를 통해 평양에 있는 62기 묘지에 '1954년 2월 4일자 서거' 라고 쓰인 묘비 발견, 그러나 두 자료 사이에 연차가 나서 확실한 사망일 확인이 어려움.

증언자 요청사항

(對정부) 6 · 25 당시 거짓 방송으로 국민을 기만한 것에 대한 사죄, 피랍인 생사확인, 유골 및 생존자 송환 및 특별법 통과를 통한 납북인사 명예 회복

"한강 폭파한 사람, 길을 막은 사람, 그러다가 약삭빠르게 돌아선 사람은 애국자가 되고, 이 나라 정부를 믿고, 국가를 믿고, 대통령 믿고, 어수룩하게 애국하던 사람은 서울에 갇힌 독 안에 든 쥐 신세가 되어 지난 반 세기 죄가 없으면서 죄인이 되고 가난의 형벌, 명예의 형벌을 받고…."

"「동아일보」에 평양에 62기 묘지가 있다는 기사를 봤어요. 62기 묘지 제일 마지막에 사진도 없이 아버지 묘비가 있었어요. 다른 사람은 출생하고 이런 게 나와 있는데 우리 아버지 묘비에는 박성우 선생 이름하고 밑에 '1954년 2월 4일 서거'라고만 쓰여 있었어요. 그 묘비가 찍힌 사진을 보고 종이짝 하나지만 많이 울었습니다."

○ 직업 및 활동

〈대한민국 제2대 국회의원, 대한잠사회 중앙위원, 대한농민회 중앙위원을 역임, 상주 지역에서 영향력 있는 인물이었음〉

○ 납북 경위

〈제2대 국회의원으로 서울 용문동 처제 집에 거주 중이던 피랍인은 잠시 인천에 갔다가 6·25를 맞아 급히 국회로 돌아옴. 이후 곧바로 한강 다리가 끊어져 피난을 못하고 서울에 있다가 세 명의 북한 조직원이 찾아와 잠깐 물어볼 말이 있다며 데려감〉

답_ 따라가셨던 아저씨 한 분이 돌아왔거든요. 그때 피랍 당시는 같이 안 있어서 몰랐지만 6월 24일인가 토요일에 인천에 아는 분이 있어서 갔어요. 거기서 6·25를 맞은 거예요. 그래서 아버지 혼자 다시 급히 국회로 돌아오니까 이미 국회는 없어지고, 또 시골서 국회의원 되어서 왔으니 아버지는 어떻게 됐든 우리나라 대통령 이승만 박사 말을 믿고 라디오 들으니까 "시민들 안심하라" 하지 그러니까 우왕좌왕 하다가 한강 다리 끊어지고 그러다 보니 못 넘어오셨죠.

이모에게 들은 얘기로는 어느 날 민청 단원인지 북한 조직원들이 "잠깐 물어볼 말이 있으니 동행합시다" 해서 와이셔츠 바람으로 고무신을 끌고 가셨다던가 그래요. 세 사람 정도가 왔더래요. 그때 뭐 이모가 정치적으로 식견이 있는 분이 아니라서 소속이나 신분증을 구체적으로 물을 수도 없는 거고 그게 마지막이었다고 해요. 7월경인데 정확한 날짜는 모른대요.

○ 납치이유

〈2대 국회의원이라는 신분 때문〉

답_ 국회의원이기 때문에. 그리고 만약 우리 가족이 모두 서울에 있었으면 우리 가족이 숨겨주고 도망할 길을 마련해줬을 텐데, 혼자 정보의 차단, 대한민국 정부가 내보내는 전파 방송을 믿은 우직한 촌스러움 때문에 납치된 건데 만약 우리 가족이 서울에 있었으면 절대 납치 안 됐을 겁니다.

아버지는 절대로 사상적으로 저쪽이 아니고, 아버지의 막연하게 들은 정견 발표나 연설을 보면 이승만 개인은 그렇게 숭배하지 않은 것 같지만 그때 우리나라의 반공에 대해서는 투철한 의지를…. 절대로 사상이 불순해서 그렇게 된 것은 아니고, 결국 그러니까 정부를 믿고, 국가를 믿고, 대통령 믿고, (피난) 안 간 사람들이 한강 폭파 때문에 넘어가지 못했다는 겁니다. 그러면 그 책임은 만약에 피난할 길이 여러 개 있는데 안 가고 붙잡혀갔다면 그건 한 50%는 납북이냐 월북이냐 의심을 해야 되죠.

그런데 '독 안에 든 쥐' 신세가 된 사람을 저쪽에서 뽑아서 데려갔는데 어떻게 그들이 빨갱이입니까? 그러니까 폭파는 하나님이 한 것도, 지하 공작원도 아니고, 우리나라 국가가 한 것 아닙니까? 한강 폭파한 사람, 길을 막은 사람, 그러다가 약삭빠르게 돌아선 사람은 애국자가 되고, 이 나라 정부를 믿고, 국가를 믿고, 대통령 믿고, 어리숙하게 애국하던 사람은 서울에 갇힌 '독 안에 든 쥐' 신세가 되어 지난 반 세기 죄가 없으면서 죄인이 되고 가난의 형벌, 명예의 형벌을 받고.

○ 납치 후 소식

〈풍문으로 1950년대 후반 협동농장에서 봤다는 소식 이외는 전무하다가 최근 들어 적십자사에서 '박성우씨가 1956년 북한에 있는 남북촉성회에 있다가 협동농장으로 옮겨졌다'는 공문을 받음. 이후 2005년 7월 27일 「동아일보」를 통해 평양에 있는 62기 묘지에 '1954년 2월 4일자 서거'라고 쓰여진 박성우씨의 묘비 발견〉

답_ 소식 없었다. 단 하나 상주에 조 모씨가 간첩으로 넘어와서 1950년대 후반에 자수를 했는데 직접 우리 가족을 불러 이야기했으면 좋았을 텐데. 그저 풍문에 "아버지를 협동농장에서 봤다. 아마 돌아가셨을 것이다" 라는 얘기를 전해 들은 적이 있다. 나는 오히려 내가 철이 들고 대학을 졸업하고 사회 활동을 하면서 아버지한테 노크가 오기를 바랐어요. 그렇게 하면 아버지는 나를 간첩으로 만드는 거겠죠.

노크를 하면. 그러나 노크가 없는 걸 보면 돌아가시지 않았나 싶어요. 이북에서 어떻든지 아버지를 이용을 할 텐데 그 이용을 하지 않는 걸 보면 혹시 아버지가 돌아가셔서 그렇지 않은가 싶어서 일찍 돌아가셨으리란 심정을 어릴 때부터 가지고 있었죠.

문_ 당시 적십자사 등에 신고는 하셨나요?
답_ 적십자사에 대해서는 저는 불신을 많이 갖고 있어요. 왜냐면 우리나라 적십자사가 과연 무엇을 했나 하고, 1957년도에 우리 가족회(현재 가족회의 전신)에서 만든 자료가 결국은 적십자사 창고에 곰팡이가 슬어 사장된 것 외에는 아무 결과가 없었어요. 그러니까 적십자사를 믿지 않고 대한민국 정부도 믿지 않고 그렇기에 어디에 호소할 것인가. 그래서 일체 거기에 대해 함구하다가 최근 들어서서 언론이나 김대중 전 대통령이 김정일과 포옹하던 뒤에는 생쥐도 드나들 수 없던 문이 조금은 열려서 왕복을 하니까 적십자사에 아버지에 대한 생사 · 조치 등을 알아보려고 노력을 했죠.

노력해본 결과 동생이 상주에 소속된 단체 이름으로 아버지에 대한 생사여부를 질의했더니 1956년도에 남북촉성회인가 하는 조직에 있다가 1957년도에 아버지가 저쪽 정책에 대해 수긍을 하고 따라주고 했다면 협동농장에 가지 않으셨을 텐데 조금은 그쪽 정책에 비판적이었으니까 징역택으로. 안 그러면 왜 국회의원을 협동농장으로 보내겠어요? 가서 좀 반성하라 그거 아니겠어요. 그런 공문을 정식으로 받은 일이 있죠. 공식적으로 대한민국의 조직체에서 아버지에 대한 공문을 받은 게 그것이 처음이자 마지막이죠.

문_ 최근 묘비가 확인되었다고 하던데?

답_ 7월 27일자 「동아일보」에 평양에 62기 묘지가 있다는 기사를 봤어요. 그것을 보고는 기자와 연락을 했더니 기자가 민족 21 기자를 소개해줘서 거기서 사진을 입수했어요. 아버지가 62기 묘지 제일 마지막에 사진도 없이 묘비만 보여. 그 묘비에는 이름하고 다른 사람은 출생하고 이런 게 나와 있는데, 우리 아버지 묘비에는 박성우 선생 이름하고 밑에 '1954년 2월 4일 서거' 라고만 쓰여 있었어요. 그 묘비가 찍힌 사진을 보고 종이짝 하나지만 보고 많이 울었습니다.

그래서 대한적십자사에서 보낸 아버지의 1957년에 협동농장에서 간 것과 묘비에 새겨진 서거 연도와 맞지도 않고 또 여태는 돌아가셨는지도 모르는 아들이 묘비를 보고 가족으로서 참배를 해야 되겠다 해서 통일부 장관에게 탄원서를 썼어요. 그랬더니 '그냥 노력하겠습니다. 귀하의 딱한 사정에 심심한 위로를 보냅니다' 라고 답변서가 왔어요. 그것도 장관이 직접 보지도 않고 과장 선에서 결정돼서 답변이 왔습디다. 희망적인 것도 아니고 애매모호하기 짝이 없는 답변을 듣고 무척 실망했고, 실은 거기 가서 술 한 잔 놓고 꽃 한 송이 바치고 절을 한다 한들 한이 풀리겠습니까만은 그래도 죽기 전에 하고 죽어야 하지 않겠나.

○ 남은 가족의 생활은?

문_ 아버님이 납북당하시기 전 가정 형편은 어떠셨어요?

답_ 넉넉한 편은 아니었지만 시골에서는 중농 정도, 아버지 계실 때는 남한테 아쉬운 소리 안 하고 살 정도로의 재력을 가지고 있었는데, 아버지가 가시고 난 뒤로는 제일 나이 많은 사람으로는 20살 누나와 내가 18살, 그 밑에 총총히 동생들, 아직까지 아버지 얼굴도 모르는 젖먹이 7남매에게 6 · 25란 참사 때문에 가난이 들이닥쳤죠.

문_ 그러면 아버지 납치 후 가족들의 생활은?

답_ 누님이 여자사범에 들어가서 4년 하고는 정교사 자격증을 따서 학교 교편 생활하기 시작했어요. 누님이 받는 월급으로 7남매 겨우 살고, 그럼 나는 무슨 돈으로 서울대 갔느냐 하면 완전히 독학으로 들어가서 아르바이트해서 고학하고 그렇게 했죠. 그러다 보니 머리 좋은 동생들 두하(동생)는 중학교도 옳게 못 나왔어요. 수필가 박순애(동생)도 중학교 겨우 나왔어요. 전부 다 조금만 뒷받침됐으면 대한민국에서 내로라 할 싹들이 초기에 좌절되고 꺾이고. 그래도 능력이 있으니까 노력해서 이제 겨우 개성을 살려서 살고 있죠.

만약에 6 · 25라는 전쟁이 일어났다 하더라도 국가나 정부에서 조금만 옥석을 가려서 '이 사람은 정말 사상 있는 요주의 인물이다, 이 가족은 그렇지 않다' 그 가족에 대해 조금만 지원을 해줬더라도…. 비단 그러한 가족이 우리 가족에게만 국한됐다고 보지는 않는다. 모든 납북인사가족이 그 중에 혹시 몇 퍼센트의 예외는 있겠지만 거의가 똑같은 처지를 겪지 않았나 생각합니다.

문_ 많이 어려우셨습니까?

답_ 계속 어려웠죠. 지금도 어렵죠. 제가 공대를 나왔지만 농사를 잘 지어요. 왜냐면 어머니 혼자 고생하실 때 어머니를 그냥 둘 수 없어서 어머니를 도와 농사를 많이 지었어요. 그때 어머니하고 함께 농사지은 덕분에 지금 내가 정년퇴임하고 시골 내려가서 농사짓고 있죠.

○ 연좌제 피해

〈친척의 승진, 직계 자녀들의 해외유학의 어려움 및 정부의 감시 등으로 괴로움을 겪음〉

답_ 확실하지는 않지만 우리 자형이 경위에서 끝냈어요. 왜냐면 납북인사의 사위라는 이유 때문에 그것이 딱히 증명할 것은 없지만 또한 그렇게 정권이 어수룩하지는 않을 겁니다.

우리 사촌형이 경찰 전문대학 나오고 경찰서장하고 총경에서 끝이었어요. 그 사람들 능력은 경무관 치안관까지 될 수는 있지만 단 하나 피랍인 가족이라는 이유 때문에 그렇지 않은가 생각합니다.

문_ 연좌제 피해가 심했습니까?

답_ 대한민국 국회도 그렇고 정부도 그렇고 제헌국회의원이면 자기들 선배 아닙니까. 자기네들 대선배들이 초대, 2대 합쳐서 거의 60여 명 되는데 지금 생사도 모르는데 전혀 엉뚱한 일만 하고 있지 않습니까? 지금도 그런데 그 전에 우리나라 보안법이 아주 서슬 푸르고 하던 군사 독재시절에 어땠겠어요? 가족들은 입도 뻥긋할 수 없었죠. 제가 공무원 시절에 독일에 건축에 대한 기술 수준 향상을 위해 연수를 간 적이 있었는데, 나중에 알고 봤더니 그때 금성통신에서 날 독일에 보내주려 추진을 했는데, 그때 금성 통신 직원이 나에 대한 신분을 체신부 이사급 이상 8명의 도장을 받아서 제 여권을 만들었다고 합니다.

왜? 아버지가 납치된 신원특이 가족이기 때문에. 호적에 빨간 줄은 안 그었지만 그것 이상으로 신분상의 불이익을 받았어요. 외형적으로 사찰을 받았다든가 조사를 받았다든가 하는 것은 내 행위가 없으니 없었지만, 그럼에도 불구하고 포괄적으로 납치된 가족은 그 사람이 색깔이 빨갛건 파랗건 노랗건 아무 의미가 없었어요.

아무리 대한민국에 충성스러운 가족이라 하더라도 똑같은 빨갱이 가족처럼 불리한 대우를 받고 눈에 보이지 않는 탄압을 받고…. 보세요. 하나의 국가공무원을 외국에 한 번 내보낸다고 이사급 인사 여덟 사람 이상의 도장을 받아야 대한민국을 떠날 수 있는 체제하에서 뭘 할 수 있겠습니까?

○ 호적정리

〈미정리〉

답_ 호적정리를 할 수가 있나요? 호적에는 돌아가신 날을 명기해야 하는데 돌아가신 날의 명기 없이는 호적정리가 되지 않기 때문에 감히 지금 아버지가 돌아가신 것을 막연하게 확인한 지금에도 호적정리가 되지 않은 것은 만약 이북에서 만들어진 서거 일자가 진실된 것이라고 확인하기 이전에는 아버지의 서거 일자를 1954년 2월 4일로 할 수 없고, 통일부 장관에게 "아버지의 서거된 날짜를 모르고서야 어떻게 자식 된 도리를 하겠습니까" 물었지만 그거 하나도 밝히겠다는 일언반구의 답변이 없었습니다.

○ 정부의 노력

〈없었음〉

○ 정부에 바라는 말

〈6 · 25 당시 거짓 방송으로 국민을 기만한 것에 대한 사죄, 피랍인 생사확인, 유골 및 생존자 송환 및 특별법 통과를 통한 납북인사 명예 회복〉

답_ 시골서 국회의원이 되셔서 단신으로 상경하셔서 정보에 대해서도 캄캄하고 같은 이웃도 없고 믿는 것은 방송, 언론 매체들이나 조갑제 선생이 쓴 기사를 종합적으로 판단해 보건데, 이것은 국가에서 책임질 부분이라 생각합니다. 시민의 안전을 책임질 정부가 도망을 가서 방송 테이프를 틀어놓고 시민들을 기만하고, 벌써 이미 미아리가 점령됐는데도 의정부에서 반격을 한다는 거짓 방송을 하면서 시민들의 동요를 막겠다는 그 목적 하나만 가지고 그렇게 한 것은 국가에서 책임을 지고, 국가에서 거기에 대한 사죄라든가 지금 사죄할 사람은 다 죽어 없어졌지만 그래도 명백히 국가가 유지되어 오니까 잘했건 못했건 인정을 해야 한다. 그렇게 해야만 그 이후 억울하게 붙잡혀간 사람들의 심적 고통이라든가 불명예스러운 대접이라든가 이런 한이라도 풀 수 있지 않겠나 생각합니다.

또 국회건 정부건 대통령이건 제일 첫째로는 생사확인, 가족들이 제일 궁금하게 생각하는 생사확인. 저는 그나마 생사는 막연하게나마 확인된 셈이지만 거기 목말라 있을 겁니다. 둘째는 돌아가셨으면 유해 송환. 그리고 생존해 계신 피랍인이 있으면 남쪽으로 넘어오는 걸 원하는 사람에겐 보내주시고 여기서 그것을 추진하시고. 이쪽에서 장기수를 보내주듯이 저쪽에서도 보내줘야 되지 않습니까? 그것을 6자회담을 통해서든지 남북 고위급회담을 통해서든지 문제를 처리해주시고, 그 다음에 가족회에서 제시한 '6 · 25 납북인사 가족에 대한 명예 회복에 대한 법률안' 을 빨리 통과시켜 주시고, 그리고 협의회를 대표한 사람을 비례대표제 국회의원으로 해줘서 국회에서 우리의 발언이 소리를 낼 수 있도록 하는 것이 부탁이고 바람입니다.

문_ 답답한 것이 월북이라고 정부에서 생각하는 건데요?

답_ 그게 바로 키 포인트입니다. 저쪽에서는 그때 당시 김일성이 '이남 인사 모셔오기' 그것이 표현은 '모셔오기' 라고 했지만 표현은 그렇더라도 결국은 '잡아가기' 아닙니까? 이쪽에서 요즘 보면 '김일성의 모셔가기였습니다' 라고 (수긍)하고 있지 않습니까? 우리 정부의 태도가. 만약 납북 얘기를 하면 모든 것이 그동안 쌓은 남북화해 무드가 다 깨지는 것처럼 내일 모레면 이북에서 핵폭탄을 터뜨릴 것같이 겁을 지레 먹고 그게 참 안타깝고. 그렇게 하지 않아도 됩니다.

그렇게 하지 않아도 어차피 저쪽에 비위를 맞춰주지 않아도 망할 건 망하고 사라질 것은 사라집니다. 물론 6 · 25를 겪지 않은 지금 세대들이 참사 이후의 고통을 어떻게 알겠어요? 모르니까 민족끼리니 우리끼리니 조금 좌경사상을 갖고 날뛰고 대한민국 정부가 부추기고 있는 시점에서 우리 가족은 어디 가서 호소를 하겠습니까? 그나마 적십자사라는 것도 독자적 · 도덕적인 의지를 갖고 행위하는 것이 아니라 정부의 시녀처럼 하고 있으니 거기도 기댈 곳이 없고 안타깝기 짝이 없죠.

○ 피랍인에게 전하는 말

답_ 아무 말도 못할 것 같습니다. "아버지" 하고 울부짖을 뿐이고 거기서 무슨 말을 하겠습니까? "아버지, 아버지 저 두곤입니다. 60년을 아버지를 부르면서 지내왔어요. 아버지" 그럴 수밖에 없죠.

○ 1950년대 피랍인 가족회 분위기

〈1956년도에 현재 6 · 25전쟁납북인사가족회의 전신인 가족회가 종로에 생겨 청년, 주부 할 것 없이 적극적으로 참여해 납북 사실을 증명하는 자료를 만들었음. 그렇게 만들어진 자료는 대한적십자사로 보내졌으나 별다른 소득이 없이 창고에 방치됨〉

답_ 1956년도인가에 현재 가족협의회와 비슷한 종로 2가 장안빌딩 2층에 가족회가 있어서 찾아갔었어요. 납북 당시에 아버지나 내 남편, 우리 형이 어떻게 잡혀갔나를 실향조사를 합니다. 그때 가서는 맨 처음 조사대상자로 가서 기록했다가 그 다음부터는 그 사람들이 전부 여자들이 일하고 있길래 딱해서 저도 시간 나는 대로 가족회 일을 도와주고 그랬죠. 그때 "왜 이런 자료를 만드느냐. 무슨 가치가 있느냐" 물었더니 휴전 협정을 하고 나서 이북 대표가 "우리는 전쟁 때 남한 인사를 한 사람도 납치한 일이 없어요. 그 사람들 스스로가 우리 체제를 좋아하기 때문에 우리 체제에 동의하기 때문에 우리가 모시고 왔지 납치한 일이 없다"라고 했을 때 이쪽에서는 반론할 만한 자료가 없었대요. 그래서 반론할 자료로 만들었는데 결국은 대한적십자사 창고에서 어디서 사장이 됐는지 그 이후 죽도록 가족들에게 실향 보고를 들은 것이 아무 빛을 바라지 못하고 있었어요. 그것을 지금이라도 빛을 보게 하려고 여기 이미일 이사장님이 애쓰는 모습이 딱하고 대견스럽고 그래요.

문_ 당시 가족회는 구체적으로 어떤 일들을 하셨는지?

답_ 그때 오늘 여기서 조사하는 것처럼 나이, 6 · 25 사변 당시 납치된 경위, 어떻게 해서 납치된 건지, 이것이 스스로 넘어간 것이 아니고 붙잡혀간 것이라는 것을 증명하려고 하는 자료를 만들려는 목적이 거기에 있으니까 거기에 맞는 보충자료, 설명, 증언 등이 수록이 됐죠.

그때 가족회는 회비도 없었고, 요즘은 그래도 회비라도 조금씩 걷고 또 우리 이사장님이 사비를 많이 털어서 가족회를 운영하고 있는데, 그때는 제가 대학교 졸업반 때인데 저도 뭐 돈도 없었고 그래서 가서 양식에 글을 못 쓰는 가족이 오면 대필해주고 하는 작업을 했어요. 그 일을 계속 해줬죠. 그것이 다 기한이 돼서 끝나고 그때 변영로씨가 아마 적십자사 총재인가였는데 거기 제출하는 것으로 끝을 냈죠.

그래도 그때는 희망이 있었기 때문에 재미가 있었어요. 10년도 안 됐고, 살아 계시리란 믿음 때문에 일들이 참 재미있었어요. 그런데 요즘은 희망이 없어요. 나라 되어가는 꼴을 보니 희망도 없고. 우리 가족협의회 이미일 이사장 혼자 고군분투하는 모습이 딱하고. 그때는 가족회 직원도 꽤 많고 나처럼 동조하는 대학생도 있었고, 젊은 대학생들 와서 북적거리고 아주머니들 전부 다 열심히 일하고, 그때 생각하면 그리워요.

2005. 10. 28 채록

051028B 조 완 섭(趙完燮)

피랍인

생년월일:	1923년 음력 5월 10일
당시 주소:	경기도 여주 북내면 신정리
피랍일:	1950년 7월 22일
피랍장소:	자택
직업:	농업(독립운동, 농촌 계몽운동)
학력:	일본동경제대
직계/부양가족:	배우자(임신 중), 자녀 1남 1녀
외모/성격 :	얼굴이 갸름한 편, 활발하고 씩씩함.

증언자

성명:	1.이복순(1924년생) 2.조증헌(1944년생)
관계:	1.배우자 2.장남
증언성격:	직접증언 V 간접증언 V

특이사항 (납치주체/상황/원인)

- 7월 22일 오후, 자택에 있다가 북내면 당우리 지서로 연행, 1주일 정도 조사를 받은 후 납북됨.
- 당시 농촌부흥과 계몽운동, 반공운동, 청년단 조직 군사훈련을 주도하고, 선거시 웅변가로도 활동했음.
- 전쟁 이전 일본 유학 시절부터 주도적으로 우익계 활동을 하면서 좌익 계열에 많이 노출된 상태였음.
- 기독교인이었고 독립운동을 했으며 5개 국어를 능숙하게 사용함.

증언자 요청사항

(對정부) 정부가 원칙을 가지고 피랍인 문제에 대응할 것, 민주적이고 평화적인 통일 지향, 피랍인 생사확인

"우리 아버지가 일본에서 학교 다닐 때 서클활동을 하셨는데 그때부터 좌익 우익이 싸웠대요. 그래서 좌익계 사람들이 우리 아버지를 잘 아신대요. 아버지가 우익 쪽에서 상당히 주도적인 역할을 해서 이북 사람들도 '조완섭'하면 다 안대요. 그러니까 6 · 25 전에 이미 김일성이 리스트 작성해서 초창기에 적어서 바로 잡아간 거예요. 우연히 이렇게 된 게 아니에요."

○ 직업 및 활동

〈농촌부흥과 계몽운동, 반공운동, 청년단 조직 군사훈련, 5개 국어 사용 및 웅변가〉

답_ (이복순)

어려서 중국에서 살면서 결혼하고, 남편은 동경에서 공부하다가 유학생들 군인 보내고 할 때 도망쳐서 나왔지. 난 중국에서 살다가 8 · 15 해방되고 한국으로 나왔어. 남편은 나와서 교회 열심히 충성하고 또 청년들 모집해서 청년운동 시키고 했지. 우리는 농촌에 와서 살았다고.

그때는 해방되고 어려운 상태니 고향에 우릴 두고, 당신은 혼자 돌아다니며 청년들 모아 (반공)운동하며 집에서는 농사짓고 한 거야. 김구 선생이랑 엄항섭 선생이랑도 잘 알아서 세상 떴다니 우리집 양반이 꿈에 보인다고 그럴 정도였어.

그리고 이승만 박사가 "조군 나이가 어리니 조금만 기다려" 하던 때였어요. 초대 국회의원 선거를 할 때는 우리집 양반이 교회란 교회는 다 다니면서 연설하면서 선거 운동했어요. 그래서 믿는 감리사님이 국회의원이 됐지. 여주에서는 웅변을 우리집 양반이 다 하고 그랬어요. 사람들이 여주에서 젊은 청년이 나와서 연설을 얼마나 잘하는지 기운 놓고 봤다고 하더라구요. 어려서부터 웅변가예요.

답_ (조증헌)

아버지는 중학교 · 고등학교 다니면서 반공 강의를 하시며 주로 반공 청년운동을 하셨어요. 북내면 신정리 들판에 동네 청년을 모아서 군사훈련을 시켰어요. 총은 목총이었어요. 제식 훈련, 총 쏘는 법 등을 가르쳤던 게 기억이 나요. 중국어를 하시고 일본어는 물론 또 영어도 잘하셨대요. 중국에 있을 때 외교관들, 병원 관계 외국 사람들이 오면 통역을 하셨다고 해요. 러시아어도 잘하세요.

○ 납북 경위

〈7월 22일 오후, 피랍인을 불러내어 북내면 당우리 지서로 연행, 1주일 정도 조사 후 납북〉

답_ (이복순)

7월 22일쯤인데 그날은 옷도 허름하게 입었어. 저녁을 먹는데 부르더라고. 나는 어린 애 낳고 3일 만이라 드러누워 있었고, 몇 명이 왔는지 몰라.

애 아버지 (잡혀)나가고 나서는 빨갱이들이 와서 가택 수사를 어찌나 하는지.

도대체 성경 이런 걸 치우느라고, 또 우리 아들이 어리니 피난시키느라 그때 잡혀간 사람도 사람이지만, 집에 있는 아들 때문에 고통이 심했어요. 그리고 피난은 겨울에 나갔죠. 가택 수사를 다 뒤지는데 아주 죽겠더라고.

○ 납치이유

〈전쟁 이전 일본 유학 시절부터 주도적으로 우익계 활동을 하면서 좌익 계열에 많이 노출된 상태였음. 기독교인이었고 독립운동을 했으며 5개 국어를 능숙하게 사용함〉

문_ 북한에서 남편이 혹시 언니(피랍인의 처형)를 만나진 않았을는지?

답_ (이복순)

황해도에 우리 언니가 살았고, 우리 형부는 암살당했어요. 8 · 15되고 빨갱이들이 그렇게 한 거예요. 우리 형부는 간도에서 방학이면 학생을 모아 독립운동을 했었어.

남편은 내가 생각하기엔 죽었다고 보는 거지. 살았다고 보지 못한다고. 예수 믿지, 독립운동했지. 살기가 쉽겠어? 살지 못하지.

답_ (조증헌)

아버지가 죽었으리란 생각이 들어요. 아버지는 어려서부터 (중국으로) 갔으니 이북에 친구들이 많대요. 그러니 우리 아버지가 수긍만 했다면 이용 가능성이 있지 않았나 싶지만, 죽었으리라 예상하는 건 우리 아버지가 일본에서 학교 다닐 때 서클 활동을 하셨는데 그때부터 좌익 우익이 싸웠대요. 그래서 좌익계 사람들이 우리 아버지를 잘 아신대요. 아버지가 우익 쪽에서 상당히 주도적인 역할을 해서 이북 사람들도 조완섭 하면 다 안대요. 그러니까 6 · 25 전에 이미 김일성이 리스트 작성해서 초창기에 찍어서 바로 잡아간 거예요. 우연히 이렇게 된 게 아니에요.

○ 납치 후 소식

〈소식 없음〉

답_ (이복순)

한 1주일을 북내면 소재 지서에 가둬놨다가 그 다음은 간 곳을 몰랐어. 어머님이 1주일 동안 밥을 해 날랐거든.

답_ (조증헌)

북내면 내무서에 할머니와 제가 면회를 갔어요. 갔더니 의자에 앉혀놓고, 그 안에서는 자유롭게 왔다갔다 할 수 있고, 개네들이 준 사상지인지 뭔지가 앞에 놓였더라구요. 우리 아버지가 잠깐 보시더니 치워 버리고, 거기 있는 사람들은 두셋이서 총을 들고 지키고 있구요. 근데 북내면에는 금당천이란 큰 개울이 있어요. 아버님이 "날씨가 더우니까 얘하고 나하고 목마 좀 하고 오겠다"고 그랬어요. 그러니 "그러시라"고 하면서 개울까지 둘이 따라왔어요. 우리가 목마를 다 하고 내가 "아버지 언제 와?" 하니까 "아빠 곧

갈게. 가서 할머니 말씀 잘 듣고, 엄마 말 잘 들어" 하면서 쓰다듬어 주시더라구요.

지금 생각하니 죽음에 대한 예고 같아요. 우익 계통에서 활동했으니 사상 전환도 잘 안 되는 거고 기독교적 신앙도 갖고 계시니 걔네들하고는 하나도 맞지도 않고, 그리고 우리 아버님 성격상 원체 철저해서 사상 전환할 가능성이 없대요. 얘기 들어보니까 김일성 얘기하면서도 "그깟 놈" 이래 버렸대요. 지식이든 뭐든 그 사람들보다 못할 게 없으니까.

또 하나는 이런 경우가 한 번 있었어요. 여주 지역에서 활동하던 간첩이 있었어요. 오해수라는 사람인데 월북을 했다가 간첩으로 내려와서 6 · 25 나고 몇 년 후에 잡혔어요. 조사 과정에서 우리 아버지를 아느냐고 물어봤는데, "내가 조완섭은 아는데 이북에 있는 동안 못 봤다"고 하더래요. 물론 설사 살아 있었어도 이북에서 신분을 그대로 표현하지는 않았겠지만요. 수사 기관에서도 우리 어머니와 할머니를 데려가서 그 사람한테 물어볼 게 있으면 물어보라고 했었대요. 그 지역에서 꽤나 유명했으니까 그랬지 않았나 싶어요.

○ 남은 가족의 생활은?

〈피난 중 유복녀는 사망하고, 고향에서 피랍인의 부모님과 배우자 및 자녀들이 농사를 짓고 장사를 하면서 생활함, 그 과정에서 청상과부라는 이유로 사람들로부터 모욕을 당하고, 유산 상속에서도 제외되는 등 어려움을 겪음. 또한 가장을 잃은 슬픔에 가족들이 홧병에 시달리며 그리움이 컸음〉

답_ (이복순)

정미소를 하면서 일 보는 사람 해서 10여 명 식구들을 거느리고 살았는데, 남편 납치되고 큰댁으로 나와서는 다 털어먹고, 힘들게 산 거지. 그때 난 애기는 피란갔다가 죽고 아들하고 딸 둘이 다지.

사는 형편은 굶지는 않고 먹고 살았지. 한 10년 동안은 벌어놓은 농토가 있으니 먹고 살고 그 이후는 말하면 뭐하겠어. 동기간도 소용없더라고. 14년 동안 남의 집 일두 하고, 삯바느질, 밭도 매고, 장사도 하고 하면서 억지로 애들 고등학교는 마쳤지. 그리고는 서울로 올라와서 애들이 대학 나와서 여지껏 이렇게 산 거지.

나는 또 어머니를 그냥 열심으로 모셨어요. 우리 어머니 가슴 아픈 건 누가 알겠어. 나는 남편을 잃었지만 어머니는 아들을 보낸 거 아니야. 나는 남편 보내고 자식이라도 살리려고 큰집에 맡겨 놓고 오는데 엄마 안 떨어지려고 아들이 울어요. 그러면 몇 대를 때려 큰엄마한테 보내고 돌아서서 오면 (눈물이 나서) 땅이 안 보여요. 가슴을 치고 땅을 두드린 적이 한두 번이 아니에요. 개울에 와서 얼굴을 씻고 한참을 울고 부은 얼굴을 보면 어머니가 가슴 아플까 봐 동네 몇 바퀴를 돌고 그랬어요. 저녁에는 화가 많아서 숭늉을 큰 대접 양푼에다 퍼 놓는다구. 그러면 그걸 어머니하고 내가 다 먹어요. 속에서 불이 나서. 6 · 25 나던 해는 나는 꼬챙이처럼 말랐어. 하도 속이 상하고 밥도 못 먹고, 여기가 치밀어서 살 길이 없더라고. 그래서 이래가지고는 안 되겠다고 기력을 챙겨 살았지. 그때 같으면 살고 싶은 마음이 하나도 없더라고. 애들은 다 죽어도 그 사람만 있으면 살겠더라고. 아들이 "엄마, 내가 크면 쌍가마 태워주께, 살자" 그래서 산 거예요. 동네에서는 청상과부가 있으면 재수가 없다 그러고 그 가슴 아픈 건 말도 못해요.

답_ (조증헌)

북내면에 14년 살 때, 그때는 저희 할머니도 살아 계셨지만 항상 따뜻한 밥을 먼저 떠서 부뚜막에 올려놨어요. 그건 안 먹었어요. 저희 아버지가 오면 언제든지 따뜻한 밥을 드리겠다고 저희 어머님이 하셨죠. 그러다 내가 중학교 들어가고 아무것도 없어졌어요.

큰아버님이 저희 재산을 당신 걸 만드시고 우리에겐 하나도 안 주시니 거지가 된 거고. 사실 저 같은 경우는 궁극적으로는 6 · 25가 가져다준 불행과 고통이지만, 학교 다니면서 교과서를 가지고 다니지 못했어요.

노트도 갱지 단권을 엮어서 국어, 영어, 수학 다 했어요. 그러니 선생님한테 맞고 그랬죠. 중학교도 반도 못 다녔어요. 가다가 누가 "밭 매라" 그러면 밭을 매고. 고등학교를 가야 되는데 3~4개월이 지나도 집에서 보내주질 못하더라구요. 그래서 제가 단독으로 고등학교 교장 선생님한테 찾아가서 무릎 꿇고 공부 좀 시켜달라고 부탁을 했어요. 한나절 말씀이 없으시다가 우리 담임 선생님을 시켜 출석부에 넣어달라고 해서 공부를 겨우 했지요. 그 이후 서울 와서도 고생은 말도 못했죠.

문_ 아버님에 대한 그리움?

답_ (조증헌)

한번은 제가 어렸었는데, 그때가 아버지 나간 때예요. 그렇게 아버지가 보고 싶어서 방에서 엎드려서 "아버지 아버지" 하고 한참을 울었어요. 저희 할머니가 그 소리를 듣더니 등어리를 딱 때리면서 "네 눈에서는 눈물이 나지만 내 가슴에선 피가 터져 이놈아" 하시는데 어린 마음에도 그 소리를 듣고는 정신이 바짝 나더라구요. 그 뒤로는 할머니 앞에서는 아버지에 대한 그리움을 표현하지 않겠다 결심했어요. 할머니의 땅을 치시며 하는 말씀이 보통이 아니시더라구요.

그리고 저희 할머니께서 6 · 25 나고 몇 해 안 돼서 환갑잔치를 하는데, 우리 할머님이 자식 잃어버리고 무슨 잔치를 하느냐고 안 하시려고 하는 걸 자리를 만들었는데 할머니가 자식 때문에 웃음이 없으시더라구요. 그래서 내가 "할머니, 아버지 대신 춤을 출 테니 웃으세요" 하면서 춤을 덩실덩실 추니까 할머니께서 헥 하고 헛웃음 한 번 치시더라고. 자식을 가슴에 안고 돌아가신 거죠.

○ 호적정리

〈실종자로 정리〉

답_ (조증헌)
실종 신고를 해서 행방불명이 됐다가 일정 기간이 되니까 이젠 완전히 사망 처리가 됐죠.

○ 정부의 노력

<없었음>

문_ 신고는 하셨나요?
답_ (이복순)
사람이 행방불명이니 신고했지. 나라에서 하라고 소문나서.

문_ 정부의 노력은 없었는지?
답_ 우리보다 으뜸 난 사람도 국가에서 원조를 못 받는데 우리 같은 사람 돌아보겠어요? 증거가 없다는데.

○ 연좌제 피해

<피랍인 자녀가 군입대 등에서 신원조회로 곤란을 겪음>

답_ (조증헌)
군대서 첫째로 걸렸죠. 글씨도 잘 쓰고 똑똑하다고 하니까 행정요원으로 쓰려고 하는데 신원조회를 하면 불가로 빨건 줄 그어 나오는 거야. 그래서 내가 참 억울하다고 부대장한테 얘기를 했어요. 그래서 결국은 행정 근무를 하면서 조사 나오고 보안 검열 나오면 나는 딴 데로 슬쩍 빠져 나갔죠. 제대하고 나서는 공무원 시험도 보고 하려는데 그게 걸리는 게 뻔하니 포기를 해 버렸죠. 아예 서울에 와서 내 살 길을 찾는 거죠. 그래도 참 하나님의 은혜 가운데 취업이 됐어요.

○ 정부에 바라는 점

<정부가 원칙을 가지고 피랍인 문제에 대응할 것, 민주적이고 평화적인 통일 지향, 피랍인 생사확인>

답_ (조증헌)

제가 바라고 싶은 것은 피랍인에 대해서 남북 관계의 원활한 관계를 위해 정부 당국이나 정치인이 노력하는 것은 좋지만, 원칙은 있어야 되지 않냐는 얘기예요. 우선 미전향수들이 아직도 그 사람들의 체제와 사상이 좋다는 사람들은 보내달라는 대로 보내주면서 피랍인들 소식이라도 알려달라는데 그 아는 것조차 완전히 등한시해 버리면 앞으로 통일이 되는 과정에서도 바람직하지 않다고 생각해요.

원칙이 정해져야 자유 민주주의도 지켜지는 것이지 통일도 그렇습니다. 통일에 대한 교육이 잘못됐다고 생각해요. "통일은 지상 과제다. 통일만 되면 능사다"라고 가르친 거예요. 어떠한 방식에 의한 통일인가는 상관없다고 가르쳤다는 말이에요. 그러나 자유가 완전히 박탈당하는 통일이라면 우리 민족사적으로 볼 때도 바람직하지 않다고 생각해요. 그래서 남북 관계에 있어서 피랍인 문제는 원칙을 정해서 알려는 노력, 그리고 거기에 대고 강력하고 떳떳히 얘기할 수 있는 정부가 됐으면 하는 바람이에요.

○ 피랍인에게 전하는 말

답_ (이복순)

하고 싶은 말이 이제 뭐가 있겠어요. 죽었으면 하늘나라에 가서 보고 살아 있으면 그 마음을 위로해 달라고 하나님께 기도할 뿐이지. 이 세상에 살았으면 자식을 떼놓고 갔으니 얼마나 가슴이 아프겠어요. 여보, 살았으면 그 마음을 하나님한테 위로 받고 살기를 바랍니다. 죽었으면 하늘나라 가서 만납시다. 가슴 아픈 원한을 누가 풀어주겠어. 풀어줄 자는 하나님밖에 없어. 나는 우리 아들 때문에 눈물을 안 흘리고 살았는데 이 자리에서 눈물을 흘리니 아들에게 미안하네요.

혼자서 자나깨나 어떻게 하면 자식들 공부시킬까 그것만 염두해 살았지. 그 사람 생각보다는 애들 생각 때문에 잠이 안 오고 그랬어(울음). 어려서는 그렇게 지냈는데 잘 컸으니 감사하지. 나는 하나님한테 감사할 것밖에 없어. 이제 원도 없고 한도 없어. 그저 하나님한테 자식 축복 가운데 하늘나라 가기만 바랄 뿐이야.

답_ (조증헌)

참 평생 아버지 많이 그리웠죠. 그리고 남의 아버지 있는 걸 보면 참 많이 부러웠고. 그래도 아버님이 나라를 위해 일하셨는데 나는 나라를 위해 무엇을 할까 생각을 하며 살아왔습니다. 아버님 생존해 계시다면 참 뭐라고 말씀 드릴지. 통일이 돼야 만나도 뵙고, 생사확인도 할 것 같고. 그곳에서 아버님 살아 계시면 얼마나 고생을 많이 하셨겠어요? 우리가 한 고생 몇 배나 고생하셨겠죠.

2005. 10. 31 채록

051031A 이 타 관(李他寬)

피랍인

생년월일: 1918년 8월 13일생
출생지: 충북 영동군
당시 주소: 서울시 종로구 팔판동 5번지
피랍일: 1950년 7월 말경
피랍장소: 자택
직업: 목수, 반공청년단원
직계/부양가족: 배우자, 자녀 2남 1녀
외모/성격 : 성격은 급한 편임.

증언자

성명: 이덕길(1946년생)
관계: 아들
증언성격: 직접증언 ☐ 간접증언 V

특이사항 (납치주체/상황/원인)

- 7월 말경 미처 피난을 못 가고 다락에 숨어 있다가 새벽에 잠시 마당에 나온 사이 연행되어갔.
- 수송국민학교에 모여 있다는 말을 듣고 도시락을 싸서 건네준 것이 마지막으로 이후 평양에서 봤다는 증인이 있었음.
- 반공청년단으로 활동했고, 동네에 사는 좌익 청년에게 잡혀감.

증언자 요청사항

(對정부) 피랍인 생사확인 및 피랍인 문제 해결을 위한 정부의 적극적 의지

"저는 공산주의라면 아주 싫어요. 6·25 때 아버지 납북되셨지, 월남전에서 동생 죽었죠. 대를 물려서 그 사람들하고 싸우다 그렇게 된 거예요. 저는 그 사람들 얘기라고 하면 별로 안 좋고, 지금 세상 돌아가는 거 보면 같이 융합하려고 하는 것 같은데 하려면 좀 잘 좀 해줬으면 하는 바람이에요."

○ 납북 경위

〈7월 말경 미처 피난을 못 가고 다락에 숨어 있다가 새벽에 잠시 마당에 나온 사이 인근 주민의 밀고로 연행되어감. 수송국민학교에 모여 있다는 말을 듣고 도시락을 싸서 건네준 것이 마지막임〉

문_ 어떻게 피랍되셨는지?

답_ 7월 말경에 다락에 숨어 있었대요. 저희 집이 한옥집이었는데 피난을 미쳐 못 가서 소위 이북 사람 들어오고 빨갱이들이 들끓고 하니까 지금은 뭐라는지 모르겠지만 어른들은 '빨갱이'라 하는 그 사람들이 잡으러 다녔대요. 낮에도 와서 "어딨냐?" 그러면 "모른다" 하고 그랬대요.

다락의 짐 뒤에 숨어가지고 있다가 며칠 만에 한 번 새벽에 양치질하러 마당에 있는 수돗가에 나왔는데, 근데 나오자마자 바깥에서 보고 감시를 하고 있었나 봐요. 그래서 파자마 바람으로 끌려갔답니다. 7월 중순에서 말경에.

그때 붙잡혀가서 수송국민학교에 있다는 소리를 듣고서 도시락을 싸서 담 너머로 도시락하고 옷하고 전해준 것이 마지막 본 거래요. 잡혀가서 다음날 전해줬대요.

○ 납치이유

〈반공청년단으로 활동, 동네에 사는 좌익 청년에게 잡혀감〉

답_ 반공청년단에 있었대요. 거기 동네 청년들 좀 산다 하면 다 했었나 봐요. 6 · 25 때 제가 듣기로는 그걸 했기 때문에 소위 빨갱이란 사람들한테 찍힌 모양이에요. 종로경찰서에서도 들은 얘기예요. 제 동생이 월남전에서 전사했어요. 그래서 호적정리하느라 도장을 받으러 다녔는데 당시 경찰서장 도장도 받더라구요. 동생이 죽으니까 연금이 아버지한테 나올 거 아니에요. 그러니까 "정리를 하라" 그래서 1969년 초에 (모두) 호적을 정리했어요. 그때 경찰서 가니까 누군지 몰라도 거기 나이 잡수신 분이 "니가 이타관이 아들이냐? 고생 많았다" 그러더라구요. 아버지를 아시는 분이셨나 봐요.

아버지는 동네 빨갱이들이 잡아갔대요. 동네 청년인데 아는 사람이래요. 나중에 들으니까 그 사람들이 6 · 25 끝나고 나서 야반도주 했대요. 집도 놔둔 채 도망갔대요. 잡아갔던 청년은 이북으로 넘어갔고 그 가족들이 동네에서 살지 못하고 야반도주 했다는 소리를 들었어요. 빨갱이 가족이라고 하니까 도망갔나 봐요. 내무서원이 아니라 동네 완장 차고 돌아다니던 사람들이 잡아간 거래요.

○ 납치 후 소식

〈연행된 이후 잠시 수송국민학교에 잡혀 있다가 북송, 평양에서 봤다는 증인이 있었음〉

답_ 영천에 우리 아버님 이모님이 살고 계셨는데 그리로 지나가면서 이모도 봤었고, 수색으로 간다 하더래요. 이남에서 본 건 그게 마지막이고 납북되어 갔다가 도망 나온 분이 있었어요. 희철이라고 그러던가 "희철이 아저씨" 하면서 부른 기억이 나는데, 그 사람이 이북에 같이 갔다가 도망 나왔는데, 평양에서 이 사람은 왼쪽으로 가고 우리 아버지는 저쪽 건너편에서 오른쪽으로 되는데 우리 아버지가 형뻘이 됐나 봐요. 그래서 "형님" 하고 손 흔든 게 그게 마지막이에요. 제가 그 소리는 들었어요. 전쟁 끝나고 나서 들은 얘기예요. 안 죽고서 거기까지 간 것은 확실한 것 같은데 그 다음부터는 몰라요. 전혀 여태껏 들은 것도 없죠.

○ 남은 가족의 생활은?

〈가장이 납북된 후 피난 생활로 가족이 흩어져 지냈고, 이후 가족이 모였으나 경제적으로 궁핍해 그나마 있던 집마저 팔게 됨〉

문_ 전쟁 중에 피난은 안 가셨는지?
답_ 아버지 납북되시고 그해 겨울 피난을 간 거죠. 서울역까지 작은 구루마를 끌고 가서 기차 위에 지붕에서 이불 쓰고 가던 생각이 나요. 그리고 저는 할머니를 따라서 부산을 갔고 저희 어머니와 누나와 동생은 충청도 영동 외갓집으로 갔죠. 그때 저도 어머니랑 헤어져서 부산 큰아버지 댁에 살다가 삼청동에 사는 작은아버지 집에 와서 있다가 아홉 살 때 저희 어머니를 처음 봤는데 가지도 않았대요. 아줌마라고.

문_ 나중에 생활은 괜찮으셨어요?
답_ 어머니 혼자서 애들 셋 키우며 사시니까 아버지가 남겨준 집 하나인데, 제가 중 3때인가 들어먹었어요. 어머니가 일은 한다고 하는데 여자 혼자 힘에 부치니까 나중에 집을 팔게 된 거예요. 그래서 조금씩 조금씩 줄여나가게 된 거죠. (아버님 계실 때는) 먹고 살 만큼 됐었대요. 주위에서도 부러워할 만큼 괜찮게 살았던 모양이에요. 그런데 (납북되신 후) 재산을 버는 사람이 없고 어머니 혼자 재단 기술을 배우셔서 하다 보니 점점 까먹고 나중엔 집까지 팔게 되고 그렇게 된 거죠.

○ 정부의 노력

〈없었음〉

문_ 신고는 하셨나요?
답_ 저는 어렸고 저희 어머니는 무지해서 몰랐죠. 지금은 그런 걸 물어봐도…. 그 당시에 그런 걸 몰랐대요.

문_ 정부의 지원이나 노력은?
답_ 없었죠. 정부서도 무관심하고 우리도 6 · 25 때 납북돼 간 것이기 때문에 통일되지 않는 다음에야 생각도 안 한 거죠.

○ 호적정리

〈행불로 정리〉

답_ 호적정리는 1969년도 초에 했어요. 가정법원에서 행불로 하라 하더라구요.

○ 연좌제 피해

〈여러 차례 신원조회 과정이 필요했으나 특별한 피해는 없었음〉

답_ 피해 입은 건 별로 없고요. 저도 공군 나왔는데 저도 활주로 근무, 비행기 정비사로. 그때도 정부에서인지 어디서 조사 나왔는지 모르겠지만 외갓집까지 조사가 나오더래요. 비행장 근무하다 보면 같이 근무하던 사람도 아저씨가 빨갱이로 이북으로 넘어갔나 봐요. 그래서 그 친구 거기서 일하다가 행정직으로 빠지더라구요. 그런 걸 봤는데 저는 그런 피해는 없었어요.
제 동생도 월남 갈 적에 조사가 나왔는데 저희 아버지가 사상이 나빠서 넘어간 게 아니니까 그런 피해 없이 월남 갔고, 다녀와서 호적정리할 때도 아무 이상 없었고요. 그리고 제가 지금 출판사를 하는데 출판사 대표는 신원조회 있어요. 그래서 경찰서에서 조사하는 데도 아무 피해는 없었어요.

○ 정부에 바라는 말

<피랍인 생사확인 및 피랍인 문제 해결을 위한 정부의 적극적 의지>

답_ 뉴스에서 보고 그러는데요. 정부에서 조금 소극적인 것 같아요. 지금 전부 다 개방적으로 뭘 하고 그러는데 다른 일처럼 좀 적극적으로 해줬으면 좋겠어요. 개인이 해서 되는 일도 아니고, 가족협의회도 있지만 여기서 혼자서 해도 되는 게 아닌 듯싶고, 정부에서 적극적으로 도와줘야 되는 일이지, 그렇지 않으면 안 될 것 같아요.

우선 생사확인부터 해야죠. 돌아가셨는지 안 돌아가셨는지…. 돌아가셨다고 하면 지금 상황에서 되는 게 없잖아요. 순리적으로 해야 되는데 정부에 바라고 싶은 건 좀 적극적으로 해줬으면 좋겠다는 거예요.

다른 것처럼 지원하는 것도 좋고 이북 사람들 도와주는 것도 좋은데 이런 일도 병행해서 같이 좀 해줬으면 하는 바람이죠. 그 전부터 생각이 제 동생 죽고 나서 더 그런데, 하여튼 저는 공산주의라면 아주 싫어요. 6 · 25 때 아버지 납북되셨지, 월남전에서 동생 죽었죠. 대를 물려서 그 사람들하고 싸우다 그렇게 된 거예요. 저는 그 사람들 얘기라고 하면 별로 안 좋고, 지금 세상 돌아가는 거 보면 같이 융합하려고 하는 것 같은데 하려면 좀 잘 좀 해줬으면 하는 바람이에요.

○ 피랍인에게 전하는 말

<피랍인 생사확인 및 생존시 상봉>

문_ 아버님이 보고 싶지는 않으셨어요?
답_ 어릴 적에나 그러죠. 남들 아버지 있고 아버지 얘기 나오면 '나도 있었으면 좋겠다' 생각했지만, 커서는 별로 그런 생각은 없구요. 제가 결혼하고 나서부터는 제사라는 건 없구요. 명절날 설날하고 추석에 남들 차례 지내듯이 해요. 그럴 때마다 조금씩 생각나는 거죠.

문_ 하고 싶은 말이 있으면?
답_ 살아 계시면 직접 대화 좀 해봤으면 하는 거죠 뭐.

2005. 11. 1 채록

051101A 정 진 옥(鄭鎭玉)

피랍인

생년월일: 1931년 3월 7일
출생지: 경기도 화성
당시 주소: 경기 화성군 정남면 금복리 13
피랍일: 6 · 25 전쟁 중
피랍장소: 자택
직업: 농업, 향토 방위대원
직계/부양가족: 부모님, 형 내외, 조카
외모/성격 : 키가 크고 호남형

증언자

성명: 정진산(1922년생)
관계: 형
증언성격: 직접증언 V 간접증언 ☐

특이사항 (납치주체/상황/원인)

- 6 · 25 전부터 지방에서도 우익, 좌익 주민들 간의 갈등이 심해 서로 폭력을 가하는 일이 잦았음.
- 북한 정권이 남한에 내려와서는 동네 여러 사람을 의용군으로 차출했고, 응하지 않는 경우 행방불명 되는 사례가 많았음.
- 1957년 11월 북한측에서 대한적십자사로 회신이 온 생존 납북인사 337명 중에 포함(정진옥은 평북 정주군 정주읍에 거주하며 정주 보선구에서 사업하고 있음).

증언자 요청사항

(對정부) 피랍인 생사확인 및 상봉

"동생은 그때 농사일 하면서 향토방위대를 하고 있었어요. 그렇게 공산주의 사상을 가진 사람들을 패고 있다가 6·25 사변이 나니까 상황이 바뀐 거죠. 이렇게 죽이고 저렇게 죽이고 매우 혼란했어요. 그러다 의용군으로 갔어요. '가자' 그러면 안 갈래야 안 갈 수 없었어요. 그 지배를 받으면 세상없어도 움직여야 돼요."

○ 당시 시대 상황

〈6·25 전부터 지방에서도 우익, 좌익 주민들 간의 갈등이 심해 서로 폭력을 가하는 일이 잦았음. 북한 정권이 남한에 내려와서는 피랍인을 비롯 동네 여러 사람을 의용군으로 차출했고, 응하지 않는 경우 행방불명 되는 사례가 많았음〉

답_ 의용군이라고 해서는 통지서를 내보내요. 이북 정치에는 불리하니까 나가서 다니지도 못하고 끌려가면 죽는다는 것만 알고 있는데, 의용군 나오라니까 의용군을 나가면 살 줄 알고 (나갔었다). 또 만일 나오랬는데 안 가면 찍혀서 행방불명이 돼요.

총도 총알이 아깝다고 대장간에서 쇠꼬챙이로 창을 만들어서 그걸로 찔러 죽인다고 하더라구요. 그래서 오간 데 없이 죽여 버린다더라구요. 제가 당시 죽은 사람들 보니까 장길 앞에다가 손을 매어서 끌고 가서 장 옆에 있는 산 어디다가 삽으로 구덩이를 파게 해서 자기 죽을 자리를 자기가 파는 거예요.

사랑에서 오산 나가는데 길 옆 어디 산에서 그렇게 많이 묻혔다는 소릴 들었어요. 그냥 강제로 생사람을 무덤을 파고 들어가라 해서 죽게 한 거예요. 이북 정치가 그러니 그 사람들이 말하는 걸 응하지 않을 수 없고 할 수 없이 군인 나오라 하니까, 그럼 살 수 있을 까봐 간 거죠.

정남면 소재지에서 이북 정치하는 사람들이 나오라고 했어요. 끌려가나 그냥 가나 마찬가지예요. 그때 말 한 마디 떨어질 때 가지 않으면 그냥 어디서 죽는 줄도 몰라요. 가서 집에 안 오는 걸 보니 군인으로 간 거죠.

○ 납북 경위

〈의용군으로 차출됨〉

답_ 나는 그 당시 서울에서 철공 일을 하고 있었어요. 그래서 그 당시엔 시골에서 안 살아서 통 몰랐는데, 시골에 내려가서 사랑방에 마실을 갔더니 사랑방에서 향토방위대 사람들이 면에서 나왔어요. 저는 그걸 모르고 있다가 그 사람들이 이장집 사랑방에 몰려와서 "꼼짝 말고 부르면 하나 하나 나오라"고 하더니 마당에서 몽둥이로 두들겨 패서 다 죽이는 줄 알았어요. 동네에서 그렇게 (반공) 조직이 돼 있는 줄 몰랐어요. 나 하나 빼고서는 전부 두들겨 팼어요. 6·25 사변 나기 전이죠.

동생이 그 단체 사람이니까 나는 매를 안 맞았죠. 동생은 그때 농사일 하면서 향토방위대를 하고 있었어요. 그렇게 공산주의 사상을 가진 사람들을 패고 있다가 6·25 사변이 나니까 상황이 바뀐 거죠. 이제는 패고 죽이고 한 거죠. 이렇게 죽이고 저렇게 죽이고 매우 혼란했어요. 그러다 의용군으로 갔어요. "가자" 그러면 안 갈래야 안 갈 수 없었어요. 그 지배를 받으면 세상없어도 움직여야 돼요.

○ 납치 후 소식

〈1957년 11월 북한측에서 대한적십자사에 통보해 온 납북인사 337명 중에 생존자로 기록(정진옥은 평북 정주군 정주읍에 거주하며 정주 보선구에서 사업하고 있음)되었음. 그 이후는 소식을 알 수 없음〉

답_ 누구누구 살았다는 걸 이리로 (소식이) 넘어왔었어요. 포로교환한다는 말이 있었는데 그게 안 되고 무슨 신문엔가 나온 일이 있었어요. 그래서 그렇다고만 얘길 들었지, 이제는 모르는 거지.

○ 남은 가족의 생활은?

〈농사일 등을 하며 생활, 가족을 잃은 슬픔에 힘듦〉

답_ 농사짓고 살았죠. 그리운 거야 말도 못하죠. 그때 당시에 목이 메고 말하지도 못했죠. 내가 죽기 전에 한 번 만나나 봤으면 좋겠는데 만날 수 있겠어요?

○ 호적정리

〈미정리〉

답_ 호적정리는 딴 사람은 의용군 끌려가서 죽었다고들 했는데 나는 하고 싶지를 않아요. 그래서 그냥 내버려뒀죠. 산 사람을 어떻게 죽었다고 해요?

○ 연좌제 피해

〈큰 피해는 없었고, 오히려 6 · 25 당시 인민군측에서 공산 세력에 협력할 것을 권유받아 피신해서 생활함〉

답_ 자손에 대해서는 별로 없었고 내게는 있었어요. 동생이 그렇게 되고 나는 사상이 그런 사람이 아니었는데 '귀에 걸면 귀걸이 코에 걸면 코걸이' 라고 그때 나도 성가시게 했죠. 6 · 25 때 인민군들이 들어와서 나한테 심부름을 같이 하자 그래요. 그래서 나는 그런 것 모른다고 집의 감나무 밑에 구덩이를 파서 숨어 있고 그랬어요. 누가 찾아오는 것도 싫고 (전세가) 이리 뒤집히고 저리 뒤집히고 하니까…. 북한에서 온 그 사람들하고 상대를 안 하려고 숨어다니고 그랬죠.

○ 정부의 노력

〈없었음〉

○ 정부에 바라는 점

〈피랍인 생사확인 및 상봉〉

답_ 지금 이북하고 드나들면서 말만 평화 어쩌고 하지. 만나려면 만나지도 못하게 하고 정부에서 만나게나 해줬으면 좋겠어요. 죽었으면 어쩔 수 없지만, 산 사람이면 산 사람끼리 만나나 봤으면 좋겠어요. 그거나 바라는 거죠.

○ 피랍인에게 전하는 말

답_ 진옥아, 만나고 싶어. 그저 아무쪼록 몸 건강히 있다가 만나게 되면 만나자. 시국이 이러니 어떻다 말할 수는 없지만, 만날 수만 있게 해준다면 정부에 감사할 따름인데…. 죽기 전에 만나자. 답답한 것뿐이에요. 만나도 못하고 이렇게 있고, 이북에서 하도 식량난이 나서 배급도 몇 달 타지도 못하고 애들도 죽는다니 (동생이) 당시에 얼마나 고생이 됐겠어요. 고생한 건 이루 말할 수도 없죠. 나는 이렇게 잘먹고 잘사는데 굶는다는 소리 들으니 얼마나 고생되겠어요. 목이 메어서 말을 못하겠어요.(눈물)

문_ 혹시 북에 정진옥씨의 가족이 있다면 현재 자손들에게 남길 말이라도?
답_ 너희들도 나 죽더라도 혹여 연락을 듣고 만나게 되면 가족이 만나서 같이 평화스럽게 살아라. 나는 살아야 나이가 여든넷이나 됐으니 얼마 살지도 못할 것 같으니 후대에나 만나서 서로 의나 이어서 알고들 잘들 살아라.

2005. 11. 2 채록

051102A 지 영 조(池榮助)

피랍인

생년월일: 1908년 10월 25일생
출생지: 경기 고양군
당시 주소: 경기도 고양시 덕양구 시도면 164
피랍일: 1950년 8월 20일 오후 6시경
피랍장소: 자택
직업: 농업, 민보단 단장
직계/부양가족: 배우자(임신 중), 자녀 3남 1녀
외모/성격 : 성격이 급한 편임.

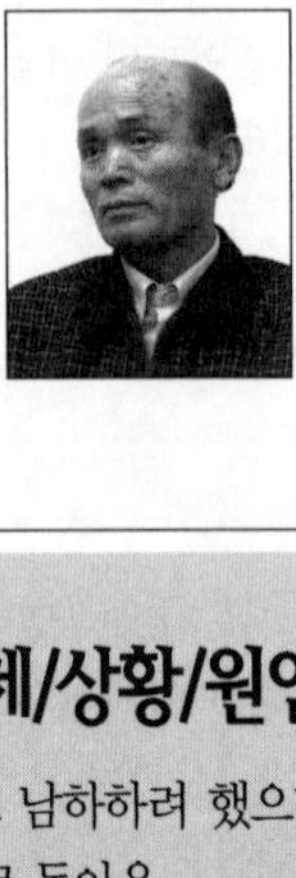

증언자

성명: 지석연(1937년생)
관계: 아들
증언성격: 직접증언 V 간접증언

특이사항 (납치주체/상황/원인)

- 6 · 25 전쟁이 발발하고 남하하려 했으나, 한강 철교가 끊어져 피난을 실패하고, 안심하라는 인민군의 말을 듣고 다시 고향으로 돌아옴.
- 감시자들에게 밀고당해 8월 20일경 소지루(지방 좌익) 외 인민군에게 마포경찰서로 연행되어감.
- 당시 민보단 단장을 하며 조직적인 단원들의 훈련을 맡아 했고, 지역 사회의 어렵고 힘든 사람을 많이 도움.
- 1사단 감찰부장과 만나면서 군부대와도 관계를 맺으며 활동해 인민군들의 감시를 받음.

증언자 요청사항

(對정부) 피랍인 명예 회복 및 정부의 배려

"당시 6·25가 나니까 대한청년단원들이 전화기가 다 끊어지니까 우리집에 약 50미터 간격을 두고 대원들이 쫙 서 가지고는 '의정부 들어왔다', '동두천 들어왔다' 우리집까지 연락이 들어오고 했어요. 그렇게 조직이 있었다구요. 그리고 동네 다니면서 안내도 하고, '대처는 어떻게 하라', '피난은 어떻게 하고 배도 어디에 있다' 알려주고 그랬어요. 그 사람들 일 많이 했어요. 그리고 심지어는 채 후퇴 못한 군인들과 합세해서 난지도 교전도 하고 그랬어요. 그러나 그 사람들 지금 아무런 정부의 배려도 없어요."

○ 납북 경위

〈6 · 25 전쟁이 발발하고 남하하려 했으나, 한강 철교가 끊어져 피난에 실패하고, 안심하라는 인민군의 말을 듣고 다시 고향으로 돌아옴. 잠시 숨어 있다가 곧바로 감시자들에게 밀고당해 8월 20일경 소지루(지방좌익) 외 인민군에게 마포경찰서로 연행되어감〉

문_ 어떻게 납북이 되셨는지?

답_ 아버님이 전쟁이 나니까 우리집에는 12연대 중대장이 살고 있었어요. 그분이 옹진 전투를 계속 하셨던 분인데 그 가족이 우리집에서 살았어요. 전쟁이 난 이튿날 군대를 철수하고 중대장이 와서는 아버님한테 계시면 상황이 나쁘니까 식구들도 모두 피하라고 하고….

그때 이미 이북 전투기가 폭격을 하고 수색역을 폭파시키고 그랬어요. 그러니까 아버지도 들어오셔서 '안 되겠다. 정말 위험하니 일단은 혼란을 피하는 게 좋겠다' 싶어서 식구들하고 대충 챙겨서 연희동으로 왔어요. 연희동에 친척 집이 생각나서 그 집엘 들어간 거예요.

그래서 아버지는 밤에 우리 식구들은 (연희동에) 두고 남하하려고 했는데, 시간이 얼마 안 돼서 창문이 찢어지는 소리가 나더니 한강 철교 끊어지는 당시죠. 그래서 아버지가 한강을 못 건너고 다시 오셨더라구요. 그때 한강 다리가 안 끊어졌으면 납치를 안 당하셨는데…. 그 당시 아버지가 오셔서 하는 말이 아버님이 남의 말을 좀 잘 믿으세요. 그때 당시 빨치산인 것 같아요. 우리 인민군은 들어오면 절대 정치 보복 안 하고 여러분 모두를 자기네 식구로 인정하니까 안심하고 피난가지 말고 집으로 가라고 한 모양이야. 그래서 그 소리를 듣고 거기(연희동) 한 이틀 머물다가 덕은리 우리 고향으로 다시 돌아온 거예요. 그때는 벌써 인민군들이 지나가고 1사단 본부는 그쪽에 모두 진을 치고 있더라구요.

그래서 일단 숨어 계시는데 치안대, 내무서가 동네에 서더라구요. 그런데 시골 동네 조그만 곳이니까 누가 어디에 숨어 있고 누구네가 어딨고 다 알잖아요. 그런데 치안대 대장이란 사람이 우리집에 왔는데 그 사람은 생각이 달랐나 봐요. 이 사람은 이 전쟁은 (국군이) 다시 들어온다면서 인민군이 진다는 걸 예견을 했어요. 그래서 자기가 있는 동안은 자기가 우리를 도와주고 수복되면 자기를 도와달라는 얘기를 하는 걸 들었어요. 그랬는데 난데없이 해방 직후 남로당이니 그런 게 있었는데 우리집 아래 소지루라는 사람이 대한청년단에 잡혀간 거예요. 그집 여자가 아침이면 우리집에 와서 울고 불며 자기 아들 구해달라고 해서 그때는 이웃 사촌도 친척 같은 정신으로 살았거든요. 그래서 아버지가 고양경찰서인지 가서 "내가 책임질 테니 내 놔라" 했어요. 이건 6 · 25 전쟁 전이죠.

그런데 그 사람이 나와서 바로 이북으로 들어갔다가 6 · 25가 나니까 바로 내려와 아버님이 집에 있는 걸 알고 집을 급습을 했다구요. 그 옆에 아버님과 형제같이 지내던 분인데 전투경찰 대장이 숨어 있었어요. 인민군 대위 정도 되는 사람하고 인민군 두 명하고 내무서원 두 명하고 우리집에 와서 아버님을 체포하려고 에워쌌어요. 그래서 아버님이 먼저 잡히시고 그 뒤에 전투경찰을 잡았다구요.

그렇게 두 분이 인민군에게 체포가 됐는데 아버지가 가시다가 저한테 "얘 너 가서 내 농구화를 가져오라" 해서 가져다 드리니까 "그래 들어가 봐라" 하시더라구. 그렇게 인민군에서 잡혀서 큰 느티나무 밑으로 가시고 조금 있으니까 전투경찰도 잡혀오더라구. 그런데 소지루라는 사람도 거기 있구요. 그 사람이 전부 통제를 하는 거지. 엄청난 은혜를 입은 사람인데 그렇게 된 거지. 전투경찰을 한 사람은 근데 벌써 눈이 틀리고 행동이 예민해지는 게 이상하더라구요.

그런데 마침 동네 저쪽 사상을 가진 사람이 내무서원 서기를 보던 사람이 있었어요. 그 사람이 와서 인민군 장교한테 잠깐만 얘기하자 하니까 잠깐 얘기하는 사이에 그 전투경찰은 산으로 탈출하는데 내가 봐도 안 보일 정도로 뛰더라고요. 따발총 쏘고 발칵 뒤집히니까 이 사람들은 우리 아버지한테 대한 감시가 더 심했죠. 그래서 꼼짝없이 걔네들 차에 실려갔죠.

○ 납치이유

〈민보단 단장을 하시며 조직적인 단원들의 훈련을 맡아 했고, 지역 사회의 어렵고 힘든 사람을 많이 도움. 1사단 감찰부장과 만나면서 군부대와도 관계를 맺으며 활동해 인민군들의 감시를 받음〉

답_ 그 사람들은 대한청년단, 서북청년단을 제일 이를 갈던 직책들이고 부서였다고. 제일 악랄하게 보복을 당한 사람들이어서 우리 아버님도 그렇게 된 거예요.

○ 납치 후 소식

〈처음 연행됐던 마포형무소 및 집단 학살이 있었던 장소를 모두 찾아봤으나 소식은 물론 시신조차 찾을 수 없었음〉

답_ 그 이후로는 마포형무소에 계신 걸로 알고 있었죠. 그날 서기가 대신 잡혀갔는데 마포형무소에서 조사를 받다가 서기는 보름 만인가 석방돼서 나오는데 형무소에서 아버님 얼굴을 보니까 아버님 얼굴에 빼기칠이든지 골탄을 칠해 놨던지 시커멓고 그걸 본 게 마지막이었다고 하더라구요.

9 · 28 수복 되고는 미아리 고개로 끌고 갔다는 소리도 들리고 그래서 나는 어리니까 큰아버지가 마포형무소에 가보니 학살당한 사람들이 발을 디딜 수 없을 정도로 시체로 있더래. 그걸 하나하나 다 뒤진 거야. 그리고 혹시나 서대문형무소에서 당하진 않았나

해서 찾아보고. 여하튼 서울 시내 학살시켰다는 곳은 다 찾았는데 아버님 시체는 못 찾았어요.

○ 남은 가족의 생활은?

〈가장이 납북된 후 유복자였던 동생은 출생 후 1주일 만에 죽고, 어머니가 4남매를 데리고 농사로 생계를 유지, 결국 어머니는 암으로 돌아가시고 여러 가지 어려움을 많이 겪음〉

답_ 사실은 아버님 그렇게 되고 엄청나게 힘들었어요. 우리 어머님이 1·4 후퇴 때 출산을 했어요. 근데 동네사람들이 여기 있으면 저 사람들(인민군) 오면 다 죽는다고 떠나라고 해서 (출산한 지) 1주일도 안 돼서 겨울 피난길, 한강 얼음길을 넘어 평택까지 가다가 그 아이는 바로 죽었어요.

그러니까 어머니도 산후 조리를 못하시니까 몸이 약해지셔서 병도 있고 고생을 많이 하셨고, 또 돌아오셔서는 그 농사를 어머니 혼자 다 하신 거예요. 집안에 가장이 없고 형님은 군대 가고, 나는 어리고 하니까 어머니 혼자 엄청나게 고생하다가 결국은 암으로 돌아가셨어요. 일종의 한이 맺혀서 돌아가셨어요.

○ 정부의 노력

〈없었음〉

문_ 신고는 하셨나요?
답_ 신고는 형님(장남)이 하셨는데, 형님은 목사 생활을 하시면서 요새는 일을 잘 안 하시고 그러셔서 이제는 내가 나서는데, 많이 적십자사에도 신고도 하고 여러 가지로 다 했는데 지금 별다른 진전도 없고, 그러나 다행히 피랍인 협의회가 생기는 바람에 결과가 어떻게 나올지는 모르지만 여기서 하는 일이면 무조건 참석하려고 하고 있죠.

문_ 정부의 지원이나 노력은?
답_ 정부의 도움은 전혀 없었고, 기억으로는 고양 경찰서장으로부터 감사패가 온 기억이 나요.

○ 호적정리

〈사망정리〉

답_ 실종 신고로 됐는데 어느 해인가 자동적으로 사망으로 되더라구요. 형님이 그건 그렇게 한 것 같아요.

○ 연좌제 피해

〈특별한 피해는 없었으나, 군대 시절 신원조회로 어려움을 겪었음〉

답_ 그런 건 없었어요. 근데 그런 거는 우리 형님도 공군에서 근무했고, 나도 해군을 했는데 그때 훈련 도중에 보안대로 불려갔어요. 그때만 해도 군함이 몇 척 없었는데 배를 타려면 신원조회를 해야 되는데 아버님이 사망 신고가 안 되니까 살아 계신 걸로 신원조회가 되고 나는 돌아가신 걸로 썼고 그게 걸려서 잡혀서 혼났어요.

"너희 아버지 사상적으로 문제가 있어 이북에 간 거 아니냐?"는 식으로. 그래서 내가 얘길 했어요. "사망신고 하려고 했는데 되지도 않고 결국 안 계시니까 사망으로 했어요" 했더니 이 사람들이 그 자리에서 고양경찰서로 연락을 하더라구요. 그러니까 고양경찰서에서 "절대 아니고 조사할 필요도 없고, 그집 신분 참 좋고 자기들이 보증한다"고 했나 봐요. 그러니까 대장이 "우리가 보호해줄 사람을 곤욕을 치르게 하니 잘못된 것 아니냐"고 차로 훈련소로 데려다 주고 "미안하다"고 하더라구요. 그때는 자유당 때 따뜻하게 물어보지 않잖아요. 그렇게 되게 혼이 난 기억이 있죠.

○ 정부에 바라는 말

〈피랍인 명예 회복 및 정부의 배려〉

답_ '납북길 따라 걷기'를 하면서 가족들을 만나보니 전부들 나와 같은 얘기를 하더라구요. 우리는 돈도 싫다. 다른 사람도 그렇겠지만 나부터도 '아버님이 참 헛된 죽음을 했구나' 하는 생각까지 들었어요. 지금 누가 알아주길 합니까? 자식들에게 혜택이 옵니까? 결국 그것이 자식들에게 엄청난 곤욕만 끼치는데. 그리고 지금 현재도 난 바라는 게 아버님이 나라를 위해 수고하셨으니까 명예 회복이라든가 조그마한 정도의 통일부라든가 정부에서 배려를 했으면 좋겠는데 아무것도 아니지 않습니까? 간 사람들만 불쌍하지 않습니까?

우리 그때 당시 6 · 25가 나니까 대한청년단원들이 전화기가 다 끊어지니까 우리집에 약 50미터 간격을 두고 대원들이 쫙 서 가지고는 의정부 들어왔다 동두천 들어왔다 "우리집까지 연락이 들어오고 했어요" 그렇게 조직이 있었다구요.

그리고 동네 다니면서 안내도 하고 대처는 어떻게 하라, 피난은 어떻게 하고, 배도 어디에 있다 알려주고 그랬어요. 그 사람들 일 많이 했어요. 그리고 심지어는 채 후퇴 못한 군인들과 합세해서 난지도 교전도 하고 그랬어요.

그러나 그 사람들 지금 아무런…. 데모하다 죽어도 민주화 운동이라고 하는데 이 사람들은 목숨을 내놓고 가족들까지 피해를 입으며 그렇게 했는데, 지금 정부는 너무 무관심하고, 그런 섭섭한 생각이 들지요.

○ 피랍인에게 전하는 말

답_ 참 아버님이 바쁘신 중에서도 집에 오시면 집안 일을 살피고 늘 그러셨는데, 이제야 어떻게 합니까? 돌아가셨으리란 생각이 들고 같이 살았더라면 비록 내가 못나도 효자 흉내라도 냈을 건데 하는 생각이 들어요. 아버님, 정말 죄송합니다.

2005. 11. 3 채록

051103A 양 승 욱(梁承旭)

피랍인

생년월일: 1918년 11월 18일
출생지: 서울
당시 주소: 서울 성동구 신당동
피랍일: 1950년 7월 14일경
피랍장소: 자택
직업: 외자청 구매국장
학력/경력: 경성제국대학/고시 출신, 평북 좌성군수
직계/부양가족: 배우자, 자녀 4녀
외모/성격 : 미남형

증언자

성명: 홍양선(1922년생)
관계: 배우자
증언성격: 직접증언 ☐ 간접증언 ☑

특이사항 (납치주체/상황/원인)

- 일본에서 공부하고, 고시에 패스해 평북에서 군수를 하다가 6 · 25 당시에는 외자청 구매국장으로 근무 중이었음.
- 처와 자녀들은 전쟁이 나자마자 친정의 도움으로 수원으로 내려가고, 피랍인은 서울에 계신 부모님과 직장 때문에 잠시 서울에 머물다가 한강 다리가 끊어져 남하하지 못함.
- 도중에 부하로 있던 김모씨에 의해 정치보위부로 끌려갔다는 후문이 있음.

증언자 요청사항

(對정부) 모든 것을 가슴에 묻고 살아가 더 이상 바라는 것도 없음.

"일본 간 사람들은 왜 독립운동을 했냐면 제국주의가 싫은 거야. 그래서 일본 회사는 안 가. 자유업을 했지. 결국 사상은 독립 쪽으로 기울고 제국주의 반대하고. 그러니 월북한 사람들도 다 공부한 사람들이야. 그러니까 결국 한 집안에서 납치당해 가고 월북하고. 오빠는 월북했거든. 그러니까 뭐 엉망이지."

"동기들도 여수 순천서 고시파들이 아주 혼났어. 여순사건 때 처갓집 갔다가 강창구란 사람은 학살당하고, 이병순이란 사람도 6·25 때 없어졌고, 우리(남편)도 없어졌고, 남은 사람이 김영선이라고 통일원 장관 하던 사람이랑 서울대 동기 박동식이란 사람이고."

○ 납북 경위

〈피랍인의 처와 자녀들은 6 · 25 전쟁 직후 수원으로 내려가고, 피랍인은 서울에 계신 부모님과 직장 때문에 잠시 서울에 머물다가 한강 다리가 끊어져 남하하지 못함. 도중에 부하로 있던 김모씨에 의해 정치보위부로 끌려갔다는 후문이 있음〉

답_ 신당동에서 살고 있었어요. 우리 큰딸이 청구국민학교를 다녔거든. 근데 6 · 25가 나니까 동생 남편이 전화를 걸어서 (인민군이) 오지는 못할 테니… 믿었으니까 정부를… 얘들하고 아우성치는 거 듣지 말고 "빨리 수원으로 가서 기다려라. 검찰청 서류는 차가 가는데 가지고 갈테니" 해서 가는데, 남편은 나중에 오라고 하고 우리는 먼저 간 거지.

그랬는데 한강 다리가 끊긴 거야. 그러니까 아무리 오려고 해도 못 온 거지. 그리고 직장이 있으니까 그때 김우평씨가 청장이었는데 그분이 "나하고 같이 가자" 하니까 꼼짝도 못하고 있다가 나오니까 한강 다리가 끊겨서 도로 들어간 거야.

그러다가 길에서 외자청의 과장을 만났는데, 그게 빨갱이란 말이야. 몰랐지. 전혀 몰랐지. 그때 연탄 땔 때니까 숯도 한 가마 가져다 주고 그랬어요. 유독 참 친절하게 하니까 "그 과장, 사람 참 괜찮다" 생각만 한 거지. 근데 그 사람이 "국장님이 무슨 죄가 있느냐 나하고 같이 가자" 하면서 정치보위부에 넘긴 거야.

김 과장이 그랬다는 건 나중에 풍문으로 들었어요. 나는 피난민들이 계속 내려오니까 수원에서 매일같이 기다리고만 있는 거지. 처음 그날은 같이 있었어. 나 데려다 주고 온다고 (차를) 탔더니 부모님이 "우린 어떡하냐?" 하셔서 외아들이니까 내렸지. 내리고 나서 (한강이) 끊어진 거야.

○ 납치이유

〈고위공무원이었기 때문으로 추정〉

문_ 납치이유가 뭐라고 생각하세요?
답_ 무조건 공무원이니까 고관, 그때 국장이면 일본 아이들 틈에서 힘들 때야. 근데 이 사람 얘기는 같이 공부를 해야 걔네들을 이긴대. 일본 간 사람들은 왜 독립운동을 했냐면 제국주의가 싫은 거야. 그래서 일본 회사는 안 가. 자유업을 했지. 우리 삼촌도 법대 나와도 공무원 안 하는 거야. 그래서 은행에 다니고. 결국 사상은 독립 쪽으로 기울고 제국주의 반대하고. 그러니 월북한 사람들도 다 공부한 사람들이야. 그러니까 결국 한 집안에서 납치당해 가고 월북하고. 오빠는 월북했거든. 스탈린 전집 번역하고 그랬어. 그러니까 뭐 엉망이지.

문_ 오빠가 월북이면 혹시 북한에서 남편분을 만나거나 하지는 않았을지?
답_ 그거는 안 된대. 아는 척을 안 하기로 되어 있대. 소식에 들으면. 오빠도 몰라. 오빠는 나중에 사람들 시켜서 애들 셋이랑 다 데려갔어.

○ 납치 후 소식

〈소식 없음〉

문_ 찾아보진 않으셨나요?
답_ 없지. 국장급이라도 아주 높은 사람 장관급 소식은 들려요. 근데 안 들려. 동기들도 여수 순천서 고시파들이 아주 혼났어. 여순사건 때 처갓집 갔다가 강창구란 사람은 학살당하고 이병순이란 사람도 6 · 25 때 없어졌고, 우리(남편)도 없어졌고, 남은 사람이 김영선이라고 통일원 장관 하던 사람이랑 서울대 동기 박동식이란 사람이고.

○ 남은 가족의 생활은?

〈시댁과 친정 모두 부유한 편이라 큰 생활고는 없이 살 수 있었음. 부모님들은 점도 보고 했으나, 홍양선씨는 자녀 교육에만 매달려 살았음〉

답_ 나중에 서울 수복되고 올라와서 친정에 와 있는데, 우리 아버지가 강원도 화성에 살자고 해서 가서 살다가 큰딸이 학교를 다녀야 할 때가 된 거야. 그러니까 시아버지가 아이들 대학까지 보내준다고 해서 서울 통위동으로 왔어. 그리고 혹시 내가 어딜 갈까봐 시아버지가 취직하지 말라 해서 나는 취직을 안 하고 그냥 시댁에서 있는 땅 거의 헐값에 팔아가면서 아이들 공부시키신 거지. 또 남편 간 후로 양쪽 부모님 맨날 점 보러 다니는 거라.

그때는 몇 월이면 통일 될 거다. 몇 월에 해방된다. 그렇게 몇 년을 속아가며 산 거지. 나는 오거나 말거나 애들만 기르면서 살고. 그래도 나는 별로 고생 안 했어요. 우리 친구네도 납치자가 많아. 일류 서울법대, 서울의대 다녔던 신랑을 다 데려간 거야. 근데 엄마들이 학교 선생도 하고, 별 짓 다해서 애들은 일류로 만들어놓은 거지. 나는 성당에만 다니고, 애들 잘 자라준 거 고맙고 그렇지.

○ 연좌제

〈없었음. 오히려 고관에 남편 동기들이 많이 재직 중이라 납치된 사실을 인정받고 도움을 입기도 했음〉

답_ 6 · 25 때는 납치자들을 우습게 여기지 않았어. 애들 공부할 때도 무슨 명예직처럼 대우를 받았다구. 월북한 사람하고 납치자하곤 차이가 나니까. 동료들이 있으니까 (납치된 걸) 다 알지. 그때 김영선이라고 동기는 통일 장관 했었고, 박종식이라고 정일권씨 장인어른도 있었고. 내가 증명해달라고 쫓아다녔지. 증명 받아서 아들 군 인가도 받고.

○ 호적정리

답_ 호적은 아버님이 없앴나 봐.

○ 정부의 노력

〈전혀 없었음〉

문_ 신고는 하셨나요?
답_ 신고도 없어, 그때는. 그러니까 증명할 길이 없다고. 동기들이나 알지. 신고하면 뭐해. 나라가 맥을 못 추는 걸 뭐. 적십자사에 신고된 것은 시아버지가 했나 봐.

문_ 정부의 노력은?
답_ 전혀. 나라가 맥도 못 추는데 뭘 줘?

○ 정부에 바라는 점

〈없음〉

답_ 내 머리에서 다 정리해서 바라지도 않아. 내 머리에서 지우고 싶어서. 이젠 완전히 잊어버리려고. 나 죽으면 사진이랑 모두 태워서 납골묘에 넣어달라 하고.

○ 피랍인에게 전하는 말

답_ 몰라. 어떻게 살아졌는지도. 잊어버리는 데 한 10년 걸리더라구. 잊어버려야 살지. 그 생각 하면 미치지, 살아? 만날 일도 없고 그런 가상도 안 해요. 맘에서 꼭 지워 버렸다니까요.

2005. 11. 8 채록

051108A 이 규 찬(李圭燦)

피랍인

생년월일: 1925년 12월 9일
출생지: 경기 안성
당시 주소: 서울시 동대문구 신설동
피랍일: 1950년 8월경
피랍장소: 자택
직업: 대학생
학력: 동국대 사학과 4년
직계/부양가족: 배우자, 자녀 2녀
외모/성격 : 활발하고 애주가(별명: 안성 막걸리)

증언자

성명: 유언지(1924년생)
관계: 배우자
증언성격: 직접증언 ☐ 간접증언 ☑

특이사항 (납치주체/상황/원인)

- 동국대 사학과 4년에 재학 중이며 호국대 단장으로도 활동했던 피랍인은 6·25 전쟁 직후 안성 고향집에서 피난 생활을 하다가 8월경 이웃 피난민들과 동태를 살피러 서울로 상경, 당시 재학 중이던 동국대학교에 갔다가 붙잡힘.
- 잠시 자취방에 들러 아내에게 쪽지를 남기고 기다리고 있던 인민군 두 명에게 연행되어간 후로는 소식 두절, 그 이후 의정부에서 고등학교를 다니다가 고향에 내려와 있던 동생(이규선)도 의용군으로 붙잡혀감.

증언자 요청사항

(對정부) 피랍인 생사확인 및 생존시 상봉

"형하고 아우하고 다 없어지니까 9·28 수복하고 나니까 우리를 빨갱이로 지목하더라고. 우리 시아버님은 당시 이장을 했고, 빨갱이 아니고 결백한 민주주의거든. 그랬는데도 아들 형제가 하나는 인민군 가고 하나는 행방불명이니까 오해를 받았어."

"종합청사에 가고 했지. 그때만 해도 다리가 안 아팠어. 신고를 해서 찾을 수 있으면 찾으려고. 나만 단독적으로 찾아달라는 게 아니라 국가에서 하는 일이니까 다른 사람들 하는 데 껴붙여서 만나게 해달라는 의지하에 종합청사를 몇 번을 찾아갔어. 가서 승강이도 했지. 통일부 장관 있는 데를 못 들어가게 해. 나 좀 들어가서 통일부 장관 만나서 얘기 좀 해야겠다고 하니까 못 들어가게 해. 승강이 하다가 넘어지기도 하고 그랬어."

○ 납북 경위

<피랍인은 6 · 25 전쟁 직후 안성 고향집에서 피난 생활을 하다가 8월경 이웃 피난민들과 동태를 살피러 서울로 상경, 당시 재학 중이던 동국대학교에 갔다가 붙잡힘. 잠시 자취방에 들러 아내에게 쪽지를 남기고 기다리고 있던 인민군 두 명에게 연행되어 간 후로는 소식 두절, 그 이후 의정부에서 고등학교를 다니다가 고향에 내려와 있던 동생(이규선)도 의용군으로 붙잡혀감>

답_ 왜정 때 고등학교 다니다가는 군인으로 가지 않으려고 피해다녔어. 그러다 해방이 되고 다시 고등학교를 들어가서 졸업하고 대학교를 갔지. 6 · 25나던 해가 대학교 4학년이었는데 억지로 고학을 하면서 학교를 다닌 거야. 동국대 사학과.

신설동에 자취방을 얻어 살았어. 나도 처음에 와서 같이 살다가 5개월 정도(1950년 1월에서 5월까지) 잠깐 같이 살다가 시아버지가 아프시다는 전보가 왔어. 그걸 받고 애를 데리고 내가 시골을 내려갔어. 갔더니 시아버님이 대단히 아프셔. 그런데 그때가 모를 심을 때 더라고. 모 심느라고 난리지, 시아버지 아프지, 그래서 내가 서울로 다시 올라오질 못했어. 그랬는데 6 · 25가 났다고 하더라고.

그때 시골에는 전화도 없고 라디오도 없고 인간 대 인간으로 장에 다녀오면 뉴스를 듣는데 6 · 25 사변이 나서 미아리 고개를 넘어온다는 소리가 들리더라고. 그래서 내가 그해 난 어린 애를 데리고 간다니까 시댁에서 못 가게 하더라고. 서울에 가지도 못할 때고. 그러고 있는데 (남편이) 사흘 만에 내려왔다고. 어떻게 왔냐고 하니까 미아리 고개로 (인민군이) 밀려내려온다고 해서 일단 다리를 건넜다는 거야. 큰애를 서울에 두고 왔었는데 그애를 데리고. 영등포에 아는 사람이 있는데 그집을 찾아가서 자다 보니 밤에 새벽에 한강 다리를 끊더래. 그래서 놀래서 나와서 애를 업고 걸어오는데 이틀 만에 시골을 들어왔더라고. 그러고 있으니 서울서 피난민이 몰아닥치고 어느 정도 잠잠해지니까 피난민들이 서울을 다시 간대요. 그러니까 이 사람도 간다고 하더라고. 그래서 모두 못 가게 했어.

지금 서울 가서 뭘 하려고 하느냐고. 학교도 휴교했을 텐데 하면서 가지 말라고, 우리 할아버지, 시아버지 모두들 못 가게 하니까 안 가고 있었어. 그러다 8월달에 또 아는 사람들이 서울을 간다고 같이 가자고 하니까 (남편이) 또 서울을 간대요.

나는 적극 반대를 했지. 그랬는데도 간다고 하니까 말릴 수가 있어? 활동하는 것도 없었고 그냥 집에 있을 때였어. 첨에 집에 와 있으니까 집에 자꾸 조사를 오더라고. 서울서 온 피난민 조사. 빨갱이들이 자꾸 와서 뒤져보고 조사를 해가고 그러더라고. 그러면 없다고 숨어 있고 그랬었어.

그러다 서울 가는 사람들이 보리쌀 이며 들고 갈 땐데 자기도 가면서 내가 사흘이면 온다고, 오늘 가서 쉬고 내일이면 온다고 하면서 쓰봉에다 와이셔츠 하나 입고 맨 손으로 그이네들 쫓아서 서울을 간 거야. 그렇게 갔다가 올 때가 됐는데도 안 오니까 궁금해서 견딜 수가 없어서 우리 시아버지가 서울을 찾아 올라갔어.

그러더니 그 이튿날에 내려오셨더라고. 그래서 "애비 만나보셨어요?" 하니까 "응. 만나봤어. 저기 뭐 거기 있더라" 해요. 그래서 "아니 자리가 있지, '거기' 가 어디예요?" 했더니 "아 그냥 남산 밑에 있더라" 해. 그러니까 나한테 거짓말을 하신 거야. 못 봤다고 하기는 그러니까.

나는 반신반의 하다가 영 소식이 없고 해서 애들을 업고 서울로 간 거야. 우리 친정 당숙모가 마침 가길래 같이 가자고 해서 시골서 애를 데리고 어딜 가냐고 못 가게 하는 걸 나는 그냥 나섰어. 가서 살던 신설동으로 가보고, 학교를 가보고 하려고. 그런 생각에서 서울을 왔지. 오다가 폭격을 만나고 죽을 고생 다 하면서 뚝딱배 타고 한강을 건너고 그렇게 왔는데 오니까 있기는 뭐 있어. 아무것도 없지. 보따리만 싸서 우리 방에다 놓고. 그래서 내가 그걸 열어보니 거기에다 편지 한 장을 조그맣게 놓고 갔어. '집에서 안 올 걸 괜히 왔다' 는 내용이야.

그리고 '기약 없은 상봉 일을' 하면서 조그맣게 접어놨더라고. 마지막 말도 그게 다여. 이 세상에 없지. 그집에 세들어 사는 할머니한테 어떻게 된 경우냐고 물어보니까 (애 아빠가) 와서 하루 저녁 자고 시골을 간다고 하더래요. 그래서 보따리를 싸더래요. 그래서 보니까 애 옷하고 내(아내) 옷만 싸더래. 그래서 "양복 같은 걸 싸야지 왜 그런 걸 싸냐"고 했더니 "나는 또 해 입으면 되지만 우리 안 사람은 옷을 못해 입으니까요" 하더래. 그땐 시집살이 하던 때니까. 그렇게 싸놓더니 "할머니, 기왕 왔으니까 학교 좀 다녀 올게요." 하고 아침 먹고 가서 영 안 오더니 점심이 지난 담에 오더래.

(할머니가) 대문간방에 사니까, "할머니" 하고 들어오더래. 그러고 뒤를 보니까 인민군이 두 명 왔더래. 할머니 키보다 더 큰 총을 메고 서서는. 아마 자기 방에 가서 뭐 조금 써 놓고 가려고 온 모양이야. 그랬는데 밖에서 빨리 나오라고 소리 소리 지르더래. 그러니 할머니 보고 "제가 안 내려가면 우리 애 엄마가 올 거니까 오거든 밥이라도 해 먹여서 바로 내려가라고 해주세요. 여긴 있을 데가 못 돼요. 저는 갑니다" 하더래요.

어딜 가냐고 했더니 밖에 사람이 있다고 해서 할머니가 방에서 나가보니 인민군이 빨리 나오라고 그래요. 그리고는 "이 다음에 살아서 오면 할머니 은혜 꼭 갚을게요" 그러더래요. 여태 할머니 손도 안 잡아 봤는데 그땐 할머니를 껴안고 흐느껴 울더래요. 그때 인민군이 빨리 나오라고 소리를 지르며 대문을 열어젖히니까 인사만 하고 나갔대요. 나가니까 한 사람은 앞에 서고 한 사람은 뒤에 서서 가운데다 (남편을) 세우고는 세 사람이 가는데 신설동에서 돈암동 가는 길이 있는데 그리로 해서 청량리 쪽으로 가더래. 그리고서는 인편이고 풍문이고 아무 소리도 들어본 일이 없어.

(남편 납치 후) 시골을 내려갔더니 그 사람의 내막을 모르니 행방불명으로 처리가 되고 공산패로 나갔다고 하대. 우리는 사실 시골에서 유지인데 공산패가 되겠어? 그러다가 우리 시동생이 하나 있는데 의정부고등학교 다니다가 시골 와 있을 때였거든. 그 사람을 의용군으로 잡아가더라고. 빨갱이 시대 때. 동네에서 청년 8명이 잡혀갔는데 두 사람만 살아오고 우리 시동생은 못 돌아왔어. 그러고는 그 사람도 끝이여. 이규선.

○ 납치이유

〈당시 동국대 사학과 4년에 재학 중이었고, 호국대 단장으로 활동함. 집안은 안성 지역 유지였음〉

답_ 호국대 단장이었어. 학생들 지휘하고 그런 거라 그러데. 시가 행진한다고 해서 나가보니 앞에서 지휘봉 들고 지휘하고 그러더라구.

○ 납치 후 소식

〈소식 없음〉

○ 남은 가족의 생활은?

〈피랍인의 아내가 5년 정도 시댁(안성)에서 농사를 짓다가 서울로 상경, 재봉일을 하며 자리를 잡고 딸 둘을 양육함〉

답_ 첨엔 시골서 농사짓고 살다가 나는 기운이 없어 농사를 못 짓겠더라고. 그래서는 애들 공부도 못 시킬 것 같더라고. 시동생, 시누가 많은데 우리 애들 애비도 없는 걸 공부시켜 달랠 수 있겠어? 그래서 내가 결단을 했지. 농사를 지어봐야 소득이 없겠다 싶어서 무작정 서울을 왔어. (남편 납북 5년 후) 서울 당숙집에 찾아가서 며칠 있다가 남대문, 동대문, 아현시장이며 여기저기 시장을 돌아보다가 돈암동 시장엘 가봤어. 그런데 장사를 할래도 밑천도 없고, 난 배운 게 바느질밖에 없어.

그래서 바느질 하는 사람들 모인 데에 가서 "여기서 시다 좀 해보면 안 될까요?" 하니까 나 옷 해 입은 걸 보다가 "(입고 있는) 그 적삼은 누가 했어?" 물어. 그러니 "제가 했어요" 했더니 그날부터 일을 하라고 해서 시다를 했어. 그집에서 자고 아침 저녁으로 국수 사먹으면서 시다를 하다가 바느질을 하게 됐어. 그렇게 남의 집 3년을 살다가 틀 하나를 샀어. 그래서 재봉틀 놓고 바느질 하면서 돈 벌어서 우리 애들 (서울로) 데리고 왔지. 그때부터는 애들 학교 보내고 했지.

○ 연좌제 피해

〈서울 수복 후 피랍인의 동생(이규선)도 의용군으로 잡혀가고 남편이 행방불명 되는 바람에 좌익으로 오해를 받았으나 주민들이 증명해주어 큰 피해나 문제는 없었음〉

답_ 별로 피해는 없는데 그 당시에 형하고 아우하고 다 없어지니까 9 · 28 수복하고 나니까 우리를 빨갱이로 지목하더라고. 우리 시아버님은 당시 이장을 했고, 빨갱이 아니고 결백한 민주주의거든. 그랬는데도 아들 형제가 하나는 인민군 가고 하나는 행방불명이니까 오해를 받았어. 그러나 근처 주민들이 "그건 오해다" 하고 증명을 해줘서 피해 같은 건 없었어.

○ 호적정리

〈양아들 유산 문제로 사망으로 정리함〉

답_ 우리가 장남이라서 내가 딸만 둘이 있으니까 시동생의 아들을 양자를 시켰어. 그래서 그애를 내가 고등학교까지 가르치고 군인 다녀와서 취직하고 결혼시키고 있는데 시골에 땅이 있었어. 할머니 할아버지 다 돌아가셨으니까. 그걸 내 앞으로 해야 되는데 내가 귀찮다고 그걸 그 아들에게 주려고 하니까 그게 안 되더라고. 남편을 6개월 동안 신문에다 실종 신고를 내고 소식이 없으면 사망으로 처리가 된다고 해서 그렇게 하고 나서야 시골의 땅을 그 아들 앞으로 해줬어. 그때 된 거야. 그런 이유가 없으면 지금까지도 (사망 신고 안 하고) 그냥 있을 텐데….

○ 정부의 노력

〈전혀 없었음〉

문_ 찾으려는 노력은?
답_ 그때는 그런 제도도 없었고, 대한적십자사를 한 번 찾아가 봤더니 아직 뭐가 없다고 해서 그만뒀어. 그러다 매스컴을 타니까 그때는 대한적십자사와 통일부에 (신고를) 다 했어. 그랬는데 회신이 없어. 그런데 통일부에서 편지가 오더라고. 이러저러해서 신고해서 언제까지는 (북한 주민 접촉 승인이) 유효하다는 답장이 오더라고. 근데 요즘은 내가 아파서 잘 하지도 못하고 해봤자 소용도 없고. 또 대한적십자사에 이산 가족으로 전화를 해보면 그렇게 냉정해. 자기네들끼리 권력 있는 사람들이나 (상봉을) 하는 것 같아. 우리 같은 사람은 쳐다도 안 봐.

문_ 통일부에도 여러 차례 찾아가셨다면서요?

답_ 종합청사에 가고 했지. 그때만 해도 다리가 안 아팠어. 신고를 해서 찾을 수 있으면 찾으려고. 나만 단독적으로 찾아달라는 게 아니라 국가에서 하는 일이니까 다른 사람들 하는데 껴붙여서 만나게 해달라는 의지하에 종합청사를 몇 번을 찾아갔어. 가서 승강이도 했지. 통일부 장관 있는데 못 들어가게 해. 나 좀 들어가서 통일부 장관 만나서 얘기 좀 해야겠다고 하니까 못 들어가게 해. 지키는 사람이 있으니까 승강이 하다가 넘어지기도 하고 그랬어.

문_ 정부의 지원 같은 것은?

답_ 없지. 10원어치도 없지.

○ 정부에 바라는 점

〈피랍인 생사확인 및 생존시 상봉〉

답_ 정부에서 이산 가족 상봉 한다 어쩐다 말만 떠벌이지 깊이 들어 있는 걸 수색하고 탐정을 해서 찾아내서 상봉시켜줄 생각은 안 하고 그저 권력 있고 빽 있고 그런 사람들만 추려서 상봉시켜주는 것 같아. 내 맘에는. 물론 그렇게야 안 하겠지. 나라에서 하는 거 공평하게 하겠지. 그렇게 모순되게는 안 하겠지만 나 혼자 짧게 생각하기는 그런 거 같아.

그러니 광범위하게 좀더 확대를 해서 없는 사람 있는 사람 다 (상봉을) 해주면 좋겠어. 그러면 혹시 그 사람도 해당이 돼서 올 수도 있고 소식이라도 듣지 않을까 싶은 바람이지. 누구한테 도움을 받았으면 좋겠다 이런 건 없어. 그냥 사는 대로 살다 가면 되는 거지 뭘 도움을 받겠어?

○ 피랍인에게 전하는 말

답_ 지금은 괜찮아. 마음도 정신도 다 묻었으니까. 전에는 매일같이 만나길 원하고 만나봤으면 했지만 지금은 다 잊어버렸어. 땅 속에 묻은 거나 같아. 죽은 걸로 일단락했으니 보고 싶지도 그립지도…. 여보 어쩌고 하고 싶지도 않아.

옛날엔 보고 싶어서 달이 환해도 잠을 못 자고, 여름에 모시 하나 입고 나갔으니 얼어 죽진 않았나 걱정하고 구두 소리만 나도 대문간에 뛰어나가보고 그렇게 했지만 지금은 다 잊어버렸어. 아주 늙고 병들고 하니까 정신도 병이 들었나 봐. 뭘 몰라. 지금은 남편 생각도 없고, 보고 싶지도 않고, 본의는 아니지만 나를 버리고 간 사람이니, 지금 와서 세월이 오십몇 년이나 흘렀는데….

2005. 11. 25 채록

051125A 김 상 덕(金尙德)

피랍인

생년월일: 1891년 12월 10일
출생지: 서울
당시 주소: 서울 중구 필동 3가 28-31
피랍일: 1950년 7월 12일경
피랍장소: 자택
직업: 서울 경신고교 교장
학력/경력: 일본 조도전대/국회의원(반민특위 위원장)
직계/부양가족: 자녀 1남 1녀
외모/성격 : 온유하나 때로 엄격하고 소신이 뚜렷함.

증언자

성명: 김정육(1935년생)
관계: 아들
증언성격: 직접증언 V 간접증언 ☐

특이사항 (납치주체/상황/원인)

- 서울에 거주하던 피랍인은 돈화문 근처 친척집으로 피신, 필동 자택에 자녀 둘은 그대로 두고, 딸을 통해 소식을 주고받고 생활함.
- 7월경 내무서원들이 자택을 압수 수색하던 과정에서·과거 함께 거주했던 헌병 경찰이 숨겨뒀던 권총이 발견되어 피랍인의 장남인 김정육이 연행돼 고초를 겪고 쓰러져 집으로 귀가함.
- 피랍인이 이를 전해 듣고 잠시 집으로 왔다가 곧바로 정치보위부 사람들에게 잡혀감.
- 평양에 묘비가 있다는 사실을 확인함.
- 과거 독립운동가로서의 업적을 인정받아 1990년 서훈을 받음.

증언자 요청사항

(對정부) 정부가 생사확인조차 하지 못하고 있는 피랍인 가족들의 절박함을 알고 북한과의 고도의 기술적인 접근을 통해 문제 해결을 위해 적극적인 태도를 보여줄 것

"정치보위부로 생각되는 사람들이 지프차를 끌고 와서 아버지를 바로 데려갔어요. '이북에서도 친일을 처단하는 사업들을 했고, 훌륭한 일을 하신 분이니 걱정하지 마십시오. 잠시 모시겠어요' 이러면서."

○ 직업 및 활동

〈동경 유학 중 조선청년독립단을 결성하고 2·8독립선언을 거행, 체포되어 복역 – 만주로 망명·항일 독립운동 – 해방 직전 임시정부 시절 문화부장 등으로 활동 – 1945년 귀국 입법위원으로 활동하다가 제헌 국회의원 당선 – 반민족행위특별조사위원회 위원장으로 활동, 경신고교 교장을 겸직〉

답_ 1919년 3·1운동이 일어나기 직전 2·8 독립선언이 동경 유학생을 주축으로 YMCA에서 세계 만방에 대한민국 독립을 선언하게 됩니다. 11분이 주동을 하셨는데 아버님이 그중 한 분이세요. 2·8독립선언은 대한민국 독립을 선언하고 이 선언문을 세계 열강에 있는 지도자들에게 다 보냅니다. 그 다음에 일본에 있는 도조 내각 수반을 비롯해 각 장관들 및 지도급 인사들에게 이 선언문을 다 띄워보냅니다. 일본 심장부에서. 집회를 채 마치기도 전에 일본 경찰에게 연행을 당하죠. 그래서 거기서 주동했던 11분 모두 옥고를 치르게 됩니다. 아버지도 옥고를 치르고 난 다음에 바로 만주로 망명을 갑니다.

상해 임시정부로 갔다가 만주로 이동을 하고 거기서 항일 독립운동을 하게 됩니다. 당시 아버지와 함께 독립운동을 했던 동지들을 보면 지성천 장군, 김동삼 선생, 그리고 김좌진 장군 이 분들하고 같이 독립운동을 하다가 나중엔 분열이 됩니다. 이것을 통합시키려다가 실패를 하고 만주를 일본이 석권하면서 결국 만주에서의 활동을 접을 수밖에 없었죠.

그 당시 아버지는 남경에 계셨는데 신혼 초기 때 아버지가 일제에 쫓기면서 10년이 넘도록 어머니와 생이별을 하다가 만주에서 어머니와 다시 만났습니다. 그리고 거기서 주중 청년 총대표로 장개석 총통을 만나 독립운동 지원을 요청하고 승낙을 받았습니다.

장 총통으로부터 지휘도를 증정받게 됩니다. 그런데 그것을 분실했어요. 6·25 때 서울에 있는 우리집이 차압당하면서 우리는 쫓겨납니다. 9·28 수복되면서 들어와보니까 집이 난장판이 되고 많은 것을 잃어버렸는데 그때 그 칼을 잃어버린 게 두고두고 아쉽고, 또 김구 주석 저격 당시 아버지가 근처에 계셨어요. 급보를 받고 가서 김구 주석을 안았는데 그때 흥건하게 피로 젖었던 양복을 집에 계속 뒀었어요. 그 양복을 잃어버린 것도 매우 아쉬운 부분이에요.

그리고 임시정부가 일본에 쫓기면서 전전하다가 중경에 정착을 하고 중경 임시정부 시대가 오는데 그때 아버지가 임시정부 문화부장을 하십니다. 해방 직전에는 임시정부 각료로 계시는 신분으로 해방을 맞게 됩니다.

귀국해서 우리나라를 남쪽에서 수립하려고 하니까 근거가 없어요. 그래서 그 근거를 만들려고 있던 것이 미 군정하에 있는 과도기 입법회의입니다. 거기 아버지가 입법위원으로 위촉 받아 입법 활동을 하시고, 거기에서 나온 돈으로 제헌국회의원 총선을 하게 됩니다. 그래서 경북 고령에서 출마해서 당선이 되고, 제헌국회에 들어가서 헌법 기초위원에 선임됩니다. 그리고는 우리나라 헌법 기초를 만드는 데 참여하셨습니다.

헌법이 완성되고 기초 질서가 정비되면서 친일 처리를 위한 국민 여론이 들끓어서 반민특위가 구성됩니다. 이때 아버지께서 반민특위 위원장으로 선출되셔서 친일 처벌 활동을 합니다. 당시 경찰 간부들이 많이 연루가 되었거든요. 저촉되는 정도가 아니라 악질 친일 경찰이었어요.

우리나라 애국 지사들을 모진 고문으로 사지에 몰아넣고 그것을 밟고서 일제 시대 파격적인 승진을 했던 여러 명이 있습니다. 이 사람들은 꼭 잡아넣어야 할 사람들이고 이 일을 하던 중에 중부경찰서에서 백주 대낮에 헌법 기관을 쳐들어와서 전부 완전히 밟아 버렸거든요. 당시 활동했던 특경대, 조사관들이 심한 구타를 당해 아직도 후유증을 겪고 있는 분이 현재도 살아 계세요. 그렇게 해서 반민특위를 무력화시켰어요.

그런데 이것의 책임을 경찰 쪽으로만 돌리는데 그렇게 하기 전에 이 박사의 의지와 지시가 있었던 것이 틀림없습니다. 이 박사가 이것을 해체하기 전에 극비리에 반민특위 관사를 밤에 찾아왔었어요. 아버지하고 담판을 하러. "이 사람들을 좀 풀어주고 특위활동을 좀 살살 하고 대충 마무리 지어다오" 이런 거예요. 이것을 특위활동을 책임지고 있는 사람의 입장에서는 받아들일 수 없거든. 아버지가 단호하게 거절을 합니다. (이 박사가) 우리집에 왔을 때는 아주 분위기가 경직됐어요. 아버지께서는 사전 연락을 받고 우리에게 방안에 들어가서 꼼짝 말고 있으라고 했어요.

반민특위 위원장실을 경호하는 무장경찰 네 명이 있는데 이 경호원들은 전부 외곽으로 몰고 그 당시 경무대 경호팀들이 집안을 깔아 버렸어요. 그렇게 응접실에서 단판을 했는데 결국은 (이 박사의 뜻대로) 안 되고, 이 박사는 마지막 시도가 안 되니까 그때 특위의 결심과 각오를 확인한 거죠. 아버지의 확고한 의지를 내보였으니까. 그렇게 돌아가고 바로 며칠 뒤 5월 말쯤에 쳐들어온 거예요. 다 의도된 거죠.

반민특위가 와해되고, 또 그 당시 아버지가 경신학교 교장을 겸직하고 있었어요. 황해도의 대지주 김홍양 형제분들의 도움으로 운영하던 것이었는데 그게 38선이 놓이면서 (지원이) 차단되니까 경신학교가 심한 재정적 어려움을 겪기도 했어요. 처음엔 김규식 박사가 교장으로 있다가 연세와 건강 문제로 아버지가 후임으로 오도록 강력히 추천해서 하신 거였는데 지금처럼 후원이 쉽지 않은 형편이었지만 겨우 꾸려갔습니다.

그래서 지금 경신학교에서 아버지의 공을 인정해서 교장 겸 설립자로 분류해 놓고 있더라구요. 그러한 일들을 하시다가 얼마 있다가 6 · 25 사변이 나고 아버지가 납북된 거죠.

○ 당시 시대 상황

〈6 · 25전쟁 3일이 지나기까지도 이승만 대통령의 거짓 방송을 믿고 서울에 거주〉

답_ 서울 필동 반민특위 관사에 있을 때였는데, 6 · 25가 나고 3일 만에 서울이 적화됐거든요. 그런데 그 당시 서울에 있는 사람들은 다 아는 사실인데 대통령 특별 담화가 라디오를 통해 나갔어요. 그걸 들어보면 한쪽에는 쳐올라가고 있고, 우리가 곧 반격하니 도망하지 말라. 서울을 사수하고 나(대통령)도 여기 있겠다. 정부를 믿고 안심하고 있으라는 내용의 대통령 육성 방송이 나와요. 이것을 서울 시민이 믿고 있는 무렵, 이 박사는 벌써 남쪽으로 갔어요. 그러니 "상황이 안 좋으니 피난 떠나라"고 했으면 이렇게 납북인사가 많지는 않았을 거예요. 그런데 일국의 치안을 맡고 있는 치안 총책임자 내무부 장관도 납북됐단 말이에요.

○ 납북 경위

〈전쟁이 나고 피랍인은 돈화문 근처 친척집으로 피신, 필동 자택에 자녀 둘은 그대로 있으면서 딸을 통해 소식을 주고받음. 7월경 내무서원들이 자택을 압수 · 수색하던 과정에서 6 · 25 전에 거주하던 헌병 경찰이 숨겨뒀던 권총이 발견되어 피랍인의 장남인 김정육이 연행돼 모진 고초를 겪고 쓰러져 집으로 귀가, 이를 전해 들은 피랍인이 잠시 자택으로 왔다가 곧바로 정치보위부 사람들에게 잡혀감〉

문_ 피신은 하셨나요?

답_ 대책을 세울 겨를도 없이 서울이 적화되면서 아버지는 급히 돈화문 근처 친척집으로 피신을 했어요. 아무래도 여기서 상당한 위치에서 활동을 했으니까 신변의 위협을 느끼죠. 가족들도 빨리 아버지를 피신시키려 했었고. 그래서 피신하고 계신 동안 남자들은 의용군으로 끌려갈 위험이 있어서 하지 않고, 당시 여고생이었던 누나가 왔다갔다 하면서 집안에 일어나는 소식을 전하고 받아오고 했어요.

한 달 정도 피신하고 있다가 나 때문에 집에 들어오시다가 들어오자마자 바로 들이닥친 거예요. 정치보위부로 생각되는 사람들이 지프차를 끌고 와서 아버지를 바로 데려갔어요. "이북에도 친일을 처단하는 사업들을 했었고, 훌륭한 일을 하신 분이니 걱정하지 마십시오. 잠시 모시겠어요" 이러면서.

문_ 왜 아버지가 집에 다시 오셨나요?

답_ 그 당시 우리집에 젊은 사람들이 좀 있었고, 과거에 반민특위 경남 조사관을 했었던 당시는 헌병 소위이였던 신윤씨라는 분이 우리집에 있었어요. 반민특위가 와해되면서 보복이 두려우니 그 사람이 군을 들어갔어요. 보병학교를 나오고 소위로 임관될 때 아버지께 부탁을 하더라구요. 신변 안전을 위해 헌병 장교로 추천해 주십사 하고. 그렇게 인연이 돼서 헌병 소위로 근무하고 있었는데 6 · 25 직전에 가지고 있던 권총 오발로 부상을 입었어요.

헌병 경찰을 했지, 부상이 있어 전투 총상으로 오해 받으니 (인민군이 알면) 바로 즉결처분 감이에요. 그래서 그 사람은 남쪽으로 빠졌는데 그 사람이 우리집에 총을 숨겨놓고 간 거예요.

전에 우리가 총이 문제가 될까 봐 걱정이 돼서 어떻게 했느냐고 물어봤었는데 아무 염려하지 말라고 해서 그냥 있었죠. 또 우리집에 젊은 사람들이 많이 와 있었어요. 집이 크다 보니까 더러 하숙 형태로 고려대에 다니던 사람도 있었는데, 이 사람 고향 친구들이 전쟁이 나고 하숙집에서 쫓겨나오니까 우리집에들 모여 있다가 가고 그러더라구요.
우선 이런 상황이 있었어요. (전쟁 나고) 처음에는 인민군들은 서울에서 인심도 얻어가면서 분위기 좋게 있었어요. 그 다음에 낙동강 전투에서 교착 상태에 빠지고 하면서 상황이 점점 달라지더라구요. 바로 그 무렵, 하루는 우리집에 들이닥쳐서 차압 딱지를 붙인 거예요. 6월 28일에서 20일쯤 지났을 무렵이에요. 딱지를 붙이고, 필요한 옷가지와 일부 취사 도구를 빼고는 전부 손도 못대게 다 부숴 버렸어요.

그리고 응접실에 있는 응접세트를 한쪽 구석으로 몰아 버리고 문을 잠그고. 그런데 이걸 모는 과정에서 '탈카닥' 하고 권총이 떨어진 거예요. 신윤이란 사람이 거기다 그걸 숨겨둔 거예요. 그때 그게 딱 나오면서 젊은 사람들이 안에 들락 날락하기도 했지, 반동 의심을 하고는 고대에 다녔던 분이랑 저랑 둘이 파출소에 끌려가서 큰 곤욕을 치뤘어요.

끌려 들어가서 한 1주일 만에 풀려났는데, 모의를 할 근거도 없고 권총 숨겨놓은 사람은 헌병 장교였다고 실토를 했어요. 만약에 (신윤씨가) 함께 숨어 있었다면 불지도 못했을 텐데 우리 계산에 이미 남쪽으로 피했으니 (신변 위협이 없고), 거기다 "반민특위를 하다가 보복이 두려워 신변 보호를 목적으로 군장교로 간 거다"라고 했더니 그게 이해가 된 거예요.

나오니까 내가 몸에 열이 나고 하더라구요. 파출소에서 우리집으로 올라가는 길에 작은 병원이 있었는데 거기서 주사를 맞고 집에 가서 뻗은 거예요. 이걸 누나가 얘길 안 했어야 되는데 상황을 아버지에게 말을 했어요. 그러니 아버지가 일제 시대 피신해 다니면서 늦게 얻은 아들 하나인데, 이것이 어찌 될까 봐 (집으로) 낮에 몰래 들어오신 거예요.

몰래 어떻게 한 걸 걔들은 금방 알아요. (아버지가 집에 오셨을 때) 우리가 깜짝 놀랐어요. 빨리 가시라고. 아버지는 내가 무슨 죄를 지었냐고 하셨지만 걔들이 그런 걸 따질리가 있나요. 그래서 금방 다시 집에서 나오려고 하는데 지프차가 닥친 거예요. 일단 잡혀가시니까 백방으로 알아봐도 알 수가 없어요. 급하니까 당시 부의장이셨던 김약수씨에게 찾아갔는데도 전혀 도움이 안 돼요. 그게 끝입니다. 우리는 성북서쪽으로 가서 매달렸는데, 거기서도 전혀 알 길이 없고. 그게 7월 하순입니다.

○ 납치 후 소식

〈납치 이후 소식은 없다가, 얼마 전 지인으로부터 아버지가 벽동에서 위해됐다는 사실을 들음, 이후 민족 21 기자를 통해 평양에 묘비가 있다는 사실을 확인함〉

문_ 이후 연락이나 소식은 없었는지?
답_ 우리가 얼마 전까지만 해도 이북으로 납북되셨는데 어디서 어떻게 되신 것을 전혀 알 수가 없었어요. 근데 고향에서 군수를 했던 분이 조총련 대회를 통해 들었다면서 아버지가 벽동에서 해를 당했다 그러시더라구요. 믿을 수는 없었지만 아주 슬픈 얘기였죠. 아버지 고향에 가보면 아버지 공적을 기리기 위해 군민들이 "사적비를 세우자" 해서 세운 아버지 사적비가 있어요. 김상덕 지사라고 해서 사적비가 세워져 있는데 그 사적비 밑에 기록된 글을 보면 벽동에서 위해됐다는 말이 나옵니다. 그러나 그것도 정확하지 않고, 요 근래 납북인사들 중에도 임정 요인들, 남한에서 상당한 위치에서 활동했던 분들이 속속 드러나고 있어요.

아버지도 4월 28일에 돌아가신 것으로 나왔고. 지금까지는 부모님 돌아가신 날을 몰라서 할 수 없이 음력 9월 9일에 제사를 지냈는데, 민족 21 편집장으로 있던 분이 아버지 관계로 인터뷰를 하러 오셔서 저와 친하게 됐는데, 그분이 이북 허락을 받고 이북에 촬영을 갔어요. 그래서 묘역 전체 사진과 아버지 묘지 사진을 찍어왔어요. 거기 보니 4월 28일에 아버지가 돌아가신 것으로 기록돼 있어서 일단은 우리가 그것을 확인했다고 보고 그날로 제삿날을 옮겼어요. 평양 외곽에 (묘지가) 있는데, 한 번 가보려고 여러 방법으로 알아보고 있는데 갈 뻔하다가 잘 안 되고 있어요. 걔들이 무리한 돈 요구를 하더라구요.

○ 남은 가족의 생활

〈가장 피랍 후, 고아가 된 1남 1녀의 자식들은 친척들이 돌봐줄 상황이 되지 않아 전국을 떠돌며 힘겹게 생활함〉

답_ 6 · 25 사변 때 누나와 나하고도 헤어지고 나는 당시 연고지라면 고향하고 외갓집인데 거기 있을 형편이 못 돼서 전혀 연고 없는 데서 떠돌게 되고, 누나는 다행히 서울시 부시장 비서로 채용이 됐어요. 누나는 그래서 안정이 돼 있었고, 나는 미성년자에다가 학생 신분이었는데 요즘 같으면 아르바이트라도 하겠지만 그것도 어렵고, 힘들게 전전했거든요.

문_ 피난은 가셨어요?

답_ 우리가 서울에서 소개(疏開)하게 된 것은 강제에 의해서예요. 우리는 아버지가 언제 돌아오실지 모르니까 우리집을 지키려고 했지만, 차압 딱지를 붙이고 했어요. 걔들은 (인민군) 우리하고 달라서 봐준다거나 인정이 없고 나가라면 가야 해요. 그래서 지금 태릉 근처 어디로 가 있다가 9 · 28 수복되면서 바로 (집으로) 들어왔어요.

우리집이 사변 날 때 쌀이 7되 있었는데 가져갔던 그 양식은 금방 떨어졌고, 당시 패물을 양식으로 물물교환하고들 했는데 우리집엔 그런 게 없고 삼베가 있어 가지고 나갔는데 그것은 교환도 잘 안 되더라구요.

그래서 저 멀리로 나가서 1주일 만에 닭도 싫어한다는 호밀로 바꾸어 빻아서 수제비를 해 먹으면서 연명을 했어요. 9 · 28이 될 때까지. 그 뒤로는 경상도 쪽으로 내려가서 전전하고.

문_ 이후 누님은 어떻게 사셨어요?
답_ 누나도 많이 불행하세요. 30대 중반에 남편 잃고 애만 다섯인가를 데리고 엄청 고생하면서 사셨어요.

○ 정부의 지원

〈전혀 없다가 1990년 독립유공자로 서훈을 받고 연금을 보조받음〉

문_ 신고는 하셨나요?
답_ 신고는 누나가 서울 부시장 비서로 근무할 시절에 적십자사에 신고를 했어요. 그게 누나 이름으로 기록이 돼 있더라구요. 그리고 납북인사 가족협의회가 있는 걸 얼마 전에 알고 바로 찾아와서 신고를 했죠..

문_ 정부의 지원이나 노력은?
답_ (다른 독립유공자 가족과 달리) 나 같은 경우는 (아버지가) 납북인사로 분류되어 포상 서훈도 못 받았어요. 그러다가 1990년 노태우 대통령 시절에 대통령 앞으로, 국가 보훈처 처장 앞으로 계속 청원을 하고 진정을 넣어서 1990년에 서훈을 받게 됩니다. 우리나라 국가유공자, 독립운동가들에 대한 서훈이 있은 지 한참 후였죠. 그리고 나니까 좀 연금 같은 혜택을 받게 되더라구요. 그 전까지는 전혀 (없었죠). 그걸 다행이라면 다행일 수 있는데 독립운동하던 사람들은 3대가 망했어요. 망하지 않는 게 이상한 거예요.
　그 사람들 돈을 탐하는 것도 없었고, 이 박사가 초기에 세를 꺾어 버렸고, 가산탕진하고 일제 시대 때 감시와 불이익을 자식들이 받았고 그러니 교육이 될 리가 없죠. 그러면 사회의 대우 받고 들어갈 수도 없는 거고, (망하지) 않는 게 이상한 거예요. 그런데 아버지가 나를 늦게 얻은 덕택으로 내 자식은 대학을 나오고, 걔는 자력으로 잘 해서 독립운동가 가정이 망하는 게 2대까지로 끝날 것 같아요. 다행이요.

○ 연좌제 피해

〈없었음〉

문_ 연좌제 피해는?
답_ 우리가 자라날 무렵엔 연좌제가 있었어요. 없다고 해도 불이익을 많이 당했다고요. 그런데 나 같은 경우는 어딜 들어가 있어야 연좌제 불이익을 받지, 들어가지를 못하고 연좌제 기간 동안에는 전전하고 방황하던 시절이기 때문에 다행히 (없었죠). 그게 납북인사가 여기서 가령 농사나 짓고 노동이나 하고 했으면 그 사람들이 납치해 갔겠어요? 대한민국에 기여한 사람을 그 사람들이 선택해서 데려간 거거든요. 이 많은 불행을 연좌로 몰아서 자기들은 빠져나갔단 말이에요. 잡혀간 사람이 잘못된 걸로 몰아간 거 아니에요.다행히 1990년대부터 그게 없어졌죠. 그러나 그래도 좀 심했죠.

○ 호적정리

〈미정리〉

답_ 못했어요. 아버지 호적정리를 하려니까 이제는 해야 할 텐데 지금 호적이 조금 어지럽게 돼 있어서 이걸 정리를 좀 하고, 민족 21에 나왔던 것(묘비 사진 등)을 근거로 하려고 해요. 아버지가 아직 사망 신고는 안 돼 있는 형편이에요.

○ 정부에 바라는 말

〈정부가 생사확인조차 하지 못하고 있는 피랍인 가족들의 절박함을 알고 북한과의 고도의 기술적인 접근을 통해 문제 해결을 위해 적극적인 태도를 보여줄 것〉

답_ 내 입장에서는 어떻게 돌아가셨는지는 몰라도 지금 주무시는 곳, 돌아가신 날짜까진 알았어요. 절박한 것은 면했고, 그렇지 못한 납북인사 가족들은 생사확인도 안 돼요. 지금 (그분들이) 어디에 주무시는지도 모르고. 그렇게 납북인사 문제는 정말 절박한 것이에요. 정부가 이 문제를 풀려면 상당히 어려운 작업이 될 거예요. 더구나 이북은 합의가 됐던 것도 뒤집어 버리기 일쑤니까, 기분을 건드릴 수도 없고 고도의 기술과 인내가 필요할 겁니다.

그러면 어려운 작업인데 이것을 기술적으로 접근할 수밖에 없겠어요. '6 · 25 납북인사' 라는 말을 굳이 고집하지 말고 적당한 수사를 통해서 그 사람들의 비위를 건드리지 않는 쪽으로 우회를 한다든가 반드시 납북인사 가족들의 절박한 것을 풀어주는 것은 필연이고, 반드시 정부가 해야 하는 거니까 잘 접근해서 (좋은) 결론을 도출해줬으면 좋겠어요. 정부도 돌아가는 것을 보면 전혀 나 몰라라 하는 것은 아닌데 그렇다고 해서 이것을 꼭 풀어내야겠다는 집념도 안 보인다는 말이에요. 그걸 정부에서 강한 집념을 가지고 하면 방법이 나올 겁니다.

○ 피랍인에게 전하는 말

문_ 아버님께 하고 싶은 말이 없는지?

답_ 아버지, 어머니 영정 사진을 닦고 할 때 꼭 마음으로 말하고, 또 일어나다가도 아버지, 어머니 하고 말하고 그래요. 전에는 음력 9월 9일날, 명절날이 그렇게 절실하고 그래요. 특히 9월 9일은 서글프고 절실하고. 돌아가신 날을 모르니 어쩔 수 없이 선택한 날이니 그랬죠. 워낙에 두 분이 또 불행하게 돌아가셨으니 마음이 아프고 마음으로 대화를 하고 그래요. 항상 죄송하다는 거죠. 주로 아버지 모셔오지 못하고 해방된 지가 얼만데 아직도 어머니 찾을 능력이 없으니…. "불효 자식 용서해 달라"고 거의가 그런 얘기들이에요. (음력 9월 9일: 중양절, 기일(忌日)을 모르는 조상의 제사를 모시는 날)

문_ 앞으로의 계획은?

답_ 아버지, 어머니 영정 사진도 좀 괜찮게 작업을 하고, 내가 움직일 수 있는 동안에 불효를 덜어야겠다고 생각하고 있어요.

문_ 어머니는 언제 돌아가셨습니까?

답_ 해방 전, 중경에서 병으로 사망했어요.

2005. 12. 15 채록

051215A 정 인 보(鄭寅普)

피랍인

생년월일:	1893년 5월 6일
출생지:	서울
당시 주소:	서울 남산동
피랍일:	1950년 7월 30일경
피랍장소:	자택
직업:	국학자, 역사학자
학력/경력:	한학자, 교육자, 언론인
직계/부양가족:	배우자, 자녀 4남 3녀
외모/성격 :	안온한 성품

증언자

성명:	정양모(1934년생)
관계:	이들
증언성격:	직접증언 ☐ 간접증언 V

특이사항 (납치주체/상황/원인)

- 6월 28일경 포항을 경유해 올라온 세 명의 인민군이 자택을 방문, 감시를 시작함.
- 전쟁 전 인천형무소에 간첩으로 수감 중이던 사위(홍명희씨의 아들)가 찾아와 북에 협조를 요청했으나 거절당하고 돌아감.
- 다음날 일개 소대가 찾아와 집을 몰수하고 피랍인은 등창이 심해진 터라 지인의 도움으로 인근 지역에 거주하면서 자녀들을 1차로 피신시킴, 7월 30일경 아내가 잠시 집을 비운 사이 끌려감.
- 당시 문교부에 다녔던 장남은 일단 석방되고 피랍인은 국립도서관 건물 지하에 수감된 이후로 소식 두절
- 지인을 통해 평양에 묘비가 있음이 알려짐.
- 국학자 및 역사학자로 또한 그의 다양한 업적이 인정되어 1992년 건국훈장이 수여됨.

증언자 요청사항

(對정부) 납북에 대한 모든 경위를 밝혀 국민에게 사죄하고, 그 후손들을 위로할 것

"이 대통령이 사기치고 거짓말 했다는 말이야. 상황이 이러니 일단 피신해라. 힘을 모으자는 게 아니고 아주 간곡하게 '안심하라고 곧 탈환한다고' 그리고는 이 대통령하고 가까운 사람만 추려서 도망간 거야. 그러니 강직한 인사, 우리 아버지처럼 비판하는 인사는 다 버리고 갔지. 국가를 보위하는 것은 결국 사람이 하는 건데 그 많은 애국자, 역사학자, 과학자를 다 버리고 갔으니 나라 꼴이 바로 되나? 국가의 인재를 30만이나 끌려가게 한 것이니 이 대통령의 죄가 망극한 거지."

"납북인사 가족을 돌보는 것은 상상도 못하는 거지. 뭘 해준다는 건 상상도 못해. 또 납북인사는 서훈을 한 일이 없어. 왜냐면 그 사람들 믿어야 되는데 그 사람들이 가서 부역했는지도 모르고, 여기 서훈했다가 만일 그 사람들이 김일성 대학 교수했다 이런 소리 나올까 봐 겁나서 서훈도 안 했어."

○ 직업 및 활동

〈피랍인 정인보는 한학자이며 교육자, 민족사학자로 국혼 환기 운동을 전개함. 「시대일보」와 「동아일보」 논설위원, 만주 상해에서 독립운동, 연희전문, 이화여전 교수, 전국학대학 학장, 대한민국 건국 준비사업 참여, 초대 감찰 위원장으로 활동하며 끝까지 일제와 타협하지 않고 지조를 지키며 '조선의 얼'의 중요성을 강조했음〉

답_ 그 어른은 국학자라고 해요. 한국에 관한 학문, 역사, 한문학자, 역사학자라고 하고, 또 한글 연구도 그 어른으로부터 비롯됐다고들 하죠. 아무래도 학자니까 성격은 안온하고 그 대신 자기가 옳다고 하신 부분에서는 아주 주산 같다 그래요. 예를 들어 사람 사는 도리를 안 하는 사람에겐 아주 엄격하고, 사람 사는 도리를 하는 사람에겐 아주 부드럽고 그러셨죠. 국학을 연구하는 학자니까 '우리나라가 왜 망했는가?', '왜 일제에게 침략을 당했는가?'를 고민한 분이죠. 그래서 나라가 망한 원인을 상고사부터 쭉 따져서 우리의 근본은 뭐고, 우리의 정통성은 뭐고, 우리의 역사는 어떻게 흘렀는가를 책을 쓰셨는데 「동아일보」에 왜정 시대 때 연재를 했어요.

결국 끝까지는 못하시고 고대사에서 끝이 났는데 거기에 그 양반이 주장한 것은 '내 정신을 지키면 우리가 남한테 침략당할 리 없다. 우리가 우리 정신을 빼앗겨서 그렇게 됐다. 그러니 상고사 때부터 우리의 정신을 끝까지 찾아서 지켜야겠다' 하신 거지. 그 양반이 그걸 우리의 '얼'이라 했어. 일제 시대에 그걸 쓸 땐 잡혀갈 각오를 하고 글을 썼죠. 그렇게 해서 일제에서 다시 독립해야 한다는 계몽, 교육에 전념하셨죠.

또 젊었을 때는 만주, 상해에서 동지들과 조직을 하고 독립운동을 하시다가 다시 오셨어요. 그러고 나서는 연희전문학교 교수를 하셨어요. 그 양반은 보통 열 살, 스무 살 연배가 친구야. 워낙 학문이 높아서. 연전 교수를 20대에 하시다가 일제가 학교에 침투하니까 그날로 연전을 그만두셨어요. 일제하고는 일체 타협도 안 하고 전혀 상종도 안 한다는 게 그 양반 주장이니까. 그렇게 연전에 사표를 내고 집에서만 은둔 생활을 하셨어요.

어렸을 때 보면 늘 약병, 약봉지를 가지고 다니셨어요. 그리고 늘 자리보전하고 계셨어요. 그리고 밖에서 누가 오면 얼른 돌아누우시고 약병을 올려놓고 했어요. 왜냐면 찾아오는 사람들이 형사고 별 사람들이 다 있으니까 방 안에 못 들어오게 "편찮으셔서 나갈 수 없다"고 했지. 많은 사람들이 살아야 되니까 어쩔 수 없이 친일인 척을 했거든. 물론 마음을 내주진 않았지만. 근데 이분은 '척도 하기 싫다'라는 거였거든. 결국 해방 때까진 그렇게 생활이 곤궁하고 어렵게 산 거지.

그 와중 내가 초등학교 2학년 때 2차 대전이 일어났는데 일제의 감시 때문에 창동으로 이사를 갔어. 송진우 선생, 김병로 선생, 벽초 홍명희 선생도 거기 살았어. 창동에서도 비참하게 살았어. 수입이 없으니 끼니도 없었고, 그러다 방제원 선생이 밤에 몰래 와서 "전쟁이 심해지니까 왜놈들이 요인을 암살하려고 하는데 선생님 이름이 첫 번째로 있다"고 해서 전라도 익산으로 몰래 피신을 했어. 윤석원 선생이 그 양반 제자인데 산골에 우리 살 집을 지어줘서 해방될 때까지는 거기 살았지. 그러다가 다시 서울 올라가서 흑석동에 적산 가옥을 빌려 살았어. 광복 직후 아버님은 미리 서울에 오셔서 민중위원회라고 여기서 남아서 절개를 지키신 분들을 모셔서 정부 수립을 어떻게 할 것인가에 관해 정부와 논의하는 단체인데 거기서 민주위원을 하셨어요.

그 다음에는 국학을 연구하시는 분이니 지금 독립문 근처에 있는 전문대학을 국학대학으로 승격시켜 학장이 되셨어요. 그때 뜻있는 청년들이 거길 많이 갔어요. 그렇게 국학 대학을 궤도에 올려놓고 그만 두셨어요.

그리고 정부가 수립되고 마침 그때 이승만 정권이 자랑하려고 했겠지. 이 어른이 천하에 강직하고 재물에 욕심이 없는 분이시니까 '이런 분을 감찰원장, 지금 말하면 감사원장을 시키면 비리는 처음부터 없겠어' 하고 그 어른을 불렀는데, 이것을 과연 해야 하는가 고민도 많이 하셨죠. 원래 옛말에 선비는 격동기에 세상에 안 나간다는 말이 있듯이 왜냐면 자칫하면 자기도 격동에 휩쓸려 진흙탕에 빠질 수 있으니까 가족들도 말리고 했는데 그 어른이 나라가 생겼는데, 내 나라 내 정부가 나를 부르는데 어떻게 가만히 있겠느냐며 감찰원장을 하셨어요. 아무래도 초창기에 나라 살림을 하려면 비리가 있게 마련이니까. 그런데 그분은 요만한 비리도 용인을 안 하셨던 분이거든.

그래서 그때 검사관들한테 "(감찰을 나가서) 차 마시는 건 물론 담뱃불도 빌리지 마라" 했던 분이야. 그렇게 조봉암 농림부 장관 탄핵하고, 임영신 장관도 탄핵하고. 그러니 정부 수립하자마자 장관들을 막 탄핵하니 대통령이나 정권 실세들이 곱게 볼 리가 없지. 그렇게 느끼시고는 사표를 내셨어요. 그만두시면서도 아버지는 재직 시절에도 신문에 기고를 많이 했지만 "관리가 부패하지 않도록 생활을 안정시켜줘야 한다" 이런 걸 주장하셨어요.

그 중간에 무슨 일이 있었냐면 우리가 창동 살 때 벽초하고도 자주 만나고, 송진우 선생하고도 밤에 자주 만나셨어. 그러다 벽초 아들과 누이와 사돈을 맺었어. 그때 창동서 아들을 낳고 둘째를 낳는데 해방이 된 거예요. 그 이후 벽초는 서울 사직동에 살았는데 그 양반은 사회주의 운동을 했어. 왜놈을 무찌르기 위해서는 (아버지와) 하나였지만 한 분은 민족주의자이고 한 분은 사회주의자이니 소원하게 된 거지. 그러다 남북 협상을 하니까 많은 사람이 함께 북한에 갔었어. 그리고 다 돌아왔어. 그때 김구 선생은 공산주의를 반대했고, 벽초 선생은 좀 사상이 다르니 거기(북한에) 남았지. 그때 둘째아들인 우리 매부가 내려와서 그 가족이 그쪽으로 다 넘어갔어요.

그런데 사변 나기 전에 그게 참 비극인데, 우리 둘째매부가 간첩으로 넘어와서 붙잡혔어. 그래서 재판을 받고 인천형무소에 수감이 된 거야. 그러니 얼마나 비극이야. 장인은 민족 진영의 위대한 학자고 그쪽은 공산주의가 되어 여기 남파 간첩이 되어 붙잡혀서 인천형무소에 잡혔으니. 그러니 아버님은 가실 수가 없지. 철저한 분이니까. 그래서 어머니하고 누이가 옷을 싸서 가는 걸 봤어요.

○ 당시 시대 상황

〈6·25 전쟁 3일이 지나기까지도 이승만 대통령의 거짓 방송을 믿고 서울에 계속 거주〉

답_ 그리고 6 · 25가 났어요. 우리는 이 대통령의 방송을 철썩 같이 믿었어. 한강 다리 끊기는데 나중에 보니 진해에서 방송했다고 했어 "국민 여러분 절대 안심하라"고. "우리의 용맹한 국군이 곧 탈환해 진격해서 서울은 아무 문제 없다"고. 그래서 난 이 대통령을 좋아하지 않는데, 왜냐면 국민을 속인 거거든. 그렇다면 국민에게 정확하게 알렸어야지. 우리 국군이 아무 힘이 없다. 대포도 탱크 한 대도 없다. 저쪽은 탱크가 수백 대고 대포도 많으니 상대가 안 되지. 그리고 그때 내무장관이 이제 안정됐다고 경찰에게 총을 다 뺐고 곤봉을 줬었거든 민중의 지팡이라고. 그리고 그분들 휴가 보냈을 때 쳐들어왔거든.

무인지경이지. 상대가 안 되는 거야. 저기서 탱크가 오면 국군이 용감했지. 트럭에다 폭탄 다이너마이트 설치해서 타고 부딪쳐. 그럼 그놈이 멈칫 하다가 사람은 죽고 그런 거지. 그런 상황이거든. 그런데 이 대통령이 사기치고 거짓말 했다는 말이야. 상황이 이러니 일단 피신해라 힘을 모으자는 게 아니고 아주 간곡하게 "안심하라고 곧 탈환한다"고 그리고는 이 대통령하고 가까운 사람만 추려서 도망간 거야. 그러니 강직한 인사, 우리 아버지처럼 비판하는 인사는 다 버리고 갔지. 국가를 보위하는 것은 결국 사람이 하는 건데 그 많은 애국자, 역사학자, 과학자를 다 버리고 갔으니 나라 꼴이 바로 되나? 지지부진할 뿐이지 국가의 인재를 30만이나 끌려가게 한 것이니 이 대통령의 죄가 망극한 거지.

○ 납북 경위

〈6월 28일경 포항을 경유해 올라온 세 명의 인민군이 자택을 방문, 감시를 시작함(전쟁 이전 주요인사들의 감시 계획이 철저했을 것으로 추정됨), 전쟁 전 인천형무소에 간첩으로 수감 중이던 사위(홍명희 선생의 아들)가 찾아와 북에 협조를 요청했으나 거절당하고 돌아감, 다음날 일개 소대가 찾아와 집을 몰수, 등창이 심해진 터라 지인의 도움으로 인근 지역에 거주, 자녀들을 1차로 피신시킴, 7월 30일경 아내가 잠시 집을 비운 사이 끌고 감, 당시 문교부에 다녔던 장남은 일단 석방, 국립도서관 건물 지하에 수감시킨 이후는 소식 두절〉

답_ 가회동에 적산 가옥을 얻어 살고 있던 때 6 · 25를 맞았는데 보니까 비행기가 왔다갔다 하는 거야. 우린 국군 비행기인 줄 알았더니 인민군 비행기야. 우리는 잠자리 비행기라고 있는데 그것밖에 없고 그쪽은 아주 우수한 전투력을 갖췄으니 어린애하고 어른 싸움이고 싸움이 안 돼. 그러니 물밀듯이 들어왔지.

근데 보니까 어떤 사람이 그 어른이 걱정돼서 왔어요. "선생님 큰일났습니다. 인민군들이 막 쳐들어옵니다" 그게 벌써 28일인데 국군이 (도망하려고 민간) 옷을 달라고 그러고 야 이거 큰일났구나. 그때서야 (상황을) 안 거야. 대포 소리 나면 국군이 진격하는 줄 알고 국군을 믿었던 거지. 그리고 신세계백화점 앞에 가봤더니 붉은 기 들고 인민군들이 왔다갔다 하더라고.

그런데 그날 오후 3시에 수상한 놈 3명이 왔어. 여자와 남자 둘이. 자기들은 북에서 정치보위부 특수 공작대인데 선생 댁이 넓어서 좀 써야겠다고. 걔네들은 요인이 어디 살고 누가 감시하기로 다 짜고 내려온 거야. 그러니 잡혀갈 사람은 다 체크하고 내려온 거야. 마구잡이로 온 게 아니고.

그리고 그놈들이 그러더라고. 우리는 군대 따라 온 게 아니라 포항으로 해서 왔대. 지금처럼 간첩 세상이나 똑같애. 그때부터 우리를 감시하는 거야. 그러고 나서 그 어른이 궁금하시니까 밖에 나가보려고 하면 벌써 선생님 큰일난다고 하니 어디 나갈 수도 없어.

그런데 마침 등창이 났어. 그래서 촌보를 움직일 수 없게 된 거야. 걔들은 계속 우리를 감시하고. 그리고 나서 며칠 있다가 우리 매부가 왔어. 인천형무소를 깨고 탈출한 거야. 왔는데 보니 사람 눈에 살기가 돌더라고. 아버님한테 절을 하고는 고급 세단을 타고 갔어.

하는 얘기가 "장인은 우리 인민 정부에 협력하셔야 합니다"라며 한참 얘기를 하시더라구. 아버님이 "너는 유물론자고 나는 유신론자인데 수화부동인데 어찌 그리하겠느냐" 하니 "장인이 절개를 지키는 건 존경합니다. 그렇지만 우리 인민 정부에 협력 안 하시면 반동입니다" 그러더라고. 예전에는 아버지에게 정말 잘하던 사위였는데 저쪽에 가더니 딴 사람이 돼서 온 거야. 그리고 그 다음날 인민군이 따발총을 들고 일개 소대가 집에 왔어. 그러고 그놈들이 와서 하는 얘기가 너희는 반동이니까 나가라고 해.

그땐 재산이 집밖에 없지. 나갈 데가 없잖아. 근데 아버지 친구 박계양씨라고 낙원동에서 이비인후과를 하셨는데, 그분이 노인이 되어서 병원을 그만두고 이사를 가서 병원하던 텅 빈 집에 가서 있었던 거지. 그때 아버지는 병환이 심해져서 어머니가 주야로 간호하고 고약 사다 바르고 아는 의사가 와서 치료하고 했지. 그런데 7월 10일인가쯤에 아버지가 우리 형제를 부르시더니 "나는 지금 촌보도 움직일 수 없으니, 나는 어쩔 수 없다. 너희들이라도 피신하라" 하셨어.

그땐 어려서 우리가 지각이 없었던 거지. 씨는 남겨야 되지 않겠냐며 시흥 큰집으로 가라고 하셔서 누이하고 떠난 거야. 큰형, 어머니와 막내만 남겨두고 나머지는 떠났어요. 그러고 우리는 소식을 모르지. 시흥 가서도 동네에서 알면 안 되니까 뒷방에서 우리가 숨어 살고. 이상한 기미만 보이면 낮에는 주로 사랑방 마루 밑을 파고 다섯 사람이 거기 살았어요. 다 짓무르고 허리도 이상해지고, 그렇게 석 달을 살았지. 그런데 하루는 여기 곧 습격할지 모르니까 더 이상 숨겨주지 못한다 하셔서 밤에 우리가 나갔어요. 그때가 수복될 때쯤인데 산 속에서 이틀인가를 꼬박 굶다가 바로 서울로 왔어요. 서울은 시체 더미야. 서울 시내 빌딩마다 시체가 꽉 찼어.

그러다 남산동 집으로 왔는데 어머니가 그러시더라구요. 7월 30일쯤 어머니가 동생 데리고 예전에 살던 내수동에 맡겨두었던 아버지 고의 적삼을 찾으러 가셨대. 아버지가 피고름이 너무 낭자하니까 옷을 바꿔드리려고. 근데 그 사이에 그놈들이 잡아간 거야. 마침 우리 큰형님이 집에 들렀는데 아버지를 잡아간단 말이야.

그러더니 "너도 같이 가자"고. 우리 큰형님도 문교부에 편수사로 일하고 있었을 때였거든. 그렇게 예전 국립도서관 붉은 벽돌 삼층집 지하로 모두 데려갔어. 구자옥 선생도 거기 같이 계셨다 하더라고. 첨에는 그놈들이 잠깐 내무서까지 가시자고 했대. 그러더니 그리로 가서는 그만이야. 우리 큰형님에겐 "너는 내일 다시 오라"고 하더래. 근데 아버지가 눈짓으로 오지 말라는 표시를 하셔서 형님은 도망갔고. 그게 어머니도 아버질

본 게 마지막이죠. 지하실에 요인들을 몇백 명 갖다 넣은 거지.

○ 납치 후 소식

〈납치 이후 소식은 없다가, 3년 전 지인으로부터 묘비가 있다는 사실을 확인, 최근 평양으로 묘를 이전한 것까지 전해 들음〉

문_ 이후 연락이나 소식은 없었는지?
답_ 그게 공산주의입니다. 홍명희 선생이 부수상까지 하고 큰아들은 국회부의장까지 했고 그런 혁혁한 투사지. (아버지는) 그 사돈인데도 그런데 소식을 몰라. 부모 자식을 고발해서 죽이는 게 공산당이니. 전혀 알 도리가 없지. 우린 전혀 몰랐어. 돌아가신 것도 나중에 신문 보고 1962년이니까. 그때는 안 믿었어요. 그래서 어머니는 절에도 가시고 점 치러도 가시고. 평생 그러다 가신 거야. 다녀오시면 아버지 분명이 살아 계신다면서 봄 가을이면 옷을 풀 해서 걸어놓으시고. 그리고 몇 년 동안을 진지를 솜 보자기에 싸서 아랫목에 넣어 두시고. 그러면 아버지가 맑고 명랑한 소리로 멀리서 "문 열어라" 하시며 오신다고. 돌아가시는 날까지 그렇게 믿고 계셨어요.

문_ 찾아보려는 노력은?
답_ 우리야 수가 없어요. 백방으로 알아봐야 아는 수가 없어요. 나중에 장기영 선생이 한일 의원연맹에 가서… 그때 저쪽 사람도 온 모양이야… 듣고는 "돌아가셨다" 해요. 그게 거의 20여년 전인데 그들은 날짜가 10월 이십몇 일이라 그 날짜로 제사 지내고 있어요. 그런데 걔들(북한)이 세워놓은 비문에는 10월 9일로 되어 있어요. 그래서 우리는 제사를 며칠에 지내야 될지 고민하고 있어요.

문_ 묘비가 있다는 소식은 언제 들으셨어요?
답_ 묘비가 있다는 것은 이미 예전에도 알았어. 3년 전 연세대 김도향 교수라고 역사학자 그분이 연락이 와서 "위당 선생 묘가 북한에 있다"고 인터넷에서 보고 전해줬어요. 그게 3년 전인데 요즘 평양으로 다시 옮겨서 지금 새로 해놓은 거래. 그러니까 묘가 있다는 것은 3년 전에 알았고, 예전에 핸더슨이란 서양 사람이 나한테 20여 년 전에 자기가 의당 선생 묘를 봤다고 하더라고. 그런 얘길 듣기만 했어요. 그러나 이걸 보고도 워낙 약하셔서 돌아가셨으리라 생각은 했지만 너무 허무하지.

○ 남은 가족의 생활은?

〈가족들이 뿔뿔이 흩어져 어려운 형편 가운데 생활함〉

답_ 우리 형제들 다 못나서 아버지도 피신 못 시켜드리고…. 우리 바로 위의 형도 6·25 때 소대장을 했는데 나가자마자 죽었어. 소대장은 그때 소모품이라고 했어. 그래 인제 아버지 그렇게 되시고 누이도 없고 형도 죽고 그렇게 모두 뿔뿔이 흩어져서 살았어. 참 허무한 거죠. 허무하고 가슴이 내려 앉는데 그때는 울 데도 없어. 남의 집 얹혀 사는데 어떻게 울어.

그러니까 우리 가족들은 전부 학교 졸업이 늦었어. 왜정 시대 놀고, 해방 이후 놀고…. 둘째형님이랑 막내가 연세대를 다녔는데 6·25 전부터 백 박사가 전부 등록금을 댔어. 그 어른이 등록금을 못 대니까, 그래서 둘째형님은 20년 만에 졸업했고, 우리 누이도 10년 만에 문리대를 졸업했고 다 늦었지 뭐. 우리는 가난하게 사는 게 이골이 나서 가난한 게 불편하지는 않아.

내가 박물관장 할 때도 누가 찾아와서 "선생님, 겨울에 좀 뜨뜻하게 사셔야죠. 찾아온 저희가 불편합니다. 그러니 뇌물이 아니고 저희가 난로 하나만 놓게 해주세요" 하는데도 "우리는 내성이 붙어서 이렇게 사는 게 맘이 편하다" 해요

문_ 6·25 전쟁 때 피난은 가셨어요?

답_ 1·4 후퇴 되기 전에 이불보따리랑 짐을 싸서 서울역으로 갔어요. 근데 어떤 차를 타야 할지도 모르고 "저 차다" 하면 쫓아가고 했어. 나는 우리 짐을 던져서 혼자 타고, 다른 사람은 나중에 내려오고 그렇게 열흘 동안 내려가서 부산에서 피난살이를 했죠. 부산에 거제리라고 시조 산소가 있는 곳인데, 종약서장을 하신 어른 자실로 가서 살다가 피난을 마쳤고. 거기 있다가 우리 형님은 군대 가서 죽고, 둘째형은 경찰 토벌대로 가 있었고, 또 우리 큰형은 6·25 전에 문교부에 있다가 소신이 있어서 시골서 평생 평교사만 하셨고, 그리고 우리 누이는 사변 당시 문리대 2학년이었는데 그 실력으로 동래여고 선생을 했어.

살기가 어려우니 모두 생활 전선에 나가서 그렇게 어떻게 어떻게 사변을 났어. 그리고 내 얘기지만 누가 "야, 영도에 피난 천막 고등학교가 생겼다" 해서 거기를 갔어. 그래서 나는 등록금도 없고 안 간다고 했다가 (반신반의로) 가니까 사흘 후에 오래. 교복도 없었는데, 그래도 가니까 주르룩 앉으라 하더니 "야! 정양모 너는 얌전하니 2학년, 까부는 너는 1학년" 그렇게 그냥 선생님이 학년을 정해줘서 고2가 됐어. 그러니 우리 동창들을 보면 우리가 29회인데 28, 27회가 수두룩 해. 그렇게 다니다가 졸업은 서울 와서 했지. 다 그렇게 살았으니까 국민이 다 그렇게 살았으니까.

○ 정부의 지원

〈전혀 없다가 1992년 건국훈장을 받고 자녀 학자금 지원받음〉

답_ 우리 정부가 생각은 했겠죠. 그치만 정부 자체가 돈도 없고, 그분들이 그때 이승만 정권이 잘못한 것은 자기네 가까운 사람만 데려갔잖아. (잡혀간) 그 인재들을 어떻게든 다시 모셔와서 국가 발전에 공헌을 해야 했는데 이승만 정권이 데리고 있는 사람도 넘쳐. 자리가 한정돼 있으니까. 그러니 데려오려고 노력은 안 하고 기껏해야 소재 파악이나 하고. 그래도 그때는 그거라도 했단 말이야. 납북인사 가족을 돌보는 것은 상상도 못 하는 거지. 뭘 해준다는 건 상상도 못해. 또 납북인사는 서훈을 한 일이 없어.

왜냐 하면 그 사람들 믿어야 되는데 그 사람들이 가서 부역했는지도 모르고, 여기 서훈했다가 만일 그 사람들이 김일성 대학 교수했다 이런 소리 나올까 봐 겁나서 서훈도 안 했어. 그런데 우리는 다행히 김영삼 대통령 말기에 독립유공자로 서훈을 했어요. 그래서 지금 위패만 그분 묘지 동작동에 모셔놨어. 애국지사 묘 위패. 납북당한 분 중에서 자기네가 피해 안 볼 사람에 한해서 국가에서 서훈을 했지. 그때가 우리 애들 학교 들어갈 때인데 다행히 서훈된 자녀로 대학갈 등록금을 대줘서 아이들은 보조가 됐어. 그 이전에는 (도움 같은 건) 일체 없지.

○ 연좌제 피해

〈없었음〉

문_ 신고는 하셨나요?
답_ 우리는 사느라 정신 없어서 몰랐고, 보니까 우리 누이가 신고를 했네. 또 이 어른은 천하가 다 아니까 우리가 신고 안 해도 자기네들이 다 적어놓고 했어.

문_ 연좌제 피해는?
답_ 우리는 연좌제 같은 건 없었어. 그 어른이 강직하고 죽어도 그놈들에게 협력 안 한 걸 아니까 우리들에게 그런 건 없었어. 그러니까 우리 형님도 일찍이 경찰에 들어갔고 나도 대학 나와서 공군사관학교 장교를 했어요. 그때도 아무 문제 없었어. 잘 알려지지 않은 분들은 억울한 분들도 많겠지. 그런데 다행히 우리는 괜찮았어.

○ 호적정리

〈미정리〉

답_ 우리가 (사망 사실을) 알고도 차마 사망 신고를 못했어. 아버지가 돌아가셨다는 것을 인정하고 싶지 않은 거지. 지금도 우리는 6 · 25 때 행방불명, 납북으로만 했지 사망 신고는 못하고 있어.

○ 정부에 바라는 말

〈납북 경위를 밝혀 국민에게 사죄하고, 그 후손들을 위로할 것〉

답_ 나는 이 정부에 기대할 것이 없습니다. 지금 6 · 25 때 납북되신 분들은 전부 이 사회에 공헌한 분들입니다. 일제 시대 왜놈한테 절개를 지키고 항일 투쟁한 분, 또 학문으로, 기술적으로 다들 군인이면 군인, 경찰이면 경찰, 국가에 모두 공헌한 분들이야. 그러면 그분들에 대해 소식만이라도 알려주려고 정부가 했어야지.

그리고 좀더 나아가서 그분들 후손들을 위로해야지 참 그렇게 하는 분을 정부에서 잘못해서 납치당하게 한 것을 사죄하고, "얼마나 어렵게 살았느냐? 미안하다"는 말은 하고 넘어가야지. 근데 그 말 한 마디 없이 여러 가지로 괴롭히고 지금 통일의 방해꾼이라고 하는 것은 말도 안 되는 얘기지. 그러니 지금 보면 오히려 이 사회를 망친 좌파는 모두 투사고 열사고, 국가에서 훈장을 주고 그런 분들에게 한 마디 말도 없는 것은 그건 정부가 아니지.

나라라는 건 국민을 지키고 위로하는 게 나라지. 그것을 하지 않은 건 나라 된 것을 포기한 거나 마찬가지지. 그러니 이 정부에 기대할 게 없어. 옛날 정부? 정부란 건 계속해서 그 다음 사람이 책임을 져야지. 그게 우리 정부 아니야? "이승만 정부 아니니, 나는 상관없어" 그건 말도 안 되지. 지금이라도 사과하고 그렇게 훌륭한 분들을 잡혀가게 해서 정말 죄송하다. 그 후손들을 찾아서 위로하고 확실한 명단 만들어서, 혹 살아 계신 분들 있으면 일일이 찾아서 가정에 모실 수 있도록 정부에서 우선적으로 노력을 해야지. 그것도 안 하면 인간도 아니야.

○ 피랍인에게 전하는 말

문_ 가족들의 그리움은?

답_ 아버지는 하늘이었어. 아버지 납북되시고 그때 우리 6남매가 다 학생이었는데 뭐.

어머니는 그랬지. 너희들 모두 아버지 뼛골 뜯어먹고 살았다고. 어머니는 틈만 있으면 물 떠놓고 기도하시고 평생 진지를 아침, 저녁으로 싸서 아랫목에 두고, 옷을 늘 만들어 풀에 다듬어 새 옷을 장만해 놓으시고. 그 돌아오신다는 일념으로 사신 거지. 우리가 한 10년 전까지 하루도 아버지 꿈을 안 꾼 적이 없어. 꿈에 아버지가 오셨어. 근데 그 어른은 담담해. 그렇게 꿈에도 진짜 그 어른이 오시면 얼마나 좋을까 싶었어.

문_ 나중에 묘비를 찾는다면?

답_ 그저 아버지 보고 싶다는 말밖에 못하겠어요. 그저 우리로서는 우리가 철이 없어서 아버님을 들쳐업고 허리가 부러지더라도 어떻게든 산 속으로 도주해서 아버님을 안전하게 모셨어야 했는데 그걸 못한 게 한이죠. 그렇게 아버님을 돌아가시게 했으니 그 불효가 이를 데 없지. 그리고 우리가 아버님만 바라보며 살았지, 우리가 아버지를 위해 뭔가를 해드릴 생각을 못했지. 그게 죄송해서 아버지께 죄송하단 말씀을 드려야 하는데 그래도 아버님은 우릴 보시면 "국운이 그래서 그랬지, 너희가 무슨 잘못이냐" 하실 거야.

문_ 앞으로 계획은?

답_ 물론 지금 우리가 충주에 가묘를 모셨는데 어머니 돌아가신 데 옆에서 가묘를 했는데 죄송스런 얘기죠. 만일 기회가 닿으면 이 사람들이 일말의 양심이 있으면 유해를 모셔 합장하는 것. 어머니가 아버지 곁에 눕고 싶은 그 소원을 들어드리는 일을 해야 되겠죠.

2006. 1. 3 채록

060103A 최 용 주(崔龍珠)

피랍인

생년월일: 1920년 7월 23일생
출생지: 서울
당시 주소: 경기도 고양군 뚝도면 장화장리 224의 4호 (現 서울 성동구 자양동)
피랍일: 1950년 8월 하순
피랍장소: 서울시 종로구 효자동
직업: 양곡 배급소 운영, 대한청년단 총무부 부장, 조병옥 박사 비서관
학력/경력: 경동학교
직계/부양가족: 배우자, 자녀 6남
외모/성격 : 건장한 체격, 활동적이고 사교적임.

증언자

성명: 최도완(1940년생)
관계: 아들
증언성격: 직접증언 ☐ 간접증언 ☑

특이사항 (납치주체/상황/원인)

- 전쟁이 발발하자 피랍인은 피신하려 했으나 한강 다리가 끊겨 남하하지 못하고 7월경 피랍인의 친가로 들어옴. 이미 나머지 직계 부양가족은 암사동에 있는 처가로 피신한 상태였고 피랍인이 들어오기 전 7월 7,8일쯤 친가에는 자택이 있던 미아리 부근 청년들이 찾아와 가족들을 협박하고 총기로 몰살시키겠다며 겁을 줌. 피랍인은 다시 효자동에 있는 친척집으로 피신, 한 달쯤 머물다가 다시 주변 좌익 청년들에게 발각돼 8월 중순경 연행되어간 이후로는 소식 없음.
- 피랍인은 장교 군사 교육을 받았고, 당시 정치 지도자 조병옥 박사의 비서관으로 활동했음, 또한 집안이 부르주아 출신이라 인민군의 지탄의 대상이 됐으리라 추정됨.

증언자 요청사항

(對정부) 전쟁 종결 및 피랍인 생존확인

"소위 말해서 공산 세력들이 제일 싫어하는 세력이 부르주아지 않습니까? 우리도 남부럽지 않을 만큼 살았죠. 그래서 우리 집안에서 네 분이 붙잡혀가셨는데 그중에 두 분은 잘산 죄로 잡혀가셨어요."

"우리 어머니는 지금도 이거(인터뷰) 하지 말란 거야. 지금 정부가 어떻게 돌아가느냐며 날 야단치시는 거예요. 너도 손주가 있는데 나중에 이런 걸 기록으로 남겼다가 잘못돼서 그것이 애들한테 누가 되면 어쩌냐고."

○ 직업 및 활동

〈미아리에서 배급소를 운영하면서 성북구 대한청년단 총무부 부장, 조병옥 박사 비서관 등 정치 활동에도 참여. 1950년 초에는 방위 사관학교를 수료함. 당시 가정 형편은 넉넉한 편이었음〉

문_ 전쟁 당시 어떤 일을 하셨는지?

답_ 우리 아버지는 한학을 주로 하셨고, 경성 전기중학교를 다녔어요. 그리고 사변 당시에 뭘 하셨냐면, 왜정 말기에는 식량을 배급했어요. 식량뿐만 아니라 고무신, 학생들 운동화, 교복, 설탕, 광목 이런 걸 모두 국민들에게 배급제를 했어요. 그 배급소를 허가 맡아서 예전 미아리, 지금 길음 부근에서 1943년도부터 6 · 25 당시까지 그 일을 계속했어요. 한편으로는 서울시 성북구 대한청년단 총무부 부장을 역임했고 그 수행 중에 1950년 국회 선거가 있을 때 조병옥 박사의 비서관을 하면서 정치 활동에도 관여를 하셨어.

그때 조 박사의 권유로 지금의 온양의 민간인들로 구성된 방위 사관학교라는 군사 교육 기관이 있었어요. 거기를 몇 주 동안 교육을 받으면 방위 소위라는 계급장을 부여하면서 졸업과 동시에 예편을 시켰어. 그때 당시 위태위태 했으니까. 나라가 위기 상황일 때는 다시 재소집을 해서 현역으로 돌려서 국방의 의무를 수행하게 했었는데, 그 방위 사관학교 입교한 사람 대부분은 대한청년단 단원이면서 간부인 사람들이 주로 전국적으로 교육을 받았어. 우리 아버지는 제 2기생으로 1949년 초 겨울쯤 수료하고 나오신 걸로 알고 있어.

문_ 가정 형편은 어땠나요?

답_ 가정 형편은 소위 말해서 공산 세력들이 제일 싫어하는 세력이 부르주아지 않습니까? 우리도 남부럽지 않을 만큼 살았죠. 그래서 우리 집안에서 네 분이 붙잡혀가셨는데 그 중에 두 분은 잘산 죄로 잡혀가셨어요.

○ 납북 당시 상황

〈전쟁 직후 피신하려 했으나 한강 다리가 끊겨 남하하지 못하고 7월경 피랍인의 친가(현재 건국대 근처)로 들어옴. 이미 나머지 직계 부양가족은 암사동에 있는 처가로 피신한 상태였고 피랍인이 들어오기 전 7월 7, 8일쯤 친가에는 자택이 있던 미아리 부근 청년들이 찾아와 가족들을 협박하고 총기로 몰살시키겠다며 겁을 주었음. 피랍인은 더 이상 친가에 머무르지 못하고 곧바로 처가로 갔다가 다시 효자동에 있는 친척 집으로 피신. 한 달쯤 머물다가 다시 주변 좌익 청년들에게 발각돼 8월 중순경 연행되어감. 이후로는 소식 없음〉

문_ 어떻게 납북이 되셨는지?

답_ 6월 25일 발발되고 6월 27일 어머니하고 어린 동생 셋하고, 당시 우리집 일을 돌봐주던 20세 정도의 형과 같이 보따리를 싸서 모든 살림 가재를 두고, 금방 전쟁이 끝날 줄 알고 전부 못질 하고 그냥 나왔어요. 그리고 나서 우리 친가 쪽이 지금 건국대 근처인데 거기를 지나서 외가댁이 있는 암사동으로 피난가고 있었어요.

그런데 뚝섬 벌판쯤 오니까 오후 한 서너 시경에 벼락치는 소리가 나는 거예요. 첨엔 몰랐는데 그게 한강 광진교를 폭파시킨 거예요. 그래서 강을 못 건너고, 그때부터 지금의 잠실강 광나루강을 왔다갔다 하면서 강을 건너려 하는데 피난민은 많지, 배는 없지 헤매다 며칠 후 야매배를 타고 건너갔단 말이야.

그랬는데 7월 7, 8일경에, 그때면 사변이 일어난 지 2주도 안 되는 시점에 우리 친가 쪽으로 우리가 살던 돈암동 미아리 쪽 괴뢰 집단 세력이 우리 아버지를 붙들러 친가 쪽으로 와서 할아버지, 할머니, 당숙 할 것 없이 온 가족을 마당에 동그랗게 앉혀놓고 총을 겨누고 "최용주를 찾아내라, 그렇지 않으면 모든 식구를 몰살시키겠다" 그리고 한편으로는 죽창을 가지고 시골 광 같은 데를 쑤시는 거야. 거기 숨었나 하고….

그럴 때 우리는 외가댁으로 갔는데 거기까지도 이 세력들이 수시로 밤이고 낮이고 때도 없이 오토바이를 타고 혹은 말을 타고 붙들러오는 거야. 그러니까 정신이 하나도 없이 항상 긴장 상태야. 동네 아이들이 동네 어귀에 오토바이 소리가 들리면 우리집으로 와서 알려줘요. "야 괴뢰군들 온다 빨리 도망가라" 해요. 그러면 그 연락만 받으면 나하고 내 동생은 밤이고 낮이고 뒷동산 소나무 밑에 숨어 있다 나오고 그런 것이 석 달을 그런 거야.

우리 아버지는 7월 중순쯤 친가에 나타나셨어. 우리 친가에서는 기절 초풍을 해서 "어딘데 여길 왔느냐?"고 했더니 도망가려고 했는데 한강 다리가 끊어져서 가질 못하고 노량진에서 잠실 거기까지 피해서 오는데 1주일이 걸렸다는 거야. 그러고는 "야 여기서 빨리 피해라. 대엿새 전에 널 잡으려고 생난리를 치고 갔다" 했더니 거기 있지도 못하고 또 바로 밤길을 강을 억지로 건너서 우리가 있는 당신 처가로 오신 거야. 그것이 7월 20일 경이란 말이지. 그렇게 이 양반이 다 왔는데 동네 빨갱이가 벌써 낌새를 차리고 자꾸만 자수하라며 우회하고 조우하고 이러는 거야. 그러니 여기서는 도저히 안 되겠다 말이야.

그런데 그때 마침 육사 9기를 졸업하고 당시 현역 중위였던 외당숙이 당신 본가에 숨어 있었는데 우리 아버지하고 만나서 "야 여기서 이렇게는 동네 빨갱이 때문에 더 숨을 수 없으니 차라리 서울로 들어가자. 그게 안전할 수 있다"고 판단하고, 가족들을 시켜 서울에 숨을 곳을 마련하게 한 거야. 그래서 아버지는 당신의 외사촌 누나뻘 되는 친척 집이 있는 효자동으로 가기로 했고, 외당숙은 무교동 쪽으로 가기로 했단 말이야. 그래서 일단 무사히 그쪽으로 안착을 했어요.

그렇게 한 달쯤 거기 머물다가 너무 한 곳에 오래 있는다 싶어서 다른 옮길 곳을 알아보다가 미처 장소를 확보하지 못한 상태에서 지나가는 동네 청년에게 발각이 되어서 며칠 후 아침에 괴뢰군들이 와서 연행돼 갔다는 거야. 효자동에서. 그것이 8월 하순이야. 그때부터 소식이 없는 거야. 그때 거기가 종로 관할이니까 종로경찰서가 아니면 서대문 형무소야. 그래서 종로서에 아는 사람을 통해 알아봤더니 없다 이거야. 그러면 서대문형무소야. 거기는 줄을 대려니 도저히 안 돼서 소식을 못 듣고 거기로 잡혀갔을 것이라 이렇게 추정만 할 뿐이지. 그후로부터는 오늘까지 소식이 없는 거지.

문_ 당시 몇 명이나 찾아왔다고 하던가요?
답_ 동네 빨갱이 한 사람이랑 총 멘 사람 괴뢰군이지. 보안서인가 인민서인가 그 세력이지. 내가 듣기로는 한 서너너댓 명이 아침 식사 전에 찾아왔다고 그래.

문_ 다른 가족분들도 납치를 당했다던데?
답_ 그분들 중 한 분은 신익희 선생과 죽마고우 사이로 정치 자금도 대시고 했는데 소위 말해서 잘살았다는 벌로다가 연행되셔서 소식이 없으시고, 그분은 김종택씨인데 나의 큰외할아버지야.

또 한 분은 우리 아버지의 형님인데 "동생 찾아내라. 그러면 너는 풀어주겠다" 해서 우리 큰아버지는 최용근씨인데 연행되는 날 얼마나 두들겨 맞았는지 집에 거의 업혀왔어요. 그러면 일단 풀어준 상태니 그때 도망을 가야 하는데 너무 맞아서 몸을 추스리려 할 때쯤 다시 잡아가서 그 다음부터 행방불명이에요. 그분도 칠팔월쯤에 잡혀가신 거지.

그리고 또 한 분 우리 어머니의 6촌인가 8촌 오빠 되는 분인데, 그 양반도 잘살았다는 거로 그냥 이유 없이 잡아가서 행방불명된 거야.

○ 납치이유

〈장교 군사교육을 받았고, 정치 지도자 조병옥 박사의 비서관으로 정치 활동도 했음, 또한 집안이 부르주아 출신〉

답_ 그랬는데 칠월 칠팔일경에, 그때면 사변이 일어난 지 2주도 안 되는 시점에 우리 친가 쪽으로 우리가 살던 돈암동 미아리 쪽 괴뢰 집단 세력이 우리 아버지를 붙들러 친가 쪽으로 왔었는데, 그러면 이걸 봤을 때 납치되신 분들은 초창기부터 명단에 의해서 아주 지명 수배를 해가지고, 처음부터 끝까지 추적하는 세력도 있고 또 나중에 막판에 무작위로 끌려간 사람도 있고 했어.

그러면 우리 아버지는 나이도 적은데 왜 그렇게 1차에 지명 수배를 받을 만큼 걔네들이 붙잡으려 그렇게 애를 썼는가를 내가 분석해보면, 우선 장교 군사교육을 받았죠. 또 우리나라 정치 지도자 조병옥 박사의 비서관이죠. 그네들이 제일 싫어하는 부르주아 출신이죠. 그러니까 그 세력들의 지탄의 대상이 되는 젊은이 가운데 한 사람이다 이거지. 그래서 그러지 않았을까.

○ 납치 후 소식

〈납북되던 중 도망한 청년을 통해 평양 인근까지 갔다는 소식만 전해 들었고, 이후에는 전무함〉

문_ 찾아보려는 노력은?

답_ 찾아볼 길이 없지. 이것은 분명히 사상적으로 다른 괴뢰군이 잡아간 게 분명한데 찾아볼 도리가 없어. 소식이 없었지. 전해들은 건 있었어. 1950년 1·4 후퇴 직전에 우리집에 어떤 남자가 왔더래. 여기가 아무개씨 댁 아니냐 해서 그렇다 했더니, 나도 이 양반하고 같이 끌려가다가 평양 근처에서 "탈출하자" 했더니 우리 아버지는 "여기에서 도망하다 잡히면 즉결 사형인데, 어떻게 그러냐 좀더 기회를 봤다가 나중에 더 좋은 기회를 택하자" 해서 겁이 나서 못 왔고, 당신은 도망했단 말이야. 그래서 만일 성공하면 우리집이 어디니까 거기까지 무사히 간 걸 전해달라 했대요. 그래서 그걸 전해주러 어떤 젊은이가 다녀갔다는 거야. 그게 다지. 그러니까 당해 년도에 평양 근처까지 간 것은 들은 거지.

○ 남은 가족의 생활은?

〈배우자와 자녀들은 모두 피랍인의 처가에서 생활함. 다행히 토지가 많아 농사를 지으며 경제적으로 큰 어려움 없이 살 수 있었음〉

답_ 6·25 당시 석 달 동안 우리는 외갓집에 있었고, 1·4 후퇴 때는 우리 친가는 모두 충청도 쪽으로 피난을 갔지. 그러다 전황을 보면서 우리 할아버지가 한 명씩, 두 명씩 서울로 데려오셨어.

그때 당시 우리 아버지께서 조 박사의 비서관을 했었다고 했는데, 피난을 갔다가 조 박사가 돈암동 집에 들어오셨단 말이야. 근데 다른 간부들은 문안을 오는데 유독 최용주가 없단 말이야. 특히나 애정을 베풀었는데 안 오니 이 양반이 우리집에 비서관을 보냈어. 못 가뵌 것은 납치돼서 그랬다 했더니 "어떻게 그렇게 불행하게 됐느냐" 하시면서 우리 집을 보면 아직 애들이 올망졸망, 핏덩이도 있고 하니까 "내가 도와줘야 하지 않느냐? 애기아빠가 나한테 한 은공을 봐서도 모른 척할 수 없다. 그러니 어르신네를 찾아뵙겠다" 했어요. 그래서 우리 할아버지가 찾아뵙고 "괜찮다. (도움은) 사양하겠다" 하셔서 대신 그때 인사치레로 쌀 두어 가마 받은 건 있지.(개인적인 친분 때문에).

우리는 아버지가 안 계셔도 생활에 큰 타격은 없었어요. 물론 집안이 괴뢰군 때문에 재산이 많이 망가지고 빼앗기고는 했지만 식구들이 먹고 사는 데는 큰 지장은 덜 받았지. 친가에는 우리 큰아버지 자식들도 많고, 어렵고 해서 우리 가족은 외갓집에서 살았어요. 외할아버지가 애를 많이 써주셔서 나는 지금도 우리 외할아버지, 외할머니를 친할아버지, 친할머니처럼 생각해요. 농토가 많이 있어서 인부들을 사서 농사를 지으며 그렇게 살았지.

문_ 어머니는 어떠셨어요?
답_ 어머니는 당시 스물아홉인데 청상과부로 수절하시며 우리 4형제를 기르셨지. 그래서 지금 여든넷이신데 우리 어머니는 지금도 이거(인터뷰) 하지 말란 거야. 지금 정부가 어떻게 돌아가느냐며 날 야단치시는 거예요. 너도 손주가 있는데 나중에 이런 걸 기록으로 남겼다가 잘못돼서 그것이 애들한테 누가 되면 어쩌냐고. 그래서 우리 어머니는 내가 (상황을) 여쭈어봐도 대답을 안 해줘요. 아버지가 괴뢰군에 잡혀갔다고 해서 우리가 불이익을 겪거나 한 건 없었어요. 그렇지만 혹시나 어떻게 될까 봐 어머니는 직접 당해본 사람이기 때문에 이걸 하지 말라는 거예요. 그래서 사실 나도 망설여지긴 해요.

문_ 어머니도 아버지를 많이 그리워하셨나요?
답_ 우리 어머니는 우리 앞에서는 한 번도 내색을 안 하셨어. 나도 한 번씩 아버지 생각나면 (눈물이 나고) 이런 데 어머니는 오죽하셨겠어요? 그런데 그것을 자식들에게 한 번도 안 보이셨어요. 그러니 우리 외갓집에서는 우리 어머니를 여자로 안 보고, 호걸 호남으로 보셔. 한 번도 내색 없이 오로지 애들만 생각하면서 사셨으니까.

○ 정부의 노력

〈없었음〉

문_ 신고는 하셨나요?
답_ 신고 안 했어요. 당시 어른들이 다 아는데 신고는 뭘 믿고 하느냐. 신고해서 온다면 한다. 그래서 우리 집안에는 네 분 모두 신고 안 하시고 외가 친척 아저씨 되는 그분만 그 댁에서 적십자사에 한 걸로 알아.

문_ 정부의 지원이나 노력은?
답_ 지금까지 없지. 왜냐 하면 지금까지 없는 게 아니라 지금 6·25 사변이 끝났다고 생각하느냐? 그렇지 않다. 전쟁이 끝나야 김정일이 처단되고 저 정부가 붕괴되고 명실상부한 자유 민주주의에 의한 통일이 됐을 때 정리 차원에서 이걸 하자고 할 텐데 끝나지 않았으니까. 이것을 어떻게 해달라고 할 수가 없다는 거야.

○ 호적정리

〈미정리〉

답_ 그 얘길 하면 또 눈물이 나. 나 우리 아버지 호적정리 안 했어. 계시지 않았기 때문에 호적 번호는 없어. 내가 지금까지도 제사다운 제사를 못 지내. 그래서 내가 우리 아들보고 "야 우리 할아버지가 아직 생존해 계실 수도 있다. 그러니 할머니 돌아가시고, 내가 죽으면 니가 내 호적정리를 할 때 할아버지 것도 해라"고 했어요. 돌아가신 것도 모르면서 나는 못하겠어. 만일 이걸로 정부에서 호적정리도 안 하고 있냐고 법에 저촉된다고 벌금을 내라면 얼마를 내든지 십 년을 내든지 낼 거야. 제사도 분명히 가신 날을 모르니 당신 생일에 지냈어. 그런데 축문을 안 해. 축문 없는 영정을 모시고 진설만 하고 조용히 절만 하는 거지. 그런데 한 10년 전부터 누가 생사를 모르는 분은 음력 9월 9일에 제사를 지내는 거라고 해서 그날로 옮겨서 하는데 여전히 축문을 안 읽어. 혹시나 하고. 이런 딱한 일이 있어요.

○ 연좌제 피해

〈없었음〉

○ 정부에 바라는 말

〈전쟁 종결 및 피랍인 생존 확인〉

답_ 먼저 헝클어진 정치 체계부터 다시 추스르고 6·25 전쟁 휴전을 종전시키는 차원에서 전범을 가려서 원칙대로 해결하면 이런 것들은 지엽적으로 실타래 풀리듯 풀리는 거야. 그런데 가장 근본적인 것이 해결이 안 되고, 지금 저들이 '민족' 운운하며 허구에 찬 이야기만 하고 이에 부화뇌동해서 동조하는 우리 세력들이 한심하다는 말이야.

문_ 아버님에 대해 바라는 게 있다면?
답_ 당신이 살아서 계신다면 모르지만 바람이 있다면 나는 당신의 유골을 찾는 것도 과분해. 돌아가신 날짜만이라도 확인된다면 그날 번듯하게 제례를 올려드리고 싶어. 그 이상은 욕심이야.

○ 피랍인에게 전하는 말

문_ 언제 아버지가 가장 보고 싶으셨는지?

답_ 내가 결혼할 때, 내가 며느리를 얻을 때, 내가 손주를 봤을 때, 그리고 우리 아버지는 딸을 못 낳고 아들만 넷인데 내가 손녀딸을 봤을 때, 그 네 번은 정말로 아주 (흐느낌) 그랬었지.

문_ 만나면 어떤 말을 하실는지?
답_ 그냥 뭐 말이 필요하우. 글이 필요하우. 그냥 으스러지도록 안아드리는 것밖에 더 있겠어? 이제 고만(흐느낌). 아버지 얘기 좀 그만하자고(울음).

2006. 1. 12 채록

060112A 이 길 용(李吉用)

피랍인

생년월일:	1899년 음력 8월 15일
출생지:	마산
당시 주소:	서울시 성북구 성북동 56
피랍일:	1950년 7월 17일경
피랍장소:	자택
직업:	한민당 조직부 차장, 국회대의원, 「동아일보」 사업국 차장
학력/경력:	배재학당/「동아일보」 기자(언론인)
직계/부양가족:	배우자, 자녀 5남 1녀
외모/성격 :	단신의 왜소한 체격, 불의를 참지 못하는 성격

증언자

성명:	이태영 (1941년생)
관계:	아들
증언성격:	직접증언 ☐ 간접증언 ☑

특이사항 (납치주체/상황/원인)

- 전쟁 직후 1차로 연행되었다가 3일 만에 풀려남.
- 서울 자택을 지키고 있다가 7월 17일경 자택 인근 노상에서 끌려감.
- 前「동아일보」 기자로 1936년 일장기 말소 사건으로 투옥되면서 세상에 알려짐.
- 체육계에도 선구자적인 역할을 했고 또한 정치 활동과 민족 운동에 힘썼으며, 당시 다른 언론인들과 함께 그룹으로 비슷한 시기에 피랍됨.

증언자 요청사항

(對정부) 북한과 적극적이고 분명한 대화를 전개할 것. 또한 정부가, 젊은 세대가 납북인사들의 공로를 인정하고 기억해줄 것을 바람.

"이미 그 당시 배경은 북한 정권이 남한 내의 엘리트 그룹의 리스트를 모두 갖고 있었고, 그 수십 만 엘리트 리스트를 놓고 그중에서 추려서 북한 정권의 정당성을 확보하기 위해서 또 그 사람들을 활용하려는 지령이 이미 떨어져 있던 상태였어요. 그 사람들을 데려다가 교육하고 세뇌시켜 우리의 일꾼을 만들어야 한다는 거죠. 같이 그 시기에 납북되신 분의 여러 가지 정황을 볼 때 이미 그 당시 분야별로 언론인 중심의 사람들을 하나로 묶어 서울에서 교육을 시키고자 했던 것이 아닌가 생각이 되구요."

"우선 특정인 한 사람 얘기가 아니고, 많은 분들이 아주 우국 충정이 넘치는 이 나라의 애국지사예요. 건국에 기여하신 분들이고, 정말 이 나라를 세우신 분들이나 다름 없는데 그 공을 이 사회가 잊어버리고 있다는 거. 물론 반 세기 이상 흘러서 기억 속에 묻혀 버렸다 하더라도 그 모든 분들의 광복 이전부터 정부 수립까지 엄청난 노력을 하신 분인데, 그 공을 정부마저 잊고 있다는 것이 참 가슴 아프게 생각하구요."

○ 직업 및 활동

〈경남 마산에서 태어나 배재학당을 졸업하고 일본 도시샤(동지사)대를 중퇴, 철도국에 근무하면서 임시정부와 함께 독립운동 전개, 1921년 「동아일보」에 입사, 1936년 일장기 말소 사건으로 투옥되면서 세상에 알려짐. 이와 관련해 1991년 독립유공자로 인정돼 애국장을 수여받음. 체육계에도 선구자적인 인물로 조선체육회 상무이사, 야구협회 부회장, 고려육상구락부 창설 등 각종 주요 경기 단체에 직·간접적으로 참여함. 납북 직전에도 『조선체육사』를 집필 중이었음. 정치 활동으로는 해방 직후 정부 수립을 위한 국민회의 대의원, 한국민주당 조직부 차장을 맡아함〉

문_ 전쟁 당시 어떤 일을 하셨는지?

답_ 세상에 가장 알려진 것은 「동아일보」의 일장기 말소 사건. 1936년 베를린 하계 올림픽 마라톤에서 우승한 손기정 선수가 시상식에 참석했을 때 사진에서 가슴의 일장기를 지워 버린 사건으로 가장 많이 알려지셨죠.

그것 말고도 신문기자가 되기 이전에 철도국에 근무하시면서 기미년 3월 1일, 3·1 운동에 간접으로 참여하셨어요. 전단을 수송하는 책임을 맡아서 임시정부와 (같이) 하시다가 체포가 돼서 그때부터 형무소 생활을 시작하셨는데, 그때부터 이런 저런 활동(창씨개명 반대, 일장기 말소 사건 등)으로 모두 여섯 차례나 형무소로 연행되셨어요. 그리고 해방 이후에는 「동아일보」에 복직하셨지만 일장기 말소 사건으로 해직되었고, 6·25 전쟁 중 납북되기 전까지의 활동은 대체로 언론 활동, 단체 조직을 통한 민족 운동이었죠.

또 체육계에도 거의 선구자라고 할 만큼 활동을 많이 하셨는데 조선체육회 상무이사, 야구협회 부회장, 또 고려육상구락부를 창설하시기도 했고, 각종 주요 경기 단체에 직·간접으로 참여하셨고, 또 여러 가지 의미 있는 대회를 많이 만드셨어요. 「동아일보」가 중심이 된 활동에는 항상 선봉에 서서 그 당시 주임기자가 한 명밖에 없으니까 거의 모든 활동을 하셨다고 봐야죠. 그래서 체육계에 큰 영향을 미치셨는데 특히 납북 직전에 마지막으로 하신 일이 방대한 자료의 『조선체육사』를 집필하시다가 완성을 못하고 납북되셨어요.

문_ 아버님 이름으로 된 상도 매년 수상한다던데?

답_ 1989년 창설된 '한국 체육기자상'이 있는데 '이길용 체육기자상'이라 제정하면서 체육 언론인의 대선배의 업적을 기리는 사업으로서 기자상을 만들어서 지금 17년째 해마다 시상을 하고 있죠.

문_ 서훈은 받으셨는지요?

답_ 사실은 납북인사에 대해서는 훈장을 수여하지 않는 것이 정부의 방침이었습니다. 납북인사 중 일부 북한 정권에 협력한 분도 있고 거기서 활동한 것이 확인이 안 됐기 때문에 하지 않다가 조만식 선생을 계기로 독립 훈장을 주기 시작했습니다. 그래서 그 당시 (아버님도) 독립유공자로 인정이 되어 국가보훈처에서 독립운동한 것에 대한 여러

가지 사료를 발굴해 내서 건국훈장, 애국장 말하자면 추서하신 거죠. 그래서 1991년에 건국훈장을 받았습니다.

문_ 정치 활동도 하셨나요?

답_ 사실은 납북되신 원인 중에 하나가 정치 활동이 아닌가 생각이 됩니다. 광복 이후 나라가 혼란에 빠져 있을 당시 참 많은 언론인 출신 지사들이 많았는데 한국민주당의 주축을 이뤘던 분들은 「동아일보」 출신들이 많았어요.

또 그밖의 민족 지도자들과 뜻을 같이해서 정부 수립을 위한 국민회의 대의원도 하셨지만 한국민주당에 조직부 차장으로 창당에 참여하셨어요. 그것은 그 당시도 좌익, 우익의 대립이 있었는데 우익 쪽에 서서 민족운동을 이끌어갔던 분들이 (한민당에) 앞장섰던 것이 아닌가 생각되는데, 나중에는 반탁운동과 연관이 됩니다만 그런 정당 활동에 적극적으로 나서셨던 것이 납북의 요인이 되지 않았을까 생각합니다.

문_ 평소 아버님께서 늘 주장하시던 정신이 있다면?

답_ 그분은 아주 강직하신 분이기 때문에 대표적인 정의파란 것을 알 수 있어요. 사회정의를 위해서는 어떠한 타협도 안 하셨던 분이셨거든요. 그래서 그분이 알게 모르게 가르치신 것은 '의롭게 살라' 였어요.

○ 납북 경위

〈전쟁 직후 1차로 연행되었다가 3일 만에 풀려남. 주위에서 피신을 권했으나 워낙 강직한 성품이라 서울 자택을 지키고 있다가 7월 17일경 자택 인근 노상에서 끌려감〉

문_ 어떻게 납북이 되셨는지?

답_ 주변에 친지, 언론인들 얘기를 많이 들었어요. 대부분 돌아가셨지만 대표적으로 이완구 선생이라는 분이 있는데, 아버지와 한 마을에 사셨고 죽마고우처럼 지내셨던 분입니다. (아버지가) 6·25 전쟁이 터지고 처음에 연행되어 가셨다가 사흘 뒤에 풀려나셨어요. 그래서 그분이 아버지께 즉시 피신할 것을 권고했어요. 아무래도 심상치 않으니 피신하는 게 좋겠다고. 그러나 아버지는 민족운동을 했지만 민족 앞에 부끄러운 일이 없는데 내가 왜 피신하느냐며 집을 지키셨어요. 그러니까 그 당시 정치보위부 사람들은 항상 몇몇 리스트를 놓고 추적하고 주시하던 중 여러 가지 사실들을 찾아내서 7월 17일 자택에서 가까운 노상에서 납치해간 거죠. 그 뒤로는 전혀 알 길이 없구요.

○ 납치이유

〈다양한 정치 활동과 민족운동에 힘썼고, 「동아일보」 기자 출신으로 다른 언론인들과 함께 그룹으로 비슷한 시기에 납북됨〉

답_ 이미 그 당시 배경은 북한 정권이 남한 내의 엘리트 그룹의 리스트를 모두 갖고 있었고, 그 수십만 엘리트 리스트를 놓고 그중에서 추려서 북한 정권의 정당성을 확보하기 위해서 또 그 사람들을 활용하려는 지령이 이미 떨어져 있던 상태였어요. 그 사람들을 데려다가 교육하고 세뇌시켜 우리의 일꾼을 만들어야 한다는 거죠.

지금도 북한은 일꾼이라는 말을 많이 쓰지만 그 당시는 워낙 북한에는 인재가 없는 상황이에요. 거의 서울 중심으로 인재들이 모여 있었기 때문에 평양 쪽에 민족 지도자라고는 거의 찾아보기 힘든 상황이었어요. 그래서 그 엘리트 그룹을 북한 정권 사람들로 만들기 위해 납치했던 것이 아닌가 생각합니다.

같이 그 시기에 납북되신 분의 여러 가지 정황을 볼 때 이미 그 당시 분야별로 언론인 중심의 사람들을 하나로 묶어 서울에서 교육을 시키고자 했던 것이 아닌가 생각이 되구요. 또 같이 납북되신 분들을 보면 춘원 이광수 선생, 같은 「동아일보」에 계셨던 교육자이신 황신덕 여사, 이런 분들이 있었는데, 그분들이 거의 같은 시기에 가신 것으로 봐서 의도적으로 그룹을 나누고 시기를 같이한 것이 아닌가 보입니다.

○ 납치 후 소식

〈여러 방법(국제기구, 인맥)을 통해 알아봤으니 소식을 전혀 알 수 없음〉

문_ 찾아보려는 노력은?

답_ 많은 노력을 했죠. 그런데 전쟁 직후에는 전혀 확인할 길이 없었고, 또 그 당시는 분위기가 납북이냐 월북이냐 말이 많았고. 또 한 가지는 대한민국 정부가 색안경을 갖고 있었던 부분이 있습니다. 북한 정권에 협조했을 것이다. 가서 뭘 하고 있는지도 알 길이 없다. 그래서 계속 납북인사 가족들을 관찰을 했습니다. 그러다 보니 연좌제 리스트에도 올려놓고 해서 나중에는 나서서 알아보기도 어려웠습니다. 납북인사들의 생사확인은 상상할 수 없는 거죠.

그래서 알 길이 없는데 겨우 채널이 있다면 예를 들어 간첩이 내려올 때 확인해본다거나 하는 것인데 당시 이수근이라는 기자 출신의 간첩이 내려왔어요. 그 사람을 통해 확인해봐도 안 됐고, 그밖의 평양을 방문하는 국제 기구 인사를 통해서, 국제 기구를 통해 알아봐도 전혀 확인이 안 되더라구요.

최근엔 우리나라 정부의 정동성 당시 체육부 장관에게 공식 문서를 전달해서 알아봐달라고 요청했는데도 확인이 안 된다고 하더라구요. 그래서 우리 판단으로는 또 주위 분들의견을 종합해보건데 납북 과정에 무슨 사고가 있었을 것이라고 추정하는 것이죠.

○ 남은 가족의 생활은?

〈피랍인의 모친, 배우자, 5남 1녀의 자녀가 서울 자택에서 피난가지 않고 계속 살았음. 배우자 역시 애국부인회를 했다는 이유로 연행, 고문을 받았고, 자녀 역시 배재중 5학년 당시 우익 활동을 했다는 이유로 폭행 및 정신적인 피해를 겪음. 또한 경제 형편이 넉넉지 않아 자녀들이 모두 고등 교육을 받기도 어려웠고, 살림을 줄여가며 근근히 생활함. 이후 자녀들이 취업을 하면서 형편이 차차 나아짐〉

문_ 어디에서 거주했는지?
답_ 내가 출생지가 서울 성북구 성북동 56번지인데 그집을 못 떠나고 있었어요. 왜냐하면 집안에 고령이신 할머니도 계셨고 어린 동생도 있었고 피난을 갈 수도 없는 입장이고 또 죄 지은 것이 없는데 피난갈 이유가 없다고 해서 6 · 25전쟁이 나고도 그렇고 1 · 4 후퇴 때도 피난을 안 가고 그 집을 끝까지 지켰습니다. 지켰기 때문에 여러 가지 전쟁의 상처를 입고 피해를 많이 입었죠. 특히 대한민국 정부 수립에 참여했던 거 등등으로 인해서 완전히 우익으로 몰리고 북한 정권으로부터 말도 못하는 핍박을 받았죠.

문_ 생활 형편은 어떠셨나요?
답_(아버지가) 오랜 세월 기자 생활하셨지만 가정에 큰 도움은 안 된 것 같구요. 6 · 25 때야 우리뿐 아니라 모두가 고생한 거니까, 끼니를 걸러야 하는 상황도 있었고, 그것은 다 똑같은 사정이죠. 그러나 납북인사의 경우 가장을 잃었기 때문에 어린 자녀에게는 수입을 기대할 수 없지 않습니까? 가장을 잃었으니 먹고 살 것이 막막한 거죠. 그 당시는 가재도구나 부동산을 팔려 해도 잘 안 되고 결국은 살림을 줄여가면서 근근히 이어올 정도였죠. 그렇다고 정부가 지원을 해줄 형편도 못 되고, 정부는 당시만 해도 냉랭했어요.

그러다가 뒤늦게 명단도 작성하고 보호 대책을 세운다고 말로만 떠들었을 뿐이고 실제로 보호해준 건 없어요. 그렇게 말도 못하게 궁핍한 생활을 대부분의 납북인사 가족들이 하지 않았을까 생각됩니다.

우린 또 정치적으로 여러 가지 피해를 많이 입은 편이었어요. 어머니도 연행돼서 3일 동안 심한 고통을 당하셨어요. 애국부인회 지부장을 맡았던 경험이 있어서 고생을 하셨고, 제 위의 형이 그 당시 배재중 5학년이었는데 배재학교 우익에 서 있었다고 해서 고문을 당하고, 때에 따라서는 좌익뿐 아니라 우익에서 피해를 당한 적도 있고, 여러 가지로 어려움이 있었죠. 물론 혼란한 전쟁 상황에서 누구나 겪는 고통이라고는 하지만 정신적 · 재산상의 피해가 특히 컸죠. 그 당시 할머니, 어머니, 5남1 녀가 남아 있었어요.

문_ 어머니가 주로 일을 하신 건가요?
답_ 저희 어머니는 특별히 사업을 한 건 아니었고, 주위분들이 많이 도와주셨고, 전쟁이 끝나고 나서는 보험 업무를 잠깐 하시기도 하셨고, 나중에 제가 20대가 되고 나서는 직업을 갖게 되고 생활고는 어느 정도 벗어날 수 있었죠.

문_ 자녀들의 교육은?
답_ 형제들이 공부를 모두 다 할 수는 없었죠. 어려운 형편 속에서 대학을 마치기도 하고 못 마치기도 하고 그랬죠.

○ 정부의 노력

〈없었음〉

문_ 신고는 하셨나요?
답_ 신고는 동사무소에 한 적이 있고, 1956년도에 대한적십자에서 일제히 조사를 했어요. 그래서 저도 적십자사에 가서 (기록을 돕는) 봉사를 하기도 했는데 그때 신고가 되고 기록이 남았죠. 피해자 조사가 전혀 안 된 상황이었으니까 피해 실태를 전부 개인 카드를 만들어서 납북 과정, 분위기, 가족들의 상황 등 이런 것들을 만드는 작업이었죠. 거기서 납북인지 월북인지도 어느 정도 기록, 확인이 됐죠. 그렇게 확인만 하고는 아무것도 없었고, 끝이었죠. 사실은 적십자사가 자료 조사를 했을때 그것을 정부가 받아서 또 조사를 하고 노력을 해야 했는데 정부는 경황이 없어서일 수도 있지만 그런 노력을 못했어요.

문_ 정부의 지원이나 노력은?
답_ 그렇다고 정부가 지원을 해줄 형편도 못 되고, 정부는 당시만 해도 냉랭했어요. 그러다가 뒤늦게 명단도 작성하고 보호 대책을 세운다고 말로만 떠들었을 뿐이고 실제로 보호해준 건 없어요.

○ 호적정리

〈미정리〉
답_ 안 됐어요. 안 한 이유는 돌아가셨다고 생각하고 싶지 않았기 때문에.

○ 연좌제 피해

〈없었음〉

답_ 우리 경우는 아버님이 북한 정권에 대해 협조했다는 사실이 확인이 안 된 상태였고, 내 개인이 기자 생활을 일찍 시작하면서 신분 보장이 됐고, 또 주위분들의 도움도 있었고 해서 연좌제에는 크게 해당이 안 됐습니다. 자유롭게 활동을 했고, 나중에는 포상도 받고 했으니 비교적 납북인사 가족들 중에서는 행운인 편이죠.

○ 정부에 바라는 말

〈북한과 적극적이고 분명한 대화를 전개할 것. 또한 정부가, 젊은 세대가 납북인사들의 공로를 인정하고 기억해줄 것을 바람〉

답_ 우선 특정인 한 사람 얘기가 아니고, 많은 분들이 아주 우국 충정이 넘치는 이 나라의 애국지사예요. 건국에 기여하신 분들이고, 정말 이 나라를 세우신 분들이나 다름 없는데 그 공을 이 사회가 잊어버리고 있다는 거.

물론 반 세기 이상 흘러서 기억 속에 묻혀 버렸다 하더라도 그 모든 분들의 광복 이전부터 정부 수립까지 엄청난 노력을 하신 분인데, 그 공을 정부마저 잊고 있다는 것이 참 가슴아프게 생각하구요. 하물며 이러한 극심한 이념 대립 속에서 때로는 그 사실마저 부정되고 있다는 사실이 (안타까워요).

최근 어느 여당 국회의원 한 분이 저한테 문의를 해왔어요. 남북 공동 사업으로 이길용 선생의 업적을 기리는 기념 사업을 하고 싶다고. "좋은데 그 이전 확인을 좀 해달라"고 했더니 "북한에 가봤더니 확인할 길이 없더라. 그래도 사업은 계속 하자고"

그래서 제가 그랬어요 북한이 무슨 명분으로 이 사업에 참여하느냐. 우리가 하는 것으로 충분하다고 그 국회의원에게 얘기를 했어요. 저는 그런 현실, 평양 정권과 대화도 되지 않는 상황에서 거기하고 무슨 합작을 해보겠다는 일부 정신 나간 사람들의 생각도 한심스럽고 또 과거를 잊어버리는 국민들에 대한 안타까움이 있죠. 젊은 세대들이 이를 기억해주고 살려주고 해주길 바라는 거죠.

○ 피랍인에게 전하는 말

문_ 증언자께서는 지금까지 어떤 일을 하셨는지?

답_ 나는 「경향신문」에서 시작해서 「한국일보」, 「중앙일보」까지 아버님이 하신 세월보다는 더 길게 기자 생활을 했습니다. 아버님이 운동부를 창설하신 주임기자니까 저도 주위 권고도 있고, 자의 반 타의 반으로 체육부 기자를 해서 은퇴할 때까지 시종일관 했습니다. 그렇게 33년의 기자 생활을 통해 부끄럽지만 「한국일보」, 「일간스포츠」, 「중앙일보」, 「중앙경제신문」 체육부장을 비교적 오랜 시간 했습니다. 그 마음은 아버님이 다 이루지 못하신 것을 내가 이어야겠다는 책무로 생각한 거죠. 그래서 좋고 싫고를 떠나 의무감으로 시작했지만 결과는 대만족을 합니다.

문_ 은퇴하실 때 아버님께 어떤 말이 하고 싶으시던가요?

답_ 자랑스럽게 이뤄놓은 건 없지만, 그래도 뜻을 어느 정도 받들었다 생각하구요. 아직 한이 다 풀린 건 아니지만 '이길용 체육 기자상'을 만들고, 전기를 출판하고 여러 가지 활동을 세상에 알리고, 탄생 백 주년 되던 해 「동아일보」사 주최로 전시회를 하면서 『20세기 한국 스포츠 100년』이라는 책을 만들어냈는데, 하나의 중요한 자료로서 과거의 6·25 이전에 아버님께서 쓰시다가 완성하지 못한 것을 보완해서 책을 만들어 세상에 알릴 수 있어 참 보람 있게 생각합니다.

또 제가 (기자 생활을 하면서) 국제 대회에 여러 번 갔었는데 서울 올림픽 때는 내가 「중앙일보」 취재 본부장을 했었고, 1976년 몬트리올 올림픽에서 우리나라 태극기를 들고 처음으로 금메달을 딴 선수가 양정모 선수였어요. 그때 그 (수상) 현장을 가장 가까운 거리에서 지켜보면서 가슴이 뭉클해지고 아버님 생각이 났어요. 그때 가까이서 손기정 선수도 "당신 아버님 생각이 난다"고 하시더라구요.

"내가 우승했을 땐 나는 태극기가 없어 못 달았는데 양정모 선수를 보니 나도 통쾌하다"며 "울분을 다 풀 것 같다"는 말씀을 하시면서요. 그렇게 어느 정도 할 도리는 했는데 지금까지도 죄송스럽게 생각하는 부분은 생사확인 못하고, 유해를 찾지 못하고, 따라서 묘소를 만들지 못하고, 이 세 가지가 숙제이면서 가슴아픔으로 남아 있어요.

기념비를 만든다고 흉상까지 다 만들어놓고도 장소를 정하지 못하고 유해를 찾아 묘에 모실 때까지는 기다리려고 하는데 과연 우리 세대에 이뤄질 것인가 우리가 눈을 감기 전에 이뤄질 것인지 전혀 예측할 수가 없어요.

문_ 유해라도 모시면 어떤 말을 하실는지?

답_ 가족이 사실은 건강하게, 당당하게 뭘 좀 이뤄놨어야 하는데 이루지 못한 점 부끄럽죠. 일찍이 돌아가신 분들도 있고. 그러나 다만 아버님의 뜻을 잇기 위해 노력을 했고, 직업적인 것을 떠나서라도 세상에 아버님의 뜻을 알리고 또 그 길을 따르려고 노력을 했다는 점을 자랑스럽게 말씀 드리고 싶고, 그런가 하면 또 끝까지 모시지 못한 것을 가슴아프게 생각하고요. 아무래도 하늘나라에서 이 얘기를 들으신다면 반쯤은 애썼다고 이야기해주시지 않을까 생각합니다.

2006. 1. 14 채록

060114A 김 동 환(金 東 煥)

피랍인

생년월일: 1901년 9월 27일생
출생지: 함경북도 경성군
당시 주소: 서울시 종로구 청운동
피랍일: 1950년 7월 23일
피랍장소: 정치보위부
직업: 문인, 출판인, 작사가
학력/경력: 중동중학교/「동아일보」, 「조선 일보」 기자
직계/부양가족: 배우자, 자녀 1 남 1 녀 / 동거녀, 자녀 2 녀
외모/성격 : 단정한 외모, 온화한 성격

증언자

성명: 김영식(1933년생)
관계: 아들
증언성격: 직접증언 ☐ 간접증언 ☑

특이사항 (납치주체/상황/원인)

- 전쟁 당시 작가 최정희와 돈암동에서 동거 중이던 피랍인은 전쟁이 발발하자 본가가 있던 종로구 청운동 자택에 들어와 피신함.
- 7월 23일 대학 동기였던 황청송이 찾아와 "최정희도 문학가동맹에 가입했으며 정치보위부에 자수해 자유롭게 활동하고 있다"며 자수할 것을 권유, 피랍인은 친구 황청송과 함께 집을 나간 후 청진동 소재 모처에서 최정희와 만나 함께 을지로 입구 소재 정치보위부에 자수차 출두했다가 납북됨.
- 유명한 문인이었으므로 북한의 인재 모셔가기의 일환으로 보이고, 피랍인의 평소 넓은 인맥을 활용하려는 목적도 있을 것으로 추정됨. 피랍인 파인 김동환은 우리나라 최초 서사시 「국경의 밤」을 내고 세간에 알려져 문인으로 활동하며 한국 문학 발전에 기여한 인물임.

증언자 요청사항

(對정부) 피랍인 생사확인, 사망시 유골 송환, 피랍인 명예 회복

"함경북도 경성에서부터 아버지하고 학교를 같이 다녔던 황청송이란 친구분이 찾아와서 자기는 자수를 해서 자유로운 몸으로 생활을 한다고, 아버지에게 정치보위부에 자수하라고 권유했어요. 북한을 반대하고 대한민국을 도운 사람이니 일단 '반동문학이다, 반동작가다' 해서 자수를 하라니 어버지는 어머니에게 '잠깐 좀 나갔다 오겠다'고 말하고 가신 거예요."

"한국비평문학회라는 데에서 펴낸 『납·월북 문인 그후』 이런 책이 나왔는데 여기에 보면 '이광수, 김동환, 김억 등은 미쳐 피난을 못해 납북당한 뒤 갖은 고초를 겪다 비운에 사라졌거나 생사가 확인되지 않은 문인들이다. 김억은 1958년 초, 파인 김동환은 같은 해 12월에 평북 철산 지방 집단 수용소 등으로 각각 추방된 사실까지는 확인되었으나 그후로는 소식이 끊어졌다. 그래서 이들의 나이나 북한 정권의 형태로 보아 생존은 어려운 것으로 짐작되고 있다'라는 내용이 나와요."

○ 직업 및 활동

〈「경성일일신문」, 「동아일보」, 「조선일보」 기자 생활을 하다가 우리나라 최초 서사시 '국경의 밤'을 내고 세간에 알려져 문인으로 활동함. 월간 종합지 「삼천리」, 「삼천리 문학」, 「만국 부인」 등의 출판 활동을 하며 한국문학 발전에 기여했음. 1938년 이후부터 친일적인 글을 실어 문제가 되기도 함. 그외에도 「산 너머 남촌에는」 등의 시가 작곡자들에 의해 가곡이 되어 여러 곡이 현재 남아 있음〉

답_ 아버님은 여기서 중동중학교를 마친 후에 일본 동경에 있는 동양대학교의 문화학과에 다녔어요. 3학년 때에 관동대지진이 나서 교포들이 비참하게 많이 희생을 당한 것을 보고 여러 가지로 큰 쇼크를 받아서 바로 귀국을 했어요. 그래서 함경북도 경성에 거주하면서 신문사에서 잠깐 일을 봤어요. 함경북도 소재 「경성일일신문」에 조선 문판 기자로 그 처음 사회 생활을 했지요. 거기서 한 1년 정도 있다가 「동아일보」로 오셔서 사회부 기자로 한 10개월을 근무하다가 그만두고, 그 다음에 「조선일보」에 와서 한 2년 반 정도 근무를 하셨지요. 그래서 기자 생활은 통상 한 5년 조금 넘게 하신 걸로 그렇게 알고 있습니다.

「조선일보」 기자를 할 당시 1922년 2월 22일에 '조선가요협회'라는 게 생겼어요. 건전가요의 보급을 위해 문인과 음악인들이 회합을 해서 만든 것인데 작가들은 노래를 만들 수 있는 시를 많이 쓰게 하고, 음악인은 작곡을 했지요. 당시 아버지는 홍보 팀장이셨어요. 당시 아버님의 시가 46명의 작곡가에 의해 가곡이 됐어요. 그중에 10편 정도는 대중가요구요. 알려진 것으로는 「산 너머 남촌에는」이 있고, 그외에도 81개의 악보가 남아 있어요.

일반적으로 가장 아버지가 알려진 분야는 문학 분야인데 「동아일보」에 계실 때에 우리나라 최초의 서사시인 「국경의 밤」을 내셔서 그때부터 이름을 떨치면서 많은 시작 활동을 하셨죠. 1926년 6월에 월간 종합잡지 「삼천리」를 만들어내셨어요. 1942년 1월까지 통권 152권의 잡지를 냈어요. 그러다가 대동아전쟁이 나면서 일제에서 이 잡지가 좀 문제가 있다고 이름을 바꾸라고 강요를 해서 할 수 없이 잡지명을 「대동아」로 바꿨어요. 그리고 1943년까지 3권을 더 냈어요.

당시는 일제 치하 무단 정치시대, 문화 정치 표방 시대를 거쳐 친일 강요 시대에 접어들던 때예요. 제가 보기에는 1938년부터 다소 친일적인 성향의 글들이 잡지에 자꾸 들어갔고, 「대동아」를 만들 때는 한 번만 우리 한글로 하고, 두 권은 일본어로 잡지를 발행했는데 내용 자체도 그렇고 다소 그 친일적인 성향이 있어요. 그리고 아버지는 그거 말고도 본인이 문인이었기 때문에 「삼천리 문학」이라는 문학잡지를 만들었어요. 그건 두 집만 나오고 폐간이 되고, 여러 가지 여권 운동이든지, 직업 생활 등 특이한 자료들을 많이 수집을 해서 그걸로 「만국부인」이라는 여성잡지도 한 권 내셨어요. 경영난 때문에 더는 못하고 「삼천리」에 끼어서 한 게 있죠.

일제 시대 때 문인은 대국민 홍보 부대로 총독부에서 동원을 많이 했어요. 지원병을 모집할 때 연설을 하게 하든지, 가두 모금, 채권 판매 등에 아버지도 거기에 끼인 거죠.

해방 직후 당시는 그 격앙된 국민 심리가 친일파는 모두 혼내야 한다던 때이니 아버님이 큰 타격을 받고 늘 불안해 하셨어요. 본인이 친일파에 낙인이 찍혔다는 것 때문에 활동의 제한을 받기 시작한 거죠.

그래서 그후로는 조선민주당의 대변인 같은 일을 하시다가 후일에 1948년에 「속간 삼천리」라고 또 잡지를 또 냈어요. 6 · 25 발생 될 때까지 통권 20권을 내면서 거기에 시, 희곡, 수필, 평론 등을 쓰신 게 주된 생활이셨어요. 그때는 그 일제하에 못 썼던 어떤 내용들이 많이 거기 실렸어요. 원래 아버지는 좌익 하고는 관련이 없는 거고, 우익에서도 친일 경력 때문에 상대를 안 해주니까 그냥 있었던 거죠.

반민특위가 구성되고는 아버님은 1950년 2월 28일에 자수를 했어요. 8월 달까지 형무소에 있으면서 공판을 받았는데 공판 내용을 보면 "당신은 민족주의자고, 일본유학 시절부터 그런 계통에서 일을 보고 한 사람인데 왜 친일을 하게 됐느냐?"라는 질문에 "잡지를 내기 위해서 부득이하게 그랬다"는 내용이 있어요. 그건 아버지가 잘못하신 거죠.

○ 납북 경위

〈전쟁 당시 작가 최정희와 돈암동에서 동거 중이던 피랍인은 전쟁이 발발하자 본가가 있던 종로구 청운동 자택에 들어와 피신함. 7월 23일 대학 동기였던 황청송이 찾아와 "최정희도 문학가동맹에 가입했으며 정치보위부에 자수해 자유롭게 활동하고 있다"며 자수할 것을 권유, 피랍인은 친구 황청송과 함께 집을 나간 후 청진동 소재 모처에서 최정희와 만나 함께 을지로 입구 소재 정치보위부에 자수차 출두했다가 납북됨〉

답_ 저희집은 본가로 종로구 청운동에서 살았고 아버지는 전쟁 당시 동거자인 최정희 여사와 돈암동에서 살았어요. 당시에도 매달 생활비는 보내주셨어요. 그러다가 6 · 25가 나니까 아버지가 곧바로 우리집으로 온 거예요. 안방에만 계셨는데 바깥 소식을 모르니 대단히 불안해하셨어요. 어머니는 아는 분들을 통해 생활비를 조달하는 데 정신이 없었어요.

납북 당시의 상황은 아버지는 종로구 청운동 57-11번지 우리집에 계시다가 제가 학교에 간 사이에 함경북도 경성에서부터 아버지하고 학교를 같이 다녔던 황청송이란 친구분이 찾아와서 최정희의 부탁 말을 아버지께 전했어요. 자기는 자수를 해서 자유로운 몸으로 생활을 한다고, 아버지에게 정치보위부에 자수하라는 거였어요.

어머니에게 "잠깐 좀 나갔다 오겠다"고 말하고 가신 거예요. 그것이 1950년 7월 23일이었어. 그 이후는 최 여사의 자서전에 보면 최정희 여사가 청진동에서 아버지를 만나 국밥 한 그릇을 먹고 옛날 국립도서관 자리인 정치보위부에 같이 갔대요. 가니까 최 여사는 거기 좀 있으라고 하고 아버지만 데리고 나갔대요. 최 여사가 깜짝 놀라서 "자수하면 자유스러운 생활을 보장해준다고 하더니 무슨 소리냐?" 하니까 "좀 알아볼 게 있다"며 북측 조사관이 아버지를 데리고 갔고 그후로는 최 여사도 모르는 거예요.

문_ 당시 아드님도 열일곱이면 의용군으로 잡아가고 그럴 때인데 문제는 없었는지?
답_ 처음부터 의용군으로 잡아가거나 그런 건 아니고 전쟁 나고 한 20일 지나서였을 거예요. 한 번은 내가 다른 일 때문에 시내에 나왔다가 들어가려는데 큰길 가에서 보니 의용군을 모집하려는 북쪽 사람들이 강제로 젊은 사람들을 막 모아 가지고 그 근처의 학교로 데리고 가는 거예요. 뭔가 이상하다 낌새가 들어서 나는 골목길로 해서 집으로 얼른 왔고 우리 식구는 인근에 아는 분 집 마루 밑에 숨었어요. 그래서 피할 수 있었죠.

○ 납치 이유

〈유명한 문인이었으므로 북한의 인재모셔가기의 일환으로 보임. 또한 친일 활동 전적이 있으므로 이를 완전 청산하려거나 피랍인의 평소 넓은 인맥을 활용하려는 목적도 있을 것으로 추정〉

문_ 납북된 이유에 대해서는 어떻게 생각하시는지?
답_ 북한이 한국의 인재를 자기의 손아귀에 넣어서 필요할 때에 홍보도 시키거나 협상 때 어떤 대상으로도 쓰려고 한 거죠. 또 기술자의 경우는 북한이 낙후된 기술을 새로운 걸 받아들이기 위해서 데리고 갔다고도 하더라구요. 어쨌든 뚜렷하게 어떤 정치적인 의도가 있었고, 특히 납북인사에 대해서는 김일성이 지시를 해가지고 잘 모셔오도록 했다고 들었어요.

문_ 아버님이 원래는 북한 출신이잖아요?
답_ 걔들은 무슨 향리 출신을 따지는 것보다도 아버님의 제일 핸디캡이었던 친일 문제를 납북의 한 가지 사유로 다루었던 게 아닌가 생각되지요. 북한은 친일파 청산을 우리 남한하고 달리 철두철미하게 했거든. 그리고 아버지가 글도 잘 쓰셨지만 아는 사람이 많아, 그러니 그런 면에서도 어떤 포섭 대상으로 이용할 수도 있었다는 생각이 들지요.

문_ 아버님이 북한에 가서 특별히 어떤 문학 활동을 하신 게 없는데?
답_ 조철씨가 쓴 글을 보게 되면 그 사람들이 반성문도 쓰게 하고 작품도 하게 하고 많이 강요를 했었대요. 그런데 아버님의 경우는 몸이 불편하다고 하면서 그걸 늘 거부했대요.

○ 납치 후 소식

〈1962년도 귀순인사 조철씨의 납북인사 관련 기록, 1969년 한국비평문학회의 『납·월북 문인 그 후』, 박계주씨가 확인한 『조선인 인명사전』을 통해 피랍인이 1961년까지

는 생존한 것으로 확인〉

문_ 이후 연락이나 소식은 없었는지?

답_ 1989년도 10월 21일 한국비평문학회라는 데서 펴낸 『납 · 월북 문인 그 이후』 이런 책이 나왔는데 여기에 보면 '이광수, 김동환, 김억 등은 미처 피난을 못해 납북당한 뒤 갖은 고초를 겪다 비운에 사라졌거나 생사가 확인되지 않은 문인들이다. 김억은 1958년 초, 파인 김동환은 같은 해 12월에 평북 철산 지방 집단수용소 등으로 각각 추방된 사실까지는 확인되었으나 그후로는 소식이 끊어졌다. 그래서 이들의 나이나 북한 정권의 형태로 보아 생존은 어려운 것으로 짐작되고 있다' 라는 내용이 나와서 그래서 여기서 아버지가 1958년도 12월까지는 생존해 계셨다는 내용을 확인을 한 거죠.

그리고 1962년도에 재북평화통일위원회에 있다가 남한으로 다시 귀순한 조철씨가 몇 백 명의 납북된 사람, 월북한 사람들의 행적을 기록을 해놓은 것도 있어요.

또 하나는 『순애보』를 쓴 소설가 박계주라는 분이 밝힌 내용인데, 자기가 1961년도에 일본에 갔을 때 보니까 저널사라는 데에서 발간한 『조선인 인명 사전』이 있었대요. 그것을 보면 납북된 사람이나 월북된 사람들, 그 당시에 생존하고 있는 사람들이 북한 부분에 수록이 되어 있었대요. 그런데 거기서 아버지 이름을 확인을 했다는 거예요. 그러니 적어도 1961년까지는 김동환이 북한에서 생존해 있었다는 것으로 그분이 얘기를 해줬던 거죠.

○ 남은 가족의 생활

〈피랍인의 처가 야채장사 등을 하며 자녀를 교육시킴〉

답_ 아버님이 떠난 후에는 어머님이 청량리, 왕십리 들판에서 나물을 캐서 시장에서 팔고 그러면서 근근히 살았어요. 나중에 논산에 피난갔을 때는 어머니가 시장에서 야채를 파셨구요. 고추가루도 팔고. 당시는 장사가 잘 돼서 나와 동생이 학업을 계속할 수 있었어요. 이후 서울에 복귀했고 우선 청운동 집을 팔아가지고 어려운 대로 지냈어요. 그러다가 내가 대학을 나온 후에 바로 취직을 해서 생활을 뒷바라지했죠.

○ 정부의 지원

〈없었음〉

문_ 신고는 하셨나요?

답_ 어머님이 하셨지. 1956년에 적십자사에 신고했어. 나중에 어머니가 1979년 10월 21일 납치인 등록증명원 이런 걸 받았다고. 어머니는 어머니대로 혹시라도 연락이 오면 알려 달라고 주소가 바뀐 곳까지 알리고 그 나름의 준비들을 하셨어요.

문_ 정부의 지원은?
답_ 그 사람들은 그런 생각은 안 했고, 한국에서는 북한을 괴뢰 집단이라고 국가로 안 봤으니까 협상의 길이 막힌 거지.

○ 연좌제 피해

〈없었음〉

문_ 연좌제 피해는 없으셨어요?
답_ 내 경우는 별로 해당이 안 된다고 보는데, 나는 공직에 있었어. 그래서 내 경우는 아버님이 납북됐다는 것 때문에 조직에서 어떤 얘기를 들었거나 불이익을 당한 것은 없었어.

○ 호적정리

〈실종 처리 후 다시 취소〉

답_ 어머니가 1980년도에 아버지의 실종선고 신청을 서울가정법원에 냈어요. 일반 실종이기 때문에 실종되고 5년 후에는 사망한 것으로 법적으로 처리가 된다고 해요. 그러니까 1950년 7월달에 실종되었으니까 그 5년 후인 1955년도에는 아버지가 사망으로 법적인 처리가 된 거지. 나는 그것도 몰랐는데 실종선고를 하게 되면 어떤 재산이 있는 사람의 경우는 그 재산이 양도가 될 수 있잖아. 저작권도 그렇고. 그런데 나는 그런 생각보다는 아버님이 살아 계시다는 생각이 더 간절해서 할 수 없이 다시 실종선고취소청구소송을 냈어. 결국 아버님은 현재 호적상에 호주로 있고, 실종했던 것이 취소됐다 하는 것으로만 기재가 되어 있지.

○ 정부에 바라는 말

<피랍인 생사확인, 사망시 유골 송환 및 생존시 상봉, 피랍인 명예 회복>

답_ 이제 내가 개인적으로 뭘 어떻게 하겠다는 생각은 별로 잘 떠오르지 않아요. 내가 한 10년을 뛰어봤는데 '이 문제를 해결하는 게 참 어렵구나' 싶었어. 다만, 지금 6·25 전쟁납북인사가족협의회에서 납북인사들의 가족들이 일심동체가 되어서 생사를 확인해 달라든지, 살아 있는 사람은 송환을 해달라든지, 또한 명예 회복을 위한 어떤 조치를 해달라든지 하는 이런 요구 사항을 하고 있으니 나는 회원 자격으로 그분들의 그 주장을 전폭적으로 지지해.

그리고 납북인사 문제는 정전 협정 속에도 한 항목으로 들어가 있는 거거든. 그때부터 지금까지 얼마야? 1950, 1953년도부터 2006년 지금까지 끌어온 건데 요즘에도 북한의 핵 보유 문제 등등으로 해서 이런 것들 때문에 자꾸 이 문제 해결이 뒤로 밀려서 안타까워.

내 하나의 꿈이 있다면 내 생존시에 남북한 문제가 원만히 해결이 된다면 뭐 북한에 방문들 갈 것 아니야? 그때 나도 아버지가 납북된 후 북한에서의 마지막 생존했던 곳으로 알려진 평북 철산 소재 수용소에 가봐서 아버님의 행적을 찾고, 혹시라도 어디라도 묻혀 있으면 뼈라도 갖다가 어머니 유언대로 합장을 해드리고 싶어요.

또 지금은 어머니 묘 비석 한쪽에 그 사망 날짜는 '1950년 7월 23일 북한에 납북' 이런 식으로 매듭을 지었지만 내가 만일 앞으로 아버님의 뼈라도 가져올 수 있다면 가져와서 다시 정식으로 뼈를 묻어 합장 묘를 다시 만들 것이고, 그 비석도 며칠에 그 기록에 의해서 사망했다 하는 것을 수정을 할 생각이에요.

○ 피랍인에게 전하는 말

답_ 아버지의 생애는 대단히 뜻 있는 삶이었어요. 좀 안타까운 부분이 있긴 하지만 어쨌든 아버지는 그 격동의 그 시대 속에서 희생을 당한 지식인 중의 한 사람이다라고 보지요. 자식으로서 감사의 말씀을 드리고 싶어요.

아버지

– 탄생 100주년에 부쳐–

김영식(납북 김동환 詩人의 3남)

나이 들수록 못 견디게 보고 싶은 아버지
지금 북녘 땅 어느 산자락에 누워
지나온 운명의 길을 회상하고 계십니까.

일제 강점기, 그 수난의 20년대에
당신은 홀연히 나타나셔서
민족의 거칠은 숨결과 정서를 담아 시를 만들었지요.

6 · 25 사변은 아버지의 납북으로 이어갔고
아들은 진한 아픔을 안고 사는 고아가 되었지요
해바라기 되어 기약 없는 아버지의 귀환을 기다리면서요.

아버지 품속에서 잠들던 그 어린 시절로 돌아가고 싶어라
문득 떠오르는 아버지 모습
귀 익은 그 낮은 목소리에 아들은 금새 울보가 되지요.

아아, 파인, 내 아버지에게 드리는 존경과 애모의 정은
크고 깊고 긴 아름다운 추억의 강이 되어
영원으로 도도하게 흐른다.

2006. 1. 18 채록

060118A 오 헌 식(吳憲湜)

피랍인

생년월일:	1899년 4월 8일생
출생지:	서울
당시 주소:	서울시 용산구 남영동 14번지
피랍일:	1950년 8월 1일경
피랍장소:	서울시 마포구 북아현동
직업:	서울 지방법원 영등포경찰서 주재 치안관
학력/경력:	일본대학
직계/부양가족:	배우자, 자녀 3남매
외모/성격 :	깔끔한 외모, 원만한 성격

증언자

성명:	오세영(1936년생)
관계:	아들
증언성격:	직접증언 V 간접증언 ☐

특이사항 (납치주체/상황/원인)

- 한강 다리 폭파로 피난을 못 가고 서울 마포구 북아현동 친척집에 일가족이 피신해 있다가 그 지역 좌익들에게 발각, 8월 1일경 두세 명의 내무서원이 찾아와 피랍인에게 총을 겨누고 조사할 것이 있다며 연행해간 뒤로 소식 없음.
- 당시 고위공무원으로 사상범들을 재판하던 서울 지방법원 영등포경찰서 주재 치안관이었음.

증언자 요청사항

(對정부) 피랍인 생사확인 및 유해 송환, 피랍인 명예 회복

"아버지와 같이 묶였던 사람이 우리집에 와서 얘길 했대요. 아버지는 고문당해서 그런지 발이 상당히 안 좋으셨대요. 그때 여덟 명씩 묶었는데 한 줄에서 한 명만 탈출해도 다 쏴 죽인대요. 그러니 어떻게 됐을지 모르겠다고 하고 간 거야."

"도리어 군인이면 나았을지 몰라. 우리는 고급공무원인데 자식들도 공부해야 되는데 일절 몰라. 지금이라도 서류라도 찾아볼라 하면 '안보입니다. 모르겠습니다' 이거야. 도움이야 십 원 하나 있을 수 없고 그러니 가난하게 사는 거야. 나가서 청소하는 사람도 있고, 동서기를 하든지. 공부 마치기도 힘든 겁니다."

○ 직업 및 활동

〈서울지방법원 영등포경찰서 주재 치안관(재판관) 근무, 현재 근거 자료를 찾고 있으나 전쟁 중 소실된 것이 많아 어려움을 겪고 있음〉

문_ 전쟁 당시 어떤 일을 하셨는지?
답_ 아버지는 서울지방법원 영등포경찰서 주재 치안관(재판관)입니다. 그전에는 경기도 연안에 있었어요. 그러다가 1949년에 서울로 전근 왔어요.

문_ 구체적으로 어떤 일을 하셨던 것인지?
답_ 저희 아버지 같은 경우는 영등포, 안양, 포천, 의정부 등 대여섯 개 지방을 맡아요. 맡아서 순회 다니면서 경찰이 잡아온 사람들, 주로 공안사범들을 재판했어요. 지방법원에 가보면 비슷한 일을 했던 사람들 기록이 있는데 아버지 것은 지금 없어요. 찾는 중입니다. 기록이 1962년부터 갖고 있대서 그전 것은 찾기가 힘들대요. 그래서 인사 발령을 내려면 뭐가 있어야 되는데 서류가 옛날 것이라서 찾는 게 어려운 모양이에요.

○ 납북 경위

〈한강 다리 폭파로 피난을 못 가고 서울 마포구 북아현동 친척집에 일가족이 피신해 있다가 그 지역 좌익들에게 발각, 8월 1일경 두세 명의 내무서원이 찾아와 피랍인에게 총을 겨누고 조사할 것이 있다며 연행해간 뒤로 소식 없음〉

문_ 어떻게 납북이 되셨는지?
답_ 우리는 6 · 25 전쟁이 나고 한강 다리가 끊어지는 바람에 피난을 못 갔어요. 그러면 그때 저의 부친의 경우 주루 담당 사건이 공안사범이에요. 정확히 얘기하면 빨갱이를 색출하는 작업이었는데, 그런 일을 했으니 아무래도 죄수들이 석방돼서 보복하러 찾아올 거 아닙니까. 그래서 서울 마포구 북아현동 친척집으로 가족들이 모두 피했어요. 그때는 빨갱이들이 동네마다 설치고 장대 들고 다니고 집집마다 사람 내놓으라고 하고, 갖은 나쁜 소리를 다할 때니 우리가 도망갈 수밖에 없는 거죠. 그래서 우리는 도망갈 수밖에 없었죠.

그런데 지금 생각해 보면 다른 데 가도 그 동네에 또 빨갱이가 있다 이거야. 못 보던 가족이 와 있는데 신고 안 하겠습니까? 거기서 우리는 잡힌 거야. 정치보위부인지 내무서원인지 두어 명 와서 권총을 딱 들이대는 겁니다. 우리가 쫓아가면 오게나 합니까? 가면 소리지르고 (가라 하고) 그때부터는 알 길이 없는 거죠. 1950년 8월 1일경이에요.

문_ 밀고를 당한 것인지?

답_ 그거는 저희도 모르죠. 그때 당시는 서로 대립하던 시대고, 우리가 무서워서 관사에 살질 못했어요. 가면 암살당하는 거니까 밖에 조그만 집을 얻어서 출퇴근만 했었죠. 그러다 결국 잡히고 난 뒤는 알 길이 없어요. 귀동냥, 입동냥으로 해서 서울시립도서관에다 가뒀다고 해요. 그 앞에 가보면 가족들이 참 많아요. 3층인가에 조그만 창문이 하나 있는데 거기로 잡힌 사람이 한 사람씩 얼굴을 내밀고 막 뭐라고 쓰고 해요. 가족들 보라고. 혹시나 자기 가족이 얼굴을 비칠까 해서 항상 가족들이 엄청 많았어요.

그러나 그때 당시 저희 입장에서는 말도 못하고 또 가족이 다칠까 봐 더 염려도 됐고. 그렇게 가봤지만 아버지는 못 봤어요. 나중에 수복되고 집에 와보니 아무것도 없어요. 기르던 강아지도 없어지고, 집안에 들어와 뒤지고 서랍 다 열어놓고, 집에 있는 서류란 서류는 전부 가져간 거야. 사진도 없고, 재판소에서 서기들하고 찍은 것도 한 장도 없어요. 증거를 인멸하기 위해 다 가져간 거죠.

문_ 집안 물건도 많이 강탈해갔나요?

답_ 그때야 (물건이야 뭐 가져갔든지 말든지) 신경도 안 쓰죠. 저희 아버지가 살아 있느냐 죽었느냐가 더 중요하니까. 그러니까 가족의 심정이란 게 이루 말할 수 없어요. 어머니는 어머니대로 홧병이 나고 저희들은 언제나 아버지가 돌아오실까 해서 문소리만 나도 아버지가 돌아오시는 것 같고 그러니 좌우간 맘 고생이 이루 말할 수 없죠. 1950년 8월 1일쯤 돼요.

문_ 납치 과정에서 폭력은 없었나요?

답_ 아버지한테 총을 겨누고 가서 조사할 것 있다고 가자고. 누구인 줄은 벌써 알죠. 누구 아닙니까 하면서 이름 딱 부르면서 손들어 이거야. 식구들 울어도 그 사람들이 오게 합니까 어디.

○ 납치이유

〈대한민국 고위공무원으로 특히 사상범들을 재판하던 치안관이었음〉

답_ 우리는 전쟁 중에 강제 납치된 거고, 대한민국에서 공무원 생활하는 각 층의 사람들이 잡혀간 거야. 잡아갔으면 다른 사람들이야 거기 워낙 인력이 없으니 고급 인력들은 갔다가 썼겠지. 그러나 사법부나 공직에 있던 사람들은 자기네 잡아넣고 하던 사람들인데 그걸 쓰겠어요? 그래서 저는 그동안 일찍 죽었을 거라 이거야. 고문에. 여기서 검 · 판사 하던 사람들을 곱게 모시겠어요? 자기네하고 상극인데.

납북이유는 자기네들 공산당의 이데올로기가 아닌 자유 민주주의를 택해 고급공무원을 한 사람은 잡아간 거죠. 그러나 제가 알기론 공산당도 이상하게 하는 놈들이에요. 마르크스 이론에 근거한 것도 아니고 결과적으로는 자기네들 이데올로기와 다르면 죽이는 거예요. 어떻게 죽이느냐? 구덩이 파놓고 죽이는 거예요. 인천 상륙 작전해서 들어올 때 저희는 군인들을 쫓아 서대문형무소로 갔어요. 가봤더니 없고 그동안 밖에 죽여놓은 것이 시체가 40구 정도 되더라구. 그리고 거기 살아 있는 사람 얘길 들으니 고문도 심했고. 이북으로 끌고 갔다는데, 그때 밀리면서 식량 사정도 안 좋았다는데 살려나 줬겠습니까?

○ 납치 후 소식

〈납북되던 중 도망한 청년을 통해 파주 금촌까지 간 것은 파악했으나 그 이후 경로는 알 수 없음〉

문_ 들려오는 소식이라도 없었는지?
답_ 같이 여덟 명씩 묶였던 경찰이 우리집에 와서 얘길 했대요. 아버지는 고문당해서 그런지 발이 상당히 안 좋으셨대요. 그래서 공습할 때 튀고 하는데 저희 아버지는 53세 늙은이니까 뛰질 못하고 했는데 총살당했을지 모른다 이거예요. 그 사람은 파주 금촌서 탈출했대요. 그때 여덟 명씩 묶었는데 한 줄에서 한 명만 탈출해도 다 쏴 죽인대요. "그러니 어떻게 됐을지 모릅니다" 하고 간 거야.

○ 남은 가족의 생활은?

〈정부의 무관심 속에서 재산을 줄여가며 연명함. 가족을 잃어 맺힌 한 때문에 피랍인의 아내는 홧병이 걸리고, 자식은 심장 질환을 겪는 등 고통이 말할 수 없이 심함〉

답_ 소식이 없죠. 있을 수도 없고. 그러니 정부에 대한 서운함이 많죠. 국가 공무원이라는 것은 국가의 시책을 따라서 일선에서 국가가 시키는 데로 움직이는 것이 공무원인데, 특히나 공안사범을 다루는 법조계의 공무원은 늘 위험이 따른다고요. 그런데 왜 오늘날까지 찾아주지 않나 이거예요. 내가 화부터 나고 울분부터 나고 하소연부터 나는데 정부는 자국민을 보호해야 할 의무가 있다구요. 예를 들어 일본은 몇 명 안 되지만 수상이 북한까지 날아가고, 미국은 군사들 유해를 지금까지도 찾고 있어요. 그러면 우리나라는 이게 뭐냐 이겁니다.

정부가 한강 다리 끊어놓고 우리는 도망갈 수도 없게 해놓고 방송에는 "서울 시민은 안심하고 돌아가십시오. 국군이 격퇴하고 있다"고 방송하고, 그리고 28일날 한강 다리를 끊어놨어요. 다리를 끊어놓으니 어디로 갑니까? 그리고 저희 부친 같은 사람들은 언제 잡혀갈지 모르니 길에 나설 수도 없어요. 왜냐면 빨갱이 천지가 돼가지고 감옥에서 다 나와 잡으러다니고 몽둥이 들고 다니고 하니. 걔네들이 더 무서운 거예요. 인민군이 뭘 압니까? 걔네들이 앞장 서서 다니는 거예요. 그러니 숨어 지낼 수밖에 없죠. 숨어 지내도 그 동네에 가면 또 그 동네 빨갱이가 있으니.

요즘엔 빨갱이 하면 만화 같은 이야기로 생각하지만 그때는 그게 아니었어요. 그러니 오늘날까지 56년이란 반 세기를 식구들이 맘 졸이고 여자들은 남편 그리워하다 홧병 나지, 가정 몰락하지, 돈이 어딨습니까? 공무원 월급으로 생활하다가 돈 떨어지니 아이들 학교 가는 것도 어렵지. 우리도 있는 것 가지고 한 동안은 버텼어요. 연안에서 쌀이 올라오고 해서.

그러나 그 다음부터는 학교는 가야겠고, 우리 누님은 회사에 타자 치는 것으로 들어가서 월급 받았지만 그것만으로는 살 수 없잖아요. 그러니 집 팔아먹는 거죠. 집 팔아 먹고 여기저기 전전하니 어머니께서 홧병나지 않겠습니까? 우리야 "공부하라" 해도 공부가 됩니까? 그때는 아르바이트 같은 것도 없었어. 사는 것이 참 다 구차해서 얘길 안 해서 그렇지 오늘날까지 살아 있다는 것은 대단한 거야. 도리어 거지가 돼서 얻어먹고나 다니면 몰라. 이건 제대로 멀쩡하던 집안에서 이렇게 됐으니 환장할 노릇이지.

어머니, 옛날 노인이야 자식 키우는 것만 알지 뭘 하겠어요. 그러니까 팔아먹기 시작하는 거죠. 집 팔아서 쌀 사먹고, 집에 가구가 성한 게 없었어요. 끌고 다니면서 부딪치고 깨지고 그래서. 참 우리 어머니 종교의 힘으로 버티지 않았나 싶고. 나 같은 사람은 어리지만 정신력으로 버틴 거죠. 내가 살아 남아서 저 놈들 원수를 갚아야 되겠다 하고.

문_ 어머니는 어떠셨어요?

답_ 지금하고 달라서 옛날 노인네는 남편하고 자식밖에 모릅니다. 특히나 저희 아버지가 성격이 차분하고 가정적이었어요. 그러니 많이 생각나셔서 울고 까무라치고, 나중엔 병이 생기니까 저희가 아버지 생각 고만하라고도 했어요. 종교의 힘으로 매일 기도하며 사셨죠.

이제는 생각도 없지만 저도 처음엔 많이 힘들었어요. 어디 나갔다 오면 아버지가 꼭 와 계신 것 같아. 그러니 어린 마음에 죽겠죠. 어머니 앞에서 얘기할 수도 없는 거고. 허탈함과 그런 것이 맘에 쌓여서 나이 드니까 심장병이 생기더라고. 아버지가 고문당하신 거 생각하면 자다가도 팍팍 일어나게 되고. 그 악몽이 끔찍해요. 왜 학살하냐 이거야. 사람을. 자기네 이데올로기가 아니면 거기서 끝나야지. 서로가 달라서 대립 상태면 그만이지 거기서 끝나야지 왜 구덩이 파놓고 죽이냐고. 그러니 이쪽에서도 그랬을 것 아니에요? 쌍방이 이러다 보니 엄청난 사람들만 죽은 거지.

○ 정부의 노력

〈없었음〉

문_ 신고는 하셨나요?
답_ 신고는 대한적십자사밖에 없는 거야. 받아주는 데도 거기밖에 없고, 의지할 데가 거기밖에 없는 거지.

문_ 정부의 지원이나 노력은?
답_ 없지. 하나도 없지. 도리어 경찰이나 군경이면 나왔을지 몰라. 우리는 고급공무원인데 자식들도 공부해야 되는데 일절 몰라. 지금이라도 서류라도 찾아볼라 하면 "안 보입니다. 모르겠습니다" 이거야. 도움이야 십 원 하나 있을 수 없고, 그러니 가난하게 사는 거야. 나가서 청소하는 사람도 있고, 동서기를 하든지. 공부 마치기도 힘든 겁니다.

○ 호적정리

〈행방불명으로 정리〉

답_ 호적은 세대주를 나로 해서 법원에 신청해서 10개월 만에 나왔어요. 왜냐 하면 아이들이 크는데 호주에 할아버지 성명이 나와 있어서 제가 법적 절차를 받아서 했죠. 지금은 그냥 피랍인, 행방불명으로 돼 있지. 가짜로 적당히 죽었다 하지 않아. 그대로 써 기록에 넣은 거지.

○ 연좌제 피해

〈전화 도청이 있었던 것으로 추정되나 눈으로 드러나는 연좌제 피해는 없었음〉

답_ 있었겠지. 연좌제도 알게 하는 게 있고, 모르게 하는 게 있는데, 내 직감에 전화 도청 같은 건 당한 걸로 알아. 내가 개인회사 다닐 때 집에 와서 전화하면 띵 하는 소리가 난다고. 그러면 전화 많이 하는 사람들은 알잖아. 그래서 내가 어떤 놈이 감시하는지는 몰라도 잡히면 죽는다고 소리지른 적이 있어. 당하는 것은 모르는 거지. 알게 합니까? 그러나 와보니 못 살지, 종교적인 집안이지, 뭐 트집잡을 게 없으니.

○ 정부에 바라는 말

〈피랍인 생사확인 및 유해 송환, 피랍인 명예 회복〉

답_ 그렇게 어렵게 살면서 오늘날까지 왔는데 지금에 와서 정부에 말하고 싶은 건 왜 그동안 자국민을 보호하지 않았는지, 고급공무원이 잡혀갔으면 뒤 처리를 써야 하는데 신경 밖이라 이거예요. 관심을 안 가졌어요. 정부는 나름대로 대립 상태여서 어쩔 수 없다고 하지만 김대중 전 대통령부터는 남북화해로 햇볕 정책을 하고 정주영씨가 많이 가져다 주면서 물꼬를 텄는데 그러면 그때부터라도 얘기를 하고, 피랍인 가족에게 왜 신경을 안 썼나 이거야.

피랍인 가족 중 법조인만 106명이 잡혀가고 총 8만 명이 넘어요. 1950년대 정부 통계가 나온 것이 있습니다. 1950년대 공보처 통계국에서 나온 자료를 보면 강제 납치 피해자가 한 2500명, 1952년 대한민국 정부에서 작성한 것도 있습니다. 이런 걸 조사를 해 놓고 자료를 공개를 안 했어요. 어디다 박아놓고 찾아가면 "없다, 모른다"고 답변한 거야. 이번에 다 받아냈지만.

그리고 또 대한적십자사에는 피해자들한테 신고만 받았어요. 거기서 끝나는 거야. 그러면 우리 가족들은 혹시나 남북 적십자 회담이 잘 돼서 소식이 오질 않을까 하는데. 그 때 당시는 그래도 희망이 있었어. 지금은 저희 아버지가 살아 계신다면 107살인데 살아 계시겠어요?

우리가 바라는 건 왜 회담할 때 유해라도 찾아달라고 말도 못하느냐 이거야? 살아 있는지 생사확인이나 해주고 해골이라도 받아야 자식 된 도리로 제사라도 지낼 거 아니냐고. 이것을 1세대에서 못하면 아이들은 못해요. 우리도 힘든데 우리 아이들이 먹고 살기도 힘든데 누가 하겠어요. 알지도 못하고. 6 · 25 전쟁 말만 들었지. 실제로는 무슨 만화 같은 얘기냐 이거예요. 내가 지금 71살인데 국가에 애원하는 거예요. 좀 회담 때 가서 잘 얘기해서 살펴주십시오 하고.

○ 피랍인에게 전하는 말

문_ 아버님에 대해 드는 생각은?

답_ 참 충실하셨다 이거죠. 이럴 줄 알았으면, 이렇게 정부에서 무관심하게 56년의 세월을 끌었을 줄 알았으면 왜 일선에서 열성적으로 공무원 생활을 했냐고 묻고 싶어. 잡혀가서 거기서 끝난다면 어느 놈이 국가공무원을 하겠냐 이겁니다. 잡혀가면 그만이다 이거야. 사법 계통 사람들이야 남아 있겠어요? 다 죽였겠지. 그래도 나는 개인적으로 명절 때 밥 한 그릇 떠놔요. 나도 한이 돼서 시체는 없지만 이름이라도 어머니 돌아가셨을 때 합장시켜드렸어요. 참 한심하죠.

문_ 아버님께 하고 싶은 말은?

답_ 아버지, 돌아가셨겠지만, 어떻게 돌아가셨는지 알 수 없고 현재 정부에다 간곡히 부탁해 유해라도 찾고자 노력하고 있습니다. 또한 아버지 발자취를 찾아서 늦게나마 명예 회복을 하기 위해 노력하고 있습니다. 자식의 성의 부족보다 정부 시책 때문에 여태껏 대립 상태에 있어서 할 수 없었지만, 죽은 영혼이나마 어머니 만나셔서 평안히 두 분께서 못다하신 인연을 근심 없고 병 없고 질투 없는 하늘나라, 좋은 곳에서 영원히 함께 하시길 소원합니다.

2006. 1. 21 채록

060121A 김 근 호(金根鎬)

피랍인

생년월일: 1907년 음력 3월 8일
출생지: 강화
당시 주소: 서울시 종로구 가회동 123번지
피랍일: 1950년 7월 26일
피랍장소: 자택
직업: 배재학당 이사장, 동양기선㈜ 운영
학력: 배재고등학교
직계/부양가족: 배우자, 자녀 3남 4녀
외모/성격 : 건장한 체격에 사교적임.

증언자

성명: 1.황선영(1910년생) 2.김영일(1935년생)
관계: 1.배우자 2.장남
증언성격: 직접증언 V 간접증언 □

특이사항 (납치주체/상황/원인)

- 조선사업을 하면서 배재학당 이사장을 겸했던 피랍인은 지방 좌익의 기승으로 인근 동료의 집으로 잠시 피신했다가 가족을 걱정해 다시 집으로 돌아왔음.
- 이후 7월경 자택에 차압이 시작되고, 곧이어 7월 27일경 한 사람이 찾아와 잠시 물어볼 것이 있다며 피랍인을 내무서로 연행해감.

증언자 요청사항

(對정부) 납북인사 명예 회복과 보다 명확한 사실 규명 및 역사 기록

"공산주의 체제의 기본적인 사회 정화 방법으로 생각해요. 사상이 다르고 자신들과 다른 생각을 하는 사람들을 제거해야 한다는 것이 그들의 가장 기본적인 사회 운영의 방법이라고 생각해요. 그러니 소련에서의 숙청이라든가 중국 문화 혁명에서 일어나는 일이나 캄보디아 학살 문제 등이 너무나 공통적이에요. 소련 사람들이 자기 아버지가 소련 비밀 경찰에 잡혀가면서 '걱정 마, 잠깐 다녀올게' 한 뒤로는 다시 볼 수 없다고 한 것이 우리와 너무나 흡사해요."

"나는 지금 상당히 울분을 느끼는 것이 과거사 이런 얘기를 하면서 당시의 여러 한국에 좋은 일을 많이 하신 지도자들을 전적으로 무시했다는 것이에요. 그러한 분들이 계셨다는 것은 인정해야 한다고 봐요. 그분들이 당시 어떤 활약을 했고, 그것이 우리나라 현대 역사에 어떤 역할을 한 것인지 그것을 밝히고 나면 거기에 대한 대책이 나올 거예요. 나는 사실 그런 것으로 인해 금전적 보상을 요구하는 것이 아니라 역사 속에 바르게 인식되는 것이 중요하다고 생각해요."

"이런 얘기를 막 해도 되나구요? 지금 우리나라의 문제가 그런 말을 안 하는 데 있는 거예요."

○ 직업 및 활동

〈조선사업, 배재학당 이사장을 하면서 당시 교육계에 큰 역할을 함〉

문_ 아버님께서 어떤 활동들을 하셨나요?

답_ (김영일)

아버지는 참 재미있는 분이셨어요. 아버지가 하셨던 주된 사업 중에 하나는 농산물에 관한 회사가 있었고, 땅도 좀 있으셨고, 또 인천에 가면 배 회사가 있었어요. 일종의 연락선인데 그것이 당시로 얘기하면 민족 자본으로서 지어진 가장 큰 배였어요. 200톤 규모니 요즘엔 작은 배지만 당시 우리나라 경제 규모로서는 가장 큰 배였어요. 거기에서 일을 하셨고, 또 사회 활동을 좋아하셔서 배재학당의 선교사들이 다 미국으로 가게 되니까 그때에 아버지가 운영을 맡으셨어요. 1939년 그때부터 아마 운영하셨을 거예요. 요즘 학교 재단하고는 다른 것이 당시는 사재를 많이 쓰셔서 운영하셨어요. 철원 근처의 26만평의 땅을 기부도 했으니까요. 그러다 보니 어려운 분들이 와서 자식들 학교에 보내 달라고 와서 부탁도 많이 하시고, 그래서 항상 그렇게 바쁘게 지내셨어요.

문_ 아버님이 교육에 뜻이 많으셨나 봐요?

답_ (김영일)

우리 나라가 식민지 상태에 있었던 것은 일본이 명치유신을 계기로 서양 문명을 받아들여 강대국이 되었고 우리나라는 그걸 못해서 형편이 어렵다고 판단하셨어요. 결국 새로운 교육이 없었다는 것에 초점을 두신 거죠. 그렇잖아도 우리나라 사람들이 교육이라는 걸 많이 강조를 하는데, 아버지는 당시 교육을 한국의 축, 현대화의 축이 되어야 된다는 절실한 느낌을 갖고 일하셨어요.

○ 납북 경위

〈피랍인은 지방 좌익이 기승을 부리는 통에 인근 동료의 집으로 잠시 피신했다가 가족을 걱정해 다시 집으로 돌아옴. 이후 7월경 자택에 차압이 시작되고, 곧이어 7월 27일경 한 사람이 찾아와 잠시 물어볼 것이 있다며 피랍인을 내무서로 연행해감〉

답_ (황선영)

확실히 언제라고는 못하겠네. 지금 100살이 가까우니깐 다 잊어버려. 집에 있었는데 붙잡아가는 게 아니라 말 좀 물어보고 올 거라면서 그냥 데리고 갔어. 아무 걱정 말라고 그러고. 그냥 하루는 보내고 그 이튿날부터 우리 막내를 업고 가보고, 큰아들이 가보고 그래도 없대. 공연히 왔다갔다 그날 다니던 데만 돌아다니다가 그만뒀어.

답_ (김영일)
제일 먼저 군인과는 다른 부류의 사람들이 들어오고, 얼마 안 있다가 군인들이 들어오고, 그 다음에 보안 부대라는 게 들어왔습니다. 가장 먼저 들어온 사람들은 우리나라로 얘기하면 경찰 같은데, 유니폼이 좀 달랐어요. 군인들은 누런 색이었고, 그 사람들은 녹색 비슷한 것을 입었어요. 견장 같은 건 다 똑같은데 유니폼 색깔이 달랐어요. 아마 그 사람들이 남쪽에 있는 사람들을 정화해야 된다는 구체적인 안을 지시한 것 같아요. 그 앞에서 일한 사람들은 대부분이 동네에 있던 사람들이에요. 견장을 갖다가 빨간 걸 칠하고 왔다갔다 하면서 다녀서, 저희 아버님은 상황이 좋지 않으니 당분간 피해 계셨어요. 삼청동에 있는 회사 동료집에 가서 계셨죠. 그러고 제가 여기서 거기를, 거기서 집을 왔다갔다 했어요. 당시 아버지는 완전히 맥이 빠지신 상태 같았고, 결국은 다시 집으로 오시더라구요.

우리 아버지 같은 경우에는 너무나 가족적이고, 자식과 부인에 대해 끔찍하셨어요. 아마 그래서 다시 집으로 오시게 된 것이 아닌가 싶고. 여하튼 그 사람들이 와서는 차압을 시작했어요. 뭘 다 붙이고, 물건을 꺼낼 수가 없게 했어요. 날이 가면 갈수록 공포심이 조성이 되더라구요.

그러던 중 7월 27일로 기억을 하거든요. 문을 두드려서 한 사람이 들어오더니 요 근처에 잠깐 가시자고 데려갔어요. 그게 아마 근처 파출소일 거예요. 거기 사람들을 많이 데려다 놨어요. 어떤 사람은 물어보고 심의를 해가지고 내보낸 사람들도 있고.

그중에 한 사람을 통해서 아버지가 우리한테 먹고 사는 데 도움이 될 거라며 차고 있던 시계를 풀어서 집으로 보내셨어요. 그리고 다시는 소식을 못 들은 거죠. 다만 이북으로 다들 데리고 갔다는 얘기만 있고. 그 증거로는 그때 같이 가다가 서울 시내에서 도망친 사람도 있고, 의정부 근처에서 도망온 사람들도 있고 해요.

○ 납치이유

〈공산주의 체제의 가장 기본적인 사회 정화 방법으로 납치가 사용된 것으로 추정〉

답_ (김영일)
공산주의 체제의 기본적인 사회 정화 방법으로 생각해요. 사상이 다르고 자신들과 다른 생각을 하는 사람들을 제거해야 한다는 것이 그들의 가장 기본적인 사회 운영의 방법이라고 생각해요. 그러니 소련에서의 숙청이라든가 중국 문화 혁명에서 일어나는 일이나 캄보디아 학살 문제 등이 너무나 공통적이에요. 소련 사람들이 자기 아버지가 소련 비밀 경찰에 잡혀가면서 "걱정 마, 잠깐 다녀올게" 한 뒤로는 다시 볼 수 없다고 한 것이 우리와 너무나 흡사해요. 거기서 시작해서 이북에서도 똑같이 한 거죠. 지금 이북에서 너무나 강한 통제를 하다 보니 사실이 나오지 못하고 있고, 우리나라에서도 적극적으로 그것을 받아들여지지 않아 내용이 전파가 안 되는 거지. 나는 지금 북쪽에서 상당히 참담한 현상이 일어나고 있다고 봐요. 나중에 통일이 된다고 한들 500만 명이 죽어 나갔다고 해도 우린 알 수 없는 거죠.

○ 납치 후 소식

〈소식 없음〉

문_ 가족을 찾으려는 노력은?

답_ (황선영)

납치된 사람들 모여 있는 데 가고 그랬지. 그래도 찾을 수 없지.

문_ 북한으로 갔다는 것은 어떻게 아셨어요?

답_ (황선영)

세상이 다 떠드니 그냥 가만히 있어요? 납치된 사람들 집에 가면 울고 불고, 한바탕 찾으려고 야단을 쳐도 찾을 수 없고. 당시 (피랍인이) 가회동도 많았어요.

○ 당시 시대 상황

문_ 왜 곧바로 피난을 가시지 않았는지?

답_ (김영일)

그때는 서울은 괜찮았어요. 6 · 25 전날 밤에 대포 소리가 나더라고. 그러더니 아침에 군인들이 트럭을 타고 달려요. 북쪽으로 가는 소리가 나더니 이틀인가 있더니 이북군이 들어온다고 하더라고. 탱크를 타고 군인들이 행진을 하고. 우리도 가서 구경하고 그랬어. 여기서는 사실 큰 접전은 없었는데 나중에 들어보니 용산 근처에서 국군들이 후퇴하다가 미쳐 못하고 다리 부근에서 서로 심하게 총을 쏘고 했다고 해요. 그 당시 패잔병들이 몰래 민간인이 사는 집에 찾아와서 옷을 달라고 해서 입고 도망치곤 했었어. 무명 용사들이지만 용산 근처에서 용감하게 싸우다 죽은 국군도 많고 그랬어.

문_ 그러면 언제 피난을 가셨는지?

답_ (김영일)

7월에 아버님이 납치당하시고, 그리고 우리는 집을 떠났어요. 한강에서 나룻배를 타고 강화도 시골집으로 갔어요. 가는 도중에 P51 미국 비행기가 정찰을 해서 민간인인지 아닌지 확인하고 가고 했어요. 나는 6 · 25 때 미국 사람들의 인상이 나쁘지 않아요. 그때 당시 열렬한 반공산주의자들이 많이 있었어요. 그래서 민간인이 이북 사람들의 무기고에 불을 던지고 했어요. 그러면 전투기들이 거기 와서 쏜다고. 그런데 큰 폭격이 있기 전날은 비행기가 와서 종이를 떨어뜨려요. '내일 폭격이 있으니 이 지역 시민은 피해라. 총사령관 맥아더 원수' 이렇게 써서. 요즘 과거사 문제를 살필 때, 미군들이 양민 학살을 했다고 하는데, 물론 그런 일이 분명히 있었습니다. 그런데 그런 거를 하나씩 꼬집어 강조하기 시작하면 당시의 모든 그림을 다른 것으로 만드는 겁니다.

그게 큰 문제예요. 제가 요즘 한국 영화를 보다 보면 공산주의자가 갖다 준 밀가루를 먹은 것을 부역했다고 죽이는 사건을 기록했는데, 나는 그것을 봤기 때문에 말하는데 물론 그런 일도 있었습니다. 그렇지만 그런 식으로만 얘기하면 남쪽에서 다 양민을 학살한 거로만 되잖아.

우리가 시골 갔을 때 보면, 이북 사람들이 도망가면서 시골 사람들이 뭘 안다고 그걸 창으로 해서 전부 죽였다고. 그러면 부패가 되잖아. 가족이 시체를 찾아야 되니 시체의 목을 잘라 물에 씻어서 알아보고 했다고. 그런데 그런 얘길 하나도 안 해. 남쪽의 정부가 죄 없는 사람을 다 죽여 버리고 이런 식으로만 매도하고.

문_ 서울로 돌아오신 때는?

답_ (김영일)

인천 상륙하고 아버지를 만나러 가야겠다고 해서 우리 가족이 서울까지 걸어왔어요. 물론 희망 사항이었지. 그땐 이미 이북 사람들이 데려갈 사람은 다 끌고 간 때였고, 그 사람들이 우리집을 사무실로 만들어 썼더라고. 높은 건물은 무조건 폭격 대상이 됐으니 민간 큰 집에 사무실을 만들어 썼어요. 미국 사람이 차마 그것을 폭격하지 않을 것이라며 명동성당을 무기고로 쓰기도 했으니.

○ 남은 가족의 생활은?

〈원래 가지고 있던 재산을 팔아 피랍인의 배우자가 자녀 7남매를 양육함〉

답_ (황선영)

그땐 자식 7남매가 모두 고만고만했죠, 막내는 한 달 된 갓난아이였고. 처음에는 또 무서워서 장남은 일찌감치 고등학교 나왔을 때라 또 잡아갈까 봐 미국으로 보냈어요. 빚도 지고, 집 팔아 가지고 먹고 사는 거는 그냥 좀 부족하게 먹고 애들 공부시키고 딸들은 여기서 다 대학 해가지고 시집 보냈어요. 마음고생이 많았지 뭐. 그래도 애들이 큰 걱정은 안 일으켰고, 나 하나 힘들면 되니까 그렇게 살았어요. 살아서 다 좋은 일 보고 애들이 다들 잘해요.

답_ (김영일)

생활은 저희집이 원래 재력이 좀 있었으니 부자가 망해도 3년은 간다고 처음엔 그냥 지냈어요. 그 다음엔 어머니가 재산을 팔면서 7남매를 공부시키느라 고생하셨죠.

○ 호적정리

〈실종으로 처리〉

○ 정부의 노력

〈없었음〉

문_ 신고는 하셨나요?
답_ (김영일)
당시 신고할 수 있는 건 다 했어요. 결국은 그때 분들은 이젠 다 잊은 거 같아요. 근래 납치된 사람들 가지고도 정부가 별로 조치를 취하지 못하고 있으니.

문_ 정부의 노력은 없었는지?
답_ (김영일)
제가 기억하기엔 유엔 기관에서도 나와서 조사하고 했어요. 이름, 직업, 어떻게 납치됐고 이런 기본적인 데이터를 수집하는 것 같았어요. 그것이 나중에 유엔 보고서 같은 데를 보면 하나의 통계로 나오는 걸로 알고 있는데 아마 그게 전부였던 것 같아요.

○ 연좌제 피해

〈피랍인의 둘째딸이 해외에 갈 때 신원조회 과정에서 아버지가 납북된 것으로 논쟁이 있긴 했으나, 그외 큰 어려움은 없었음〉

○ 정부에 바라는 점

〈납북인사 명예 회복과 보다 명확한 사실 규명 및 역사 기록〉

답_ (황선영)

지금 나라에서 그런 거 뭘 해주겠어요. 지들끼리 싸움들이나 하지. 그런 거 지금 생각이나 하겠어요? 생각을 안 하지. 그 사람들은 생각 안 하는 사람들이야. 그렇게 억울하게 간 걸 생각하면….

답_ (김영일)

나는 지금 상당히 울분을 느끼는 것이 과거사 이런 얘기를 하면서 당시의 여러 한국에 좋은 일을 많이 하신 지도자들을 무시한다는 거. 예능계를 시작해서 문인, 교육계, 사업이다 여하튼 우리나라를 이끌어가는 사람들이 희생이 됐는데 그런 사람들을 전적으로 무시했다는 것이 바람직하지 않다고 생각하는 거죠. 나는 첫째는 그러한 분들이 계셨다는 것은 인정해야 한다고 봐요. 그분들이 당시 어떤 활약을 했고, 그것이 우리나라 현대역사에 어떤 역할을 한 것인지 그것을 밝히고 나면 거기에 대한 대책이 나올 거예요. 나는 사실 그런 것으로 인해 금전적 보상을 요구하는 것이 아니라 역사 속에 바르게 인식되는 것이 중요하다고 생각해요.

답_ (김영일)

또 한 가지 안타까운 것은 김대중 대통령부터 아주 이상스런 전제로 남북 관계를 시작했다고 봐요. 제가 모든 읽은 책들을 봐도 이북은 절대 전쟁을 못합니다. 능력이 없어요. 그 사람들이 군대를 움직일 수 있는 기름의 비축량이 1주일도 안 돼요. 굴을 파고 거기다 탄약을 넣어뒀는데, 탄약은 써야 합니다. 그걸 넣어두면 습기가 생겨 터지지 않아요.
이북은 지금 그런 상태라구요. 지금 그 사람들이 탄약을 무슨 돈으로 삽니까?

그리고 거기 무기라는 것이 20년씩 된 건데, 숫자로만 보면 탱크들이 몇천 대 가지고 있다고 하는데, 거기의 3분의 1정도는 남한에서는 쓰지도 않아요. 고철로 버리는 거고, 또 3분의 1은 잘 움직이지도 않아요. 그런데 마치 이북에서 큰 위협이 있는 것처럼 만들어서 그 사람들이 평화를 유지하기 위해서는 자꾸 도와줘야 한다고 하는데, 원조를 주는 건 괜찮습니다. 왜냐면 원조의 경우 쌀이 어디로 가는지 남쪽에서 가서 모니터링을 할 수 있습니다. 그런데 우리는 전부 차관을 주고 있어요. 최소의 이자로. 그걸로는 여기서 모니터링을 할 수가 없어요.

그건 받아서 자기 맘대로 쓰는 거죠. 그런 모순 점이 있어요. 우리나라가 군사 정부 시절에는 "이북에서 쳐들어올 가능성이 많은데, 우리가 군인이니 이를 대처할 능력을 잘 알아" 그러고 김대중 정부부터는 "군사 위협이 있는데 우리가 전부 해결할 거야, 그러면 평화와 번영을 이룰 수 있다"는 정치가들의 논리가 있는 거죠. 그런 것이 상당히 걱정이 돼요.

답_ (황선영)

그런 얘기를 막 해도 돼?

답_ (김영일)

그런 얘기를 막 해도 되냐구요? 지금 우리나라의 문제가 그런 말을 안 하는 데 있는 거예요.

○ 피랍인에게 전하는 말

답_ (황선영)
여보, 꼭 한 번 만나서 하고 싶은 얘기나 했으면 좋겠어요.

답_ (김영일)
아버지는 항상 저희 안에 계십니다. 보고 싶을 때는 우리 자신을 보고, 우리 손자 아이를 보며 아버지를 느낍니다.

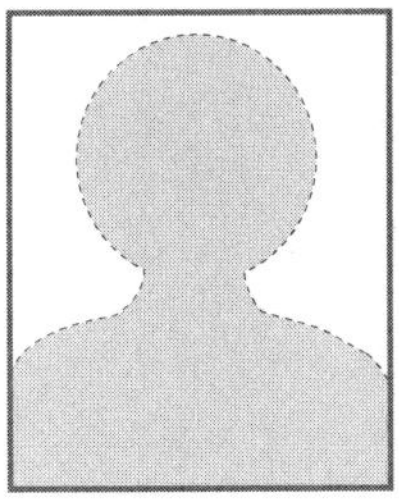

2006. 2. 6 채록

060206A 박 찬 문(朴贊文)

피랍인

생년월일: 1918년 4월 18일
출생지: 경기도 화성
당시 주소: 서울시 마포구 공덕동
피랍일: 1950년 6월
피랍장소: 자택
직업: 마포형무소 간수
학력/경력: 보통학교/면서기
직계/부양가족: 부모, 배우자, 자녀 4남매
외모/성격 : 가정적이고 책임감이 강함.

증언자

성명: 박명웅(1944년생)
관계: 아들
증언성격: 직접증언 [ ] 간접증언 [V]

특이사항 (납치주체/상황/원인)

- 전쟁이 발발하자 우선 간수로 근무 당시 소지하던 무기를 숨기고 가족을 용인에 있는 친가로 피신시킴.
- 마포형무소를 지키기 위해 다시 서울로 상경했다가 본인이 근무하던 마포형무소에 곧바로 수감된 뒤 1주일 후 납북됨.

증언자 요청사항

(對정부) 피랍인 생사확인 및 명예 회복, 납북 공무원 피해 보상 특별법 제정

"우리 아버지가 지키던 형무소에서 우리 아버지가 갇혀 있었어요."

"부산 정부기록보존소가 있다 해서 가봤더니 마포형무소가 안양 교도소로 돼 있어요. 거기서 아버지가 형무관으로 입관하기까지 재직한 것과 납치된 것까지 기록이 남아 있어요. 그래서 그걸로 정부 종합 민원 고충 처리 위원회까지 가봤는데, 담당자분이 하는 얘기가 '인정은 하지만 이건 계란 가지고 바위치기다. 현행법상으로는 혜택을 드릴 수 없습니다. 여럿이 모여서 힘을 합쳐 법을 만들든가 해야지, 지금으로서는 도저히 뭔가를 해드릴 수가 없습니다'라고 말하더라구요."

"제가 용인에서 중학교까지 다니다가 서울로 올라가면 용인파출소에 가서 '어디를 갑니다'라고 신고를 해야 하고, 또 서울에 와서도 관할 파출소로 가서 '나 여기 와 있습니다'라고 신고를 했고, 신고를 해야 했어요. 그후에 우리가 성장해서 제가 군대를 행정요원으로 가려고 하니까 신원조회를 해야 해요. 그런데 그걸 신청을 하니까 안 됐어요."

○ 직업 및 활동

〈오랜 기간 면서기를 하다가 전쟁 나기 얼마 전부터 마포형무소 간수로 근무함〉

문_ 전쟁 당시 어떤 일을 하셨는지?
답_ 면서기를 오래 하시다가 마포형무소 간수를 하셨어요. 그러던 중 6 · 25를 맞았죠.

○ 납북 경위

〈전쟁이 발발하자 피랍인은 우선 간수로 근무 당시 소지하던 무기를 숨기고 가족을 용인에 있는 친가로 피신시킴. 그리고 본인은 마포형무소를 지키기 위해 다시 서울로 상경했다가 본인이 근무하던 곳에 곧바로 수감된 뒤 1주일 후 납북됨〉

문_ 어떻게 납북이 되셨는지?
답_ 나는 곤하게 잠들었는데 어머니가 막 깨우시더라구요(흐느낌). 눈을 떠 보니 아버님이 방 한가운데 서 계셨는데 실탄을 대각으로 띠를 띠고 총을 메고 서 계시더라구요. 그러더니 우리한테 빨리 옷을 입으라고 하고는 나가서 아궁이의 장작을 모두 꺼내더니 그 안에 실탄과 총을 다 집어넣고 다시 장작을 넣고는 철문을 닫고 나오시더라구요. 그리고 아버님이 어머니하고 형님하고 저하고 내 동생을 데리고 한참을 걸어가서는 물이 엄청 깊은 데로 가서 거기를 허우적 허우적 건너고는 기차를 타고 할아버지, 할머니가 사시는 용인으로 갔어요. (이미 한강 다리가 끊어짐) 거기다 우리를 데려다 놓고 아버님은 곧 서울로 도로 올라가셨어요.

그리고 하루 이틀 지나서 아버님이 어떻게 되셨나 본다고 어머니마저 서울로 쫓아 올라가셨어요. 올라가보니까 아버지가 마포형무소에 수감돼 있더래요. 우리 아버지가 지키던 형무소에서 우리 아버지가 갇혀 있었어요. 그래서 어머니가 며칠을 밥을 해다 날랐는데 어느 날 보니 빈 밥그릇만 있고, 형무소가 텅텅 비어 있더랍니다. 얘기를 들어보니 저녁이면 미아리 고개로 끌고 넘어간다고 해서 어머니가 몇 날 며칠을 그 앞에서 찾으면서 기다렸대요. 사람을 포승줄로 묶고 머리에는 용수를 씌워서 가서 도저히 분간을 못하겠더래요. 그래서 천상 목소리로다 애들 이름을 목놓아 불렀는데, 어느 날 보니 아무도 안 끌고 가서 용인으로 다시 내려오셨어요.

문_ 아버지가 왜 서울로 다시 올라가신 건지?
답_ 아버지가 우리를 용인에 데려다 놓을 때 거기 있거나 후방으로 도망갔다면 살 수 있었죠. 그 당시 마포형무소를 버리고 도망간 사람은 산 사람도 있었어요. 그런데 아버지는 직장을 지켜야 한다는 생각 때문에 곧바로 서울로 다시 올라가신 거죠.

○ 납치이유

〈마포형무소 간수였음〉

답_ 우리 아버지가 지키던 형무소에서 우리 아버지가 갇혀 있었어요.

○ 납치 후 소식

〈전혀 없음〉

문_ 찾아보려는 노력은?
답_ 그 당시 미군의 폭격에 의해서 포천 근방 어디 산에서 인민군들이 끌고 간 사람은 다 죽이고 자기들은 도망을 갔대요. 그래서 거길 가서 시체를 찾아봤는데 없고, 그 이후 할아버지가 포로교환 신청도 하셨고, 다방면으로 생사를 알아보려고 하셨는데 지금까지 아무런 소식도 못 들었어요.

○ 남은 가족의 생활은?

〈피랍인의 배우자가 농사를 지으며 어렵게 4남매를 양육함. 형편이 넉넉지 않아 자녀들이 제대로 교육을 받지 못함〉

답_ 그때 당시 해방 직후니까 누구나 넉넉하다고는 못하죠. 먹고 사는 것만 해결되면 잘사는 거죠. 저도 중학교밖에 못 나왔고 밥만 먹여주면 일했으니까. 고생이야 너나 없이 다 고생했으니까 특별 난 건 아니라고 봐요. 그래도 할아버지가 농사를 지으셨으니까 먹고 사는 건 큰 문제는 없었어요. 어머니께서 4남매 데리고 사시면서 고생 많이 하셨죠. 시골에서 농사 짓고 그중에서도 기억나는 것은 고부간의 갈등도 있었고, 그때마다 우시면서 아버님 원망하는 소리며(눈물). 그리고 저희 형님만 장손이라고 고등학교까지 나오고 우린 중학교밖에 못 나왔고 제 동생들도 마찬가지입니다. 심지어 여동생은 국민학교밖에 못 나왔으니.

문_ 아버님이 많이 그리우셨겠어요?
답_ 지금도 아버님 얘기 하면 눈물밖에 안 나요(울음). 항시 기억이 나지만 특히 명절 때면 항상 아버님 자리가 빈 자리니까 더 했어요. 자라면서도 아이들이 부모하고 같이 다니는 거, 그때는 창경궁에 다니는 거 보면 상당히 그리웠죠.

○ 정부의 노력

〈없었음〉

문_ 신고는 하셨나요?
답_ 할아버지가 하셨는데 1957년도인가에 한 걸로 알고 있습니다. 감시를 많이 당했다고 봐야죠. 우리는 큰 피해는 없었지만 상당한 감시를 받았다고 해요. 행동이 부자유스러웠죠.

문_ 정부의 지원이나 노력은?
답_ 우리 형님이 정부나 사회에서 혜택이 있을까 하고 찾아다니다가 서울에서는 못 찾고 부산 정부기록보존소가 있다 해서 가봤더니 마포형무소가 안양교도소로 돼 있어요. 거기서 아버지가 형무관으로 임관하기까지 재직한 것과 납치된 것까지 기록이 남아 있어요. 그래서 그걸로 최종적으로 알아본 것은 정부 종합 민원 고충 처리 위원회까지 가봤는데, 담당자분이 하는 얘기가 "인정은 하는데, 선생님 이건 계란 가지고 바위치기다. 현행법상으로는 혜택을 드릴 수 없습니다. 여럿이 모여서 힘을 합쳐 법을 만들든가 뭐가 있어야지 우리로서는 도저히 뭔가를 해드릴 수가 없습니다"라고 말하더라구요.

○ 호적정리

〈사망 정리〉

답_ 지금 호적으로는 호주 상속 문제 때문에 우리 형님이 돌아가실 때 사망 신고하고 말았어요.

○ 연좌제 피해

〈거주 이전, 군 입대, 해외출장 등에서 감시와 신원조회로 많은 어려움을 겪음〉

답_ 제가 용인에서 중학교까지 다니다가 서울로 올라가면 용인파출소에 가서 '어디를 갑니다' 라고 신고를 해야 하고, 또 서울에 와서도 관할 파출소로 가 '나 여기 와 있습니다' 라고 신고를 했고, 신고를 해야 했어요. 그후에 우리가 성장해서 제가 군대를 행정요원으로 가려고 하니까 신원조회를 해야 해요. 그런데 그걸 신청을 하니까 안 됐어요. 또 우리 아들 대에 와서는 우리 아들이 대학 시절 R.O.T.C.신청을 했더니 다른 건 다

되는데 신원조회를 했더니 안 됐어요. 그후에도 중동에 인력 수출을 많이 할 때 외국에 나가려고 해도 제재를 많이 받았어요. 결국은 1970년대 말에 갈 수 있었는데 그것도 조건이 상급 공무원, 군 출신으로는 영관급 이상의 신원 보증을 서야 한다고 해서 군 중령 두 사람을 보증을 세워 다녀왔어요.

○ 정부에 바라는 말

〈피랍인 생사확인 및 명예 회복, 납북 공무원 피해 보상 특별법 제정〉

답_ 정확한 생사만 확인되어도 한이 없겠어요. 정말 돌아가셨는지 아니면 이북에 살아 계신지 돌아가셨다면 어디에서 돌아가셨는지 뼈라도 찾아봤으면 좋겠어요. 지금 어머니 돌아가시고 저희들이 합장이라고 아버님 성함만 돌에다 새겨서 산소를 해놓고 있는데, 그까짓 거 별거 아니지만, 아직도 행불이니까 결론이 없어 아쉽고, 그걸 정부 차원에서 가려줬으면 좋겠어요. 또 특별법이 꼭 제정돼야 되겠습니다. 고충처리위원회에서 한 말이 맞아요. 인정을 하는데 어떻게 도와드릴 법이 없다는 말이 맞아요. 어떤 보상보다도 명예가 회복되고 생사가 확인되기 바라는 거죠.

○ 피랍인에게 전하는 말

답_ (눈물)살아 계시다면 한 번이라도 보고 싶어요. 할 말 없어요. 살아만 계시다면 뭘 못해 드리겠어요. 나도 60이 넘고, 이 나이에 뭘 해드린다고 장담은 못하지만 최대한으로 해드리고 싶은 거 많지요.

2006. 3. 17 채록

060317A 하 격 홍(河格弘)

피랍인

생년월일: 1921년 4월 9일
출생지: 인천
당시 주소: 서울 중구 남창동 4-2
피랍일: 1950년 8월 2일
피랍장소: 자택
직업: 제분소 운영, 대한청년단 총무부장
학력/경력: 상업고등학교/배속장교
직계/부양가족: 배우자, 자녀 3녀
외모/성격 : 호남형에 정직하고 검소함.

증언자

성명: 성갑순(1924년생)
관계: 배우자
증언성격: 직접증언 ☐ 간접증언 V

특이사항 (납치주체/상황/원인)

- 가족과 함께 친가가 있는 부천으로 피난가 있다가 8월 초 피랍인이 운영하던 제분소의 상태가 궁금해 상경했다가 내무서원에 의해 정치보위부로 연행됨.
- 당시 제분소를 운영하며 대한청년단 총무부장을 맡아 했음.

증언자 요청사항

(對정부) 피랍인 생사확인 및 6 · 25전쟁 납북인사가족협의회의 요구 사항을 적극 수렴할 것

"대한청년단 총무부장을 했어요. 동네에서 대한청년단이 그때 있었거든요. 이제 납치된 원인이 거기죠. 자기 사업하면서 그냥 시간 나는 대로 그 동네에 조직이 있으니까 거기 가서 같이 일했어요."

동작동 국군묘지에 박정희 대통령이 참배를 했고, 매스컴을 통해 쓰라렸던 과거사를 새로이 되새겨보는 프로도 많이 보도 되었지만 인간으로서 가장 존엄한 생명을 꺾인 납치인사에 대해서는 그 피해자에 관한 기사는 한 군데도 없는 것 같아 무척이나 마음 속으로 섭섭하고 억울하다. 모든 것이 죽음이란 무서운 날말 앞에는 종말이 오는 법. 어쩌면 이렇게 세상을 험난하게 살아온 슬픈 여인이 이렇게 생존 경쟁에 낙오가 되지 않기 위하여 몸부림을 치며 살아가건만 이 세상 모든 사람은 외면만 하고 있을까? 대한민국인 나의 조국이 때로는 원망스럽기도 하다.

(1969년 6월 25일 일기)

○ 직업 및 활동

〈제분소를 운영하며 대한청년단 총무부장을 맡아 함〉

문_ 전쟁 당시 어떤 일을 하셨는지?
답_ 직업이. 우리 자영업 했어요. 제분소. 크게. 집에서 기계 설비해서. 제분소. 밀가루 가루 내고, 떡방아 갈고, 고추가루. 그런 제분소. 집에서 그 큰 기계 갖다 놓고 했어.

문_ 그러면 그 당시에 경제적으로 형편이 넉넉했겠네요?
답_ 그냥 생활 그저 할 정도죠 뭐. 젊은 사람인데 무슨 모아둔 게 있겠어요? 없죠. 젊은 시절이니까 그냥 그냥 생활한 거죠 뭐.

○ 납북 경위

〈6 · 25 발발 직후 가족과 함께 친가가 있는 부천으로 피난가 있다가 8월 초 피랍인이 운영하던 제분소의 상태가 궁금해 상경했다가 내무서원에 의해 정치보위부로 연행됨〉

문_ 어떻게 납북이 되셨는지?
답_ 그때는 한 8월쯤 되는 것 같아요. 부천에 시댁이 있어서 아이들도 어리고 하니까 한강 다리 끊어지기 전에 우리는 피난을 갔어요. 남편은 거기 있다가 서울집에 기계도 많이 있고 하니 궁금해서 잠깐 왔다가 납치당한 거예요. 우리 시아버님이 아들이 서울에 갔는데 안 오니까 궁금해서 갔어요. 가보니 내무서원이 데려갔다 그러더래. 물어볼게 있다고. 그러고는 그만이야. 을지로에 중앙도서관 자리가 있었거든요. 거기로 문초한다고 다 끌어갔대요. 그러다가 9 · 28되니까 이북으로 다 끌어간 거죠.

○ 납치이유

〈대한청년단원이었음〉

답_ 대한청년단 총무부장을 했어요. 동네에서 대한청년단이 그때 있었거든요. 이제 납치된 원인이 거기죠. 자기 사업하면서 그냥 시간 나는 대로 그 동네에 조직이 있으니까 거기 가서 같이 일했어요.

○ 납치 후 소식

〈전혀 없음〉

○ 남은 가족의 생활은?

〈시댁에서도 박대를 받아 피랍인의 배우자 혼자 노점상을 하며 딸 셋을 힘들게 양육함〉

답_ 9 · 28 인천 상륙해서 들어오면서, 군인이 서울 들어왔잖아요? 그러면서 막 그냥 하늘에서 막 폭탄 떨어지고 그럴 때 우리집 2층집이 그걸로 인해서 불타 버렸어요. 기계며 제분소는 다 타버리고 몸뚱이만 나왔죠 뭐.

문_ 생계는 어떻게 꾸려가셨나요?
답_ 내가 시부모한테도 많은 박대를 받았어요. 왜냐 하면 딸만 셋이고 내가 그때 젊으니까 혼자 수절하고 살겠나 싶어서 그랬는지 잘 안 돌봐 주더라구요. 그래서 많이 가슴이 아팠어요. 어느 날인가는 내가 너무 괴로워서 애들 다 고아원에 줄라고도 했어요(울음). 너무 살기 힘들고 그랬는데 차마 그건 못하겠더라고. 나 하나만 희생하면 되잖아. 결국 시집하고는 단절했어요. 아직도 너무 마음이 아파요.

그리고는 친정으로 가서 아이들을 맡겨 놓고, 집 앞에서 좌판을 했어요. 양말이니 세면도구니 그런 노점에다 놓고 파는 거 있잖아요. 거기서 한 일 년 이상 친정에서 밥 얻어먹으면서 장사를 하고, 돈을 모아가지고 불타 버린 먼저 살던 집에 가서 그 터에 방 한 칸을 만들었어요.

그리고는 그리 와서 살면서 남대문시장이 가까우니까 시장 길에 노점 있잖아요? 거기서 화장품. 화장품 파는 노점상을 했어요. 그러다가, 남대문시장이 또 불이 났어. 그래서 집 옆 빈터에 천막을 치고 우동장사를 시작을 했어. 참 고생 많이 했지. 나중엔 너무 힘이 들어서 병도 났어. 그러면 친정 가서 병을 고쳐 오고, 또 다시 남대문시장 가서 장사하고 그렇게 살았어.

문_ 자녀분들의 교육은 잘 시키셨어요?
답_ 아이들은 다 가르쳤어. 그럼 어떻게 해? 그때만 해도 딸만 셋인데. 그래도 잘 길러 놓으면 나중에 내가 편하지 않겠나 싶어서 그저 열심히 살았어. 다른 어머니 다 그렇게 살지 않아요? 나만 특별한 건 아니니까.

문_ 남편에 대한 그리움은?
답_ 제일 서러운 게 명절 때. 참, 명절 때는 가슴아파요. 그리고 길에 가다가 놀이터나 어디 가다가 엄마, 아빠가 애들 손붙들고 가는 가족, 그런 건 아주 못 봐. 보면 눈물 나잖아. 다 살았어 이제는. 그래도 (피랍된 후) 10년 정도는 그래도 혹시 하는 그런 기대가 있는데. 10년이 지나니까 기대도 안 됩디다. 다 잊어버리고 그냥 사는 거지 뭐.

○ 정부의 노력

〈없었음〉

문_ 신고는 하셨나요?
답_ 신고야 뭐 하나마나지. 동네서 다 아니까. 또 납치인사 500명이 신문에 났었어요. 「한국일보」에 나온 거 있잖아. 1962년도에 발표된 거 500인 거기에 나와 있죠.

문_ 정부의 지원이나 노력은?
답_ 내가 한 가지 여태까지 섭섭한 게 집도 다 불타 버리고 애들하고 살 수가 내가 없어서 동에 구호물자 같은 거라도 없나 하고 가서 물으니까, 아직 정부가 혼란 시기이고 약해서 그렇게 도와줄 힘이 없다고 그러더라고. 근데 그 말을 듣고 나오는데 눈물이 나고 섭섭했어요. 남편이 군인으로 가서 희생을 당한 건 아니지만 그래도 자기 개인 사정으로 그렇게 납치된 게 아니고, 이 나라 때문에 이렇게 된 건데 정부에서 조금도 도와줄 수 없다니. '나라가 약해서 그렇구나' 이해는 하면서도 참 많이 몹시 유감스럽고 섭섭하더라구요. 집 불타 버리고 애들은 다 어리고 어떻게 살겠어요?

○ 호적정리

〈사망 정리〉

답_ 호적은 그냥 사망 신고를 못 내잖아요. 근데 내가 이민가려고 수속을 하는데 비자를 내려니까 사망 신고를 해야지 납치인사로 해서는 안 되더라고. 비자가 안 나와. 그때는 할 수 없이 사망 신고를 했죠. 그러고는 미국 대사관에서 모든 생활 상태 같은 거를 보더라고. 그래서 그때 했어요. 그전에는 안 했죠. 혹시라도 살아오나 해서.

○ 연좌제 피해

〈없었음〉

답_ 그런 문제는 없어. 완전히 납치인사로 나와 있어서 그런지 그런 거는 안 받았어요.

○ 정부에 바라는 말

〈피랍인 생사확인 및 6 · 25전쟁납북인사가족협의회의 요구 사항을 적극 수렴할 것〉

답_ 우리 6 · 25납북인사가족협회에서 하는 그 일을 좀 정부에서 인정을 하고 좀 열심히 도와주면 좋겠지. 이제 뭐 본인들은 다 죽어가고 없고 이제 가족들인 자식들이 할 때인데 이제 뭐 소수의 무리이고 그게 안타깝죠. 그러니까 정부에서 좀 적극적으로 국민의 호소를 좀 들어서 도와줘야 해요. 이만하면 대한민국도 이제 살 만하잖아요. 그런데도 너무 무관심해. 좀 많은 도움을 달라는 거, 그거 하나 소원이에요. 다른 거 없어요.

○ 피랍인에게 전하는 말

답_ 영화 아버지, 이렇게 또 인터뷰로다가 이렇게 내가 마음에 있는 걸 조금 호소를 하는데, 지금은 살아 계신지 돌아가셨는지 모르지만은 참으로 전쟁으로 인해서 생이별을 하고 이렇게 56년이라는 세월이 흘렀는데 이제서야 이런 좋은 기회가 왔네요. 너무 기가 막히고, 일일이 그 가슴아픈 얘기를 다 어떻게 여기다 하겠어요. 죽은 영혼이라도 어디가 있는지, 나 죽은 다음에 만나볼 수 있으면 다행이고 지금 당신 나이가 살았으면 여든다섯이야. 그러니 살았다고 생각할 수도 없는 거고. 모든 게 다 지나간 과거니까. 나라를 잘못 만나서 이런 일을 당하는 거니까 모든 거 잊어버리고 이제는 하늘나라에 가서 만납시다.

〈1969년 6월 25일에 증언자가 쓴 일기〉

6 · 25의 쓰라린 동란이 난 지도 언 십구 해를 맞았다.

27세의 꽃다운 젊은 나이에 생의 뜻도 채 알지 못했던 아주 순박한 시절.

예고 없이 몰려든 적군에 휘말려 남편과 재산을 한꺼번에 잃어야만 했던 쓰라렸던 과거, 남은 것은 어린 것과 육체만인 나. 네 식구가 전전긍긍 먹어야만 하는 것이 삶인 양, 그저 먹기 위해 나는 주야로 노력으로만 일관. 이젠 거의 다 종말이 가까워지니 좀 삶의 위치도 많이 향상되어 있지만 아직도 할 일은 태산 같고 살아갈수록 인간 생활은 심산유곡으로만 느껴진다.

동작동 국군묘지에 박정희 대통령이 참배를 했고, 매스컴을 통해 쓰라렸던 과거사를 새로이 되새겨보는 프로도 많이 보도되었지만, 인간으로서 가장 존엄한 생명을 꺾인 납치인사에 대해서는 그 피해자에 관한 기사는 한 군데도 없는 것 같아 무척이나 마음 속으로 섭섭하고 억울하다. 모든 것이 죽음이란 무서운 낱말 앞에는 종말이 오는 법. 어쩌면 이렇게 세상을 험난하게 살아온 슬픈 여인이 이렇게 생존 경쟁에 낙오가 되지 않기 위하여 몸부림을 치며 살아가건만 이 세상 모든 사람은 외면만 하고 있을까? 대한민국인 나의 조국이 때로는 원망스럽기도 하다.

1969년 6월 25일

2006. 3. 30 채록

060330A 이 주 신(李柱臣)

피랍인

생년월일: 1910년 9월 15일생
출생지: 서울
당시 주소: 서울시 동대문구 창신동 664번지 3호
피랍일: 1950년 7월 7~9일경
피랍장소: 서울시 종로 4가 노상
직업: 서울 지방 검찰청 부장검사
학력: 서울대학교
직계/부양가족: 배우자, 자녀 5남 1녀
외모/성격 : 곱슬머리, 다정하고 가정적임.

증언자

성명: 이경찬(1939년생)
관계: 아들
증언성격: 직접증언 [ ] 간접증언 [V]

특이사항 (납치주체/상황/원인)

- 서울지검 부장검사였던 피랍인은 전쟁 직후 가족들을 분산시켜 인근 친척집에 피신시키고, 피랍인 본인도 피신해 있다가 7월 초 종로 4가 노상에서 연행된 후로 소식 없음.
- 대중잡지 「희망」에서 배상화씨의 탈출기를 통해 음악인 김해송, 문필인 박영애 등과 서대문형무소에 수감돼 있던 것을 확인. 이들 일행이 청량리, 우이동, 한탄강을 거쳐 평양으로 납북된 것으로 추정
- 2006년 3월 13차 '이산 가족 상봉' 에서 피랍인 생사확인을 요청했다가, 생사확인 불가 통보 받음. 이 과정에서 피랍인의 동생 이주국(사망)의 가족이 북한에 살고 있음을 확인, 증언자 이경찬이 상봉했으나 피랍 상황 및 북한의 현재 생활에 대한 정보는 일체 얻을 수 없었음.

증언자 요청사항

(對정부) 피랍인 생사확인 및 유골 송환, 북한에 가족이 있을시 상봉, 전쟁 피랍인 상봉을 위한 특별법 제정, 정부가 납치 피해 가족을 돌아볼 것

"당시 「연합신문」 편집국 국장 배상화라는 분이 납치됐다가 탈출을 했어요. 이분이 서대문형무소에 수감되어 있을 때, 아버지를 목격했나 봐요. 감방 안에서 복도로 저희 아버지가 분뇨차를 끄는 것을 매일 봤다는 기사가 있어서 서대문에서 이제 수감되어 있었던 것은 확실하고. 그걸 보면 '음악인 김해송, 문필인 박영애, 검사 이주신 등의 행방은 어찌 되어 있는가?' 이렇게 기사가 나와요. 배상화씨는 나중에 서대문형무소에서 북쪽으로 끌고 가기 위해서 전차에 태워 청량리로 가는 도중에 탈출한 분이거든요. 그래서 저희 아버지도 그 일행에 끼여서 청량리까지 가서 우이동을 거치고 한탄강을 거쳐 간 걸로 알게 됐어요."

"이번 이산 가족 상봉과 관련해서 몇 가지 추정할 수 있는데요. 아버지의 인적 사항을 넣었는데 그 형제의 가족이 나타났다는 것은 아버지의 기록이 거기 있었기 때문에 그런 게 아닌가 추정할 수 있고, 이분의 가족이 또 함경도니 그 변방으로 쫓겨난 걸 보니 북한 당국으로부터 연좌제로 성분이 나쁜 계층으로 판정을 받아서 산골에 가서 농사를 짓고 있는 것으로 생각해볼 수 있는 거죠."

○ 직업 및 활동

〈서울 지방검찰청 부장검사〉

문_ 전쟁 당시 어떤 일을 하셨는지?

답_ 6 · 25 때는 서울 지방검찰청 부장검사로 계셨고, 전쟁 나는 날도 전화받고 회의 나가시고 우리가 피신할 때까지 그 직장에 나가셨어요. 다른 특별한 활동은 없고, 처음부터 공직에 계셨던 걸로 알고 있어요. 해방 전에도 검찰 계통에 계셨고, 우리 정부 수립되고 나서도 다시 검찰로 임명이 되셔서 일하셨어요.

○ 납북 경위

〈전쟁 직후 가족들을 분산시켜 인근 친척집에 피신시키고, 피랍인 본인도 일단 피신해 있다가 가족들이 걱정이 되어 한복을 입고 밀짚모자 차림으로 자녀들을 보러 다니다가 7월 초 종로 4가 노상에서 연행됨〉

문_ 어떻게 납북이 되셨는지?

답_ 그 납북 현장은 내가 보질 못했고 6 · 25 전쟁이 일요일에 났잖아요. 그때 전화받고 직장에 나가시고 그 이튿날도 직장에 나가신 걸로 알고 있어요. 계속 회의가 있었으니까. 그리고 전황이 굉장히 다급해지니까 그때부터 가족에 대한 처리 문제를 생각하셨던 것 같아요. 우리를 먼 친척집으로 분산시켜 보내려 하셨는데, 결국은 상황이 여의치 않아서 다들 집으로 돌아오게 됐어요.

당시엔 아버지가 당황하셨지만 일단 우리를 가까운 친척들한테라도 맡기고, 그때서야 아버지도 집을 버리고 다른 곳으로 은신하러 가셨어요. 처음에는 을지로 4가에 작은 삼촌댁으로 가셔서 그댁 지하실에서 북한군이 서울에 입성할 때까지 계셨어요. 그러다가 6월 28일부터 자수를 권하는 공고가 게시판에 붙여지고, 그 와중에도 아버지는 가족들이 걱정돼서 한복을 입고 밀짚모자를 쓰고 애들을 보러 자꾸만 다니셨어요.

저는 그때 을지로 4가에 숨어 있었는데 아버지가 다녀가신 기억이 나요. 그때 본 게 마지막이었죠. 결국 그렇게 다니시다가 납치되셨어요. 저희 숙부가 기록했던 적십자사 납북인사 신고서에 보니까 종로 4가인가 거기 뒷골목에서 납치됐다고 그렇게 신고를 하셨더라구요. 나중에 정치보위부를 거쳐서 서대문형무소까지 간 것은 거기 있다가 탈출하신 분이 알려줘서 저희가 알게 됐죠.

○ 납치이유

〈피랍인이 고급공무원이었음〉

답_ 당시 공직에 있었던 사람들은 다 잡아갔으니까.

○ 납치 후 소식

〈「연합신문」 편집국장 배상하씨의 탈출기를 통해 음악인 김해송, 문필인 박영애 등과 서대문형무소에 수감돼 있던 것을 확인, 이들 일행이 청량리, 우이동, 한탄강을 거쳐 평양으로 간 경로를 통해 피랍인도 함께 납북된 것으로 추정〉

답_ 서대문형무소에서 그 대중잡지 「희망」에 나온 기사대로 한다면 8월달인가에 청량리로 이송되어 가는 전차에서 탈출한 사람이 탈출기를 적었거든요. 거기 전차에 타고 있었던 것으로 기록이 되어 있어요.

문_ 좀 자세히 얘기해주세요
답_ 당시 「연합신문」 편집국 국장 배상하라는 분이 납치됐다가 탈출을 했어요. 이분이 서대문형무소에 수감되어 있을 때, 아버지를 목격했나 봐요. 감방 안에서 복도로 저희 아버지가 분뇨차를 끄는 것을 매일 봤다는 기사가 있어서, 서대문에서 이제 수감되어 있었던 것은 확실하고. 그걸 보면 '음악인 김해송, 문필인 박영애, 검사 이주신 등의 행방은 어찌 되어 있는가?' 이렇게 기사가 나와요.
배상하씨는 나중에 서대문형무소에서 북쪽으로 끌고가기 위해서 전차에 태워 청량리로 가는 도중에 탈출한 분이거든요. 그래서 저희 아버지도 그 일행에 끼여서 청량리까지 가서 우이동을 거치고 한탄강을 거쳐 간 걸로 알게 됐어요.
또 자료를 보다 보면, 김해송이라는 분이 연예인인데, 그 '목포의 눈물'을 부른 이난영씨 남편이거든요. 아버지가 이분하고 같이 분뇨차를 끈 기록이 여기 있어요. 그런데 이분이 이 청량리를 통해서 우이동으로 해서 한탄강까지 가서 거기서 1박을 할 때, 납치인들이 너무 고되고 힘들고 하니까 사람들이 노래를 부르라고 해서 노래를 불렀대요. 또 다른 납북 탈출 증인인 김용일씨가 납북 과정에서 "김해송씨가 한탄강에서 노래를 불렀다"고 했는데, 김해송씨가 아버지와 같이 있었던 때니 저희 아버지도 이들 일행이 갔던 것처럼 평양까지는 갔을 거다 이렇게 추정하는 거죠.

문_ 찾아보려는 노력은?
답_ 그때 이제 납치당한 사람이 우리뿐만 아니기 때문에, 그리고 찾아보는 다른 또 별다른 방법이 없었어요. 그리고 북쪽하고는 대결 국면이 계속 됐고 개인적으로 어떻게 해보려는 노력은 없었고. 다만, 이제 적십자사에서 국제적십자사를 통해서 민간인 피랍인을 한 번 송환 교섭을 해보겠다 그래서 신고를 받고, 그런 정도의 노력이라고 하는 것보다 그런 정도의 신고만 했죠.

○ 남은 가족의 생활은?

〈처음에는 땅을 처분해 받은 지가증권으로 생활하다가, 결국 집마저 잃고 피랍인의 배우자가 막일을 하고 어렵게 자녀들을 양육함〉

답_ 1949년도에 이제 농지개혁이 있었는데, 그게 땅을 갖고 있는 사람으로부터 땅을 정부가 사서 그것을 농사짓는 사람한테, 경작자한테 나눠주는 거거든요. 그 농지 대금이 채권으로 몇 년에 걸쳐서 나왔어요. 저희가 사실 대대로 서울에서 살았던 집안이기 때문에 이 농지가 조금 있었어요. 그래서 어머니가 그 지가증권을 받아가지고 피난 생활할 때 생활을 했어요. 그게 저희한테는 큰 도움이 됐죠.

그러고는 피난 생활 끝나고 서울로 올라와서는 어머니가 막일도 하러 다니시고, 또 모자라는 것은 빚을 얻어서 살고 그랬어요. 그러다 제가 고등학교 1958년도에 고등학교를 졸업했는데, 그때는 집이 빚으로 넘어가게 돼서 다른 곳으로 이사를 가서 월셋방 생활을 하면서 살았어요.

이후엔 제가 과외도 하고, 돈이 안 되면 또 휴학도 하고, 모든 우리 동생들이 다 그렇게 어렵게 생활을 했죠. 인척들의 경제적인 도움도 많이 받았고요. 어머니께서 고생을 많이 하셨어요. 어머니는 그 당시에는 자유당 집권 때니까 아버지의 친구들이 자유당 고위층이 많았어요. 그래서 자유당 당사에 무슨 뭐 청소하러도 다녔고. 결국 몸으로 때우는 일을 하신 거죠 뭐. 옛날 가정 부인이 전문직에 종사하실 수는 없는 거니까.

○ 정부의 노력

〈없었음〉

문_ 신고는 하셨나요?
답_ 적십자사에 하고. 그 당시 동사무소에서도 아마 신고를 받았을 거예요. 거기도 하고.

문_ 정부의 지원이나 노력은?
답_ 그런 거는 일체 없었어요. 정부도 그때는 어려웠고, 일일이 그런 전쟁 피해자한테 신경쓸만한 그런 재정 능력이 안 됐다고 보고, 우리가 또 그런 거를 요구한 적도 없고.

문_ 공무원이었는데 퇴직 처리라도?
답_ 그런 것은 안 되어 있어요. 지금 제가 나이를 먹고 그런 문제를 생각해 봤는데, 우선 저희가 공식적으로 그걸 요구했다던지, 정부에서 알아서 그걸 처리해줬다던지 그런 일은 없어요.

○ 호적정리

〈실종으로 정리〉

답_ 호적은 지금 실종 처리가 돼서 제적이 됐어요. 그래가지고 1996년에 실종 처리를 했어요.

○ 연좌제 피해

〈없었음〉

답_ 우리는 연좌제 피해는 없었어요. 그리고 우리 형제들이 뭐 관으로, 관계로 진출한 다든지 그런 시도를 한 번도 안 해봤으니까. 그리고 해외 나갈 때 그럴 때도 무슨 신원조회나 그런데 부친이 납북된 일로 장애가 됐다는 그런 얘기도 들어본 적도 없고, 그런 적도 없고. 그것은 지금 와서 생각하면 정부에서 확실히 '이건 납북이다' 이렇게 아마 규정을 해놓은 게 아닌가 생각돼요.

○ 정부에 바라는 말

〈피랍인 생사확인 및 유골 송환, 북한에 가족이 있을시 상봉, 전쟁 피랍인 상봉을 위한 특별법 제정, 정부가 납치 피해 가족을 돌아볼 것〉

답_ 아버님 연세로 봐서는 돌아가셨겠죠. 돌아가셨겠지만 그래도 자식으로서 어떻게 돌아가셨는지 사망 경위라도 알고 싶고, 거기에 혹시 가족이 있을지도 모르는 일이니 있다면 그 가족을 만나 아버지가 거기서 어떻게 생활을 하셨는지도 듣고 싶고, 또 유해가 있으면 우리가 모셔오고도 싶고. 그것이 이제 우리 정부를 통해서 북쪽에 요구하는 것이구요. 또 피랍인 가족이 저희뿐만 아니고 어려운 분들도 많잖아요. 그러면 우리 정부가 이분들을 위해서 해줘야 할 일이 좀 있을 거란 말이에요. 이것도 정부에 요구하고.

○ 피랍인에게 전하는 말

문_ 아버님에 대해 드는 생각은?
답_ 12살 때 납북당하셔서 헤어졌으니까 지금 56년 전 일이네요. 제가 일흔이 가까워 오니. 한 가지 이제 죄송스럽게 생각하는 것은 아버님이 이제 저희를 위해서 그렇게 가족을 위해서 희생을 한 걸로 이 돌대가리가 이제 나이 먹어서(눈물) 죽을 날이 다 돼서 아버지의 뜻을 알아가지고 그것이 너무 이제 죄송스러워요.

○ 특이 사항 – 13차 이산 가족 상봉에서 피랍인의 동생 가족을 만남

문_ 최근에 북한에 다녀온 걸로 아는데 어떤 경로로 가시게 됐고, 누구를 만난 것인지?
답_ 6 · 25 전에 저희 집에 같이 살았던 작은아버지 가족을 만났어요. 저희 아버님이 장남이기 때문에 막내동생을 데리고 있었던 건데 이름은 이주국이고, 당시에 화신산업에서 선전부, 홍보 담당 일을 했어요. 서양 화가였어요. 전쟁이 나고, 아버지가 피랍된 후 이를 찾아나섰다가 그후에 소식이 없어서 집에서는 실종된 것으로 알고 혹시나 젊었을 때니까 의용군으로 끌려나가서 어디서 전사한 건 아닌가 생각하고 있었어요. 그런데 이번에 이산 가족 상봉에서 이분의 가족이 나타난 거예요. 사실 이분의 생존 여부도 몰랐기 때문에 아버지의 생사확인을 북측에 요구를 했는데, "그의 형제의 가족이 살고 있으니까, 이분들이라도 만나겠느냐?" 해서 이제 만나게 된 거죠.

문_ 작은아버님이 생존 사실을 전혀 모르셨나요?
답_ 전혀 모르고 있었죠. 뜻밖이었어요. 이분은 이북에서 1956년에 결혼을 해서 1983년쯤에 돌아가셨고, 그의 가족이 이제 함경도니 뭐 또 평안북도니 이런 데 살고 있더라고요.

문_ 그분은 어떻게 북한에 가셨대요?
답_ 제가 6 · 25 전쟁이 난 1950년에 행방불명 된 이후로 결혼하기까지, 즉 1950년에서 1956년에 사이의 행적에 대해 집중적으로 물어봤거든요. 그런데 거기에 대해서는 일체 함구를 하기 때문에 아무것도 알아내지 못했어요. 그 사이가 아버님하고 만났던 기간이기 때문에 중요한데, 북측의 이산 가족들이 우리를 만나기 4일 전에 평양에 집결해서 교육을 받았고, 저희 가족은 특별히 또 불려 가서 질의에 대한 답변 내용을 미리 교육을 받을 걸로 알고 있어요. 그래서 자기 아버지의 행적이나 평양에서 함경도로 왜 쫓겨났는지 생활 형편 이런 거는 일체 얘기를 안 해요.
제가 건질 수 있는 건 1956년에 숙모하고 만나서 결혼했다는 것. 1965년에 평안남도

덕성군으로 쫓겨갔다는 것. 1983년쯤에 작은아버지가 돌아가셨다는 것, 그것밖에 몰라요. 그 외에 세세한 것은 생전에 어떤 말씀 하셨는지, 평양에서 어떻게 생활하셨는지, 전쟁 때는 어떻게 해서 북쪽으로 건너오게 되셨는지 이런 거에 대해서는 일체 얘기를 못 들었어요, 아버지는 아니었지만.

문_ 다른 가족이라도 만나게 되니까 마음이 어떠셨어요?

답_ 글쎄 그건 뭐 가족이 아니라도 그쪽 사람들 만나면 눈물이 나요. 너무 비참한 생활을 하기 때문에. 더구나 이제 더 가슴아픈 것은 그쪽 사회에서 성분이 나쁘다고 함경도로 쫓겨간 게 저희 아버지의 형제라는 이유, 연좌제로 그렇게 됐다면 우리로서도 참 미안하고 가슴아픈 일이죠.

문_ 이산 가족 상봉을 하게 된 느낌은?

답_ 우리가 이 이산 가족 상봉과 관련해서 몇 가지 추정할 수 있는데요. 아버지의 인적사항을 넣었는데 그 형제의 가족이 나타났다는 것은 아버지의 기록이 거기 있었기 때문에 그런 게 아닌가 추정할 수 있고, 이분의 가족이 또 함경도니 그 변방으로 쫓겨난 게 북한 당국으로부터 연좌제로 성분이 나쁜 계층으로 판정을 받아서 산골에 가서 농사를 짓고 있는 것으로 생각해볼 수 있는 거죠.

문_ 정부가 어떤 역할을 해야 한다고 생각하시는지?

답_ 여기 우리 단체에서 늘 정부에다 하는 얘기예요. 6 · 25 민간인 피랍인 문제는 전쟁과 관련 없는 민간인을 잡아간 것이기 때문에 엄연한 범죄 행위이고, 따라서 이 문제는 북쪽에다 대고 떳떳하게 생사확인이라든지 돌아가셨으면 유해 송환을 요청해야 해요. 또 생존해 계신 분은 빨리 가족들한테 송환을 해야 하구요.

그러니까 이제 이산 가족 상봉 행사에도 우리 6 · 25 전쟁 피랍인 문제를 이산 가족 상봉 계획에다가 포괄적으로 넣어서 해결할 문제가 아니고, 이것은 따로 해결해야 될 문제로 생각을 하는 거고, 정부에도 계속 그렇게 요구하고 있어요. 제가 이번에 이산 가족 상봉에 응하게 된 것은 전쟁 피랍인 이름을 저쪽에 제시했을 때 반응이 어떤지를 보는 게 어떠냐는 정부의 권유로 제가 최초로 응하게 된 거였죠.

문_ 이번에 그 납북이라는 말을 사용해 행사에 차질이 있기도 했다던데?

답_ 그것은 제가 첫날 가자마자 단체 상봉이 있거든요. 그리고 저녁 때 만찬 상봉이라고 있어요. 거기서는 기사가 어떻게 났는지 모르죠. 그런데 이튿날 일정이 아무 이유없이 지연이 돼서 제가 통일부 직원한테 물어봤어요. 그랬더니 "남측이 '납북' 이라는 언론 보도를 해서 그렇게 된 거다"라고 하더라구요. 저희 문제로 인해서 조금 문제가 있는 것으로 알았죠. 어쨌든 이번 일은 제 개인적인 문제라기보다도 이번 이산 가족 상봉으로 인해서 6 · 25 전쟁 납북인사의 문제가 언론을 통해서 보도된 게 하나의 소득이라면 소득이라고 볼 수 있는 거죠.

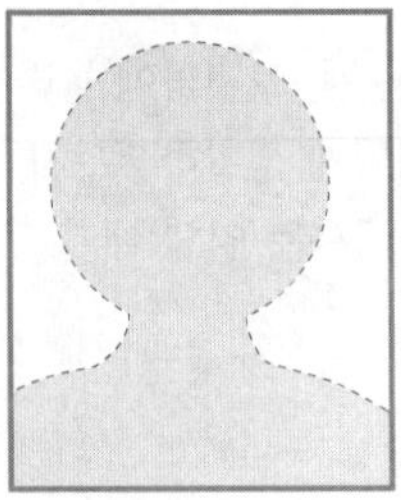

2006. 5. 24 채록

060524A 이 헌(李憲)

피랍인

생년월일: 1895년생
출생지: 정읍
당시 주소: 서울시 종로구 신교동 6-30
피랍일: 1950년 9월 초순
피랍장소: 자택
직업: 한국민주당 중앙집행위원 대의원
경력: 독립운동가, 조선노동동맹 실행위원
직계/부양가족: 배우자, 아들 내외, 손자, 손녀
외모 및 성격 : 고집이 세고, 보수적임, 단정한 외모

증언자

성명: 이무헌(1938년생)
관계: 손자
증언성격: 직접증언 V 간접증언 □

특이사항 (납치주체/상황/원인)

- 9월 초순 경, 밤 중에 인민군 대좌가 밤 중에 집으로 찾아와 이헌과 그의 아내 황기성을 지프차에 태워 감. 이헌은 독립 운동가로 일제 때 조선 공산당원으로 있다가 1926년 모스크바에 다녀온 후 출당당한 경력 있음.
- 한 편, 전쟁 시에는 한국 민주당 중앙집행위원 대의원으로 한국 초기 정치계에서 적극적인 활동을 하던 인물이었음.
- 부인 황기성은 대한부인회 부인잡지사 부사장직을 맡아 함.

증언자 요청사항

(對정부) 피랍인 생사확인, 사망시 사망 일자 및 경위 조속히 확인해줄 것

(對북한) 김정일 국방위원장이 피랍인 생사확인에 힘써 줄 것

"때가 9월 초순쯤이에요. 인민군 대좌가 왔더라고요. 지금은 대령이라고 하죠. 한밤중에 지프차를 가지고 와서 가자고 해서 그때 할아버지, 할머니 두 분을 다 데려가셨어요. 지금도 생각나는 건 인민군이 와서 신발을 벗고 예의를 갖춰서 들어왔어요. 그리고 할아버지가 계실 때 사상이 좋지 않은 국회부의장 하던 김약수라는 분이 전쟁 전에 할아버지를 가끔 찾아왔었어요. 제가 알기론 그 사람이 사상이 불순해서 월북했다는 거 같은데 아무래도 김약수 그 사람이 두 분을 데려가지 않았나 생각해요. 그걸로 끝이에요."

"저희 아버님이 돌아가실 때 저한테 유언을 하셨어요. 할아버지, 할머니가 납북되셨으니까 생사확인이 되는 그날을 기해서 아버지와 할아버지 차례를 같이 지내라고 하시는 바람에 11년이 지난 지금까지 차례를 못 지냈어요. 그 약속 때문에 제가 지금 몸부림치는 거예요. 차례라도 한 번 지내고 가는 게 좋지 않겠나 해서요. 다른 거 없어요. 그거 하나예요."

○ 직업 및 활동

〈독립운동가, 일제 때 조선 공산당원으로 있다가 1926년 모스크바에 다녀온 후 출당당한 경력 있음. 한편, 전쟁시에는 한국민주당 중앙집행위원 대의원으로 한국 초기 정치계에서 적극적인 활동을 하던 인물이었음〉

문_ 당시 어떤 일을 하셨는지?
답_ 일제 때 기미 삼일운동에 가담하셔서 투옥되셨어요. 그 이후에는 일본 동경에서 조선인 고학생 동호회를 결성, 고학생을 도왔어요. 그리고 조선노동동맹 실행위원을 하셨구요. 6·25 당시에는 한국민주당중앙집행위원 대의원으로 계셨어요.

문_ 독립운동을 하셨다면 유공자 지정이 안 되셨는지?
답_ 독립운동 근거가 되는 것은 일제 때 투옥돼 1년간 옥살이 한 자료가 있어요. 숨은 유공자 발굴 공문이 있어서 유공자 신청을 했는데 안 됐어요. 무슨 이유로 안 됐는지 자세한 내용은 모르겠어요.

○ 납북 경위

〈9월 초순경, 자택에서 밤중에 인민군 대좌가 찾아와 이헌과 그의 아내 황기성을 지프차에 태워감〉

문_ 어떻게 납북이 되셨는지?
답_ 6·25 당시 우리집은 대로변에 있는 적산 가옥 2층집이었는데 아래층은 뺏겨서 내무소가 들어왔고 아버지와 어머니는 2층에 기거하고 사셨죠. 그때 저와 동생은 할아버지 댁에 가 있었어요. 그러다 그때가 9월 초순쯤이에요. 인민군 대좌가 왔더라고요. 지금은 대령이라고 하죠. 한밤중에 지프차를 가지고 와서 가자고 해서 그때 두 분을 다 데려가셨어요.

지금도 생각나는 건 인민군이 와서 신발을 벗고 예의를 갖춰서 들어왔어요. 그리고 할아버지가 계실 때 사상이 좋지 않은 국회부의장하던 김약수라는 분이 전쟁 전에 할아버지를 가끔 찾아왔었어요. 제가 알기론 그 사람이 사상이 불순해서 월북했다는 거 같은데 아무래도 김약수 그 사람이 두 분을 데려가지 않았나 생각해요. 그걸로 끝이에요.

문_ 피난은 왜 안 가신 건지?
답_ 3일 만에 갑자기 들어와서 피난갈 시간이 없었어요. 그리고 정당인이라고 해서 데려갈 줄은 아무도 몰랐죠. 잘못한 게 없으니까. 할머니는 대한부인회 부인잡지사 부사장을 하셨었고, 언론계에 계셨으니 큰 문제가 되지 않을 거라 생각하고 아마 마음 놓고 있으셨던 것 같아요.

○ 납치 후 소식

〈서대문형무소에 며칠간 구금된 후 북한으로 갔다는 소식 외에는 들을 수 없었음〉

문_ 찾아보려는 노력은?

답_ 찾으려고 노력을 했는데, 지금 생각해보니 아버지께서 "할아버지는 서대문형무소에서 구금됐다가 북한으로 넘어갔다"고 얘기해주셨던 게 기억나요. 자세히는 모르겠지만 서대문형무소로 찾아가셨던 걸로 알고 있어요. 납치 이후 이북으로 곧바로 데려간 건 아니고 며칠 서대문형무소에서 머무르다가 갔다고 전해 들었어요.

그후에는 일절 못 들었어요. 저는 가자마자 걔네들이 죽이지 않았나 생각해요. 왜냐하면 저희 할아버지가 일제 때는 공산당원으로 있었어요. 그 일로 모스크바에 갔다가 거기서 스탈린하고 얘기 중에 뭐가 잘못돼서 공산당에서 출당 처분을 받아요. 그게 1926년, 그때 공산당은 나쁜 게 아니었어요. 자료를 보면 '이 헌; 제일 조선 노총 위원장', 조공 당원이었거든요. 여기서 코멘테르로 파견됐다가 모스코바에서 잘못했다고 해서 조선공산당에서 출당 처분을 받아요. 그리고는 1945년 9월에 한국민주당 결성에 참여하게 돼요. 이것이 『한국 사회주의 인명사전』에 나오는 얘기예요. 그리고 『독립운동사집』에도 나오구요.

○ 남은 가족의 생활은?

〈피랍인의 자녀가 피랍인의 자택을 팔고, 화공약품점을 경영하면서 자녀들과 생계를 유지〉

답_ 신교동 집을 팔고 어렵게 어렵게 살아온 거죠. 1 · 4 후퇴 때 걸어서 피난을 갔었죠. 어디 어머니가 쌀을 구하러 갈 때도 언제 어디로 가서 언제 오는지 신고를 하고 내무서에서 출장증명서를 끊어야 움직일 수 있으니 전쟁 당시는 억압이 심했죠. 사람이 움직일 수를 없으니 하도 데어서 1 · 4 후퇴 때는 피해서 내려갔어요. 그땐 서울엔 사람이 개미새끼 한 마리도 없었어요. 저는 부산으로 피난갔다가 1952년인가에 올라왔죠. 와서는 우리집으로 들어가서 아버지가 화공약품점을 하면서 살았죠.

○ 정부의 노력

〈없었음〉

문_ 정부의 지원이나 노력은?
답_ 6 · 25 끝나고 나서 혼란기이고, 군사 정권 들어서고 하는 통에 납북인사에 대해서는 정부에서도 거의 신경을 안 썼죠. 도움 같은 건 없었던 거죠. 왜냐면 대한민국 경제가 도움을 주고받고 하는 경제 체제가 아니었거든요. 서로가 먹고 살기 힘들고 보릿고개가 있었으니까.

○ 호적정리

〈사망 정리〉

답_ 제가 신고를 해서 호적정리했어요. 아버님이 돌아가시는데 할아버지를 살아 계신 분으로 남겨둘 수 없잖아요.

○ 연좌제 피해

〈없었음〉

답_ 그런 건 없어요. 납북이니까. 강제로 데려간 거니까요. 그래서 저는 반공과 반일로 살아왔어요. 사상적으로 오해가 있었다면 우리가 연좌제 등으로 제재가 많이 있었겠지만 할아버지는 한국 민주당원(정당인)이고 납북이란 사실이 분명하니까요.

○ 정부에 바라는 말

〈피랍인 생사확인, 사망시 사망 일자 및 경위 조속히 확인해줄 것〉

답_ 이북에는 물질적 · 정신적으로 돕는데 피랍인 문제는 생사도 알 수 없어요. 돌아가신 분이라도 언제 어떻게 죽었다는 거 그것만이라도 알려주는 건 이북에서도 돈이 드는 게 아니지 않습니까? 그것만 확인되면 좋겠어요. 현정부도 그래요. 어차피 언젠가는 이북하고 통일하지 않겠어요? 그러면 이북도 정치하는 사람이 있고 부모가 있고 다 있는데, 이북에서 확인하게 해주는 게 뭐가 그리 힘드냐구요? 반 세기가 지났어요. 이건 말이 안 되죠. 살아 계시는 분 우선 만나는 거 좋아요. 그러나 생사확인은 자기네들이 서류만 들춰보면 되는데 그거 뭐 대단한 거 아니거든요. 그렇다고 내가 김정일한테 가서 돈을 달라는 것도 아니고 살려달라는 것도 아니고 그런 일을 해주는 건 당연한 거잖아요.

현대통령님이 임기 중에 피랍인만은 해결해주셨으면 감사하겠어요. 그리고 이번에 김대중 전 대통령이 김정일 국방위원장을 만날 때 피랍인 문제를 해결해줄 것을 종용해주기를 부탁합니다.

○ 피랍인에게 전하는 말

답_ 저희 아버님이 돌아가실 때 저한테 유언을 하셨어요. 할아버지, 할머니가 납북되셨으니까 생사확인이 되는 그날을 기해서 아버지와 할아버지 차례를 같이 지내라고 하시는 바람에 11년이 지난 지금까지 차례를 못 지냈어요. 그 약속 때문에 제가 지금 몸부림치는 거예요. 차례라도 한 번 지내고 가는 게 좋지 않겠나 해서요. 다른 거 없어요. 다른 건 필요 없고 그거 하나예요. 우리 아버지는 인왕산에 저와 함께 올라가셔서 사람은 죽어서 고향으로 새가 돼 온다며 할아버지, 할머니 소식이 확인되면 납북돼서 돌아가신 그날을 기일로 잡아 차례를 지내야 한다고 늘 그러셨어요. 저도 이제 병들어서 얼마 안 남았는데 같이 차례라도 한 번 드리고 갔으면 좋겠어요. 그거밖에 바라는 거 없어요.

○ 특이사항

〈피랍인의 처 황기성(1900년 서울 출생)도 동반 피랍됨. 당시 황기성은 대한부인회 부회장, 부인 잡지사 부사장을 맡아 언론계에 활동적인 역할을 하던 인물임〉

2006. 6. 19 채록

060619A 최 홍 식(崔鴻植)

피랍인

성명: 최홍식
생년월일: 1912년생
출생지: 서울
당시 주소: 서울시 마포구 공덕동 122-47
피랍일: 1950년 전쟁 중
피랍장소: 자택
직업: 경찰공무원(내무부 산하 치안국 경위)
직계/부양가족: 계모, 배우자, 여동생 1, 남동생 2, 1남 1녀
외모 및 성격 : 키가 크고 남성적임, 미남형

증언자

성명: 최광석(1912년생)
관계: 아들
증언성격: 직접증언 ☐ 간접증언 V

특이사항 (납치주체/상황/원인)

• 경찰공무원으로 재직 중이던 피랍인 최홍식은 전쟁 직후, 자택으로 찾아온 내무서원과 좌익 계열 주민 대여섯 명에 의해 연행됨. 그 이후로는 소식을 들을 수 없음.

증언자 요청사항

(對정부) 피랍인 생사확인, 사망시 사망 경위 확인, 북한의 납북 사실 인정을 위한 정부의 적극적인 대처

"그때 제가 아버지가 쓰시던 제복이나, 권총 같은 것을 감추어 두려고 지하실에 들어간 거 같아요. 그런데 그 사이에 내무서원하고 동네 공산분자 몇 명이 왔어요. 저는 수색을 당할까 봐 지하실 밖으로 나가지도 못하고 있었는데, 마당에서 뭐라고 얘기하는 소리가 들렸어요. 두 삼촌(피랍인의 동생)이 그 장면을 직접 목격을 했는데 대여섯 명이 와서 잠깐 물어볼 게 있으니 가자며 데리고 갔고, 그게 마지막이었다고. (눈물)제가 지하실에서 나와서 올라갔을 때는 상황 종료였죠. 아버지만 안 계셨고, 나머지 가족은 수심에 차 있는 상태였죠."

"처음엔 할머니하고 저하고 아버지가 근무하셨던 아현동 공덕동 일대에 진정서를 받기 위해 돌아다녔어요. 아버지는 경찰관이었지만 상당히 주변의 인심을 얻으셨던 분이셨어요. 빨갱이 치하이니 납치된 경찰관을 위해 탄원서를 쓰고 도장을 찍어준다는 건 굉장히 어려운 일이죠. 그럼에도 불구하고 당시 100명 이상의 진정서를 받았어요. 일종의 탄원서인데 자필로 내용을 쓰고 도장을 찍는 것으로 해서 마포경찰서에 저희가 제출을 했어요. 그 이상은 할 수가 없었고요."

○ 직업 및 활동

〈경찰공무원으로 재직〉

문_ 직업은?
답_ 내무부 산하 치안국 경위였어요.

문_ 가정 형편은 어땠나요?
답_ 부유하지는 않았지만 마포경찰서 뒤쪽에 작은 한옥을 갖고 있었어요. 그리고 공무원으로 계셨으니 잘사는 것은 아니었어도 어려운 형편은 아니었어요.

○ 전쟁 당시 상황

문_ 전쟁 당시 분위기는?
답_ 6 · 25 나기 전에 여수 순천 반란 사건이 있었어요. 그때 제가 국민학생이었는데 당시 신문에서 군인, 경찰 가족이 많이 피해를 당했다는 기사를 봤어요. 그래서 6 · 25가 나고 인민군이 들어왔을 때, 순간적으로 우리가 경찰 가족이다 보니 어려움이 있지 않을까 걱정을 했었어요.

그러다 6 · 25가 났을 때는 제가 양정중학교에 다니던 때인데, 전쟁 나기 전날 토요일인가에 우리를 일찍 집으로 보냈던 기억이 나요. 그때 무슨 일이 있었냐면 우리 반은 2층에 있었는데 창 밖으로 소련제 전투기 야크기와 호주 쌍동 전투기가 공중전을 하는 것을 목격했어요. 그러고 나더니 학교 당국에서 집으로 가라고 하고, 다시 연락이 있을 때까지는 오지 말라고 했어요. 그게 제 중학교 생활 끝이었죠. 더 나아가서는 내가 주간을 다니는 마지막이 되었죠. 다음에 학교에서 연락이 온 것도 같은데 정확하게 기억은 나지 않아요.

○ 납북 경위

〈전쟁 직후, 내무서원과 좌익 계열 주민 대여섯 명이 자택으로 찾아와 몇 가지 물어볼 것이 있다며 연행한 뒤로 소식 없음〉

문_ 납북되던 상황?
답_ 제가 납북 장면은 목격을 못했어요. 저희 집에 2차 세계대전 때 미군 폭격이 심해서 방공호로 쓰려고 만들어뒀던 지하실이 있었어요. 당시는 이미 이북군이 들어온 상태니 제가 그때 아버지가 쓰시던 제복이나, 권총 같은 것을 감추어두려고 지하실에 들어간 거 같아요. 그런데 그 사이에 내무서원하고 동네 공산분자 몇 명이 왔어요. 저는 수색을 당할까 봐 지하실 밖으로 나가지도 못하고 있었는데, 마당에서 뭐라고 얘기하는 소리가 들렸어요

그때 아버지가 체포되신 후로는 더 이상 볼 수 없었고, 시기는 6 · 25 직후로 생각을 하고 있었는데, 언제인지 정확하게는 기억을 못하고 있어요. 두 삼촌(피랍인의 동생)이 그 장면을 직접 목격을 했는데 대여섯 명이 와서 잠깐 물어볼 게 있으니 가자며 데리고 갔고, 그 자리에서 폭력이나 상해를 입히거나 한 것 없었대요. 당시 우리 아버지가 계모이시긴 했지만 할머니에게 "어머니, 저 갑니다" 하고 말하고 가셨대요. 그게 마지막이었다고. (눈물) 제가 지하실에서 나와서 올라갔을 때는 상황 종료였죠. 아버지만 안 계셨고, 나머지 가족은 수심에 차 있는 상태였죠.

문_ 당시 왜 피난을 가지 않으셨는지요?
답_ 그때는 전쟁이 어떤 것인지 잘 몰랐어요. 더구나 이북과 이남 같은 민족간의 문제였기에 그것이 그렇게 잔혹한 결과를 가져올 줄은 잘 몰랐을 겁니다. 당시 정치계나 특수계층에 있는 사람들은 알았을지 모르겠지만 우리는 진행이 어떻게 될지 예측불허였던 거죠. 그때그때 상황 대처만 하기에도 바빴어요.

○ 납치 후 소식

〈소식 없음〉

문_ 소식을 들으셨나요?
답_ 아버지가 연행돼 가시고는 저희집 근처 마포경찰서로 이송이 됐다고 해서 이제 곧 풀려나지 않을까 하고 희망적인 생각을 했는데 그렇지를 못했어요. 그후의 소식은 단편적으로 듣긴 했지만, 한 번도 확증적인 것은 없었어요. 마포서에서 어디로 이송돼 가는 걸 봤다는 사람도 있고, 그 이후로도 뜬 소문 같은 것은 있었지만 납치되신 이후로는 전혀 소식을 알 수 없었어요.

○ 남은 가족의 생활은?

〈피랍인 납치 후 증거 확보를 위한 가택 수색이 심해, 평택 친척집으로 피난감, 수복 이후 서울로 복귀했다가 다시 1 · 4 후퇴 때 대구로 피난, 전쟁이 끝나고 서울로 들어옴. 이 과정에서 피랍인의 배우자는 떠나고, 그 자녀는 친가 쪽에서 어렵게 생활함〉

문_ 납치 이후에 피난은 가셨나요?

답_ 납치 이후 내무서원들이 집을 자주 방문해서 다락이고 뭐고 증거물이 있는가 뒤졌습니다. 그리고 그 가운데 보면 내무서원도 아닌 동네 빨갱이나 보조 역할 하는 사람들이 있었는데 사실 이 사람들의 행패가 더 심했습니다. 일종의 노략질이죠. 집에 있는 사상과는 전혀 관계없는 귀중품, 예를 들면 패물(시계, 반지, 훈장 등)을 전부 가져간 거죠. 이런 일을 하도 당하니 저희가 겁이 난 거죠.

나중에 우리집 대문에는 '반민'이라고 팻말 같은 걸 붙여 아무나 못 들어오게 했어요. 그리고 혼인을 하지 않은 고모가 있었고, 두 삼촌은 의용군에 끌려갈 적령기에 있었고 해서 결국 우리 가족은 밤에 몰래 도망가서 평택에 계시는 고모님 댁으로 피난을 갔죠. 그리고 9 · 28 수복이 된 뒤에 돌아왔죠.

문_ 생계는 어떻게 하셨어요?

답_ 평택 고모님도 혼자 계시던 터라 대가족이 들이닥치니 식량 문제가 어렵고 했어요. 그래서 어른들은 남양만에 가서 남은 게 그것밖에 없다 해서 지어진 남은 재나물(돗나물)을 뜯어먹고, 그래도 고모님 덕분에 굶진 않고 있다가 9 · 28 수복되면서 서울로 왔죠. 왔더니 집은 다행히 폭격을 안 맞아 그대로였지만, 먹을 게 없잖아요. 그래서 전부 밭이었던 모래네 쪽으로 가서 배추 같은 거 가져가면 남는 이파리를 푸대에 주워서 소금에 절여 먹고, 시래기로 김장도 담았어요. 또 중공군이 들어오면서 먹어보지 못하고 대구로 가게 됐어요.

당시 전쟁 직전에 시집을 갔던 고모가 있었는데, 남편이 치안국에 계셨어요. 그분은 전쟁 때 남하를 하셨어요. 그래서 1 · 4 후퇴 때는 우리를 전부 도와주셨던 거죠. 기차 꼭대기에 자리를 마련해서 대구로 가고 마산을 거쳐 다시 대구로, 거기서 휴전 협정 맺어질 때까지 있다가 서울로 들어온 거죠.

그 와중에 저는 또 제 어머니를 잃었습니다. 1 · 4 후퇴 때 한꺼번에 피난을 갈 수 없어 헤어졌는데 그후론 어머니를 볼 수 없었어요. 1967년인가쯤에 돌아가셨다고 하더라구요. 어머니도 안 계시고 고아라면 고아지만 다행히 할머니와 삼촌들이 계셔서 의지는 했어요. 대구, 마산에서 떡장사도 하고 신문팔이도 하고 안 해본 거 없이 다 해봤죠.

문_ 어머니는 왜 못 만나게 된 건지?

답_ 어머니가 1 · 4 후퇴 때 우리는 대구로 피난을 가는데 기차를 얻어 타기가 굉장히 어려웠습니다. 그나마 치안국에 다니는 고모부가 도움을 주셔서 작은 공간을 얻었는데 어머니와 동생은 함께 가지 않았어요. 당시 집을 누가 지켜야 한다는 생각도 있었던 거 같고, 마침 저희 큰삼촌이 다니던 고대를 휴학하고 마포경찰서에 순경으로 잠깐 들어갔었어요. 그래서 잠시 제 누이동생하고 어머니를 모시고 살았어요.

그러다 중공군이 들어오면서 큰삼촌은 통역장교로 나갔고, 나중에 누이동생은 만났는데 어머니는 못 만났어요. 알고 보니 당시 생계가 너무 힘들어 전쟁 3년 사이에 재혼을 하신 것 같아요. 당시 재혼한 입장에서 자식을 볼 낯이 없다고 생각하셨나 봐요. 나중에 제가 1965년에 결혼을 하고 다음해 큰딸을 낳았는데, 그때 우리 엄마가 문 틈으로 우리를 보고 가는 걸 봤다는 얘길 들었어요(울음). 그러니 가슴이 더 미어지죠.

○ 호적정리

〈사망 신고 처리〉

답_ 제가 1965년에 결혼을 했는데, 결혼 신고를 하면서 상속 문제도 있고, 당시는 행방불명으로 호적에 올라 있었거든요. 그래서 그때 사망 신고를 했습니다.

○ 정부의 노력

〈없었음〉

문_ 가족을 찾으려는 노력은?
답_ 처음엔 할머니하고 저하고 아버지가 근무하셨던 아현동 공덕동 일대에 진정서를 받기 위해 돌아다녔어요. 아버지는 경찰관이었지만 상당히 주변의 인심을 얻으셨던 분이셨어요.

빨갱이 치하이니 납치된 경찰관을 위해 탄원서를 쓰고 도장을 찍어준다는 건 굉장히 어려운 일이죠. 그럼에도 불구하고 당시 100명 이상의 진정서를 받았어요. 일종의 탄원서인데 자필로 내용을 쓰고 도장을 찍는 것으로 해서 마포경찰서에 저희가 제출을 했어요. 그 이상은 할 수가 없었고요.

그후엔 살기가 워낙 어려웠으니 저희는 사실 체념을 했어요. 아버지가 경찰공무원이니 생존하기는 힘들 것이라고 생각을 하고. 그리고 그런 노력을 경주할만한 여유가 없었어요. 정부 차원에서 역시 적십자사를 통해 신고하라는 얘기를 들은 것까진 기억나는데 정확한 것은 모르겠어요.

문_ 정부의 도움은?
답_ 그런 건 전혀 없었어요.

○ 연좌제 피해

〈없었음〉

답_ 우리는 신분이 뚜렷했기 때문에 그런 건 없었어요. 경찰공무원으로 있었고, 이적 행위라든가 친북 행위가 있던 것으로 보이는 것은 객관적으로도 전혀 없었으니까요. 그런 면에서 제가 1967년에 해외를 처음 나갔는데 당시 문제가 전혀 없었어요.

○ 정부에 바라는 점

〈피랍인 생사확인, 사망시 사망 경위 확인 및 북한의 납북 사실 인정을 위한 정부의 적극적인 대처〉

답_ 미국이나 일본, 세계 어느 나라도 자기 국민이 해를 당했을 때, 특히 국내가 아닌 국외,즉 자기네 주권이 미치지 못하는 다른 지역에서 자국민이 피해를 당하거나 어려움이 있으면 그것에 1차적인 보호 의무는 그 나라에 있다고 생각합니다. 우리가 애국심을 자주 강조하는데, 애국심은 저절로 생기는 것이 아니거든요. 부모 자식간에도 부모가 어린 자식에게 모질게 대한다면 나중에 자식이 그 부모가 늙고 병들었을 때 도와줘야겠다는 맘이 덜 생길 수 있어요.

하물며 국가와 국민간의 문제는 부모와 자식간의 관계와는 또 다릅니다. 이것은 일종의 무언의 계약이라고도 할 수 있는데 그건 내가 세금을 내고 나라를 위해 일한다면 내가 어려울 때 국가의 보호를 받는다는 것입니다. 이것을 전제로 하지 않는다면 국가라고 볼 수 없죠. 애국심은 내가 어려울 때 국가가 도와주고 나는 그 국가를 보존하기 위해 목숨을 바칠 수 있다는 거예요.

다시 말해 나 혼자만의 목숨이 아닌 내 가족, 내 자식, 내 손자 대대로 국가의 보호하에 있을 수 있다는 것을 알기에 전쟁이 나면 내 목숨을 바쳐 싸울 수 있다는 거거든요. 미국은 6 · 25 전쟁 때 이북에서 죽은 미군 병사들의 유해 발굴을 지금까지도 하고 있지 않습니까? 일본도 자국민이 납치당한 것을 끝까지 문제 삼아 수상이 직접 가서 찾아올 생각까지도 하는데, 우리나라도 국민이 국가의 일을 하다가 납치당했는데 여기에 대해 적극적인 추적이나 보호는 못할망정 그 자체를 인정조차 하지 않는 것은 말이 안 된다고 봐요. 어떻게 그런 나라에서 애국심을 생각할 수 있겠습니까? 전쟁이 또 난다고 생각해보세요.

어떤 젊은이가 전쟁을 나가 싸우다 죽게 될 수도 있는데 이것은 도대체 누구를 위해서입니까? 지금 남북간의 화해 관계를 부정하는 것이 아닙니다. 필요한 부분이지요. 그러나 무조건적인 것은 바람직하지 않다고 생각합니다. 지금도 따질 건 따져야 합니다. 그렇지 않으면 방향도 목적도 없는 것입니다. 우리가 대북 관계에 있어서 할 것은 하되, 또 우리가 요구할 것은 요구하고 무엇보다도 10만 명 가까이 되는 사람이 납치됐는데 그것 자체를 이북의 감정을 상하게 할까 봐 이쪽에서 인정조차 못하고 있다는 건 정권이나 나라의 존재 가치가 없다고 판단돼요. 누가 그런 정권, 그런 나라를 믿겠어요?

문_ 구체적으로 납북 문제 해결을 위해서는?

답_ 1차적으로는 납북 사실이 있었다는 것을 상호간에 인정해야겠죠. 지금 객관적으로 증거는 충분히 있거든요. 최근 일본의 경우도 인정을 했는데, 지금 이쪽에서 조금만 강하게 나간다면 북한도 인정하지 않을 수 없을 거예요. 우선은 인정을 해야 문제의 실마리를 풀어갈 수 있는 거니까요. 우리가 이 문제로 보상을 받으려고 하는 게 아니에요. 납북되신 분들이 언제 어느 때 돌아가셨는지, 살아 계신다면 만날 수 있도록 하기 위해 이북도 같은 민족이란 걸 생각해서 인정할 것은 인정하고, 또 그럴 수 있도록 우리 정부가 유도하고 때로는 강제할 필요도 있다고 봐요. 정부가 이것을 등한시한다면 애국심이나 국가관 자체가 무너질 수 있다고 생각합니다.

○ 피랍인에게 전하는 말

답_ 아버지, 저는 아버지를 아버지라고 불러본 적이 없습니다. 아빠라고 부른 게 저한테는 끝이었죠. 제가 너무 어려서 아버지가 어떤 분이신지, 저한테 어떤 의미인지 생각을 (흐느낌) 제대로 할 수도 없었습니다. 이제 저도 손자까지 두고 아버지가 그 당시 저희를 얼마나 어렵게 키우셨는지, 한 번도 내색하지 않으시고 그 큰 식구를 당신은 희생하시면서 그렇게 키우신 것, 저는 그렇게 하지 못할 것 같습니다. 정말 훌륭하신 분이라고 생각합니다. 제발 살아 계시다면 더욱 건강하시고, 저희는 여기에서 잘살고 있으니 그것만으로도 위로 받으시기를 바랍니다. 어머니, 할머니, 고모님, 고모부님은 다 돌아가셨고, 나머지 식구들은 잘 지내고 있습니다. 다시 만나뵐 수 있으면 좋겠습니다. 안녕히 계십시오.

제2부 증언자료(2)

1. 실향사민 신고서
2. 피랍중 탈출인사 직접증언
3. 탈출자 증언기

1. 실향사민신고서

백인제 백상규 이재억 이용우 한 백 김겸호
박일영 정욱진 심원식 차윤홍 이인수 조종환
문학봉 양주삼 이장호 강준호 조소앙 오진태
조병설 박준혁 이제로 안필원 조윤식 위인진
홍익표 이춘호 이기수 오인환 김동진 유인숙
김형두 이의식 오병문 엄상섭 이형옥 김인자
이택준 윤주봉 조경석 남창희 김영규 김준구
이윤오 김영기

해제

대한적십자사가 원본을 보유하고 있는 「실향사민신고서」는 6 · 25전쟁 납북자들의 개별 납치 상황에 대한 남측 가족들의 육필 납치 신고서를 말한다. 원래 전체 7,034건이었으나 일부가 유실돼 6,472건만 제본돼 있다. 정식 명칭은 「6 · 25전쟁 납북자 안부탐지 신고서」로 '실향사민' 이라는 용어가 사용된 것은 협상 과정에서 납치 또는 납북이라는 표현을 거부하는 북한측과의 타협의 산물로 협상용 용어로써 고안된 것으로 알려져 있다. '고향을 잃은 민간인' 이라는 중립적 표현으로 납치의 범죄적 성격을 가리고 있으나 이때의 실향사민이란 정확히 6 · 25전쟁 납북자를 가리킨다.

본 자료원은 1951년 당시 납북자가족회에서 임원으로 활동했던 한 인사로부터 대한적십자사에 납치 당시 상황이 생생히 기록된 「실향사민신고서」가 보관되어 있으리라는 제보를 얻었다. 2001년 대한적십자사에 문의한 결과 사실이었고 열람을 신청했던 바, 낡고 닳은 갖가지 종이에 인적 사항은 물론 납치 당시 상황까지 육필로 빼곡히 적힌 기록들이 낱장 그대로 보관돼 있었다. 본 자료원과 가족회는 이 자료의 중요성을 알리고 대한적십자사에 제책 작업을 요청했고, 2002년 8월 그 사본을 한 질(총 27권중 25권, 안부탐지 조회서 및 회답서 1질)을 기증받아 현재 자료원에서 보관하고 있다.

이 육필 신고서들은 국제적십자사를 통하여 북한적십자사로부터 6 · 25전쟁 납북자의 '안부탐지' 를 할 목적으로 1956년 6월 15일부터 8월 15일까지 2개월에 걸쳐 가족들이 직접 작성하여 신고토록 한 것이다.

1952년 대한민국 정부가 작성한 82,959명의 「6 · 25사변 피랍치자 명부」에 비하여 신고자가 대폭 축소된 이유는, 첫째 홍보 부족으로 대한적십자사가 납북자 신고를 받는다는 사실이 당시 전국에 퍼져 있는 피랍인 가족들에게 충분히 알려지지 않은 것과, 둘째 지사가 몇 개 지역에만 한정 설치돼 있었던 적십자사에서 신고를 받은 것과, 셋째 접수 기간이 2개월로 한정되어 기한인 8월 15일이 지나서는 일절 접수를 받지 않은 것과, 마지막으로 납치 상황을 구체적으로 기록하게 되어 있어 의용군으로 강제 징집된 경우는 대상에서 제외될 수밖에 없었던 것 등이 원인이었던 것으로 분석된다.

그러나, 이 신고서 자료는 그때까지 작성된 어떤 납북자 명부보다 납북 상황이 소상하게 기록되었고, 탈출해 돌아온 사람들의 성명이 구체적으로 거론되며 증언에 신빙성이 더해진 건도 여럿 포함되어 있어 실증적 사료로서 가치가 높은 것으로 보인다. 신고서 양식을 살펴보면, 피랍자 성명(한글, 한문, 때로는 영문), 성별, 생년월일, 피랍자 본적, 피랍자 출생지, 최종 현주소, 최종 직업(본직, 공직), 가족대표자(주소, 성명, 관계), 납치당한 장소 및 상황을 기록하게 되어 있다. 따라서 피랍인의 신분과 납북 시기 · 유형 · 경로 · 납치 주체와의 관계 등 사건의 진상을 조명하는 데 있어 필수적으로 연구되어야 할 기초자료라고 할 수 있다.

대한적십자사에서는 이 육필 신고서를 바탕으로 7,034명의 「실향사민등록자명단」을 작성하였고 가족들이 납북사실 증명을 신청할 경우 이를 토대로 「납북사실확인서」를 발급해 왔다. 또한 대한적십자사는 이 신고서를 기초로 「안부탐지조회서」를 한글과 영문으로 작성하여 국제적십자사를 통해 북한적십자사에 보냈다. 그 결과 1957년, 북한의 조선중앙적십자사위원회로부터 337명에 대한 「회답서」를 받게 되는데, 이는 현재까지 6 · 25전쟁 납북자 안부탐지에 대한 전후 유일한 성과물이라고 할 수 있다.

이 장에서는 6,472건의 보존 신고서 중에 극히 일부인 44건을 표본적으로 이 사료집을 통해 소개하며 대한적십자사의 「안부탐지조회서」와 북한의 「회답서」의 양식은 제3부 국내외 문서사료의 납북자 명부 및 명단 「1-6」과 「1-7」에 각각 소개한다. 전체 자료는 본 자료원에 직접 방문하거나 인터넷 홈페이지 kwari.org를 통해 열람할 수 있다.

사례 1. 의학박사 백인제씨

은신처에서 1950년 7월 19일에 연행되었고 정치보위부를 거쳐 서대문형무소에 수감된 후 9 · 28수복 직전 3,000여 명의 납북자 행렬에 포함되어 납북됐다고 기록돼 있다. 저명한 의사였던 백인제씨는 의료 전문가가 긴요했던 당시에 북한의 납치 대상 최우선 순위였던 것으로 보인다. 국제적십자사 제출용으로 영문신고서도 작성됐던 것이 눈에 띈다.

No. 31

1. 성명 (한글) 백인제 (한문) 白麟濟 (영문)
2. 성별 男
3. 생년월일 1898년 12월 17일생
4. 본적 서울특별시 종로구 가회동 93번지
5. 납치 당시의 주소 서울특별시 중구 저동 2가 85번지
6. 최종 직업 의사

7. 가족대표 성명 최호진(崔昊珍) 관계 처(妻) 주소 서울특별시 중구 저동 2가 85번지

8. 납치당한 장소 및 상황

A. 장소 서울특별시 중구 을지로 3가 22번지(서기 1950년 7월 19일 오전5시)

B. 상황 (1) 6 · 25사변이 나자 신변에 위급(危急)을 느껴 당일(當日)로 서울시 중구 을지로 3가 22번지 친우(親友) 박씨 댁에 은신함

(2) UN군의 서울 탈환을 고대(苦待) 중 드디어 1950년 7월 19일 오전 5시경 피신해 있던 곳에서 사복(私服)한 공산당 정보원(30세 미만) 2명에게 체포되어 서울시 남대문 통(通) 현 국립도서관(당시 정치보위부)에 수감되었음.

(3) 정치보위부와 서대문형무소에 동거하던 권씨 말에 의하면 백(白)은 2주간 보위부에 있다가 서대문형무소로 이송되었다 함.

(4) UN군의 인천상륙과 동시에 동 형무소에 수감되었던 약 3,000명 가량 되는 전원(全員)을 몇 부대로 나누어서 낮에는 수풀과 건물 속에 숨기고 밤이면 보행을 계속 시켰는데 그때 요행히 기회를 얻어 탈출에 성공한 사람도 있다 함. 전기(前記) 권씨 말에 의하면 백박사(白博士)는 자기와 같이 그 행렬 중에 섞여 동두천이라는 38선 가까이까지 간 것을 증언하였음. (이 권씨는 탈출에 성공한 사람의 한 사람)

(5) 서울대학교수 나세진(羅世珍) 박사가 이북에서 넘어온 교환포로 신체검사 당시 들은 바에 의하면 백박사(白博士)는 대단한 감시하에 강제로 환자 진료를 하고 있는 것을 보았으며 또 자기도 진찰받은 일이 있다고 증언하였다 함.

유가족 주소 서울특별시 중구 저동 2가 85
성명 최호진 외 6인

1956. 7. 17

진술인(陳述人) 최호진(崔昊珍) 처(妻)

접수번-31

C A S E   O F

DR. PAIK, YIN-JE

Reknowned Surgeon

白麟濟

CASE OF: DR. PAIK YIN-JE

Address: 85 Chu-dong, 2-ka, Seoul, Korea
Name: Mr. Paik Yin-Je, M.D.
Born: December 17, 1898
Occupation: Surgeon ~~(Doctor of Medicine)~~
Personal History: ~~Graduate of Seoul University, College of Medicine~~
~~Studied at Berlin University, Germany~~
President of PAIK Surgical Hospital, Seoul

1. ~~When the city of Seoul was occupied by the Communist Army on June 28, 1950, about 5 o'clock of the same day.~~

2. Dr. Paik, the ~~President of the Hospital, escaped alone from the hospital~~, and hid himself at a ~~Mr. Paik's~~ house at #22 Ulchi-ro 3-ga, Seoul.

3. Dr. Paik missed the opportunity to leave the city because the invasion of the Communist Army was so sudden. After the occupation of the city, he did not have a chance to escape out of the city because the Communists kept a close survaillance for all prominent citizens and the bridge over the Han River had been blown away earlier.

4. ~~By listening~~ to the Radio broadcasting, we believed the U.N. Army will rescue us within a short period. Dr. Paik was hinding and waiting with the same hope as ours. Three weeks had passed without our hope realizing.

5. On July 19, 1950 at ~~the early hour of~~ 5 ~~o'clock,~~ a.m. two agents ~~of the Communists~~ in civilian clothes ~~(age less than 30) came and~~ arrested Dr. Paik at ~~his hiding place~~. He was detained at the ~~then so-called~~ "Department of Political Security", ~~which was~~ located ~~at the present site of the National Library~~, Namdaimoon-ro, Seoul.

6. A ~~certain Mr. Kwon testified later that he was detained in the same room as~~ Dr. Paik for two weeks in the "Department of Political Security", and then ~~they were~~ transferred to Sudaimoon Prison, Seoul.

7. ~~The same Mr. Kwon also testified that when the UN Forces landed at Inchon,~~ nearly 3,000 inmates of the Sudaimoon Prison were marched up North. They were divided into several companies; they were compelled to take cover during the daytime under bushes or buildings; they were marched during the night. A few persons succeeded in escaping during this march. According to ~~Mr. Kwon, he~~ and Dr. Paik reached Tong-du-chun, ~~close by the 38 parallel, in the same marching group.~~ ~~Mr. Kwon succeeded in escaping after they reached that place.~~

8. ~~Professor Na, Sei-jin of the Seoul University,~~ who was ~~one of the physicians who made the physical examinations for the returned POWs (after the armistice) reports the following: He gathered from the returning prisoner of war that~~ Dr. Paik ~~was compelled by the Communist regime in the North to serve as a medical hand~~ in the ~~Communist~~ Army. ~~This returned prisoner of war~~ said that he ~~himself~~ once received medical examnination by Dr. Paik.

May 12, 1956
85 Chu-dong 2-ga,
Seoul, Korea

Kyoungjin Choi
Signed Choi, Kyung-jin
(Mrs. Paik, Yin-je and mother of six children)

1. 姓名　白麟濟　백린제
2. 性別　男
3. 生年月日　1898年12月17日生
4. 本籍　서울特別市鍾路區嘉會洞九三番地
5. 拉致當時의住所　서울特別市中區苧洞二街八五番地
6. 最終職業　医师
7. 家族代表姓名　崔昊珍　(妻)　住所 서울特別市中区苧洞二街八
8. 拉致當한場所및狀況
A 場所　서울特別市中区乙支路三街二十二番地
B 狀況 (西紀一九五0年 七月十九日 午前五時)

(1) 6.25事变이나자 身辺이危急은느껴當日로 서울市中区乙支路三가二十二番地親友朴氏宅에隱身
(2) U.N軍의 서울奪還을苦待中 드되어 1950年7月19日午前5時頃避身채였드곳에서 私服한共產黨情報員(30歲未滿) 二名에게逮捕되여 서울市南大門通現國立圖書館(當時政治保衛部)에收監되였음
(3) 政治保衛部와西大門刑務所에 同居하는權氏말에依하며 白는二週間 保衛部에있다가 西大門刑務所로 移送되였다함
(4) U.N軍의 仁川上陸과同時에 同刑務所에收監되였든約3,000名假量되는全員을 몇部隊로나누워서 낮에는

~~숲풀과 建物속에 숨기고 밤이면 步行을 繼續시켰는데~~
~~그때 요행히 機會를 얻어 脫出에 成功한 사람도 있다~~
~~함. 前記權氏談에 依하면 白博士는 自己와 함께 그~~
~~行列中에 섞여 東豆川이라는 三八線 以北까지 간것을~~
~~證言하였음 (이權氏는 脫出에 成功한사람의한사람)~~

(5) 서울大學教授羅世珍博士가 以北에서 넘어온 交換捕虜 身體檢查當時 들은바에 依하면 白博士는 大端한 監視下에 強制로 患者診療를 하고있는것을 보았으며 또 自己도 診察받은일이 있다고 證言하였다함

遺家族 住所 서울特別市中區筆洞二街八五

姓名 崔昊珍 외 6人

1956. 7. 17

陳述人 崔昊珍 (印)

사례 2. 국회의원 백상규씨

국회의원 납치의 한 가지 사례를 보여주는 신고서. 대부분의 국회의원 납치는 북한군의 서울 점령 초기에 이루어진 것으로 알려져 있으나 이 경우는 9 · 28수복 직전 긴급 북송된 사례를 보여준다. 신고서에는 당시 납치인사가족회가 이미 결성되어 있었으며, 가족회 대표들이 10월 초에 평양에 가서 납치인사들의 행방을 조사한 사실이 기록되어 있다. 북한의 만포진 산속에서 현상윤 고려대 총장과 함께 목격됐다는 귀환한 포로의 증언이 주목할 만하다.

No. 35

1. 성명 (한글) 백상규 (한문) 白象圭 (영문) Paik Sang Kyu
2. 성별 男
3. 생년월일 서기 1880년 10월 4일
4. 본적 서울특별시 종로구 서린동 97
5. 납치 당시의 주소 서울특별시 종로구 서린동 96
6. 최종 직업 국회의원 / 적십자사 부총재

7. 가족대표 성명 및 주소 한기주(韓琦柱) 관계 처(妻) 서울특별시 종로구 서린동 96

8. 납치당한 장소 및 상황

A. 장소 서울특별시 중구 다동 170번지

B. 상황 1. 1950년 6월 28일에 서울을 점령한 공산군은 30일에 가옥을 차압하였다. 신변의 위험을 느껴 서울시 중구 다동 170에 피신하였다.

2. 1950년 9월 20일 오후 9시경 전기(前記) 숨어 있는 장소에서 체포되었다. 그 체포된 경유를 자세히 말하면 사복을 입은 공산정보원 2명이 자동차를 가지고 와서 직통 평양으로 데리고 간다고 위협했다.

3. UN군에게 서울이 탈환된 후 10월 초에 납치인사가족회에서 대표를 뽑아 평양까지 가서 조사한 결과에 의하면 백상규 외 10인의 납치인사가 평양 시내 평화여관에서 잠시 휴식하고 어딘가 끌려갔다는 소식을 듣다.

4. 남한에서 지명(知名)인사이신 함상훈(咸尙勳)씨의 증언에 의하면 남북포로 교환시에 남한으로 귀환한 어떤 포로의 증언에 의하면 이북 만포진에 어떤 산속에서 노인 4명을 만났는데 그 가운데 분명히 백상규가 있었고 고려대학 총장 현상윤(玄相允)씨가 계셨다고 한다.

1956年 5月 12日

가족 처(妻) 한기주(韓琦柱)

The Case of Mr. Paik Sang Kyu

Present address	:	#96 Surin Dong Chongno Koo, Seoul, Korea
Name	:	Paik Sang Kyu
Date of Birth	:	October 4, 1880 Age: 76
Place of Birth	:	Seoul, Korea
Last Occupation	:	Member of ROK National Assembly in 1950 The Vice-President of Korean Red Cross
Educational Career	:	Graduated Brown University, Rhode Island, U.S.A.

1. The North Korean Army captured Seoul on June 28, 1950. ~~confiscated Mr.~~ Paik's residence on June 30, 1950. Mr. Paik ~~hid himself in a house located~~ at #170 Ta-Dong, Seoul, Korea, ~~when his residence was confiscated~~ by the NK Army.

2. Mr. Paik was captured by two members of the NK Army Intelligence Agence ~~who were dressed in civilian clothes~~. They put Mr. Paik in a car saying that they would take him directly to Pyungyang.

3. The bereaved families association of the kidnappees sent its representative to Pyungyang to investigate the whereabouts of the kidnappees in October 1950 when UN Forces recaptured Seoul. Their repart says that Mr. Paik ~~and a couple sores of kidnappees were~~ was taken away to unknown quarters after a brief ~~moments of~~ stay at ~~the~~ Pyung Wha Hotel, [redacted] Pyungyang.

4. ~~Mr. Ham, Sang Hun, a distinguished citizen of the ROK testified that~~ a ROK POW who was released ~~at the time of POW exchange~~ testified that he [redacted] met four old kidnappees while he was in the mountain near Manpo-jin ~~of North Korea~~, and that ~~two of them were~~ definitely Mr. Paik Sang Kyu ~~and Mr. Hyun Sang Yun, the President of the Korea University~~.

May 12, 1956

Signature *Ki Choo Han Paik*
Mrs. Ki Choo Han Paik

백 상 규

1. 姓名 白象圭 *Paik Sang Kyei*

2 性別 男子

3 生年月日 西紀 1880年10月4日

4 本籍 서울特別市鍾路區瑞麟洞九七.

5 拉致當時의住所 서울特別市鍾路區瑞麟洞九六

6 最終職業 國會議員 赤十字社副總裁

7 家族代表姓名 및住所 韓琦柱(妻) 서울特別市鍾路區瑞麟洞九六

8 拉致當한場所및狀況

A 場所 서울特別市中區茶洞一七○番地

B 狀況

1. ~~一九五○年六月二十八日에 서울을 占領한 共產軍은 三十日에 家產을 差押하였다. 身辺의 危險을 느껴~~ 서울市中區茶洞一七○에 ~~避身하였다.~~

2. 一九五○年九月二○日午前九時頃 前記 舍에 있는 場所에서逮捕되였다. ~~그逮捕된 經由를 仔細히 말하면~~ 私服을입은共產情報員二名이自動車를가지고 와서直通平壤으로 다리고 간다고 危협했다

3. U.N.軍에게 서울이 奪還된 後 十月初에 拉致人士家族会에서 代表를 뽑아 平壤까지 가서 調査한 結果에 依하면 白象圭外 十人의 拉致人士가 平壤市內平和旅館에서 暫時休息하고 어데인가 끌려갔다는 消息을 듣다.

4. ~~南韓에서 知名人士이신 咸尙勳氏의 證言에 依하면 南北捕虜交換時에 南韓~~으로 歸還한 어떤 捕虜의 証言에 依하면 以北 滿浦鎭에 어떤 山寨에서 老人四名을 맛났는데 그가운데 分明히 白象圭가 있었고 高麗大學總長 玄相允氏가 게셨다고 한다.

家族

妻 韓璿桂

一九五六年 五月 十二日

사례 3. 공보처 통계국 공무원 이재억씨

신고서는 전형적인 납치 유형을 보여준다. 북한의 기관원이 '잠시 문의할 사항이 있다'고 하며 '잠깐만 내무서로 가자'고 하여 대부분 집에서 입고 있던 차림 그대로 연행해간 후 돌아오지 않게 된 사례다. 당시 비밀경찰 직원 명부와 사진을 가지고 와서 직접 납치 대상자와 대조를 한 사항이 기록돼 있는 것으로 보아 공무원 신분이었기 때문에 계획적으로 납치된 것으로 사료된다.

No. 41

1. 실향자의 성명 (한글) 이재억 (한문) 李在億 (영문)
2. 성별 男
3. 생년월일 서기 1927년 4월 29일
4. 실향자의 본적 서울특별시 종로구 필운동 86번지
5. 최종 현주소 서울특별시 서대문구 옥천동 126번지의 159호
6. 최종 직업 중앙청 공보처 통계국
7. 가족대표 조수완 (趙秀完) 관계 모(母)
8. 실향당한 장소 및 실향 사항 서울특별시 서대문구 옥천동 126번지의 159호

당시(6 · 25전) 동내(洞內) 민보단 훈련부장 공안부장을 봤고 수도청 사찰계 비밀경찰을 중앙청 공보처 통계국에 있으면서 겸임하였던 바 6 · 25 당시 수도청 사찰계 비밀경찰 직원 명부와 사진을 갖고 와서 보이고 대조하며 1950년 7월 19일 오후 내무서원 4명이 와서 2명은 밖에 서고 2명은 안에 들어와서 위 명부와 사진을 갖고 와서 문의 지사(之事)가 있으니 잠깐만 내무서로 가자고 해서 데리고 간 후 금일까지 종적이 무(無)함.

No. 01

接受	校閱	記錄	再閱	飜譯	打字	事務總長	

被拉致者申告書

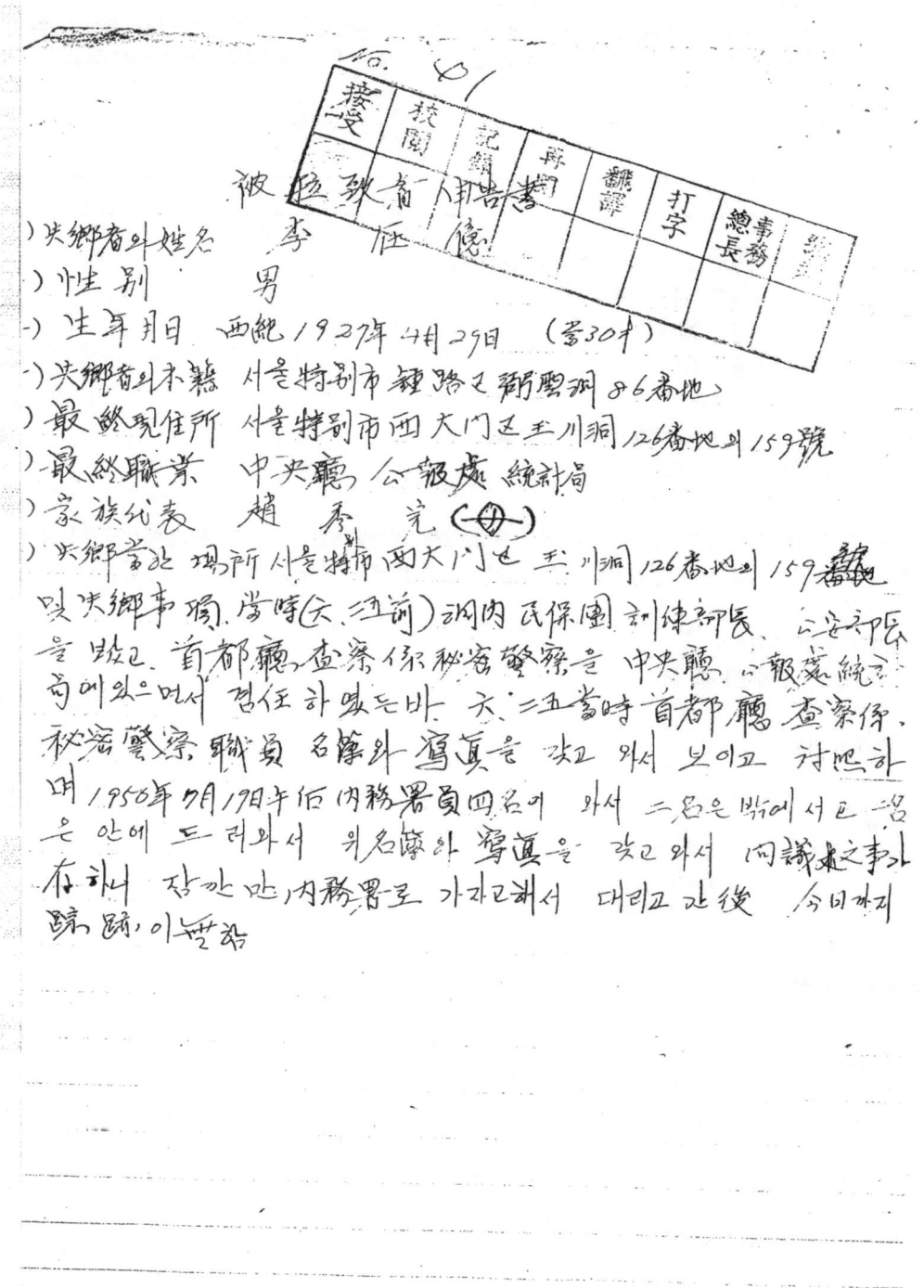

) 失鄕者의 姓名 李 任 億
) 性別 男
-) 生年月日 西紀 1927年 4月 29日 (當30才)
-) 失鄕者의 本籍 서울特別市 鍾路区 新營洞 86番地
) 最終現住所 서울特別市 西大門区 玉川洞 126番地의 159號
) 最終職業 中央廳 公報處 統計局
) 家族代表 趙 秀 完 (印)
) 失鄕當한 場所 서울特別市 西大門区 玉川洞 126番地의 159~~番地~~

및 失鄕事項. 當時(六.二五前) 洞內 民保團 訓練部長, 公安部長을 맡았고. 首都廳 査察係 秘密警察을 中央廳 公報處 統計局에 있으면서 겸任하였는바 六.二五當時 首都廳 査察係. 秘密警察 職員 名簿와 寫眞을 갖고 와서 보이고 對照하며 1950年 7月 17日 午后 內務署員 四名이 와서 二名은 밖에서고 二名은 안에 드러와서 위名簿와 寫眞을 갖고 와서 面識之事가 有하니 잠깐만 內務署로 가자고해서 데리고 간後 今日까지 踪跡이 없음

사례 4. 영등포변전소 사원 이용우씨

서울 영등포변전소에 근무하고 있었던 피랍인의 신고서. 이 신고서에 따르면 1956년 당시 동사무소가 납치자 가족들에게 '납치자 증명원'을 발급하였음을 알 수 있다. 이 증명원으로 신고서를 대신하였던 것으로 보인다.

No. 47

본적	경기도 광주군 초월면 상번천리 508번지
주소	서울특별시 마포구 아현동 85번지의 144호
세대주 성명	이상례 李相禮 (妻)
납치자 성명	이용우 李龍雨
성별	男
생년월일	단기 4255(1922)년 11월 30일생
납치 당시 최종 직업	영등포변전소 사원

우자(右者)는 좌기(左紀) 직장인 영등포변전소에서 단기 4283(1950)년 9월 13일까지 현직장에서 근무하다가 단기 4283(1950)년 9월 15일에 내무서원 3명에게 납치된 사실을 증명하여 주심을 앙원(仰願)하나이다.

단기 4289(1956)년 6월 5일
우원인(右願人) 이상례(李相禮) (印)

아현 제2동장 귀하

납치자 유가족

납치자와의 관계	처 이상례 (李相禮)
	장남 이상훈(李相勳)
	2남 이상태 (李相台)

우증명(右證明) 함

단기 4289(1956)년 6월 5일
아현 제2동장 임경용(林慶鏞) (印)

總裁	事務總長	打字	飜譯	再閱	記錄	校閱	接受

WO47

拉致者證明願

本籍 京畿道廣州郡草月面上樊川里五〇八番地

住所 서울特別市麻浦区阿峴洞八五番地에

世帶主姓名 李相禮 (妻)

拉致者姓名 李龍雨 姓別 男

生年月日 檀紀四二五五年拾壹月参拾日生 (一九二二)

拉致當時最終職業 永登浦變電所 [illegible]

右者은 左記職場인 永登浦變電所에서 檀紀四二八三年

九月十三日까지 現職場에서 勤務하다가 檀紀四二八三年

九月十五日에 内務署員에게 拉致 [illegible]

[illegible] 麻浦 經由 [illegible] 方面으로

檀紀四二八九年二月五日

[illegible]

[illegible]

右願人 李相禮

訶峴第二洞長 貴下

拉致者遺家族

拉致者외에関係 妻 李相禮

長男 李相勳

二男 李相台

右證明함

檀紀[illegible]年 [illegible]月 [illegible]日

訶峴第二洞長 林[illegible]慶

사례 5. 양복점 기술자 한백씨

북한 서울 점령 초기의 납치 유형을 보여준다. 피랍인이 정치보위부 우측 건물 아래층에 감금되어 있는 장면, 서대문형무소로 이송되는 장면, 9·28수복 직전 묶여서 미아리로 넘어가는 장면 등 납북의 중요한 과정이 목격된 경우로 납북 형태와 경로가 자세히 밝혀져 있어 납북사건의 전형을 밝히는 사료적 가치가 있다고 사료된다.

No. 92

1. 피랍자 성명	(한글) 한백 (한문) 韓栢 (영문) Han Paik 一名 판오(判五) (or Han Pano)
2. 성별	男
3. 생년월일	서기 1913년 10월 10일생
4. 피랍자 본적	서울특별시 중구 충무로 1가 41의 4
피랍자 출생지	전남 영암군 덕진면
5. 최종 현주소	서울특별시 중구 충무로 1가 41의 4
6. 최종 직업	본직(本職) 양복점 공직(公職) 대한청년단 충무로 1가 동단장(洞團長)

7. 가족대표자 주소 및 성명
서울특별시 중구 명동 2가 70번지의 1 (모-드 양장점)
이영순(李英順) 관계 처(妻)

8. 납치당한 장소 및 기타 상황
서울특별시 중구 충무로 1가 41의 4
서기 1950년 7월 20일 하오 5시경 우기(右記) 장소에서 소위 보위부원 3명에게 납치당함. 그후 남대문로 국립도서관(정치보위부 서울 본부) 입구 우측(右側) 3층 건물 하층(下層)에 수감된 것을 마침 개방된 창문을 통하여 목격함. 이 날(7월 30일) 서대문형무소에 버스로 이송함을 목도하고는 그후 소식은 모르나 9·28수복 직전 묶여서 미아리를 넘어가더라는 목격자가 있었으므로 납북된 것만은 확실함. 서대문형무소 내(內)에서 피살된 시체 중에서는 확인하지 못하였음. 그후 소식은 전무(全無)함.

No. p2

總裁	事務總長	打字	飜譯	再閱	記錄	校閱	接受

失鄕私民安否探知申告書

一、被拉者姓名 (國文) 한 백 (漢文) 韓柏 (英文) Han paik (一名 判五) (or Han paro)

二、性別 男子

三、生年月日 西紀一九一三年十月十日生 (當 四十四才)

四、被拉者本籍 서울特別市 中区 忠武路 壹街 四七의四

〃 出生地 全南 靈巖郡 德津面

五、最終現住所 서울特別市 中区 忠武路 壹街 四壹의四

六、最終職業 本職 洋服店 公職 大韓青年团 忠武路壹街洞团長

七、家族代表者 住所 및 姓名 서울特別市 中区 明洞 貳街 七拾番地의七 李英順 關係 (妻) (모-드 洋裝店)

八、拉致當한場所 및 그 狀況 서울特別市 中区 忠武路 壹街 四壹의四 西紀一九五〇年七月二十日下午五時頃 右記場所에서 所謂 保衛部員 三名에게 拉置當함. 그后 南大門路 (政治保衛部付屬) 國立圖書館 入口 右側 三層建物 下層에 收監된 것을 마침 開放된 窓門을 通하여 目擊함. 이날 (七月三十日) 西大門刑務所에 뻐스로 移送됨을 目擊 하였음 二台

消息은 모르나 九·二八 收復 直前 몇해서 미아리로 넘어가라는
目睹者가 있었으니 拉北된 것 같으나 確實함
西大門 刑務所 內에서 被殺된 屍体 中에서는 確認하지 못하였음
그후 消息은 全無함

사례 6. 내무부 건설국 공무원 김겸호씨

내무부 건설국 산하 토목시험소 계장으로 근무하던 피랍인의 사례는 전문인 납치의 유형에 속하는 것으로 보인다. 강요에 의하여 출근한 후 곧바로 납치해가는 이러한 유형의 납치는 의사 및 의과대학생과 간호사 및 간호학생의 경우에도 흔히 일어났던 것으로 알려져 있다.

No. 158

1. 피랍자 성명　(한글)김겸호 (한문) 金謙鎬 (영문) Kim Kyom Ho
2. 성별　男
3. 생년월일　1926년 5월 31일생
4. 피랍자 본적　서울시 종로구 봉익동 159(출생지)
5. 최종 현주소　서울시 종로구 봉익동 95의 2호
6. 최종 직업　본직(本職)
　공직(公職) 내무부 건설국 토목시험소 수리 계장

7. 가족대표자 주소 및 성명
서울 종로구 봉익동 95의 2호
장동민(張東敏) 관계 모(母)

8. 납치당한 장소 및 기타 상황
서기 1950년 7월 10일 9시경 토목시험소에서 연구 중이던 차(次) 6 · 25의 돌변(突變)으로 급하여 피난가지 못하고 집에 있다가 소장의 고의(故意)로 강제 출근을 강요당하던 중 1주일 만에 외출 금지를 당한 후로는 가족과의 일제(一齊) 면회 사절을 당하고 있다 수일 후에 찾아가 보니 이미 납치당한 후였다.

No. 158

接受	校閱	記錄	再閱	飜譯	打字	事務總長	總裁

八. [illegible] 文五甲 二. 二六

失鄕私民安否探知申告書

被拉者姓名 (國文) 김경호 (漢文) (金鎌鎬) (英文) Kim Kyon Ho

性別 (男子) 女子

生年月日 西紀一九二六年 五月三十一日 生

被拉者本籍 서울市鍾路區鳳翼洞一五九 (出生地)

最終現住所 서울市鍾路區鳳翼洞 九五의二號.

最終職業 公職 (本職) 內務部建設局土木試驗所. [illegible]水理係長

家族代表者住所및姓名 서울市鍾路區鳳翼洞九五의二號. 張東敏 關係 母

拉致當한場所 西紀一九五0年 七月 十日 九時頃 土木試驗所에서

및其他狀況

土木試驗所에서. 硏究中이던 次 [illegible] 急하매. 피난가지 못하고 집에 있다가 所長의 故意로 强制出勤을 强要하던中. 一週日 만에. 外出禁止를 當한 後로는 家族과의 一切面會謝絶을 當하고 있다 數日後에 찾어가보니. 이미 拉致當한 後였다.

사례 7. 서울대 공대 졸업생 박일영씨

서울대 공대 재학 당시 서북청년단에 가입한 것으로 보아 납북 원인에 이념적 성격이 있었던 것으로 사료된다. 동창생의 밀고로 납북됐다는 기록으로 보아 납치에 남한 내 좌익이 적극적으로 관여했을 가능성을 보여주고 있다.

No. 185

가. 피랍치자 성명　(한글) 박일영 (한문) 朴一英 (영문) Yl young – Park
나. 성별　男
다. 생년월일　서기 1927년 3월 3일생
라. 본적　함남 함흥시 운흥리 2구 200번지 (출생지)
마. 최종 현주소　서울특별시 중구 쌍림동
바. 직업　학생(서울공대 졸업 직후임)

사. 가족대표 성명　박용채(朴龍綵) 관계 부(父)

아. 납치당한 장소 및 납치 사항
1. 납치당한 장소 – 서울특별시 중구 쌍림동
2. 납치 사항 – 서울공대 재학 중 서북청년회에 가입 간부로서 좌익분자 학생들과 투쟁한 사실 및 6 · 25사변 직후 신변의 위험을 느껴 피신한 바 동창생 중 공산당원들의 밀고로 인하여 서울 정치보위부에 체포되어 이북으로 이끌려갔다는 정보를 서대문형무소에 함께 수감되었다가 9월 24일에 출옥한 동창생의 연락으로 인지하였음.

우(右)와 같이 신고함.

단기 4289(1956)년 6월 16일

서울특별시 중구 회현동 1가 179번지
신고인 박용채(朴龍綵)

대한적십자사 귀하

No. 185

總裁	事務總長	打字	飜譯	再閱	記錄	校閱	接受

被拉致者申告書

가. 被拉致者姓名 박일영 朴一英 Hyoung-Park

나. 性別 男子

다. 生年月日 西紀 一九二七年 三月 三日生

라. 本籍 咸南咸興市 雲興里 二区 二○○番地 (出生地)

마. 最終現住所 서울特別市 中区 双林洞

바. 職業 學生 (서울工大卒業直前 [illegible])

사. 家族代表姓名 朴龍燮 (父)

아. 拉致当시 場所 및 拉致事項

1. 拉致当시 場所 서울特別市 中区 双林洞

2. 拉致事項 서울工大在学中 西北青年會에 加入 幹部로서 左翼分子 学生들과

鬪爭한 事實 및 六·二五事変直後
身辺의 危險을 느껴 避身한바.
同窓生中 共産黨員들의 密告로 因
하여 서울 政治保衛部에 逮捕되어 以北
으로 이끌려갔으나 情報로, 西大門刑務所
에 함께 收監되었다가, 九.二四日에 出獄한
同窓生의 連絡으로 認知하였음.

右와 같이 申告함.

檀紀 四二八九年 六月 十六日

서울特別市 中区 會賢洞 一街 一七九番地

申告人 朴 龍燮

大韓赤十字社 貴下

사례 8. 한국저축은행 검사역 정욱진씨

피랍인의 대부분은 도보로 북송당했다고 알려져 있는데 이들 도보 납북자들이 주요 경로로서 의정부를 거쳐갔음을 보여주는 신고서. 집단적으로 납북당하는 모습이 목격된 점도 주목된다.

No. 192

1. 피랍자 성명　(한글) 정욱진 (한문) 鄭旭鎭 (영문) Wook Chin, Chung
2. 성별　男
3. 생년월일　서기 1898년 4월 21일생
4. 피랍자 본적　경기도 화성군 반월면 속달리 24번지
   피랍자 출생지　〃
5. 최종 현주소　서울특별시 종로구 화동 86번지
6. 최종 직업　본직(本職) 한국저축은행 검사역(檢查役)
   공직(公職) 서강산업주식회사 사장

7. 가족대표자 주소 및 성명

서울특별시 종로구 화동 86번지

정운창(鄭雲彰) 관계 장남(長男)

8. 납치당한 장소 및 기타 상황

서기 1950년 8월 6일 오전 7시경 전기(前記) 주소에서 수명의 괴뢰 내무서원에게 납치당했으며 서울 종로내무서, 서울 정치보위부에 일단 수용되었다가 서울 서대문형무소에 수감되었었음. 그후 9월 20일경 서울 북방 의정부 근방에서 집단 이송당함을 목격하였음.

No. 192

接受	決閱	記錄	再閱	飜譯	打字	事務總長	[illegible]
		八	七				

失鄕私民安否探知申告書

一、被拉者姓名 (國文) 정우진 (漢文) 鄭旭鎭 (英文) Wook Chin Chung

二、性別 男子

三、生年月日 西紀一八九八年四月二十一日生

四、出生地 被拉者本籍 京畿道華城郡半月面速達里二四番地

五、最終現住所 서울特別市鍾路区花洞八六番地

六、最終職業 本職 韓國貯蓄銀行援査役
公職 西江產業株式會社社長

七、家族代表者住所및姓名 서울特別市鍾路区花洞八六番地 鄭雲彰 関係 長男

八、拉致當한場所및其他狀況 西紀一九五〇年八月二六日午前七時頃前記住所에서 義名의 傀儡內務署員에게 拉致當했으며 또 서울鍾路內務署、서울政治保衛部에 一旦 收容되었다가 서울西大門刑務所에 收監되었었음. 그後、九月二〇日頃 ↙

넉을 出方, 議政府 近方에서 集団移送 当함을 目擊하였음.

사례 9. 강화군 면사무소 직원 심원식씨의 해상 납북

서울 이외 지방에서 일어난 납북의 한 유형을 보여준다. 각 지역의 공공장소에 일시 연금됐다가 북송되는 것이 전형적인 유형인데 이 경우 강화산업조합창고에 연금됐다가 해상으로 북송된다. 보위부원 3명과 여맹원 1명에게 납치당했다고 납치 주체를 구체적으로 밝히고 있다.

No. 206

1. 피랍자 성명 (한글) 심원식 (한문) 沈元植 (영문) Shim on Sik
2. 성별 男
3. 생년월일 서기 1919년 3월 23일생
4. 피랍자 본적 경기도 강화군 불은면 삼동암리 461
   피랍자 출생지 〃
5. 최종 현주소 경기도 강화군 불은면 삼동암리 461
6. 최종 직업 본직(本職) 강화군 불은면 면사무소 회계
   공직(公職)

7. 가족대표자 주소 및 성명
경기도 강화군 불은면 삼동암리 461
심봉구(沈鳳求) 관계 부(父)

8. 납치당한 장소 및 그 상황
서기 1950년 8월 25일 오후 2시경 경기도 강화군 불은면 삼동암리 461번지에서 소위 보위부원 3인과 여맹원 1명에게 납치당하였음. 그후 면사무소 소재지를 경유하여 강화군 강화읍내에 있는 강화산업조합창고에 갇혀 있다가 강화군 송해면을 경유하여 양사면 해변에서 목선으로 황해도 또는 개성 지구로 강송되어 갔음을 우기(右記) 가족대표가 목견(目見)하였음.

受閱	記錄	再閱	飜譯	打字	事務總長	總裁
				Lee		

失鄉私民安否探知申告書

一、被拉者姓名 (國文) 심원식 (漢文) 沈元植 (英文) Shim Won Sik

二、性別 男子 女子

三、生年月日 西紀一九一九年 三月 [illegible]日 生

四、被拉者本籍 京畿道江華郡佛恩面三同岩里四七一 (出生地同一)

五、最終現住所 京畿道江華郡佛恩面三同岩里四七一

六、最終職業 公職 本職 江華郡佛恩面面事務所 會計

七、家族代表者住所및姓名 京畿道江華郡佛恩面三同岩里四七一 沈[illegible]求 (父)

八、拉致当時場所및其狀況

西紀一九五〇年八月二五日午后二時頃 京畿道江華郡佛恩面三同岩里四七一番地에서 所謂保衛部員 三人과 女盟員一名에게 拉致당하였음. ~~佛恩面事務所所在地로 經由하여 江華郡江華~~ 邑內에 있는 江華産業組合 倉庫에 갔었다가 江華郡松海面을 經由하여 兩寺面[illegible]을 거쳐 木船으로 黃海道 又는 開城地区로 強送되었다는 것을 右記 家族代表가 目見하였음.

사례 10. 상공부 상무국장 차윤홍씨

이 신고서에 기록된 대로 요인들은 북한군의 서울 점령 초기에 주로 열차편으로 북송되었던 것으로 알려져 있다. 피랍 당시 납북되었다가 평양형무소에서 탈출에 성공하여 널리 알려진 계광순씨가 이 피랍인의 생존을 증언한 것이 언론보도를 통하여 확인된 바 있다.

No. 289

1. 피랍자 성명　(한글) 차윤홍 (한문) 車潤弘 (영문) CHIA, YUN HONG
2. 성별　男
3. 생년월일　서기 1904년 8월 24일생
4. 피랍자 본적　전남 영암군 영암면 회문리
　피랍자 출생지　〃
5. 최종 현주소　서울특별시 용산구 서계동 33의 11
6. 최종 직업　본직(本職)
　공직(公職) 상공부 상무국장(商務局長)

7. 가족대표자 주소 및 성명
서울특별시 종로구 필운동 25의 2
김영득(金瀛得) 관계 처(妻)

8. 납치당한 장소 및 기타 상황
서기 1950년 7월 20일 상오 9시경 자택에서
① 괴뢰 정치보위부원에게 연행 후 서대문형무소에 수감.
② 7월 말경 기차 편으로 평양에 간 후 평양형무소에 수감. 10월 중순경까지 동(同) 형무소에서 생존하고 있었다 함.
(같이 납치되어갔다 탈출에 성공한 계광순씨로부터 신문=1950.10.24일자 「경향신문」 게재)
③ 그후 소식 없음.

289

接受	校閱	記[illegible]	[illegible]	[illegible]	打字	事務總長	總裁
	[stamp]			[stamp]	[signature]		

失鄕私民安否探知申告書

一、被拉者姓名 (國文) 차윤홍 (漢文) 車潤弘 (英文) CHIA, YUN HONG

二、性別 (男子) 女子

三、生年月日 西紀一九〇四年 八月二十四日生

四、被拉者本籍 全南 靈岩郡 靈岩面 会門里

五、最終現住所 右同 서울特別市 龍山区 西界洞 三三의一一

六、最終職業 公本職 商工部 商務局長

七、家族代表者住所및姓名 서울特別市 鍾路区 [illegible]雲洞 二五의二 金瀛得(영) 關係 [illegible]夫 妻

八、拉致當한場所 및其他狀況 西紀一九五〇年 七月二十日上午九時頃 自宅에서

① 傀儡 政治保衛部員에게 連行后 西大門刑務所에 收監

② 七月末頃 汽車便으로 平壤에 간 后 平壤刑務所에 收監 十月中旬頃까지 同刑務所에서 生存하고 있었다 함 (같이 拉致되어 갔다 脫出에 成功한 桂光淳 氏로부터 聽聞 = 一九五〇、一〇、二四字 京鄕新聞 揭載)

③ 其后消息 없음

사례 11. 서울시 경찰국 순경 이인수씨

서울시 경찰국 순경 출신 피랍인의 경우 연행 과정에서 민간인들과는 달리 심한 폭행을 당했던 것으로 신고되어 있다. 가재를 몰수당한 점, 연행 후 면회를 2차례 허용한 점, 피살되지 않고 평양으로 북송된 점 등을 주목해볼 필요가 있는 사례로 사료된다.

No. 321

1. 피랍자 성명 (한글) 이인수 (한문) 李仁守 (영문) Lee In Soo
2. 성별 男
3. 생년월일 서기 1915년 2월 18일생
4. 피랍자 본적 평북 초산군 초산면 성서동 1928 (출생지)
5. 최종 현주소 서울특별시 중구 필동 3가 19
6. 최종 직업 본직(本職) 서울시 경찰국 순경
   공직(公職)

7. 가족대표자 주소 및 성명
서울특별시 중구 필동 3가 19
정원금(鄭元金) 관계 처(妻)

8. 납치당한 장소 및 그 상황
서기 1950년 7월 7일 자택에서 취침 중 소위 괴뢰 보안서원 3명과 당시 민청대원 2명과 도합 5명이 지프차에 탑승하여 서기 1950년 7월 8일 조조(早朝)에 내습하여 가재일절(家財一切)을 압수함과 동시 우자(右者) 본인을 무수히 구타 끝에 구속하여 종로보안서(현 종로경찰서)에 유치당한 후에 그 당시 우자(右者)의 동생 이인걸(李仁杰))의 친지인의 소개로 2회에 걸쳐 면회하고 최종으로 면담시에 본인 진술에 의거 2, 3일 후면 38 이북으로 괴뢰 적도(赤道) 평양시로 이송하게 된다고 진술 후 다음날 재차(再次) 면회를 요청하였으나 거절당하고 금일에 이르기까지 생사를 부지 중(不知中)에 있음.

321

接受	校閱	記錄	再閱	飜譯		

失鄕私民安否探知申告書

一、被拉者姓名 (國文) 이인수 (漢文) 李仁守 (英文) Lee In Soo

二、性別 男子

三、生年月日 西紀一九一五年二月十八日生

四、被拉者本籍 平北 楚山郡 楚山面 城西洞 一九二八 (出生地)

五、最終現住所 서울特別市 中區 筆洞三街 一九

六、最終職業 本職 公職 (서울市警察局 巡警)

八、家族代表者 住所 및 姓名 서울特別市 中區 筆洞三街 一九 鄭元金 (妻)

拉致當한 場所 및 其狀況

西紀一九五〇年 七月 七日 自宅에서 就寢中 所謂 傀儡 保安署員 三名과 當時 民靑隊員 二名과 鄭召五君이 突車에 搜索하여 西紀一九五〇年 七月 八日 早朝에 來襲하여 家財 一切을 押收하는 同時 右者 本人을 無數히 毆打 끝에 捕束하여 鐘路保安署(現 鐘路警察署)에 留置當한 後에 그 當時 右者의 同生 李仁求에게 親知에 指令으로 二回에 걸쳐 面會하고 最終으로 面談時에 本人 陳述에 依據 二、三日 後이면 三八以北 傀儡 故鄕 平壤市로 移送하게 된다고 陳述하다 음날 再次 面會을 要請하였으나 拒絶當하고 今日에 이르기까지 生死를 不知中에 있음.

사례 12. 서울지방법원 서기 조종환씨

피랍인은 공무원 신분으로 은신 중이었지만 지방 좌익인 친구에게 유인돼 납치당했다고 신고되어 있다. 납북 당시 밧줄에 묶여 미아리 고개를 넘어 북행하는 전형적인 납북 형태와 납북 경로를 보여주는 사례다.

No. 350

납치자 성명 (한글) 조종환 (한문) 趙琮煥 (영문)
성별 男
생년월일 서기 1928년 6월 27일생
본적 서울특별시 종로구 예지동 250번지
최종주소 서울특별시 종로구 예지동 250번지
최종 직업 서울지방법원 호적계 서기
납치 년월일 서기 1950년 9월 5일

가족대표
김순임(金順任) 관계 처(妻)

납치장소 및 납치 사항
공무원 생활을 하였기 때문에 최종 주소지 마루 밑에 숨어 있던 중 서기 1950년 9월 5일 친우로 보이는 청년이 찾아 왔기에 무심코 나가 보라고 했더니 친우가 틀림없어 서로 상봉하더니 그 친우는 즉시 종환을 데리고 어딘지 가서 그날 종일토록 소식이 불통이므로 궁금과 안타까움을 금치 못하여 그 이튿날 9월 6일 사방으로 행방을 탐지하여 보았더니 종로 2가 인사동 입구 도서관에 감금당하였었습니다. 그후 그 도서관에서 2일 밤 묵었다가 폭격이 심하므로 그런지는 모르겠으나 또 행방불명이 되었으므로 또 행방을 탐지하였더니 납치된 다른 인사 가족들의 말을 들어보았더니 양손을 밧줄로 꽁꽁 묶어서 돈암동을 거쳐 미아리로 해서 북행하더라는 것을 확인하였습니다.

接受	校閱	記錄	再閱	飜譯	打字	事務總長	總裁
(印)			(印)	(印)	Lee		

拉致者 申告書

拉致者 姓名	趙琮煥 (男)
生年月日	西紀一九二八年 六月 二十七日生
本籍	서울特別市 鍾路區 禮智洞 ○○番地
最終住所	서울特別市 鍾路區 禮智洞 ○○番地
最終職業	서울地方法院 戶籍係 書記
拉致年月日	西紀一九五○年 九月 五日
家族代表人	金順化 (妻)
拉致場所 及 拉致事項	公務員 生活을 했기 때문에 最終住所地에 있든 中, 西紀一九五○年 九月 五日 親友로 보이는 靑年 二名이 찾아와 無名氏가 보라고 했드니, 親友가 들어오기에 서로 相逢하드니 그 親友는 即 趙琮煥을 데리고 어데인지 가서 그날 翌日로부터 消息이 不通임. 우리 家族은 [illegible]하고 있음

No 350

禁亡된 以來 四方으로 行方을 深索하여 보았으나
鍾路三街 寫眞機商 仁寺洞 入口 圖書館에 강禁當하였
섰습니다、其後 其圖書館에 什一日 바로
었다가、燒失되어 甚하므로、그런지
모르겠습니다、또、行方不明이되었습니다。또
行方을 深究하였으나 — 拉致된 人士家族
들의 말을 들어보았는데 五百名을 바른
로 끌려가서 — 家族을 거치 — 니라
로 해서 — 出行하여 拉北된 자로 確認하였사
오니다、

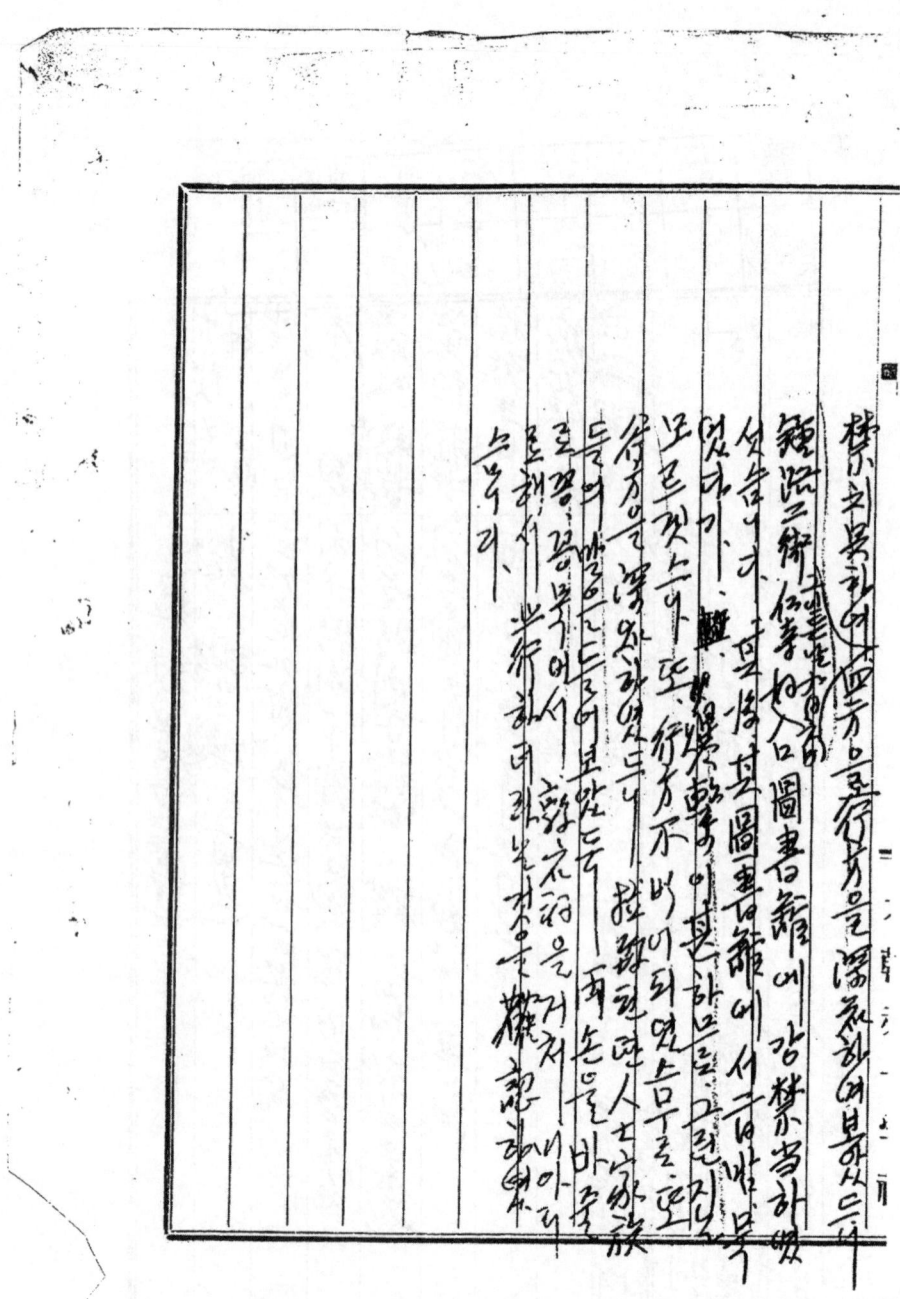

사례 13. 정치인 민주건설당 당수 문학봉씨

한강 다리가 끊어져 미쳐 피난을 못 간 정치인의 납북 사례. 북한은 서울 점령 직후인 6월 29일 가장 먼저 정치인의 소재를 파악하여 연행하기 시작하는데 이들 정치인들은 피랍 후 대부분 압록강 부근 만포진 수용소에 수용되었다고 귀환한 외국인 구 신부가 증언한 바 있다.

No. 358

1. 실향자 성명　(한글) 문학봉 (한문) 文學琫 (영문)
2. 성별　男
3. 생년월일　서기 1914년 2월 7일생
4. 실향자의 본적　서울특별시 종로구 필운동 18번지
   실향자의 출생지　〃
5. 최종 현주소　서울특별시 종로구 필운동 18번지
6. 최종직업　민주건설당 당수(黨首)

7. 가족대표자 주소, 관계, 성명
서울특별시 종로구 필운동 18번지
문태곤(文泰坤) 관계 부(父)

8. 실향당한 장소 및 실향 사항
서울특별시 종로구 체부동에 피신 중 서기 1950년 6월 29일 오전 8시경 내무서원에게 납치당함.
그후 외국인 구 신부 귀환 편(歸還便)에 만포진수용소에서 동고(同苦)하였다는 소식을 들었음.

No. 358

總裁	事務總長	打字	飜譯	再閱	記錄	校閱	接受
		Kcc					

失鄕私民申告

一、失鄕者姓名 文學琫 문학봉

二、性別 男子

三、生年月日 西紀一九一四年二月七日生(四二才)

四、失鄕者의本籍 서울特別市鍾路區卿雲洞一八番地

五、最終現住所 仝上

六、最終職業 民主建設黨々首

七、家族代表姓名 (實父) 文泰坤

八、失鄕當時場所及失鄕事項
서울特別市鍾路區体府洞에避身中西紀
一九五〇年六月二十九日午前八時頃內務署員
에게拉致當함

大韓赤十字社

二名外国人與神父帰还後에 補捕鎮收容
所以外国人荒하였고 諸点을 三렀삽

사례 14. 대한적십자사 총재 양주삼 목사-기독교인 납북 사례

목사인 피랍인의 신분상 좌익 단체 기독교연맹을 앞세워 납치해 자동차편으로 이송해간 것으로 보인다.

No. 397

1. 피랍자 성명 (한글) 양주삼 (한문) 梁柱三 (영문) J. S. Ryang
2. 성별 男
3. 생년월일 서기 1878년 1월 15일생
4. 피랍자 본적 서울시 종로구 필운동 285
   피랍자 출생지 평안남도 용강군
5. 최종 현주소 서울시 종로구 필운동 285
6. 최종 직업 공직(公職) 대한적십자사 총재
   본직(本職) 목사

7. 가족대표자 주소 및 성명
서울시 종로구 필운동 285
양요환(梁堯煥) 관계 자식(子息)

8. 납치당한 장소 및 기타 상황
서울시 종로구 필운동 285
1950년 8월 13일 기독교연맹 이사장 김욱 명의의 청장을 가지고 와서 트럭에 태워 가지고 간 후 소식을 전혀 모릅니다.

387

總長	打字	飜譯	再閱	記錄	校閱

失鄕私民安否探知申告書

一、被拉者姓名 (國文) 양주삼 (漢文) 梁柱三 (英文) J. S. Ryang

二、性別 男子

三、生年月日 西紀一八七八年 正月廿五日生

四、被拉者本籍(出生地) 서울市中區 鍾路区 [illegible] 雲泥洞 二八五. 平安南道 龍岡郡 [illegible]

五、最後現住所 서울市 鍾路区 [illegible] 雲泥洞 二八五.

六、最終職業 大韓赤十字社 總裁 牧師

七、家族代表者住所및姓名 서울市 鍾路区 [illegible] 雲泥洞 二八五 梁[illegible]煥 関係 子息

八、拉致當한場所 서울市 鍾路区 [illegible] 雲泥洞 二八五.

및其他狀況 一九五〇年 八月 廿三日 基督敎聯盟 [illegible] 長 金[illegible] 에 各 [illegible] 가지

[illegible] 에 대해 가지 [illegible] 모든 [illegible]

사례 15. 경기도 용인 지역에서 납북된 이장호씨

경기도 용인에서 대한청년단원과 소방대원을 지냈던 피랍인은 '용인농업창고'에 일단 수용되었다가 다시 내무서 유치장으로 옮겨진 후 도보로 북송된 사례. 피랍 동행 중 평양 도착 전에 탈출에 성공한 이웃 윤관오씨 증언에 따라 행적이 밝혀진 경우다.

No. 410

납치자 성명 (한글) 이장호 (한문) 李壯浩 (영문)
성별 男
생년월일 서기 1921년 12월 11일생
피랍자의 본적 경기도 가평군 북면 화악리 757번지
최종 현주소 경기도 용인군 용인면 역북리 401번지의 3
최종 직업 농업, 대한청년단원, 소방대원

가족대표 성명 백증일선(白曾一先) 관계 처(妻)

실향당소(當所) 및 실향 납치 사항
용인군 용인면 역북리 401번지의 3호 자택에서 단기 4283(1950)년 7월 23일 오전 6시경 소위 괴뢰 내무서원 2명에게 납치당함. 그후 용인농업창고에 수용되었다가 다시 괴뢰 내무서 유치장에 수용된 후 평양 방면 도보로 강송. 당시 같이 연행된 용인군 이동면 송전리 윤관오씨가 평양을 30리를 앞두고 단신 도망할 때도 보았다 함. 그후 소식은 전연 부지(不知)함.

단기 4289(1956)년 6월 15일
신청인 (父) 이종인(李鍾麟)

대한적십자사 귀하

總裁 事務總長 打字 410

失鄕私民探知申請書

拉致者의 姓名 李壯浩 (男)

西紀一九二一年十二月十日生

被拉의 本籍 京畿道加平郡北面華岳里七五七番地

最終現住所 京畿道龍仁郡龍仁面驛北里四○一番地의三

最終職業 農業、大韓青年團員、消防隊員

家族代表姓名 (妻) 白曾一先

失鄕當時의 失鄕拉致事項 龍仁郡龍仁面驛北里四○一番地의三番自宅에서 檀紀四二八三年七月二十三日午前六時頃所謂傀儡內務署員二名에게 拉致當함 그后龍仁農業倉庫에 收容되어 있다가 다시 傀儡內務署留置場에 收容된 后平壤方面徒步으로 强送

當時 같치 連行된 龍仁郡 二東面 松田里 尹寬吾氏

가 平壤을 三千里를 압두고 單身逃亡할때 도로왓다함

그后 消息은 全然不知함

檀紀四二八九年 六月 十五日

申請人(父) 李鍾麟

大韓赤十字社 貴下

사례 16. 서울지방법원 사법관 시보 강준호씨

납북 당시 약 8,000여 명의 대규모 피랍인사들이 일제히 머리가 깎였다는 언급이 들어 있고, 두 명씩 손이 묶여 도보로 미아리 고개를 넘어서 평양시까지 갔다는 납북 당시의 상황과 경로가 상세하게 기록된 사례다.

No. 433

1. 피랍자 성명　(한글) 강준호 (한문) 姜駿鎬 (영문) Kang Joon Ho
2. 성별　男
3. 생년월일　서기 1909년 8월 18일생
4. 피랍자 본적　황해도 안악군 대원면 덕산리 677번지
5. 최종 현주소　서울특별시 성동구 신당동 333의 12호
6. 최종 직업　사법관 시보(司法官試補) (서울지방법원)

7. 가족대표자 주소 및 성명
서울특별시 성동구 신당동 333의 12호
임보석(任甫錫) 관계 처(妻)

8. 납치당한 장소 및 그 상황
1950년 8월 2일 오후 6시에 내무서원 1명이 현주소인 서울특별시 성동구 신당동 333의 12호에 나타나서 근처에 있는 민청본부에 가서 약간 물어보고 돌려 보내준다고 하며 연행해갔습니다. 그 다음날 성동경찰서에 인계되어 서대문형무소로 가 있었습니다. 그러자 UN군이 인천에 상륙하자 약 8,000명으로 추산되는 인사들을 불러내어 머리를 깎은 후 손을 두 명씩 묶고 도보로 미아리 고개를 거쳐서 평양까지 간 것이 확실합니다. 상기 사실은 사변 전 남전(南電) 모(某) 과장이 같은 감방에 있다가 평양까지 갔다가 구사일생으로 탈출하여 저의 집을 찾아와서 말해주었습니다.

〈피랍치인 행방〉　자택 → 성동서 → 서대문형무소 → 미아리 고개를 넘어서 평양시까지

433

接受	校閱	記錄	呼閱	翻譯	打字	事務總長	總裁

失鄕私民安否探知申告書

一、被拉者姓名 (國文) 강준호 (漢文) 姜駿鎬 (英文) ~~KANG JOON HO~~ KANG JOON HO

二、性別 男子 (남자)

三、生年月日 西紀一九〇九年 八月十八日生

四、被拉者本籍 黃海道安岳郡大遠面德山里六七七番地

五、最終現住所 서울特別市城東區新堂洞 三三三의 十二號

六、最終職業 本職 司法官試補 (서울地方法院)

公職

七、家族代表者住所및姓名 任南鎬 서울特別市城東區新堂洞三三三의十二號

八、拉致當時場所및其狀況 서울特別市城東區新堂洞 三三三의十二號

拉致狀況은 別紙에 添付되어 있습니다。

拉致狀況

1950年 8月 2日 午后六時에 內務署員 一名이 現住所인 서울特別市 城東區 新堂洞 333의 1번地에 나타나서 近處에 있는 民靑本部에 가서 若干 물어보고 돌려보내준다고 하며 連行해갔읍니다. 그다음날 城東警察署에 引繼되며 西大門刑務所로 가있었읍니다. 그러자 UN軍이 仁川에 上陸하자 約八千名으로 推算되는 人士들은 불러내어 미처 가든지 손을 두명씩 묶고 徒步로 미아리 고개를 지나서 平壤까지 간것이 確實합니다. 上記 事實은 東亞社 南電 某課長이 같은 監房에 있다가 平壤까지 갔다가 九死一生으로 脫出하여 저의 집을 찾아와서 말해 주었읍니다.

② 被拉致人行方

自宅 → 城東署 → 西大門刑務所 →

→ 미아리고개를 넘어서 平壤市까지.

사례 17. 제 2대 민의원 정치인 조소앙씨

2대 민의원을 지낸 정치권의 저명인사 조소앙씨 가족의 피랍 신고서다. 은신할 틈도 없이 곧바로 다른 정치인보다 더 신속하게 연금을 당하였다가 전쟁에서 불리한 입장에 처하자 급히 북송해간 것으로 신고되어 있다.

No. 453

1. 성명 (한글) 조소앙 (한문) 趙素昂
2. 성별 男
3. 생년월일 1887년 4월 10일
4. 실향자의 본적지 경기도 양주군 남면 황방리 116
   실향자의 출생지 경기도 교하군
5. 최종 현주소 서울특별시 성북구 돈암동 445의 1
6. 최종 직업 제2대 민의원(서울 성북구 선출)
7. 가족대표 조인제
8. 실향장소 및 실향 사항

상기 제5항의 주소 서울특별시 성북구 돈암동 445의 1 자택에서 6 · 25사변 돌발 즉시 침입한 괴뢰 무장보위대 수명에 의하여 강금당한 후 일절 외부 연락 및 출입을 금지당하고 있던 중 아군의 서울수복 직전인 1950년 9월 18일 오후 3시경 돌연 괴뢰 보위부 특무대원의 무장 위협하에 트럭에 강제로 실려 납치당하여 북행함.

No. 453

接受	校閱	記錄	再閱	飜譯	打字

失拉致者의申告

1. 姓名 趙素昂

2. 性別 男

3. 生年月日 1887. 4. 10.

4. 失鄕者의本籍地

京畿道楊州郡南面篁芳里116

5. 最終現住所

서울特別市城北區敦岩洞445의1

6. 最終職業 第二代民議員 (서울城北區選出)

7. 家族代表 趙仁濟

8. 失鄕場所및失鄕事項

上記第五項의住所서울特別市城北區敦岩洞445의1自宅에서六·二五事變勃發直時侵入한괴뢰武裝保衛隊數名에依하여强禁當한後一切外部連絡及出入을禁止當하고있던中我軍의서울收復直前인1950. 9. 18午后3時項突然괴뢰保衛部特務隊員의武裝威협下에 추럭에强制로실리워拉致當하여北行함

出生地 京畿道 交河郡

REPORT ON WHO HAS LOST
HIS NATIVE PLACE

1. Name: Cho, sowang

2. Six : M.

3. Date of Birth: April 10, 1887

4. Domicile : 116 Whang Bang Ni, Nam Myun, Yang Ju Kun, Kyonggi-do

5. Last address : 445-1 Don Am Dong, Sung Buk Ku, Seoul City

6. Last occupation: Representative of National Assembly (representative of Sung Buk Ku, Seoul)

7. Family representative: Cho, In Jeh

8. The reason losing his native place:

While he was living at his house, the address as it was written down as item 5, No. 445-1 Don Am Dong, Sung Buk Ku, Seoul City, he was arrested at his home by the red armed soldiers and was kept in his house not promising to touch with the outside world. It was happened as soon as the redx army made an invasion upon Seoul City.

And While the reds keeping him in his house without free activities, just bxfore recover the Seoul City by the UN Army on 18th September 1950, at a sudden, about three o'clock, a group of armed red soldiers came with truck took him away to North Korea.

사례 18. 경기도 고양에서 납북된 오진태씨

경기도 고양에서 납치되어 북송되는 과정이 상세히 기록돼 있다. 원당면사무소 창고에 수용되었다가 도보로 서울 마포형무소로 이송되고, 이후 9·28수복 직전 도보로 북한으로 이송 도중 피랍인의 본적인 원당면 교내리 흥도국민학교에서 1,000명으로 추산되는 대규모의 피랍인들과 합류하여 북송된다. 납북 도중 흥도국민학교에서 탈출한 김삼진씨의 증언에 기초해 신고한 사례다.

No. 456

1. 피랍자 성명 (한글) 오진태 (한문) 吳振泰 (영문) O Chin Tai
2. 성별 男
3. 생년월일 서기 1917년 5월 17일생
4. 피랍자 본적 경기도 고양군 원당면 원흥리 극동 485번지
   피랍자 출생지 〃
5. 최종 현주소 〃
6. 최종 직업 본직(本職) 농업
   공직(公職) 대한청년단 원당면단 경비부장

7. 가족대표자 주소 및 성명
경기도 고양군 원당면 원흥리 극동 485번지
오선학(吳善學) 관계 부(父)

8. 납치당한 장소 및 기타 상황
서기 1950년 7월 20일 오전 10시경 원흥리 송현 장선출씨 댁(피랍치자의 진외가댁)에서 소위 괴뢰 내무서원 5명에게 납치당함. 그후 원당면사무소 창고에서 20여일 수용된 후 서울로 도보로 강송되어 서울 마포형무소에 수용된 후 9·28이 다가오자 동 형무소에서 북한으로 강송(도보로)되는 도중 피랍치자의 본적지인 원당면 도내리 흥도국민학교에서 1,000여 명으로 추산되는 납치자들과 함께 1박한 후 북한으로 강송된 사실을 한 동리에서 함께 납치당하였다가 흥도국민학교 근방을 통과 중 납치자 대열 속에서 탈출하여 생환한 김삼진씨에 의해 확인됨.

No. 456

接受	校閱	記錄	尋問	[illegible]	打字	事務總長	[illegible]
	(印)	(印)					

失鄕私民安否探知申告書

一. 被拉者姓名 (國文) 오진태 (漢文) 吳振泰 (英文) O Chin Tae.

二. 性　別 (男子) 女子

三. 生年月日 西紀一九一七年五月十七日生 (四〇才)

四. 被拉者本籍 京畿道高陽郡元堂面元興里棘洞四八五番地

五. (出生地) 現住所 右　同 (出生地도 右同)

六. 職　業 本 農業 公職 大韓青年團元堂面團警備部長

七. 申告者 家族代表者 住所 및 姓名 京畿道高陽郡元堂面元興里棘洞四八五番地 吳 善學 關係 父

拉致當時場所 및 其他狀況 西紀一九五〇年七月二〇日午前十時頃 元興里에서 松峴派出所(被拉致者의 其外 家宅)에서 所謂 傀儡內務署員 五名에게 拉致當함. 그後 元堂面事務所倉庫에서 二十餘日 收容된 後 서울로 徒步로 强送되어 서울 麻浦刑務所에 收容된 後 [illegible] 同刑務所에서 北韓으로 强送(徒步로) 되는 途中 被拉致者의 本籍地인 元堂面道乃里 興道國民學校에서 (○○) 餘名으로 拉致되는 拉致者들과 함께 一泊한 後 北韓으로 强送된 事實을 元興里에서 함께 拉致當하였다가 興道國民學校 近方을 通過中 拉致者隊列에서 脫出하여 生還한 金三振氏에게 確認되었음.

사례 19. 국회 전문위원 출신 조병설씨

정계 관련자들도 정치인들과 마찬가지로 북한의 서울 점령 후 비교적 이른 시기에 북송됐던 것으로 보인다. 이들은 북송된 후 대부분의 피랍 정치인들과 함께 만포진에 주로 연금됐음이 이후 구 신부에 의해 확인된 바 있다.

No. 511

1. 피랍인 성명 (한글) 조병설 (한문) 趙炳契 (英文) Cho Byung Sul
2. 성별 男
3. 생년월일 서기 1912년 8월 11일생
4. 본적 서울특별시 종로구 계동 100의 5호
   출생지 충남 홍성군 홍동면 수란리
5. 최종 현주소 서울특별시 성동구 신당동 366의 10호
6. 최종 직업 국회 내무치안전문위원

7. 가족대표
이농우(李瓏宇) 관계 피랍인의 처(妻)

8. 피랍장소 및 상황
서기 1950년 7월 12일경에 서울특별시 종로구 무교동 천변(川邊) 가로상에서 무교동 내무서원에게 동 내무서에 연행 피랍. (일행 3인이 연행되었으나 그 중 1인은 즉시 석방되었다고 함.)

9. 참고 사항
라마교황사절관 구 주교가 북한 피랍 당시 북한 수 개처(數個處)에서 상봉하였으며, 구 주교 송환 전일(前日)까지도 만포진에서 상면(相面)하였다는 사실을 직접 구 주교 본인으로부터 들은 바 있음.

상기(上記)와 여(如)히 신고하나이다.

서기 1956년 6월 18일
서울특별시 성동구 신당동 366의 10
신고자 이농우(李瓏宇)

국제적십자사 기중

511

接受	[illegible]	記錄	再閱	飜譯	打字	事務總長	總裁

被拉人士 申告書

1. 被拉人姓名 : 조병설, 趙炳卨, Cho, Byung Sul
2. 性　別 : 男子
3. 生年月日 : 西紀 1912年 8月 11日生
4. 本　籍 : 서울特別市鍾路区 桂洞 100의 5号
5. 最終現住所 : 서울特別市 城東区 新堂洞 366의 10号 [illegible]
6. 最終職業 : 國會內務治安專門委員
7. 家族代表 : 李瓏宇 (이농우), 被拉人의妻
8. 被拉場所 及 狀況 :

西紀 1950年 7月 12日 頃에, 서울特別市 鍾路区 武橋洞 川辺 街路上에서 武橋洞 內務署員에게 同內務署에 連行被拉. (一行三人이 連行되었으나 其中一人은 即時 釈放되었다고 함).

9. 參考事項 :

羅馬教皇使節官 具主教가 北韓被拉 當時. 北韓 收容處에서 相逢하였으며, 具主教 送還前日까지도 滿浦鎭에서 相面하였다는 事實을 直接 具主教本人으로부터 들은바 있음.

上記와 如히 申告하나이다.

~~西紀 1950年 6月 18日~~

서울特別市 城東区 新堂洞 366의 10

申告者 李瓏宇 (印)

國際赤十字社 貴中

사례 20. 실업가 출신 박준혁씨

직접 자택에 와서 연행해가기 전에 몇 차례 호출을 하기도 했다는 사실이 기록돼 있다. 납치 경로에서 청량리가 중요 통과 지점으로 명시된 사례이며, 열차를 이용해 대규모로 북송했다가 청량리역 폭파 후에는 도보로 북송하게 된다. 이 신고서에 따르면 피랍인들의 가족들은 동회, 경찰서, 가족회, 적십자사 4곳으로 피랍 신고가 가능하였던 것을 알 수 있다.

No. 520

1. 피랍자 성명　(한글) 박준혁 (한문) 朴俊赫 (영문) Park Jun Hyock
2. 성별　男
3. 생년월일　서기 1913년 2월 15일생
4. 피랍자 본적　서울특별시 종로구 충신동 187의 22
   피랍자 출생지　경기도 광주군 중부면 산성리
5. 최종 현주소　서울특별시 중구 장교동 63의 1
6. 최종 직업　본직(本職) 회사원(혁신사 사장) – 토건업 및 무역
   공직(公職)

7. 가족대표자 주소 및 성명
서울특별시 중구 장교동 63의 1
하옥순(河玉順) 관계 처(妻)

8. 납치당한 장소 및 기타 상황
1950년 8월 15일 6시경 자택에서
본인은 사변 전까지 자수성가하여 소화통(昭和通)에 '혁신사' 라고 하는 무역업을 경영하고 있었는데 납치당할 때까지는 수차 호출도 있었으나 뜻밖에 8 · 15 새벽 담을 넘고 침입하여(정치보위부에서) 국립도서관에 있다가(가족과는 1차 면회 있었음) 서대문형무소로 이전했으나 차차 전세가 불리함에 청량리 방면으로 이송하여 북한으로 끌고갔음.

참고 : 등록필○　① 적십자사
② 동회
③ 경찰서
④ 납치인사가족회

失鄕私民安否探知申告書

一、被拉者姓名 (國文) 박준혁 (漢文) 朴俊赫 (英文) PARK JUN HYOK

二、性別 男子 ~~女子~~

三、生年月日 西紀 [redacted] 一九一三年 二月 十五日 生

四、被拉者 本籍 서울特別市 鍾路區 忠信洞 一八七의 二二

五、最終現住所 京畿道 廣州郡 中部面 山城里 / 서울特別市 中區 長橋洞 三의 一

六、最終職業 公職 會社員 (赫新社社長) — 土建業 및 貿易

七、家族代表者 住所 및 姓名 서울特別市 中區 長橋洞 三의 一 河玉順 關係 妻女

八、拉致當한 場所 및 其他 狀況 — 西紀一九五〇年 八月 一五日 [illegible] 自宅 에서

本人은 事變前까지 自手成家하여 "昭和通"에 "赫新社"라는 貿易業을 經營하고 있었는대 拉致當할 때까지는 [illegible] 못받고 [illegible]

八.一五. 새벽 집을 [illegible]하여 (政治保衛部에서) 國立圖書館에 있다가 (家族과는 一次面會 있었음) 西大門刑務所로 移轉 했으나 차차 戰勢가 不利함에 [illegible] 方向으로 移送되어 北韓으로 끌려갔음.

現在 子女는 四男一女 長男 [illegible] 京畿高等 卒業, 二男 [illegible] 京畿中學 二年, 三男 [illegible] 國民學校 [illegible]年, 長女 [illegible] 京畿女高 一年

照會事項 ① 赤十字社 ② [illegible] ③ 警察署 ④ 拉致人事[illegible]會

520

總裁	事務總長	打字	飜譯			校閱

사례 21. 미국 시민권자 이제로씨

미국에서 30여 년 농장을 경영하며 거주하여 미국시민권을 소지한 피랍인의 경우로 1949년 10월경 귀국해 있다 6 · 25전쟁 중 북한의 서울 점령 직후인 8월 13일, 친미파라는 명목으로 성북내무서에서 취조를 받고 정치보위부로 연행된 후 납북됐다고 기록돼 있다.

No. 890

납치인사 성명	(한글) 이제로 (한문) 李濟櫓 (영문) Jero Lee
성별	男
생년월일	단기 4220(1887)년 8월 9일
본적	서울특별시 종로구 필운동 85
최종 현주소	서울특별시 성북구 성북동 60의 42
최종 직업	무직
가족대표	이윤만(李倫萬) 관계 부(父) 성북구 성북동 60의 42번지

납치장소 및 납치 상황

서울특별시 성북구 성북동 60의 42

피랍인은 미국 30여 년 거주로 미국시민권 소유자며 펜실베니아주에서 농장 경영 중 사변 전(前)년도 단기 4282(1949)년 10월에 귀국하고 있던 중 6 · 25사변 중 친미파(親美派)란 명목으로 8월 13일 성북동 인민위원 회원의 지시로 성북내무서에서 취조를 받고 정치보위부로 연행되었다가 납치당한 것임.

45.　　　　　　　　　　　　　　　　　　-890

總裁	事務總長	担当	飜譯	再閱	記錄	校閱	捺印

拉致人士安否探知調査의件

拉致人士姓名	李濟櫓 Jess Lee
性別	男
生年月日	檀紀四二二〇年一月九日 (一八八七)
本籍	서울特別市鍾路区雲泥洞八五
拉致當時現住所	서울特別市城北区城北洞六〇의四二
拉致當時職業	無職
家族代表	李倫萬(子) 城北区 城北洞六〇의四三 董也
拉致場所및拉致狀況	서울特別市城北区城北洞六〇의四二

被拉人은 美國三十餘年居住로 美國市民權所
有者며 現住는 [illegible]니아洲에서 農場經營中 事變으로

東檀紀四二八二年十月에歸國하고있었든中
南大門事變中 親善派沿岸五月六日로 八月十三日
城北洞人民委員會委員의指示로城北洞內務署에
서取調를받고政治保衛部로連行되었다가
拉致當한것이오

사례 22. 의용군으로 납치된 제과공 안필원씨

의용군 모집을 회피하기 위하여 은신해오던 중 동네 인민위원의 지시로 여성동맹원 수십 명이 밤중에 기습해 피랍, 수송국민학교에 수용됐다가 강제 징병됐다고 기록돼 있다.

No. 1166

실향자 성명	(한글) 안필원 (한문) 安弼遠 (영문)
성별	男
생년월일	서기 1930년 9월 18일생
본적지	경기도 용인군 외사면 박곡리 98번지
최종 현주소	서울특별시 성북구 돈암동 동선남부 5번지의 10호
직업	제과
직업의 종별	서울시 충무로 4가 소재 제과소 캬라멜 제이(製飴) 직공으로 재직(在職) 중 공직(公職) 향토방위대원 및 한청단원 제2반 훈련반장
가족대표	안돈원 (安燉遠) 관계 형(兄)
실향 장소	서울특별시 성북구 돈암동 동선남부 5의 10호 사형(舍兄) 안형원(安炯遠) "家"

실향 사항

우기(右記) 실향 장소인 우기(右記) 주소 사형(舍兄) 안형원이가 인민군 적구(敵狗)가 서울 침입시 ○리로 피난하여 공가(空家)임으로 중구 충무로 제과소 직장 유(留)하다가 야(夜) 취침시엔 산길로 돌아 돈암동 실향자의 차형(次兄)인 안형원 가(家) 벽장(벽장 속)에서 은신하여 취침 중에 있는 것을 돈암 인민위원장의 지시에 의하여 여성동맹원 수십명에게 야반 기습을 당하여 체포되어 그 즉시 종로 수송학교에 수용당하고 있는 중 탈출하다 발각되어 즉각 경(更)히 체포되어 납치당하였음. 그 당시 지방에서 의용군 모집을 회피키 위하고 또는 사형(舍兄) 가(家)가 공가(空家)임으로 은신 목적으로 유(留)하다가 여성동맹원에 발각되어 납치당하였음.

우(右)와 여(如)히 등록을 신청함

4289(1956)년 6월 19일

右 가족대표 장형(長兄)

右 안돈원(安燉遠)

대한민국 중앙적십자사 귀중

失鄕者登錄申請願

失鄕者 姓名	安[illegible]遠 當二十七才
性別	男
生年月日	西紀一九三〇年九月拾八日生
本籍地	京畿道龍仁郡外四面朴谷里九八番地
最終現住所	서울特別市城北區敦岩洞東仙南部五番地의拾号
職業	製菓
職業의種別	서울市忠武路四街所在製菓所라면製飴職工으로在職中
公職	鄕土防衛隊員及韓靑團員第[illegible]班訓練班長
家族代表	兄 安燉遠
失鄕場所	서울特別市城北區敦岩洞東仙南部五의一〇号
失鄕事項	右記失鄕場所에서在住所舍兄安烔遠이가 / 舍兄 安烔遠 家

人民軍赤狗가서울侵入時 卽里로 避難
하여 空家안으로 中區忠武路製裝業所[illegible]
留하다가 夜就寢時에는 小길노 돌아
敦岩洞 失卿者의 次兄인 安炳遠 家壁藏
(明장소)에서 隱身하여 就寢中에 있든
林七은 敦岩人民委員會의 指示에 依하여 女性
同盟員 數拾名에게 夜半 壽龍襲을 當하여
逮捕되여 其卽時 鍾路 壽松學校에 收容
처當하고 잇는 中 脫出하다 發覺되여 卽刻 更히
逮捕되여 拉致當하였음
其當時 地方에서 義勇軍募集을 回避키 爲
하고 又는 舍兄家가 空家임으로 隱身目的으로 留하다
가 女性同盟員의 發覺되여 拉致當하였음

右와 如히 登錄을 申請함

八九年 六月 十九日

右 家族代表 (長兄)

右 安 焞돈 遠

大韓民國中央赤十字社 貴中

사례 23. 경찰관 출신 인쇄업자 조윤식씨

전직 경찰관이었던 피랍인의 납북에 보도연맹원들이 적극 협조하였음을 기록하고 있다.

No. 1447

납치자 성명	(한글) 조윤식 (한문) 趙允植 (영문)
성별	男
생년월일	단기 4256(1923)년 11월 3일생
본적	서울특별시 성동구 신당동 228번지
출생지	〃
최종 현주소	서울특별시 성동구 신당동 약수동 347의 109호
최종 직업	인쇄업

가족대표 성명　조윤필(趙胤弼) 관계 형(兄)

납치장소 및 납치 사항

서울특별시 성동구 신당동 약수동 347의 109호에서 납치를 당하였음. 해방과 더불어 경찰관이 되어 서울 종로경찰서 사찰계 형사로 복무하여 6 · 25사변 8개월 전에 사직하고 형과 같이 서울특별시 중구 충무로 4가에서 인쇄소를 경영 중 6 · 25남침으로 인하여 당시 보도연맹원으로 있은 하은창(河銀昌) 또는 하윤석(河允錫)이라 칭함. 그 자가 서울 성동경찰서 사찰요원으로 있을 당시 친면(親面)이 있으므로 사변과 더불어 돌변하여 당시 약수동 정치보위부에 연행하여 취조서(取調書)를 밀봉하여 당시 성동내무서에 유치하여 그후 소식이 무(無)함.

1447

總裁	專務總長	打字	飜譯	再閱	記錄	校閱	校文
				9			

拉致人士申告書

拉致者姓名	趙允植 조윤식
性別	男性
生年月日	檀紀四二五七年十一月三日生
本籍地	서울特別市城東區新堂洞二二八番地
最終現住地(拉致當時)	서울特別市城東區新堂洞藥水洞三四四의一九號
取扱職業	印刷業
家族代表	趙鳳鄕 兄
拉致場所	서울特別市城東區新堂洞藥水洞三四四의一九号에서
拉致事項	拉致은 安하였음 解放까지 印刷業 [illegible] 官이되어 서울鍾路警察署査察係 刑事로 服務하여 六、二五事變 八個月 [illegible]

前에 辭職하다 兄과 같이 서울特別市
中區忠武路四街에서 印刷所를 經營
中 六·二五動亂으로 因하여 當時 保
導聯盟員으로 있는 河銀昌又는
河允錫이라 稱하는 者가 서울城東警
察署 政治保察要員으로 있을 當時 親
~~南이 있는 [illegible] 表하여 [illegible] 表하~~
여 當時 藥水洞政治保衛部에 連行하여
取調書를 密封하여 當時 城東內
務署에 留置하여 그後 消息이 無하며

사례 24. 체신부 공무원 출신 위인진씨

체신부 중앙전기시험소 제2부장의 공무원 신분으로 납치된 경우. 1950년 8월 25일까지 북한의 납치 대상자 색출과 연행이 계속되었고, 중요 납북 경로인 서울 우이동에서 피랍인이 포박을 당하여 이북으로 연행되는 것을 목격하였다는 신삼모씨의 증언이 들어 있다.

No. 1471

성명	(한글) 위인진 (한문) 魏寅辰 (영문) Wee Inn Jin
성별	男
생년월일	서기 1902년 3월 14일
본적	서울특별시 종로구 연지동 105번지
최종 현주소	서울특별시 중구 필동 3가 28번지의 8호
최종 직업	공무원 (체신부 중앙전기시험소 제2부장)

가족대표 성명
위영환(魏英煥) 관계 장남(長男)

납치장소 및 납치 상황
서기 1950년 8월 25일 오후 12시경 당시의 주택이었던 서울특별시 중구 필동 3가 28번지의 8호에서 내무서원 10여 명의 가택 수색이 있은 후 '6구(六球) 라디오', '전기 메-카-' 가 있는 것을 구실로 남한의 방송을 청취하였다는 혐의하에 잠시 필동 2, 3가 파출소까지 동행하자고 요구하여 연행함으로서 납치됨. 연행시 전기(前記) '라디오' 와 '전기 메-카-' 도 몰수당하였음. 그후 소식이 없기에 각방으로 탐지하여 본 결과 중부보위서(현 중부경찰서)를 거쳐 서울시보위부(현 국립도서관)에 수용된 것이 판명되었으며 혹설에 의하면 서대문형무소에 수감되었었다고도 함. 서울의 9 · 28 수복 전(前) 우이동 방면에서 포박되어 이북으로 연행되는 것을 체신부에 근무하는 지인(知人),(현재 체신부 전무국 전파관리과장으로 있는 신언모씨)이 목도하였음.

우(右)와 여(如)히 신고하나이다

서기 1956년 6월 25일

우(右) 신고인 서울특별시 종로구 종로 6가 83번지
위영환(魏英煥)

拉致人士申告書

제 [illegible] 호

拉致人士姓名 魏 寅 辰 위 인 진

生年月日 西紀一九〇二年三月十四日生(當年五五才)

本籍 서울特別市鍾路區蓮池洞百五番地

最終現住所(拉致當時) 서울特別市中區筆洞參街武拾八番地의八号

最終職業 公務員(遞信部 中央電氣試驗所 第二部長)

家族代表의姓名 魏 英 煥 (拉致人魏寅辰의長男)

拉致場所 및 拉致狀況

西紀一九五〇年八月二十五日午後十二時頃, 當時의住宅이었든 서울特別市中區筆洞三街二八番地의八号에서 政務署員十余名의家宅搜索이 있은後 六球라디오 電氣메-카-, 가 있는것을 口實로 南韓의放送을

聽取하였다는 嫌疑下에 暫時 筆洞二·三街 派出所
까지 同行하자고 要求하여 連行함으로서 拉致됨
連行時 前記 라듸오와 電氣메가도 沒收當하였음
其后 消息이 없기에 各方으로 探知하여본 結果
中部保衛署(現中部警察署)를 거쳐 서울市保
衛部(現国立圖書館)에 收容된 것이 判明되었으며
或說에 依하면 西大門刑務所에 收監되었었다고도 함.
서울이 九·二八 收復前 牛耳洞方面에서 捕縛되어
以北으로 連行되는 것을 遞信部에 勤務하는 知人
(現在 遞信部 電務局 電波管理課長으로 있는
申彦模氏)이 目睹하였음

右와 如히 申告하나이다

西紀一九五六年六月二十五日

右申告人 서울特別市鍾路區鍾路六街八十三番地

魏英煥

사례 25. 고교 교사 출신의 무선 기술자 홍익표씨

피랍인은 당시 20여 년간 서울중앙방송국과 중앙체신국 무선계에서 근무하다가 기술교육 양성을 위하여 교편을 잡고 있었던 무선 기술 전문가였다. 당시 북한이 이런 계통의 기술인을 매우 필요로 했음을 짐작할 수 있다.

No. 1550

1. 실향자 성명 (한글) 홍익표 (한문) 洪翼杓 (영문) Hong Ic Phio
2. 성별 男
3. 생년월일 서기 1907년 9월 17일
4. 실향자 본적 서울특별시 종로구 통의동 61번지
   실향자 출생지 〃
5. 최종주소(납치 당시) 서울특별시 성북구 돈암동 327번지의 1호
6. 최종 직업 현 동국무선고등학교 전기무선학 교사

7. 가족대표자 주소 및 성명
서울특별시 성북구 돈암동 327번지의 1
홍순승 (洪淳昇) 한의사 관계 부(父)

8. 실향당한 장소 및 실향사항

ㄱ. 장소
자택

ㄴ. 사항
실향자 홍익표는 일찌기 일본제국주의 하에서 유선 및 무선계의 기수(技手)로서 실험과 학술로 약 20여년간 그 업을 가지고 서울중앙방송국 기술부 및 중앙체신국 무선계에서 종사하다가 단기 4280(1947)년 4월경 의지를 변환하여 대한의 기술교육 양성을 위해 현 동국무선고등학교에서 교편을 가지고 전력을 다하던 중 불의의 공산도배들은 우리 자유대한을 침략하여 우리들 아니 전 세계 자유 인류들의 가슴속에서 사라지지 않는 6 · 25사변을 야기시켰던 것입니다. 그 당시 우리 가족 남녀 청년은 불행히도 남하하지 못하고 각자 적색마하(赤色魔下)에서 지하 암흑 은닉생활을 하지 않으면 아니되었던 것입니다.

그러한 생활을 계속하는 도중 돌연 어느 날 즉 단기 4283(1950)년 8월 2일 아침 7시경 학교에서 왔다고 하는 2명의 괴청년(怪青年)은 실향자를 호출하여 학교문제로 문의지사(問議之事)가 유(有)하니 학교까지 꼭 같이 가자고 여러 각도로 공갈 협박함으로 실향자는 공포심을 억제치 못하고 그 괴청년에게 끌려간 그후 소식이 두절되어 전 가족은 금일에 이르기까지 애통을 금치 못하던 차 금반(今般) 내한(來韓)하신 국제적십자사 대표 일행으로부터 우리 납치인 유가족들을 위해서 실향자 생사여부를 조사해 주심에 대하여 진심으로 사의를 표(表)해 마지않는 바입니다. 부디 조사 결과의 결실(結實)있기를 기원하오며 상기(上記)같이 신고하나이다.

拉致人 (洪翼杓) 申告書類

1. 失鄕者의 姓名 No.

洪 翼 杓

홍 익 표

Hong ie phio

校閱	記錄	再閱	飜譯	打字	總務長

2. 性 別

男 子

3. 生年月日

西紀 1902年 9月 17日

4. 失鄕者의 本籍及出生地

서울特別市鍾路區通義洞 61番地

5. 最終住所 (拉致當時)

1550

서울特別市 城北區 敦岩洞 327番地의 1號

6. 最終職業

現 東國無線高等學校 電氣無線學 教~~諭~~師

7. 家族代表姓名 住所 서울市城北區敦岩洞327의 1

失鄕者의 父 漢醫師 洪淳昇

8. 失鄕當한 場所 및 失鄕事項

ㄱ. 場所

自宅

ㄴ. 事項

失鄕者 洪翼杓는 일찍이 日本帝國主義下에서 有線及無線
界에 技手로서 實驗및學術로써 約 20余年間 工業을 가지
고 서울中央放送局 技術部 및 中央遞信局 無線界에서

從事하다가 檀紀 4280年 4月頃 意志를 變換하여 大韓의 技術敎育養成을 爲하여 現 東國電線高等學校에서 敎鞭을 가지고 全力을 다 하든中 不意의 共產徒輩들은 우리 自由大韓을 侵略 하야 우리들 아니 全世界 自由人類들의 가슴 속에서 사라지지 않은 六·二五 事變을 惹起시켰든것입니다

其當時 우리 家族 男女青年은 不幸히도 南下치 못하고 各自 赤色魔下에서 地下暗黑 隱匿 生活을 하지 않으면 않이되였든것입니다

그러한 生活을 繼續하는 途中 突然 어느날 即 檀紀 4283年 8月 2日 朝 7時頃 學校에서 왔다고 하는 二名의 怪青年은 失鄕者를 呼出하며 學校

問題로 問議之事가 有하니 學校까지 꼭 같이 가자고 여러 各度로 恐喝壙迫 함으로 失鄕者는 恐怖心을 抑制치 못하고 其怪青年에 끌려 간 其後 消息이 杜絶되여 全家族은 今日에 이르기 까지 哀痛을 禁치 못하든 次

今般來韓하신 國際赤十字社 代表一行으로부터 우리 拉致人當家族들을 爲해서 失鄕者 生死與否를 調査해 주심에 對하야 眞心으로 謝意를 表해 마지 않은 바 입니다 부디 調査結果의 結實 있기를 祈願하오며 上記 같이 申告하나이다

사례 26. 서울대 초대총장이자 전 반민특위 재판관 이춘호씨

미국 대학원에서 수학 전공을 한 당시 학계 저명인사이며 서울대 설립 초대총장을 역임하는 등 사회적 명망이 높은 인물의 납북 사례. 정부의 피난 지시가 없었고 직장을 사수하라는 대통령의 라디오 방송을 믿고 있다가 납북됐다고 기록돼 있다.

No. 1639

납치인 성명	(한글) 이춘호 (한문) 李春昊 영문
성별	男
생년월일	단기 4226(1893)년 3월 6일생
본적	서울특별시 서대문구 신촌동 131의 2
출생지	경기도 개성시
납치시 주소	서울특별시 용산구 후암동 30
납치시 직업	연대 교수
및 약력	*(약력은 원자료 참고)*

가족대표자 주소 및 성명
서울특별시 용산구 후암동 358의 26
이희철 (李熙哲) 관계 장남(長男)

납치 상황
1. 정부에서 아무런 지시가 없어 6월 26일 새벽 당시 농림부 차관 주석균(朱碩均)씨 댁에 전화로 알아보니 역시 아무 지시도 없다 하여 대기 중 Radio를 통하여 대통령 각하의 직장 사수하라는 방송만 믿고 있었으므로 남하하지 못했다.
2. 국회의원으로 입후보함에 제 공직을 사임하였고, 낙선함에 6 · 25 당시 뚜렷한 직장도 없었기 때문에 차량도 없고 연락도 잘 되지 않아 임의로 움직일 수가 없었다.
3. 6월 28일 아침부터 집에는 적색분자들이 방마다 침입하여 식구들을 감시하였으며, 딸이 늑막염으로 위독하였고, 또 노모가 역시 노환으로 거동이 여의치 못한 데에 자녀가 7남매며 장남이 겨우 19세의 학생인 고로 전 가족이 피난하기 어려웠다.
4. 따라서 가족은 집에 두고 자신만이 몰래 시내 친척집에 피신 중 7월 26일 병중의 노모와 딸을 보러 왔다 적색분자의 밀고로 오후 7시에 납치되었다. 그날 밤 9시까지는 후암동 동부파출소에 있음을 확인하였으나 그후 어디로 이송되었는지는 알 길이 없었다.
5. 9 · 28 이후 공보처 특파원의 조사에 의하여 평양까지 압송되었다는 것을 알았고, 또 그의 말에 의하면 옥중에서 병사하셨다고 하였으나 확실한 진상을 알 바가 없어 이번 기회에 사실을 규명코자 한다.

1639

NO. I

			再閱	飜譯	打字	總長
被	납	치인	신변조사	의뢰원		

납치인 성명　　이 춘호 (李春昊)　　성별　남자

생년월일　　단기 4226 년 3월 6일 생 (당년 64 세)

본적 / 出生地　　서울 특별시 서대문구 신촌동 131의2 / 京畿道(開城市)

납치시 주소　　서울 특별시 용산구 후암동 30

납치시 직업 급 약력　　延大 教授

단기 4246 년 3월 개성 한영서원 중학부 (현재 송도중학)을 졸업한 후 윤 영선 (尹永善) 씨와 도미하여 Ohio Weslcian 대학교를 졸업한 후, Ohio State Univ. 대학원에서 수학을 전공하고 4255 년 6월 동대학원을 졸업, M. S. 학위를 수득하였다.

4256 년 귀국하여 연희전문학교 (延禧專門學校)에 수학교수로 취임하여 수리과 (數理科) 과장으로 근무중 4271 년 지나사변 (支那事變)이 일어나자 일본정부는 대한독립 운동원이란 명칭 아래 서대문 경찰서에 수감하였다가 4 개월 후 석방되었다. 이어 세계 제 2차 대전이 일어나자 학교는 일인의 손으로 넘어가고 4276 년 4월, 20 년이란 긴 세월을 교육사업에 이바지하였음에도 불구하고 동교를 해임되었다.

4278 년 해방과 더불어 군정 (軍政)이 실시됨에 군정청 고문으로 근무하며 경기도청 (京畿道廳) 고문을 겸임하였다. (6·25 당시까지)

4280 년 대한민국정부 수립과 아울러 국립 서울 대학교 한국인 초대 총장 (總長)으로 피임되어 많은 반대와 난관을 무릅쓰고 한국 최초의 종합대학교를 조직하는데 이바지하였다. 4281 년

4280. 6. 27

No. 2

U.N. 한국 정치 연락 위원 (U.N.韓國政治連絡委員)으로 임명되어 장기영(張基永), 모윤숙(毛允淑) 제씨와 함께 일하였고, 동년 문교부 고문(文敎部 顧問)을 겸임하였다. 당시 장관은 오천석(吳天錫) 박사이었다. 4282년 대통령 각하로부터 반민 특별 재판부(反民特別裁判部) 재판관을 명함에 이를 맡아 일하였다.

4268년 기독교 조선 감리교 중앙협의회 위원으로 근무하였으며, 4274년 조선 중앙 기독교 청년회 이사(理事)를 역임하였고, 4281년 한국 기독교 청년회 (Y.M.C.A.) 회장으로 선출되어 6·25 당시까지 일을 보아 왔다.

4265년 재단법인 송도중학교 이사(理事), 4268년 배화여자중학교 이사, 4278년 연희대학교 이사로 6·25 당시까지 역임하였다.

4283년 5·30 선거에 제2대 국회의원(國會議員)으로 시내 용산 을구에 입후보함에 제 공직을 사임하였다.

납치 상황

1. 정부에서 아무런 지시가 없어 6월 27일 새벽 당시 농림부 차관 주영하(朱永夏)씨 댁에 전화로 알아보니 역시 아무 지시도 없다 하여 대기 중 Radio를 통하여 대통령 각하의 서울 사수하라는 방송만 믿고 있었으므로 남하하지 못했다.
2. 국회의원으로 입후보함에 제 공직을 사임하였고, 낙선함에 6·25 당시 뚜렷한 직장도 없었기 때문에 차량도 없고 연락도 잘 되질 않아 임의로 움직일 수가 없었다.
3. 6월 28일 아침부터 집에는 적색분자들이 밤마다 침입하여 식구들을 감시하였으며, 딸이 늑막염으로 와병하였고, 노모가 역시 노환으로

No. 3

가족이 여의치 못한데에 자녀가 7남매며 장남이 겨우 19세의 학생인 고로 전가족이 피난하기 어려웠다.

4. 따라서 가족을 집에 두고 자신만이 몰래 시내 친척집에 피신중 7월 26일 면회의 노모와 딸을 보러 왔다 적색분자의 밀고로 도중 7시에 납치되었다. 그날 밤 9시까지는 후암동 동부 파출소에 있음을 확인하였으나 그후 어디로 이송되었는지는 알 길이 없었다.

5. 9·28 이후 공보처 특파원의 조사에 의하여 평양(平壤)까지 압송되었다는 것을 알았고, 또 그의 말에 의하면 옥중에서 병사하셨다고 하였으나 확실한 진상을 알 바가 없어 이번 기회에 사실을 규명코자 한다.

가족 대표 주소　　서울특별시 용산구 후암동 358의 26 (後岩洞)

가족 대표　　이희철 (李熙哲 — 이춘호의 장남)

본인사진

사례 27. 경성전기회사 전차과 직원 이기수씨

서대문형무소에 수감되어 있던 납북대상자를 서대문 전차정거장까지 끌고 와서 서대문에서 청량리까지 전차로 사람들이 없는 야간 통금 시간에 이송한 후 청량리에서 도보로 북행당했다고 신고해 납북 경로를 구체적으로 보여주고 있는 사례다.

No. 1655

실향자 (한글) 이기수 (한문) 李圻洙 (영문)
생년월일 서기 1902년 8월 14일생
본적 서울특별시 동대문구 창신동 276번지
출생지 〃
현주소 서울특별시 동대문구 창신동 341번지의 1호
최종 직업 경성전기주식회사 운수부 전차과 출근계장

가족대표자 주소 및 성명
서울특별시 동대문구 창신동 341번지의 1호
이영근(李榮根) 관계 장남(長男)

실향 장소 및 실향 상황
서기 1950년 7월 2일 오전 8시경 자택(창신동 341의 1) 문 앞에서 창신동 인민위원회 위원으로 하여금 물어볼 것이 있다며 상기 동 인민위원회까지 연행되어 며칠 후인 동년 7월 4일경 동 인민위원회로부터 동대문구 인민위원회로 송치되었음. 그후 며칠이 경과한 7월 13일경 상기 구 인민위원회로부터 또다시 소위 말하는 동대문내무서로 이송되었고 또다시 동대문내무서로부터 마포형무소로 이감되었습니다. 그러나 그들의 불리한 전세로 말미암아 동년(同年) 9월 28일 서울지구 수복 직전인 동년(同年) 9월 10일경 마포형무소로부터 당시 수감 중인 납치인사들을 전차로서 서대문, 종로, 동대문을 경유 청량리를 종착역으로. 납치인사 등은 도보로서 눈물을 머금고 북한으로 압송되어 가는 비통한 대열에 전기(前記) 실향자 이기수씨도 포함되었다는 것입니다. (당시 납치인을 실은 전차 운전수(성명 미상)의 확언(確言)에 의하면 그 당시 그 전차에 전기(前記) 실향자 이기수씨도 압송됨이 확인되었습니다.)

No. 1655

校閱	記錄	再閱	飜譯 現住地	打字	事務 總長
	(印)	(서명)			

失鄕者 李圻洙(이기수)
生年月日 西紀一九〇二年八月十四日生
右仝 서울特別市 東大門區 昌信洞 二七六番地
서울特別市 東大門區 昌信洞 三四一番地의一號
最終職業
京城電氣株式會社 運輸部 電車課 出勤係長
家族代表姓名 李榮根(長男)
住所 서울特別市東大門區昌信洞三四一의一號
失鄕場所 및 失鄕狀況

西紀一九五〇年七月二日午前八時頃 自宅(昌信洞三四一의二)門前에서 昌信洞
人民委員會 委員으로 하여금 貴殿之事가 있다 하여 上記洞人民委
員會까지 連行되어 數日後인 同年七月四日頃 上記洞人民委員
會로부터 東大門區人民委員會로 送致되었음 其後 數日이 經過後
同年七月十三日頃 上記區人民委員會로부터 또다시 所謂[illegible]하는 東大門
內務署로 移送되어 其後 同年 月 日頃 또다시 東大門內務署
로부터 麻浦刑務所로 移監케 되었읍니다. 그러나 그들의 不利한
戰勢로 말미암아 同年九月二十日 서울地區收復直前인 同年九月一〇日頃
麻浦刑務所로부터 當時收監中인 拉致人士들은 電車로서 西大門
鍾路 東大門을 經由 淸涼里를 終着驛으로 拉致人士들은 道步로
서 눈물을 머금고 北韓을 押送되어 가는 悲痛한 隊列에 前記
失鄕者 李圻洙氏도 包含되어 있었다는 것입니다. (當時 拉致人들
을 실은 電車運轉手(姓名未詳)의 確言에 依하면 그 當時 그 電車에
前記失鄕者 李圻洙氏도 押送됨이 確認되었읍니다)

사례 28. 서울시 계획관 출신 공무원 오인환씨

북한군관이 납치대상자를 심문할 때 북한이 고향인 경우 월남 시기를 확인하여 북한 정권 수립 후 남하한 인사의 경우에는 '반동' 일종의 정치범으로 취급한 사례를 보여준다. '남한 공무원으로 일한 것도 죄'라고 기록한 것으로 보아 북한 체제를 배신한 정치범으로 간주된 것으로 보인다.

No. 1856

성명	(한글) 오인환 (한문) 吳仁煥 (영문)
성별	男
생년월일	단기 4238(1905)년 4월 2일생
본적	함경남도 함흥시 운흥리 204의 3
출생지	〃
최종 현주소	서울특별시 용산구 도원동 8의 14호
최종 직업	서울시 중앙청 계획과 계획관 기정(技正)

가족대표자 주소 및 성명
서울특별시 용산구 도원동 8의 14호
이인경(李仁敬) 관계 처(妻)

납치 당시 장소 및 납치 상황
1950년 6·25동란으로 인하여 전용택씨 댁(용산 원효로 3가)에 잠복하여 있다가 7월 23일 대폭격으로 인하여 그곳에 있지 못하여서 피하여 다시금 시흥군 안양읍(처가댁)에 가서 숨어 있다가 용산 일대가 불바다로 전 가족이 전부 폭격에 죽었다는 소식을 간접적으로 풍문에 듣고 있을 수가 없어서 자기 혼자 살아 무엇하랴 하고 다시금 자택에 들어와 비누공장하는 김칠성씨 댁에 숨어 있다가 피신하여 오다가 8월 11일에 저희 집 창고 속에서 하룻밤 자고 8월 12일 나와서 대두박에 호박을 두어서 죽을 받고 있을 때 반장이 와서 찾기에 말 못하고 보고 있다 김익순 반장에게 알게 되자 보안서원 2인과 하는 말이 "월남 죄와 이남 괴뢰정권 치하에서 일한 죄다. 어서 빨리 나와" 하더니 비가 부실부실 올 적에 마포서로 모시고 간 후 다시금 남대문 국립도서관까지 모시고 간 것만 알고 그후 소식을 사방으로 탐지하여도 통지하여 주지 아니하고 사식을 가져가면 면회 사절. 마지마 8월 15일이 되고 ㅇ후 마포서원이 와서 "가옥 및 서적 일절을 압수하겠다"고 하면서 "당신 남편은 고등정치범으로 체포되었으니 석방키 어려우니 이북으로 어린것들 데리고 가라"고 하는 것을 겨우 참아서 생명 연장하여 기다렸으나 현재까지 소식불통입니다.

1956. 6. 28

가족대표 이인경(李仁敬) 행서(行書)

서울적십자사 본부 귀하

1856

★

우 편

本籍 咸鏡南道 咸興市 [illegible]里 二0四의 [illegible]
住所 서울特別市 龍山區 桃園洞 八의 14號
氏名 [illegible] (男)
生年月日 1905年 四月 二日生 (52才)
最終住所 서울特別市 龍山區 桃園洞 八의 14號
最終職業 서울市 中央廳 計劃課
計劃官 技正
家族代表 金仁敬 (女) 四八才 妻
住所 서울市 龍山區 桃園洞 8의 14號
拉致當시 장소 及 當시 상황。

1950. 6. 25 動亂으로 因하여서 [illegible] (龍山元曉路三街) 居住하여 있다가 7. 29日 [illegible] 으로 因하여 本宅에 있지 못하여서 피하여 다시금 [illegible] (친가집) 가서 숨어있다가 [illegible] 가 [illegible] 로, 全 가족이 全部 [illegible] 消息을 간접的으로 풍문에 듣고 있을 수가 없어서 自己혼자 살어 무엇하랴 하고 다시금 自宅에 들어와 매우 [illegible] 하는 [illegible] 에 숨어 있다가 [illegible] 오다가 八月 18日에 [illegible] 에서 하루밤 자고 8.18日 나와서 大豆밭에 호박을 누어서 죽을 [illegible] 있을때 반장이 와서 찾기에 [illegible] 못하고 보고있다 [illegible] 班長에게 [illegible] 保安署員 二人 [illegible] 하는 말이 [illegible] 罪와 [illegible] 치하에서 [illegible] 罪다 어서 빨리 나와 하더니 [illegible] 어!!

麻浦署로 모시고 간후 아서로 남대문 국립도서관
까지 모시고 간것만 알고 其후 소식을 四方으로 探知하여도
通知하여주지아니하고 拙사을 가지가면 면회사절 마조박
8.15日이되고 말추 麻浦署員이와서 가옥及서적一切을
押收하겠다고 하는것을 반유하면 당신남편은
高等政治犯으로 체포되였으니 석방키 어려우니 이북으로
이러것도 마리고 가자고 하는것을 겨우 참아서 생명
보장하여 기다렸으나 現在까지 消息不通입니다

1956. 6. 28일
가족代表 李仁敬 拜書

서울赤十字社本部 貴下

사례 29. 언론인 출신 김동진씨

지주 출신의 언론인으로 서울에 남았다가 피랍된 경우. 좌익이 된 전 경작인이 피랍에 간여한 사례를 보여준다.

No. 2062

(가) 성명 (한글) 김동진 (한문) 金東進 (영문) Kim Dong Jin
(나) 성별 男
(다) 생년월일 서기 1903년 9월 14일
(라) 본적 서울특별시 종로구 동숭동 130
(마) 최종 현주소 경기도 양주군 화도면 녹촌리 344
(바) 최종 직업 한풍주식회사 사장 / 전 「서울신문」 전무

(사) 가족대표 성명
박영선(朴永善) 관계 처(妻)

(아) 실향당한 장소 및 사항
장소 : 경기도 양주군 화도면 내무서
사항 : 단기 4283(1950)년 6월 25일 사변 돌발로 인하여 미처 남하 못하여 피랍치자만을 남겨 놓고 온 가족은 모두 상기(上記)한 최종 현주소로 피난갔음. 그곳에는 토지와 가옥이 있었음. 피난 즉시 그곳 인민위원회에서 반동분자라는 명칭으로 가내에 있는 가구를 모두 차압하였으며 피랍치인은 왜 오지 않느냐고 공격이 심하였다. 그래서 당시 서울에 있던 피랍치인은 면위원회에 있는 총무라는 자를 전부터 친분보다 우리 토지의 경작인이었었기 때문에 알고 있던 관계로 서신(書信)으로서 항의 정도로 보내었는데 이 자(者)가 그러면 좋다 한번 내려와서 이곳 사람들에게 인사라도 나누자고 하여 설마하고 피랍치자가 내려왔었음. 그후 약 1개월 간은 무사히 지내다가 그네들의 전세가 불리해지고 후퇴하게 됨에 인민위원회에서 토지 관계로 의논할 일이 있다고 잠깐 들러가라고 하여 피랍치인은 육감적으로 어떠한 불길한 감을 느끼면서도 어쩔 수 없이 갔었는데, 가자 즉시 행방불명이 되었고 2일 후에 내무서에 구금 중이라는 것을 알았음. 1950년 8월 11일 의정부로 압송되어 그곳에서 서울 당시 정치보위부로 압송되었음. 그 후 소식에 의하면 8월 16일 강원도 이천 탄광을 향하여 떠나다가 동두천 밑에 금곡 지점에서 탈출하여 왔다는 모(某) 인사가 전하는 바에 의하면 금곡까지는 무사히 피랍치자도 갔다고 함.

▶피랍치인의 참고될 사항
피랍치인은 로서아(쏘련어)를 약간 할 줄 알고 있었으며 일제 때에 「매일신문(지금 서울신문)」의 전무를 지낸 경력이 있음. 즉 신문인(新聞人) 출신이고 처음부터 끝까지 언론인으로서 활약하였음. 「조선일보」, 「동아일보」를 거쳐 「매일신문」에 있다가 해방되었음.

被拉致者 申告

2062

(가) 姓名

金東進 김동진 Kim Dong jin

(나) 性別 男

(다) 生年月日 西紀 1903年 5月 24日 當64才

(라) 本籍 서울特別市 鍾路區 東崇洞 一三0

(마) 最終現住所

京畿道 楊州郡 和道面 ?村里 344

(바) 最終職業 韓豊株式會社長 (韓豊産業 社長)

(사) 家族代表 姓名 朴永善 (妻)

(아) 拉致當한 場所 및 事項

○場所 京畿道 楊州郡 和道面 內務署

○事項

檀紀 四二八三年 (西紀 1950) 六月 二十五日 事變突發로 因하여 미처 南下못하여 被拉致者 만은 가족으로 家族은 모두 上記한 最終現住所로 避難하였음 그곳에는 土地와 家屋이 있었음

避難 卽時 그곳 人民委員會에서 反動分子라는 名目으로 家內에 있는 家具를 모다 差押하

하였으며 被拉致人은 왜 오지 않느냐고 攻擊이 甚하였다 그래서 당시 서울에 있던 被拉致人은 人民委員會에 있는 總務라는 者를 前부터 親分보다 우리 土地의 所作人이였기 때문에 알고 있던 關係로 書信(私信)으로서 抗議 程度로 보내였는데 이者가 그러면 좋다 한번 내려와서 이 사람들을 데리고 一事라도 논하자고 하여 얼마 가고 被拉致者는 내려왔었음 其後 約一個月間은 無事히 지나다가 그 다음의 戰勢가 不利하여지고 後退하게 됨에 人民委員會에서는 土地關係로서 議論할 일이 있다고 잠간 들려 가라고 하여 被拉致人은 無意的으로 어떠한 不吉한 感은 느끼면서도 어찌할 수 없이 갔었는데 가자 卽時 行方不明이 되었고 ~~二日後에 內務署에 구금중이라는 것을 알았음~~

1950年8月11日 ~~約 5日後~~ 議政府로 押送되어 그에서 서울 當時 政治保衛部로 押送되었음. 其後 消息에 依하면 八月十六日 江原道 伊川방면을 向하여 떠나다가 東豆川 밑에 ... 地点에서 脫出하여 돌아온 某人事가 傳하였는 바에 依하면 王谷까지는 無事히 被拉致로 갔다고 함.

被拉致人의 參考 事項

~~被拉致人은 露西亞(소련語)를 約干 할줄 알고 있었으며 10年때에 每日新聞(지금 서울新聞)의 業務를지 發行經理이 有함.
即 新聞人 出身이오 처음부터 끝까지 言論人으로서 活약하였음.
朝鮮日報, 東亞日報 등 거쳐 每日新聞에 있다가 解放되었음.~~

사례 30. 인문계 여고 재학생 유인숙씨

전쟁으로 인하여 간호사가 태부족함에 따라 일반 인문고 여고생들을 피랍, 1주일 정도 간호사 약식 교육을 시켜 북한군 부상병들을 간호하는 야전병원 현장에 투입했다가 병원 전체가 북한으로 이동함에 따라 납북해간 사례를 보여준다.

No. 2476

㈎ 실향자 성명 (한글) 유인숙 (한문) 柳仁淑 (영문) Yoo In Sook
㈏ 성별 女
㈐ 생년월일 서기 1932년 3월 28일
㈑ 실향자 본적 서울특별시 동대문구 창신동 100
㈒ 최종 현주소 서울특별시 성동구 행당동 284
㈓ 최종 직업 동덕고녀 5학년 재학 중

㈔ 가족대표자 주소 및 성명
서울특별시 성북구 돈암동 178의 14
유기찬(柳夔贊) 관계 부(父)

㈕ 실향당한 장소 및 실향 사항
1. 장소 : 서울특별시 서대문구 정동 이화고녀(당시 괴뢰군 야전병원)
2. 실향 사항 : 1950년 7월 중순(일자 불명)경 동덕고녀 동급생들이 "학교에서 다시 교육을 시작한다 하니 함께 등교하자"는 권고를 받고 등교하기 시작하여 2, 3일 간은 행당동 자택에서 통학을 하더니 그후는 학교 기숙사에서 유숙하면서 수업하였다 하는데 수학 과목은 정상적인 학과가 아니고 '간호학'이었다 함. 당시 본인으로서는 의아심을 가졌었으나 학교 당국이 비상시적 훈련 조처라 하기에 무심히 순응하였다 함. 전기와 여히 약 일주일간을 수학하더니 동월(同月) 20일경 등교 학생 전원을 창신동 동덕고녀에서 정동 이화고녀로 이동시키고 그후부터는 일절 외출 엄금과 면회 사절 등을 당하여 외부와는 전연 연락이 두절됨. 학생들은 당시 야전병원(이화고녀 건물 이용)에 소위 간호원이라는 명칭으로 주야 강제 노동을 당하였음. 이동 후 약 일주일 후에는 소문도 없이 병원 전체가 이동함에 따라 재이동이 되었사온데 병원의 이동처는 물론하고 본인 등의 이동처도 절대로 알려주지 않아 그 당시부터 행방을 알지 못한 채로 금일에 이르렀습니다.

서상(敍上)과 같이 어린 여학생의 몸으로 유인 납치를 당하고 금일까지 생사를 모르고 있사오니 가족들의 비탄이 끊일 날이 없습니다. 귀사의 크신 은혜를 바라옵고 여상(如上) 신고하옵니다.

1956년 6월 30일
서울특별시 성북구 돈암동 178의 14
신고자 친부 유기찬(柳夔贊)

적십자본사 귀중

打字

2476

被拉致者申告書

一、申告事項

가. 拉致者의 姓名 柳仁淑 (류인숙)

나. 性別 : 女

다. 生年月日 一九三二年 三月 二八日 (當年 二五才)

라. 拉致當時의 本籍 서울特別市 東大門区 昌信洞 一〇〇

마. 最後現住所 (拉致當時) 서울特別市 城東区 杏堂洞 二八四

바. 最後職業 同德女子中學校 在學中 (當時 一九才)

사. 家族代表姓名 柳[illegible] (親父)
住所 서울 中區 [illegible] 七八의 一

아. 拉致된 場所 및 拉致者 [illegible]

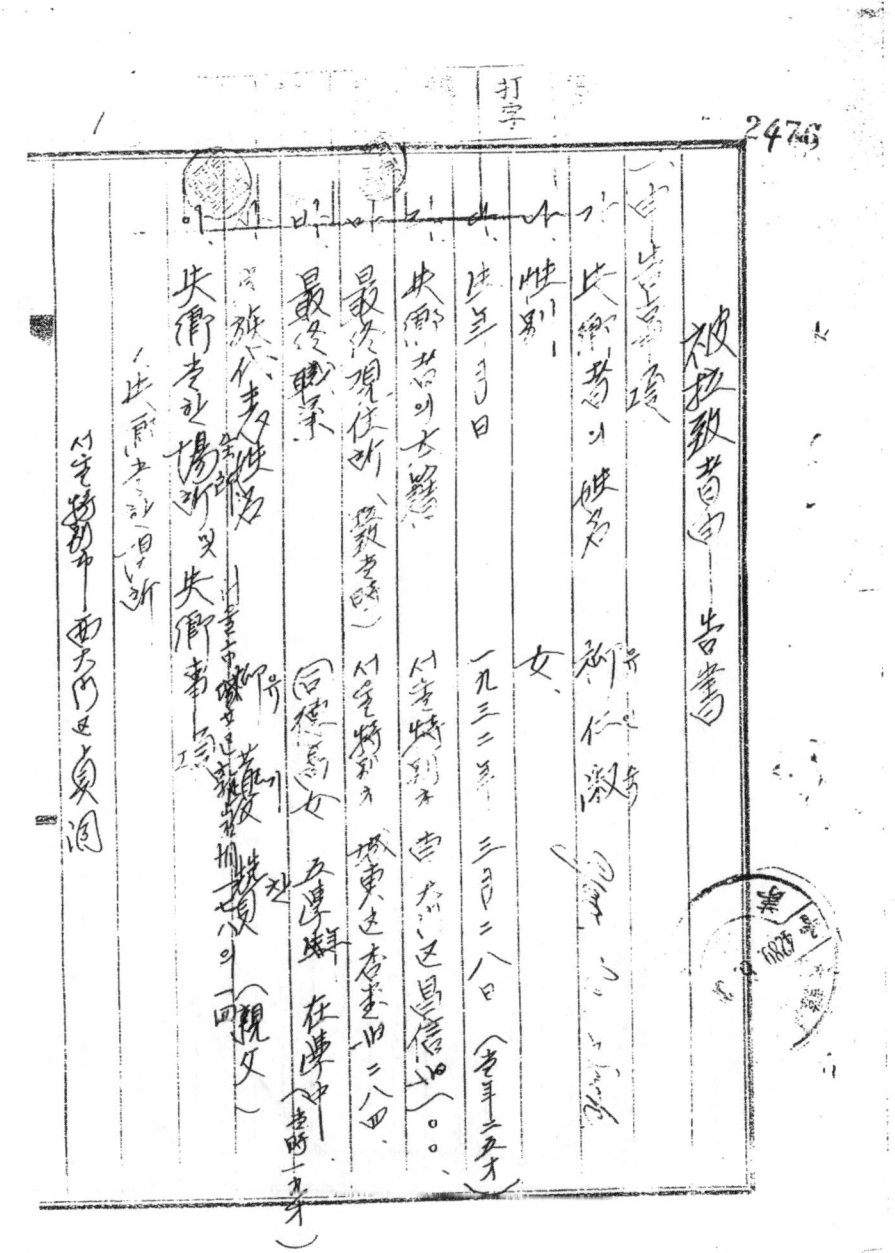

八、此 申告人 住所
서울特別市 西大門区 貞洞

2

梨花高女 (当時 陸軍野戰病院)

2 失御事項

一九五〇年 六月中旬 (日字不明)頃 同德高女 同級生들이 「學校에서 다시 教育을 始作한다 하니 함께 登校하자」는 勸告를 받고 登校하기 始作하여 二三日間은 杏花洞 自宅에서 通學을 하다가 其後는 學校寄宿舍에서 寄宿하면서 修業하였다 하는데 修學科目은 正常的인 學科가 아니고 "看護學"이였다 함.

當時 本人으로서는 疑訝心을 갖었었으나 學校當局의 非常時的 訓練措處라 하기에 無心히 順應하였다 함.

3

前記와 如히 約(一週日間)을 援護하미 同
~~月十日頃 陸救援學生兵員은~~ 昌信洞
同德高女에서 貞洞 梨花高女로
移動하였고 其後부터는 (一切外出嚴
禁)과 面會謝絶等을 當하야 外部
와는 全然 連絡이 杜絶되었고
學生들은 當時 野戰病院(梨花高女建
物利用)에 所謂 看護員이라는 名
稱下에 晝夜 猛烈 勞働을 當하였음
其後 約(一週日後(移動後)에는 所聞도
없이 (病院全体가 移轉함에 따라) 再移動이 되었사오는데 (病院의 移
~~轉하여 病院하고 本人으로는~~ 移動

을 絶対로 알려주지 않아 貴社時早리

行方을 알지 못한채로 今日에 이르렀

읍니다

—

叙上과 如히 어린 女學生의 몸으로 誘引拉致를 當하고

今日까지 彼女의 生死를 모르고 있아오니 家族들의 悲

嘆이 끝이 없읍니다

貴社의 크신 恩惠를 바라옵고 如上 申告하옵니다

一九六六年 六月 三〇日

서울特別市 城北区 敦岩洞 一七八의 四

申告者 親父 柳蘿俊 [illegible]

東亞日報 本社 貴中

사례 31. 서대문형무소 간수 출신 김형두씨

형무소 간수였던 피랍인의 경우 동료 형무관이 먼저 북한에 피랍돼 정치보위부 협박으로 은신해 있는 다른 동료들을 색출하는데 활용됨에 따라 피랍된 경우로, 사정을 모르고 따라나갔다가 피랍됐다고 신고돼 있다.

No. 2751

1. 실향자 성명 (한글) 김형두 (한문) 金炯斗 (영문)
2. 성별 男
3. 생년월일 서기 1926년 8월 15일생
4. 본적 서울특별시 종로구 체부동 132번지
   출생지 서울특별시 체부동
5. 최종 현주소 서울특별시 서대문구 홍제동 304번지
6. 최종 직업 서대문형무소 간수

7. 가족대표자 주소 및 성명
서울특별시 서대문구 홍제동 304
김형건(金炯鍵) 관계 형(兄)

8. 실향당한 장소 및 실향 상황
사유
6·25사변 후 최종까지 직장을 수호하다 7월 초순(일자 미상) 괴뢰 정치보위원들의 수색이 심함을 감지하고 친척 집으로 피신하고 있던 중 1950년 7월 하순 경 잠시 집에 은복(隱伏)하고 있는 것을 같은 형무관으로 있던 진모(陳某) 간수가 체포된 후 정치보위부(현 국립도서관 자리)의 지시를 받고 은신 간수를 색출하는 역할을 하는 줄 모르고 그 자가 찾아 왔으므로 상면하고 그 자와 동반하고 외출 이후 소식이 없던 차 각처로 탐지한 바 정치보위부에 감금되었음을 알았으나 상면조차 하지 못한 채 그후 이북으로 납치되어 간 줄을 알았음.

단기 4289(1956)년 6월
신고자 김형건(金炯鍵)

대한 적십자사 총재 귀하

2751

拉致者申告書

一、失鄕者姓名　金炯斗 (김형두)

一、性別　男

一、生年月日　西紀一九二六年八月十五日生

一、本籍　서울特別市鍾路區禮府洞 (二三番地)

一、最終現住所　서울特別市西大門區弘濟洞 三〇四番地

一、最終職業　西大門刑務所 看守

一、家族代表姓名　金炯鏈 (兄)　住所、서울市弘濟洞 三〇四

一、失鄕當時場所及失鄕狀況

事由

六二五事變以後 最終까지 職場을 守護하다 七月初旬(日
字未詳) 傀儡政治保衛局員의 搜索에 其妻하고 遂隱하
고 親戚집으로 避難하였든 中 一九五〇年 七月下旬頃 隣接집에 隱
伏하고 있는 것을 결국은 刑務官을 잇든 陳某 看守가 逮
捕한 後 政治保衛部(現國立圖書館跡)로 부터 指示를 밧
고 隱身한 看守를 索出하는 役割을 하는 줄 모르고 그 者가 차저왔음
을 相面한 그 者와 同伴코 外出 以後 消息이 없는 次 各處 探
知한 바 政治保衛部에 監禁되었음을 알었으나 相面조차 하
지 못한채 其后 以北으로 拉致되여 간 것을 알었음

檀紀四二八九年 六月 日

申告者 金炯鍵

大韓赤十字社 總裁 貴下

사례 32. 서울대 의대 이사 출신 의사 이의식씨

피랍인은 가장으로서 당시 식구들이 많아 혼자 피난을 갈 수가 없어 근처에 은신하고 있다가 집에 잠시 다니러 왔을 때 정치보위부원에게 연행당했다고 신고돼 있다. 주요 납치 대상자로 지목이 되어 있었던 사례로 사료된다.

No. 2850

1. 피랍치자 성명 (한글) 이의식 (한문) 李義植 (영문) Lee Ui Shik
2. 성별 男
3. 생년월일 서기 1899년 8월 6일생
4. 피랍치자 본적 서울특별시 종로구 봉익동 11의 4호
   피랍치자 출생지 충청북도 청주시
5. 최종 현주소 서울특별시 중구 회현동 1가 146번지
6. 최종 직업 본직(本職) 의사
   공직(公職) 서울국립대학 의과대학 이사

7. 가족대표자 주소 및 성명
서울특별시 중구 회현동 1가 146번지
권기순(權基順) 관계 처(妻)

8. 납치당한 장소 및 기타 상황
10여 식구의 생활 책임이 있는 몸이라 멀리 피하지 못하고 바깥으로 피해 다니다 그날은 집안에 우환이 있으므로 다니러 들어왔다가 서기 1950년 8월 8일 오전 6시경에 정치보위부원 2명이 잠깐 물어볼 말이 있어서 왔다 하며 약 10분간 이야기할 터이니 나와 달라하므로 들킨 이상 안 나갈 수 없어서 나갔던 것이 지금까지 생사도 모릅니다. 그후 여러 방면으로 알아보려 하였으나 알 길이 없어 초조하게 지내던 중 풍편에 들으니 서대문형무소에 그런 사람들을 갖다 두었다 하여 9월 17일 새벽 6시에 갔더니 나와 같이 사람을 찾아온 사람이 약 100명 가량 있더군요. 다른 사람들과 같이 나도 가지고 갔던 양복과 내복, 세면도구를 차입해 보려고 차입서를 써서 넣었습니다. 온종일 조사를 한다 하더니 오후 5시경 써넣은 차입서가 다시 나왔는데, 담당 법무관의 도장이라 하며 본인이 거기 있다는 증명으로 도장을 찍어주면서 하는 말이 양복은 받지 않으니 청 바지 저고리를 해오라 함으로 할 수 없어 돌아와서 날이 차차 선선해감으로 얇은 이불을 보내고 싶어서 9월 18일에 갔더니 간수들의 말이 폭격이 심하니 20일이 지난 후 가져오라 함으로 20일 지난 후에 가보니 형무소는 비었고 그 동리 사람들의 말을 듣건대 19일 새벽부터 이동했다 합니다. 오늘날까지 소식을 모릅니다.

失鄕私民安否探知申告書

2850

1. 被拉者姓名 (國文) 이의식 (漢文) 李義植 (英文) LEE, UI SHIK
2. 性 別 ①男子 ~~女子~~
3. 生年月日 西紀 1899年 8月 6日
4. 被拉者本籍 서울特別市 鍾路区 鳳翼洞 11의 4号
   〃 出生地 忠淸北道 淸州市
5. 最終現住所 서울特別市 中区 會賢洞 1가 146番地
6. 最終職業 本職 醫師
   公職 서울國立大学 醫科大學 理事
7. 家族代表者 서울特別市 中区 會賢洞 1가 146番地
   住所및姓名 權基順 関係 妻
8. 拉致當時場所
   및其他狀況 西紀 1950年 8月 8日 午前 6時

~~생봉 하는 까닭 십여食口의 生活 [illegible] 몸이라 멀리 피하지 못하고 밖같으로 [illegible] 그날은 [illegible] 우친 [illegible] 다니러 들어갔다가~~
8月8日 (西紀1950年) 午前 6時 頃에 政治保衛部員 2名이
~~잠깐 물어 볼말이 있어서 왔다하며 約10分間 이야기 할테이니 나와달라 하므로 들린 [illegible] 없이 [illegible] 것이 지금 까지 生死를 모릅니다~~
~~其後 [illegible] 하였으나 [illegible] 없어 [illegible]~~ 풍편에 들으니 西大門 刑務所에 ~~그런 사람을 찾지 두었다 하여서~~
9月 19日 저녁 6時에 갔드니 나와 같이 사람을 차자온 사람이 約100名 가량 있드군요. 다른사람들과 같이 나도 가지고 갔든 洋服과 內服, 洗面

道具를 差入 해보려고 差入書를 써서 너엇읍니다-
온종일 調査를 한다 하드니 午後5時頃 써넣은
差入書가 다시 나왔는데 담당 法務官의 도장이라야
하며 本人이 거기 있다는 證明으로 도장을 찍어
주면서 하는 말이 洋服은 받지 안으니 청바지
저고리를 해오라 함으로 할수없어 돌아와서 날
치스 선스해 갖으로 얄분 이불을 꼬내고 실어서
9月18日에 갔드니 看守들에 말이 폭격이 심하니
20日이 지난후 가져 오라 함으로 20日 지난후에
가보니 刑務所는 비였고 그洞里 사람들에 말을
들어니 19日 새벽 부터 移動했다 합니다—
오늘날 까지 消息을 몰읍니다.

사례 33. 대한금융조합연합회 이사 출신 오병문씨

1차로 연행해간 남한 민간인을 주변 친지들의 소재 파악에 이용하기 위하여 일단 석방했다가 다시 잡아들여 납북해간 사례다.

No. 3189

1. 피랍자 성명　(한글) 오병문 (한문) 吳炳文
2. 성별　男
3. 생년월일　서기 1898년 12월 16일생
4. 피랍자 본적　충청북도 청주시 석교동 91번지의 2호
   피랍자 출생지　충청북도 청원군 낭성면 삼산리
5. 최종 현주소　서울특별시 마포구 공덕동 11의 155
6. 최종 직업　본직(本職) 대한금융조합연합회 양곡부 담임이사(理事)
   공직(公職)

7. 가족대표자 주소 및 성명
서울특별시 성북구 안암동 104의 107
오병휘(吳炳徽) 관계 제(弟)

8. 납치당한 시일, 장소 및 상황
서기 1950년 7월 3일 대한금연(大韓金聯) 본부(本部)에서. 사업부, 금융부 각 담임이사 및 양곡부 ㅇ 본인이 당시 재무성(한국은행 건물)에 호출당하여 간 후 행선불명(行先不明)되었다. 3일 만에 석방(본인 말인즉 당시 정치보위부 안 풍전빌딩 내 감금 유치되었다 함)되어 자택에 귀가하였다. 다음날 이른 아침[익일(翌日) 조조(早朝)] 면도 도중 괴뢰 정치보위 계원 2명이 다시 자택으로 찾아와 연행 납치당한 후 금일까지 생사불명임.

No. 3185

接受	校閱	記錄	再閱	飜譯	打字	事務總長	總裁
				Lee			

失鄕私民安否探知申告書

一、被拉者姓名 (國文) 오병문 (漢文) 吳炳文

一、性別 男子

一、生年月日 西紀一八九八年十二月十二日生(當五八才)

一、被拉者本籍 忠淸北道淸州市石橋洞九五番地의 弍號

一、被拉者出生地 忠淸北道淸原郡琅城面三山里

一、最終現住所 서울特別市麻浦區孔德洞五五의五五

一、最終職業 本職 大韓金融組合聯合會糧穀部 擔任 公職 理事

一、家族代表者現住所 서울特別市城北區安岩洞五四의五〇七
姓名(國文) 오병훈 (漢文) 吳炳勳 關係 被拉者의 弟

一、拉致當時日場所 西紀一九五〇年七月三日午前 時頃 大韓金聯에서

一、被拉狀況 事業部、金融部、糧穀部 各擔任理事 및 糧穀部長 明某人이 當時財務者(韓國銀行建物)에 所出하여 연행先도 不明되였다 三日만에 釋放(本人말인즉 當時政治保衛部 안 豊田빌딩內 監禁留置되였다 함)되여 自宅에 歸來하였다 翌日早朝 同金氏便으로 政治保衛部員 二名이 다시 自宅으로 하다와 連行拉致当然 行公今日까지 生死不明임

韓赤 4289. 7. 16 受

사례 34. 경남 창원중학교 교장 출신 엄상섭씨

경남이 고향으로 전쟁 당시 공무(公務)로 인하여 상경하였다가 한강 다리 폭파로 남하를 못하고 은신처를 옮기다가 노상에서 납북됐다고 기록돼 있다.

No. 3197

1. 성명	(한글) 엄상섭 (한문) 嚴尙燮 (영문) Um Sang Sub
2. 성별	男
3. 생년월일	서기 1903년 9월 3일생
4. 본적	경상남도 창원군 동면 월잠리 436번지
5. 피랍지	서울 시내 (주소불명)
6. 최종 직업	대한농회 청산위원 동(同) 경남 대표의원 경남 창원중학교 설립 교장 / 경남 창원군 국민회 부지부장(副支部長)

7. 가족대표 성명
엄익정 (嚴翼井) 관계 자(子) 마산고등학교 內

8. 실향당한 장소 및 실향 사항
우(右) 실향인은 서기 1950년 5월 30일 시행된 국회의원 총선거에 본적지인 창원군에서 입후보하였던 바 모 투표구에서 당시 당선자인 김봉재(金奉才)씨의 부정표(不正票)가 나와서 이로 인해 불과 기표(其票)의 차로 차점으로 낙선되었던 바 타위(他立) 후보자(候補者)들이 이를 분통히 여겨 중앙선거위원회의 당지(當地) 창원 을구 선거위원회를 상대로 선거무효의 소를 제기하였던 바 이 용건으로 부득이 우(右) 실향자가 상경(上京)해야 할 곤경에 빠졌었는데 마침 서울서 조선농회(朝鮮農會)의 발전적 해체가 겸행(兼行)되어 그 청산위원으로 위촉되어 겸사(兼事)로 1950년 6월 23일 첫 차로 상경케 되었던 것인데 상경하자 곧 불의의 남침이 있었는데, 당시 투숙지가 종로구 '태양호텔' 이었다고 추정되는 것입니다. 그 이유는 수복 이후 상경하여 알 만한 곳을 찾아봤는데 틈틈 가시던 '태양호텔' 의 유숙인(留宿人) 명부(名簿)에 '창원 동면 엄상섭' 지(旨)의 기재(記載)를 발견하여 문의하였던 바 도착 즉시 사변이 발발했으므로 어찌할 바 모르다가 동년(同年) 6월 28일 한강 도강(渡江)을 계획 '태양호텔' 자제(子弟)들과 동행 출발하였으나 교량 단절로 부득이 돌아가서 계속 유숙하려 했으나 점차 공기가 험악해짐으로 타처(他處)로 옮긴다하고 나간 이후 소식을 모른다는 것이었습니다. 그 이후 우연히 서울서 부역행위(附逆行爲)를 하던 자(者)가 당지(當地) 마산경찰서에 피검(被檢) 문초를 받던 중 자기가 엄상섭이를 밀고하여 피체(被逮)케 하였다고 진술하여서 그 점 조사를 추궁하려 했으나 신병(身病)으로 그 자(者)가 죽어 상세한 내용을 알지는 못했으나 피랍된 것만은 틀림없다고 사료하옵니다.

단기 4289(1956)년 7월 2일
우(右) 가족대표 신고인 엄익정(嚴翼井)

大韓赤十字社 貴中

被拉致者申告를 左와如히 함

一、姓名 嚴 尙燮 상섭 Um Sang Sub

一、性別 男 (male)

一、生年月日 西紀一九〇三年九月三日生 (當五四才)

一、本籍 慶尙南道昌原郡東面月谷里四三六番地

一、被拉地 서울市內 (住所不明)

一、最終職業 大韓農會 清算委員 同慶南代表議員

慶南昌原中學校設立校長

慶南昌原郡 国民会 副支部長

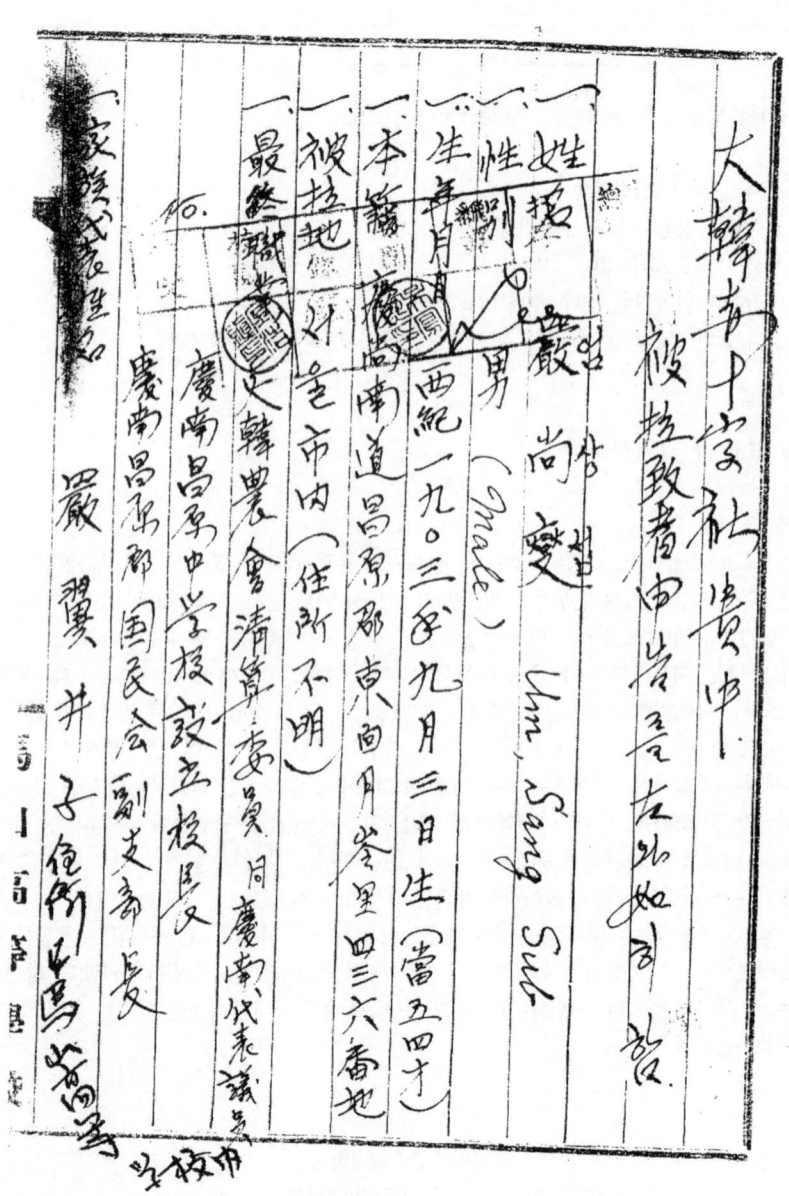

一、家族代表姓名 嚴 翼井 子 住所 馬山 …等學校中

一、失鄕當한 場所 及 失鄕事項

在失鄕人은 西紀 一九五〇年 五月三十日 施行된 國會議員總選擧에 本籍地인 昌原郡에서 立候補하였던바, 某投票區에서 當時 當選者인 金奉才 氏의 不正票가 나왔어. 이로 因해 不過 其票의 差로 次点으로 落選되였던바. 他立候補者들이. 이를 憤慨히 여겨. 出典選擧委員會에. 當地區原已選擧委員會를 相對로 選擧無效의 訴를 提起하였었던바. 이 同件으로 不得已 右失鄕者가 上京해야 할 困境에 빠지게 되었는데. 때마침, 서울서, 朝鮮農民會의 發展的解体가 議行되어. 그 淸算委員으로 委囑되어. 萬事로

一九五0年六月二十三日 汽車로 上京케되었던
것인데, 上京하자 곧, 不意의 事變이 있었는데
當時投宿地가 鍾路의 "太陽호텔"였다고 推定
되는 것입니다. 그 理由는, 收復以後 萬一에
알아하고 찾아 갔었는데 듬듬 가시던 "太陽호
텔"의 留宿人名簿에, 「晶原東面 康尚燮」 의
記載를 發見하여, 問議하였던 바, 到着即時
事變이 勃發되었음으로 [illegible]
同年六月二十八日, 漢江渡江을 計画, "太陽호텔"子
弟들과 同行出發하였어나, 橋梁斷切로, 不得
已 돌아가서, 繼續留宿하려 했어나, 漸次空
氣가 險惡해짐으로, 他處로 옮기다 하고

나간 以後 消息을 모르고 다는 것이 였읍니다

그 以後 偶然히, 서울서 附逆行爲를 하던 者가 當地

署山警察署에 被檢되어 있음을 보든 中, 自己가 嚴

尙燮이로 密告하여, 被逮케 하였다고, 陳述하였

어, 그 點 調査를 追窮하며 있었어니 事情으로 그 者

本 事件에, 詳細한 內容은 알지는 못했이나, 被

拉된 것만은 틀림없다고 思料 하옵니다.

檀紀 四二八九年 七月 二日

右 家族 代表

申告人 嚴[illegible]燮

사례 35. 고교 재학시 납북된 이형옥씨

신고자 역시 납북된 동생과 함께 피랍됐다가 탈출한 사람으로 피신고인인 동생의 납북 당시 상황이 자신이 겪은 상황과 동일하여 납치 당시의 상황을 생생하게 진술한 1차 증언이라고 할 수 있다.

No. 3312

가. 실향자 성명 (한글) 이형옥 (한문) 李瀅鈺 (영문) Lee Hyong Ok
나. 성별 男
다. 생년월일 서기 1931년 (월일 미상)
라. 실향자 본적 황해도 재령군 재령읍 일신리 77번지
실향자 출생지 〃
마. 최종 현주소 서울특별시 용산구 갈월동 2번지
바. 최종 직업 (학생) 서울공업중학교 토목과 6년 재학(현 서울공업고등학교)

사. 가족대표자 주소 및 성명
서울특별시 중구 을지로 2가 193 조선전업 내
이승옥(李承鈺) 관계 형(兄)

아. 납치 사항
단기 4283(1950)년 7월 17일 오후 8시경 가족대표인 본인과 납치된 동생 이형옥, 두 사람이 피난하기 위하여 충남 천안군 성환역(경부선) 5리 직전인 철로 위를 걸어서 목적지인 충남 공주로 남하할 때 북상하는 괴뢰 의용군 10여 명에게 포위되어 전신을 수색당하며, 총기로 위협하는 동시에 조사할 것이 있다고 무조건 그들이 향하던 경기도 평택으로 동행당하여, 소위 그들의 평택내무서에 무조건 구속됨. 10여 일 경과한 동년 8월 3일 야간 수감 중에 있던 60여 명의 인사 및 납치당한 동생 이형옥과 잠을 자던 중 감방 외부로부터 호명이 있어 나가 호명된 사람들과 같이 왼쪽 손목이 포박되어 자동차에 실려 다음날 8월 4일 서울에 들어와 경기도내무서 뒤편에 종일 대기하다가 오후에 서대문형무소에 수감되는 바람에 동생 이형옥과 헤어짐. 9월 7일 마포형무소로 또 이감되어 있던 중 9월 17일 오전 10시경 수감자 전원에게 복도로 나와 임치물품을 각기 찾으라고 하여 찾고 있을 때 평택내무서에 같이 수감되어 있던 사람이 나를 보고 "당신 동생도 저기 있다"고 하여 동생 이형옥도 그후 평택에서 마포형무소로 이감된 사실을 알게 되었으나 상면할 기회가 없었음. 오후 8시경 본인도 손목이 포박되어 여러 사람들과 복도에 앉아서 다른 줄의 정리하는 것을 대기할 때 우연히 줄을 정리당하던 피랍자와 만남. UN군이 현재 서울시 주변으로 진공 중에 있음을 말하고 괴뢰군들이 퇴각하며 현재 수감 중에 있는 사람들을 북으로 인솔하는 것 같으니 주의하라고 하며 배급받은 음식물을 동생 이형옥에게 더 주고 얼마 있다가 각기의 줄이 복도에서 이동되는 바람에 다시 헤어졌음. 그후 캄캄해진 마포형무소 앞 길에 줄을 지어 나와 서대문 로터리를 경유, 서대문형무소 앞을 통과, 북상하다가 경기도 내 신도국민학교에 수용. 밝은 낮이 지나서 다음날인 9월 11일 오후 8시 반경 그곳을 출발, 괴뢰군 경비하에 개성으로 통하는 길을 북상 중 구파발 북방 10리 지점에서 본인은 다른 사람 둘과 함께 탈출에 성공하였음. 이 사실은 정보가 아니며 가족 대표인 본인이 납치된 동생 이형옥과 같이 겪은 일임.

331

失鄕者調書

一. 失鄕者姓名	리형옥(李瀅鈺) Lee Hyong Ok
二. 性別	男
三. 出生年月日	西紀一九三二年(月日未詳) (二十才)
四. 失鄕者의本籍	黃海道載寧郡載寧邑日新里七七番地
五. 最終住所(出生地)	右 서울特別市龍山區葛月洞〃番地
六. 最終職業	(學生) 서울工業中學校土木科六年在學(現 서울工業高等學校)
七. 家族代表姓名	李承鈺 兄

李乙支路二街一九三 朝鮮[illegible]電[illegible]

八. 拉致事項

檀紀四二八三年七月七日下午(時頃)(西紀一九五〇年)家族代表인李
(本人 및 家族(李承鈺 兄) 外 二人)이 避難하기 爲하여 忠南道天
安郡成歡驛(京釜線)五里直前인 鐵路上을 步行으로 目的地
인 忠南道公州로 南下할 때에 北上하는 傀儡義勇軍 十余名에게
包圍되어 全身을 搜索當하며 또는 銃器로 威脅하는 同時에
訊問할 것이 있다고 無條件 그들이 向하던 京畿道平澤으로

同行當하야 所謂ㄱ을우고 平沢収務署에 無條件拘束되야 十年酉
이 經過된 同年十一月三日夜間 收監中에 있는 大十余名과 人事與
伯叔學生 弟李瀅鎬와 同獄中 監房外部로부터 叫名이 있어
바가 있으며 數人 外部에 在獄한 兄弟는 捕縛되여 自動車에 실
니위 翌日 十一月四日 付金에 (京으로 本 鐵道收務署後庭에
서 終日至 待期狀態에 있다가 오후 늦게 西大門刑務所에 收
~~監되었다. 이 弟李瀅鎬는 今商新年~~
西大門刑務所로부터 同年九月七日 麻浦刑務所로 또 移監되
이 있던 中 九月廿七日 上午十時頃 收監되어 있는 全員에게 廊
下로 나와 征置物品을 各己 찾으라 하여 찾고 있는 데에 平
沢収務署에 같이 收監되어 있던 人事가 나를 보고 當身 同生도
저기 있다고 하여 弟李瀅鎬도 그 後 平沢付 麻浦刑務所로
移監된 事實을 그 뭣하였으나 弟李瀅鎬와 相面할 機会
없더니 當日下午 (時頃 本人의 捕縛되어 와 人事
와 廊下에 났이 서 他列을 의 整理를 期待하는 狀態에 있을
에 遽然하게 列을 整理當하던 弟와 正座하게 되어 U.N軍

九月廿七日 記

이 現在 서울市周邊으로 進攻中에 있음을 말하고 傀儡軍들이 逃却하
며 現收監中에 있는 사람들을 北方으로 引率하는 것 같으니 途中注意
하라고 하며 所에서 配合하여 준 飮食物을 弟李承澄에게 더 주
고 말마었다가 各己의 列이 廊下에서 移動되는 바람에 各己 또 分
離되다.

그 後 감옥에 해진 麻浦刑務所 앞 街路에 列을 지워 나오며 西大門으로
다리를 經過 西大門刑務所 앞을 通過 北上하다가 京義鐵道 沿
의 神道國民學校에 收容되어 밝은 晝間이 지나서 그 翌日인 九
月 二十四日 午后(時半頃 二貝으로 出發하여 傀儡軍 警備下에 開
城으로 通하는 路上인 北上中 旧把撥北方十里地点에서 他二人과
行列에서 脫出함에 成功하여 本人은 現在에 至하였음.

右 記事實은 情報가 아니며 家族代表인 本人도 拉致된 弟李承澄
과 同一한 立地에 있었음을 添記함.

사례 36. 서울대학병원 간호사 출신 김인자씨

서울대학병원 외과실에 근무하던 여자 간호원의 경우 외출을 엄금하다가 9 · 28 서울수복 직전 전쟁 중 부상병 간호에 필요한 간호사들을 모두 강원도 춘천으로 데려갔다가 납북했다고 신고된 사례다.

No. 3594

실향자의 성명	(한글) 김인자 (한문) 金仁子 (영문) Kim In Ja
성별	女
생년월일	서기 1929년 5월 4일생
실향자 본적	평안북도 선천군 선천면 대륙동 568의 3번지
출생지	〃
최종 현주소	서울특별시 동대문구 신설동 55번지
최종 직업	서울 국립대학병원 간호원

가족대표 성명　김원주(金元周) 관계 부(父)

실향당한 장소 및 실향 사항

서울국립대학병원 외과실(外科室)에서 근무 중 유엔군이 인천상륙 당시에 전간호원의 외출을 절대 엄금하다가 유엔군이 서울 입성 직전 몇 날 전에 전간호원을 납치하여 가지고 강원도 춘천 방면으로 갔다는 말을 듣고는 지금까지 아무 소식 모릅니다.

1956년 7월 2일

탐지의뢰자 주소 부산시 초장동 2가 44번지
김원주(金元周)

失鄕私民(拉致者)申告書

失鄕者의 姓名	金仁子 (國文) 김인자 (英文) Kim In Ja
姓別	女
生年月日	西紀一九二九年五月四日生
失鄕者의 本籍	平安北道 宣川郡 宣川面 大睦
最終現住所	서울特別市 東大門区 新設洞 五三番地
失鄕者의 出生地	平安北道 宣川郡 宣川面 大睦洞 五六八의三番地
最終職業	서울國立大學病院 看護員
家族代表姓名	金元周 (家族代表와의 關係) 弟 夫妹
失鄕当時場所 및 失鄕事項	서울國立大學病院外科室에서 勤務中 유엔軍이 仁川上陸當時에 金看護員의 外出을 絶對禁止하다가 유엔軍이 서울入城直前 맛날前에 金看護員을 拉致하여 가지고 江原道 春川方面으로 갔다는 말을 듣고는 于今까지 아무소식 모릅니다.

受付 9.12 第3?號

1956 1929 2.7

一九五六年 七 月 二 日

探知依賴者

住所 釜山市草場洞二街四四番地

姓名 金元周

사례 37. 군수 출신의 대한미곡창고 춘천지부장 이택준씨

이 신고서에는 적십자사에 보내는 피랍인 아내의 편지가 들어 있어 가장의 납북 후 남은 가족들이 얼마나 큰 어려움을 겪었는지 생생하게 보여주고 있다. 강원도에서 군수까지 지내고 대한미곡창고 춘천지부장으로 재직했던 가장의 갑작스러운 납북은 가족들에게도 재앙이 되었음을 알려준다.

No. 3607

1. 피랍자 성명	(국문) 이택준 (한문) 李澤俊 (영문) Lee Taik June
2. 성별	男
3. 생년월일	서기 1900년 6월 9일생
4. 피랍자 본적	강원도 강릉군 강릉읍 임당동 2번지
피랍자 출생지	〃
5. 최종 현주소	강원도 춘천시 조양동 6의 77번지
6. 최종 직업	본직(本職) 대한미곡창고(大韓米穀倉庫) 주식회사 춘천지점장 전직(前職) 강원도 군수로 여러 해 봉직하였음

8. 가족대표자 주소 및 성명
서울특별시 종로구 인의동 94번지 김영도 방
이윤영(李潤榮) 관계 장남(長男)

9. 납치당한 장소 및 기타 상황
서기 1950년 9월 24일 낮 12시경 강원도 춘천시 조양동 6의 77번지에서 소위 정치보위부원 1명에게 납치당함. 그 후 6·25 그전의 춘광병원 (당시에 여기는 그들의 문초기관이었음)에 수용된 후 강원도 화천 방면으로 도보로 강송됨. 그후 한 1주일 후 그전에 안면이 있던 적색분자에게 소식을 물어 보았더니 벌써 월북하였다고 하기에 통곡하였음. 그후 한 3년 후에 풍문에 들으니 이북 어느 수용소에 있던 젊은 사람이 탈출해왔는데 우리 부친은 같이 탈출하자고 하니 "노령이라 어서 자네나 가보라"고 말씀하였다고 함. 그러나 그 사람이 누구인지 탐문할 길이 없어 막연한 희망을 가지고 있음.

적십자에서 분투하시는 여러분께!

작일(昨日) 발송하신 신고서는 잘 받았습니다. 귀사의 열성히 하여주시옵는 데는 감격의 눈물이 흐릅니다. 전번에 제가 드린 편지는 신고일자를 확정하기 전에 드린 편지옵고 그후 신문에 발표된 후 6월 20일경에 신고하였는데 식구가 살기 위하여 모두 분산되어 있으므로 사위네 주소 '서울시 종로구 인의동 94번지 김영도 방 장남 이윤영' 으로 신고하였사온데 그때 책상 위에 있던 장부번호를 보니 번호가 360 몇 번호너랍니다. 저의 지금 있는 주소는 살길이 없어 남의 집 식모노릇을 하고 네 아이들은 각기 고학을 합니다. 머리는 좋아서 우수하오나 물질에 하도 괴루움을 당하여 북천만 바라보고 원한의 눈물을 뿌리며 쓰린 가슴과 고픈 배를 움켜잡고 주인을 만날 날만 고대하고 그 날그날을 보내오기에 7년이 되었습니다. 모진 목숨 보장하며 앞으로 기쁨의 날이 오기만 안타까운 마음을 졸이고 있습니다. 꼭 만나게 하여 주시옵기 비옵니다. 김일성 이 원수는 언제나 갚으오리까. 분하고 원통합니다. 어서 속히 구출하여 주십시오. 어느 날이나 그리운 가족을 만나오리까. 물심양면의 괴로움 하소할 길이 없습니다. 적십자사 여러분께옵서 건강을 비오며 눈물의 하소연을 합니다.

7월 3일 최자혜(崔慈惠)

3607

失鄕私民安否探知申告書

一、被拉者姓名 (國文) 이택준 (漢文) 李澤俊 (英文) Lee Taik June

二、性別 男子

三、生年月日 西紀 一九〇〇年 六月 九日生

四、被拉者本籍 江原道江陵郡江陵邑林塘洞貳番地

五、被拉者出生地 仝右

六、被拉者現住所 江原道春川市朝陽洞六의七七番地

七、職業 本職 大韓米穀倉庫株式会社春川支店長
公職 (前職, 江原道郡守로여러해奉職하였음)

八、家族代表者 李潤榮 關係 被拉者의 長男

九、申告者姓名 서울特別市鍾路区仁義洞九四番地 金榮壽方

十、拉致當時場所및其他狀況

西紀一九五〇年九月二五日午十二時頃 江原道春川市朝陽洞六의七七番地에서 所謂政治保衛部員一名에게拉致당함. 그 後(其前에 六、二五所의 春光病院, 當時에 여기는 그곳의 內主機關이였음)에 收容된 后, 江原道華川方面으로 徒步로 强送됨. 그 後 한 (週日 後 그前에 顔面이 있든 赤色分子에게 消息을 물어보았더니, 벌써 殺害하였다고 하기에 痛哭하였음. 그 後 한 三年 後에 風聞에 들으니 以北 어느 收容所에 있든 젊은 사람이 脫出해왔는데, 우리 父親은 같이 脫出하자 할 하니 老令이라 어서 자네나 가보라고 말씀하였다 함. 그러나 그 사람이 누군지 探問할 길이없어 莫然한 希望을 가지고 있음.

赤十字社 에서 분투하시는 여러분께!

昨日 발송하신 申告書는 잘 받었읍니다 貴社께 열성히 하여주시옵는데 감격에 눈물이 흐릅니다 전번에 제가 드린 편지로 申告日字를 확정 하기전에 드린 편지옵고 其後 新聞에 발표된후 五月二十日頃에 申告 하였는데 食口가 살기 위하여 모다 分散되여 있으므로 사위네 住所 서울市 鍾路區 仁義洞 九四番地 金榮濤方 長男 李潤榮으로 申告 하였사온데 그때 책상 우에 있든 장부 번호를 보니 번호가 360 몇번로 드랍니다 저에 지금 있는 住所는 살길이 없어 남의 집 食母노릇을 하고 네 아이들은 各其 苦學을 합니다 머리는 조와서 우수하오나 學費에 하도 괴로움을 당하여 북천만 바라보고 원한에 눈물을 뿌리며 쓰린 가슴과 고픈 배를 움켜잡고 主人께 맞난날만 고대하고 그날그날을 보내오니 七年이 되였읍니다 모진 목숨 보잘 하여 앞으로 기쁜에 날이 오기만 안타가운 마음을 조리고 있읍니다 꼭 맞나게 하여주시옵기 비옵니다

金日成이 원수는 우리나 같오 오리가 분하고 원통합니다
머시속히 구출하여 주십시요 어느날이나 그리운 가족을 맛나
오리가 物心 양면에 피로움 하소할 일이 읍습니다
赤十社 여러분 계옵시 건강을 비오며 눈물에 하소연을 합니다

7月3日 崔總惠

사례 38. 강원도 횡성에서 납북된 농민 윤주봉씨

강원도에서 납북당한 이 경우에는 횡성내무서를 거쳐 춘천형무소로 수감했다가 포승줄로 묶어서 소양강을 건너 납북됐다고 신고돼 있다. 이같은 사실은 윤주봉씨와 함께 납북되어 가던 도중 탈출한 이병렬씨의 증언에 의한 것이다.

No. 4137

(가) 납치자 성명	(한글) 윤주봉 (한문) 尹周鳳 (영문)
(나) 성별	男
(다) 생년월일	서기 1915년 12월 29일생
(라) 본적	강원도 횡성군 공근면 수백리 255번지(출생지)
(마) 최종 현주소	〃
(바) 최종 직업	본직(本職) 농업 공직(公職) 이장, 한청단장

(사) 가족대표 성명

박기진(朴基眞) 관계 납치자의 처(妻)

(아) 실향(납치) 당한 장소 및 실향(납치) 사항

서기 1950년 7월 29일 오후 5시경 강원도 횡성군 공근면 학담리 156번지에서 소위 괴뢰 횡성내무서원 2명에게 납치되어 즉시로 횡성내무서에 연행, 7일간 유치되었다가 8월 5일 오후 7시 트럭편으로 춘천 방면으로 강송(强送)되었음. 이 사실은 당시 동일 감방에 유치되었던 횡성군 횡성읍 상리 최삼○씨가 목도하였음. 최씨는 괴뢰 남침 전에 횡성식량영단 정미소의 인부로 있던 사람으로서, 괴뢰 남침 후 그들이 관리하는 동 영단 도정용 「엔징」의 부속품을 도난당하여 차(此) 인부는 「혐의자」로 인정받고 구속되었었는데 저희 남편이 춘천으로 강송(强送)되기 직전 "최형이 만일 출감되거든 나의 처(妻)에게 보내 달라"고 상의 1점 (착용하던 것)을 의탁한 것을 수일 후 석방된 즉시 가지고 와서 그 사실을 일일이 전하여 주었음. 그후 춘천형무소에 수감되었음을 탐문하고 피랍인의 형인 윤유봉(尹有鳳)이 춘천까지 2차나 심방, 면회를 청하였으나 거부당하고(괴뢰 간수에게) 그대로 귀가하였음. 그후 유엔군의 반격으로 북진하게 되자 1950년 9월 14일 야만(夜晩) 수감된 납치인은 춘천 소양강을 도강하여 북쪽으로 강송되었다 함. 이 사실은 횡성군 갑천면 매일리에 거주하던 이병렬씨가 목도하였음. 이병렬씨는 납치된 후 횡성 및 춘천형무소에서 저의 남편과 같이 수감되었다가 북으로 강송되는 대열 최후방에 있다가 야만(夜晩) 소양강 도강 내(內) 사○지점에서 포승을 절단하고, 구사일생으로 도주, 귀가하여 차(此) 사실을 전하여 주었음.

난기 4289(1956)년 7월 10일

횡성군 공근면 수백리 255번지
신고자 박기진(朴基眞)

4137

失鄕私民(拉致者)申告書

(가). 拉致者의 姓名 尹周鳳 (윤주봉)

(나). 性別 男

(다). 生年月日 西紀一九一五年十二月二十九日生

(라). 本籍(出生地) 江原道橫城郡公根面水白里二五五番地

(마). 最終現住所 右同

(바). 最終職業 農業 公職(里長、韓靑團長)

(사). 家族代表姓名 朴基眞 (拉致者의 妻)

(아). 失鄕(拉致)當時 場所 및 失鄕(拉致)事項

西紀一九五○年七月二十九日午後五時頃 江原道橫城郡公根面鶴潭里五六番地에서 所謂 傀儡 橫城內務署員 二名에게 拉致되어 即時

로 橫城內務署에 連行, 五日間 留置되였다가 八月五日午後2時 卒列便을 春川方面으로 强送되였음. 이 事實은 當時 同一監房에 留置되였든 橫城郡 橫城邑上里 崔三石氏가 目睹하였음. 崔氏는 傀儡南侵前에 橫城食糧營團 精米所의 人夫로 있든 사람으로서, 傀儡南侵後 그들이 管理하는 同營團 搗精用 「엔징」의 附屬品을 盜難當하여 此人夫는 「협의자」로 認定받고 拘束되였었는데, 저의 罰便이 春川으로 强送되기 直前「發見에 되여」 出監되거든 나의 妻에게 보내달나고 上衣一点(着用하든 것)을 依托한 것을 數日後 釋放된 直時, 가지고 와서 그 事實을 오히 傳하여주었음. 其後 春川刑務所 까지

妻에게 보내

달나고 上衣一点(着用하는 것)을 依拒한 것을

數日後 釋放된 直時 가지고 와서 그 事實을

々히 傳하여 주었음. 其後 春川刑務所

에 收監되었음을 探聞하고 被拉人의 兄인

尹有凱이가 春川까지 二次나 尋訪, 面會

를 請하였으나 拒絶당하고 (傀儡看守에게) 그대로

歸家하였음. 其後 유엔軍이 反攻으로 北退

하게되자 一九五0年 九月 廿四日 夜晚 收容된

拉致人은 春川 昭陽江을 渡江하여 北쪽으로

後送되었다함、 이 事實은 横城郡 甲川面

梅日里에 居住하든 高東烈氏가 目도 하였음、

高東烈氏는 拉致된 後 横城 및 春川刑務

所에서 저의 男便과 같이 收容되었다가 北으로 拉

送되는 隊列 最後方에 있다가, 夜晩 昭陽江
濱江內 四料地点에서 捕繩을 切斷코, 九死
一生으로, 逃走歸家하여 此事實을 傳하
여주었음.

檀紀四二八九年 六月 十日

横城郡公根面水白里二五五番地

申告者 朴基益

사례 39. 자유신문사 기자 출신 조경석씨

자유신문사 기자였던 납북자는 우익 성향이 있었던 것으로 보이고 가족들의 신고서에 따르면 이러한 이념적 성향으로 인해 좌익 학생들에게 납치된 것으로 기록돼 있다. 납치 과정에서 고문과 폭행도 있었던 것으로 가족들은 증언한다.

No. 4318

1. 실향자 성명	(한글) 조경석 (한문) 趙景錫 (영문)
2. 성별	男
3. 생년월일	서기 1923년 6월 22일생
4. 실향자의 본적	평남 강동군 만달면 승호리
5. 최종 현주소	서울시 종로구 누하동 70
6. 최종 직업	서울시 자유신문사 기자

7. 가족대표 성명

조수복(趙壽福) 관계 자(姉)

8. 실향 당한 장소 및 실향 상황

1950년 6월 30일 파고다공원 뒤 노상에서 민청원

6월 25일 실향자는 기자인만큼 전투 상황을 보려 군대와 같이 우이동 방면에 가 있다가 27일 새벽에야 귀가했는데 과로로 2일간 집에서 쉬고 30일 자유신문사에 가서 그놈들의 동태를 본다고 아침 출가한 후 몇 수일이 지나도 귀가하지 않아, 각 방면으로 찾아보니 동국대학 재학시 좌익학생 추방당한 빨갱이 학생들에게 노상에서 납치되어(본인 동국대학 재학시 좌익학생을 많이 추방 타도하였음) 시청지하실로 끌려가 가진 고문과 악형을 당하고 1주일간 있다가 구(舊) 동국대학 가교사(假校舍)로 끌려가 한 20일 만에 빨갱이 학생들과 같이 본인집으로 와서 본인이 살던 방을 수색하는 동안 본인은 도망을 하여 숨어 있으며 모진 매 맞은 상처와 약해진 몸을 치료하며 잘 숨어 있었는데 운이 나빠 낙원동(파고다 공원 뒤) 동무 집에서 1개월 후 내무서원들이 수십 명 집을 수색하는 바람에 그만 또 납치되어 종로서에 가 있다가 지금 국립도서관인 그 장소가 그 당시 정치보위부라고 했는데 그곳에 넘어가 있는 것까지는 알고 있었는데 아군 입성 후 전혀 소식 모릅니다. 그놈들이 죽이고 갔는지, 데리고 갔는지 알 수가 없습니다.

실향자 간단한 이력

- 평양 광성중학교 졸업
- 서울 동국대학교 역사과 졸업
- 서울 신문학원(야간부) 졸업
- 서울 자유신문사 기자
- 미혼자(未婚者) 당 33세

4318

失踪者 申告書

① 失踪者姓名	趙景錫(조경석)
② 性別	男
③ 生年月日	西紀一九二三年六月二十二日生
④ 失踪者의本籍	平南江東郡晩達面勝湖里
⑤ 最終現住所	서울市鍾路区樓下洞七○
⑥ 最終職業	서울市 自由新聞社記者
⑦ 家族代表姓名	趙壽福(조수복) 本人姊
⑧ 失踪當한場所 및 失踪狀況	裏面記載

一九五○年七月三十日 [illegible]에서 [illegible]

7/21

⑧ 六月廿五日 失鄕者는 記者니만큼 戰鬪狀況을
보여 軍隊와 갗히 우이동方面에가 잇대가
廿七日 새벽이야 歸家햇는데 過勞로 二日間 집
에서 쉬고. 三十日 自由新聞社가서 그놈들의 動態
을 보앗고 아츰 出家한바, 몇數日이지나도 歸家
치 안이. 各方面으로 차저보니 東國大學在學時. 左翼
學生 추방 당한 빨갱이 學生 들께 路上에서 拉
致되여 (本人東國大學在學時. 左翼學生을 많
히 추방. 타도하였음.) 市廳地下室로 끌리가
가진 고문과. 악행을 당하고. 一週日間 잇대가. 旧東國
大學級校舍로 끌녀가 한 二十日만에 빨갱이 學生
들과 갗치 本人집으로 와서 本人이 살든 방을

수색 하는동안 李氏는 도망을 하여 숨어잇섯으며
모진 매마즘 상처와 弱해진 몸을 治療하며
잘 수머잇섯는데 運이 납버 栗원洞(빠꼬다
公園뒤) 동무집에서 一個月 後 내무서원
들이 數十名 집을 수색 하는 바람에 고만 또
拉致되여 鍾路署에 가잇따가 지금 國立
圖書館인 그 場所가 그 올정 정치보유부 라고
햇는데 그곳에 너머가 잇는 것까지는 알고
이섯는데 我軍入城 後 全혀 消息 몰음니다
그놈들이 죽이고 갓는지, 다리고 갓는지 알 수
가 업슴니다

失御者簡單한履歷

一、平壤 光成中學卒業

一、서울、東國大學 歷史科 卒業

一、서울、新聞學院(夜間部)卒業

一、서울、自由新聞社記者

一、未婚者

一、當 三十三才

사례 40. 양복 기술자 남창희씨

양복 기술자로서 구금돼 있었던 형무소 내에서도 양복 제조를 했다고 기록돼 있다. 군복 제작 등 양복 기술자에 대한 필요로 인해 납북했을 가능성을 시사한다.

No. 4576

1. 실향자 성명 (한글) 남창희 (한문) 南昌熙
2. 성별 男
3. 생년월일 서기 1921년 3월 2일생
4. 실향자 본적 경기도 안성군 서운면 양촌리 379
5. 최종 현주소 서울특별시 중구 충무로 3가 23
6. 최종 직업 본직(本職) 양복점 경영
   공직(公職) 충무로 3가 민보단 공안부장

7. 가족대표 성명
   남각희(南珏熙) 관계 실향자의 제(弟)

8. 실향당한 장소 및 실향 상황

충무로 3가 23번지에 위치한 자가(自家)인 해성양복점(海盛洋服店)에서 내무서원에게 납치당함. 사변 전 민보단 간부로서 열성을 다했다는 이유로서 동년 8월 초순에 내무서원에게 피포(被捕)되어 현 중부경찰서로 구금된 후 또 다시 서대문형무소로 이송되었다가 9 · 28 수복 직전에 구금되었던 수백 명과 함께 야간을 이용, 미아리 방면으로 출발한 후 지금까지 무소식이며 당시 형무소에서도 양복 기술자로서 양복 제조를 했다 함.

회보 연락처
충남 ㅇㅇ경찰서 사찰계
남각희(南珏熙)

(1) No. 4576

檢定	打字	飜譯

被拉致失鄕者申告書

一、失鄕者姓名 南昌熙 남창희

二、失鄕者性別 男子

三、生年月日 西紀一九二一年三月二日生

四、失鄕者의 本籍 京畿道 安城郡 瑞雲面 湯村里 三七九

五、最終現住所 서울特別市 中区 忠武路三街 二三

六、最終職業

洋服店을 經營하고 忠武路三街

民保團兵安部長

七、家族代表姓名

失鄕者의 弟 南珉悰

八、失鄕當한 場所 및 失鄕狀況

1. 忠武路三街 二三番地에 位置한 自家인 海盛

洋服店에서 內務署員에게 拉致當함.

2. 事變前 民保團幹部로서 熱誠을 다했

다는 理由로서 同年 八月 初旬에 內務署員

에게 被捕되어 現中部警察署로 拘禁,

된後 또다시 西大門刑務所로 移送되었다가

九二八收復直前에 拘禁되였든 數百名과,

(2)

함께 夜間을 利用 미아리方面으로 出發한 以後 于今無消息이며 當時 刑務所에서도 洋服技術者로서 洋服調製를 했다 함.

回報進達爲

忠南 溫陽警察署 査察係

南 班長

사례 41. 내무부 비서실 경리과장 출신 공무원 김영규씨

북한의 서울 점령 직후에 연행되었다가 당일로 석방되었고, 또 다시 2~3일 후 재차 연행되었다가 다시 당일로 석방된 후 그 다음날 다시 연행되어 서대문형무소에 수감된 사례이다. 이러한 경우 주변의 중요 인사들의 정보를 얻는데 이용함이 주된 목적이었던 것으로 보인다.

No. 4586

실향자 성명	(한글) 김영규 (한문) 金榮圭 (영문) KIM YUNG KYU
성별	男
생년월일	서기 1904년 1월 4일생
납치자 본적	서울특별시 종로구 관철동 130(출생지)
최종 현주소	서울특별시 중구 다동 24
최종 직업	내무부 비서실 경리과장

가족대표자 주소 및 성명
동대문구 신설동 380-20
김진완(金鎭完) 관계 피랍자의 장남(長男)

실향당한 장소 및 실향 사항
6·25사변 직후 괴뢰군이 서울 입성한 지 3일(1950년 7월 1일경) 만에 소위 중부보안서에서 연행하였다가 직일(直日)로 귀가하고 2, 3일 후에 재차 연행 또 다시 직일로 석방. 익일(翌日) 도서관 안에 있는 정치보위부로 연행. 서대문형무소에 수감되어 있음을 확인하였을 뿐 그후 9·28이 되었음. 직후 서대문형무소에 도달하여 사체를 일일이 검사하였으나 발견치 못하였음.

4586

区分	失鄕私民(被拉者)申告
失鄕者姓名	金 潆 圭 / 김 영 규 / KIM YUNG ~~KU~~ KYU
性別	男子
生年月日	西紀 1904年 1月 4日生
本籍	서울特別市 鍾路区 貫鉄洞 130
最終現住所 拉致当時	서울特別市 中区 茶洞 24
最終職業	内務部 秘書室 経理課長
家族代表者姓名 被拉者의 長男	金 鎭 完 / 김 진 완 / KIM JIN YAN
失鄕当時場所	家族代表住所 東大門区 新設洞 380—20

失鄕事項

1950年 7月1日頃

六·二五事変直後 傀儡軍이 서울入城한지 三日만에 所謂 中部保安署에서 連行하였다가 直日로 帰家하고 二·三日后에 再次連行 되다시 直日로 석放 翌日 圖書館 안에 있는 政治保衛部로 連行 西大門刑務所에 收監되어 있음을 確認? 하였음 그 이後 北韓으로 移送되었음

~~其后 九·二八이 되었음. 直后 西大門刑務所에 到達하여 死体를 보았으며 検査하였으나 発見치 못하였음.~~

사례 42. 국제전신전화국장 김준구씨

서울이 점령된 직후 도피 중 납치된 전형적인 사례. 탈출자 신동기씨에 의해 평양감옥에 수감됐음이 마지막 행적으로 확인됐다.

No. 4702

1. 성명 (한글) 김준구 (한문) 金俊九 (영문) John Kim
2. 성별 男
3. 생년월일 단기 4256(1923)년 5월 30일(음 4월 15일)
4. 본적 경북 대구시 종로 1가 83의 2
   출생지 〃
5. 최종 현주소 서울특별시 돈암동 157
6. 최종 직업 국제전신전화국장

7. 가족대표
   대구시 종로 1가 83의 2
   김성국(金成國) 관계 부(父)

8. 납치장소 및 납치 상황
   단기 4283(1950)년 7월 13일 서울 시내를 이리저리 피하여 다니다가 도중에서 납치되었음.
   1950년 10월 말일경 평양감옥에서 탈출하여 온 서울 혜화동에 거주하는 신동기(申東起, 男, 50전후)씨의 전하는 말에 의하면 그 당시 평양감옥에서 같이 재감(在監)하고 있었다고 전하여 왔음.

주(註): 신동기씨는 그 당시 러-치 장군의 통역이었음.

慶尙北道
四二八九年六月十四日接
第 九 號

拉致人申告

姓名 金俊九 (Johu Kim)

性別 男

生年月日 檀紀四二五■年 五月 三十日(陰四月十五日) 西紀(一九二■年)

本籍 慶北大邱市鐘路一街八三의二(現住所도 같음)

最終住所 本籍地와同一 서울特別市敦岩洞 一五七

最終職業 國際電信電話局長

家族代表 金成國 (父) 大邱市鐘路一街八三의二

拉致場所 及 拉致狀況 檀紀四二八三年七月十三日 西紀(一九五〇年) 서울市內로 이리저리 避하여 단이다가 途中에서 拉致되었음

註 一九五〇年一〇月末日頃 平壤監獄에서 脫出하여온 서울惠化洞에 居住하는 申東起(男 五〇歲) 氏의 証言에 依하면 其當時 平壤監獄에서 같이 在獄監禁되어 있었음

註 申東起氏는 其當時에 ■■■ 將軍의 通訴이

大韓赤十字社 4289. 7. 28.

사례 43. 강원도 명주군에서 납북된 어민 이윤오씨

서울 외 지방 납북의 일반적 사례와 유사하게 공공 장소에 우선 집합 수용한 후 도보로 북송했다. 함경남도 안변까지 피랍인과 함께 납북되었다가 비행기 폭격으로 중상을 입고 귀가한 이웃 서춘복씨가 피랍인이 원산 방면으로 향해갔다는 증언을 남겼다.

No. 5918

1. 납치자 성명　(한글) 이윤오 (한문) 李潤五 (영문)
2. 성별　男
3. 생년월일　서기 1919년 1월 3일생
4. 납치자 본적　강원도 명주군 현남면 동산리 6반
   납치자 출생지　〃
5. 최종 현주소　〃
6. 최종 직업　어업

7. 가족대표 성명
최옥녀(崔玉女) 관계 모(母)

8. 실향당한 장소 및 실향 사실
서기 1950년 8월 15일 오전 9시경에 부락자위대원 강달주에 인솔되어 본면 죽리 공회당에 집합 · 수용되었다가 당일 오후 9시경에 출발 보위대에 압송되어 명주군 주문진읍 교항리 최선각(崔善珏)의 가옥 뒤 송림(松林) 중에 2일간 수용되었다가 다시 오후 10시경에 출발. 소위 괴뢰군에 인솔되어 이북으로 도보로 강송되었음. 당시 같이 동행하였던 동리 가까이 살던 서춘복씨가 함남 안변까지 갔다가 비행기 폭격으로 중상을 입고 귀가하여 이윤오가 지금 원산 방면으로 향하더라는 소식을 들었음.

이상
서기 1956년 7월 25일
강원도 명주군 현남면 동산리 6반
최옥녀(崔玉女)

591

拉致者申告

一、拉致者의 姓名　　李潤五 (리윤오)

一、性別　　男

一、生年月日　　西紀一九一九年一月三日生

一、被拉者의 本籍 (出生地)　　江原道溟州郡縣南面銅山里 六班

一、最終現住所　　右同

一、最終職業　　漁業

一、家族代表姓名　　被拉者의 母　崔玉女 (최옥녀)

一、失鄕當時場所 및 失鄕事實

西紀一九五〇年八月十五日午前九時頃에 部落自衛隊員에게 周圍에 引率되여 本面竹里共會堂에 集合收容되엿다가 當日午後九時頃에 出張保衛隊에 押領되

大韓赤十字社 4289. 8. 13.

30

2559

에 溟州郡 注文津邑 橋項里 崔善珏 씨 家後 松林中에 二日
間 收容되었다가 하시 午後 十時頃에 出發 所謂 傀
儡軍에 引率되어 以北으로 逃走로 强送되였음
當時 같이 同行하였던 洞里 隣居하던 徐春福氏
가 咸南 安邊까지 간다가 飛行機 爆擊으로 重傷
되어 歸家하야 李瀾五가 지금 元山方面으로 向하더
라는 消息을 드렸음

以上

西紀 一九五〇年 七月 二十五日

江原道 溟州郡 縣南面 銅山里 六班

崔 玉女

사례 44. 의과대학생 김영기씨

피랍인은 당시 의과대학생으로 미처 피난을 가지 못하고 친척 하숙집에 숨어 있다가 하숙집 아들 2명과 함께 인민군에 발각되어 납북된 것으로 기록돼 있다. 이러한 정황은 살아 돌아온 탈출자 김의기씨가 증언한 것으로 돼 있다.

No. 6460

1. 실향자 성명 (한글) 김영기 (한문) 金永基 (영문) Kim Yiung Ki [일명 기영(基榮)]
2. 성별 男
3. 생년월일 서기 1925년 4월 23일생
4. 실향자 본적 전라북도 정읍군 태인면 낙양리 310번지
   실향자 출생지 〃
5. 최종 현주소 서울특별시 종로구 통의동 70번지
6. 최종 직업 대학생

7. 가족대표자 주소 및 성명
전라북도 정읍군 태인면 낙양리
김호연(金鎬衍) 관계 부(父)

8. 실향 사항
피랍치자 김영기는 의과대학에 재학 중 4283(1950)년 6월 25일 동란을 당하여 당시 하숙집인 서울특별시 종로구 통의동 70번지 고(故) 김필수(친족 관계)씨의 전가족과 같이 남하 · 피난할 준비를 갖추고 4283년(서기 1950년) 6월 28일 이른 아침 한강까지 도착하였으나 뜻 아닌 인도교 절단으로서 도강을 못하고 부득이 귀가하여 번민(煩悶) 은신 중 인민군 강제 모집한다는 소문을 듣고 놀라 하숙집 3층 천정 속에 하숙집 주인 김필수 차남 의기와 3남 성기와 같이 은신하고 있으면서 남하의 기회를 살피는 중 단기 4238(1950)년 7월 9일 인민군으로부터 돌연 재산 몰수와 가택 수색을 당하게 되어 3층 속에서 세 사람은 발각되고야 말았던 것입니다. 발각 즉시 서대문형무소에 3인이 수감되어 재감(在監) 7일 만에 7월 16일 밤 8시 반경 수십 명의 동포와 같이 이북으로 납치 압송의 길을 떠나 걸어가는 도중 김의기는 요행히도 ㅇㅇ지방에서 탈출의 기회를 얻어 탈출하고 김영기와 김성기는 수십 명의 동포와 같이 자유를 잃고 부모형제를 등에 두고 이국 아닌 이국의 밤길을 북으로 북으로 걸어갔던 것입니다.(여기까지의 납치 경로의 사실은 당시 탈출하여 온 김의기의 증언임) 그후 김영기의 운명을 염려하는 전가족은 궁금한 소식을 눈물로서 학수고대하는 중입니다.

단기 4289(1956)년 8월 13일
정읍군 태인면 낙양리
신고자 김호연(金鎬衍)

대한적십자사장 귀하

No 1

64b

失鄕私民被拉致者申告書

一、失鄕者姓名　金永基　김영기　Kim Young Ki　(一名 基榮)

二、姓別　男

三、生年月日　一九二五年四月二三日生

四、失鄕者의本籍 及出生地　全羅北道井邑郡泰仁面洛陽里三一○番地

五、最終現住所　서울特別市鍾路区通義洞七○番地

六、最終職業　大學生

七、家族代表者　金鎬衍　(拉致者金永基의 実父　井邑郡泰仁面洛陽里)

八、失鄕事項

被拉致者 金永基는 醫科大學에 在學中 四二八三年 六月二五日 動乱발생
當하여 当時 下宿집인 서울特別市鍾路区通義洞七○番地 故 金
珩洙 (親族関係) 氏의 全家族과 같이 南下避乱할 準備를 갖

우고 四二八三年 六月二七日 早朝 漢江까지 到着하였으나 끊어난 人道橋 切斷
으로서 渡江을 못하고 不得已 歸宅하야 煙閣 隱身中 人民軍 强制募集
한다는 所聞을 듣고 놀아 下宿집 三層 天井속에 下宿집 主人 全瀰洙
次男 義甚와 三男 成甚와 같이 隱身하고 있으며 서 南下의 機會를 살
인 中 四二八三年 七月 九日 人民軍으로부터 突然 財産沒收와 家宅搜
索을 當하게 되여 三層 속에서 세 사람은 發覺되고 말았든 것입니다
發覺直時 西大門 形務所에 三人이 收監되여 在監 七日 만에 四二八三年 七月
一六日 밤 八時 半頃 數十名의 同胞와 같이 以北으로 拉致押送의 길을 떠나
걸은 途中 全義甚는 傑偉이도 。 。 地方에서 脫出의 機會를 어더 脫
出하고 全永甚와 全成甚는 數百名의 同胞와 같이 自由를 잃코 父
母兄弟를 등에 두고 異國 아닌 異國의 밤길을 北으로 (끌려가든 것임
니다 (여기까지의 拉致經路와 사실을 當時 脫出하여 온 全義甚의 證言임)

No 2

其后 弟 金永基의 運命을 念慮하는 全家族은 궁금한 消息을 눈물로
서 鶴首苦待하는 中입니다

단기 四二八九年 八月 一三日

井邑郡 泰仁面 洛陽里

申告者 金鎬行

大韓赤十字社長 貴下

4289

4289. 8. 14

号

2. 피랍 중 탈출인사 직접증언

김용일 김일선 이동욱 박명자

해제

6 · 25전쟁 당시 납치를 목격한 유가족들의 생생한 증언을 채록하고 있는 본 자료원에서는 탈출 · 생환한 납북자들을 발굴, 직접 면담해 그들의 증언을 기록으로 남기는 작업을 동시에 진행시키고 있다. 2002년 6월 4일 김용일씨 증언 채록을 시작으로 2005년 4월 21일 이동욱씨까지 각 계층별로 총 네 건의 피랍 중 탈출 생환자들을 인터뷰해 정리했다.

전쟁 당시 영등포 고려방직 구단 소속 농구선수였던 김용일씨는 서북청년단 활동을 이유로 영등포 내무부와 정치보위부를 거쳐 서대문형무소에 수감되었다. 이 과정에서 수없이 자술서를 썼으며 대부분의 정치범들이 납북돼 간 경로를 따라 도보로 북송되었다. 그후 평양교도소에서 탈출해 살아 돌아왔다. 서대문형무소에서의 수감 생활을 비롯해 전차로 청량리까지 이송 후 우이동, 의정부, 동두천, 한탄강, 연천을 거쳐 황해도, 평양으로 북송됐던 납북 경로를 자세히 추적할 수 있도록 하는 중요한 증언이라고 할 수 있다.

가내수공업자였던 김일선씨는 1950년 7월 7일 서울 도림동의 관동기계제작소에 취직했다가 피랍돼 북한으로 끌려갔다. 김일선씨의 경우는 기술자 납치의 한 사례를 보여주며, 납치이유는 북한의 공작기계를 가동시키기 위한 것이었음을 확인하고 있다. 피랍 기술자들의 납치 후 행적을 추적하는 데도 의미 있는 정보를 제공한다.

이동욱씨는 「동아일보」 조사부장 출신이지만 신분이 노출되지 않아 전쟁 발발 두 달 뒤 단순 노동자로 서울 자택에서 피랍돼 도보로 납북되었다가 생환했다. 연천, 포천, 철원을 거쳐 원산에서 평양까지는 기차로 이송, 평북 개천의 청천강수용소에서 공산주의 선전 교육을 받은 과정을 생생히 전하고 있다. 이 증언은 노동자들의 납북 행로를 추적할 수 있는 중요한 단서를 제공해준다. 이동욱씨는 노동자를 납치한 이유가 남한에 기술자나 노동자를 남겨두지 않음으로써 인력을 고갈시키기 위해서라고 보고 있다.

서울대학교 의과대학 간호학과 학생이었던 박명자씨는 전상자 치료에 투입됐다가 북한의 병원 설립 계획에 따라 북송되었다가 생환했다. 청량리에서 철원까지 열차편으로 이동해 평양까지 갔다가 탈출한 그녀는 북송 과정에서의 고통을 증언하며, 평양의 신부와 수녀들이 피랍자들의 탈출을 돕다가 총살당하는 장면 등을 생생히 전달해준다. 또한 납북 전 당시 서울대학병원 내의 상황을 상세하게 증언하고 있다.

출생지: 황해도 재령 출생
당시 주소: 영등포 고려방직 농구팀 합숙소(사택 아파트 301호)
피랍일자: 1950년 7월 25일
피랍장소: 자택
학력: 대졸
경력: 「경향신문」사 총무국장, 대한체육회 상무이사, 체육인동호회 전무이사, 재령군 명예군수, 재령군민회장, 국방부 국군체육회 사무국장, 국제군인체육위원회 한국군 대표위원
직업: 농구선수

김용일

- **일시: 2002년 6월 4일**
- **장소: 자택**
- **대담: 김용일**
- **채록: 사유진**

●피랍 및 탈출 경로

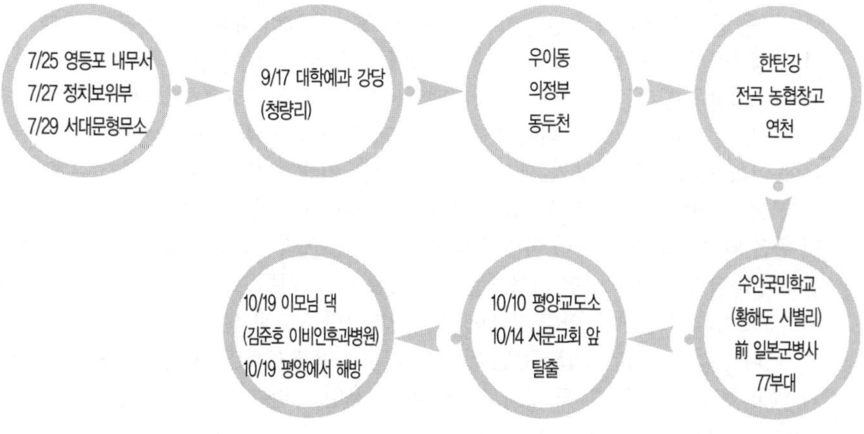

문_ 당시 나이와 하던 일은 무엇이었습니까?

답_ 당시에 28살이고 직업은 영등포 고려방직에 농구선수로 있었어요. 거기 실업팀이라고 상당히 우수한 팀이었어요. 월남해서 쭉 거기에 있었어요.

문_ 전쟁 후 계속 서울에 있었는지?

답_ 아니예요. 6 · 25 터져가지고 한강 끊어지는 건 직접 못 봤고, 영등포니까 그때 선수들하고 남하를 하다가 안양에 누님 댁이 있어 일단 거기 머물렀어요. 그 일행들은 다 남하했고요. 그 동네 큰길에 나와서 내려가는 사람들을 보던 중에 같은 회사에 있던 윤종현씨를 만났어요. 회사 의무실장이셨는데 나이도 나보다 선배고 나도 이북에서 내려왔는데 그분도 평양분이니까 고향 동생처럼 사랑해주던 분이었어요. 그분이 위험하다며 내려가자고 해서 다시 떠나 남양까지 갔어요.

거기 가서 형님 부인하고 어린애하고는 그집을 빌려서 안방에 주무시게 하고 그 형님하고 나하고는 외양간에서 소를 끌어내고 거기에 짚을 깔고 잤어요. 하루 이틀 잤는데 인민군이 닥치더라고. 그것도 소식을 몰랐는데 어떤 사람이 여기 있다고 총을 메고 와서는 올라가라고 벌써 그곳이 점령이 됐다고 해요.

그러니까 더 내려갈 수도 없고, 할 수 없이 서울로 다시 들어와서 나는 고려방직 안에 있는 합숙소(사택아파트 301호)에 숨어서 며칠을 지냈어요. 그렇게 혼자서 숨어 있었는데, 그해 7월 25일 아파트 철문을 누가 쾅쾅 치더라고. 그래서 누가 왔나 하고 문을 열었더니 장총을 든 인민군하고, 고자질한 사람이야. 그 사람이 인민군 뒤에 붙어와서는 서북청년이라고 일러요. 이북놈이란 얘기지. 그러니 인민군이 "이 새끼 너 이북놈이지?" 그래요. 할 수 없이 그렇다고 하니까 "나와" 하더니 고랑을 채우더라고. "앞장 서!" 그러더니 등에 총을 대고 끌고 간 거여. 끌려간 곳이 영등포내무서란 곳이야.

거기서 2~3일 있는데 영등포경찰서가 유치장이 둥그렇게 되어 있었어요. 나오지는 못하고 보니까 윤종현 형님도 저쪽에 잡혀 들어와 있더라고. 그 양반을 거기서 봤어요. 그 이후로는 못 보고 한 2~3일 거기서 자고는 끌려나와 걸어서 노량진까지 와서 전차를 타고 지금의 롯데백화점 본점 앞에 총독부 도서관이라고 해서 빨간 벽돌집이 있었어요. 그 앞에 3층인가 2층집이 있고, 그 뒤쪽에 도서관 안채가 있고 마당이 좀 넓었는데 그곳으로 끌고 들어가더라고.

영등포내무서에서 끌려간 게 10명이야. 내무서에서 끌어내다가 조사를 할 때도 두세 번했어요. 조사 내용은 말하자면 자술서라고 한 거 같아. "너 그동안에 여기 와서 한 거 다 적어라" 이거야. 너 5년 동안 여기서 운동했다고 그랬는데, 시시콜콜한 것도 다 적어라 이거지.

막 때리고 치고 박고 하면서 하는 게 뭐냐면 용산에 철도 공작청이라고 지금도 있을 거예요. 거기에 공산당 청평이라고 있는데 공산당 노동자가 거점이 돼서 남한 정부를 공산화시키려고 하던 큰 사건이 있었어요. 대한민국을 공산주의 국가로 만들라고 폭동을 일으키는 그런 와중에 있었거든. 그때 우리 서북청년들에게 경찰하고 정부에서 총을 줘서 거기를 습격을 했어요. 그래서 그놈들을 다 쏴 죽인 사건이 있어. 그랬더니 내무서에서 조사받을때 "너 거기에 가서 자기네 동무들 다 쏴죽이지 않았느냐? 네가 아주 최고 악질이다" 이거야. 서북청년은 최고 악질로 이 나라가 공산당 국가가 될 것을 네놈들이 앞장서서 우리 동무들을 다 쏴 죽였기 때문에 너희들 때문에 6 · 25가 생긴 거라며 그것을 써라 이거야. "난 그런 거 모른다. 난 운동선수로서 운동만 했다"고 하니까, 이 새끼 무슨 개수작한다고 말이야 뭐 이런 식으로 하는 거지. 거기서 2~3일 있는 사이에 너댓 번을 와서 쓰라 쓰라 쓰라 하면서 차고 치고 박고 쓰라는데 그게 다 이유가 있어요. 사람이라는 게 뇌가 컴퓨터하고 달라서 자꾸 하면 기억하는 거 그대로 못 쓰거든. 쓰다가 보면 달라지고 하니깐 그것을 노리고 또 써라, 또 써라 하는 거야. 아마 지금도 잡아가면 그런 식으로 할 거예요.

그러다가 정치보위부로 끌려갔던 거야. 거기서 사흘밤을 있었던 거 같아요. 그 깜깜한 방에 수십 명이 들어가 있고 누가 누군지 알지도 못하고 있는데 "김용일 나와라" 해서 나가면, 2층으로 불러다가 앉혀서 수사관 앞에서 자술서를 쓰고 있는데 장화 신고 몇 명이 올라오더라고. 수사관이 경례를 해서 봤더니 아는 놈이야.

어깨에 계급을 요란하게 붙이고 뒤에는 졸병이 가방 들고 쫓아 들어왔더라고.

원래 내가 만주에 있다가 해방되고 나와서 그해 1945년 10월 21일부터 서울운동장에서 해방 경축 체육대회를 했어요. 그때 장수산 농구팀으로 해방 경축제에 출전했다가 고려방직에 취직이 돼서 실업팀 농구선수로 있었거든. 그러니까 만주에 있을 때 초등학교 선생으로 와 있던 사람이 거기에 온 거야. 정관욱이라고 황해도 연변 출신에 배재 나오고, 고려대학의 수구선수가 된 사람이요. 이놈이 얼굴이 곰보였어. 예전에 내가 만주를 떠날 때는 팔로군이라는 공산군이 점령한다고 해서 새벽에 우리 몇몇이 달아나서 나와 버렸던 거고, 그 친구하고 배제 출신 셋은 그곳에 있었던 거야. 근데 이놈이 이제 총책임자로 내려온 거지.

조사 중에 자기도 옛 생각이 나는지 나를 부르더라고. 속으로 '이젠 살아났구나' 이런 생각도 했어요. 그래서 사병을 쫓아 들어갔더니 마주 앉고서 나는 반갑게 얘기하고, 그놈은 높아져서 장화 신고 어깨에 계급이 주렁주렁 있고. 나중에 알고 보니까 대좌였어. 만주 때 얘기며 사람 안부며 이것저것 얘기했어요. 그러더니 나가 있으라고 그래요. 그래서 "잘 부탁한다"고 그랬어요. 그런데 조사를 또 받는 거야.

그러고서 2~3일 조사를 받으며 있었는데 하루는 "지금부터 부르는 사람은 크게 대답하고 나와" 하더라고. 귀가 조치한다고 말야. 그래서 나는 '쟤가 나를 살려주는구나' 이런 생각을 하고 있는데 23명만 부르더라고. "김용일" 하니까 "네" 하며 크게 대답하고 나갔어. 맨발에 허리띠도 없어서 허리춤을 잡고 마당으로 나갔어요. 거기에 모자를 쓴 정치보위부 몇 명이 붙었어. 정치보위부놈들은 군모는 안 쓰고 도리우찌 쓰고 사복을 한 놈들이거든. 이제 23명을 집으로 해산해서 보내주는가 보다 이러고 있는데, 대좌는 가방 든 놈 데리고 어디론가 사라지고, 좀 있으니까 큰 버스가 와요. 그러더니 버스에 다 타라 이거야. 이제 공기가 달라질 거 아냐. 차를 타니 종로 화신 앞으로 해서 안국동으로 해서 중앙청으로 해서 저 홍제동 쪽으로 나가더라고. 밖으로 나가서 총살하려는 모양이구나 생각했어요. 그런데 독립문을 지나서 옆으로 쑥 올라가더니 형무소로 들어갔어요.

문_ 같이 실려간 23명은 어떤 사람들이었는지?

답_ 모르는 사람들이었어. 귀가 조치 한다고 해서 좋아했는데 나중에는 버스 태우고서 끌고 나가니까 총살하러 나가는구나 싶어 앞이 보이지 않고 가족 생각들만 나더라구.

그렇게 형무소에서 약 두 달간 형무소 생활을 했어요. 거기서 40여 일간 있다가 서울을 뺏기게 되니까 이젠 우리를 다시 끌고 가더라고. 어디로 끌려가는지도 모르고 갔어.

문_ 서대문형무소에서는 어땠어요?

답_ 아주 작은 방 안에 10명씩 있었어요. 한쪽에 변기통이 있었는데 그걸 차고 문을 부수고 나갔다가 북한군이 총을 막 쏴서 수십 명이 죽기도 했어요. 나중에 시체를 치워야 해서 단체로 이동이 있었는데, 그때 내가 4사 10호실로 옮겨갔어요. 경기도지사 하던 사람이 4사 10호실에 있다가 병실로 옮기고 내가 그 방으로 대신 가서 10명이 찬 거예요. 잡혀 들어간 사람들의 숫자가 대략 3000명이야. 내 방에 있던 사람들은 경찰관, 공무원 출신, 나같이 서북청년, 교원, 전부 그런 사람들이야. 크게 봐서 이북청년이 3분의 1쯤 될 걸로 난 봐요. 그리고 공무원(경찰관, 중앙청 공무원, 법관, 국회의원 출마자)들이었어요.

한 가지 더 말하자면 전창근이라고 해방 이후 「자유만세」라는 영화에 주연으로 나왔던 그 사람도 거기에 잡혀 들어와 있었어요. 그 사람 여기서 살아 있더라고 내가 평양 갔다 와서 여기서 만났어요. "당신은 어떻게 여기 살아와 있소?" 그랬더니 자기는 여기 서대문에서 떠날 때 먼저 달아나서 살았다고 하더라고. 그리고 날더러 어떻게 살아 돌아왔느냐고 그래서 난 못난 놈 돼서 평양형무소까지 갔다가 왔다 그랬어요. 그때 전창근씨가 밥을 날라주는 식사 당번을 했었는데, 밥이 아니라 밀을 큰 솥에다 그대로 가마니 째 부어서 생밀도 안 될 것을 담아서 끌고 다니면서 각방에 10개 그릇에 나눠줬어요. 당시 간수들이 얼마나 신경질을 내는지 어느 날은 바람이 들어오는 쪽으로 돌아앉혀서 24시간 앉아 있는 벌을 줬어요. 우리가 끌려갔을 때는 반바지에 반팔 셔츠를 입고 끌려갔으니 춥더라고. 잘 때는 쪼그려서 자는 둥 마는 둥 하고. 중간에 중얼중얼 얘기라도 하면 간수들이 소리 지르고 그랬어요.

문_ 형무소의 하루 일과는 어땠는지?

답_ 거기서도 조사를 몇 번 했어요. 약 40여일 동안 서너 번 했을 겁니다. 책상 조그만 거 끌고 다니면서 한 명씩 얼굴 보고 조사하고 그랬어요. 일과는 밝으면 깨고, 어두워져서 소등 하면 잠자고, 언제든지 잠자코 있어야 했어. 그리고 한 주에 한 번씩 변기통을 밖으로 내가는데 그것도 서로 내갈라고 해. 바깥에 나가서 태양 좀 보고 공기도 쐬려구요. 나도 한 번인가 나갔어요.

문_ 형무소는 언제 떠났는지?

답_ 형무소를 떠난 날은 9월 16일날 되겠군. 7월 29일경에 서대문형무소에 들어가서 40여 일 동안 있다가 9월 16일쯤 형무소를 떠났는데 깜깜한 밤이지. 새벽 2~3시쯤 됐는지 깜깜하니까 그놈들이 촛불을 켜들고 우리가 들어갈 때 신발 다 벗고 맨발로 들어가고 허리띠도 없이 왔는데 그것을 담은 자루들을 각방 앞마다 놓고는 "다 나와라" 하더라고. 그러니까 큰 난장판이 된 거예요. 철창 열면서 다 나오게 하고 신발을 찾아 신으라 하니까 깜깜한 방에 허둥지둥 신을 찾는데 뭐 보이나? 고무신이고 구두고 할 것 없이 대충 신고서 나가니까 형무소 내부 마당에 4열 종대로 앉혔어요. 중대, 소대마다 신고를 해. 인원 보고. "여기는 몇 명 이상" 하면서 하는 것을 들으니까 대충 계산해보니까 3000명이라는 거야.

거기서 이십며칠 동안 평양까지 갔으니까. 하여튼 그 줄이라는 게 우리가 알지 못할 정도로 길었어. 쇠고랑을 채우고 20여일 동안 가니까 나중에 손목에 굳은살이 박히더라고. 난 23일간으로 기억을 하는데 쇠고랑을 차고 굵은 밧줄로 4열로 앉힌 것을 전부 묶었어요. 양쪽 다. 그렇게 묶어서는 밖으로 끌고 나갔는데 전차가 다 대기하고 있더라고.

그 전차를 타고 형무소를 떠나서 종로로 해서 동대문 지나 청량리로 간 거야. 그런데 가는 도중에 비원 앞에서 우리 전차 속에서 누가 달아난 모양이야. 도중에 그런 사건들도 있었어요. 그리고 청량리에서 내려서 지금은 없어졌을 건데 대학예과(빨간 벽돌) 건물 강당으로 끌고 가서 밤을 샜어요. 그리고 나서 그날 저녁에 떠났어요. 도중에 안양경찰서에 있던 문 순경이 쇠고랑을 빼는 방법을 가르쳐 주더라고. 이쑤시개 같은 걸로 수갑의 고리를 건드리면 수갑이 열려요. 낮에는 산에서 하루 종일 있다가 밤중에 가고 하니까 낮에는 전부 앉아서 따는 연습을 했어요. 그래도 밤에는 떠나기 전에 조사를 해요. 손을 전부 들게 해서 풀렸는지 안 풀렸는지 조사를 해요. 혹시 헐거워진 것이 적발되면 죽일 수도 있으니까 그땐 손에 힘을 주고 있었어요. 행군 때 쇠고랑을 풀고 달아난 사람도 많고 도망치다 죽은 사람도 많았어요.

첫밤을 청량리 병원 강당에서 자고 그 다음날 밤중에 북쪽으로 간 게 어디냐면 우이동 숲속이있어요. 우이동에서 하룻밤을 지내고 아침이 밝을 때 세 사람이 달아나다가 붙들려 왔어요. 무릎을 꿇게 해놓고 공개 총살을 했어요. 너희들도 앞으로 달아나면 이렇게 죽일 테니까 달아나지 말라고 하더라고. 날이 밝으니까 사람들이 생리적으로 소 · 대변을 보잖아. 그러니까 밧줄을 조금 풀어줬어. 두 사람씩만 화장실을 갈 수 있도록. 그런데 그때부터는 10명이 묶인 사람들은 10명이 함께 볼일을 보는 거야.

그렇게 가는 도중에 하는 그놈들의 얘기가 "너희를 살리기 위해서 낮에는 행군을 안 한다" 그러더라고. 그런데 우리는 행군하길 바라는 거야. 왜냐면 어차피 죽을 각오를 하고 있었으니까. 떠날 때마다 남쪽 하늘을 쳐다보면서 다들 울어요. 훌쩍훌쩍. 내 가족, 내 자식, 처자, 부모 생각하면서 다 울어요. 날마다 울음바다야. 그렇게 20여일 동안 간 거야. 그렇게 가는 도중에 노인들이 못 쫓아가요. 또 신 못 신은 사람도 있고. 신고 있다가 뒷사람이 밟아서 신이 벗겨지면 "가만히 좀 있으세요. 내 신 좀 신고 갑시다" 하며 신고 갈 수도 있잖아. 그렇지만 끌려가는 거니까 벗겨진 신을 잡을 시간이 없어요. 신 한 번 벗겨지면 맨발로 가야 되는 거예요. 그러니까 그게 지옥이지, 지옥.

9월이니까 밤 되면 춥고 반바지에 추우니까 꼬챙이 같은 걸로 아랫단을 뜯어서 내렸어요. 단 하나라도 내려서 추위를 가리기 위해서. 그리고 호주머니 떼어서 반바지하고 양말 사이에 넣고 짚으로 묶었어요. 양말이 닳아서 바닥이 없으니까 올려서 신고, 반팔만 입어서 추우니까 낮엔 마른 잎을 몸에 넣었어요. 그렇게 철원에서 황해도로 밤새도록 넘어갔어요. 높은 산을 올라갔는데 험한 산을 밤새 오르내리니 아침이 돼요. 그게 황해도 수안이에요. 수안국민학교에 수용됐어요. 함경도로 가는 줄 알았는데 황해도로 온 거예요.

당시에 노인들이 형무소에 있다 보니 하체를 거의 못 쓰게 됐거든요. 그러니 가다가 질질 끌려간단 말야. 결국 못 가는 사람이 생겨요. 그렇게 되면 3000명 전부 다 앉아야 돼. 저 앞에서부터 "앉아, 앉아, 앉아" 하면서 쭉 앉아요 그러면 못 걷는 사람이 수십이 나온다고. 그들을 열외로 빼놓고 그 빈 자리를 다시 채워요. 그 작업을 하고 다 끝나면 "일어섯, 앞으로 가" 하면서 다시 출발해요. 그리고 남아 있던 사람들은 총으로 빵빵 다 쏘는 거야. 뒤에서 들려요.

날씨가 추워지기 시작했어요. 그때부터는 지나는 길에 보이는 장작 덮는 가마니를 끌러서 길게 해서 입었어요. 보니까 여자들도 한 40~50명 돼요. 예전에 형무소에서 변기통을 들고 나갔을 때도 그 여자들을 봤어요. 당시 여자들은 월경 때문에 옷 빨러 나왔다 들어갔다 하는 것 같았어요.

나중에는 죽어서 나가는 선배들, 종교 목사들도 있었어요. 죽는 사람들은 가만히 죽은 사람이 없어요. 다들 "이승만 박사 만세", "하나님 아버지시여", "대한민국 만세" 그러면서 죽더라고. 그런 거 보면 다 울지. 서러워서. 가는데 황해도 땅에 들어가서 어디인지는 잘 기억 못하겠는데 사과를 반 개씩 줬어. 사과를 반 개 주고 거기서는 잘 먹은 게 뭐냐면 주먹밥을 크게 만들어서 한 덩이씩 줬는데 그게 난 아직도 잊혀지지가 않아요. 사과 반쪽에 주먹밥. 그런데 먹다가 흘리는 게 있잖아. 말하자면 사과 잘 먹던 사람 있잖아. 사과 속은 '퇘' 하고 버린단 말야. 또 먹다가 밥알 같은 거 묻은 게 있어요. 끌려가다가 보리쌀이나 쌀하고 섞어서 주먹밥을 해주는데도 있거든. 그거 먹다가 흘려서 옷에 묻어 굳어져 있어요. 그럼 낮에 학교 강당이나 산에서 있을 때 옆에 있는 사람들의 옷에 묻어 있으면 떼서 먹어요. 그러니까 그게 지옥이지 지옥.

문_ 수안국민학교에 들어가서

답_ 수안국민학교 안으로 들어가서 하룻밤을 잤어요. 8월 추석 때야 그때가. 그 담에 끌려간 곳이 시별리라는 데 같아요. 그 당시는 거기서도 추석 음식을 해먹는지 지짐이 냄새가 코를 찔러서 그때 기억이 아직도 남아 있어요. 그리고 평양에 왜정 때 왜군이 주둔하고 있던 77부대 병사에 들어갔어요. 거기서 평양이 40~50리 밖에 안 됐던 모양이지. 마지막에 거기서 자고는 평양으로 들어간 거야. 그게 10월 초나 될 거예요. 10월 10일쯤 들어가서 3~4일 형무소에 있었는데 그 형무소에 있던 사람들은 이미 어디다가 처리한 모양이에요. 핏자국은 없었어요.

내가 들어갔던 방은 병실이야. 별로 크지 않은 방에 40명이 들어갔는데 또 점검을 하더라구요. 여기 몇 명, 저기 몇 명 그것도 밤중에 들어가니까 밤새도록 지랄하더라고. 그때 그 숫자가 2,400여 명이라고 집계했어요. 그러니까 약 3000명이 여기서 떠났는데 2,400여 명이라고 하면 상당히 많은 숫자가 줄어든 거죠. 아까 얘기한 대로 매일 밤 그렇게 수십 명이 죽었으니까. 또 달아난 사람도 있었고. 난 겁이 나서 못 달아났지만, 그 사람들은 여기가 어디쯤이니까 이렇게 저렇게 죽으나 사나 난 여기서 달아난다는 식으로 해서 산을 내려가는 길에 썰매 타듯이 쭉 내려갔어요.

어쨌든 평양에 가서 맨 첫날은 강당에 다 들어갔어요. 형무소 안의 강당이 국민학교 강당만해요. 그때 강당의 화장실 책임자로 누가 있었냐면 우리 집안 아저씨뻘 되는 백두진 국무총리의 장인이 있었어요. 국민학교 변소란 게 뻔할 거 아녜요. 2000여 명이 거기 다 들어가니까 화장실이 바빴어. 당시 국회의원까지 출마했던 영감이 작대기를 가지고 문지기를 하고 있는 걸 보니 그렇더라고. 그러고서 그날 밤엔가 새벽에 방을 배정해서 들어간 게 40명이 병실로 들어갔어요. 작은 방에 40명이나 들어가서 힘들게 2~3일을 지냈어요.

밤중에 촛불을 가지고 이놈들이 들어오더니 신발 자루를 내놓고 "다들 나와라" 하면서 철창문을 열더라고. 벌써 다들 나갔어. 일부는 나가고 우리가 제일 막판이에요. 그게 내게 기회였어. 나가서 더듬더듬 하면서 4열 종대로 세웠어요. 우리 방하고 그 앞 방하고 40명씩 해서 80명만 남은 거야. 보니까 (평소 잘 알던) 만금이형도 그 방 앞에 있어서 거기서 만났어요. 평양의 유명한 의사 집안 아들이었던 이사룡씨도 있었구요. 그래서 4열 종대 설 때 이사룡씨는 내 옆에 놓고, 만금이형을 내 앞에다 놨어요. 다 앉아 있는데 이놈들이 "일어섯! 돌아섯! 뒷짐져!" 하면서 돌아세우고 포승줄로 손을 엮는 거예요. 또 1보 앞으로 가서 "앉아" 하면 또 앉아. 그런 식으로 80명을 다 엮었단 말야.

서울서 갈 때는 밧줄로 했는데 여기서는 나 살리려고 했는지 새끼줄로 엮더라고. 그래서 순간이었지만 우리가 생각하기는 '옳다 이제는 멀리 끌고 안 가려는 모양이구나' 했어요. 왜 그러냐면 사람의 시체는 물로 변해서 없어지지만 쇠고랑의 쇠는 남아 있으니 포승줄로 엮는다 이거야. '이 새끼들이 멀리 끌고 못 가는 모양이구나. 어디 가까이 가서 우릴 묻어 죽이려는 모양이구나' 이런 생각까지 했어요. 여하튼 나는 4열 종대에서 만금이형을 앞에 놓고 나는 뒤에 서고 나하고 같이 살아난 이사룡씨를 내 옆에다 놨어요. 나하고 약속이 있으니까.

그러고 있는데 이놈들이 어디 갔느냐면 식당에 가서 밤참을 먹고 나오더라고. 그러니까 4명이에요. 우리 80명을 묶은 걸 4명이 인솔한 거지. 그렇게 형무소에서 나와서 평양 시내를 나온 거야. 그 형무소가 평양 시내 어디일 거야. 얼마 안 나와서 세우더니 앉히더라고. 그리고는 네 놈이 다 내 옆으로 와서는 얘기하는 걸 귀 기울여 들으니까 "야 이거 야단났다. 이것들을 끌고 어디로 가는지 누가 전령 받았어?" 이놈들 보따리 들고 밤참 먹느라고 어디로 가야 된다는 것도 받지 못했어요.

북쪽으로 가는 보통강이 있었는데 보통강으로 가야 되는 건지 평양역으로 끌고 가야 되는 건지 모르겠다고 저희들끼리 그러더라고.

그때가 기회라고 생각했어. 옆을 보니까 서문교회 종각이 있었는데 그게 보이더라고. '아 여기서 이쪽으로 가면 숭실중학교 농구하러 갔던 곳이고, 이쪽으로 가면 우리 이모네 집이 되는구나' 이렇게 생각하고 있었는데 가자마자 그 상황이 된 거야. 그래서 이로 새끼줄을 다 끊었어요. 그래서 난 이제 자유가 된 거예요. 인솔자는 깜깜한 밤이니까 바로 옆에 있어도 못 봐. 그때 내 앞에 있던 만금이형한테 귓말로 나 달아날 건데 같이 가자고 했더니 자기는 못하겠다고 그러더라고.

그런데 이동 중에 생긴 법칙이 앞사람이 달아나는 걸 뒷사람이 가르쳐 주지 않으면 뒷놈이 죽어. 그놈들이 그렇게 만들어 놓은 거야. 깜깜한 밤에 이동해서 그놈들도 감시를 다 못하니까 달아나는 것을 가르쳐 주지 않으면 앞뒤 사람에게 책임을 씌워서 다 죽인다고 한단 말야. 그러니 내가 사람들 사이를 지나가니까 사람들이 벌써 웅성웅성했어요. 찻길로 건너서 넓은 곳으로 오니까 트럭이 라이트를 켜고서 오는 게 보여. 그때 평양은 공습이 심했거든. 라이트 앞을 가려놔 있더라고. 앞에만 비치고 멀리 비치지 않게. 한 대 지나가고서는 뒷차가 하나 더 오더라고. 나는 그 뒤차 뒤로 뛰었지 뭐. 그렇게 길 건너로 오니까 어디가 어딘지 알아야지?

그러고서 일행을 보니까 "일어섯" 하면서 총을 쏘는데 공포를 쏘는지, 하늘에 대고 쏘는지, 내 옆에를 쏘는지, 빵빵빵 하고 쏘고 야단이야. 나는 반대쪽 골목으로 달아났는데 누가 뒤에서 막 쫓아오더라고 '이사룡이가 쫓아오겠지' 했는데, 뒤에 한 놈이 또 쫓아오는 거야. 두 놈이 쫓아오더라고. 골목길에서 엎드려 있는데 그 두 놈 세 놈 잡으려다 70여 명이 다 없어지면 안 되니 몇 번 총질하다가 가더라구.

그리고는 조용해졌어요. 쫓아온 친구는 이사룡이었어요. 우선 그이의 묶인 것을 풀어주고 그때부터는 이모네를 찾았어요. 그때가 겨울인데 그렇게 고생했더니, 기운이 빠지는 게 앞이 다 노래지고 이젠 더 못가겠다 싶었어. 그래서 그 친구한테 양심상 얘기 다 했어요. 이젠 더 움직이지도 못하겠고 날씨는 밝아지고 살기는 해야겠으니 어느 집에 들어가서 털자고. 그게 동물의 심정인지 모르겠어. 가서 사정을 얘기해서 안 도와주면 너 죽고 나 죽자 하는 식으로 하면 했지 움직이진 못하겠더라고. 그 이사룡이라는 사람이 나보다 두 살 많아서 선배

구실했어요. “김형 그러지 말고 여기서 조금 쉬었다가 정신 차리고 이모네 집으로 갑시다” 그러더라고.

그때 날이 훤히 밝아서 더듬어 봤더니 저쪽에 방공호가 있더라고. 그래서 방공호에 들어갔어요. 보니까 땅굴이잖아. 그땐 10월달이니까 길거리에는 석탄, 석탄가루가 여기저기 있어요. 그걸 밤새도록 딛고 다녀서 다리가 시커멓고, 거지가 가마니 쓰고 다니는 것처럼 정말 거지도 상거지 꼴이야. 형무소에서 나온 게 뻔해 보였어.

또 방공호 들어가서 좀 자는데 내가 코를 심하게 골았던 모양이야. 깨우더라고. 코고는 소리가 밖에까지 다 들리겠다고. “김형, 이래선 안 되겠다”면서 깨우더라고. 그래서 더 못 잤지. 그러고선 정신 차리고 가는데 멀리 파출소가 있고 보초 서는 놈이 하나 있더라고. 그곳을 통과해야 우리 이모네 집인데 통과가 문제란 말야. 그래서 길 건너 쪽으로 갔지. 가서 작전을 짜기를 한 사람 건너가고 또 한 사람 건너가는 걸로 시간을 둬서 그 놈이 지서로 들어간 사이에 하나씩 건너갔어. 그리고 이모네 집을 찾아갔어요.

가보니 병원문은 유리문으로 되어 있지만 그 옆에 대문이 컸어요. 거기서 문을 치니까 문을 안 열어. 이모집은 병원이었는데 갔더니 문이 잠겨 안 열려요. 그 옆에 골목길이 있었고 뒷채 문이 또 있었어요. 그래서 문을 두들기니까 17~18세 정도 된 여자가 나오더니 문을 열었어요. 그래서 들어갔지. 들어갔더니 60여 세 되는 할머니 한 분이 계셔. 우리 이모 이름은 원정현이야. 우리 이모는 황해도 안악, 학교는 개성 호수돈여고, 또 경성 보육원을 나왔고 우리나라 일류급 정구선수였어요. 우리 이모부는 김준호 이비인후과를 했었고. 이분들 얘기를 하니까 그 할머니가 아신다는 거야. 그런데 주변이 다 공산당이라서 젊은이들 숨겨주다 들키면 자기들 다 죽는다고 우리보고 나가달라고 하더라고. 숨겨달라고 부탁해도 안 되고 해서 그럼 갈 테니까 누구 입던 옷이라도 주면 껴 입겠다고 했더니 그건 주겠다며 들어가더니 윗저고리를 하나 가져와요. 왜정 때 입던 국민복이라는 게 있어요. 근데 입어보니까 너무 작아. 그래서 ‘이 집에 남자가 있더라도 내가 하나둘은 얼마든지 해치우겠다’ 하는 생각이 들더라고. 어쨌든 고맙다고 하고 그 옷을 입고서는, 그때부터는 못 간다고 주저앉았어요. 거지 떼 쓰듯이 말야. 알고 봤더니 우리 벌써 이모네가 피난을 갔어요. 절인가 어딘가 몇십 리 밖으로 몇 달 전에 이미 갔다고 하더라고. 조금만 더 참으면 국군이 들어올 테니까 그런 줄 알고 있게 해달라고 했더니. 병원으로 나가는 조그만 문을 따줘서 둘이서 거기로 들어갔어요.

깜깜한 곳에서 며칠 있으니 19일날 새벽이야. 어두운 새벽 4시나 5시쯤 됐겠지. 멀리서 교전하는 총소리가 나더라고. 라디오가 있어 뭐가 있어? 모르지. 한참 교전하는 소리가 나더니 “만세, 만세”소리가 나요. 그러더니 뒷집에서 왔어요. 와서는 화신 4거리 번화한 거리야. 조금 나가면 평양에서 제일 번화한 화신상이라는 게 있어요. 거기에 국군이 진주한다 이거야. 그때는 걷지도 못해서 이모부가 쓰던 지팡이를 짚고서 갔어요. 여름바지 하나 입고, 작대기 하나 짚고 거기를 갔지. 갔더니 국군이 지나가 박수를 치고서 다 지나간 다음이라 우리는 그냥 그 길거리에 들어서 우두커니 앉아 있었어요.

조금 있다가 여자들하고 남자들하고 10여 명이 멀리 오더라고. 하나둘 오더니 우리 주위에 왔어요. “젊은이들이 누구요” 하고 물어봐요. 그 사람들은 가족을 잃은 사람들이야. 공산당한테 끌려간 가족들을 찾으러 형무소에 갔었더니 피바다가 됐더라 이거야. 남아 있는 사람들 다 죽이고서 나머지는 데리고 가 버렸다 이거야. 그런데 오다가 보니까 당신들이 있어서 거기서 살아나온 사람이 아닌가 해서 왔다 이거야. 그 얘기를 다 해서 “서울서 우리는 끌려왔다가 며칠 전에 다 달아나서 숨었다가 살아났습니다” 했더니 주머니를 뒤지더니 평양돈을 주더라고. 웬만하면 집에 모셔서 밥이라도 한 그릇 해드리겠는데 여자니까 남자를 집으로 모실 수도 없고 적지만 이 돈으로 사먹으라며 주더라고. 그런 사람들도 있더라고. 그래서 감사하다고 하고 서로 눈물을 흘리고 그런 장면도 있었어요.

그리고는 내가 이사룡씨를 이모네 집으로 보냈어요. 나는 그곳에 있다가 이모네가 들어와서 반갑게 만났고, 그러고는 여기에서 들어가는 헌병대를 쫓아갔어요. 서울로 와야 하니까 도강증을 받으려고, 그때 김정은이라는 우리쪽 대한민국 헌병 사령관을 찾아갔어요. 찾아가서 “이런 사정으로 해서 여기까지 끌려왔다가 살아났으니 서울을 가게끔 이사룡씨하고 도강증을 해주쇼” 했더니 도강증을 해주고 담배를 주더라고.

그리고는 평양을 떠나 대동강을 배타고 건너왔어요. 그때 헌병이 서울로 오는 트럭을 태워주더라고. 사리원까지 와서 나는 사리원에서 내리고, 이사룡씨는 바로 서울로 갔어요. 그 다음은 그렇게 걷지도 못하는 내가 사리원에서 50리를 재령까지 걸어왔어요. 단숨에 몇 번 쉬지도 않고 걸어갔을 거야. 하도 좋아서.

재령 고향을 5개월 만에 거지가 되서 들어가는 거지. 들어가서 집에 갔었는데 거기가 다 문을 잠갔더라고. 거기엔 어머니 혼자 계시고 혼자니까 아버지는 돌아가시고. 들어가니까 사촌, 그 어머니의 언니의 아들네가 와 있더라고 밥해주고. 그런데 뭐 다 형편없이 살고 있고 내가 들어가서 문을 두들기니까 어머니가 나와서 열어주더니 놀래. 아이고 이게 어떻게 된 거냐고. 그렇게 하고서는 대소변을 받아낼 정도로 쓰러져서 한 15일 동안 누워 있었어요. 움직이질 못하겠더라고. 그러기를 근 열흘 이상 있다가 대문까지 걷는 연습하고 또 조금 있다가는 우리 고모네가 100미터쯤 근처에 살았거든. 거기까지 걸어가는 연습하고. 그런데 또 한 달쯤 더 있으니 12월 4일날 중공군 들어온다고 전쟁이 나지 않았겠어? 그래서 거길 떠나서 서울로 들어온 거야.

문_ 끌려갈 때 정치보위부라던가 대장은 누구였나요?
답_ 저쪽의 책임자는 정관욱.

문_ 그 사람이 계속 같이 갔나요? 자료에 의하면 1차 때는 김약수, 2차 때는 조소앙 이런 식으로?
답_ 그거야 내가 모르지. 그건 모르고 내가 알기는 우리들끼리 얘기고 갔다 와서 들은 얘기고 한데, 당시 현역 국회의원들은 서대문형무소와 각 형무소에 있던 국회의원들은 사전에 트럭으로 다 실어갔다는 얘기고, 출마했던 사람들, 또 그만둔 사람들 이런 사람들은 다들 우리하고 같이 끌려가고 대개 가다가 죽었어. 우리 일행이 갔던 코스는 내가 속으로 생각했던 일정은 내가 붙들려간 건 7월 25일이었고 영등포내무서로 가서 정치보위부로 넘어간 건 7월 27일경 전후가 될 겁니다. 그리고 서대문형무소는 7월 29~30일쯤 될 걸로 생각하고 그 다음에 거기에서 내가 기억하기로는 두 달쯤 있었던 것으로 기억을 하는데 날짜로 계산해보니까 맞질 않아. 그러니까 내가 아마 착각을 했는지 모르겠어요.

그렇게 해서 거기서 떠난 것이 9월 20일 전후 그래서 전차로 청량리 대학외과로 가서 하룻밤 새고 그 다음날 밤에 서울시 외곽으로 떠나기 시작한 겁니다. 그래서 우이동에 가서 밤을 새고 거기서 우리들 앞에서 보란 듯이 달아난 사람을 죽였고. 그 다음에 의정부, 그 다음에 동두천, 한탄강, 한탄강 읍내에 가서 밤을 샐 때에 가장 힘들었습니다. 그 추운 밤에 거기 자갈이 있는 곳에서 어떻게나 바람이 불던지 나뿐 아니고 전부 여름옷들 하고서 붙들려간 사람들이라서... 하여튼 그런 사이 강 가에서 밤샘을 하는데 어떻게나 춥던지 혼났습니다.

그래서 살아와 가지고 한탄강을 몇 번 가봤는데 이름조차 한 많은 강이라고 하지마는 그 정말 한 많은 강이라고 지금도 잊혀지지 않습니다. 한탄강에서 나와서 전곡의 농협창고, 함석으로 만들었던 창고로 기억하고 있어요. 거기에 가서 앉았다가 걸어서 연천인가 그쪽은 잘 모릅니다만. 연천 다음에 산꼭대기를 걸어서 넘어가서 황해도 수안국민학교. 그쪽으로 넘어가서 이제 황해도라는 것을 알았고. 그 다음에는 황해도에 시별리에 추석 전후 되었던 거 같습니다. 그 다음에 평양 근교의 일본군 병사-왜정 때 77부대가 있었다고 하는 그 병사에 가서 하루 지냈어요. 그 다음에 들어간 곳이 평양교도소. 평양교도소에 들어간 것이 10월 10일경에 들어가서 거기서 4일간 있었어요. 맨 처음에는 강당에 있다가 나중에는 헤쳐서 병감에 있었어요.

문_ 병감에서 떨어져간 사람들의 행방은?
답_ 몰라요.

출생지: 평양

당시 주소: 서울시 상도동

피랍일자: 1950년 7월 7일

피랍장소: 관동기계제작소

경력: 의용소방관, 가내수공업 공장 운영

직업: 관동기계제작소 공원

김일선

- **일시: 2004년 9월 21일**
- **장소: 자택**
- **대담: 김일선**
- **채록: 사유진**

●피랍 및 탈출 경로

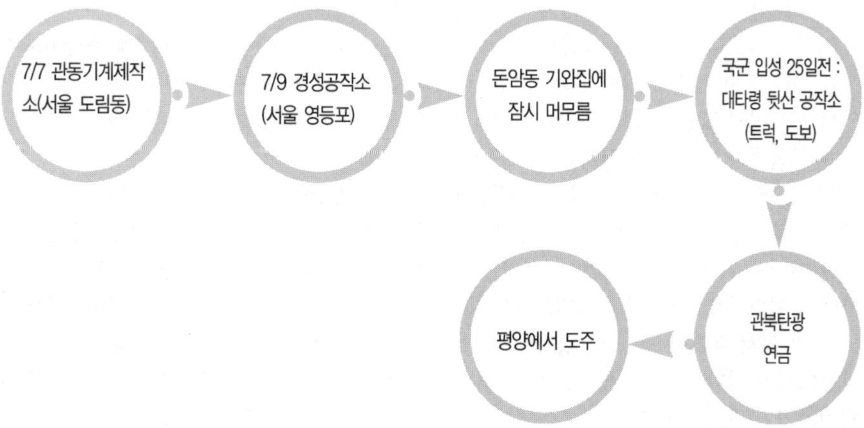

문_ 전쟁 당시 직업 및 납북 경위?

답_ 그 당시에 제가 상도동에 살았는데요. 월남해서 토대가 없으니까 큰 공장을 못하고 가내공업 비슷한 조그만 공장을 했습니다. 노량진의 의용소방관으로도 있었구요. 그날(6 · 25) 시내를 나가니까 8시 정도부터 미군차가 아주 요란하게 왔다갔다 하더니, 나중에 남침했다는 소식을 들었어요. 놀래서 집에 허둥지둥 왔는데, 그때 바로 집사람이 해산을 한 거예요.

그래서 먼 길은 못 가고 한강이 내려다 보이는 곳에서 내려다 보니까 한강은 이미 끊어지고, 어디서 왔는지 이북의 전차가 벌써 한강 이남으로 지나가요. 그때 제가 미소를 지었습니다. 그 미소는 '이제 끝났구나' 하는 절망의 미소였어요. 당시 넉넉한 재산도 없고, 또 공장에서 조금씩 만드는 것들은 납품하고 납품비도 받지 못하고, 반제품도 많은 상태라 피난을 갈 만한 여력이 없었어요. 더구나 아내가 해산을 했기 때문에 난 움직일 수가 없어서 '이제 난 죽었구나' 한 거죠.

그때 먹을 것도 없이 있는데, 누가 자전거 구멍 붙이는 일을 하면 돈이 조금 생긴다고 해서 나가서 그걸 했어요. 그런데 인민군인가 내무서원인가하는 사람들이 자꾸 와요. 그래서 '아 이것도 안 되겠구나' 하고서는 도림동에 있는 관동기계제작소라는 곳에 갔어요. 왜정 시대에 광산기계를 만들었거든요. 아주 큰 공장이었어요. 내가 스무살 때 잠깐 들어갔던 일이 있어서 거기에 가면 신분 보장이 될까 해서 찾아갔더니 옛날에 아는 사람도 몇 분 있고 반기면서 오라고 해가지고 들어갔어요.

그런데 거기 간 지 이틀 만에 경성공작소에 가서 기계를 하나 운반해 와야 되는데, 기계를 잘 아는 사람들이 가야 한다고 하면서 명단이 내려왔어요. 그래서 20여 명이 선출이 돼서 경성공작소에 갔습니다. 가니까 2층으로 안내를 하더니 우리가 들어가니까 문을 딱 잠가 버리고, 2층으로 올라가서 앉아 있으니까 인민군 장교가 하나가 와요. 권총을 차고 어깨에 견장을 달고서 나오더니 하는 말이 "동무들, 지금부터는 우리하고 일을 해야 되겠소" 그래요. '이제 다 되었구나' 하고 체념을 하고 앉아 있었죠.

날이 어둑어둑해지니까 밥을 먹이더니 돈암동 쪽으로 데리고 가요. 어떤 집인지는 몰라도 상당히 부유층이 살던 기와집으로 데려가더니 거기서 잠깐 머물다가 어두워지니까 트럭 뒤의 적재함에 우리를 태우고, 양쪽 구석에 총 든 사람이 두 명 탔어요. 그러다가 어디쯤인지 모르겠는데 폭격을 받았어요. "공습이다" 하고 우리는 길가의 옥수수밭에 엎드렸는데 공중에서 보면 그게 다 보이지 안 보입니까? 그래도 우리는 사복을 다 입고 있으니 살려줬는지, 다행히 사람은 안 다치고, 미처 차에서 내리지 못한 네 사람은 거기서 죽었어요. 폭격의 목적이 차를 파괴하는 거였나 봐요.

얼마든지 죽일 수 있는데 엎드려 있는 사람은 공격하지 않고 차를 공격해서 내리지 못한 사람만 희생되었고, 비행기가 가고 나니 인솔하는 사람이 나오더니, 그 사람이 함경도 사람이던데 "아, 오기요" 올라오라고 하더라고. 차 있는 데로 갔더니 차가 성한 데가 하나도 없어요. 벌집 구멍을 만들어 놨습디다. 4대가 와서 한 번씩 후르륵, 후르륵 하고 지나갔는데. 그래서 그때부터는 걸어서 갔지요.

"어디로 가느냐?" 했더니 평양으로 간다고 해요. 내가 평양 출신이기 때문에 조금 마음이 그래도 내가 아는 데를 가니까 낫습디다. 그렇게 가서 대타령이라는 데를 우선 갔는데, 이미 우리가 거기 갔을 때는 자기네들이 전세가 시원치 않았던 모양이에요. 거기 있다가 하룻밤을 재우더니 우릴 산으로 끌고 가요. 산골이 깊은 대타령 뒷산인데 어느 산인지 정확히는 모르겠어요. 산골이 깊고 그런 산인데.

산에 들어가니까 공작기계 설비를 해놨어요. 그때 느꼈어요. '아, 이 사람들이 이것을 하려고 우리를 납치했구나' 하는 생각이 들었어요. 그런데 기계를 갖다 놓고 설치를 못한 기계도 있고 위장을 했더라구요. 한 나흘 동안 거기서 기계를 닦고 정비하는 일을 하고 있는데 한번은 B29가 상공으로 지나가요. 지나가더니 다시 돌아와서 지나가요. 그래서 제 육감으로 '아, 이거 촬영 했구나' 이런 생각을 했지요. 그래서 아마 한 3일 후에는 여기 와서 폭격을 할 거라 생각을 하고, 3일 되던 날은 저는 거기를 탈출해서 산꼭대기를 올라갔어요. 올라갔더니 아니나 다를까 B29 한 대가 와서 쏟아붓는데 다 결단났지요. 그때 같이 간 우리 일행들도 다 죽고, 책임자가 날 보고 동무라고 안 그럽디다. "당신 폭격할 때 어디 갔소?" 그래요. 그래서 "위장 솔가지를 꺾으러 갔었습니다" 했어요. 어쨌든 폭격을 맞아 우리는 더 이상 거기서 있을 수가 없었어요. 다 박살이 났으니까. 그래서 그 사람들은 인근의 관북탄광이라고 폐광된 광산인데 거기 굴 안에다 우리를 가둬 놓고 있었어요. 그런데 어떤 사람이 나한테 뭘 시키려고 하면, 책임자가 "아 그 사람은 시키지 말라"고 그래요. 그때 나는 직감했지요. '내가 월남한 사람이고 이렇게 벌써 점을 찍어놨구나' 하구요. 이젠 죽었다 싶었는데 기적이 일어났어요. 나를 아무것도 시키지 말라고 한 사람하고 교대가 들어왔는데 배낭을 메고 한 놈이 헐떡헐떡하고 올라와서 굴 안에 들어왔어요. 굴 안에 들어와서는 뭐라고 하더니 금방 5분 내로 새로 온 사람하고 교대가 이뤄져서 그 사람이 급히 둘러메고 가요. 가면서 내 말을 안 한 모양이에요. 다행이 살았죠.

그때부터 나는 일부러 그 사람들 앞에 밥을 굶는 그런 모습을 보이고 알리게 하는 술책을 써 가면서 나흘을 굶었습니다. 물도 한 모금 안 마시고 했으니 거의 죽게 되었지요. 그래서 교대해 들어온 사람한테 가서 "병원에 한 번 가겠다"고 했더니, "병원에 못 간다. 지금 무슨 당신네들 고쳐줄 병원이 어디 있는 줄 아느냐?" 그래요. 그래도 한 번 보내달라고 하니까 하루 지나서 5일 만에 그러면 한 번 데리고 갔다 오라고 보초병을 대동시켜 보낸 거야. 나도 그때는 어떻게 그리 대담했는지 외출증을 끊어주면서 잠깐 장교가 자리를 뜬 사이 외출증을 두 장을 넣었어요. 들키면 죽는 거지. 그리고는 외출증을 끊어가지고 가는 걸 유심히 보니까 아무것도 없고 그냥 꾸불꾸불 하니 싸인 한 정도였어요. 일단 가지고 관북탄광에서 보초병과 평양 안으로 들어왔어요.

들어와서 보니까 지하에 아주 굵은 나무들을 걸쳐놓고 파고서, 그 안에 의사 같은 여자가 있어요. 그 의사가 보더니 만성위염이라면서 약도 안 주고 그냥 보내 버려요. 나오는 찰라 비행기 공습이 또 났습니다. 나를 대동하고 갔던 보초병은 공습이 나자 자기 살겠다고 나를 두고 "일루 빨리 들어오기요" 하고 저 혼자 훌떡 방공호로 거의 물에 빠지듯 몸을 던져 들어갔어요. 내가 거기를 왜 따라 들어갑니까? 그때 탈출했어요. 나는 평양지리를 잘 알고 거기서 성장한 사람이니까. 당시 석수당골이라고 신창리에 우리 사돈이 하는 떡집이 하나 있었어요. 우선 그집에 가서 모든 사태를 알아봤어요. 그리고는 가지고 있던 외출증을 써서 숙천이라고 평양에서 만포선으로 가는 도시가 있거든요. 숙천 쪽으로 해서 밤새도록 걸어가서 평촌 제 고향집에 갔습니다.

가니까 벌써 몇 사람이 산에 올라가 있어요. 우리 큰이모님이 계셨는데 미숫가루를 주시면서 "어디로 가면 누구누구가 있다" 해서 가서는 사람들을 만나 가지고 한 열흘 정도 있으니, 숙천에 낙하산 부대가 내렸어요. 그러니 거기 사람들이 인민군이 도망가면서 놓고 간 모포며 총을 다 거둬서 장에서 치안을 선다고 했어요. 그러다가 마침 올 기회가 생겼는데, 당시 어떤 그 대학 교수팀이 지프차를 타고 오면서 뒤에 트레일러를 달고 왔어요. 그 사람들은 장사를 한다고 왔나 봐요. 그래서 거기 부탁을 해서 뒤에 트레일러에 타고 성계리를 지나야 중화리를 거쳐서 서울로 왔어요.

그런데 성계리에서 헌병들이 딱 막고 검사를 하는 거예요. 나는 머리를 빡빡 깍았으니 잘못하면 의용군으로 오인해서 포로로 잡히면 고생하겠다 싶은 생각이 들어서 거기서 내렸어요. 그냥 그 차 타고 갔으면 됐는데, 그게 운명입니다. 그래 가지고 다시 고향으로 갔다가 결국 1 · 4 후퇴 때 친지들하고 같이 내려왔어요.

문_ 경성공작소는 어디에 있는 것인지?
답_ 영등포요.

문_ 관동기계제작소에 다시 입사하게 된 시기는?
답_ 7월 7일 정도요.

문_ 경성공작소로 간 건 언제쯤인지?
답_ 7월 9일 정도.

문_ 경성공작소로 옮기라고 지시했던 사람은?
답_ 지금은 그 사람들 직위도 모르겠고, 담당자가 메모에 이름을 적어 모이라고 해서 모여서 인솔 받아서 경성공작소로 갔어요.

문_ 담당자는 누구였는지?
답_ 회사 사람인지는 잘 모르죠. 옛날에 보던 사람은 아니었어요. 내가 스무 살 무렵에 관동기계제작소에 몇 달 있다가 고향(평양)으로 갔습니다. 거기서 해방을 맞고 그 사람네들(북한군) 하는 거 보니까 발전성이 없을 것 같고, 개인의 욕망도 바라보지 못할 거 같았어요. '남북이 왔다갔다 할 수 있으면 서울에 가야겠다' 하고 있었는데, 4월 20일경 덕수궁에서 마린코프와 하지 중장하고 미소 공동위원회가 열려 라디오에 귀를 기울이니 결렬되었다고 하더라구요. 그래서 그 방송을 듣고 사흘 만에 보따리를 싸가지고 안내자를 따라서 바다를 건너 개성으로 해서 입성했지요.

문_ 대타령 뒷산에서 관북탄광으로 옮긴 게 7월인지 8월인지?
답_ 제가 거기서 탈출한 게 말이죠. 국군이 입성하기 25일 전쯤 되는 것 같아요.

문_ 평양을 국군 · 미군이 탈환했을 때가 10월 말 아닌가요?
답_ 그러니까 사태가 일선에서부터 격전이 되고, 자기네들이 무너지는 기세가 보일 때 이미 "이거 가지고는 안 되겠다" 하는 그런 포착을 했겠지요. 그후로는 공장을 만든다 어쩐다 그런 게 아니고 우리 사람만 확보해 가지고 이제 끌고 다녔다고 봐야 해요. 날짜는 그 당시에 정확히 기억하지 못해요. 내가 볼 때에 미군이 인천에 상륙하기 얼마 전쯤인 거 같아요.

문_ 북한 당국에서 공작소의 기계를 뜯어가거나 훔쳐간 적은?
답_ 그걸 어떻게 알겠습니까? 그때 영등포역에서 안양으로 가는 사이를 매일 폭격을 했습니다. 그런데 뭘 뜯어가고 그걸 뜯어가서 무얼 하겠습니까. 그 사람들이.

문_ 북한군이 왜 납치를 했다고 생각하는지?
답_ 그것은 저희들이 보기에는 긴급 복구를 하기 위해서 다리 같은 것이 손상되게 되면 그것을 고치려는 목적을 달성하기 위해서 납치했다고 생각합니다.

문_ 트럭에 같이 끌려가던 동료들과 한 얘기는?
답_ 그 사람들은 사상적으로 이북을 동조하는 사람들입니다. 같이 간 사람 중에는 나이 많은 사람들이 있었고, 우리 연갑들이 있었고, 우리보다 어린 사람도 있었는데. 나이 많은 사람들이 일부 나를 못마땅하게 생각은 하면서도 내가 거기 가서 하는 것 보고 이제 기술적으로 '아 이 사람이 그냥 부르주아는 아니구나' 하는 그런 인정을 하는 모양이에요. 그래가지고 처음에는 상당히 멀리 하더니 나중에는 그냥 말도 하고 그럽디다.

문_ 대타령 뒷산에 위치한 공작소에서 하신 일은?
답_ 주로 설치하는 일이었지요. 설치하는 도중에 폭격을 맞은 거지요. 기계가 돌아갈 수도 없었어요. 그 기계도 형편없는 기계들이고, 왜정 때 왜놈들이 쓰던 기계들인데 그게 똑똑한 기계가 있겠습니까?

문_ 마지막으로 하실 말씀?

답_ 힘든 거야 우리 다 힘들었잖습니까? 저는 홀홀단신으로 끌려가고, 집사람은 애기 둘 데리고 혼자서 살 수 없는 형편이었는데 또 우리 국군이 평양 입성했다는 소식을 듣고 평양으로 달려갔고, 나는 또 오고 서로 엇갈렸지요. 뭐라고 말할까요. 그때는 10년 정도면 해결 안 되겠는가 생각했던 것들이 50~60년이 되지 않았습니까. 참 우리나라의 비극이지요. 이승만 대통령이 있을 때 빨갱이 소탕작전을 벌이고 그러지 않았습니까? 지금은 세대가 달라져서 이북에도 갔다 오고 보안법을 폐지하자고 하는 상태인데 이 모든 게 운명의 장난 같고, 애들 장난 같고 그래요.

출생지: 황해도 봉산
당시 주소: 서울시 종로구 누하동 155-4
피랍일자: 1950년 8월 20일
피랍장소: 자택
학력: 일본 와세다 대학 정경학부 졸.
경력: 1947. 4「동아일보」기자, 1949.「동아일보」조사부장, 1951.「동아일보」논설위원, 1965.「동아일보」이사, 1968.「동아일보」편집인, 1977.「동아일보」사장, 1981.「동아일보」회장
직업:「동아일보」기자

이동욱

- **일시: 2005년 4월 21일**
- **장소: 서울 프레지던트 호텔**
- **대담: 이동욱**
- **채록: 사유진**

●피랍 및 탈출 경로

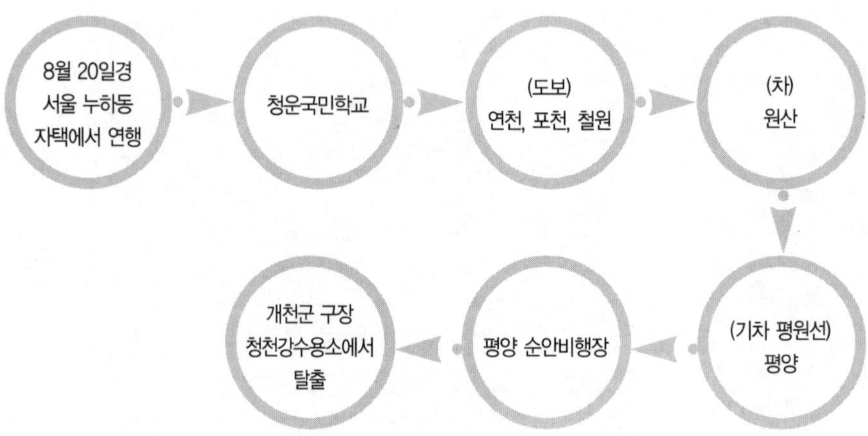

문_ 당시 직업은 무엇이었습니까?
답_ 난 「동아일보」 조사부장을 했어.

문_ 6 · 25를 어떻게 맞이했는지?
답_ 전쟁이 나고 아무리 생각해도 서울이 위험하다 싶어 일단 남쪽으로 가고 봐야겠다 싶었어요. 그래서 돈을 구하려고 돌아다녔는데, 저녁 때쯤 유엔군이 일원을 작전 구역으로 설정하고 나오니까 조금도 걱정하지 말라고 방송이 나와. 절대 나가지 말라고. 나도 '미군이 와서 막는다면 그렇게 뭐 피난갈 필요 없지 않느냐?' 라며 안일하게 생각했지.

그렇게 집에서 맘 놓고 자는데 새벽 두 시쯤 됐나? 꽝~! 하는 소리가 요란하게 나요. 그게 한강 다리 끊는 소리야. 당시 동네마다 밤을 지키는 자위대가 조직되어 있었는데, 밖에서 웅성거려서 나가봤더니 "벌써 인민군이 들어왔습니다" 그러는 거야. 한강 다리는 벌써 끊어놨고, 피할래야 피할 도리가 없단 말이야. "어떡하나, 어떡하나" 하고서는 그날부로 집에서 못 자고 피하고 돌아다녔어요. 그러다 청량리 쪽에 우리 처갓집이 조그만 집을 하나 사서 난 거기 가서 기거를 했어요.

그때 「동아일보」 공보국장 이연길씨가 팔판동에 살았어. 거기에 「동아일보」 편집국장하던 장제갑씨도 모이고 했는데, 당시 장제갑 편집장이 우리 본집에 몇 번을 왔어요. 난 그 양반 만나고 싶은 생각도 별로 없었어요. 만나야 할 얘기도 없을 건데 계속 얘기를 하자 해서 만나러 이연길 「동아일보」 공보국장이 사는 팔판동엘 갔어. 그런데 만나서 하는 얘기가 자수해라 이 얘기야 "나 자수했다" 면서. 내가 "자수해서 뭐 하냐. 이제 한 1주일만 있으면 미군이 들어올 텐데 뭐 하러 자수하냐? 자수했다가 미군 들어오면 또 자수했다고 끌려가는 거 아니냐? 나도 다 생각이 있다" 하니까, "그래도 당장은 살고 봐야 할 거 아니냐? 자수해야지 안 하다가 너 잡히면 죽어" 그러는 거야. 가만히 보니까 이 양반이 벌써 책임지고 누구누구 자수시키겠다. 그렇게 책임을 지고 나온 거야. 그래서 할 수 없이 앞에서는 "하겠수다" 하고 헤어졌어요. 안 하면 되니까.

문_ 그게 언제쯤인지?
답_ 8월 하순쯤 된 거 같아요. 그때 용하게 견뎠지. 6월 25일부터 잡히지 않고 두어 달 견딘 거예요. 장제갑씨를 만나고 헤어져서 나오다가 가만히 보니까 청량리까지 가다가는 잡힐 것 같아. 또 옷에 땀이 나고 고약한 냄새가 나서 갈아입으려고 누하동에 있는 집으로 갔어요. 가니까 "오늘 새벽에 너 잡으러 왔었다. 26일날 나가서 들어오지 않았다. 다시 오지 않을 것이니 자고 가라" 그러셔서 집에서 잤어요. 그런데 새벽에 들이닥치더란 말야. 안 끌려갈 수 있어?

그런데 내가 운수가 좋아. 종로서로 가면 그건 제대로 걸리는 거야. 정치보위부에서 직접 걸리는 건데, 나는 청운국민학교로 끌려가서 처음엔 '이제는 살았구나' 했어요. 거기 가서 이틀 밤을 잤어요. 거기 온 사람들 보니까 이미 젊은 애들은 인민군 다 보내고, 전부 늙은이들이에요. 우리가 그래도 젊은 편이야. 30대니까. 가만히 보니까 아는 사람이 있어요. 『순애보』를 쓴 박계주 소설가가 있어요. 박인창이라고 경기여고에 체육 선생을 하던 사람도 있어. 그분은 나보다 나이가 10실은 많아요. 그외에는 다 모르는 사람들이야. 동네 빨갱이들한테 잘못 보여서 온 사람도 있었는데 당시 동네 빨갱이는 구멍가게 하는 사람들, 이발관 하는 사람, 미쟁이, 목수 이런 사람들이야.

나이도 다 40 넘은 사람들을 끌고 가서 뭘 하겠다는 건지 모르겠지만, 하여간 뭐 잡아왔으니까 끌고 가는데 지금 연천, 포천으로 가요. 그냥 걸어가는 거야. 걸어서 어디까지 갔느냐? 쭉 걸어갔는데 철원까지 갔어. 하룻밤 어디선가 자고 한참 가면 주먹밥 하나를 줘. 철원 가서는 차가 다닌단 말야. 그 차를 타고서 원산까지 가. 원산에서 평원선을 타고 평양까지 편하게 갔어요. 평양 가서 그날부터 가려워서 못 견디겠어요. 평양에 피부병 약이 없어. 그런데 끌고 가는 사람이 저기 가면 약이 있다고 해. 나는 "평양도 약이 없는데 저기에 무슨 약이 있냐?"고 그러면서 쫓아갔어.
거기에는 차를 타고 가는데 낮에는 못 가고 밤에 가요. 어디까지 가느냐? 평양 순안비행장이 있어요. 거기에서 조금 더 가면 개천군이 있는데 개천읍에서 조금 더 가면 구장이라는 데가 있어요. 거기 가면 청천강이 막 흐르는 곳이야. 난 구장까지는 안 가고 청천강 있는 데에 커다란 수용소가 있어요. 거기로 끌고 가. 그러니까 우리 같은 사람 수용하려고 갑자기 지어가지고 젊은 사람들 두세 달씩 훈련시켜서 내보내고 하는 그런 데예요. 우리가 들어가니까 인민군들이 싸움도 못하는 사람들 데리고 와서 뭘 하냐고 그래요.
그런데 나는 그때 피부병이 너무 심해졌어요. 문둥이가 문제가 안 돼요. 내가 봐도 온몸이 허얘요. 무서운 정도야. 그래서 가서 "나 이렇게 됐으니 약을 발라야겠소" 그랬는데 약이 없어. "동무는 저기 방공 가서 지내"라고 "여기서 지내다가 다른 사람한테 전염되면 곤란하니까" 그러더라고요. 장교들조차도 나한테 접근하길 싫어한 거야. 옮을까 봐 무서워서.
그래서 거기 가서 있으면서 식사 때만 와서 밥 타가지고 가서 먹는 거야. 그런데 방공호 안에 있으면서 지내는데 잘 때는 볏짚이니 뭐니 그런 걸 덮고 자는데 더 가려워. 너무 가려워서 밤에 잠을 못 자겠더라고. 그렇게 자고 밥 먹고 낮엔 늘 나와 있었어요. 당시엔 난데없이 비행기가 날아와서 폭격하고 야단이었어요. 그러니까 이제 며칠 안 남았다고 생각하면서 견디고 있었죠. 그렇게 거기서 한 달 정도 있었어요.
아마 9월 중순 정도 됐을 거야. 그때부터는 폭격이 더 심해지는데 인민군들이 후퇴를 해요. 그냥 걸어들 가더라고. '아 이젠 며칠 안 남았다' 그러다 10월 거의 가까워서 말야. 대량으로 줄서서 후퇴를 하더라고. 장교들은 지프차를 타고 가는데, 걸어가는 사람들 때문에 잘 못 지나가니까 빨리 비키라고 하면서 욕을 하고 그랬어. 그래서 나는 '이렇게 되면 유엔군이 가까웠다. 이제 며칠 있으면 나간다' 고 생각했어. 그런데 피부병이 점점 심해지는 거야.
한 번은 아침에 일어나서 보니까 조용하단 말야. 조용해. '거 이상하다. 하여간 밥이나 먹어야겠다' 하면서 식당에 밥 먹으러 갔더니 쌀 한 톨 없어. 거기 있던 사람들이 다 빠져나갔어. 사람들이 아무도 없어. 다 나간 거지. 그런데 방공호는 더워서, 거기서 100~200미터 정도 가면 흑연광이 있어요. 흑연 캐는 광산. 그 광의 방공호는 뜨뜻해. 그래서 나는 거기서 2~3일을 수용소 방공호에서 자고 그 다음에는 흑연광 방공호에서 잤어요. 깨끗하니 좋아요. 그러니까 저쪽 방공호에 있던 사람들은 밤에 다 강제로 떠난 거야. 나는 그걸 모르고 있었던 거지.
그걸 모르고 아침에 가니까 다들 떠나고 없어. 그래서 '나는 이제 살았다' 하며 거기를 떠났어. 나와 보니 내가 떠나올 때 벌써 국군이 쫓아가. 인민군은 다 후퇴하고 없어요. 그래서 나는 죽지 않고 살았다고 가는데, 국군 트럭이 왔다가 다시 가요. 그래서 손 들어 태워달라고 했더니 태워줘서 평양까지 갔어요. 평양까지 와서는 다른 일이 있어서 차가 더 이상 못 간다고 해서 나는 거기서 내려서부터 걸었지. 그래서 황주로 갔는데 거기는 우리 외가가 있어서 거기서부터는 편안히 있었지. 그러니까 나는요. 그 피부병이 나를 살린 거예요. 그거 아녔으면 나도 끌려갔지.
그런데 수용소 있을 때에 이것저것 조사를 하는데 수용소에 있는 장교들의 수준이 낮아요. 「동아일보」라는 것을 몰라. 알면 나를 세게 다뤘겠지. 그걸 모르니까 미장이니 구멍가게 하는 사람들하고 같이 다루더란 말야. 그러니 나한테 따지고 조사하는 그런 게 없더라고. 나는 행운아예요. 그래서 내가 산 거야. 그런데 그걸 따지면 말야 그냥 나올 수 없죠. 피부병 환자라고 해도 절대로 따로 두지 않았을 거예요. 장교가 일일이 감시하고 그러지 않았을 것 아녜요. 그런데 관심도 안 가져줘요. "너 귀찮아. 피부병 때문에 만지기도 싫다" 이렇게 되니까 나는 거기 있으면서 자유롭게 지냈거든.

문_ 하루 일과는 어땠는지?
답_ 공산주의 선전이야. 남한 정부에 대한 비판. 그건 우리가 그 사람들보다 더 잘 알아요. "공산주의 하면 좋다" 뭐 이런 선전. 그런데 걔들이 똑똑한 사람들이 아니고 맨날 하던 거 하고 또 하고 그러는 거야.

문_ 자술서를 쓰지는 않았는지?
답_ 없어요. 매일 폭격하고 방공호 들어가고 그러니까, 그런 거 할 정신이 없어요. 자술서 쓰라 하고 그거 읽으면서 검토할 여유도 없고 쓴다고 해도 검토할 만한 자질을 가진 장교도 없었어.

문_ 개천 구장에 있을 때 학대나 모진 대우는?
답_ 그런 건 없었어요. 전혀 없었고 나는 전혀 모르고 다른 사람도 없는 걸로 알고 있어요. 조사고 뭐고 그 사람들 그냥 배우게 한 거지.

문_ 집에서 처음 잡혔을 때 누구에게 잡혔는지?
답_ 그 동네 빨갱이 애들이에요. 무슨 얘기 좀 하자고 그러면서 데려가더라고. 가면서 종로서로 가는 줄 알았는데 청운국민학교로 데리고 가는 거야. 그뿐이야. 그냥 잡아간 거야. 다른 얘기는 없고.

문_ 동네 좌익들이 「동아일보」 기자였다는 걸 알고 있었는지?
답_ 그건 알고 있었다고 봐. 그런데 왜 종로서로 안 데려가고 청운학교로 데려갔는지, 내가 운이 좋은 거지.

문_ 청운학교에 갔을 때 몇 명 정도 있었는지?
답_ 그때 내가 보니까 꽉 찼었는데 200~300명 돼요.

문_ 끌려가는 과정과 대열은 어땠습니까?
답_ 대열도 아니고 그냥 저기에 한 명 가고 두 명도 가고 세 명도 가고 묶이지도 않고 총 든 사람도 없고 그러니까 가다가 그냥 빠져가는 사람도 있었어.

문_ 청운학교에 대규모로 몰려 있던 사람들은 의용군으로 가는 거였는지요?
답_ 아니야. 그 사람들은 의용군으로도 안 되는 것이 나잇살 먹은 사람들이어서 의용군 가서 어떻게 되라고. 안 되죠. 그러고 일정 때 군대에 갔던 사람들도 30대 정도거든. 그러니까 그런 사람들이 군대 갈 일이 있나? 없어.

문_ 왜 200~300명씩이나 데려갔는지?
답_ 뭐 그냥 막 잡아가니까. 지나가는 사람도 막 잡아간 거야. 동네 빨갱이들이 끌고 가면서도 자기도 모르겠대. 어떤 미장이는 일하러 가는데 가자고 해서 왔대. 딴 동네에서 잡혀온 사람이야.

문_ 왜 끌고 갔는지?
답_ 그건 여기서 사람들을 끌고 가서 인적 자원을 고갈시키자 이거예요. 사람이 자산이란 말야. 그렇지 않으면 가서 노동이나 해먹고 농사나 지어 먹는 사람을 뭐 하러 끌고 가? 그런데 거기에는 여기저기에서 모였는데 김포에서 왔대. 농사짓다가 왔대. 그런데 왜 왔는지 모르겠다고. 그 사람도 나이도 40이 된 사람인데, 끌려왔는데 왜 끌려왔는지 모르겠다고 하더라고. 동네 빨갱이들한테 잘못 보여서 그런지 그렇게 생각할 수밖에 없었다고.

문_ 인적 자원 고갈에 대해서는 당시 생각인지 아니면 지금에 와서 한 생각인지?
답_ 그때도 끌려가면서 생각한 거야. 그렇게 막 끌고 간 거야.

문_ 원산에서 평양으로 갈 때 탄 기차의 상태는?
답_ 그때는 말야. 지금 같은 기차가 아니고 기차가 다 석탄기차야. 철길도 끊어진 게 없이 잘 갔어. 밤에 갔는데 원산에서 평양까지 단번에 갔어.

문_ 날짜별로 정리하면요. 누하동에서 잡힌 시점은?
답_ 누하동에서 8월 20일쯤 된 거 같은데. 그런데 잘 몰라 숫자는 머리에서 왔다갔다 해. 서울에서 나는 포천으로 갔어. 포천이 있고, 그대로 연천이 있고, 연천에서 쭈욱 가다가 철원에 도착해서 철원에서 원산으로 갔어. 그 다음에 원산에서 평양으로 가게 된 거지.

문_ 이송 도중 감시는없었나요? 도주하는 사람은 없었나요?
답_ 감시는 심하지 않았어요. 많지는 않지만 드문드문 있었어요.

문_ 왜 도망은 가지 않았는지?
답_ 안 한 게 아니고 겁이 많아서. 감시라고 해봤자 드문드문 감시하는데 용기만 있으면 가는 거야. 용기가 없어서 못하는 거예요. 우리 끌고 가던 사람들은 총도 없었는데 그런데도 그냥 끌려서 가더라고.

문_ 제일 어려웠던 점은?
답_ 나는 다른 건 없었어. 피부병 때문에 가려워서 그게 제일 어려웠던 거지. 사실 수용소에 가서 수용소 사람들 수준이 높으면 「동아일보」서 뭐 했다 하면 세게 다룰 텐데 「동아일보」도 모르는 전혀 깜깜한 애들이야. 나이도 어리고.

문_ 식사는 잘 나왔는지?
문_ 식사는 밥. 밥은 얼마든지 먹으면 되는 거고. 김치 주고 또 하나는 돼지고기. 돼지고기는 하루에 한 번씩 두어 점씩 줬어.

문_ 피부병이 생긴 시점은?
답_ 가면서 생긴 거야. 하나님이 날 살리기 위해서. 황주로 갔을 때 목욕 한 번 하니까 싹 없어졌어. 그러니까 내가 얼마나 행운아입니까.

문_ 나머지 분들은 뭐하면서 지냈는지?
답_ 그 사람들은 공산당 학습이지. 군대 연습을 하겠어, 뭘 하겠어?

문_ 납치 생활 중 느꼈던 점이나 하고 싶은 얘기는?
답_ 나는 특별한 생각은 없고 '나는 행운아다' 했지. 왜냐면 피부병을 앓아가지고 난 혼자서 무료한 생활은 했지만 육체적인 것은 피부병 말고는 힘든 게 아무것도 없단 말야. '이젠 얘들이 지는 얘들이니까 난 죽지만 않으면 서울 다시 간다. 얘들 빨리 손들어서 하루빨리 집에 갔으면 좋겠다' 하는 생각밖에 없었어. 그때 폭격이 심하고 그러니까 장교나 군인들도 정신이 없어. 그래서 철저히 하는 것도 아니고 자기들도 달아나야겠다, 수용소에서 이렇게 있지만 일선에서 싸우다가 죽을지 모르겠다 하는 생각을 하는지 마음에 안정도 없고 불안해해. 그러니까 그 사람들도 전쟁에 나가면 총 쏘고 사람도 죽이고 하겠지만, 거기에 있으면서는 끌려가는 사람들에게 말할 때도 점잖게 했어.

문_ 그 이후 장제갑(당시 「동아일보」 편집국장) 선생은 어떻게 됐는지?
답_ 아, 그 양반은 몇 명을 자수시키라는 책임을 받고 나온 모양인데 집에서 편안히 있다가 다시 끌려갔어요. 자수했으니까 괜찮을 거라고 맘 편히 있다가.

출생지: 서울 출생
당시 주소: 서울시 도림동
피랍일자: 1950년 6월 25일
피랍장소: 서울대학교 의과대학
학력: 서울대학 간호학교(1949년 입학) · 육군간호사관학교(1952년 졸) · 중앙사범대학교 교육학과(1959년졸) · 서울대 보건대학원(석사 71기) · 국제대 일어일문학과
경력: 1956 간호장교 퇴역(육군 중위) · 1956 서울대학병원(마취 전공) · 1959 경기간호전문대학 교무과장 · 1966 고려병원 간호부장(창설 멤버) · 1972 무학여자고등학교 교련교사 · 1977 서울시 장학위원회로 발탁(중등교육과) · 1984 장학관 발령, 방송통신대 장학관 연구관으로 보직발령–간호학과 창설 · 1993~1998 석관중학교 교장
직업: 서울대 간호학과 학생

박명자

- **일시: 2005년 6월 8일**
- **장소: 자택**
- **대담: 박명자**
- **채록: 정수림, 이미일 (6 · 25전쟁납북인사가족협의회장)**

●피랍 및 탈출 경로

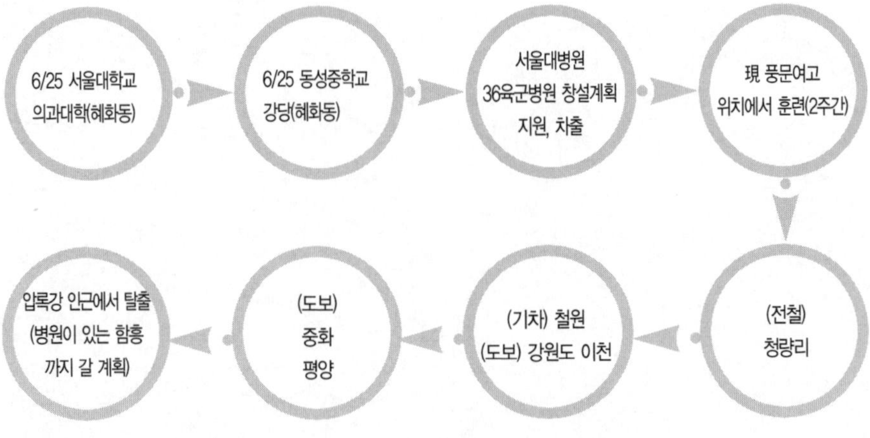

1. 피랍, 탈출

문_ 당시 6 · 25 겪었을 때 그 주변 상황이 어땠는지?

답_ 그때 저는 서울대학교 의과대학 부설 간호학교 학생이었어요. 당시는 학도호국단이 처음 창설될 때인데 서울대학교 의과대학 학도호국단으로 운동장에서 한 달 정도 훈련을 받았죠. 그때 제가 키가 커서 의과대학 국기 기수를 했거든요. 전쟁이 나던 날은 1주일전 쯤에 맹장염이 걸려 수술을 하고, 실을 뽑는 날이었어요. 병원에 갔다가 명동성당에 갔는데, 11시 미사 시간에 이상하게 방송이 들려요. "국군 장병 여러분! 지금 외출을 했거나 휴가 중에 있는 사람은 모두 부대로 복귀하세요"라고 메가폰 소리가 막 울렸어요. 신부님이 상황이 심상치 않아 제게 집으로 가라고 했는데, 학교가 걱정이 돼서 학교로 갔어요. 오후 2시쯤이었는데 가보니까 의대 학도호국단 훈련받던 친구들이 모여 있더라구요. 거기서 닛산 트럭 3대를 구해서 30명 되는 간부가 나눠 탔어요. 의과대, 간호대학생으로 구성된 호국단 대원들이 당시엔 응급 세트가 없으니 책상 서랍을 빼서 거기에 붕산수, 크레졸, 솜, 빨간 약, 옥도정기, 붕대를 넣고 의정부로 떠났어요.

미아리 고개 정도까지 왔는데 주변을 보니 무장한 군인들이 보이기 시작하더라구요. 조금 더 올라가니 군인들이 차를 못 가게 하고 후퇴하라고 했어요. 결국 저녁 5시가 다 돼서 혜화동을 왔죠. 그때 벌써 사람들이 피난을 간다고 나오기 시작했어요.

군인의 지시로 혜화동에 있는 동성중학교 강당에 들어갔어요. 가보니 국군 환자가 바닥에 좍 깔려 있었어요. 비를 촉촉하게 맞은 상태였죠. 그런데 죄다 환자들이니 우리에게 치료를 해주라고 해요. 사실 우리는 전상자를 치료해본 적도 없고 머뭇거리고 있는데 저녁 7시쯤 미국 의사가 왔어요. 그 분이 붕대를 주면서 환자들한테 이 붕대를 다 잘라서 붙여주라고 해요. 시키는 대로 자르고 붙이고 하고 있는데, 저녁 8시쯤 되니까 미국 앰블런스가 오더니 우리에게 미군 부대에 따라갈 사람은 손을 들라고 하더라구요. 몇몇 남자애들이 따라가고 저는 집으로 가려고 했는데, 그쪽에서 환자들을 일단 분리해서 일부는 혜화동 여자의과전문대로 보내고 일부는 저한테 서울대병원으로 데리고 가라고 해요. 그래서 그 환자들을 데리고 서울대학병원으로 갔어요. 입원실에 갔더니 민간인 환자들을 다 뒤에 몰고 국군 환자들을 앞에 뉘더라고요.

그때 해부학 교실에 있던 선생님이 수술장에 오셨어요. 평소 우리를 가르쳤던 분인데 우리보고 지하실로 들어가 숨으라고 했어요. 우린 거기서 작은 쇠판대기를 열고 밑에 내려가 숨었죠. 그런데 그 선생님이 이상하게 담배를 계속 피시더라구요. 우리 생각엔 저렇게 담배를 피면 인민군한테 금방 들킬 텐데 왜 저러실까 했어요. 조금 있으니 오토바이 소리가 나고 총소리가 팡팡 났어요. 그러더니 웬 사람이 담배 피고 있던 선생님한테 들어와서는 "동무 반갑소, 수고했소"라며 악수를 하는 거예요. 그 선생님이 빨갱이였던 거죠. 그 악수한 사람이 곧 수술 가운을 입고 총을 드는데 보니 이 사람도 서울대병원에서 근무하던 사람인데 한 날 전에 나갔다가 전쟁에 참여해서는 원장으로 내려온 거예요. 결국 우리는 갇혔던 거죠. 좀 있다 우리를 나오라고 해요. 그러더니 수술실장 수간호사가 나에게 수술실 열쇠덩어리를 주면서 받으라고 해요. 받아가지고 있는데, 수술장 문을 열라 해서 어쩔 줄 모르고 있는데 그 사이 그 간호사는 사라졌어요.

그리고는 바로 수술을 들어간 거예요. 탄알을 빼는 일부터. 우린 수술할 능력이 안 되니 밤새도록 밥 먹이고 약 타오고 청소하고 심부름만 했어요. 그러다가 강연희라는 선배가 불러요. 가봤더니 밖에 보초 서 있던 국군이 총에 맞아 죽었다며 시체를 치우러 가자는 거예요. 너무 끔찍해서 "왜 하필이면 나한테 그런 걸 하자고 하냐?"고 했더니, 그래도 "너밖에 얘기할 사람이 없으니까 가자"고. 결국 가마니에 이렇게 나무 막대기를 끼워 가지고 시체를 실어다 시체실에 갖다놨어요. 온통 핏덩이고 해서 그땐 죽은 줄 알았어요. 그리고 다시 수술장에 와서 일을 하는데 새벽 2시에 인민군 중대장이 나한테 오라고 전화가 왔어. 가봤더니 시체 어디에다 숨겼냐고 그래요. 그래서 시체실에 갖다뒀다고 했더니 바른 대로 얘기하라면서 그냥 때리고 족치는 거예요. 바른 대로 말하나마나 사실 그대로이고, 더 할 이야기가 없다고 했더니, 수건으로다가 눈을 싸매더라구요. 그리고는 중대장이 총살을 시키라고 호통을 치는 거예요. 그러면서 어디에 숨겼는지 바른대로 얘기하면 살려주고 그렇지 않으면 죽인다고 협박을 했어요. 난 이게 순교인가 보다 싶어 성호를 긋고는 기도를 했어요. 그랬더니 날 보고 유언이 있네요? 그래서 "유언 없으니 우리집에 연락이 되면 당신들이 나를 죽였다고 한 마디만 해주면 된다"고 하고는 죽이라고 딱 서 있었어. 그랬더니 총소리가 땅! 땅! 하고 나요. 나는 '죽었구나' 했는데, 웅성거리는 소리가 들리더니 다시 진짜 죽인다며 엄포를 놨어요. 그냥 죽이라 했더니 그 사람들이 이제 더 이상은 할 말이 없는 줄 알고, 눈을 풀어주더라구요.

그리고는 여성동맹에 가서 일을 하라고 시켰어요. 나는 여맹이 뭔지 모르니 간호원으로서 심부름은 하겠지만 더는 모른다 했더니 가라고 하더라구요. 그후에 함께 시체를 날랐던 강연희 언니를 불러 족쳐서 결국 그 언니가 여성동맹위원장을 하게 됐어요. 자기 본인 의지로 하는 게 아니라 강제로 사람을 시키는 거예요. 그 언니는 나가서 사람들을 훈련을 시키는 일을 하기 시작했고, 나는 너무 매를 맞아 움직일 수 없어서 수술장에서 일만 했어요.

그러던 중 새벽 2시쯤에 밥을 가지러 가는데 시체실을 지나고 하니 너무 무서운 거예요. 막 식당으로 뛰어 들었는데 학생 식당에 있던 진씨 아저씨라고 일하는 분이 계셨어요. "학생 왜 그래?" 그래요. 제가 밖에 나무들이 막 흔들려서 무섭다고 했더니, 바람도 없는데 왜 나무가 흔들리냐고 하는 중에 아까 시체실에 데려다 놨던 군인이 죽지 않고 살아서 식당을 쫓아 들어오더라구요. "배고프다"고 해서 일단 밥을 먹이고는 피 묻은 국군복을 입었으니 일단 진씨 아저씨가 그걸 벗기고, 제가 수술장에 가서 외과 의사들이 벗어 놓은 옷이며 신발까지 몽땅 가져왔어요. 가져온 걸 입히고는 일단 수술장에 아저씨들을 숨겨 놓고, 몰래 밥을 넣어주고 했어요. 얼마 안 있다가 그 사람들은 살아서 나갔어요.

시간이 좀 흐르고 이제 인민군 환자들이 들어오는 거예요. 국군은 국군대로 따로 있고, 인민군은 인민군대로. 그런데 한 번은 중3 정도 되는 학생이 부상을 입고 왔어요. 선배 언니 동생인데 목총을 들고 인민군으로 끌려갔던 거예요. 병원에서 자기 누이를 만나서 겨우 인민군에서 빠져나간 적도 있어요.

그 다음에는 우리가 일을 하다 보니 중국군이 들어오기 시작했어요. 중국군 팔로군들이 들어와서 병원 복도에 좍 앉아 있었는데, 어느 날 난리가 났어요. 인민군 장교가 와서 국군 환자 병실을 안내하라고 한 거예요. 그때 나이가 스물여덟쯤 되는 강동원 대위라고 있었는데, 이 사람은 배에 총을 맞아 밤새 수술했던 환자예요. 인민군이 그 환자 방으로 안내하라고 해서 갔는데 인민군 장교가 국군 장교에게 총을 쏜 거예요. 그이는 불과 오래 살아야 한 시간이나 살까 싶을 정도로 심각한 상태였어요. 그런데 처음엔 초점도 안 맞게 총을 쏜 거예요. 그러니 인민군 장교가 다시 총을 두 방 쐈고, 결국 그 사람이 침대에서 떼굴떼굴 굴러서 죽더라구요. 그런 식으로 인민군 장교는 계속해서 병실을 다니면서 그랬어요.

상황이 심해지니까 병원에 인민군 환자가 많아진 거예요. 그래서 할 수 없이 이들이 국군 병실에 같이 투입되기도 했어요. 거기서 인민군 환자가 "동무 몇 사단에 있소?" 하고 묻게 되고 답을 하다 보니 국군이라는 게 탄로가 난 거예요. 이미 병실 안에 국군이나 인민군이나 무기는 다 가지고 있었어요. 그러니 총격전이 시작되고, 그때 대학병원 안이 발칵 뒤집힌 거예요. 국군들은 총을 쏘면서 도망을 가고. 인민군은 뒤에서 쫓아가면서 총질을 하고. 그때 국군이 많이 죽었어요. 지금 위령탑이 크게 세워진 게 그때 세워진 거예요. 거기다 시체를 다 몰아다 넣어 묻고 위령탑을 세운 거죠.

환자는 많이 오는데 인민군이 자꾸 그러니 위에서 결국 병원을 나눠야 한다는 결론이 나온 거 같아요. 결국 36육군병원이라고 후송 병원을 하나 차려서 나간다고 그랬어요. 상황이 안 좋아 사실 나도 여러 차례 도망을 가려고 했지만, 보초가 1m 간격으로 둘러싸고 총을 들고 있어서 그땐 나갈 수가 없었어요. 내 친구는 담을 뛰어넘다가 척추를 다쳐서 몰핀을 계속 맞다가 죽기도 했어요.

결국 도망은 포기하고 병원 이동할 때 일단 분산하자고 결정하고, 저는 36육군병원 창설하는데 지원을 했어요. 나가다가 혹시 도망할 수 있을까 했죠.

창설병원을 열기로 하고는 지금의 풍문여고 자리에서 한 보름 정도 훈련도 받았는데 어느 날 밤 12시에 집합을 시키더니 전차를 태우더라구요. 타고 가니까 청량리역이에요. 거기서 다시 기차를 태웠어요. 결국 나는 중간에 도망을 가지도 못하고, 화물 열차에 오르는데 제가 들어간 곳은 인민군 환자가 꽉 차 있는 곳이었어요. 혼자 학생 간호원 복장을 하고는 거길 탄 거죠. 풍문여고에서 훈련받을 때 제가 워낙 명랑하고 운동도 잘하고 민첩하니 그 사람들이 보기에 쓸 만하다 싶어 점을 찍었던 거예요. 그때 서울대학 병원에서 맹장염 수술할 정도의 기계가 두 세트밖에 없었는데 하나는 두고 하나는 가지고 나왔어요. 그걸 제가 다른 약품하고 해서 지고 가고 있었어요.

그렇게 청량리에서 출발을 하는데 갑자기 폭격을 하는 거예요. 기차를 폭격하는 거야. 사람들이 다 죽게 생겼으니 가다가 서고 가다가 서고 하면서 결국은 철원까지 갔어요. 거기서 내렸는데 웬만한 환자는 다 죽고, 남은 환자는 무슨 초등학교로 들것에 들고 끌고 가는 거예요. 얼마나 기가 막히는 일이에요? 그러더니 또 미군 부대가 폭격을 하는 거예요. 거기 있다가는 죽을 것 같으니 사람들이 도망도 많이 갔어요. 인근 산으로 다 기어 들어가더라구요. 나는 여기서 죽으나 거기서 죽으나 마찬가지다 싶어서 운동장 화단에 가만히 엎드려 있었어요. 그랬더니 비행기가 와서 정찰을 하는데 그 비행사 얼굴이 다 보여요. 그 사람이 위에서 사람 있다고 손가락질을 하고 했어요. 당시 산에다 폭격을 할 때, "뺑"하면서 불이 나면 사람들이 다 타 죽고 했어요.

그러다가 환자도 걸을 수 있는 사람만 데리고 다시 중화로 들어갔어요. 가는 중에 강원도 이천 시골에 들어갔는데 까만 치마에 흰 저고리를 입은 사람이 밥을 해놓고 우리를 맞이하더라구요. 그러구 밥을 죽 차려놓고 밥을 주더라고. 거기 가서 처음 밥을 먹는 거예요. 너무 좋아서 성호를 딱 긋고 밥을 먹는데 수녀님이 그걸 보고 나에게 오셨어요. 천주교 신자냐고 물어서 그렇다고 했더니 "너는 여기 오고 싶어 왔느냐? 강제로 왔느냐?" 해요. 그래서 학교에서 그냥 끌려왔다고 했더니 "집에 가고 싶냐?"고 물으시더라구요. "물론 가고 싶죠, 도망치려고 기회를 보고 왔는데 도망을 못했어요" 했더니 그분이 저를 데리고 조선 기와집으로 갔어요.

거기 마루를 여니까 지하실로 내려가는데 가보니까 성모 동상이며 성당에 있는 물건이 다 있는데 신부님도 계셨어요. 거기서 신부님한테 "살아갈지 죽어갈지는 모르겠지만 고해 성사를 하고 싶다" 했더니 신부님이 그렇게 하라 하셔서, 거기서 총 고해를 하고 강복을 받고는 나왔어요. 그후에 신부님이 "네가 원하면 수녀님이랑 여기 회장님들이 너를 도망할 수 있도록 도와주겠다"고 했어요. 그래서 저는 다시 나와서 수녀님한테 갔어요. 그때 학교 근처 산 중턱쯤에 있던 집이 하나 있었는데 거기 살던 아주머니 한 분도 나왔어요. 한 50세쯤 된 아주머니인데 아들이 신학교에 가서 이제 신부가 된다며 사진을 보여주시면서 서울 가면 소식을 전해달라고 하시더라구요. 알았다고 하고는 그 아주머니하고, 남자 회장님 한 분하고 수녀님이 저를 데리고 골목으로 해서 다른 곳으로 빠져 나갔어요. 그런데 누가 뒤를 밟은 거예요. 결국 잡혔고, 끌려나와서 신부님하고 수녀님은 그 자리에서 총살을 시켜 버렸어요. 그때 받은 충격은 말로 표현할 수 없어요.

그리고는 다시 중화로 따라간 거예요. 중화에는 밤 늦게 도착을 했는데 거기서도 폭격이 심했어요. 길 사이 하수구 같은데 숨어 폭격을 피했어요. 그리고 폭격이 끝났는데 그때 제가 길로 다시 안 나갔어요. 거기 숨어 있다가 도망가면 되겠구나 하고 가만히 있는데, 제가 안 나오니까 다시 날 찾는 거예요. 어떤 사람이 저 쪽 어디로 갔다고 해줘서 일단 가만히 있었어요. 그런데 좀 있다가 누가 저를 보고 "동무 여기 있었냐?"면서 왔어요. 그땐 폭격 때 떨어진 파편 때문에 아파 일어날 수가 없었던 것처럼 아주 죽는 시늉을 했죠. 그랬더니 다치지 않았냐고 물으면서 나를 일으켜줘요. 결국 할 수 없는 저는 또 따라간 거예요. 그렇게 평양까지 갔어요.

문_ 대충 날짜가 언제쯤인지?

답_ 날짜는 기억도 못하겠어요. 아무튼 우리가 7월부터 나간 거예요. 얼마큼 갔는지도 모르고 그냥 끌려다녔어요. 그땐 날짜고 뭐고 아무것도 모르죠 뭐. 낮에는 나무 꼭대기나 짚 쌓아놓은 데 가서 숨어 자고, 밤에만 걸으니 길도 하나도 모르죠. 그렇게 평양을 들어갔어요. 새벽 2시쯤이었는데 군인이 없어 중학생을 동원을 시켜서 군대를 보내고 하더라구요.

이제 그 사람들이 우리에게 밥을 먹여야 되는데, 그땐 밥을 주는 집도 하나도 없나 봐요. "쌀 내 놔라, 뭐 내 놔라" 실갱이를 벌이다 아무것도 없으니, 옆에 있던 소를 총으로 쏘더라구. 머리를 쏴서 피가 질질 흐르는데 그 소를 저며서 그걸 먹으라고 주는 거예요. 너무 끔찍하고 그걸 먹을 수가 있어야죠. 당시 우린 가면서 길 가에 풀이나 배추 오래기도 뜯어 먹고 그랬어요. 정말 굶주리면서 따라간 거죠. 그러다 보면 힘이 없어 못 가는 사람도 있어요. 그러면 그 사람들이 못 가는 사람은 달구지 태워준다고 나오라고 해요. 아무것도 모르고 나가면 데리고 가서 총살시켜 버리고, 걸을 수 있는 사람만 데리고 간 거죠. 그렇게 평양을 지나 압록강 쪽으로 갔어요.

병원은 함흥이라고 했는데, 그쪽으로 가다 보니 우리가 생각할 적에 후퇴하는 것 같기도 하고 그랬어요. 그때쯤 중앙대 보육과를 나와 간호사를 했던 심경애라는 언니가 있었어요. 아버지가 목사인 착실한 기독교 집안의 딸이고, 나보다 몇 살 위였는데 나는 그 언니하고 손을 잡고 가면서 계속 도망칠 궁리를 한 거예요. 내가 "언니! 도망질 칠까?" 그러면 언니가 "도망질 치다가 붙들리면 죽어" 해요. 그러면 "언니! 그냥 가도 죽고, 도망질 치다가도 죽는데 고생 좀 덜하고 죽는 게 낫잖아" 하면서 자꾸 꼬셨어요. 그런데 그 얘기 하는 걸 누가 또 들었어요. 그래서는 맘대로 하지 못하게 우리 둘이 손을 묶어 놓더라구요. 내가 웃으면서 "언니 이제 우리 이렇게 묶였으니, 죽든 살든 같이 해야 해. 그러니까 도망치자" 그러면 언니가 "안 돼. 안 돼" 이러고 했어요.

그렇게 압록강까지 거의 다 갔는데, 그 근처에 수수밭이 있었어요. 추수를 했으니 가을인가 봐, 수수깡이 높게 쌓였더라구요. 거기서 화장실 가고 싶은 사람은 다녀오라고 했어요. 그믐날 밤인지 깜깜했는데 제가 언니한테 화장실에 가자고 했어요. 그래서 뒤로 막 갔어요. 가서는 묶인 걸 풀고, 내가 "언니 화장실 가면 난 도망갈 거야, 그러면 언니는 날 풀어줬다고 총살당할 거야, 그러니까 날 따라오든가 둘 중 하나를 택해" 그랬어요. 그러니 언니가 저를 따라오더라구요. 우린 수수깡 속을 헤치고 들어가 있었죠. 조금 있다가 그 사람들이 볼일 다 봤으면 나오라고 하면서 우릴 막 찾았어요. 그때 어떤 사람이 팔이 묶였는데 어딜 갔겠냐고 저 앞으로 가더라고 말한 거예요. 하늘이 도우려면 이렇게 다 살 길이 있나 봐요. 사람 힘으로 되는 게 아니구요. 그래서 우리는 일행에서 떨어졌고, 언니한테 "이제 우린 죽든 살든 서울로 가야 해, 손 잡고 가자" 하고서는 계속 반대로 가는 거예요. 어디가 어딘지도 몰라요. 무조건 길만 따라갔어요. 어디가 나와도 나오겠지 하면서 반대로 새벽까지 간 거예요.

날이 환해지고 보니까 산이 보이는데 그 산등성에 군인들이 굴을 파고 모두 들어가 있었어요. 무섭게 인민군들이 좍 다 있더라구요. 그때 정신이 번쩍 났어요. "아, 이게 아닌데" 하면서 어떻게 갈 건지를 생각하다가 "언니, 이젠 무조건 뛰는 거야" 하고는 뛰었어요. 가다보니 앞쪽에 십자가 걸린 집이 있더라구요. 성당 아니면 교회다 싶어서 막 뛰어가는데 인민군 대위가 딱 오더니 동무 어디 가네요. 그래서 어디 병원으로 가는데 길을 잃어버렸다고 했더니, 이 길이 아니라고 다른 쪽으로 가래요. 우리가 다시 막 뛰는데 그 사람이 나중엔 총을 꺼내더라구요. 그걸 확 떠밀고는 또 뛰어서 결국 그 십자가가 걸린 집으로 들어갔어요.

갔더니 방이 길다랗게 있고, 여섯일곱 살쯤 되는 애랑 목사님하고 부인이 있어요. 우리가 살려달라고 들어갔더니. 나가라고 소리 소리를 질러요. 당신네들 들어오면 우리들 다 죽는다고. 나가면 군인이 들어올 거고, 이러지도 저러지도 못하고 있는데 보니까 아궁이가 있어요. 그래서 일단 그 언니를 아궁이에 집어넣었어요. 이북은 아궁이가 높더라구요. 그리고 나는 상황을 살펴야 되니까 거꾸로 아궁이에 들어갔는데 꽤 넓더라구요. 들어가고 나니 인민군이 쫓아왔어요. 우릴 찾으니 이분들이 여기 그런 사람 온 적이 없다고 잡아 뗀 거예요. 그러니 총을 쏘겠다고 협박하면서 부엌 여기저기를 다 총으로다 다 찔러보더라구요. 혹시 그 속에 있나 하고. 그런데 없으니 솔가지를 아궁이에 넣고 불을 지르는 거예요. 이제 연기가 들어가니 기침을 할 거 아니에요. 언니는 곧바로 들어갔으니까 상관없는데 나는 거꾸로 들어갔으니까 이 연기가 올라와서 얼굴이 타는 거예요. 화상을 입었죠. 그런데도 죽기 살기로 참았어요. 그랬더니 좀 있다가 우리가 없다고 생각하고 그 사람들이 나가더라구요. 우리가 나와 보니 언니는 괜찮은데 나는 얼굴이 그슬려서는 이마가 붓고 눈이 붙어버렸어요. 앞이 보이질 않는 거예요. 그래서 그때부터는 언니가 나를 끌고 가는 거예요.

가는데 배는 고프지, 산이 나오면 인민군이 얼마나 많이 죽었는지 피가 줄줄 흘러요. 그런데 그 시체를 보면 포도당 가루라고 해서 비상 식량이 있어요. 그걸 손바닥에다 올려 놓고는 물이 없으니 핏물을 먹어 배를 채우고, 한 봉지 챙겨서 들고 둘이서 뛰는 거예요. 그렇게 평양까지 왔어요. 와보니 커다란 기와집이 있어요. 들어갔더니 까만 치마에 흰 저고리를 입은 수녀님들이 있어요. 내가 지금도 하고 있지만 그때도 계속 묵주를 들고 다녔어요. 가서 "수녀님, 저희 좀 도와주세요" 했더니 수녀님이 제가 묵주를 들고 있는 걸 딱 보신 거예요. 그러면서 저 앞을 보래요. "인민군 포병 부대가 진을 치고 여기 와서 세 끼 밥을 먹구 그러는데 어떻게 너를 쉬게 할 수 있겠니" 하시면서 방공호를 파셨어요. 우리가 수녀님께 방공호는 우리가 파겠다며, 우린 갈 데가 없다고 했더니 우선 밥을 주시고 원장 수녀님께 물어보자며 씻으라고 부엌 문을 닫아주셨어요. 그리고 수녀님 옷인 깜장 치마 흰 저고리를 주셔서는 그걸 입었어요. 그랬더니 이제 거기 부엌에서 밥 짓고 나르고 하는 거를 하래요. 좀 있으니 인민군들이 밥 먹으러 와서는 "동무들은 어디서 왔냐?"고 물어요. 원장 수녀님이 "우리가 바빠서 저기 시골에 있는 수녀님 두 분을 모셔왔다"고 하니 그제야 "어 그래" 하면서 넘어간 거죠. 휴우, 그냥 가슴이 철렁하게 내려앉았어요.

그래서 거기서 일단 머물렀죠. 그러니 국군이 입성을 하는 거예요. 1사단이 들어오니까 수녀님이 우리보고 나가자고 해서 깃대를 들고 나가보니 앞에 군악대가 들어오잖아요. 1사단 군악대가 딱 들어오는데, 현 소령님이라고 우리 명동성당에 합창대 지휘하던 선생님이 보이는 거예요. 너무 좋아서 막 쫓아갔어. "선생님" 하고 부르니까, "네가 여길 웬일이냐?"고 하세요. 그래서 학교에서 끌려왔다면서 머무르던 성당을 알려드리니, "알았다. 내가 지금 가는 중이니까 부대에 도착한 다음에 내가 저녁 때 가마. 아무데도 가지 말고 거기 가만히 있으라"고 하셨어요. 그리고는 저녁 때 선생님이 오셔서는 얘기를 다 들으시고 황해도 십일리인가에 8사단 정보부에 연락해서 집에 갈 수 있도록 돕겠다고 하셨죠.

그런데 마침 함께 있던 심경애 언니의 친가가 황해도 십일리에 있어요. 아버지 어머니가 사시는데, 현 소령님이 지프차를 내주셔서 우선 거기까지 갔어요. 가서 거기 정보부에서 조사받고, 서울로 들어갈 수 있는 확인 도장을 받았죠. 그리고는 제가 늑막염이 걸려서 언니네 집에서 한 달을 앓다가 낫고, 그후에 정보부에서 저를 서울까지 데려다 줬어요. 그 다음에는 경찰서에 가서 다 조회받고, 그리고 나서 1 · 4 후퇴를 또 만난 거야. 그때 국군간호사관학교가 사람을 모집을 하더라구요. 그래서 그 간호사관학교에 입학을 했어요. 거기서 근무하면서 6 · 25를 보낸 거예요.

문_ 그 뒤로도 간호장교로 계속 활동하신 거예요?

답_ 간호장교 중위로 활동을 하고는 나와서 다시 서울대학에 복학해 졸업하고 경기 간호전문대에서 근무했어요. 그리고는 고려병원에 초대 간호국장으로 갔다가 중 · 고등학교에서 화생방 훈련 시범을 하고, 또 서울시 교육위원회 중등교육과 장학사로다가 가서 한 10년, 장학관으로 10년 근무하고는 방송통신대학에서 연구관으로 있으면서 간호학과를 창설했어요. 그리고 석관중학교 교장으로 가서 근무하고 정년퇴임했어요. 지금은 봉사 활동 하면서 살고 있구요. 강의도 나가구요.

문_ 같이 탈출한 심경애 언니는?

답_ 그후에 한 번도 못 만났어요. 돌아가셨는지 어디서 사시는지는 모르겠어요. 찾고 싶어요.

문_ 가족들이 황해도에 있는데 거기 남아 있지는 않았나요?

답_ 아니오. 같이 왔어요. 뭣 하러 황해도에 남겠어요. 그 무서운 데 안 남죠. 그리고 가족들은 함께 올 수 없었던 게 정보부에서 신원 확인 도장을 받아서 우리가 사는 이곳 관할 경찰서에 보여줘야 해요. 그리고 조사를 받아서 빨갱이가 아닌 게 확증이 돼야 살 수 있는 거예요. 그게 시민증이에요. 그 언니 가족은 이북사람이니깐 못 들어오죠. 아무튼 그때 그런 피해를 받은 사람들은 잘 살지도 못했어요. 정신적으로 너무 충격을 받아서 병이 있던가, 담을 넘다 부상을 당하고, 매질을 당하거나 해서요. 저는 워낙 성격이 활달하고 해서 그까짓 것 다 잊자하고 살았으니 지금 산 거지. 안 그런 사람들이 많아요.

문_ 청량리에서 북한으로 올라갈 때 여러 사람이 함께 갔죠?
답_ 서울대학병원 직원이 다 갔죠. 여러 유명한 교수, 선생님들 전부 갔어요. 지팡이 짚고 가시고 했어요. 당시 가다가 우리가 다리가 아파서 못 가겠다고 하면 도망갈까 봐 그랬는지 "너희 아버지 어머니도 지금 뒤에서 오고 있다"고 그러고 했어요. 그땐 내가 잡혀왔으니까 우리 부모님도 끌려오나보다 이렇게 생각하고 그냥 계속해서 앞으로 갔죠.

문_ 끌려가는 길에 먹는 것은 어떻게?
답_ 먹을 거 그런 게 없어요. 오죽하면 소를 잡아서 살을 찢어서 그냥 먹었다니까요. 핏물하고. 그러다 밭에서 배추 오래기 뽑아서 흙 털고 그냥 먹고 그렇게 계속 갔어요. 인민군도 먹을 게 없으니 우리를 줄 수가 있어요? 아무리 밥을 달라 해도 아무것도 없는 거죠.

문_ 인민군 부상병들도 같이 갔나요?
답_ 그렇지요. 일어나 걸을 수 있는 사람은 같이 가고, 못 걸어가는 사람은 중간에 총살시키고 그런 식으로 가는 거였어요. 그러니 끝까지 간 사람들이 많이 없었어요. 평양 가기 전에 다 죽여요. 다리 아파 못 가는 사람은 달구지 태워준다고 나오라고 해서 데리고 가서는 환자, 팔 아픈 사람, 다리 절뚝이는 사람 줄줄이 데려가서는 다 쏴 죽였죠. 인민군이든 국군이든 환자든 병원 직원이든 가다가 아프면 무조건 다 죽였어요.

문_ 평양 도착했을 땐 얼마나 남아 있었는지?
답_ 몇 명 안 돼요. 그리고 밤중이어서 정확히는 몰라요. 당시 나는 36육군병원 쪽, 다른 쪽에 서울대학병원 사람들로 나눠 놨어요. 나중에 봤더니 우리가 먼저 떠나고 서울대학 팀이 떠나왔나 봐요. 우리가 가다가 너무 힘들어 서 있는데, 서울대학 외과교수로 유명한 김시창 교수가 오셨어요. 제가 "선생님" 하고 불렀더니 "너는 어떻게 왔냐"고 물으셔서 풍문여고를 거쳐 왔다고 했어요. 그때 내가 그 선생님 팔을 부축해드린 기억이 나요. 당시 김시창 교수 같은 굉장히 유명한 사람들도 많이 걸어서 갔는데, 그때 보니까 그냥 지팡이 하나 집고, 물 컵 하나 들고 손을 옆에 묶고서 가는 거예요. 손을 묶지 않았으면 인민군이 딱 붙어서 갔어. 그런데 그 사람들은 그때만 해도 벌써 50이 넘은 노인네들이잖아요. 그러니까 그 먼 길을 걷지를 못해요. 그리고 가다가 자꾸 폭격을 하니까 일어나지를 못하고 쓰러지고 그랬어요. 내가 본 거로도 중간에 돌아가신 분 많았어요. 김시창 교수도 그 이후에 가다가 돌아가셨어. 가다가 본인이 못 간다고 아주 그냥 누우시더라구요. 또 어떤 사람은 굶어요. 먹을 것도 없으니 이렇게 가느니 내가 죽지 하면서 굶다가 죽었어요.

문_ 미국 정보원들이 수집한 자료에 의하면 청량리까지 전차로 일단 끌고 와서 거기에서 기차로 북송을 했다고 나오는데, 당시 기차는 원산까지도 가거든요. 그런데 철원까지만 기차로 가신 거예요?
답_ 우리는 철원까지 왔어. 청량리에서 기차를 탔는데 그게 계속 폭격을 맞아서 철원에서부터는 걸어서 평양으로 들어간 거지.

2. 부친(박성옥)의 피랍

문_ 서울에 돌아와서는 곧 가족을 만나셨어요?
답_ 서울에 들어와보니 우리집이 다 폭격맞아서 없어졌어요. 그래서 외가로 가서 어머니를 만났죠. 그런데 어머니가 조금 이상해지셨어요. 아버지가 행방불명되고, 나도 안 들어오니까 그러니까 충격을 받으셨나 봐요. 우리 아버지는 행방불명된 후 지금까지도 소식을 몰라요.

문_ 아버지 성함은?
답_ 박, 성, 옥.

문_ 아버지의 직업 및 활동에 대해 얘기해 주세요
답_ 우리집이 좀 괜찮게 살았어요. 그래서 아버지가 김구 선생님한테 돈을 좀 대드렸대요. 최창옥씨 집에 드나들면서 돈을 좀 가져다주고 하니 일본 헌병들이 아버지를 매번 잡아 가두고 아랫사람을 일을 시키고 그랬대요. 당시 아버지는 발전기 계통의 일을 했는데 지금 생각해보면 발전기가 있었던 게 기억이 나요. 나중에 어머니 말로는 전쟁이 나서 아버지가 발전기를 땅에 묻었다고 하더라구요. 인민군이 와서 찾았는데 그것도 없고, 이미 그때는 아버지가 없어졌을 때예요. 우리집 뒤에 살던 사람이 빨갱이였는데, 우리 생각엔 그 사람 손에 붙들려간 거라 본 거죠.

문_ 사업을 하신 건가요?
답_ 일본 세이꼬 시계 수입해서 팔고 했어요.

문_ 신고는 하셨어요?
답_ 신고는 잘 모르겠어요. 나는 직장 생활을 해서 거의 집에서 나왔으니, 어머니가 했는지 안 했는지 잘 모르겠어요. 내가 돌아왔을 때는 어머니가 정신이 조금 이상해서 병원에 입원하고 계셨어요.

문_ 그러면 집으로 돌아오셔서도 아버님이 행방불명되셔서 생활하기가 또 힘드셨겠네요?
답_ 응. 사실 우리한테는 우리 아버지가 돈을 많이 버는 것도 별로였어요. 갖다주고 하니까. 전에 한 번은 어떤 할아버지가 소련에서 오셔서 김구 선생님이 보냈다고 해서 돈도 해서 보내기도 하고.

문_ 과거 독립운동에 관여했던 사람들에게 정부에서 주는 지원이 있을 텐데?
답_ 그런데 지금 현재에는 근거가 없잖아요. 아버지가 돈을 줄 때 서소문 쪽에 벙어리 심훈이란 사람 집을 많이 이용한 거만 알아요. 아마 우리 뒷집 살던 사람이 빨갱이라 고발한 거 같아요. 우리집이 땅이 많았는데 나중에 피난갔다 와서 보니 그집에 우리집 이불이니 시계까지 싹 다 가 있더라구요.

문_ 다시 찾지 않으셨어요?
답_ 그 사람들이 얼마나 무서운 사람들인데요. 무슨 봉변을 당하려구요. 시계 없어도 사니까 피해 안 받으려고 그냥 둔 거죠.

문_ 이후 남은 가족들은?
답_ 어머니가 계셨고, 저는 나가서 일을 했고, 여동생 둘은 수녀원에 가고, 남동생은 부대에서 일을 하고, 다섯 살짜리 막내동생이 같이 있었고, 그러니 식구가 다 분산이 된 거죠.

문_ 가족들이 고생이 많으셨겠어요?
답_ 우리 어머니가 충격을 많이 받았지. 남편하고 딸이 없어졌으니 너무 크게 충격을 받으셨어요. 사는 건 원래 우리 어머니는 종로에서 유명한 금은방을 운영하는 큰 부잣집 딸이었거든. 그래서 유산을 받고 했어요.

문_ 납치 후 소식은?
답_ 아버지가 납북되면서 어떤 사람한테 우리집 주소를 적어줬대요. 가다가 돌아가셨다고 전하라고. 당시에 자기는 더 갈 필요도 없다면서 굶으셨대요. 굶다가 객사를 한 거래요. 그래서 우리가 지금 음력 7월 17일에 제사를 지내요. 그이가 그쯤 돌아가셨다고 그랬어요

문_ 정부나 관청의 보상이나 노력은?
답_ 허, 보상? 보상을 누가 해줘요. 세금만 냈지. 우리는 보상 안 받고 나라를 위해 이만큼 일한 사람들이야. 그런데 우리한테 이렇게 할 수는 없지.

문_ 정부나 사회에 바라는 점을 말씀해주세요.
답_ 6 · 25 때 당한 사람들은 너무 억울해요. 사실 진짜 공산주의가 뭔지 민주주의가 뭔지도 모르고 당한 거 아니예요. 제가 볼 적엔 언제 돌아가셨는지도 모를 거 같아요. 그쪽 군인도 그땐 중고등학교짜리 아이들이 목총을 들고 우리를 개 몰듯이 몰고 갔어요. 그러니 죽인 사람들 이름이나 알겠어요? 가다가 아프다고 하면 총 가진 놈이 와서 콱 쏘고, 또 가다가 콱 쏘고 했으니 몇 명인지나 알아요? 서울대학 직원만 해도 엄청 많았어요. 그 많은 사람들이 가다가 다 죽고 살아온 사람이 얼마나 있겠어?

나는 정부에 바라는 건 차라리 더 이상 과거를 생각하지 말자 그거야. 과거는 이미 끝났으니까. 그 사람들이 이제 다시 살아올 수도 없잖아. 다만 지금 광주 사태니 뭐니 다 보상하고 다 하는데, 그럴 거면 6 · 25 때 납치된 사람들 가족에게도 당당히 보상을 해주라는 거야. 자기 청춘을 다 버리고 가족을 버린 사람들인데 6 · 25 피해자는 한 번도 입에서 나온 적도 없어.

3. 탈출자 증언기

계광순 배상하 김용규 자비엣 마들렌

해제

이 장에서는 전쟁 중 납북됐다가 탈출한 인사들의 탈출기 4건을 소개한다. 6 · 25 전쟁이 끝난 후 잡지나 단행본을 통해 소개되었던 이들의 탈출기는 납북과 탈출에 걸친 모든 과정을 소상히 밝히고 있어 납북 사건 관련 사료로서의 가치가 있다고 보인다. 이 장에 납북 사건을 밝히는 방증자료로서 이들 4건을 발췌 · 게재한다.

전쟁 당시 한국광업진흥공사 사장이었던 계광순씨는 「신동아」 1970년 6월호에 그의 탈출기를 실었다. 1950년 7월 15일 북한 내무서원에 의해 연행되어 서대문형무소, 개성, 사리원, 평양교화소 등을 거쳐 10월 8일 평양을 탈출해서 10월 24일 집으로 돌아왔다. 계광순씨는 이 수기를 통해 형무소에 함께 수감됐던 피랍인사들의 명단을 구체적으로 기록하고 있다.

배상하씨의 탈출기는 월간지 「희망」에 1955년 3월부터 5월까지 「나는 이렇게 탈주했다」라는 제목으로 연재되었다. 전 「연합신문」 편집국장이었던 배상하씨는 1950년 7월 20일 정치보위부에 연행, 서대문형무소에 수감되어 무거운 절망과 고독, 모욕과 굶주림의 고통을 겪었다고 한다. 그의 수기는 간수의 심문, 반동죄의 결말 등 당시 인민군에 피랍 · 수감된 사람들의 일상을 직접적으로 묘사하고 있다.

납북 당시 15세였던 김용규씨는 전쟁의 와중에서 납북, 526군부대 루트공작원으로 밀봉 교육을 받고, 남파되었다 귀순했다. 그의 수기가 「동아일보」에 「평양의 비밀지령」이라는 제목으로 연재되었고, 1978년 8월에는 『시효인간』이라는 제목의 단행본으로 출간되었다. 수기를 통해 그는 조선노동당원으로 활동하면서 노동당에 몸담게 되면서 직접 목격한 정치계, 과학계, 의학계, 문화계, 연예계 주요 납북인사들의 비참한 말로를 자세히 기록하고 있다.

자비엣 마들렌은 6 · 25 전쟁 당시 갈멜 수녀원 수녀로서 북한에 의한 납치는 외국인에 대해서도 이루어졌음을 보여주고 있다. 자비엣 마들렌 수녀를 포함한 외국인 피랍인들은 정치보위부를 거쳐 열차편으로 평양까지 이송됐고, 평양에서 미군포로 700여 명과 함께 고산진, 중강진을 거쳐 만포, 순창을 전전하면서 만 2년 9개월 간 죽음의 행진을 계속했다고 한다. 1985년 잡지 「호국」에 실린 자비엣 마들렌의 수기는 『죽음의 행진 1천일』이란 제목의 유고로서 외국인 납북 사례를 생생히 증언하는 실증자료라고 할 수 있다. 이 수기는 「귀양의 애가」라는 단행본으로도 출간된 바 있다.

계광순

- 자료출처: 「신동아」 1970. 6월호
- 지은이 / 펴낸이: 계광순(당시 한국광업진흥공사 사장)
- 펴낸 곳: 「동아일보」사
- 발행일: 1970년 6월

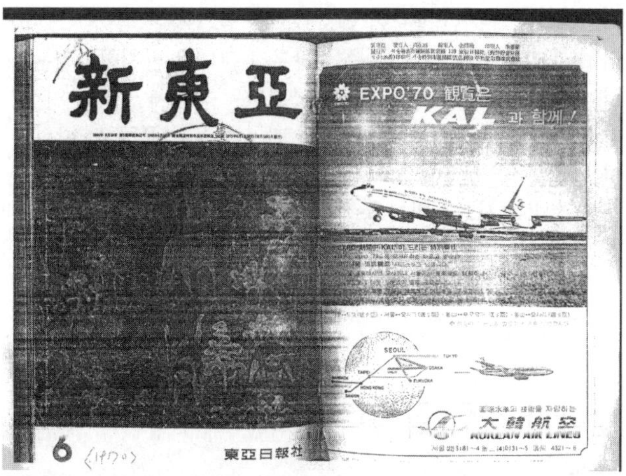

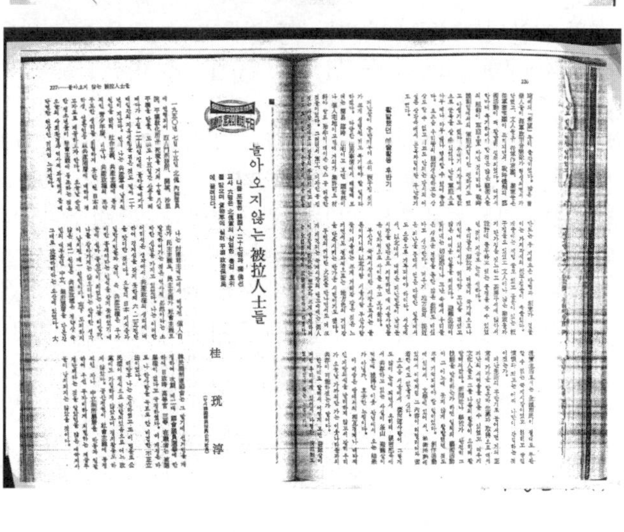

돌아오지 않는 被拉人士들

桂 珖 淳

돌아오지 않는 피랍인사들

-나를 포함한 한국인 27명과 독일, 프랑스 선교사 6명은 북괴군의 삼엄한 총검 호위를 받으며 화물차에 실려 평양 정치보위국에 끌려갔다-

계광순(당시 한국광업진흥공사 사장)

1950년 7월 15일 북괴 내무서원에 의해 연행되어 서대문형무소, 개성, 사리원, 평양교화소 등 사경(死境)을 거쳐 10월 8일 평양을 탈출, 도보로 18일 간 산중을 헤매다가 10월 24일 집에 돌아올 때까지 100일간의 지옥생활을 겪은 것도 벌써 20년이 지났다. 먼저 나는 공산군에 납치된 원인을 밝혀 사회주의 · 공산주의에 동정적인 청소년층, 더구나 공산 정권의 포악무도한 생리를 체험하지 못한 현 일본의 학생, 언론인 등 친공산 계층에 대하여 경고자료로 제공하고자 한다. 오늘날 순진한 청소년들이 사회주의에 동조하는 것은 오늘의 사회환경과 역사적 과정에서 볼 때 당연한 현상인 것처럼 느껴진다.

나는 봉건 군주제도에서 해방된 개인 자유가 민주주의로, 민주주의가 사회주의로 발전하여가는 것은 역사적 필연이라는 소박한 신념을 가지고 있었다. 나는 이러한 어리석은 생각에서 공산 정권의 생리에 대하여 경계심을 갖지 못한 채 6 · 25 전란을 맞이한 것이다. 오늘의 일본 지식층과 일반 시민들과 같이, 즉 공산 정권은 무자비한 흉적이라는 인식을 갖지 못하였기 때문에 설마 공산군이 죄 없는 나를 해할까, 나를 잡아가지는 않으리라는 안이한 생각이 납치된 제 1 원인이다. 남하 · 도피하지 않은 제 2 원인은 공산 정권은 정략상 국민의 대부분인 중립 · 무소속층을 당분간 그대로 방치하리라는 오산에 있었다. 대한민국 제헌국회는 그 말기에 선거법을 개정하여 차기 제 2대 국회의원 선거에 한하여 일정시(日政時) 고관 등 3등 재직자는 피선거권이 없다고 규정했다. 이 개정은 바로 나 한 사람을 목표로 한 비겁한 부정 입법이었다. 해방 후 나는 근신하였고 또이 법률로 공민권이 정식으로 박탈되었음으로 어느 정당에도 가입하지 않았으며 정치 활동도 하지 않았다. 공산 정권이 사회주의에 동정적인 자나 중립 무소속층을 반동과 일괄하여 우선 무자비하게 처벌하는 계급투쟁 단체라는 것을 알았던들 많은 애국지사들이 납치되지는 않았을 것이다.

설마가 사람 잡는다더니

6월 30일 파고다공원 뒤 벽돌 4층 건물에 자리잡은 〈북괴의용대〉에 끌려갔다. 대장 유응호는 북괴군에 의하여 서대문형무소에서 풀려난 자인데 6월 30일 아침 불문곡직하고 내 얼굴에 권총을 들이대고 쏘려 하는 순간, 한 청년대원이 뛰어들면서, 『저 사람은 강원도 내무서장 시절 나를 자기 관사에 5일간 숨겨준 사람이니 처벌은 우리들에게 맡기라』는 것이다. 극적으로 위기를 면한 것이다. 다음날 7월 1일 부대장이 유력한 동지의 보증인 있으면 보석할 수 있다고 하였다. 때마침 백방으로 나의 행방을 찾던 아내가 용감히 북괴 〈의용대〉를 찾아왔다. 나는 경북 출신 이명용이란 청년이 6 · 25 전 남파되었다가 경찰에 체포되어 총살되기 직전에 이충영군(동경제대 후배)의 부탁을 받고 이호 치안국장, 이하영 사찰계장의 특별 배려로 석방시켜준 일이 있었다. 아내에게 이충영군을 통하여 보증인을 부탁하라고 하였더니 〈인민의용대〉는 일단 남한 정부에 체포되었던 자는 배신자이므로 보증 자격이 없다고 거부하고 말았다. 비관하고 있던 중 관리 시절의 후배인 김정제군이 용감하게 〈의용대〉에 와서 나의 석방을 요청하였다. 김정제군은 제2대 국회의원 선거 때 남로당원이라는 누명을 쓰고 경찰에 구금되었다가 6월 25일 괴뢰군에 의하여 석방되었는데 이충영군의 말을 듣고 나를 구하러 온 것이다. 그의 보증으로 우선 〈인민의용대〉에서 살아나왔다. 이것이 7월 5일 저녁이었다.

파고다공원 뒤 공중 변소 부근에는 공산 도배들에게 학살되어 썩어가는 시체의 냄새가 코를 찔렀다. 6월 30일 유응호가 방아쇠만 당겼으면 나도 저 꼴이 되었을 것이라고 생각하니 소름이 끼쳤다. 7월 6일 원서동 김정제군 집을 찾았다. 그는 쌀도 돈도 없어 호박죽을 먹고 있었다. 사의를 표하고 집에 돌아와 륙색에 쌀 한 말을 담고 그 가운데 돈을 넣어서 맏아들에 들려보냈다. 3일 후 김군은 감사하다고 인사하러 오는 형식으로 나한테 와서 『나도 동대문내무서의 호출을 받고 내일 들어가는데 내 신변도 불안하니 계 선생도 알고 선처하라』고 중대한 귀띔을 해주었다. 도망하라는 뜻이었다. 그러나 갈 곳이 없었다. 시내에 잠복하였다가 미군의 입성을 기다리는 것이 현명하다고 판단하였다. 나는 새벽밥을 먹고 작업복 차림으로 뒷문을 빠져나와 집에 돌아오기를 되풀이했다. 그러나 7월 15일 새벽, 〈인민의용대원〉 둘이 와서 대(隊)본부에 잠깐 가자는 것이다. 등록 서류에 서명만 하면 20분 후에 집에 보내겠다고 가족에 약속하였으나 안심이 안 된다. 그들은 나를 대본부에 약 2시간 연금하더니 삼화빌딩 3층 정치보위국에 넘겼다. 거기서 취조를 받고 구립도서관 지하실로 끌려갔다.

이튿날인 16일 앞 건물인 원동빌딩 2층 예심과에서 나를 부르더니 젊은 심사원이 『네놈이 총독부 과장을 해먹은 계광순이냐?』하고 물었다.『네』하고 대답하는 순간 옆 의자에 앉아 심사를 받고 있던 풍격 좋은 백발 노인이 벌떡 일어나서 『나는 전영필이오. 독립촉성회 강원도 울진지부장을 한 죄로 여기 왔지만 해방 전에는 독립운동하던 사람이오. 계광순씨는 지금 초면이지만 강원도 내무부장 때 일경과 싸우면서 우리 조선 사람을 많이 도와준 사람인 것을 내가 아오, 저 사람은 왜 끌어왔소?』 하면서 큰 소리로 자연스럽게 나를 변호하는 것이었다. 심사원은 한참 듣고 내 이력서를 뒤적거리더니 태도 일변, 『그렇다면 왜 자수하지 않았소? 자수하면 살릴 수 있었는데』 하고 섭섭한 듯이 말했다. 나는 『자수가 무엇인지 몰랐다』고 대답하였다. 그는 나를 데리고 삼화빌딩 정치보위국으로 가더니 다시 원동빌딩에 와서 자수반으로 나를 넘겨주었다. 자수자 대기실에 가보니 강세형 변호사, 백철씨 등 아는 사람이 많이 있었다. 과연 이 자수자들은 24시간 만에 석방되어 나가는 것을 목격했다. 그런데 나만 24시간이 넘어도 놓아주지 않기에 담당 심사원한테 물었더니 사진이 첨부되어 있지 않은 탓이라는 것이다. 나는 파수 보는 북괴군의 허가를 받고 집에 돌아왔다. 노모한테 『하루 후에 아주 무사히 되어 나올 것이니 안심하시라』 하고 명동에 가서 사진 2장을 찍어가지고 내 발로 원동빌딩에 다시 들어가 담당 심사원에 사진을 주면서 빨리 나가게 해달라고 부탁하였다. 독자 여러분이 내가 얼마나 어리석었는가 하고 웃어도 할 수 없으리만큼 공산 도배의 기만성을 몰랐던 것이다.

7월 18일 아침 보위국원이 오더니 『계광순, 소지품을 다 갖고 나오라』 하기에 그러면 그렇지, 내가 무슨 죄가 있나, 이제야 심사가 끝나 풀어주는구나 하고 기뻐했다. 같이 갇혀 있던 사람들의 나가면 자기 집에 전화해달라는 부탁을 받고 복도로 나왔다. 그러나 그 안내원은 빌딩 현관 쪽으로 가지 않고 뒷계단 2층으로 안내하는 것이었다. 2층 심사원이 최후 훈계를 하려니 하고 착각했다. 또 나도 감사하다고 인사를 해야지 하고 따라올라갔다. 심사원은 내 얼굴을 본체 만체 뒷문을 열더니 들어가라는 것이다. 문을 열고 들어가서 석방된 줄로 알았던 친구들이 여기 다시 들어와 있음을 보고 이상하다고 느꼈을 때는 이미 늦었다. 밖으로 쇠를 채우더니 수감이라는 것이다. 완전히 속은 것이다. 보위국 직원이 『미안하오, 시설이 없어 여기 1주일만 있게 한 다음 호텔에 옮겨서 독서도 시키고 가족 면회도 허락하여 성적 좋은 사람부터 집에 보낼 터이니 그리 아시오』 한다. 감방에 와 있던 모 인사도 『전 경무부 차장 최경진씨도 여기 있다가 어제 빅토리 호텔로 갔다』고 말해주는 것이다. 3~4일 후 언제 호텔로 옮겨주겠느냐고 물었더니 조급히 굴지 말고 기다리라는 것이다.

7월 24일 아침 버스가 대기하고 있으니 전원 타라는 것이다. 일행은 이제서야 호텔로 가는가 보다 했다. 그러나 일행을 태운 버스는 종로 네거리, 광화문 네거리를 지나 서대문으로 향하더니 마침내 서대문형무소에 도착하였다. 일행은 호텔 아닌 형무소 감방에 배치되었다. 나의 감방에는 경찰관과 서북청년회원 등이 있었다.

춘원은 독방에 쌀밥을

7월 29일 저녁 장희창씨(전 연세대 교수, 재무차관), 제헌국회의원 오모씨(청원군 공의(公醫) 출신), 나 세 사람만 나오라는 것이다. 경찰관, 서북청년회원과 구분하여 우리 세 사람만은 무죄 석방하는 줄 알고 일동은 자기집에 전하여 달라는 쪽지를 주었다. 감방을 나와 문에 와서 맡겼던 신발과 혁대를 주기만 기다렸더니 내무서원이 와서 하는 말이 『시간이 없으니 빨리 나와. 혁대와 신발이 없으면 없는 대로 빨리 나와!』 하는 것이었다. 또 다시 다른 데로 옮기는구나, 될 대로 되라 하는 생각으로 형무소 정문에 나와 보니 여러 사람이 모여 있었다. 옥선진 대검 차장검사, 강수창 전 경찰국장, 차윤홍 의사국장, 박명진(치안국 과장), 문작지(전 군수), 오용방 건국청년회 회장, 김봉호 전 경찰청장 등 한국인 27명과 독일 · 프랑스 선교사 6명 모두 33명을 태운 버스는 서울역에 도착, 북괴군의 삼엄한 총검 호위를 받으며 우리 일행을 화물차에 실었다. 7월 30일 아침 개성 소년교화소에 도착, 8월 1일 사리원 내무서 감방에서 2박, 8월 4일 새벽 평양 정치보위국에 끌려갔다가 외국인 선교사는 분리되고 나머지 27명은 평양구교화소의 세 평짜리 감방에 수용되었다. 우리 일행 이외에 이 교화소에는 최린, 이광수, 백관수, 방응모, 김동원, 김한규, 최경진, 강기문, 강병옥, 서상천, 이해창, 명제세, 김효석, 장철수, 고봉경, 김귀(노총간부) 등이 있었다. 무엇보다도 김정제군이 먼저 여기에 수감되어 있는 것을 보고 깜짝 놀랐다. 또 최경진군은 경무부 차장으로 있었지만 퇴관 후 변호사로서 남파간첩 두목 이주하의 법정 변호를 한 관계로 부산으로 도망하지 아니하고 자수하였다가 빅토리 호텔에 있다 하더니 우리보다 먼저 이 교화소에 와 있는 것을 보고 다시금 놀랐다.

우리들은 반 주먹밖에 안 되는 콩밥에 수수와 조밥을 조금씩 섞은 것을 먹으니 무엇보다도 배가 고파 못 살 지경이었다. 다만 춘원 이광수만은 독방에 두고 쌀밥을 준다고 들었다. 나는 완전 소화, 영양 섭취를 위하여 입에 든 콩밥을 백 번씩 씹어서 삼켰다. 피골이 상접하고 다리는 새다리같이 말라들었다. 납치인사의 대부분은 영양 부족으로 쓰러졌을 것이 틀림없을 것이다. 물마저 아침에만 반 컵씩 주기 때문에 목이 말라 죽을 지경이었다. 변기 소제를 하면 물을 준다. 나는 똥통을 메고 나갔다. 뜰에 빗물 고인 것이 있었다. 나는 엎드려서 이 빗물을 마셨다. 그러나 긴장한 탓인지 병도 안 났다. 밤중이 되면 끌어내다가 고문을 한다. 나도 여러 번 젊은 심사원한테 이유없이 얻어맞았지만 70 노인인 최린 선생이 발길로 채여 오줌을 앉은 자리에서 누는 것을 보다 못해 너무하다고 계원에게 항의하다가 다시 한 번 빰을 맞고는 일절 하라는 대로 할 뿐 가만히 있었다.

나는 고문을 면하기 위하여 사실 이상으로 자기 죄과를 꾸며댔다. 기록으로 보면 너무 어마어마하게 된 모양이다. 2~3일 후 다른 국원이 『조서의 죄가가 너무 과중하게 기록되어 재심한다』는 것이다. 나는 그럴 필요 없다고 주장하였다. 국원 말이 『우리는 사실을 알고자 할 뿐이니 해명하는 것이 좋을 것이다』라고 발언의 자유를 보장하였다. 『그러면 솔직히 말씀하지요. 총독부 조선인 관리는 3종류로 구분할 수 있소. 조선 사람 관리의 8할은 의식주 생활을 위하여 총독부 관리를 한 것이니 그들 개인에게 죄가 있다는 것보다는 망국(亡國)이란 현실에 책임이 있지요. 나머지 1할은 애국자를 밀고 · 체포 · 박해하든지 공출과 징용을 혹심하게 하여 민족의 희생으로 출세한 자인데 이들은 대개 학력도 없고 순사 혹은 말단 기사로 있다가 동포 박해의 공로로 출세한 자이니 마땅히 처벌하여야 되오. 그러나 나머지 1할은 대학을 졸업하고 고등관 시험에 합격한 실력자로서 행정을 통하여 합법적으로 민족과 동포의 이익을 주장 · 옹호한 자들입니다. 예를 들면 여기 수감되어 있는 이창근, 문작지, 김봉호, 장철수, 김정제 등은 민족의 이익을 도모하였지 동포를 박해한 일이 없는데 왜 처벌하시오? 이들을 용서하는 대신 악질 분자만 엄벌하시오』 이와 같이 주장하였더니 그 심사원은 나에 대한 재심을 하지 않고 나가 버렸다.

잊지 못할 은인 두 사람

8월 25일 밤중에 그들은 나와 문작지, 이창근, 장철수, 송찬도 등 관리 출신을 화물차에 싣고 대동강을 건너 중화군 야로 향하는 것이다. 우리들은 머리를 숙였고 뒤에서 따발총이 지켰다. 26일 새벽 2시 교실 세 개밖에 없는 소위 인민학교에 도착하여 교실에 들어가보니 명제세, 서상천, 김봉호, 김정제, 강수창씨 등이 먼저 와 있었고 김효석씨만은 포승으로 묶인 채 앉아 있었다. 나는 즉시 심사실에 불려갔다. 재판장 격인 대좌는 흑색 정복에 금색 견장을 달고 안경을 쓴 흰 얼굴의 미남으로 교양 있는 인텔리임을 알 수 있었다. 좌우 양편에는 중좌, 소좌, 두 사람이 배석하고 있었다. 『계 선생, 소감이 어떻소? 지금의 심경을 솔직히 말하시오』 재판장이라는 자가 물었다. 이자들에게 선생이라고 불리기는 처음이다. 나는 대답하였다. 『이 모양 이 꼴에 감상이 다 무엇입니까. 죽이겠으면 빨리 죽일 것이지 번잡하게 굴 것 없지 않소?』 『죽이다니, 누가 죽인다고 했소? 죽일려면 여기까지 끌고 오겠소? 나는 선생을 잘 압니다. 평북 출생인 것도 알고 동대를 졸업하고 총독부 관리한 것도 잘 알지요. 우리 사회에서 이력서를 여러 번 쓰게 하고 발언의 기회를 많이 주는 것은 희망을 주는 특별대우인 줄 아시오. 그런데 감상이 없다고 잘라 말하는 것은 손해요.』

이 대좌는 과연 누구인가. 대학 후배인가. 하여간 나한테 호의를 가지고 하는 말이었다. 나는 정신을 가다듬어 대답하였다. 『미안할 뿐입니다』 그러자 배석하였던 중좌가 함경도 사투리로 『동무의 이력을 가지고 우리 인민의 편에 와 있었으면 위대한 업적을 남길 것을 왜 일제의 주구를 하였소? 그러나 지금도 늦지 않소, 우리 형법은 개정되어 친일 반역죄의 시효 기한은 재판장이 자유 재량으로 정하게 되니까』 호감을 표시하는 것 같았다. 『해방 전 관리로서 유명했는데 해방 후에는 모리배로 성공하였다 하니 그 비결을 말씀하시오』 『해방 후 농사나 지을 작정이었으나 고향이 이북인 고로 농사도 못 짓고 9인 가족을 위하여 모리를 좀 했습니다. 국유 광산을 빌어서 광부들과 같이 벌어 먹었지요.』 『광부들을 많이 착취하였지요?』 『아니오. 나는 임금제를 쓰지 않고 광부한테는 쌀 한 가마니를 매일 사주고, 금이 나면 서로 분배하였소. 결과적으로 광부는 매월 식량은 확보되고 노다지가 나면 월 25만원의 이익 배당을 받은 예도 있었소. 광업소장 월급은 5만 원인데 광부 수입은 그 10배인 50만원이 됩니다. 소련 광부도 그런 수입이 없다고 자부하지요. 남조선 경제 체제하에서 양심적으로 운영한 것이지요』 『그런 사고 방식이야말로 악질 반동이요. 우리 프락치의 보고에 의하면 동무가 경영하는 태창광산에서 광부가 월 45만원을 배당받은 일이 있는 것은 사실이지만 자본주가 주는 혜택은 노동자의 혁명 의식을 마비시킬 뿐이오. 노사 협조라는 것은 반동적 기만이니 그런 말은 주의하시오』

27일 다시 불려가서 심사가 시작되려는 때에 미군 비행기 3대가 출현, 이 『인민학교』에 기총소사를 했다. 대좌 정복을 입은 재판장은 책상 아래로 들어갔고, 나는 벽에 붙어 난을 면하였다. 한 사람의 내무서원에 중상을 입히고 비행기는 사라졌다. 나는 대좌와 눈이 마주쳤다. 그는 싱겁게 웃었다. 나도 웃었다. 생사를 같이 한 인간 대 인간의 정이었다. 서로 친근감을 느끼게 되었다. 9월 초 평양 지방은 냉기가 돌았다. 우리들은 교실 마루방에서 모포도 없이 여름 샤쓰바람으로 잤다. 나는 맨발로 끌려가서 양말도 못 신었다. 필경 설사를 하기 시작했다. 장카다르가 이질이 되고 말았다. 그들은 오전 6시, 오후 1시, 오후 7시 이외는 변소에도 가지 못하게 했다. 나는 마루에 앉은 채로 대변을 자주 볼 수밖에 없었다. 교실 안에는 악취가 가득 찼다. 물론 휴지도 없었다. 전염을 두려워한 그들은 나를 인근 농가에 격리시켰다. 약이 있을 리 없었다. 이대로 병사하는 줄 알았다. 다행히 이 집 주인 김병규 노인이 몰래 열무김치 한 사발을 소약이라면서 가져다 주었다. 그것을 먹으니 곱이 멎었다. 김옹은 생명의 은인이다.

서흥서 만난 유엔군

9월 23일경 나는 장군리 윤 대위 집 건넌방으로 옮겨져 그 부처의 감시하에 휴양하게 되었다. 그 부인은 친절한 여성이었다. 남편 몰래 계란도 주었다. 10월 7일 윤 대위는 『우리들은 자강도로 가니 선생도 동행하자』는 것이다. 나는 그의 뒤를 따라 대동강 인도교를 건너 평양 정치보위국 본부에 들어가려는데 노타이에 사복을 입은 청년이 『윤 동무, 저 사람은 병중이라 데려올 필요가 없소. 내가 책임질 터이니 그대로 두고 윤 동무 혼자만 가시오』 하고 나에게 왔다. 자세히 보니 예의 그 대좌다. 나는 묵묵히 그 뒤를 따라 다시 대동강 인도교를 건너 장군리로 돌아왔다. 큰길에서 대좌는 『윤 대위 집에 다시 들어가 있으시오. 내일 11시까지 연락하지요』 하면서 작별의 악수를 청했다. 다시 『몸 조심 하시오, 문제가 생기면 자강도 정치보위국 제 3처로 연락하시오』 이런 말을 남기고 그는 어둠 속에 총총히 사라졌다.

윤 대위 집에 돌아와보니 다 도망하고 아무도 없었다. 나는 비로소 대좌의 참뜻을 알아차렸다. 나는 옆집에서 앓아 누워 있는 김봉호군을 데리고 장군리를 떠났다.

옥수수 밭고랑과 숲속에서 자면서 산길을 걸어 황주와 서흥의 중간, 목탄 굽는 집에서 3일간 잠복하여 유엔군을 기다렸다. 서흥읍에서 유엔군을 만났을 때의 기쁨은 안심으로 변하는 동시에 긴장이 풀려서 걸을 수가 없었다. 그러나 북진하는 군대는 우리를 도와줄 겨를이 없었다. 우리는 다시 도보로 신막, 평산 등을 거쳐 10월 20일 청단에 이르러 개성경찰서에 들어갔다. 2일간 이곳에 머물다가 23일 오후, 개성 남문에서 전리품을 싣고 오는 국군 화물차를 만나 이 차에 편승케 되었다. 우리는 24일 오전 1시 서대문에서 하차, 김봉호군을 수송동 자택에 인계하고 3시경 가회동 집에 돌아왔다. 만 100일 만에 구사일생한 것은 천신의 기적이지만 정치보위국 제3처장(?)의 후의를 일생 잊을 수가 없다. 정치보위국은 절대 비밀주의로 심사원 개인의 이름을 알 수 없었다. 나는 어떤 기회에 대좌의 이름을 물었더니 그는 묵묵부답하더니, 『남조선에 이동환씨를 잘 아시지요?』 하면서 암시를 주었다. 이동환군(전 오스트레일리아 공사)에게 물었더니 내가 강원도 산업부장 재직시 사상 사건으로 검거된 것을 도지방과에 같이 근무하던 이동환군과 그의 형의 소개로 도경찰부장에 부탁하여 석방하여준 청년인데 강원도 통천군 출생으로 상해 동아동문서원 졸업생이라는 것이다. 그후 숙청되지나 않았는지, 그의 건강을 빈다.

배상하

- 자료 출처: 월간 잡지 「희망」
- 지은이 / 펴낸이: 배상하 (前 「연합신문」 편집국장)
- 펴낸 곳: 사단법인 자유평론사
- 발행일 / 연재일: 1955년 3월, 4월, 5월 (3회 연재)

나는 이렇게 脫走했다

裵相河

裵相河氏의 第二의 死線

나는 이렇게 탈주했다

-납치인사 생환기-

배상하(전 「연합신문」 편집국장)

1950년 7월 20일 서울에서 박열 선생과 같이 정치보위부로 연행된 후 다시 서대문형무소 제 3사 24호에 수감(수감자는 재무부 관리 이씨, 경찰관 김씨, 동국대학교 감찰부장 손영석)되어 9월 16일까지 70여 일을 수형생활. 70여 일의 수형 생활은 살아서는 나갈 수 없다는 무거운 절망과 고독 · 단조 · 모욕 · 구타의 고통과 앞날에 대한 절망 · 지독한 기아 · 영양 부족이었다,

〈전문〉

고독 · 단조 · 모욕

서울에서 탈출하지 못하고 박열(朴烈) 선생과 더불어 붉은 관헌에게 붙들리고 만 것은 1950년 7월 12일이었다. 6 · 25 동란이 일어난 지 약 20일이 지난 때다. 붙들려간 곳은 소위 정치보위부라는 곳이었는데 남대문통 국립도서관 바로 앞 3층인지 4층인지 붉은 벽돌집이었고, 이 집 3층 어느 컴컴한 방에서 그날 밤으로 박열 선생과 함께 간단한 취조를 받은 다음 이달 15일 밤늦게 40여 명의 동지들과 추럭 한 대에 실려 서대문형무소에 수감된 것이었다. 이것이 박 선생을 뵈온 마지막 밤이었다. 수감된 감방은 3사(舍) 24호였고 재무부의 관리였던 이씨, 경찰관이었던 김씨, 그리고 동국대학교 감찰부장 손영석군과 나, 이 네 사람이 9월 16일 밤까지 70여 일 동안 이 조그만 감방 안에서 매일을 보낸 것이다. 사실 내일 없는 그날 그날이었다. 왜냐 하면 재판도 없고 판결 언도도 없는 무기 징역이었기 때문이다. 굳게 닫혀 버린 감방 문이 어느 때에나 다시 한 번 열려질는지. 그래도 처음에는 설마 설마라는 가느다란 희망도 없지 않았던 것이나 열흘이 가고 스무날이 가고 달이 지나가도 또 달이 바뀌어지고 보니 이젠 살아서는 영원히 이 문 밖을 나갈 수 없을 것이라는 무거운 절망만이 남을 뿐이었다. 고독(孤獨) · 단조(單調) · 모욕(侮辱) · 구타 등도 괴로운 일이었거니와 그중에서도 가장 괴로운 것은 앞날에 대한 절망과, 그리고 지독한 기아, 영양 부족이었다. 꼬박꼬박 하루에 세 끼 밥을 주기는 하지마는 밥이란 것은 이름뿐이요, 실은 밀을 쪄서 한 끼에 한 옴큼(약 반작)씩 그나마 잔돌이 절반이라 밀알을 손바닥에 놓고 한 개 한 개 골라 먹어야 하는 것이었다.

반동죄(反動罪)란?

그것도 모자라서 밀 알 한 개만 마루바닥에 떨어지면 서로 주워 먹기에 열이 났고 그리고도 부끄러움을 깨닫지 못하는 것이었으니 공산주의의 교화라는 것은 이러한 방식으로 물질을 위해서는 인간의 모든 양심, 모든 수치심까지 차차로 말살해 버리는 모양이었다. 그러나 지극히 단조한 이 감방 안으로도 이따금 그 단조를 깨뜨려주는 몇 가지 현상이 없지도 않았으니, 첫째로는 며칠만큼 교화라는 이름 밑에 「감방 안의 여러 동무들, 내 이야기를 똑똑히 들으시오.」라고 외친 다음 자유 진영 대한민국의 결점을 이것저것 욕질하는 한편 소

위 조선인민공화국이 지상 천국임을 역설하고 끝으론 반드시 「여러분도 이 안에서 잘 교화를 받아 하루빨리 인민공화국의 충성된 인민이 되도록 노력하시오!」라고 결론하는 붉은 간수의 연설이었다. 그러면 밀알만 주어 영양 부족을 만드는 것도 교화요, 재판 없이 가두어 두는 것도 교화요, 그리고 수시로 몇 사람씩 끌어내다가 판결도 없이 총살하는 것도 교화라면 「제길헐, 교화 두 번만 받다가는 사람의 씨도 없어지겠구나!」라는 것이 손군의 입속 항거의 항변이었다. 만약 이런 소리를 입 밖으로 크게 소리내었다가는 당장에 반동 분자의 처벌 즉 까닭 없는 주검을 당하는 것이었다.

또 한 가지 우리들의 고적을 깨뜨려주는 것은 아침마다 똥통들을 소제하는 시간이었다. 아침밥이 끝난 뒤 조금 있으려면 저쪽 1사 쪽에서 덜커덕 덜커덕 똥통달구지 소리가 들려오고 이 소리가 들려올 때마다 감방 안의 우리들은 조심조심 뒤 들창문에 붙어서서 끌고 오는 꼴들을 내다보게 되는데, 앞에서 끄는 것은 이주신(李柱臣) 검사요, 뒤에서 밀고 오는 것은 K・P・K 악극단의 김해송(金海松)군인지라 날마다 보아도 날마다 기다려지고 그리워지는 이 시간이었다. 이 검사는 자기의 반동죄(反動罪)를 어떻게 판단하고 있는지 김해송군은 콧노래로 유행가나 불러보고 있는지…. 아아! 지금엔 가고 없구나, 이 검사도 김해송군도 그리고 모두가 모두….

출소(出所)와 총성(銃聲)

그리고 또 한 가지 우리들의 고독을 위안해준다느니보다 도리어 오장육부를 뒤집어주는 일과는 저녁 때마다 3사 중앙에서 들려오는 「레코-드」 소리였다. 그 「레코-드」도 단 한 장밖엔 없는 것인지 날마다 날마다 꼭 같은 노래인데 이 노래란 것이 그것을 듣기만 하면 명동거리와 종로 뒷골목이 눈앞에 선하게 나타나게 되는 현인군이 부른 「신라의 달밤」과 그 뒤판이었다. 명동거리나 종로 뒷골목뿐이라면 그래도 견뎌날 수 있었겠지마는 그보다도 더 내 집이 내 가정이 어머님이 계시고 아내가 기다리고, 그리고 어린것들이 굶주리고 있을 서울 안의 내 집이 한없이 그리워지는 것이었다. 여기서 내 집까지엔 단숨에 뛰어갈 수 있는 바로 지척이지마는 그 지척이 천 리였다. 이제 다시 볼 수 없을 내 집, 내 집이 우리들의 오장육부를 뒤집어놓는 것이었다. 그리고도 붉은 간수는 말하기를 「인민공화국 감옥에서는 이처럼 아름다운 음악까지 들려주어 감방 동무들을 위안해주는 것이다」라고. 이 얼마나 참혹한 위안이랴!

마지막으로 또 한 가지 감방의 고적을 깨뜨려주는 무서운 현상은 생각만 해도 소름이 쭉쭉 끼치는 이 현상은 흔히 밤늦게 또는 이른 새벽에 일어나는 것이었는데 그들이 말하는 소위 「출소(出所)」라는 호출이었다. 대개 세 사람 혹은 네 사람쯤 불러내어 어디로인지 데리고 가 버리는데 한 번 불려나간 사람으로서 다시 돌아온 사람은 하나도 없었던 것이다. 정녕코 출소인 것만은 틀림없는 것이었으나 그 출소가 결코 집으로 돌려보내는 석방의 출소가 아니라는 것은 나중에야 누구나 짐작할 수 있었던 것이다. 왜냐 하면 출소된 사람 가운데에는 나의 아는 사람도 몇 사람도 있어, 보도 연맹(保導聯盟)의 지도자이었던 작가(作家) 박영희(朴英熙)씨라든지, 일제 때의 큰 부호였으며 도지사를 지낸 정모라든지, 기타 사상 검사 고급 경찰관들의 반동죄(붉은 악귀들이 말하는)가 그리 쉽사리 석방될 리 없었기 때문이다. 이와 같이 그들이 불려나간 뒤 어디서인지 쾅쾅 총소리가 들려오면 (흔히 들려오는 것이었다.) 우리들 모두는 비록 입 밖으로 표현하지는 않았었지마는 출소와 총소리 이 두 개 현상에 정녕코 무슨 인과관계가 있을 것이라고 생각하지 않을 수 없는 것이었다.

공통(共通)된 염원(念願)

그동안 몇 번이나 꿈속에 꿈속만에 집으로 돌아가서 어린것들을 껴안아보기도 하고, 어머니에게 하소연도 해보고, 아내와 더불어 웃어도 보고 울어도 보고 이제야 자유로운 몸이 되었다는 기쁨에서 이 거리 저 거리를 마음껏 쏘다니다가, 문득 문틈으로 새어드는 새벽 찬바람에 홀연히 눈을 뜨고 보면 바로 순간 전까지도 자유의 세계를 보고 있었던 나의 두 눈동자에는 어제와 다름없이 두터운 감방문이 말없이 닫혀 있을 뿐이오, 어디서인지 맹꽁 맹꽁 맹꽁이 소리만 처량하게 들려오는 것이었다. 차라리 그 꿈이 영원한 꿈이었던들…. 이래서 다시금 꿈이나마 다시 꾸어보려고 이리 뒤척 저리 뒤척 잠 이루지 못한 이른 아침에 「기상(起床)」 붉은 간수의 무자비한 소리가 또 하루의 지옥문을 열고 마는 것이었다. 「10년도 좋고 20년도 좋고 그까짓 무기징역이라도 좋으니 재판을 해주었으면」 이것은 매일처럼 되풀이하는 젊은 손군의 안타까운 하소연이었지마는 이는 또한 우리들 모두의 공통된 염원의 하나이었던 것이다.

새로운 운명(運命)

8월 초하루. 감방 안 비름박에 손톱으로 조그만 달력(月曆)을 그려놓고 8월달 말에 한 일자를 써놓고 보니 내가 이 감방 안에 유폐된 지도 벌써 반 달이 지났으나 그 반 달이 반 년이나 아니 5년 10년도 더 된 것 같은 지루하고도 까닭 모를 세월이었고, 그동안 보고 들은 모든 현상이 모두가 인간의 주검이라는 가장 캄캄한 운명과 연결되어 있는 것뿐이었다. 8월 초하루. 이달에야 무슨 길보가 있으려니 하는 아득하고도 가느다란 희망으로 맞이한 이달 1일. 아닌 게 아니라 일찌감치 저녁밥을(언제나 저녁밥은 오후 네 시경 아직도 여름해가 하늘 복판에 달려 있는 때다.) 먹인 뒤 1사, 그리고 2사 3사 4사 등의 순서로 차례차례 많은 사람들을 불러나 가는데 이것이 도대체 웬일일까? 그동안 한 번도 일어나지 않았던 상상 밖의(아니 기다리기는 하였지만) 나간 사람들은 감방 안에서 똑똑히는 알 수 없으나 귀와 육감으로 짐작하건데 필시 중앙(中央) 복도에 집합된 모양이었고 얼마 후에 인원을 점검하는 번호 소리를 정성드려 헤어보니 무려 3백여 명이라는 다수의 불행아들이 아마도 새로운 운명을 맞이하게 되는 모양이었다.

간수(看守)의 연설(演說)

이 새로운 운명이란 것이 원컨대 각자 자기 집으로 돌려보내는 기쁨의 석방이기를 누구나 기대하면서 그렇다면 이번 차례에는 나 자신이 빠지기는 하였으나 머지 않아 나에게도 저들과 같은 새로운 운명이 닥쳐올 것이라고 모두가 생각하고 바라고 있는 참에 우리들의 바람을 영락없이 입증해 주는 듯 붉은 간수의 우렁찬 연설 목소리가 모든 신경을 귀에만 집중하고 있는 우리들 모두의 귀에 「여러 동무들! 그동안 얼마나 고생하였소, 지금 이 자리에 모인 여러 동무는 그동안 우리의 교화를 충실히 받아 이만하면 인민공화국의 일꾼들이 될 수 있겠다고 생각하기 때문에 이날로써 여러분을 석방하는 것이니 여러분은 각각 집에 돌아가서도 이 안에서의 교화를 더욱 더 명심하고 씩씩한 일꾼이 되어주기를 원하오!」라는 뜻의, 그야말로 어깨춤이 저절로 추어지는 천사의 복음이 들려오는 것이었다. 이 연설이 끝나자 중앙의 집합자들, 즉 이날에 석방되는 행운아들은 넘치는 기쁨을 참지 못하여 「와! 와!」 환호 소리와 힘찬 박수 소리로 감옥 일대를 뒤집어놓는 듯…. 그도 그럴 수밖에 언제 다시 바깥 구경을 하게 될지 모르던 무기 죄수들이 이처럼 뜻밖에도 이처럼 짧은 교화만으로 자유의 석방이 되다니! 겨우 그들의 환호와 박수 소리가 그친 다음 아까와 같은 붉은 간수의 목소리로 「여러 동무들 소변을 하고 싶은 사람은 각사 맨 끝에 놓여 있는 똥통에 소변을 보고 오시오」라고 외치는 것이었다. 이래서 많은 행운아들이 우리 3사의 맨 끝 똥통으로 가게 되어 자연 우리들의 감방 앞을 지나가고 지나오게 된 것이었다. 석방되는 사람이나 감방 안의 우리들이나 이 절호의 기회를 놓칠 리 없이 모두 밥통 구멍으로 눈과 손들을 내어밀면서 「어떻게 된 거요? 정말로 석방이오?」라고 묻는가 하면 「그럼 정말 석방이지! 먼저 나가니 여러 동무들도 몸 편히 있다가 곧들 나오시오!」라고 대답들을 하는 것이었는데 불과 한 달도 되지 못한 그동안의 교화가 이다지도 효과적이었는지 또는 석방의 기쁨에 붉은 간수들을 본받은 세유인지 이들도 또한 「여러 동무」라는 「동무」의 호칭을 쓰는 것이었다.

생명(生命)을 버리는 일

이러한 출소 석방은 그 다음 초 3일에도 있었고, 또 초 4일에도 계속되었는데 그때마다 약 3백 명씩의 인원이었다. 이처럼 빨리 석방된 그들이 얼마나 부러웠는지 저녁밥들을 먹고 나면 누구나 출소 호령을 기다리게 되었고, 그 호령 있을 때마다 이번에야 자기 이름도 불릴 것이라는 거룩한 희망들을 희망하게 되는 것이었다. 그러나 우리 24호실에서는 드디어 한 사람도 불려 나가지 않아 기다리다 못해 지치고 지친 손군은 「빌어먹을 왜 내 이름만 부르지 않는담!」이라고 원망 원망하는 것이었다. 그렇지만은 내가 탈주한 뒤에야 알고 보니 그 사람들은 한 사람도 집에 돌아온 사람은 없었고 다만 서대문형무소에서 개성 등지의 다른 형무소로 이동된 것뿐이었다. 그러면서도 붉은 사기한들은 이것을 마치 자유 석방인 것처럼 우리들 모두를 감쪽같이 기만한 것이었으니 그 이유는 우리들의 폭동을 두려워한 것이라고 생각할 수밖에 없는 것이었다. 우리들을 안심시키고 머지 않아 석방될 수 있다는 가능의 희망을 줌으로써 감방 안의 우리들에게 양과 같은 순종을 기대한 것뿐이다. 희망 없는 사람, 절망에 빠진 사람일수록 앞뒤 모를 수 있다는 인간의 심리를 그들은 잘 알고 있었기 때문이다. 그 당시에는 아무도 이러한 속임수를 알지 못하고 오늘이야 내일이야 나의 이름도 불릴 것이라는 희망을 끝끝내 버릴 수 없었던 것이다. 그러나 8월 초 4일 이후로는 한 번도 그와 같은 대량 출소는 없었으나마 그래도 우리들은 어느 때이고 한 번은 불려 나갈 것이라는 가느다란 희망이나마 버리지 못하는 것이었다. 만약에 이것마저 버리게 된다면 곧 생명, 그것을 버리는 것과 꼭 같은 일이었기 때문이다.

편집국장(編輯局長)

8월 17일 새벽이었다. 잠결에 덜커덕 우리 방문이 열리더니 낯선 목소리로 「배상하!」 그리고는 아직 채 정신도 차리지 못한 나에게 「빨리 나와.」 하고 외치는 것이었다. 계급장이 무엇인지는 알 수 없으나 붉은 간수의 정복을 입었고 팽팽히 둥근 모자, 거무튀튀한 얼굴, 그리고 어깨에는 「카빙」 총을 메고 있는 것이다. 그의 뒤를 따라간 곳은 중앙 옆 어느 컴컴한 지하실이었고 커다란 방 안엔 허름한 테이블이 몇 개, 송판대기 걸상이 여기저기 놓여 있었다. 그는 의자에 앉으면서 첫 마디 하는 말이 「답세 주어야지!」라는 것이었다. 답세 준다는 말은 이북 사투리로 경을 쳐준다는 뜻이다. 우두커니 서 있는 나를 아래위로 슬쩍 훑어보고는 「너 악질이야!」 그리고는 주머니에서 꾸게꾸게 조그마한 종이 조각을 꺼내들고 「너 일제 때 뭘 했어!」 이 사람은 정녕코 이 감옥 안의 간수일 뿐 재판소의 재판관은 아닐 것인데 이미 정치보위부에서 조사한 것을 이 자는 왜 또 다시 되풀이하려는가? 도대체 북한 괴뢰들은 간수로서도 사람을 재판할 사법권 · 재판권을 가지고 있는 것일까? 나는 멍하니 선 채로 미처 대답할 사이도 없이 「너 일제 때 총독상을 타 먹었지?」라고 묻는 것이었다. 사실이었다. 「네」, 「일본 칼을 타 먹었지?」이 또한 사실이다. 「네」, 「차고 다녔지?」 아마 그는 일제시의 칼 찬 순사를 생각한 모양이다. 이것은 사실이 아니다. 「아니오.」 「그럼 어떡했어?」, 「군정 때 바쳤습니다.」, 「악질이야. 총독놈에게 칼을 타 먹었으니 악질 친일 분자란 말이야! 해방 후는 뭘 했어?」 또 나는 멍하니 서 있을 뿐이다. 「너 「대한일보」 편집국장을 지내 먹었지?」 사실이다.(다음 호에)

나는 이렇게 탈출(脫出)했다(中)

– 공포! 절망! 비계! 신책의 연속선 –

죽음의 공포

그런데 이자는 먹는 것밖에는 할 말을 모르는지 말끝마다 먹는 타령이다. 「무슨 글을 써 먹었는가 말이야?」 「이것저것 여러 가지요.」 「거짓말! 너 우리 인민공화국에 반대하는 글만 썼었지?」 이것도 사실이다. 그러나 이것을 그대로 시인했다가는 나의 죽음을 재촉할 것 같아서 「뭘요. 반드시 그렇지도 않았지요.」 「거짓말! 증거가 있단 말이야. 정말 악질인데.」 그리고는 어깨에 메고 있던 가방을 벗어내려 딸카닥 총알을 재지 않는가! 죽음! 총살! 나의 40평생이 이제 이 지하실 속에서 없어지고 마는구나 라는 생각이 결정적으로 떠오르자 재판 없는 무기 징역, 언제 또다시 살아나갈 수 있을 때 기약 없는 징역살이지마는 그래도 이 당장에 죽음을 직면하고 보니 무슨 수단으로라도 더 좀 살았으면, 죽지만 않았으면이라는 케케묵은 생각만이 나의 온 몸을 덜덜 떨게 하는 것이었다. 살구 싶다! 그저 살구만 싶다. 그러면 무슨 수단으로 무슨 방법으로? 그런데 이 순간 이상하게도 나는 「톨스토이」의 소설 「안나카레리나」가 생각되고 기차 바퀴에 자살하는 그 직전의 순간에서 그가 회고 연상한 그 모든 과거가 그대로 연상되는 것 같고, 그 가운데서도 두 어린것의 얼굴이 모든 연상을 휩쓸어 덮으면서 나의 심장에 「클로즈업」 하는 것이었다. 인간의 최후, 나의 죽음, 이것이 국난에 순(殉)하게 된 깨끗한 죽음인지 또는 모래알처럼 흔해빠진 전란의 희생으로 나타나는 죽음인지 그러한 죽음의 가치를 판단해보기 전에 그냥 나의 죽음이라는 이 직면된 운명 그것만이 한없이 무서울 뿐이었다.

생명의 애착심

(어떻게 해서라도 살자! 살아보자! 간수의 입에서 총살의 선언이 터져나오기 전에 무슨 방법으로라도 최후의 살길을 찾아봐야겠다. 그러자면 설사 죽을 때 죽더라도 정신을 차리자! 침착해지자) 붉은 간수는 아직 삼십 미만의 청년이다. 청년! 젊은이! 젊은 사람에게는 젊은 사람의 마음, 뜻, 감정이 있을 것이다. 만약에 이자가 당장에 나를 총살할 권리를 가지고 있다면 또한 이자는 당장에 나를 살려줄 권한도 가지고 있을 것이다. 젊은이의 마음, 그렇다! 마지막으로 이자의 젊은 마음을 이용해 보리라! 여기서 나는 이자의 모든 생각을 초

월한 천만 뜻밖의 질문을 내던져보기로 하였다. 그러므로 해서 우선 이자의 나에 대한 관심을 좀 달리해놓고 나에게 가질 일종의 호기심을 일으키도록 해보자!
「그런데 간수님! 간수님께서는 아직 결혼하시지 않았지요?」 무엇인가 막 외치려던 이 젊은 간수는 나의 이 질문에 과연 뜻밖의 충동을 받은 모양인지 나의 두 눈을 똑바로 쳐다보면서 「이 동무, 이 사람, 갑자기 미쳐먹었나? 왜 그따위 말은 묻고 있어?」 이제 곧 죽을 놈이 남의 결혼 여부를 묻고 있다는 것은 확실히 미쳐먹은 노릇이겠다. 「개수작 말어!」라고 고함치는 대신 이자는 넌지시 나를 미친 사람으로 미루면서도 나의 질문에 적지 않은 관심을 일으킨 양싶다. 옳지! 됐다! 젊은 사람의 마음! 나는 너의 이 젊은 마음을 이용해먹어야 하겠다! 「아니예요. 그저 문득 이 사람의 옛날 청춘 시절이 생각나는군요. 젊은이들, 더구나 간수님 같은 씩씩한 젊은이를 마주보게 되니 옛날 생각이 제절로 납니다. 그려!」라고 하면서 나는 모든 신경을 이자의 동정에 집중하고 나의 최면술이 어떤 효과를 나타내는가를 살피는 것이었다. 이러한 나의 계획을 알 배 없이 그도 문득 자기의 청춘이라는 사실을 새삼스럽게 생각한 모양인지, 또는 이러한 청춘이 청춘의 맛을 맛보지 못하고 살벌한 내일 모를 전쟁터에 나와 있다는 현실을 다시 한 번 생각하게 된 모양인지 「청춘이 다 뭐야? 그따위 꿈 같은 소리는 작작해두어. 지금 이때가 어느 때라고 청춘이니 옛날을 생각하느니.」라고 하면서도 그의 두 눈은 이 지하 속 아닌 다른 무엇, 혹은 그의 고향, 혹은 그의 애인, 하여간 이곳에 있지 않는 그 무엇을 그려보고 있는 것 같다. 그는 나의 살기 위한 최면술에 점점 걸려들고 있는 것이다.

청춘을 거부당한 자

「그야 그러헙지요, 간수님. 그러나 청춘이란 것은 한 번 가면 다시 오지 못하는, 말하자면 인생의 꽃, 한평생에서 그중 좋은 시절, 즐거운 시절이 아니겠습니까? 거기에는 시가 있고 노래가 있고 그리고 더구나 사랑, 아름다운 사랑이 있고.」 「그런 것도 꿈이야. 자본 사회의 케케묵은 꿈이란 말야. 우리 인민공화국에선 그런 것보담 사상, 주의, 우리들의 주의를 관철·완성하는 것이 제일 큰 우리들의 임무란 말이야!」 「물론 그러하시겠지요. 그렇지마는 자기와 뜻이 같고 주의가 같은 씩씩한 여성과 청춘의 사랑을 즐기면서도 넉넉히 사상의 일꾼이 될 수 있지 않겠습니까? 이런 여성과 손을 마주잡고 국사에 헌신한다면 그야말로 금상첨화(錦上添花)이겠지요.」 「금상 뭐이?」 이자는 이제야 틀림없이 나의 한마디 한마디에 관심을 가지게 된 것이다. 젊은 사람으로서 청춘의 사랑을 거부할 사람이 누구이겠느냐? 「네. 금상첨화. 비단 위에다 꽃을 놓는다는 말씀이죠. 얼마나 아름답습니까?」

청춘에 속는 붉은 간수

「이렇게 간수님과 이야기를 하고 있으니깐 내가 감옥 안에 갇혀 있다는 이 처량한 현실도 어쩐지 잊어버려지는 것 같군요. 사실 이 안에서 여러 가지 교화를 받고 장차 인민공화국의 역군이 될 수 있다면 그야 얼마 동안의 괴로움쯤은 얼마든지 견딜 수 있습니다마는 그래도 한 가지 마음에 거리끼는 것은 내게도 아들은 아니지만 간수님과 같은 젊은 청춘의 자식을 가지고 있는데 이걸 적당한 곳에 시집을 보내주지 못하고 이처럼 갇혀 있다는 것만이….」 「딸이요? 몇 살 났소?」 그의 질문은 단도직입적이다. 무릇 먹는 것이라든지 여성 관계 등의 인간 본능에 관해서는 어떠한 공산주의자들도 단도직입커녕 당장에 그 목적을 채우고 싶어 눈깔이 뒤집혀지는 것이다. 우리들의 대화는 그야말로 점입가경이요, 이자의 정신은 완전히 나의 포로가 되고 만 것 같다. 「네. 올해 수물한 살인데요. XX대학에 재학 중이랍니다. 그런데 이것이 또 묘허게도 한 집에 사는 제 아비와는 생각이 왼통 달라서 철저한 공산주의자랍니다.」 이 한 마디 거짓말이 나의 계획의 초점이었고 나를 살리기 위한 모든 최면술의 핵심이었던 것이다. 아닌 게 아니라 이자는 저으기 인간적인 생각, 청춘의 본능적인 감정을 이기지 못했던 모양인지 「XX대학? 그건 어느메쯤 있소?」 필시 한 번 찾아갈 눈치이다. 이 말을 묻고 난 뒤 이 젊은 공산주의자는 「동무, 거기 그 의자에 앉으시오!」라는 것이다. 여태껏 나는 서 있었던 것이다. 「네. XX대학은 여기서 이렇게 가서 저렇게 가서….」 손가락으로 책상 위 먼지 속에 자세히 지도를 그려 주었다. 「당신 따님은 훌륭한 사람인데 왜 당신은 이렇게 됐오?」 「너」가 「당신」으로 변하고 조금 전의 「딸」이 「따님」으로 변한다. 「….」 「그리고 당신 집은 어드메요?」 또 한번 먼지 위에 손가락 그림을 그려보였다. 「간수님. 틈 나시는 대로 제 딸년을 한 번 찾아주십시오.」라고 부탁하였다. 이 부탁은 최면술만에 그치는 것이 아니었고 충심으로의 부탁이었다. 만약 이 자가 정말로 내 딸을 찾아간다면 자연 내가 이곳 서대문형무소에 갇혀 있다는 것을 가족들이 알게 될 것이 아닌가? 바로 서울 장안 엎드리면 코 닿을 곳에 내 집 내 가족이 있으면서도 내가, 아니 우리들 모두가 이곳에 갇혀 있다는 사실을 어느 가족인들 알지 못하고 있는 것이다. 「당신, 학교는 어딜 나왔오?」 「옛날 서울대학입니다. 그땐 경성제국대학이라 했지요.」 「응. 그런데 당신의 죄를 모두 정치보위부에서 고백했오?」 「그러먼요! 전부 다 고백한 것입니다.」 「응…. 당신, 그런데 유XX라는 목사를 알우?」 알구 말고. 유 목사는 일제 때부터 잘 아는 사람이었고 이번에 정치보위부에서도 한 방에 있었으며 「트럭」으로 이곳에 끌려올 때에도 한 「트럭」, 그리고 그도 필시 이 3사 어느 감방에 갇혀 있을 것이다. 「당신, 그 목사와 혐의진 일 있소?」 오라! 이제야 모든 진상을 알 수 있는 것이다. 이 유 목사는 일제시 어떤 사업관계로 나와 다툰 뒤 지금까지 서로 상종이 없었던 터인데 원수는 외나무다리에서 만나는 격으로 이자가 틀림없이 나를 모함 · 중상한 것이다. 붉은 간수들이 감방 안의 비밀을 알기 위해서 몇 사람씩 「스파이」를 쓰고 있을 것은 환한 일이기 때문이다. 「네. 유 목사와 조금 다툰 일이 있었습니다.」 「응! 잘 알았어. 그런데 당신 인재란 말이오. 우리 교화만 잘 받으면 훌륭한 일꾼이 될 수 있는 인재란 말이오. 우리 공화국에선 인재를 아낌으로 인재는 죽이지 않을 거야.」 이래서 나는 그의 총구멍에서 다시 살아나올 수 있었던 것이다. 최면술! 거짓말! 나의 딸을 공산주의자라고? 그러나 이 거짓말이 나를 살려준 거짓말이고 보니 나의 일생에 가장 가치 있고 가장 참된 거짓말이겠다.

미지의 운명

9월이 되면서부터 감옥 안에 있는 공습 「싸이렌」이 하루 종일, 그리고 밤새껏 해제되지 않는 때가 계속되는 것이었다. 사실 아군의 비행기는(그 모습만은 잘 볼 수 없었으나) 쉴새없이 우렁찬 폭음을 날려 때로는 몇 대씩의 「제트」기 편대가 나지막하게 곧 기총소사라도 할 듯이 이 감옥 지붕 위를 날아가는가 하면 어디서인지 쿵! 꽝! 그리고 안산(雁山 = 감옥 뒤에 있는 산) 저쪽으로부터 검은 연기가 무럭무럭 피어오르는 것이었다. 얼마 전부터 감방 안의 기술자들 – 구두직공, 인쇄직공, 목공 등을 불러내어 감옥 안 여러 공장 안에서 일들을 시키게 되었는데 재판 없는 징역살이에 너무나 지치고 잠깐이라도 바깥 공기를 쏘이고 싶은 여러 동지들은 서로 다투어 가면서 이 기술자 선택에 응하는 것이었다. 그런데 아침에 나간 그들이 저녁 때 돌아와서 간수가 아직 감방문을 열기까지의 짧은 시간을 이용해서 그들이 들은 바깥 소식을 우리들 감방 안 동지들에게 전해주는데, 그들 소식에 의하면, 혹은 UN군이 원산(元山)에 상륙하였다는 둥, 혹은 인천에 상륙하여 서울로 쳐들어오는 도중이라는 둥, 하여간에 괴뢰군들은 부산까지 밀고가지 못하고 이제야 모조리 쫓겨가는 판이라는 둥의 소식이었는데, 이러한 소식은 물론 우리들의 어깨춤을 저절로 추게 하는 신나는 소식들이지마는, 그러면 그들이 서울에서 쫓겨나갈 때에 감옥 안의 우리들을 어떻게 처치할 것인가가 우리들의 공통된 의문이었고 걱정이었다.

탈주의 기회는?

아무리 에누리해서 낙관적으로 상상하고 싶어도 놈들이 「여러분, 그동안 고생들 하셨지요? 이젠 안녕히 집으로들 돌아가시오.」라고 우리들을 무사히 석방시킬 이치가 만무할 것이요, 도리어 그 반대로 우리에게 가장 불행한 운명이 닥쳐올 것으로밖엔 생각되지 않는 것이었다. 그리고 보면 서울의 탈환이라는 국가적 승리는 곧 우리들 개개인에 대해서는 가장 슬픈 최후를 의미하는 것이라는 안타까운 「딜레마」에 빠지지 않을 수 없는 것이었다. 이러한 「딜레마」는 감방 속 모든 사람들에게 공통된 고통이었고 그러기 때문에 닥쳐올 그날이 반갑기도 하고 또한 무섭기도 하는 것이었다. 나는 깊이 생각할 여지도 없이 서울의 탈환은 곧 우리들의 죽음이라는 추측을 확정적으로 가지고 있었기 때문에 다만 여기서 연구해보아야 할 문제는 첫째로 '그 최후가 어떠한 형식으로 나타나겠느냐?'의 문제인데 여기 대해서 스스로 해답하기는 모조리 학살하거나 또는 이북으로 납치하거나의 두 가지 중의 그 하나일 것이라는 것이오, 그렇다면 학살이건 납치건 하여간에 우리들이 마지막으로, 그리고 처음으로 이 두려운 감방문 밖엘 나갈 수 있을 것이라는 결론이다. 다음 둘째로는 이 한 번밖에 없을 기회, 감방 밖으로 나갈 수 있는 단 한 번의 기회를 어떻게 해야만 가장 효과적으로 이용할 수 있느냐? 문제였다. 말하자면 탈주의 기회는 이 한 번만의 순간뿐일 것이니 '어떻게 해야만 성공적으로 탈주할 수 있을 것이냐?'의 문제인데 여기 대해서 나는 다음과 같이 생각하였고 다음과 같이 행동한 것이었다.

꿈 속의 천사

9월 20일 밤이 깊어서다. 이루지 못하던 잠이 겨우 들락말락 하였을 때 나는 이상한 꿈을 꾸었던 것이다. 사람이란 누구든 자기 자신의 힘으로는 도저히 감당하기 어려운 경우에는 반드시 자기 이외의 자기보다 더욱 큰 힘, 눈에 보이지 않는 형이상(形而上)의 영적 존재(靈的存在)의 힘을 믿고 싶어지고 여기에 의지하고 싶어지는 것이다. 이 속에 갇혀 있는 칠십여 일 동안 나는 밤이든 낮이든 생각날 때마다 하느님에게 호소하는 것이 나의 마음에 대한 스스로의 단 하나밖에 없는 위안이었다. 나는 본래 기독교 신자가 아니다. 그러나 나의 호소, 나의 기도는 죽음밖엔 아무 길도 없을 이 막다른 순간에 더욱더 열렬한 것이었고 더욱더 쉴 새 없이 계속되는 것이었다.

「하느님! 저에게 기적(奇蹟)을 내려줍소서, 저에겐 아무런 힘도 없고 또한 이 세상에선 하나도 믿을 것이 없습니다. 그러나 전지전능하신 하느님께선 이 조그만 생명을 구하시려면 언제나 기적을 내려주실 수 있을 것이오니, 한 번만 저에게 기적을 내리시와 저의 불쌍한 생명을 구해주시옵소서.」

그러던 끝의 9월 12일 밤이었다. 바로 감옥 뒤 안산(雁山)에 폭탄이 떨어져서 그곳 전체가 불바다로 변하였고 그 불길이 점점 이 감옥 안으로 달려들어 순간 후이면 갇혀 있는 모든 사람이 불에 타 죽을 수밖에 없게 된 것이었다. 막 그 뜨거운 불길이 나의 감방 속으로 들어 밀려 할 때 하늘 나지막하게 흰 옷을 훨훨 날리면서 성스러운(그렇게 생각되는 것이었다.) 천사(天使)가 날아가면서 똑똑한 음성으로 외치기를 「너는 살 수 있다. 그러나 네가 살아나는 대신 너의 가장 사랑하는 어린 아들이 죽게 될 것이다.」라고 하는 것이었다. 깨고 보니 꿈이다. 나는 엎드려 다음과 같이 기도하였다.

「하느님! 저를 살려주시겠다 하시오니 감사하옵나이다. 저의 자식을 데려가시는 한이 있더라도 저를 살려주시옵소서! 제가 살아야만 저의 가족 전체가 살 수 있는 것입니다.」라는 잔인한 기도를 올린 것이다. 누구인들 사랑하는 자식이 죽는다는 것이 슬프지 않을 것이랴? 그러나 나의 어린것이 죽더라도 내가 살겠다는 것은 나 자신의 생명이 아까워서가 아니었고 내가 살아나야만 많은 가족 전부가 살 수 있으리라는 대승적인 이해타산에서였다. 어린것이여! 이 아비의 잔인무도한 생각을 원망하지 말아 다오! 그 이튿날 13일 이른 아침, 붉은 간수의 명령에 따라 우리들은 모두 지금까지 각각 쓰던 그릇 두 개씩의 「알루미늄」 사발들을 내어주었다. 그릇을 소독해야 한다는 붉은 간수의 호의적인 명령에 의해서다. 그러나 그 뒤 바꾸어 들어온 두 개씩의 다른 그릇은 대부분이 망쳐지고 부서지고 틈이 군데군데 난, 더럽고 낡은 것이었으니 그들은 마지막 판에 쓸 만한 그릇들을 회수해서 아마 이북으로 가지고 갈 심산인 듯싶었다. 그 중에서도 나의 것으로 바꾸어진 것은 물을 담아도 이틈저틈으로 흘러 새고 말 것이지 깡통이라도 가장 전형적인 두 개의 깡통이어서 손가락에 조금 힘만 더 주어도 금시에 부서질 것 같은 처량한 것이었다. 하루 세 번씩 그릇 한 개로 물을 받게 되는 것인데 이젠 물마저 제대로 얻어먹지 못할 형편이 된 것이다. 그러나! 이 처량한 두 개 「알루미늄」이 나를 살리게 된 맨 처음의 하느님의 기적이었던 것이다.

새로운 공포

(이 낡아빠진 두 개 그릇을 받은 뒤 사흘째 되던 9월 16일 이른 아침, 갑작스레 우리 3사의 분위기가 심상치 않게 소란해지더니 아래 위 층으로 정치보위부의 조사관(사복경관이라고나 할까?)들이 대단히 조급하고 초조한 태도와 음성으로 우리들 전부의 명부(名簿)를 다시 기록 제작하는 것이었는데, 지금까지도 여러 차례 우리들의 명부를 조사하기는 하였으니 그건 모두 간수들이 한 것이었고 정치보위부에서 직접 이렇게 나온 것은 이번이 처음인 것이다. 더구나 이처럼 이른 아침에 불이야 불이야 급히 서두르는 것은 필시 무슨 곡절이 있는 것이 아닐까? 나는 오래 생각할 여지도 없이 이 곡절은 틀림없이 우리들의 최후를 의미하는 것이라는 결론을 내리지 않을 수 없었다. 정확한 명부를 정치보위부로서 직접 만들어야 할 이유는 첫째로, 정치보위부에 폭탄이 떨어져 과거에 만들어 두었던 우리들의 명부 서류가 없어진 것이겠고, 둘째로 그러기 때문에 다시 명부를 만들어 그 명부와 함께 우리들에 대한 최후적인 조치를 오늘 안으로 단행하게 된 것이라는 논리를 세워본 것이다. 그러면 오늘의 최후란 것은 두 개 중, 즉 우리들을 전부 학살하느냐 또는 이북으로 납치해 가느냐의 하나일 것인데 하여간 오늘로써 처음으로, 그리고 마지막으로 이 굳게 닫혀진 철문 바깥엘 나가 볼 수 있을 것이다. 왜냐 하면 그들이 설사 우리들을 모조리 학살한다 하더라도 이 감옥 안의 감방 안에 둔 채로는 죽이지 않을 것이겠고 반드시 산 속이나 강 가 같은 바깥에서 행동할 것이기 때문이다.

탈출하는 방법

이 명부 조사가 끝난 뒤 아침밥이 들어왔는데 8 · 15날에 흰 밥을 준 뒤 두 번째로 흰 밥, 더구나 두둑한 분량의 흰 밥이었다. 나이 어린 손군은 「아! 오늘은 내 생일날이로다!」라고 기뻐하였으나 나는 그 반대로 이 두둑한 흰 밥이 사형수의 최후를 의미하는 것으로밖엔 생각되지 않아 그 먹음직한 흰 밥을 절반도 못다 먹고 손군에게 양도하고 말았던 것이다. 그리고 나의 모든 신경, 모든 정신은 오늘 이날에 닥쳐온 이 한 번만의 마지막 기회를 어떻게 해야만 성공적으로 이용할 수 있을까의 방법을 연구하기에만 몰두하지 않을 수 없었다. 아직 이렇다 할 좋은 방법이 구상되기 전에 점심밥– 이도 역시 두둑한 흰 밥들이 들어오게 되어 손군의 기쁨이 더 한층 커질수록 나의 심정은 더욱더 괴롭기만 하였고 초조함을 금할 수 없는 것이었다.

그러나 궁하면 통한다는 옛날 말씀대로 최후의 기력을 총동원한 나의 머리에서는 마침내 다음과 같은 가능성 있는 한 개의 탈출 방법이 구상된 것이다. 이 결론을 얻은 뒤 나는 곧 이것을 행동화해서 우리들을 학살하든 납치하든 좌우간에 그들은 우리를 문 밖으로 데리고 나갈 것만은 틀림없는 사실이겠고 데리고 나갈 때엔 반드시 우리들 전부를 포승으로 결박할 것도 또한 틀림없는 사실이니, 첫째로 나는 이 포승의 줄을 끊어 몸의 자유를 얻어야 하겠는데 그러면 칼은 물론이요, 유리 조각 하나 없는 이 감방 안의 몸인지라 도대체 무엇으로써 줄을 끊을 수 있을 것인가? 나는 문득 뒤 들창에 달린 두 쪽의 유리창을 바라보았고 이것을 깨뜨리면 날카로운 유리 파편을 얻을 수 있을 것이라고 생각되기는 하였으나, 그러나 만약 이 행동이 미연에 발각된다면 (그리고 으레 발각될 것이 아닌가) 탈출은커녕 나 혼자 먼저 저세상으로 떠나가게 될 것이니 도저히 이것을 깨뜨려볼 수도 없는 일이었다. 그러면 어떻게? 물에 빠진 자가 가느다란 지푸라기라도 부여잡듯이 나는 끝끝내 단념하지 않고 혹은 눈을 감고 연구도 해보고 혹은 눈을 뜨고 방안 구석구석을 샅샅이 찾아보기도 한 것이었다. 그러자 옳다! 됐구나! 나의 눈에는 나의 두 개, 다 찌어진 「알루미늄」 그릇이 번개처럼 번덕인 것이었고 그로서 많은 힘은 들 것이나마 오랫동안 줄을 스쳐대면 결국 한 개의 포승쯤이야 끊을 수 있을 것이라는 결론을 얻게 된 것이었다.

유리 조각으로!

이 효과적인 결론을 얻고 난 뒤로 나는 다음의 방법으로서 이번 탈출을 결행함에는 나 혼자로서는 도저히 불가능할 것이오, 반드시 뜻 맞는 동지 몇 사람, 그도 몸이 튼튼하고 날쌘 젊은이들과 협력해야 할 것이라는 생각을 가지게 되자 평소부터 나를 무척 의지하고 있는 손군이 나이 스물여섯 된 권투선수이니 누구보다도 손과 먼저 의논하기로 한 것이다. 그 결과 손군은 몰론 크게 찬성하면서 「그까짓 자식들 따발총을 빼앗아 골통들을 갈겨 주고 달아나지요!」라고 장담하는 것이었다.

「그런데 손군! 우리 두 사람 이외에 또 몇 사람 더 있어야겠는데 이 3사 안에 군이 잘 아는 그런 친구가 없는가?」「왜요? 많이 있지요. 똥통 소제할 때마다 몇 사람 친한 친구들을 보았답니다.」「그럼 됐소! 있다가 그 중 몇 친구만 함께 손을 잡아서 기시하기로 허세!」

본시부터 아직 해가 중천에 떠 있는 이른 저녁 때에 저녁밥을 주던 것이 이날은 더욱 일러서 점심밥이 끝나자마자 뒤미처 곧 저녁밥이 들어왔는데 여전히 두둑한 흰밥이었다. 과연 성공이 될지 안 될지는 몇 시간 뒤에 알게 될 미지수의 운명이지만 하여간에 죽든 살든 오늘로써 현재까지의 지루한 감방 생활에서만은 떠날 수 있을 것이고 더군다나 내 딴으로서는 탈출의 희망을 달성할 수 있을 것 같은 최선의 방법도 생각해 놓았으니 이제야 마음이 다소 거뜬해져서 저녁 밥은 한 알 남기지 않고 달게 먹어주었다.

그리고 식사가 끝난 뒤 곧 행동을 개시하여 나의 밥그릇에서 성냥갑의 절반씩 만한 네게의 조각을 떼어서 두 개는 내 주머니(국방색 양복바지) 속에 넣고 남은 두 개를 손군에게 주면서 잘 보관해두라고 하였다. 이미 탈출 계획을 알고 있는 손군인데 이 조각의 용도를 알지 못한 모양으로 「이건 뭘 합니까?」라고 묻는 것이었다.

「잠자코 넣어두게.」

운명의 분기점

다음에 나는 어느 지점에서 탈출을 결행해야 할 것인지를 연구해보았다. 그러나 우리들을 어느 곳으로 데리고 갈는지를 알지 못하는 이상 이 문제만은 당한 그때에 임기응변(臨機應辯)의 조처를 취하기로 하고 우선 탈출 결사대로서 우리 두 사람 이외에 서너 사람만 더 참가시키기로 결정해두었는데, 우리와 한 감방 안에 있는 김씨와 이씨는 그들의 근본 생각이 어떠한지도 알 수 없고 또 젊은 사람도 아닌 관계로 이 행동에서 제외하기로 하였다. 물론 이 두 분을 의심하는 바는 아니지만, 이번의 결사 행동은 그야말로 죽느냐 사느냐의 막다른 길인 만큼 만약 사전에 탄로된다면 행동을 시작하기도 전에 여러 사람이 개죽음을 하고 말 것이므로 극비의 극비로서 일을 진행하지 않을 수 없는 것이요, 그러기에 많은 사람들을 가입시킬 수도 없는 일이었던 것이다.(다음 호에 끝)

나는 이렇게 탈출하였다.(完)

– 기지로 수갑을 끊고 물통을 둘러메고 그리고–

절망의 구렁으로!

해가 떨어지자마자 과연 나의 예상한 그대로 1사 2사에서부터 요란한 소리가 들려오면서 뒷 창문으로 넘어다보는 우리들 눈에는 2사 모든 감방 안 친구들이 차례차례 문 밖으로 끌려나가는 것이 희미하게 보이는 것이었고, 이어 곧 우리 3사에도 여러 발자국 소리가 들리더니 어느 작자의 「감방 안 여러 동무! 지금부터 감방문 전체를 열테니까 모두들 질서 있게 조용조용히 그리고 아무 물건도 가지지 말고 입은 채로 복도에 나와 정숙하게 앉으시오!」라는 외침이 들리어오는 것이다. 그렇다! 나의 무서운 예상은 틀림없이 들어맞았고 이제야 우리들의 최후가 닥쳐오고 만 것이다. 복도로 끌려나간 우리들 모두는 그들의 추상 같은 호령으로 두 사람씩 쌍쌍으로 짝을 짓고 한 줄에 약 백 명씩의 소대로 편성되어 복도 양쪽으로 줄줄이 늘어앉게 됐는데 나는 이미 아침부터 이러한 사태가 닥쳐올 것을 짐작하고 있었던 만큼 그다지 놀라지 않았으나 이것을 예상하지 못하였던 대부분의 친구들은 무슨 영문인지를 알지 못하고 다만 최대의 불상사가 갑자기 닥쳐온 것만은 누구나 알아차려 여기서도 저기서도 「이거 웬일이오? 대관절 어떻게 되는 거요? 어디로 가는 거요?」라고들 수군대는 것이었다. 좌우 앞뒤를 휘 둘러보니 바로 옆줄에는 백발이 성성한 황옥(黃玉) 선생이 앉았고 또 저편에는 성대(成大) 동창이었던 이능석(李能奭), 이의식(李義植)군이 있는가 하면 저쪽에는 나를 모함 · 밀고 하였던 유목사도 머리를 숙이고 있는 것이다. 나는 곧 손군에게 지시하여 믿을 만한 젊은이 네 사람만 우리 쪽으로 불러오게 하여 오른편의 나와 왼편의 차구식군(종로청년단의 간부)이 한 쌍이 되고, 우리 앞으론 바른편에 손군, 왼편에 학련(學聯) 꼬마(그의 이름을 알 수 없으나 손군의 친구 학생)가 한 쌍, 그리고 그 앞엔 역시 손군의 친구인 두 사람의 씩씩해보이는 국군(성명을 알 수 없다)이 한 쌍, 이렇게 여섯 사람 세 쌍이 가지런히 앉게 되고 나의 뒤와 국군의 앞으로 여러 쌍쌍이 정비된 것이다. 이와 같이 한 줄에 정비된 것이다.

이와 같이 한 줄에 약 백 명씩의 여러 소대가 편성되자 붉은 간수 몇 사람이 우리들을 결박하기 시작하였는데, 그들 손에 들고 있는 결박의 기구, 즉 속칭 맹꽁이자물쇠라는 금속의 고랑쇠를 보자 나는 그만 하늘이 무너지는 것 같은 캄캄한 절망감을 지각하지 않을 수 없게 된 것이다. 그것은 나의 예상을 너무나 무섭게 배반한 것이었고 나의 탈출 희망을 너무나 여지없이 깨뜨려 버린 것이기 때문이다. 지금까지의 예상으론 결박의 기구가 반드시 밧줄과 같은 포승으로만 생각하였을 뿐 이 맹꽁이자물쇠라는 금속 기구는 상상도 하지 않았던 것이요, 따라서 이것을 열거나 깨뜨릴 수 있을 아무런 방법도 나는 미리 생각해 두지 못하였던 것이다. 주머니 속에 들은 그릇조각으로 포승인들 가까스로 끊을 듯 말 듯한 것을 어떻게 쇠로 만든 이 고랑쇠를 깨뜨릴 수 있을 것이랴! 그들은 이것으로 나의 왼팔과 차군의 바른팔을 한데 뭉쳐 단단히 채웠고, 다른 모르는 친구들도 다 이와 같이 고랑쇠 신세를 지게 한 다음 첫머리서부터 맨 끝까지 굵직한 밧줄을 고랑쇠 구멍으로 꿰어 넣어 마치 청어두루미처럼 우리들을 2열 종대로 결박하고 만 것이다. 나는 눈을 감고 하늘을 탄식하였다. 하느님을 원망하였다. 그리곤 나 자신의 그다지도 세밀하게 연구한 하루 종일의 지혜가 이다지도 어리석고 못난 것임을 애탄할 따름이었다. 자유를 얻을 수 있을 어떠한 방법도 생각할 여지조차 없었다. 「모두 일어서! 따라 나와 !」 추상 같은 호령이었다.

붉은 간수

벌써 어두컴컴해진 바깥으로 끌려나가니 오래간만에 쏘여보는 대자연의 시원한 공기가 새삼스러이 울고 있을 불쌍한 가족들을 생각케 하는 것이었고 눈물 어려 앞을 잘 볼 수 없는 우리들에게 「빨리 걸어! 개자식들아!」 그리고 억센 구두 발로 이 사람 저 사람을 함부로 걷어차는 붉은 간수들! 더운 여름에 붙들려 들어간 우리들인 만큼 입은 옷이 대개 「샤쓰」 하나 엷은 바지 하나의 여름 차림인 데다가 수감될 때 압수당한 물건, 시계, 「라이터」, 돈, 심지어는 신발마저 돌려주지 않아 모두가 맨발인지라 맨발 바닥에 잔돌가시 같은 것이 채이고 찔려 감방 속에서 구치감(拘置監) 옆 광장(廣場)까지 끌려가는 짤막한 거리도 걸어가기에 여간 힘든 것이 아니었다. 거기다가 석 달 가까이 먹지 못한 영양 부족의 쇠약한 몸으로 도대체 어디까지 끌려가서 작정된 최후를 맞이하게 될 것이지, 나뿐이 아니라 대부분의 집들이 바루 엎드리면 코 닿을 이 서울 안 멀지 않은 곳에 있건만은 지척이 천 리로다 불행한 우리들이 어디 있다는 거처마저 불쌍한 가족들은 알지 못하고 있을 것이다. 그리고 꿈 속에도 잊지 못한 어린 자식, 늙으신 어머니, 병든 아내를 이곳에 두고. 아! 우리들은 이제부터 어디로 가는 것일까? 벌써 밤은 어두울 대로 어두워졌다.

광장에 끌려나온 우리들은 어둠 속에서 둘러보아도 상당히 많은— 이 넓은 광장이 꽉꽉 차도록 많은 수효인 것을 알 수 있었다. 어두워서 옆줄에 있는 사람이 누구인지도 알 수 없는 것이시나는 이 많은 불행아들이 다 똑같은 운명, 그것도 두 번 없을 최후의 같은 운명을 맞이하게 되는 것이다. 아마 서대문형무소의 수감자 전부를 이감으로 처치하기 위해서 이 광장에 이와 같이 모아놓고 이제로부터 마지막 길을 떠나게 할 예정인 모양이다.

생지옥의 대열

여기에서 전부의 인원 조사로 저쪽 첫머리부터 각 소대별의 번호를 부르게 되었는데 그 번호 숫자를 대강 암산해보니 약 6천3백여 명인 것 같았다. 모두 두 줄씩으로 나란히 앉은 채 여러 번 번호들을 부르는 동안 전후좌우로 붉은 저승처사들이 따발총 소총을 메고는 우리들을 경계하고 있는 것이다. 그러나 원체 우리 비행기의 폭격이 심하고 무서웠던 탓인지 불이라고는 성냥불 하나도 없는 캄캄한 어둠 속, 더구나 달도 없고 별도 구름에 덮인 지옥 그대로의 어둠 속에서 진짜 지옥으로 가는 모든 절차가 차례차례 진행되어 가는 것이다. 시간이 지나갈수록 나의 마음은 더욱 더 초조해질 뿐이다. 고랑쇠라는 철(鐵)의 열쇠를 미리 생각해두지 못하였기 때문에 그다지도 오랫동안 동경(憧憬)해오던 탈주의 희망이 전연 깨어지고 만 것이다. 캄캄한 하늘, 구름 낀 하늘만 쳐다보고 앉았는 내 눈엔 다시금 가족들, 병든 아내, 늙으신 어머니, 딸, 그리고 두 어린것들의 모습이 「클로즈업」 되고 어디서인지 전차 소리만 끽끽 소리쳐 들려오는 것이었다.

전차 소리 쇠바퀴가 쇠로 만든 「레일」 위를 굴러가는 끽끽 소리 쇠와 또 쇠. 독(毒)은 독으로 제(制)해야 하고 쇠는 쇠로 뚫어야 하고. 그러자 문득 나에겐 옛날 어느 때 누구에게 들은 이야기– 고랑쇠도 조그만 못[針]만 있으면 열 수 있다는 말이 번개처럼 생각되는 것이었다. 그리하여 나는 자유로운 바른편 팔이 닿을 수 있는 범위내의 땅바닥을 모조리 조심조심 더듬어보았다. 못! 행여나 못 부스러기라도 떨어져 있을까 하고, 그러나 그런 것이 있을 리 없었다. 어떻게 하나 못! 이것 하나만 있으면 탈주의 희망이 달성될지도 모를 이 귀중한 못! 그러자 또 한 번 나의 흐리멍텅한 머릿속으로 갑자기 떠오르는 하나의 생각은 언젠가 감방 안에서 손군이 말하기를 그는 고학하기 위해서 한동안 어느 철공장에서 일한 일이 있었다는 이 한 마디 말이 생각되어 나는 내 앞에 앉아 있는 손군 꽁무니를 가만히 찌르고는 전후좌우로 붉은 간수의 경계를 경계하면서 귓속말로 「손군! 아까 내가 준 그릇 조각이 있지! 그걸 가지고 못을 만들어보아! 빨리!」

구원의 열쇠?

손군은 곧 내 말의 깊은 뜻을 알아차린 듯 고개를 꺼덕꺼덕 하고는 이빨로 그릇 파편을 물어뜯기 시작하였다. 한참 동안 시간이 걸린 뒤 손군은 기쁨에 넘치는 목소리로 나의 귀에 입을 대고는 「됐습니다. 지금 막 고랑쇠를 열어보니깐 제대로 열려요!」라고 하면서 다시금 앞뒤를 둘레둘레 살펴본 다음 비스듬히 뒤돌아 앉으면서 나의 왼쪽 팔목과 차군의 바른쪽 팔목에 걸려 있는 고랑쇠를 더듬어 차군 쪽의 고랑쇠를 소리 없이 여는 것이었다. 「됐다! 그럼 주머니 속에 단단히 넣어두게! 그리고 열린 고랑쇠는 본래대로 채워두게!」라고 지시한 다음 나는 가만히 눈을 감고 하느님의 기적에 감사 기도를 올리었다. 그러자 얼마 되지 않아 간수 한 명이 손에 가위를 들고는 우리 줄 옆에 오더니 「이 줄은 너무 긴데. 어디서 자를까?」라고 하면서 하필 내 곁에서 우물쭈물 하고 있지 않는가. 만약 손군과 나와의 사이를 끊어 버린다면 탈주 계획은 또 무너지고 마는 것이다. 그러나 하느님의 기적은 여기서 또 나타난 것이었다. 그는 바로 내 뒤에서 줄을 끊었으니 내가 이 줄의 맨 마지막이 된 것이요, 따라서 못을 가진 손군과 떨어지지 않았을 뿐 아니라 고랑쇠 구멍으로 꿰어 놓은 밧줄은 이제야 내 마음대로 끊을 수 있게 된 것이다. 조금 있더니 어떤 작자가 어두컴컴한 곳에 우뚝 일어서서 「여러분, 내 말을 잘 들으시오. 미국놈들의 비행기가 여러분의 생명을 위협하고 있는 까닭에 지금으로부터 여러분을 안전 지대로 이동하는 것이니 그 도중에서 만약 누구든 탈주를 한다거나 폭동을 일으킨다고 할 것 같으면 그 당장에서 총살할 것이오!」라고 한바탕 무서운 연설을 하는 것이었다. 총살! 좋다! 총살이 되더라도 가족들이 살고 있는 이 땅 이 서울 땅에서 죽었으면 좋겠다.

행동 개시의 첫 날

이윽고 우리들은 차례차례로 끌려나갔다. 나가기 전에 각 소대별(各小隊別)로 점호한 번호를 대강 계산해보니 약 6천여 명인 듯싶다. 오래간만에 쏘여보는 바깥공기다. 감옥 대문 밖에는 어둠 속에 수없이 많은 전차들이 우리를 기다리고 있었다. 필시 전차로 어디로인지 끌고 가는 모양이다. 우리들 여섯 명의 탈주 결사대는 전차 가운데 문 앞에 바싹 다가서 있었다. 탈주의 장소라든지 시간 등 모든 것을 내가 지휘하기로 결정하고 단독 행동은 절대로 하지 않기로 서로 약속하였다. 여섯 명의 생명이 나의 판단 하나에 달려 있는 것이다. 어디서? 어느 때 실천해야 할 것인가? 생각건대 우리들의 전차는 두 길 중의 하나, 즉 청량리로 가든지 그렇지 않으면 서울역으로인지? 만약 청량리로 간다면 경마장 앞에서 뛰어내려 경마장 곁 넓은 채소밭 속에 숨기로 하고 서울역이라면 역 안에 들어서서 기차를 태우려는 순간 기차바퀴 밑으로 빠져 달아나자! 이것이 미리 작정해둔 나의 투쟁 계획이었다.

전차는 어느 새 파고다공원 앞을 지났다. 그러면 청량리로 가는 것이 분명하다. 경마장! 우리들이 목숨 그것을 걸고 마지막 싸워볼 경마장 앞! 파고다공원을 지나면서 나는 손군에게 명령하여 고랑쇠를 열게 하였는데 나와 차군과의 고랑쇠는 손군의 위치상 할 수 없어 차군 쪽을 열게 되었으므로 나와 차군과 따로따로는 자유로이 떨어질 수는 있었으나 나의 왼쪽 팔목에는 두 개의 고랑쇠가 디룽디룽 달려 있게 된 것이다. 시간의 여유가 없는 만큼 두 사람의 고랑쇠를 모조리 다 열 수는 없었던 것이다. 그러자 경마장! 우뚝 솟은 지붕이 어둠 속에 희미하게 나타날 때 나는 손군에게 가운데 문을 열게 하고 손군을 첫머리로 차례차례 여섯 명이 최대 속도로 달리고 있는 전차에서 튀어내리었던 것이다. 여섯 번째 맨 끝으로 뛴 것이 나 자신이었고 뛸 때 너무 황급해서 자세를 갖추지 못하였기 때문에 몸이 공중에서 한 바퀴 완전한 「덤부링」을 한 다음 양쪽 어깨로 그 단단한 땅 위에 떨어진 것이다. 정신이 아찔하고 눈이 핑핑 돌아 보통 때 같으면 도저히 일어날 수 없었을 것이지마는 바로 이 순간이 죽느냐 사느냐의 마지막 순간인 만큼 최후의 용기를 내어 우뚝 일어서는 전차와는 정반대 방향으로 달려 경마장 옆 채소밭을 향해서 뛰어간 것이었다. 뛰면서도 누구인지 금시에 「이 놈! 게 섰거라!」 할 것 같아서 가슴이 콩만해지고 생명의 불길이 바로 머리끝에서 왔다갔다 하는 판이지마는 뛰는 도중 다행히도 아무도 만나지 않았었고 먼저 뛰어내린 결사대 동지들도 어디로 갔는지 그림자조차 보이지 않는 것이었다.

가슴 죄는 발걸음

왼쪽 어느 골목으로 뛰어들어 채소밭으로 가는 도중인데 길가 양쪽에 문들을 꼭꼭 잠근 조그만 집들이 나란히 서 있었고 이 집들을 보게 되자 어쩐 일일지 갑자기 집이 그리워져서 채소밭으로 가서 숨으려던 처음 계획을 변경하여 어느 집이든 뛰어들어 하룻밤 피신했으면 하는 생각이 간절해지는 것이었다. 그래서 뛰면서도 연해 이집 저집을 물색하다가 마침 어느 조그만 집 대문만이 반쯤 열려 있으므로 앞뒤 더 생각할 것 없이 이 집안으로 기어들어가 마당에 엎드리었던 것이다. 갑자기 험상궂은 사내가 뛰어들어왔으니 그 집안 사람이 놀랄 것은 당연한 일이다. 그런데 마침 남자어른은 없는 모양이어서 늙은 목소리의 부인 한 분과 젊어 보이는 색시 한 분이 방에서 나오면서 늙은 목소리가 「누구요! 냉큼 일어서 나가시오!」라고 큰소리를 치는 것이었다. 나는 엎드려 몇 번이고 머리를 조아리면서 「한 번만 살려줍시요! 도적놈에게 쫓겨오는 판이니 이 하룻밤만 감춰주십시오. 저에게도 늙으신 어머니와 어린 가족들이 집에 있습니다. 한 번만 제발 살려주십시오.」라고 애걸복걸하였다. 그러나 늙은 목소리는 끝내 나의 소원을 물리치는 것이었다. 「만약 안 나가면 고함을 지를 테야!

냉큼 나가오!」라는 것이 아닌가? 할 수 없이 이집에서 쫓겨날 때 젊은 색시의 목소리가 「여기서 조금만 더 들어가면 채소밭 속에 방공호도 있어요.」라고 가르쳐 주는 것이었다.

나는 대문 밖에서 사방을 살펴본 다음 채소밭 속으로 들어갔다. 과연 색시의 말대로 컴컴하고 넓은 채소밭 속 멀지 않은 곳에 거름 무더기 같은 방공호가 있었다. 방공호 속 밑바닥엔 물이 철벅철벅 하고 천정이 너무 낮아서 머리를 들 수가 없었다. 들어가자마자 나는 곧 철벅철벅한 물에 철썩 엎드려 조그만 출입구로 바깥을 주목하고 있었다. 원체 우리들의 전차가 너무 빨리 달렸으므로 우리들의 탈주를 알면서도 갑자기 정거할 수는 없었을 것이다. 머지 않아 그들의 수색대(搜索隊)가 이 근방을 샅샅이 찾아다닐 것이 분명한 것이다. 아니나 다를까 물 바닥에 엎드린 뒤 약 십 분도 채 못 되어 내 눈 앞 20미터 가량의 전방을 두 붉은 간수가 따발총을 겨누면서 지나가는 것이었다. 이자들이 곧 내가 숨어 있는 이 방공호 속으로 들어와서 「이놈! 여기 숨었구나! 빨리 나와!」라고 외칠 것만 같아서 될 수 있는 대로 나지막하게 물바닥 속으로 찰삭 엎드려 있었던 것이다. 문득 생각나기를 만약 소낙비나 좍좍 내리면 숨어 있기가 더 용이하겠고 발각될 염려도 적어질 것 같았지마는 비는 오지 않고 어디서인지 이따금 환한 조명탄(照明彈)이 하늘 높이 올라가곤 하는 것이었다.

몇 시간을 엎드려 있었는지 그 두 간수가 지나간 직후에는 몇 방 총 소리도 들렸지만 이제는 아무 소리도 나지 않고 온 세계가 죽은 듯이 고요할 뿐이다. 지금은 아마 이 방공호 속이 안전한 모양이나 이 안전성은 내일 새벽이면 그만 없어질 것이오, 날이 밝기만 하면 사람들이 이곳에 올 것이니 그러면 맨발에 머리는 한 발이나 되고 낡아빠진 양복 「샤쓰」 그리고 왼쪽 팔에 두 개씩 고랑쇠를 달고 있는 나를 그대로 놓아둘 리가 없을 것이다. 탈주한 죄수가 분명한 만큼 당장에 붉은 군대에게 붙들려가서…. 하물며 아직도 서울 전체가 붉은 세력 밑에 놓여 있는 셈이니 나의 아무 힘도 없는 벌거숭이 몸 한 개로서 세계적인 「스타린」과 생명을 싸우고 있는 것이 아닌가? 얼마나 처량한 싸움이랴! 내일 아침이면 나의 주검으로서 끝나고 말 이 하룻밤만의 싸움! 그렇다면 이곳 방공호 속에서 그대로 주검을 기다리고 있을 수도 없는 일이다. 도대체 어떻게 해야 하나? 아마 붉은 수색대는 돌아간 모양이다. 날이 밝기 전에 다른 살 길을 찾아야만 하겠다.

나는 가만히 일어서서 방공호 문간까지 기어나와 고개만 내어밀어 한참 동안 사방을 둘러보고 위험이 없다는 판단을 얻은 다음 아까 뛰어 들어왔던 그 길로 다시 걸어나가기 시작하였다. 행길 전차 선로를 건너가기만 하면 거기서 약 15분이면 내 집 나의 그리운 안암동 집까지 갈 수 있겠다는 생각에서 가만가만히 집들 담벼락에 붙어서 걸어나가는 것이었다. 그러나 거진 행길까지 나갔을 때 별안간 창고문 같은 것을 여는 요란한 소리가 들려오고 그뿐 아니라 사람들의 웅성거리는 말 소리까지 가까운 데서 들려오는 것이었다. 도저히 건너갈 수도 없는 일이다. 그래서 할 수 없이 다시 되돌아서서 방공호 속으로 기어 들어오고 말았다. 다시 물바닥에 엎드리기는 하였으나 이야말로 진퇴양난이라 이곳에 그냥 있을 수도 없고 그렇다고 바깥 어느 곳으로 갈 곳도 없고. 그렇다! 아까 나가던 방향에 지장이 있을 것 같으면 그와 반대로, 즉 왕십리 쪽으로 나가보자! 이것이 투쟁의 원칙이 아니랴!

그래서 나는 또 한 번 여기서 기어나와 넓은 채소밭을 남쪽으로 향해서 노상 기어가기 시작하였다. 걸어가다가는 곧 누구에게 들키고 말 것 같아서다. 얼마 동안을 기어왔는지 지난 석 달 동안 밀 한 옴큼씩만 먹고 살아온 몸에 무슨 기운이 남아 있으랴! 이젠 더 기어갈 기력도 없어 마침 눈앞에 거름무더기 같은 것이 있기에 여기 기대서 한참 동안 쉬기로 하였었다. 그런데 이것은 거름 무더기가 아니었고 공교롭게도 사람이 끄는 달구지(일본말로 구루마)였던 것이다. 달구지 밑으로 기어들어 이젠 엎드리지 않고 똑바로 누워 그리고도 온 신경은 발각에 대한 경계만에 집중되고 있었던 것이다. 몇 분인지 쉬고 나니 좀 정신이 나고 기운도 차릴 수 있었다. 이때다! 이 달구지를 새벽에 끌고 나간다면 누구나 나를 노동자로만 생각할 것이 아닌가? 됐다! 그러면 살 수 있다! 어디 그러면 이 달구지는 내 힘으로 끌 수 있는 것일까? 기어나와 일어서서 이모저모 달구지를 검사하기 시작하였다. 그러자 마침 보니 달구지 위에 물통이 두 개, 그리고 그것을 미는 막대기까지 있지 않은가? 그러면 달구지를 끌 필요도 없이 물통을 메고 나간다면? 이 훌륭한 생각, 아니 이 위대한 기적에 나는 그 자리에 다시 엎드려 하느님에게 정성껏 감사 기도를 올렸던 것이다.

이제야 살 길이!

새벽녘에 물통을 메고 채소밭의 노동자처럼 남쪽으로 나가자! 그 먼저 나의 모습을 노동자처럼 꾸며야겠고 우선 무엇보다도 디룽거리는 고랑쇠를 처치해야만 하겠다. 첫째로 나는 바로 달구지 앞에 있는 웅덩이 같은 곳에서 물과 흙을 손바닥으로 펴서 팔뚝과 다리와 얼굴 목까지 처덕처덕 검은 빛이 되도록 발라 대었다. 창백한 피부를 「카모후라지」 하기 위해서다. 그리고는 「와이샤쓰」를 찢어 수건을 만들어 머리에 쓰고 마침 석 달 전 잡혀갈 때 신었던, 양말을 주머니에서 꺼내어 두 손에 끼어 마치 얼핏 보면 장갑처럼 이것으로 고랑쇠를 감추어 덮을 수 있었다. 이빨로 물어뜯어 손가락 나올 틈을 만들었다. 「와이샤쓰」를 또 찢어 길다란 대님을 만들어 손에 신은 양말을 흘러 내리지 않게 동여매었다. 이젠 이만하면 노동자처럼 속일 수 있을 것 같다. 됐다! 이젠 살았구나!

새벽을 기다리는 동안 달구지 밑에서 편히 쉬기로 하고 두 다리를 쭉 뻗고 누웠다. 비로소 온몸이 풀리면서 추움이 느껴지는 것이었다. 저쪽 영등포 쪽일까? 연속해서 탐조탄이 올라가고 비행기 소리가 나고, 또 자주 대포 소리 폭격 소리도 났다. 아군이 아마 가까이 쳐들어오는 모양이구나! 오늘밤만 여기서 살아나간다면 얼마 안 되어 서울은 다시 우리들의 서울이 될 것 아닌가! 살자! 어떻게 해서라도 살아나가 그리운 가족들을 한 번이라도 보고 싶구나! 이윽고 먼동이 트고 날이 훤해지는 것 같다. 나가려는 남쪽 저쪽에 누구인지 담뱃불이 반짝 어린다. 저리로 가자. 그것이 붉은 군대라도 무슨 상관이랴. 나는 채소밭 노동자요, 그리고 사람이 그다지도 그리웠었다. 처음 계획으로는 물통 두 개를 멜 작정이었으나 하나만 막대기 뒤에 달아 등 뒤로 메고 담뱃불을 향해서 태연히 걸어나갔다. 그것은 붉은 군인이 아니라 그도 노동자였다. 「어따! 일찌감치 나가는구려.」라고 저쪽에서 먼저 인사를 하지 않는가? 나도 웃으면서 인사 대답을 하고는 천천히 개천 가로 굽어나갔다. 이 개천만 타고 올라가면 신설동(新設洞)을 지나 안암동(安岩洞)이 있고 거기엔 나의 가족이 살고 있는 바로 내 집이 있는 것이다. 그러나 아무리 가고 싶어도 내 집에 아직 갈 수 없는 일이다. 동리서 곧 알게 될 것이오, 철없는 자살 행위에 지나지 않는 것이다. 우선 서울이 탈환될 때까지 어느 친구 집에 가서 숨어야겠다.

죽마고우도 거절

그러면 누구의 집으로? 될 수 있는 한 여기서 멀지 않은 곳으로서 평소부터 나와 지극히 친한 사람이어야겠는데 대관절 누가 가장 마땅할 것인가? 문득 생각나는 대로 청량리 전차 선로를 건너 물통을 연해 덜커덩거리면서 경마장 저쪽 신설동 행길에서 조금 들어간 골목 안 석소아과(石小兒科)의 석 선생을 찾아 갔었다. 그러나 몇 번이나 문을 두들겨도 인기척이 없더니 어떤 중노인 여자 한 분이 지나가면서 「누구를 찾소?」 「여기 석 선생님 사시지 않습니까?」 「그분은 벌써 오래 전에 다른 곳으로 떠나가셨다오.」

나는 골목 밖으로 다시 나와서 이번엔 오른편 신설동 배(裵)군의 집을 찾아갔다. 이 사람은 나와 동창 친구이요, 남달리 가까운 죽마고우인 것이다. 그러나 일제 시대부터 공산주의자이었고 더구나 이번 동란 이후로는 어느 인민위원회의 간부가 되었다는 소문까지 높은 친구이기는 하지만 그렇다고 해서 죽마고우인 나를 그리 푸대접하지는 않을 것 같고 더구나 날이 훨씬 밝아지면 나의 정체가 탄로될 것이니 그 전에 어디든 빨리 가서 숨어야 하겠기에 이 배군 집을 찾아간 것이다. 마침 집에 있기에 맨발 그대로 방으로 들어가서 그의 권하는 담배를 오래간만에 피워 물자 그는 「이 사람 도대체 어떻게 된 셈인가? 자네 붙들려갔다는 소문은 들었었는데 지금 이 꼴은 어찌된 일인가?」라고 묻는 것이었다. 나는 전말을 대강 이야기한 다음 「무엇보다도 내 어머니가 보구 싶어서 죽기로 탕치고 한 번 탈주해봤네.」라고 하였더니 그는 혀를 툭툭 차면서 「그 참 좋은 기회를 놓치었네. 그냥 이북으로 끌려가지 왜 이 사람아 탈주를 했단 말인가! 당장에 총살일세! 그리고 자네가 여기 내 집에 있다가 붙들린다면 나까지 총살될 것이니 어서 일어서서 다른 곳으로 가게.」라고 냉정히 축출 명령을 내리는 것이었다. 붉은 사람이란 누구나 손톱만한 인정도 가지지 않는다는 것은 이미 들어서 알고 있었던 바이나 이다지도 철저할 줄은 상상하지 못하였던 것이다. 그래서 그가 나를 고발하지 않는 것만이라도 고맙게 생각하고 그의 부인에게 「헌 양복바지, 와이샤쓰 한 개만 빌려주세요. 그리고 헌 신발 한 켤레하구요.」

고랑쇠를 벗다

부인이 준 낡아빠진 양복바지, 와이샤쓰를 옷 위에 그대로 덮어 입고 수건을 얻어 얼굴과 손을 대강 씻은 다음 「여보게 다른 데로 가기는 허겠네마는 그 먼저 이 고랑쇠를 좀 열어주기나 허게.」라고 청해보았다. 사실 양말 장갑으로 가리기는 했지만 여간 위험한 것이 아니었고 현재도 아파서 못 견딜 지경이었던 것이다. 「그럴 시간이 어디 있나? 다른 데 가서 천천히 열게나 그려.」라고 이것마저 거절하는 말을 듣고는 곧 물러나오고 말았다. 들어설 때 현관 구석에 둔 나의 생명의 은인 물통과 막대기는 「이건 빠개서 불이나 때게.」라고 한 다음 냉큼 밖으로 나오고 말았다. 이젠 노동자가 아니라 낡은 양복이나마 깨끗이 갈아입고 뒤축이 무너진 구두라도 신었으니 얼핏 보아선 머리에 수건을 동여매고 알뜰한 공산주의자가 아침 산보로 나온 것이 의심되지 않을 것이다. 나는 그에게서 또 한 개 얻은 담배를 비스듬히 물고 가장 태연자약하게 안암동 내집 쪽으로 걸어가되 내집을 아래로 내려다볼 수 있는 성신여학교 앞길을 택하였던 것이다. 그리고 목적지는 바로 미아리 고개 밑 손평조(孫枰照) 선생 댁이다. 벌써 해가 돋아 집집마다 사람들이 몰려나와서 집 앞에 방공호 구덩이들을 파고 있었다. 막 손 선생 댁 문 앞까지 갔을 때 이건 또 웬일인지 두께 없는 짚차가 한 대 있고 그 위엔 붉은 군인이 몇 사람 타고 있지 않은가? 만약! 나의 불숙한 왼쪽 팔목만 헤쳐 본다면…. 그래서 손 선생 댁으로도 들어가지 못하고 돈암동 전차 종점을 건너 박제순(朴濟循) 선생 댁으로 갔었다. 대문을 연 분이 바로 박 선생이었고 나를 보자마자 아무 말 없이 끌어들이고는 대문을 다시 굳게 잠근 다음 건너방으로 데리고 들어가는 것이었다. 「아니 어떻게 살아나왔소? 반갑기 한이 없구려!」라고 기뻐하면서 세숫물을 손수 떠오는 것이었다. 박 선생의 협력으로 겨우 고랑쇠를 열어 풀어논 다음 얼굴과 팔다리 등을 씻고 보니 이젠 정말 살아났다는 「삶」의 기쁨을 새삼스럽게 느끼는 것이었다.

가족을 만났으나

아침 흰밥, 콩나물국, 생선, 그리고 무엇보다도 박 선생의 따듯한 우정! 박 선생의 연락으로 차례차례 가족들을 불러보았다. 그런데 형님을 뵈옵자마자 하시는 말씀이 「네가 그리 된 뒤로 집안에 큰 변란은 없었다마는 도훈(道勳)이란 놈이 대단히 아프다. 벌써 두 달이 넘도록 앓고 있는데 이젠 죽기만 기다릴 뿐이다.」라고 하시는 것이었다. 「도훈」이란 것은 나의 끝아들 네 살짜리 어린것인데 바로 감방 안 꿈 속 묵시로서 천사께서 나 대신 데리고 가겠다고 하신 그놈인 것이다.

이젠 끝을 간단히 맺어야겠다. 박 선생 댁에 9월27일 저녁, 즉 아군이 서울 종로까지를 탈환 점령하고 이곳 돈암동 쪽은 아직 탈환되지 않았으나 「바리케트」엔 붉은 군인이 한 사람도 없이 다 피해 버린 그날 저녁 나는 나의 딸과 더불어 비로소 안암동 내집으로 들어간 것이다. 밤새껏 장거리포의 우렁찬 소리와 기관포 기관총의 씩씩한 소리와 그리고 가족들의 한 없이 기뻐하는 이 소리 저 소리와 나의 이야기 소리 등으로 밤을 밝히고 이튿날 28일 아침, 딸의 「아버지! 돈암동도 이제 완전히 탈환되었어요. 벌써 태극기 달은 집도 있어요!」라는 보고로 나는 곧 바깥으로 나가려다가 다시 앉아 하느님에게 감사 기도를 올린 다음 「하느님이시여! 전지전능하신 하느님이시여! 하느님의 기적은 저를 이와 같이 살려주셨나니 다시 한 번 기적을 내리시와 이 어린 자식마저 살려주시옵소서.」라고 욕심 많은 애원을 올린 것이었다. 이틀 후인지 나를 찾아온 윤(尹)군의 안내로 이용훈(李容勳) 소아과 박사의 치료로 그다지도 절망 상태에 있던 「도훈」이는 점점 쾌해져서 지금은 벌써 초등학교 2학년생이다. 그래서 그때부터 「도훈」이는 죽었고 하느님께서 다시 자식 하나를 주신 것이라고 해서 천훈(天勳)이라고 이름을 고친 것이다.

다시 피난의 봇짐

이와 같이 나는 하느님의 기적으로 탈주 · 생환하였는데 그 뒤 소식을 들으니 결사대의 손군과 차군은 역시 채소밭에 숨었다가 새벽에 집으로 돌아가서 살아났으나, 다른 세 사람은 모두 붉은 총알에 쓰러지고 만 것이라 한다! 그러고 보면 「스타린」과의 투쟁에서 6명 중 3명이 살았으니 절반의 희생으로 우리들이 승리한 셈이라 할 것이다.

그러나 갱생의 기쁨이 아직도 사라기 전에 중공군의 침입으로 다시금 서울을 뒤로 12월 12일 가족들을 트럭에 싣고 남으로 남으로 달아나는 나는 사정없이 불어오는 눈보라를 「트럭」 꼭대기에서 그대로 맞으면서 「탈주는 했었지만 6 · 25 사변 죽음에서 살아나기는 했었지만….」 또 앞으로의 닥쳐오는 숙명이 너무나 잔인해서 너무나 기가 막혀 「어디로 가서 어떻게 살아야 하나?」라는 새로운 삶의 걱정이 태산처럼 밀려올 뿐이었다. 인생이란 끝없이 넘어가는 태산준령(泰山峻嶺)의 연속일진데. 아! 언제나 마음놓고 두 다리 뻗치고 사람다운 삶을 얻어볼 수 있을 것이랴? 붉은 악마들의 무력뿐이 아니다! 거기다가 우리끼리의 물고 뜯는 갖은 모함, 온갖 중상! 어지러운 세파(世波)여! 캄캄한 앞길이여! 어디로 가서 어떻게 살아야 할 것인가? 눈보라 속을 그래도 헤치면서 우리들의 「트럭」은 남으로 남으로 달려가고 있는 것이다. 얼어붙은 한강을 타고 피난의 대열이 줄지어 남으로 내려가고 있다. 역사는 이어진 백의의 민족의 무엇이 마땅치 않아 혹한과 굶주림과 포화 속에 목숨을 건 시련을 당하게 하는 것인가. 악귀와 같은 붉은 떼들의 포성은 자꾸 가까워온다.

나는 다시 놈들에게 시달리던 그 무시무시한 여러 장면들을 머릿속에 그려본다. 그리고 이렇게 무턱대고 남으로 내려가야 하는 나 자신과 이 대열이 안타까워 못 견디게 된다. 아니다! 돌아서자! 놈들을 쳐부수자. 우리들 괴롭히는 것은 역사가 아니고, 역사를 이렇게 돌리려는 놈들의 비인간적인 수단과 방법이다! 나는 이렇게 몇 번인가 속으로 외쳤다. (끝)

– 4288(1955)년 2월 1일 記 –

김용규

- **자료출처: 『시효인간』**
- **지은이 / 펴낸이: 김용규**
- **펴낸 곳: 나라기획**
- **발행일: 1978년 8월 15일**

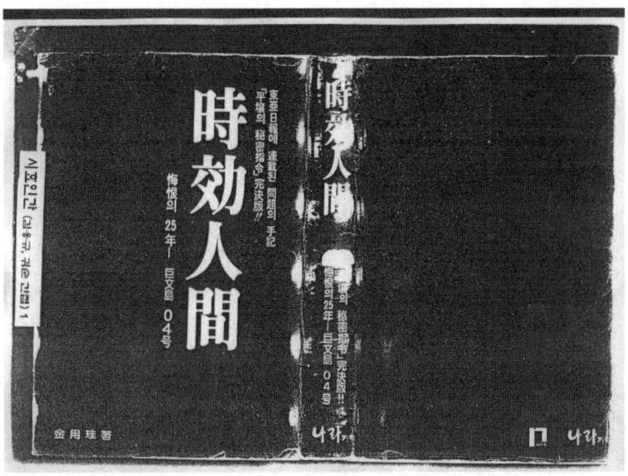

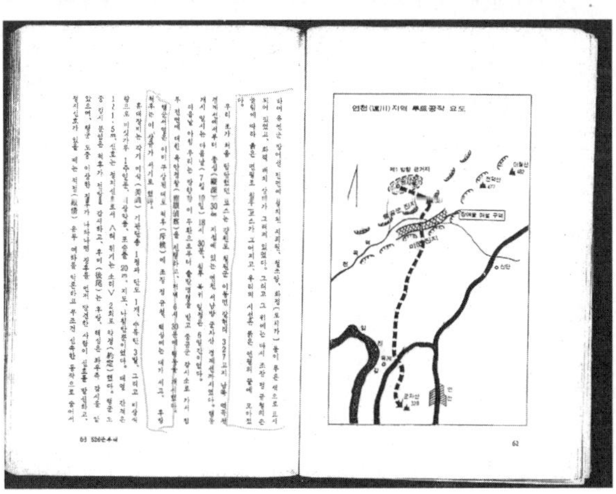

저자 약력

1949. 6 청운초등학교
1949. 6 서울중학교 2년 중퇴
1951. 3 납북
1951. 5 북괴군 526군부대 루트공작원
1952. 10 금강정치학원 수료
1953. 4 중앙당학교 졸업
1953. 10 김일성대학 철학과 2년 중퇴
1955. 10 문천기계공장 직공장
1962. 4 문평공업대학 기계제작과 졸업
1966. 4 문천기계공장 직장장
1967. 6 노동당 연락부 공작원
1972. 6 김일성 군사정치대학 졸업
1973. 7 노동당 연락부 지하당 조직원
1976. 9 귀순

시효인간(회한의 25시 - 거문도 04호)

「동아일보」 연재 수기 「평양의 비밀지령」 완전판

회한(悔恨)의 생이별

1951년 3월 4일

우수(雨水) 경칩(驚蟄)이면 대동강 물도 풀린다더니만 그날 아침은 전혀 이른 봄답지 않게 을씨년스럽고 음산하기만 했다. 게다가 그해 따라 절기(節期)가 늦어서인지 한적한 서울거리에는 때 늦은 눈가루까지 흩날렸다. 근 3개월여에 걸친 공산학정(共産虐政)에 치를 떨었던 서울 시민들은 저마다 살길을 찾아 남쪽으로 떠나간 지 오래였다. 하지만 병석에 누워 계신 어머니 때문에 도저히 집을 떠날 수 없었던 아버지는 그만 삶을 포기라도 한 듯 그대로 서울에 눌러앉고 말았다. 국군에 입대(入隊)한 형님은 물론, 출가(出嫁)한 누님들의 행방 역시 묘연했다. 그래서 서울에 남아 있는 우리 가족이라고는 아버지와 어머니, 그리고 나, 이렇게 셋뿐이었다. 우리는 오랑캐(중공군)가 내려오면 닥치는 대로 죽여 버린다는 소문을 듣고는 두려움에 싸여 대문 밖에 널장을 가로질러 놓은 채 마루 밑에 파놓은 방공호(防空壕)에 숨어서 살았다. 연기를 피울 수 없어 숯불로 끼니를 끓여 먹었으며, 심지어는 기침 한 번 마음대로 할 수 없을 정도였다. 간신히 죽으로 끼니를 이어가던 끝에 하루 한 끼씩 건너뛰기를 며칠째 계속했고, 마침내는 아예 꼬박 이틀을 굶어야 하는 처절한 상황에 빠지고 말았다. 그쯤 되자 우선 기운을 차릴 수가 없었다. 이제 우리 식구는 앉아서 죽기를 기다리는 수밖에 별다른 도리가 없을 성싶었다. 바로 그날 3월 4일. 묵묵히 앉아 계시던 아버지가 무슨 용단(勇斷)을 내리셨는지 길 떠날 차비를 하고 일어섰다. 그러자 핏기 없는 어머니의 가느다란 음성이 떨려 나왔다.

『어딜 가시려우?』

『앉아서 굶어죽을 수야 없지 않나? 뭘 좀 구해 봐야지!』

남은 가족들을 그대로 굶겨 죽일 수는 없다는 가부장적(家父長的) 책임에서 우러나오는 아버지의 비통(悲痛)한 대답이었다.

『나도 같이 가요. 아버지!』 하고 나도 함께 일어나려는데 어머니가 만류하는 것이었다.

『추운데 그렇게 입고 어딜 간다고 그러니?』

그러나 나는, 『엄마! 나도 가서 쌀 한 말이라도 지고 와야 형님이 올 때까지 기다릴 수 있잖아?』 하며 누워 계신 어머니에게 이불깃을 여며드리고는 더 이상 지체하지 않고 일어섰다. 어머니도 아버지도, 그러는 내가 퍽이나 대견스러운 듯 더 이상은 말리지 않았다. 나는 허둥지둥 윗도리를 주워 입고 아버지를 따라 나섰다. 대문 밖에 나와 보니 눈길 위에는 사람들의 발자국이 나 있었다. 거리에 나서자 비로소 거리를 오가는 사람들을 볼 수 있었다.

『아버지, 어디로 가요?』

『시장으로 한 번 가보자.』

아버지도 명확한 행방(行方)이 없는 것 같았다.

우리가 통인시장에 당도해보니, 그곳에는 이미 여러 사람이 군데군데 모여서서 웅성거리고 있었다. 담배를 팔고 있는 아이들, 또 솥뚜껑을 엎어놓고 가래떡을 구워 파는 아낙네들이 눈에 띄었다. 그런데 아무리 둘러보아도 쌀 같은 곡물(穀物)을 파는 곳은 한 군데도 없었다. 나는 담배 장사하는 아이에게, 『야! 어디 쌀 파는 데 없니?』 그러자 그 아이는, 『사람들이 그러는데 수색 쪽에 가서 사온대.』 하고 대답하는 것이었다. 아버지와 나는 즉시 수색 쪽으로 발길을 옮겼다. 서울은 말 그대로 주인(主人) 없는 유령도시(幽靈都市)로 변해 있었던 것이다. 낮 12시쯤 되었을까? 아현동 로타리를 지나 수색으로 넘어가는 고갯마루에 다다랐을 때였다. 그곳에서 〈경무원(헌병)〉 완장을 찬 북괴군들이 내왕하는 사람들을 꼼짝 못하게 붙잡아 놓고는 그 속에서 청소년들을 인근에 있는 독립가옥(獨立家屋)에 억류시키고는『영감들은 돌아가시오.』라면서 고래고래 소리를 질렀다. 아무 영문도 모르고 졸지에 자식들을 빼앗긴 노인들이 돌아가지 않고 사정을 하자, 이번에는 어깨에 소좌(소령) 견장(肩章)을 단 북괴군 경무관이 나타났다.『조사할 게 있으니 안심하고 돌아들 가시오!』그는 처음에는 이렇게 회유(懷柔)를 해보았으나 아무 소용이 없자 노인들을 〈반동〉이라고 협박했고, 급기야는 공포(空砲)까지 쏘아대면서 총대로 사람들을 마구 밀어내기 시작했다. 어느 새 날은 저물었고, 결국 나는 아버지와 말도 한 마디 못해본 채 생이별을 당하고 말았다. 이것이 내 생전(生前)에 아버지를 마지막으로 보는 안타까운 순간이라고는 꿈에도 생각하지 못했다.

죽음에의 공포

북괴군들은 우리들 한 방에 30명씩 빽빽하게 밀어넣고 거기서 남은 인원은 다른 집으로 끌고 갔다. 한 방에 갇히게 된 우리들 30명 가운데 열여섯 살짜리는 5명뿐이고, 그 외에는 모두 17~18세 정도로 보였으며, 그중에는 여학생들도 3명이나 섞여 있었다. 모두가 낯이 설어 눈치만 보고 앉아 있는데, 다른 한쪽 문턱에 모여 있는 몇 명은 무엇인가 쑤군거리다가는 웃고 장난질까지 치면서 잠시도 가만히 있질 않았다. 보아하니 한 동네에서 끌려온, 서로 잘 아는 친구들인 것 같았다. 이윽고 날이 어두워졌다. 마당에서는 보초 한 명이 뚜벅뚜벅 서성거리면서 왔다갔다 했다. 나는 불도 없는 캄캄한 방에서 앞으로 닥쳐올 일을 곰곰이 생각해 보았다.
「조사할 게 있다니 그게 어떤 것일까? 그리고 조사할 것이 있다면서 왜 조사하지 않는가?」생각하면 할수록 점점 더 불안한 예감만이 머릿속 깊숙이 스며들어왔다. 나는 이렇게 걷잡을 수 없는 불안과 공포 속에서 온밤을 뜬눈으로 새우다시피 한 후, 새벽녘에 가서야 깜박 잠이 들었다. 그런데 갑자기 〈드르륵, 드르륵〉 하며 자지러지는 총소리가 귀청을 때렸다. 깜짝 놀라서 눈을 떠보니 앞에 보이는 것은 아무것도 없고, 밖에서 웅성거리는 사람들의 말소리만 들려왔다.

잠시 후 북괴군 군관인 듯한 자가 문을 열고 들어오더니 종이에다 불을 붙여 들고는 머리를 끄덕끄덕 하면서 인원 점점을 했다. 그 순간 문턱 한쪽의 자리가 휑하게 비어 있는 것이 눈에 띄었다. 나는 그 친구들이 도망가자고 수군거렸음을 직감할 수 있었다. 그후에 안 일이지만, 그들은 보초가 조는 틈을 타서 도망을 치다가 6명이 몽땅 따발총 연발 사격에 맞아 그 자리에서 즉사한 것이다. 눈 깜짝하는 사이에 생(生)과 사(死)가 뒤바뀌는 놀라운 광경이 아닐 수 없었다. 그때부터 나는 더욱 더 가슴이 죄어드는 공포감을 억제할 수 없었다. 그것은 나뿐만이 아니라 그때 자리를 같이했던 목격자 모두의 공통적인 심정이었을 것이다.

실향(失鄕)

불안과 공포 속에서 온 밤을 뜬눈으로 새운 우리는 쪽잠(경황이 없는 틈새에 아무 곳이고 쭈그리고 앉아 잠시 눈을 붙이는 것)으로 한나절을 보냈다. 해질 무렵, 북괴군들은 주먹밥을 한 덩이씩 갖다주면서 먹으라고 했다. 잔뜩 배가 고팠던 나는 차디찬 주먹밥을 물 한 모금 없이 단숨에 꿀꺽 집어 삼켰다. 그야말로 코끼리 비스킷 먹는 격이었다. 잠시 후 북괴군 경무관(警務官) 한 명이 불쑥 나타났다. 그는 우리들 24명을 마당에 정렬

하라고 해놓고는 8명씩 갈라서 3개 조로 편성하고 여학생들은 각 조에 1명씩 배치했다. 여자들끼리 한 조에 있으면 수근거리며 도망칠 궁리를 한다는 것이 그 이유였다. 대열 편성이 끝난 다음 우리를 약 500m 떨어진 어느 독립 가옥으로 끌고 갔다. 그곳에서 다시 쌀이 가득히 담긴 배낭을 하나씩 짊어지라고 한 뒤 좌우측 멜빵 끈을 또 다른 끈으로 붙잡아매게 했다. 혹 배낭을 벗어던지고 도망칠 것이 염려되어 미리 예방을 하기 위한 수단이었다. 이렇게 멍에 아닌 멍에까지 쓰고 나니 옴짝달싹 할 수가 없었다.

드디어 행군(行軍)은 시작되었다. 호송병(護送兵)은 북괴군 군관 1명, 사병 4병이었다. 총을 멘 사병들은 대열 앞뒤 좌우측에서 우리를 감시했다. 우리가 큰길에 나섰을 때 능곡으로 통한 대로에는 중공군 자동차와 마차들이 꼬리를 물었고, 그리고 패주(敗走)하는 북괴군들과 피랍객(被拉客)들의 행렬이 거리를 메웠다. 그중에는 우리와 비슷한 행렬도 종종 눈에 띄었다. 처음엔「어디로 부역을 가는 것인가?」이렇게 생각했던 우리는 능곡, 일산, 문산을 지나서 임진강을 건넌 다음에야 비로소 북으로 끌려 들어간다는 것을 알았다. 그 순간 나는 공포와 불안, 서러움이 한꺼번에 복받쳐 그만 울음을 터뜨리고 말았다. 병석에 누워 계신 어머니의 창백한 모습이며, 북괴군의 총대에 밀리며 애원하며,『용규야!』하고 목놓아 부르던 아버지의 마지막 목소리가 귓전에 메아리쳤다. 옆에서나 앞뒤에서도 흐느끼는 소리는 끊이지 않았다.「어디 빠질 구멍이 없나?」하고 눈치를 보다가 대열(隊列)에서 조금만 떨어져나가면〈꽥!〉소리를 질렀다. 소변을 보겠다고 하면 줄곧 옆에 지켜 섰다가 다시 따라왔고, 앞 가슴에 잡아맨 끈을 풀지나 않았나 해서 수시로 검열하곤 했다. 그리하여 우리는 어쩔 도리가 없이 고삐에 매인 송아지처럼 북으로 북으로 끌려갔다.

시간이 흐를수록 고향은 아득히 멀어져가기만 했다. 우리는 하루에 주먹밥 두 덩이로 주린 창자를 채우면서 밤마다 1백 리를 걸어야 하는 고행 길을 계속했다. 그 이틀 후 우리는 개성을 지나서 금천에 이르렀다. 일행 중 대부분은 온몸에 몰려온 피곤으로 인해 픽픽 쓰러졌다. 사흘째 되는 날부터 장딴지가 부어오르고 발까지 부르터서 걸음을 걸을 수가 없었다. 그런 데다가 피로가 겹쳐 저절로 눈이 감기곤 하여 돌부리에 걸려 넘어진 적도 한두 번이 아니었다.『이 간나 새끼들, 빨리빨리 걷지 못하겠나? 적들이 벌써 서울에 들어왔단 말이다. 그래도 못 걷겠나?』하며 발길로 마구 걷어차고 총대로 밀며 몰아쳤다. 절룩거리며 걷다가 앞사람과의 거리 간격이 조금만 멀어지면 북괴군의 발길에 채고 고꾸라지거나 쓰러졌다. 그때마다 얼른 일어나지 못하면 엄살을 부린다고 또 한 번 채이기가 일쑤였다.

북(北)으로의 행군

서울을 떠난 지 나흘째 되는 날 밤! 난생 처음으로 겪어보는 고생길에 일행은 모두 지칠 대로 지치고 기진맥진했다. 어깨가 나른하고 온 몸이 쑤시고 아팠지만 그보다도 더욱 견딜 수 없었던 것은 사정없이 졸음이 몰려드는 것이었다. 밤에만 행군(行軍)하고 낮에는 쉰다지만 잠자리라는 것이 기껏해야 어느 계곡의 나무 밑이나 풀밭, 아니면 폭격에 허물어진 주인 없는 어느 집 헛간이었다. 그리고 덮을 것도 없이 배낭에 기댄 채로 쪽잠을 자는 것이 고작이었으니 언제 한 번 평안히 잠을 잘 수가 있었겠는가. 단 하루만이라도 푹 쉬었으면 하는 생각이 간절했지만, 북괴군들은 사정없이 걸음을 재촉했다. 그러나 나도 모르게 저절로 눈이 감기는 데는 어쩔 수가 없었다. 절뚝거리면서 걸어가다가는 앞 사람이 우뚝 멈춰서면 연달아 부딪치기가 일쑤였고〈꽥!〉하는 소리에 기겁을 해서 정신을 차려 보면 꼬부라지거나 푹 파인 길이었다. 이렇게 북괴군들의 채찍에 몰려 황해도 남천을 떠난 지도 벌써 몇 시간이 지났다. 새벽 2시가 지났을까? 고갯길을 넘어 꾸부러진 길목에 이르렀을 때였다. 선두에서 갑자기〈으악!〉하는 비명소리와 함께 문득 대열이 멈춰졌다. 이어 웅성거리는 소리가 들려

왔다. 우측으로 꾸부러진 길에서 졸며 걸어가던 좌측 열 선두 2명이 낭떠러지로 굴러떨어져 버린 것이다. 극도로 피로한 데다가 무거운 배낭까지 등에 지고 있어서 그들도 미쳐 손쓸 사이가 없었던 것이다. 잠시 후 벼랑 밑에서 가느다란 신음 소리가 들려왔다. 북괴군 2명이 벼랑 아래까지 내려가서 2명 중 1명만 업고 올라왔다. 저희들끼리 수근거리는 걸 보니 1명은 즉사(卽死)한 것이 분명했다. 북괴군의 등에 업혀 올라온 동료 1명은 다리가 부러져 있었다. 북괴군들은 부상당한 그를 인근 마을까지 메고 가서 어느 한 농가에 맡겨 버렸다.

이날 밤 뜻하지 않은 추락사고(墜落事故)로 더 이상 행군은 하지 않고 황해도 서흥군 신막(新幕)에 머물기로 했다. 우리 일행은 초라한 신막역 부근에 있는 커다란 기와집으로 들어갔다. 아침 10시가 되어서야 우리는 주먹밥 한 덩어리씩을 얻어먹고 다시 드러누웠다. 그런데 그날 따라 별난 게 북괴군들은 개별심사(個別審査)를 한다고 각 조별로 한 사람씩 불러냈다. 내가 속해 있던 조는 건너편 안방에서, 2조는 그 건넌방, 3조는 사랑방에서 각각 심사를 받았다. 한 사람을 심사하는 데 10분 정도가 실히 걸렸다. 한참만에야 내 차례가 되어 안방으로 불려갔다. 들어가니 북괴군 소위 견장을 단 경무관이 도사리고 앉아 있다가 본적이 어디며, 학력, 가족관계 등 내 신원사항(身元事項)에 대해 캐묻고 나서 희망이 무엇이며, 무슨 소질을 가지고 있는가 하는 것까지 짓궂게 물었다. 날이 어두워지자 행군은 다시 계속되었고, 서울을 떠난 지 6일 만에 우리는 황해도 황주(黃州)에 도착했다. 북괴군은 황해도 황주군 인교면 여의리에 자리잡은 서울시 청년훈련소라는 곳에 우리 일행을 인계하고는 어디론가 가 버렸다. 훈련소에는 우리처럼 남쪽에서 끌려온 청소년들이 1천 5백 명이나 있었고, 그중에는 여자들도 3백 명이나 끼어 있었다. 모두가 초라한 모습으로 지치고 불안한 표정들이었다.

서울시 청년훈련소

서울시 청년훈련소는 북괴군 대남공작(對南工作) 부대인 526군부대에 입대(入隊)시키기 위한 목적으로 기초훈련(基礎訓鍊)을 담당한 교육 기관이었다. 김일성이 2차 패주(敗走) 당시 서울을 비롯한 철수 지역에서 수많은 청소년들을 닥치는 대로 끌고 간 것도 실은 금후 대남 공작에 소요되는 인적 자원(人的資源)을 확보하기 위한 데 그 목적이 있었던 것이다. 당시 훈련소 소장은 1·4 후퇴 때 서울시민청 부위원장이었던 고광옥이었고, 이하 교직원, 교관들과 초급 지휘관들까지는 과거 남로당 계열에서 좌익운동(左翼運動)을 하던 화려한 경력을 가진 자들이었다. 훈련소라는 것은 아무런 시설도 없어 임시 수용소나 다름없었다. 우리는 초라한 농가의 윗방을 숙소(宿所)로 빌려 썼고, 필기도구 하나 없이 풀밭에 앉아서 강의를 받고, 훈련도 들판에서 진행하게 되어 있었다. 우리가 황주에 도착한 후에도 각 지방에서 납치된 청소년들이 20명 또는 30명씩 계속 보충(補充)되어 왔다. 1951년 3월 15일. 훈련소 입소식(入所式)이 거행되고, 이어 대열 편성(隊列編成)이 있었다. 편성된 대열은 완전한 군사편제(軍史編制)였다. 나는 1대대 1중대 3소대 1분대에 배속됐다. 함께 납북된 동료들은 모두 뿔뿔히 헤어지게 되었고, 납북 당시 한 조에서 친숙했던 이진숙은 나와 한 중대인 1중대 여성소대에 배치되었다. 내가 소속된 3소대 1분대는 10명으로 구성됐다. 분대원들은 모두 17 ~ 20세였고, 16세짜리 동갑은 나와 중동중학교를 다녔다는 김동현 둘뿐이었다. 나는 김동현과 가장 친숙하게 지냈다. 우리는 서로의 호칭을 〈김동무〉, 〈이동무〉로 바꿔 부르도록 강요당했다. 대열 편성이 끝나자 그 이튿날부터 혹독한 훈련이 시작되었다. 이렇게 내 운명의 수레바퀴는 돌기 시작했던 것이다.

첫 시련(試鍊)

북괴군에게 붙잡혀서 황주로 납북돼 오기까지 6일 동안에 겪은 모든 사건들은 내 일생에 처음 당하는 커다란 시련(試鍊)이 아닐 수 없었다. 그러나 그것은 훈련소에서 겪은 체험에 비하면 아무것도 아니었다. 아침 6시에 일어나면 산야발주(山野發走)라는 미명하에 숙소로부터 달리기 시작하여 산봉우리 3개를 넘어 10리쯤 떨어져 있는 초소에 가서 식권(食券)을 가지고 와야 아침밥을 한 그릇 먹을 수 있었다. 시간이 늦으면 그것도 주지 않는다. 만일 불가피한 사정으로 갈 수 없을 경우에는 중대장의 사전 승인(事前承認)을 받아야 하는데, 그 승인을 받기는 하늘에 별 따기만큼 어렵다. 아침 식사가 끝나면 「조선해방투쟁사」라는 과목으로 정치학을 배우고, 군사학으로는 군사지형학, 병기학, 사격원리 등으로 2시간씩 이론 강의가 진행됐다. 그 다음 실지 동작훈련으로는 지형 훈련을 비롯하여 제식(制式) 사격 훈련이 진행되고, 오후 5시에는 산에 올라가 나무를 한 짐씩 해와야 저녁 식권(食券)을 주었다. 그리고 훈련을 받는 가운데서도 가장 힘겨운 것은 저녁 식사 끝에 진행되는 50리 야간 산악 행군이었다. 20kg의 배낭을 짊어지고 산꼭대기를 기어오를 때면 목에서 단내가 난다. 이렇게 산악을 오르내리며 50리를 돌고 나면 온몸이 비지땀으로 젖고, 두 다리는 마비된 듯 감각마저 없어지며, 땀에 흠뻑 젖은 몸을 식힐 사이도 없이 자리에 쓰러지면 자기도 모르게 물먹은 솜처럼 녹초가 되고 만다.

526군부대

서부전방연락소

유엔군의 반격에 부딪쳐 전쟁 2단계 전략이 풍비박산 나게 되자 북괴는 거기에서 응당한 교훈을 찾는 대신 계속 전시 효과를 노리면서 남한의 배후(背後)에 제 2전선을 형성하고, 후방을 교란시킬 목적으로 새로운 모략(謀略)을 꾸몄다. 김일성은 대남간첩(對南間諜) 양성기관인 금강정치학원을 신설, 보강하고 남파간첩들을 대대적으로 양성하는 한편 밀로개척(密路開拓)과 간첩 남파 호송임무를 전담하는 대남공작부대로서 526군부대를 창설(創設)했다. 526군부대는 서부전방연락소와 동부전방연락소로 조직되었다. 1951년 3월, 북괴는 두 번째로 패주하면서 서울을 비롯한 전반적인 철수 지역에서 청소년들을 닥치는 대로 강제 납북해갔다. 인간의 상상을 초월하는 고된 훈련이 계속되던 어느 날, 훈련소에서는 기초 훈련이 시작된 지 두 달 만에 전체 훈련생들에 대한 판정 검열(判定檢閱)이 진행되었다. 검열은 526군부대 기간요원(基幹要員)들이 판명(判明)하에 지형 훈련, 비합법 산악 행군 훈련, 실탄 사격 등을 위주로 하여 진행되었다. 여기에서 합격된 사람들은 다시 인물심사를 거쳐서 526군부대로 편입되고, 나머지는 모두 북쪽 후방으로 압송되었다. 나는 판정 검열에서 합격된 탓으로 526군부대에 편입되었다. 전체 합격자 5백 명 중에서 열여섯 살짜리는 나까지 포함해서 모두 12명이었다. 526군부대에 입대한 후 나는 다시 한 달 동안 장애물 극복, 잠복 초소 통과, 비합법 산악 침투 훈련, 그리고 격술(태권도) 등의 특수 훈련을 받고, 1951년 5월 15일 서부전방연락소 제 1방향(526군부대 예하의 대대급 편제) 루트 공작원으로 배치되었다.

화선(火線) 넘어 2천리

제 1방향 지휘부는 강원도 철원군 이동면 신현리 하사골 부락에 자리잡고 있었다. 당시 제 1방향으로 배치된 인원은 모두 25명이었다. 우리가 연락원의 안내로 하사골에 도착했을 때, 방향장 이하 구대원(고참대원)들은 우리를 반겨 맞이했다. 그 다음날 방향에서 구대원과 신대원들을 배합하여 대열 편성이 있었다. 루트 공작조(工作組)는 1개조에 3명씩 15개조로 편성되었고, 1개 코스를 3개조가 담당하여 그 중에서 2개조는 기본 전투조, 나머지 1개조는 예비공작조로 편성되었다. 나는 예비공작조에 배속되었다. 내가 배속된 예비조는 조장 정 규철과 이상규, 그리고 나까지 세 명이었고, 조장 정규철은 고참 공작원이었다.

대열 편성이 끝난 후 방향장 이두환(1 · 4 후퇴 때 서울시 조국보위후원회 위원장)은 방향 내 생활 일과(生活日課) 준칙(準則)에 대하여 강조하면서『루트 공작원의 기본 임무는 대남침투로(對南浸透路)를 개척하고 정치공작원을 목적지까지 무사히 안내 · 호송하는 데 있다. 그러니만큼 공작 도중에 그 어떤 흔적도 남겨서는 안되며 쥐도 새도 모르게 감쪽같이 침투 · 복귀를 해야 한다. 장애물을 돌파할 때에도 통과한 다음에는 반드시 원상복구(原狀復舊)시켜야 하며 불가피한 경우를 제외하고는 보초병을 살해(殺害)하거나 생포(生捕)해서도 안 된다. 만약 흔적을 남기게 되면 피흘려 개척한 루트가 봉쇄될 수 있다. 때문에 절대로 흔적을 남기지 말아야 한다.』는 내용으로 일장 훈시를 내렸다. 대열 편성이 있은 다음날부터 본격적인 루트 공작이 개시(開始)되었다. 우리 예비조 성원(成員)들은 전방 지대를 비롯한 자기 조의 담당 코스에 대한 지형연구(地形硏究), 그리고 침투 훈련(浸透訓練) 등으로 일과를 보냈다. (중략)

그러던 어느 날 우리 방향에는 지휘부로부터 20명의 신대원이 배치되어 왔다. 희생된 대원들을 보완하기 위해 내려보낸 사람들이었다. 그들을 보는 순간 나는 며칠 전 잠자리에서 조장 정규철이 한 말이 떠올랐다.「방향에서 죽지 않고 석 달만 견디면 구대원이 된다.」그러니 죽으면 보충되고, 또 죽으면 또 저렇게 보충될 것이 아닌가? 밑 빠진 독에 물 퍼붓기 식으로 끝이 없을 성싶었다. 그 다음 순간,「나도, 아니 지금 여기서 한 솥의 밥을 먹는 모든 동료들도 언젠가는 끝장을 보고 말 것이 아닌가!」이렇게 생각하니 고향에 두고 온 부모님과 형님, 누님들 생각이 간절해졌다. 집을 떠난 지도 벌써 석 달이 지나고 있다. 그동안 집 생각을 해본 적이 한두 번이 아니었건만 지금처럼 이렇게 간절히 생각되기는 처음이었다. 쌀자루를 메고 들어오겠거니 하고 기다리던 막내아들이 빨갱이들한테 붙들려갔다는 날벼락 같은 소식을 듣고 죽었는지 살았는지도 알 수 없는 이 아들을 애타게 기다릴 어머님을 생각하니 가슴이 미어지는 것 같았다. 아마 이것은 나 혼자만이 아니라 모든 동료들의 공통적인 심정이었으리라. 그런 그것은 어디까지나 개개인의 심정이고, 그와는 관계없이 방향 일과는 정해진 대로 진행되었다. (중략)

우리 조가 처음 담당했던 코스는 강원도 철원군 이동면 갈현리 327고지 남쪽 역곡천 경계선에부터 종심(縱深) 30km 지점에 있는 연천 서남방 군자산 경계선까지였다. 행동 개시 일시는 다음날(7월 10일) 18시 30분, 침투 복귀 일정은 6일간이었다. 다음날 아침 우리는 방향장 이두환으로부터 출발 명령을 받고 중공군 감시소로 가서 침투 전면에 대한 육안 정찰(肉眼偵察)을 진행하고, 저녁 6시 30분에 행동을 개시했다. 이미 구상된 대로 척후에 조장 정규철, 핵심에는 내가 서고 후방 척후는 이상규가 서기로 했다. 휴대 장비는 각기 미식(美式) 기관단총 1정과 단도 1개, 수류탄 3발, 그리고 비상 식량으로 미숫가루 1주일분, 비상 약품, 포승줄 20m, 지도, 나침반뿐이었다. 대열 간격은 1 ~ 1.5m, 신호는 정지 신호로서 〈혀 튀기는 소리〉 2회로 약정(約定)했다. 행군 도중 감시 분담은 척후가 전방을 감시하고, 후미(後尾)는 후방, 핵심은 좌우측 감시를 맡았으며, 행군 도중 이상한 징후가 나타나면 징후를 먼저 발견한 사람이 신호를 발신하고, 정지신호가 있을 때는 적정(敵情) 유무 여하를 막론하고 무조건 신속한 동작으로 숨어서 전투 태세를 갖추며, 나타난 징후를 판단한 다음

의견을 일치하여 다음 행동을 계속하기로 했다. (중략)

무려 두 시간이나 걸려 지뢰밭을 다 극복하고 나니까 이번에는 철조망이 앞을 가로막았다. 철조망에 바싹 붙어 주위 동정(動靜)을 살펴보니 멀리서 이따금 알아들을 수 없는 말소리가 들릴 뿐 별다른 정황(情況)은 없었다.

잠시 후 후미의 엄호하에 조장 정규철과 나는 돌파구를 형성하기 시작했다. 철조망은 텐트식(지붕식) 철조망이었고, 여기저기 군데군데에는 빈 깡통에 탄피(彈皮)까지 매달려 있어서 조금만 건드려도 소리가 나게 되어 있었다. 나는 먼저 훈련에서 익힌 솜씨로 철조망에 달린 깡통부터 하나씩 쥐고 그 속에다 수건을 하나씩 틀어막았다. 소리가 나지 않게 하기 위해서였다. 그러는 사이 조장 정규철은 철사로 만든 〈S〉형으로 생긴 고리로 가로 늘어진 철조망 간선을 상하로 벌려 그 아래 윗줄에 각각 걸어놓고 철조망 안으로 들어갔다. 다음에 내가 통과하고 같은 동작이 반복됐다. 후미는 마지막에 세 번째 철조망 안에 들어섰을 때였다. 약 20m 저쪽에서 갑자기 발자국 소리가 들렸다. 순간 우리는 숨을 죽이고 납작 엎드렸다. 철조망 안에서 이렇게 됐으니 발견되기만 하면 영락없이 죽을 판이다. (중략)

그런데 잠시 후 좌측 능선 기슭에서 또 중얼중얼 말소리가 들렸다. 알고 보니 미군 잠복 초소가 50m 간격으로 늘어서 있었다. 그러나 잠복 초소 위치를 포착(捕捉)한 이상 50m 간격이 문제될 것은 없었다. 우리는 잠복초소와 잠복 초소 사이로 한 치 한 치 기어올라가며 신호줄을 극복하고, 교통호(交通壕)를 통과, 유엔군 진지 후면 남쪽 경사면으로 붙었다. 불과 2km 남짓한 구간을 무려 5시간이나 걸려 돌파한 셈이다. 요경계(要警戒) 지대를 돌파한 후 우리는 3일간의 악전고투(惡戰苦鬪) 끝에 목적지 군자산에 도착했다. 연천 거리가 한 눈에 내려다 보이는 군자산에 이르렀을 때 내 마음은 착잡했다. 남쪽으로 1 백 리하고 50리만 더 내려가면 내가 나서 자란 고향땅이었다. 부모형제들이 기다리고 있는 내 고향! 얼마나 그리웠던 고향땅인가! 그러나 다시금 고향을 등지지 않을 수 없었다. 넉 달 전, 북으로 끌려갈 때만 해도 도망갈 구멍을 찾았던 내가, 오늘은 도망칠 수 있는 훨씬 유리한 조건에서도 용단을 내리지 못하고 다시 북행길에 올랐다.

납북인사들의 비참한 말로

1950년, 6월 25일을 전후하여 북괴의 검은 마수에 걸려 강제로 끌려간 납북인사들의 수는 무려 14만 명이 넘는다(의용군 제외). 이들은 시기적으로 구분해보면, 6 · 25 때 납북된 정계, 사회계, 학계, 문화예술계 인사들이 8만4천여 명, 1 · 4 후퇴 때 납북된 청소년들이 5만 5천여 명, 그 나머지는 휴전 이후 어선, 여객기 등 여러 경로를 통해서 납북된 사람들이다. 김일성이 왜, 무엇 때문에 그토록 〈인간 사냥〉에 혈안이 되어 날뛰었는가? 그것은 첫째로, 장차 북한 사회를 이끌고 나아갈 만한 인재(人才)가 부족했기 때문이었고 둘째로는, 한반도 전체를 적화 통일시키기 위한 정치적 야망을 실현하는 데 필요한 인적 자원을 확보하자는 데 그 목적이 있었던 것이다. 바로 이러한 목적으로 인해 김일성은 6 · 25를 계기로 본격적인 〈인간 사냥〉을 개시했고, 기회가 있을 때마다 아프리카의 노예 상인을 방불케 하는 야만적인 수법으로 닥치는 대로 납치했었다. 납북된 인사들의 그후 운명(運命)은 어떻게 되었을까? 다는 알 수 없어도 많은 사람들의 관심 속에 높은 명망을 가지고 있던 인사들의 경우를 들어보면 다음과 같다.

혹독한 고문 속에 죽어간 정계(政界) 인사들

납북된 정계 인사들 중에서 가장 기억에 남는 사람들은 김규식(金奎植) 박사를 비롯하여 6 · 25 무렵 서울시장 이었던 안재홍(安在鴻)씨, 그리고 사회당 당수이며 국회의원이었던 조소앙(趙素昂)씨, 백범 김구 선생의 비서실장으로 한독당 수뇌부에 있던 엄항섭씨, 그외에 국회의원 오하영, 윤기섭, 김효석, 원세훈, 김용무, 김동원, 박철규씨 등이다. 북괴는 납북된 정객들을 대남 선전의 돌격대로 이용하기 위해 처음에는 대우를 해주는 척하면서 회유책을 쓰기도 하고 공갈 협박을 들이대기도 했다. 그러나 납북인사들은 그 누구도 북괴의 회유기만 술책과 공갈 협박에도 굴하지 않고 거부에 나섰다. 이들의 완강한 저항에 부딪치게 되자 김일성은 정계인사들을 교화소에 감금시켜 놓고 장기전을 획책하면서 연일 심문을 했다. 납북 직후 정세의 변화에 따라, 압록강 국경 지대로, 평양 지대로 끌려다니며 납북 정객들이 겪은 고초는 형언(形言)할 수 없다. 강계, 만포진에서는 침침한 토굴 속에 감금되고, 평양으로 끌려와서는 교화소의 차디찬 콘크리트 바닥에 억류(抑留)되었다.

이렇게 죄수 취급을 받아온 정계인사들 중에는 고문을 당한 사람도 있고, 가중되는 고초로 인해 고혈압에 신장염, 관절염 등 심각한 합병증(合併症)으로 옥중에서 별세한 사람들도 부지기수이다. 북괴는 그 많은 사람들 중에서 한두 사람만 전향시키는 데 성공해도 큰 성과라고 떠벌이면서 그들에게 끈질긴 세뇌 공작을 펼치기도 했다. 납북된 정객들 중에서도 김일성이 목표로 간주했던 사람들은 김규식 박사를 비롯해서 안재홍, 조소앙, 엄항섭, 오하영씨 등 국회의원들과 야당 인사들이었다. 김일성은 단 한 사람이라도 돌려세워 볼 심산으로 1955년도에는 북괴의 행정 간부 양성 기지인 인민경제대학에 특설반이라는 것을 신설하고, 교화소에 수감된 정계 인사들 중에서 명망이 높은 인사를 50여 명을 특설반에 집어넣고 세뇌 공작을 펼쳐 보았다. 그리고 1956년 7월에는 이른바 〈재북평화통일촉진협의회〉라는 허수아비 기구를 조작해 가지고 정계 인사들을 강제로 망라(網羅)시켰다. 그리고는 《남조선 제정당 사회단체들에 보내는 호소문》이요 뭐요 하는 위장 평화 공세를 취할 때마다 그들의 이름을 이용하여 성명, 호소문을 남발(濫發)하곤 했다.

사태가 이렇게 되자 북괴는 정계 인사들을 각각 분산시켜 가지고 동년 말경에 엄항섭, 조소앙, 윤기섭, 김상덕씨 등 24명의 인사들을 반정부 음모에 가담했다는 혐의를 씌워서 모조리 체포하여 재판도 없이 비밀리에 처형해 버렸다. 뿐만 아니라 그 당시 피동 분자로 몰렸던 신성균, 조옥련, 허영호, 이주형, 이만근, 박동환씨 등 나머지 20여 명은 1958년 말과 1959년 초에 북쪽 벌목장으로 각각 분산 · 배치시켜 귀양(정배)살이를 보냈다. 그후 남한에서 4 · 19가 일어나자 김일성은 거기에 한 가닥 희망을 걸고 〈조국평화통일위원회〉라는 허수아비 단체를 또 만들어 가지고 58년 엄항섭 사건에 관련시켜 처형하지 못했던 저명 인사 안재홍, 김규식, 오하영, 박철규씨 등을 대동강 기슭에 있는 독립 초대소에 각각 밀봉시켜놓고 1948년 납북 제정당 사회단체 연석회의 때 월북한 이극노와 함께 조국평화통일위원회 의장단 성원으로 강제 기용시켰다. 이렇게 정계 인사들은 계속되는 연금 생활을 하다가 1963년 안재홍씨를 마지막으로 전부 노환(老患)으로 별세하고 말았다. 1958년, 엄항섭 사건 당시 피동 분자로 낙인(烙印)찍혀 북쪽 산간 벽지로 추방된 인사들도 그후 모두 사망한 것으로 추측하고 있다.

이용 끝에 추방된 과학자들

6 · 25 때 끌려간 납북인사들 가운데에는 정계 인사들도 많았지만 저명한 박사, 교수와 같은 학계 인사들도 많았다. 6 · 25 당시 남한의 과학자들을 색출, 납치, 회유(懷柔) 하는 데서 돌격대 역할을 수행한 것은 전 서울

공대 교수로 있다가 1948년도에 월북한 김재을이었다. 김일성은 서울을 점령하자마자 김재을 박사를 끌고 나와 서울시 인민위원회 부위원장 감투를 씌어 놓고 그와 과거부터 친분 관계를 가지고 있던 일본 경도제국 대학 출신 동창들과 권위 있는 박사, 교수들을 물색, 포섭하게 하는 한편, 순순히 말을 듣지 않는 사람들은 정치보위대를 동원해서 수색 작업을 벌여 납치하도록 했다. 결국 이렇게 해서 수많은 박사와 교수들이 강제 납북되게 되었다. 사실 6 · 25 직전까지만 해도 북한에는 인재(人才)가 거의 없었다. 그 당시 북한에서 최고학부(最高學府)로 불리던 김일성대학과 김책 공업대학의 교수진에서 그 중추를 이루고 있던 인물들은 과거 남한에서 좌익계의 영향하에 있다가 6 · 25 전에 월북한 교수들이었다. 그 대표적인 인물로 과거 서울공대 교수로 있다가 1948년도에 월북한 김재을 박사를 비롯해서 백남훈, 정평수, 도상록 등을 들 수 있다. 화공학 박사 김재을은 김책공업대학 교수로, 수 · 물학(數物學) 박사 정평수, 도상록은 김일성대학 교수로 있었다. 이들 모두가 일본 경도제대 출신들이다.

6 · 25 때 강제 납북된 과학자들 중 대표적인 인사들은 서울대학교 총장이었던 최규동(崔奎東) 박사를 비롯해서 고려대학교 총장 현상윤(玄相允) 박사, 서울사범대학 학장 손진태(孫晋泰)씨, 그리고 서울공대 교수였던 이승기(李承基) · 최삼열(崔三烈) 박사 등이다. 납북된 이들 과학자들 중에는 동란 중에 잘못된 사람들도 있으나 그 대부분이 북괴에게 이용당하다가 1958 ~ 1959년 사이에 중앙당 집중 지도 당시 거의 다 숙청되었다. 최규동 박사와 손진태씨는 동란 때 강계시 향하리까지 끌려가서 북괴의 요구에 순응하지 않는다고 하여 침침한 굴 속에 감금당했다. 이들은 굴 속에 억류된 지 1년 만인 1951년 말, 1952년 초에 각각 별세하고 말았다. 고려대학교 총장이었던 현상윤 박사는 정계 인사들과 함께 1955년 인민경제대학 특설반을 수료하고 북괴가 조작한 재북 평화통일촉진협의회 의원으로 강제 기용되었었다가 1958년 말 엄항섭 사건에 관련되어 다시 교화소에 수감, 그후 양강도 위면 임산사업소 벌목장으로 유배되어 강제 노동당하다가 교화소에서 걸린 질병으로 고생하던 끝에 1960년에 별세했다는 소식이 남한 출신들을 통해서 전해졌다.

한편 의학박사 이성봉씨와 서울의대 교수였던 김시창씨는 패주하는 북괴군에게 끌려 자강도 만포까지 갔다가 다시 나와서 동란 당시 북괴군 57호 야전병원에서 외과의(外科醫)로 고용, 1953년 휴전협정이 조인된 후에는 평양의학대학 교수로, 그후 이성봉 박사는 적십자 중앙병원 임상연구소(臨床研究所)로 자리를 옮겨 가지고 있다가 1958년 말경에 숙청, 그후 소식은 전해지지 않고 있다. 납북된 과학자들 중에서 김일성에게 가장 후한 대접을 받은 사람은 이승기 박사였다. 그는 북괴군이 패주할 당시 만주까지 들어갔다가 다시 나와서 김일성이 만들어준 청수화학연구소에서 비닐론을 연구했다. 그후 이승기 박사는 비닐론 연구 성과로 해서 최고인민위원회 대의원(국회의원)이 되고, 1964년도에는 노력영웅 칭호까지 받았으며, 과학원 함흥분원(分院) 원장으로 임명되어 김일성의 총애를 받았다. 1968년 〈프에블로〉호 사건과 관련하여 정세가 긴장되자 김일성은 이승기 박사에게 국방과학원 원장직을 겸직시키면서 어깨에다 큰 별을 두 개나 달아주었다. 그리고 그 밑에다 10여 명의 조수들을 붙여주면서 신형 무기(新型武器)를 개발 연구하도록 했다. 그런데 그후 몇 년이 지나도록 연구 성과가 나타나지 않게 되자 1971년 말, 북괴는 이승기 박사에게 책임을 추궁했다. 이때 이승기 박사는 호된 비판을 받다가 「저런 조수 10명보다 차라리 천재 1명을 붙여주는 것이 더 낫다」는 식으로 불만을 표시했다. 그러자 북괴는 당에 대한 도전 행위라고 하면서 이승기 박사한테서 국방과학원 원장직과 함흥 분원 원장직을 박탈하고 사상 검토를 들이댔다. 그후 소식은 알려지지 않고 있다.

과학원 공학연구소 연구사 및 김일성대학 교수로 있던 최삼열 박사와 김영창, 정열모, 고정옥씨 등은 1969년 간부대열 정리 당시 출신 성분이 나쁘다는 이유로 숙청되었다. 최삼열 박사가 숙청되는 바람에 영화촬영소 공훈 배우로 있던 최부실도 황해제철소 노동자로 좌천되어 강제 노동을 당하고 있다. 이와 같이 이용해 먹을 대로 이용하다가 그 이용 가치가 떨어지게 되면 헌 걸레처럼 취급하는 것이 김일성의 인텔리 정책이다. 김일성의 이러한 인텔리 정책은 비단 납북된 과학자들에게만 적용된 것뿐이 아니다.

문화 예술인들의 비참한 말로

6·25 당시 납북된 인사들로서 특히 빼놓을 수 없는 사람들은 문화인(文化人)들과 연예인(演藝人)들이다. 문화인으로 납북된 인사로서 누구보다도 가장 비참한 종말을 가진 이는 춘원(春園) 이광수(李光洙) 선생이었다. 북괴는 이광수씨를 북으로 압송(押送)해간 후 그를 이용해 먹으려고 갖은 회유책을 다 썼으나 완강(頑强)한 저항으로 그 뜻을 이룰 수 없게 되자 반동 작가로 몰아 평양교화소에 감금시켜 버렸다. 억류된 춘원은 폐결핵에다가 심한 관절염까지 걸려 앉은뱅이가 된 채 일어서지도 못하고 1958년에 무참히도 옥사(獄死)당하고 말았다.

그외에 임화, 이태준, 한설야, 한진태 등 좌익계 영향하에 있던 작가·예술인들은 문예 전선의 돌격대로 이용당하다가 무자비하게 숙청당했고, 임화, 이태준은 1953년 박헌영, 이승엽 사건과 연관된 반동 작가라고 하여 숙청했는데 임화는 이승엽, 배철 등 남로당 계열의 거두들 축에 끼어 총살(銃殺)당하고 이태준은 교화소에 수감된 후 영영 무소식이었다. 허정숙이 문화선정상으로 있다가 숙청당하자, 그 자리를 넘겨 받았던 한설야는 김일성의 날조(捏造)된 혁명역사(革命歷史)를 주제로 하는 소위 혁명문학(革命文學)을 창작·일반화하는데 대한 김일성의 교시를 반대·비난했다 하여 1960년대에 반당 종파 분자로 숙청, 함경북도 종파수용소로 추방된 후 병사(病死)하고 말았다. 소설가인 한진태는 《화선천리》라는 자기 작품에 서울에서 의용군에 끌려간 한 서울대학생을 주인공으로 등장시켰다. 북괴는 『왜 그런 소부르주아 출신을 주인공으로 부각시켰는가?』하면서 그 내용을 뜯어 고치라고 억압을 했으나, 못마땅히 생각한 한진태가 그 뜻을 받아들이지 않자 역시 반동 작가로 몰아 숙청해 버리고, 이미 출판된 그의 작품을 모조리 회수해서 불태워 버렸다.

연예인들의 경우에도 그 처지는 마찬가지였다. 일정 때부터 무용가로 그 명성이 높았던 최승희와 그의 딸 안승희는 한때 북한에서 민족 무용 발전에 그 공로가 컸다고 해서 김일성으로부터 인민 배우 칭호까지 받고 김일성의 총애를 받았다. 김일성은 최승희의 이름을 따서 최승희무용연구소까지 차려주는 등 극성을 부렸으나 최승희의 남편 안희마저 농촌 구석으로 숙청해 버렸다. 만담가 신불출은 동료들과 함께 술좌석에서 남한 출신들에 대한 잔인한 숙청상을 비유해서 『야! 모가지 여분을 몇 개나 가지고 있기에 함부로들 시껄여. 까딱하다간 끄떡한다. 괜히들 말조심해.』 이렇게 혀를 잘못 놀렸다가 안전부에 연행되어 간 후 소식이 없다. 또한 인기 배우 황철은 북에 들어가서도 재치 있는 연기로 인해 인기를 한 몸에 모으는 등 인민 배우 칭호까지 받고 한 때 문학예술총동맹 부위원장까지 지냈으나 1959년에 중앙당에 끌려가 한 차례 검토를 받자 고민 끝에 쇼크로 졸도한 다음 다시 깨어나지 못했다.

한편 연예인 중에서 누구보다도 파란 많은 곡절을 겪은 사람은 심영이다. 그는 연기 생활을 통해 공훈 배우로 각광을 받아왔지만 1953년 남로당 숙청 당시 한 차례 걸려들었다가 간신히 모면하고, 1960년 한설야가 숙청될 당시에 다시 사상 검토를 받은 후 공훈 배우가 된 지 20년이 넘도록 알아주지 않는다고 불평을 하다가 1971년에 숙청되어 평양 삼신탄광 탄부로 떨어졌다. 그러자 영화 배우로 있던 그의 딸 심영옥과 아들 심승보까지 삼신탄광으로 강제 추방되었다. 그후 심영은 탄부로 고역을 치르다가 1973년에 폐결핵으로 사망했는데, 그는 숨을 거두는 마지막 순간에 자식들 앞에서 『내 평생에 제일 큰 실수는 공산주의를 따른 것이다. 너희들을 두고 가자니 내 마음이 안 놓이는구나. 이 다음에 통일되면 나를 서울에 갖다 묻어 다오』라고 유언을 남기고 눈을 감았다. 그밖에 공훈 배우 김연실, 문예봉, 김선영 등은 남한 출신 배우들에 대한 차별 대우에 불평을 품는 기미를 보이자 냉대를 받게 되었다. 특히 그중 자기 불만을 노골적으로 털어놓았던 신세민은 1972년에 간첩으로 몰려 처형당하고, 공훈 배우였던 홍인순은 1971년 말경에 평야 건설사업소 노동자로 숙청, 벽돌 짐을 지는 신세가 되었으며, 문예봉은 연기 생활도 못하고 영화촬영소의 말단 분장실 분장사로 생활하고 있다. 이 외에도 가수 유은경, 왕수복, 조경, 김점순, 그리고 작곡가 김순남, 나화일, 체육인 나윤철 등 수많은 사람들이 남한 출신이라는 〈죄〉 아닌 죄로 인하여 심한 박해를 받고 있는데, 남아 있는 모든 문화 예술인들의 말로(末路) 역시 그 신세는 뻔한 것으로 보인다.

거문도 4차 남파와 3분 만의 거사(擧事)

8 · 18판문점 사태 후 제주도 남방까지 내려왔다가 〈미드웨이호〉 때문에 더 북상하지 못하고 일본 근해에 표류하다가 다시 남포항으로 복귀한 지 이틀 후, 아직 배에서 시달렸던 피로가 가시기도 전이었다. 1976년 9월 4일, 예고도 없이 부부장 김상호가 담당 지도원을 대동하고 중년 사나이 1명과 함께 검은 세단으로 초대소에 도착했다. 김상호는 들어서자마자 『상급당의 결정에 1940번(나의 공작 번호) 거문도 공작조에 선생(공작원) 한 분을 더 배속시켜 3명으로 구성하기로 되었습니다.』라고 하며 중년 사나이를 소개시켰다. 그는 김영철(가명)이라 불렀다. 우리는 서로 자기 가명을 대고 악수하고 인사를 나누었다. 밀리고 밀리어 오던 거문도 4차 공작은 드디어 1976년 9월 19일 22시에 작전을 개시하기로 결정되었다. 4차 공작 임무는 첫째, 거문도 고첩(固諜) 김재민의 딸 김영희를 대동 복귀시키는 동시에 내륙 지대 주민등록증을 획득해오는 것이며, 둘째, 8 · 18 사태 이후 남한의 군사 · 정치 정세와 동향에 대한 정보를 수집하는 것이었다.
(중략)

이튿날 정오, 우리는 연락부장 정경희의 환송을 받고 평양을 떠났다. 남포연락소 전용 선착장 와우도에 도착한 우리는 부부장 김상호 이하 간부들의 뜨거운 배웅을 받으며 저녁 7시에 낯익은 공작선 56호에 올랐다. 선원들은 모두 우리를 기다렸다는 듯이 반갑에 맞았다. 잠시 후 시동이 걸리고 고막을 찢는 듯한 굉음을 내며 공작선은 남포항을 떠났다. 남포항을 떠나면서 나는 이번 거문도 4차 침투를 마감으로 오랫동안 마음속 에 그려오던 자유대한으로 귀순할 것을 결심했다.
(중략)

드디어 9월 19일 저녁 6시에 제주도 동방 50마일 공해상에서 자모선(子母船)이 분리되었다. 동상이몽(同床異夢)의 항해는 계속됐다. 모두 장한(壯漢)들이었지만 며칠째 멀미에 시달려 백지장처럼 창백한 얼굴로 창호와 영철이는 묵묵히 앉아 있었다. 멀리서 등댓불이 번득였다. 거문도 남단에 있는 수월산 등대였다. 우리는 등댓불을 보고도 한참 더 달려서 밤 9시 30분경 거문도를 우회하여 섬 북쪽 연안으로 접근했다. 경비정의 눈에 뜨일까 봐 조심조심하면서 〈큰이애〉 해안으로 상륙했다. 상륙하자마자 창호와 영철이는 비틀거리며 쓰러졌다.
(중략)

나는 여러 가지로 궁리하던 끝에 『대한민국으로 귀순한다는 그 자체가 김일성을 반대하는 하나의 투쟁 형태가 되는 것인 만큼 이왕 거사를 할 바에는 일을 크게 벌려서 간첩선도 잡고 동료 2명도 설복해서 같이 집단 의거하도록 하자! 만약에 그들이 응하지 않고 반항하는 경우, 그땐 벌써 동료가 아니라 적으로 생각해야 한다.』

이렇게 결심했다. 나는 날이 밝을 때까지 배가 멀리 도망가지 못하도록 단 1분이라도 더 붙들어 두기 위해 약속된 접선 시간 마지막까지 시간을 끌기로 작정했다. 그리고 복귀하던 도중 부락 뒤 산등성이에서 동료들을 설득하기로 마음먹고 다시 서도리 부락으로 향했다.
(중략)

공작 결과는 신통치 않았다. 손님이 와 있던 관계로 영희의 대동 복귀 문제는 거론하나마나였다. 나는 그런대로 공작을 결말짓고 안내원에게 〈나간다〉는 신호를 보냈다. 접선 장소에 도사리고 있는 그들에게 모든 일이 정상이라는 인상을 던져주기 위해서였다. 잠시 후 대상 가옥을 이탈하여 접선 장소로 향했다. 복귀 노정(復歸路程)에 들어서는 순간 내 마음은 여러 가지 착잡한 심정으로 뒤엉켰다. 일이 어떻게 될 것인가? 과연 조원들이 내 의사에 호응하겠는가, 반항하겠는가? 몇 분 후에 일어날 일이었지만 전혀 예측할 길 없었다. 이렇게 골몰하는 사이 어느덧 부락을 벗어났다. 일이 바로 되든 거꾸로 되든 이젠 행동만이 남아 있을 뿐이다.

나는 만약을 생각하여 안전 장치를 풀었다. 반항하는 날에는 대응 조처를 취해야 했기 때문이었다. 다음 순간, 내 머리에는 불길한 예감도 들었다. 만약 반항에 부딪혔을 때 「공교롭게도 첫발이 불발탄이면 어떻게 하나?」 하는 생각까지 들었다. 결국 모든 운명을 하늘에 맡기는 수밖에 없었다. 드디어 내가 마음 속에 찍어두었던 지점인 서도리 뒷산 능선마루에 다다랐다. 이젠 한 발자국도 더 갈 수 없었다. 조금만 더 가면 안내원들이 도사리고 있는 곳이다.

나는 드디어 걸음을 멈추고 돌아섰다. 그리고 조원을 향해 단도직입적으로 『자! 얘기 좀 하자. 난 이미 여기 남기로 결심했다. 어떻게 하겠는가? 그 지긋지긋한 소굴로 다시 돌아가겠는가, 함께 떨어지겠는가? 우리 태도를 분명히 밝혀보자.』라고 하면서 집단 의거할 것을 호소했다. 그러면서 나는 슬며시 방아쇠를 잡은 손가락에 힘을 주었다. 사실 그때 나는 캄캄한 밤이었고 또 상대방 2명이 똑같은 무장을 한 데다가 그들이 어떤 태도로 나올지 알 수 없는 조건에서 더 이상 길게 말할 수 없었다. 긴장된 순간이었다. 그들은 처음엔 얼떨결에 무슨 말인지 알아듣지 못하다가 나중에야 깨달았는지 창호는 멈칫하면서도 가만히 있는 것 같았으나 바로 앞에 있었던 김영철이 갑자기 두 손을 벌리며 와락 덤벼들었다. 사태는 위급했다. 그 순간 나는 「이제 틀렸구나」 이렇게 단념하고 우선 덤벼드는 놈부터 발길로 걷어찼다. 내 손가락은 이미 방아쇠를 당기고 있었다. 그러나 본능적으로 발이 먼저 나간 것이다.

내 발길에 차여 자빠지던 영철이 권총을 잡는 순간 나는 방아쇠를 당겼다. 〈드르륵 드르륵〉 고막을 뚫는 요란한 총소리가 거문도의 밤하늘에 메아리쳤다. 짧은 연발 사격에 2명이 한꺼번에 맞고 나가떨어졌다.
(중략)

거사는 불과 3분 만에 끝났다. 주위는 다시 고요했다. 나는 남해 바다의 새벽 공기를 마시며 서도리로 발길을 옮겼다. 요란한 총소리가 하늘을 진동한 다음에도 섬마을은 언제 총소리가 있었냐는 듯 여전히 고요했다.

자유의 품에 안기다.
(후략)

자비엣 마들렌

- 자료출처: 잡지 『호국』 中 「이달에 만난 사람」
- 지은이 / 펴낸이: 자비엣 마들렌 修女
- 발행일: 1985년

내가 겪은 6·25 그 현장(現場)

죽음의 행진(行進) 1천일 (II)

자비엣 마들렌 修女(당시 갈멜수녀원 · 故人)

다음은 가냘픈 여자의 몸으로 죽음의 행진과 죽음의 수용소 생활을 극복 · 생환한 「인간승리」의 기록이다. 이 체험적 수기는 지난 해 고인이 된 마들렌 수녀의 유고 중 일부를 발췌한 것이다. 〈편집자註〉

북괴군이 서울을 점령한 지 20일이 지난 7월 14일 붉은 완장을 찬 공산군들이 갈멜수녀원으로 찾아와 "외국인 천주교 신자들은 내일(15일) 모두 주교관에 모여야 한다"고 선언을 하고 갔습니다. 15일 아침 지도부 신부인 공 신부 형제와 구 신부가 미사성제를 거행했어요. 마지막으로 모든 가족들이 모인 미사가 끝나자 공산군 장교들은 "빨리 빨리 갑세다" 소리치면서 재촉을 해요. 이때 한국 수녀들의 흑흑 흐느껴 우는 소리가 들렸어요. 원장 수녀는 돌아서서 크게 십자가를 그으면서 "항상 천주 안에서" 하는 말을 남겼지요. 이것이 사랑하는 갈멜과의 이별이었으며 3년간 죽음의 포로살이를 떠난 첫 걸음이었습니다.

그길로 소공동에 있는 삼화빌딩으로 끌려갔어요. 2층에서 국적, 나이, 한국에 온 년월일에 대하여 심문을 하더군요. 똑같은 질문을 50번이나 되풀이해요. 좀 있으니까 100명 가량의 한국인들이 잡혀와 방은 꽉 차 버렸어요. 이들은 밤새도록 몇 명씩 끌려나가고 이어 총소리가 나곤했어요. 이튿날이면 한국인들이 잡혀오고, 총소리가 나고 어디로 끌려가곤 하대요. 모두 죽인 것인지 어떤지 알 수가 없는 공포 분위기였어요. 16일 "이 할미야, 네가 조선 젊은애들을 다 망쳐 버렸어?" 하고 욕하며 한 사람 앞에 심문관 1명이 붙어서 하루 종일 심문을 계속했어요. 17일 아침 심문하던 자가 우리들 앞에 나타나더니 "신부, 수녀들은 모두 사형에 처한다" 하고 엄포를 놓았습니다. 저녁 때 또 잡혀온 한국인들 앞에서 인민재판을 열었어요. "일은 안 하고 게으르게 사는 이자들은 우리 민족을 위해서 아무것도 하는 것이 없고 다만 귀중한 물품을 저희 나라로 빼돌려 우리나라를 가난하게 할 뿐이니 살려둘 자격이 없소"라고 논고를 하대요. 그러자 한국인들 중 몇 사람이 "옳소, 죽여야 하오"라고 맞장구를 쳐요. 우리는 곧 총살당할 것으로 알았지요. 공 신부는 「임종 전대사」 내리고 모두들 최후를 기다렸어요. 밤새도록 총소리와 비명소리가 들렸지만 그냥 날이 샜지요. 18일에는 2층에서 갈멜 한국 수녀들을 잡아왔는지 자지러지는 듯 한 비명 소리가 계속해서 들려왔어요. 어떤 수녀는 배반하고 어떤 수녀는 거절하는 소리가 엇갈리데요. 나중에 안 일이지만 한국 수녀들은 불려간 일조차 없다는 거예요. 그러니까 그자들이 우리를 겁먹게 하려고 미리 꾸민 연극이었어요.

19일 서울역에서 기차의 화물 곳간에 탔어요. 우리의 화물 곳간에는 한국인이 가득 타고 있어서 발을 뻗을 수도 없었는데, 몇 명은 프랑스 말을 곧잘 하더군요. 공연히 말을 걸기도 하는 것으로 보아 그중 몇 명은 감시원이라 눈치챘지요. 그자들은 우리에게 공포심을 주려고 별의별 연극을 다 꾸몄어요. 기차를 갑자기 세우고 강도의 습격을 받았다는 둥… 우리가 조금도 놀라지 않자 그들은 어느 철교 위에서 기차를 세우고는 모두 총살한다고 서둘렀어요. 그래도 놀라지 않자 약이 오를 대로 올라 그들은 악의에 찬 진짜 연극을 했어요. 한 명의 남자 공산당원과 수녀 분장의 여자 한 명이 나와서 입에 담을 수 없는 추잡한 말들을 마구 한 다음, 가짜 수녀가 허원문(許願文)을 외자 "국가를 위해서는 허원도 무엇도 없다"고 전언, 남자가 공산주의를 굴복시키니까 동정을 깨뜨리고 마는 야비한 내용이었어요. 이때 한국말을 알기 때문에 사탄의 무리가 떠드는 소리를 들을 수 있었던 것이 후회됐어요.

미군 포로와 같이 수용돼

이런 식의 사탄의 열차는 밤에만 3일을 달려 21일 평양에 닿았습니다. 이날 밤 10시쯤 트럭에 태우더니 한 시간쯤 방향도 모르게 달려요. 내려서 논길을 몇 킬로미터쯤 가다가 어느 조그마한 건물에 도착, 남녀로 나누어 수용하더군요. 여기에서 성공회 수녀원장 마리 글라라 수녀, 마렐 부인, 영국 기자 딘씨 등과 만났지요. 9월 5일 20분만 걸으면 압록강이 보이는 만포수용소로 옮겨졌어요. 이곳에 수용된 사람은 카톨릭 주교 2명, 신부 9명, 수녀 7명, 신자 7명 등 모두 25명이었고 정교회 10명, 성공회 2명, 감리교 5명, 유대교 2명, 마호멧 11명 등 모두 61명의 외국인 교인들이 모였어요. 국적별로는 프랑스, 영국, 미국, 오스트레일리아, 스위스, 오스트리아, 독일, 터키 등이구요. 미군 포로도 750명이 있었지요. 피부병이 만연했고 날씨가 따뜻하면 남자들은 옷을 벗고 이를 사냥했고 또 미군들은 폐렴과 이질로 50여 명이 한꺼번에 죽어갔어요. 어쨌든 그래도 이곳에서는 굶기지는 않았고 모두 한 방에 모여 성가를 부르고 묵주 신공을 외기도 했어요. 10월 8일 다시 걸어서 고산진으로 옮겨졌어요. 이곳의 수용소는 한국의 오막살이집이었는데 문살과 창살 등이 없어요. 그래서 땅바닥의 가마니 한 장을 문에 치고 바람을 막았지요. 등불은 달빛이고, 이때까지만 해도 수용소 생활은 그런 대로 견딜 만했어요.

10월 하순쯤에 '호랑이' 란 별명이 붙은 소장이 왔어요. 그는 대뜸 250킬로미터 걸어서 중강진까지 가야 한다고 명령합디다. 이때 수은주는 영하 30도 이하로 내려가 만주 벌판에서 불어오는 찬바람이 살을 에는 것 같아요. 600여 리의 행진 코스는 백두산맥이 뻗어 내려오는 고산준령이에요. 여름에 잡혀온 우리들은 모두 얇은 여름옷을 입고 있었고 샌들을 신고 있는 등 맨발이나 다름없었지요. '호랑이' 는 권총을 빼들고 "아무 말 말라. 군대 명령이다. 죽든지 걷든지 하나를 택하라" 고 마구 몰아세워요. 그래서 우리 외국인 교도들과 미군 포로 700여 명은 수많은 희생자를 낸 '죽음의 행진' 을 하게 된 거지요.

만포거리를 지나 어느 촌에 이르러 밤 10시에 옥수수밭에 머물렀어요. 옥수수는 다 베고 마른 잎사귀만 남아 있어 마침 이것이 고맙게도 우리의 이불과 요가 되어 주었어요. 옥수수 잎을 모아 불을 태워 덜덜 떨리는 몸을 다소 녹이기도 했죠. 이런 노숙을 하고 아침에 일어나 보니까 남자들의 수염에는 하얗게 고드름이 달렸고 미군 포로 중 10여 명이 얼어죽었어요. 11월 1일이었지요. '호랑이' 는 "낙오자를 내지 말라. 병자와 시체까지도 가져가야 한다" 고 소리칩디다. 미군 포로는 자꾸만 죽어갔어요. 다들 못 먹고 못 입고 기진맥진하였으므로 시체와 임종의 병자는 버리고 걸었습니다. "빨리 빨리" 총 끝으로 등을 쿡쿡 찌르며 짐승을 몰듯이 무자비한 행진을 계속됐습니다. 왜 이렇게 빨리 모는지 모르겠어요. 유엔군의 추격 때문인 것 같았어요. 이날 밤 촌락 어느 허청 아래서 옥수수밥을 조금 받아 먹고 묵었습니다. 다시 날이 새자 행진을 계속하는데 미군 포로들은 들고 가던 가마니를 버렸어요.

보행으로 중강진까지

가마니는 이불과 요로 쓰던 귀중한 것이었지만 너무 기운이 없기 때문이죠. 우리 수녀들도 지칠 대로 지쳐 5명이 대에 걸린 묵주를 떼어 모아 아무도 눈치채지 못하게 밭고랑에 묻었습니다. 걸음을 걷는데 지치면 눈썹도 뽑아 버린다는 한국의 속담이 있지만 우리 수녀들은 묵주를 버린 것이에요. 공산군 소대장 1명이 행렬 뒤에서 기관총을 들고 따라오며 길바닥에 누워 숨이 끊어지지 않은 포로들을 한 방씩 쏘면 '호랑이' 는 낭떠러지에 발로 걷어차 버리구요. 11월 4일 하루에 모두 18발의 총성이 났어요. 750명의 미군 포로 중 모두 100여

명이 이 산골에서 기진해서 죽거나 사살됐어요. 11월 3일엔 베아트릭스 원장 수녀님이 행진 도중 숨을 거두었습니다. 우리 신자 중 첫 번째 희생자였는데 뒤이어 사상자가 속출하기 시작했습니다. 죽음의 행진을 강행시키면서 공산 경비병들은 임종 상태에서 비틀거리는 사람을 사정없이 쏘아 죽였습니다. 18명의 미군 포로와 베아트릭스 원장 수녀가 죽은 다음 행진은 밤 늦게야 끝났어요.

'호랑이' 수용소장은 모두 포로들을 발뒤꿈치를 세워 꿇어앉히고 모자를 벗어 경의를 표하게 한 다음 강의(?)를 하는 것이었습니다. 내용은 자본주의 국가의 악행을 욕하는 것이었어요. 사람이 죽어가는 마당인데도요. 이날 우리 갈멜 수녀들과 바오로회 수녀들은 "거룩하신 천주의 모친이여 고민하는 우리를 도우소서. 불행한 당신 자녀들을 도우소서. 마지막 시간이 닥쳐온 우리를 위하여 빌으소서" 이렇게 기도했지요. 계속 4일밤을 산과 옥수수밭에서만 잤으니까요. 11월 3일 베아트릭스 원장 수녀에 이어 백계 러시아 부인(59)이 어디론지 없어졌어요. 발목이 퉁퉁 부은 채 행렬 뒤에 떨어졌었는데 보이질 않거든요. 물을 것도 없이 공산병들에게 즉결처분당한 거지요. 11월 4일 새벽에 눈이 내렸어요. 모두들 행여나 오늘 하루는 행진을 쉬지 않을까 하고 기대했지만 '호랑이'는 포로들의 이런 가련한 마음을 모르는 채 다시 강행군의 출발 신호를 했어요. 내리는 눈은 발목을 덮고도 계속 내렸어요. 산길은 더욱 미끄러워졌고 두만강 건너에서 불어오는 바람은 사정없이 볼을 때렸어요. 숨은 차고 가빠졌습니다. 타는 듯이 목이 말라 가시덤불에 매달린 고드름을 따서 목을 축였지요. 이땐 누구도 죽는 것을 두려워하지 않았어요. 죽음이란 아주 친한 친구의 방문처럼 기다려지는 것이었으니까요. 어떤 감시병은 "전쟁이 끝나 당신들이 본국에 돌아가거든 미군 포로들의 총살 사건은 말하지 말아주시오"라고 당부하기도 했어요.

11월 5일 새벽 1시까지 걸어서 중강진 읍내에 도착했어요. 막상 우리를 몰고 온 감시병들도 더는 어디로 끌고 갈는지 모르는 모양이에요. 두 시간쯤 중강진 읍내를 이리저리 끌고 다니더니 어떤 큰 학교에 수용하대요. 날이 새자 성공회 수녀 원장 마리 글라라 수녀님이 심장마비로 돌아가셨읍니다. 11월 8일부터는 매일 반 시간씩 운동장에 나오게 해서 체조를 시켰어요. 81세의 우 신부님은 임종 직전이어서 이 모임에 나오지 못했죠. 그러나 '호랑이'에게는 이유가 필요치 않았어요. 우 신부님을 데리고 나오라고 호령호령하므로 다른 신부들이 하는 수 없이 우 신부님을 가마니 위에 뉘어서 운동장 구석으로 모시고 나왔습니다. 이날도 섭씨 영하 30도였어요.

영하 30도 속에서 옥수수로 연명

우 신부님은 이런 고역을 3일 동안 견디고, 11일도 가마니에 들려서 운동장 구석에 나와 있다가 천주님 품으로 돌아가셨읍니다. 그는 "오! 주님 천주여 죽기 위해서는 얼마나 고통을 당하여야 합니까" 하고 크게 부르짖었습니다. 57년 동안의 수도 생활을 마치신 거죠. 11월 12일, 갈멜 수녀원 지도 신부이신 공 신부님의 차례가 왔습니다. 공 신부님은 어린 아이와 같은 조잘한 푸른 눈으로 주위를 한 번 둘러보셨습니다. 동생 신부님은 슬픔을 건잡지 못하시고 눈물을 흘리며 "형님, 천주께로 가시게 되셨습니다. 천주께서는 형님을 받으려고 좋은 자리를 준비하고 계실 것입니다. 형님은 항상 천주님을 잘 섬기셨으니까요"라고 목메어 기도했어요. 공 신부님은 아무 고민도 없이 마지막 숨을 고요히 거두셨습니다. 동생 공 신부도 행진하는 동안 이질로 고생하셨는데 이튿날 갑자기 돌아가셨읍니다. 공 신부님 형제는 76, 74의 터울로 같은 날 신부가 되셨고, 50주기 기념을 지낸지 며칠 만에 6 · 25를 만났고 하루 사이를 두고 천주께로 나란히 돌아가신 것이죠. 난로를 피우고 삶은 옥수수알을 조금 주었습니다. 미국 아가씨는 양재기에 얻은 냉수는 마시고 배급받은 멀건 배추국으로 세수를 했어요. 국은 맹물 같았으니까요.

11월 16일 또 이동 명령이 났어요. 병자들은 남아서 무엇이건 탈 것을 기다리기로 하고 아직 건강한(?) 사람만 먼저 걸어서 출발했어요. 갈멜 수녀원장 테레사 수녀님은 이때 몹시 피로해서 벨라데타 수녀의 팔에 안기다시피 해서 30리의 밤길을 걸었어요. 어느 곳인지 모를 곳에서 행렬은 멎고 하룻밤 수용소가 된 민가의 사람들을 내쫓았어요. 물론 감시병들이 하는 짓이지요. 보통 민가의 방 하나에 20명 가량이 들어가려니까 비좁기 짝이 없어서 우리들은 모두 앉을 자리도 얻기 어려웠지요. 우리들 뒤에 쳐져 있던 멕탈드 수녀님과 수련장님은 걸으라는 명령을 받았지만 걸을 수가 없어서 미군 포로에 부축되어 걷는 것이 몹시 불쌍했던지 좀 인정 있는 감시병이 좁쌀 실은 달구지에 멕탈드 수녀님과 수련원장님을 태워주었어요. 몸은 얼어들고 절벽 같은 산길을 올라갔다 하고 흔들려 두 수녀님을 달구지에 잡아 매었지요. 이튿날까지 달구지의 흔들림에 따라 멕탈드 수녀님은 신음하다 그대로 천당의 영원한 평화 속으로 가셨지요. 11월 19일 테레사 원장 수녀께서는 옆구리가 아프기 시작하고 매우 피곤을 느끼며 열이 났어요. 의학 공부를 하신 신부님 한 분이 진찰하여 보고 아스피린 한 알 있으면 좋겠다고 했으나 그런 약을 구할 수가 있어야지요. 우리들이 입은 옷을 벗어 깔아드리고 덮어드리고 했어도 테레사 수녀님의 몸은 이미 굳어져 갔습니다. “원장 수녀님! 우리 말이 들리시면 우리 손을 잡으셔요” 하고 애타게 울부짖었지만 대답이 없었어요. 캄캄한 밤에 우리는 모두들 눈물을 흘렸습니다. 11월 25일에 교황 사절 방 주교께서 또 운명하셨어요.

희생된 신부 무려 19명

방 주교가 중태에 빠지자 감시병들은 인민 병원으로 옮기라고 명령했어요. 인민 병원이란 곳은 우리들이 시체실이라고 부르는 외딴 오두막집이에요. 침대도 간호원도 없는 차디찬 냉방입니다. 그래도 감시병들은 죽을 사람은 인민 병원에서 치료하다가 죽었다는 명분을 세우기 위한 것이었죠. 방 주교님은 사흘밤낮을 담요 한 장만 쓰고 냉방에서 신음하시다가 돌아가셨죠. 방 주교는 중강진의 남쪽 하창리 마을 어귀에 묻혔지요. 대전교구 빌토 신부님도 당뇨병과 기운이 지쳐 좁쌀 양재기를 밀어내며 “못 먹겠어. 나도 다른 사람처럼 가겠어” 하시더니 그 이튿날 1951년 1월 6일 임종하셨죠. 세월은 흘러도 자유는 오지 않았습니다. 빌토 신부님까지 ‘죽음의 행진’ 으로 희생된 신부, 수녀만 16명이 됩니다. 약 1년 후 그 후유증으로 또 세 분이 희생되어 모두 19명으로 늘어났습니다. 그들은 포로들을 매일 아침 영하 30~40도의 혹한에도 의무적으로 체조를 시켰어요. 그래도 우리들 성직자들은 짧은 시간에 끝났지만 미군 포로들은 “원.투. 트리” 하면서 1시간 이상 했지요. 여름옷에 먹는 것이 이 꼴이니 폐렴이 원인이 됐지요. 매일 아침 4, 5명씩 미군 포로들이 죽어갔어요. 터키 부인은 미군 포로들을 보고 “저 다리는 우리 여섯 살난 꼬마의 다리보다 가늘구나. 사람이 이런 지경에까지 이르다니!” 하고 울었어요. 미군들은 멀건 수수죽을 모자에 받아먹었으며 의약의 혜택을 못 받아 6~7할 이상이 죽어갔습니다. 이런 포로 생활이 중강진에서 다시 만포로, 순창으로 전전하면서 1953년 4월 17일까지 만 2년 9개월간 계속됐어요. 그래도 1952년 8월부터 수용소 관리를 중공군이 맡고서는 약간 형편이 나아졌어요. 휴전 회담이 무르익자 공산군은 우리를 평양으로 불렀어요. 코트를 맞추어 주고 “그동안 인도적이며 후한 대접을 받아서 김일성 수상께 감사한다”는 서약서에 서명을 한 다음 모스크바를 경유, 각자의 조국으로 갔습니다. 1954년 1월 29일 전교지의 우리 교우들은 얼마나 좋고 사랑스러운지 밤에 잠을 잘 수가 없었습니다.

제3부 국내외 문서자료

1. 납북자 명부 및 명단
2. 정부행정문서
3. 국회 의사록 및 국회 발간자료
4. 북한의 납북정책 관계자료
5. 납북사건 관련 해외자료
6. 한국전쟁사료
7. 저명 납북인사명록

1. 납북자 명부 및 명단

1-1. 서울특별시피해자명부

1-2. 6 · 25사변피랍치자명부

1-3. 6 · 25사변피랍치인사명부

1-4. 6 · 25동란으로 인한 피랍치자명부

1-5. 실향사민신고서

1-6. 우리측안부탐지조회서

1-7. 실향사민소식조사회답서

1-8. 실향사민등록자명단

해제

2006년 현재까지 발굴된 6 · 25 납북자 관련 중요 명부는 모두 5종이 있다. 1950년 공보처 통계국이 전쟁의 와중에서 조사, 작성한 「서울특별시피해자명부」와, 이듬해 6 · 25사변피랍치인사가족회가 작성해 국회의장 신익희씨에게 송부한 「6 · 25사변피랍치인사명부」 2,316명의 명부가 있고, 전국 단위의 명부로는 1952년 대한민국 정부가 작성한 「6 · 25사변피랍치자명부」와 1954년의 내무부 치안국이 작성한 명부가 있다. 가장 나중에 작성된 대한적십자사의 1956년 명부는 자세한 신고서에 의한 7, 000여 명의 명단을 싣고 있다.

최초로 작성된 명부인 1950년 공보처 통계국의 「서울특별시피해자명부」는 6 · 25전쟁납북인사가족협의회가 2001년 개인 소장가로부터 사들여 현재 보관하고 있는 귀중한 사료로, 1951년 가족회 작성 명부와 마찬가지로 당시 서울시에 거주했던 피랍인들의 명단을 수록하고 있다. 이 두 명부는 대체로 중복되지만 1950년의 명부는 정부 차원에서 조사했고, 1951년의 것은 민간에서 조사해 작성한 점에서 차이가 난다.

전국적 규모의 납북자 규모를 드러내주고 있는 명부는 82,959명의 명단이 수록된 「6 · 25사변피랍치자명부」(1952년 대한민국 정부 작성)가 최초의 것이다. 그러나 이 명부 역시 상당수의 납북자가 누락돼 있는데 전시 상황에서의 조사가 불충분했고, 특히 주민들이 주거지에서 이탈한 경우가 많았기 때문에 조사에 어려움이 있었던 것으로 사료된다.

1954년에 발간된 두 번째 전국 명부는 내무부 치안국에서 조사 · 작성된 것으로 인원 수가 대폭 감소되었음에도 불구하고 1952년 명단에 빠져 있던 사람이 이 명부에는 수록돼 있는 경우가 상당수 있는 것을 확인할 수 있다. 이 명부는 비공개적으로 호주를 주된 조사 대상으로 삼아 작성되었으며 미혼 등 가정을 이루고 있지 않은 사람은 대체로 조사 대상에서 빠져 있는 것을 볼 수 있다. 따라서 1952년 명부에 포함돼 있던 청장년층의 명단이 상당수 제외되어 각 시 · 도별로 인원 수가 대폭 감소되어 있다. 1954년 명부는 좌우 이념의 극심한 대립으로 인하여 강제 징집된 의용군도 적에게 협조한 것으로 간주, 전쟁 납북자의 명단에서 제외시킨 것으로 사료된다. 다만 충북의 납북자 수는 1,369명이 더 증가하는데 그 이유는 불분명하다.

1956년 대한적십자사의 명부는 납치 피해 가족들의 직접 신고를 바탕으로 작성됐다는 점에서 기존의 명부에 비해서 좀더 엄밀한 수치를 반영하고 있다고 볼 수 있으나, 그 수가 7,000여 명에 그친 것으로 보아 신고서를 받는 데 있어 기술적 한계가 있었던 것으로 보인다. 신고 주민들이 직접 「실향사민안부탐지신고서」라는 이름으로 납북 경위를 작성한 신고서 원본이 대한적십자사에 소장돼 있는 것이 특징이다.

이러한 명부들은 정확성의 측면에서 차이를 보이고 조사 대상과 범위에 있어서도 일치되지 않는 측면이 있지만, 전쟁 납북자의 존재를 실증하는 자료라는 측면에서 공통적으로 중요성을 띤다.

1-1. 서울특별시피해자명부 (납치 2,438명)

(1950. 12. 1. 공보처 통계국 발간)

〈출처〉

한국전쟁납북사건자료원. 6 · 25전쟁납북인사가족협의회가 2001년 12월 고서 장서가로부터 원본을 구입, 자료원에서 소장하고 있음.

〈해설〉

전쟁의 와중인 1950년 12월에 작성된 납북자 관련 최초의 명부. 이 명부가 명시하고 있는 범례에 따르면 1950년 9월 28일 서울 수복 직후 서울 지역 내 피해자 조사가 진행되어 확인된 피해자 명단으로 총 4,616명 중 피살(남 796명, 여 180명), 납치 2,438명(남 2,345명, 여 93명), 행방불명(남 1,149명, 여 53명)으로 분류돼 있다.

구별로 인적 사항을 성명, 성별, 연령, 직업, 소속 및 직위, 피해 월일, 피해 종류, 피해 장소, 약력, 주소 순 10개항으로 기록했다. 당시는 적과 아의 구분이 명확하여 의용군에 징집된 사람은 명단에서 제외했음을 명기했고, 유명인사 중심으로 작성되어 있다.

이 명부는 비교적 보관 상태가 양호하며 범례까지 그대로 적혀 있어 명부 작성의 배경과 대상자를 처음에는 애국인사에 국한하려고 하였는데 선출의 어려움이 있어 보고된 피해자 전부를 수록하였다고 밝히고 있다. 주한 美 무초 대사가 미국에 보고한 피랍치자 인원 수에 이 명부에 수록된 2,438명의 숫자가 언급되고 있다.

이 명부는 전시 납북자 명단에 관한 최초의 정부 공식 전국 명부로서 사료 가치가 높은 것으로 사료된다. 당시 정부는 9 · 28수복 후 적 치하 수도 서울에 갇혀 있던 수많은 남한의 지도층에 속한 애국인사들이 흔적도 없이 납북되어간 사건을 국가적 인명 피해 사건으로 인식하였다.

정부는 명단 작성이 시급한 것을 인식하고 전쟁이 한창 치열할 때이지만 서둘러서 우선 서울 지역에 한하여 피해자 명단을 조사 · 작성하였다. 비록 2,438명 극소수이고, 주로 애국인사들의 납치 피해자 명단이지만 가장 꼼꼼하게 작성된 명부로 후에 전국 단위로 납치 피해자 명부가 확대 · 작성될 것임을 예고하는 시원적 자료가 된다.

檀紀4283年 自 6月25日 至 9月28日 (6.25事變中)

서울特別市

被害者名簿

附錄
- 年齡階級別人口數
- 原因別被害者數
- 住宅被害狀況
- 事業體被害狀況
- 原因別人口移動狀況
- 公營物被害狀況

公報處統計局

凡　　例

1. 今般6.25事變中首都서울을의逆治三個月間에數多한愛國的著名人士가殘忍無道한共産徒黨에게虐殺, 拉致또는行方不明이되였다
首都서울特別市內의愛國的人物의被害狀況을調査하야編輯한것이다
2. 被害人物의個別的內容을詳細히하기爲하여姓名, 性別, 年齡, 職業, 略歷, 住所와被害狀況에있어　場所, 時日, 種類等項目을定하여調査하였다
3. 調査對象을滿14歲以上으로하되　傀儡集團의義勇軍으로出頭한者는除外하였다
4. 編輯에있어當初計劃인愛國的著名人士의選出(限界)가困難하게되여報告된被害者全部를收錄하고被害者名簿라題하였다
5. 被害者의索引의便宜를圖謀하여被害者의住所를主觀으로하여各區別로編輯하고다시多數姓順을　洞會및統班別로整理하였다

檀紀4283年12月1日

公報處統計局

總 括 表

	總數	被殺 男	被殺 女	拉致 男	拉致 女	行方不明 男	行方不明 女
總數	4,616	796	180	2,345	93	1,149	53
中區	892	140	37	473	15	218	9
鍾路區	769	82	22	511	17	127	10
東大門區	255	27	7	168	10	42	1
城東區	568	94	11	270	9	181	3
城北區	534	103	25	221	15	162	8
西大門區	438	59	8	256	10	102	3
麻浦區	212	33	13	124	–	40	2
龍山區	579	150	35	211	12	163	8
永登浦區	369	108	22	111	5	114	9

目次

中 區

總數	計	892
	男	831
	女	61
被殺	計	177
	男	140
	女	37
拉致	計	488
	男	473
	女	15
行方不明	計	227
	男	218
	女	9

姓及性別數一覽表

	總數	男	女		總數	男	女		總數	男	女		總數	男	女		總數	男	女
金	230	216	14	姜	13	13	-	郭	5	5	-	蔡	2	2	-	邊	1	1	-
李	135	127	8	林	12	11	1	許	5	4	1	千	2	2	-	龍	1	1	-
朴	55	47	8	柳	11	10	1	愼	4	4	-	薛	2	2	-	玉	1	1	-
崔	37	36	1	盧	10	10	-	沈	4	4	-	兪	2	2	-	裵	1	1	-
趙	32	31	1	高	9	8	1	車	4	4	-	蘇	2	2	-	秦	1	1	-
鄭	31	29	2	孫	8	6	2	閔	3	2	1	成	2	2	-	魚	1	-	1
張	23	22	1	全	8	8	-	元	3	3	-	楊	1	1	-	辛	1	1	-
尹	18	18	-	文	8	7	1	獨	3	2	1	莊	1	1	-	廉	1	1	-
宋	16	15	1	劉	8	8	-	南	3	3	-	章	1	1	-	田	1	1	-
韓	15	13	2	朱	7	4	3	周	3	3	-	孔	1	1	-	天	1	1	-
黃	15	13	2	康	7	7	-	河	3	3	-	晋	1	1	-	陳	1	1	-
白	15	13	2	徐	6	6	-	咸	3	2	1	禹	1	1	-	馬	1	1	-
吳	15	15	-	梁	6	5	1	任	3	3	-	方	1	1	-				
安	14	14	-	權	5	4	1	魏	2	2	-	嚴	1	1	-				
洪	14	13	1	具	5	5	-	桂	2	2	-	魯	1	1	-				
申	13	11	2	曺	5	5	-	王	2	2	-	琴	1	1	-				

姓 別 索 引 表

	頁		頁		頁		頁		頁
金	1	姜	25	郭	29	蔡	31	邊	32
李	9	林	25	許	29	千	31	龍	32
朴	14	柳	26	愼	30	薛	31	玉	32
崔	16	盧	26	沈	30	兪	31	裵	32
趙	17	高	26	車	30	蘇	31	秦	32
鄭	18	孫	27	閔	30	成	32	魚	32
張	19	全	27	元	30	楊	32	辛	32
尹	20	文	27	獨孤	30	莊	32	廉	32
宋	21	劉	28	南	30	章	32	田	32
韓	21	朱	28	周	31	孔	32	天	32
黃	22	康	28	河	31	晋	32	陳	32
白	22	徐	28	咸	31	禹	32	馬	32
吳	23	梁	29	任	31	方	32		
安	23	權	29	魏	31	嚴	32		
洪	24	具	29	桂	31	魯	32		
申	24	曺	29	王	31	琴	32		

姓名	性別	年令	職業	所屬與職位	被害月日	被害種類	被害場所	略歷	住所	
金明俊	男	46	請負業		9. 7	行方不明	太平路二街316		太平路二街	4統 3班
金仁玉	〃	23		民保團 公安次長	8.15	拉致	〃 73		〃 〃	5統 2班
金慶華	〃	51	光州警察署警衛		7.24	〃	自宅		笠井洞	1統 1班
金良洙	〃	34	情報員		6.25	行方不明	笠井洞 264의9		〃	5統 2班
金允坤	〃	42	醫師		8.25	〃	〃 258의10		〃	5統 4班
金錫淳	〃	43	商業	獨促國民會 財政部長	7.29	拉致	水標洞 13		水標洞	1統 3班
金禧泰	〃	30	陸軍步兵	17聯隊一大隊中領	6.25	被殺	黃海道 登津		乙支路6街	3統 3班
金榮五	〃	30	職工		〃	行方不明	水原		〃	7統 2班
金榮默	〃	24	國軍		6.20	〃	江原道		〃	7統 10班
金亨福	〃	22	〃		6.25	〃	不明		〃 5街	3統 20班
金一完	〃	34	勞動		8. 1	〃	〃		太平路1街	1統 1班
金觀國	〃	24	〃		8.15	拉致	自宅		〃 〃	〃 〃
金在景	〃	24	職工		〃	〃	〃		〃 〃	〃 〃
金敬善	〃	19	〃		〃	〃	〃		〃 〃	〃 〃
金貞善	〃	20	〃		〃	〃	〃		奬忠洞1街	〃 〃
金泰河	〃	40	CIC通譯		9.26	行方不明	奬忠洞		〃 〃	〃 〃
金容河	〃	53			7. 3	拉致	自宅		〃	2統 5班
金允中	〃	21	學生		〃	〃	〃		〃 〃	〃 〃
金完中	〃	27	社員	美大使館	9.18	行方不明	不明		〃 〃	3統 3班
金東琓	〃	57		朝民黨 政治部長	7.20	拉致	〃		〃 〃	3統 4班
金周喆	〃	21	學生		不明	行方不明	〃		〃 〃	5統 1班
金化俊	〃	61	公吏	山木聯合会々長	9.10	〃	南學洞 25		芸場洞	3統 1班
金致琨	〃	47	商業		9.22	被殺	博物館		筆洞1街	1統 6班
金信愛	女	26			〃	〃	〃		〃 〃	〃 〃
金義貞	〃	20			9.23	〃	〃		〃 〃	2統 2班
金敬澤	男	30	公務員	外資廳 購買局長	8.10	拉致	不明		〃 〃	〃 〃
金順伊	女	62			8. 7	行方不明	水原市		〃 〃	3統 4班
金柄喆	男	45	軍屬 情報員		7. 5	拉致	自宅		〃 23	1統 4班

1-2. 6·25사변피랍치자명부 (82,959명)

(1952년 대한민국 정부 작성)

〈출처〉

국립중앙도서관

〈해설〉

최초의 전국 단위 납북자 명부. 전쟁이 끝나지 않은 상황에서 면밀하게 조사, 작성한 점에 의의가 있다고 사료된다. 인적 사항은 성명, 성별, 연령, 직업, 소속 및 직위, 납치 년월일, 납치 장소, 주소 순으로 총 8개 항목으로 기재되어 있다. 다른 명부와는 달리 의용군 또는 노무자로 강제 징집된 납북자를 포함하고 있는 점이 특징이다.

주한 미국 대사 무초가 1951년 12월 19일 美 국무부에 보고한 1급 비밀 문서에 따르면 당시 "대한민국 내무부는 각 도 당국이 도별 명단을 작성 중이며 경기도와 경상북도 명단은 완성되었는데 나머지 다른 도 명부도 속히 작성이 끝나도록 재촉하겠다"고 기록되어 있다.

전쟁 중임에도 피랍치자 명단을 작성을 하게 된 배경에는 휴전회담에서 북한에 제시할 명부가 반드시 필요했고, 문서로 기록을 남기는 것이 중요하다는 인식을 가졌던 것으로 사료된다. 무초 대사의 같은 보고 문서에는 납치된 사람들의 숫자를 상당히 보수적으로 보고 있으며 이 명부에 도별 집계된 대략적인 숫자 약 8,000명을 언급하면서 그중에는 자의적으로 월북한 사람과 공산주의를 자인한 사람들이 포함되었을 수도 있다고 기록하고 있다.

당시 현장에서 명부를 작성하는 일을 담당했던 공보처 통계국 직원 이원상씨는 2002년 3월 4일 보도된 SBS 8시 뉴스에서 이 명부가 휴전 협상 대표에게 제출되었고, 직접 면담을 통한 엄밀한 명부임을 증언했다. 또한 그는 실지로 이 명부가 휴전 이후에도 납북자 가족들에게 증명서를 발급하는 근거로 활용되기도 했다고 증언했다.

6·25
事變

被拉致者名簿

(其一)

서울시

6.25事變

被拉致者名簿

(其 一)

大韓民國政府

6.25事變
被拉致者名簿
其一

總 括 表

地域別 ＼ 性別	總 數	男	女
總 數	80.661	79.145	1.516
서울特別市	18.330	17.868	462
京 畿 道	15.871	15.783	88
忠淸北道	6.166	6.153	13
忠淸南道	9.972	9.641	331
全羅北道	7.013	6.592	421
全羅南道	3.554	3.506	48
慶尙北道	7.483	7.393	90
慶尙南道	1.805	1.797	8
江 原 道	10.422	10.397	25
濟 州 道	45	15	30

서울特別市

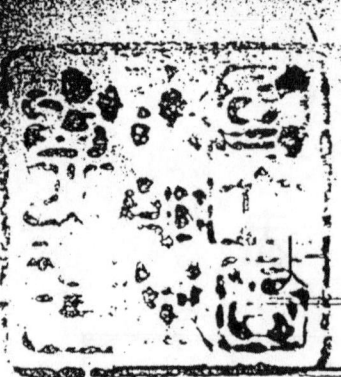

地域別 \ 性別	總數	男	女
總數	18.330	17.868	462
中區	1.227	1.197	30
鍾路區	1.680	1.649	31
東大門區	2.717	2.700	17
城東區	1.836	1.818	18
城北區	2.797	2.785	12
西大門區	1.452	1.440	12
麻浦區	1.573	1.565	8
龍山區	3.674	3.637	37
永登浦區	1.374	1.077	297

中区

—1—

中 部 總数1227名 男 1197名 女 30名

姓名	性別	年令	職業	所属및職位	拉致年月日	拉致場所	住所
李圭学	男	55	国民会員		4283 8.28	中区明洞二街32	左同
金錫淳	〃	45	〃			〃水標洞 13	〃
崔滋堂	〃	54	〃		9.15	〃 30	〃
沈聖求	〃	56	〃		8.31	鍾路区仁寺洞路上	中区水標洞35
崔成雄	〃	34	韓青監察部長		8.13	中区東子洞 19	左同
張嚴鎮	〃	33	韓青建設部長		7.15	中区蓋業洞27	〃
尹長奕	〃	38	韓青会長		〃	〃	〃
韓東洙	〃	26	韓青監察部長		8.3	中区太平路二街302	〃
金國炳	〃	36	韓青幹部		〃	中区興化洞二街192	〃
任弼淳	〃	36	〃		9.15	中区乙支路二街199	〃
金昌浩	〃	31	〃		7.15	〃 70	〃
申彦雄	〃	41	〃		〃	中区苧洞二街77	〃
金完基	〃	42	〃		〃	中区明洞二街76	〃
金佳元	〃	35	〃		〃	中区苧洞一街23	〃
金圭容	〃	30	〃		8.13	中区仁峴洞一街5[illegible]8	〃
金重年	〃	52	〃		8.25	中区林洞 285	〃
金容九	〃	27	〃		9.15	中区舟橋洞 76	〃
金福伊	〃	50	〃		9.7	〃 102	〃
金昌健	〃	38	〃		7.9	中区乙支路4街[illegible] 211	〃
金孫鎮	〃	30	〃		7.27	〃 三街295	〃
吳成官	〃	32	〃		9.19	中区太平路一街175	〃
鄭春甲	〃	41	韓青会員		〃	中区南大門五街36	〃
張道三	〃	27	〃		8.10	〃筆洞三街63	〃
全昌根	〃	35	〃		4284 2.27	〃乙支路四街21	〃
尹利鎮	〃	24	〃		4283 7.10	〃筆洞二街21	〃

京畿道

市郡名	總數	男	女
總數	15.871	15.783	88
仁川市	1.596	1.590	6
開城市	259	259	-
水原市	1.053	1.048	5
廣州郡	726	726	-
加平郡	785	763	22
利川郡	431	431	-
龍仁郡	558	553	5
富川郡	896	895	1
金浦郡	1.342	1.338	4
江華郡	1.375	1.367	8
安城郡	974	972	2
始興郡	646	646	-
坡州郡	1.104	1.099	5
平澤郡	215	215	-
抱川郡	584	568	16
楊州郡	404	400	4
楊平郡	284	279	5
華城郡	1.018	1.014	4
高陽郡	736	735	1
驪州郡	885	885	-

忠清北道

市郡別	總数	男	女
總数	6166	6153	13
清州市	193	193	0
陰城郡	1130	1130	0
丹陽郡	465	464	1
忠州郡	1005	1002	3
報恩郡	153	153	0
沃川郡	114	114	0
永同郡	499	498	1
堤川郡	904	899	5
槐山郡	311	310	1
鎭川郡	1352	1351	1
清原郡	2037	2036	1
追加	3	3	0

忠清南道

市郡名	總数	男	女
總数	9972	9641	331
大田市	383	380	3
大德郡	472	470	2
燕岐郡	264	264	
公州郡	1774	1741	33
扶餘郡	664	653	11
論山郡	1585	1392	193
舒川郡	628	627	1
青陽郡	242	241	1
洪城郡	[illegible]33	411	22
禮山郡	1439	1419	20
瑞山郡	523	510	13
唐津郡	546	533	13
牙山郡	246	235	11
天安郡	282	276	6
保寧郡	491	489	2

全 羅 北 道

市郡名	總数	男	女
總数	7013	6592	421
郡山市	694	530	164
全州市	790	754	36
完州郡	全州市에包含		
裡里市	882	878	4
鎭安郡	778	751	27
錦山郡	37	34	3
茂朱郡	225	210	15
長水郡	459	459	
任實郡	339	294	45
淳昌郡	152	136	16
金堤郡	729	651	78
南原郡	431	431	
高敞郡	2	2	
扶安郡	256	246	10
井邑郡	1239	1216	23

全羅南道

市郡名	總數	男	女
總數	3554	3506	48
灵光郡	87	87	
長成郡	247	227	20
潭陽郡	390	385	5
谷城郡	97	97	
求禮郡	97	97	
咸平郡	250	248	
羅州郡	151	148	2
光州市	123	123	3
和順郡	105	105	
順川市	139	139	
光陽郡	126	126	
木浦市	466	457	9
灵岩郡	276	276	
寶城郡	57	57	
麗水市	141	141	
珍島	7	7	
海南	41	41	
康津郡	229	220	9
長興郡	121	121	
高興郡	61	61	
莞島郡	4	4	
光山郡	177	177	
務安郡	82	82	
求禮郡	80	80	

慶尙北道

市郡名	總數	男	女
總數	7.483	7.393	90
大邱市	135	129	6
英陽郡	205	204	1
安東郡	704	704	—
義城郡	190	189	1
尙州郡	652	643	9
醴泉郡	1.684	1.678	6
奉化郡	1.026	1.025	1
金泉郡	212	209	3
善山郡	155	150	5
榮州郡	509	497	12
軍威郡	35	35	—
青松郡	84	84	—
盈德郡	511	488	23
星州郡	143	143	—
漆谷郡	80	80	—
永川郡	117	113	4
高靈郡	146	144	2
聞慶郡	895	878	17

慶尚南道

市郡別	總数	男	女
總　数	1805	1797	8
晋州市	88	88	0
宜寧郡	36	36	0
咸安郡	31	31	0
東萊郡	3	2	1
河東郡	230	230	0
泗川郡	479	479	0
固城郡	68	67	1
統營郡	13	13	0
南海郡	35	35	0
梁山郡	6	6	0
咸陽郡	160	160	0
居昌郡	48	48	0
陜川郡	71	71	0
蔚山郡	17	17	0
山清郡	212	206	6
追　加	308	308	0

강원도

市郡名	總數	男	女
總數	10.422	10,397	25
春川市	1,359	1,350	9
春城郡	299	299	0
洪川郡	670	670	1
江陵郡	2,904	2,903	1
平昌郡	994	985	9
三陟郡	743	740	3
原州郡	989	987	2
春城郡	149	149	0
洪川郡	207	207	0
江陵郡	950	950	0
江陵郡	120	120	0
橫城郡	125	125	0
平昌郡	177	177	0
三陟郡	285	285	0
原州郡	161	161	0
寧越郡	195	195	0
蔚津郡	94	94	0

6.25事變

被拉致者名簿

追加分

(서울特別市및各道)

大韓民國政府

總括表

地域別＼性別	總數			第一次			第二次		
	總數	男	女	總數	男	女	總數	男	女
總數	82.959	81.369	1.590	80:661	79.145	1.516	2.298	2.224	74
서울特別市	20.517	19.982	535	18.330	17.868	462	2.187	2.114	73
京畿道	15.958	15,870	88	15.871	15,783	88	87	87	–
忠淸北道	6.168	6.155	13	6.166	6.153	13	2	2	–
忠淸南道	9.973	9.624	331	9.972	9.641	331	1	1	–
全羅北道	7.013	6.592	421	7.013	6.592	421	–	–	–
全羅南道	3.555	3.506	49	3.554	3.506	48	1	–	1
慶尙北道	7.486	7.396	90	7.483	7.393	90	3	3	–
慶尙南道	1.815	1.807	8	1.805	1.797	8	10	10	–
江原道	10.429	10,404	25	10.422	10.397	25	7	7	–
濟州道	45	15	30	45	15	30	–	–	–

1-3. 6 · 25사변피랍치인사명부 (2,316명)

(1951년 6 · 25사변피랍치인사가족회 최초 작성)

〈출처〉

1951년 부산 피난 시절에 결성된 6 · 25사변피랍치인사가족회가 회원들의 등록으로 작성한 명부. 고서 장서가 신영길씨가 해공 신익희 소장품에서 발견하여 소장

〈해설〉

32cm(가로)×22cm(세로)의 크기 110면 분량의 프린트 본으로 총 2,316명의 인적 사항(성명, 직업, 연령, 주소, 피해 월일)이 기록되어 있다. 명부 자료 표지 오른쪽 상단에 '국회의장 신익희 각하' 라고 기록되어 있다. 9 · 28 서울 수복 후 납북자 가족들이 모여 1950년 6월 28일부터 9월 28일까지 적치하 3개월간 주로 서울에서 납북된 분들의 명단을 작성하기 시작했다. 1951년 1월 4일 1 · 4후퇴를 하게 되어 부산으로 피난을 간 가족들이 자체적으로 작성한 명부를 1951년 9월 1일 청원문과 함께 국회의장 신익희에게 보낸 것이다.

또한 주한 미국 무초 대사가 1951년 12월 19일 미국무부에 보고한 1급 비밀 문서에 의하면 가족회가 작성한 명단에 대한 보고가 있는데 2,537명으로 기록되어 있어 9월 1일자 2,316명보다 숫자가 늘어난 것으로 보아 가족회의 명부 작성 작업이 당시 계속 진행되고 있었음을 확인할 수 있다.

이 자료는 민간인이 소장하고 있는 관계로 그동안 두 번 월간지에 공개된 적이 있다. 「통일한국」(1989년 12월호, 평화문제연구소 발간)과 「역사산책」(1991년 6월호 범우사 발간)에 각각 명단 전체가 공개된 적이 있다.

전쟁 중에도 납치피해자가족회가 결성되어 명부를 작성하였고 가족의 송환 목적을 이루기 위하여 국내외 관계 기관과 관계자들에게 송부한 가족회 활동 증거 자료이다. 피해자 가족들이 직접 작성한 명부로 의미가 있는 것으로 보인다.

가족회의 활동 범위가 한정된 까닭인지 명단의 대부분이 서울에서 납치된 경우였다. 1954년 7월 7일에는 가족회가 작성한 피랍치자 명부 1차분은 2,815명으로 늘어났고, 2차분으로 1,791명이 추가로 작성되어 계 4,606명이 되었다는 기록이 정부 행정문서에 있지만, 2006년 현재 발견된 바는 없다.

2

姓名	職場	年令	住所	被害月日
朴俊鎬	鉄警主任	三二	鍾路区 苑西洞二의二	七.三〇
李載[illegible]	国会議員	五五	〃 〃 一二	七.二三
黃鈺	前警務総監	六五	〃 清進洞一七五	七.五
沈堅求	韓青副団長	五六	〃 仁寺洞一五四	七.九
黃圭昌	高陽金融組合常務理事	五五	〃 苑西洞二七	七.一
劉錦成	電報通信社長	三六	〃 長沙洞一八二	八.二六
〃一承	医師	四八	〃 仁寺洞一七〇	七.二九
吳一衛	無	五一	右 仝	八.七
張洛栄	書記員	三一	〃 苑南洞五二	八.四
金光瑞	黄海道監代表団	三五	〃 嘉会洞二의六八	八.一一
李璇燦	다이아工業社長		〃 〃 二의六	七.三一
金活蘭	官吏	二三	〃 臥竜洞五七	七.四
李圭勛	軍人	五五	〃 勸農洞二七	七.九
金根壽	洞会長	五二	〃 観水洞一三四	八.二九
朴玄圭	中尉	二八	〃 嘉会洞一五九	七.三一
朴永吾	警衛	四二	〃 蓮池洞一二三	七.一二
鄭敬順	韓青団員	二三	〃 薫井洞七二	七.
李世鎮	商業	三七	〃 瑞麟洞三五의三	七.六
柳昶烈	審計院調査官	三三	〃 益善洞三의二	七.二一
金正彬	京電社員	二九	〃 新橋洞八一	八.一四
李昊夏	洞会長	四〇	〃 益善洞三의三	八.一三
蔡奎丙		六二	〃 社稷洞三六의八	八.一九
李丙台	商工部長官秘書	四三	〃 益善洞五七	八.一
李鍾九	社長		〃 明倫洞街一	七.二五

1-4. 6 · 25동란으로 인한 피랍치자명부 (17,940명)

(1954년 내무부 치안국 작성)

〈출처〉

외교 정책 자료실

〈해설〉

이 명부는 전후 처음으로 내무부 치안국 차원에서 조사 작성된 명부로 전쟁 중 작성되었던 1952년 명부에 비해 피랍인 수가 4분의 1이하로 대폭 줄어든 것이 특징이다. 조사 대상을 피랍치인사를 위한 조사임을 표면에 내놓지 않고 호주 부재 가족 중 행방불명자 및 그 이유들을 주(主)로 한 형식의 조사를 진행하였다. 전쟁 중 작성된 1952년 명부에서 누락된 사람들이 추가되었지만 민간인 신분으로 강제로 징집된 의용군들을 비롯한 청년층은 거의 다 제외시켜 피랍인 수가 대폭 감소한다. 북한의 납치 주체를 명시해 납치 사건을 보다 구체화하고 있는 명부라는 점에서 가치가 있어 보인다.

우리측은 1954년 4월 스위스에서 개최되었던 극동평화회의에서 국제적십자사로부터 인도적 차원에서 6 · 25 당시 북한에 납치된 인사 송환을 위하여 노력을 하겠다는 약속을 받았다. 이에 우선 가족회가 작성한 4,606명의 명단을 1차분이라고 국제적십자사에 주었지만, 휴전 직후 보다 정확한 순수한 민간인 신분의 피랍치자 명단 재작성이 요구되어 내무부가 이를 작성하게 된다.

이 명부는 엄격한 재작성의 취지에 맞게, 민간인 신분이었지만 어쩔 수 없이 강제로 북한에 협력하게된 의용군, 노무자 등과 군인들을 제외하여 인원이 대폭 감소한 것으로 사료된다. 아래 〈표 1〉과 같이 각 시도별 인원 수가 대폭 감소된 것에 반해 충북만 유독 1,369명이 증가한 점이 눈에 띈다.

〈표 1〉 1952년과 1954년 명부에 각각 수록된 각 시도별 납북자 수

시도별 / 연도별	총수	서울 특별시	경기도	강원도	충청북도	충청남도	전라북도	전라남도	경상북도	경상남도
1952년도	82,959	20,517	15,958	10,429	6,148	9,973	7,013	3,555	7,486	1,860 (제주45포함)
1954년도	17,940	4,281	3,361	949	7,517	382	45	453	896	56

6.25 動亂으로 因한

被拉致者名簿

(第2卷中1號)

內務部治安局

15. . . .
육69
v. 2-1

總 括 表

性別 地域別	總數	男	女
總數	17,940	17,573	367
서울特別市	4,281	4,121	160
京畿道	3,361	3,198	163
江原道	949	946	3
忠淸北道	7,517	7,491	26
忠淸南道	382	380	2
全羅北道	45	44	1
全羅南道	453	449	4
慶尙北道	896	888	8
慶尙南道	56	56	–

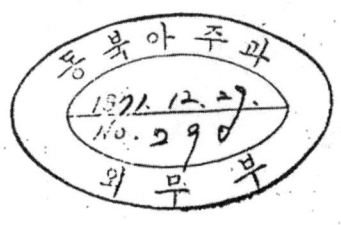

동북아주과
1971. 12. 27.
No. 29
외무부

6;25 動乱으로 因한 被拉致人

年令別統計表

年令別 / 市道別	總數			20歲以下		21~25歲		26~30歲		31~35歲		36~40歲		41~45歲		46~50歲		51~55歲		56~60歲		61歲以上	
	總數	男	女	男	女	男	女	男	女	男	女	男	女	男	女	男	女	男	女	男	女	男	女
總數	17,940	17,573	367	347	41	5,456	139	4,541	58	2,588	37	1,493	25	1,066	26	735	15	527	13	357	6	403	7
서울特別市	4,281	4,121	160	63	23	488	22	635	22	642	7	583	8	525	5	408	4	312	5	206	2	261	2
京畿道	3,361	3,192	163	50	16	437	32	773	31	573	26	420	13	314	20	205	9	196	7	87	4	93	5
江原道	949	946	3	23	1	215	1	221		158		122		69		53	1	37		28		20	
忠清北道	7,517	7,491	26	152	1	3,500	16	2,410	4	990	2	273	2	86		30	1	21		23		6	
忠清南道	382	380	2	14		141	1	103		53		27	1	16		9		6		3		8	
全羅北道	45	44	1	1		16		9		12	1	2		1		1		1				1	
全羅南道	453	449	4	10		205	1	156		38		19	1	9	1	5		4	1	2		1	
慶尚北道	896	888	8	34		380	6	221	1	115	1	45		42		23		10		6		12	
慶尚南道	56	56				24		13		7		2		4		3				2		1	

◎本表記載年令은 被拉致者의 檀紀四二八七年九月一日現在年令을 計上한것임

(1) (2)

6.25 動亂으로 因한 被拉致人 **職業別統計表**

職業別 / 市道別	總數			國會議員	農業		商業		工業		水産業		交通業		公務自由業		學生		警察官		其他有業		無業	
	總數	男	女		男	女	男	女	男	女	男	女	男	女	男	女	男	女	男	女	男	女	男	女
總數	17,940	17,573	367	41	10,121	65	686	13	225	1	38		85		2,519	24	870	23	385	1	2,061	101	542	139
서울特別市	4,281	4,121	160	38	22	1	249	3	63	-	5	-	32	-	2,008	13	87	16	174	1	1,338	61	55	65
京畿道	3,361	3,198	163	-	1,537	52	273	7	65	1	17	-	31	-	183	9	280	3	170		298	39	344	52
江原道	949	946	3	-	701	1	40	1	15	-	7	-	7	-	67	-	36	1	6	-	49	-	18	-
忠淸北道	7,517	7,491	26		6,544	7	80	1	59	-	-	-	6	-	176	1	307	3	7		223	1	29	13
忠淸南道	382	380	2	1	260		10		6		-		7		26		31		11		14		14	2
全羅北道	45	44	1	1	15	-	-	-	1	-	-	-	-	-	6	1	4	-	2		11	-	4	-
全羅南道	453	449	4	1	322	3	10	1	3	-	-	-	-	-	17	-	39	-	4		39	-	14	-
慶尙北道	396	388	8	-	644	1	22	-	12	-	9	-	2	-	31	-	74	-	10		22	-	2	7
慶尙南道	56	56	-	-	26	-	2	-	1	-	-	-	-	-	5	-	12	-	1		7	-	2	-

(1) (2)

서울特別市	總人員 4,281名	男 4,121名	女 160名				
姓名	性別	年令	職業	拉致年月日	拉致場所	拉致狀況	6.25當時住居
金鍾益	男	56	麻浦区庁長	4283 9.13	自宅	人民軍에게拉致	西大门区 北阿峴洞35의5
金元慶	〃	30	会社員	〃 8.25	〃	內務署員 〃	〃 〃 山一의270
金國鍾	〃	22	無	〃 7.8	〃	〃 〃	〃 〃 山一
金洛榮	〃	57	洞會長	〃 8.16	〃	〃 〃	〃 〃 5의2
金賢馬	〃	36	教員	〃 7.9	〃	政治保衛部員에게拉致	〃 〃 1의324
金魯聖	〃	52	無	〃 8.6	〃	〃	〃 〃 1의325
金鍾聲	〃	29	商業	〃 8.27	〃	人民軍에게拉致	〃 〃 203의3
金基模	〃	21	單屆	〃 8.20	〃	〃	〃 〃 山18
金基永	〃	20	〃	〃 8.20	〃	〃	〃 〃 〃
金俊榮	〃	16	〃	〃 8.20	〃	〃	〃 〃 〃
金鍾殷	〃	52	公務員	〃 7.9	〃	政治保衛 〃	〃 〃 1의547
金圭泰	〃	24	学生	〃 8.2	西大门区 冷泉洞事務所	內務署員 〃	〃 玉川洞109의1
金龍得	〃	39	職工	〃 8.5	〃 橋南洞78	政治保衛部〃	〃 〃 127의10
金忠洙	〃	34	美軍労務員	〃 8.22	自宅	內務署員 〃	〃 〃 109의1
金龍德	〃	21	單屆	〃 8.20	〃	人民軍 〃	〃 北阿峴洞山18
金德培	〃	41	教員	〃 8.3	〃	〃 〃	〃 平洞13의18
金敎恩	〃	52	單屆	〃 8.3	〃	〃 〃	〃 紅把洞114
金漢甲	〃	49	商業	〃 7.12	〃	內務署員 〃	〃 〃 149

6.25 動亂으로 因한

被拉致者名簿

(第 2 卷 中 2 號)

內務部治安局

忠清北道

忠清北道	總人員 7,517名	男 7,491名	女 26名				
姓名	性別	年令	職業	拉致年月日	拉致場所	拉致狀況	6·25當時住居
金龍玉	男	23	農業	83 7.5	常山国民学校	内務署員에게拉致	鎮川郡德山面 竜夢里
金在澤	男	24	〃	〃 7.10	自宅	人民軍에게拉致	鎮川郡德山面 九山里 421
金永鎮	男	20	〃	〃	自宅	内務署員에게拉致	鎮川郡德山面 九山里 413
金五福	男	19	〃	〃 7.20	自宅	〃	鎮川郡德山面 九山里 301
金元玉	男	28	〃	7.20	萬升國民學校	面人民委員長에게 拉致	鎮川郡萬升面 広恵院里 290-3
金貞玉	男	21	〃	83 8.15	〃	〃	鎮川郡萬升面 広恵院里 326
金龍雲	男	23	商業	83 7.20	〃	〃	〃 〃 263
金貞吉	男	23	労働	〃 8.15	〃	〃	〃 〃 414
金岩得	男	24	農業	〃 8.15	〃	〃	〃 〃 283
金炳系	男	23	〃	〃	〃	〃	〃 〃 143
金鍾成	男	26	〃	〃 7.20	〃	〃	〃 〃 254
金鍾漢	男	26	〃	〃 7.20	〃	〃	〃 東院里 54
金日洙	男	32	〃	〃 〃	〃	〃	〃 鳩岩里 32
金明來	男	28	〃	〃 〃	〃	〃	〃 〃 38
金春培	男	21	〃	8.20	〃	〃	〃 竹峴里 661
金二培	男	22	〃	〃 〃	〃	〃	〃 〃 824
金鶴中	男	34	〃	〃 〃	〃	〃	〃 〃 824
金東喆	男	25	〃	〃 〃	〃	〃	〃 〃 823

1-5. 실향사민신고서 (7,034명)

(1956년 대한적십자사에서 6 · 25전쟁 납북자의 가족으로부터 받은 육필 신고서)

〈출처〉

대한적십자사

〈해설〉

1956년 6월 15일부터 8월 15일까지 2개월에 걸쳐 6 · 25전쟁 납북자의 가족으로부터 받은 육필로 된 신고서다. 국제적십자사를 통하여 북한적십자사로부터 6 · 25전쟁 납북자의 안부 탐지를 할 목적으로 가족들이 직접 작성하여 신고한 것이다. 대한적십자사가 보관해온 원본을 2002년 27권의 분량으로 제책하였는데 그중 22권과 27권에 해당하는 원본이 분실되어 현재 총 신고서는 6,472건이다.

'6 · 25전쟁 납북자' 라는 명칭 대신 실향사민이라는 용어를 사용한 것은 북한이 휴전협상에서 '납북자' 라는 용어 자체를 거부하여 전략상 '실향사민' 이라는 용어를 사용하였다고 알려져 있다. 1952년의 납북자 수에 비해 현격하게 수가 줄어든 것은 우선은 홍보 부족이 원인이었던 것으로 보인다.

당시 전국에 거주하고 있는 가족들에게 홍보가 잘 안 된 것과 신고서 작성과 접수의 어려움이 있었고, 8월 15일 지나서는 일절 접수를 받지 않았기 때문으로 추정된다.

신고서 양식은 피랍자 성명(한글, 한문, 때로는 영문), 성별, 생년월일, 피랍자 본적, 피랍자 출생지, 최종 현주소, 최종직업(본직, 공직), 가족대표자(주소, 성명, 관계), 납치당한 장소 및 상황을 기록하도록 하고 있다.

이 신고서는 다른 명부와 달리 6 · 25전쟁 납북자들의 가족들이 직접 목격한 납치 당시 상황과 당시 북한으로 끌려간 후 또는 도중에 탈출한 분들의 증언이 기록되어 있는 유일한 자료로 납북 유형과 경로 등 사건의 진상을 규명하는 데 중요한 자료가 된다.

이 자료에는 동사무소에서 발급한 「**납치자 증명원 번역문**」(별도 예시)이 신고서로 들어 있어 적어도 1956년까지는 정부가 각 동사무소에 6 · 25전쟁 납북자 명단을 비치하고 납북자 가족들에게 납치 사실을 확인해 주었다는 사실을 입증하는 중요한 근거 자료가 된다.

실향사민신고서

1

(1~300)

대한적십자사

總裁	事務總長	打字	飜譯	再閱	記錄	校閱	接受

No.

失鄕私民安否探知申告書

一、被拉者姓名 (國文) 최상현 (漢文) 崔相鉉 (英文) Choi Sang Hyun

二、性別 男子

三、生年月日 西紀一八九〇年十二月二十七日生

四、被拉者本籍 서울特別市 西大門區 平洞 七五의 三

〃 出生地 平安南道 진남포

五、最終現住所 서울特別市 城北區 敦岩洞 四八二의 五八

六、最終職業 本職 牧師

公職

七、家族代表者 서울特別市城北區敦岩洞四八二의五八

住所及姓名 崔潤模 關係 父

八、拉致當한場所 서울特別市城北區敦岩洞四八二의五八

被拉狀況 本家에서 一九五〇年八月二十五日 家族은 피난하고 本人과 次女와 三男인 崔潤徹·潤植 三名이 있던中 檢察署員(괴뢰군) 二名이 밤 九時(午后9時頃) 檢察所(員警)로 데리고 갔음

그后 西大門刑務所에 계셨던 것을 어떤 부인이 자기 남편을 [illegible]

나의 [illegible]에 가던 것이 本人과 같이 있었다는 것을 [illegible]

[illegible] 부인에게 [illegible]

납치자증명원(拉致者證明願)

본적 경기도 광주군 초월면 상번천리 508번지
주소 서울특별시 마포구 아현동 85번지에 144호
세대주 성명 이 상례(처)
납치자 성명 이 용우
성별 남
생년월일 단기 4255(1922)년 11월 30일생
납치 당시 최종직업 영등포변전소 사원

우자(右者)는 좌기(左紀) 직장인 영등포변전소에서 단기 4283(1950)년 9월 13일까지 현직장에서 근무하다가 단기 4283(1950)년 9월 15일에 내무서원 2명에게 납치된 사실을 증명하여 주심을 앙망하나이다.

단기 4289(1956)년 6월 5일
우원인(右願人) 이상례(인)
아현 제2동장 귀하

납치자 유가족
납치자와의 관계 처 이상례
장남 이상훈
2남 이상태

우증명(右證明)함
단기 4289(1956)년 6월 5일
아현제2동장 임경용(인)

總裁	事務總長	打字	飜譯	再閱	記錄	校閱	接受

W047

拉致者證明願

本籍 京畿道廣州郡草月面上樊川里五〇八番地

住所 서울特別市麻浦区阿峴洞八五番地에 [illegible]

世帶主姓名 李相禮 (印)

拉致者姓名 李龍雨 姓別 男

生年月日 檀紀四二五五年拾壹月參拾日生 (一九二二)

拉致當時最終職業 永登浦變電所 [illegible]

右者는 左記職場인 永登浦變電所에서 檀紀四二八三年

九月十三日까지 現職場에서 勤務하다가 檀紀四二八三年

九月十五日에 內務署員에게 拉致 [illegible]

[illegible] 麻浦 [illegible]

檀紀四二八九年 二月五日

[illegible]

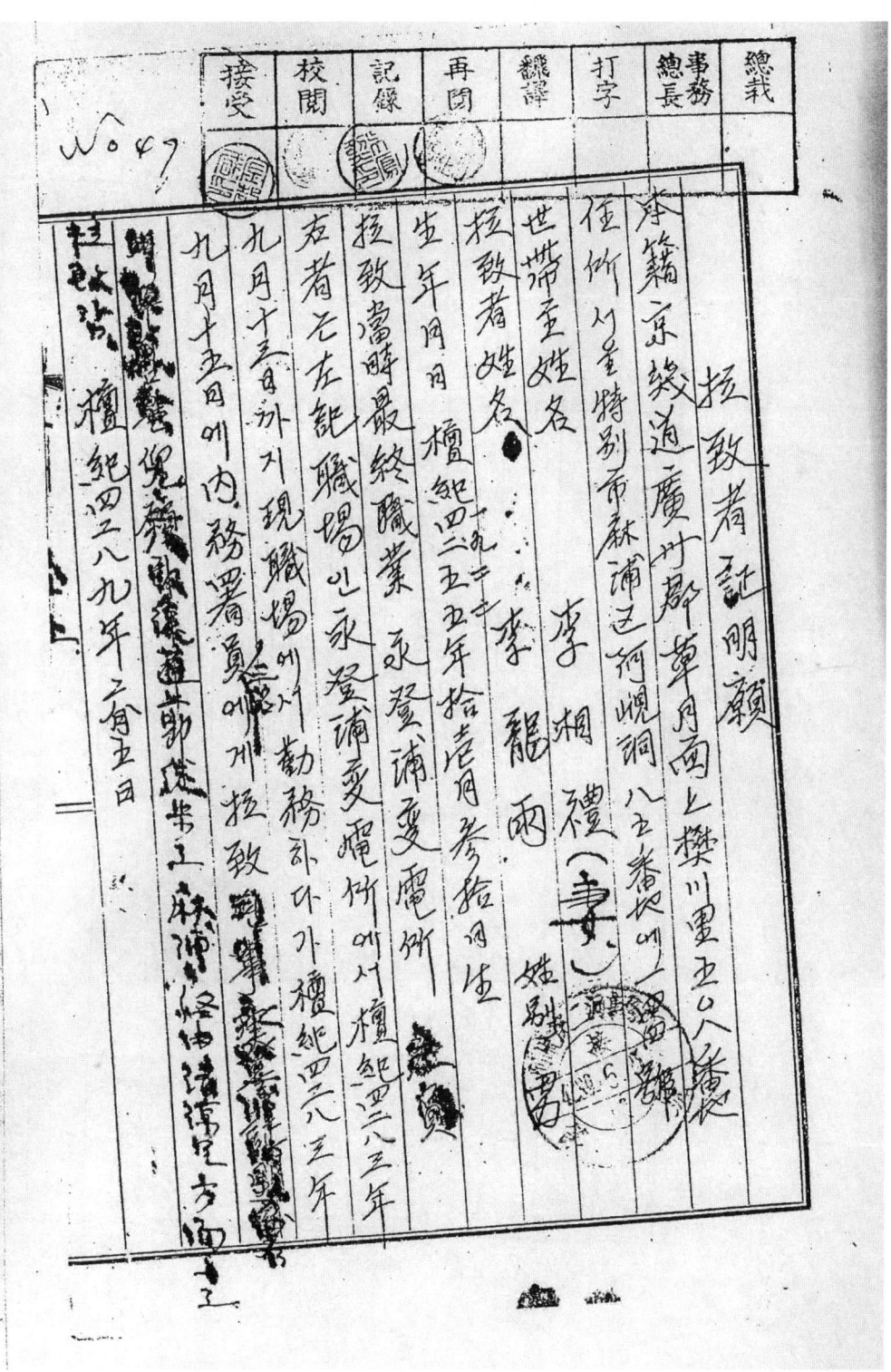

右願人 李相禮

訶峴第二洞長 貴下

拉致者遺家族

拉致者外에關係 妻 李相禮

長男 李相勳

二男 李相台

右證明함

檀紀四二[illegible]年[illegible]月[illegible]日

下峴第二洞長 林[illegible]慶

1-6. 우리측안부탐지조회서 (7,034명)

(1956년 대한적십자사에서 실향사민 신고서를 요약한 조회서)

〈출처〉

대한적십자사

〈해설〉

대한적십자사가 납북자 가족들로부터 받은 「6 · 25전쟁납북자안부탐지신고서」를 간단하게 요약 · 정리하여 한글과 영문으로 인적 사항(일련 번호, 성명, 성별, 생년월일, 출생지, 본적지, 최종 현주소, 최종직업, 가족대표, 관계, 실향당한 장소 및 실향 상황)을 기록한 명부다. 대한적십자사는 1956년 9월 30일 6 · 25전쟁 납북자 안부 탐지를 위하여 국제적십자사로 송부했다.

이 자료는 남한에서 북한으로 보낸 유일한 「6 · 25전쟁납북자안부탐지조회서」이다. 자료에 의하여 북한의 조선적십자회 중앙위원회로부터 6 · 25전쟁 납북자 337명의 소식 조사 회답서를 받게 된다. 또한 분실된 「실향사민안부탐지신고서」 22권과 27권의 내용을 아주 간단하게 요약한 것이지만 아쉬운 대로 이 자료로 대신할 수 있다.

우리측안부탐지조회서(7,034명)

1956. 6. 15 - 8. 15

대 한 적 십 자 사

NO. 1/

안 부 탐 지 조 회 서

WELFARE AND WHEREABOUTS INQUIRY FORM

(성 명) Full name	이 한명 (李漢明) Lee, Han Myung	(성별) Sex	(남자) MALE ~~FEMALE~~
(생년월일) Date of birth	서기 1905년 2월 28일 Feb. 28, 1905	(출 생 지) Place of birth	전라남도·해남군 (全南海南郡) Hai nam, South Chun la
(본 적 지) Place of origin	전라남도 해남군 마산면 맹진리 648 (全南海南郡馬山面孟津里648) 648 Mang jin, Ma san myun, Hai nam kun, Chunlla nam do		
(최 종 현 주 소) Last known address	서울시 충무로 3가 55 3ka-55 Chung moo ro, Seoul	(최 종 직 업) Last known occupation	상업 ([illegible]) merchant
(가 족 대 표) Next of kin	Kim, Boo Yong ([illegible])	(관 계) Relationship	처 wife

(실향 당한 장소 및 실향 상황)
Place and Circumstances of disappearance

1950년 7월 15일. 중부내무서원 2명에게 체포됨.

At 1 p.m. July 15, 1950, he was kinapped by the Internal Security men of Choong-Boo Police Station.

1-7. 실향사민소식조사회답서 (337명)

(1957년 북한의 조선중앙적십자회 중앙위원회에서 작성하여 보낸 명단)

〈출처〉

대한적십자사

〈해설〉

대한적십자사는 7,034명의 안부탐지서를 국제적십자사에 보내어 1957년 11월 18일 북한에서 회신해온 337명의 명단을 공개해 생사를 알려주었지만 구체적인 내용은 가족들에게 통보하지 않은 것으로 알려져 있다. 회신서에는 인적 사항(일련 번호, 성명(姓名), 생년월일, 성별, 최종 직업, 본적지, 최종 거주지, 의뢰자 성명, 그와의 관계, 소식 조사 결과)을 기록하였다. 북한에서 보내온 회신서를 분석해보면 아래 표와 같다.

〈표 2〉납북 당시 직업별 통계

직업별	인원수	직업별	인원수	직업별	인원수	직업별	인원수
국회의원	9	농 업	67	간호원	4	공 업	4
공무원	33	목 공	7	약제사	2	점 원	1
대학 교수	6	상 업	35	식당 종업원	1	운 전	5
교 원	17	무 직	32	인쇄공	3	화 가	1
회사원	29	기 자	3	전 공	1	이 발	1
의 사	9	학 생	47	병원조수	1	은행원	1
직 공	8	철 공	6	건축업	2	정미업	1
						계	337

〈표 3〉소재 확인 당시 직업별 통계

직업별	인원수	생활수준	직업별	인원수	생활수준
평화통일촉진회	8	상위층 13	사무원	55	중간층 112
교 수	5		학 생	23	
농 업	41	하위층 113	교 원	13	
직 공	53		병원 또는 진료소	13	
탄 광	6		은행원	3	
운 전	3		기 자	3	
불상(불기재)	99	불 상 99	가극단	2	
					계 337

〈표 4〉소재 확인자 분포

지역별	평안북도		함경북도		함경남도		자강도	양강도		평양시	
	시단위	리단위	시단위	리단위	시단위	리단위	리단위	시단위	리단위		
인원수	4	25	7	9	11	15	14	1	2	89	
계	29		16		26		14	3		89	
지방별	북부 지방 88									중부 지방	
지역별	평안남도		황해북도		황해남도		개성시	강원도		계	
	시단위	리단위	시단위	리단위	시단위	리단위		시단위	리단위	시단위	리단위
인원수	6	49	14	32	7	26	11	7	8	157	180
계	55		46		33		11	15		337	
지방별	중부 지방 190				남부 지방 59					337	

〈북측 확인자 명단 337명〉

강광석 43 경기 / 강석암 51 경북 / 강성국 41 경북 / 강수갑 47 경남 / 강수지 54 경기
강시성 49 경기 / 강영관 46 경기 / 강진오 44 서울 / 강찬석 41 충북 / 강택구 45 경기
경태현 44 경기 / 계병렬 44 평북 / 계윤찬 39 평북 / 구덕환 74 충남 / 권상익 55 경기
권영수 48 전북 / 권중길 42 경북 / 김갑봉 58 강원 / 김겸호 46 서울 / 김경배 45 충남
김경배 78 경기 / 김경배 78 경기 / 김경석 44 서울 / 김경순 40 전남 / 김교무 44 충남
김국진 42 전남 / 김귀생 46 경남 / 김기성 49 서울 / 김대복 61 강원 / 김대봉 41 서울
김덕배 59 서울 / 김동수 46 전북 / 김동엽 56 서울 / 김동윤 52 경북 / 김두만 44 경북
김만규 42 서울 / 김만현 45 경기 / 김명진 51 서울 / 김병섭 44 서울 / 김병옥 42 경기
김보비 73 황해 / 김산옥 46 충북 / 김상철 44 경북 / 김상호 47 서울 / 김상호 53 경기
김성룡 47 경기 / 김숙자 37 서울 / 김숙자 49 서울 / 김숙진 32 전남 / 김순애 39 서울
김시창 62 경북 / 김시흥 45 강원 / 김연섭 44 강원 / 김영기 45 강원 / 김영숙 41 서울
김영애 43 경북 / 김영찬 39 서울 / 김영호 53 서울 / 김오복 42 전남 / 김옥암 57 전남
김용대 45 함남 / 김원식 43 경기 / 김유택 44 경기 / 김인환 서울 / 김장석 68 서울
김장영 44 경기 / 김재한 46 경북 / 김정모 47 경기 / 김종란 39 서울 / 김종문 46 강원
김종서 46 경남 / 김종성 49 서울 / 김주조 47 경기 / 김주현 54 충북 / 김준섭 53 서울
김준안 46 경기 / 김진구 60 충북 / 김진무 52 강원 / 김진영 50 강원 / 김창국 48 경기
김창규 52 충남 / 김창덕 58 서울 / 김칠선 75 경남 / 김택봉 54 서울 / 김택수 46 서울
김표섭 55 함북 / 김학남 48 충남 / 김헌식 66 충남 / 김형구 43 경기 / 김홍각 46 충북
김홍섭 46 경기 / 김홍식 47 충북 / 김효원 50 경기 / 김흥곤 48 전남 / 나득표 57 충남
나순영 53 서울 / 나우곤 42 전북 / 나정녀 44 충북 / 남궁영임 44 경기/ 남정우 63 경기
노어갑 36 충남 / 노재혁 46 서울 / 매창규 47 서울 / 맹웅렬 42 서울 / 모순현 57 경기

문응균 51 경기 / 문장환 47 경기 / 박광필 46 제주 / 박규영 46 서울 / 박래린 47 경남
박명순 43 서울 / 박복순 47 경북 / 박사희 53 경기 / 박상재 45 경기 / 박소암 57 경북
박순동 49 경기 / 박순동 49 경기 / 박영수 46 경북 / 박영식 52 서울 / 박영일 57 서울
박영희 51 충북 / 박윤수 50 경기 / 박재관 43 경기 / 박정양 52 서울 / 박찬구 43 경기
박찬일 55 서울 / 박철규 63 서울 / 박철규 63 서울 / 박태봉 42 전남 / 박해용 60 경기
박회항 60 서울 / 방경손 51 서울 / 방석광 44 경남 / 방승규 45 충남 / 방영섭 51 경기
방재순 54 경기 / 배기성 56 충남 / 배중근 44 전북 / 백남재 57 강원 / 백상규 92 경기
변명구 43 강원 / 봉종억 52 경기 / 서상목 47 서울 / 서장원 45 경기 / 성인용 47 경기
송영섭 43 경기 / 송요항 50 경기 / 신명희 46 서울 / 심우창 42 경기 / 심정학 49 서울
안민식 62 서울 / 안병하 49 경기 / 안병혁 43 경기 / 안상구 48 충북 / 안상용 53 경기
안상한 45 경북 / 안재근 53 경기 / 안재홍 81 경기 / 안재황 49 경기 / 안종대 41 경기
안종석 54 서울 / 양세찬 48 충남 / 여길현 44 충북 / 여백현 42 충북 / 여용현 46 충북
오경임 45 전북 / 오성환 50 경남 / 오세준 41 서울 / 오인동 50 경북 / 오재덕 67 서울
오창진 57 경기 / 오태영 50 경기 / 용재현 40 경기 / 우무락 45 경북 / 우영식 41 서울
우익제 42 경기 / 원영재 43 서울 / 원희준 50 서울 / 유근택 52 경기 / 유재경 51 서울
유준식 40 서울 / 유철하 52 경북 / 유한목 48 충남 / 윤경섭 52 경기 / 윤관영 52 황해
윤광철 51 서울 / 윤병찬 42 서울 / 윤봉수 51 경남 / 윤원순 55 서울 / 윤종옥 38 경기
이경락 56 경북 / 이경태 48 서울 / 이공록 47 충남 / 이규성 50 경기 / 이기홍 42 서울
이동규 50 서울 / 이동길 43 충북 / 이동묵 54 경남 / 이동수 54 강원 / 이만선 44 경기
이만섭 54 강원 / 이문상 78 황해 / 이문영 43 경기 / 이병권 41 충북 / 이병호 52 경기
이상경 35 서울 / 이상규 55 전남 / 이상균 43 경기 / 이상무 40 경북 / 이상석 46 충남
이상섭 70 서울 / 이상원 45 경북 / 이성국 45 충북 / 이성현 44 서울 / 이숙환 37 경남
이순훈 43 충북 / 이시규 38 평북 / 이시범 52 경기 / 이시우 55 서울 / 이영숙 39 전북
이용식 51 서울 / 이우덕 55 경기 / 이원영 65 서울 / 이응필 50 충북 / 이장석 59 경기
이재경 50 서울 / 이재로 42 경기 / 이재명 39 서울 / 이재복 66 함북 / 이재선 46 경기
이재선 48 경기 / 이재언 45 황해 / 이정현 59 서울 / 이정호 54 충남 / 이종설 51 충남
이종진 45 충남 / 이종희 56 경북 / 이준구 45 경기 / 이중우 47 충북 / 이지원 48 충북

이진남 47 충북 / 이창옥 43 서울 / 이춘명 45 서울 / 이태구 50 서울 / 이태수 62 서울
이태호 43 서울 / 이필성 40 서울 / 이한태 56 충남 / 이혁구 41 충남 / 이화실 52 서울
이희택 43 강원 / 임귀현 53 경기 / 임규철 40 경북 / 임용택 42 전북 / 임정순 49 충남
임화춘 47 제주 / 장명길 42 서울 / 장배현 56 서울 / 장병균 42 경북 / 장석영 53 전북
장석진 42 경기 / 장섭진 53 경북 / 장영찬 40 전남 / 장익진 50 함북 / 장팔용 42 충북
전계선 56 경기 / 전영욱 51 충남 / 전창명 76 평북 / 정금용 39 서울 / 정덕수 38 경기
정덕순 44 경북 / 정락림 44 충남 / 정래문 50 경북 / 정례시 41 강원 / 정상학 55 전남
정영환 50 서울 / 정오섭 40 경북 / 정운근 42 경기 / 정익찬 45 강원 / 정종연 44 경남
정진옥 41 경기 / 정창현 46 전남 / 정치순 51 서울 / 정헌영 56 충남 / 정현숙 51 경남
정효복 44 경기 / 조강현 44 서울 / 조경구 54 서울 / 조국희 42 경북 / 조남식 46 강원
조두희 43 서울 / 조병호 40 서울 / 조봉진 48 서울 / 조상선 63 전남 / 조성련 45 경기
조성린 47 충남 / 조소앙 85 경기 / 조승희 47 경북 / 조영봉 40 서울 / 조창한 46 서울
조헌숙 72 경북 / 조헌영 70 경북 / 주재식 41 경기 / 차인식 50 서울 / 차정자 40 서울
채범식 41 경북 / 최두식 46 서울 / 최문한 42 서울 / 탁운환 56 강원 / 한경섭 43 경기
한광우 48 서울 / 한기철 43 제주 / 한동삼 49 서울 / 한명섭 50 경기 / 한인수 46 서울
한흥수 51 함남 / 허 찬 45 경기 / 허우달 54 경북 / 허장구 41 강원 / 홍기철 49 충남
홍남표 45 충남 / 홍사은 43 경기 / 홍치화 61 평남 / 황광필 42 서울 / 황금순 39 강원
황영식 44 경북 / 황영일 45 전북 / 황영찬 46 서울 / 황유규 53 경북 / 황윤수 49 경기
황윤주 46 전북 / 황의우 46 전북 / 황의환 44 서울 / 황인성 41 서울 / 황일택 46 전북
황종선 42 서울 / 황진성 51 경기

이 명단은 1957년 11월 19일자 「조선일보」 외 1971년 8월 15일자 「한국일보」에도 기사화돼 공개됐다. 이 회신은 현재까지 북한으로부터 얻어낸 6 · 25 전쟁 납북자 생사확인(안부 탐지)에 대한 유일한 성과물이라고 할 수 있다.

실향사민 소식조사 회답서

1957년

조선적십자회 중앙위원회

납북인사 소식 조회서

(번호 순서에 의함)

№ 28　　　　　　　　　　　　　　　　　　　　　　　195 년 월 인

소 식 조 사 회 답
(Reply to Welfare and Whereabouts Inquiry)

성 명 (Full name) 박 영 히 (朴 英熙)　　생 년 월 일 (Date of birth) 1921년 2월 4일

성 별 (Sex) 남자　　최 종 직 업 (Last known occupation) 교통 통신사 총무

본 적 지 (Place of origin) 충청북도 충주군 산천면 명서리

최 종 거 주 지 (Last known address) 서울시 영등포동 226

의 뢰 자 성 명 (Name of inquirer) 김 복 순　　그와의 관계 (Relationship) 처

소 식 조 사 결 과 (Reply to inquiry) 박영히는 평양시 서구역 감흥동에 거주하면서 감흥동 사무소 사무원으로 일하고 있음.

№ 87　　　　　　　　　　　　　　　　　　　　　　　195 년 월 인

소 식 조 사 회 답
(Reply to Welfare and Whereabouts Inquiry)

성 명 (Full name) 리상경(李相慶)　　생 년 월 일 (Date of birth) 1902년 6월 7일

성 별 (Sex) 남자　　최 종 직 업 (Last known occupation) 국회의원

본 적 지 (Place of origin) 경남 하동군 하동읍 내동 415

최 종 거 주 지 (Last known address) 서울시 종로구 효자동

의 뢰 자 성 명 (Name of inquirer) 강 차 히　　그와의 관계 (Relationship) 처

소 식 조 사 결 과 (Reply to inquiry) 리상경은 평양시 서구역 대신동에 거주하면서 재북 평화통일 촉진 협의회 회원으로 사업하고 있음.

1-8. 실향사민등록자명단 (7,034명)

(앞의 신고서들을 1956년 대한적십자사에서 1권의 책으로 제작)

〈출처〉

대한적십자사

〈해설〉

기재 내용은 발송 번호, 한자 성명, 성별, 연령, 본적, 납치지, 직업 순으로 되어 있다. 과거에는 대한적십자사에서 가족들에게 「납북사실 등록확인서」를 발급하는 대장으로 활용되기도 하였다.

6 · 25전쟁 납북 사건 후 정부에서는 1956년까지 '납치자증명원' 을 발급했음을 자료로 확인하였다. 그러나 그후 정부는 시기를 정확히 알 수 없지만 증명원 발급 업무를 중단하였고 대신 대한적십자사에서 이 명단 자료에 의해 가족들에게 '납치자등록확인서' 를 발급해 왔다. 1956년 이 명단이 작성된 후 가족회가 2002년 정부가 작성한 명부들을 발굴하기 전까지 대외적으로 알려진 유일한 6 · 25전쟁 납북자 명부였다.

1956

失鄕私民登錄者名單

大韓赤十字社

索引表

(ㄱ部)		琴	126	(ㄹ部)		閔	238	林	276	孫	311
金	9	吉	127	李	148	明	241	(人部)		宋	314
姜	97	奇	128	林	217			徐	293	申	320
桂	105	(ㄴ部)		羅	222	(ㅂ部)		石	298	辛	328
康	106	南	131	盧	224	朴	243	史	299	愼	330
慶	107	南宮	133	陸	227	潘	273	諸	300	沈	331
魏	108	魯	134			方	274	邵	301	蔡	335
景	109			(ㅁ部)		奉	277	尙	302		
高	110	(ㄷ部)		馬	229	卞	278	S	303	(ㅇ部)	
孔	115	都	137	牟	230	房	279	昔	304	安	339
郭	116	獨孤	138	梅	231	裵	280	宣	305	玉	347
具	117	陶	139	孟	232	白	282	鮮于	306	吳	348
丘	119	董	140	睦	233	辺	287	薛	307	龍	356
權	120			賓	234	片	288	成	308	余	357
鞠	125			文	235	芮	289	蘇	310	楊	358

~1~

~2~

梁	359	殷	395	鍾	456	秋	498	黃	531		
吳	362	陰	396	周	457	(ㅌ部)		夏	538		
嚴	363	任	397	朱	458	太	501	河	539		
呂	365	印	400	池	461	卓	502	皇甫	541		
延	366	(ㅈ部)		陳	463			表	542		
廉	367	張	403	蔣	465	(ㅎ部)					
王	368	章	413	晋	466	韓	505				
禹	369	全	414			咸	515				
元	372	田	419	(ㅊ部)		許	516				
劉	375	鄭	421	崔	469	玄	519				
俞	378	丁	439	車	492	扈	520				
尹	380	趙	441	蔡	495	邢	521				
柳	387	曺	453	千	497	洪	522				

拉致人士登録者統計 （接受期間 1956年 6月15日～8月15日）

1, 姓　別　男子 6,884 名　總計 7,034 名
　　　　　女子 150

2, 年令別

	年令	人員	年令	人員	年令	人員	年令	人員	年令	人員	年令	人員	年令	人員
	18	1	19	2	20	5	21	5	22	16	23	45	24	97
	25	161	26	201	27	263	28	270	29	270	30	303	31	296
	32	275	33	267	34	248	35	262	36	240	37	230	38	190
	39	208	40	244	41	189	42	215	43	182	44	177	45	164
	46	138	47	141	48	1[illegible]9	49	155	50	124	51	131	52	92
	53	114	54	101	55	82	56	96	57	70	58	86	59	72
	60	82	61	59	62	48	63	45	64	31	65	26	66	19
	67	33	68	19	69	24	70	20	71	18	72	8	73	6
	74	7	75	5	76	4	77	2	78	3	79	8	80	4
	82	1	86	1	88	1	89	3						

～3～

3, 本籍地및 拉致地別

道　別	出生人員	拉致人員	道　別	出生人員	拉致人員
咸境北道	87		忠清北道	253	122
〃 南道	226		〃 南道	312	91
平安北道	295		全羅北道	133	28
〃 南道	216		〃 南道	180	18
黃海道	212		慶尚北道	455	175
江原道	545	377	〃 南道	203	25
서울特別市	2,799	4,981	済州道	23	-
京畿道	1,695	1,217			

4, 職業別

種　別	人　員	種　別	人　員	種　別	人　員
政治人	85	医療員	199	労　動,	177
公務員	1,359	芸術人	36	学　生	677
判検事	34	著述家	15	無　職	248 (青年団員 218 包含)

辯護士	72	漁業	6		
言論人	75	林業	6		
企業	208	鉄工業	162		
商業	966	土建業	66		
農業	1,005	銀行員	94		
鉱業	24	会社員	737		
宗教人	82	通訳	16		
教育者	355	技術者	330		

~5~

16

発送番号	姓　名	性別	年令	本籍	拉致地	職業
13	金周慶	男	37	서울	서울麻浦区阿峴洞463의52	運転手
14	金永秀	〃	30	京畿	京畿道坡州郡州内面坡州里36	公務員
15	金世鐘	〃	41	咸南	서울市鐘路区孝子洞133	〃
16	金處重	〃	43	〃	〃 中 区南山洞2가30	〃
22	金基元	〃	30	忠南	〃 〃 南倉洞129	學生
26	金允燦	〃	41	平南	〃 鐘路区世宗路1	判事
29	金兵碩	〃	44	全南	〃 竜山区南營洞43의21	辯護士
38	金元植	〃	43	平北	〃 西大门区冷泉洞65	工業
40	金洪在	〃	36	慶南	〃 城北区貞陵里680	公務員
42	金永煥	〃	33	서울	〃 中 区三角洞41	通訳官
43	金正圭	〃	38	京畿	〃 城北区城北洞217의44	公務員
54	金命偉	〃	32	平北	〃 竜山区厚岩洞(東部)	電工業
55	金東旭	〃	46	서울	〃 鐘路区孝悌洞136	教員
67	金完鐘	〃	30	〃	〃 麻浦区孔德洞12의22	勞動
76	金湘奎	〃	55	咸南	〃 城北区敦岩洞473의15	銀行員
83	金松熙	〃	40	京畿	〃 鐘路区苑西洞77의14	公務員

~9~

2. 정부 행정 문서

2-1. 각부처의피해상황및사태에관한건(1950.10.11)

2-2. 6 · 25사변피랍치자구출에관한건(1950.10.20)

2-3. 6 · 25사변중납치자석방에관한청원이송의건(1951.12.22)

2-4. 6 · 25사변납치자에관한청원서처리의건(1952.1.26)

2-5. 납치행방불명등공무원에대한신분및봉급조치에관한질의의건(1952.8.28)

2-6. 납치민간인사송환촉진에관한건의이송의건(1953.10.23)

2-7. 납치인사송환대책에관한건의이송의건(1953.11.17)

2-8. 납치인사송환대책에관한건의에대한회보의건(1953.11.25)

2-9. 납치인사송환대책에관한건의에대한회보의건(1953.11.23)

2-10. 납치인송환공론환기의건(拉致人送還公論喚起의件)(1954.4.30)

2-11. 피랍치인사에관한회의(1954.7.7)

2-12. 피랍치인문제관계부처대표연석회의개최의건(1954.7.10)

2-13. 피랍치인문제관계부처대표연석회의회의록(1954.7.24)

2-14. 피랍치인명부재조사실시의건(1954.7.30)

2-15. 실향사민(失鄕私民)명부송부에관한건(1958.1.8)

2-16. 납치인사건재자명단송부(1958.1.27)

2-17. 납북인사귀환추진문제행정연구서(1962.2.7)

별첨: 최운상 외무부 제1과장 연석회의 참석자 증언록

해제

이 장에서는 총 17건의 6 · 25 납북자 문제에 관련된 정부 행정 문서를 소개한다. 전쟁 수습 과정에서 당시의 정부는 북한의 민간인 납치 사건을 국가적 인적 피해 사건으로 인식하고 있었음을 이들 문건을 통해 알 수 있다. 국회의원 등 유명 정치인을 비롯하여 각 계층의 주요 인사들이 대거 납북되었기 때문에 심각한 전쟁 피해로 인식했던 것이다.

이승만 대통령은 서울 수복 직후인 1950년 10월 11일자 대비공신 제4호 「각부처의피해상황및동태에관한건」에서 재산 피해뿐 아니라 인적 피해 상황도 보고하도록 각 부처 장관에게 지시하고 있다. 또한 대통령이 국방부 장관에게 가족들이 납북자들을 구출하러 북으로 가는데 군 작전에 지장이 없는 한 협조해주라고 지시한 내용을 확인할 수 있다.

「6 · 25사변중납치자석방에관한청원이송의건」의 문건은 당시 국회의장 신익희씨가 납북인사 송환에 관한 청원서를 가족들로부터 받아 국회에서 의결하여 대통령에게 보내고 대통령이 이에 대해 회신한 것을 보여주고 있다.

납북된 공무원에 대한 신분 및 봉급 조치에 관한 문건도 당시 정부가 공무원에 대하여 어떠한 조치를 했는지 알 수 있는 의미 있는 문건이다.

이 정부 행정 문서에서 또 다른 의미 있는 문건은 정부가 6 · 25전쟁 피랍치자 명부 작성에 대하여 기울인 관심과 결과에 관한 문건이다. 1954년에 내무부 치안국에서 피랍치자 명부를 다시 작성하게 된 배경과 1956년에 또 다시 대한적십자사에서 피랍인의 가족들로부터 신고를 받아 명부를 작성하게 된 원인을 알 수 있다. 과거에 작성된 총 5종류의 납북자 명부는 모두 미완성의 명부임을 알 수 있다.

「납북인사 귀환 추진 문제 행정 연구서」는 1962년 대한민국 외무부 특수지역과에서 그동안 납북인사 송환을 위하여 활동해온 바를 토대로 작성한 정부 차원에서의 연구 문건이다. 이 문건에는 납북인사 귀환 · 추진 경위와 추진 과정에서의 문제점과 해결 방법을 기록하고 있다. 그러나 북한의 완강한 거부로 대부분의 경우 그 실효성이 희박하다고 판단하고 있다.

2-1. 각부처의피해상황및동태에관한건

(1950. 10. 11)

〈출처〉
국가기록원

〈해설〉
이 문서는 국군과 유엔군이 1950년 9월 28일 수도 서울을 탈환하고 10월 1일 38선을 돌파, 북진하여 10월 10일 원산을 탈환할 즈음에 작성된 것이다. 황급히 피난길에 올랐던 정부는 북한군의 침투로를 차단한다는 목적으로 6월 28일 새벽 2시 30분 한강다리를 폭파하였다. 이로 인해 미처 피난을 못했던 사람들이 납치 또는 행방불명되었다. 이 사실을 인지한 대통령이 각 부처 장관들에게 시급하게 3일 이내로 물적·인적 피해 상황을 보고하라고 한 지시를 내린 문서이다.

극심한 혼란기임에도 불구하고 공무원들의 피랍 및 행방불명 문제는 이승만 대통령이 직접 신속한 피해 조사를 지시할 만큼 국가적 중대사임을 입증해 주는 최초의 공식 문건이라고 볼 수 있다. 이 문서에 의해 당시 공보처 통계국이 신속하게 「사변피해급구호상황」을 조사하였고(1950년 10월 25일 현재) 이어서 「서울특별시피해자명부」(1950년 12월 1일 발간)를 발표하게 된다.

대비공신(大秘共新) 제4호
단기 4283(1950)년 10월 11일
대통령
각 부처 장관 귀하

각부처의피해상황및동태에관한건
(各部處의被害狀況및動態에關한件)

금반(今般) 전란으로 인하야 정부 각 기관은 건물의 파손 기타 막대한 재해를 당하였으며 정부 직원 중 납치 기타로 행방이 불명이 된 자가 불소(不少)한 즉 3일 이내에 그 피해 상황 및 직원의 동태를 보고하야 주심을 무망(務望)함.

大秘發新第四號

檀紀四二八三年 十月 九(十一)日

1950.10.11.

大統領

各部處長官貴下

各部處의 被害狀況 및 動態에 關한 件

今般 戰亂으로 因하야 政府各機關은 建物의 破損 其他 莫大한 災害를 當하였으며 政府職員中 拉致 其他로 行方이 不明이된 者가 不少한즉 三日以內에 그 被害狀況 및 職員의 動態를 報告하야 주심을 務望함

大統領秘書室

382

338

330 335

135 102

2-2. 6 · 25사변피랍치자구출에관한건

(1950. 10. 20)

〈출처〉
국가기록원

〈해설〉
국군과 유엔군의 진공 작전으로 마침내 10월 19일 북한의 수도 평양을 탈환한 직후 이승만 대통령이 국방부 장관에 납북자 구출을 지시한 문건으로 정부가 6 · 25전쟁 납북자의 존재를 처음으로 인정한 공식 문서라고 할 수 있다. 이승만 대통령은 북한군 점령 기간과 서울 수복 직전에 수많은 납북자들이 발생한 사실을 파악하고, 납북자 가족들이 직접 납치된 가족들을 구출하러 북으로 가는 것을 허용했을 뿐 아니라 국방부 장관에게 협조할 것을 지시하고 있다. 당시 정부에서도 납북자에 대한 인정과 그 피해의 심각성을 인식하고 있었음을 알 수 있다.

대비지국방신(大秘指國防新) 제 호
단기 4283(1950)년 10월 20일
대통령
국방부 장관 귀하

6 · 25사변피랍치자구출에관한건
(6 · 25事變被拉致者救出에關한件)

금차(今次) 공비들에게 납치당한 사람의 가족들이 노력하야 하로라도 속(速)히 그 가족을 구출하랴고 이북 지역까지 간다 하니 군의 작전에 지장이 없는 한 수송과 연락의 편의를 보아주도록 적의(適宜)한 조처(措處)하기를 지시(指示)함.

大秘指國防新第 號

檀紀四二八三年 十月二十日

1950.10.20

大統領

國防部長官 貴下

六二五事變被拉致者救出에 關한 件

今次 共匪들의게 拉致當한 사람의 家族들이 協力하야 하로바삐 速히 그 家族을 救出하려고 以北地域까지 간다 하니 軍의 作戰에 支障이 업는 限 輸送과 連絡에 便宜를 보아주도록 適宜한 措處하기를 指示함

38'

343

107 335

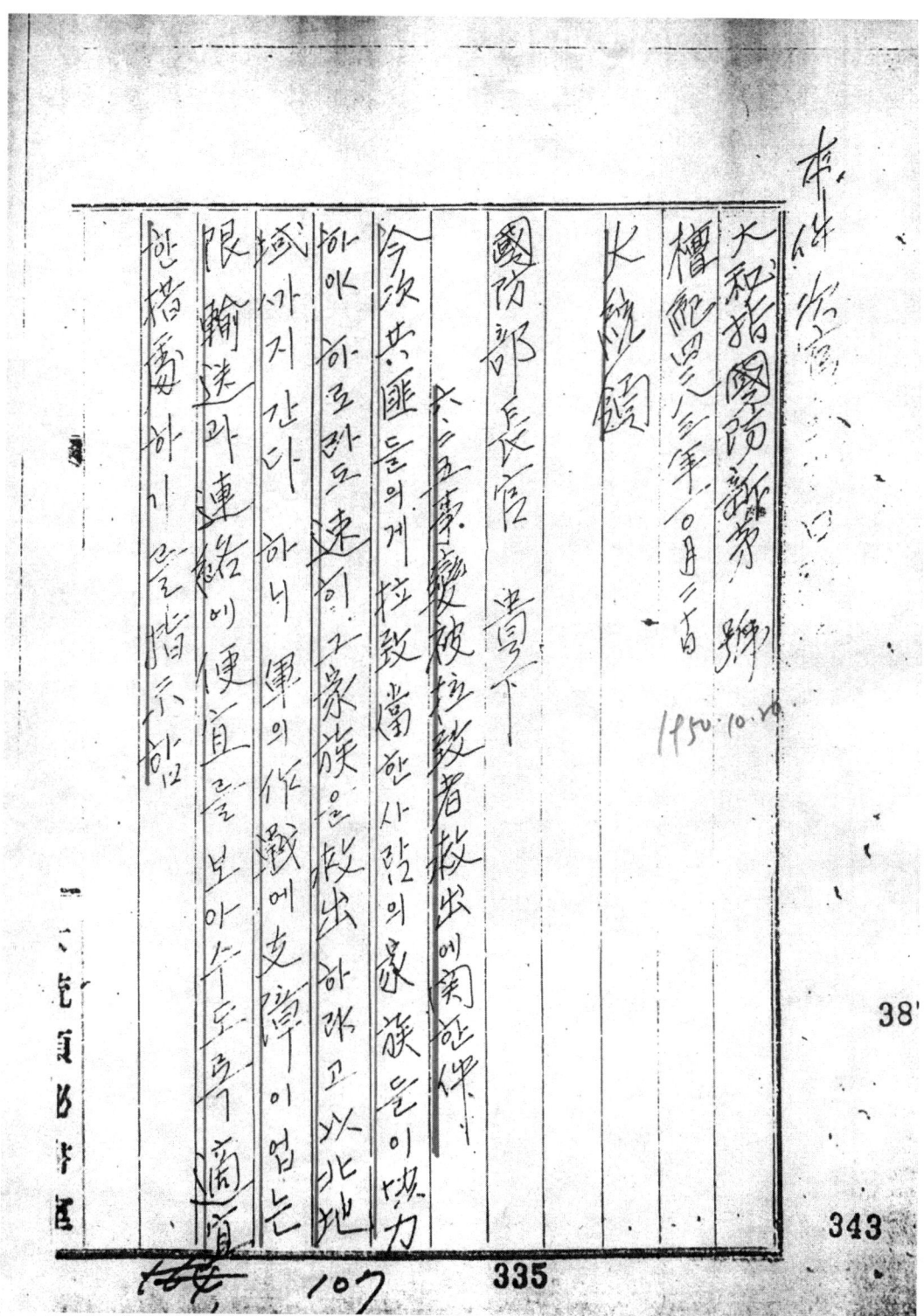

2-3. 6 · 25사변중납치자석방에관한청원이송의건

(1951. 12. 22)

〈출처〉

국가기록원

〈해설〉

제2대 국회의장 신익희씨가 대통령을 수신자로 하여 납북자 문제 해결을 위해 보낸 공문이다. 당시 가족회에서 납북인사 송환을 위해서 UN정전위원단의 협조가 필요하다는 내용의 청원서를 국회 차원에서 검토하여 국회 본회의에서 타당하다는 결의를 하고 의견서를 첨부했다.

이 공문은 국회 차원에서도 6 · 25전쟁 납북자의 심각성과 시급함을 인식하고 있었음을 보여주고 있다. 제 2대 국회(1950. 5. 31 ~ 1954. 5. 30)는 개원 일주일 만에 6 · 25전쟁을 맞게 되자 26일 긴급회의를 개최하여 유엔 및 미국 정부에 북한의 불법 침략 부당성을 지적하고 긴급 원조를 요청하는 결의를 하였다. 또한 27일 새벽 2시에 긴급 비상 회의를 소집하여 수도 사수를 결의하게 된다.

그러나 그 이튿날 새벽 북한군은 서울을 점령하였고 곧바로 피난을 못 가고 은신한 의원들의 소재를 파악하여 제2대 국회의원 27명과 제헌국회의원 40명을 납치한다. 별첨 청원문에는 UN이 휴전회담에서 북한이 납치해 간 외국 민간인 송환을 요구한 것처럼 UN에 부탁하여 납치해 간 남한 민간인들도 같이 송환 요구를 하도록 정부가 나서 달라는 내용을 담고 있다.

단기 4284(1951)년 12월 22일
국회의장 신익희
대통령 이승만 귀하

6 · 25사변중납치자석방에관한청원이송의건
(6.25事變中拉致者釋放에關한請願移送의件)

6 · 25사변피랍치자가족회 회장 장기빈으로부터 제출된 표제청원(標題請願)을 단기 4284(1951)년 12월 22일 국회 제2차 본회의에서 별지의견서(別紙意見書)를 부(付)하여 정부에 이송(移送)하여 조속(早速) 선처(善處)케 하기로 결의(決議)되였삽기 자(玆)에 이송(移送)하나이다.

의견서
6 · 25사변피랍치자가족회 회장 장기빈으로부터 제출된 별지청원(別紙請願)은 6 · 25사변 중 납치된 인사를 석방하도록 U.N군정전위원단에 통고(通告)하여 적절(適切) 조처(措處)하여 달라는 것인 바 본(本) 청원(請願)은 타당(妥當)하다고 인정하고 정전회담을 통하여 조속(早速) 실현(實現) 되도록 할 것

〈청원문 請願文〉

간두(竿頭)의 국난(國難)의 불○불○(不○不○)하시옵는 각하께 번거로운 조(條)로 6 · 25사변피랍치인사가속회의 총의로서 정원을 올리나이다.
「6 · 25사변피랍치인사가족회」는 6 · 25사변 당시 공산도배에게 불법 납치를 당한 인사들의 가족으로서 9 · 28 직후 서울에서 조직되어 그후 UN군 및 국군의 북진에 둥달아 납치인사의 소식과 행방 그리고 될 수 있는 한 구출하고자 조사대를 북한 각 지에 파견한 바 있었습니다. 그러나 전세는 저희들의 미력(微力)과 더불어 저희들로 하여금 아무런 성과도 가져오지 못함에도 다시 수도를 남천(南遷)함에 따라 부득이 이산지멸(離散支滅)

의 운명을 받고 현재 다시 부산에서 회원을 규합사업을 추진하고 있는 바입니다.

회상컨대 6·25사변은 오직 우리나라의 재산, 문화 그리고 경제적 토대만을 휩쓸어 간 것이 아니고 사상적으로 정신적으로 완전히 무장한 고귀한 각계각층의 애국지도자의 중견을 상실하는 결과를 초래하였습니다. 국가의 동량(棟梁)을 일조(一朝)에 상실하고야 말었습니다. 이 얼마나 처절한 사실입니까? 그들은 비록 전선에서 총검을 들고 직접 대적투쟁은 아니하였다손 치더라도 우리의 성업완수에 결하여서는 아니 될 요소의 전사였습은 여기에 ○○을 하지 않는 바입니다. 이 인사들의 구출이야말로 다시 부흥과 희망이 싹트는 조국에 있어서의 급선무이며 또한 인도적으로도 소홀히 여길 수 없는 우리 민족의 지상명령이 아닐 수 없습니다.

저희들은 그들의 아무리 혹독한 학대와 악형 속에서도 오로지 조국에 바친 단심(丹心)이 흐리지 않었으며 또 흐릴 리 없었다는 직접적인 좋은 증좌(證左)를 거년(去年)조사대가 평양 입성시에 평양형무소 내벽에 그려진 비장한 절명사 아니 절명시(絕命時)에서 발견하였습니다. 침침한 형무소 내벽에 이런 참절(慘絕)하고 애절(哀切)하면서도 조국을 사랑하고 세계 자유국가를 그리는 충성의 그림자를 찾었습니다.

자유여 그대는 불사조
우리는 조국의 강산을 뒤에 두고
홍염만장(紅焰萬丈) 철의 장막 속
죽엄의 지옥으로 끌려 가노라
조국이어 UN이어
지옥으로 가는 우리를
구출하여 준다는 것은
우리의 신념이라

이 얼마나 애절하고 비장하며 일편 바친 조국을 저바리지 않는 신념이오리까! 죽임행도 역시 조국을 사랑하고 자유를 사랑하는 그들의 마음은 변혁시키지는 못하였습니다. 그들은 시방(時方) 압송 도중 혹은 기아에 쓸어지고 병고에 목숨을 잃은 필언(筆言)의 형용을 불허하는 형장(刑杖)의 사선을 넘고 굳은 생명에 시달리며 북한에 벽지 중국의 동북지방 또는 서백리아의 어느 곳에 감금된 대로 학대와 악형을 감수하면서 오직 구출의 손이 오기를 학수하고 있을 것입니다. 그들은 신념으로서 이것을 굳게 믿고 있을 것입니다. 건국의 주초(柱礎)가 될 수가 있으며 부강한 나라의 창조에 긴요(緊要)한 그들의 생명은 오직 우리들의 혈연으로라서가 아니라 이 혈연이란 사실을 초월하여 조국의 견지에서도 절치액완(切齒扼腕) 앙천부지(仰天膊地) 통곡을 금할 길 바이 없습니다. 하물며 자유국가인민들은 저반(這般) 「체코」에 감금당한 한 사람의 신문기자의 거취에 지대한 관심을 던지는데 반하여서리오. 전자(前者) 개성의 휴전회담은 우리들의 조국통일이란 위업의 과반(過半)에서 세계의 시선을 집중시키고 개막을 보였습니다. 저희들은 이 보(報)를 듣고 불출격지(不出隔地) 조국에 전도에의 옥운(沃雲)임을 절규한 바 있었습니다. 한사(限死) 휴전의 무의미와 공산도배의 조작임을 간파하고 오직 우리의 조국통일을 부르짖고 일대국민운동을 이르킨 바는 여기에 새삼스러히 아뢸 요(要)도 없을 것입니다. 당시 저희들은 그 휴전회의 진척에 좇은 한 개(個)의 충격을 받을 만한 조건 그것을 완수함으로써 다시 더 강력한 국력의 배양에 보탬이 될 수 있다는 것을 신문보도의 면에서 발견하고 일방경악(一方驚愕)하고 일방(一方) 크다란 희망을 가지는 바는 다름이 아니라 6 · 25 당시 납치되어 간 외국인 선교사 외교관원 및 외국시민의 반환을 요구한 휴전회담 중의 일(一) 요구였었습니다. 이 요구는 정의와 인도의 상징인 UN의 위대하고 고매한 정신이 아닐 수 없으며 또 저희들이 높이 찬양하는 바입니다. 그렇다면 같은 시간에 같은 입장에 같은 환경에서 오직 자유를 위하여 거창한 사업의 도중에 납치된 우리들 조국의 지도자도 여기에 곁드려 요구할 수 있지 않을까 하는 것입니다. 그 이유는 이것이야 말로 UN의 지상과업일진데 우리들의 지도자라하여 여기에서 제외될 수 없고 나아가 제외되어서는 UN정신에 위배가 되는 때문입니다.

각하 이 납치인사의 구출책을 일일(一日) 속(速)히 수립하여 관계국가에 좋은 조치가 있게 하여 주시와 UN으로 하여서는 더욱 박해(迫害)의 삼제(芟除)라는 사명에 그리고 자유의 옹호의 신으로서의 과업에 티가 없게 하고 우리 조국으로 하여서는 더욱 결핍한 인재의 보충과 영원한 희망에 한낮이 청량제로써 역사에 찬양의 페이지를 더하게 하고 우리들 가족으로 하여서는 납치와 피난인 지난(支難)의 이중운명에서 국은(國恩)의 강극(罔極)함을 알게 하는 동시에 생의 약동을 찾게 하여 다시금 조국에 활발히 이바지할 수 있는 기틀을 만들어 주시옵기를 열원(熱願)하며 염원하는 바입니다.

끝으로 납치당한 인사의 생명은 자유를 찾아 죽엄을 불사하는 바이오 조국에 바친 단심(丹心)이 허물어지는 악형(惡刑)도 학대도 수없음을 다시금 말씀드리오며 그들의 충성에는 사소한 흠도 없음을 강조하는 바입니다.
각하 저희들은 엎드려 각하의 희망에 넘치고 생명의 약동을 저희들께 던져주실 각하의 하해(夏咳)있기만을 오직 오직 기원(祈願)하고 있겠나이다.

단기 4284(1951)년 9월 1일

「6 · 25사변피랍치인사가족회」는 현재 제출된 등록원 서류에 의하여 등록여부를 심리(審理) 중에 있음
「6 · 25사변피납치인사명부 1책 첨부」

부산시 초량동 970번지
6 · 25사변피랍치인사가족회
회장 장기빈

공보처장 귀하

檀紀四二八四年十二月二十三日

國會議長 申 翼 熙

856

大統領 李 承 晩 貴下

六·二五事變及拉致被殺者遺族에 關한 請願移送의 件

六·二五事變被拉致被殺者家族會 會長 張基奉 外 五名으로부터 提出된 標題請願은 檀紀四二八四年十二月二十一日 國會第二次 本會議에서 審議한 結果 別紙 意見書를 附하여 政府에 移送하기로 早速善處케 하시기로 決議되었기 玆에 移送하나이다.

意 見 書

六·二五事變被拉致者家族會々長張基彬으로부터 提出된 別紙請願은 六·二五事變中拉致된 人士를 釋放하도록 U、N軍停戰委員團에 通告하라는, 適切措處하여 달라는 것인바 本請願은 妥當하다고 認定하고 停戰會談을 通하여 早速實現되도록 할 것

請願文

半島의 國難에 不撓不屈하시옵는 閣下께 번거러운 條로 六·二五事變被拉致人士家族會의 請願으로서 請願을 올리나이다

「六·二五事變被拉致人士家族會」는 六·二五事變當時共産侵略에게 不法拉致를 當한 人士들의 家族으로서 九·二八直後 서울에서 組織되어 其後 百里를 될 軍事의 北進에 몽땅아 拉致人士의 消息과 行方 그리고 될수있는限 救出하고자 調査隊를 北韓 各地에 派遣한바 있었읍니다 그러나 戰勢는 저희들의 微力과 더부러 저희들로 하여금 아무런 成果도 가져오지 못한때로 다시 首都를 南遷함에따라 不得己 離散支滅의 運命을 받고 現在 다시 釜山에서 會員을 糾合 事業을 推進하고 있는바입니다

回想컨대 六·二五事變은 오직 우리나라의 財産 文化 그리고 經濟的 土台뿐을 휩쓸어 간것이 아니고 思想的으로 精神的으로 또 完全히 武裝한 數많은 高貴한 各界各層의 愛國指導者와 中堅들 喪失하는 悲運을 招來하였읍니다 國家의 棟梁을 一朝에 喪失하고야 말었읍니다 이 얼마나 痛絶한 事實입니까 그들은 비록 戰線에서 戰鬪를 않고 直接 對敵鬪爭은 아니하였다 손치더라도 우리의 組織完備에 缺 하여서는 아니될 要素의 戰士였음은 여기에 重言을 하지않는바입니다 이人士들의 救出이야말로 다시 復興과 希望이 싹트는 祖國에 있어서의 急先務이며 또한 人道的으로도 疎忽히 여길수 없는 우리 民族의 至上命令이 아닐수 없읍니다 저희들은 그들의 아무리 酷毒한 虐待와 苦刑속에서도 오로지 祖國에 바친 丹心이 흐리지 않었으며 또 主見을 잃었다는 直接的인 좋은 證左를 去年 調査隊가 平壤入城時에 平壤刑務所 內壁에 그어진 悲壯한 絶命詩 아니 絶命詩에서 發見하였읍니다 처절한 刑務所內壁에 이런 [illegible]하고 哀切하면서도 祖國을 사랑하고 世界自由國家를 믿은 忠誠의 그림자를 찾었었읍니다

165

110221860173215022005

「自由여 그께는 不死鳥
우리는 祖國의 江山을 뒤에두고
紅焰萬丈 鐵의 鐵幕속
죽엄의 地獄으로 끌려 가노라
祖國이여 [illegible]이여
地獄으로 가는 우리를
救出하여 준다는 것은
우리의 信念이라」

어열미나 哀切하고 悲壯하며 一片 마친 祖國을 저바리지 않는 信念이오리까? 죽엄行도 亦是 祖國을 사랑하고 自由를 사랑하는. 그들의 마음은 變革시키지는 못하였읍니다 그들은 時方 押送途中 寂寞 飢餓에 쓸어지고 病苦에 목숨을 잃은 犧牲의 形容을 不許하는 荊棘의 死線을 넘고 굳은 生命에 서물리며 北韓에 僻地 中國의 東北地方 또는 西伯利亞의 어느곳에 監禁될때도 虐待와 血刑을 甘受하며서 오직 故國의 손이오기를 祈禱하고 있을것입니다 그들은 信念으로써 어깃을 굳게 믿고 있을것입니다 建國의 柱礎가 될수가 있으며 富强한 나라의 創造에 寄與한 그들의 生命은 오직 우리들의 血統으로부터서가 아니라 어 血統에만 特質을 超越하여 祖國의 見地에서도 切齒扼腕 仰天痛地 慟哭을 禁할길 바이없읍니다 하올때 自由國家人民들은 遷殺「체포」에 監禁當한 한사람의 新聞記者의 去就에 至大한 關心을 던지는데 當하여서리오 前者 關試의 休戰會談은 우리들의 祖國統一이 말難의 過半에서 世界의 視線을 集中시키고 關心을 보았을읍니다 저희들은 어緣을 뿐도 不出擊地 祖國의 前途에의 沃番입을 絕叫한바 있었읍니다 臨死 休戰의 無意味와 共產徒黨의 造作입을 看破하고 오직 우리의 祖國統一을 부르짖고 一大國民運動을 이르킨바는 여기에새삼스러히 아뢸 必要도 없을 것입니다 當時 저희들은 그休戰會談에 進步에 좇은 한個의 犧牲을 받을 만한 條件 그것을 完遂함으로써 다시

167

며 強力한 國力의 培養에 보업이 될수있다는 것을 新聞報
道의面에서 披見하고 一方萬幸하고 一方 크다란 希望을 가
지바는 바입니다. 六·二五當時 拉致되어간 外國人宣敎
師 外交團員及그他 外國市民의 送還을 要求한 休戰會談中의
一般國家였었읍니다 이國家는 正義와 人道의 象徵인 [illegible]의 偉
大하고 高邁한 精神에 아닐수 없으며 또 저희들에 높이
讚揚하는 바입니다 그렇다면 같은 時間에 같은 立場에 같은 環
境에서 오직 自由를 爲하여 正當한 事業의 途中에 拉致된
우리들 祖國의 指導者도 어제에 걸으려 [illegible]할수 있지않을까
하는것입니다 其理由는 어찌하여야말로 [illegible]의 至上要求일진데
우리들의 指導者마하여 여기에서 除外될理없고 나아가 除外
되어서는 [illegible]에 違背자되는 [illegible]니다
閣下여 拉致人士의 救出策을 一日速히 樹立하여 [illegible]國家
에 좋은 [illegible]가 있게하여 주시와 [illegible]으로 하여서는 더욱 道
義의 [illegible]하는 使命에 그리고 [illegible]의 [illegible]의 [illegible]으로서의
[illegible]에 [illegible] 없게하고 우리 祖國으로하여금 더욱 缺乏한
人材의 補充과 [illegible]한 希望에 한낱의 [illegible]로써 歷史에
讚揚의 책이지를 더하게하고 우리를 家族으로하여서는 拉致
와 避難인 支離의 二重運命에서 [illegible]의 [illegible]함을 알게하는 同
時에 生의[illegible]을 찾게하여 다시금 祖國에 活[illegible]히 이바지할
수있는 기틀을 만들어 주시옵기를 懇願하며 [illegible]하는 바입
니다 끝으로 拉致當한 人士의 生命은 自由를찾아 죽엄을
不辭하는 바이오 祖國에 바친 丹心이 허무러지는 惡刑도
虐待도 없음을 다시금 말씀드리오며 그들의 忠誠에는 些少한
흠도없음을 强調하는바입니다
閣下 저희들은 엎되어 閣下의 希望에 넘치고 生命의 [illegible]을
저희들께 던저주실 閣下의 [illegible]없기만을 오직 오직 祈願하
고 있겠나이다

檀紀四二八四年九月一日

[illegible]

2

11022186017321502005

拉 168

釜山市草梁洞九七○番地

六·二五事變被拉致人士家族會

會長 張 英

公報處長 貴下

「六·二五事變被拉致人士名簿」一冊添付

1102218601732150022005

2-4. 6 · 25사변납치자에관한청원서처리의건

(1952. 1. 26)

〈출처〉

국가기록원

〈해설〉

국무총리 허정이 국회에서 1951년 12월 22일 대통령에게 보낸 6 · 25사변피랍치자가족회 회장 장기빈의 청원서를 1952년 1월 26일자로 국회에서 요청한 대로 유엔군정전위원단 한국 대표에게 보내어 유엔군 대표와 협의하여 처리하도록 조치하였음을 회신한 공식 문건이다.

유엔에서 북한과의 휴전회담에서 의제로 채택한 외국 민간인 송환 요구와 함께 남한의 민간인 송환 문제도 의제로 올리도록 간청한 6 · 25사변피랍치인사가족회 회장 장기빈의 청원서가 유엔정전위원단 한국 대표에게 전달되었고 유엔군 대표와 협의를 하도록 지시하였음을 입증하는 문건이다.

6 · 25사변납치자에관한청원서처리의건
(6 · 25事變拉致者에關한請願書處理의 件)

국무총리 서리 허정
국회의장 신익희 귀하

단기 4285(1952)년 1월 26일

거년(去年) 12월 22일자 국의(國議) 제 호로 이송(移送)된 6 · 25사변납치자가족회 회장 장기빈씨의 청원서는 UN군정전위원단 한국대표에게 송부(送付)하여 UN군대표와 협의하여 처리토록 조치(措置)하였삽기 자(玆)에 회보(回報)하나이다.

完結	未完結
種	

決裁年月日

施行年月日 1.26

總 第 號	
檀紀四二八五年一月二十一日起案	檀紀四二八五年 月 日接受

寫淨 照對 校記 印鈐 送付

關係番號 總 第

編纂類別 類 保存種別

總務處長

次長

局長

總務課長

文書課長

國務總理 署理

1/25

大統領

件名 六、二五事変拉致者에関한請願書處理의件

國務總理署理 許政

國會議長 申翼熙 貴下

接受 4285. 1. 25 國務總理秘書室

264

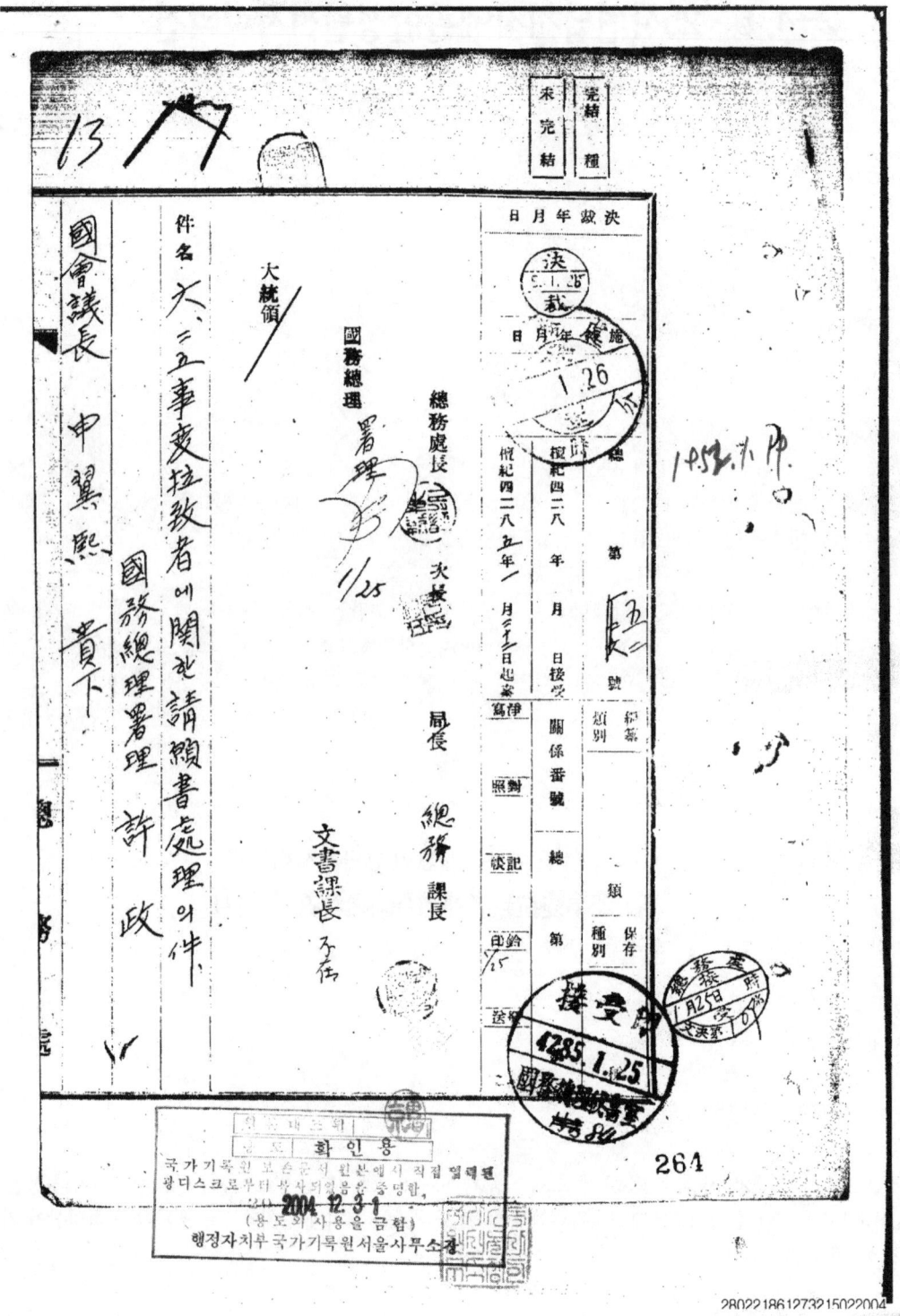

去年十二月二十二日字國議第　號로移送된六二五

事變拉致者家族會々長 張基彬氏의請願書

는UN軍停戰委員團韓國代表에게送付하여

UN軍代表와協議하여處理토록措置하였

삽기玆에回報하나이다

265

2-5. 납치행방불명등공무원에대한신분및봉급조치에 관한질의의건

(1952. 3. 31 / 1952. 8. 26 / 1952. 8. 28)

〈출처〉

국가기록원

〈해설〉

대한민국 정부는 9 · 28 서울 수복 후 대통령 지시로 「각부처의피해상황및사태에관한건」(1950년 10월 11일)에서 '파손 및 재해당한 정부 각 기관의 건물을 파악하고 정부 직원 중 납치 기타로 행방불명이 된 자는 조사 보고' 함을 지시하였다.

아직 전쟁이 끝나지 않은 상태인 1952년 3월 31일 체신부 장관이 총무처장에게 체비제389호로 「납치행방불명등공무원에대한신분및봉급조치에관한질의의건」에 관하여 질의 공문을 발송한다. 이에 관하여 1952년 8월 26일에 총무처장이 총인 제759호로 「납치행방불명등공무원에대한신분및봉급조치에관한질의의건」에 대하여 기준을 정하여 각부 장관, 처장, 청장 등 각 기관에 통보한다.

이어서 1952년 8월 28일에 법무부 장관이 법제 1711호로 동일한 건의 내용을 검찰총장과 각 산하 기관장에게 시달한다.

신분은 1년간 유지시키고 그 1년간 휴직 기간으로 하여 전반 보수(가족수당 포함)를 지급하되 귀환할 경우 휴직 기간 만료 여부와 상관없이 복직시키도록 하는 내용으로 되어 있다. 이 문건에서 1952년 당시 정부는 납북된 공무원의 신분과 봉급, 귀환에 대하여 대책을 마련하여 정부 각 부처에 시달했던 것을 확인할 수 있다.

법제(法第)1711호
단기 4285(1952)년 8월 28일
법무부 장관
검찰총장 귀하
각고등지방검찰청검사장 귀하
각형무소장 형무학교장 귀하
각소년원장 귀하
각국장 귀하

납치행방불명등공무원에대한신분및봉급조치에관한질의의건
(拉致行方不明等公務員에對한身分및俸給措置에關한質疑의件)

수제건(首題件)에 관하여 8월 26일자 총인(總人) 제759호로서 총무처장으로부터 별지사본(別紙寫本)과 같은 통보가 있음으로 자(玆)에 이첩(移牒)함

『별지』
총인 제759호
단기 4285(1952)년 8월 26일
총무처장
각부장관, 처장, 청장 귀하 이하생략

납치행방불명등공무원에대한신분및봉급조치에관한질의의 건

수제건(首題件)에 관하여 체신부장관 외 별첨과 여(如)한 질의조복(照覆) 있었아오니 혜량(惠諒)하시압

총인 제 호
단기 4285(1952)년 8월 26일
총무처장
체신부장관 귀하

납치행방불명등공무원에대한신분및봉급조치에관한질의의 건
(대(對) 4285(1952)년 3월 31일자 체신비 제 389호)

수제건 선기(先記)와 같이 회시(回示) 함

기(記)
1. 신분조치
국가공무원법 제 42조 1항 1호 및 동 제 43조 1항을 준용(準用)하여 이를 1년을 한도로 휴직시키임이 타당함
단(但) 기정예산 범위 내에서 후임자를 조건부로 채용하여도 무방함
2. 보수조치
공무원 보수 규정 중 제 16조 단서를 준용(準用)하여 「특명으로 인한 휴직」으로 간주하고 휴직기간 중의 보수 (가족수당을 포함함) 전반(全般)을 지급할 것
3. 귀환 후의 조치
납치 혹은 행방불명된 공무원이 군경의 구출 또는 기타 방법으로서 귀환하였을 때는 휴직 기간 만료 여부에 불구하고 복직시킬 것

체비(遞祕) 제389호
단기 4285(1952)년 3월 31일
체신부 장관
총무처장 귀하

납치행방불명등공무원에대한신분및봉급조치에관한질의의건

수제건(首題件) 선기(先記) 당면한 질의사항 회시하여 주심을 앙망(仰望)하나이다.

기(記)
1. 공무원이 전투 일선지구 또는 공비 출몰지역 등에서 공무집행 중 적 혹은 공비에게 납치되었거나 또는 행방불명됨을 인정하였을 시(時) 이에 대한 신분 조치 방법 여하(如何)
2. 납치 혹은 행방불명된 공무원이 군경의 구출 또는 기타 수단으로 귀환 복귀 하였을 시(時) 기(其) 기간 중의 봉급료 급여 방법 여하(如何)

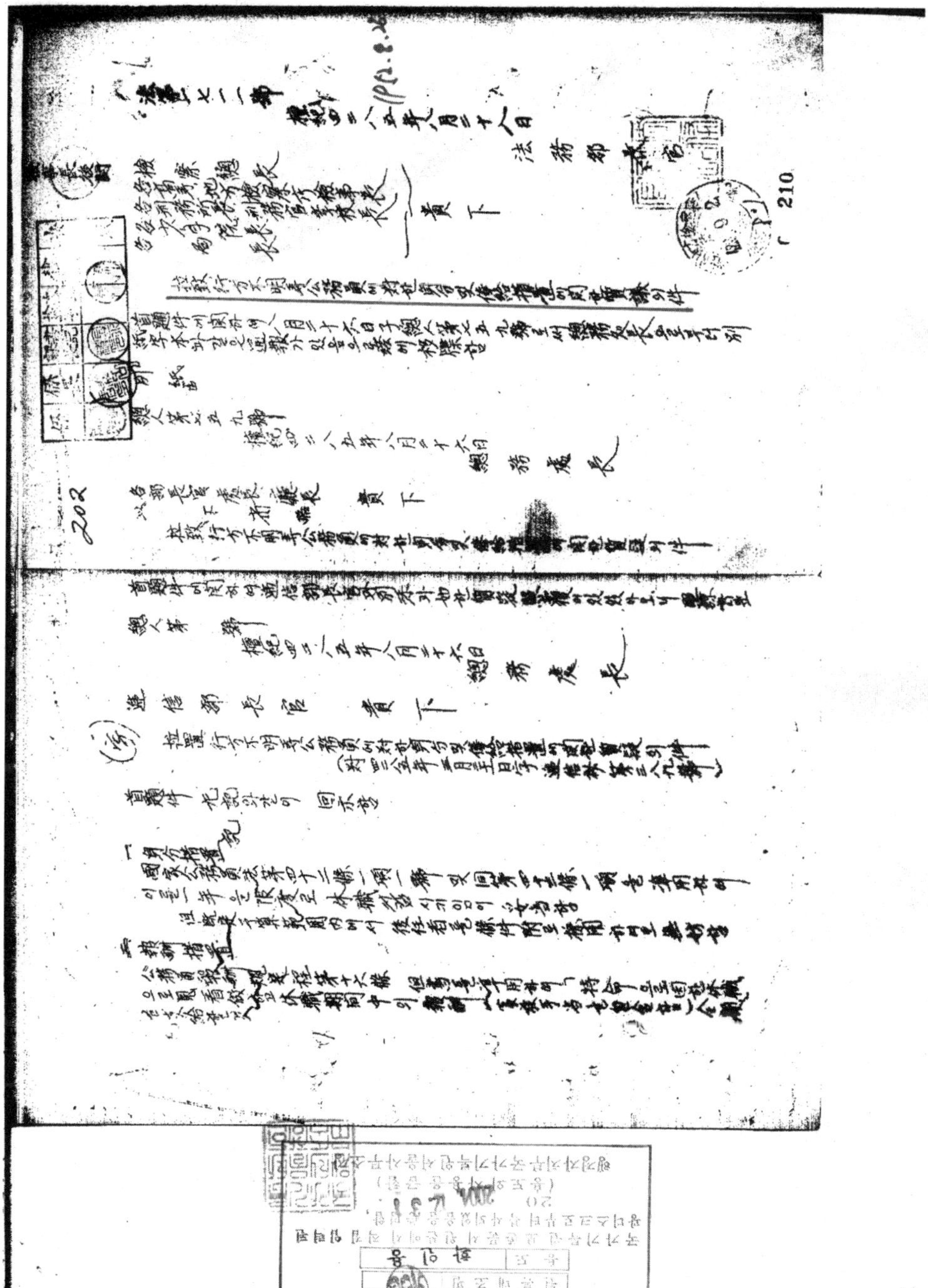
法審第七一一號
檀紀四二八五年八月二十八日
法務部長官
檢察總長
各高等, 地方檢察廳檢事長
各刑務所長, 刑務官學校長
各少年院長 貴下
拉致, 行方不明된 公務員에 對한 身分 및 俸給措置에 關한 質議의 件
首題件에 關하여 八月二十六日字 總人第七五九號로써 總務處長으로부터 別紙 写本와 같은 通報가 있음으로 茲에 移牒함
別紙
總人第七五九號
檀紀四二八五年八月二十六日
總務處長
各部長官, 處長, 廳長 貴下
拉致, 行方不明된 公務員에 對한 身分 및 俸給措置에 關한 質疑의 件
首題件에 關하여 遞信部長官으로부터 如左한 質疑가 有하였아오니 照亮하시압
總人第 號
檀紀四二八五年八月二十六日
總務處長
遞信部長官 貴下
(案)
拉置行方不明된 公務員에 對한 身分 및 俸給措置에 關한 質疑의 件
(對 四二八五年 三月 三日字 遞信秘 第三八九號)
首題件 左記와 같이 回示함
一, 身分措置
國家公務員法第四十二條一項一號 및 同第四十三條一項을 準用하여
이를 一年을 限度로 休職시킬 수 있음
但 該豫算範圍內에서 後任者를 條件附로 採用하여도 無妨함
二, 報酬措置
公務員報酬規定第十六條 但書를 準用하여 特命으로 國費休職으로 보며
看做 休職期間中의 報酬 全額을 支給함
202
210

203

三. 歸還後의 措置

拉置致死된 行方不明된 公務員이 軍警等의 救出 또는 其他方法으로서 歸還하였을때에는 休職期間滿了 與否에 不拘하고 復職시킬것

遞秘第三八九號

檀紀四二八五年三月三十日

遞信部長官

總務處長 貴下

(字) 拉致 行方不明者 公務員에 對한 身分 및 俸給措置에 關한 質疑의 件

首題件 左記 當面한 質疑事項 回示하여주심을 仰望하나이다

記

一. 公務員이 戰斗一線地區 또는 共匪出沒地域等에서 公務執行中 敵或은 共匪에게 拉致되었거나 또는 行方不明된을 認定하였을 時 이에 對한 身分 措置方法 如何

二. 拉致或은 行方不明된 公務員이 軍警等의 救出 또는 其他手段으로 歸還復職하였을時 其期間中의 俸給料給與方法 如何

211

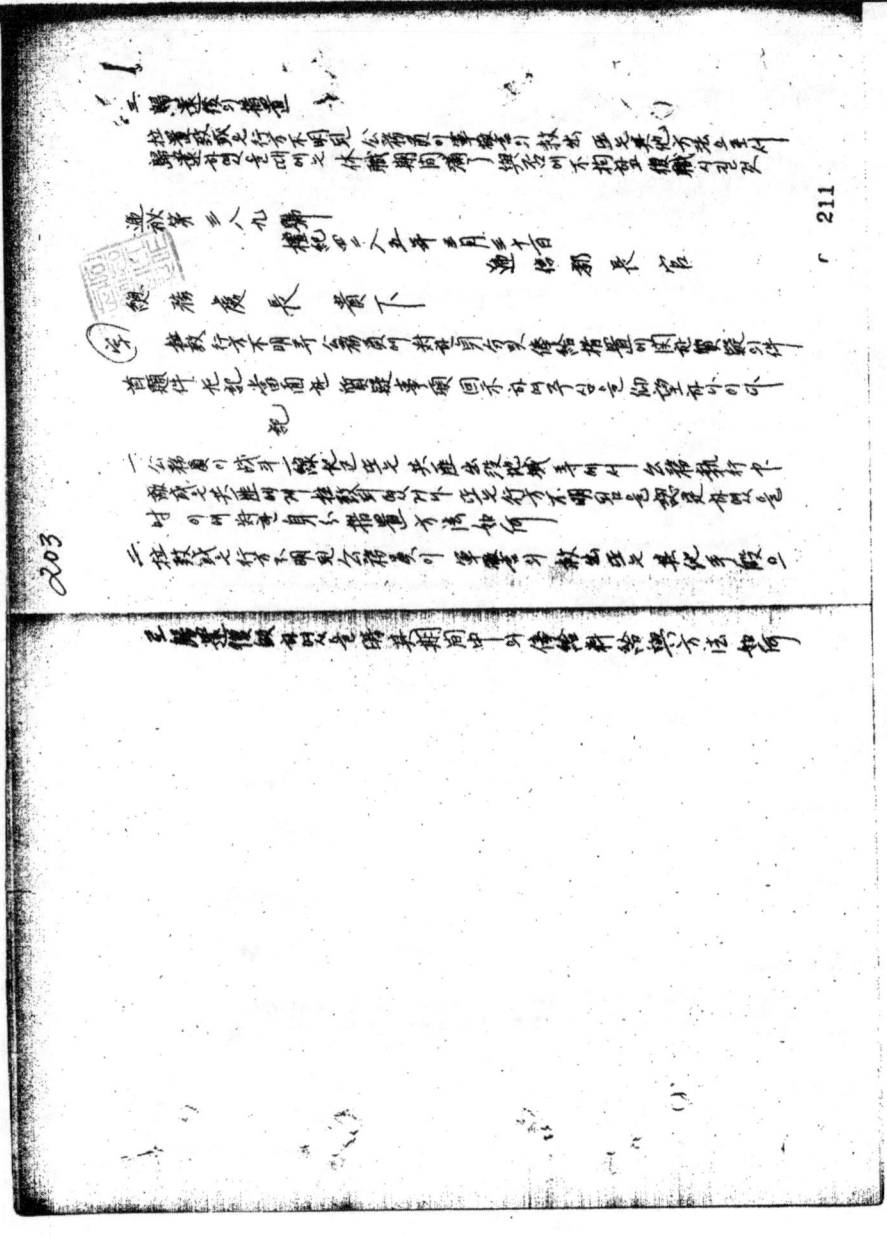

2-6. 납치민간인사송환촉진에관한건의이송의건

(1953. 10. 23)

〈출처〉

국회도서관

〈해설〉

신익희 의장이 납치된 민간인 송환에 관하여 〈국의300호〉로 대통령에게 보낸 문건과 이 공문을 총무처에서 각 부처에 시달하였음을 대통령과 국무총리에게 보고하는 문건이다.

1950년 8월 27일, 제 2대 국회에서는 납치 민간인의 조속한 송환을 강구하도록 정부에 건의할 것을 결의하고 이 문제를 국회 외무위원회와 국방위원회가 함께 담당하여 양위원회에 심사소위원회를 구성하여 납북인사 가족들과 면담하는 등 2개월에 걸친 조사 결과 건의서를 입안 제출하게 된다.

납치 민간인사 송환대책으로 12명으로 구성된 '납치민간인사송환대책위원회'(특별위원회)를 구성하게 되어 임흥순(민주국민당) 국방위원장(국방위 소속)이 특별위원장을 맡는다. 1953년 10월 20일 제 60차 본회의에서 「납치민간인사송환촉진건」에 관하여 정부에 건의하기로 의결한다. 위원회 구성은 국회의원과 정부 각 부처 책임자와 가족회 간부도 참여하도록 한다.

이로써 국회는 정부에 구체적인 해결 방안을 제시하였고, 납치 민간 인사에 대한 실태 조사를 내무부와 공보처에 철저히 할 것을 요청한다.

납치민간인사송환촉진에관한건의이송의건
(拉致民間人士送還促進에關한建議移送의件)

총무처장
내무, 외무, 국방, 사회, 공보처장 각하

단기 4286(1953)년 10월 23일, 국회에서 이송된 수제건을 귀부(처)에 회부하오니 선처하심을 경망(敬望)하나이다.

(제 2안)
대통령, 국무총리 각하

단기 4286(1953)년 10월 23일, 국회에서 이송된 수제건(사본)을 고람(高覽)에 공(供)하옵나이다. 본건은 내무, 외무, 국방, 사회, 공보처에 회부(廻府) 하였사옵나이다.

국의(國議) 제300호
단기4286(1953)년 10월 20일
민의원 의장 신익희
대통령 이승만 귀하

납치민간인사송환촉진건에관한건의이송의건(拉致民間人士送還促進에關한建議移送의件)

단기 4286(1953)년 10월 20일 국회 제60차 본회의에서 납치민간인사송환촉진에 관하여 별지와 여(如)히 정부에 건의키로 결의되었사옵기 자(玆)에 이송하나이이다.

–. 납치민간인사송환대책위원회를 구성하며 적극적으로 그 대책을 강구할 것
단 동위원회 구성은 국방, 외무 양위원회에서 기(旣)히 선출된 위원과 본건 제안자 이종현 의원 및 관계 각 부처 책임자와 납치민간인사가족회의 간부수인(幹部數人)으로 할 것
–. 본 건을 효과적으로 추진하기 위하여 납치민간인사송환문제를 정치회담 항목에 삽입케 하는 동시 관계 UN 각국에 이 문제를 호소할 것
–. 내무부와 공보처로 하여금 납치민간인사의 정확한 통계와 기(其) 실태를 철저히 조사하도록 독려(督勵) 추진할 것

25 17
No.20

未完結 | 完結

發送年月日 10.23
施行年月日 21/05号

總 第 號

檀紀四二八六年 月 日 接受

檀紀四二八六年 6月 27日 起案

編纂類別 總

保存種別

件名 接受贈答人士處置促進에關한建議

大統領

國務總理

總務處長

次長

局長

總務課長

文書課長

142

28022186127321502 2004

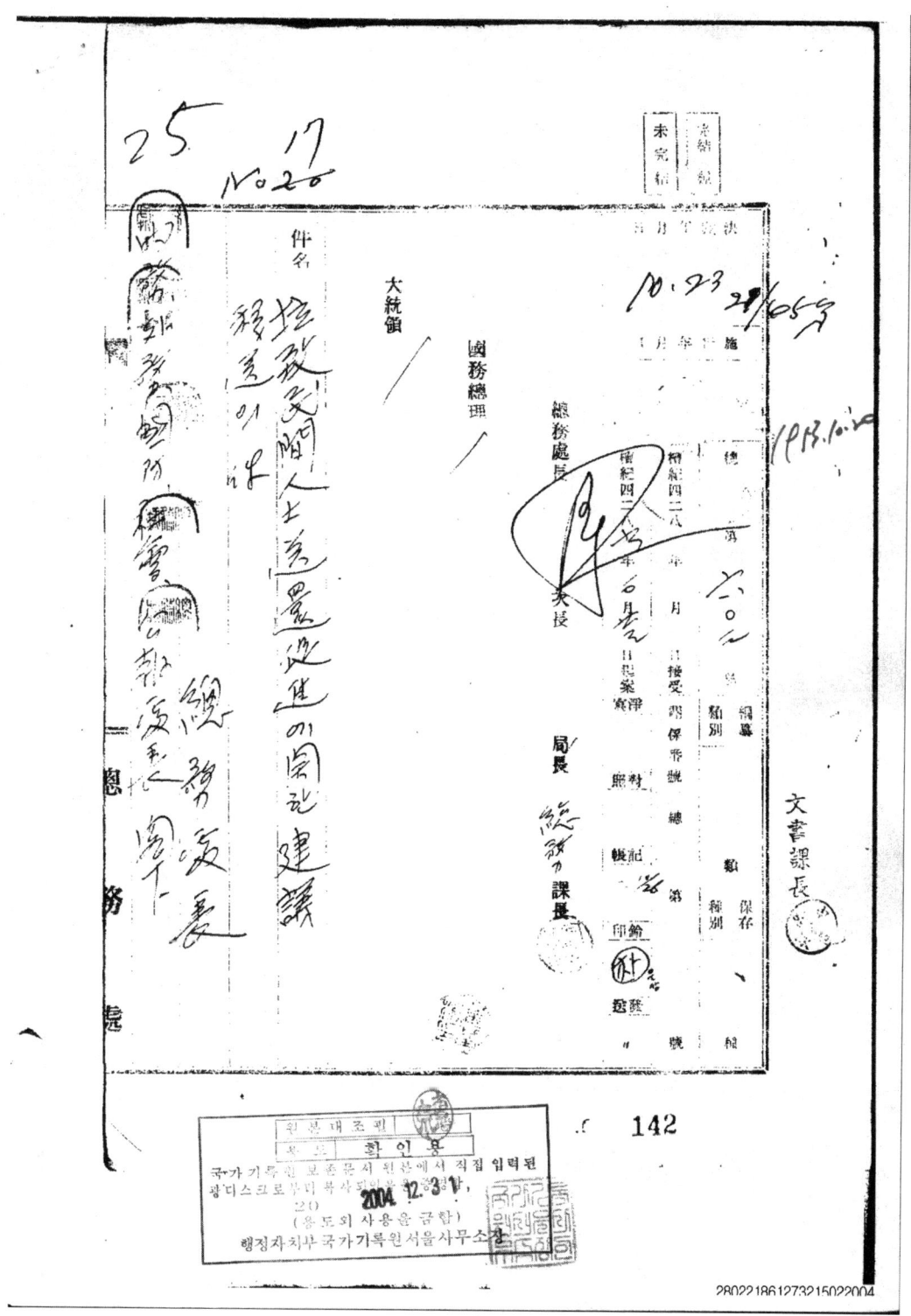

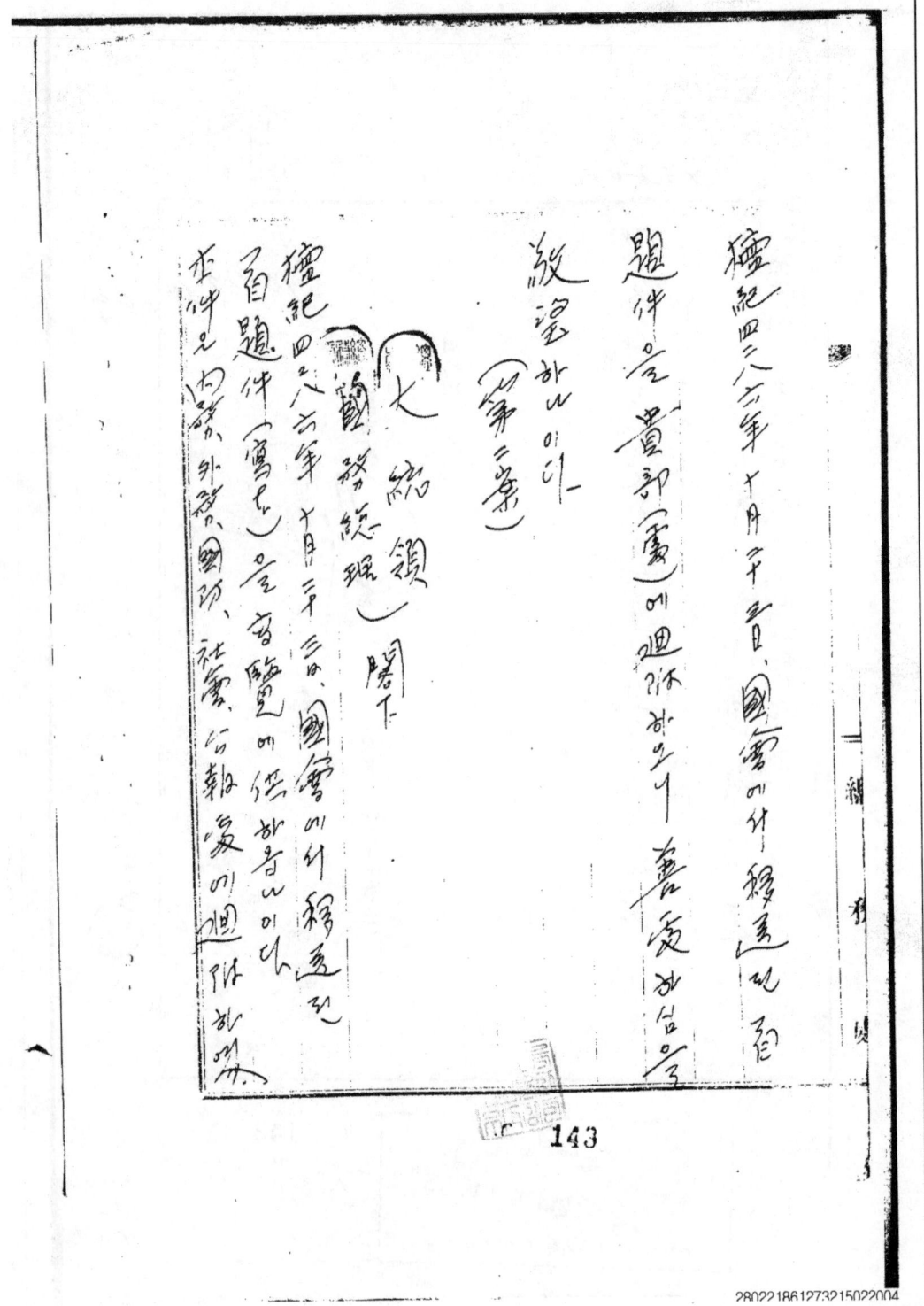

檀紀四二八六年十月二十三日、國會에서 移送된 首題件을 貴部(處)에 廻附하오니 善處하심을 欣望하나이다

(第二案)

大統領 閣下

國務總理

檀紀四二八六年十月二十三日、國會에서 移送된 首題件(寫本)을 高覽에 供하옵나이다

本件은 內務、外務、國防、社會、公報處에 廻附하였음

143

사옵나이다

144

2802218612732150220004

國議第三〇〇號

檀紀四二八三年十月二十日

民議院議長 申翼熙

大統領 李承晩 貴下

拉致民間人士送還促進에關한建議

移送의件

檀紀四二八三年十月二十日國會第三十次本會議에서拉致民間人士送還促進에關하여別紙와如히政府에建議키로決議되었사옵기茲에移送하나이다

總務處

145

一、拉致民間人士送還對策委員會를 構成하여 積極的으로 對策을 講究할 것
但今委員會構成은 國防、外務兩委員會에서 既히 選出된 委員과 本件提案者 李宗鉉議員 및 關係各部處責任者와 拉致民間人士家族會와 幹部數人으로 할 것

一、本件을 效果的으로 推進하기 爲하여 拉致民間人士送還問題를 政治會談項目에 挿入케 하는 同時 關係 UN 各國에 이 問題를 呼訴할 것

一、內務部와 公報處로 하여금 拉致民間

一 總務處

人士의 正確한 統計와 其實態를 徹底히 調査하도록 督勵推進할 것

146

2-7. 납치인사송환대책에관한건의이송의건

(1953. 11. 14 / 1953. 11. 17)

〈출처〉

국회도서관

〈해설〉

앞의 「국의 제300호」에 이어 「국의 제320호」는 국회의장 신익희가 본회의에서 휴전협정 제 59조에 의한 '실향사민귀향협조위원회' 유엔측 구성위원 2인 중 1인을 한국인 대표로 임명하도록 대(對)정부 건의 사항을 의결하여 공문을 발송한 문건과 이 공문을 총무처에서 외무부와 국방부에 회부하였음을 대통령과 국무총리에게 보고한 문건으로 구성되어 있다.

1인을 한국군 대표로 임명하여 보다 더 적극적으로 납치 민간인의 송환 협상에 임하도록 하기 위한 국회 결의가 있었음을 입증하는 문건이다. 이 시기에 이미 유엔측이 협상에서 북한의 '납치한 사실이 없다' 라는 거짓 주장과 억지에 밀려 '납치인사' 라는 용어 대신 '실향사민' 이라는 문제의 본질이 흐려진 용어를 사용하게 된다. 북한은 '남한으로 내려간 500만의 실향사민을 돌려보내라' 는 억지 주장을 함에 따라 남한의 납치 민간인사들의 송환이 어렵게 된다.

납치인사송환대책에관한건의이송의건
(拉致人士送還對策에關한建議移送의件)

총무처장
외무, 국방부 장관 각하

단기 4286(1953)년 11월 17일 국회에서 이송된 수제건을 귀부(貴部)에 회부(廻附)하오니 선처하심을 경망(敬望)하나이다.

(제 2안)
대통령, 국무총리 각하
단기 4286(1953)년 11월 17일 국회에서 이송된 수제건(사본)을 고람(高覽)에 공(供) 하옵나이다.
본 건은 외무, 국방부에 회부(廻附)하였사옵나이다.

국의(國議) 제320호
단기 4286(1953)년 11월 14일
민의원 의장 신익희
대통령 이승만 귀하

납치인사송환대책에관한건의이송의건(拉致人士送還對策에關한建議移送의件)

단기 4286(1953)년 11월 14일 국회 제4차 본회의에서 납치인사송환대책에 관하여 좌기(左記)와 여(如)히 정부에 건의하기로 결의되었사옵기에 자(玆)에 이송하오니 선처하여 주심을 앙망(仰望)하나이다.

기(記)
휴전협정 제 59조 제 1항의 규정에 의한 '실향사민귀향협조위원회' 유엔측 구성위원 2인 중 1인은 한국군 대표를 임명하도록 정부에 건의함.

No. 83

外務 國防部長官 閣下

件名 拉致人士送還對策에關한建議移送의件

總務處長

大統領

國務總理

總務處長

次長

總務課長

文書課長

決裁 年月日

施行 年月日

4286 11.17

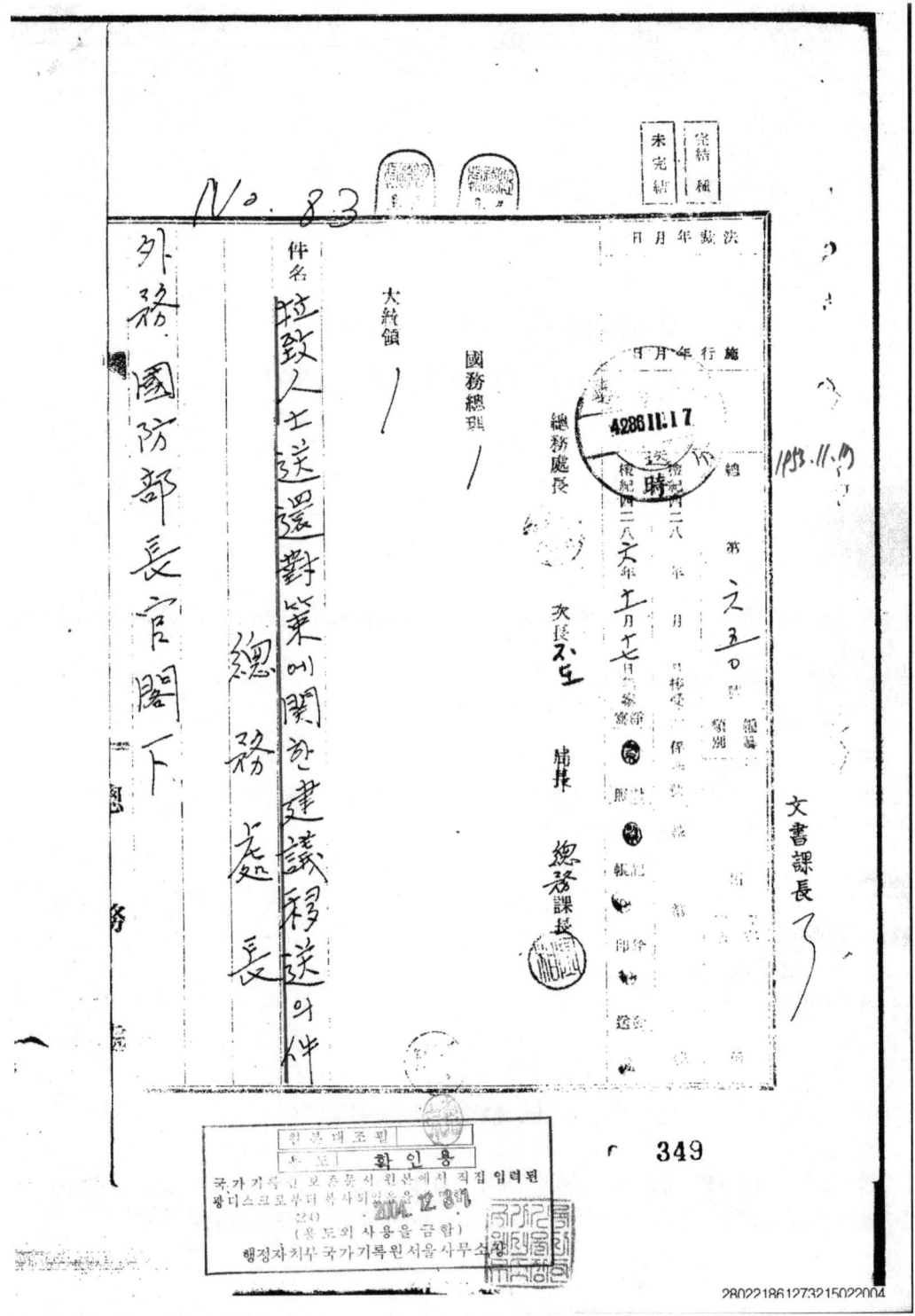

檀紀四二八六年十一月十七日

總 第 三五〇 號

1953.11.17

未完結 / 完結 / 補

원본대조필
확인용
국가기록원 보존문서 원본에서 직접 입력된 광디스크로부터 복사되었음을 증명함
2004. 12. 3.
(용도외 사용을 금함)
행정자치부 국가기록원서울사무소장

349

2802218612732150220O4

檀紀四二八六年 十一月十七日 國會에서 移送된
首題件을 貴部에 廻附하오니 善處하심을
敬望하나이다

(第二案)

大統領
國務總理 閣下

檀紀四二八六年 十一月十七日 國會에서 移送된
首題件(寫本)을 高覽에 供하옵나이다
本件은 外務、國防部에 廻附하였사옵나이다

4286. 11. 17

350

280221861273215022004

國議第三二○號

檀紀四二八六年 十一月十四日

民議院議長 申翼熙

大統領 李承晩 貴下

拉致人士送還對策에 關한 建議案 移送의 件

檀紀四二八六年 十一月十四日 國會第四次本會議에서 拉致人士送還對策에 關하여 左記와 如히 政府에 建議하기로 決議되었사옵기 茲에 移送하오니 善處하여 주심을 仰望하나이다

記

休戰協定 第三條 第一項의 規定에 依한 歸鄕 [illegible]

[illegible]

人은 [illegible] 政府에 [illegible]

함

2-8. 납치인사송환대책에관한건의에대한회보의건

(1953. 11. 25)

〈출처〉

국가기록원

〈해설〉

'국의 제320호' 에 관한 국무총리 백두진의 회신이다. 국회에서 실향사민귀향협조위원회 유엔측 구성위원 2인중 1인은 한국군 대표를 임명하도록 정부에 건의한 내용에 대하여 백두진 국무총리가 외무부 장관으로부터 받은 유엔군 측에 확인한 결과 이미 위원이 결정되어 결국 한국군 대표는 아측 대표로 참가하기 어렵다는 내용이다. 이 회신을 신익희 국회의장에게 회보한 문건으로 때늦은 대응으로 인하여 결국 한국군 대표는 납치 민간 인사 송환을 위한 협상에 위원으로 참석하지 못하는 상황을 보여주고 있다.

납치인사송환대책에관한건의에대한회보의건
(拉致人士送還對策에關한建議에對한回報의件)

국무총리 백두진
민의원 의장 신익희 귀하

단기 4286(1953)년 11월 14일에 국의 제 320호로 이송하신 수제건의에 대한 외무부 장관의 회보 별지와 여(如)하옵기 자(玆)에 송부(送付)하나이다.

〈별지〉
휴전협정 제 59조에 의하면 실향사민귀향협조위원회의 유엔측 위원 2명은 영급장교로 구성하되 국제연합군 총사령관이 이를 임명하도록 규정되어 있으며 국제연합군 참모장 해리슨 중장의 10월 21일자 공한에서 언급한 바에 의하면 전기(前記) 위원회가 설립되어 신임장도 기이(旣而) 제출하고 최초 회합을 제의(提議) 중에 있다하오며 그 위원 명단은 별첨과 여(如)하옵기 자이(玆而) 회보(回報)하나이다.

인사 리스트 (Roster of personnel)

실향사민을 위한 위원회

대령	사이엔, 해리슨 R.,	미국	위원장
대령	루이스, 에모리 A.,	미국	위원
소령	린지, 에드워드 L.,	미국	위원
소령	피어슨, 클레맨스 P.,	미국	위원
소령	맥클러, 존 B.,	미국	위원
소령	얼바하, 루돌프,	미국	행정관

64

No. 82

未完結 | 完結

決裁 年月日

施行 年月日

4286 12. 1 時

1953.11.25

檀紀四二八六年十一月二十三日 起案

檀紀四二八六年 月 日 接受

文書番號 ○○○○ 第○○號

類別

保存

總務處長

次長

局長

總務課長

國務總理

大統領 /

件名 拉致人士送還對策에關한建議에對한回報의件

民議院議長 申翼熙 貴下

國務總理 白斗鎭

341

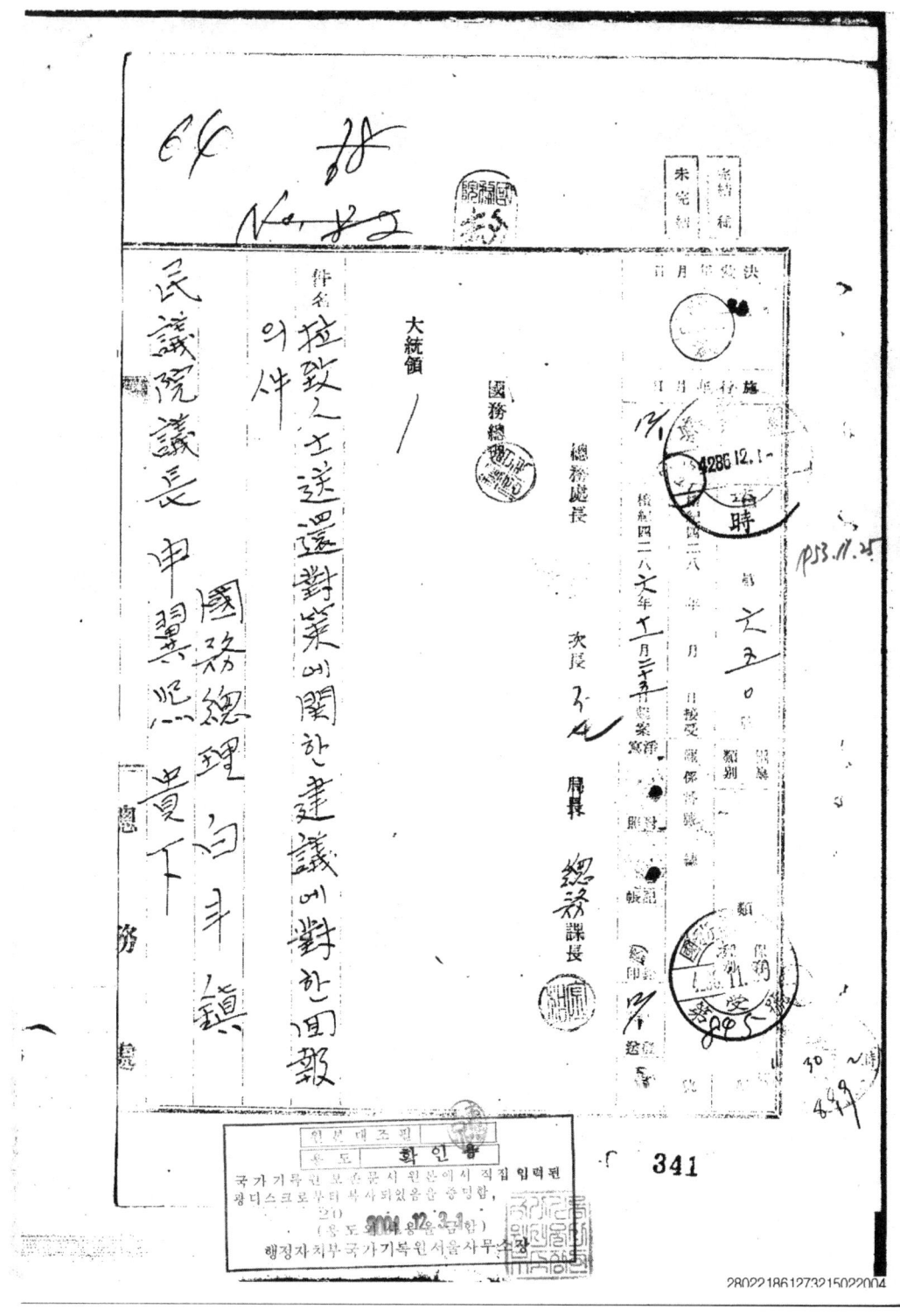

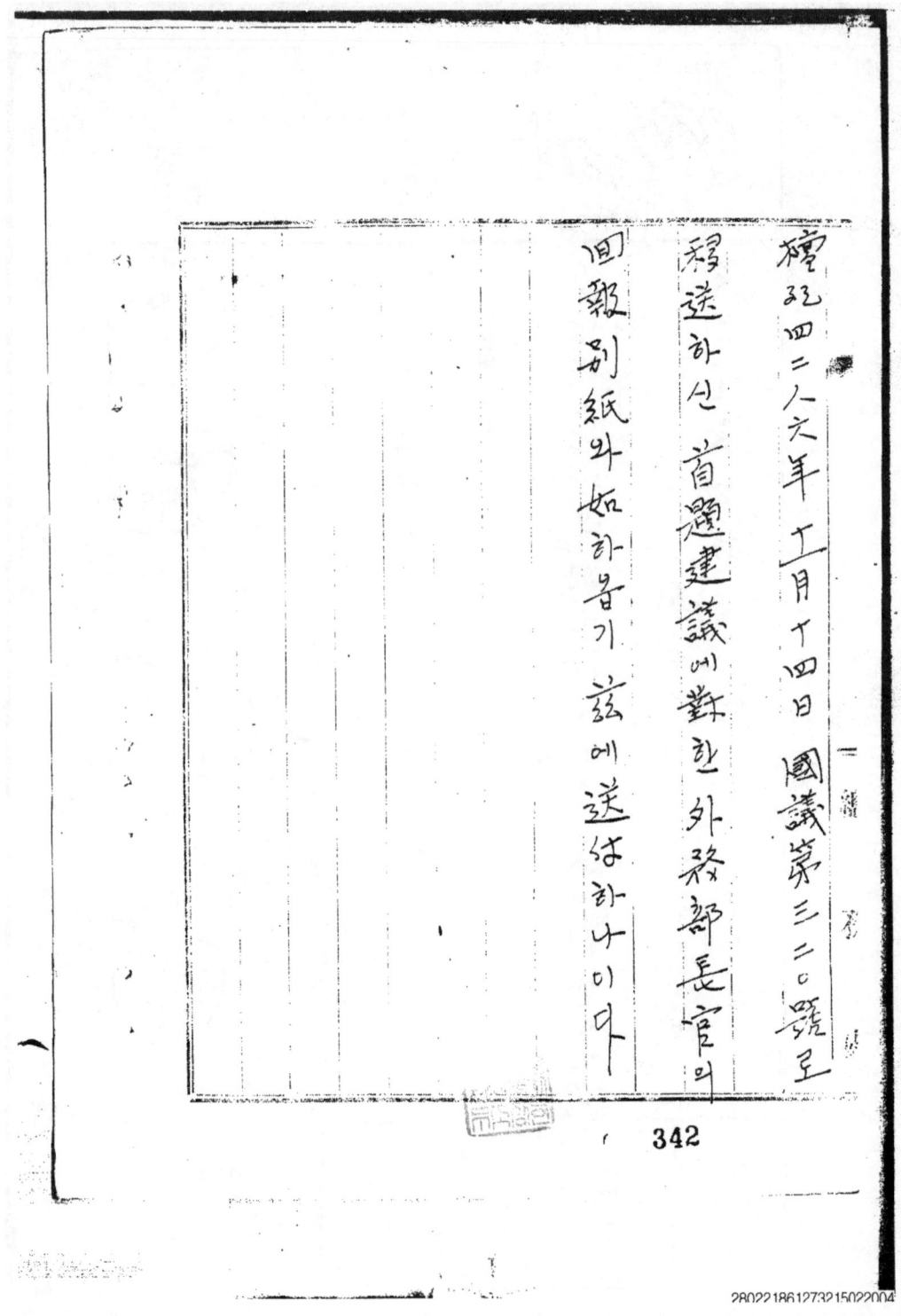

檀紀四二八六年 十二月 十四日 國議第三二○號로
移送하신 首選建議에 對한 外務部長官의
回報 別紙와 如하옵기 茲에 送付하나이다

342

280221861273215022004

別紙

休戰協定第五十九條에依하면 失鄕私民歸鄕
協調委員會의 유엔側委員二名은 領級將校로
構成하되 國際聯合軍總司令官이 이를任命
하도록 規定되어있으며 國際聯合軍參謀長
께서는 中將의 十月二十日字公翰에서 言及한
바에依하면 前記委員會가 設立되어 信任狀
도 既히提出하고 最初會合을提議中에있다하
오며 그委員名單은 別添과如하옵기 玆以回報

하ᄉᆞ이다

ROSTER OF PERSONNEL

COMMITTEE FOR DISPLACED CIVILIANS

Colonel	SAYEN, Harrison R., USA	Chief
Colonel	LEWIS, Emory A., USA	Member
Major	LINSEY, Edward L., USA	Member
Major	PEARSON, Clemens P., USA	Member
Major	McCLURE, John B., USA	Member
Major	URBACH, Rudolph, USA	Administrative Officer

345

2-9. 납치인사송환대책에관한건의에대한회보의건

(1953. 11. 23)

〈출처〉

국가기록원

〈해설〉

국회에서 실향사민귀향협조위원회 유엔측 구성위원 2인 중 1인은 한국군 대표를 임명하도록 정부에 건의한 내용 '국의 제 320호' 에 관하여 외무부 장관이 '외정 제 1975호' 로 총무처장과 국회의장에게 각각 유엔군측에 확인한 결과 이미 위원이 결정되어 한국군 대표는 위원으로 참가하기 어렵다고 회신한 문건이다.

외정(外政) 第1975號
단기 4286(1953)년 11월 23일
외무부 장관
총무처장 귀하

납치인사송환대책에관한건의에대한회보의건
(拉致人士送還對策에關한建議에對한回報의件)

대 [4286(1953)년 11월 17일자 총 제650호]
표기(標記)의 건 별첨 회보를 국회에 이송하여 주심을 앙망(仰望)하나이다.

기(記)
별첨 동건회한(仝件回翰)

외정(外政) 第1975號
단기4286(1953)년 11월 23일
외무부 장관
민의원 의장 각하

납치인사송환대책에관한건의에대한회보의건(拉致人士送還對策에關한建議에對한回報의件)

휴전협정 제 59조 제 1항의 규정에 의한 '실향사민귀향협조위원회' 유엔 측 구성위원 2인 중 1인은 한국군 대표를 임명하도록 건의한 수제의 건에 관하여 좌기(左記)와 여(如)히 회보하오니 신처(善處)하여 주심을 앙망(仰望)하나이다.

기(記)

휴전협정 제 59조 ㄹ. 1.에 의하면 '실향사민귀향협조위원회' 의 유엔측 위원 2명은 영급장교로 구성하되 국제연합군 총사령관이 이를 임명하도록 규정되어 있으며 단기 4286(1953)년 11월 4일자 외정(外政) 제 1776호로 기보(旣報)한 바 여(如)히 국제연합군 참모장 해리슨 중장의 10월 21일자 공한(公翰)에서 언급한 바에 의하면 전기(前記) 위원회가 설립되어 신임장도 기(旣)이 제출하고 최초 회합을 제의(提議) 중에 있다 하오며 그 위원 명단은 별첨과 여(如)하옵기 자(玆)이 회보하나이다.

별첨

동위원회 유엔측 위원 명단

인사 리스트 (Roster of personnel)

실향사민을 위한 위원회

대령	사이엔, 해리슨 R.,	미국	위원장
대령	루이스, 에모리 A.,	미국	위원
소령	린지, 에드워드 L.,	미국	위원
소령	피어슨, 클레맨스 P.,	미국	위원
소령	맥클러, 존 B.,	미국	위원
소령	얼바하, 루돌프,	미국	행정관

346

外政第一九七五號

檀紀四二八七年十一月二十三日

外務部長官

總務處長 貴下

拉致人士送還對策에 關한 建議에 對한 回報의 件

對(四二八七年十一月十八日字 總第二五〇五號)

標記의 件 別添回報를 國會에 移送하여 주심을 要望하나이다.

記

別添 全件回報

外 務 部

2802218612732150220004

外政第一九七五號
檀紀四二八六年十一月二十三日
外務部長官

民議院議長 閣下

拉致人士送還對策에関한建議에対한回報의件

休戰協定第五十九條第一項의規定에依한失鄕私民歸鄕協調委員會 유엔側構成委員二人中一人은韓國軍代表를任命하도록建議한首題之件에関하여 左記와如히回報하오니 善處하여주심을仰望하나이다。

記

休戰協定第五十九條 ㄷ, ㅣ 에 依하면 失鄕私民歸鄕協調委員會의 유엔側委員二名은 領級將校로 構成하게되며 國際聯合軍總司令官이 이를 任命하도록 規定되어있으며 檀紀四二八六年十一月四日字外政第一七七六號로 旣報한바如히 國際聯合軍參謀長 해리슨中將의 十月二十日字公翰에서 言及한바에依하면 前記委員會가設立되어信任狀도旣而提出하고最初會合을提議中에있다하오며 同委員名單은 別紙와如하옵기 玆以回報하나이다.

別紙 全委員會 유엔側委員名單

347

ROSTER OF PERSONNEL

COMMITTEE FOR DISPLACED CIVILIANS

Colonel	SAYEN, Harrison R., USA	Chief
Colonel	LEWIS, Emory A., USA	Member
Major	LINSEY, Edward L., USA	Member
Major	PEARSON, Clemens P., USA	Member
Major	McCLURE, John B., USA	Member
Major	URBACH, Rudolph, USA	Administrative Officer

348

2-10. 납치인송환공론환기의건(拉致人送還公論喚起의件)

(1954. 4. 30)

〈출처〉
국가기록원

〈해설〉
휴전협정 제60항에 의거하여 한국 문제의 정치적 해결을 위한 '제네바극동평화회의'가 대한민국과 유엔군측의 16개 참전국, 그리고 공산군측의 북한, 중공 및 소련 등 3개국 총 19개국이 참가한 가운데 1954년 4월 제네바에서 개최되었다. 한국측 수석대표로 참가하는 변영태 외무부 장관에게 당시 이승만 대통령은 회의의 여론을 환기해서 수많은 한국인 납치인사 송환 해결을 위해 제의할 것을 권고하는 문건이다. 납치인사 송환을 주장하였지만 회담은 결국 합일점을 찾지 못했다.

대비지(對祕指)外 제11호
단기 4287(1954)년 4월 30일
대통령
제네바회한단(會韓團) 수석 대표 변영태 외무부 장관 귀하

납치인송환공론환기의건
(拉致人送還公論喚起의件)

이번 전쟁에 공산군이 침입하야 수만흔 한국인을 납치해간 데 대하여 이런 것은 이제까지 전쟁역사에 없었든 일을 공산군이 한 것임으로 자유 세계에서 이런 것은 어찌 방임(放任)하고 있는지 이 사람을 속히 그 가족 있는 곳으로 송환하도록 우리대표들이 공론을 환기(喚起)해서 해결하도록 제의해 볼 것이다.

大秘指外第一一號

檀紀四二八七年四月三十日 4287.4.3.

大統領 李承晩

제네바會議韓國首席代表
卞榮泰 外務部長官 貴下

拉致人送還公論喚起의件

이번戰爭에共產軍이侵入하야數만은韓國人을拉致해간데對하야어떤것을시
제까지戰爭歷史에업섰든일을共產軍이한것입으로自由世界에서어떤경우~
재放任하고잇는지이사實을速히그家族잇는곳으로送還하도록우리代表들이
公論을喚起해서解決하도록提議해놓것이다

以 上

1075

1071

2-11. 피랍치인사에관한회의

(1954. 7. 7)

〈출처〉

국가기록원

〈해설〉

1954년 정전 후에도 정부는 외무부를 주무 부서로 해서 국제적인 송환 노력을 기울였던 것으로 보인다. 제네바극동평화회의에서는 별다른 성과가 없었지만, 스위스 제네바에 있는 국제적십자사와 수 차례 우리측 대표단은 6 · 25전쟁 당시 북한에 납치된 인사 송환에 관하여 논의하였다. 그 결과 국제적십자사로부터 북한 정권과의 절충 교섭에 전폭적 노력을 다할 것을 확약받게 된다. 우선 우리 대표단은 국제적십자사에 가족회가 작성한 「피랍치인사명부」 1책과 2책을 일부라고 하면서 주었고 남은 명단을 추가로 보내기로 약속한다.

우리 정부는 국제적십자사에 약속한 피랍치자 명부를 추가로 곧 주어야 하는 급박한 상황에 직면해 회의를 열게 된다. 1952년 정부가 작성한 명부의 수가 82,595명이고 6 · 25사변피랍치인사가족회가 작성한 명부 수는 4,606명으로 수의 차이가 심하기 때문에 국제적십자사에 의뢰할 정확한 명부를 조속한 시일 내에 작성할 방안을 모색하는 내용이다.

회의 결과 1953년 10월 22일 내무부가 재조사하기로 결정했던 사실에 대한 조속한 실천을 촉구하고, 구체적인 방안으로 내무부의 말단 행정 기관을 통하여 비공개로 호주 부재 가족 중 행방불명자 및 그 이유들을 주로 한 형식의 조사를 하도록 한 내용을 기록하고 있다. 만일 회의에서 결정한 대로 조사가 진행되어 명부가 작성되었다면 호주가 아닌 수많은 피랍치자들은 제외되었을 것으로 보인다.

피랍치인사에관한회의
(被拉致人士에關한會議)

- 일시 단기 4287(1954)년 7월 7일 자(自) 10시 30분 지(至) 11시 00분
- 장소 외무부 정보국장실
- 사회 이수영 국장

토의 내용

1. 서서수부(西瑞壽府)에서 동국(同國) 적십자사와 아국(我國) 6·25 당시 북한 괴뢰에 의하여 납치된 인사송환에 관하여 누차 논의된 바 있어 기시(其時) 피랍치인사명부 제1·2책(가족회 편찬)을 일부 수자(數字)이라고 지적하면서 수교하였던 바 동적십자사는 이에 대한 북한괴뢰정권과의 절충교섭에 전폭적인 노력을 불석(不惜) 할 것을 확약한 바 있었음
2. 그러나 동명부에는 2,815명(제1책) 1,791명(제2책) 계 4,606명으로 되어 있어, 이는 우리가 종래 주장하여 온 82,595명과는 너머나 상차(相差)가 심할 뿐 아니라 약속대로 동명부 제3책 이하를 계속 송부치 않을 수 없음으로 이의 구체적 방안을 강구코저 하는 것임
3. 동명부의 재정리 즉 인명수(人名數) 완전 파악을 위하여는 객년(客年) 10월 22일 당시 국회 내에 실시되었넌 '납치민간인송환대책위원회' 주최 피랍치민간인송환대책에 관한 각부처연석회의 최종결의로 내무부에 일임하여 조사 정리케 되었던 바 금일(今日)에 이르기까지 이에 대한 결말을 보지 못하고 있음으로 새삼스러히 이를 국무회의의 상정 통과케 함이 없이 본회 회장 명의로 직접 내무부에 위촉(委囑)함이 가하다 사료(思料)됨

   당시 국회회의에는 내무부측 대표로 신용우 지방국장 대리 및 지도과장(성명불상)이 참석하였었음
4. 조사에 당하여는 내무부 관할 밀단 행정기구를 통하여 피랍치인사를 위한 조사임을 표면에 내놓지 않는 방식 즉 호주 부재 가족 중 행방불명자 및 그 이유들을 주(主)로 한 형식의 조사를 실시할 것
5. 조사서 양식을 당연구회에서 지정하여 줄 것
6. 조사 완결시에는 조사서를 토대로 해당자만을 발췌하되 가족회에 일임할 것

被拉致人士에關한會議

一、日時 檀紀四二八七年七月九日 自一〇時三〇分 至一一時〇〇分

一、場所 外務部情報局長室

一、司會 李壽榮局長

討議內容

1 西瑞壽府에서 同國赤十字社와 我國六、二五 當時北韓傀儡에 依하여 拉致된人士送還에 關하여 屢次論議된바 있어 其時被拉致人士名簿第一、二冊(家族會編纂)을 一部數字이라고 指摘하면서 手交하였던바 同赤十字社는 이에 對한 北韓傀儡政權과의 折衝交涉에 全幅的인 努力을 不

外務部

惜할것을 確約한바 있었음

2 그러나 同名簿에는 二八一五名(第一冊) 一七九一名(第二冊) 計四六〇六名으로 되어있어 이는 우리가 從來主張하여 온 八二、五九五名과는 너머나 相差가 甚할뿐아니라 約束대로 同名簿第三冊以下를 繼續送付치 않을수 없음으로 이의 具体的方案을 講究코저 하는것임

3 同名簿의 再整理 卽 人名數完全把握을 爲하여는 客年十月二十二日 當時國會內에 設置되었던 拉致民間人送還對策委員會主催 被拉致民間人送還對策에 關한 各部處連席會議 最終決議로 內務部에

2

0096

3

一任하여 調査整理케 되었던바 今日에이
르기까지 이에 對한 結末을 보지 못하고 있음
을 새삼스러히 이를 國務會議의 上程通
過케 함이 없이 本會會長名儀로 直接內
務部에 委囑함이 可하다 思料됨
當時國會會議에는 內務部側 代表로 申
康雨 地方局長 代理 및 指導課長(姓名不
詳)이 參席하였었음
4 調査에 當하여는 內務部管下 末端行政機
構를 通하여 被拉致人士를 爲한 調査임
을 表面에 내놓지 않는 方式 即 戶主不在
家族中 行方不明者 및 其理由等을 主로 한

外務部

形式으로의 調査를 實施할 것
5 調査書樣式은 當研究會에서 指定하여
줄 것
6 調査完結時에는 調査書를 土台로 該當
者만을 拔萃하되 家族會에 一任할 것

1695 0097

2-12. 피랍치인문제관계부처대표연석회의개최의건

(1954. 7. 10)

〈출처〉

국가기록원

〈해설〉

앞서 나온 회의 결과를 별지 기록으로 보고하면서 '피랍치인문제관계부처연석회의'를 개최할 것을 각 부처에 알리는 공문이다. 국제적십자사에 제출한 가족회 명부가 제한된 '일부'의 명부임을 밝히고 전국 단위의 좀더 완전한 명부를 조속히 작성해야 할 의제를 놓고 주무부격인 외무부에서 회의를 소집한다.

휴대연(休對硏) 제61호
단기 4287(1954)년 7월 10일

피랍치인문제관계부처대표연석회의개최의건
(被拉致人問題關係部處代表連席會議開催의件)

수제건(首題件) 이수영 정보국장 제청으로 서서(瑞西) 적십자사에 제출 요하는 피랍치인사명부 정리 작성을 위한 구체적 방안을 얻고져 6 · 25사변피랍치인사가족회 부회장 외 역원 3명을 초치(招致)하고 당 연구회 간사 참석리에 별첨과 여(如)한 내용을 토의하였압기 자(玆)에 보고하오며 차건(此件)의 진지(眞摯)한 토의 결정을 위하여 관계부처대표연석회의를 개최하옴이 약하(若何)하올지 고재(高裁) 앙청(仰請)하나이다.

안(案)

동건(仝件)

휴전대책연구회장
외무부 장관
민의원 국방위원장 귀하
내무부 귀하
국방부 장관 귀하
사회부 장관 귀하
공보처장 귀하
대한적십자사 총재 귀하

수제건(首題件) 수부(壽府) 극동평화회의 회기 중 아국(我國) 6 · 25사변 당시 북한에 납치된 인사 송환에 관하여 논의된 바 있어 지참 중의 일부 명부(6 · 25사변피랍치인사가족회편)를 수교하였던 바 재(在) 수부(壽府) 국제적십자사로부터 이에 대한 북한 괴뢰 정권과의 절충 교섭에 전폭적 노력을 다할 것을 확약 받았으나 동명부에는 4,606명으로 되어 있어 차(此)는 아국 정부가 종래 주장하여온 82,595명과는 그 상차(相差)가 심하며 또 동명부 계속 송부를 해(該) 적십자사 책임자에게 약속한 관계상 이를 조속한 시일 내에 완전 작성할 목적하에 관계부처대표의연석회의를 개최코저 하오니 좌기(左記) 요령으로 귀부(처) 대표를 파견하여 주심을 경망(敬望)하나이다.

기(記)
- 일시　단기 4287(1954)년 7월 24일 하오 1시
- 장소　외무부 차관실
- 각 부처에서는 국장급의 대표를 파견하여 주심을 앙망(仰望)함

未完結

長官

次官

情報局長

幹事長

幹事

事務官

文書課長

起案者

施行日月番號

接受 年 月 日

起案 四八七年七月十日

發送 年 月 日 號

關係番號 休對硏第六十一號

決裁 七月十三日

記帳

鈐印

校合

淨寫

件名 被拉致人問題關係部處代表者會議開催의 件

稟議

首題件 李壽榮情報局長提請으로 瑞

1954.7.10

1593

0084

11

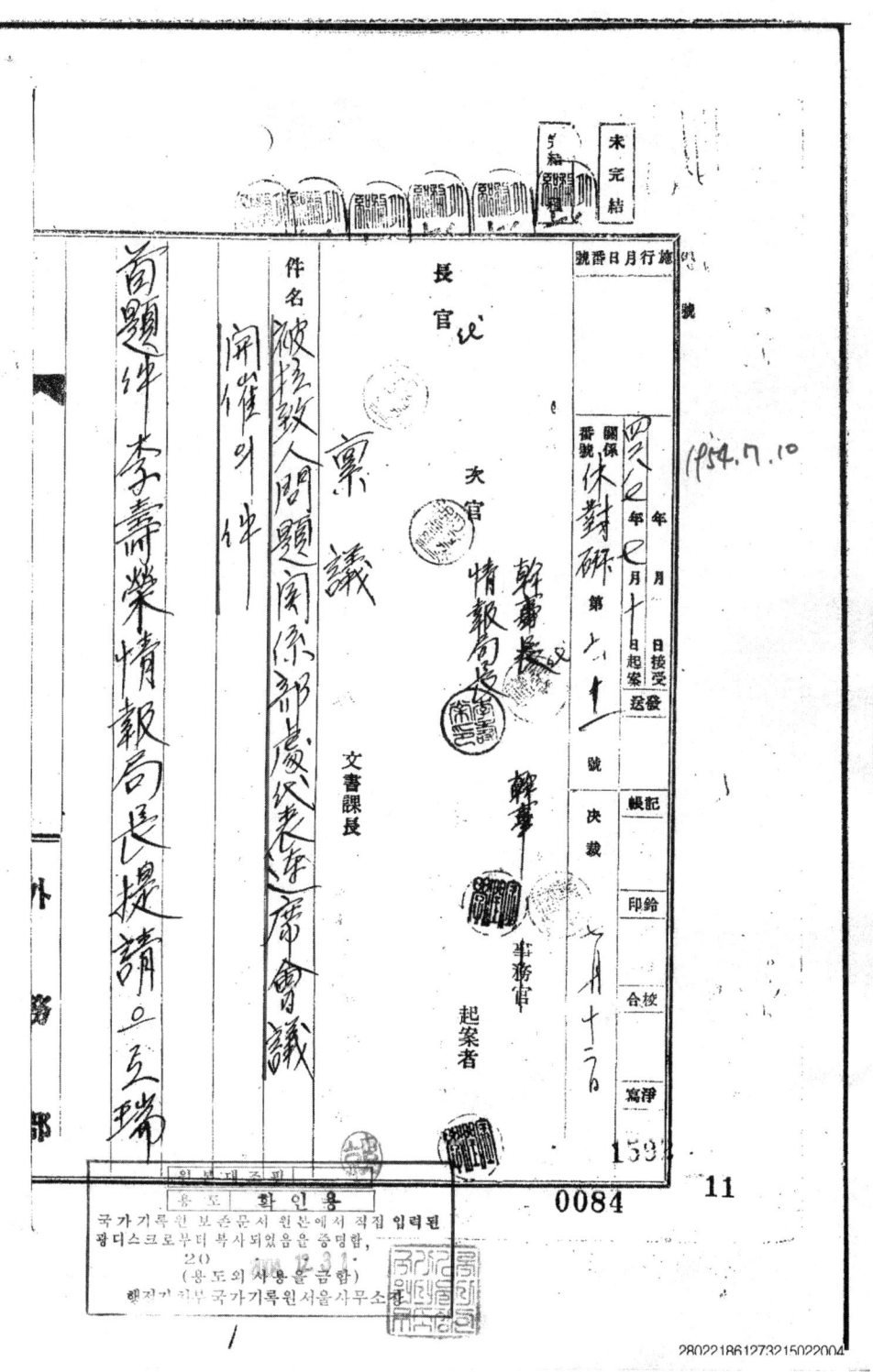

西赤十字社에 提出을 要하는 被拉致人士 名簿整理作成을 爲한 具体的方案을 얻고져 六·二五事変被拉致人士家族會 副會長外役員三名을 招致하고 當研究會幹事参席裡에 別添과 如한 内容을 討議하였아옵기 玆에 報告하오

0085

13 1593

2802218612732150220004

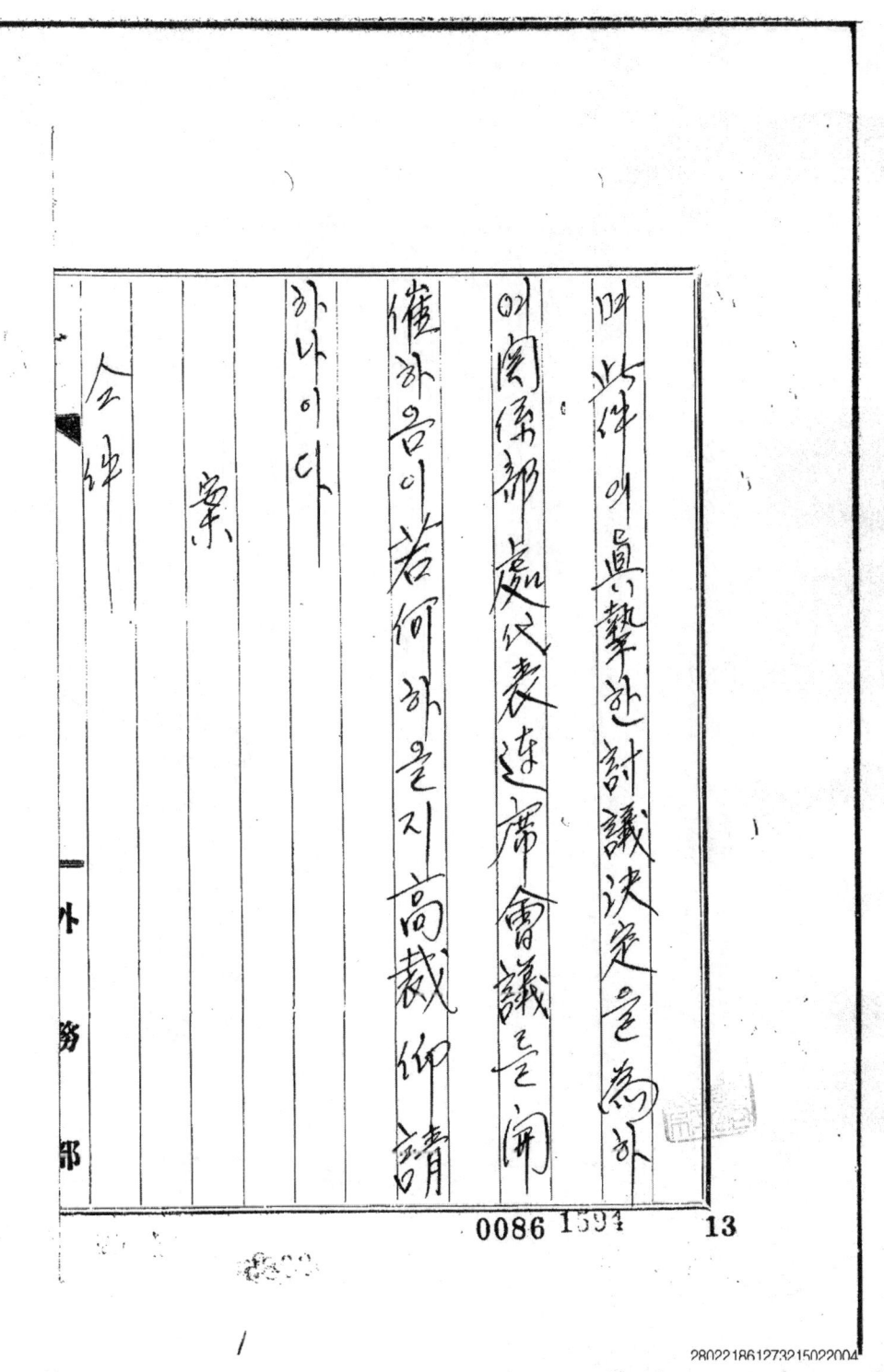

며 此件의 眞摯한 討議決定을 爲하
여 關係部處代表連席會議를 開
催하옴이 若何하올지 高裁仰請
하나이다

案

全紙

外務部

0086 1594 13

28022186127321502200 4

休戰對策硏究會長

外務部長官

民議院 國防委員長

內務部

國防部 長官 貴下

社會部

公報處長

大韓赤十字社總裁

首題件 壽府極東平和會議會期中

我國 六·二五事變 當時 北韓에 拉致된

0087

14

1595

人士送還에 關하여 論議된 바 있어

持參中의 一部名簿(六·二五事變被拉致人

士家族會編)를 手交하였던 바 在壽

府國際赤十字社로부터 이에 對한

北韓傀儡政權과의 折衝交涉에

全幅的 努力을 다 할 것을 確約받았

外務部

15

으나 同名簿에는 四,六〇六名으로되어
있어 此는 我國政府가 從來主張하
여온 八二,五九五名과는 甚相差가 甚하
며 또 同名簿繼續送付를 該赤十字
社責任者에게 約束한 関係上 이
를 早速한 時日内에 完全作成할

16

0089

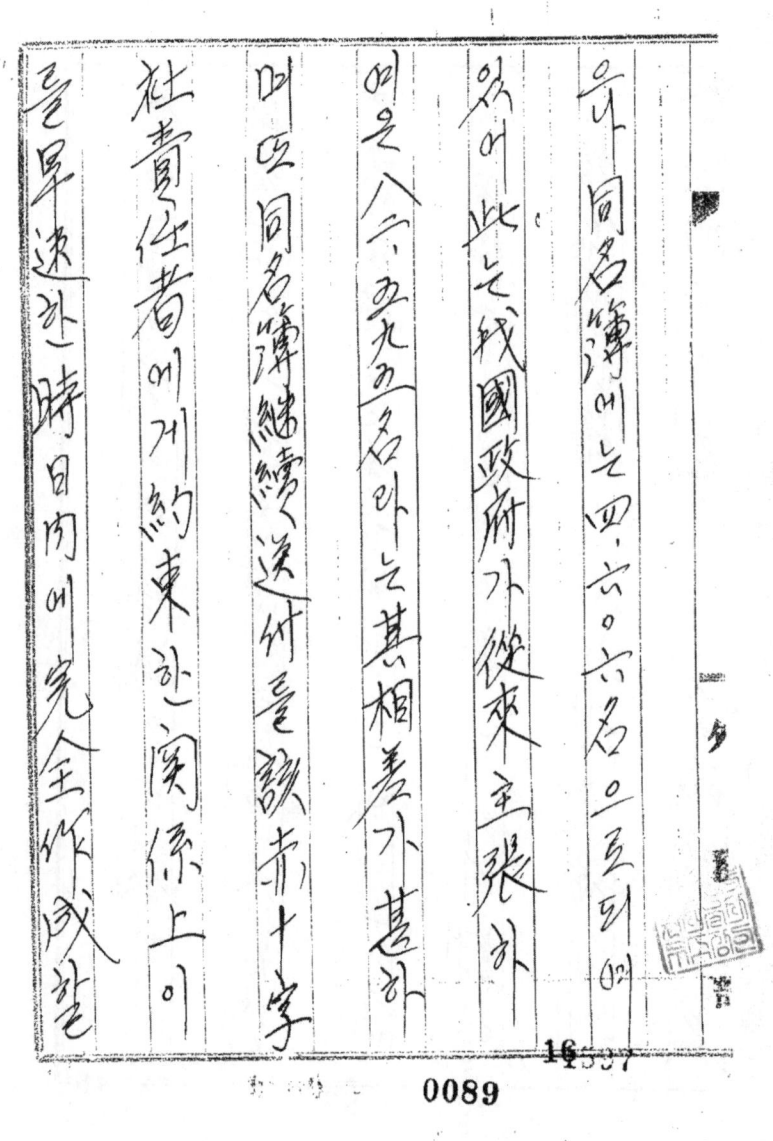

目的下에 關係部處代表의 連席

會議를 開催코저 하오니 左記

要領으로 貴部(處)代表를 派遣

하여주심을 敬望하나이다.

記

一. 日時 檀紀四二八八年 七月 二十四日 下午 一時

外務部

17

0090

28022186127321502200 4

一. 場所 : 外務部 次官室

一. 各部處에서는 局長級의 代表를 派遣하여 주시기를 希望함

18

2600 0091 1590

2-13. 피랍치인문제관계부처대표연석회의회의록

(1954. 7. 24)

〈출처〉

국가기록원

〈해설〉

외무부 주최 이수영 정보국장의 사회로 '피랍치인문제관계부처대표연석회의' 가 개최된다. 휴전협정 조인 약 1년이 지난 1954년 7월 24일, 장소는 외무부장관실이다. 이 회의에는 국회, 내무, 외무(정보국장 이수영, 정무제 1과장 최운상), 국방, 사회, 공보처, 대한적십자사, 피랍치인사가족회, 휴전대책연구회, 국방부 간사 등이 참석하였다.

피랍치인사 구출방안 토의와 정확한 명부 작성을 목표로 회의가 진행된다. 회의 주요 내용은 피랍치인사 송환을 위한 국제적십자사와의 교섭 경위 소개, 공보처 통계국 작성 명부 소개, 휴전협정 제59항에 의한 쌍방 소위 실향사민 교환에 대한 경위 설명과 국제적십자사 및 군사정전위원회, 실향사민귀향협조위원회에서 납치인사의 정확한 명부를 요구하고 있는 사실이다.

이 회의록 문건은 1954년에 7월 24일자 기록으로 피랍치자 수에 관하여 이미 1953년 대한민국 통계연감에 기록된 피랍치자 수 84,532명이 거론되지 않고 있다. 또한 1952년에 작성된 명부 숫자 82,959명과도 차이가 있는 82,595명으로 기록된 것은 착오일 수 있다. 대한민국정부 공보처 통계국이 1952년 발행한 「6 · 25사변 피랍치자 명부」는 전쟁 중 작성한 명부라서 석방 민간인(의용군), 다시 말하면 북한이 남한 민간인들을 강제 징집하여 전쟁에 내보낸 의용군들 중 남한에 포로가 되었다가 당시 이승만 대통령의 '반공포로 석방' 으로 풀려난 사람들이 이 명부에 포함되어 있고 군인, 경찰관 등도 포함되어 있어 국제적십자사에 순수한 피랍 민간인 명부로 제출하기가 곤란하다는 입장이다. 실제 명부에서 직업란 기재 내용을 살펴보면 경찰이 다수 포함되어 있고 군인도 간혹 포함되어 있다. 또한 동일인이 2중으로 기록된 것은 지방 출신이 서울에서 생활했던 경우와 가족들이 각자 피난지에서 조사에 응한 경우다. 이와 같은 이유로 정확하게 순수한 민간인 피랍치인사 명부 작성을 말단 행정기관이 있는 내무부에서 새로 작성하도록 결정한다.

이후에 개최된 연석회의 회의록들이 있을 것으로 추정되지만 아직 발견되지 않아 구체적으로 어떤 과정을 거쳐 명부가 발간되었는지 확인할 문건은 없다. 그러나 1954년 내무부 치안국에서 작성한 명부가 발견되었는데 이 명부가 이 문건에서 작성하도록 결정한 명부일 것으로 판단된다.

별첨자료에 기록된 당시 회의에 참석했던 사람들 중 유일하게 생존하고 있는 최운상(당시 외무부 정무제 1과장) 선생의 증언을 통하여 당시 분위기와 그 이후 흐름에 대하여 알아보는 것으로 미흡한 부분에 대한 보충 설명을 하고자 한다.

피랍치인문제관계부처대표연석회의회의록
(被拉致人問題關係部處代表連席會議會議錄)

1. 목적　피랍치인사 구출 방안 토의 및 정확한 명부 작성의 건
2. 일시　단기 4287(1954)년 7월 24일 오후 1시반
3. 장소　외무부 장관실
4. 참가 범위
 민의원 국방위원장(불참)
 내무부 지도과장 이계순
 치안국 특수정보과 제1계장 외(外) 2명
 외무부 정보국장 이수영, 제1과장 최운상
 국방부 군사기밀실장 이관식 대령
 사회부 구호과 서기관 독고영
 공보처 통계국장 탁장제
 대한적십자사 서무부장 이창열
 피랍치인사가족회 부회장 정복희
 피랍치인사가족회 서기 김화숙
 휴전대책연구회 국방부측 간사 1명
5. 회의내용
 ○ 사회요지(司會要旨)(이수영 정보국장)
(1) 서서수부(西瑞壽府) 회담회기 중 피랍치인사 송환을 위한 국제적십자사와의 교섭 경위 소개
(2) 공보처 통계국 발행 「6·25사변중피해자명부」 중 석방 민간인(의용군) 및 군인, 경찰관 등은 피랍치 민간인으로 포함시킬 수 없음에 비추어 여차(如此)한 피해자까지 포함되고 있는 82,595명의 숫자를 그대로 국제적십자사에 줄 수는 없었음. 따라서 자세한 그리고 정부에서 책임지고 제출할 수 있는 명부를 작성하여야 함

○ 외무부(정무국 제1과장)

⑴ 보관 중의 공보처 통계국 작제(作製) 명부 소개

⑵ 대한적십자사에 대한 국제적십자사와의 제휴 요청

⑶ 회의 참석자 상호(相互) 인사 소개

⑷ 휴전협정 제59항에 의한 쌍방 소위 실향사민 교환에 대한 경위 설명

⑸ 동 59항에 대한 아방(我方)의 이행(履行)과 적측의 외국적 사민송환 이외의 상금(尙今) 군 일명(軍 一名)의 동포의 송환도 이를 실시치 않고 있음에 대한 설명

⑹ 국제적십자사 및 외무부 장관 간의 피랍치인사에 관한 공한(公翰) 왕래 결과 국제적십자사 한국 조사위원단의 입국이 기대되는 점

⑺ 군사정전위원회, 실향사민귀향협조위원회 및 국제적십자사에서 납치인사 정확한 명부를 요구하고 있는 사실

○ 공보처(통계국장)

「6 · 25사변피해자명부」 편찬 동기와 경과 보고

⑴ 북한 괴뢰보위부 내무서 민청원에 의하여 납치된 인사에 대하여는 다만 민족적 견지에서 군경민(軍警民)을 막론하고 이를 긴급히 조사 등록케 함으로서 공산당의 죄악상을 세계에 공포(公布)하려고 한 것이고 피랍치민간인사의 송환을 기(期)하기 위하여 작제(作製)한 것은 아니였음

⑵ 인명 중복의 이유는 단일 가족들이 각지에 소개(疏開)되었던 관계로 갑을병(甲乙丙)지에서 각기 조사에 응하였기 때문임

⑶ 금번(今番)의 신(新)명부 작성은 내무부가 말단 행정 조직체를 가지고 있으므로 이를 전적으로 담당하여야 할 것임

○ 내무부(지도과장)

기(旣) 위(爲) 공보처에 의하여 명부가 편찬되었으니 피랍치인사를 위한 명부 작성도 이를 공보처에 일임하고 내무부는 이에 협조함이 타당(妥當)하다고 사료(思料)됨

○ 국방부

공보처에 일임하고 국방부는 사무적인 협조를 할 것임

○ 사회부

공보처에 일임함이 가당함

○ 피랍치인사가족회(부회장)

공보처의 노력에 감사함

지금껏 내무, 사회부의 전폭적인 협조 없었음은 유감으로 생각함

공보처에서 발행한 명부에 행방불명자 또는 기타로 구별되여 있어 피랍치인사를 위주로 한 것이 아님은 사실이나 이것을 적측에게 정식으로 통고한 바 없었으므로 명부보다는 숫자(數字)가 문제일 것임

내무부는 객년(客年) 10월 22일 국회 주최로 오늘의 회의와 목적을 같이한 연석회의에서 내무부에 일임하야 재조사 작성키로 하자는 결의를 이행하고 있지 않을 뿐 아니라 그간 내무부 차관으로부터 동명부는 작성되였을 것이라는 모호한 답변밖에는 받지 못하였음

금번 명부를 재작성함에는 필히 내무부가 이를 담당할 것을 요망(要望)함

○ 내무부

거년(去年) 국회연석회의 결의 건은 당시 동회의(同會議) 내무부 대표자가 상사(上司)에 보고한 후 지시에 따라 할 것이라는 언질을 준 바도 있다고 하며 기 보고 서류에 장, 차관의 날인이 있으나 보류되여온 것만은 사실이며 오늘의 회의가 객년(客年)의 그것과 같이 이 자리에서 내무부가 이를 담당한다고 단적으로 결정지을 수는 없는 것으로 봄

○ 외무부(정보국장)

본 연석회의에서 명부 작성을 내무부가 담당할 것을 희망하고 있는 것으로 간주되는데 만약 내무부가 이를 담당할 수 없다면 결국은 정부에서 하지 않는 것이 되므로 내무부측 대표는 금일(今日)의 회의 결과를 보고한 후 결재 여부를 외무부에 통보하여 주기 바람

내무부에서 담당하게 되면 외무부는 예산획득에 있어 협조할 것임

○ 대한적십자사

내무부에서 일괄 담당함이 타당타고 사료(思料)됨

○ 외무부(제1과장 최운상)

일단(一旦) 본 건이 가결되였다고 가정하고 예산 및 실천 방법 등을 토의함으로써 차기(次期) 회의를 간이(簡易)케 할 수 있을 것이라고 봄

○ 가족회

내무부는 다음 회합(會合)의 시기를 정할 것

○ 내무부

7월 26일(월) 중으로 상사(上司) 결재 여부를 전화로 통보할 것이며 당부(當部)에서 담당하게 되면 이에 따르는 예산 및 시행안을 입안(立案)하여 제출 심의키로 하겠음

○ 결론 및 그의 대책

실향사민에 관한 명부 작성은 내무부에서 일괄 취급함과 명부 작성에 필요한 예산 및 시행안 작성에는 휴전대책연구회에서 협조함이 타당하다고 사료함. 그러므로 단(短) 시일 내에 정확한 명부를 작성하기 위한 조치를 관계 부처 장관께서 관하 직원 및 소속 기관에게 긴급하명(緊急下命) 유(有) 하옵기를 자이(玆以) 건의함

被拉致人問題関係部處代表連席會議會議錄

外務部

一、目的
被拉致人士救出方案討議및正確한名簿作成의件

二、時日
檀紀四二八七年七月二十四日午后一時半 454.7.24

三、場所
外務部長官室

四、參加範圍
民議院 國防委員長 (不參)
內務部 指導課長 李啓純
治安局特殊情報課第一係長外二名
外務部 情報局長 李壽榮

0099 1607

第1課長 崔雲祥

國防部 軍事機密室長 李寬植 大領

社會部 救護課 書記官 獨孤璨

公報處 統計局長 卓長淯

大韓赤十字社 涉外部長 李昌烈

被拉致人士家族會副會長 鄭福熙

書記 金利誠

休戰對策研究會 國防部側幹事 一名

五. 會議內容

司會者 (李亨周 業務局長)

1. 西歐 諸國會議會期中 被拉致人士 送還을

為한 國際赤十字社의 交涉經緯 紹介

二. 外 務 部

2) 公報處統計局發行 "六.二五事變中被害者

名簿" 中 釋放民間人(義勇軍) 및 軍人,

警察官等은 被拉致民間人으로 包含시키는

어떤은 이 비추어 此比한 被害者까지 包含되고

있는 八二,五九五名이 被拉者로 되어 國際赤

十字社에 送付되었음으로 따라서 分離되

~~되고 [illegible]~~

~~[illegible]~~

外務部 (政務局 第1課長)

1. 休戰中의 公報處統計局作成名簿 經緯 紹介

2) 大韓赤十字社에 對한 國際赤十字社의 提携

要請

(3) 會議參席者相互人事紹介

(4) 休戰協定第六十九項에 依한 双方의 [illegible]

交換에 對한 經緯說明

(5) 同第十九項에 對하여 我方의 履行과 敵側의 外國

籍 私民 送還 以外의 北韓軍 一名의 同胞의 送還

도 이르는 實施하였고 있음에 對하여 說明

(6) 國際赤十字社 및 外務部長官의 要請으로 拉致人

士에 關하여 公翰 傳達 및 國際赤十字社 韓國

請願書 提出 中立國의 [illegible]

(7) 軍事停戰委員會 共産側에 對하여 [illegible]

員會 및 國際赤十字社에서 拉致人士 確認

하도록 要求하고 있는 事實

外　　務　　部

(二) 報告處 - ([illegible])

이三 事實 報告 [illegible] 各 關係機關의 經過

報告

(1) 北韓傀儡保衛部 內務署 民事員에 依

하여 拉致된 人士에 對하여는 此 民族的 見

地에서 軍事停戰 民意를 調査하고 [illegible]

[illegible]

(2) 人名 [illegible]의 理由는 軍一家族들이 各地에

散亂되어 있어 關係로 甲乙兩地로서 있을 것

違憲의 疑心이 있지 아니한가 함

3) 全君의 新生活運動은 內務部가 末端行政
組織을 가지고 있으므로 이를 全的으로 担
當하여야 할 것임

內務部 (指導課長)

既存 公報處에 依하여 啓蒙가 編纂되
었으니 被拉致人士를 爲한 啓蒙運動도 이
는 公報處에서 하고 內務部는 이에 協
助할 것이 要望된다고 思料됨

國防部

公報處에서 하고 國防部는 專務的으로 協
助하는 것임

[redacted]外　務　部

社會部

公報處에서 하는 것이 同意함

被拉致人士家族會 (副會長)

公報處의 協力에 感謝함
지금까지 內務, 社會部의 全面的인 協助
하였음은 感謝히 여기고 있음
公報處에서 發行한 啓蒙에 依하여 不明者
는 其他로 區分되어 있어 被拉致人士들로
보는 것이 한 가지 事實이나 이것을 訂正
에서 正式으로 區分하여 하였으므로 啓蒙에
나는 被拉致人들이 있음
內務部는 去年十一月三十日 國會에 依하여 ...

의會議와目的을같이한連席會議에서內務
部에一任하야再調査作成키로하자는決議
를履行하고있지않을뿐아니라其間內務
部次官으로부터同名簿는作成되었을것
이라는模糊한答辯밖에는받지못하였음
今番名簿를再作成함에는必히內務部
가이를擔當할것을要望함

內務部

去年國會連席會議決議件은當時同會
議內務部代表者가上司에報告한後指
示에따라한것이라는言質을준바도있다
고하며其報告書類에長、次官의捺印

一 外務部

이있으나保留되어온것만은事實이며
오늘의會議가客年의그것과같이이자리
에서內務部가이를擔當한다고端的으
로決定지을수는없는것으로봄

外務部(情報局長)

本連席會議에서名簿作成을內務部
가擔當할것을希望하고있는것으로看
做되는데萬若內務部가이를擔當치
않는다면結局은政府에서하지않는것
이되므로內務部側代表는今日의會
議結果를報告한後決裁與否를外務
部에通報하여주기바람

0103 16 8

內務部에서 担當하게 되면 外務部는 予
算獲得에 있어 協助할 것임

大韓赤十字社

內務部에서 一括担當함이 妥當하고 思
料됨

外務部 (第一課長 崔雲祥)

一旦本件이 可決되었다고 假定하고 予
算 및 實踐方法等을 討議하므로서
次期會議는 簡易하게 할 수 있을 것이라
고 봄

家族會

內務部는 다음 會合의 時期로 定할 것

— 外 務 部

內務部

七月二十六日(月)中으로 上司決裁與否를
電話로 通報할 것이며 當部에서 担當
하게 되면 이에 따르는 予算 및 施行案
을 立案하여 提出審議키로 하겠음

結論 및 그의 對策

失鄕私民에 関한 名簿作成은 內務部에서
一括取扱함과 名簿作成에 必要한 予算 및
施行案作成에는 ~~休戰對策研究~~會에서 協
助함이 妥當하다고 思料함. 그러므로 短時日
內에 正確한 名簿를 作成하기 爲한 措置로는
関係部處長官께서 管下職員 및 所屬機

9
1612
0104

2802218612732150022004

閣에게 緊急下命 有하옵기로 玆以 建議함

10

1613

0105

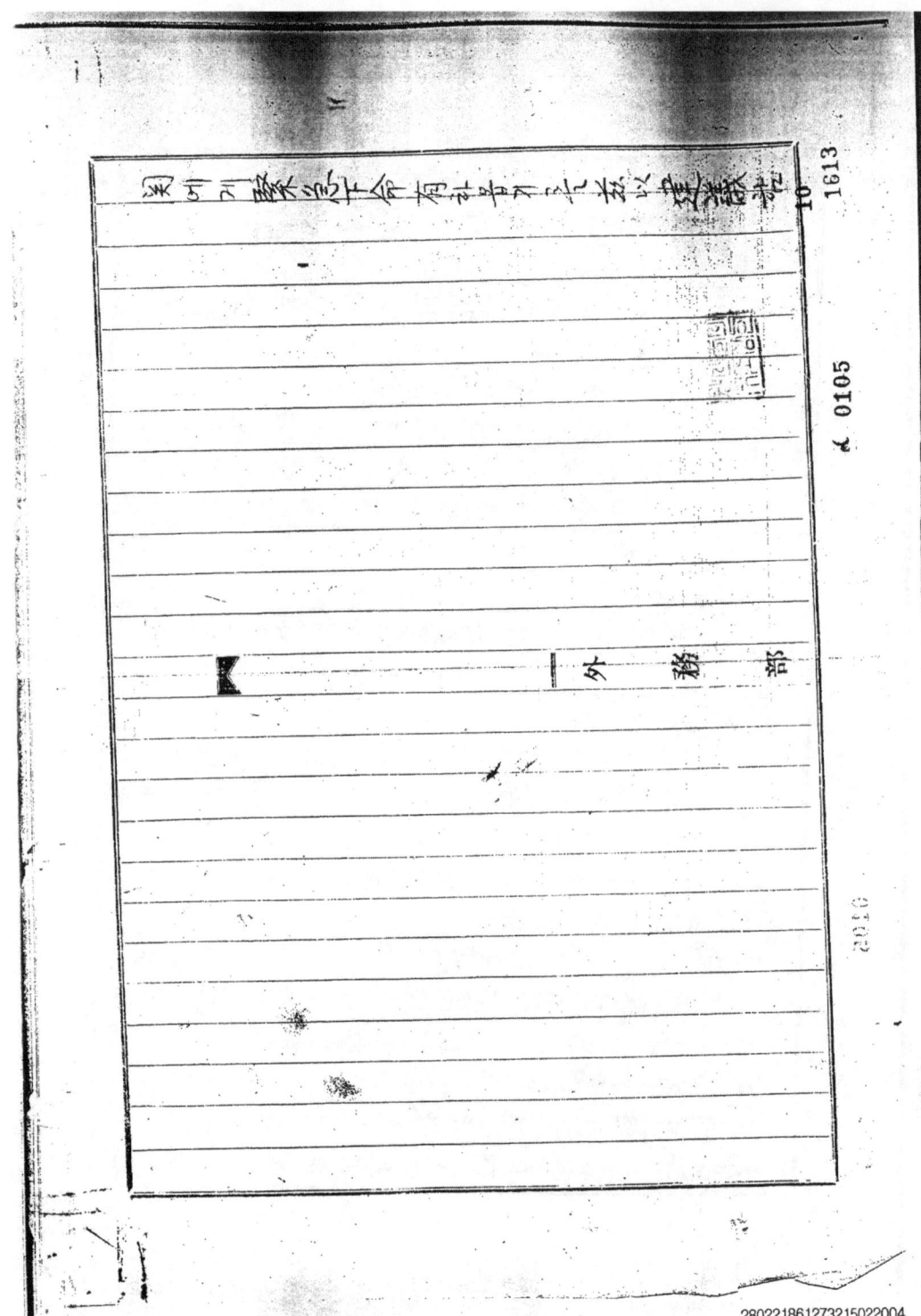

外務部

2-14. 피랍치인명부재조사실시의건

(1954. 7. 30)

〈출처〉
국가기록원

〈해설〉
이 문건에서 휴전대책연구회장이 외무부 장관이었음을 확인할 수 있다. 7월 24일 관계 부처(외무, 내무, 국방, 사회, 공보) 대표자 연석회의에 따라서 명부 작성과 관련한 조사는 내무부에서 담당해서 실시하게 되니 국방부, 사회부, 공보처 각 기관의 적극적인 협조를 구한다는 내용의 문건이다. 당시 내무부 치안국 작성 1954년 명부가 발간된다. (납북자 명부 및 명단 참고)

휴대연(休對硏) 제62호
단기 4287(1954)년 7월 30일
휴전대책연구회장
외무부 장관
내무 · 국방 · 사회부 장관, 공보처장 귀하

피랍치인명부재조사실시의건
(被拉致人名簿再調査實施의件)

표제지(標題之) 건(件) 군사정전위원회와 서서(瑞西)적십자의 요청으로 남한 출신 피랍치인 송환 문제를 촉진시키기 위하여 시급히 필요한 정확한 명부 작성건을 토의코저 거(去) 7월 24일 관계 부처(외무, 내무, 국방, 사회, 공보) 대표자 연석회의를 개최한 바 차(此) 조사는 내무부에서 담당하여 실시케 되여 불원시행(不遠施行)을 보게 되었아오니 귀 관하 소속 기관에 시달하시와 본 조사 수행에 있어 적극 협조하야 주심을 경망(敬望)하나이다.

未完結

甲 號

施行月日番號

番號 八七年七月二〇日起案 外政 休外 第 之二 號

外務部

次官

政務局長 代

情報局長

幹事長

幹事

幹事

幹事

文書課長

事務官

起案者

件名 被拉致人名簿再調査實施의件

休戰對策研究會長

外務部長官

內務・國防・社會部長官

公報處長

貴下

1954.7.30

1602

22

0094

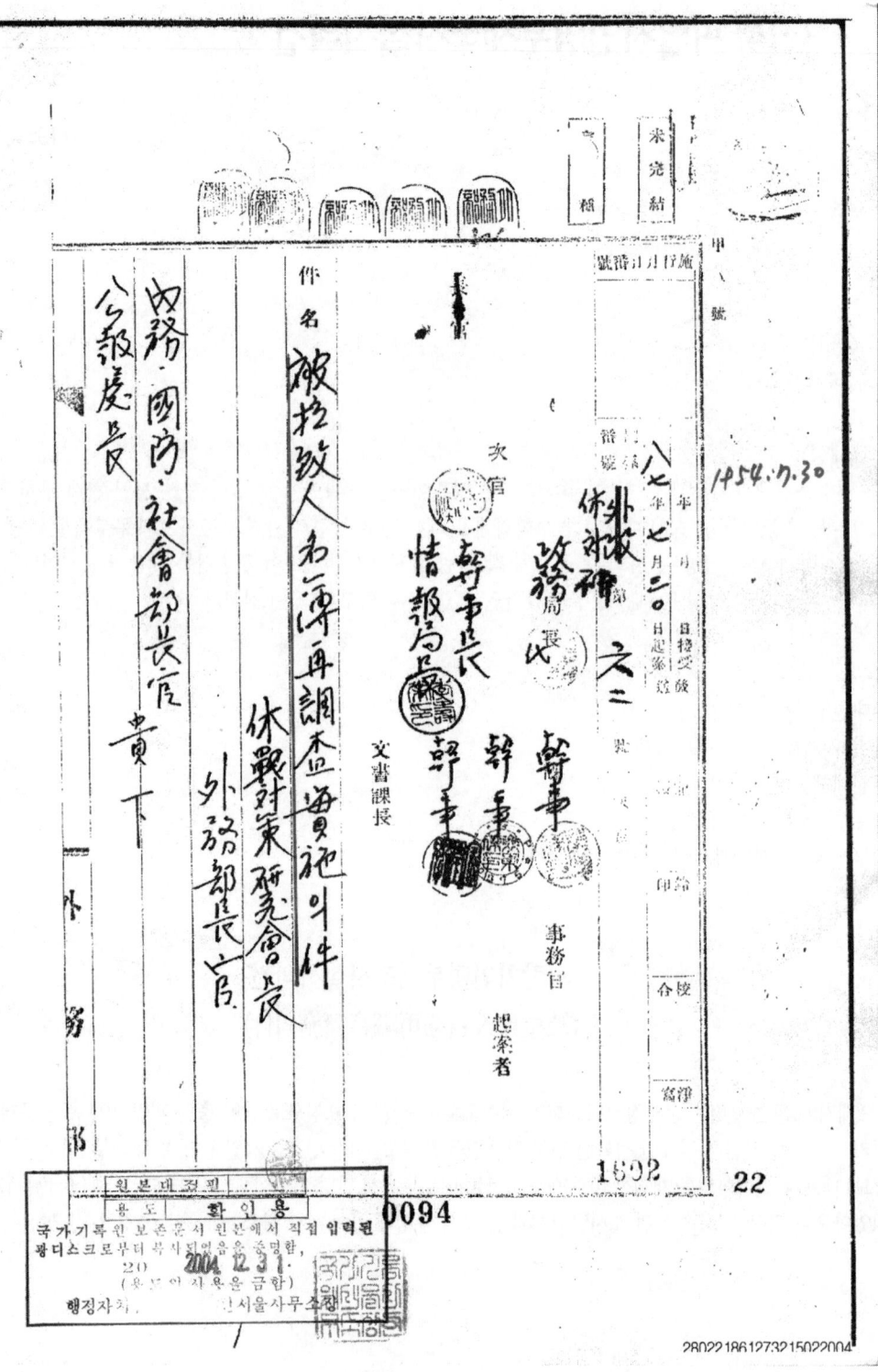

標題之件 軍事停戰委員會와 瑞西赤十字社의 要
請으로 南韓出身被拉致人送還問題를 促進시키
기 爲하여 時急히 必要한 立案한 名簿作成에 關
해서 討議코저 去七月二十四日 關係部處(外務, 內務, 國
防, 社會, 公報) 代表者連席會議를 開催한바, 內務部 比調査는
에서 擔當하여 實施케 되어 不遠 施行을 보게 되었아오나
貴管下所屬機關에 下達하시와 本調査遂行에
있어 積極協助하여 주심을 敬望하나이다.

23

0095 1693

24

休對附第六十二號 1606

檀紀四二八七年 七月三十日

休戰對策附委員會長

外務部長 殿

0098

被拉致人名簿再調査實施의 件

標題之件 軍事停戰委員會에 提出하기 爲하여

要請하여온 南韓出身 被拉致人 送還問題에 從

事하고 있는바 將來에 正確한 名簿를 作成코자

件을 討議키爲하여 去七月三十日 關係部長官(外務, 內

務, 國防, 社會, 公報)代表 및 軍事委員會議를 開催한

바 此調査는 內務部에서 主管하여 實施키로 되었으며

外務部

不遠 提出하도록 되어있으니 貴部 所管機關에

對하여 本調査에 最善을 다하도록 積極協助하도

록 措置하여 주시기 바랍니다

2-15. 실향사민(失鄕私民)명부송부에관한건

(1958. 1. 8)

〈출처〉

국가 가록원

〈해설〉

정전위원회에서 이미 외무부에 요청한 실향사민 명부 송부에 관한 외무부의 회신 공문이다. 1954년 7월 30일 문건에서 1958년 1월 8일 문건으로 공백 기간이 3년 5개월이나 되어 자세한 진행 과정은 알 수 없다. 그러나 다행히 이 문건으로 인해 국제적십자사에 제출하려고 시급히 작성한 내무부 작성 명부가 왜 제출되지 못하였는지 그 이유를 알 수 있다.

내무부 치안국에서 작성한 명부라고 판단되는 남한 출신 실향사민 1차 명부(17,057명분)를 공보실 통계국과 가족회 등이 비공식적으로 작성하였다며 대한적십자사가 신뢰에 의문을 제기한 사실을 확인할 수 있다. 현재 발견된 이 명부에는 인원이 17,940명으로 기록되어 있어 후에 명단이 추가된 것으로 생각한다. 이 명부 작성을 위한 조사를 공개적으로 하지 않은 점과 호주 중심으로 조사가 진행된 점이 불신의 원인이 되었다고 생각한다.

이와 같은 연유로 1956년 대한적십자사는 피랍치자 가족들로부터 공개적으로 2개월간(1956년 6월 15일 ~ 동년 8월 15일) 신고를 접수하여 7,034명이 등록했다. 정부가 작성한 명부에 기재된 숫자 82,959명의 10% 이하로 대폭 감소된 이유는 제3부 1-5.「실향사민 신고서」에 설명되어 있다. 이 명부가 국제적십자사를 통해 북한적십자사에 전달되었고 1957년 제 19차 국제적십자사회의(10월 24일 ~11월 7일, 인도 뉴델리)에서 북한은 국제적십자사를 통해 생존자 337명에 대한 안부 탐지 회신을 보내오게 된다.

실향사민(失鄕私民)명부송부에관한건

외 제169호
정전위원회 대한민국 수석대표
외무부 정무국장
단기 4291(1958)년 1월 8일

머리의 건 귀 대표부에서 송부(送付) 의뢰하여온 실향사민(失鄕私民) 명부에 관하여 다음과 같이 회신하나이다.

1. 남한 출신 실향사민 명부(17,507명분)
   차 명부는 과거 공보실 통계국을 위시한 납치인사가족회(拉致人士家族會) 등에서 비공식적으로 조사 작성한 것이었다 하며 대한적십자사(大韓赤十字社)측의 의견에 의하면 별로 신빙성이 없다고 함

2. 대한적십자사에서 국제적십자사위원회에 제출한 남한 출신 실향사민 명부(7, 034명분)
   차 명부는 현재 대한적십자(大韓赤十字社)에서 간행(刊行) 준비 중이오니 당부에서 입수(入手)하는 대로 즉시 송부할 것임.

3. 재북생존남한출신 실향사민 명부(在北生存南韓出身 失鄕私民名簿)
   본 공문에 동첨 송부함

4. 337명분 생존자(生存者) 명부 접수 경위
   대한적십자사에서 역시 작성 중에 있사오니 접수하는 대로 확인(確認) 송부하겠음.

이 用紙는 國民의 稅金으로써 購入된 것이다

1958.1.8

完結 / 完結

決裁 年月日	施行 年月日		
	1/13		
檀紀四二九一年 一月 八日 起案	檀紀四二八 年 月 日 接受	外 第 169 號	
書淨	關係番號	編纂類別	
照對	外 第 號	類	
帳記		保存種別	
印檢		種	

長官 /

次官 /

정무局長

구미課長

主務者

起案者

件名: 실향사민(失鄕私民) 명부 송부에 관한 건

受信人: 정전위원회 대한민국 수석대표

發信人: 외무부 정무국장

머리의 건 귀대표부에서 송부의뢰하여온 실향사민(失鄕私民) 명부에 관하여 다음과 같이 회신하나

0758

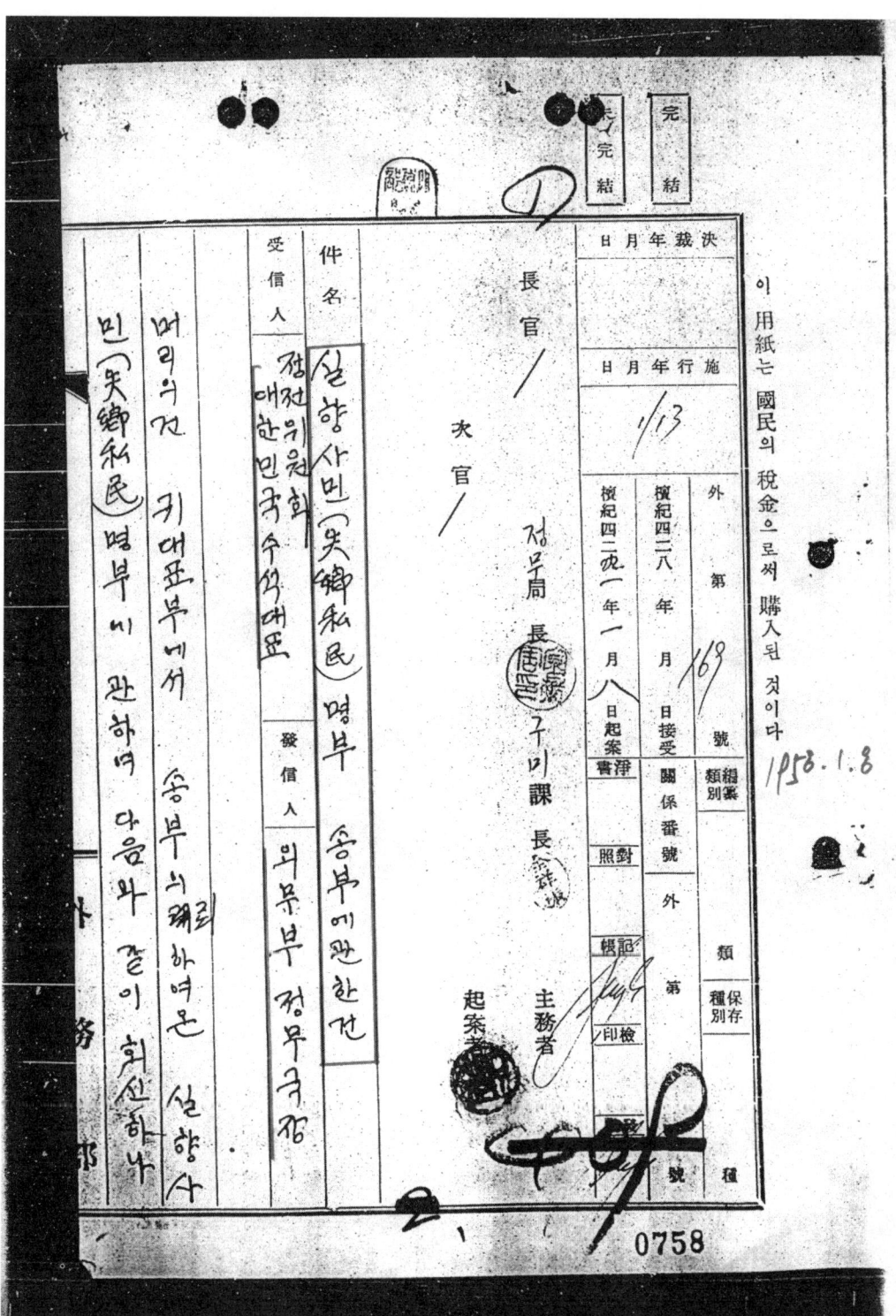

이다.

一, 남한 출신 실향사민 명부(一七,五〇〇명분) - 차명부는
과거 공보실 홍계국을 위시한 납치인사가족회
(拉致人士家族會) 등에서 비공식적으로 조사작성한
것이었다하며, 신빙성이 없다는 것을 대한적십자사
(大韓赤十字社) 측의 의견에 의하면 별로 신빙성이 없다고 함
측이 홍지를 발표하므로 입수
불가능한 명부임.

0759

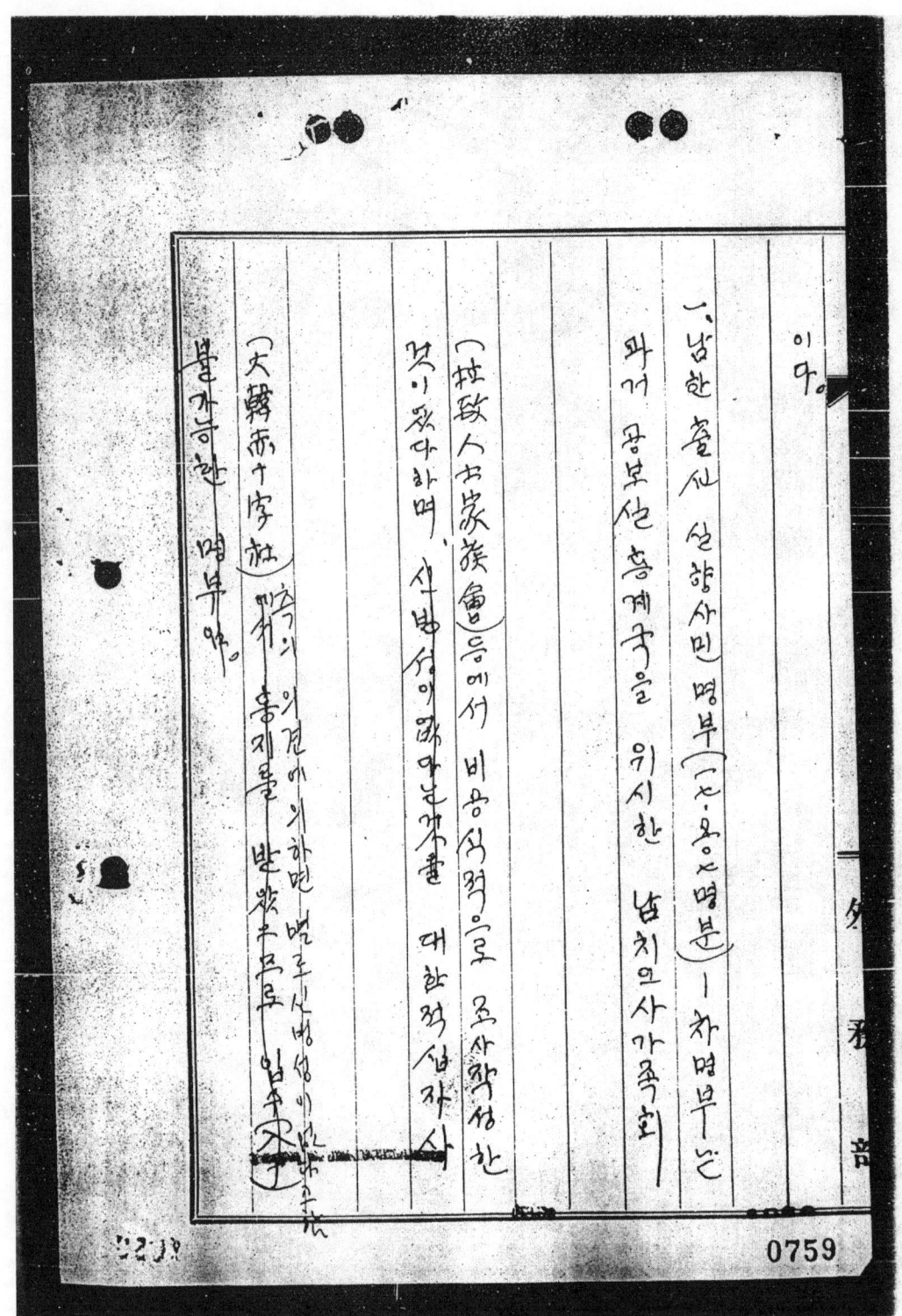

이 용지는 국민의 세금으로 구입된 것이다

二、국제적십자(赤十字)에 제출한 남한출신 실향사민명부(七三四명분)-차명부는 현제 대한적십자사(大韓赤十字社)에서 간행(刊行)준비중이오니 당부에서 입수(入手)하는대로 즉시송부할것임。

三、재북생존남한출신 실향사민명부(在北生存南韓出身失鄕私民名簿)-채용문제 동 송부함

0760

四, 三三七명분 생존자(生存者) 명부 접수경위 —

대한 적십자사에서 역시 작성중에 있아오니

접수하는대로 확인(確認) 송부하겠음.

2-16. 납치인사 건재자 명단 송부

(1958. 1. 27)

〈출처〉

국가기록원

〈해설〉

제19차 국제적십자사 회의에서 피랍된 남한인사 7,034명 중 북한에서 생존자 337명의 명단(국문, 영문)을 외무부 장관에게 송부하는 사항을 담고 있는 문건이다. 당시 유엔군 총사령부 군사정전위원회 대한민국 수석대표가 해군 준장 이성호임을 알 수 있다. 영문 명단은 군사정전위원회에서 정전협정 제59항에 의거 실향사민 문제를 다시 논의하게 될 경우 자료로 활용하기 위해서 당 대표부에서 번역을 하게 된 것을 밝히고 있다.

국련군총사령부군사정전위원회
대한민국 대표부
4291(1958). 1. 27.
실사위 제11호
앞　외무부 장관
참조 정무국장

납치인사 건재자 명단 송부

1. 제19차 국제적십자사 회의에서 한국적십자에 수교된 피랍치인사 7,034명 중 북한 괴뢰에서 생존자로 통보된 337명의 명단(국문, 영문)을 송부합니다.
2. 이 영문 명단은 군사정전위원회에서 정전협정 제59항에 의거 실향사민 문제를 다시 논의할 시의 자료로써 당 대표부에서 번역한 것임을 위념첨신합니다. 끝

수석대표 해군 준장 이 성 호

(명단은 납북자 명부 및 명단 p711~713 참고)

mr. Chun

국련군총사령부군사정전위원회

대한민국 대표부

4291 . 1 . 27 .

십사위 제 11 호

수신 외무부장관

참조 정무국장

제목 납치인사 거재자 명단 송부

1. 제 19 차 국제적십자사 회의에서 한국적십자사에 수교된 피납치인사 7,034 명중 북한괴뢰에서 생존자로 통보된 337 명의 명단(국문 , 영문) 을 송부합니다.

2. 이 영문명단은 군사정전위원회에서 정전협정 제 59 항에 의거 실향사민 문제를 다시 론의할시의 자료로써 당 대표부에서 번역한 것임을 위념첨신합니다. 끝

수석대표 해군준장 이 성 호

4291. 1. 30

0764

拉致人士生存者名單 (337명 명단)

申告番號	姓名	生年月日	本籍
一八	朴英熙	一九二一年 二月 四日	忠淸北道
三五	白象圭	一八八〇年一〇月 四日	서울
八七	李相燮	一九〇二年 六月 七日	서울
一五八	金瑑鎬	一九二六年 五月三一日	서울
二八〇	安在鴻	一八九一年一一月三一日	京畿道
三七一	安在演	一九二三年 八月二〇日	京畿道
三三七	李泰秀	一九一〇年一〇月一六日	서울
四〇四	金仁[illegible]		서울
四五一	李東[illegible]	一九一五年 五月二八日	서울
四五三	趙素昻	一八八七年 四月一〇日	서울
四八三	金明[illegible]	一九二一年 三月二七日	서울
五一六	方在淳	一九一八年 四月二五日	京畿道
五九二	辛明熙	一九一九年 三月二三日	서울
五九四	金榮浩	一九一二年一二月 五日	서울
六〇九	李昌玉	一九二九年 七月一七日	서울
六一七	尹[illegible][illegible]	一九三〇年一〇月一一日	서울
六三八	朴酉圭	一九〇九年 六月二五日	서울
六四七	金基石	一九二四年 五月 五日	서울
七二一	黃[illegible]煥	一九二八年一一月 九日	서울
七三九	崔斗植	一九二六年 九月一八日	서울
七七七	金[illegible][illegible]	一九〇六年 九月一二日	忠淸南道
八四二	金昌德	一九一四年 四月二五日	서울
八五九	文[illegible]煥	一九二五年 九月 九日	京畿道
八八八	리태호	一九二九年一〇月一八日	서울
九三〇	金[illegible][illegible]	一九一九年 四月一四日	서울

0765

申告番號	姓名	生年月日	本籍
九六五	金東淳	一九一六年 八月一九日	서울
一〇一六	韋正子	一九三二年 六月二〇日	서울
一〇二二	韓蔚洪	一九二九年 七月二〇日	京畿道
一〇二四	朴永植	一九二〇年 三月 九日	서울
一〇七一	曺永[illegible]	一九三二年 五月二八日	서울
一一一〇	柳俊植	一九三二年 二月一五日	서울
一一一三	卜[illegible]爽	一九二六年 九月 四日	서울
一一八二	張洙[illegible]	一九一九年 三月二四日	慶尙北道
一一八三	金在[illegible]	一九二六年 二月一七日	慶尙北道
一二〇五	丕康鉉	一九二八年一〇月 七日	서울
一二〇八	文殷[illegible]	一九二一年一二月一八日	京畿道
一二四七	李台求	一九二二年 一月 四日	서울
一二七一	丘德煥	一八九八年一一月二六日	忠淸南道
一三九九	趙南湜	一九二六年 一月二一日	江原道
一三九五	李淑煥	一九三五年 八月一五日	慶尙南道
一四二七	姜泰元	一九一八年 六月一五日	京畿道
一四[illegible]	李丙昊	一九二〇年 五月 五日	京畿道
一四八五	黃[illegible]字	一九二六年 六月一八日	全羅北道
一五二二	尹[illegible]玉	一九三四年 四月一〇日	京畿道
一五三〇	宋[illegible]允	一九二二年 七月二二日	京畿道
一五三七	諸正奉	一九三三年 五月 七日	京畿道
一五四九	金潤九	一九二九年 三月 九日	京畿道
一五七五	金七星	一八九七年 六月二二日	慶尙南道
一六一二	沈[illegible]昌	一九三〇年 六月二三日	京畿道
一六一七	李在春	一九三〇年一二月 四日	京畿道

- 2 -

0766

申告番號	姓名	生年月日	本籍
一六二三	金時昌	一九一〇年 五月 三日	慶尙北道
一六八四	[illegible]明英	一九一九年一一月 一日	全羅北道
一六八六	李文永	一九二九年 一月二六日	京畿道
一六九四	鄭德秀	一九三四年一〇月二〇日	京畿道
一七三六	李順[illegible]	一九二九年 六月一三日	忠淸北道
一七四九	方承建	一九二七年 四月二七日	忠淸南道
一七九二	李文相	一八九四年一一月二二日	黃海道
一七九五	禹[illegible][illegible]	一九三〇年 九月一五日	京畿道
一八四九	李[illegible][illegible]	一九二八年一〇月一八日	서울
一八五七	李[illegible][illegible]	一九三二年 七月 一日	서울
一九〇二	安[illegible][illegible]	一九一八年 三月二六日	서울
一九〇四	金淑子	一九三五年 一月二三日	서울
一九三[illegible]	張炳均	一九三〇年 九月 三日	慶尙北道
一六三一	林華春	一九二五年 八月二八日	濟州島
一六五九	鄭[illegible]根	一九三〇年 九月一九日	京畿道
一九四一	李[illegible]鉉	一九一三年 一月一六日	서울
一九四八	李[illegible]九	一九二七年一〇月 四日	京畿道
一九五五	韓光[illegible]	一九二四年一一月 六日	서울
一九六八	沈丁學	一九二三年 四月一一日	서울
一九九一	白[illegible][illegible]	一九一五年一〇月一七日	江原道
二〇〇〇	李[illegible][illegible]	一九二二年 三月 五日	서울
二〇一七	李萬[illegible]	一九一八年 七月二一日	江原道
二〇七七	張[illegible]賢	一九一八年一〇月一三日	서울
二〇七六	張[illegible]亨	一九二一年 九月二四日	서울
二一一八	朴英一	一九一五年 七月一二日	서울

— 3 —

0767

申告番號	姓名	生年月日	本籍
二一五四	鄭憲永	一九一六年 五月二六日	忠淸南道
二一七九	金興坤	一九二四年 三月 一日	全羅南道
二三四一	丁壽學	一九一七年 六月一九日	全羅南道
二三四九	朴奎永	一九二六年 七月二五日	서울
二三五二	安[illegible]	一九一九年一一月一五日	京畿道
二三六一	張重根	一九二九年 九月二八日	全羅北道
二三八一	李愚德	一九一七年 五月一九日	京畿道
二三八六	禹仁洙	一九三一年 三月一七日	서울
二三九四	李昌[illegible]	一九〇〇年 七月二九日	平安南道
二三九六	鄭來文	一九二二年一一月一一日	慶尙北道
二三九八	黃愼善	一九三〇年 四月 四日	서울
二四一二	俞瀚穆	一九二四年 九月二七日	忠淸南道
二四二三	元熙俊	一九二二年一〇月 五日	서울
二四一九	李京焱	一九二四年 三月一五日	서울
二四二六	姜淳馨	一九二三年 三月一四日	京畿道
二四二八	黃潤秀	一九二三年 七月 六日	京畿道
二四二九	李敏彦	一九二七年一一月一九日	黃海道
二四三三	李時石	一九一三年 九月二四日	京畿道
二四七一	黃允周	一九二六年一二月 三日	全羅北道
二四七四	崔斗熙	一九二九年 七月一九日	서울
二四八三	禹永禎	一九三一年一〇月二四日	서울
二四九六	金鴻禎	一九二五年 六月一一日	忠淸北道
二四九七	金千福	一九三〇年 八月 四日	全羅南道
二五二四	朴貞一	一九一七年 三月 七日	서울
二五二七	朴曾植	一九一二年 一月 三日	서울

0768

第二次名單健在者發表

申告番號	姓		名	生年月日	本籍
二五六六	李	相	鎰	一九二七年 二月二〇日	慶尙北道
二六五一	趙	炳	鎬	一九三二年 六月 九日	서울
二六八六	金	洪	[illegible]	一九二六年 九月 八日	忠淸北道
二六九一	李	鍾	億	一九二〇年 六月一四日	京畿道
二六九五	洪	私	聽	一九二九年一二月 一日	京畿道
二七〇五	安	徽	植	一九一〇年 三月一九日	서울
二七二六	朴	泰	奉	一九三〇年 一月一五日	全羅南道
二七九八	元	榮	載	一九二九年 六月二二日	서울
二八〇七	金	炳	玉	一九三〇年 七月二〇日	京畿道
二八一〇	金	庚	培	一八九四年一〇月 五日	京畿道
二八四一	李	春	明	一九二七年 六月二四日	서울
三〇〇一	李	重	雨	一九二五年一二月一五日	忠淸北道
三〇一四	吳	慶	旺	一九二七年一一月二七日	全羅北道
三〇二八	李	商	錫	一九二六年 六月 七日	忠淸南道
三〇三〇	黃	一	淵	一九二六年一二月二一日	全羅北道
三〇三四	李	鍾	高	一九二一年 七月二八日	忠淸南道
三〇六一	金	相	瓘	一九二八年 二月 二日	慶尙北道
三〇七七	吳	世	準	一九三一年一〇月 七日	서울
三〇九八	趙	寅	泳	一九〇〇年 三月二七日	慶尙北道
三一三八	全	膺	奎	一九三〇年一〇月一一日	서울
三一四七	金	相	鎬	一九二五年 四月一一日	서울
三一八八	宋	炳	燮	一九二九年 九月 一日	京畿道
三二一五	金	德	大	一九二七年 五月二五日	咸鏡南道
三二二一	李	智	遠	一九二四年 五月一三日	忠淸北道
三二五〇	金	裕	滿	一九二八年一一月一九日	京畿道

- 5 -

申告番號	姓名	生年月日	本籍
三二五四	金昌圭	一九二〇年一〇月二〇日	忠淸南道
三三〇四	李蒿仙	一九二八年 七月二七日	京畿道
三三二三	全今童	一九三三年 九月二六日	서울
三三七四	姜錫吾	一九二八年一一月二九日	서울
三三九一	金慶錫	一九二八年 八月 一日	서울
三四二五	南楨雨	一九〇九年 二月 四日	京畿道
三四五九	鄭鉉淑	一九二一年 一月 四日	慶尙南道
三四八九	金澤秀	一九一八年 四月 三日	서울
三五三一	李東洙	一九一八年 三月二二日	江原道
三五三五	金然洙	一九二八年 六月二二日	江原道
三五六〇	李昌國	一九二四年一二月二七日	京畿道
三五六九	金大鳳	一九三一年 六月二五日	서울
三五七三	尹慶燮	一九三〇年一〇月二八日	京畿道
三五八二	黃金淳	一九三三年 三月一三日	江原道
三六四〇	朴福淳	一九二五年 五月一七日	慶尙北道
三六七二	韓興洙	一九二一年 八月一五日	咸鏡南道
三六七六	金元植	一九二九年 八月一七日	京畿道
三六八八	金甦洙	一九二八年 二月 九日	서울
三七四一	鄭榮煥	一九二二年一二月 六日	서울
三七四二	林奎喆	一九三二年 七月一八日	慶尙北道
三七五七	吳成煥	一九二二年 四月二三日	慶尙南道
三七七四	金永寶	一九三三年 五月二〇日	서울
三七八〇	金章石	一九〇四年一〇月一三日	慶尙南道
三七八六	朴士熙	一九一九年一一月一四日	京畿道
三八〇四	趙成麟	一九二五年一一月一七日	忠淸南道

申告番號	姓名	生年月日	本籍
三八〇三	蔡範植	一九三一年八月一〇日	慶尙北道
三八三九	洪致化	一九一一年一月二九日	平安南道
三八五三	李東默	一九一八年四月一五日	慶尙南道
三八九二	朴明淳	一九二九年一〇月二二日	서울
三九〇〇	金洪淙	一九二六年九月七日	京畿道
三九二七	趙昇熙	一九二五年八月一五日	慶尙北道
三九五一	曹鳳雲	一九二四年七月一二日	서울
三九五三	李在[illegible]	一九二六年八月七日	京畿道
三九八〇	林龍潯	一九三〇年八月三〇日	全羅北道
四〇二五	車仁植	一九二二年一一月二一日	서울
四〇八三	李花寶	一九二〇年一二月八[illegible]	서울
四〇三二	朴淳東	一九二三年一二月一一日	京畿道
四一三〇	丁昌欽	一九二六年二月七日	全羅南道
四一三四	李殷綠	一九二五年一月一九日	忠淸南道
四一九五	김순애	一九三三年一〇月九日	서울
四二三四	金[illegible][illegible]	一九二三年一月五日	서울
[illegible]二六六	李漢泰	一九一六年八月三〇日	忠淸南道
四二九八	[illegible]南[illegible]	一九二七年一〇月一一日	忠淸南道
四三〇一	李在[illegible]	一九〇六年四月四日	咸鏡北道
四三一五	김보배	一八九九年二月二日	黃海道
四三二七	吳[illegible][illegible]	一九一五年六月一五日	濟州島
四三七五	朴光[illegible]	一九二六年六月二日	京畿道
四三七六	黃[illegible][illegible]	一九三一年一〇月五日	서울
四三九六	張永[illegible]	一九三二年六月五日	全羅南道
四四二八	李[illegible]振	一九二七年一〇月九日	忠淸南道

— 7 —

0771

申告番號	姓名	生年月日	本籍
四四〇八	金學男	一九二四年 九月 九日	忠淸南道
四四三三	裵基成	一九一六年 四月一二日	忠淸南道
四四五〇	金英發	一九二九年 八月 七日	慶尙北道
四四五五	尹鳳洙	一九二一年 七月一〇日	慶尙南道
四四八八	金德培	一九一四年 三月二九日	서울
四五二一	權寧洙	一九二四年 五月 九日	全羅北道
四五三三	金東洙	一九二六年 六月一二日	全羅北道
四五五三	呂佰鉉	一九三〇年 四月 五日	忠淸北道
四五五四	呂廟鉉	一九二六年 九月一〇日	忠淸北道
四五五六	李秉權	一九三一年 三月一五日	忠淸北道
四五七八	李尙茂	一九三二年 一月三〇日	慶尙北道
四五八四	亓榮喜	一九二七年 四月 二日	京畿道
四六一八	李相雲	一九一七年 八月 七日	全羅南道
四六二〇	黃有奎	一九一九年 二月一五日	慶尙北道
四六四九	方榮洙	一九三一年 八月二二日	京畿道
四六九八	姜秀甲	一九二五年 五月二四日	慶尙南道
四七一三	金敎戊	一九二八年 九月 九日	忠淸南道
四七一七	金學源	一九二二年十二月 一日	京畿道
四七二二	朴小吉	一九一五年 一月 二日	慶尙北道
四七二四	柳[illegible]夏	一九二〇年 六月一九日	慶尙北道
四七三六	金間允	一九二〇年十一月 四日	慶尙北道
四七五四	全良學	一九二八年 七月三〇日	京畿道
四八〇九	張鳳眞	一九二二年 九月一八日	咸鏡北道
四八四一	權昌彦	一九二五年 二月二〇日	서울
四八四三	朴在濬	一九二九年十二月二二日	京畿道

申告番號	姓名	生年月日	本籍
四八四五	尹光晳	一九二一年 六月 九日	서울
四八五四	李揆璧	一九二二年 九月 六日	京畿道
四九二三	金玉珍	一九三〇年 十月一六日	全羅南道
四九二四	金淑珍	一九三三年 十月 六日	全羅南道
四九三五	姜永寬	一九二六年 四月二三日	京畿道
四九四五	洪起喆	一九二三年 一月一〇日	忠淸南道
四九六一	李時雨	一九一七年 一月 七日	서울
四九六七	李容楨	一九二一年 二月 四日	서울
四九七九	張錫鎭	一九三〇年 一月三九日	京畿道
四九九二	鄭孝福	一九二八年 六月一四日	京畿道
五〇〇〇	全瑛基	一九二七年 九月二八日	江原道
五〇三三	吳仁東	一九一五年 一月 七日	慶尙北道
五〇三四	黃永根	一九二九年 十月二四日	慶尙北道
五〇三五	安相漢	一九二七年 八月二二日	慶尙北道
五〇三七	姜石岩	一九二一年 十月一五日	慶尙北道
五〇四二	禹武洛	一九二七年 七月二七日	慶尙北道
五〇五五	鄭五燮	一九三二年 七月 五日	慶尙北道
五〇六六	俞周熙	一九二五年 二月 三日	京畿道
五〇八八	方[illegible]	一九二八年 三月二三日	慶尙南道
五〇八九	全桂善	一九一六年 八月一五日	京畿道
五一一八	趙國熙	一九三〇年 三月一八日	慶尙北道
五一三三	鄭德淳	一九二八年 一月 五日	慶尙北道
五一四六	許宗燧	一九一八年 二月二三日	慶尙北道
五二一七	桂炳烈	一九二八年 三月 一日	平安北道
五二一八	桂[illegible]	一九三三年一〇月 六日	平安北道

- 9 -

0773

申告番號	姓名	生年月日	本籍
五二三四	鄭鎭玉	一九三一年 三月 七日	京畿道
五三三九	林貴鉉	一九一九年 三月二五日	京畿道
五二六六	金正模	一九二五年一一月 五日	京畿道
五二九二	田昌明	一八九六年一一月 三日	平安北道
五二九四	徐相玉	一九二五年 六月 四日	서울
五三〇七	金玉岩	一九一五年 八月 二日	全羅南道
五三二七	金鎭瑞	一九二六年 二月 六日	慶尙南道
五三四一	鄭鎭娟	一九二八年 三月二一日	慶尙南道
五三六七	羅貞女	一九二八年一一月一八日	忠淸北道
五三七四	李元永	一九〇七年一一月二〇日	서울
五四〇四	金鈴淑	一九三一年 六月三〇日	서울
五四二九	李故明	一九三三年一二月二八日	서울
五四三八	金相浩	一九一九年 七月一三日	京畿道
五四六九	邊明九	一九二九年 二月二三日	江原道
五四七九	金萬鈫	一九二七年 八月一一日	京畿道
五五一九	李熙澤	一九二九年 四月一〇日	江原道
五五二三	金昀燮	一九一七年 五月二九日	咸鏡北道
五五三九	金淑子	一九二三年 八月二三日	서울
五五四八	吳在[illegible]	一九〇五年一〇月一五日	서울
五五八〇	鄭樂[illegible]	一九二八年 七月 五日	忠淸南道
五五八七	趙相鮮	一九〇九年 三月一一日	全羅北道
五六一二	李莛鎬	一九一八年 二月一四日	忠淸南道
五六二一	李永淑	一九三三年 三月二二日	全羅北道
五六二八	韓基徹	一九二九年 七月二〇日	濟州島
五六五〇	朴來[illegible]	一九二五年 八月一九日	慶尙南道

申告番號	姓名	生年月日	本籍
五六八二	盧魚用	一九二六年 九月二五日	忠淸南道
五六八四	金山玉	一九二六年 一月一〇日	忠淸南道
五六九二	朴正陽	一九二〇年一二月二二日	서울
五七〇七	柳在勁	一九二一年 九月二七日	서울
五七二二	黃英一	一九二七年 一月 七日	全羅北道
五七三〇	姜光石	一九二九年 一月二四日	京畿道
五七三二	趙成麟	一九二七年 四月 六日	京畿道
五七三三	趙景九	一九一八年 三月二〇日	서울
五七五六	韓東三	一九二三年 二月 七日	서울
五七六〇	李赫九	一九三一年 九月一二日	忠淸南道
五七六三	南宮永任	一九二八年一二月二七日	京畿道
五七八四	李基洪	一九三〇年 五月二〇日	서울
五七九五	孟雄烈	一九三〇年 一月一九日	서울
五八〇三	張明吉	一九三〇年 三月三〇日	서울
五八四四	任亭淳	一九二三年 六月二一日	忠淸南道
五八四八	姜[illegible]	一九三一年 一月二五日	慶尙北道
五九〇九	張八用	一九三〇年 八月一二日	忠淸北道
五九二四	李[illegible]南	一九二五年 五月二五日	忠淸北道
五九四六	[illegible]	一九一五年一一月 五日	京畿道
五九五〇	梁世煥	一九二四年 七月 七日	忠淸南道
五九六三	李悌善	一九二四年 三月 八日	京畿道
五九七三	崔文煥	一九三〇年一二月 六日	서울
五九八八	金大福	一九一一年 九月二〇日	江原道
五九九一	韓仁洙	一九二六年 三月 二日	서울
六〇〇四	[illegible]	一九一五年 二月 四日	忠淸南道

0775

申告番號	姓名	生年月日	本籍
六〇八〇	鄭 敎 舜	一九二一年 五月二七日	서 울
六一〇一	李 宗 熙	一九一六年 八月一五日	慶尙北道
六一一八	黃 榮 禎	一九二六年一二月一九日	서 울
六一二五	鄭 [illegible] 時	一九三一年 六月一三日	江原道
六一三九	金 斗 萬	一九二八年一一月二一日	慶尙北道
六一四七	金 甲 奉	一九一四年一〇月 八日	江原道
六一四九	黃 鎭 星	一九二一年 五月 二日	京畿道
六一六〇	朴 永 壽	一九二八年 九月 九日	慶尙北道
六一六三	慶 台 顯	一九二八年 一月一九日	京畿道
六一八〇	李 康 駱	一九一六年一二月 九日	慶尙北道
六二〇六	韓 明 燮	一九二二年 四月一一	京畿道
六二一七	黃 光 弼	一九三〇年一〇月一三日	서 울
六二二六	安 鍾 大	一九三一年一一月三〇日	京畿道
六二四九	李 疇 範	一九二〇年 一月一九日	京畿道
六二五六	趙 昌 漢	一九二六年一二月一七日	서 울
六二八七	安 東 赫	一九二九年 六月 九日	京畿道
六二八八	安 秉 夏	一九二三年 二月二二日	京畿道
六三〇六	[illegible] 根 [illegible]	一九二〇年 六月二四日	京畿道
六三二五	金 鐘 文	一九二六年 一月 四日	江原道
六三四八	鄭 益 煥	一九二七年 八月一六日	江原道
六三五二	方 [illegible] 孫	一九二一年 四月 一日	서 울
六三六八	卓 雲 漢	一九一六年 七月二七日	江原道
六三七七	權 重 吉	一九三〇年 四月 五日	慶尙北道
六三九七	金 敬 順	一九三二年 二月 四日	全羅南道
六三九九	尹 [illegible] 永	一九二〇年 七月二八日	黃海道

申告番號	姓名	生年月日	本籍
六四〇七	權 相 翼	一九一七年一二月二四日	慶尙北道
六四一三	金 震 九	一九一二年 八月二四日	忠淸北道
六四一八	姜 宅 永	一九二七年 六月一六日	忠淸北道
六四二一	周 在 植	一九三一年 四月一一日	忠淸北道
六四二四	許 [illegible]	一九二七年一一月二三日	忠淸北道
六四六八	朴 嵩 壽	一九一五年 三月一六日	京畿道
六四六九	金 敬 培	一九二七年 四月 五日	忠淸南道
六四七四	金 鍾 [illegible]	一九三二年 一月一七日	서울
六四九五	金 貴 生	一九二六年一〇月二二日	慶尙南道
六五〇九	安 在 根	一九一九年 一月一八日	京畿道
六五九〇	呂 吉 鉉	一九二八年 九月一[illegible]日	忠淸北道
六六〇〇	리 성 국	一九二七年 六月二一日	慶尙北道
六六〇一	李 應 弼	一九二二年 七月 二日	慶尙北道
六六四三	成 仁 鎔	一九二五年一〇月 二日	京畿道
六六四四	徐 長 院	一九二七年 三月 七日	京畿道
六六五六	尹 元 淳	一九一七年 七月二四日	서울
六六七九	全 龍 成	一九二五年 九月三〇日	京畿道
六六九三	[illegible] 泰 永	一九二二年 二月二八日	京畿道
六六九五	李 尙 均	一九二九年 二月二一日	京畿道
六七五三	朴 海 龍	一九二九年一二月二〇日	京畿道
六七五六	田 永 旭	一九二一年 三月一二日	忠淸南道
六七六一	朴 贊 九	一九二九年一〇月 六日	京畿道
六七九一	羅 順 榮	一九一九年 九月二二日	서울
六七九五	金 宅 洙	一九二六年 四月 三日	서울
六七九八	盧 在 賢	一九三二年一二月二三日	京畿道

-13-　0777

申告番號	姓名	生年月日	本籍
六八〇九	金俊完	一九二六年 九月二四日	京畿道
六八三八	姜瓚錫	一九三一年 一月一〇日	忠清北道
六八四四	金振鑋	一九二二年一一月 九日	江原道
六八四九	李時埊	一九三四年 一月 四日	平安北道
六八六二	李東吉	一九二九年 二月 八日	忠清北道
六八六七	羅宇坤	一九三〇年 八月三〇日	全羅南道
六八七六	許彩九	一九三一年 三月 三日	江原道
六八八〇	金是與	一九二七年 八月一三日	江原道
六九一一	金珠顯	一九一八年一二月三〇日	忠清北道
六九一四	安商九	一九二四年 四月一八日	忠清北道
六九六五	金振模	一九二〇年 一月 二日	江原道
六九八〇	朴相宰	一九二七年一〇月二九日	京畿道

以上三三七名

2-17. 납북인사귀환추진문제행정연구서

(1962. 2. 7)

〈출처〉

국사편찬위원회

〈해설〉

「납북인사귀환추진문제행정연구서」(이하 '행정연구서')는 1962년 대한민국 외무부 특수지역과에서 그동안 납북인사 송환을 위하여 활동해 온 바를 토대로 작성한 정부 차원에서의 연구 문건이다. 「국제협력을 통한 납북억류자 송환방안」(국가안보정책연구소 책임연구원 변상정, 『정책논집』, 1997년)에서 처음으로 이 문서를 언급 · 인용한다.

「행정연구서」는 1995년 1월 15일 외무부가 비밀 해제 문서로 분류하면서 세상에 공개되었다. 자료명은 「D. 북한정세 및 통일외교, 외무부 외교문서, 외무부 외교사료과, (1960 ~ 1964년), 필름번호 D - 0002, 촬영년월일 1994. 12」이고 일련 번호 886번(분류번호 726. 31) 「국제적십자사를 통한 남북한 소식 교환의 건, 1960 ~ 1962」으로 분류되어 있다. 이 연구서에 의한 납치자 수는 17,940명(1954년, 내무부 치안국 작성 명부)으로, 등록된 납북인사 수는 7,034명(1956년 대한적십자사 납치자 등록명부)으로 덧붙이고 있다.

이 문건에는 납북인사 귀환 추진 경위와 추진 과정에서의 문제점을 기록하고 있다. 이어서 해결 방법으로 군사정전위원회, 국제적십자사, 유엔총회를 통하는 방법과 북괴적십자위원회와 한국적십자위원회가 직접 교섭하는 4가지 방법을 제시하였고 각각의 장점과 단점도 기록하고 있다. 그러나 북한의 완강한 비협조로 대부분의 경우 그 실효성은 희박하다고 판단하고 있다.

북괴 방해 공작의 기본적인 이유로 납북인사 귀환 문제는 당분간 실제적으로 불가능하지만 국내외적으로 북한의 만행을 규탄하는 선전이 될 수 있다는 결론을 내리고 납북인사 귀환 문제를 군사정전위원회와 국제적십자사, 유엔총회에 지속적으로 의제로 올릴 것을 건의하고 있다. 1962년 당시 납치인사 송환 문제의 해결을 비관적으로 보고 있었음을 알 수 있다.

납북인사귀환추진문제행정연구서

작　　성: 외무부 특수지역과
작성 년도: 1962년 2월 7일

문제: 납북인사의 귀환추진

문제와 관련된 사실:

1. 인적 사항

납북인사총수: 17,940명 (남 17,573명, 여 367명)
등　록　수: 7,034명
건　재　자: 337명 (1957년 ICRC 총회에서 북괴 대표가 명단 수교)

2. 귀환추진 경위
　가. 군사정전 위원회
　　(1) 1954년 정전협정 59조에 의거, 실향사민교환위원회 설치 합의
　　(2) 1952. 1. 24일 공산측은 아측의 강경한 요구로 납북인사를 무조건 송환할 용의가 있다고 말하였으나, 그 시기, 방법에 대해서는 언급을 회피
　　(3) 1952. 2. 12 아측은 중립국 대표가 북한에 가서 납치인사들을 회견하여 자유 의사에 의하여 귀환할 것을 제의, 북한이 이를 거부
　　(4) 1952. 8. 10 공산측은 휴전협정 조인 후, 민간인 송환을 원조하는 기구를 조직하는 데 동의
　　(5) 1953. 7. 27일 공산측은 피랍치인사의 송환을 실현시키는 조항을 포함하는 휴전협정에 조인함 (59조 4항)

(6) 1953. 12. 29일 휴전협정 제59조 4항에 의거 설치된 '실향사민귀향협조위원회'에서 공산측은 1954. 3. 1일을 기하여 사민교환을 개시할 것에 동의
(7) 1954. 2. 28일 아측은 이북에의 귀향 등록자 70명의 명단을 공산측에 통고, 공산측은 남한에의 귀향 희망자 전무함을 통고
(8) 1954. 2월 군사정전위원회 회의에서 공산측은 돌연히 교환일자를 5월 1일로 변경할 것을 통고
(9) 1954. 3. 9일 공산측은 200만 명의 북한 출신 실향사민을 송환하라고 주장, 이로 인하여 군사정전위원회를 통한 교섭은 정돈 상태에 빠짐. 그간 아측은 59조 의거, 북한 송환 희망자 37명을 송환한 데 반하여, 공산측은 19명의 외국적 사민만을 송환하였음.

나. 적십자사
(1) 1954. 5월 변 외무부 장관은 국제적십자사에 서한을 보내어 납치인사의 송환을 주선하여 줄 것을 요청
(2) 1954. 7. 26일 '피랍인사가족회'에서 국제적십자사에 서한을 보내어 국제적십자사 대표의 한국 파견을 요청하고 이 문제를 유엔 총회에 제출할 수 있는지를 문의함.
(3) 1956년 국제적십자사 대표 2인이 한국 방문, 이때 대한적십자사 피랍인사들의 명단을 전달하고 (7,034명) 국제적십자사가 북한적십자사와 접촉할 것을 요청, 한적과 국적간에 양해 사항 (# 722 – p 7의 5항)
(4) 1957. 2. 26일 국제적십자사는 문제 해결을 위하여 관계 쌍방이 직접 회담하자는 북한적십자사 제안을 아측에 전달, 한국적십자사가 이를 거절
(5) 1957. 11월 뉴델리에서 개최된 제19차 총회(국제적십자)에서 아측 대표는 실향사민 송환 문제에 관하여 적십자 총회가 적극 협력할 것을 요구하여 결의안 통과(일반원측), 아측 요구에 의거, 북한 대표는 337명의 건재자 명단만을 제출하고 쌍방 대표가 직접 회담을 할 것을 제의하였으나, 아측 대표 이를 거절
(6) 1958년 이후, 북한측은 국제적십자사를 통하여 국군의 이북 진격시 국군에 의하여 납치되었다는 14,112명의 안부를 12차에 걸쳐 문의하였으나 우리는 이를 불문에 붙임.
* 14,112명을 적십자사에서 조사한 결과 거의 전부가 허위임으로 이를 중앙정보부에 이첩하였음. (현재 비밀리에 조사 중)

다. 유엔총회

(1) 1955년 11월 16일 유엔총회 제10차 정치위원회에서 아측 수석대표는 실향사민 문제 해결을 호소하는 연설을 함.

(2) 제11, 제12차 총회시도 같은 내용의 호소를 함.

(3) 1958년 유엔 제13차 총회 한국 수석대표 양 대사는 유엔 사무총장에게 실향사민 문제 해결에 노력하여 달라는 서한을 전달함. (# 722 – p 6)

토 의 :

1. 납북인사 귀환 문제는 1953년 휴전 이래, 크나큰 사회적인 물의를 일으켜 왔던 것이나 대한민국의 거족적이고 꾸준한 노력에도 불구하고, 공산측의 비협조적인 태도로 말미암아, 정돈 상태에 빠지고 말았다.

2. 가. 공산측의 비협조적 태도의 기본적인 이유 :
만약에 수백 명에 달하는 납북인사들이 한국에 돌아온다면 그들 북괴의 정치적 폭악성과 여러 가지 비행이 폭로되어 북괴의 입장이 곤란해진다.
나. 형식적인 이유 :
(1) 북괴 대표와 대한민국 대표가 직접 협상해야 한다.
(2) 국군 진격시 소위 국군에 의하여 납치되어 갔다는 14,112명을 귀환하여야 한다.
(3) 납북인사 중 단 한 명도 대한민국에 귀환하겠다는 인사가 없다.

3. 이상과 같은 공산측의 고의적인 방해 공작으로 동 문제는 1958년 이후 하등의 진전을 보지 못하고 있으나 이 문제는 무슨 일이 있더라도 기필코 해결하여야 하며, 뜻하지 않는 비운에 눈물짓고 있는 그들 가족들의 원한을 풀어주어야 할 중대한 문제임.

4. 납북인사 귀환 문제를 해결할 수 있는 가능한 방법에는 다음과 같은 것이 있다.
가. 군사정전위원회에 의하는 방법
나. 국제적십자사를 통하는 방법

다. 유엔총회를 통하여 국제적인 여론을 환기하는 방법
라. 북괴적십자위원회와 한국적십자위원회가 직접 교섭하는 방법

군사정전위원회에 의하는 방법
장 점: 1) 정전협정 제59조에 의거 법적인 근거가 있다.
2) 수시로 주기적으로 문제를 제기할 수 있어, 북괴측에게 심리적 타격을 가할 수 있다.
단 점: 1) 실효성이 희박하다.
2) 북괴측은 종전의 주장을 되풀이 할 것이다.(200만 명의 실향사민 송환 주장)

국제적십자사를 통하는 방법
장 점: 1) 인도주의적 견지에서 의당히 토의될 의제가 된다.
2) 북괴에게 도의적인 압력을 가할 수 있다.(19차 총회서 북괴 대표 337명의 건재자 명단 제출)
단 점: 1) 실효성이 희박하다.

유엔총회를 통하여 국제적인 여론을 환기하는 방법
장 점: 1) 북괴에 불리한 국제적인 여론을 환기할 수 있다.
2) 특히 한국문제 토의에 유리한 여론을 조성할 수 있다.
난 점: 1) 각국 대표를 설득시키기 힘들다.
2) 북괴가 회원국이 아님으로 별다른 구속성을 가져오지 못한다.
3) 실효성이 없다. (북괴는 유엔의 권능을 인정하지 않음으로)

북괴적십자위원회와 한국적십자위원회가 직접 교섭하는 방법
장 점: 1) 실효성이 ○○ 크다.
단 점: 1) 북괴에 정치적으로 유리한 입장을 제공한다.
2) 북괴적십자사가 제시한 14,112명에 대한 명단을 조사한 결과 거의 전부가 허위 명단이므로 직접 교섭을 해도 이를 또 다시 주장할 것이다.

결 론:

1. 북괴 방해 공작의 기본적인 이유 때문에 여하한 방법을 사용해도 귀환 문제 해결은 당분간 불가능하다.
2. 납북인사 귀환은 실제적으로 불가능하나, 국내적으로 또한 국제적으로 북괴의 만행 규탄을 위한 선전이 될 수 있다.

건 의:

1. 북괴의 만행을 규탄하는 선전적 효과를 위하여 군사정전위원회로 하여금 주기적으로 동 문제를 제기토록 할 것.
2. 한국적십자사로 하여금 국제적십자사에 계속적으로 동 문제 해결을 호소토록 할 것.
3. 유엔 총회 개회시마다, 동 문제를 제기하여 여론을 조성할 것.
4. 북괴적십자사의 직접 교섭 주장은 당분간 보류할 것. 끝.

문 제 : 납북 인사의 귀환 추진

문제와 관련된 사실 :

1. 인적 사항

납북인사총수 : 17,940 명 (남 17,573명, 여 367 명)

등 록 수 : 7,034 명

건 재 자 : 337 명 (1957년 ICRC 총회에서 북괴대표가 명단수교)

2. 귀환 추진 경위

가. 군사정전 위원회

(1) 1954년 정전협정 59조에 의거, 실향사민 교환위원회 설치 합의

(2) 1952. 1. 24 일 공산측은 아측의 강경한 요구로 납북인사를 무조건 송환할 용의가 있다고 말하였으나, 그시기, 방법에 대해서는 언급을 회피

(3) 1952. 2. 12 아측은 중립국 대표가 북한에 가서 납치인사들을 회견하여 자유 의사에 의하여 귀환 할것을 제의, 북한이 이를 거부

(4) 1952. 8. 10 공산측은 휴전 협정 조인후, 민간인 송환을 원조하는 기구를 조직하는데 동의

(5) 1953. 7. 27일 공산측은 피납치 인사의 송환을 실현시키는 조항을 포함하는 휴전 협정에 조인함 (59 조 4항)

(6) 1953. 12. 28일 휴전협정 제 59조 4항에 의거 설치된 "실향사민 귀향협조 위원회" 에서 공산측은 1954. 3. 1 일을 기하여 사민 교환을 개시할 것에 동의

(7) 1954. 2. 28 일 아측은 이북에의 귀향 등록자 70명의 명단을 공산측에 통고, 공산측은 남한에의 귀향 희망자 전무함을 통고

(8) 1954. 2 월 군사정전위원회 회의에서 공산측은 돌연히 교환일자를 5월 1일로 변경할것을 통고

64

(9) 1954. 3. 9 일 공산측은 200만명의 북한출신 실향사민을 송환하라고 주장, 이로 인하여 군사정전위원회를 통한 교섭은 정돈상태에 빠짐. 그간 아측은 59조에 의거, 북한 송환 희망자 37명을 송환한데 반하여, 공산측은 19명의 외국적 사민만을 송환하였음.

나. 적십자사

(1) 1954. 5월 변 외무부 장관은 국제적십자사에 서한을 보내어 납치 인사의 송환을 주선하여 줄것을 요청

(2) 1954. 7. 26일 "피납인사 가족회" 에서 국제적십자사에 서한을 보내어 국제적십자사 대표의 한국 파견을 요청코 이 문제를 유엔 총회에 제출될수 있는지를 문의함.

(3) 1956년 국제적십자사 대표 2명이 한국 방문, 이때 대한적십자사 피납인사들의 명단을 전달하고 (7,034 명) 국제적십자사가 북한 적십자사와 접촉할것을 요청, 한적과 국적간에 양해사항 (#722 - P7 의 5항)

(4) 1957. 2. 26 일 국제적십자사는 문제 해결을 위하여 관계 쌍방의 직접회담 하자는 북한 적십자사 제안을 아측에 전달, 한국 적십자사가 이를 거절

(5) 1957. 11월 뉴데리에서 개최된 제 19차 총회 (국제적십자)에서 아측 대표는 실향사민 송환 문제에 관하여 적십자 총회가 적극 협력할것을 요구하여 결의안 통과 (일반원측), 아측 요구에의거. 북한 대표는 337 명의 건재자 명단만을 제출하고 쌍방 대표가 직접 회담을 할것을 제의하였으나, 아측 대표 이를 거절

(6) 1958년 이후, 북괴측은 국제적십자사를 통하여 국군의 이북 진격시 국군에 의하여 납치되었다는 14,112 명의 안부를 12차에 걸쳐 문의하였으나 우리는 이를 불문에 붙임.

(9) *. 14,112명을 적십자사에서 조사한결과 거의 전부가 허위임으로

65

Ⅲ급 비밀
(비)

이를 중앙정보부에 이첩하였음 (현재 비밀리에 조사중)

다. 유엔총회

(1) 1955년 11월 16일 유엔총회 제 10차 정치위원회에서 아측 수석대표는 실향사민 문제 해결을 호소하는 연설을 함.

(2) 제 11, 제 12차 총회시도 같은 내용의 호소를 함.

(3) 1958년 유엔 제 13차 총회 한국 수석대표 양 대사는 유엔 사무총장에게 실향사민 문제 해결에 노력하여 달라는 서한을 전달 함 (#722 - 6)

토 의 :

1. 납북인사 귀환 문제는 1953년 휴전 이래, 크나큰 사회적인 물의를 일으켜 왔던 것이나 대한민국의 거족적이고 꾸준한 노력에도 불구하고, 공산측의 비협조적인 태도로 말미암아, 정돈 상태에 빠지고 말었다.

2. 가. 공산측의 비협조적 태도의 기본적인 이유 :

만약에 수백명에 달하는 납북인사들이 한국에 돌아온다면 그들 북괴의 정치적 폭악성과 여러가지비행이 폭로되여 북괴의 입장이 곤란해 진다.

나. 형식적인 이유 :

(1) 북괴 대표와 대한민국 대표가 직접 협상해야 한다.

(2) 국군 진격시 소위 국군에 의하여 납치되여 갔다는 14,112명을 귀환하여야 한다.

(3) 납북인사중 단한명도 대한민국에 귀환하겠다는 인사가 없다.

3. 이상과 같은 공산측의 고의적인 방해 공작으로 동 문제는 1958년 이후 하등의 진전을 보지 못하고 있으나 이 문제는 무슨 일이 있더라도 기필코 해결하여야하며, 뜻하지 않는 비운에 눈물짓고 있는 그들 가족들의 원한을 풀어주어야할 중대한 문제임.

4. 납북인사 귀환 문제를 해결할수 있는 가능한 방법에는 다음과 같은 것이 있다.

66

Ⅲ급 비밀

가. 군사정전위원회에 의하는 방법
나. 국제적십자사를 통하는 방법
다. 유엔 총회를 통하여 국제적인 여론을 환기하는 방법

라. 북괴 적십자 위원회와 한국적십자 위원회가 직접 교섭하는 방법

<u>군사정전위원회에 의하는 방법</u>

장점: 1) 정전협정 제 59조에 의거 법적인 근거가 있다.

2) 수시로 주기적으로 문제를 제기할수 있어, 북괴측에게 심리적 타격을 가할수 있다.

단점: 1) 실효성이 희박하다.

2) 북괴측은 종전의 주장을 되풀이 할것이다. (200만 명의 실향사민 송환 주장)

<u>국제적십자사를 통하는 방법</u>

장점: 1) 인도주의적 견지에서 의당히 토의될 의제가 된다.

2) 북괴에게 도의적인 압력을 가할수 있다. (19차 총회시 북괴대표 337 명의 건재자 명단 제출)

단점: 1) 실효성이 희박하다.

<u>유엔총회를 통하여 국제적인 여론을 환기하는 방법</u>

장점: 1) 북괴에 불리한 국제적인 여론을 환기할수 있다.

2) 특히 한국문제 토의에 유리한 여론을 조성할수 있다.

단점: 1) 각국 대표를 설득시키기 힘들다.

2) 북괴가 회원국이 아님으로 별다른 구속성을 갖어오지 못한다.

3) 실효성이 없다. (북괴는 유엔의 권능을 인정하지 않음으로)

<u>북괴 적십자위원회와 한국적십자 위원회가 직접 교섭하는 방법</u>

장점: 1) 실효성이 가장 크다.

단점: 1) 북괴에 정치적으로 유리한 입장을 제공한다.

2) 북괴 적십자사가 제시한 14,112 명에 대한 명단을 조사한결과 거의 전부가 허위 명단임으로 직접 교섭을 해도 이를 또다시 주장할 것이다.

비 밀

67

결 론 :

1. 북괴 방해공작의 기본적인 이유때문에 여하한 방법을 사용해도 귀환문제 해결은 당분간 불가능하다.

2. 납북인사 귀환은 실제적으로 불가능하나, 국내적으로 또한 국제적으로 북괴의 만행 규탄을 위한 선전이 될수 있다.

건 의 :

1. 북괴의 만행을 규탄하는 선전적 효과를 위하여 군사정전위원회로 하여금 주기적으로 동 문제를 제기토록 할것.

2. 한국적십자사로 하여금 국제적십자사에 계속적으로 동 문제 해결을 호소토록 할것.

V 3. 유엔총회 개최시마다, 동 문제를 제기하여 여론을 조성할것.

4. 북괴 적십자사의 직접 교섭 주장은 당분간 보류할것. 끝

68

〈별첨: 최운상 외무부 제1과장 연석회의 참석자 증언록〉

일자 2005년 1월 13일
장소 연세대 국제학대학원 교수연구실
대담 최운상 교수(연세대 국제학대학원)
채록 사유진 감독, 이미일(6 · 25전쟁납북인사가족협의회장)

문_ (사유진) 피랍자 문제 관계 부처 대표 연석회의는 어느 부서가 담당했고 언제 누가 활동했는지?
답_ 외무부. 휴전협정 교섭 중에는 우리가 관여할 수 없어서 간접적으로 진행 상황을 들었을 뿐이고, 실제로 이 휴전협정 조항에 관해서 우리가 우리 권리를 주장하기 시작한 것은 휴전 후예요. 그러니까 7월 27일 이후예요. 그리고 외무부가 부산에서 서울로 환도해서 제가 6월 26일에 정무부 제1과장이 되고, 그때 즉시 '휴전대책 위원회' 라는 것을 만들었어요. 외무부 장관을 위원장으로 하고 내무부 장관과 국방부 장관이 위원이고, 간사는 외무부의 정무국장, 각부에서 외무부 대표간사, 내무부 대표간사, 국방부 대표간사가 모여 회의를 수시로 했어요.

여러 가지 공작 관계에 대해서도 했지만 납치 문제에 대해서 가족회에서 항상 우리하고 연락을 해오기 때문에 우리도 인도적 차원에서 했어요. 그때 당시 제가 28~29세 되고 아직 미혼일 때인데 외무부가 주무부처이니깐 아주머니들이 자주 왔어요. 우리가 저녁 때 퇴근하고 가서 만나기도 하고요. 그렇기 때문에 유엔군측의 담당 장교들도 초청을 몇 번씩 했어요. 그런데 최초의 발의자는 변영태 외무부 장관이예요. 그리고 위원회를 조직해서 납북인사들에 대한 송환 요구를 유엔 당국에 누차 요청했죠. 그리고는 제가 2년 근무하고 공부하려고 정무과장을 그만두고 하버드로 유학을 갔어요.

문_ (사유진) 유학을 가고 나서도 관계 부처 연석회의는 계속 진행이 된 건지?
답_ 계속 진행이 됐어요. 내 후임자로 윤석헌이란 사람이 제1과장이 됐는데 외무 차관하고 주불 대사도 했어요. 착실한 분이고 지금도 건강해요.

문_ (사유진) 언제까지 진행되었는지?

답_ 1956년부터 북한이 휴전협정을 마구 위반했어요. 비행장을 쓸 수 있는 게 하나도 없었는데 모두 복구해 놓고, 비행기를 소련에서 분해해서 박스로 가져와서 다시 조립해 비행기도 수백 대가 생기고 말야. 그리고 5개 출입 항구가 있었는데 원래는 거기서 군대 수가 얼마 들어오고 나가고 무기는 무얼 가지고 나가고 들어오는지를 전부 검열하게 돼 있는데 그것도 못하고.

그리고 우리 중립국 감시 위원단이 스위스하고 스웨덴인데 그 사람들은 북한에서 움직일 수가 없어. 행동이 제한되었어요. 그런데 공산측 감시위원단인 폴란드하고 체코슬로바키아는 막 누비고 다니고 있단 말야. 그래서 휴전협정에 있던 무기 반입에 대한 중립국 감시위원단 활동 조항을 유엔측에서 폐기해 버렸어요. 공산 측에서 위반을 해서 효력이 없어서 말야. 그런 상황이 돼서 그때 이후로는 활동이 없었지 않았는가 하는데 내 정확한 관계는 윤석헌씨에게 물어보면 돼요.

문_ (사유진) 4가지 피랍치자 명부에 대해 기억이 나는지?

답_ 이 피랍치인 관계에 대한 업무는 내무부 치안국 정보과에서 했습니다. 송환되는 사람의 숫자라든가 그것을 모집하고 집합시키고 관리한 것도 내무부 치안국 정보과였고, 또 각 시도 군청에 정보과가 있기 때문에 이 내무부 통계가 제일 옳다고 봅니다. 공보처 통계는 근거를 알 수 없고, 피랍인사 가족회 숫자는 그 회원들이 아는 범위 내에서 통계를 낸 것 같은데 6 · 25 당시 상황은 의용대다 뭐다 등등 여러 가지 구실하에 하룻밤에도 수천 명씩 대열을 지어서 납치해갔기 때문에 수천 명은 충분히 되고 만 명 이상 될 겁니다.

문_ (이미일) 우리가 구체적인 명부 자료를 입수를 했거든요. 내무부 통계가 나와 있어요. 그런데 우리가 의심스러운 것은 충청북도가 제일 많은 거예요 서울, 경기도가 충북보다 더 적어요. 그래서 제 생각으로는 이 자료는 신뢰할 수 없다고 봤는데요.

답_ 충청북도에서는 배편으로 데려가면 몰라도 육로로는 어려운데.

문_ (이미일) 그래서 이 조사가 전국적으로 실시되는데 결과가 미흡하지 않았나? 그렇지 않으면 왜 충청도만 이렇게 많은가 하는 생각이 들고, 원래는 서울, 경기, 강원도가 제일 많거든요. 공보처 통계국 전국 명부를 보면 서울, 경기, 강원이 절대 다수예요. 지역적으로 봐도 그렇고. 그런데 유독 내무부 자료는 충청북도

만 많고, 충남도 300명으로 적거든요. 저희는 연구하는 과정에서 이 숫자는 신뢰할 수가 없다고 생각해요.
답_ 산골짜기 조그만 도에서 이렇게 많이 끌려갈 수가 없는데 말야.

문_ (이미일) 동사무소나 내무부의 말단 조직 기관에서 충북은 착실히 조사를 하고, 다른 데서는 조사가 미흡하지 않았나 싶어요. 어떻게 이런 결과를 정부 문건으로 쓰고 어떤 검증을 거쳐서 이런 문건을 공식자료로 남겼을까 하는 게 궁금해요.
답_ 신고하고 또 조사죠 뭐. 면장, 통장 등 결국에 행정 조직을 통한 통계 수집이죠. 밑에는 동장, 이장에서부터 시작해서 그 동네 호적 사항은 다 아니까 거기서부터 올라온 숫자죠. 왜냐하면 통계 숫자는 그때 우리가 관심이 있었고, 내무부 사람도 나와 있었기 때문에 숫자 얘기는 자주 했어요.

문_ (사유진) 공보처 통계국 대표 연석회의를 하셨을 때 탁장재 국장님이 하신 말씀이 '공보처 통계국 자료는 인민의용군으로 끌려가거나 군인 · 경찰인원까지 포함이 되다 보니까 8만4천명이나 되서 너무 많아졌는데 이게 공산집단의 잔학성을 알리기 위해서 실제 숫자보다는 중복도 되서 더 많이 불어났다'는 회의 기록이 있어요. 1954년 7월 24일 외무부 장관실에서 했던 문건이거든요. 당시 참석자가 내무부 지도과장 이계순, 치안국 특수정보과 제1계장 외 2인이 참석했고, 외무부에서는 정보국장 이수영, 제1과장 최운상, 국방부 군사 기밀과장 이관식 대령, 사회부 구호과 서기관 독고영, 공보처 통계국장 탁장재씨, 가족회에서는 부회장으로 정복희라는 아주머니가 참석했고, 대한적십자사 서무부장 이창렬, 가족회 서기 김화숙, 휴전대책연구회 국방부측 간사 한 명이 참석했었데요.
답_ 제가 어렴풋이 기억나요. 그런 회의가 가끔 있었어요.

문_ (사유진) 내무부 치안국 정보과에서 1954년도에 명부를 새로 작성하는데, 활동 당시 내무부 명부를 작성했는지?
답_ 그때도 숫자를 가지고 우리가 논의를 했기 때문에 내무부에서 작성을 했었어요.

문_ (사유진) 당시 회의 속기록 내용을 보면 '자료가 너무 중구난방이라서 국제적십자사에 보내기도 문제다. 그래서 나라에서 신임할 수 있는 기관에서 숫자를 재조사를 해야 된다'고 나오는데?
답_ 그런 얘기가 나왔어요. 그때 이수영 정보국장이 육군 대령 출신인데 추후에 유엔대사도 하고 또 내가 그 밑에서 공사도 하고 했었는데, 원래 이수영 국장이 휴전협정 협상의 한국측 멤버였어요. 그래서 우리가 나중에 정보국장으로 모셔왔는데 와세다 대학 중퇴지만 일본에서 공부도 했고 사람도 좋고 서근서근하고 나중에 주불대사도 했는데, 당시에 나름대로 우리가 여러 차례 진지하게 토론을 했어요.

문_ (사유진) 돌아가면서 얘기하면서 국가에서 승인을 얻어서 하자고 했다던데?
답_ 그 얘기도 나왔어요. 왜냐하면 유엔에 한번 제시하려면 정확한 국가 위신과 권위를 가지고 제시해야 하는데 이 숫자가 너무 다르면 곤란하다고 그랬어요.

문_ (사유진) 그랬는데 왜 하필 내무부로 규정을 봤는지?
답_ 그건 내무부가 그 업무를 직접 했기 때문이예요. 내무부 치안국 정보과가 시, 도, 군까지 경찰서, 파출소가 있어서 그 동네에서 누가 잡혀가고 했는지 다 알고 있기 때문에 경찰 조사가 제일 정확하다고 생각한 거죠.

문_ (사유진) 그러면 내무부 치안국 정보과에서 이 일을 담당을 하라 해서 이 회의가 마무리가 되고 작성을 하게 된 건가요?
답_ 아니오. 그 전에 벌써 자체적으로 그런 조사는 필요한 업무의 일부라서 조사가 다 되어 있었어요. 인민군 점령하에 부역해서 죽은 사람, 잡혀간 사람 그런 숫자는 각 시, 도, 군에서 전부 다 알아가지고 내무부 장관까지는 다 와 있었다고요.

문_ (사유진) 그러면 전쟁부터 전쟁이 끝날 때까지 자료 조사는 다 되어 있었는데 이거는 1954년에 발간했다고 보면 되는 건가요? 내무부 치안국 정보과 명의로 된 「피랍치자명부」라는 거요.
답_ 그렇죠. 조사가 전시 중이니까. 우리측 경찰관들은 다 도망가고, 다 점령하에서 숨어다니고 일단 그 당시로서는 그런 조사를 경찰이나 누구나 정상적으로 활동하지 못했지만, 수복이 된 다음에는 동네사람들 다 금방 알죠. 누가 잡혀가고 그랬는지. 경찰들도 다시 다 복직을 했기 때문에 그때부터 조사가 됐다 이거예요. 전쟁 중에는 아니고, 전쟁 중에는 그런 거 할 생각도 없었어요. 시간도 없었고.

문_ (사유진) 그러면 선생님께서도 유학을 떠나시기 전에 내무부 치안국 정보과에서 만든 17,940명에 대해서도 들으셨다는 얘기죠?

답_ 숫자는 들었어요. 정확한 숫자는 기억하지 못하지만. 우리 회의에서도 그런 얘기 많이 했어요. 우리가 유엔하고 교섭을 하려면 제일 먼저 나오는 게 숫자거든. 몇 명이 납치되었다 그 말이야. 그러니까 그 얘기는 많이 나왔죠. 공보처 탁 국장이 와서 한 얘기. 나도 너무 많아서 좀 놀랬죠. 의용군까지 포함하면 그럴 수도 있죠. 마구 잡아갔으니까.

문_ (사유진) 휴전 협상시 민간인 송환에 대해서는?
답_ 그 점에 대해서는 유엔군 사령부에 법무과가 있는데 당시 협상 내용 회의록에 있어요. 회의록은 우리가 미국대사관에 협조를 얻는 의미에서 공보원장을 먼저 만나구요. 공보원장 소개로 유엔군사령부 법무과가 있으니까 거기 변호사 출신 법무 장교들이 다 있어요. 그 사람들이 과거에 휴전협정 교섭한 회의 내용의 회의록을 다 가지고 있어요. 그걸 봐야 돼요. 거기에 숫자가 나왔을 수도 있죠. 그건 내가 안내해서 같이 만날 수도 있어요. 나도 그 문제에 관심이 있기 때문에.

문_ (사유진) 대표 연석회의의 최종 목적은 무엇이고 그 목적은 달성되었는지?
답_ 최종 목적은 납치되어 간 국군포로, 민간인 납치인의 송환을 요구하고 물론 휴전협정의 준수, 우리 처음에는 휴전협정에는 반대했는데 미국측에서 로벗슨이라는 국무차관보 특사가 오고 우리 전쟁 복구도 약속하고 한미방위조약을 체결하겠다는 약속을 하기 때문에 대통령이 약속을 했죠. 우리도 돕겠다고 말야.

우리는 그전에 6월 18일에 반공포로 석방을 했단 말야, 이승만 대통령이. 그랬기 때문에 휴전협정이 깨지게 됐죠. 그렇잖아도 포로의 자유 의사에 의한 귀환. 그러니까 포로 중에 가고 싶지 않은 사람은 안 보내도 좋다는 것이 유엔군측의 주장이었어요. 처음에는 북한측에서 자기네 포로가 다 돌아올 줄 알았어요. 그런데 실제 조사해봤더니 그중에 7할이 안 가겠다고 했거든. 우리는 안 돌아가겠다고 말야.

그러니까 그 문제에 대해서 휴전협정 교섭이 2년 이상 걸렸는데, 그중에 제일 큰 쟁점이 포로 송환 문제예요. 송환 요구에 대한 포로 자기 의사에 의한 자유로운 결정. 그래서 나중에는 우선 부상한 포로들만 교환하기로 하고 조금씩 풀려서 결국은 우리 주장대로 가고 싶지 않은 포로들은 안 갔죠. 그중에는 또 한국에는 남지 않고 다른 나라고 가겠다고 그래서 제3국 브라질, 인도 등에 보낸 사람도 있어요. 나중에 내가 그 지역에 근무하면서 만나기도 했어요.

포로 송환과 동시에 납치인 송환 문제도 나왔단 말야. 회의 중에. 그건 회의록을 보기 전에는 우리가 알 수 없어요. 어째서 어떤 경위로 59항이 생겼는지 그것에 대해서는 회의록을 봐야 해요. 2년 동안 무슨 일을 한지는 모르지만요.

문_ (사유진) 그러면 이 관계 부처 대표 연석회의는 민간인 피랍치자만을 위한 회의는 아니었나요?
답_ 휴전협정 위반에 관한 거, 휴전협정과 관련된 모든 대책 회의인데 그중에도 중요한 건 이 피랍인사 문제였어요. 왜냐하면 우리 아주머니들이 매일 같이 우리들한테 요청을 했기 때문에 안 할 수가 없단 말야. 물론 당연히 해야 될 일이지만 말야. 개인적인 입장에서도 이건 우리가 주장을 많이 했어요. 유엔군 사령부에서도 호감적이고, 상당히 동정적이었어요. 그래서 우리가 초청하면 두말없이 다 왔어요.

우리가 저녁 같은 거 초대하고 아주머니들이 큰 한옥집에 모여서 직접 만들어서 초대했어요. 우리가 식당에 가고 호텔에 가고 호텔도 다 깨지고 반도호텔 하나 남았고 조선호텔도 부서지고 하니 공공장소에 가지도 않았고 우리를 회원들 중에서 집이 큰 사람 댁에 다 초대했어요. 우리는 나, 배동걸 대령, 그분은 외무부에서 건의해서 중령에서 대령이 됐어요. 또 내무부의 간사. 그는 가끔 빠졌지만, 나하고 배 대령은 배 대령의 지프차를 많이 타고 다녔기 때문에 늘 갔어요. 그래서 그 아주머니들하고 다 친해졌어요. 그 아주머니들이 다 내 어머니 나이거든요. 나는 28~29세였고.

문_ (사유진) 대표 연석회의의 최종 성과는?
답_ 성과는 납치 문제에 대해서 우리가 기록상 주장을 남겨 놨고 나머지 휴전협정의 대폭적인 위반 사항에 대해서는 유엔군 스스로가 관련 조항을 무효를 선언을 했고. 말할 수 있는 것은 그런 조치죠. 그후에 일어난 일은 다 언론에 보도도 되어 있고. 하여튼 우리 주장을 끝까지 펼쳤고 기록에 남기고 했던 건 성과라고 할 수 있죠.

문_ (사유진) 당시에 이승만 정부에서는 진정으로 북한으로 끌려간 납북인사의 존재와 납북인사 문제를 인정했었는지?
답_ 인정했죠 물론. 그래서 휴전대책위원회라는 것을 만들었고 거기서도 이 문제가 중요한 의제였어요.

문_ (사유진) 그럼에도 불구하고 결국 기록물밖에 남아 있지 않고 실질적으로 남한으로 돌아온 사람은 없었는데?

답_ 한 사람도 없죠. 그건 우리 역부족이야. 그건 말야. 유엔군이라는 막강한 미국 스스로도 그 당시는 극도의 냉전 시기에서 중공, 북한, 그 뒤에 있는 소련, 소련이죠. 미-소의 극한 대립 상황이었기 때문에 이 문제가 한반도에 국한된 문제가 아니고, 또 그것도 피랍자나 전쟁포로의 미송환이라든가 그런 인도적인 문제를 넘어서 제 3차 핵전쟁의 위험성까지 내포되어 있던 국제적인 문제였기 때문에 그러한 큰 문제 앞에서 이러한 인도적인 문제가 빛을 보지 못했다고 할 수밖에 없죠. 제 3차 대전까지도 가냐 안 가냐 하는 그러한 전략적인 거래의 협상에 있어서 이러한 문제가 그렇게 중요성을 인정 못 받았다 할 수 있죠.

문_ (사유진) 선생님은 대표 연석회의에서 외무부처의 제 1과장 자격으로 참석을 하셨었는데, 납북인사 문제가 실패하게 된 원인은 무엇이라 생각하는지?

답_ 냉전 구도죠. 미-소 관계에 있어서 공산주의하에서는 납치라는 것을 전혀 인정하지 않았고 본인들이 자발적으로 당시에 공산주의를 좋아해서 월북한 사람으로 간주하기 때문에 우리하고는 강제성을 전혀 인정하지 않았기 때문에 그러한 공산주의의 악랄하고 비인도적인 사상 때문에 이것이 실현이 안 됐지. 우리로서 할 수 있는 노력은 다 했습니다.

문_ (사유진) 이승만 정부에서는 나름대로 해결할 의지가 있었던 거 같은데 당시 분위기는?

답_ 당시 분위기는 여론도 있고 피랍치인 협회가 강력한 호소를 늘 해와서 우리로서는 인도주의적인 면뿐만 아니라 대의적으로도 그렇고 인간적인 면에 있어서도 담당관들이 그 당시에 최대의 활동을 한 것은 사실입니다. 그것이 대세에 밀려서 비록 실현은 되지 않았다 하더라도 우리가 각자가 맡은 직책에서 가능한 일은 주야를 가리지 않고 했습니다.

문_ (사유진) 전쟁 발발 55주년, 휴전 후 52년이 되어 가는데, 전쟁 중 납북인사 문제가 지금의 시점에서 해결이 가능할 것 같은지?

답_ 할 수 있죠. 왜냐하면 우리가 세계적인 여론을 조성해야 합니다. 북한의 납치 문제는 북한의 인권 문제의 일환인데 국내에도 북한 인권을 위한 시민 연합 등 NGO가 몇 있고 활발히 활동하고 있는데 작년, 재작년 두 차례 제네바에 있는 유엔인권위원회에서 북한 인권 문제를 공식으로 제기해서 결의문이 통과됐습니다. 그래서 재작년에 처음 통과되었고 그러니까 인권을 개선하라는 것이지요.

그리고 작년에는 북한 인권 담당 리포터(보고자)가 유엔을 대신해서 북한 인권에 관해서 북한에 실제 들어가서 조사도 하고, 아직 들어가지는 못했습니다만 받아들일지 안 받아들일지 모르지만 하여튼 그 사람이 일년 동안 보고해서 금년 유엔인권위원회 회의에 그 문제가 또 나옵니다. 지금 EU 나라들은 북한과 대부분 외교관계를 수립했는데 그중에 영국도 외무차관이 가서 구체적으로 이 문제를 제기했고 수용소에 수용되어 있는 정치범, 국군포로, 피랍한국 민간인들에 대해 거론했고 현지에도 또 갔다 왔어요.

그리고 우리가 북한 인권에 관한 국제회의를 하는데 6차 회의를 서울에서 합니다. 저명한 인권 운동가들, 대학 교수, 학자, 정치가들이 많이 모이는데 그런 강력한 여론을 조성해서 북한에 도덕적 압력을 가하는 외에 제 개인적 생각으로는 궁극적으로 이 문제를 유엔총회에 가져가야 합니다. 그래서 이 문제를 의제로 삼고 아니면 그 유엔인권위원회는 유엔의 경제사회 이사회 산하의 단체인데 이사회가 유엔총회에서 의제의 하나로서 보고를 하면 국제 정치상 큰 문제가 됩니다.

물론 유엔총회의 결의문이 구속력을 가지고 있지는 않지만 전세계가 한목소리로 북한에 대해서 인권을 개선하고 피랍 인사, 국군 포로들을 자기 의사에 따라 송환토록 하라는 결의문이 유엔총회에서 통과가 됩니다. 통과가 되면 세계적인 압력이 되기 때문에 북한도 어떠한 조치를 취하지 않을 수가 없을 겁니다. 그래서 유엔사무총장이나 북한 인권 담당 특사가 북한도 가고 그런 노력을 하지 않을 수 없을 겁니다.

그런데 우리 정부는 햇볕정책 이후에 이런 문제에 대해서 상당히 미온적이고 유엔인권위원회에서 북한 인권문제가 토론 되었을 때에 재작년에는 기권하고 작년에는 불참했습니다. 그런 시기이기 때문에 이 인권이라는 것이 보편적인 가치고 이것은 정치를 초월해서 물론 정당, 당리 당략을 초월해서 전인류가 가지고 있는 보편적인 가치인데 그것에 대해서도 현 정부가 외면하는 것은 대단히 유감스러운 일이라고 생각합니다.

3. 국회 의사록 및 국회 발간 자료

3-1. 제2대 국회 특별위원회 현황(1953.10.20)

3-2. 59.납치민간인사송환대책위원회(1953.11.14 / 1953.12.1)

3-3. 납치민간인송환촉진에관한건의안(1953.8.27)

3-4. 국회 제 16회 제37차 본회의 회의록 내
「납치인사귀환촉진에 관한 건의안」의 제안 설명(1953.8.28)

3-5. 국회 제17회 제 4차 본회의 회의록 내
「납치민간인사송환대책위원회 중간보고」(1953.11.14)

3-6. 국회 제17회 제 18차 본회의 회의록 내
「납치민간인사송환대책위원회 중간보고」(1953.12.1)

3-7. 제2대 국회경과보고서 내 「납북된 제2대 국회의원 명단」(1982.12)

3-8. 국회보 407호 내 「납북의원의 현황과 이에 대해 국회와 정부가
해야 할 일」(2000.9)

해제

이 장에서는 휴전 전후 국회 차원에서 논의된 납치 문제에 관한 의사록을 소개한다.

제 2대 국회는 휴전 직후 임흥순 국방위원장의 발의로 위원 12명으로 구성된 '납치민간인사송환대책위원회'를 발족시켰다. 이 위원회는 1953년 10월 20일 국회 본회에서 발족이 의결되고, 위원장은 임흥순 국방위원장이 맡는다. 1953년 11월 14일 제1차 보고를 하고 대정부 건의 사항을 의결하게 되며, 이어서 1953년 12월 1일 제2차 보고를 한다.

이러한 국회 의사록을 살펴보면, 당시 국회가 전시 납북인사 문제를 최우선으로 의제화했음을 확인할 수 있다. 외무부와 유엔군 총사령부가 주고받은 공식 서한을 자세히 보고하도록 하였고, 전시 납북인사 송환을 위하여 유엔에 결의문을 전달하는 등의 노력을 기울였다.

또한 당시 납치 민간인 통계에 있어 납치인사가족회, 국방부, 공보처 등이 각기 차이가 나자 내무부에 정확한 조사 결과를 보고하도록 조치하였으며, 이로써 1954년에 내무부 치안국에서 보다 엄밀한 명부를 작성하게 되는 배경이 됨을 알 수 있다.

또 다른 의사록은 1953년 6월 3일부터 개최된 임시국회에서 휴전회담이 성립된 1953년 7월 27일 납북인사들의 송환 문제가 해결되지 않자 8월 27일에 납치 민간인들을 조속하게 송환하기 위한 방법을 정부가 강구하도록 건의할 것을 결의, 이 문제를 국회 외무위원회와 국방위원회가 함께 담당하도록 한 내용을 담고 있다. 당시 국회는 외무 · 국방 양 위원회에 심사소위원회를 구성하여 납북인사 가족들과 면담하는 등 2개월에 걸쳐 심사한 결과 건의서를 입안 · 제출한다. 1953년 10월 20일 제60차 본회의에서 통과된 이 건의안은 납치인사 송환 방안에 관하여 정치 회담에 의제를 포함할 것과 국제적인 호소를 할 것을 건의하는 등 전력을 다해 정부가 이 문제를 시급히 해결해야 할 것임을 국회에서 촉구한 내용을 담고 있다.

그밖에 북측과의 협상에서 납북인사를 실향사민으로 바꿔 부르게 된 배경 등을 국회 의사록을 통해 확인해 볼 수 있다.

3-1. 제2대 국회 특별위원회 현황

(1953.10.20)

〈출처 / 출전〉
대한민국 국회도서관 / 특별위원회 활동개요

〈해설〉
제2대 국회에서 임흥순 국방위원장의 발의로 위원 12명인 '납치민간인사송환대책위원회' 라는 특별위원회가 구성되어 1953년 10월20일 본회에서 의결되고, 위원장은 임흥순 국방위원장이 맡는다. 1953년 11월14일 제1차 보고를 하고 대정부 건의 사항을 의결한다. 이어서 1953년 12월 1일 제 2차 보고를 한다.

1950년 5월에 시작된 제2대 국회에서 1953년 7월 휴전회담에서 납치 민간인들의 송환이 실현되지 못하자 곧이어 국회 내에 납치된 민간인들의 송환을 위한 '납치민간인송환대책위원회' 라는 특별위원회를 구성하여 범국가적인 송환 대책을 국회에서 모색하기 시작한다. 전쟁 직후 해결해야 할 수많은 사안이 있었을 텐데도 국방위원장이 이 특위의 위원장직을 맡은 것은 이 사안의 중요성을 증명한다.

특별위원회활동개요
(特別委員會活動概要)

제헌국회
제2대 국회
제3대 국회
발간 시기: 1992년 12월
작성 부처: 대한민국국회 특별위원회

Ⅰ. 제2대 국회 구성
3. 상임위원회와 특별위원회 구성
나. 특별위원회

Ⅱ. 제2대 국회 특별위원회 현황

59. 납치민간인사송환대책위원회
발의자: 국방위원장 임흥순(1953.10.20 발의)
본회의 의결: 회별 16회 / 차수 60차 / 일자 1953.10.20
위원장: 임흥순
위원수: 12
활동 기간:
결과: • 대정부건의사항의결(제1차 보고)
1953.11.14 제17회 국회 제4차 본회의
• 제2차보고
1953.12. 1 제17회 국회 제18차 본회의

特別委員會活動概要

制 憲 國 會
第 2 代 國會
第 3 代 國會

1992. 12.

+ p118 〈납치 민간인사 송환대책 위원회〉 — 1953. 10. 20

國會特別委員會

I. 第2代國會 構成

1. 國會議員 選擧

가. 第2代國會議員 總選擧

1950年 5月 30日 實施된 第2代 國會議員 總選擧는 2年間의 任期로 選出된 制憲 國會議員의 任期 滿了에 依한 總選擧로서 그 特徵은 制憲 國會議員 選擧가 美軍政에서 限時法으로 制定되었던 軍政法令인 國會議員選擧法에 의거 實施되었던 것과는 달리 制憲國會에서 새로이 制定한 國會議員選擧法(法律第121號)에 의하여 우리 政府가 主管하여 施行된 選擧라는데 큰 意義가 있다.

1) 選擧權은 憲法에 明示된 바에 따라 「性別 信仰 社會的 地位의 如何를 不拘하고 普通平等하게」國民으로서 滿21歲이상인 者에게 認定하고 反民族行爲者에 대한 控訴時效가 大略 滿了되었으므로 이에 대한 選擧權 制限을 解約한 것 外에는 다름이 없다.

2) 被選擧權은 現行 軍人, 法官, 檢察官, 審計官, 監察員, 警察官에게 制限을 加한것(國會議員選擧法 第7條)과 反民族行爲者에 대한 制限 規定을 撤廢한 것 外에는 다름이 없다.

3) 選擧區는 1選擧區 1人을 選出하는 小選擧區制이며 選擧區域 劃定에 있어 行政區域 單位 및 人口數에 依한 法定 劃定 制度를 그대로 採擇하고 다만 選擧區를 200區에서 210區로 增加하엿다.

4) 議員 立候補者數는 무소속 기타 40個 政黨 團體에서 2,209人이었으며 當選者數는 210人으로서 政黨(團體)別 분포를 보면 大韓民國黨과 民主國民黨이 各各 24人, 國民會 14人, 大韓靑年團 10人, 大韓勞動總聯盟 3人, 社會黨 2人, 一民俱樂部 3人, 民族自立聯盟 1人, 大韓婦人會 1人, 佛敎 1人, 女子國民黨 1人, 無所屬 126人이었다. 無所屬 當選者가 議員定數의 60%에 該當하는 것은 政府 樹立 以後 2年間 旣存 政黨 團體등의 政治人에 대한 실망에서 오는 새로운 人物 選擇으로 볼 수 있다.

5) 制憲國會議員이 再當選된 議員數는 31人으로서 서울 16人중 1人, 京畿 30人중 12人, 忠北 12人중 2人, 忠南 19人중 2人, 全北 22人중 1人, 全南 30人중 2人, 慶北 34人중 7人, 慶南 32人중 1人, 江原 12人중 3人이었다.(濟州는 3人중 한사람도 없음)

나. 第2代國會議員 任期중 補闕選擧

第2代國會議員의 任期중에 實施된 補闕選擧는 8件으로서 모두 1950年 6月 25日 共產軍 南侵으로 因하여 死亡이 確認된 8人의 國會議員 闕員 補充選擧였다. 補闕選擧를 實施한 選擧區는 忠南 燕岐郡(李肯鍾 死亡), 公州郡乙區(金明東 死亡), 瑞山郡甲區(李鍾麟 死亡), 全北 金堤郡乙區(崔允鎬 死亡), 全南 潭陽郡(金洪鎔 死亡), 求禮郡(李判烈 死亡), 慶北 達成郡(權五勛 死亡), 慶南 釜山市戊區(崔元鳳 死亡) 等이었으며 選擧는 1952年 2月 5日 實施하였고, 補闕選擧에서 當選된 者의 政黨 團體別 狀況은 自由黨이 3人, 大韓國民黨이 2人, 大韓勞總, 大韓靑年團, 無所屬이 各各 1人이었다.

2. 第2代國會 開院

第2代國會는 總選擧가 實施(1950. 5. 30)된후 國會法 第2條의 規定에 의거 同年 6月 19日 最初의 集會를 가짐으로써 構成되었다. 在籍議員 210名중 議員 登錄을 마친 209名의 議員이 出席하여 最高 年長者인 吳夏英議員이 臨時議長으로 社會를 맡아 無記名 秘密投票에 의하여 任期 2年間의 正, 副議長을 投票한 結果 申翼熙議員이 109票로 議長에 當選되었으며 副議長에는 張澤相議員이 104票로, 曺奉岩議員이 114票로 各各 當選 되었다.

午前에 議長團을 選出한 후 午後 4時에 第2代國會 開院式을 擧行하였다.

3. 常任委員會와 特別委員會 構成

가. 常任委員會

第2代國會가 開院되었으나 最初 集會 會期인 第7回國會(臨時會)가 6·25事變으로 6月 27日 終了되고 第8回國會(臨時會)를 議長이 召集要求하여 1950年 7月 27日 第1次 本會議에서 常任委員長을 選任하고 후에 南下한 議員 28名을 1950年 11月 3日 第8回國會(臨時會) 第42次 本會議에서 追加로 7個 常任委員會에 配定하였다.

法制司法委員會　20人(委員長 尹吉重)
外務國防委員會　30人(委員長 池靑天)
內務治安委員會　20人(委員長 徐珉濠)
財政經濟委員會　40人(委員長 金秀學)
産業委員會　40人(委員長 李宗鉉)
文敎社會委員會　20人(委員長 李圭甲)
交通遞信委員會　20人(委員長 愼鏞項)
懲戒資格委員會　20人(委員長 趙瓊奎)

나. 特別委員會

特別委員會는 國會法 第14條 規定에 의거 任期중 特別한 必要가 있을 때 特定 案件 審査를 위하여 特別委員을 選任, 構成하였다. 第2代國會 特別委員會는 受任 案件을 中心으로 그 類型을 보면 調査를 目的으로 한 委員會가 28個, 對策을 강구하는 것을 目的으로 한 委員會가 10個, 調査, 報告등을 處理하는데 目的을 둔 委員會가 5個, 慰問을 目的으로 한 委員會가 3個, 禮訪 또는 訪問을 目的으로 한 委員會가 2個, 「메시지」등을 傳達하는데 目的을 둔 委員會가 2個, 事件을 糾明하기 위하여 構成된 委員會가 2個, 視察을 通하여 慰問하거나 調査를 目的으로 하는 視察委員會가 2個, 그외 銓衡委員會, 監査委員會, 法案審査委員會, 戰災民救出委員會, 交涉委員會, 來賓歡迎委員會, 連絡委員會, 監視委員會, 對處委員會, 準備委員會, 運動展開委員會, 改善委員會 등이 各各 構成되었다.

4. 第2代國會 議員數 變更

第2代國會가 開院(1950. 6. 19)된지 불과 1週日만인 6月 25日에 不意의 以北 共産軍의 南侵으로 인하여 行方不明된 議員이 27人, 死亡한 議員이 8人으로 議員在籍數는 175人이었으며 國會議員在籍數에關한特別措置法(1950. 12. 21 公布)을 制定하여 法的으로 在籍議員에서 行方不明 議員 27人을 除外시켜 議事및 議決定足數를 計算토록 하였으며 死亡한 議員에 대한 補闕選擧로 當選된 議員 8人이 充員되어 在籍議員數는 183人이 되었다. 그러나 그 以後 辭職한 議員이 1人, 退職한 議員이 1人, 死亡한 議員이 2人으로 任期終了時의 議員在籍數는 179人이었다.

Ⅱ. 第2代國會 特別委員會 現況

特別委員會	發議者	本會議議決			委員長	委員數	活動期間	結果
		回別	次數	日字				
1. 常任委員銓衡委員會		8	1	'50.7.27		10		
2. 「유엔」總會及美國等禮訪委員會	朴永出 ('50.9.6 發議)	8	15	'50.9.6		3	'50.9.19～10.11	○活動結果報告 '50.10.30 第8回國會 第38次本會議
3. 國會自家肅淸에관한特別審査委員會	郭尙勳議員外10人 '50.10.11	8	36	'50.10.11	郭尙勳	7	'50.11.1～'51.3.7	○調査結果報告 '50.11.25 第8回國會 第58次本會議 ○調査結果處理 '51.3.7 第10回國會 第41次本會議 (非公開會議)
4. 「유엔」韓國委員團歡迎委員會	議長 申翼熙 ('50.11.10 發議)	8	47	'50.11.10	申翼熙	4	'50.11.10	
5. 韓國統一復興對策委員會	權仲敦 ('50.11.14 發議)	8	50	'50.11.14	申翼熙	24		
6. 一線軍警「크리스마스」祝賀慰問에관한委員會	康慶玉 ('50.11.12 發議)	9	2	'50.12.12		11		

特別委員會	發議者	本會議議決			委員長	委員數	活動期間	結果
		回別	次數	日字				
59. 拉致民間人士送還對策委員會	國防委員長 任興淳 ('53.10.20 發議)	16	60	'53.10.20	任興淳	12		○對政府建議事項議決(第1次報告) '53.11.14 第17回國會 第4次本會議 ○第2次報告 '53.12.1 第17回國會 第18次本會議
60. 政府顚覆陰謀事件特別調査委員會	白南軾議員外48人 ('53.9.24 發議)	16	41	'53.9.24	李範昇	6		調査結果報告 ○第1次報告 '53.10.10 第16回國會 第53次本會議 ○第2次報告 '53.10.17 第16回國會 第58次本會議 (1953年 12月 24日 第18回 國會(定期會) 第3次 本會議에서 梁又正 議員辭表受理 議決)

3-2. 59.납치민간인사송환대책위원회

(1953.11.14 / 1953.12.1)

〈출처〉

대한민국 국회도서관

〈해설〉

앞서 소개한 특별위원회로 구성된 '납치민간인송환대책위원회'의 구성 경위와 목적, 그리고 활동상황을 국회 본회의에 1953년 11월 14일과 12월 1일 2차례 보고하는 내용의 요약이다.

당시 국회가 전시 납북인사 문제를 최우선으로 의제화했음을 확인할 수 있다. 외무부와 유엔군 총사령부 내에 왕복한 공한 내용을 본회의에 자세히 유인(油印)하여 보고하도록 하였고, 전시 납북인사 송환을 위하여 유엔에 결의문을 전달하는 등 노력했다.

당시 납치 민간인 통계가 납치인사가족회, 국방부, 공보처가 일치하지 않아 내무부에 정확한 조사결과를 보고하도록 조치하였으며 이 조치가 1954년에 내무부 치안국에서 명부를 작성하는 배경이 됨을 알 수 있다. 또한 당시 국방부에서도 명부를 작성하였다고 추정할 수 있다. 현재 국방부 자료는 접근이 어려워 확인하지 못하고 있다.

59. 납치민간인사송환대책위원회
(拉致民間人士送還對策委員會)

가. 위원회 구성

1) 구성 경위 및 목적

가) 1953년 8월 28일 제16회 국회(임시회) 제37차 본회의에서 이종현 의원 외 37인이 6 · 25동란으로 인하여 국내 각계 각층의 유수(有數)인사 수만명(국회의원 27명)이 공산도당에 의해 이북으로 납치된 것을 조속 방면케 하는 방법을 강구하여 상대기관에 건의할 것을 긴급 동의한 납치인사송환촉진건의안을 제안하였는 바 본회의는 국방위원회와 외무위원회에 위임하여 본회기 내에 처리방안을 보고하도록 의결하였다.

나) 1953년 10월 20일 제16회 국회(임시회) 제60차 본회의에서 임흥순 국방위원장으로부터 8월 28일 제37차 본회의에서 위임해 준 납치 민간인사 송환 촉진에 관한 건의안을 외무위원회 국방위원회와 제안자이신 이종현 의원과 같이 심사한 결과

첫째, '납치민간인사송환대책위원회' 를 구성해서 적극적으로 그 대책을 강구할 것
동위원회의 구성은 외무 국방 양 위원회의 이미 선출된 위원과 본건 제안자 이종현 의원 및 관계 각 부처 책임자와 납치인사 가족대표로 할 것이며

둘째, 본건을 효과적으로 추진하기 위하여 납치인사 송환문제를 정치회담 항목에 삽입할 것과 동시에 관계 각국에 이 문제를 호소할 것이며

셋째, 내무부, 공보처 등을 통하여 납치 민간인사의 정확한 통계와 그 사태를 조사하도록 독려 추진할 것을 합의한 납치민간인사송환촉진에 관한 건의안을 보고하였는 바 동 본회의에서는 이를 만장일치로 의결하여 '납치민간인사송환대책위원회' 가 구성되었다.

2) 위원 선임

위원장	임 흥 순 (국방위원회) (민주국민당)
위 원	김 문 용 (〃) (자유당)

윤 재 근 (〃) (〃)
서 상 국 (〃) (〃)
우 문 (외무위원회) (〃)
장 건 상 (〃) (무소속)
이 용 설 (〃) (〃)
김 양 수 (〃) (민주국민당)
정 일 형 (〃) (무소속)
이 종 현 (무소속)
박 영 출 (자유당)
홍 익 표 (무소속)

나. 활동 상황

1) 제1차 보고

1953년 11월 14일 제17회 국회(임시회) 제4차 본회의 임흥순 위원장은 위원회 결의 사항을 다음과 같이 중간 보고하였다.

가) 대정부 건의 사항

1. 납치 민간인사 송환조치에 관하여 외무부와 유엔군 총사령부 내에 왕복한 공한 내용을 본회의에 자세히 유인(油印)하여 보고할 것
2. 유엔군 총사령관 헐 장군에게 납치인사 송환을 위한 과거의 노력을 감사하는 동시에 앞으로 적극 이를 지급(至急)히 추진하여 줄 것을 요망한다는 취지의 메시지를 곧 보낼 것
3. 휴전협정 제59조 제1항의 규정에 의하여 실향민귀향협조위원회의 유엔측 구성위원 2인 중에서 1인을 한국군 영관급 중에서 대표를 임명하여 줄 것

나) 납치 민간인 조사 의뢰

납치 민간인의 수효를 납치인사가족회와 국방부 및 공보처가 각각 다르게 발표함으로 인하여 공권력에 문제가 있으므로 내무부에 의뢰하여 정확한 조사결과를 보고하도록 하였다.

2) 제2차 보고

1953년 12월 1일 제 17회 국회(임시회) 제 18차 본회의에서 임흥순 위원장은 우리 국회의 결의를 유엔에 전달하고 헐 장군에 메시지를 보낸 결과 11월 18일 판문점의 군사정전위원회에서 민간인 납치문제를 담당하고 있는 이수영 대령이 유엔군 수석 대표 네이시 장군과 함께 북측과 교섭한 바에 의하면 납치인사 교환에 있어 남한으로부터 북으로 갈 인사와 판문점에서 교환하기로 하고 실향민이 돌아갈 때에 자기의 사물(私物)을 가지고 가려고 할 때에는 판문점을 경유하여 가져가기로 하였다는 보고를 하였다.

2) 全羅南道

無指令配給總量 1萬2,767石인바 其中 道特配白米 1,400石을 配給함에 있어서 道 通牒에는 細窮民用 以外에는 理由 如何를 莫論하고 絶對로 他에 流用함이 없도록 嚴重指示하여 놓고 內的으로는 市長 郡守에 自意 處分을 指示하여 全量을 公文과 全然判異한 市 郡職員 및 道議員立候補者 個人企業體 等에 配給하고 其他 各種 不當한 他 目的에 流用케 하였을 뿐만아니라 同文書處理에 있어 道는 責任을 回避하고 末端官吏만이 責任을 지게한 處事는 行政道義上 實로 許容치 못할 것이며 公文書 僞造 및 背任에 該當되는 處事로 思惟됨으로 現道知事 李乙植에 對하여는 行政處分을 斷行함과 同時에 司直에 附하여 刑責을 糾明케 하고 其餘 事務責任者에 對하여도 適當한 行政上 責任을 糾明할 것

다. 處理結果

郭尙勳委員長의 報告를 받은 同 本會議는 光州·麗水 共匪內通事件 및 糧穀無指令配給事件處理決議文을 議決하고 同 決議文을 大統領께 전달하는 問題를 論議한후 本會議에 招請하여 전달하기로 在席議員 108人 중 可 68人으로 議決하였다.

59. 拉致民間人士送還對策委員會

가. 委員會 構成

1) 構成 經緯 및 目的

가) 1953年 8月 28日 第16回 國會(臨時會) 第37次 本會議에서 李宗鉉議員外 37人이 6·25活動으로 인하여 國內 各界 各層의 有數人士 數萬名(國會議員 27名)이 共產徒黨에 의해 以北으로 拉致된 것을 早速 放免케 하는 方法을 講究하여 相對機關에 建議할 것을 緊急動議한 拉致人士送還促進建議案을 提案하였는바 本會議는 國防委員會와 外務委員會에 委任하여 本 會期內에 處理方案을 報告하도록 議決하였다.

나) 1953年 10月 20日 第16回 國會(臨時會) 第60次 本會議에서 任興淳 國防委員長으로부터 8月 28日 第37次 本會議에서 委任해준 拉致民間人士 送還促進에 관한 建議案을 外務委員會 國防委員會와 提案者이신 李宗鉉議員과 같이 審査한 結果

첫째 拉致民間人士送還對策委員會를 構成해서 積極的으로 그 對策을 講究할 것 同委員會의 構成은 外務 國防 兩委員會의 이미 選出된 委員과 本件 提案者 李宗鉉議員 및 關係 各部處 責任者와 拉致人士 家族代表로 할 것이며

둘째 本件을 效果的으로 推進하기 위하여 拉致人士 送還問題를 政治會談 項目에 挿入할 것과 同時에 關係 各國에 이 問題를 呼訴할 것이며

세째 內務部, 公報處 等을 通하여 拉致民間人士의 正確한 統計와 그 事態를 調査하도록 督勵 推進 할것을 合議한 拉致民間人士送還促進에관한建議案을 報告하였는바 同 本會議에서는 이를 滿場一致로 議決하여 拉致民間人士促進對策委員會가 構成 되었다.

2) 委員 選任

委員長 任 興 淳 (國防委員會) (民主國民黨)

委 員 金 汶 鏞 (〃) (自由黨)

尹 在 根 (〃) (〃)

徐 相 國 (〃) (〃)

禹 文 (外務委員會) (〃)

張 建 相 (〃) (無所屬)

李 容 卨 (〃) (〃)

金 良 洙 (〃) (民主國民黨)

鄭 一 亨 (〃) (無所屬)

李 宗 鉉 (無所屬)

朴 永 出 (自由黨)

洪 翼 杓 (無所屬)

나. 活動狀況

1) 第1次 報告

1953年 11月 14日 第17回 國會(臨時會) 第4次 本會議에서 任興淳委員長은 委員會 決議事項을 다음과 같이 中間報告하였다.

가) 對政府 建議事項

一. 拉致民間人士 送還措置에 관하여 外務部와 「유엔」軍 總司令部內에 往復한 公翰 內容을 本會議에 자세히 油印하여 報告할 것

二. 「유엔」軍 總司令官 「헐」將軍에게 拉致人士 送還을 위한 過去의 努力을 感謝하는 同時에 앞으로 積極 이를 至急히 推進하여 줄것을 要望한다는 趣旨의 「메시지」를 곧 보낼것

三. 休戰協定 第59條 第1項의 規定에 依하여 失鄕民歸鄕協調委員會의 「유엔」側 構成委員 2人 중에서 1人을 韓國軍 領官級중에서 代表를 任命하여 줄 것

나) 拉致民間人 調査依賴

拉致民間人의 數爻를 拉致人士家族會와 國防部 및 公報處가 各各 다르게 發表함으로 인하여 公權力에 문제가 있으므로 內務部에 依賴하여 正確한 調査結果를 報告하도록 하였다.

2) 第2次 報告

1953年 12月 1日 第17回 國會(臨時會) 第18次 本會議에서 任興淳委員長은 우리 國會의 決議를 「유엔」에 전달하고 「헐」將軍에 「메시지」를 보낸 결과 11月 18日 板門店의 軍事停戰委員會에서 民間人 拉致問題를 담당하고 있는 李壽榮大領이 「유엔」軍 首席代表 「네이시」將軍과 함께 北側과 交涉한 바에 의하면 拉致人士 交換에 있어 南韓으로부터 北으로 갈 人士와 板門店에서 交換하기로 하고 失鄕民이 돌아갈 때에 自己의 私物을 가지고 가려고 할 때에는 板門店을 經由하여 가져가기로 하였다는 報告를 하였다.

— 324 —

3-3. 납치민간인송환촉진에관한건의안

(1953.8.27)

〈출처〉

대한민국 국회도서관

〈해설〉

1953년 6월 3일부터 개최된 임시국회에서 휴전회담이 성립된 1953년 7월 27일 납북인사들의 송환 문제가 해결되지 않자 8월 27일에 납치 민간인들을 조속하게 송환하기 위한 방법을 정부가 강구하도록 건의할 것을 결의하였고, 이 문제를 국회 외무위원회와 국방위원회가 함께 담당하였다. 외무 · 국방양위원회에 심사소위원회를 구성하여 납북인사 가족들과 면담하는 등 2개월에 걸쳐 심사한 결과 건의서를 입안 제출한다. 이 건의안(위 ①②③항 내용)은 1953년 10월 20일 제60차 본회의에서 통과된다.

이 자료에서는 '각계 각층의 유수인사 수만 명(數萬名)' 이라고 기록되어 있는 점이 주목할 만하다. 또한 건의안 내용 ①항을 통해서 전시 납북인사들의 문제가 중대한 사안이어서 '납치민간인송환대책위원회' 가 구성되었고 가족회도 존중되어 대표가 위원으로 참여하였음을 알 수 있고, 건의한 내용 ②항을 통해서는 납치인사 송환 방안에 관하여 정치 회담에 의제를 포함할 것과 국제적인 호소를 할 것을 건의하는 등 전력을 다해 정부가 이 문제를 시급히 해결해야 할 것임을 국회에서 촉구한 내용을 확인할 수 있으며, 건의안 내용 ③항은 이미 작성된 1952년 공보처 명부는 전쟁이 진행 중에 작성된 것이므로 휴전이 성립된 후 정확한 실태 파악을 내무부에서 하도록 하는 내용을 볼 수 있어 1954년 명부 재작성의 근거를 확인할 수 있다.

작성 시기: 제16회 국회(임시회)
1953.06.03 1953. 10.21 제2대국회
작성 부처: 대한민국국회 특별위원회

납치민간인송환촉진에관한건의안
(拉致民間人送還促進에關한建議案)

(1) 제안 이유

본 건의안은 1953년 8월 27일, 이종현 의원(무) 외 37인으로부터 제출되었으며 그 제안 이유와 내용은 다음과 같다.

6 · 25동란으로 인하여 국내 각계각층의 유수인사 수만 명(數萬名)이 공산도당에 의하여 납북된 후 아직 그 생사조차 모르는 실정에 있어 그 가족은 물론, 온 국민이 그들의 귀환을 안타깝게 기다리고 있다. 따라서 정부로 하여금 이들의 조속한 송환을 위한 방법을 강구하여 상대 기관에 건의할 것을 정부에 건의하되 문안작성은 외무 · 국방 양 위원회에 위임한다.

(2) 심의 경과 및 결과

본건은 1953년 8월 28일 제37차 본회의에서 제안자인 이종현 의원의 취지 설명이 있은 다음 이의 없이 외무 · 국방 양 위원회에 회부됨에 따라 동위원회는 연석회의를 열고 본건 심사소위원회를 구성하여 납북인사 가족들과 면담하는 등 2개월간에 걸쳐 심사한 결과 다음과 같은 건의서를 입안 제출하였다.

① 외무 · 국방 양 위원회에서 선출된 일부 위원과 본건 제안자인 이종현 의원은 관계 각부처 위임자 및 납북인사 가족대표로 '납치민간인송환대책위원회' 를 구성할 것.

② 납치인사 송환 문제를 금반(今般) 개막될 예정인 정치회담의 의제에 삽입하고 관계 각국에 이 문제를 호소할 것.

③ 내무부 · 공보처 등 관계 부처는 납치인사의 정확한 숫자와 그 실태를 파악토록 노력할 것.

1953년 10월 20일 제60차 본회의에서 국방위원장(임흥순)으로부터 외무 · 국방 양 위원회의 본건 심사 결과보고가 있은 다음 외무 · 국방 양 위원회에서 제출한 건의안을 이의 없이 가결하였다.

C:₩WINDOWS₩Temporary Internet Files₩Content.IE5₩M73KJ5SE₩HIST00000016_366132_NO[1].sgm

第16回國會(臨時會)

1953.06.03 1953.10.21第2代國會

<납치민간인 송환 촉진에 관한 건의안>

~~1953~~ 1953.6.3

徹底히 退去시킬 것이며,

② 海軍 其他 我軍을 動員시켜 우리 漁民의 出漁를 保護하고,

③ 우리 領土를 侵犯한 日本人의 責任을 嚴重히 追窮할 것이며,

④ 山岳會 其他 學術調査團體의 獨島에 대한 調査活動을 積極 援助하여 調査를 完了토록 할 것등을 內容으로 하는 建議案을 提出키로 議決하고, 7月 7日 第18次本會議에 이를 報告하였다. 이에 兪昇준(無)·金正實(自由黨)·李鍾榮(無) 議員은 『內憂外患이 겹친 우리나라를 더욱 괴롭히기 위하여 우리 領土를 侵犯한 사실은 도저히 묵과할 수 없다. 그러나 이러한 非友好的이요 不法的인 行爲는 어쩌면 그들이 우리로하여금 實力行使를 하도록 유인하여 그들의 再武裝을 促進할 野心的인 術策일런지도 모르기 때문에 先實力行使 後抗議가 아니라 先抗議 後實力行使의 方法을 取하는 것이 현명하며, 또 國會로서는 感情이 아니라 냉정한 理性으로 이를 處理하는 것이 마땅하지 않느냐』는 意見과, 黃炳珪議員(自由黨)의 『우리의 海洋主權線은 한 치도 侵犯 當할 수 없다』는 發言이 있은 다음 李容卨議員(無)의 動議로 本 建議案 文案 정리를 위해 外務委員會에 再廻付하였으며 外務委員會는 前述한 內容의 建議案을 再作成하였다.

1953年 7月 8日 第19次本會議에서 外務委員長(黃聖秀)으로부터 審査報告가 있은 다음 異議 없이 外務委員會案(再作成案) 대로 可決하였다.

拉致民間人送還促進에關한建議案

(1) 提案理由

本 建議案은 1953年 8月 27日, 李宗鉉議員(無)外 37人으로부터 提出되었으며 그 提案理由와 內容은 다음과 같다. 사망

6·25動亂으로 인하여 國內 各界各層의 有數人士 數萬名이 共産徒黨에 의하여 拉北된 후 아직 그 生死조차 모르는 實情에 있어 그 家族은 勿論, 온 國民이 그들의 歸還을 안타깝게 기다리고 있다. 따라서 政府로 하여금 이들의 早速한 送還을 위한 方法을 강구하여 相對機關에 建議할 것을 政府에 建議하되 文案作成은 外務·國防 兩委員會에 委任한다.

(2) 審議經過 및 結果

本件은 1953年 8月 28日 第37次本會議에서 提案者인 李宗鉉議員의 趣旨說明이 있은 다음 異議 없이 外務·國防 兩委員會에 廻付됨에 따라 同 委員會는 連席會議를

열고 本件 審査小委員會를 構成하여 拉北人士 家族들과 面談하는 등 2個月間에 걸쳐 審査한 結果 다음과 같은 建議書를 立案提出하였다.

① 外務·國防 兩委員會에서 選出된 一部委員과 本件 提案者인 李宗鉉議員은 關係各部處 委任者 및 拉北人士 家族代表로 拉致民間人 送還對策委員會를 構成할 것.

② 拉致人士送還問題를 今般 開幕될 예정인 政治會談의 議題에 挿入하고 關係各國에 이 문제를 호소할 것.

③ 內務部·公報處 등 關係部處는 拉致人士의 正確한 數字와 그 實態를 把握토록 努力할 것.

1953年 10月 20日 第60次本會議에서 國防委員長(任興淳)으로부터 外務·國防 兩委員會의 本件 審査 結果報告가 있은 다음 外務·國防 兩委員會에서 提出한 建議案을 異議 없이 可決하였다.

共匪被害地區의救護强化와負擔輕減에關한建議案

(1) 提案理由

本 建議案은 1953年 10月 10日, 嚴詳燮(無)·趙淳(自由黨) 議員外 105人으로부터 提出되었으며 그 提案理由와 內容은 다음과 같다.

共匪出沒이 甚한 地域에서는 1年에 數10次에 걸쳐 공비들에게 약탈을 당함은 勿論, 공비들의食糧確保를 防止하기 위하여 農事를 짓지 못하게 함으로써 이 地域住民의 生活은 비참한 實情이다. 따라서 우선 조금이라도 그들의 생활에 도움이 되도록 하기 위해 全國 共匪被害地區 44個郡에 대하여

① 救護物資 配給과 營農資金을 一般地區의 2倍로 引上하고,

② 共匪被害地區에서 徵收된 土地收得稅의 總額에 해당하는 金額의 財政補助를 행하며,

③ 國債消化對象에서 除外하고,

④ 疎開部落의 住宅과 燒失國民學校의 假校舍建築에 應急補助金을 交付하며,

⑤ 治安收拾費를 住民에게 負擔시키는 일을 嚴禁할 것 등을 建議한다.

(2) 審議經過 및 結果

3-4. 국회 제16회 제37차 본회의 회의록 내 「납치인사귀환촉진에관한건의안」의 제안 설명

(1953.8.28)

〈출처〉

대한민국 국회도서관

〈해설〉

당시 판문점 휴전회담에서 납치 민간인 송환 문제가 거론된 적이 있었는데 이에 대해 북측에서는 유엔군이 이북에 갔다가 후퇴할 때에 따라 내려온 사람들을 돌려보내 달라고 하였다는 내용이 기록되어 있다. 이종현 의원은 남한에서도 공산당이 후퇴할 때에 따라간 사람들이 많은데 이 사람들을 돌려보내라는 것이 아니고 강제로 사로잡아간 국회의원, 공무원, 민간인으로 귀중한 사명을 다하던 사람들이라고 기록하고 있다.

당시 정부는 납치 민간인 송환 문제에 대하여 별다른 대책을 갖고 있지 못하고 있었다. 납북인사들을 국회의원과, 공무원, 민간인을 구별해서 이야기했고 모두 다 귀중한 사람들 다시 말하면 대한민국 인재들임을 확인할 수 있다. 이 문제를 국회에서 외무위원회와 국방위원회에서 취급하도록 소위원회를 구성한다.

작성시기: 1953. 8. 28

납치인사귀환촉진에관한건의안 (拉致人士歸還促進에關한建議案)

이종현 의원

이 납치인사 귀환을 촉진시켜야 되겠다는 문제는 지난 겨울인가 가을에 본회의에 한번 제안했던 일이 있었습니다. 그때에는 우리가 거국적으로 휴전을 반대하고 있던 때이기 때문에 보류하자고 해서 보류했던 사건이올시다. 듣는 바에 의하건대 이 납치인사 문제는 어디 귀속되어 있는지 알 수 없는 그런 형편에 지금 허공에 떠 있는 것과 같은 감이 없지 않아 있습니다.

얼마 전에 한 10여일 전에 서울에서 납치인사의 가족이 여러 천명이 모여 가지고 눈물을 흘리면서 국회와 정부에서 속히 이 납치인사들을 돌아올 수 있는 운동을 전개해 주기를 부탁한 그러한 운동이 많이 있었습니다. 이제 이 문제에 대해서는 의원 동지 여러분이 큰 관심을 가지고 계시니만치 물론 반대할 이는 한 분도 없으리라고 생각합니다. 그러나 이것을 어떻게 하느냐 어떤 방법으로 어떻게 하여야 되느냐 그 방법론 같은 데는 막연한 감을 가지고 있는 것도 사실입니다.

본 의원이 생각하기는 제가 들은 것이 바로 들었는지 그릇 들었는지는 모르지만 판문점에서 회의할 때에 납치인사 문제가 한 번 났더랍니다. 이 납치인사 문제가 나왔을 때에 적측(敵側)에서 무슨 말을 했는고 하니 「유엔」군이 이북에 갔을 때에 '이북 동포들이 「유엔」군 후퇴와 같이 따라 나왔으니 그 사람들을 돌려 보내 주어야 되지 않느냐' 하는 그러한 말을 했다고 하는 것을 들었습니다. 제가 오늘 이 말을 하는 것은 왜 그런고 하니 이남에서는 공산당이 왔다 갈 때에 자발적으로 공산당을 따라간 사람들도 수없이 많습니다. 우리 대한민국 정부에서나 국회에서 그 공산당 따라간 사람 돌려 보내달라고 할 그러한 의사는 조금도 없을 것입니다. 납치인사는 따라간 것이 아니고 여러분도 다 아시다시피 일선에서 싸우고 있을 때에 여기서 혹은 국회의원으로 혹은 정부에서 혹은 민간에서 귀중한 사명을 다하던 사람들을 사로잡아갔습니다. 이것은 납치가 아니고 포로라고 저는 해석합니다.

그렇기 때문에 납치인사는 포로교환에 당연히 응(應)해 가지고 이남에 잡혀 있던 이북의 포로를 이북에 주면서 동시에 한국과 「유엔」은 강경하게 적에게 말해가지고 포로와 같이 교환하여야 된다는 것을 주장하는 바입니다.

이제 이 문제를 어떤 방법으로 어떤 기관에 언제 건의할 것이냐 하는 그 문제는 제안자인 본 의원의 생각은 국방위원회와 외무위원회에 모든 것을 맡겨가지고… 어떤 기관도 좋습니다. 적극적으로 최선의 성의를 다해가지고 할 수 있는 끝까지 상대 기관을 택해가지고 또는 우리의 논리를 전개해가지고 이 회기가 끝나기 전에 다시 말하자면 내일까지가 회기면 오늘 내일 안으로 처리 방법을 결정해서 상대 기관에 통고해가지고 동시에 이 납치인사가 돌아오기까지 계속적으로 본 국회는 적극적으로 운동해야 된다는 것을 말하는 바이올시다. 제안의 이유는 간단하나마 이것으로서 설명을 끝마칩니다.

부의장(윤치영)
지금 이종현 의원이 설명하신 바와 마찬가지로 이 납치인사귀환촉진에 대해서 이것을 외무위원회와 국방위원회에 맡겨서 이것을 회부시켜서 될 수 있는 대로 이 회기 안에 내자는 것입니다.

여기에 대해서 이의 없으세요 (「의장」 하는 이 있음)
유승준 의원을 소개합니다.

유승준 의원
지금 이종현 의원께서 제안하신 데 대해서 전적으로 찬의(贊意)를 표(表)합니다. 단 한 가지 그 문제에 대해서 누구나 관심을 가졌으면 특히 더욱 관심을 가지신 분이 연구를 하셔야 할 것이예요. 그런 만큼 지난 번에 있어서 우리 정부로서 국민의 의사를 반영해가지고 반공 애국포로를 우리 주권 행사의 하나로서 단호히 석방을 했습니다. 납치인사에 대해서 그간에 정부에서는 어느 정도의 성의를 가지고 교섭을 해내려왔으며 어떠한 안을 가지고 있는지 그 점을 좀 연구하신 점이 있으면 일러 주셨으면 도움이 되지 않을까… 이 점을 알려 주셨으면 좋겠습니다.

(「의장」 하는 이 있음)

부의장(윤치영)
김정실 의원을 소개합니다.

김정실 의원
방금 이종현 의원께서 제안하신 그 문제는 대단히 중요한 문제이고 우리가 관심 안 할 수 없는 문제입니다마는 현재에 우리가 인정하지 아니하나 또 방해하지 아니하는 정도로 우리가 취급하고 있는 휴전조약 내용의 항목에 하나 있는 줄로 압니다. 우리가 이러한 관계로 해서 이 문제 취급은 여러 가지 어려운 문제가 많이 놓여 있습니다. 하니까 저로서는 그 동의에 찬성하면서 그 제안하신 분도 국방위원회와 외무위원회에 같이 가셔서 참석해서 그 문제를 연구해가지고 본회의에 보고한 다음에 실천한다. 각자로 행동하지 말고 그것을 본회의에 보고해가지고 본회의의 승인을 맡아가지고 실천하도록 이러한 것을 붙여야 되리라고 생각을 하는 것이올시다.
(「의장 질문을 받으소」 하는 이 있음)
(「정부측 연구 좀 말씀해주세요」 하는 이 있음)

부의장(윤치영)

지금 유승준 의원의 질문에 대해서 답변하세요. 이종현 의원 답변하시겠어요…

이종현 의원

그 정부에서 어떠한 무슨 방법을 갖다가 연구하고 있는지 듣고 싶다고 하는 말씀은 여기에 정부위원이 몇 분 참석하고 계신데 그 몇 분한테 듣는 것이 좋지 않겠어요? 유 의원 저 정부에서 몇 분 오셨는데 그분한테 들으면 좋지 않아요

(「연구를 많이 하셨을 테니……」 하는 이 있음)

제가 아는 데까지는…… 정부위원에게도 물어봤어요. 정부에서 이 문제를 어떻게 취급하고 있습니까 하니까 적극적으로 하는 면은 듣지를 못하고 있습니다. 정부에서 적극적으로 여기에 대한 대책을 강구하고 있다는 말을 듣지 못하고 있어요.

부의장(윤치영)

지금 이종현 의원의 건의안에 대해서 김정실 의원의 설명이 계십니다. 거기에 대해서 별 이의 없으세요?

(「없소」 하는 이 있음)

그러면 김정실 의원에 대한 의견을 찬성하신다면 성안(成案) 표결해야 되겠습니다……
이종현 의원께서 받아주시겠어요?

이종현 의원(의석에서)

받겠습니다. 좋습니다.

부의장(윤치영)

그러면 이종현 의원의 건의안에 대해서 김정실 의원 제의의 말씀을 역시 받는다고 했습니다. 여기에 대해서 이의 없으세요?

(「이의 없소」 하는 이 있음)

그러면 이대로 이것은 접수하겠습니다. 특별히 다른 의견 없으시면 이대로 결정합니다. 이의 없으시지요?

(「없소」 하는 이 있음)

그러면 그대로 접수합니다.

제16회 제37차 본회의 회의록

吳誠煥委員長紹介합니다

—(國會還都聲明書發表에關한決議案)—

○運營委員長(吳誠煥) 事實은 三年有餘를 釜山에서 雜難國會를 해왔읍니다 이번에 完全히 統一해가지고 우리民族의念願인 南北統一을 이룬뒤에 還都를하지 못하게된것을 遺憾으로 생각합니다마는 當時 釜山에서 滯留하다가 이번 우리의還都는 事實에있어서 한쪽으로 생각할때에 心痛한氣分그 禁할수없을뿐만아니라 一面으로는 國民과같이 慶賀하는點입니다 그때서 우리는 우리의行爲에關하여 國民과 더부러 같이 해야될것이며 國民에게 우리 생각하는 이것을 우리가 明確히 宣布하므로써 國會로서는 當然히 이것을 해야 될것이라고 생각하는것입니다

그때서 이번 還都하는데 있어서는 國會議長의 名儀로 還都에對한 國民에게 布告하는聲明書를 發表하자 그러는것입니다 여기에있어서는 本會議에서 이文案起草委員을 選定해주셔서 곧 發表하도록하자는 것입니다 많이 贊成해주시기를 바랍니다

○副議長(尹致暎) 이還都에對한 聲明書에對해서 異議없으세요

(「異議없소」하는이 있음)

그러면 可否 表決하겠읍니다

(擧手表決)

在席員數百人 可에八十二票 否에 한票도 없이 可決되었읍니다 그리고 지금 聲明書에對한 起草委員은 選定하는데있어서 어떻게 했으면 좋겠어요

(「運營委員會에一任하세요」하는이 있음)

(「議長團에 一任합니다」하는이 있음)

그러면 議長團에 一任하는데 異議없읍니까

(「없소」하는이 있음」)

그러면 그렇게 하겠읍니다 다음은 拉致人士歸還促進委員會에關한 案件에對해서 李宗鉉議員은 紹介합니다

—(拉致人士歸還促進에關한建議案)—

○李宗鉉議員 이 拉致 人士 歸還을 促進시켜야되겠다는 問題는 지난 겨울인가 가을에 本會議에 한번 提案했든 일이 있었읍니다 그때에는 우리가 擧國的으로 休戰을 反對하고 있든때이기 때문에 保留하자고해서 保留했든 事件이올시다 들은바에 依하건데 이拉致人士問題는 어데 繫屬되어있는지 알수없는. 그런 形便에 지금 虛空에 떠 있는것과같은 感이없지 않아있읍니다 얼마前에 한 十餘日前에 서울에서 拉致人士의 家族이 여러千名이 몰여가지고 눈물을 흘리면서 國會와 政府에서 速히 이 拉致人士들을 돌아올수있는 運動을 展開해주기를 附託한 그러한 運動이 많이 있었읍니다 이제 이 問題에 對해서는, 議員同志 여러분이 큰 關心을 가지고 계시니만치 勿論 反對할이는 한분도 없으리라고 생각합니다 그러나 이것을 어떻게 하느냐 어떤 方法으로 어떻게 하여야 되느냐 그 方法論같은데는 莫然한 感을 가지고 있는것도 事實입니다 本議員이 생각하기는 제가 물은것이 바로 물었는지 그릇 물었는지는 모르지마는 板門店에서 會議할때에 拉致人士問題가 한번 났드랍니다 이 拉致人士問題가 나았을때 에敵側에서 무슨 말을 했는고 하니 「유·엔」軍이 以北에 갔을때에 以北同胞를 이 「유·엔」軍後退와같이 따라나왔으니 그 사람들을 돌려보내주어야 되지않느냐 하는 그러한 말을 했다고 하는것을 들었읍니다 제가 오늘 이 말을 하는것은 왜 그런고하니 以南에서는 共産黨이 왔다 갈때에 自發的으로 共産黨을 따라간 사람들도 數없이 많습니다 우리 大韓民國政府에서나 國會에서 그 共産黨 따라간 사람 돌려보내달라고 할 그러한 意思는 조곰도 없을것입니다 拉致人士는 따라간것이아니고 여러분도 다 아시다시피 一線에서 싸우고 있을때에 여기서 或은 國會議員으로 或은 政府에서 或은 民間에서 貴重한 使命을 다 하던 사람들을 사로잡아갔읍니다 이것은 拉致가 아니고 捕虜라고 저는 解釋합니다 그렇기때문에 拉致人士는 捕虜交換에 當然히 應해가지고 以南에 잡혀있던 以北의 捕虜를 以北에 주면서 同時에 韓國과『유·엔』은 强硬하게 敵에게 말해가지고 捕虜와같이 交換하여야 된다는것을 主張하는 바입니다 이제 이 問題를 어떤 方法으로 어떤機關에 언제 建議할것이냐 하는 그問題는 提案者인 本議員의 생각은 國防委員會와 外務委員會에 모든것을 맡겨가지고… 어떤 機關도 좋습니다 積極的으로 最善의 誠意를 다 해가지고 할수있는 끝까지 相對機關을 擇해가지고 또는 우리의 論理를 展開해가지고 이 會期가 끝나기 前에 다시 말하자면 來日까지가 會期면 오늘 來日안으로 處理方法을

決定해서 相對機關에 通告해가지고 同時에 이 拉致人士가 돌아오기까지 繼續的으로 本國會는 積極的으로 運動해야 된다는것을 말하는 바이올시다 提案의 理由는 簡單하나마 이것으로서 說明을 끝마칩니다

○副議長(尹致暎) 지금 李宗鉉議員이 說明하신 바와 마찬가지로 이 拉致人士歸還促進에 對해서 이것은 外務委員會와 國防委員會에 맡겨서 이것을 回附시켜서 될수있는대로 이 會期안에 내자는것입니다

여기에 對해서 異議 없으세요

(「議長」 하는이 있음)

兪昇濬議員을 紹介합니다

○兪昇濬議員 지금 李宗鉉議員께서 提案하신데 對해서 全的으로 贊意를 表합니다 但 한가지 그 問題에 對해서 누구나 關心은 가졌으면 特히 더욱 關心을 가지신 분이 硏究를 하셔야 할것이예요 그런만큼 지난번에 있어서 우리 政府로서 國民의 意思를 反影해가지고 反共愛國捕虜를 우리 主權行使의 하나로서 斷乎히 釋放을 했읍니다 拉致人士에 對해서 그間에 政府에서는 어느程度의 誠意를 가지고 交涉을 해내려왔으며 어떠한案을 가지고 있는지 그 點은 좀 硏究하신 點이 있으면 일러주셨으면 도움이 되지않을까… 이 點을 알려주셨으면 좋겠읍니다

(「議長」 하는이 있음)

○副議長(尹致暎) 金正實議員을 紹介합니다

○金正實議員 方今 李宗鉉議員께서 提案하신 그問題는 대단히 重要한 問題이고 우리가 關心 안할수 없는問題입니다마는 現在에 우리가 認定하지아니하나 또 妨害하지아니하는 程度로 우리가 取扱하고 있는 休戰條約內容의 項目에 하나 있는줄로 압니다 우리가 이러한 關係로 해서 이 問題取扱은 여러가지 어려운 問題가 많이 놓여있읍니다 하니까 저로서는 그 動議에 贊成하면서 그 提案하신 분도 國防委員會와 外務委員會에같이 가서서參席해서 그 問題를硏究해가지고 本會議에 報告한 다음에 實踐한다 各者로 行動하지말고 그것을 本會議에 報告해가지고 本會議의 承認을 말아가지고 實踐하고록 이러한것을 붙여야 되리라고 생각을 하는것이올시다

(「議長 質問을 받으오」하는이 있음)

(「政府側 硏究좀 말씀해주세요」하는이 있음)

○副議長(尹致暎) 지금 兪昇濬議員의 質問에 對해서 答辯하세요 李宗鉉議員 「答辯하시겠어요…

○李宗鉉議員 그 政府에서 어떠한 무슨 方法을 갖다가 硏究하고 있는지 듣고 싶다고 하는 말씀은 여기에 政府委員이 몇분 參席하고 계신데 그 몇분한데 듣는것이 좋지않겠어요? 兪議員 저政府에서 몇분 오셨는데 그분한데 물으면 좋지않아요

(「硏究를 많이 하셨을테니……」하는이 있음)

제가 아는데까지는…… 政府委員에게도 물어봤어요 政府에서 이 問題를 어떻게 取扱하고 있읍니까 하니까 積極的으로 하는 面은 듣지를 못하고 있읍니다 政府에서 積極的으로 여기에 對한 對策을 講究하고 있다는 말은 듣지못하고 있어요

○副議長(尹致暎) 지금 李宗鉉議員의 建議案에 對해서 金正實議員의 說明이 계십니다 거기에 對해서 別 異意없으세요?

(「없소」 하는이 있음)

그러면 金正實議員에 對한 意見을 贊成하신다면 成案採決해야 되겠읍니다…… 李宗鉉議員께서 받아주시겠어요?

○李宗鉉議員(議席에서) 받겠읍니다 좋습니다

○副議長(尹致暎) 그러면 李宗鉉議員의 建議案에對해서 金正實議員 提議의 말씀을 亦是 받는다고했읍니다 여기에對해서 異意없으세요

(「異意없오」 하는이 있음)

그러면 이대로 이것은 接受하겠읍니다 特別히 다른 意見없으시면 이대로 決定합니다 異意없으시지요?

(「없오」 하는이 있음)

그러면 그대로 接受합니다 그러면 只今은 食糧調査問題에對한 委員長 李敎善議員의 發言請求가 있어서 言權을 드립니다 李敎善議員을 紹介합니다

—(食糧無指令配給事件에關한調査報告의件)—

○李敎善議員 不憫한 저희들의 調査報告는 原案대로 採擇해 주셔서 大端히 感謝히 생각합니다만은 이事件을 調査하기에 여러가지 不祥事고 일어났고 더군다나 前번 會議에서 沸亂까지 생기게 되어서 大端히 未安히 생각하며 모든것이 不德한 저희所致라고 생각합니다 이

3-5. 국회 제17회 제4차 본회의 회의록 내 「납치민간인사송환대책위원회 중간보고」

(1953.11.14)

〈출처〉

대한민국 국회도서관

〈해설〉

납북인사를 북측과의 협상에서 실향사민으로 개칭하게 된 사실과 휴전협정 59조에 실향사민귀향협조위원회가 조직되어 적측 2명(북측, 중공측), 유엔측 2명이 구성위원이 되는데 우리 영관급 장교가 1명 위원으로 참석하도록 정부에 촉구하였다. 유엔측과 긴밀한 연락을 취하여 납치자 송환 협상 진행을 보고하도록 하였다.

국방부, 공보처, 납치인사가족회가 조사한 납치자 숫자가 차이가 많기 때문에 내무부에 실태 조사를 신속히 하도록 하였다. 국회 차원에서 납북인사 송환을 위하여 노력한 내용이 기록돼 있는 점이 특기할 만하다.

작성시기: 1953. 11. 14

납치민간인사송환대책위원회 중간보고
(拉致民間人士送還對策委員會 中間報告)

임흥순 의원

대단히 중간 보고가 늦어서 죄송합니다만은 그동안의 폐회의 기간으로 말미암아서 중간 보고가 대단히 본의 아닌 늦음으로 해서 여기 관련되시는 여러분께서 많으신 질문과 독촉을 받은 것을 이 자리에서 다시 미안하게 생각하는 바입니다. 그동안의 본회의의 결의에 의지해서 외무 국방 두 분과에서 모여서 소위원회를 만들고 관계 정부 부처 책임자들과 모여서 여러 가지로 협의한 결과에 어저께 보고 드린 바와 마찬가지로 위원회를 구성했습니다. 해서 납치인사의 가족되시는 분들의 그동안 각 방면으로 활동하신 상황도 눈물겹게 잘 들어주어 왔고 또 정부측의 성의 있는 여러 가지 의논도 같이 해봤습니다.

그래서 휴전조약에 당당히 59조에 이런 게 있습니다. 관심을 많이 하신 까닭으로 잠깐 참고로 말씀드리겠습니다. 우리는 납치인사라고 하는 것을 저쪽에서는 사민이라고 그래요. 사사로울 「私」자 백성 「民」자 실향사민(私民)…… 고향을 잃어버린 사사백성(私私百姓) 즉 우리는 우리를 납치인사라고 하는 것을 군사협정에서는 그렇게 번역을 했습니다. 그래서 실향사민귀향협조위원회를 설치한다…… 그래서 동(同)위원회는 영급(領給) 장교 4명으로 구성하되 그 중 2명은 국제연합군 총사령관이 이를 임명한다 하며 그중 2명은 조선인민군최고사령관과 중국인민지원군사령관이 공동으로 임명한다…… 이래서 이런 위원회가 확실히 있기로 되어 있습니다만은 전연 여기에 대해서는 실행할려고 하는 관심조차 없다고 하는 것이 알려졌습니다. 그래서 외국으로부터 「헐」사령관에게 이 위원회를 빨리 구성해 달라고 하는 공문을 보냈던 것입니다. 그래서 그 회답이 온 내용에 있어서는 오늘 여러분에게 유인(油印)해서 드리기로 해서 그 자세한 내용에 대해서는 여러분께서 보시면 잘 양해하시리라고 믿습니다마는 어저께 위원회에서는 이렇게 결의를 했습니다.

납치민간인사송환촉진에 관하여 외무부와 유엔군총사령부 간에 왕복한 공한(公翰) 내용을 본회의에 자세히 유인하여 보고할 것.

이것을 넣고 볼 것 같으면 「헐」사령관이 공산측에다 이 조약에 의지한 위원회를 설치하는 동시에 곧 위원회를 개최하자고 하는 날짜를 정해서 보냈던 것입니다. 그러나 공산측으로부터는 이에 대한 이유와 내용을 밝히지 않고 다만 행정적 이유…… 즉 행정적 이유라는 데 있어서도 내용이 무엇이라는 것도 밝히지 않았습니다. 그래서 이렇게 행정적 이유로서 아직 회의를 할 수 없다고 하는 회답만이 와 있습니다. 그러므로 해서 우리는 다른 관계로 대표로 되어 나가서 검토하는 이수영 대령이 이 문제에 대해서는 공산측에 대해서 직접 말할 수 없는 관계로 해서 유엔군측 「헐」사령관에게 이 문제를 질문하고 속히 이것을 촉진하여 달라고 하는 것을 얘기하고 있는 사실까지 있습니다. 이것은 여러분께 유인해 보고해 드리겠으므로 해서 납치민간인사송환 촉진에 관하여 외무부와 유엔군총사령부 간에 왕복한 공한문 내용을 유인해서 여러분들께 보고해 드리고 그 다음에는 유엔군총사령관 「헐」장군에게 납치인사송환을 위한 과거의 노력을 감사하는 동시에 앞으로도 적극 이를 지급(至急)히 추진하여 줄 것을 요망한다는 취지의 멧세지를 곧 보낼 것.

그 다음에 휴전협정 제59조 1항의 규정에 의하여 실향사민 귀향협조위원회의 유엔측 구성위원 두 사람 중에서 한 사람은 우리 한국군 영급(領給) 중에서 대표를 임명하여 달라고 하는 것을 거듭하기 위하여 정부에 건의를 하기로 하였습니다. 또 그리고 그 다음에는 납치민간인 여러분의 수효가 그동안에 행정기관이 여러 가지 완전히 복귀(復歸)되지 못한데도 있고 그래서 대단히 수효가 달라졌습니다. 그런 까닭으로 국방부에서 조사한 수효와 공보처에서 조사한 수효와 또는 납치인사가족회에서 조사한 수효가 대단히 틀린 까닭으로 해서 이 문제를 정확히 파악하기 위해서 위원회로부터 내무부에 의뢰해서 이것을 지급(至急)히 실제 조사하기로 했습니다. 이상 간단히 중간 보고의 말씀을 드립니다.

– 중략 –

부의장(조봉암)

보고 사항의 문제라고 해서 소선규 의원에서 발언을 드렸는데 이것은 물론 좋은 말씀이고 해서 답변을 듣겠습니다. 지금은 이 납치민간인사송환특별위원회의 보고에 의해서 그 보고에 대한 처리 사항이 남아 있어요. 임흥순 의원의 설명도 이 납치민간인사송환은 「헐」「유엔」군사령관이 담임하고 있으니까 전에도 노력했으니 장래에도 노력해 달라는 「멧세지」를 보내 달라는 또 이 납치민간인사 문제를 취급하는 위원회가 되고 있으니 거기에는 한국측으로서 한사람이 참가케 해달라는 이러한 것을 정부에 건의하자는 것이예요. 위원회로서 제출되고 있으니 그것을 결정을 하고 그리고 다른 문제를 이야기해야 되겠습니다. 그러니까 이것은 지금 말씀드린 바와 같이 종래에 민간인사의 송환 문제를 노력해 주셨으니 고맙다 또한 앞으로 더욱 노력해 달라는 「멧세지」를 「유엔」군사령관에게 보내 달라는 것입니다. 또 한 가지는 이 위원회가 구성이 되어 「유엔」군측과 공산군측에 송환위원회가 있는데 이 위원회를 구성하는데도 한국인을 반드시 한 사람 참가하도록 해다오 하는 것을 정부에 건의하자는 것입니다.

(「이의 없소」 하는 이 있음)

그러면 이 두 가지를 국회의 이름으로 「멧세지」를 정부에 건의서를 보내도록 합니다.

제17회 제14차 본회의 회의록

로 全羅北道 群山市 老松洞 梁□日外 五十一名이 請願을 했고 在嘉浩議員外 세분이 紹介로 提出된 것입니다 그 內容은 群山市內에 있는 韓國馬事會 所有土地 五萬餘坪을 小作料를 納付하여 耕作하여 오든바 檀紀四二八一年에 馬事會에 分配를 要求했으나 馬事會에서는 三年後에 分配하겠다고 約束을 해서 또 三年을 앉을 苦待했으나 오늘에 至하도록 分配하지아니함으로 이것은 農地改革法에 依해서 小作人에게 分配하도록 해달라는 請願입니다 同委員會에서 審査한 結果 本件은 農林長官에게 移牒해서 農地改革法의 精神에 依해서 調査善處하도록 하기로 決定했다는 報告입니다

檀紀四二八六年十一月十日

民議院農林委員會

委員長 朴 定 根

民議院議長 申翼熙 貴下

群山馬事會所有農地分配要請에 關한 請願審查報告의 件

十月十九日字로 回付하신 標記之件에 對하여 審査한 結果 請願要旨를 農林部長官에 移牒하여 農地改革法의 精神에 依據하여 調査善處를 要請하기로 本件은 本會議에 上程하지 않기로 決議되었압기 玆에 報告하나이다

(「議長」하는이 있음)

○副議長 (曺奉岩) 잠깐 기다리세요 이報告事項에 다시 拉致民間人人士送還對策委員會로부터 中間報告가 있겠읍니다 任興淳議員을 紹介합니다

―(拉致民間人士送還對策委員會中間報告)―

○任興淳議員 大端히 中間報告가 늦어서 罪悚합니다마는 그동안의 閉會의 期間으로말미암아서 中間報告가 大端히 本意아닌 늦음으로해서 여기 臨席하시는 여러분께서 많으신 質問과 督促을 받은 것을 이자리에서 다시 未安하게 생각하는바입니다。그동안의 本會議의 決議에 依支해서 外務 國防 등 分科에서 모여서 小委員會를 만들고 關係政府部處責任者들과 모여서 여러가지로 協議한 結果에 어저께 報告로 된 바와마찬가지로 委員會를 構成했읍니다 해서 拉致人士의 家族되시는 분들은 그동안 各方面으로 活動하신 狀況도 소상하게 잘 들어주어왔고 또 政府側의 誠意있는 여러가지 議論도 같이 해왔읍니다 그래서 休戰條約에 堂堂히 五十九條에 이런게 있읍니다 關心을 많이 하신 까닭으로 잠간 參考로 말씀드리겠읍니다。우리는 拉致人士라고 하는 것을 저쪽에서는 私民이라고 그래요 사사로운 「私」字 백성 「民」字 失鄕 私民……故鄕을 잃어버린 私私百姓 卽 우리는 우리를 拉致人士라고 하는 것을 休戰協定에서는 그렇게 規定을 했읍니다 그래서 失鄕私民歸鄕協助委員會를 設置한다…… 그래서 同委員會는 領級將校 四名으로 構成하되 그中 二名은 國際聯合軍 總司令官이 이를 任命한다 하며 그中 二名은 朝鮮人民軍最高司令官과 中國人民志願軍司令官이 共同으로 任命한다……이때에 이런 委員會가 確實히 있기로 되어있읍니다마는 全然 여기에 對해서는 實行할려고 하는 關心조차 없다고 하는 것이 있어졌읍니다 그래서 外國으로부터 「헐」司令官에게 이 委員會를 빨리 構成해 달라고하는 公文을 보냈든 것입니다 그래서 그 回答이 온 內容에 있어서는 오늘 여러분에게 油印해서 드리기로 했시 그 仔細한 內容에 對에서는 여러분께서 보시면 잘 諒解하시리라고 믿습니다마는 어저께 委員會에서는 이렇게 決議를 했읍니다

拉致民間人士送還促進에 關하여 外務部와 유엔軍總司令部 間에 往復한 公翰內容을 本會議에 仔細히 油印하여 報告할것

이것을 받고 볼것 같으면 「헐」司令官이 共產側에다 이條約에 依支한 委員會를 設置하는 同時에 곧 委員會를 開催하자고 하는 날짜를 定해서 보냈든 것입니다 그러나 共產側으로부터는 이에 對한 理由와 內容을 밝히지 않고 다만 行政的 理由……卽 行政的 理由라는 데 있어서도 內容이 무엇이라는 것도 밝히지 않었읍니다 그래서 이렇게 行政的理由로서 아직 會議를 할 수 없다고 하는 回答만이 와있읍니다 그러므로 해서 우리은 다른 關係로 代表로 되어 나가서 檢討하는 李壽榮大領이 이 問題에 對해서는 共產側에 對해서 直接 말할 수 없는 關係로 해서 유엔軍側 「헐」司令官에게 이 問題를 質問하고 速히 이것을 促進하여달라고 하는 것을 얘기하고 있는 事實가

(…, 공보처, 가족회의 수효가 대해 틀리다)

지있읍니다 이것은 어떠분께 油印해 報告해드리겠으므로 해서 拉致民間人士送還促進에 關하여 外務部와 유엔軍總司令部 間에 往復한 公翰文 內容을 油印해서 여러분께 報告해드리고 그 다음에는 유엔軍總司令官 「헐」將軍에게 拉致人士送還을 爲한 過去의 努力을 感謝하는 同時에 앞으로도 積極 이를 至急히 推進하여 줄 것을 要望한다는 趣旨의 멧세-지를 곧 보낼것 그 다음에 休戰協定 第五十九條 一項의 規定에 依하여 失鄕私民 歸鄕協助委員會의 유엔側構成委員 두 사람 中에서 한 사람은 우리 韓國軍 領級中에서 代表를 任命하여 달라고 하는 것을 거듭하기 爲하여 政府에 建議를 하기로 하였읍니다 또 그리고 그다음에는 拉致民間人 여러분의 數爻가 그동안에 行政機關이 여러가지 完全히 復歸되지 못한데로 있고 그래서 大端히 數爻가 틀러졌읍니다 그런까닭으로 國防部에서 調査한 數爻와 公報處에서 調査한 數爻와 또는 拉致人士家族會에서 調査한 數爻가 大端히 틀린 까닭으로해서 이 問題를 正確히 把握하기 爲해서 委員會로부터 內務部에 依賴해서 이것을 至急히 實際調査하기로 됐읍니다 以上 簡單히 中間報告의 말씀을 드립니다

○副議長(曺奉岩) 報告事項中에 있는 問題에 對해서 蘇宜奎議員이 또 말씀이 있답니다

○蘇宜奎議員 新聞 報告事項가운데에 報告處理問題에 對해서 말씀드리겠읍니다 十七回 臨時國會의 重要한 目的은 四二八七年産 秋穀一般買上價格決定과 參議院法等等이 第一 重要한 議題일것입니다 그래서 이 十七回臨時國會會議가 開會되자 이 秋穀買上價格問題가 上程이 될 것으로 알고 저의들은 온 것입니다 한데 그렇게 되지를 못하고 지금 方今 報告를 볼오때는 十二日字로 이案이 政府에서 提案이 되었다고 합니다 그런데 이問題를 處理하는데 있어서는 糧穀需給計劃問題도 隨伴되어서 이것이 討議가 되어야 할 것이고 또는 其他의 一般買上價格以外의 所謂 政府買上價格이라는것도 이것이 關聯되어서 討議가 될 것입니다、그러면 이런 等等의 事實을 생각해 볼적에는 이 問題가 相當히 錯雜하고 複雜하고 審議하는데 相當한 日字를 要한다고 저의는 믿고있읍니다 그러하나 地方의 實情을 본다고 할것같으면 秋穀이라는 것은 벌써 細農民의 손으로부터 많이 市場에 지금 出廻가 되어있을뿐만 아니라 細農民以外의 所謂 中農 或은 富農層에 있어서도 相當한 數量의 糧穀이 지금 市場에 出廻를 하고 있읍니다

따라서 昨今 市場價格은 暴落에 暴落을 거듭해 가지고 三千圜未滿台게 지금 놓여 있는것도 여러분이 아마 잘 아실 것입니다 따라서 農村에서 이 糧穀買入價格이 決定되는 것을 一刻이 如三秋格으로 지금 苦待하고 있는 것은 이번 地方에 다녀오신 여러분께서 다같이 同感일 것입니다 그런 까닭으로 이 問題로 여러가지 錯雜한 問題가 關聯되어 있지만 特히 一般 買上價格 同意案은 이제 하루라도 빨리 이 穀價 可否間에 決定을 지어놓아야 農家를 어느 程度 救濟한다고 저는 보고 있읍니다 그런 까닭으로 제가 願하는 것은 方今 이 案을 財政經濟委員會와 農林委員會와 連席審議에 붙여 있읍니다 여러가지 問題가 錯雜한 가운데 있지만 特히 一般買上價格決定問題는 來 火曜日까지 審議를 하셔가지고 이 本會議에 上程해 주셨으면 하는 그러한 要望을 가지고 있는데 여기에 對해서 農林委員會 財政經濟委員會에서 이러한 意圖를 定하실 수 이는가 없는가 하는 것을 제가 質問을 要請하는것입니다

(「動議하시오」하는이있음)

○副議長(曺奉岩) 報告事項의 問題라고 해서 蘇宜奎議員에서 發言을 드렸는데 이것은 勿論 좋은 말씀이고 해서 答辯을 듣겠읍니다 지금은 이 拉致民間人士送還特別委員會의 報告에 依해서그 報告에 對한 處理事項이 남어 있어요 任興淳議員의 說明도 이 拉致民間人士送還은 「헐」「유엔」軍司令官이 擔任하고 있으니까 前에도 努力했으니 將來에도 努力해 달라는 「멧세-지」를 보내달라는 또 이拉致民間人士問題를 取扱하는 委員會가 되고 있으니 거기에는 韓國側으로서 한사람이 參加케 해 달라는 이러한 것을 政府에 建議하자는 것이에요 委員會로서 提出되고 있으니 그것을 決定을 하고 그리고 다른 問題를 이야기해야 되겠읍니다 그러니까 이것은 지금 말씀드린 바와 같이 從來에 民間人士의 送還問題를 努力해주었으니 고맙다 또한 앞으로 더욱 努力해 달라는 멧세-지를 「유엔」軍總司令官에게 보내달라는 것입니다 또 한가지는 이 委員會가

構成이되어 「유엔」軍側와 共産軍側에 送還委員會가 있는데 이 委員會를 構成하는데로 中立國人을 반드시 한사람 參加하도록 해다오 하는 것을 政府에 建議하자는 것입니다

(「異議없오」하는이있음)

그러면 이 두 가지를 國會의 이름으로 「멧세―지」를 政府에 建議書를 보내도록 합니다

그러면 蘇宜奎議員 質問하신 것을 農林委員會로서 答辯하시겠어요. 農林委員會委員長 朴定根議員을 紹介합니다

○農林委員長(朴定根) 지금 蘇宜奎議員께서 當面한 案件에 對한 質問을 하셨는데 것은 저의로 그點에는 同感입니다 財政經濟分科委員會로서 있어서 더군다나 時間的으로 制約된 이 農林行政에 있어서는 期限을 지켜주어야 할 問題가 許多히 있기때문에 糧穀需給計劃은 勿論 또는 그 買入價格 또는 蠶工品에 對한 買上價格의 決定 또는 거기에 附隨하는 融資等 여러가지 問題가 大概 이 年度를 契機때 가지고 年度 開始前에 나와야 할 것은 當然한 事實입에도 不拘하고 行政當局에서 期限 前에 提出의 狀況을 보이지 않기때문에 主務分科委員會로서 屢次에 걸쳐서 여기에 對한 催促을 했든 바입니다 더군다나 이번 臨時會召集의 理由 가운데 秋穀買上價格의 決定同意 또는 需給計劃에 對한 同意等等이 重要한 案件이 되어 있는 것도 잘 알고 있읍니다 그러므로서 秋穀需給 計劃에 對한 것은 日前에 저의 委員會의 決議로 返還했으나 다시 農林部에서 提案해 와서 어제부터 그 審査에 着手하고 있읍니다 또는 買上價格에 對한 일로 오늘 本會議에 報告되어서 저의 委員會와 財政經濟委員會의 連席으로 回附하시게 되었지만 별은 案件을 어제부터 《 했기 때문에 어제 午後 부터 始作하고 있읍니다 그러나 어제 하나 重要한 것은 꼭 決定하지 않으면 안될 問題가 糧穀管理法에 依한 政府는 決定 價格을 定해 가지고 農地改革法에 依한 또는 政府收納糧穀 또는 土地收得稅에 依한 收納하는 糧穀을 그 代價로서 換算해야 되어 있음에도 不拘하고 이번에 提出한 案件은 보르지 買爲石 만을 買上하는데 適用을 價額에 이런 價額을 하고자 한하는 規定한 나와 있지 糧穀管理法에 依한 農地改革法에 依한 所謂 法定價格이 하고 하면 政府가 買上한다는 糧穀代價의 現價의 價額의 案件이 나와있지 아니 합니다 그러므로서 어제 農林當局에 對해서 어떻게 할 것이냐 또는 이번 나온 價額에 農家의 生產費를 基準을 해가지고 糧穀에 對한 가장 適正한 價額이라고 規定해서 그 같으로 政府에서 사고되다고 決定을 한다 그랬것 같으면 우리들은 그것을 法定價格으로 보아도 좋지않느냐 이런 質問까지 했읍니다 그렇더니 農林次官의 答辯에 于先 意味에서 이것 먼저 내니 지금 그러한 價額에 對해서는 目下 企劃處와 財務當局의 三部處가 協議中에 있으니 늦어도 좋아오는 週日 國務會議에 上程해서 決定을 보아 答辯을 하겠읍니다 그때 저의들은 거를 좋기를 그때면 價額의 二元制을 實施한다고 하는 것이 아니냐 그러면 價額의 二元制가 있을 수 있느냐 하는 그런 質問 까지도 했으나 거기에 對한 確實한 答辯을 듣지 못하고 있읍니다 그러한 點에서 技術的으로 여러가지 複雜한 問題가 있어 連日審査합니다만 오늘에 있어서 回附해주선 案件이니까 하로 이틀 餘裕를 주시면 늦어도 좋아오는 週日 火曜日까지 上程할 수 있느냐 하는 質問에 對해서 저의들은 誠意있는때까지 時間을 내서 될수 있는데까지로 財政經濟委員會에서 이點에 對해서는 제주 熱意를 가지지고 저번 會期에서도 이問題에 對하여 農林次官을 招請해서 質問하셔서 審議하신 일이니만큼 적이 協力해서 早速한 時日內에 내기로 하겠읍니다 쪽子로 제가 本會議에 要請하고자 하는 것은 重要한 議案이 勿論 많이 있으리라고 믿고 있읍니다만 이것이 가장 急하고 時間的으로 重要하다고 認定해주시면 저의들은 火曜日까지 審査를 끝내는데 힘쓰겠읍니다 爲不得已해서 火曜日까지 못하는 境遇가 있드라도 水曜日에는 優先的으로 다른 議案을 審査途中이라도 이案을 上程해주시도록 어떻게해서 이 자리에서 肯定해주시기를 바라는 바입니다 四

○副議長(曺奉岩) 이 問題에 對해서는 한잔 여러분에게 좀 說明해야 할 일이 있읍니다 蘇宜奎議員이 말씀하신 것은 大端히 重要한 것입니다 지난번 會期가 끝난뒤에 卽時 遠顧때 議員外 七十人이 連署를 해서 臨時會議召集의 要請을 해왔읍니다 거기에는 여러가지가 있어요 五日 十日 十五日 이렇게 主張이 있

3-6. 국회 제17회 제18차 본회의 회의록 내 「납치민간인사송환대책위원회 중간보고」

(1953.12.1)

〈출처〉

대한민국 국회도서관

〈해설〉

휴전 협상에서 민간인 납치 문제가 실향사민으로 명칭을 변경하여 큰 진전이 있어 빠르면 내년 1월(1954년)에는 판문점에서 실제로 교환이 될 것으로 예측하고 있다. 이종현 위원장 개인 사견에 의하면 혹 돌아가기를 원하는 사람이 없다고 하며 안 보낼지도 모른다는 우려를 한다. 아울러 이 문제는 여론과 국회가 적극적으로 밀어서 해결을 보아야 한다고 주장한다. 국회에서 납북인사 송환을 위하여 관심을 갖고 노력하는 내용을 기록으로 남긴 것이다.

작성시기: 1953. 12. 1

납치민간인사송환대책위원회 중간보고 (拉致民間人士送還對策委員會 中間報告)

국방위원장(임흥순)

오늘 피로하신 끄트머리에 오래간만에 좀 마음 좋고 기쁜 「뉴-스」를 보고해 드리려고 합니다. 납치인사대책위원회 관계로다가 제가 보고를 드리고자 합니다. 여러분 요전에 중간 보고 드린 바와 마찬가지로 우리 국회의 결의에 의해서 어쨌든 「유엔」측으로부터 적측에게다가 실향사민에 대한 귀환 업무를 고려해보자고 했던 것입니다. 그런 것을 저쪽에서 다만 행정적 조처로다가 아직 할 수 없다고 하는 회답이 왔다는 것은 요전에 보고를 드렸고 계속해서 본회의의 결정에 의해서 「헐」장군에게 이것을 적극적으로 추진해 달라는 요망의 「멧세지」를 보냈던 것입니다.

오늘 말씀을 드리고자 하는 것은 여러분 아시는 바와 마찬가지로 이수영 대령이 판문점에 가 있어서 그분으로부터 외무부에 보고했고 또 외무부로부터 우리 대책위원회에 연락이 있음으로써 어느 정도 뜬소문이 아니고 책임지고 여러분에게 말씀드려도 좋다는 것을 전제로 하고 말씀드립니다. 11월 18일 판문점의 군사정전위원회의 민간인 납치 문제를 담당하고 있는 우리측의 이수영 대령이 우리 대표가 수석위원 「네이시」 장군과 교섭한 결과를 중간 보고로 말씀드리며 많이 진전이 있다는 것을 기쁘게 생각하면서 보고 드리려고 합니다. 적측으로부터 우리측이 제안한 안에 대해서 98퍼센트 의견의 합의를 본 회답이 왔습니다. 우리 「유엔」측에서 이 업무에 대한 여러 가지 안을 보냈었는데 적측에서 확실히 그 안에 대해서 98퍼센트 이상 합의를 봐왔습니다. 그러기 때문에 이 문제는 거의 합의를 보았다고 해도 과언이 아닐 것입니다.

구체적으로 말씀한다고 할 것 같으면 교환 당시 다시 말씀하면 남한으로부터 혹시 북으로 갈 사람이 있다고 하더라도 물론 북으로부터 우리 남으로 많이 나올 줄 압니다만 그분들의 교환 장소는 판문점으로 한다는 것이 원칙으로 정해져 있고 또 북측에서 얼마 동안의 송환 기간을 정해가지고 어떠한 방법으로 하자고 하는 그런 안(案)도 된 모양 같습니다. 더욱이 적쪽에서 제안한 가운데에 실향사민이 돌아갈 때에 자기의 사사물건(私事物件)을 판문점을 경유해서 가지고 가도 좋다는 안(案)이 왔다고 합니다. 그래서 이것은 좀 아직 정해 있지는 않습니다마는 이러한 「플랜」으로 가리라는 믿음을 가지고 있는 것을 말씀드립니다. 실제 문제에 그동안에 11월 19일 이후에 11월 25일, 27일, 29일의 제3차 회의가 있었고 이대로만 간다고 할 것 같으면 12월 한 달 이달 한 달이 남북을 통한 공고기한 및 실제 업무개시에 관한 준비 기간이 되어가지고 1월 중에는 판문점에서 교환할 수 있는 정도까지 되지 않을까 이러한 데까지 진전되어 있습니다.

이상을 말씀드리면서 여담 같습니다마는 저 개인의 소견을 한마디 말씀드린다고 할 것 같으면 이렇게 별안간에 오는 것이 적측으로서 무엇이 있는가 이것이 우리로서 또한 생각해볼 점이 아닌가 생각합니다. 다만 북쪽에 있는 이들이 다 오고 싶어도 건너가지 않는다는 이러한 핑계로 안 보내는 그러한 장벽을 쌓는지도 모르는 까닭으로 해서 이 문제는 우리 국민 전체의 여론 또는 우리가 「유엔」군 군사위원단에게 적극적인 미는 성열(誠熱) 따라서는 이 문제가 우리가 생각하는 방향으로 해결되리라는 것을 저 우견(愚見)으로 첨가해서 말씀드리고 보고를 끝칩니다.

제17회 제8차 본회의 회의록

있는 法律案 同意案決算案 이런것은 次期會議에서 繼續해서 審議한다 그러고 請願 建議案 決議案은 廢棄한다 그러는것입니다 이런것으로 例로하는 것입니다 異議없읍니까?

(「없오」하는이 있음」)

그러므로 通過합니다 다음은 아까 잠깐 會議中에 말씀했읍니다마는 拉致人士問題로서國防委員會에서 그동안 手苦하고있었는데 거기서 여러분께서 喜은 消息을 報告할려고합니다 國防委員長紹介합니다

—(拉致民間人士送還對策委員會 中間報告)—

○國防委員長 (任興淳) 오늘 疲勞하신 끝으머리에 오래간만에 좀 마음 좋고 기쁜「뉴-스」를 報告해드릴려고합니다 拉致人士對策委員關係로다가 제가 報告를 드리고자합니다 여러분 요前에 中間報告 드린바와마찬가지로 우리國會의 決議에依해서 어쨋든「유·엔」側으로부터 敵側에게다가 失鄕私民에對한 歸還業務를 考慮해보자고했든것입니다 그런것을 저쪽에서 다만 行政的 措處로다가 아직할수없다고하는 回答이 이다는것은 요前에 報告를 드렸고 繼續해서 本會議의 決議에依해서「헐」將軍에게 이것을 積極的으로 推進해달라는 要望의「멧세-지」를 보냈든것입니다 오늘 말씀을 드리고저하는것은 여러분 아시는바와마찬가지로 李亨榮大領이 板門店에 가있어서 그분으로부터 外務部에 報告했고 또 外務部로부터 우리對策委員會에 連絡이 있으므로서 어느程度 뜬 所聞이 아니라 責任지고 여러분에게 말씀드려도 좋다는것을 前提로하고 말씀드립니다 十一月十八日 板門店의 軍事停戰委員會의 民間人拉致問題를 擔當하고있는 우리側의 李亨榮大領이 우리代表가 首席委員「네이시」將軍과 交涉한 結果를 中間報告로 말씀드리며 많이 進展이 있다는것을 기쁘게 생각하면서 報告드릴려고합니다 敵側으로부터 우리側이 提案한案에對해서 九十八「퍼-센트」意見의 合意를본 回答이 왔읍니다 우리「유·엔」側에서 이業務에對한 여러가지案을 보냈었는데 敵側에서 確實히 그案에對해서 九十八「퍼-센트」以上合意를 봐왔읍니다 그러기때문에 이問題는 거이 合意를 보았다고해도 過言이 아닐것입니다 具體的으로 말씀하다고할것같으면 交換當時 다시 말씀하면 南韓으로부터 或時 北으로갈사람이 있다고하드래도 勿論 北으로부터 우리 南으로 많이 나올줄압니다만 그분들의 交換場所는 板門店으로하다는것이 原則으로 定해져있고 또 北側에서 얼마동안의 送還期間을定해가지고 어떠한 方法으로하자고하는 그런案도 진 다 냉살습니다 더욱이 敵쪽에서 提案한가운데 天鄕私民이 모라갈때에 自己의 私事物件을 板門店을 經由해서가지고가도 좋다는 案이 왔다그합니다 그래서 이것은 좀 아직 定해져있지는않습니다마는 이러한「프랑」으로 가리라는믿음을 가지고있는것을 말씀드립니다 國際問題에 그동안에 十一月十九日以後에 十一月二十五日·二十七日 二十九日의第三次 會議가있었고 이대로만 간다고할것같으면 十二月한달 이달 한달이 南北을 通한 公告期限및實際業務開始에關한 準備期間이되어가지고 一月中에는 板門店에서 交換할수있는 程度까지되지않을까 이러한데까지 進展되어있읍니다마는 以上은 말씀드리면서 餘談갈읍니다마는 저個人의 所見을한마디 말씀드린다고할것같으면 이벌계消眼間에 오는것이 敵側으로서 무엇이있는가 이것이 우리로서 또한 생각해볼點이아닌가 생각합니다 다만 北쪽에있는 이들이 다오고싶어도 건너가지않는다는 이러한 경계로안보내는 그러한機態을 쓸는지도모르는까닭으로해서 이問題는 우리國民全體의 輿論 또는 우리가「유·엔」軍 軍事委員團에게 積極的인 미는誠熱 따라서는 이問題가 우리가 생각하는 方向으로 解決되리라는것을 저 愚見으로 添加해서 말씀드리고 報告를끝칩니다

○副議長 (曺奉岩) 다음 또한가지問題가 있읍니다 우리國政監査를 來日부터 十八日까지 하게되어있는데 國政監査는 이번에 우리들이定한것은 主로 地方關係를 調査하자 그렇게되어있읍니다 그런데 이것은 우리國會法에依해서 其會期안에다 報告가되고 整理가되어야하는것인데 우리가 臨時會議를하고 臨時會議會期동안에 國政監査를하면 그것이 다음會期에 延長되겠다는것이 決議되지않고는 中斷되는것입니다 그래서 거기에對해서 한個의 決議案을 미리해놔야되겠다고하는 意見이있세요 吳誠煥議員을 紹介해요

—(運營委員長報告의件)—

○運營委員長 (吳誠煥) 오는 十九日날은 閉院式을 해야하겠읍니다 그러면 十八日날까지 休會하는데 도라와가지고 具體的으로 其동안 末端行政을 調査하신 그것을 報告書를 完成시킬時

3-7. 제2대 국회경과보고서 내 「납북된 제2대 국회의원 명단」

(1982.12)

〈출처〉
대한민국 국회도서관

〈해설〉
납북된 제2대 국회의원 명단을 기록한 자료다.

발간 시기: 1982년 12월
작성 부처: 대한민국 국회 사무처

이 경과보고서는 사무처의 연차계획에 의하여 제5대 국회부터 제헌국회까지의 대별 경과보고서 작성 계획의 일환으로 발간하게 된 것입니다.

그러나 제2대 국회 임기 중인 1950년 6월 25일 북한 괴뢰 집단의 불법 남침으로 인하여 다수의 자료가 소실되었거나 미비된 관계로 본 경과보고서의 작성에 있어서는 회의록 등의 자료를 중심으로 하였으며 현재 경과보고서의 작성 기준에 따라 정리된 관계로 타자료와 통계 숫자상에는 약간의 차이가 있음을 부언합니다.

1982년 12월
국회 사무처

2. 의원과 위원

가. 의원 성명과 그 이동

(2) 의원 이동 (납북만 기록)

제2대 국회 중 의원의 이동은 다음과 같다.

선거구		성 명(姓 名)	당 적	이동 연월일 및 사유
서울특별시	종로 을(鐘路 乙)	오하영(吳夏英)	무 소 속	6 · 25 때 납북
서울특별시	동 대 문(東 大 門)	장연송(張連松)	무 소 속	〃
서울특별시	중구 갑(中區 甲)	원세훈(元世勳)	민주자주연맹	〃
서울특별시	서대문을(西大門乙)	윤기섭(尹琦燮)	무 소 속	〃
서울특별시	성 북(城 北)	조소앙(趙素昻)	사 회 당	〃
경 기 도	이 천(利 川)	이종성(李宗聖)	무 소 속	〃
경 기 도	용 인(龍 仁)	유기수(柳驥秀)	무 소 속	〃
경 기 도	평 택(平 澤)	안재홍(安在鴻)	무 소 속	〃
경 기 도	화성 을(華城 乙)	김웅진(金雄鎭)	대한국민당	〃

경 기 도	장 단(長　湍)	백상규(白象圭)	무 소 속	〃
경 기 도	연백 갑(延白　甲)	김경배(金庚培)	대한국민당	〃
충청북도	단 양(丹　陽)	조종승(趙鍾勝)	대한국민당	〃
충청남도	논산 갑(論山　甲)	김헌식(金憲植)	무 소 속	〃
충청남도	서 천(舒　川)	구덕환(丘德煥)	대한독립촉성국민회	〃
충청남도	예 산(禮　山)	박철규(朴哲圭)	대한독립촉성국민회	〃
전라북도	정읍 갑(井邑　甲)	신석빈(辛錫斌)	무 소 속	〃
전라북도	완주 을(完州　乙)	박영래(朴榮來)	무 소 속	〃
전라북도	부 안(扶　安)	최병주(崔丙柱)	무 소 속	〃
전라남도	무안 갑(務安　甲)	김용무(金用茂)	민주국민당	〃
전라남도	광산 을(光山　乙)	정인치(鄭仁値)	대한독립촉성국민회	〃
경상북도	상주 갑(尙州　甲)	박성우(朴性宇)	무 소 속	〃
경상북도	영 양(英　陽)	조헌영(趙憲泳)	무 소 속	〃
경상북도	영천 을(永川　乙)	조규설(曺圭卨)	무 소 속	〃
경상북도	문 경(聞　慶)	양재하(梁在廈)	무 소 속	〃
경상남도	부산 을(釜山　乙)	김칠성(金七星)	무 소 속	〃
경상남도	창 령(昌　寧)	신용훈(辛容勳)	무 소 속	〃
경상남도	하 동(河　東)	이상경(李相慶)	대한독립촉성국민회	〃

第2代 國會經過報告書

國 會 事 務 處

이 經過報告書는 事務處의 年次計劃에 의하여 第5代國會부터 制憲國會까지의 代別經過報告書作成計劃의 一環으로 發刊하게 된 것입니다.

그러나 第2代國會任期中인 1950年 6月25日 北韓傀儡集團의 不法南侵으로 因하여 多數의 資料가 燒失되었거나 未備된 關係로 本經過報告書의 作成에 있어서는 會議錄 등의 資料를 中心으로 하였으며 現在 經過報告書의 作成基準에 따라 整理된 관계로 他資料와 統計數字上에는 若干의 差異가 있음을 附言합니다.

1982. 12.

國 會 事 務 處

2. 議員과 委員

가. 議員姓名과 그 異動

(1) 議員姓名(가・나・다順)

第2代國會中 議員의 姓名은 다음과 같다.

議長	申翼熙	1950. 6. 19 1952. 6. 18 1952. 7. 10 1954. 5. 30	被選 任期滿了 再選 任期滿了
副議長	張澤相	1950. 6. 19 1952. 5. 6	被選 辭任
〃	曺奉岩	1950. 6. 19 1952. 6. 18 1952. 7. 10 1954. 5. 30	被選 任期滿了 再選 任期滿了
〃	金東成	1952. 5. 8 1952. 6. 18	被選 任期滿了
〃	尹致暎	1952. 7. 10 1954. 5. 30	被選 任期滿了
臨時議長	申翼熙	1952. 6. 18～7. 10	
〃	曺奉岩	〃	
〃	金東成	〃	

1952. 6. 18 第12回 第80次 本會議에서 議長・副議長의 任期가 滿了 되었으나 特別한 事由(政局混亂)로 臨時議長으로 3人을 選出함.

選擧區	姓名	黨籍	備考
南濟州	康慶玉	無所屬	
北濟州乙	姜昌瑢	〃	
長興	高永完	民主國民黨	
仁川乙	郭尙勳	無所屬	
淸原乙	郭義榮	〃	
高靈	郭泰珍	民主國民黨	
舒川	丘德煥	大韓獨立促成國民會	拉北

— 6 —

選擧區	姓名	黨籍	備考
唐津	具乙會	無所屬	
義城乙	權炳魯	一民俱樂部	
達城	權五勳	無所屬	1951. 2. 2 死亡
永川甲	權仲敦	〃	
馬山	權泰郁	〃	
延白甲	金庚培	大韓國民黨	拉北
蔚珍	金光俊	無所屬	
寶城	金洛五	大韓獨立促成國民會	
開城	金東成	無所屬	
公州乙	金明東	大韓國民黨	1951. 1. 9 死亡
陜川乙	金命洙	民主國民黨	
潭陽	金汶鏞	自由黨	1951. 2. 5 補闕選擧에서 當選
東萊	金凡父	無所屬	
昌原甲	金秉鎭	大韓靑年團	
昌原乙	金奉才	無所屬	
靑松	金鳳祚	〃	
茂朱	金相賢	〃	
高敞甲	金秀學	〃	
安東甲	金始顯	民主國民黨	1954. 1. 30 退職
順天	金良洙	〃	
保寧	金永善	無所屬	
務安甲	金用茂	民主國民黨	拉北
西大門甲	金用雨	無所屬	
天安	金鏞化	大韓國民黨	

— 7 —

(2) 議員異動

第2代國會中 議員의 異動은 다음과 같다.

選擧區	姓名	黨籍	異動年月日 및 事由
서울特別市鍾路乙區	吳夏英	無所屬	6.25에 拉北
서울特別市 東大門	張連松	〃	〃
서울特別市中區甲區	元世勳	民主自主聯盟	〃
서울特別市西大門乙區	尹琦燮	無所屬	〃
서울特別市 城北	趙素昻	社會黨	〃
京畿道 利川	李宗聖	無所屬	〃
京畿道 龍仁	柳驥秀	〃	〃
京畿道 平澤	安在鴻	〃	〃
京畿道 華城乙區	金雄鎭	大韓國民黨	〃
京畿道 長湍	白象圭	無所屬	〃
京畿道 延白甲區	金庚培	大韓國民黨	〃
忠淸北道 丹陽	趙鍾勝	〃	〃
忠淸南道 論山甲區	金憲値	無所屬	〃
忠淸南道 舒川	丘德煥	大韓獨立促成國民會	〃
忠淸南道 禮山	朴哲圭	無所屬	〃
全羅北道 井邑甲區	辛錫斌	〃	〃
全羅北道 完州乙區	朴榮來	〃	〃
全羅北道 扶安	崔丙柱	〃	〃
全羅南道 務安甲區	金用茂	民主國民黨	〃
全羅南道 光山乙區	鄭仁値	大韓獨立促成國民會	〃

— 16 —

選擧區	姓名	黨籍	備考
慶尙北道 尙州甲區	朴性字	無所屬	6.25에 拉北
慶尙北道 英陽	趙憲泳	〃	〃
慶尙北道 永川乙區	曺圭卨	〃	〃
慶尙北道 聞慶	梁在厦	〃	〃
慶尙南道 釜山乙區	金七星	無所屬	〃
慶尙南道 昌寧	辛容勳	〃	〃
慶尙南道 河東	李相慶	大韓獨立促成國民會	〃
忠淸南道 燕岐	李肯鍾	無所屬	1951. 1.24 死亡
〃	李範昇	〃	1952. 2. 5 補闕選擧에서 當選
忠淸南道 公州乙區	金明東	大韓國民黨	1951. 1. 9 死亡
〃	尹致暎	〃	1952. 2. 5 補闕選擧에서 當選
忠淸南道 瑞山甲區	李鍾麟	一民俱樂部	1950. 9 (日字未詳) 死亡
〃	金濟能	自由黨	1952. 2. 5 補闕選擧에서 當選
全羅北道 金堤乙區	崔允鎬	無所屬	第8回國會 死亡(年月日未詳)
〃	崔主日	大韓靑年團	1952. 2. 5 補闕選擧에서 當選
全羅南道 潭陽	金洪鏞	無所屬	第8回國會 死亡(年月日未詳)
〃	金汶鏞	自由黨	1952. 2. 5 補闕選擧에서 當選
全羅南道 求禮	李判烈	民主國民黨	1950. 12. 9 死亡
〃	李漢昌	自由黨	1952. 2. 5 補闕選擧에서 當選
慶尙北道 達城	權五勳	無所屬	1951. 2. 2 死亡
〃	裵恩希	大韓國民黨	1952. 2. 5 補闕選擧에서 當選
慶尙南道 釜山戊區	崔元鳳	無所屬	1950. 11. 10 死亡
〃	錢鎭漢	大韓勞總	1952. 2. 5 補闕選擧에서 當選
慶尙北道 安東甲區	金始顯	無所屬	1954. 1.30 退職

— 17 —

3-8. 국회보 407호 내 「납북의원의 현황과 이에 대해 국회와 정부가 해야 할 일」

(2000.9)

〈출처〉

대한민국 국회도서관

〈해설〉

북한에서는 납북된 국회의원들을 협박하여 대남 선전용으로 이용하다가 이용 가치가 떨어지자 거의 다 1950년대 후반과 1960년대 초반에 대부분 양로원, 탄광촌 등으로 비참하게 유폐 · 숙청시킨다. 남한 정부는 납북 제헌국회의원들이 북한의 강압에 의해 이같은 행위를 한 것임을 알 수 있는 정황에도 불구하고 일시적으로 북한에 협조하였다는 이유로 서훈 대상에서도 제외하는 등 강제로 끌려간 것에 이어 이중으로 불이익을 주었다. 이에 대한 유족회의 입장을 밝힌 자료이다.

〈발간 시기〉 2000년 9월
〈작성 부처〉 대한민국 국회 사무처
〈기 고 인〉 김진현(제헌국회의원유족회장/문화일보 회장)

납북된 제헌국회의원 명단

1.	김덕렬(金德烈)	양주 갑	2.	권태희(權泰羲)	김천 갑
3.	오택렬(吳宅烈)	영 덕	4.	최석홍(崔錫洪)	영 주
5.	김교현(金敎賢)	보 은	6.	구중회(具中會)	창 녕
7.	신성균(申性均)	전 주	8.	김영동(金永東)	고창 갑
9.	이귀수(李龜洙)	고 성	10.	이주형(李周衡)	밀양 갑
11.	조병한(趙炳漢)	문 경	12.	김경배(金庚培)	연백 갑
13.	조헌영(趙憲永)	영 양	14.	김용현(金用鉉)	무안 갑
15.	송창식(宋昌植)	이 천	16.	김병회(金秉會)	진 도
17.	노익환(盧謚煥)	순 창	18.	서연희(徐延禧)	포 천
19.	홍순옥(洪淳玉)	창원 갑	20.	김우식(金禹埴)	달 성
21.	홍희종(洪禧種)	김제 을	22.	오택관(吳澤寬)	옹진 갑
23.	김상덕(金尙德)	고 령	24.	최태규(崔泰圭)	정 선
25.	백관수(白寬洙)	고창 을	26.	장병만(張炳晩)	칠 곡
27.	강욱중(姜旭中)	함 안	28.	김효석(金孝錫)	합천 을
29.	정광호(鄭光好)	광 주	30.	조옥현(趙玉鉉)	순 천
31.	김웅진(金雄鎭)	수원 을	32.	김옥주(金沃周)	광 양
33.	이강우(李康雨)	진 주	34.	이 석(李 錫)	경주 을
35.	김동원(金東元)	서울용산	36.	조종승(趙鍾勝)	담 양
37.	김중기(金仲基)	장 흥	38.	조중현(趙重顯)	장 서
39.	배중혁(裵重赫)	봉 화	40.	김약수(金若水)	동 래
41.	이문원(李文源)	익산 을	42.	이만근(李萬根)	청원 을
43.	황윤호(黃潤鎬)	진 양	44.	강기문(姜己文)	산 청
45.	김경도(金景道)	함 양	46.	허영호(許永鎬)	부산 갑
47.	한석범(韓錫範)	부산 병	48.	오용국(吳龍國)	남제주
49.	박윤원(朴允源)	남 해	50.	김장렬(金長烈)	완 도
51.	박종환(朴鍾煥)	청 도			

납북의원의 현황과 이에 대해 국회와 정부가 해야할 일

김 진 현
제헌국회의원유족회장,
문화일보 회장

Ⅰ.

우리 대한민국에서도 이산가족이라고 하면 해방 후 3·8선을 넘어왔거나 또는 6·25 전쟁 때 북에서 남으로 피난 온 북한동포들을 주대상으로 삼고 있다. 이들은 대부분 자발적으로 남을 택함으로써 발생한 이산가족이다.

그러나 진짜 아픈 다른 이산가족은 본인의 의사와는 무관하게 강제로 납치, 억압된 상태에서 북으로 끌려갔기 때문에 생긴 이산가족이다. 납북된 제헌국회의원 51명이 바로 이런 경우이다.

전 공보처장관 오재경(吳在璟) 씨의 부친 제헌의원 오택관(吳澤寬) 목사의 경우 서울에 계시다 납북되었는데, 휴전으로 옹진군이 북한에 편입되는 바람에 6·25 전쟁으로 아버지만 북에 잃은 것이 아니라 고향까지 뺏기는 결과가 되었다.

51명 납북제헌의원의 비극적 강제납북과 그 후 그 가족사에 드리워진 비극을 열거하자면 한량이 없다.

혹자는 자진 월북자도 있지 않느냐고 할 지 모르지만 전적으로 사실이 아니다. 그 가족들의 구체적 증언이 그러할 뿐만 아니라, 북한정부에서 납북된 제헌의원들을 관리하던 탈북자의 수기에서도 잘 나타나 있다. 조철(趙澈) 씨가 1962년 3월 28일부터 6월 14일까지 동아일보에 연재한 「죽음의 歲月 - 拉北人士 北韓生活記」에 잘 나와 있다. 피랍과 북송과정의 고생과 고통, 병과 고독, 가족에 대한 그리움과 단절의 한을 품고 지내는 처절함, 이용당하고 숙청되는 비극들, 6·25비극의 상징들이 바로 납북된 제헌의원들이다.

Ⅱ.

제헌의원들은 헌법을 제정하고 정부조직법 등 관계된 국가창건의 기본법들을 제정한 대한민국의 산모(産母)이다.

제헌절이 국경일이 되고 있는 이유도 8 · 15광복에 비견할 만한 건국의 기초일이기 때문이다.

제헌국회의원은 총 209명으로서 이중 6 · 25동란으로 납북된 제헌국회의원은 51명이나 되며, 제2대 국회의원 중 납북된 의원은 23명이나 된다.

납북의원들은 북한 공산군의 서울 점령으로부터 시작되었다. 북한군이 의정부를 거쳐 미아리고개로 육박해 오고 있을 때 이승만 정권의 각료들은 한강을 건너 피난길에 오르고 있었으며, 그 당시 수도사수를 결의한 제2대 국회는 그야말로 무방비 상태에 있다가 너무나 많은 납북희생자가 생겨났던 것이다. 더욱이 제2대 국회는 6 · 25가 터지기 겨우 6일 전인 6월 19일에 개원되었으므로 공산군이 미아리고개를 넘은 무렵에도 의원 개개인에게 피난 통고조차 할 수 없는 상태였다.

납북된 국회의원의 명단은 다음과 같다.

납북된 제헌국회의원 명단

구분	성 명	선거구	구분	성 명	선거구	구분	성 명	선거구
1	金德烈	양주 갑	19	洪淳玉	청원 갑	37	金仲基	장 흥
2	權泰義	김천 갑	20	金禹埴	달 성	38	趙重顯	장 서
3	吳宅烈	영 덕	21	洪禧種	김제 을	39	裵重赫	봉 화
4	崔錫洪	명 주	22	吳澤寬	옹진 갑	40	金若水	동 래
5	金敎賢	보 은	23	金尙德	고 령	41	李文源	익산 을
6	具中會	창 녕	24	崔泰圭	정 선	42	李萬根	청원 을
7	申性均	전 주	25	白寬洙	고창 을	43	黃潤鎬	진 양
8	金永東	고창 갑	26	張炳晩	칠 곡	44	姜己文	산 청
9	李龜洙	고 성	27	姜旭中	함 안	45	金景道	함 양
10	李周衡	밀양 갑	28	金孝錫	합천 을	46	許永鎬	부산 갑
11	趙炳漢	문 경	29	鄭光好	광 주	47	韓錫範	부산 병
12	金庚培	연백 갑	30	趙玉鉉	순 천	48	吳龍國	남제주
13	趙憲永	영 양	31	金雄鎭	수원 을	49	朴允源	남 해
14	金用鉉	무안 갑	32	金沃周	광 양	50	金長烈	완 도
15	宋昌植	이 천	33	李康雨	진 주	51	朴鍾煥	청 도
16	金秉會	진 도	34	李 錫	경주 을			
17	盧謐煥	순 창	35	金東元	서울 용산			
18	徐延禧	포 천	36	趙鍾勝	[illegible]			

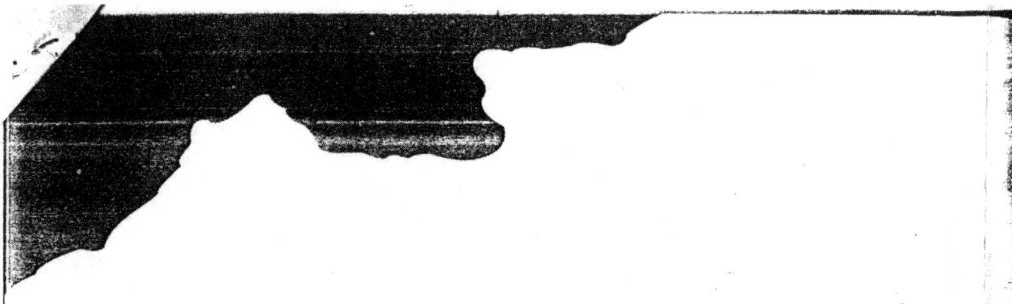

납북된 제2대국회의원 명단

구분	성 명	선거구	구분	성 명	선거구
1	丘德煥	서 천	13	吳夏英	종로 을
2	金用茂	무안 갑	14	元世勳	중구 갑
3	金七星	부산 병	15	柳驥秀	용 인
4	金憲植	논산 갑	16	尹琦燮	서대문 을
5	朴性宇	상주 갑	17	李相慶	하 동
6	朴榮來	완주 을	18	李宗聖	이 천
7	朴哲圭	예 산	19	張連松	동대문
8	白象圭	長 湍	20	鄭仁植	광산 을
9	辛錫斌	정읍 갑	21	曺圭卨	영천 을
10	辛容勳	창 녕	22	趙素昂	성 북
11	安在鴻	평 택	23	崔丙柱	부 안
12	梁在廈	문 경			

III. 해야 할 일

1. 납북의원의 생사확인과 사망자들의 유해송환

그동안 납북자 문제가 거의 거론되지 않았던 것은 한국 및 북한 양측의 여러 요인이 작용했기 때문으로 분석된다.

국내에서는 납북자 가족에 대해 연좌제가 적용돼 관련가족들이 납북자들의 생사문제와 송환에 대한 요구를 적극적으로 하지 못했다. 납북자 가족들에 따르면 이 문제에 대한 한국정부의 무관심으로 관련자료의 축적도 제대로 이뤄지지 못했고, 또한 이 문제를 다루는 법률적 제도적 장치가 미비했으며 정부의 적극적인 송환 요구도 거의 없었다고 한다.

더욱 문제를 어렵게 하는 것은 북한이 납북자를 인정하지 않는다는 점이다. 북한은 나아가 납북자들을 본인의 의사와 무관하게 강제로 회유·협박·순치시켜 대남방송 등 공작에 활용함으로써 납북자 가족의 입지를 더욱 약화시켰던 것이다. 북한체제에 저항하는 납북자는 정치범수용소로 보내지거나 처형된 사례도 있었다고 알려져 있다.

생사확인 및 사망자들의 유해송환 그리고 납북자 가족에 대한 정신적·물질적 피해 보상을 정부에 강력히 촉구하여야 할 것이며, 법률적·제도적 장치를 마련하는 데도 노력하여야 할 것이다.

이제 51명의 제헌의원과 23명의 2대 국회의원 중 생존자가 있을 확률은 거의 없다. 적어도 돌아가신 날짜와 돌아가실 무렵의 거주지와 상황만이라도 가족에 알려주어야 할 것이다.

2. 납북 제헌국회의원의 정부서훈 추진

제헌국회의원들은 정부로부터 우리나라의 헌법을 제정하여 정부수립의 기틀을 마련하는 데 기여한 공로로 국민훈장 무궁화장을 1969월 12월 17일에 158명이 받은 바 있다. 그러나 납북된 제헌국회의원 51명에 대하여서는 서훈에서 제외되었다.

이제 남북의 화해 분위기가 고조되어가고 있는 이 시점에서, 유가족들의 피맺힌 한을 풀어주고 명예회복을 시켜주는 차원에서 기서훈한 바 있는 제헌국회의원들과 동격의 정부서훈(국민훈장 무궁화장)을 받을 수 있노록 빠른 시일 내에 조치하여야 할 것이다.

4. 북한의 납북정책 관계자료

4-1. 남조선에서 인테리들을 데려올데 대하여 (1947.7.31)

4-2. 연천 주재지 사업 보고서 (1949.8.5)

4-3. 기술간부 수요인원 보고에 대하야 (1950.6.6)

4-4. 「특수기능자우대에 관한 규정」 시행세칙합의에 대하여 (1950.6.27)

4-5. 소위 국회의원은 명 20일까지 자수를 요망 (1950.7.20)

4-6. 해방구역에서 입북한 기술자 기능자 및 로무자 신원증명에 대하여 (1950.9.10)

4-7. 남조선 애국적 정계인사들의 입북을 안전하게 보장할데 대하여 (1950.9.17)

4-8. 김규식 선생을 비롯한 남조선 정계 인사들의 생활을 잘 돌봐줄데 대하여 (1950.11.1)

4-9. 남반부 해방지구에서 각 공장 기업소에 파견된 로동자 기술자들에 대한 정보사업 진행에 대한 이첩지시 – 평남정 제2443 (1950.9.10)

4-10. 서울시민 전출사업에 관한 협조사에 대하여 강원내 제3440호 (1950.9.5)

4-11. 군사위원회 명령 제 74호 집행보장에 대한 지시 평남정3 제2751호 (1950.10.2)

해제

이 장에서는 북한의 남한 민간인 납치와 관련된 북한에서 작성한 총 10건의 문건과 「노동신문」기사 1건을 소개한다.

『김일성 전집』 4권에 있는 1946년 7월 31일자 교시 문건은 김일성이 북한 내에 인텔리가 부족하니 남한에서 데려 오라고 한 지시를 담고 있다. 이 문건은 납치할 인사의 명단이 사전에 작성되었거나 사전에 납치가 치밀하게 준비되었을 가능성을 보여주고 있다.

또한 전쟁 준비를 위하여 사전에 남한 내 각 곳에 주재지 사업을 전개하는데 이는 각 지역의 남침 루트 확보와 정보 입수, 진보적인 인사들을 규합하며 반동분자들을 분열 · 와해시키고 납치함으로써 국토 완정의 결정적 역할을 높일 임무를 띠고 전개되었던 것을 북한 문건을 통해 볼 수 있다. 전쟁 수행에 필요한 기술 인력 확보를 요청하는 문서 등이 있어서 북한이 남한을 침략하기 위하여 치밀한 계획을 세웠음을 알 수 있고 납치도 이런 맥락에서 자행되었을 가능성을 확인할 수 있다.

북한은 서울 점령 기간 중 남한의 국회의원들이 피신하자 자수 권고 기사를 신문에 내기도 하였고, 이어서 서울 식량난과 북한의 인력난으로 북한은 서울 시민 50만 북송 계획을 세우고 전출이라는 미명하에 민간인 납치가 본격화된 것도 문서를 통해서 확인할 수 있다. '전출 세대 중 노동력이 없는 가족은 북한 내 전출을 엄금하라' 는 지시는 노동력이 있는 사람만 선별해서 가족과 분리하여 납북하였음을 입증하고, 90% 이상의 납북자들이 남성이었던 까닭을 밝혀준다.

특히 남한 내 기술자를 찾아내 납북했던 사실이 '북한에 진출한 남한 기술자들에 대한 감시를 강화하라' 는 지시 문건과 이들에게 '공민증을 발급하지 말라' 는 지시 문건에서 간접적으로 확인된다.

이들 북한에서 펴낸 자료들은 북한 스스로 '납치' 로 인식하고 있지는 않지만 시민을 불법 연행하여 북송해간 납북 사실들을 실증적으로 입증해주는 가치 있는 자료라고 할 수 있다.

4-1. 남조선에서 인테리들을 데려올데 대하여

(1947.7.31)

〈출처 / 출전〉
북한 자료센터 / 『김일성 전집』 4

〈해설〉
이 문서는 1946년에 이미 김일성이 남한에서 지식인들을 북한으로 데리고 올 것을 명령한 교시로써 인텔리 납치가 치밀하게 사전부터 준비된 것임을 알 수 있게 하는 자료라고 사료된다. 이 자료는 구체적으로 종합대학 창립과 산업 제반 시설 복구 및 운영에 필요한 학자와 전문가들이 절대적으로 필요한 상황임을 기록하고 있다. 북한의 인텔리 부족 현상이 일제 식민지 탓이라고 말하며 민족주의적으로 인텔리 납치를 정당화하고 있다.

1945년 8월 15일 광복 후 북한은 사회주의 체제가 정권을 잡고 개인 재산을 몰수하였을 뿐 아니라 지주 계급과 종교계, 친일파에 대한 철저한 숙청을 했고, 대부분의 일본 유학 출신의 지식인이나 교육받은 사람들이 남하함에 따라 인텔리 부족 현상에 직면하게 되었다.

6 · 25전쟁 전 이 지령에 따라 소위 공작원들이 많은 공작금으로 남한의 학자와 지식인들에게 접근, 감언이설로 포섭 · 회유하기 시작했고 실지로 이에 포섭된 인텔리들이 월북하기도 했다고 알려져 있다. 따라서 이 문서는 6 · 25전쟁 당시의 납북이 6 · 25전쟁 이전부터 조직적으로 자행된 납치의 연장선상에 있음을 실증하는 중요한 문서라고 볼 수 있다.

남조선에서 인테리들을 데려올데 대하여

남조선에 파견되는 일군들과 한
담화 1946년 7월 31일

날씨가 무더운데 오느라고 수고하였습니다.

오늘 동무들을 부른것은 남조선에 있는 인테리들을 데려오기 위한 문제를 의논하기 위해서입니다.

동무들도 알겠지만 며칠전에 진행된 북조선림시인민위원회 상무위원회에서는 우리와 함께 민주조국 건설에 참가하겠다는 의향을 표시한 남조선의 인테리들을 데려오기 위한 조치를 취하도록 하였습니다.

우리가 새 민주조선 건설에서 직면하고있는 가장 큰 난관의 하나는 대학교원, 학자를 비롯한 인테리가 매우 부족한것입니다. 인테리가 부족하기때문에 산업운수시설을 복구정비하고 관리운영하는데서 지장을 받고있으며 교육과 과학, 문학예술을 발전시키는데서도 애로를 느끼고있습니다.

종합대학을 창립하기 위한 준비사업정형을 보아도 인테리가 부족하기때문에 아직까지 교원문제를 해결하지 못하고있습니다.

우리 나라에 인테리가 부족한것은 악독한 일제식민지통치의 후과입니다. 조선을 강점한 일본제국주의자들은 우리 인민들에 대한 착취와 압박을 강화하는 한편 민족우매화정책을 실시하였습니다. 그리하여 조선사람의 절대다수가 대학이나 중학교는 고사하고 소학교문전에도 가보지 못하였습니다. 과거에 대학을 졸업한 조선사람은 극히 적습니다. 일본이나 만주에 가서 대학공부를 한 사람들이 있기는 하지만 그들은 불과 몇명 되지 않으며 그들마저도 지금 각처에 흩어져있습니다.

당면하여 부족한 인테리문제를 해결하자면 북조선에 있는 인테리들을 다 찾아내는 한편 남조선에 있는 인테리들을 데려와야 합니다.

남조선에서 인테리들을 데려오는것은 그들을 미제와 그 주구들의 탄압으로부터 구원하고 민주건국의 옳바른 길로 이끌어주기 위해서도 필요합니다.

지금 남조선에서는 미제와 그 주구들의 책동으로 말미암아 인테리들에게는 나라와 민족을 위한 과학탐구의 길이 막혀있으며 그들은 초보적인 민주주의적 자유와 권리마저 박탈당하고있습니다. 민주주의적교육의 실시와 과학탐구의 자유를 요구하는 인테리들은 학교와 연구기관들에서 축출당하거나 검거투옥되고 있으며 항시적으로 신변의 위협을 받고있습니다.

남조선의 인테리들은 진보적민주주의의 길로 나아가고있는 북조선을 동경하고있으며 진정으로 인민을 위한 교육사업과 과학연구사업에 종사할것을 열망하고있습니다.

우리는 남조선에 있는 인테리들을 데려다가 그들에게 새생활의 길을 열어주어야 하며 그들이 자기의 희망에 따라 교육사업과 과학연구사업, 문학예술사업을 마음껏 할수 있게 하여야 하겠습니다.

남조선에서 인테리들을 데려오자면 여러가지 문제들이 제기될수 있습니다.

지금 미제의 사촉하에 리승만도당은 민주력량에 대한 탄압에 광분하고있으며 우리의 민주건설성과를 동경하거나 북조선으로 오려는 사람들에 대하여 비렬하게도 테로행위를 감행하고있습니다. 그리고 일부 인테리들은 미군정통치와 반동파들의 매국배족행위를 반대하면서도 공산주의에 대한 옳바른 인식이 부족한데로부터 어느 길로 가야 할지 갈피를 잡지 못하고있습니다.

동무들은 남조선에 나가 그곳 인테리들에게 북조선에서 인민을 위한 민주주의적시책을 실시하고있는데 대하여서와 인테리들을 매우 귀중히 여기고 그들에게 교육사업과 과학연구사업에 필요한 조건을 보장하여주고있는데 대하여 사실대로 이야기해주어야 합니다. 앞으로 평양에 종합대학이 창립된다는것도 알려주어야 합니다.

그리고 남조선에 있는 인테리들에게 북조선에 들어와 나라와 민족의 부강발전을 위한 일을 해주었으면 좋겠다는 우리의 위촉장을 전달하여야 하겠습니다.

남조선에 있는 인테리들이 북조선의 소식과 우리가 보내는 위촉장을 전달받게 되면 그들은 우리를 지지하고 적극 따라나설것입니다.

남조선에 있는 인테리들을 무사히 데려오기 위한 대책을 잘 강구하여야 합니다. 동무들은 그들에게 줄 려비까지 넉넉히 준비해가지고 떠나야 합니다. 남조선에서 들어오는 인테리들중에는 본인만 먼저 오고 가족은 후에 데려오겠다고 하는 사람도 있을수 있는데 그런 경우에는 그 가족들의 생활문제에 대해서도 관심을 돌려야 합니다.

미군정과 남조선반동파들의 경계가 심한 조건에서 본인들은 륙로로 38선을 넘어오더라도 가족들은 배를 리용하여 안전하게 들어오도록 하는것이 좋겠습니다. 해당 기관에 지시하여 남조선에서 들어오는 인테리들과 그 가족들의 길안내를 잘하기 위한 대책을 취하도록 하겠습니다.

우리는 남조선에서 들어오는 인테리들이 자기들의 희망과 전공에 따라 앞으로 창립될 종합대학을 비롯한 교육문화기관들과 과학연구기관들에서 일하게 하고 그들의 사업을 적극 방조하여줄것입니다. 남조선에서 들어오는 인테리들이 가장집물도 못가지고 들어오는것만큼 인민정권기관들에서 그들의 생활을 특별히 돌보아주게 하려고 합니다.

나는 동무들이 남조선에 가서 경각성을 높이고 신중하게 행동하며 맡은 임무를 훌륭히 수행하고 무사히 돌아오기를 바랍니다.

4-2. 연천 주재지 사업 보고서

(1949.8.5)

〈출처 / 출전〉
군사편찬연구소 / 「연천 주재지 사업 보고서」

〈해설〉
주재지 사업이란 북한이 전쟁 전부터 실시한 일종의 대남 공작 사업을 말한다. 이 보고서는 이러한 활동의 구체적인 내용을 담고 있다. 1949년 10월부터 북한의 주재지 사업에 관하여 그들의 임무를 '평화체제에서 전시체제로 이행을 강화' 하는데 있음을 밝히며 '적진에 침투하여 진보적인 인사들을 규합하며 반동분자들을 분열와해시키고 납치함으로써 국토완정의 결정적 역할을 높일 임무' 로 규정한다.

주재지 사업은 1949년 초부터 시작되어 원산, 양양, 화천, 인제, 양구, 부산, 진해, 포항, 묵호, 주문진 등으로 확대돼 루트 확보 강화와 적정 탐지 공작이 진행되고 있었던 것으로 알려져 있다. 현재 「연천주재지 사업 보고서(1949년 8월)」,「원산 주재지 사업보고서(1949년 10월)」 등이 노획 문서로서 존재한다. 「연천 주재지 사업 보고서」는 납치가 북한에 의해 조직적으로 실행되었음을 실증하는 자료라고 할 수 있다.

5N1305 - 5N1381 ↔ 5N889-1 +

번호 없음

미동록 49년 연천보고서			
?	49	연천보고서	49.4.10 49년사업전망(연천주재소.49.4.4 창설)-인민 요시인 관찰, 공작원선발(38접경지 20-40세 열성로동당원),대남 아지트는 수개월 걸릴듯함.이동무를 5.2일 월남시킬 예정. 공동무도 38지방 공작 자원.
	49.7.24	사업검열	연천주재지 사업검열결과-사업중심은 공작원선발,일선 아지트 창설,공작원 월남안내.49.4-12 공작원 선발이확8명 이남6명 계획,이남은 미획득.월남공작 안전위해 아지트 4개소 창설.이남아지트 미비는 38정세가 급격히 악화되어.월남안내 총인원 26명-월남명단 출발일자 명시(대체로 6-7월),적정탐정공작 미비함,루트확보는 38정세악화로 종래 루트는 절단,7.12일 원산공작원아 동두천 소요산까지 가서 적들에 발견 간신히 귀환,안내원은 총상.7.20일 출발한 공작원 이동무는 아직 소식없음.6.15일 출발한 4명의 공작원은 38선을 넘어 약 10리를 가다가 다른 부문의 공작원끼리 접촉. 연천주재소중심 전곡 청산 미산 백학 동지 아지트 거리는 8-24킬. 38정세보고철저히 할것 예로서 7.10 미산면 삽화리에서 부락45호중 35호가 놈들에 납치당한 사실 보고없음. 6월중 대남공작원 22명을 월남시킴,어룡 박희양 안내직접 서울까지 공작원을 안내한 것이 7-8차례임. 적의 비밀 탐정· 적배치·민심동향 파악주력. 38에 적세력 집중하여 북벌표어난무,동향정확히 파악해야. 내무성 정치보위국 제1처 77호 각주재지 책임자 당면과업 집행. 공작원체계도.
	49.8.5	사업보고	연천주제소(4.4-8.5)-우리 제2부공작은 인민정구너을 보위하며 남반부 인민들을 도탄에서 구하기 위해 적진에 침누하여 진보적인 인사들을 규합하며 반동분자들을 분열와해시키고 납치함으로써 국토완정의 결정적 역할을 높일 임무. 49년7월초부터 38군사정세가 악화되어 신루트 곤란. 38선 적군경찰배처 개략적 파악. 경제공작은 38교역이 중단되어 불가능. 연천군 38경계선에 6개면 20여부락. 국군경찰이 매일같이 불법사격 인민학살. 예로서 49.6.21 미산면 삼화리 10여명 납치,7.25 백학면 전동리 7명이 방화, 7.26 전곡면 구정산에서 포격,리인위선전실 방화. 7.27 백하견 8명이 침투,7.29 천산면 아장동 국20이 80여명 납치, 38접경지 인민들은 대단히 동요되어 매일 이주할 준비와 이사짐 실은 수레는 전곡과 연천사이에 다수 보임.
	49.8.31	출장보고	대남공작 위해 친인척 주변인물 파악. 공작비 마련위해 대남 아편장사 한관에 남화 40-50만원,10관을 마련해 줄 것 요청.
	49.8.14	사업보고	연천주재소는 아직 대남아지트 마련못함. 대남공작파견은 연인원 25명. 아직 대남정보 정확한 것 없음.

4-3. 기술간부 수요인원 보고에 대하야

(1950.6.6)

〈출처 / 출전〉
북한 자료센터 / 북한 노획 문서

〈해설〉
북한의 민족보위성은 우리나라의 국방부와 같은 내각의 한 부서다. 1950년 6월 6일 민족보위성에서는 6 · 25전쟁 개전을 앞두고 전쟁에 필요한 기술 인원 부족을 채우기 위해 북조선로동당 중앙본부에 수요 인원을 파견 · 요청하고 있다. 이 문서에 의하면 건축기술자, 의사, 약제사 등 전쟁 중 없어서는 안 되는 가장 필요한 기술 인력을 요청하고 있다. 6 · 25전쟁 납북자의 신분별 통계 자료에 의하면 전문 직종인 중에서 기술자, 의사 등이 특히 많다. 전쟁 중 북한 당국은 남한 민간인 중 기술자와 의사들을 납치하여 인력이 필요한 곳에 보내 활용한 것으로 확인할 수 있다.

조선민주주의 인민공화국

민족보위성

부수 No.2

북조선로동당 중앙본부

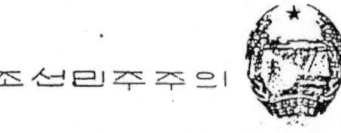

조선인민군
간부처
1950년 6월 7일
발수 0328

— 간부부부장 동지 앞

기술간부 수요인원보고에대하야

현재 보위성관하 많은기술인원의 부족으로서 사업상 지장이 있아오니 특별히 고려하여 하기 수요인원을 시급히 파견하여주심을 요망합니다

기

No.1	건축기술자	60 명
2	의사	100 명 15명
3	약제사	40 명
4	경리간부	150 명

——— 이상 ———

1950년6월6일

총 2부작성
No.1부
로당간부부
집행자 미 럽
타자수 정애
원본 1매
타일 6.6
(No.467)

조선민주주의인민공화국 민족보위성

간부처장 미 럽

4-4. 「특수기능자우대에 관한 규정」 시행세칙합의에 대하여

(1950.6.27)

〈출처 / 출전〉

북한 자료센터 / 북한 노획 문서

〈해설〉

1950년 6월 25일 새벽 4시에 총공격을 감행한 북한은 개전 3일째인 28일 서울을 점령하게 된다. 개전 초기 모든 분야에 총동원령을 내린 북한은 전선에 전인원을 집중하게 되고 평양에는 인력 부족에 시달리게 된다. 특히 특수 기능자는 더욱 그 수요가 높았을 것이다. 이에 내무성에서는 노동상에게 '특수기능자우대에관한규정' 시행 세칙을 조속히 실천할 수 있도록 요청하는 문건이다. 별지 시행 세칙은 없지만 전쟁 중 심각하게 부족한 인력을 남한 민간인을 납치하여 조달하게 되는 것으로 나타난다. 특히나 서울 수복 직전 북한은 농민, 노동자 등 일반 시민들을 대량으로 끌고 갔으며 1 · 4후퇴 후 북한의 재침략 때에도 무작위로 납치해간 소년 · 소녀들도 구성된 인민의용군 혹은 특수부대를 편성하여 작전 침투 및 대남공작원으로 활용한다.

美國·國立公文書館所藏
北韓解放直後極秘資料
(1945年 8月~1951年 6月)
(5)
南進에서 平壤 陷落까지

조선민주주의 인민공화국

내 무 성

[illegible]

내무성제 호

[illegible] 통 사 항

「특수기능자우대에 관한규정」시행세칙안에 대하여

[illegible] 동성 [illegible]국비제 885 호에 의하여 별지와 같이 재작성하였으니 [illegible] 참의에 주심을 바랍니다

조선민주주의 인민공화국

내 무 상 바 이 우

1960년6월27일

평 양 시

내정 [illegible] 수 호

내정 [illegible]

배 - [illegible]

4-5. 소위 '국회의원'은 명 20일까지 자수를 요망

(1950. 7. 20)

〈출처 / 출전〉

북한 자료센터 / 로동신문

〈해설〉

1950년 6월 북한최고인민회의 김두봉 의장은 남한 국회에 여러 차례에 걸쳐 8월 15일에 북한의 대의원과 남한의 국회의원이 모여 선거를 통해 남북한 통일 정부를 선포할 것을 제안한다. 이와 같은 목적 달성을 위하여 북한은 남침하여 1950년 6월 28일 수도 서울을 점령하자 곧바로 남한의 국회의원들을 한 자리에 모으는 작전을 시작한다.

피신한 국회의원에게 자수를 권하는 이러한 신문 기사를 7월 20일자로 게재하는 한편 조직을 동원하여 피신한 국회의원들의 소재를 파악한 후 연행한다.

원래 목적인 통일 정부 선포가 남한 국회의원들의 비협조로 이루어지지 않자 자수 혹은 밀고로 연행된 국회의원은 성남호텔(중구 서린동)에 구금되어 있다가 일부는 7월 말부터 적도(赤都) 평양의 발전상을 돌아보는 '인민관광단' 이라는 미명하에 끌고 간다. 또한 대남 공작 목적으로 이용하기 위해서 '모시기 공작' 이라는 명목으로도 납치해간다. 납북된 남한 국회의원들은 북한의 강압에 의하여 어쩔 수 없이 북한 체제 선전에 강제 이용당한다.

북한 당국은 남한의 정치인들을 끌어들이기 위하여 자수할 경우 무조건 신원을 보장하며 대리인의 신고도 받는다는 것은 밀고도 포함될 수 있는 내용으로 북한이 얼마나 정치인 포섭에 열중하였는지 알 수 있는 자료이다.

로동신문 1950년 7월 20일

소위 '국회의원'은 명 20일까지 자수를 요망

… 남조선의 소위입법기관을 구성하였던 5.30선거 국회의원 대다수는 서울시내 모처에서 회합을 열고 앞으로의 여러 가지 대책을 토의한 바 있었다.

그런데 아직까지 시골 혹은 서울시내에 피신하고 있는 사람들은 하루빨리 자수하여 자기의 죄과를 갱신하여야 할 것이다.

아직 자수하지 않는 자들의 임시 련락 장소를 서울시 다동 전 「성남그릴」로서 련락○○에 대한 일체신원은 보장되어 있다. 련락 시일은 오는 20일까지 매일 오전 10시부터 오후 5시로서 미처 본인이 못 올 경우에는 대리인이 먼저 련락해도 무관하다.

! 당신들에게는 지금「정부」도
침략자들의 편에서서 자기동족
동족과 인민의 편에서서 외래
(김일성장군)

적三十여명을 섬멸
신직참호에 뛰어들어
용감하고 대담한 리학선동무

라디오 만년필 등 위문품 답지
문련산하 맹원들 원호에 활약

위문품 六천여점
녀맹원들이 거출

북반부전체역과
해방구역간에
우편물 취급개시

의용군 참가를 탄원
강원도 해방지구 청년들궐기

소위「국회의원」은
명二十일까지 자수를 요망

각학교로부터
위문품 쇄도!

조선예술대표단
「모쓰크바」에서 연주회대성황

련일 대성황!

〈로동신문. 1950. 7. 20〉

4-6. 해방구역에서 입북한 기술자 기능자 및 로무자 신원 증명에 대하여

(1950. 9. 10)

〈출처 / 출전〉
북한 자료센터 / 북한 노획 문서

〈해설〉
이 문건에서는 '입북한' 이라는 용어로 기록하고 있지만 6 · 25전쟁 당시 남한에서 수많은 기술자와 청년들을 학교에서, 직장에서, 가두에서 강제 모집하여 납북해갔음을 역으로 입증하는 문서이다. 납북해간 이들에게 북한인민들에게 주는 공민증을 주지 않았으며 구별하여 별도의 신분증을 발급하였음을 확인할 수 있으며 납북되어 간 사람들이 북한 사회에서 차별을 받았다는 사실을 확인할 수 있다. 또한 북한 당국은 납북해간 사람들을 별도로 관리하였음도 시사하고 있는 문건이다.

	과원	과장		원장

조선민주주의인민공화국

보건성비밀제 1904호　　1950

평양특별시

각도 및 평양시 보건부장

중앙병원　각 중앙기관장

해방구역에서 입북한 기술자 기능자 및 노무자 신분증명서 발급에 관하여

해방구역에서 입북한 기술자 기능자 및 노무자에 대하여는 내무성에서 공민증을 교부치않고 별지 양식에 의한 신분증명서를 발급하여 그들의 사회생활에 지장이 없도록 하게 되었으니 시급히 신분증명서를 발급할 것을 지시함

보건성 부상 　기춘

1950년 9월 10일

평양시

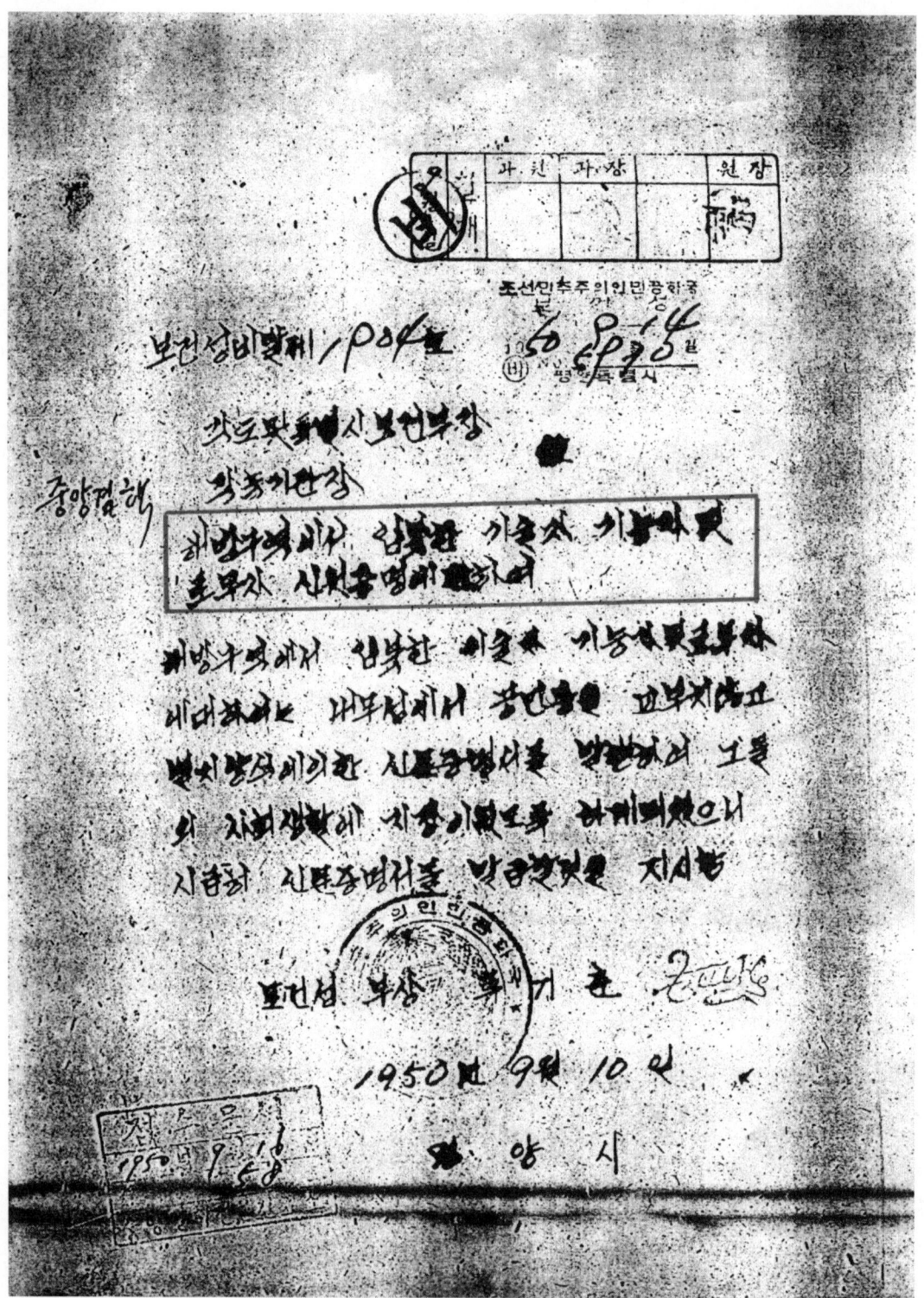

접수 1950년 9월

4-7. 남조선 애국적 정계인사들의 입북을 안전하게 보장 할데 대하여

(1950. 9. 17)

〈출처 / 출전〉

북한 자료센터 / 『김일성 전집』 12

〈해설〉

전쟁 중이었던 1950년 9월 17일자 문서로 납북인사들을 북한측에서 어떤 위상으로 바라보고 있는지를 알게 해주는 중요 자료로 사료된다. 당시는 인천상륙작전으로 인해 전세가 역전되기 시작하는 시기다. 북한은 서울 점령 후 남한의 국회의원들을 소집하여 북한의 대의원들과 함께 통일 정부를 선포하려고 했던 계획을 세웠으나 남한 국회의원들이 급히 피신하는 바람에 무산된 바 있었다.

북한은 피신한 국회의원들을 조직적으로 찾아내어 연금했다가 평양으로 후퇴할 때 이들을 납북해갔다. 美대사관에서 작성한 일급 비밀 문건에 의하면 이 시기에 '10,000명 이상 적어도 20,000명 정도의 정치범들이 9월 17일부터 28일 사이에 서울에서 사라졌다' 라고 추정하고 있다. 북한은 연행해온 저명 애국인사들에게 강제적으로 담화나 성명을 발표하게 하여 체제 선전에 활용하고 있음을 알 수 있다. 또한 '지난 날 반공일선에 섰던 사람이라도 과거를 불문하고 포용할 것' 이라고 말함으로써 납북을 정당화하는 한편 관용책을 시사하여 회유하고 있는 것으로 사료된다.

<김일성 전집> 1950. p

남조선 애국적정계인사들의 입북을 안전하게 보장할데 대하여

조선로동당 중앙위원회 비서, 내무상,
조국통일민주주의전선 중앙위원회 서기
국장에게 준 지시 1950년 9월 17일

현재 서울에 있는 남조선의 이름있는 여러 애국적정계인사들이 우리 공화국정부를 지지하여 평양에 들어올 의사를 표명하였다고 합니다. 그들이 소망대로 평양에 무사히 들어오도록 하여야 하겠습니다.

미군병력이 인천에 상륙함으로써 서울일대에 위험한 정세가 조성되고 거기에 있는 남조선 애국적정계인사들의 신변이 위태롭게 되였습니다.

만일 우리가 남조선정계인사들을 그대로 방임해둔다면 그들이 적들에게서 박해를 받고 참살당할수도 있습니다. 우리는 어떻게 하나 그들을 구원하고 보호해주어야 합니다.

김규식, 조소앙, 조완구, 최동오, 엄항섭 선생을 비롯한 애국적인사들을 데려와야 하겠습니다.

그들은 리승만괴뢰도당의 민족분렬책동을 반대하고 우리가 내놓은 남북협상방안을 지지하였으며 평양에서 소집된 4월남북련석회의에 참가하여 회의를 성과적으로 보장하는데 크게 기여하였습니다. 그들은 남북련석회의후 서울에 돌아가서도 련석회의결정을 지지하는 정당, 사회단체 인사들트 구국통일전선을 형성하고 미군철거와 평화적조국통일방안을 실현하기 위하여 적극 활동하였습니다.

그들은 인민군대의 반공격이 개시되자 패주하는 적들을 쫓아간것이 아니라 서울에 남아서 미제와 리승만괴뢰도당이 범죄적인 전쟁을 도발한데 대하여 규탄하면서 공화국정부를 지지하는 성명과 담화도 발표하였습니다.

이번에 애국인사들을 평양으로 데려올 때 서울에 있는 안재홍, 오하영 선생을 비롯하여 입북의사를 표명한 《국회의원》들과 리승만괴뢰도당에게 체포투옥되었던 전기 《국회》의 《소장파의원》들도 다 데려와야 하겠습니다. 그들은 한때 친미반공의 일선에서 나라와 민족을 배반하는 길을 걸었지만 지금은 리승만괴뢰도당과 결별하고 나라의 평화적통일을 실현하기 위한 애국의 길에 들어선 사람들입니다.

우리는 서울에 있는 남조선의 애국적정계인사들이 비록 우리와 정견은 다르지만 그들의 민족적량심과 애국적지조를 소중히 여기고있습니다. 지난날 반공일선에 섰던 사람이라 하더라도 오늘 나라와 민족을 위한 애국의 길에 나선다면 과거를 불문하고 손잡고나가자는것이 우리의 일관한 립장입니다.

내무성에서는 이번에 입북하는 남조선정계인사들의 신변안전을 철저히 보장하여야 하겠습니다.

남조선정계인사들이 평양으로 들어올 때 김규식, 조소앙, 안재홍 선생과 같은 이름있는 정치인들과 년로한분들은 다 고급승용차를 리용하게 하여야 하겠습니다.

적기의 폭격이 심하므로 자동차에 위장을 잘하고 밤에 떠나게 하며 예비자동차도 준비하여야 합니다.

조국통일민주주의전선 중앙위원회 서기국에서는 남조선정

4-8. 김규식선생을 비롯한 남조선정계 인사들의 생활을 잘 돌봐줄데 대하여

(1950. 11. 1)

〈출처 / 출전〉

북한 자료센터 / 『김일성 전집』 12

〈해설〉

김일성이 당시의 내각 부수상 김책에게 준 교시로 김일성이 납북인사들에게 지대한 관심을 갖고 있음을 보여주는 단서가 된다. 당시 북한군은 UN군의 진공 작전으로 인해 평안북도 강계 만포진까지 후퇴하게 된다. 납치인사 역시 인민군의 철저한 감시와 통제하에 만포진까지 '죽음의 행진'을 같이 하게 된다.

이 자료에서도 드러나듯이 남한인사가 만포진에 있었던 것은 여러 자료에 의하여 사실로 확인되어 왔다. 당시 납북되었다가 탈출에 성공한 사람들의 증언과 납북 관련 도서에도 기록되어 있으며, 또한 만포진에 감금 · 수용되었던 80여 명의 남한인사를 목격하였던 이구영씨는 그의 저서 『역사는 남북을 묻지 않는다』에서의 증언은 북한의 납북 행위와 만포진 수용에 대한 결정적 증언이라고 할 수 있다. 그는 한국전쟁 당시 피신한 남한 국회의원과 정치인의 동향 파악 및 정보 수집, 그리고 연행에 가담했던 북한의 정보원이었고 몇몇의 정치인은 만포진까지 끌려가는 데 일정한 역할을 하기도 했다.

김규식선생을 비롯한 남조선정계 인사들의 생활을 잘 돌봐줄 데 대하여

내각부수상 김책에게 준 지시
1950년 11월 1일

전번에 만포에 들어온 김규식선생의 건강상태가 좋지 않다는 소식을 듣고 특별병원 원장에게 그를 진찰해보라고 하였는데 결과가 어떤지 모르겠습니다. 김규식선생이 새로 나타난 병은 없으나 허약한 몸으로 먼길을 후퇴하여 오다나니 피로하여 밥맛을 잃고 식사를 제대로 하지 못한다면 빨리 대책을 세워야 하겠습니다.

김규식선생은 년세가 많은데다 원래 신병으로 몸이 허약합니다. 그는 1948년 4월에 열린 남북련석회의때에 평양에 들어왔지만 몸이 불편하여 회의에 참석하지 못한 일이 있습니다. 그러나 그는 불편한 몸임에도 불구하고 4월남북련석회의의 성과적보장에 기여하였으며 우리와 손잡고 조국의 통일과 자주독립국가건설에 여생을 바칠 결심을 피력하였습니다. 그는 북조선의 현실을 보고 몹시 감동되여 북에서는 공장이 돌아가고 자급자족할 토대가 마련되여있는데 남에서는 공장이 놀고 생산이 없으며 외국의것만 바라보고있다, 그러니 북쪽은 새로 일떠

서서 홍하는 집안 같고 남쪽은 망하는 집안 같다고 하면서 남의 장단에 춤출것이 아니라 제장단에 춤추어야 하겠다고 하였습니다.

김규식선생은 민족적량심과 의리가 있는 애국인사입니다. 그는 4월남북련석회의후 서울에 나가서 미제와 리승만괴뢰도당의 온갖 회유와 압력에도 굴하지 않았으며 전쟁이 일어난후 적들이 패주할 때에도 미제국주의자들을 따라간것이 아니라 서울에 남아있었습니다. 그는 일시적후퇴의 어려운 때에는 병약한 70고령의 몸으로 이곳에까지 불원천리하고 우리를 따라왔습니다.

신의에는 신의로 대하는것이 사람의 도리입니다. 우리는 신의를 귀중히 여기는 공산주의자들인것만큼 나라와 민족을 위하여 우리와 함께 손잡고나가려고 하는 사람들에 대하여서는 끝까지 믿고 이끌어주고 돌봐주어야 합니다.

김규식선생은 비록 고령이지만 나라의 통일을 위하여 많은 일을 하여야 할분입니다. 그러므로 그가 건강한 몸으로 조국통일을 위한 애국성업에 크게 이바지할수 있도록 치료를 잘해주어야 합니다. 특별병원 원장에게 지시하여 김규식선생의 건강을 회복하기 위한 치료대책을 철저히 세우며 선생의 건강과 장수에 좋은 여러가지 보약과 필요한 약품들을 다 써보도록 하여야 하겠습니다. 그리고 북부지대의 날씨가 몹시 찬것만큼 김규식선생의 숙식과 생활전반에 깊은 관심을 돌려 그가 사소한 불편도 없이 지내도록 하여야 하겠습니다.

김규식선생뿐아니라 자강도에 와있는 남조선정계인사들의 생활에 대해서도 관심을 돌려야 합니다. 안재홍, 조소앙, 최동오, 조완구, 오하영 선생을 비롯하여 남조선의 많은 인사들이 우리를 따라 만포까지 후퇴하여왔습니다. 우리는 그들의 민족적량심과 미제와 리승만도당을 반대하고 조국통일을 위한 애국의 길에 나서려는 결심을 귀중히 여겨야 합니다.

해당 기관에 지시하여 적기의 폭격이 심한 조건에서 남조선에서 들어온 인사들의 신변안전대책을 잘 세우며 그들이 불편없이 생활하도록 하여야 하겠습니다. 그들은 다 년로한 분들인것만큼 그들의 건강에 특별한 주의를 돌려야 하겠습니다.

4-9. 남반부 해방지구에서 각공장 기업소에 파견된 로동자 기술자들에 대한 정보사업 진행에 대한 이첩지시

평남정 제2443호(1950.9.10)

〈출처 / 출전〉

북한 자료센터 / 『북한 관계 사료집』 18

〈해설〉

이 자료는 납북된 기술자와 노동자들에 대한 철저한 정보 조사를 명령한 사항을 담고 있다. 이 자료를 통해 납북자 중에 기술자와 노동자들이 다수 포함되었음을 알 수 있다. 당시 북한 내에서는 인력이 부족한 상태였고, 전쟁을 수행하기 위해서는 무엇보다 시급하게 인력 조달이 필요했다. 따라서 남한 민간인 기술자들을 강제 납북하여 각 기업소에 배치시킴으로써 필요 인력을 충당했던 것으로 보인다. 이들이 사전 조사 없이 각 단위에 배치되었다는 점과, 일상적으로 감시 정보원을 각 기업소에 두어 이들을 감시케 하는 것을 미루어 보아 이들이 강제 납북되었음을 방증하는 자료라고 사료된다.

北韓關係 史料集 XVIII

(1946年~1950年)

國史編纂委員會

평남정 제2443호

각주재 책임자 앞

남반부 해방지구에서 각공장 기업소에 파견된 로동자 기술자들에 대한 정보사업 진행에 대한 이첩지시

영용무쌍한 우리 인민군대가 강도 미제국주의군대와 그 주구 리승만 괴뢰잔당들을 격멸 소탕하여 남반부 거이 전지역을 해방시킴에 따라 그들의 악독한 통치하에서 실업으로 신음하든 많은 애국적인 로동자 기술자들이 공화국의 경제토대를 구축하는 2개년 인민경제계획 실행에 진출하여 각공장 기업소에 배치되였다.

그러나 이런 기회을 이용하여 과거 리승만노당의 충실한 주구었든 인민에 원수들이 로동자 기술자로 가장하고 공장 기업소에 잠입한 사실이 있으며 또 앞으로 흔히 잠입할 수 있는 우려성이 있음으로 이를 미연에 적발하여 생산계획 실행에 지장이 없도록 보장하기 위하여 다음과 같이 지시한다.

1. 각주재 책임자 동무들은 시급한 시일내에 각공장 기업소 행정간부들과 긴밀한 연계밑에 남반부로부터 파견되어 배치된 로동자 기술자들에 대한 과거의 리력과 신원 생활상태 등 일체 기본재료를 수집하여 그들의 내력을 조사하여 장악하는 사업을 조직 집행할 것이며
2. 과거 리승만괴뢰정부의 충실한 주구로서 복무한 행정팔리 간첩구룹들에 가담한 분자들로서 리력을 기만하고 잠입한 자들에 대해서는 2중 3중의 정보원을 침투시켜 철저한 감시망을 조직하는 동시에 생산계획 실행에 해독을 줄 우려성이 있는 자들을 제때에 구체적 재료을 내사하며 처단하는 가섭을 조직 집행할 것이며
3. 남반부에서 가장 헌신적으로 투쟁한 로동자 기술자들을(우익정당 무소속이라 할지라도 믿을 수 있는 분자들을) 내사 선택하여 정보원으로 흡수하고 그들 속에서 체계적인 정보공작을 진행하도록 조직 집행할 것이다.

평남도 정치보위부장 이창율

1950년 9월 10일

― 평양시 ―

4-10. 서울시민 전출사업에 관한 협조사에 대하여

강원내 제3440호(1950.9.5)

〈출처 / 출전〉

북한 자료센터 / 『북한 관계 사료집』 16

〈해설〉

이 자료는 납북을 간접적으로 시사하고 있는 문건으로 사료된다. '서울시민 전출사업에 관한 협조사에 대하여' 라는 문건의 제목에서 알 수 있듯이 서울에서 철수하기 직전 긴급 전출 명령을 내린 것은 강제성을 띠는 납북으로 분류할 수 있다. 특히 이 문건 2항에 도주자를 즉시 체포하라는 기록도 이를 뒷받침하고 있다.

특히 이 문건의 4항을 주목해볼 필요가 있다. '노동력이 없는 가족, 이를테면 노인, 아동, 부녀자 등은 북반부 전출을 엄금하라' 는 명령이 있다. 이 명령은 이들 노동자들을 가족과 강제로 분류시키라는 것으로 이 명령의 범죄적 성격을 명확히 밝혀주고 있다.

김성칠씨에 따르면 1950년 7월 11일자(7월 5일자로 전쟁에 미군이 개입한 후임) 일기에서 당시 북한 점령하의 서울 시내의 가장 큰 당면한 문제는 첫째 식량이 없는 것, 둘째 의용군 강제 모집, 셋째 서울 시민 전출 문제였다. 이 문건에 해당되는 문제는 세 번째 문제로 김성칠 저자는 서울 시민 150만 명 중 50만을 줄이고 100만 명만 남길 예정이라고 한다는 기록과 함께 시내가 벌집을 쑤셔놓은 것같이 되었다고 기록히고 있다.

2001년 2월 21일자 「중앙일보」에 '북한이 6·25전쟁 때 서울 시민 50만 북송 추진' 이라는 제하의 기사가 실렸다. 이 내용은 일본 기무라 미쓰히코 교수가 구소련 기밀 문서에서 발견한 북한의 「제18호 결정서」 '서욻의 식량 상황에 관하여' 라는 제하의 문건을 러시아어로 번역한 문서 3항에 기록되어 있다. 북한의 최고 권력 기구인 7인군사위원회(김일성, 박헌영, 최용건, 정준택, 김책, 홍명희, 박일우)에서 1950년 7월17일자로 서울시임시인민위원회(위원장 이승엽)로 보낸 문건이다. 3항의 내용을 그대로 옮겨 놓으면 다음과 같다. '서울시 임시 인민위원회 위원장은 성(省)과 기관의 필요 수량 신청에 응하여 북조선의 광공업 기업과 농촌에 50만 명의 주민을 시로부터 조직적으로 후송할 책무를 진다.'

신문기사 내용 중 이에 대해 연세대 국제학대학원 한국전쟁사 전문연구원인 박명림 교수는 "전쟁 중 북한이 남한 사람들의 동원 방식에 대해 고민한 것은 사실이며 군사위원회가 그런 결정을 할 가능성은 충분하다. 그러나 이송 수단의 부족으로 실현되었을 가능성은 없어 보인다"는 언급을 하였다.

그러나 자료원의 판단은 당시 수송 기구가 점령 초기에는 청량리에서 원산으로 가는 기차가 있었고, 기차역이 폭격으로 기능을 상실한 후로는 서울의 경우는 지리상 거리가 가까워 도보로도 북송이 충분히 가능하였으며 납북되었다 탈출한 사람들의 경우 거의 다 걸어서 북송되었음을 증언하고 있다. 다만 「제18호 결정서」 시달 초기에는 전출 대상자 외 노동력이 없는 가족들의 동반을 금한다는 단서가 없었다가 추가되어 규모가 축소되었을 가능성은 있다고 본다. 서울 시민 전출 사업은 7월 초순부터 시작되었으며 「제18호 결정서」 시달 후부터 본격적으로 전출 · 납북이 자행되는 것으로 판단된다.
별첨: 2001년 2월 21일자 「중앙일보」 기사 참고

北韓關係 史料集 XVI

(1948年~1951年)

國史編纂委員會

㊙

강원내 제3440호

각시·군 내무서장 앞

서울시민 전출사업에 관한 협조사에 대하여

해방된 서울시민(로동자)들로서 공장·광산·기업소에 취직을 알선하기 위하여 공화국 북반부에 전출하는 사업이 각관계부문에서 집행되고 있는바 이 기회를 리용하여 리승만괴뢰도당의 충복주구 및 간첩분자 공화국 정권을 배반하고 월남한자(일제시 관공리들 수지주) 또는 북반부에 범죄을 범한 자들이 잔입하여 전출할 수 있으므로 이 사업을 정확히 보장하기 위하여 다음과 같이 지시한다.

기

1. 38선내무서는 월북자의 관문으로 되고 있는바 관계작성 및 어느 부문을 막론하고 남반부에서 직접 혹은 간접으로 로동자들을 모집하여 온 것이라 할지라도 월북자단속사업에 도당시에 준하여(　월　일부　제　´호　지시문) 그들을 세밀하게 검토하되 우선 소지품 검사와 심문을 철저이 실시할 것이며 정치보위부와 긴밀한 련계밑에 정치적 면에서 철저히 심사할 것이며 교문하게 가장하고 잔재하는 자들에 대한 작성을 높이며 한놈도 노치진 말고 조사 적발할 것이다.
2. 공장·광산·기업소·소재지의 내무서에서는 모집된 로동자들이 자기관할에 활당 배치되었을 시는 즉시 그들의 명단을 장악하고 도주유무를 정상적으로 감시함과 동시에 임이 배치된 정보원을 총발동시켜 그자들의 일거일동을 철저히 통찰하며 불□한 행위를 발생시키지 않도록 한 것이며 모집자 중 도주자가 있을 시는 즉이 체포에 노력할 것이다.
3. 3·8남 도주자 명단 및 3·8남 도주범 명단 수사의뢰대장의 대조사업으로서 장입전출한는 자들을 적발발 것이다.
4. 전출되는 세대로서 로력자가 없는 가족은 북반부에 전출시킴을 엄금할 것이다.

-160-

강원도 내무부장 최상울 ㊞

제일부장 이용해 ㊞

1950. 9. 5

– 원 산 시 –

제정호수　　호

제정부수　16부

계 – 지

2001. 2. 21
중앙일보

"북한, 6·25전쟁때 서울시민 50만 북송 추진"

日기무라교수 구소련 기밀문서 공개

6·25 전쟁 당시 북한이 조직적으로 서울 시민을 북한으로 이주시키려 했던 사실이 처음으로 확인됐다.

일본의 북한경제 연구자인 아오야마가쿠인(青山學院)대 국제정치경제학부의 기무라 미쓰히코(木村光彦)교수는 최근에 해금(解禁)된 러시아의 기밀문서를 입수·정리하는 과정에서 이런 사실을 발견하고 중앙일보에 공개했다.

러시아어로 작성된 이 문건(러시아 외무부 공문서관 소장)은 김일성·박헌영·최용건·정준택·김책·홍명희·박일우로 구성된 북한의 최고 권력기구인 '7인 군사위원회'가 1950년 7월 17일 서울시 임시 인민위원회(위원장 이승엽)에 보낸 「제18호 결정서」다. 당시 북한 주재 소련 대사관이 입수, 러시아어로 번역해 소장해온 것으로 한국어 원본은 미확인 상태다.

「서울의 식량 상황에 관하여」라는 제목의 이 문건은 모두 네개 항목으로 돼 있다. 이 가운데 북한의 군사위원회가 '북조선의 광공업 기업과 농촌에 50만명의 주민을 서울시로부터 조직적으로 후송하라'고 서울시 인민위원회에 지시한 제3항이 가장 눈길을 끈다.

서울의 식량난을 해결할 겸 북한의 부족한 노동력을 확보하기 위한 전략에서다. 이를 위해 군사위원회는 지역별(서울시와 경기도, 강원도 남부) 식량재고 상황을 조사(제2항)하는 한편 후송 주민들의 안전한 재산관리를 보장(제4항)하라는 명령도 하달했다.

북한의 이같은 조직적인 이주 정책이 확인된 것은 처음으로, 개전(開戰) 초 북한의 동향을 연구하는 데 중요한 사료로 평가할 만하다. 국방부 군사편찬연구소의 양영조 박사는 "의용군 모집 등 소규모의 동원계획은 이미 알려진 바 있으나 이처럼 대대적인 이주정책안이 발견된 적은 없었다"고 밝혔다.

양박사는 결정서의 날짜가 7월 17일인 점을 주목하고 "파죽지세로 남으로 밀고 내려가던 북한이 미군의 개입(7월 5일)으로 전세가 역전될 위기에 처하자 당초의 속전속결 전략을 수정, 중장기 전략으로 전환하는 과정에서 계획된 것 같다"고 그 배경을 분석했다.

기업·농촌으로 강제이주 지시

수송능력 부족 실현가능성 없어

6·25 전쟁 연구의 권위자로 현재 미 하버드대-옌징(燕京)연구소 합동 연구학자로 있는 박명림씨는 "전쟁 중 북한이 남한 사람들의 동원방식에 대해 고민했던 것은 사실이며 다른 여러가지 정황을 고려할 때 군사위원회가 그런 결정을 할 가능성은 충분하다"고 밝혔다. 하지만 박씨는 "당시 군인을 실어나르는 일조차 버거웠던 북한의 수송능력을 감안할 때 이 계획이 실현됐을 가능성은 없어 보인다"고 말했다.

남한의 공보처 통계국 자료에 따르면 개전 당시 서울의 인구는 1백44만명이었다. 그러나 3개월의 북한 점령기를 지내고 서울 수복 이후의 인구를 조사한 결과 서울의 인구는 약 24만명 감소했다. 북한의 이주정책이 이같은 급감의 한 원인으로 작용했는지는 지금으로서는 확인할 길이 없다.

또한 최근 민주당 김성호 의원이 공개한 7천34명의 '실향사민(失鄕私民·납북자)' 문제를 이같은 조직적인 이주정책과 연계시키기 위해서는 후속 자료가 뒷받침해야 할 것으로 보인다.

정재왈 기자 <nicolao@joongang.co.kr>

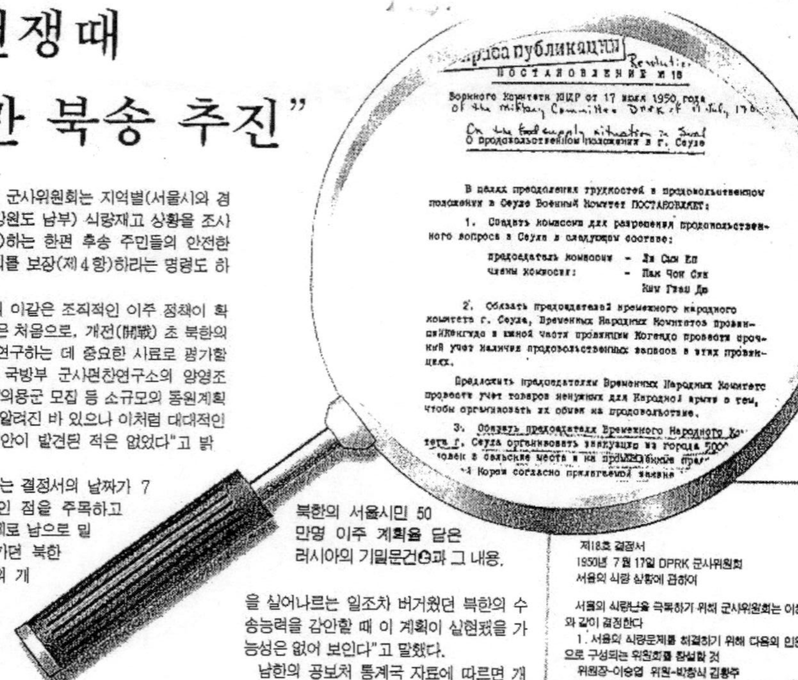

북한의 서울시민 50만명 이주 계획을 담은 러시아의 기밀문건(⊖)과 그 내용.

제18호 결정서
1950년 7월 17일 DPRK 군사위원회
서울의 식량 상황에 관하여

서울의 식량난을 극복하기 위해 군사위원회는 이하와 같이 결정한다

1. 서울의 식량문제를 해결하기 위해 다음의 인원으로 구성되는 위원회를 창설할 것
위원장-이승엽 위원-박창식 김황주

2. 서울시 임시 인민위원회, 경기도 및 강원도 남부 임시 인민위원회 위원장은 당해 지역의 식량 재고에 관한 긴급 조사를 행할 책임을 질 것
임시 인민위원회 위원장에게, 인민군이 필요로 하지 않는 상품과 식량의 교환을 조직적으로 행하기 위해 그것들의 상품 조사를 행할 것을 명한다.

3. 서울시 임시 인민위원회 위원장은, 성(省)과 기관의 필요 수량 신청에 응하여 북조선의 광공업 기업과 농촌에 50만명의 주민을 시로부터 조직적으로 후송할 책무를 진다
상, 기관 책임자 및 도 인민위원회, 평양시 인민위원회 위원장에게, 서울시 인민위원회 위원장과의 합의 위에 필요한 노동자수를 수용할 것을 명한다

4. 서울시 임시 인민위원회 위원장은, 시로부터 후송하는 주민의 재산의 완전한 관리를 보장하기 위한 대책을 세우는 책무를 진다

4-11. 군사위원회 명령 제74호 집행보장에 대한 지시

평남정3 제2751호(1950.10.2)

〈출처 / 출전〉
북한 자료센터 / 『북한 관계 사료집』 16

〈해설〉
1950년 7월 17일, 북한의 최고 권력 기구인 군사위원회(김일성, 박헌영, 최용건, 정준택, 김책, 홍명희, 박일우)에서 「제18호 결정서」를 서울시임시인민위원회 이승엽 위원장에게 보내 북한의 광공업 기업과 농촌에 서울 시민 50만 명을 조직적으로 후송할 책무를 부여하게 된다.

이것은 서울의 식량난 해결과 북한의 부족한 노동력을 확보하기 위한 전략이었던 것으로 알려져 있다. 이 자료는 이 결정서를 집행하기 위한 여러 문건들 중의 하나이다. 북한이 전쟁 중 조직적으로 이주 정책을 지속적으로 추진했음을 방증해 주는 문건이라고 볼 수 있다.

참고로 남한의 공보처 통계국 자료에 따르면 개전 당시 서울의 인구는 1백 44만 명이었다. 그러나 3개월의 북한 점령 후 서울 수복 이후의 인구는 약 24만 명이 감소한 것으로 조사되고 있고, 이들 중 상당수는 납북되었던 것으로 사료된다.

〈북한관계사료집〉

평남정3 제2751호

각산보 주재책임자 앞

군사위원회 명령 제74호 집행보장에 대한 지시

머리의 건에 관하야 서울시민들이 일부 북반부 직장에 전출시킴에 관한 군사위원회 명령 제74호 집행을 철저히 보장하기 위하야 다음과 같이 지시한다.

"다 음"

1. 군사위원회 명령 제74호는 임이 각공장 광산 탄광 기업소에 하달되였는바 서울시민 일부 북반부 직장에 전입할 시는 반듯이 기술자는 기술련맹 중앙위원회 위원장이 추천서를 지참케 되였으며 기능자 및 로동자는 서울시 로동소개소장 또는 서울시 직업동맹위원장의 추천서를 지참케 되였다.
2. 본명령을 철저히 보장하기 위하야 각산보 주재부에서는 관리측 간부부 로동부 및 직맹내에 임이 침입된 통심원을 발동시켜 그들의 취천서가 위조 및 기타 부정한 것이 없이 정확히 되여있는가를 철저히 검토하여 원만이 보장하도록 조직 지도할 것이며 9월 1일에 하달된 평남정3비 제2329호를 철두철미하게 보장하는 동시 부정한 것을 제때에 적발 처단한 것을 지시한다.

평안남도 정치보위부장 박정헌

1950년 10월 2일

평양시

5

6

5. 납북사건 관련 해외자료

5-1. 무초 주한 미국대사가 본국에 보고한 비밀 서한(부산, 1951.12.19)

5-2. 일본 주재 미국대사관에서 서울 상황에 대해 본국에 보고한 서한 (동경, 1950.10.11)

5-3. 주한 미국대사관에서 민간인에게 가한 북한군의 범죄에 대해 본국에 보고한 서한(서울, 1950.10.19)

5-4. 러시아 기밀문서 중 북조선 군사위원회 결정사항 제18호(1950.8.17)

해제

이 장에서는 비밀이 해제된 3건의 미국 국무부 문서에 소개된 납북자 관련 기술과 1건의 역시 비밀이 해제된 러시아 문서를 소개한다. 미국 국무부 비밀 보고서는 당시 미국과 유엔도 납북자문제에 지대한 관심을 갖고 있었음을 구체적으로 보여주고 있다. 1건의 러시아 비밀 보고서는 북한이 전쟁 중 서울을 점령하고 있을 당시 서울시민들을 북송하라는 결정을 내린 사실을 확인해 주고 있다.

1951년 12월 당시 초대 주한 미국 무초대사가 본국에 보낸 보고서는 납북자수와 명부에 대해서 언급하고 있는데 정치범의 수를 대략 20,000명으로 잡고 있는 대목이 주목할 만하다. 서대문과 마포형무소의 수감자들이 손이 묶인 채 끌려갔다고 돼 있는 것을 볼 때 납북상황의 구체적인 모습을 생생하게 보고 있는 대목도 눈에 띈다.

1950년 10월 19일 9 · 28수복 후 주한 미국대사관에서 미국무성으로 보낸 비밀 문건은 북한군의 서울 점령시 민간인들에게 가한 잔학행위도 기록하고 있다. 점령 직후의 민간인들에 대한 인민재판과 공개처형, 피살, 납치 사건에 대해 사례를 들어 상황을 설명하고 있는 것이다. 미국 대사관의 보고서는 납북자들 중에 저명인사들이 포함돼 있는 점에 대해서도 상당히 구체적으로 언급하고 있다.

1950년 8월 당시 주북한 소련 스티코프 대사가 본국에 보낸 여러 문건들 중에 납북사건에 관련된 '북조선 군사위원회 결정사항 제18호' 를 소개한다. 이 문건에 따르면 북한은 '50만 서울 시민을 북송하도록 한다' 는 결정을 내려 전쟁 초에 이미 남한의 인력을 조직적으로 북송하려는 계획을 수립하고 있었음을 보여주고 있다. 2000년대 들어서 해금된 기밀 러시아 자료로서 북한의 대대적인 강제 납치를 입증하는 가치 있는 자료로 사료된다.

6 · 25전쟁 납북자에 관한 외국자료는 앞으로도 발견될 소지가 많은데, 특히 미국 내셔널 알카이브에 소장된 북한문서와 미국무부 문서에 중요한 자료들이 담겨 있을 것으로 추정된다. 또한 접근이 허락된다면 러시아나 중국의 과거 전쟁 당시 기록문서에서도 납북을 입증하는 문서자료가 발견될 가능성이 충분히 있다고 여겨진다.

납북관련 해외자료는 가족이나 국내 증언자의 증언과 마찬가지로 납북사실을 입증하는 데 확고한 신빙성을 부여해 줄 수 있으므로 사료로서의 가치도 높다고 보인다.

5-1. 무초 주한 미국대사가 본국에 보고한 비밀 서한

(부산, 1951. 12. 19)

〈출처 / 출전〉

국회도서관 / Foreign Relations of the United States 1951 Volume Ⅶ

〈해설〉

1951년 12월 당시 초대 주한 미 무초 대사가 전쟁 중 북으로 납치된 민간인의 숫자와 명단에 관하여 미국무성에 보고한 1급 비밀 문건이다.

'대한민국 내무부 공보처 통계국에서 1950년 작성한 명부에 2,438명의 강제로 북으로 끌려간 민간인의 명단, 추가로 1,202명의 실종자와 적에게 피살된 976명의 명단이 있고 1951년 6 · 25사변피랍치인사가족회가 작성한 「6 · 25사변피랍치인사명부」에 2,527명의 명단이 있다' 고 보고하고 있다. 그러나 이 명부들이 완성된 것이 아니고 중복되는 경우도 있다고 판단해 보고하고 있다.

현재 각 도 당국이 도별 명부 작업을 하고 있는데 경기도와 경상북도만 현재 완성되었으며 무초 대사는 한국에 다른 도별 명단 작업을 속히 완성하도록 재촉하겠다고 한다. 한편 통계국이 작성한 2,438명과 가족회가 작성한 2,527명의 명단은 우선적으로 신뢰할 만하지만 도별 명단은 신뢰성이 떨어진다고 한다.

1950년 10월 미국무부에 이미 보고한 문서에서 민간인 피랍치자 수를 정치범의 경우로 한정하여 약 20,000명 정도로 보고한 대로 1951년 12월 당시에도 같은 수로 추측 · 보고하고 있다.

그 당시 민간인 납치 문제에 대하여 미국에서도 상당히 심각한 문제로 인식하고 있었으며 1952년 대한민국 정부가 작성한 「6 · 25사변피랍치자명부」도 자료의 중요성을 알고 있는 미국의 관심과 재촉에 의하여 전쟁 중 작성된 것임을 알 수 있다. 6 · 25전쟁 납북자 수와 명부에 관한 미국 문건으로 실제 자료들과 정확하게 일치되며 남한이 전쟁 중에도 당시 명부를 작성했음을 확인하고 있다.

Foreign Relations
of the
United States
1951

Volume VII

Korea
and China

(in two parts)
Part 1

General Editor
Fredrick Aandahl

Editors
John P. Glennon
Harriet D. Schwar
Paul Claussen

bargo had any practical importance. Mr. Lovett's view was that this might be controlling.

In paragraph 1 *a* (3), the language was changed to read "provide for the withdrawal by stages of non-Korean armed forces from Korea as circumstances permit". I believe this is correct although I may be wrong about the phrase "by stages". The change was made solely because all members thought that it meant exactly what the language of the paper meant. Mr. Lovett revealed the views of the Joint Secretaries which received no support—that is, it was the view that there could not be a precipitate withdrawal, but that as the circumstance developed decisions on withdrawal would have to be reached in a way which reconciled military needs and military security with the equally important objective of maintaining South Korean morale and resistance to subversion. It was clearly understood that no advance commitments could be made on this subject.

[Here follows discussion of topics not connected directly with NSC 118/1. For the text of NSC 118/2, December 20, as adopted and approved by President Truman, see page 1382.]

795.00/12-1951 : Telegram

The Ambassador in Korea (Muccio) to the Secretary of State

TOP SECRET PUSAN, December 19, 1951—4 p. m.

584. Ref your C-59695, Dec 18.[1] Only existing lists civilians are (1) ROK OPI list prepared by Home Ministry listing 2438 persons from Seoul area taken north and additional 1202 missing from Seoul area and 976 identified as killed by enemy in Seoul during 1950 occupation and (2) list of 2527 persons kidnapped from ROK preponderantly from Seoul area. This latter list subdivided by provinces prepared by "Association of Families of Kidnapped Persons". Neither list is complete and they overlap. Total number of civilians taken north against their will is generally given as 20,000.

In addition the Home Ministry has been having lists prepared by provincial auths. I understand provinces of Kyonggido and Kyongsang Pukto have completed theirs. Presumably Gen Lee[2] referred yesterday to list (1) above when he said he had names of over 2,000 from Seoul area and second figure of some 8,000 he referred to was from provincial lists furnished him by Korean Auths.

(*b*) I consider lists (1) and (2) referred to above as reliable as possible. Provincial lists bound to be much more unreliable and

[1] Not printed.

[2] Maj. Gen. Lee Hyung Koon, Republic of Korea representative on the U.N.

incomplete. Furthermore all lists will possibly include persons who either did go north voluntarily, or who later decided play Commie game. Therefore lists (1) and (2) above should be given whatever priority practicable.

Suggest CINCUNC Advance ascertain origin Gen Lee's lists. Assume they are (1) and (2) referred to above plus provincial lists thus far completed. I shall press Koreans complete other provincial lists earliest.

(*c*) I have no recommendations or comments to add to the gen exchange we had on this subj yesterday.

Rptd info Dept, CINCFE Tokyo Japan and CINCUNC Advance have for action by other means.

MUCCIO

Lot 55D128 : Black Book, Tab 112 : Telegram

The Joint Chiefs of Staff to the Commander in Chief, Far East (Ridgway) [1]

TOP SECRET WASHINGTON, 19 December 1951—7 : 54 p. m.

OPERATIONAL IMMEDIATE

JCS-90083. From JCS.

Part I.

1. Analysis contained in your HNC 588 [2] most helpful. The firmness, patience and skill with which you and UNC Delegation are conducting these trying negots are appreciated and results thus far obtained viewed here as significant and gratifying.

2. View here is that there is small possibility that political discussions subsequent to an armistice will be successful in reaching any acceptable political settlement for Korea. Therefore likely that armistice will remain controlling agreement for a prolonged period. Consequently, its significance attains greater importance and its character must provide for greater degree of permanency than would otherwise be the case. Conditions of armistice must also be appropriate to Korean civilian economy and we cannot expect agreement on conditions whose enforcement would be impracticable over long period. In addition, it is of particular importance that the armistice agreement itself clearly provide that it will remain in effect until superseded by other arrangements.

3. While recognizing the possibility of renewed aggression in Korea

[1] The substance of this message was apparently discussed at a State-JCS meeting on December 19. A handwritten set of notes of a meeting with the date "12/19/51" penciled in and drafts of several proposed messages to General Ridgway are filed with the Department of State records of the State-JCS meetings in Lot 64D563, Box 728.

5-2. 일본 주재 미국대사관에서 서울 상황에 대해 본국에 보고한 서한

(동경, 1950. 10. 11)

〈출처 / 출전〉

외교 정책 자료실 / 『남북한 관계 사료집』 16

〈해설〉

북한의 남한 점령 당시 서울에서 대한민국의 애국 민간인들을 정치범으로 연행해서 납북한 건에 대한 기록이다. 1950년 9월 15일 맥아더의 지휘 아래 인천상륙작전에 성공하자 6 · 25전쟁의 전세는 일거에 뒤바뀌게 되고 당황한 북한군은 서대문형무소, 마포형무소 등에 수감된 민간인들을 서둘러 대량으로 북송하기에 이른다.

감옥에 수감, 감금 또는 감시를 당한 10,000명 이상 적어도 20,000명 정도의 정치범들이 9월 17일부터 28일 사이에 서울에서 사라졌고, 이들 중 북한이 일반 범죄자들과는 별도로 7,000명에서 9,000명에 이르는 정치범들이 9월 17일부터 21일 사이에 서대문형무소에서 전차로 통행금지 시간인 야간에 청량리로 이송되었고, 다시 청량리 철도역에서 춘천, 원산, 심지어 평양까지 가는 것이 가능하였음을 기록하고 있다. 서대문과 마포형무소 두 경우 모두 수감자들의 손을 묶은 후 다시 몇 명을 함께 묶어서 강제로 끌고 갔다는 납북 당시 모습에 대한 기록이 있다. 전쟁 중 납북 상황이 기록된 미국무부 비밀 문건으로서 사료 가치가 높은 것으로 보인다.

南北韓關係史料集

16

大韓民國內政에 관한 美 國務部 文書 I

795B Series

(1950~1951)

國史編纂委員會

406

INCOMING TELEGRAM Department of State ACTION COPY

Action Assigned to ____

TELEGRAPH BRANCH Noted

A UAJ

RESTRICTED

Control: 6280

Rec'd: October 15, 1950 6:43 p.m.

Date of Action ____

Action Office Symbol NH

Name of Officer ____

Direction to DC/R file

OFFICE OF NORTHEAST ASIAN AFFAIRS OCT 16 1950 DEPARTMENT OF STATE

5-M
Action
FE

Info
SS
G
P
L
EUR
UNA
OLI
CIA
ARMY
AIR
NAVY
DCR

FROM: Seoul

TO: Secretary of State

NO: 251, October 13.

SENT DEPARTMENT 251 REPEATED INFORMATION TOKYO UNNUMBERED.

Re Embassy unnumbered despatch pouched from Tokyo October 11 on Seoul situation.

Embassy has been pursuing investigations general Seoul area Communist treatment political prisoners. Since most witnesses have disappeared, through death, being taken north under guard, or fleeing, not possible develop fully detailed picture. Furthermore, leads so numerous, with present limited staff having numerous other duties not possible fully develop picture. Following information has been obtained:

More than 10,000 and probably at least 20,000 political prisoners held in jail, detention, or observation, disappeared from Seoul between September 17 and 28.

Aside from ordinary criminals, from 7,000 to 9,000 political prisoners were taken from Seoul's West Gate prison between September 17-21, reportedly via street car to railway station outside East Gate, from whence possible proceed to Chunchon, Wonsan or even Pyongyang. They at railway station mentioned (Ching Yong Ni) fruitless since area largely burned down, while residents still remaining state there extensive street car traffic at night during period, when they remained within homes, but not during day.

From 1,200 to 1,400 prisoners held at Seouls Mapo prison removed night of 17 September; seem to have been marched up Uijongbu road. In both West Gate and Mapo prison cases, prisoners hands tied, and several then tied together. In West Gate prison most prisoners were from Seoul: government officials, police, army, youth corps, and others considered by Communists "traitors" and "pro imperialists". Majority protestant clergy in Seoul, at least some Methodists appear have been among those in West Gate prison and now have disappeared.

Additionally, very large but still unestimated number persons held local police stations or special buildings occupied by agencies internal security, have disappeared. Others not under

795B.00/10-1350

FILED HH OCT 23 1950

PERMANENT RECORD COPY • This copy must be returned to DC/R central files with notation of action taken •

REPRODUCTION OF THIS MESSAGE IS PROHIBITED

RESTRICTED

-2- 251, October 13, from Seoul

not under detention but being watched were picked up during last few days Communist occupation Seoul and have disappeared. Another, and probably smaller group, consisted those arrested early in occupation and transported north during July. Most of arrests and imprisonments, however, do not seem to have occurred until early August. Last group to suffer appears to be those in north and northeastern areas of city who mistakenly decided UN forces were in command whole area, and came out of hiding September 28. Reliably reported, many thousand of these were seized and no longer can be found.

Fate of majority these persons uncertain, but it believed most were forced march up road to north, although evidence indicates those physically unable proceed were shot in batches. Consider it likely as UN forces progress more such evidence will be discovered.

Within Seoul, in northeast about mile off Uijongbu road, considerable number men, women, and children were shot, in batches 50 each, during period September 22-26. Embassy and Marine officers have seen many corpses and counted over 200 new, nearby graves. Since most bodies reportedly removed by families for burial, appears estimate murder 1,000 persons this place conservative. Koreans estimate 3,000.

Embassy officers have examined two mass graves near Uijongbu each containing over 50 bodies political prisoners. Local reports indicate these persons among many thousand being herded north who were physically unable proceed. At Yangpyong, Kyonggi province, about 30 miles east Seoul on Han river, Embassy officers convinced by evidence remaining bodies and testimony reliable witnesses, about 800 persons, men and women but primarily young men, were shot on river bank between September 27-30.

General impression from this investigation is that during last days occupation Communists, under orders, indulged in large scale deportations northwards those persons loyal to ROK; such as musicians, clergymen, officials, businessmen, and young men capable bearing arms, and also murdered considerable number, probably running into thousand, within and around city, including children of officials who were with government in south.

DRUMRIGHT

GWP:RRC

Note: Message delayed in transmission.

RESTRICTED

5-3. 주한 미국대사관에서 민간인에게 가한 북한군의 범죄에 대해 본국에 보고한 서한

(서울, 1950. 10. 19)

〈출처 / 출전〉

외교 정책 자료실 / 『남북한 관계 사료집』 12

〈해설〉

1950년 10월 19일 9 · 28 수복 후 주한 미국대사관에서 미국무성으로 보낸 비밀 문건으로 북한군의 서울 점령시 민간인들에게 가한 잔학 행위를 기록하고 있다. 점령 직후의 민간인들에 대한 인민재판과 공개처형, 피살, 납치 사건에 대해 사례를 들어 상황을 설명하고 있다.

특히 북한이 납치하여 북송한 사건에 관한 기록에 저명인사들이 포함돼 있는 등 상당히 구체적으로 언급하고 있다. 이 문건에 기록된 납북 경로와 형태에 관한 불확실한 부분들은 납북 탈출자의 증언을 통해 좀더 구체적으로 파악할 수 있다.

南北韓關係史料集

12

韓國戰爭時期 北韓軍 捕虜關係 文書
(1950~1954)

國史編纂委員會

39

DC/R NA 23

FOREIGN SERVICE OF THE UNITED STATES OF AMERICA

PRIORITY: AIR POUCH

SECURITY: RESTRICTED

TO: Department of State

1 Enclosure

FROM: SEOUL 1, October 19, 1950

695A.95B26/10-1950

REF: Embdes, Unn, Oct. 10; Embtel 251

SUBJECT: COMMUNIST ATROCITIES AGAINST KOREAN CIVILIANS IN SEOUL

For Dept. use only.
RECD NOV 23
ACTION FE
INFO FR DCR UNA OLI IE S/S USUN L G EUR/X DS NEA

695A.95B26/10-1950

DC/R Central Files

The Embassy transmits the following account of atrocities committed by the communists during their occupation of Seoul for the information of the Department. The account is a limited one, but owing to lack of available personnel, and the multitude of subjects to which they must devote their inquiries, it appears unlikely that the Embassy will be able to prepare a wholly comprehensive report on this subject. The evidence so far secured, however, is more than sufficient to establish that the communist authorities committed atrocities against citizens of Seoul and surrounding areas as a matter of policy, and that in general these atrocities were not the work of soldiers killing in the heat of battle.

The first period of the enemy occupation of Seoul is still under investigation, and no adequate report can be made regarding it at this time. The trail of the murderers, like the bodies of their victims, is now cold, and is difficult to uncover. It should be borne in mind that the perpetrators of these atrocities, both those who ordered them in the agencies of the "Democratic Peoples Republic of Korea," and those who executed such orders, have long since left Seoul. The victims are now dead or have completely disappeared. Among the citizens still remaining in Seoul, undoubtedly there are many who can give information of value, but it will take a considerable period of time to discover them and to gather their evidence. In most cases those who remained in Seoul did not know whether others had escaped to freedom southward, or had been captured by the communists and jailed or murdered. The communists enforced a curfew from nine in the evening until six in the morning, and according to all reports a great share of the arrests were made during this period when the ordinary citizen could not know exactly what was happening.

It seems entirely clear, however, that during the first week of the communist occupation the enemy conducted street curb "Peoples Courts," in which individuals were publicly ridiculed, and their "crimes" (which in general seem to have been support of the Republic of Korea, service in one of its agencies, possession of more than the usual amount of money, or even the wearing of well cut and well pressed western clothes) were announced to the street crowd. The "judge" then asked how the "people" could fail to execute such a traitor and criminal, whereupon the man was shot and his body allowed to lie in the street for some time as an object lesson. How many of these cases occurred, and who, in general, were the victims has not yet been established by the Embassy, but that they did occur is almost universal testimony. It appears,

HJNoble:jln

REGISTERED NO. 28

RESTRICTED

HH

ACTION COPY — DEPARTMENT OF STATE

The action office must return this permanent record copy to DC/R files with an endorsement of action taken.

however, that the perpetration of these public murders alienated the citizenry, and after a week or ten days the communists stopped using curbside "peoples courts."

Generally speaking, although the communist forces were accompanied by various officers and men representing the "Ministry of Home Affairs," or the "Political Defense Bureau;" who served as police, as undercover agents, and as propoganda agents, there does not appear to have been put into operation a carefully organized plan of arrest and detention until sometime in August. Perhaps the communists were too preoccupied with the prosecution of the war, while feeling at the same time that they had unlimited time to deal with their enemies. In any case, neither the West Gate Prison nor the Mapo Prison, both of which had been emptied by the communists almost immediately after they took Seoul, contained any appreciable number of prisoners until early in August. The Internal Security Agencies, whose personnel were supplemented in considerable number by volunteers from the communist "Democratic Youth Corps," did establish themselves not only at the various major and subpolice stations, but also in many public buildings. The National Library was one of these, as was the Kyongsong Newspaper building. In addition, local agencies took over smaller places for their convenience in examining and controlling people in the immediate neighborhood. For example, the house occupied until late in 1948 by Mr. Richard J. H. Johnston of the New York Times became the local interrogation point and lock-up in the "Gold Coast" area. Similarly, a small, two-story building whose ground floor was the office and warehouse space of a small petroleum firm, and whose second floor was the dwelling area of the owner of that firm, became the local security headquarters outside the East Gate in the neighborhood of Chung Yang Ni Station. It appears that only the lesser fry were taken to these local interrogation centers, while persons of general reputation were arrested by those of a higher level and taken directly to major security centers. Nevertheless, many persons are believed to have been killed in or near these local centers in the last days of the fight for Seoul by communist agents, including the communist "Democratic Youth Corps."

As remarked above, the period from June 28 until early August is still relatively unknown, and it is hoped to make it the subject of a separate despatch.

Commencing early in August the Internal Security people, the men with the green hatbands, began arresting men and women in what appears to have been a planned program. At first many were only taken to police jails, held for a few days during which interrogation continued, and then released. Yet in several known cases only a short time after such releases the individuals were rearrested and taken to the West Gate Prison, which, from being entirely empty, began to be filled rapidly. It seems that most of the arrests were made late at night, and were accompanied by careful searches of the suspects' houses. In several known cases the men with the green hatbands were accompanied by soldiers of the "Peoples Army" (the INMINGUN), both groups being armed with rifles and other weapons.

Citizens of Seoul were lodged in the West Gate prison, whose principal warden, a man named HONG (FNU), had come down from Pyongyang already assigned to this post. It is known that Mr. Hong had spent time in West Gate prison under the Japanese (as had many of his prisoners) and presumably he felt happily at home. By September 17 the prison population numbered between 9,000 and 12,000, of whom about 2,000 are believed to be ordinary criminals while the rest were held as enemies of the communist order. In their haste to leave the communists left behind their prison record books in which were entered the names of each prisoner after he had passed within those dreaded doors. It is remarkable that there is no place in the records to show the charge against the prisoner, or his possible trial, conviction or sentence. Possibly the ordinary criminals were not listed in the two books which have been found, and there may have been an additional book in which such minor crimes as murder, looting and robbery were entered, with some indication as to when the accused might hope to be released from that "House of Correction," or "House of Instruction," as it was called officially. The name prison was not used. Those considered guilty of the serious crime of failure to support the communist cause, however, obviously were being held without formal charge or trial. It is possible that even then some plan was in the making for their liquidation, although this is not now subject to proof.

In addition to prison wardens and the like from the previous regime, and police and military personnel of the Republic of Korea, the occupants of West Gate Prison under the communists were a variety of public officials, private citizens of known anti-communist beliefs, Protestant clergy and lay leaders, and university professors. Approximately fifty of the prisoners were either ordained clergymen, or senior elders of the various churches, seemingly of the Methodist Episcopal, the Holiness and the Presbyterian in that order. Among them were the Methodist Bishop KIM Yu Sun, the former Methodist Bishop and Head of the Korean Red Cross, The Reverend RYANG Chu Sam; the General Secretary of the National Council of Christian Churches, the Reverent NAM Kung Hyuk, a Presbyterian; the Reverend YU Myung Whan, Chairman of the Holiness Church; and the President of the Presbyterian Theological Seminary, the Reverend SONG Chang Kun. An example of a public official so incarcerated was the Honorable LEE Pil Bin, Judge of the Seoul High Court. The tightly packed cells were distinguished by the presence of a large number of college and university professors. One of the best known was Professor LEE Chun Ho, graduate of Ohio Wesleyan and Ohio State Universities in mathematics and astronomy, a longtime professor at Chosen Christian College, and very recently President of Seoul National University. Dr. HAN Chi Jin, an alumnus of the University of Southern California, and onetime professor of philosophy and sociology at Ewha College, as well as another Ewha professor, LEE Myun Hyup, a biologist, were among the several thousands gradually gathered together at this notorious place.

One man who undoubtedly was marked for a cell at West Gate, but who managed to go "underground," a Methodist clergyman, has given an account of his own experiences which probably are similar to those of most of the unfortunates who were caught and who now have disappeared, excepting that he managed to escape arrest. He tells of being visited at his parsonage in latter July, late at night, by some Internal Security officers who were accompanied by soldiers. While the soldiers held rifles close to him from both front and rear in his courtyard, the communist investigators made a thorough search of his house. The only incriminating item they discovered was a transformer used for the Hammond Organ in his church, and he had much difficulty explaining that this was not part of the paraphenialia of a spy engaged in secret transmissions. Subsequently, he was revisited, taken to the West Gate Police Station, held several days, during which time he was interrogated, and then released. After this time, which was early in August, he says that he discussed the situation with his Bishop, KIM Yu Sun, who cautioned him to be most careful in his utterances, which advice was hardly necessary since all church services had been suspended. A few days later this clergyman heard that the Bishop, who had gone through a similar series of arrests and questionings, had been re-arrested and taken to West Gate Prison. The clergyman went into hiding, and remained there until the liberation of Seoul. Police and other communist agents came to his house many times searching for him, according to his wife, but she was not molested. It would appear, however, that most of those taken to West Gate Prison went through this preliminary period of midnight searches, arrests, and releases before the trap was sprung on them as the doors of West Gate Prison finally closed behind them.

At the Mapo Prison, near the Han River, the communists had also released all prisoners as soon as they reached the place, as in the case of West Gate Prison, and they did not begin to refill it until early August. By September 17 there were between 1200 and 1400 prisoners there, all males, all from the country area around Seoul, but none from the city itself. They too were largely official functionaries, known anti-communists, police and the like. It is reported that no attempt was made at indoctrination of the prisoners, or at propoganda for the communist cause within the prison. None of the prisoners at Mapo were believed to have been tried and sentenced by any court.

The warden of Mapo prison was a certain CHANG Chung Chul, reportedly the former assistant Warden of the Pyongyang Prison. Higher members of the prison staff were brought from North Korea, and seemed to have been appointed to their specific posts before the war began, but some of the guards were recruited in Seoul from members of the South Korea Labor (communist) Party and the Democratic Youth Union (communist), although a few are said to have been non-political, being physical rejects of the communist army.

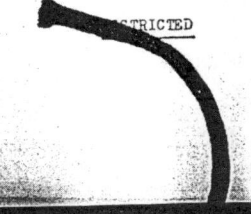

With the exception of one group to be mentioned below, there appear to have been no executions at either West Gate or Mapo Prisons during the communist regime. A few persons died at West Gate Prison, including two clergymen, from natural causes, probably aggravated by the harsh nature of their new life, but apparently no one was executed there. At Mapo Prison, after the prison had been cleared of its regular population on September 17, as described below, eight persons were executed on September 24. Four are said to have been members of the "Democratic Youth Union," who despite their supposed communist affiliations were alleged to be actually "rightist spies;" three were persons living in the neighborhood of the prison who were arrested and shot for "spreading dangerous rumors and gossip," and one of the dead was killed for reasons so far unknown. The bodies of these eight men were found in the basement of the prison Judo room by prison officials after their return to Mapo Prison following the liberation of Seoul.

It is a curious fact that although no actual records were discovered at Mapo Prison, the communist prison authorities had left behind numerous blank record books which were dated as far into the future as 1965. This might indicate not only undue optimism as to the length of communist tenure in Seoul, but also that the pronouncement of sentences and possible release of prisoners at some future time was envisioned.

This emphasis on the two main prisons is due to the established fact that as of September 17, 1950, the communists were holding some ten thousand persons, perhaps a few thousand more, within those dreary walls. When the American and Korean forces entered Seoul, however, both prisons were entirely empty. In a few days time ten thousand or more of the better educated and more reputable citizens of Seoul and the surrounding countryside disappeared from the earth as though they had never existed.

The Embassy has taken some pains to trace these unfortunates, but without any considerable success. It seems well established that on the night of September 17, just before dark, all of the prisoners at Mapo Prison were marched out under police guard, tied in batches of five, and the smaller batches tied together in bigger chains. They were marched up the road towards West Gate, darkness enveloped them, and they disappeared completely from sight. Some say they were marched up the road to Kaesong through Peking Pass; others say they were marched clear across the city and out the Uijongbu Road. No one really seems to know much more than that they have disappeared.

Something more is known of the many more thousands of the suffering prisoners at West Gate Prison, but not very much. According to reliable reports, they were taken out in batches during the nights of September 17, 18, 19, 20 and 21, carried on street cars across the city, past East Gate, and out to CHUNG YANG NI station. If trains could move, trains could have gone from that station to Wonsan, to Chunchon, or even by switching to Pyongyang. Since these people, or their remains, were not found at Chunchon, nor any rumor of them, it does not appear that city can be considered a possible destination.

Embassy officers visited CHUNG YANG NI station early in this investigation, but the trail was hopeless. Most of the buildings in the immediate vicinity of the station had been burned down or otherwise destroyed, and very few local inhabitants who had remained during the communist occupation could be found. Those who were found professed to have heard a great deal of street car traffic at night, especially in the period of especial interest, but since curfew was on and the communists were very strict they themselves remained carefully within doors and did not see what doomed passengers might be being carried on those cars.

Reports have been received recently of the discovery of some 590 bodies of South Korean political prisoners at Wonsan, but it has not been possible to discover whether or not these were the remains of persons taken from West Gate Prison on those nights in mid-September for a last street-car ride, or whether they were some other unfortunates. If the former can be established, then one could assume that others of this very large group either were eliminated along the way, or were taken on further north.

The movement north, and the killing of some three large groups of non-communist Koreans in those last days of communist power in Seoul has been established. The dates are such, however, as to make it improbable that those in these groups were from the prisons mentioned, although not absolutely to exclude that possibility.

It has been mentioned that the internal security agencies had a number of detention and investigation houses scattered around the city, as well as special headquarters separate from the police jails. Additionally, there were the several fairly large police jails. Lastly, there were the many people who had been arrested, interrogated and then let go at earlier times, but whose locations were well known to the communist security agencies and youth guards. It is probable that the several thousand persons, men, women and children, who were marched up the Uijongbu Road, or murdered near it, from about September 20 to 25, were not from the two big prisons, but were either from the very many places of detention, or were taken directly from their homes. As an example, a school teacher who earlier had been awarded a fellowship for study in the United States during 1950-51, by the Rockefeller Foundation, but whose departure was stopped by the war, managed to live with a fair degree of freedom until September 19. He was first arrested on August 11, held for two days in a private house not far from his home, which was being used by local communist agents, and then released. It appears, however, that despite his freedom he was a marked man, because he was again arrested about midnight on September 19, and was marched, his hands tied together, to Uidong, up the Uijongbu Road, where he arrived about three in the morning. He was put in a room with some forty other men, there being about 130 people in a small building, possibly a school building. Among the other prisoners was the President of Seoul National University, Dr. CHOI Kyu Tong. This man reports that at intervals during the 20th ten or more people were taken away at a time, and after about a lapse of ten minutes he then heard the sound of musketry. By the morning of the 21st there were only about 40 people left of the original 130. Early that afternoon an American plane rocketted the place, and in the excitement this man and two others broke out and hid in a nearby mountain, where they stayed several days.

This case is mentioned, because it is believed to be typical of many others running into several thousands, who stumbled up the Uijonbu Road, their hands tied together, during those last days of communist power. Unlike this fortunate man, very few of them have been heard of since, or if they have been heard of it has been only in the identification of their corpses.

On a series of ridges east of the Uijonbu Road shortly before it leaves Seoul, for about four days, from September 22-26, the communists led people up in batches of as many as fifty, and shot them to death. Many were women, many were small children. As far as can be discovered these women and children were the families of public servants loyal to the Republic of Korea who had gone south with the Government. How many in all were killed in those rugged hills it is impossible to say with full certainty. The Koreans say, 3,000. Since most of the bodies had been removed by members of the families for burial elsewhere before officers of the Embassy arrived on the dismal scene, it is not possible to check these claims. At least two hundred graves can be counted in a short radius, some said to be mass graves, others obviously only capable of holding someone's beloved child. It seems reasonable to estimate, on the basis of the bodies and graves still remaining when Embassy officers were investigating, on reports of US Marine officers who found the first swathes of bodies, and on accounts of local inhabitants, that not less than one thousand men, women and children were shot to death by communist soldiers and police before they retreated from the city. Such a large scale series of murders does not have the appearance of spontaneity.

Further up the Uijongbu Road, near Uijongbu itself, two mass graves have been examined by Embassy officers. Local inhabitants report that the group shot near Uijongbu prison were brought there in trucks about six p.m. on September 28. On or about that date they were shot to death, and were buried in one mass grave. There were something more than fifty bodies in this group. The local account is that the men had been brought from Seoul, and that they included County Chiefs, Township Chiefs, Youth Corps members, police and army personnel. At the site of the shooting, and burial, many Russian-made cartridge shells were lying around.

Another group of fifty-seven were shot to death, and buried in a mass grave, approximately one mile west of Uijonbu, on the estate of Mr. PANG Un-mo, the missing publisher of the CHOSUN ILBO. There is a claim that these 57 were a part of the approximately 1400 prisoners from Mapo Prison, who were being marched up that road. These 57, according to hearsay report of an escapee who has not been contacted directly, were those who were physically incapable of continuing further, and so were shot, while the rest continued their way north. If this is the case, it appears reasonable to expect that other remains of the dwindling group will be discovered as the military situation becomes more stable and further investigation becomes possible.

It is difficult to establish precise dates on which the great masses of civilian prisoners were seen shuffling up the Uijonbu Road. Many of the witnesses are farmers, who did not mark the particular dates among so many stirring days. Others are school girls and school boys, who similarly were not marking their calendars. Evidence seems conclusive that the communists commenced marching civilian prisoners northward up that road as early as September 19, and were still moving them north as late as September 28. In general, at least close to Seoul, they appear to have moved their cargo at night, so that it is difficult to reach solid conclusions as to how many were moved or which group came from where. There is fairly reliable evidence that the approximately 1400 prisoners from Mapo Prison were marched up that road the night of September 20, passing through Chiktong, near Uijongbu about 0400 on that early morning. Some sixty-five were too exhausted to move further, and were left behind in the custody of the local "Peoples Committee." Of these, 57 were taken out and shot, as mentioned previously. The rest became sufficiently stimulated to keep on walking.

It is established that during the night of September 24-25 a large number of civilian prisoners were stumbling up that road, but since the first batch of about five hundred was seen only just before dark, passing through Miari, just outside Seoul, and north of Miari, it is not possible to determine how many there were in all. Quite independent testimony establishes the existence of this pitiful five hundred without any possible doubt. One farmer who lived near the roadside said he heard the steady movement of these people all night long, but because of the darkness could not actually see them. It is, of course, possible that he heard troop movements, so that his testimony while considered credible cannot be considered conclusive.

Several residents of Chiktong, a village near Uijongbu, told an Embassy Officer that on September 19 about 10,000 civilian prisoners were marched through their village, northward; and that about the same number passed through the following day, on September 20. Allowing for exaggerations in estimation of numbers, but accepting the dates, this would account for the movement of prisoners from West Gate Prison, perhaps augmented by others whom the communists had been holding elsewhere. Since none of these persons have been identified, however, it is impossible to determine whether in fact these two large groups of prisoners marching into the void were in fact those missing from West Gate Prison, or whether the other account of transfer to CHUNG YANG NI, which was told to Embassy investigators with great certainty, is true. It is possible, of course, that this great mass of patriots was in fact transported by street car to CHUNG YANG NI, that it was found impossible to take them any distance by railway, and that they were then forced to march up the road. Trains from CHUNG YANG NI station might very easily have gone to or near UIJONGBU.

The last large group of civilians to die under communist guns in Seoul were those persons who had been hiding successfully throughout the Occupation, but who came out on the streets prematurely. The good news coming up from Inchon, and the entrance of the US Marines into the western areas of the city, led many persons to believe that UN Forces had already taken Seoul when, actually, the city was still being fought for. Many, how many cannot possibly be determined, whether in the hundreds or the thousands, returned to their homes or walked on the streets, were spotted by communist police or soldiers and shot down after the most cursory questioning. It seems especially pitiful for a man or woman successfully to have managed a hiding place or a disguise during the whole three months of the communist occupation only to be shot to death on the last days because of an enthusiasm which threw away caution. These shootings were continuing outside the East Gate at the very time when General MacArthur was conducting the ceremony at the Capitol in which he transferred the liberated city to the Government of the Republic of Korea.

One instance of this type of case will suffice. There was built in Seoul during the past year, and only completed just before the war, a beautiful granite church, not far from the Catholic Cathedral. The whole congregation were refugees from North Korea, and in addition to a substantial gift from friends in the United States they had made the building possible by the most sacrificial contributions of their small earnings or of their labor. The church is of the Presbyterian denomination. It was visited one evening by Mr. John Foster Dulles during his brief visit in Seoul just before the war, and he was heard to express himself as being very greatly impressed both with the congregation and the church.

During the communist occupation of Seoul all services at the Church were suspended, and the church itself was used as a headquarters of the Seoul military area commander. In addition to the defenses of its thick granite walls, just under the front areaway are a series of concrete, electric lighted, dugouts and bunkers left by the Japanese, making the place a perfect command post even in time of heavy bombing. On September 26 the senior elder of the church, who had been in hiding during the previous three months, believing that the United Nations Forces had retaken Seoul, came out from his hiding place and returned to the church. He walked boldly up to it, and into a reception committee of INMINGUN soldiers. They asked him who he was, and he is said to have replied that he was the senior elder of this church, that it was his church, and he had come to reenter it. They shot him there, not far from the front doors of his fine new church. When the communists did leave and members of the congregation dared venture out, they found his remains, and buried him. Today, just at the side of the church, in a spot which clearly was not planned as the place for a grave, there is a new mound with a wooden marker reading: "Here lies Elder KIM Eung Nak, Martyr."

The grave of Elder Kim is marked and known. But the graves of most of the other thousands who died under communist guns because they would not accept communist beliefs are unknown. Nor is it known how many are still alive in the far north of Korea, perhaps to be moved on even from there to further sufferings before they can be rescued. It is clear, however, that a very large number of thousands, of which twenty thousand seems a conservative estimate, were seized by the communists and killed out of hand, or were marched in ever dwindling groups on the roads northward to a Korean Siberia.

Although their graphic quality is not too good, since they were taken by Embassy officers who are not professional photographers, one set of several photographs of bodies of persons killed by the communists

48

RESTRICTED 10 SEOUL 1, 10/19/50

are attached. One group, as marked, is that of bodies found at the place in the northeastern part of Seoul, as described above, not far from the point where the Uijongbu road leaves the city. This is the place where the Korean local authorities estimate some 3,000 persons were shot, and the Embassy considers that 1,000 at least is a conservative estimate. Another group is a pictorial representation of the unearthing of a mass grave of over 50 persons not far from Uijongbu, as described above. The last group, which properly should have no connection with a report on atrocities in Seoul, is a series of photographs of bodies of civilians murdered by the communists at Taejon just before their departure. This is included because the US forces came in so rapidly on the heels of the retiring communists that it was possible to secure adequate pictorial evidence of communist atrocities at that place. It is believed that similar pictorial evidence could have been secured in and near Seoul in the days immediately after the entrance of US forces into Seoul, but since at that time there were no representatives of the Embassy here no such pictures were secured, and instead less helpful ones, as enclosed, were taken later.

For the Ambassador:

Everett F. Drumright
Everett F. Drumright
Counselor of Embassy

: OAT

Photographs of atrocities.

RESTRICTED

5-4. 러시아 기밀문서 중 북조선 군사위원회 결정사항 제18호

(1950. 8. 17)

〈출처 / 출전〉

기무라 미츠히코(木村光彦) 일본 아오야마가쿠인(靑山學院)대학 교수

〈해설〉

2000년대 들어서 해금된 러시아 기밀 문서로 북한 경제를 연구하는 일본의 기무라 미츠히코 교수가 최초로 발견한 것으로 알려져 있다. 이 문건은 2001년 2월 21일자 중앙일보에 '북한, 6 · 25전쟁 때 서울 시민 50만 북송 추진' 이라는 제하 기사화된 바 있다.

6 · 25전쟁 중인 1950년 8월 17일자로 주북한 소련대사 스티코프가 본국에 보낸, 47쪽에 달하는 여러 건의 「북조선 군사위원회 결정사항」 문건들 중 북조선 군사위원회 결정사항 제18호(1950년 7월 17일자)에 해당된다. 당시 스티코프는 한국어로 된 이 북한 문서를 러시아어로 번역하여 본국에 보고하였다. 여기서 러시아본 원문과 번역문을 게재한다. 한국어 번역본은 명지대 북한학과 이지수 교수가 러시아어 원문을 번역한 것으로 원 북한 문서는 아니다.

이 문서에서 서울 시민 50만 명을 북한의 농업 및 산업현장으로 후송하도록 북한이 결정하였다는 사실을 확인할 수 있다. 이 사실은 사학자 김성칠의 6 · 25일기인 『역사앞에서』 97쪽에도 '서울 시민 150만 중에서 50만을 줄인다는 시달에 의하여 전출 명령을 받은 사람들은 몇십 시간 안으로 집을 떠났다' 는 기록이 있어 그 사실성을 방증한다.

주북한 소련대사관 비밀
1950.8.17

To: 소련외무성
A.Ya. Vyshinski

다음과 같은 문서를 전합니다.

1. 조선반도의 군사적 정변과 관련한 북조선의 산업 및 운송 업무의 현황에 대한 조사보고서
2. 북조선 1950년도 상반기 및 2/4분기 산업에 관한 조사보고서

첨부: 47 페이지 부속문서

From: 주북한 소련대사 T. 스티코브

2부 작성
1부는 수신자에게 발송
다른 하나는 담당이 보관

〈156쪽 번역분〉

국문원본 노어 번역본

북조선 군사위원회 결정사항 제18호
(1950년 7월 17일자)

서울의 식량 사정에 대하여

서울의 식량 사정의 어려움을 해결하기 위하여 군사위원회는 다음과 같이 결정한다.

1. 서울의 식량 문제를 해결하기 위한 위원회를 다음과 같이 구성한다.
위원장: 이승엽
위원: 박전식, 김광주

2. 고경도 남부 및 경기도임시인민위원회는 식량 재고분을 긴급 파악하여 서울시임시인민위원회에 보고하도록 한다.

임시인민위원회 위원장에게 인민 군대에 소요되는 물자를 제외한 식량으로 바꿀 수 있는 여유분을 파악할 것을 제안한다.

3. 서울시임시인민위원장은 각부 각청의 요구에 맞추어 북조선의 농업 및 산업 현장으로 50만 명을 후송하도록 한다.

평양시인민위원장을 위시하여 각도 인민위원장들, 각처의 대표들, 각부 장관들은 서울시임시인민위원장과 필수적인 노동력 소요 인원을 합의 결정할 것을 제안한다.

4. 서울시임시인민위원장은 거주시로부터 반출된 재화의 안전한 보관 방안을 마련하도록 한다.

〈157 · 158쪽 번역분〉

(1950年 Ⅱ-2)

156 ~~181~~

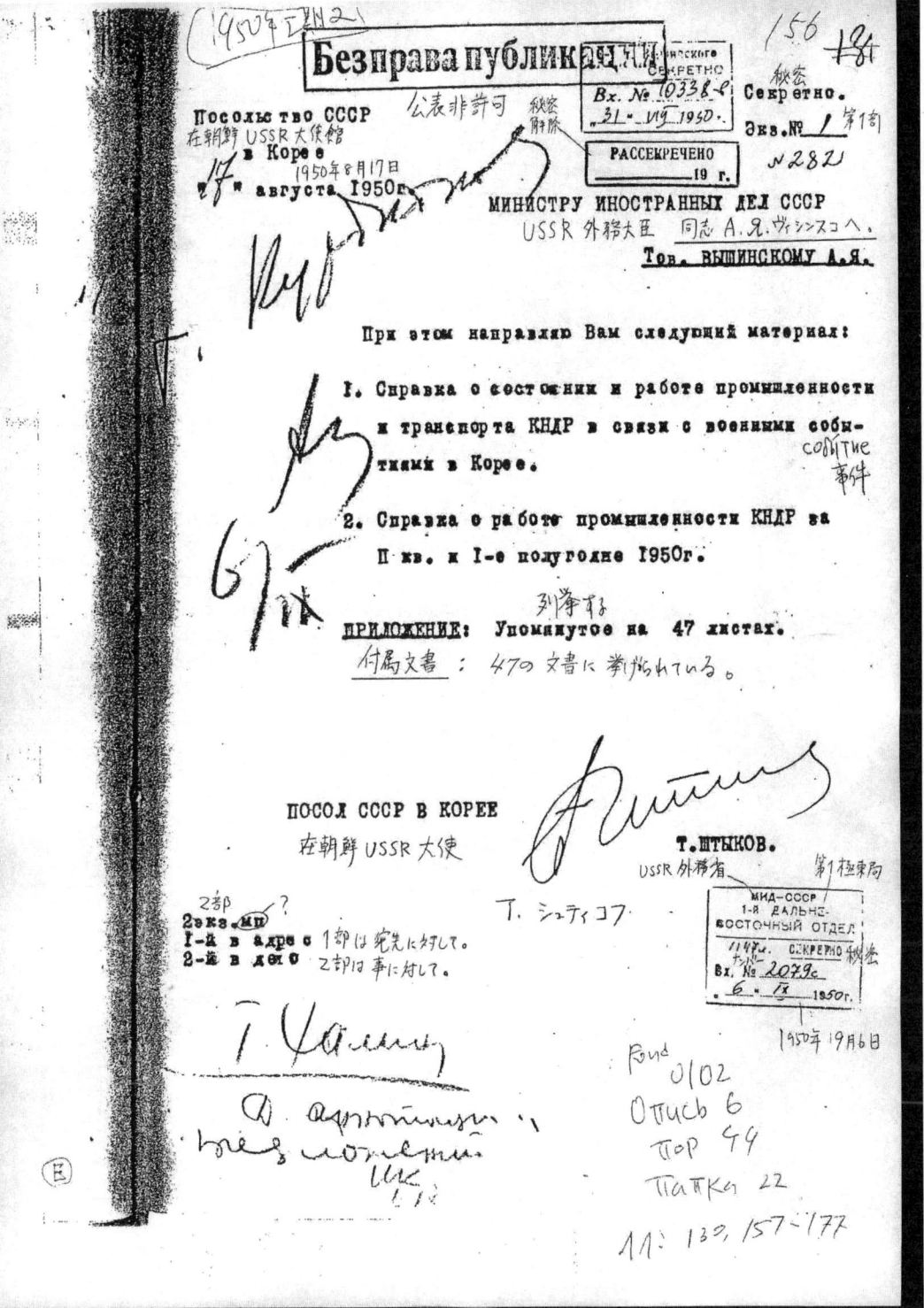

Безправа публикации 公表非許可

Посольство СССР 在朝鮮USSR大使館
в Корее
"17" августа 1950г. 1950年8月17日

秘密解除

Вх. № 10338-с
"31" VIII 1950.

РАССЕКРЕЧЕНО
______ 19 г.

Секретно. 秘密
Экз.№ 1 第1部
№ 282

МИНИСТРУ ИНОСТРАННЫХ ДЕЛ СССР
USSR 外務大臣 同志 A.Я.ヴィシンスコへ。
Тов. ВЫШИНСКОМУ А.Я.

При этом направляю Вам следующий материал:

1. Справка о состоянии и работе промышленности и транспорта КНДР в связи с военными событиями в Корее. (событие 事件)

2. Справка о работе промышленности КНДР за II кв. и I-е полугодие 1950г.

ПРИЛОЖЕНИЕ: Упомянутое на 47 листах. (列挙する)
付属文書：47の文書に挙げられている。

ПОСОЛ СССР В КОРЕЕ
在朝鮮USSR大使
Т.ШТЫКОВ.
T. シュティコフ

2экз. мп (2部 ?)
1-й в адрес 1部は宛先に対して。
2-й в дело 2部は事に対して。

USSR外務省 第1極東局
МИД-СССР
1-Й ДАЛЬНЕ-ВОСТОЧНЫЙ ОТДЕЛ
СЕКРЕТНО 秘密
Вх. № 2079с
"6" IX 1950г.
1950年9月6日

Фонд 0102
Опись 6
Пор 44
Папка 22
11: 139, 157-177

Перевод с корейского

Без права публикации

ПОСТАНОВЛЕНИЕ № 18

Военного Комитета КНДР от 17 июля 1950 года

О продовольственном положении в г. Сеуле

В целях преодоления трудностей в продовольственном положении в Сеуле Военный Комитет ПОСТАНОВЛЯЕТ:

1. Создать комиссию для разрешения продовольственного вопроса в Сеуле в следующем составе:

председатель комиссии	-	Ли Сын Еп
члены комиссии:	-	Пак Чон Сик
		Ким Гван Дю

2. Обязать председателей временного народного комитета г. Сеула, Временных Народных Комитетов провинции Кенгидо и южной части провинции Когендо провести срочный учет наличия продовольственных запасов в этих провинциях.

Предложить председателям Временных Народных Комитетов провести учет товаров ненужных для Народной армии с тем, чтобы организовать их обмен на продовольствие.

3. Обязать председателя Временного Народного Комитета г. Сеула организовать эвакуацию из города 500000 человек в сельские места и на промышленные предприятия Северной Кореи согласно прилагаемой заявке Министерств и Ведомств.

158

2.

Предложить министрам, руководителям ведомств, а также председателям провинциальных народных комитетов и городского народного комитета г. Пхеньян принять по согласованию с председателем Временного Народного Комитета г. Сеула необходимое количество рабочих.

4. Обязать председателя Временного Народного Комитета г. Сеула разработать мероприятия по обеспечению сохранности имущества эвакуированного из города населения.

6. 한국전쟁사료

민간인피랍치자귀환에관한건「보고」(1953.9.20)

6. 민간인 피랍치자 귀환에 관한 건 「보고」

(1953. 9. 20)

〈출처 / 출전〉

국회도서관 / 한국전쟁사료(99)

〈해설〉

이 보고서는 휴전 직후인 1953년 9월 20일 휴전대책연구회 간사 김윤학 대위가 국방부 차관을 수신자로 해 6 · 25 발발 직후 납북된 대한민국 민간인의 송환에 대하여 판문점에서의 휴전협상 개시 이래 휴전협정이 조인되기까지 벌어진 협상의 내용을 보고하는 문서다. 이 기록을 통하여 우리 정부가 송환을 위해 어떤 노력을 기울였는지 어느 정도 파악할 수 있다.

이 문서를 살펴보면 회담 당시 피랍 민간인 문제가 몇 가지 쟁점하에 난항을 거듭했음을 알 수 있다. 우선 우리측이 피랍 민간인에 대해서 포로로 간주할 것을 주장했고, 공산군 포로 송환시 반대 급부로 민간인 송환을 주장하기도 했으나 북한측은 이에 대해 정치적 문제라며 완강히 거부한 내용을 살펴볼 수 있다.

군사회담이기 때문에 피랍 민간인의 문제를 다룰 수 없다는 북한측의 주장으로 인해 유엔대표와의 지루한 협상 끝에 결국 휴전협정 59항에 '군사정전위원회' 산하로 '실향사민귀향협조위원회'를 별도로 구성하여 피랍 민간인의 송환을 협의하도록 하기에 이른다.

이 문서들에서 주목되는 것은 납북자의 명단에 관한 내용이다. 휴전회담이 시작될 무렵인 1951년 당시에는 공보처 통계국에서 1950년에 작성한 2,438명의 피랍인 명부와 6 · 25사변피랍치인사가족회가 편찬한 명부 두 종류만 미리 준비돼 있었고 전국 단위의 명부는 아직 작성되지 않은 상태였다. 더구나 이때 우리측 대표는 이 명단을 북측에 주면 명부에 기재되지 못한 납북자 가족으로부터 불공평하다는 비난이 있을 수 있고, 공산군에게 명단을 제시하여도 송환해줄 가능성이 희박할 뿐 아니라 오히려 이들 납북자들에게 불리한 영향이 돌아갈 수 있다는 두 가지 이유를 들어 명단을 북측에 제시하지 않는 것이 낫다는 의견을 내게 된다.

또한 이 문서에는 북한이 남한 점령시 순수한 민간인 신분의 청년들을 강제로 징집하여 의용군 즉 군인으로 신분을 바꾸었기 때문에 이들을 포로로 인정할 것을 촉구한 기록이 있다. 실지로 이후에도 의용군을 어떤 위상에서 바라볼 것인가는 문제로 남아 있는데, 본 납북사건자료원은 피랍 당시 이들의 신분이 민간인이었던 만큼 납북자로 인정하고 접근해야 한다고 사료된다.

한편 이 자료를 통해 협상이 난항을 거듭했음에도 불구하고 1953년 말 실향사민 귀환에 관한 협상이 진전되어 우리측에서는 적어도 1954년 1월부터는 귀환의 가능성이 있다고 보고 타임테이블을 정해 희망적으로 귀환을 추진했던 과정을 엿볼 수 있다.

〈韓國戰爭史料〉

역사자료(歷史資料)
육군훈령(陸軍訓令), 적전투력(敵戰鬪力), 종합평가서(綜合評價書)
휴전관계(休戰關係), 6 · 25사변사(事變史)[초고(草稿)]
(99)

육군본부(陸軍本部)

휴전대책연구회
관계서류

단기 4286(1953)년 9월 20일
휴전대책연구회 간사
육군대위 김윤학
국방부 차관 귀하

민간인피랍치자귀환에관한 건 「보고」

수제건 6 · 25사변 돌발 즉후 남한 각지에서 적 공산당 도배에 의하여 북한으로 납치된 대한민국 시민의 송환에 대하여 판문점 휴전협상 개시 이래 금일의 휴전협정이 조인되기까지 아국군(我國軍) 대표들의 열렬한 주장과 진지한 노력이 거듭되어 왔음에 비추어 그간의 경위와 결과를 별지와 여히 의명(依命) 조사 보고하나이다.

별지 1.
현 한국군 제1군단장 이형근 중장은 휴전협상 제2대 대표(당시 육군소장)로서 자(自)단기 4284(1951)년 9월 2일 지(至)단기4285(1952)년 1월 31일 재임 기간 중 대한민국 출신 피랍치 인사 송환에 대하여 좌(左)에 열기(列記)한 제반 노력을 가(加)하였음을 당시의 국방부 장관 경유 대통령 각하에의 보고서 중에서 발췌하였음.

一. 단기 4284(1951)년 12월 12일
포로 문제에 있어서 소관으로 하여금 분과위원회에 참석하라는 죠이 중장의 말이 있었으나 현재까지 주야로 누차 절충한 결과 포로의 정의가 군인에 국한된다는 국제법 이외에는 이 군사 회담에서는 주장할 수 없다 하고 또 포로교환 기술 문제에 있어서도 소관 의견과 근본적 차이가 있음으로 소관으로서는 처음부터 이에 출석을 거부하였으며 이후도 필사적으로 계속 주장하겠으나 일반 납치인 억류자는 이 군사회담의 능력 외의 것이며 정부와 정부 간의 문제라고 하는 대표단의 기정 결론에는 합법적 논거가 없음.
요는 본 휴전회담은 만사가 J C.S(미국통합참모본부)의 명령대로 움직이는 순전한 군사회담이며 정치적, 항구적 평화 회의가 아니라는 것이 본대표단의 사명임(이상 의견 구신(具申))

「추신」

포로 이외의 일반 납치자, 억류자 교환 문제는 UNC대표단에서는 별개 회담에서 취급할 중대 문제라 하나 만일 필요시에 대비하여 북한으로 송환할 수 있는 인원이 아국에 현재 얼마나 있는지 하시앙망(下示仰望)

一. 단기 4284(1951)년 12월 15일

납치인사도 포로로 간주하고 교환할 것을 강력 주장하였으나 대표단들은 포로의 정의가 군인(군속 포함)에 국한된다는 국제법을 주장하여 이 문제는 군사회담의 능력 외이며 정부와 정부 간의 별개 회담에서 취급할 중대 문제라고 하면서 응락치 않었음.

차(此) 문제에 관하여 국제적십자사 대표 「비아리」씨와도 단독(單獨) 사적(私的)으로 장시간 논의한 바 있었는데 역시 별개 취급이 타당할 것이라는 견해이었음(이상 의견 구신)

一. 단기 4284(1951)년 12월 19일

일대일 교환을 관철하고 잔여의 괴뢰군 포로는 정치회담시까지 대가 없이는 송환치 말 것, 즉 그 대가로 납치 억류된 평화적인 일반 한국 국민은 한국에 반환될 것(이상 건의)

납치인 교환을 주장할 때 대한민국 공보처 편찬 납치인사 명부 및 6 · 25사변피랍치인사가족회 편찬 명부 각 1부씩 계(計) 2부에 기재된 인명을 결국은 공산군에게 제시하여야 하겠는데 제시하여도 가한지를 시급 지시 앙망

명부만을 제시하면

1. 명부에 기재된 이외의 일반 국민으로부터 불공평하다는 비난이 있을 것
2. 공산군에게 성명을 제시하여도 그대로 응할 가능성이 희박할 뿐더러 오히려 지정된 납치인에게 불리한 영향을 끼칠 우려가 있는 것의 이(二) 점으로 보아 인명을 지정치 않는 것이 가하다고 판단함(이상 건의)

一. 단기 4284(1951)년 12월 26일

판명 납치인을 납치인가족회 및 공보처 통계로 종합한 데다가 가산하야 약 만 명으로 하고 이 만 명을 포함한 공산군 포로 수에 해당하는 납치인을 송환할 것을 요구하였든 바 금일 미국대사관으로부터 한국 정부에서는 판명수(判明數)를 2천5백 명으로 하고 있다고 통보가 있었음(이상 참고 사항)

一. 단기 4285(1952)년 1월 9일

UN군측은 공산군 내부에 잔류하는 한국 군인도 포로로 취급하고 민간인도 귀환시키라고 강력히 주장. 공산측은 UN군이 감금하고 있는 3만7천 명의 납치인 1만6천 명의 자기측 군인과 5십만 명의 북한인을 송환하라고 응수(이상 보고)

一. 단기 4285(1952)년 1월 10일

적은 민간 납치인 문제는 정치적 문제라고 토의 거부(이상 보고)

一. 단기 4285(1952)년 1월 13일

적은 포로와 민간인을 혼동치 말라고 하며 UN군측 제안을 계속 거부(이상 보고)

一. 단기 4285(1952)년 1월 15일

적은 계속하여 민간인을 교환할 수 없다고 거부. 동시에 남한측이 납치한 5백만 이상의 북한인을 송환하라고 요구. UN측은 우리는 납치한 사실 없다고 거부(이상 보고)

一. 단기 4285(1952)년 1월 16일

작일(어제, 15일)과 동일한 내용이 반복되었음(이상 보고)

一. 단기 4285(1952)년 1월 10일 → 1월 16일

적은 12월 30일 이래 연일 「민간피랍치인문제」는 정치 문제임으로 포로 문제와 혼동시키지 말라고 그 토의를 거부하였음. 연이나 소관으로서는 납치인 토의 거부는 한국민의 참혹한 분열을 조장시키며 한국을 내부로부터 붕괴시키자는 적의 무자비한 침략기도의 폭로임으로 단연코 이 야욕을 봉살(封殺)하여야만 한다고 주장하고 있음.(이상 보고)

UN군 대표단 및 공산군에게는 우리 한국은 북한으로부터 일절 민간인을 납치한 사실은 없다고 주장 중임(이상 의견 구신)

一. 단기 4285(1952)년 1월 18일
UN군은 북한군 내 강제 편입 국군 및 일반 납치인을 송환하라고 요구
공산측은 일절 거절(이상 보고)

一. 단기 4285(1952)년 1월 19일부터 1월 22일까지 4일간 동일한 내용(1월 18일 회의)이 계속 반복되었음. (이상 보고)

一. 단기 4285(1952)년 1월 24일
적- 민간인을 무조건 송환할 용의가 있다고 명백히 말함. 연이나 그 시기, 방법에 관하여는 언급을 회피함.
UN군- 우기(右記) 적측으로부터의 민간인의 무조건 송환을 촉구(이상 보고)

一. 단기 4285(1952)년 2월 1일
『포로 문제에 있어서 강압과 기아에서 신음하는 우리의 포로, 우리의 피랍치 국민을 철의 장막으로부터 구출치 못하여 본인들과 그 가족의 참담한 심정에 상도(想到)할 때 본관은 실로 단장의 비분을 금할 수 없는 바이다 -』
(대표직을 사임하는 사직서에서)

一. 동대표는 자(自) 단기 4284(1951)년 12월 23일 지(至) 단기 4285(1952)년 1월 25일 간, 평화, 국도, 조선, 경향, 자유, 태양, 서울신문 지상에 피랍치 민간인 반송에 대한 한국군 대표로서의 신념을 확고히 하고 그 취할 태도를 명확히 하는 담화, 성명을 누누히 발표하였고 한편 단기 4284(1951)년 12월 24일 평화신문사는 그 사설에 좌(左)에 인용한 구절을 논설함으로서 아국군 대표가 휴전회담 석상에서 여하히 노력을 계속하였는가를 3천만 국민에게 인식 감명케 한 사실이 있었음.
『(전략) - UN군에 수용되어 있는 강제 의용군의 석방, 그리고 북한측에 동원되어 있는 강제 의용군의 포로 인정 납치인사 반송 등의 요구가 관철되지 않을 시는 퇴장 사퇴할 것을 시준하여 강경한 의사를 표명한 바 있어 오인(吾人)은 3천만의 이름으로 그 장의(壯意)를 격려하고 초지관철을 기원하는 바이다 - 하략)』

별지 2.

휴전회담 한국군 제3대 대표(현재 도미 중인 유재흥 중장)는 단기 4285(1952)년 2월 1일 취임 이래 다음에 열기한 바와 같은 노력을 계속함으로서 대한민국 출신 피랍치자 석방 송환의 촉진 및 조속 실현을 적측에게 강요한 바 있었음.

一. 단기 4285(1952)년 2월 2일

UN측은 적십자 대신에 중립 국가 대표가 북한에 가서 납치인사들을 회견 지점에서 회견하여 자유 의사에 의하여 각기 송환시킬 것을 제안하였으나 적은 이를 거부하였음.

一. 단기 4285(1952)년 2월 10일

포로에게 구호 물자를 분배하자는 UN 제안을 적은 거부하였으나 정전협정 조인 후 민간인 송환을 원조하는 기구를 조직하는 데는 적이 동의하였음.

一. 단기 4285(1952)년 2월 20일

UN측은 민간인 송환을 촉진한다는 문구를 성문화하여 협정문에 삽입하자고 주장했으나 적은 반대였음. 즉 UN측은 민간인의 송환 촉진 및 조속 실현하는 책임을 양(兩) 사령관에게 부하(負荷)시키자고 제안하였으나 현 초안에 이미 책임이 있게 된 것이라고 거절하였음.

별지 3.

결론

단기 4285(1952)년 1월 24일(대표 이형근 중장 이임 약 일주일 전) 적측이 민간인을 무조건 송환할 용의 있음을 명백히 한 것 (시기, 방법에 관하여는 언급을 회피)

또 단기 4285(1952)년 2월 10일(대표 유재흥 중장 취임 제10일) 적측은 휴전협정 조인 후 민간인 송환을 원조하는 기구를 조직하는데 동의한 것

이리하야 마침내 피랍치 인사의 송환을 실현하는 별첨과 여한 협정이 휴전협정 중에 포함되기에 이르렀음.

(주)별첨 협정문을 일목요연케 하기 위하여 소관이 발췌 작성한 별표를 첨부하였음

「추신」

一. 대한민국정부 편「6 · 25사변피랍치자명부」(기1, 2, 3, 4, 기4는 공보처 통계국편 6 · 25사변피살자명부)

一. 6 · 25사변피랍치인사가족회편「6 · 25사변피랍치인사명부」(제 1부)

一. 대한민국 정부 편「6 · 25사변피랍치인사명부」(제 2부 및 추가분), (서울특별시 및 개성시)

이상 6책은 소관 보관 중에 있으며 피랍치 인사 총수는 8만6백6십1명(남 7만9천1백4십5명, 여 1천5백1십6명)으로 되어 있음.

별첨

휴전협정 전문

제59항

ㄱ. 본 정전협정이 효력을 발생하는 당시에 국제연합군 총사령관의 군사 통제 지역에 있는 자로서 1950년 6월 24일에 본 정전협정에 확정된 군계분계선 이북에 거주한 전체 사민에 대하여서는 그들이 귀향하기를 원한다면 국제연합군 총사령관은 그들이 군계분계선 이북 지역에 돌아가는 것을 허용하며 협조하여야 한다.

본 정전협정이 효력을 발생하는 당시에 조선인민군 최고사령관과 중국인민지원군사령원의 군사 통제 지역에 있는 자로서 1950년 6월 24일에 본 정전협정에 확정된 군사분계선 이남에 거주한 전체 사민에 대해서는 그들이 귀향하기를 원한다면 조선인민군 최고사령관과 중국인민지원군사령원은 그들이 군사 분계선 이남 지역에 돌아가는 것을 허용하며 협조한다.

ㄴ. 각방 사령관은 책임지고 본목(本目) 규정의 내용을 그의 군사 통제 지역에 광범히 선포하며 또 적당한 민정당국을 시켜 귀향하기를 원하는 이러한 전체 사민에게 필요한 지도와 협조를 주도록 한다.

ㄷ. 쌍방의 본조 제59항 ㄱ목에 규정한 사민의 귀향과 본조 제59항 ㄴ목에 규정한 사민의 이동을 협조하는 조치는 본 정전협정이 효력을 발생한 후 될 수 있는 한 속히 개시한다.

ㄹ. (1) 실향사민귀향협조위원회를 설립한다. 동위원회는 영급 장교 4명으로 구성하되 그중 2명은 국제연합군 총사령관이 이를 임명하며 그중 2명은 조선인민군 최고사령관과 중국인민지원군사령원이 공동으로 이를 임명한다.

동위원회는 군사정전위원회의 전반적 감독과 지도 밑에 책임지고 상기 사민의 귀향을 협조하는데 관계되는 쌍방의 구체적 계획을 조절하며 또 상기 사민의 귀향에 관계되는 본 정전협정 중의 일절 규정을 쌍방이 집행하는 것을 감독한다.

동위원회의 임무는 운수 조치를 포함한 필요한 조치를 취함으로써 상기 사민의 이동을 촉진 및 조절하며 상기 사민의 군사분계선을 통과하는 월경지점(들)을 선정하며 월경지점(들)의 안전 조치를 취하며 또 상기 사민 귀향을 완료하기 위하여 필요한 기타 임무를 집행하는 것이다.

(2) 실향사민귀향협조위원회는 그의 임무에 관계되는 어떠한 사항이든지 합의에 도달할 수 없는 때에는 이를 곧 군사정전위원회에 제출하여 결정하게 한다. 실향사민귀향협조위원회는 그의 본부를 군사정전위원회의 본부 부근에 설치한다.

(3) 실향사민귀향협조위원회가 그의 임무를 완수할 때에는 군사정전위원(회)가 즉시로 이를 해산시킨다.

단기 4286(1953)년 10월 30일
휴전대책연구회 간사
육군대위 김윤학

휴전대책연구회 위원
국방부 차관 각하

피랍치 인사에 관한 건 「보고」

수제건에 관하여 피랍치 인사의 귀환을 의미하는 휴전협정 제59항에 규정된 실향사민귀향협조위원회(이하 '실귀위' 로 약칭) 발족 후의 운영 및 그 귀추에 대하여는 명에 의하여 예의 탐문 중 금반(今般) 정치회의 예비회담 아(我) 대표로 문산에 본부를 둔 이수영 대령에게 의뢰하였던 바 별첨과 여한 정보를 수집 제공하여 주었삽기 자에 보고하나이다.

별첨
10월 29일 문산 천막촌에서 이수영 대령 및 '실귀위' 수석위원 세이언(SAYEN) 대령 간에 교환된 담화 내용
(自 15시 30분 ~ 至 15시 50분)
이 대령: 실귀위의 업무 진행 상황을 알고 싶으니 이야기해주기 바란다.
세이언 대령:
1. 거(去) 10월 19일 UNC측 군사정전위원회 위원장 브라이언 소장은 공산측에게 다음과 같은 제안을 하였다.
   α. 민간인 송환 통과 지역을 우선 판문점으로 하자.
   b. 실귀위의 초회합(初會合)을 10월 27일에 개최하자.

2. 이에 대하여 10월 21일 공산측은 행정적 이유로서 27일의 회합은 불가능하다고 통보하였다.

이 대령: 앞으로의 실귀위의 계획은 여하한가.
세이언: 앞으로 조금 기다려 보아 회답이 안 오면 계속 독촉하겠다.

이 대령: 계속 독촉하며 강력하게 공격하는 것이 현 단계로는 필요하다. 수십 만 가족의 기대는 귀하의 분투에 달렸으니 전력을 다하여 주기 바라며 나도 종종 귀하를 심방 서로 의논하겠으며 좋은 생각이 있으면 서로 말하기로 하자.
세이언: 언제든지 좋다. 계속하여 노력하겠고 또 그것이 나의 상사(헐 대장을 지적)의 의도이다.

별첨
단기 4286(1953)년 11월 19일
납치인사 문제 진척 상황
예비회담 한국 대표 이수영

별지 1.
단기 4286(1953)년 11월 18일 19시

어(於). 문산. 정위본부(停委本部)

1953년 11월 18일 판문점에서 소집된 군사정전위원회에서 민간인 납치자에 관한 문제가 언급되었다는 소식에 접한 본관은 군사정전위원회 UNC측 인원과 다음과 같은 교섭을 진행하였음
이 대령: 오늘 정전위원회에서 공산측이 실향사민 문제에 관하여 언급한 점은 없는가?
레이시 소장(미공군– 수석위원): 있었다. 그들이 이렇게 두터운 서면으로 제안하여 왔는데 무엇인지는 아직 모르겠다.
이 대령: 그러면 그 제안을 한 부 나에게 줄 수 없는가?
바스틴 소장(영국): 우리가 아직 연구도 하지 않았는데.
이 대령: 그들의 제안을 나는 말하는 것인데 보는 것쯤 어떻겠는가?
레이시 소장: 지금 한 부밖에 없으니 주지는 못하겠으나 보는 것이야, 볼 수 있다고 생각한다.
이 대령: 그 제안은 참 흥미있는 것인데 「건설적」인 것이 되기를 바란다.
데이리 준장: 아니, 공산당 제안이 언제 「건설적」 아닌 것 있었는가?
일동대소(一同大笑)

석식 후 20시 30분 세이언, 콜만 양 대령에게 전화하였으나 부재로 문답이 중단되었음.

별지 2.

단기 4286(1953)년 11월 19일 08시 30분

이 대령: 작일 공산측이 제안한 실향사민건이 무엇인지 말해줄 수 있는가?

세이언 대령: 내가 어제 밤에 서울에 갔기 때문에 아직 보지 못하였는데, 나의 사무원 말에 의하면 98% 우리 안과 흡사한 것이라고 한다. 오늘 연구해보아야 자세히 알겠다.

이 대령: 그러면 내가 판문점 회담에 갔다 와서 귀관을 심방하겠다.

세이언 대령: 좋다.

별지 3.

단기 4286(1953)년 11월 19일 14시 15분 → 14시 35분

어(於). 문산. 실사협위 사무실(失私協委事務室)

이 대령: 그 건에 대하야 내가 알었으면 좋겠다.

세이언 대령: 우리의 제안과 98% 동일한 제안이며 사소한 점에 대하여 약간의 차이가 있으나 이것은 본질적인 차이는 아니다. 첫째 판문점을 교환 지점으로 합의한 것이다.

이 대령: 사민위의 초회합(初會合)에 언급은 없었던가?

세이언 대령: 그것은 언급치 않았으니 우리가 내주 어느 날로 제안하여야 하겠다.

이 대령: 사소한 점의 차이란 대개 어떤 것인가?

세이언 대령: 가령 말하자면 일시에 교환되는 인원 수, 교환 사업에 종사할 인원의 수, 설비 등의 문제이다. 그리고 저쪽에서 새로운 것을 제안하여 왔는데 즉 민간인이 교환될 때 개인의 소유물을 가지고 가도록 허용하자는 것으로 우리는 이것을 고의로 UN측 제안에서 제외한 것이었으나 공산측이 제안하여 왔으니 잘 되었다고 본다.

이 대령: 그것은 좋은 점이라고 보는데 우선 우리 국민에게 이런 진척 상황을 알려줄 필요가 있지 않은가?

세이언 대령: 극동사령부가 KCAC에 명령하여 직접 한국 정부와 협조하여 보도, 기타 계획 등을 하게 되어

있으니 KCAC가 다 잘할 것이다.

이 대령: 하여튼 일시 바삐 우리 국민에게 이런 것을 알려주어야 그 가족들에게 다소나마 희망을 줄 수 있는 것이다. 어쨌든 일을 착수함에 한 걸음 가까워졌으니 반가운 일이며 귀관이 잘 싸워주어야 하겠다.

세이언 대령: 물론 공산측으로부터 큰 것을 기대할 수는 없지만은 항상 희망은 가지고 일해야겠다.

그리고 세이언 대령은 공산측의 작일 제안을 복사하는 대로 1부를 소관에게 보내주겠다고 약속하였음.

별지 4.

이상의 경위로서, 미루어 보아 본관은 좌기(左記)와 여히 추측함.

기(記)

1. 내주 중(잘 되면 수요일 전)으로 실향사귀협위의 초회합(初會合)이 소집될 것임.
2. 초회합(初會合) 이후 2~3차의 회의 후에는 실지 귀환 협조의 업무가 개시될 수 있음, 빠르면 12월 1일(혹은 초순 중)
3. 실지로 납치인사가 남한으로 돌아올 수 있는 최속(最速)한 시일은 1954년 1월 1일(초순경)이 될 수 있음.

기(基) 시일을 도시하면...

11/19	11/25	11/27	11/29	12/1→	1개월	←12/31	1954 1/1	2일	5일	7일	10일
	제1차회의	제2차회의	제3차회의		남북을 통한 공고 기한 및 실제 업무 개시에 필요한 준비 기간.		제1차납치자 귀환	제2차납치자 귀환	제3차납치자 귀환		

(이상은 신속한 합의를 전제로 한 예측임)

韓國戰爭史料

歷史資料

陸本訓令, 敵戰鬪力 綜合評價書
休戰關係, 6. 25事變史(草稿)

(99)

陸 軍 本 部

休戰對策硏究會
關係書類

檀紀四二八六年九月二十日

休戰對策研究會幹事
陸軍大尉 金潤學

國防部次官 閣下

民間人被拉致者歸還에關한件 報告

首題件 六二五事變勃發卽後 南韓各地에서 敵共產黨徒輩에依하여 北韓으로 拉致된 大韓民國市民의送還에對하여 板門店休戰協商開始爾來今日의 休戰協定이調印되기까지 我國軍代表들의熱烈한 主張과 眞摯한努力이 거듭되어 왔음에 비추어 其間의經緯와 結果를 別紙와如히 依命謹査報告하나이다

別紙 一、

現韓國軍第一軍團長 李亨根中將은 休戰協商 第二代代表(當時陸軍少將)로서 自檀紀四二八四年九月九月二日 至檀紀四二八五年一月三十一日 在任期間中 大韓民國出身被拉致人士返送에 對하여 左에列記한 諸般努力을 加하였음을 當時의 國防部長官經由 大統領閣下에의 報告書中에서 拔萃하였음.

一、檀紀四二八四年十二月十二日、

捕虜問題에 있어서 小官으로 하여금 分科委員會에 參席하라는 조이中將의 말이 있었으나 現在까지

晝夜로 屢次折衝한 結果 捕虜의 定義가 軍人에 局限된다는 國際法以外에는 이 軍事會談에서는 主張할수 없다 하고 또、捕虜交換技術問題에 있어서도 小官 意見과 根本的 差異가 있음으로 小官으로서는 처음부터 이에 出席을 拒否하였으며 以後도 必死的으로 繼續 主張하겠으나 一般拉致人 抑留者는 이 軍事會談의 能力外의 것이며 政府와 政府間의 問題라고 하는、代表團의 旣定結論에는 合法的 論據가 없음.

要는 本休戰會談은 萬事가 J.C.S (美國統合參謀本部)의 命令대로 움직이는 純全한 軍事會談이며、政治的 恒久的 平和會議가 아니라는 것

532

이 本代表團의 使命임 (以上 意見 具申)

「追伸」 捕虜 以外의 一般拉致者, 抑留者 交換問題는 UNC代表團에서는 別個會談에서 取扱할 重大問題라 하나 萬一 必要時에 對備하여 北韓으로 送還할 수 있는 人員이 我國에 現在 얼마나 있는지 下示仰望

一. 檀紀 四二八四年 十二月 十五日

拉致人士도 捕虜로 看做하고 交換할 것을 强力 主張하였으나 代表團들은 捕虜의 定義가 軍人(軍屬包含)에 局限된다는 國際法을 主張하여 이 問題는 軍事會談의 能力外이며 政府와 政府間의 別個會談에서 取扱할 重大問題

라고 하면서 應諾을치 않었음
此問題에 關하여 國際赤十字社代表 박아리 氏와
도 單獨私的으로 長時間 論議한바 있었는데 亦
是 別個取扱이 妥當할 것이라는 見解이었
음 (以上意見具申)

一. 檀紀 四二八四年 十二月 十九日

一. 對 一交換을 貫徹하고 殘餘의 傀儡軍捕虜는
政治會談時까지 代價없이는 返還치말것, 卽
其代價로 拉致抑留된 平和的인 一般韓國國民
은 韓國에 返還될것 (以上建議)
拉致人交換을 主張할때 大韓民國公報處編纂
拉致人士名簿等 及 六二五事變被拉致人士家族

534

會編纂名簿 各一部式 計二部에 記載된 人名을
結局은 共產軍에게 提示하여야 하겠는데 提示하
여도 可한지를 時急指示仰望
名簿만을 提示하면
1. 名簿에 記載된 以外의 一般國民으로부터 不
公平하다는 非難이 있을것
2. 共產軍에게 姓名을 提示하여도 그대로 應할可
能性이 稀薄할뿐더러 오히려 指定된 拉致人
에게 不利한 影響을 끼칠 憂慮가 있는것
의 二点으로 보아 人名을 指定치 않는것이 可하
다고 判斷함 (以上 建議)

檀紀 四二八四年 十二月 二十六日

判明拉致人을 拉致人家族會及 公報處統計를 綜合
한데다가 加算하야 約 萬名으로 하고 이萬名을 包
含한 共産軍捕虜數에 該當하는 拉致人을 送
還할것을 要求하였든바 今日 美國大使館으로
부터 韓國政府에서는 判明數를 二千五百名으
로 하고 있다고 通報가 있었음 (以上參考事項)

一、檀紀四二八五年一月九日

UN軍側은 共産軍內部에 殘留하는 韓國軍人도
捕虜로 取扱하고 民間人도 歸還시키라고 強力히
主張。 共産側은 UN軍이 監禁하고 있는 三萬七千名
의 拉致人 萬六千名의 自己側軍人과 五十萬名의
北韓人을 送還하라고 應酬、 (以上 報告)

536

一、檀紀四二八五年一月十日

敵은 民間拉致人問題는 政治的問題라고 討議拒否 (以上報告)

一、檀紀四二八五年一月十三日

敵은、捕虜와 民間人을 混同치 말라고 하며 UN軍側提案을 繼續拒否。(以上報告)

一、檀紀四二八五年一月十五日

敵은 繼續하여 民間人을 交換할수 없다고 拒否

同時에 南韓側이 拉致한 五百萬以上의 北韓人을 送還하라고 要求、

UN側은 우리는 拉致한 事實이 없다고 拒否 (以上報告)

一、檀紀四二八五年一月十六日

昨日(十五日)과 同一한 內容이 反覆되였음(以上報告)、

一、檀紀四二八五年一月十日 ~ 一月十六日

敵은 十二月三十日以來連日「民間被拉致人問題」는 政治問題임으로、捕虜問題와 混同시키지 말라」고 그 討議를 拒否하였사음.

然이나 小官으로서는 拉致人討議拒否는 韓國民의 慘酷한 分裂을 助長시키며 韓國을 內部로부터 崩壞시키자는 敵의 無慈悲한 侵略企圖의 暴露임으로 斷然코 이 野慾을 封殺하여야만 한다고 主張하고 있음。 (以上報告)

UN軍代表團 및 共産軍에게는 우리 韓國은 北韓으로부터 一切民間人을 拉致한 事實은 없다고 主張中

임.

(以上 意見具申)

一、檀紀四二八五年一月十八日

UN軍은 北韓軍內强制編入國軍및一般拉致人을 送還하라고 要求.

共産側은 一切拒絶 (以上 報告)

一、檀紀四二八五年一月十九日부터 一月二十二日까지 四日間 同一한 內容(一月十八日會議)이 繼續, 反覆되었음.

(以 上 報 告)

一、檀紀四二八五年一月二十四日

敵-民間人을 無條件送還할 用意가 있다고 明白히 말함. 然이나 그時期, 方法에 關하여는 言及을 回避함

UN軍-右記敵側으로부터의 民間人의 無條件送

還을 促求

(以上報告)

一、檀紀四二八五年二月一日

『── 捕虜問題에 있어서 強圧과 飢餓에서 呻吟하는 우리의 捕虜、우리의 被拉致國民을 鐵의 帳幕으로부터 救出치 못하여 本人들과 그 家族의 惨憺한 心情에 想到할때 本官은 實로 断腸의 悲憤을 禁할수 없는 바이다 ──』

(代表職을 辭任하는 辭職書에서)

一、同代表는 自 檀紀四二八四年十二月二十三日 至 檀紀四二八五年一月二十五日間、平和、國都、朝鮮、京鄉、自由、太陽、서울新聞紙上에 被拉致民間人返送에 對한 韓國軍代表로서의 信念을 鞏固히 하고 그 取할 態度를

明確히 하는 談話、聲明을 屢々히 發表하였고 한便

檀紀四二八四年 十二月 二十四日 平和新聞社는 그 社說에 左에

引用한 句節을 論說함으로서 我國軍代表가 休戰會談

席上에서 如何히 努力을 継續하였는가를 三千萬國

民에게 認識感銘케 한 事實이 있었음.

「(前略) UN軍에 收容되어 있었는 強制

義勇軍의 釋放、그리고 北韓側에 動員、

되어 있는 強制義勇軍의 捕虜認定

拉致人士返送等의 要求가 貫徹되지

않을時는 退場辭退할것을 示唆

하여 強硬한 意思를 表明한바 있어

吾人은 三千萬의 이름으로 그 壯意를

激勵하고 初志貫徹을 祈願하는

바이다 ―(下略)―

別紙 二.

休戰會談韓國軍第三代代表(現在渡美中인 劉載興中將)는 檀紀四二八五年二月一日 就任爾來 다음에 列記한 바와 같은 努力을 繼續함으로서 大韓民國出身被拉致者釋放送還의 促進及早速實現을 敵側에게 强要한 바 있었음.

一. 檀紀四二八五年二月二日.

UN側은 赤十字代身에 中立國家代表가 北韓에 가서 拉致人士들을 會見地点에서 會見하여 自由意思에 依하여 各其送還시킬 것을 提案하였으나 敵은 이를 拒否하였음.

一. 檀紀四二八五年 二月 十日.

捕虜에게 救護物資를 分配하자는 UN提案을 敵은 拒否하였으나 停戰協定調印後 民間人送還을 援助하는 機構를 組織하는데는 敵이 同意하였음.

一. 檀紀四二八五年 二月 二十日

UN側은 民間人送還을 促進한다는 文句를 成文化하여 協定文에 挿入하자고 主張했으나 敵은 反對했음 即 UN側은 民間人의 送還促進及 早速實現하는 責任을 兩司令官에게 負荷시키자고 提案하였으나 現草案에 이미 責任이 있게된 것이라고 拒絶하였음.

別紙 三

結論

檀紀四二八五年一月二十四日(代表李亨根中將離任約一週日前)
敵側이 民間人을 無條件送還할 用意있음을 明白
히 한 것. (時機, 方法에 關하여는 言及을 回避)

또 檀紀四二八五年二月十日(代表劉載興中將就任第十日)
敵側은 休戰協定調印後 民間人送還을 援助하
는 機構를 組織하는데 同意한 것.

이리하야 마참내 被拉致人士의 送還을 實現하
는 別添과 如한 協定이 休戰協定中에 包含되기
에 이르렀음.

「註」別添協定文을 一目瞭然케 하기 爲하여 小

官이 拔萃作成한 別表를 添付하였음.

「追伸」

一、大韓民國政府編「6·25事変被拉致者名簿」(其一、二、三、四)

(其四는 公報處統計局編 6·25事変 被殺者名簿)

一、六二五事変被拉致人士家族會編「6·25事変被拉致人士名簿」(第一部)

一、大韓民國政府編「6·25事変被拉致人士名簿」(第二部 及 追加分)

(서울特別市 及 開城市)

以上六冊은 小官保管中에 있으며 被拉致人士總數는 八萬六百六十一名(男、七萬九千百四十五名、女、一千五百十六名)으로 되어 있음.

546

別添

休戰協定全文

第59項

ㄱ. 本停戰協定이 効力을 發生하는 當時에 國際聯合軍總司令官의 軍事統制地域에 있는者로서 一九五〇年六月二十四日에 本停戰協定에 確定된 軍界分界線以北에 居住한 全体私民에 對하여서는 그들이 歸鄕하기를 願한다면 國際聯合軍總司令官은 그들이 軍界分界線以北地域에 돌아가는 것을 許容하며 協助하여야 한다

本停戰協定이 効力을 發生하는 當時에 朝鮮人民軍最高司令官과 中國人民志願軍司令員의 軍事

統制地域에 있는 者로서 一九五〇年 六月二十四日에
本停戰協定에 確定된 軍事分界線以南에 居住
한 全體私民에 對해서는 그들이 歸鄕하기를 願한
다면 朝鮮人民軍最高司令官과 中國人民志願
軍司令員은 그들이 軍事分界線以南地域에 돌아
가는 것을 許容하며 協助한다

各方司令官은 責任지고 本目規定의 內容을 그의
軍事統制地域에 廣範히 宣布하며 또 適當한
民政當局을 시켜 歸鄕하기를 願하는 이러한 全
体私民에게 必要한 指導와 協助를 주도록 한다

ㄷ. 双方이 本條第五十九項ㄱ目에 規定한 私民
의 歸鄕과 本條第五十九項ㄴ目에 規定한 私民의

移動을 協助하는 措置는 本停戰協定이 效力을 發生한 後
될수 있는 限 速히 開始한다
ㄹ(1) 失鄕私民歸鄕協助委員會를 設立한다
同委員會는 領級將校 四名으로 構成하되 其中
二名은 國際聯合軍司令官이 이를 任命하며
其中 二名은 朝鮮人民軍最高司令官과 中國
人民志願軍司令員이 共同으로 이를 任命한다
同委員會는 軍事停戰委員會의 全般的監
督과 指導밑에 責任지고 上記私民의 歸鄕
을 協助하는데 關係되는 雙方의 具体的 計劃
을 調節하며 또 上記私民의 歸鄕에 關係되는
本停戰協定中의 一切規定을 雙方이 執行하

는것을 監督한따 同委員會의 任務는運
輸措置를 包含한 必要한 措置를 取함으로서
上記私民의移動을促進및調節하며 上記私民의
軍事分界線을 通過하는、越境地点(들)을選
定하며越境地点(들)의安全措置를取하며 또
上記私民歸鄕을完了하기爲하여 必要한 其
他任務를執行하는것이다
(2) 失鄕私民歸鄕協調委員會는 그의 任
務에關係되는 어떠한 事項이던지 合意에到
達할수없는때에는 이를 곧 軍事停戰委員會
에提出하여 決定하게한다. 失鄕私民歸鄕協
調委員會는 그의 本部를 軍事停戰委員會

550

의本部附近에 設置한다.

(3), 失鄕私民歸鄕協調委員會가 그의 任務를 完遂한때에는 軍事停戰委員會가 即時로 이를 解散시킨다

檀紀 四二八六年十月三十日

休戰對策研究會幹事
陸軍大尉 金潤學

休戰對策研究會委員
國防部次官 閣下

被拉致人士에 關한 件 「報告」

首題件에 關하여 被拉致人士의 歸還을 意味하는 休戰協定第五十九項에 規定된 失鄕私民歸鄕協助委員會(以下 失歸委로 略稱) 發足後의 運營及其歸趨에 對하여는 命에 依하여 銳意探問中 今般政治會議豫備會談 我代表로 汶山에 本部를 둔 李壽榮大領에게 依賴하였던바 別紙와 如한 情報를 蒐集提供하여 주었삽기 玆에 報告하나이다.

616

別添

十月二九日 汶山天幕村에서 李壽榮大領及 失歸委首席委員 쎄이언(SAYEN)大領間에 交換된 談話內容 (自十五時三十分 至 時五十分)

李大領 : 失歸委의 業務進行狀況을 알고 싶으니 이야기해주기 바란다

쎄이언大領 : 一、去十月十九日 UNC側 軍事停戰委員會 委員長 브라이안少將은 共産側에게 다음과 같은 提案을 하였다、

a、民間人 送還通過地点을 爲先板門店으로 하자

b、失歸委의 初會合을 十月二十七日에 開催하자

二、이에 對하여 十月二十日 共産側은 行政的 理由로서 二十七日의 會合은 不可能하다고 通報하였다

李大領 : 앞으로의 失歸委의 計劃은 如何한가.

쎄이언 : 앞으로 조끔 기대려보아 回答이 않오면 繼續督
促하겠다
李大領 : 繼續督促하며 強力하게 攻擊하는것이 現段階
로는 必要하다. 數十萬家族의 期待는 貴
下의 奮斗에 달렸으니 全力을 다하여 주기
바라며 나도 종종 貴下를 尋訪 서로 議
論하겠으며 좋은 生覺이 있으면 서로 말
하기로 하자
쎄이언 : 언제든지 좋다 繼續하여 努力하겠고 또 그것
이 나의 上司(클大將을 指摘)의 意圖이다

別添

檀紀四二八六年十一月十九日

拉致人士問題進捗状況

豫備會議韓國代表　李壽榮

別紙 一.

檀紀四二八六年十二月十八日 十九時

於 汶山, 停委本部

一九五三年十二月十八日 板門店에서 召集된 軍事停戰委員會에서 民間人拉致者에 關한 問題가 言及되었다는 消息에 接한 本官은 軍事停戰委員會 UNC側人員과 다음과 같은 交涉을 進行하였음

李大領 : 오늘 停戰委員會에서 共產側이 失鄕私民問題에 關하야 言及한 点은 없는가?

레이시少將(美空軍 · 首席委員) : 있었다. 그들이 이렇게 두터운 書面으로 提案하여 왔는데 무었인지는 아직 모르겠다.

623

李大領：그러면 그 提案을 한部 나에게 줄수 없는가？

바스틴少將(英國)：原本 우리가 아직 研究도 하지 않었는데

李大領：그들의 提案을 나는 말하는것인데 보는것쯤 어떻겠는가

레이시少將：只今한部밖게 없으니 주지는 못하겠으나 보는 것이야、볼수 있다고 생각한다.

李大領：그 提案은 참 興味있는 것인데 「建設的」인 것이되기를 바란다

데이리准將：아니、共産黨提案이 언제 「建設的」아닌 것 있었는가

(一同大笑)

夕食後 二時三十分 세이연、콜만、兩大領에게 電話하였으나 不在로 問答이 中斷되였음。

別紙二

檀紀四二八八年 十二月 十九日 八時 三十分

李大領 : 昨日 共産側이 提案한 失鄕私民件이 무엇인지 말해 줄수 있는가.

세이연大領 : 내가 어제 밤에 서울에 갔기 때문에 아직 보지 못하였는데, 나의 事務員 말에 依하면 九十八% 우리案과 恰似한 것이라고 한다 오늘 硏究해 보아야 仔細히 알겠다

李大領 : 그렇면 내가 板門店會議에 갔다와서 貴官을 尋訪하겠다

세이연大領 : 좋다.

625

別紙 三

檀紀四二八六年十一月十九日十四時十五分 ↓ 十四時三十五分

於 汶山 失私協委事務室

李大領 : 그件에 對하야 내가 알었으면 좋겠다

세이연大領 : 우리의 提案과 九十八%同(한) 提案이며 些少한 点에 對하야 若干의 差異가 있으나 이것은 本質的인 差異는 아니다. 첫재, 板門店을 交換地点으로 合意한 것이다.

李 : 私民委의 村會合에 言及은 없었던가

세이연 : 그것은 言及치 않었으나 우리가 來週 어느날로 提案하여야 하겠다.

李 : 些少한 点의 差異란 大概 어떤 것인가.

세이연 : 假令 말하자면 一時에 交換되는 人員數、交換事業에

從事할 人員의 數、設備等의 問題이다、
그리고 저쪽에서 새로운 것을 提案하여 왔는데 即 民間
人이 交換될때 個人의 所有物을 가지고 가도록 許容
하자는 것으로、우리는 이것을 故意로 UN側 提案에
서 除外한 것이였으나 共産側이 提案하여 왔으니
잘 되였다고 본다

李 : 그것은 좋은 点이라고 보는데 為先 우리 國民에게 이
런 進捗狀況을 알려줄 必要가 있지 않는가

세이연 : 極東司令部가 KCAC에 命令하여 直接 韓國政
府와 協助하여 報道、其他 計劃等을 하게 되여 있
으니 KCAC가 다 잘 할것이다

李大領 : 何如튼 一時 바삐 우리 國民에게 이런 것을 알려주

어야 그家族들에게 多少나마 希望을 줄수 있는 것이다.

어쨌든, 일을 着手함에 한걸음 가까워졌으니 반가운 일이며 貴官이 잘 싸워 주어야 하겠다.

세이연大領: 勿論 共産側으로부터 큰것을 期待할수는 없지만은 恒常希望은 가지고 일해야 겠다

그리고 세이연 大領은 共産側의 昨日提案을 複寫하는데로 一部를 小官에게 보내 주겠다고 約束하였음

別紙四.

以上의 經緯로서、 미루어 보아 本官은 左記와 如히 推測함.

記

一、來週中(잘되면은 水曜日前)으로 失鄕私歸協委의 初會合이 召集될 것임.

二、初會合以後 二ー三次의 會議後에는 實地歸還協助의 業務가 開始될수 있음、빠르면은 十二月一日(或은 初旬中)

三、實地로 拉致人士가 南韓으로 도라올수 있는 最速한 時日은 一九五四年一月一日(初旬頃)이 될수 있음.

其時日을 圖示하면:

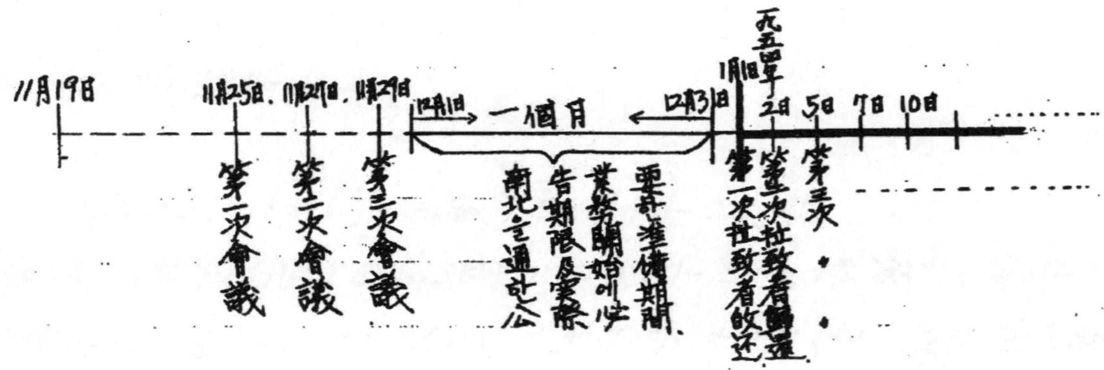

(以上은 迅速한 合意를 前提로 豫測임)

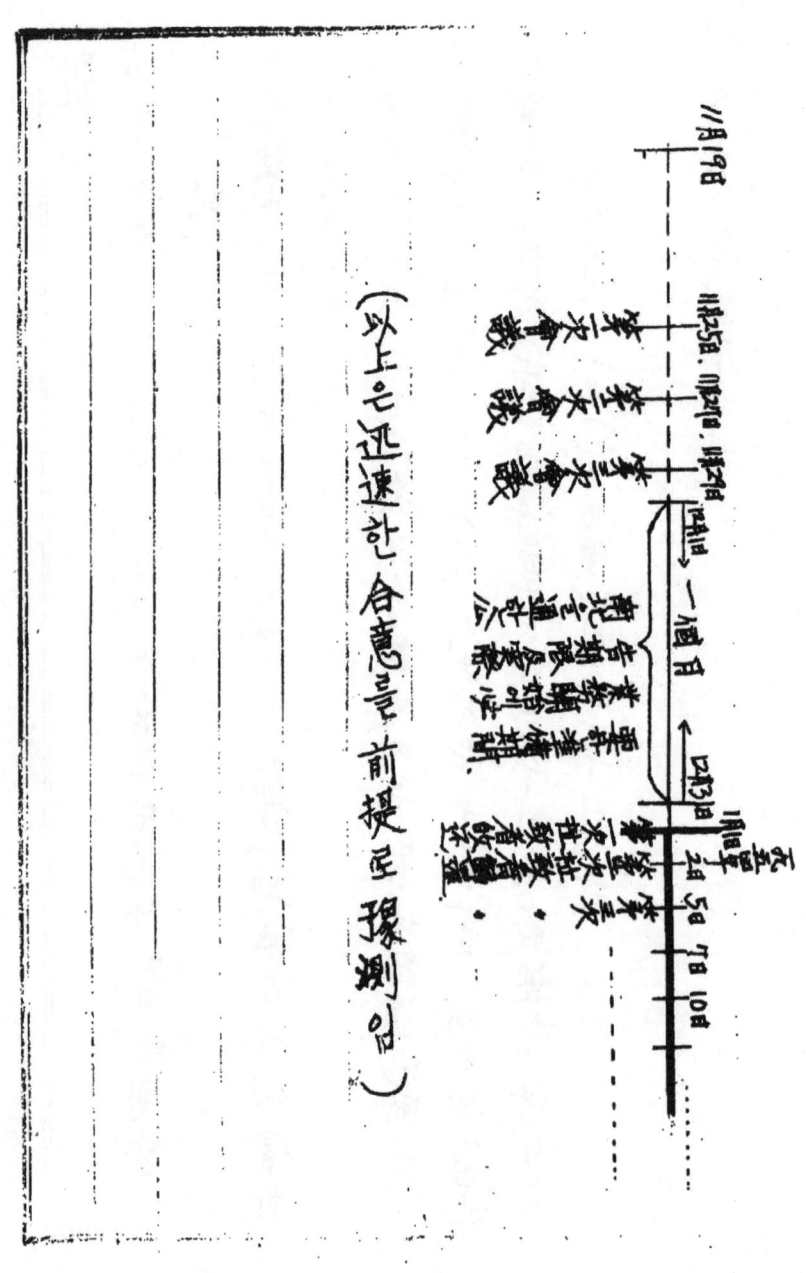

7. 저명 납북인사명록

7. 저명 납북인사명록

〈출처 / 출전〉

전쟁기념관 자료실 / 『북한총람 (공산권문제연구소 발간, 한재덕 저, 1968년)』

〈해설〉

6 · 25전쟁 중 납북된 사람들은 대체로 남한 사회 각계 각층의 유명인사와 지식인, 기술자, 의용군 등으로 구분할 수 있다. 그중에 사회적으로 비교적 지명도가 있는 정치인, 종교인, 학자, 법조인, 의료인, 문인, 사업가, 고위공무원 등 162인의 성명과 납북 전후의 간단한 행적을 『북한총람』에 게재된 대로 옮겨 싣는다. 단, 『북한총람』은 172명을 싣고 있으나 월북으로 확인됐거나 혐의가 강한 사람은 배제시킨 162명을 소개한다.

납북인사명록(拉北人士名錄)

(납북 저명인사 중 밝혀진 인사의 명단만을 수록하게 됨)

공산권문제연구소에서 발간된 한재덕씨가 쓴 『북한총람』(1012~1018면)에 수록된 납북인사 개인별 실태

1. 姜 基 德 (강기덕)
▷전 지사 ▷1950년…6·25 남침 당시 납북 ▷1956년 6월까지 교화소 분소에서 구금 ▷1956년 7월…재북 평화통일촉진협의회 회의시 참석함 ▷1957년…이후 함북 방면으로 이주함. 차후 행방불명

2. 康 巨 福 (강거복)
▷전 심계원 차장 ▷1950년 6·25 당시 납북 ▷1956년 7월…재북 평화통일촉진협의회에 참석함 ▷1958년 말경…반동으로 체포·구속하여 투옥되었음.

3. 姜 病 順 (강병순)
▷변호사 ▷1950년 6월…서울에서 납북 ▷1956년 7월…재북 평화통일촉진협의회 참석함 ▷1957년경…노동자로 평북 방면으로 이주함.

4. 權 泰 羲 (권태희)
▷경북 출신 ▷목사 ▷1948년 5월…무소속으로 경북 금천에서 제헌국회의원 당선 당시 문교사회위원회 위원장 ▷1950년 6월…북괴 남침시 납북 ▷1951년 초…기독교연맹의 설득으로 변질하여 김창준 기독교연맹위원장 산하에서 종사함 ▷1956년 7월…재북 평화통일촉진위원회 발기인 겸 중앙위원 ▷1956년 8월…인민경제대학 재학 ▷1956년 10월까지 평양에 있었음.

5. 高 權 三 (고권삼)
▷사대 교수 ▷1950년…6·25 당시 납북 ▷1955년 말까지 감흥리수용소 수용 중 ▷1956년 8월…평북 의주 방면 강제 이주되어 노동자로 전락함.

6. 高 斗 洽 (고두흡)
▷변호사 ▷1950년…6·25 당시 납북 ▷1955년 말까지 평양교화소에 구금 ▷1956년 8월경…평북, 함북, 함남 지방으로 강제 이동 노동케 함.

7. 高 元 勳 (고원훈)
▷경북 출신 ▷일제시 도지사 ▷1950년 6월…북괴 남침시 납북 ▷1950년 11월경…강계 근처 산중에서 강행 중 사망하였다 함.

8. 高 周 奭 (고주석)
▷의사 ▷1950년…6·25 남침 당시 납북 ▷1951년 4월…평양에서 후방 부대 병원으로 배치되었음 ▷1959년 초에 성분 관계로 숙청되었음.

9. 丘 德 煥 (구덕환)
▷충남 출신 ▷1950년 5월…국민당 소속으로 2대 국회의원 당선 ▷1950년 6월…북괴 남침시 납북 ▷1956년 9월…재북 평화통일촉진협의회 중앙위원 겸 상무위원 ▷1956년 9월경…인민경제대학 특설반 입학 ▷1956년 3월…평양 근교의

협동농장원으로 배치

10. 具 滋 玉 (구자옥)

▷경기도 출신 ▷기독교청년회 총무 ▷1946년 2월…미군정 당시 경기도지사 ▷1950년 6월…북괴 남침시 납북 ▷1950년 11월…북괴군 도주시 납북 강행에 의하여 강계 근처 산중에서 사망(동행한 송창근씨의 증언에 의함)

11. 具 中 會 (구중회)

▷경남 출신 ▷1948년 5월…무소속으로 경남 창녕에서 제헌국회의원 당선 ▷1950년 6월…북괴 남침시 납북 ▷1956년 7월…재북 평화통일촉진협의회 중앙위원 ▷1959년 3월경…강계 방면의 목장으로 이주당하여 현재에 이름.

12. 琴 泰 淵 (금태연)

▷중앙청 고급 관리 ▷1950년…6 · 25 당시 납북 ▷1956년 9월경…함북 방면으로 이주 강제 노동에 종사함.

13. 奇 世 福 (기세복)

▷목사 ▷1950년…6 · 25 남침 당시 납북 ▷1950년 12월…만포진 도착(감금) ▷1951년 초~1954년 5월경…북괴 평양교화소 임시수용소 감금 ▷1955년 이후 행방불명

14. 金 景 道 (김경도)

▷경남 출신 ▷1948년 5월…대한독립촉성국민회 소속으로 경남 함양에서 제헌국회의원 당선 ▷1956년 7월…재북 평화통일촉진협의회 중앙위원 ▷1958년 10월…함북 고무산노동자수용소로 추방됨.

15. 金 庚 培 (김경배)

▷경기도 출신 ▷무소속 ▷1948년 5월…경기도 연백에서 제헌국회의원 당선 ▷1950년 5월…2대 민의원 당선 ▷1950년 6월…남침 전쟁시 납북당함 ▷1954년 7월…교화소에서 감금 중에 있었음 ▷1956년 7월…재북 평화통일촉진협의회 발기인 겸 집행위원 ▷1959년 초…반당 반혁명 죄로 투옥 행방불명됨.

16. 金 奎 植 (김규식)

▷정치인 ▷1919년…상해 임시정부 외무부장 ▷1919년 9월…신한청년단 대표로 읍리평화회의에 참석 ▷1921년…국제공산당 극동회의 참가 ▷1943년 10월…중경 한국임시정부 부주석 ▷1945년 11월…귀국 ▷1946년 2월…민주의원 부의장 ▷1946년 6월…대한독립촉성국민회 부의장 ▷1946년 12월…과도입법의원 의장 ▷1948년 7월…남북통일독립촉성회 결성 ▷1948년 7월…소위 남북 협상에 호응하여 전국민의 반대에도 불구하고 평양에 도착 소위 남북회담 개최

에 참가 ▷1950년 6월…남침 전쟁시 납북됨 ▷1950년 12월경…북괴군 도주시 평북 만포진 근처에서 천식병으로 사망

17. 金 起 濟 (김기제)
▷의사 ▷1950년…6·25 남침 당시 납북 ▷1951년 4월…평양에서 후방 부대 병원으로 배치되었음 ▷1959년 초에 성분 관계로 숙청되었음.

18. 金 大 奉 (김대봉)
▷중앙청 국장 ▷1950년…6·25 당시 납북 ▷1956년 7월까지 평양시교화소 분소에 구속 ▷1956년 9월 이후 평북으로 이동됨.

19. 金 德 烈 (김덕열)
▷1948년 5월…제헌국회의원 ▷1950년 6월…북괴 남침시 납북 ▷1956년 7월…재북 평화통일촉진협의회 침석 ▷1957년 초…평북 협동농장에 이주

20. 金 成 玉 (김성옥)
▷변호사 ▷1950년…6·25 당시 납북 ▷1956년 7월…재북 평화통일협의회 방청인으로 참석 후 평북 지방으로 이주함.

21. 金 東 元 (김동원)
▷평남 출신 ▷8·15 후 미군정 고문 ▷한국민주당 집행위원 ▷1948년 5월…용산에서 제헌국회의원 당선 ▷1948년 5월~1950년 5월…국회 부의장 ▷1950년 6월…북괴 남침시 납북 ▷1956년 7월…재북 평화통일촉진협의회 중앙위원 ▷1956년 7월경…질병으로 신음 중 요양원에 수용되어 있었음.

22. 金 東 哲 (김동철)
▷목사 ▷1950년…6·25 남침 당시 납북 ▷1950년 12월…만포진 도착(감금) ▷1951년 초~1954년 5월경…북괴 평양교화소 임시수용소 감금 ▷1955년 이후 행방불명

23. 金 東 煥 (김동환)
▷함북 출신(파인으로 칭호) ▷시인 ▷월간지 「삼천리」 주간, 시집으로는 『국경의 밤』 기행문으로는 「나의 반도산하」 등이 있음 ▷1950년 6월…북괴 남침시 납북당함 ▷1953년 3월경…「평남일보」 교정원 겸 잡부 ▷1956년 7월…재북 평화통일촉진협의회 중앙위원 ▷1958년 12월경…평북 집단수용소로 추방되었음.

24. 金 尙 德 (김상덕)
▷경북 출신 ▷1919년…3·1운동 후 상해에 도착 독립운동에 종사 ▷1943년 9월…중경 임시정부 문화부장 겸 의정원 의원 ▷1945년 11월…김구 선생과 귀국 ▷1946년 12월…과도입법의원 ▷1948년 5월…민족통일당 소속으로 제헌국회

의원 당선 ▷1950년 6월…북괴 남침시 납북 ▷1956년 7월…재북 평화통일촉진협의회 중앙위원 ▷1958년 12월경…투옥 · 숙청당함.

25. 金 承 烈 (김승열)

▷통신사 사장 ▷1950년…6 · 25 당시 납북 ▷1956년 7월까지 평양교화소 분소 구금 ▷1956년 8월경…평북 수풍발전소 근처로 강제 이주하여 노동자로 이용됨.

26. 金 時 昌 (김시창)

▷경북 출신 ▷경성제대 의학부 졸 ▷1947년…서울대 의학부 교수 의학박사 ▷1950년 6월 현재…서울대학 의학부 병원 외과과장 ▷6 · 25 당시 납북 ▷1952년~1956년 : 북괴 평양의과대학 교수 ▷1958년 12월…평양의대 교수 해임됨 ▷1959년 초…평북 광산요양소에 배치(숙청)

27. 金　億 (김 억)

▷시인. 호는 안서 ▷동경 경응대학 졸 ▷「창조」, 「폐허」의 동인. 『안서시집』 있음 ▷1950년 6월 : 남침전쟁 중 납북됨 ▷1952년 5월경…문화인으로 이용하려고 당시의 북괴 국립출판사 교정원 ▷1953년 4월…신병으로 요양소 생활 ▷1956년 7월…재북 평화통일촉진협의회 중앙위원 ▷1958년 초…평북 철산 지방의 협동농장으로 이주. 그후 행방불명

28. 金 永 東 (김영동)

▷정치인 ▷1950년 6월…북괴 남침시 납북 ▷1956년 7월…재북 평화통일촉진협의회 중앙위원 ▷1959년 초…평북으로 이주함.

29. 金 用 茂 (김용무)

▷전남 출신 ▷일본 중앙대학 졸 ▷법률가 ▷보성전문학교장 역임 ▷1945년 10월…미군정청 대법원장 ▷1950년 5월…2대 민의원 당선 ▷1950년 6월…북괴 남침시 납북 ▷1951년~1956년까지 평양 임시교화소에 감금 ▷1956년 7월…재북 평화통일촉진협의회 중앙위원 ▷1957년 10월 현재…병으로 수용소 요양원에 있었음.

30. 金 容 采 (김용채)

▷통신사 사장 ▷1950년…6 · 25당시 납북 ▷1956년 7월…재북 평화통일촉진협의회 참석함 ▷1956년 8월경…함북 각협동농장 및 수력발전소 노무자로 이동됨.

31. 金 禹 植 (김우식)

▷경북 출신 ▷1948년 5월…경북 달성에서 제헌 국회의원 당선 ▷1950년 6월…북괴 남침시 납북됨 ▷1956년 7월…재북 평화통일촉진협의회 중앙위원 ▷1957년…노환으로 용강양로원 요양소 생활 ▷1959년 3월 초…대숙청 당시 의주 방면으로 이주 후 행방불명

32 金 雄 鎭 (김웅진)

▷경기도 출신 ▷1948년 5월…무소속으로 경기도 수원에서 제헌국회의원 당선 ▷1950년 5월…2대 민의원 당선(국민당 소속으로 경기도 화성) ▷1950년 6월…북괴 남침시 납북 ▷1956년 말까지 수용소에서 감금 생활 ▷1956년 7월…재북 평화통일촉진협의회 중앙위원 ▷1959년 5월경…함북 무산 지구로 이주해 연금 생활

33. 金 義 煥 (김의환)

▷정치인 ▷1950년 6월…북괴 남침시 납북 ▷1956년 6월…재북 평화통일촉진협의회 발기인 겸 중앙위원 ▷1958년 12월경…평북 의주 방면으로 이주

34. 金 演 麟 (김연린)

▷UN한국위원 ▷1950년…6 · 25 남침 당시 납북됨 ▷1954년 말끼지 북괴 평양교화소 구금 ▷1956년 7월…재북 평화통일촉진협의회의 회원 자격 심사에 통과치 못하여 계속 구금 중이나 그 후 행방불명

35. 金 寅 昌 (김인창)

▷대통령 비서실 ▷1950년…6 · 25 남침 당시 납북됨 ▷1954년 말까지 북괴 평양교화소에 구금 ▷1956년 5월…재북 평화통일촉진협의회의 회원 자격 심사에 통과치 못하여 계속 구금 중이나 그후 행방불명

36. 金 日 璟 (김일경)

▷중앙청 국장 ▷1950년…6 · 25 당시 납북 ▷1956년 9월경…함북 방면으로 이주 강제노동에 종사함.

37. 金 長 烈 (김장열)

▷전남 출신 ▷전남 완도에서 1948년 5월 제헌국회의원 당선 ▷1950년 6월…북괴 남침시 납북 ▷1956년 7월…재북 평화통일촉진협의회 발기인 겸 중앙위원 ▷1959년 초…함북으로 이주

38. 金 仲 基 (김중기)

▷전남 출신 ▷무소속 ▷1948년 5월…전남 장흥에서 제헌국회의원 당선 ▷1950년 6월…북괴 남침시 납북 ▷1956년 7월…재북 평화통일촉진협의회 중앙위원 ▷1957년 3월경…순안농장에 배치 ▷1959년 초…숙청 사업시 함북 무산 방면으로 추방

39. 金 中 正 (김중정)

▷변호사 ▷1950년…6 · 25 당시 납북 ▷1955년 말까지 평양교화소에 구금 ▷1956년 8월경 평북, 함북, 함남 지방으로 강제 이동 노동함.

40. 金 七 星 (김칠성)

▷경남 출신 ▷무소속 ▷1950년 5월…2대 민의원 당선(경남 부산) ▷1950년 6월…북괴 남침시 서울에서 납북 ▷1956년 7월…재북 평화통일촉진협의회 발기인 겸 중앙위원 ▷1956년 8월…인민경제대학 특설반 재학 중 ▷1958년 3월경…평양시 생산협동조합 사무원으로 배치되었음.

41. 金 喆 宰 (김철재)

▷정치인 ▷1950년…6 · 25 남침 당시 납북 ▷1956년 6월까지 교화소 분소에 구금 ▷1956년 7월…재북 평화통일촉진협의회 회의시 참석함 ▷1957년 이후 함북 방면으로 이주함. 차후 행방불명

42. 金 憲 植 (김헌식)

▷충남 출신 ▷무소속으로 충남 논산에서 1950년 5월 2대 민의원 당선 ▷1950년 6월…북괴 남침시 납북 ▷1955년…북괴 인민경제대학 특설반 입학 ▷1956년 7월…재북 평화통일촉진협의회 발기인 겸 중앙위원 ▷1959년 3월경…평북 강계로 이동 협동농장에서 종사 ▷1961년…평양시 모병원에서 의사로 종사

43. 金 炯 元 (김형원)

▷문화인(전 공보부 차장) ▷1950년…6 · 25 남침 당시 서울에서 납북 ▷1953년까지 강계 만포진 평양 대동군 수용소에 감금됨 ▷1954년 초에 출판사의 잡부 및 교정원으로 있다가 1956년 함북방면으로 이주됨.

44. 金 孝 錫 (김효석)

▷경남 출신 ▷대한독립촉성국민회 소속 ▷1949년 1월…내무부 차관 ▷1949년 3월…내무부 장관 ▷1950년 6월…북괴 남침 당시 납북 ▷1954년 5월경…인민경제대학 재학 중 ▷1956년 7월…재북 평화통일촉진협의회 집행위원 겸 상무위원 ▷1959년경…대동강 농업 협동조합원 ▷1966년 4월…사망하였다고 북괴 선전함.

45. 南 國 熙 (남국희)

▷전 태양신문사 국장 ▷6 · 25 당시 납북 ▷1956년까지 북괴 국립출판사 교정원 ▷1959년초…함북 무산탄광으로 이동

46. 南 宮 赫 (남궁혁)

▷기독교연합회 총무 ▷1950년 6월…북괴 남침시 납북 ▷1954년경…평양 감흥리수용소에 수용됨.

47. 盧 九 鉉 (노구현)

▷법무부 관리 ▷1950년…6 · 25 남침 당시 납북됨 ▷1954년 말까지 북괴 평양교화소 구금 중 ▷1956년 7월…재북 평화통일촉진협의회의 회원 자격 심사에 통과치 못하여 계속 구금 중이나 그 후 행방불명

48. 馬 寅 尚 (마인상)

▷문화인 ▷1950년…6 · 25 남침시 납북 ▷1953년까지 납치인사수용소에 감금 ▷1954년 초…평양시 출판협동조합에서 출판 업무에 종사함 ▷1956년 7월…재북 평화통일촉진협의회에 참석함 ▷1957년 5월경…함남 방면에 이주함.

49. 明 濟 世 (명제세)

▷평북 출신 ▷1908년부터 독립운동에 종사한 민족주의자 ▷8 · 15 해방 후 국민당 부위원장 ▷한국독립당 중앙상무위원 ▷1948년 9월~11월…심계원장 ▷1949년 1월…대한독립촉진국민회 최고고문 ▷1950년 6월…북괴 남침시 납북 ▷1956년 7월…재북 평화통일촉진협의회 집행위원 ▷1957년 초…노환으로 요양소 수용 ▷1958년부터 행방불명

50. 閔 丙 玉 (민병옥)

▷회사 사장 ▷1950년…6 · 25당시 납북 ▷1956년 7월…재북 평화통일촉진협의회 참석함 ▷1956년 8월경…함북 각 협동농장 및 수력발전소 노무자로 이동됨.

51. 朴 汶 根 (박문근)

▷의사 ▷1950년…6 · 25 남침 당시 납북 ▷1951년 4월…평양에서 후방 부대 병원으로 배치됨 ▷1959년 초에 성분 관계로 숙청되었음.

52. 朴 寶 廉 (박보렴)

▷한국여자국민당 부위원장 ▷1950년 6월…북괴군 남침시 납북 ▷1956년 7월…재북 평화통일촉진협의회 발기인 겸 집행위원 ▷1962년 이후 평양시 양로원에 소속되어 있었음.

53. 朴 奉 石 (박봉석)

▷전 도서관 부관장 ▷6 · 25 당시 납북 ▷1954년까지 「인민지」사에서 잡부로 노동함 ▷1958년 12월경…함남 북청 과수농장 노동자로 이주함.

54. 朴 性 宇 (박성우)

▷경북 출신 ▷1950년 5월…경북 상주에서 제2대 민의원 당선 ▷1950년 6월…북괴 남침시 납북 ▷1956년 7월…재북 평화통일촉진협의회 중앙위원 ▷1957년…협동농장으로 이주

55. 朴 勝 喆 (박승철)

▷전 판사 ▷1950년 6월…남침시 납북 ▷1956년 7월…평양 대동군 임시수용소 수용 중에 있으면서 심사 중 ▷1957년경…광산으로 이주함.

56. 朴 勝 浩 (박승호)

▷대한부인회 위원장 ▷1950년 6월…북괴 남침시 납북 ▷1956년 7월…재북 평화통일촉진협의회 발기인 겸 집행위원 ▷1958년 이후 신병으로 요양소에서 생활 중이라 함.

57. 朴　烈 (박　열)

▷경북 출신 ▷8 · 15 전 무정부주의자로서 1923년 9월 박열사건으로 무기징역 중 8 · 15 해방으로 출옥 ▷1946년 2월…신조선건설동맹 위원장 ▷1948년 10월…재일본대한민국거류민단장 ▷1949년 5월…귀국 ▷1950년 6월…북괴 남침시 납북 ▷1956년 7월…재북 평화통일촉진협의회 집행위원 ▷1956년 7월…인민경제대학 재학 중 ▷1962년…양로원 입소

58. 朴 榮 來 (박영래)

▷전북 출신 ▷1950년 5월…전북 완주에서 2대 민의원 당선 ▷1950년 6월…북괴 남침시 납북 ▷1956년 7월…재북 평화통일촉진협의회 발기인 겸 중앙위원 ▷1959년 3월…함북 농목장으로 이주

59. 朴 允 源 (박윤원)

▷경남 출신 ▷1948년 5월…경남 남해에서 제헌 국회의원 당선 ▷1950년 6월…북괴 남침시 납북 ▷1956년 7월…재북 평화통일촉진협의회 중앙위원 ▷1959년 3월경…평남 안주 협동농장원으로 이주

60. 朴 鍾 萬 (박종만)

▷중앙청 국장 ▷1950년…6 · 25 당시 납북 ▷1956년 7월까지 평양교화소 분소 구금 ▷1956년 8월경…평북 수풍발전소 근처로 강제 이주되어 노동자로 이용됨.

61. 朴 鍾 煥 (박종환)

▷경북 출신 ▷1948년 5월…경북 청도에서 제헌 국회의원 당선 ▷1950년 6월…북괴 남침시 납북 ▷1956년 7월…재북 평화통일촉진협의회 중앙위원 ▷1959년 3월경…함북 고무산에 이주

62. 朴 哲 圭 (박철규)

▷충남 출신 ▷1950년 5월…충남 예산에서 2대 민의원 당선 ▷1950년 6월…북괴 남침시 납북 ▷1956년 7월…재북 평화통일촉진협의회 발기인 겸 중앙위원 ▷1962년…평북 철산군 협동농장으로 이주되었다고 함.

63. 朴 泰 俊 (박태준)

▷판사 ▷1950년…6 · 25 당시 납북 ▷1955년 말까지 평양교화소에 구금 ▷1956년 8월경…평북, 함북, 함남 지방으로 강제 이동하여 노동함.

64. 朴 炫 明 (박현명)

▷목사 ▷1950년…6 · 25 남침 당시 납북 ▷1950년 12월…만포진 도착(감금) ▷1951년 초~1954년 5월경…북괴 평양교화소 임시수용소 감금 중 ▷1955년 이후 행방불명

65. 方　薰 (방　훈)
▷목사 ▷1950년…6·25 남침 당시 납북 ▷1950년 12월…만포진 도착(감금) ▷1951년 초~1954년 5월경…북괴 평양교화소 임시수용소 감금 중 ▷1955년 이후 행방불명

66. 白 寬 洙 (백관수)
▷전남 출신 ▷1936년 동아일보 사장 ▷1945년 9월…한국민주당 총무 ▷과도입법의원 ▷1948년 5월…한국민주당 소속으로 제헌국회의원 당선 당시 법제사법위원회 위원장 ▷1950년 6월…북괴 남침으로 납북, 강계 만포까지 납북되어 1952년 평남 대동군 임시수용소에 감금됨 ▷1957년…용강양로원에 수용·감금됨.

67. 白 象 圭 (백상규)
▷경기도 출신 ▷1950년 5월…2대 민의원 당선 ▷1950년 6월…북괴 남침시 납북 ▷1956년 7월…재북 평화통일촉진협의회 발기인 겸 중앙위원 ▷1959년 3월경…평남 안주 방면 협동농장으로 이주됨.

68. 徐 承 杓 (서승표)
▷대한중석 이사 ▷1950년…6·25 당시 납북 ▷1956년 7월까지 평양교화소 분소 구금 ▷1956년 7월경…평북 수풍발전소 근처로 강제 이주하여 노동자로 됨.

69. 徐 廷 禧 (서정희)
▷경기도 출신 ▷1919년…3·1운동에 참가 투옥당함 ▷1929년…신간회 조직부장 ▷1948년 5월…한국민주당 소속으로 제헌국회의원 당선 당시 징계자격위원회 위원장 한국민주당중앙감찰위원 ▷1950년 6월…북괴 남침시 납북 ▷1956년 7월…재북 평화통일촉진협의회 중앙위원 ▷1957년 12월경…소위 반동이라 하여 구속·감금. 그후 행방불명

70. 薛 敏 鎬 (설민호)
▷정치인 ▷1950년 6월…납북 ▷1956년 7월…재북 평화통일촉진협의회 발기인 겸 중앙위원 ▷1959년 2월경…함남 북청 방면으로 강제 이주함.

71. 蘇 完 奎 (소완규)
▷변호사 ▷1950년 6월…남침시 납북 ▷1956년 7월…평양 대동군 수용소에 수용되어 있음.

72. 孫 晋 泰 (손진태)
▷경기도 출신 ▷1927년…일본 조도전대학 졸 ▷1933년…연희전문학교 강사, 보전 강사 ▷1945년…서울대학 교수 ▷1949년…서울대학교 사범대학 학장 ▷1950년 6월…북괴 남침시 납북 ▷1956년 7월…재북 평화통일촉진협의회 중앙위원 ▷1958년 12월…평양시 보통강 구역 요양소에서 병중에 있었음.

73. 宋 昌 根 (송창근)
▷목사 ▷1950년…6 · 25 남침 당시 납북 ▷1950년 12월…만포진 도착(감금) ▷1951년 초~1954년 5월경…북괴 평양교화소 임시수용소 감금 ▷1955년 이후 행방불명

74. 宋 虎 聲 (송호성)
▷군인 출신 ▷1919년경…중문 망명 독립운동에 종사 ▷1943년…광복군 제2지대장 ▷8 · 15해방 후 1946년 1월…귀국 ▷국방경비대 사령관 ▷1950년 6월…북괴 남침시 납북 ▷1954년…북괴 의거자학교 교장 ▷1956년 7월…재북 평화통일촉진협의회 집행위원 ▷1959년 초…국제 간첩혐의 및 반혁분자로 체포됨.

75. 辛 錫 斌 (신석빈)
▷전북 출신 ▷1950년 5월…2대 민의원 당선 ▷1950년 6월…북괴 남침시 납북 ▷1956년 7월…재북 평화통일촉진협의회 발기인 겸 중앙위원 ▷1958년 말경…평북으로 강제 이주됨.

76. 申 成 均 (신성균)
▷전북 출신 ▷1948년 5월…전북 전주에서 제헌국회의원 당선. 당시 내무치안위원회 위원장 ▷1950년 6월…북괴 남침시 납북 ▷1956년 7월…재북 평화통일촉진협의회 발기인 겸 중앙위원 ▷1958년 12월…평북 의주 협동농장으로 이주

77. 辛 容 勳 (신용훈)
▷경남 출신 ▷1950년 5월…2대 민의원 당선(경남 창녕군에서) ▷1950년 6월…북괴 남침시 납북 ▷1953년~1956년 6월…황해도 농장에서 노동 ▷1956년 7월 재북 평화통일촉진협의회 중앙위원 ▷1958년 12월…함북 웅기 지방 협동농장으로 이주됨.

78. 申 泰 恒 (신태항)
▷전 전매국장 ▷1950년…6 · 25 남침 당시 납북 ▷1956년 6월까지 교화소 분소에 구금 ▷1956년 7월…재북 평화통일촉진협의회 회의시 참석함 ▷1957년 이후 함북 방면으로 이주함. 이후 행방불명

79. 沈 光 漢 (심광한)
▷변호사 ▷1950년…6 · 25 남침시 납북 ▷1956년 7월…재북 평화통일촉진협의회에 참석함 ▷1958년경…평북도 목장으로 이주되어 노무원으로 종사함.

80. 沈 相 湖 (심상호)
▷변호사 ▷1950년…6 · 25 남침시 납북 ▷1955년 말까지 평양교화소에 구금 ▷1956년 8월경…평북, 함북, 함남 지방으로 강제 이동하여 노동함.

81. 安 在 鴻 (안재홍)

▷경기도 출신 ▷일본 조도전대학 졸업 ▷1919년…3 · 1운동에 관여 3년간 복역 ▷1939년…조선어학회 사건으로 2년 징역 ▷1945년 9월…국민당 당수 ▷1947년…민주의원 좌우합작위원회 우파대표 ▷과도입법의원 ▷1947년 2월~1948년 6월…미군정청 민정장관 ▷1950년 5월…2대 민의원 ▷1950년…6 · 25동란 중 납북당함. 납북 후 북괴가 조직한 재북 평화통일협의회(1956년 7월)의 최고위원 겸 상무위원 및 집행위원 ▷1963년 사망

82. 梁 鳳 鶴 (양봉학)

▷판사 ▷1950년…6 · 25 당시 납북 ▷1951년 1월부터 1956년 7월까지 평양시교화소에 수용 ▷1956년 8월경…함북 청년탄광 노무자로 강제 이주됨.

83. 梁 元 龍 (양원용)

▷변호사 ▷1950년…6 · 25 당시 납북 ▷1951년 1월부터 1956년 7월까지 평양시교화소에 수용 ▷1956년 8월까지 함북 청년탄광 노무자로 강제 이주됨.

84. 嚴 恒 燮 (엄항섭)

▷경기도 출신 ▷1919년…상해에서 절강대학 졸업 ▷1920년경부터 독립운동에 종사 ▷1943년…중경 임시정부 선전부장 ▷1945년 11월…귀국 ▷한국독립당 중앙위원 겸 선전부장 ▷1946년 2월 민주의원 의원 ▷1948년 4월…남북협상에 참가 ▷1950년 6월…북괴 남침시 납북됨 ▷1956년 7월…재북 평화통일촉진협의회 상무위원 겸 집행위원 ▷북괴의 정치적 이용 도구로 최초에 우대를 받음 ▷1955년경…인민경제대학 특설반에 입학 ▷1958년 11월경…북괴 안전부에서 반당 음모 계획 혐의로 조사를 받다가 동년 말 조소앙과 같이 국제 간첩으로 죄를 날조시키자 체포 직전에 자살설이 있으나 행방불명되었음.

85. 吳 世 權 (오세권)

▷변호사 ▷1950년…6 · 25 당시 납북 ▷1951년 1월부터 1956년 7월까지 평양시교화소에 수용 ▷1956년 8월경…함북 청년탄광 노무자로 강제 이주됨.

86. 吳 鳳 彬 (오봉빈)

▷회사 사장 ▷1950년…6 · 25 당시 납북 ▷1956년 7월…재북 평화통일촉진협의회 참석함 ▷1956년 8월경…함북 각 협동농장 및 수력발전소 노무자로 이동됨.

87. 吳 正 方 (오정방)

▷1948년경…건국청년 단장 ▷1950년 6월…북괴 남침시 납북 ▷1956년 7월…재북 평화통일촉진협의회 발기인 겸 중앙위원 ▷1958년 12월…

평북의 농업협동조합으로 이주 ▷1958년 말경… 반혁명분자로 체포, 그후 행방불명

88. 吳 澤 寬 (오택관)
▷경기도 출신 ▷목사 ▷1948년 5월…경기도 옹진에서 한국독립당으로 제헌국회의원 당선 ▷1950년 6월…북괴 남침시 납북 ▷1955년까지 평양에서 수용소에 감금 ▷1956년 7월…재북 평화통일촉진협의회 중앙위원으로 강요받았으나 거절 ▷1956년 9월경…평북 의주 벌목장으로 추방 후 행방불명

89. 吳 宅 烈 (오택열)
▷판사 ▷1950년…6 · 25 당시 납북 ▷1956년 7월…재북 평화통일협의회 참석 ▷1957년 초…광산지대로 이주됨.

90. 吳 夏 英 (오하영)
▷경기도 출신 ▷3 · 1운동 당시 33인의 1인 ▷1946년…정치대학장 ▷1946년 12월…과도입법의원 ▷1950년 5월…제2대 민의원 당선(종로 을구) ▷1950년 6월…북괴 남침시 납북당함 ▷1956년 7월…북괴가 조직한 재북 평화통일촉진협의회 최고위원 겸 상무위원 ▷1959년 초 이후 병사설이 있으나 행방불명되었음.

91. 柳 錦 成 (유금성)
▷통신사 사장 ▷1950년…6 · 25 당시 납북 ▷1956년 7월…재북 평화통일협의회 참석함 ▷1956년 8월경…함북 각 협동농장 및 수력발전소 노무자로 이동됨.

92. 柳 驥 秀 (유기수)
▷경기도 출신 ▷1950년 5월…2대 민의원 당선 ▷1950년 6월…북괴 남침시 납북 ▷1956년 7월…재북 평화통일촉진협의회 중앙위원 ▷1959년 3월경…함북 방면의 농목장으로 이주됨.

93. 柳 子 厚 (유자후)
▷저술가 ▷1950년…6 · 25 남침 당시 납북 ▷1953년 8월까지 북괴 평양수용소에서 감금됨 ▷1953년 9월…국립출판사 노동자 겸 교정원으로 있었음 ▷1957년…함남 북청 방면의 과수농장 노동자로 이주됨.

94. 柳 海 文 (유해문)
▷변호사 ▷1950년…6 · 25 당시 납북 ▷1955년 말까지 평양교화소에 구금 ▷1956년 8월경…평북, 함북, 함남 지방으로 강제 이동되어 노동함.

95. 尹 琦 燮 (윤기섭)
▷경기도 출신 ▷1919년…3 · 1운동시 중국에 망명 독립운동 종사 ▷1943년…중경 임시정부 의

정의원 ▷조선민주혁명가 상무위원 ▷1946년 2월…귀국 ▷1946년 12월…과도입법의원 동부의장 ▷1950년 6월…북괴 남침시 납북 ▷1956년 7월…재북 평화통일촉진협의회 집행위원 겸 상무위원 ▷1959년 초…중경파 숙청시 반혁명분자로 날조 구속되어 그후 행방불명

96. 尹 炳 植 (윤병식)

▷심계원 관리 ▷1950년…6 · 25 당시 납북 ▷1956년 9월경…함북 방면으로 이주 강제 노동에 종사함.

97. 尹 炳 德 (윤병덕)

▷의사 ▷1950년…6 · 25 남침 당시 납북 ▷1951년 4월…평양에서 후방 부대 병원으로 배치됨 ▷1959년 초…성분 관계로 숙청됨.

98. 尹 泰 彬 (윤태빈)

▷전 도지사 ▷1950년…6 · 25 남침 당시 납북 ▷1956년 6월까지 교화소 분소에 구금 ▷1956년 7월…재북 평화통일촉진협의회 회의시 참석함 ▷1957년 이후 함북 방면으로 이주함. 이후 행방불명

99. 李 康 雨 (이강우)

▷경남 출신 ▷1948년 5월…경남 진주에서 무소속으로 제헌국회의원으로 당선 ▷1950년 6월…북괴 남침시 납북됨 ▷1954년경…황해도 수안목장 노동자로 전락 ▷1956년 7월…재북 평화통일촉진협의회 중앙위원 ▷1958년 10월경…분산 정책에 의하여 평북 의주농업협동조합원

100. 李 龜 洙 (이구수)

▷경남 출신 ▷무소속 ▷1948년 5월 : 경남 고성에서 제헌국회의원 당선 ▷1950년 6월 : 한국동란시 서울에서 납치당함 ▷1956년 7월 : 재북 평화통일촉진협의회 중앙위원 ▷1959년 3월경 : 함북 무산으로 이주됨.

101. 李　 潭 (이　담)

▷경북 출신 ▷중앙청 국장 ▷1950년 6월…북괴 남침시 납북 ▷1956년 7월…재북 평화통일촉진협의회 참석(방청인) ▷1957년 초…평북 강계 방면으로 이주

102. 李 橙 源 (이등원)

▷회사 사장 ▷1950년…6 · 25 당시 납북 ▷1956년 7월…재북 평화통일촉진협의회 참석함 ▷1956년 8월경…함북 각 협동농장 및 수력발전소 노무자로 이동됨.

103. 李 萬 根 (이만근)

▷충북 출신 ▷무소속 ▷1948년 5월…충북 청원에서 제헌국회의원 당선 ▷1950년 6월…남침시 납북당함 ▷1956년 7월…재북 평화통일촉진협

의회 중앙위원 ▷1959년 5월…당시 함북 회령농장으로 이주됨.

104. 李 明 圭 (이명규)
▷중앙청 국장 ▷1950년…6 · 25 당시 납북 ▷1956년 7월…재북 평화통일촉진협의회 참석함 ▷1956년 8월경…함북 각 협동농장 및 수력발전소 노무자로 이동됨.

105. 李 奉 柱 (이봉주)
▷전 농림부 차관 ▷1950년…6 · 25 남침 당시 납북 ▷1956년 6월까지 교화소 분소에 구금 ▷1956년 7월…재북 평화통일촉진협의회 회의시 참석함 ▷1957년 이후 함북 방면으로 이주함. 차후 행방불명

106. 李 富 烈 (이부열)
▷대학 교수 ▷1950년…6 · 25 당시 납북 ▷1955년 말까지 평양 감흥리수용소 수용됨 ▷1956년 8월 : 평북 의주 방면 강제 이주 노무자로 전락함.

107. 李 相 慶 (이상경)
▷경남 출신 ▷1950년 5월…2대 민의원 당선 ▷대한독립촉성국민회 소속 ▷1950년 6월…북괴 남침시 납북 ▷1956년 7월…재북 평화통일촉진협의회 발기인 겸 중앙위원 ▷1959년 3월경…함남 지방으로 이주

108. 李 聖 鳳 (이성봉)
▷평북 출신 ▷경성의전 졸업 ▷의학박사. 의대 교수 겸 병원 원장 ▷1950년…6 · 25 당시 납북 ▷1952년 초…평양 소련적십자병원 외과의사 ▷1957년 5월경…평양 임상병원 의사 ▷1959년 초…숙청되어 리진료소 의사로 전락.

109. 李 升 基 (이승기)
▷전남 출신 ▷경도제대 공학부 졸업 ▷공학박사 ▷1950년 6월…북괴 남침시 납북 ▷과학자로서 이용 가치가 있으므로 1957년 8월 2기 최고인민회의 중앙위원 임명 ▷1958년 1월…조 · 소친선협회 중앙위원 임명 ▷1961년 5월…조국평화통일위원회 중앙위원 임명 ▷1962년 10월…3기 최고인민회의 대의원 ▷과학원 원사 ▷1967년 12월 현재…과학원 함흥분원 화학연구소장 겸 소련과학원 명예원사로 이용당하고 있음.

110. 李 烈 宰 (이열재)
▷판사 ▷1950년…6 · 25 당시 납북 ▷1955년 말까지 평양교화소에 구금 ▷1956년 8월경…평북, 함북, 함남 지방으로 강제이동되어 노동함.

111. 李 寅 浩 (이인호)
▷중앙청 국장 ▷1950년…6 · 25 당시 납북 ▷

1956년 7월까지 평양교화소 분소 구금 중 ▷1956년 8월경…평북 수풍발전소 근처로 강제 이주되어 노동자로 전락함.

112. 李 貞 淳 (이정순)
▷방송국 간부(문화인) ▷1950년…6·25남침 당시 납북 ▷1953년 8월까지 유자후(납북)와 같이 문성리 수용소에서 감금됨 ▷1953년 9월경…북괴 국립출판사 노동자 겸 교정원 ▷1957년…평북 방면으로 이주 후 노동자로 전락함.

113. 李 宗 聖 (이종성)
▷경기도 출신 ▷무소속 ▷1950년 5월…경기도 이천에서 2대 민의원 당선 ▷1950년 6월…북괴 남침시 납북당함 ▷1956년 7월…재북 평화통일촉진협의회 중앙위원 ▷1958년 12월경…평북 협동농장에 강제 이주 후 노동자로 전락함.

114. 李 周 衡 (이주형)
▷경남 출신 ▷1932년경…경성제대 법문학부 졸업 ▷대한독립촉성국민회 소속 ▷1948년 5월…경남 밀양에서 제헌국회의원 당선 ▷1950년 6월…납북 ▷1956년 7월…재북 평화통일촉진협의회 중앙위원 ▷1959년 초…함북 무산농목장으로 이주

115. 李 重 熙 (이중희)
▷회사 사장 ▷1950년…6·25 당시 납북 ▷1956년 7월…재북 평화통일촉진협의회 참석함 ▷1956년 8월경…함북 각 협동농장 및 수력발전소 노무자로 이동됨.

116. 李 河 榮 (이하영)
▷판사 ▷1950년…6·25 당시 납북 ▷1955년 말까지 평양교화소에 구금 ▷1956년 8월경…평북, 함북, 함남 지방으로 강제 이동 노동함.

117. 李 弘 洙 (이홍수)
▷전 중앙청 주택국장 ▷1950년…6·25 당시 납북 ▷1956년 7월까지 평양교화소 분소에 구금 ▷1956년 9월경…평북 지방으로 이주함. 그후 행방불명

118. 林 成 鎬 (임성호)
▷회사 사장 ▷1950년…6·25 당시 납북 ▷1956년 7월…재북 평화통일촉진협의회 참석함 ▷1956년 8월경…함북 각 협동농장 및 수력발전소 노무자로 이동됨.

119. 林 鍾 燮 (임종섭)
▷회사 사장 ▷1950년…6·25 당시 납북 ▷1956년 7월까지 평양교화소 분소 구속됨 ▷1956년 8월경…평북 수풍발전소 근처로 강제 이주되

어 노동자로 전락함.

120. 元 世 勳 (원세훈)

▷함남 출신 ▷1920년…대한민국의회 부의장 겸 재무국장 ▷1921년…김규식, 이청천 등과 민족·공산 양파의 통일에 노력 ▷1945년…8·15 후 한민당 총무 ▷1946년 2월…민주의원 ▷1946년 7월…좌우합작위원회 우파 대표 ▷1946년 12월…과도입법 의원 ▷1950년 5월…2대 민의원 ▷1950년 6월…북괴 남침시 납북 ▷1956년 7월…재북 평화통일촉진협의회 발기인 겸 중앙집행위원 겸 상무위원 ▷1956년 9월…인민경제대학 특설반 입학 ▷1959년 말…중경파로 몰려 조소앙과 같이 국제 간첩죄로 투옥당하여 김일성 일파에 의하여 숙청됨.

121. 張 斗 植 (장두식)

▷판사 ▷1950년…6·25 당시 납북 ▷1951년 1월부터 1956년 7월까지 평양시교화소에 수용 ▷1956년 8월경…함북 청년탄광 노동자로 강제 이주됨.

122. 張 連 松 (장련송)

▷서울 출신 ▷1946년 12월…과도입법 의원 ▷1950년 5월…무소속으로 서울 동대문구에서 2대 민의원으로 당선 ▷1950년 6월…북괴 남침시 납북 ▷1956년 7월…재북 평화통일촉진협의회 중앙위원 ▷1956년 10월…사망함.

123. 張 炳 晩 (장병만)

▷경북 출신 ▷1948년 5월…제헌국회의원 당선 ▷1950년 6월…북괴 남침시 납북 ▷1956년 7월…재북 평화통일촉진협의회 중앙위원 ▷1958년 12월경…평북 삭주 방면의 협동농장으로 이주

124. 張 永 彬 (장영빈)

▷검사 ▷1950년…6·25 남침 당시 납북됨 ▷1954년 말까지 북괴 평양교화소 구금 ▷1956년 7월…재북 평화통일촉진협의회의 회원 자격 심사에 통과치 못하여 계속 구금 중이나 그후 행방불명

125. 張 元 順 (장원순)

▷의사 ▷1950년…6·25 남침 당시 납북 ▷1951년 4월…평양에서 후방 부대 병원으로 배치되었음 ▷1959년 초에 성분 관계로 숙청되었음.

126. 張 熙 昌 (장희창)

▷전 재무부 차관 ▷6·25 당시 납북 ▷1956년 7월…재북 평화통일촉진협의회 중앙위원 ▷1958년 8월경…함북 방면으로 강제 이주 후 행방불명

127. 全 德 允 (전덕윤)

▷회사 사장 ▷1950년…6·25 당시 납북 ▷

1956년 7월…재북 평화통일촉진협의회 참석함 ▷1956년 8월경…함북 각 협동농장 및 수력발전소 노무자로 이동됨.

128. 全 采 愚 (전채우)

▷변호사 ▷1950년…6 · 25 당시 납북 ▷1951년 1월부터 1956년 7월까지 평양시교화소에 수용 ▷1956년 8월경…함북 청년탄광 노동자로 강제 이주됨.

129. 鄭 光 好 (정광호)

▷전남 출신 ▷1948년 5월…한국민주당 소속으로 전남 광주에서 제헌국회의원 당선 ▷1950년 5월…북괴 남침시 납북 ▷1956년 7월…재북 평화통일촉진협의회 중앙위원 ▷1958년 12월경…평북 의주 방면의 협동농장으로 이주

130. 鄭 潤 煥 (정윤환)

▷판사 ▷1950년…6 · 25 당시 납북 ▷1951년 1월부터 1956년 7월까지 평양시교화소에 수용 ▷1956년 8월경…함북 청년탄광 노동자로 강제 이주됨.

131. 鄭 寅 普 (정인보)

▷역사학자 ▷전 심계원장 ▷1950년 6월…북괴 남침 당시 납북 ▷1950년 11월…북괴군 도주시 묘향산 근처에서 사망하였다 함.

132. 鄭 仁 植 (정인식)

▷전남 출신 ▷1950년 2월…전남 광산에서 2대 민의원 당선 ▷1950년 6월…북괴 남침시 납북 ▷1956년 7월…재북 평화통일촉진협의회 중앙위원 ▷1958년 12월…평북 의주 농목장으로 이주

133. 鄭 駿 模 (정준모)

▷대학 교수 ▷1950년…6 · 25 당시 납북 ▷1955년 말까지 평양 감흥리수용소 수용됨 ▷1956년 8월…평북 의주 방면 강제 이주 노무자로 전락함.

134. 鄭 太 龍 (정태용)

▷판사 ▷1950년…6 · 25 당시 납북 ▷1955년 말까지 평양교화소에 구금됨 ▷1956년 8월경…평북, 함북, 함남 지방으로 강제 이동 노동함.

135. 曺 圭 卨 (조규설)

▷경북 출신 ▷1950년 5월…경북 영천에서 2대 민의원 당선 ▷1950년 6월…북괴 남침시 납북 ▷1956년 7월…재북 평화통일촉진협의회 중앙위원 ▷1956년 10월…병환으로 요양소에 수용되어 있었음.

136. 趙 明 鎬 (조명호)

▷의사 ▷1950년…6 · 25남침 당시 납북 ▷1951년 4월 평양에서 후방부대 병원으로 배치되었음 ▷1959년 초에 성분 관계로 숙청되었음.

137. 趙 文 濟 (조문제)

▷중앙청 국장 ▷1950년…6 · 25 당시 납북 ▷1956년 9월경…함북 방면으로 이주, 강제노동에 종사함.

138. 趙 炳 漢 (조병한)

▷경북 출신 ▷1948년 5월…제헌국회의원 당선 (경북 문경에서) ▷1950년 6월…북괴 남침시 납북 ▷1956년 7월…재북 평화통일촉진협의회 중앙위원 ▷1958년 12월…평북 강계 방면 농장으로 이주함.

139. 趙 素 昻 (조소앙)

▷경기도 출신 ▷1919년…중국에 망명, 상해 임시정부 참가 ▷1943년…중경 임시정부 외교부장 ▷1945년 11월…김구 선생 일행과 귀국 ▷한국독립당 부위원장 ▷1946년 2월…민주의원 반탁독립투쟁위원회 부위원장 ▷1948년 4월…소위 남북협상 참가차 평양행 ▷사회당 당수(1948년 12월) ▷1950년 5월…2대 민의원 당선 ▷1950년 6월…남침시 납북 ▷1956년 7월…재북 평화통일촉진협의회 최고위원 ▷1959년 말…엄항섭과 같이 반혁명분자로 날조되어 구속됨.

140. 趙 秀 俊 (조수준)

▷중앙청 국장 ▷1950년…6 · 25 당시 납북 ▷1956년 7월까지 평양교화소 분소 구금됨 ▷1956년 8월경…평북 수풍발전소 근처로 강제 이주되어 노동자로 전락.

141. 趙 玉 鉉 (조옥현)

▷전남 출신 ▷1948년 5월…전남 순천에서 제헌국회의원 당선 ▷1950년 6월…북괴 남침시 납북 ▷1956년 7월…재북 평화통일촉진협의회 중앙위원 ▷1958년 12월경…함남 북청 과수농장원으로 이주 후 노동자 생활

142. 趙 琬 九 (조완구)

▷1919년…3 · 1운동시 중국 망명 독립운동에 종사 ▷1943년…중경 한국임시정부 재무부장, 한국독립당 상무위원 ▷1945년 11월…김구 선생과 같이 귀국 ▷1950년…6 · 25 당시 납북 ▷1952년 10월경…대동군수용소에서 사망함.

143. 趙 鍾 勝 (조종승)

▷충남 출신 ▷1948년 5월 충북 단양에서 제헌국회의원 당선 ▷1950년 5월…2대 민의원 당선(국민당) ▷1950년 6월…북괴 남침시 납북 ▷1956년 7월…재북 평화통일촉진협의회 발기인 겸 중앙위원 ▷1959년 3월경…평양시 생산협동조합원

144. 趙 重 顯 (조중현)

▷경기도 출신 ▷1948년 5월…경기도 장연에서 제헌국회의원 당선 ▷1950년 6월…북괴 남침시

납북 ▷1956년 7월…재북 평화통일촉진협의회 중앙위원 ▷1958년 12월경…함북 고무산으로 이주됨.

145. 趙 之 峰 (조지봉)
▷전 재무국장 ▷1950년…6 · 25 당시 납북됨 ▷1956년 7월…평양교화소 분소에 구금됨 ▷1956년 9월경…평북으로 이주

146. 趙 春 大 (조춘대)
▷변호사 ▷1950년…6 · 25 당시 납북 ▷1955년 말까지 평양교화소에 구금됨 ▷1956년 8월경…평북, 함북, 함남 지방으로 강제 이동 후 노동함.

147. 趙 憲 泳 (조헌영)
▷경북 출신 ▷일본 조도전대학 졸업 ▷신간회 동경지회장 ▷1932년…조선이료회 조직하여 비밀결사 조직 ▷1945년 9월…한국민주당 조직부장 ▷1946년 2월…민주의원 ▷1948년 5월…경북 영양에서 한민당 소속으로 제헌국회의원 당선 ▷1950년 5월…2대 민의원 당선 ▷1950년 6월…북괴 남침시 납북 ▷1956년 7월…재북 평화통일촉진협의회 집행위원 ▷1956년 3월경…동방한의연구소 연구원 ▷1962년 5월…경락연구소원

148. 車 周 弘 (차주홍)
▷ 중앙청 국장 ▷1950년…6 · 25 당시 납북 ▷1956년 7월 현재…평양 감흥리수용소에 수용 중에 있었음 ▷1957년 이후…평북도로 이동

149. 崔 奎 東 (최규동)
▷ 서울대학 부총장 ▷1950년 6월…북괴 남침시 납북 ▷1950년 10월 중순경…북괴군 도주시 평양형무소에서 사살당함.

150. 崔 東 旿 (최동오)
▷평남 출신 ▷1919년…3 · 1독립운동시 상해에 망명 독립운동 계속 종사함 ▷1943년…중경 임시정부 법무부장 ▷1945년 11월…김구 선생과 비행기로 귀국 ▷1946년 12월…과도입법 의원 동부의장 ▷1946년 7월…좌우합작위원회 우파 대표 ▷1950년 6월…북괴 남침시 납북 ▷1956년 7월…재북 평화통일촉진협의회 집행위원 겸 상무위원 ▷1959년 3월경…중경 임정파를 반혁명분자로 몰아 투옥됨. 이후 행방불명

151. 崔 麟 (최 린)
▷함흥 출신 ▷1919년…3 · 1독립선언 33인 중의 1인 ▷천도교 도령 ▷1950년 6월…북괴 남침시 납북 ▷1950년 8월부터 평양형무소에 수용 ▷북괴군 도주시 강계까지 이동 ▷1952년 5월경…평양시 대동군 죄수수용소 감금 ▷1956년 5월경…

노환으로 신음 중에 있었음 ▷1958년 초에는 행방불명

152 崔 丙 柱 (최병주)

▷전북 출신 ▷1950년 5월…전북 부안에서 무소속으로 2대 민의원 당선 ▷1950년 6월…북괴 남침시 납북 ▷1956년 7월…재북 평화통일촉진협의회 중앙위원 ▷1958년 12월경…평북 삭주 지방의 농장으로 이동, 노동자로 전락

153. 崔 乙 是 (최을시)

▷회사 사장 ▷1950년…6 · 25 당시 납북 ▷1956년 7월…재북 평화통일촉진협의회 참석함 ▷1956년 8월경…함북 각 협동농장 및 수력발전소 노무자로 이동됨.

154. 韓 相 範 (한상범)

▷판사 ▷1950년…6 · 25 당시 납북 ▷1955년 말까지 평양교화소에 구금됨 ▷1956년 8월경…평북, 함북, 함남 지방으로 강제 이동

155. 韓 祖 洙 (한조수)

▷전 국회 총무국장 ▷1950년…6 · 25남침 당시 납북 ▷1956년 6월까지 북괴 평양 감흥리 수용소 수용됨 ▷1956년 8월경…평북 방면으로 이동함.

156. 韓 哲 勳 (한철훈)

▷검사 ▷1950년…6 · 25남침 당시 납북 ▷1954년 말까지 북괴 평양교화소 구금 ▷1956년 7월…재북 평화통일촉진협의회의 회원 자격 심사에 통과치 못하여 계속 구금 중이나 그후 행방불명

157. 韓 致 明 (한치명)

▷목사 ▷1950년…6 · 25남침 당시 납북 ▷1950년 12월…만포진 도착(감금) ▷1951년 초~1954년 5월경…북괴 평양교화소 임시수용소 감금 ▷1955년 이후 행방불명

158. 許 南 洙 (허남수)

▷경남 출신 ▷국회 총무과장 역임 ▷1950년 6월…납북됨 ▷1956년 7월…재북 평화통일촉진협의회 참석함 ▷1958년 9월경…평양 가금협동조합 노무자로 있음.

159. 許 永 鎬 (허영호)

▷경남 출신 ▷1949년 1월…제헌국회의원 보궐선거 당선 ▷1950년 6월…북괴 남침시 납북 ▷1956년 7월…재북 평화통일촉진협의회 참석 ▷1958년 12월경…함북 농장으로 이주

160. 玄 相 允 (현상윤)

▷문학박사 ▷중앙고보 교장 ▷1946년 보성전문학교장 ▷1947년…고려대학 총장 ▷1950년 6

월…북괴 남침시 납북 ▷1956년 7월…병석에 있었으나 재북 평화통일촉진협의회 중앙위원으로 추천 ▷1956년 2월…용강양로원에 입원, 병에 신음 중이었음.

161. 荊 德 基 (형덕기)
▷전 판사 ▷1950년 6월…납북 ▷1956년 7월…재북 평화통일촉진협의회의 참석 ▷1957년 초…강계 방면 노무자로 이주함.

162. 洪 淳 玉 (홍순옥)
▷경기도 출신 ▷1948년 5월…충북 청원에서 제헌국회의원 당선 ▷1950년 6월…북괴 남침시 납북 ▷1959년 목장으로 이주

拉北人士名錄

拉北人士中 밝혀진 人士의 名單만을 收錄하게 됨

1 康 基 德 (강기덕)

△前知事 △1950年…6.25南侵當時 拉北 △1956年 6月까지 敎化所 分所에 拘禁 △1956年 7月…在北 平和統一促進協議會 會議時 參席함 △1957年…以後 咸北方面으로 移住함 此後 行方不明

2 康 巨 福 (강거복)

△前審計院 次長 △1950年…6.25當時 拉北 △1956年 7月…在北 平和統一促進協議會에 參席함 △1958年末頃…反動으로 逮捕 拘束하여 投獄되었음

3 姜 柄 順 (강병순)

△辯護士 △1950年 6月…서울에서 拉北 △1956年 7月…在北 平和統一促進協議會 參席함 △1957年頃…勞動者로 平北方面으로 移住함

姜 旭 仲 (강욱중)

△慶南出身·△民族靑年團 所屬 △1948年 5月…慶尙南道 咸安에서 制憲國會議員 當選 △1949年…國會푸락치 事件으로 刑을 받고 投獄中 6.25當時 脫獄하여 越北 △1954年 5月頃…中和郡 果樹農場 總務로 就職 △1956年 7月…在北 平和統一促進協議會 發起人 兼 常務委員 △1959年初…平北의 農業協同組合 勞動者로 追放함 (肅淸)

4 權 泰 羲 (권태희)

△慶北出身 △牧師 △1948年 5月…無所屬으로 慶北 金泉에서 制憲國會議員 當選 當時 文敎社會委員會 委員長 △1950年 6月…北傀南侵時 拉北 △1951年初…基督敎聯盟의 說得으로 變質하여 金昌俊 基督敎聯盟委員長 傘下에서 從事함 △1956年 7月…在北 平和統一促進協議會 發起人 兼 中央委員 △1956年 8月…人民經濟大學 在學 △1956年 10月까지 平壤에 있었음

5 高 權 三 (고권삼)

△師大敎授 △1950年…6.25當時 拉北 △1955年末까지 平壤 甘興里收容所 收容中 △1956年 8月…平北 義州方面 强制移住 되어 勞動者로 轉落함

6 高 斗 治 (고두치)

△辯護士 △1950年…6.25當時 拉北 △1955年末까지 平壤敎化所에 拘禁 △1956年 8月頃…平北 咸北 咸南地方으로 强制移動 勞動케 함

7 高 元 勳 (고원훈)

△慶北出身 △日帝時 道知事 △1950年 6月…北傀 南侵時 拉北 △1950年 11月頃…江界 近處 山中에서 强行中 死亡하였다 함

8 高 周 奭 (고주석)

△醫師 △1950年…6.25 南侵當時 拉北 △1951年 4月…平壤에서 後方部隊 病院으로 配置 되었음 △1959年初에 成分關係로 肅淸되었음

9 丘 德 煥 (구덕환)

△忠南出身 △1950年 5月…國民黨 所屬으로 2代國會議員 當選 △1950年 6月…北傀 南侵時 拉北 △1956年 9月…在北 平和統一促進協議會 中央委員 兼 常務委員 △1956年 9月頃…人民經濟大學 特設班入學 △1956年 3月…平壤近郊의 協同農場員으로 配置

10 具 滋 玉 (구자옥)

△京畿道出身 △基督敎靑年會 總務 △1946年 2月…美軍政當時 京畿道知事 △1950年 6月…北傀 南侵時 拉北 △1950年 11月…北傀軍 逃走時 强行(拉北)에 依하여 江界 近處 山中에서 死亡(同行한 宗敎人 宋昌根氏의 證言에 依함)

11 具 中 會 (구중회)

△慶南出身 △1948年 5月…無所屬으로 慶南 昌寧에서 制憲國會議員 當選 △1950年 6月…北傀 南侵時 拉北 △1956年 7月…在北 平和統一促進協議會 中央委員 △1959年 3月頃…江界方面의 牧場으로 移住當하여 現在에 至함

12 琴 泰 淵 (금태연)

△中央廳 高級官吏 △1950年…6·25當時 拉北 △1956年 9月頃…咸北方面으로 移住 强制勞動에 從事함

13 奇 世 福 (기세복)

△牧師 △1950年…6.25 南侵當時 拉北 △1950年 12月…滿浦鎭 到着(監禁) △1951年初~1954年 5月頃…北傀 平壤敎化所 臨時收容所 監禁 △1955年 以後 行方不明

14 金 景 道 (김경도)

△慶南出身 △1948年 5月…大韓獨立促成國民會 所屬으로 慶南 咸陽에서 制憲國會議員 當選 △1956年 7月…在北 平和統一促進協議會 中央委員 △1958年 10月…咸北古茂山勞動者 收容所로 追放됨

15 金 庚 培 (김경배)

△京畿道出身 △無所屬 △1948年 5月…京畿道 延白에서 制憲國會議員 當選 △1950年 5月…2代民議員 當選 △1950年 6月…南侵戰爭時 拉北當함 △1954年 7月…敎化所에서 監禁中에 있었음 △1956年 7月…在北 平和統一促進協議會 發起人 兼 執行委員 △1959年初…反黨 反革命罪[illegible] 獄行方不明

16 金 奎 植 (김규식)

△政治人 △1919年…上海臨時政府 [illegible] 部長 △1919年 9月…新韓靑年黨代表[illegible] 里平和會議에 參席 △1921年…國際共[illegible] 極東會議 參加 △1943年 10月…重慶[illegible] 臨時政府 副主席 △1945年 11月…[illegible] 1946年 2月…民主議院 副議長 △1946年[illegible] 月…大韓獨立促成國民會 副總裁 △1946[illegible] 12月…過渡立法議院 議長 △1948年[illegible] 南北統一獨立促成會 結成 △1948年 7月[illegible] 所謂 南北協商에 呼應하여 全國民의 反[illegible] 에도 不拘하고 平壤에 到着 所謂 南北[illegible] 談 開催에 參加 △1950年 6月…南侵[illegible] 時 拉北됨 △1950年 12月頃…北傀軍 [illegible] 時 平北 滿浦鎭 近處에서 喘息病으로 [illegible]

17 金 起 濟 (김기제)

△醫師 △1950年…6.25 南侵當[illegible] △1951年 4月…平壤에서 後方部隊 [illegible] 로 配置되었음 △1959年初에 成分[illegible] 肅淸되었음

18 金 大 奉 (김대봉)

△中央廳 局長 △1950年…6.25當[illegible] 北 △1956年 7月까지 平壤市敎化所 [illegible] 拘束 △ 1956年 9月 以後 平北으로 [illegible] 됨

19 金 德 烈 (김덕열)

△1948年 5月…制憲國會議員 △19[illegible] 6月…北傀 南侵時 拉北 △1956年 7月[illegible] 北 平和統一促進協議會 參席 △1957[illegible] …平北 協同農場에 移住

20 金 成 玉 (김성옥)

△辯護士 △1950年…6.25當時 拉北 [illegible] 1956年 7月…在北 平和統一協議會 [illegible] 人으로 參席後 平北地方으로 移住[illegible]

21 金 東 元 (김동원)

△平南出身 △8.15後 美軍政 顧問 [illegible] 國民主黨 執行委員 △1948年 5月[illegible] 서 制憲國會議員 當選 △1948年 5月[illegible] 年 5月…國會 副議長 △1950年 6月[illegible] 南侵時 拉北 △1956年 7月…在北 [illegible] 促進協議會 中央委員 △1956年 [illegible] 이로 呻吟中 療養院에 收容되어[illegible]

22 金 東 哲 (김동철)

△牧師 △1950年…6.25 南侵[illegible] △1950年 12月…滿浦鎭 到着(監[illegible]) 年初~1954年 5月頃…北傀 平[illegible] 時收容所 監禁 △1955年 以後 [illegible]

23 金 東 煥 (김동환)

△咸北道出身 (巴人으로 [illegible] △月刊誌三千里 主幹 詩集으[illegible] 의 밤〉 紀行文으로는 〈나의[illegible] 이 있음 △1950年 6月…北傀[illegible]

拉北人士名錄

當함 △1953年 3月頃…平南日報 校正員 兼 雜夫 △1956年 7月…在北 平和統一促進協議會 中央委員 △1958年 12月頃…平北 集團收容所로 追放되었음

金秉會 (김병회)

△全南出身 △無所屬 △1948年 5月…全南 珍島에서 制憲國會議員 當選 △1949年…南勞黨 國會프락치 事件에 關與 逮捕 投獄 △1950年 6月…北傀 南侵當時 刑務所에서 越北 △1953年 7月頃…祖國統一民主主義戰線 幹部 △1956年 7月…在北 平和統一促進協議會 發起人 兼 常務委員 △1959年初…平壤市生產協同組合 組合員으로 轉落됨

金尙德 (김상덕)

△慶北出身 △1919年…3.1運動後 上海에 到着 獨立運動에 從事 △1943年 9月…重慶臨時政府 文化部長 兼 議政院 議員 △1945年 11月…金九先生과 歸國 △1946年 12月…過渡立法議員 △1948年 5月…民族統一黨 所屬으로 制憲國會議員 當選 △1950年 6月…北傀 南侵時 拉北 △1956年 7月…在北 平和統一促進協議會 中央委員 △1958年 12月頃…投獄 肅淸當함

金承烈 (김승열)

△通信社 社長 △1950年…6.25當時 拉北 △1956年 7日까지 平壤教化所 分所 拘禁 △1956年 8月頃…平北 水豊發電所 近處로 强制移住하여 勞動者로 利用됨

金時昌 (김시창)

△慶北出身 △京城帝大 醫學部 卒 △1947年…서울大醫學部 敎授 醫學博士 △1950年 6月 現在…서울大學 醫學部 病院 外科課長 △6.25當時 拉北 △1952年~1956年…北傀 平壤醫學大學 敎授 △1958年 12月頃…平壤醫大 敎授 解任됨 △1959年初…平北 鑛山療養所에 配置(肅淸)

金若水 (김약수)

△慶南出身 △8.15當時 中國에서 獨立運動 △1920年…朝鮮勞動共濟會 組織 △1923年…北星會 組織 △1923年 11月…北風會 朝鮮靑年同盟을 組織하여 共產主義運動에 從事 △8.15解放後 韓國民主黨 組織部長 △1946年 10月…同黨 脫黨 民衆同盟 組織에 參加 △1946年 12月…過渡立法議員 △1947年…民衆同盟 分裂後 朝鮮共和黨 創設書記長 △1948年 5月…制憲國會議員 當選 △1948年 8月…國會副議長 △1949年 7月…同副議長 孤職 △1949年 6月…南勞黨 國會프락치事件의 主謀者로 檢擧 投獄 服役 △1950年 6月…北傀南侵時 脫獄 越北 △1955年初…人民經濟大學 特設班 入學 △1956年 7月…在北 平和統一促進協議會 常務委員 兼 執行委員 △1959年 3月頃…反黨 反革命分子로 斷定 平北으로 移動되어 行方不明됨

金億 (김억)

△詩人 號는 岸曙 △東京 慶應大學 卒 △〈創造〉〈廢墟〉의 同人 〈岸曙詩集〉 있음 △1950年 6月…南侵戰爭中 拉北됨 △1952年 5月頃…文化人으로써 利用하려고 當時의 北傀 國立出版社 校正員 △1953年 4月…身病으로 療養所生活 △1956年 7月…在北 平和統一促進協議會 中央委員 △1958年 初…平北 鐵山地方의 協同農場으로 移住 그後 行方不明

金永東 (김영동)

△政治人 △1950年 6月…北傀 南侵時 拉北 △1956年 7月…在北 平和統一促進協議會 中央委員 △1959年初…平北으로 移住함

金沃周 (김옥주)

△全南出身 △無所屬 △1948年 5月…全南光陽에서 制憲國會議員 當選 △1949年…南勞黨國會프락치事件에 關與 逮捕되어 刑을 받음 △6.25南侵時 脫獄 越北함 △1954年 5月頃…平壤家畜病院 行政經理員 △1956年 7月…在北 平和統一促進協議會 發起人 兼 常務委員 △1959年 3月頃…分散政策에 依하여 平北 義州協同農場員으로 追放됨

金用茂 (김용무)

△全南出身 △日本 中央大學 卒 △法律家 △普成專門學校長 歷任 △1945年 10月…美軍政廳 大法院長 △1950年 5月…2代民議員 當選 △1950年 6月…北傀 南侵時 拉北 △1951年~1956年까지 平壤 臨時教化所에 監禁 △1956年 7月…在北 平和統一促進協議會 中央委員 △1957年 10月 現在…病으로 依하여 收容所 療養院에 있었음

金容采 (김용채)

△通信社 社長 △1950年…6.25當時 拉北 △1956年 7月…在北 平和統一 促進協議會 參席함 △1956年 8月頃…咸北 各協同農場 및 水力發電所 勞務者로 移動됨

金禹植 (김우식)

△慶北出身 △1948年 5月…慶北 達城에서 制憲國會議員 當選 △1950年 6月…北傀 南侵時 拉北됨 △1956年 7月…在北 平和統一促進協議會 中央委員 △1957年…老患으로 龍岡 養老院 療養所 生活 △1959年 3月初…大肅淸當時 義州方面으로 移住後 行方不明

金雄鎭 (김웅진)

△京畿道出身 △1948年 5月…無所屬으로 京畿道 水原에서 制憲國會議員 當選 △1950年 5月…2代民議員 當選(國民黨 所屬으로 京畿道 華城) △1950年 6月…北傀 南侵時 拉北 △1956年末까지 收容所에서 監禁生活 △1956年 7月…在北 平和統一促進協議會 中央委員 △1959年 5月頃…咸北 茂山地區로 移住 軟禁生活

金義煥 (김의환)

△政治人 △1950年 6月…北傀 南侵時 拉北 △1956年 6月…在北 平和統一促進協議會 發起人 兼 中央委員 △1958年 12月頃…平北 義州方面으로 移住

金演麟 (김연린)

△U.N韓國委員 △1950年…6.25南侵 當時 拉北됨 △1954年末까지 北傀 平壤教化所 拘禁 △1956年 7月…在北 平和統一促進協會의 會員資格審査에 通過치 못하여 繼續 拘禁中이나 그後 行方不明

金寅昌 (김인창)

△大統領 秘書室 △1950年…6.25南侵 當時 拉北됨 △1954年末까지 北傀 平壤教化所 拘禁 △1956年 5月…在北 平和統一促進協議會의 會員資格審査에 通過치 못하여 繼續 拘禁中이나 그後 行方不明

金日璟 (김일경)

△中央廳 局長 △1950年…6.25當時 拉北 △1956年 9月頃…咸北方面으로 移住 强制勞動에 從事함

金長烈 (김장열)

△全南出身 △全南 莞島에서 1948年 5月 制憲國會議員 當選 △1950年 6月…北傀 南侵時 拉北 △1956年 7月…在北 平和統一促進協議會 發起人 兼 中央委員 △1959年初…咸北으로 移住

金仲基 (김중기)

△全南出身 △無所屬 △1948年 5月…全南 長興에서 制憲國會議員 當選 △1950年 6月…北傀 南侵時 拉北 △1956年 7月…在北 平和統一促進協議會 中央委員 △1957年 3月頃…順安農場에 配置 △1959年初…肅淸事業時 咸北 茂山方面으로 追放

金中正 (김중정)

△辯護士 △1950年…6.25當時 拉北 △1955年末까지 平壤教化所에 拘禁 △1956年 8月頃 平北 咸北 咸南地方으로 强制移動勞動함

金七星 (김칠성)

△慶南出身 △無所屬 △1950年 5月…2代民議員 當選(慶南 釜山) △1950年 6月…北傀 南侵時 서울에서 拉北 △1956年 7月…在北 平和統一促進協議會 發起人 兼 中央委員 △1956年 8月…人民經濟大學 特設班 在學中 △1958年 3月頃…平壤市 生產協同組合 事務員으로 配置되었음

金喆宰 (김철재)

△政治人 △1950年…6·25南侵 當時 拉北 △1956年 6月까지 教化所 分所에 拘禁 △1956年 7月…在北 平和統一促進協議會 會議時 參席함 △1957年 以後 咸北方面으로 移住함 此後 行方不明

拉北人士名録

42 **金 憲 植 (김헌식)**

△忠南出身 △無所屬으로 忠南 論山에서 1950年 5月 2代民議員 當選 △1950年 6月…北傀 南侵時 拉北 △1955年…北傀人民經濟大學 特設班 入學 △1956年 7月…在北平和統一促進協議會 發起人 兼 中央委員 △1959年 3月頃…平北 江界로 移動 協同農場에서 從事 △1961年…平壤市 某病院에서 醫師로 從事

43 **金 炯 元 (김형원)**

△文化人(前公報處次長) △1950年…6·25南侵 當時 서울에서 拉北 △1953年까지 江界 滿浦鎭 平壤 大同郡 收容所에 監禁됨 △1954年初에 出版社의 雜夫 및 校正員으로 있다가 1956年 咸北方面으로 移住됨

44 **金 孝 錫 (김효석)**

△慶南出身 △大韓獨立促成國民會 所屬 △1949年 1月…內務部次官 △1949年 3月…內務部長官 △1950年 6月…北傀 南侵當時 拉北 △1954年 5月頃…人民經濟大學 在學中 △1956年 7月…在北 平和統一促進協議會 執行委員 兼 常務委員 △1959年 5月頃…大同郡 農業協同組合員 △1966年 4月…死亡하였다고 北傀 宣傳함

45 **南 國 熙 (남국희)**

△前太陽新聞社 局長 △6.25 當時 拉北 △1956年까지 北傀 國立出版社 校正員 △1959年初…咸北 茂山炭鑛으로 移動

46 **南 宮 赫 (남궁혁)**

△基督教聯合會 總務 △1950年 6月…北傀 南侵時 拉北 △1954年頃…平壤 甘興里 收容所에 收容됨

47 **盧 九 鉉 (노구현)**

△法務部 官吏 △1950年…6.25南侵當時 拉北됨 △1954年末까지 北傀 平壤敎化所 拘禁中 △1956年 7月…在北 平和統一促進協議會의 會員資格審査에 通過치 못하여 繼續 拘禁中이나 그後 行方不明

盧 鎰 煥 (노일환)

△全北出身 △1948年 5月…全北 淳昌에서 制憲國會議員 當選 △1949年 9月…南勞黨 國會프락치事件으로 投獄 △1950年 6月…北傀 南侵時 脫獄 越北 △1954年…人民經濟大學 入學 △1956年 7月…在北 平和統一促進協議會 常務委員 兼 協議會 組織部長 △1959年 3月 現在…祖國戰線社 宣傳部 委員으로 있었음

48 **馬 寅 尙 (마인상)**

△文化人 △1950年…6.25 南侵時 拉北 △1953年까지 拉致人士收容所에 監禁 △1954年初…平壤市 出版協同組合에서 出版業務에 從事함 △1956年 7月…在北 平和統一促進協議會에 參席함 △1957年 5月頃…咸南方面에 移住함

49 **明 濟 世 (명제세)**

△平北出身 △1908年부터 獨立運動에 從事한 民族主義者 △8.15 解放後 國民黨 副委員長 △韓國獨立黨 中央常務委員 △1948年 9月～11月…審計院長 △1949年 1月…大韓獨立促進國民會 最高顧問 △1950年 6月…北傀 南侵時 拉北 △1956年 7月…在北 平和統一促進協議會 執行委員 △1957年初…老患으로 療養所 收容 △1958年부터 行方不明

50 **閔 丙 玉 (민병옥)**

△會社 社長 △1950年…6.25 當時 拉北 △1956年 7月…在北 平和統一促進協議會 參席함 △1956年 8月頃…咸北 各協同農場 및 水力發電所 勞務者로 移動됨

51 **朴 汶 根 (박문근)**

△醫師 △1950年…6.25 南侵當時 拉北 △1951年 4月…平壤에서 後方部隊 病院으로 配置됨 △1959年初에 成分關係로 肅淸되었음

52 **朴 寶 廉 (박보렴)**

△韓國女子國民黨 副委員長 △1950年 6月…北傀軍 南侵時 拉北 △1956年 7月…在北 平和統一促進協議會 發起人 兼 執行委員 △1962年 以後 平壤市 養老院에 所屬되어 있었음

53 **朴 奉 石 (박봉석)**

△前圖書館 副館長 △6.25 當時 拉北 △1954年까지 〈人民誌〉社에서 雜夫로 勞動함 △1958年 12月頃…咸南 北靑果樹農場勞務者로 移住함

54 **朴 性 宇 (박성우)**

△慶北出身 △1950年 5月…慶北 尙州에서 第2代民議員 當選 △1950年 6月…北傀 南侵時 拉北 △1956年 7月…在北 平和統一促進協議會 中央委員 △1957年…協同農場으로 移住

55 **朴 勝 喆 (박승철)**

△前判事 △1950年 6月…南侵時 拉北 △1956年 7月…平壤 大同郡 臨時收容所 收容中에 있으면서 審査中 △1957年頃…鑛山으로 移住함

56 **朴 勝 浩 (박승호)**

△大韓婦人會 委員長 △1950年 6月…北傀 南侵時 拉北 △1956年 7月…在北 平和統一促進協議會 發起人 兼 執行委員 △1958年 以後 身病으로 療養所에서 生活中이라함

57 **朴 烈 (박 열)**

△慶北出身 △8.15前 無政府主義者로서 1923年 9月 朴烈事件으로 無期懲役中 8.15解放後 出獄 △1946年 2月…新朝鮮建設同盟 委員長 △1948年 10月…在日本大韓民國居留民團長 △1949年 5月…[illegible] 50年 6月…北傀 南侵時 拉北 △1956[illegible] 月…在北 平和統一促進協議會 執行委[illegible] 1956年 7月…人民經濟大學 在學中 △[illegible] 年…養老院 入所

58 **朴 榮 來 (박영래)**

△全北出身 △1950年 5月…全北[illegible] 서 2代民議員 當選 △1950年 6月[illegible] 南侵時 拉北 △1956年 7月…在北[illegible] 促進協議會 發起人 兼 中央委員 △[illegible] 3月…咸北 農牧場에로 移住

160 **朴 允 源 (박윤원)**

△慶南出身 △1948年 5月…慶南 [illegible] 서 制憲國會議員 當選 △1950年 6月[illegible] 傀 南侵時 拉北 △1956年 7月…在北[illegible] 統一促進協議會 中央委員 △1959年[illegible] …平南 安州協同農場員으로 移住

59 **朴 鍾 萬 (박종만)**

△中央廳 局長 △1950年…6.25[illegible] 北 △1956年 7月까지 平壤敎化所[illegible] 禁 △1956年 8月頃…平北 水豊[illegible] 處로 强制移住되어 勞動者로 利用[illegible]

60 **朴 鍾 煥 (박종환)**

△慶北出身 △1948年 5月…慶北[illegible] 노 制憲國會議員 當選 △1950年 6月[illegible] 南侵時 拉北 △1956年 7月…在北[illegible] 一促進協議會 中央委員 △1959年[illegible] 咸北 古茂山에로 移住

61 **朴 哲 圭 (박철규)**

△忠南出身 △1950年 5月…忠南[illegible] 서 2代民議員 當選 △1950年 6月[illegible] 侵時 拉北 △1956年 7月…在北[illegible] 促進協議會 發起人 兼 中央委員 △[illegible] …平北 鐵山郡 協同農場으로 移住[illegible] 고함

62 **朴 泰 俊 (박태준)**

△判事 △1950年…6.25當時 [illegible] 55年末까지 平壤敎化所에 拘禁[illegible] 8月頃…平北 咸北 咸南地方으로[illegible] 勞動함

63 **朴 炫 明 (박현명)**

△牧師 △1950年…6.25 [illegible] △1950年 12月…滿浦鎭 到着[illegible] 51年初～1954年 5月頃…北傀[illegible] 臨時收容所 監禁中 △1955年[illegible] 明

64 **方 薰 (방[illegible])**

△牧師 △1950年…6.25[illegible] △1950年 12月…滿浦鎭 到[illegible] 年初～1954年 5月頃…北傀[illegible] 時收容所 監禁中 △1955年[illegible]

裵 重 赫 ([illegible])

△慶北出身 △1948年[illegible]

拉北人士名録

서 制憲國會議員 當選 △1949年 6月項…南勞國會푸락치事件의 主謀級關與로 投獄됨 △1950年 6月…北傀 南侵時 脫獄 越北 △1956年 7月…在北 平和統一促進協議會 常務委員 △1956年 8月…人民經濟大學 在學中 △1959年 3月項…祖國戰線社 社員으로 配置 △1960年項…行方不明

65 白 寬 洙 (백관수)

△全南出身 △1936年…東亞日報 社長 △1945年 9月…韓國民主黨 總務 △過渡立法議員 △1948年 5月…韓國民主黨 所屬으로 制憲國會議員 當選 當時 法制司法委員會 委員長 △1950年 6月…北傀 南侵으로 拉北 江界 滿浦까지 拉北되어 1952年 平南 大同郡 臨時收容所에서 監禁됨 △1957年…龍崗養老院으로 收容 監禁됨

66 白 象 圭 (백상규)

△京畿道出身 △1950年 5月…2代民議員 當選 △1950年 6月…北傀 南侵時 拉北 △1956年 7月…在北 平和統一促進協議會 發起人 兼 中央委員 △1959年 3月項…平南 安州方面 協同農場으로 移住됨

67 徐 承 杓 (서승표)

△大韓重石 理事 △1950年…6.25 當時 拉北 △1956年 7月까지 平壤敎化所 分所 拘禁 △1956年 7月項…平北 水豊發電所 近處로 强制移住하여 勞動者로 됨

68 徐 廷 禧 (서정희)

△京畿道出身 △1919年…3.1運動 參加 投獄當함 △1929年…新幹會 組織部長 △1948年 5月…韓國民主黨 所屬으로 制憲國會議員 當選 當時 懲戒資格委員會 委員長 韓國民主黨 中央監察委員 △1950年 6月…北傀 南侵時 拉北 △1956年 7月…在北 平和統一促進協議會 中央委員 △1957年 12月項…所謂 反動이라 하여 拘束 監禁 그後 行方不明

69 薛 敏 鎬 (설민호)

△政治人 △1950年 6月…拉北 △1956年 7月…在北 平和統一促進協議會 發起人 兼 中央委員 △1959年 2月項…咸南 北靑方面으로 强制移住함

70 蘇 完 奎 (소완규)

△辯護士 △1950年 6月…南侵時 拉北 △1956年 7月…平壤 大同郡收容所에 收容되어 있음

71 孫 晋 泰 (손진태)

△京畿道出身 △1927年…早稻田大學 卒 △1933年…延禧專門學校 講師 普專 講師 △1945年…서울大學 敎授 △1949年…서울大學師範大學 學長 △1950年 6月…北傀 南侵時 拉北 △1956年 7月…在北 平和統一促進協議會 中央委員 △1958年 12月項…平壤市 普通江區域 療養所에서 病中에 있었음

72 宋 昌 根 (송창근)

△牧師 △1950年…6.25 南侵當時 拉北 △1950年 12月…滿浦鎭 到着(監禁) △1951年初～1954年 5月項…北傀 平壤敎化所 臨時收容所 監禁 △1955年 以後 行方不明

73 宋 虎 聲 (송호성)

△軍人出身 △1919年項…中國亡命 獨立運動에 從事 △1943年…光復軍 第2支隊長 △8.15解放後 1946年 1月…歸國 △國防警備隊司令官 △1950年 6月…北傀 南侵時 拉北 △1954年…北傀義勇者學校校長 △1956年 7月…在北 平和統一促進協議會 執行委員 △1959年初…國際間諜嫌疑 및 反革分子로 逮捕됨

74 辛 錫 斌 (신석빈)

△全北出身 △1950年 5月…2代民議員 當選 △1950年 6月…北傀 南侵時 拉北 △1956年 7月…在北 平和統一促進協議會 發起人 兼 中央委員 △1958年末項…平北으로 强制移住 됨

(161) 申 成 均 (신성균)

△全北出身 △1948年 5月…全北 全州에서 制憲國會議員 當選. 當時 內務治安委員會 委員長 △1950年 6月…北傀 南侵時 拉北 △1956年 7月…在北 平和統一促進協議會 發起人 兼 中央委員 △1958年 12月…平北 義州協同農場으로 移住

75 辛 容 勳 (신용훈)

△慶南出身 △1950年 5月…第2代民議員 當選(慶南 昌寧郡에서) △1950年 6月…北傀 南侵時 拉北 △1953年～1956年 6月…黃海道農場에서 勞動 △1956年 7月…在北 平和統一促進協議會 中央委員 △1958年 12月…咸北雄基地方 協同農場으로 移住됨

76 申 泰 桓 (신태환)

△前專賣局長 △1950年…6.25 南侵當時 拉北 △1956年 6月까지 敎化所 分所에 拘禁 △1956年 7月…在北 平和統一促進協議會 會議時 參席함 △1957年 以後 咸北方面으로 移住함 以後 行方不明

77 沈 光 漢 (심광한)

△辯護士 △1950年…6.25 南侵時 拉北 △1956年 7月…在北 平和統一促進協議會에 參席함 △1958年頃…平北道 牧場으로 移住되어 勞務員으로 從事함

78 沈 相 湖 (심상호)

△辯護士 △1950年…6.25 當時 拉北 △1955年末까지 平壤敎化所에 拘禁 △1956年 8月頃…平北 咸北 咸南地方으로 强制移動 勞動함

79 安 在 鴻 (안재홍)

△京畿道出身 △日本 早稻田大學 卒業 △1919年…3.1運動에 關與 3年間 服役 △1939年…朝鮮語學會事件으로 2年 懲役 △1945年 9月…國民黨 黨首 △1947年…民主議員 左右合作委員會 右派代表 △過渡立法議員 △1947年 2月～1948年 6月…美軍政廳 民政長官 △1950年 5月…2代民議員 △1950年…6.25 動亂中 拉北 當함 拉北後 北傀가 組織한 在北 平和統一協議會(1956年 7月)의 最高委員 兼 常務委員 및 執行委員 △1963年…死亡

80 梁 鳳 鶴 (양봉학)

△判事 △1950年…6.25當時 拉北 △1951年 1月부터 1956年 7月까지 平壤市敎化所에 收容 △1956年 8月頃…咸北 靑年炭礦勞務者로 强制 移住됨

81 梁 元 龍 (양원용)

△辯護士 △1950年…6.25當時 拉北 △1951年 1月부터 1956年 7月까지 平壤市敎化所에 收容 △1956年 8月까지 咸北 靑年炭礦 勞務者로 强制 移住됨

82 嚴 恒 燮 (엄항섭)

△京畿道出身 △1919年…上海에서 浙江大學 卒業 △1920年頃부터 獨立運動에 從事 △1943年…重慶臨時政府 宣傳部長 △1945年 11月…歸國 △韓國獨立黨 中央委員 兼 宣傳部長 △1946年 2月…民主議院 議員 △1948年 4月…南北協商에 參加 △1950年 6月…北傀 南侵時 拉北됨 △1956年 7月…在北 平和統一促進協議會 常務委員 兼執行委員 △北傀의 政治的 利用道具로 最初에 優待를 받음 △1955年頃…人民經濟大學 特設班에 入學 △1958年 11月頃…北傀 安全部에서 反黨陰謀計劃嫌疑로 調査를 받다가 同年末 趙素昂과 같이 國際間諜으로 罪를 捏造시키자 逮捕直前에 自殺說이 있으나 行方不明되었음

83 吳 世 權 (오세권)

△辯護士 △1950年…6.25當時 拉北 △1951年 1月부터 1956年 7月까지 平壤市敎化所에 收容 △1956年 8月頃…咸北 靑年炭礦 勞務者로 强制 移住됨

84 吳 鳳 彬 (오봉빈)

△會社社長 △1950年…6.25 當時 拉北 △1956年 7月…在北 平和統一促進協議會 參席함 △1956年 8月頃…咸北 各協同農場 및 水力發電所 勞務者로 移動됨

85 吳 正 方 (오정방)

△1948年頃…建國靑年團長 △1950年 6月…北傀 南侵時 拉北 △1956年 7月…在北 平和統一促進協議會 發起人 兼 中央委員 △1958年 12月…平北의 農業協同組合에로 移住 △1958年末頃…反革命分子로 逮捕 그後 行方不明

86 吳 澤 寬 (오택관)

△京畿道出身 △牧師 △1948年 5月…京

拉北人士名録

畿道 甕津에서 韓國獨立黨으로 制憲國會議員 當選 △1950年 6月…北傀 南侵時 拉北 △1955年까지 平壤에서 收容所에 監禁 △1956年 7月…在北 平和統一促進協議會 中央委員으로 强要받았으나 拒絶 △1956年 9月頃…平北 義州 伐木場으로 追放後 行方不明

吳 宅 烈 (오택열)

△判事 △1950年…6.25當時 拉北 △1956年 7月…在北 平和統一協議會 參席 △1957年初…鑛山地帶로 移住됨

吳 夏 英 (오하영)

△京畿道出身 △3.1運動當時 33人의 1人 △1946年…政治大學長 △1946年 12月…過渡立法議員 △1950年 5月…第2代民議員 當選(鍾路乙區) △1950年 6月…北傀 南侵時 拉北當함 △1956年 7月…北傀가 組織한 在北 平和統一促進協議會 最高委員 兼常務委員 △1959年初 以後 病死說이 있으나 行方不明되었음

劉 錦 成 (유금성)

△通信社社長 △1950年…6.25當時 拉北 △1956年 7月…在北 平和統一協議會 參席함 △1956年 8月頃…咸北 各協同農場 및 水力發電所 勞務者로 移動됨

柳 驥 秀 (유기수)

△京畿道出身 △1950年 5月…2代民議員 當選 △1950年 6月…北傀 南侵時 拉北 △1956年 7月…在北 平和統一促進協議會 中央委員 △1959年 3月頃…咸北方面의 農牧場으로 移住됨

柳 子 厚 (유자후)

△著述家 △1950年…6.25 南侵當時 拉北 △1953年 8月까지 北傀 平壤 收容所에서 監禁됨 △1953年 9月…國立出版社 勞動者 兼 校正員으로 있었음 △1957年…咸南 北靑方面의 果樹農場 勞動者로 移住됨

柳 海 文 (유해문)

△辯護士 △1950年…6.25當時 拉北 △1955年末까지 平壤敎化所에 拘禁 △1956年 8月頃…平北 咸北 咸南地方으로 强制移動 勞動함

尹 琦 燮 (윤기섭)

△京畿道出身 △1919年…3.1運動時 中國에 亡命 獨立運動 從事 △1943年…重慶臨時政府 議政議員 △朝鮮民族革命黨 常務委員 △1946年 2月…歸國 △1946年 12月…過渡立法議員 同副議長 △1950年 6月…北傀 南侵時 拉北 △1956年 7月…在北 平和統一促進協議會 執行委員 兼 常務委員 △1959年初…重慶派 肅淸時 反革命分子로 捏罪 拘束되어 其後 行方不明

尹 炳 植 (윤병식)

△審計院 官吏 △1950年…6.25當時 拉北 △1956年 9月頃…咸北方面으로 移住 强制勞動에 從事함

尹 炳 悳 (윤병덕)

△醫師 △1950年…6.25 南侵當時 拉北 △1951年 4月…平壤에서 後方部隊 病院으로 配置됨 △1959年初…成分關係로 肅淸됨

尹 泰 彬 (윤태빈)

△前道知事 △1950年…6.25南侵當時 拉北 △1956年 6月까지 敎化所 分所에 拘禁 △1956年 7月…在北 平和統一 促進協議會 會議時 參席함 △1957年 以後 咸北方面으로 移住함 以後 行方不明

李 康 雨 (이강우)

△慶南出身 △1948年 5月…慶南 晋州에서 無所屬으로 制憲國會議員에 當選 △1950年 6月…北傀南侵時 拉北됨 △1954年頃…黃海道 遂安牧場 勞動者로 전락 △1956年 7月…在北平和統一促進協議會 中央委員 △1958年 10月頃…分散政策에 依하여 平北 義州農業協同組合員

李 龜 洙 (이구수)

△慶南出身 △無所屬 △1948年 5月…慶南 固城에서 制憲國會議員 當選 △1950年 6月…韓國動亂時 서울에서 拉致當함 △1956年 7月…在北平和統一促進協議會 中央委員 △1959年 3月頃…咸北 茂山으로 移動移住됨

李 　 潭 (이 담)

△慶北出身 △中央廳 局長 △1950年 6月…北傀 南侵時 拉北 △1956年 7月…在北平和統一協議會 參席(傍聽人) △1957年初…平北 江界方面으로 移住

李 燈 源 (이등원)

△會社 社長 △1950年…6.25 當時 拉北 △1956年 7月…在北 平和統一促進協議會 參席함 △1956年 8月頃…咸北 各協同農場 및 水力發電所 勞務者로 移動됨

李 萬 根 (이만근)

△忠北出身 △無所屬 △1948年 5月…忠北 淸原에서 制憲國會議員 當選 △1950年 6月…南侵時 拉北 當함 △1956年 7月…在北 平和統一促進協議會 中央議員 △1959年 5月…當時 咸北 會寧農場으로 移住됨

李 明 圭 (이명규)

△中央廳 局長 △1950年…6.25 當時 拉北 △1956年 7月…在北 平和統一促進協議會 參席함 △1956年 8月頃…咸北 各協同農場 및 水力發電所 勞務者로 移動됨

李 文 源 (이문원)

△全北出身 △1948年 5月…全北 益山에서 制憲國會議員當選 當時 資格審査委員會 委員長 南勞黨 國會푸락치事件으로 投獄되어 6.25當時 脫獄 越北 △195… 頃…大同郡 農業協同組合 副委員… 配置되었다 △1956年 7月…在北… 促進協議會의 發起人兼 常務委員… 年 9月… 北傀人民經濟大學 … △1959年 3月頃…北靑果樹農場으로… 됨

李 奉 柱 (이봉주)

△前農林部 次官 △1950年…6.25… 時 拉北 △1956年 6月까지 敎化所… 拘禁 △1956年 7月…在北 平和統一… 議會 會議時 參席함 △1957年 以後… 方面으로 移住함 此後 行方不明

李 富 烈 (이부열)

△大學敎授 △1950年…6.25 當時… △1955年末까지 平壤 甘興里收容所… △1956年 8月…平北 義州方面 … 勞務者로 轉落함

李 相 慶 (이상경)

△慶南出身 △1950年 5月…2代民… 選 △大韓獨立促成國民會 所屬 △… 月…北傀 南侵時 拉北 △1956年 7… 平和統一促進協議會 發起人 兼 … △1959年 3月頃…咸南地方으로 …

李 聖 鳳 (이성봉)

△平北出身 △京城醫專 卒業 △… 醫大敎授 兼 病院 院長 △6.25當時… △1952年初…平壤 소련赤十字病院… 師 △1957年 5月頃…平壤 臨床病… △1959年初…肅淸되어 里診療所… 轉落됨

李 升 基 (이승기)

△全南出身 △京都帝大工學部 卒… 學博士 △1950年 6月…北傀 南侵時… △科學者로서 利用價値가 있으므… 年 8月 2期 最高人民會議 代議員… 1958年 1月…朝·蘇親善協會 中央… △1961年 5月…祖國平和統一委員… 委員 任命 △1962年 10月…3期 最高… 議代議員 △1967年 11月…4期 … 會議代議員 △科學院 院士 △196… 現在…科學院 咸興分院 化學硏究… 소련科學院 名譽院士로 利用當하…

李 烈 宰 (이열재)

△判事 △1950年…6.25 當時 … 55年末까지 平壤敎化所에 拘禁 … 8月頃…平北 咸北 咸南地方으로 … 勞動함

李 寅 浩 (이인호)

△中央廳局長 △1950年…6.25… △1956年 7月까지 平壤敎化所… 中 △1956年 8月頃…平北 水豊… 勞로 强制移住되어 勞動者로 …

李 貞 淳 (이정순)

△放送局 幹部(文化人) △19…

拉北人士名錄

南侵 當時 拉北 △1953年 8月까지 柳子厚(拉北)와 같이 文聖里收容所에서 監禁됨 △1953年 9月頃…北傀 國立出版社 勞動者 兼 校正員 △1957年…平北方面으로 移住 勞動者로 轉落함

110 李 宗 聖 (이종성)

△京畿道出身 △無所屬 △1950年 5月 京畿道 利川에서 2代民議員當選 △1950年 6月…北傀 南侵時 拉北當함 △1956年 7月…在北 平和統一促進協議會 中央委員 △1958年 12月頃…平北協同農場에 强制移住 勞動者로 轉落함

111 李 周 衡 (이주형)

△慶南出身 △1932年頃…京城帝大 法文學部 卒業 △大韓獨立促成國民會 所屬 △1948年 5月…慶南 密陽에서 制憲國會議員 當選 △1950年 6月…拉北 △1956年 7月…在北 平和統一促進協議會 中央委員 △1959年初…咸北 茂山農牧場으로 移住

112 李 重 熙 (이중희)

△會社 社長 △1950年…6.25當時 拉北 △1956年 7月…在北 平和統一促進協議會 參席함 △1956年 8月頃…咸北 各協同農場 및 水力發電所 勞務者로 移動됨

113 李 河 榮 (이하영)

△判事 △1950年…6.25當時 拉北 △1955年末까지 平壤敎化所에 拘禁 △1956年 8月頃…平北 咸北 咸南地方으로 强制移動 勞動함

114 李 弘 洙 (이홍수)

△前中央廳 住宅局長 △1950年…6.25當時 拉北 △1956年 7月까지 平壤敎化所 分所에 拘禁 △1956年 9月頃…平北地方으로 移住함 그後 行方不明

115 林 成 鎬 (임성호)

△會社 社長 △1950年…6.25當時 拉北 △1956年 7月…在北 平和統一促進協議會 參席함 △1950年 0月頃…咸北 各協同農場 및 水力發電所 勞務者로 移動됨

116 林 鍾 燮 (임종섭)

△會社社長 △1950年…6·25當時 拉北 △1956年 7月까지 平壤敎化所 分所 拘束됨 △1956年 8月頃…平北 水豊發電所 近處로 强制移住되어 勞動者로 轉落함

117 元 世 勳 (원세훈)

△咸南出身 △1920年…大韓民國議會 副議長 兼 財務部長 △1921年…金奎植 李靑天 等과 民族 共産兩派의 統一에 努力하였다 △1945年…8.15後 韓民黨 總務 △1946年 2月…民主議院議員 △1946年 7月…左右合作委員會 右派代表 △1946年 12月…過渡立法議員 △1950年 5月…2代民議員 △1950年 6月…北傀 南侵時 拉北 △1956年 7月…在北 平和統一促進協議會 發起人 兼 中央執行委員 兼 常務委員 △1956年 9月…人民經濟大學 特設班 入學 △1959年末…重慶派로 몰리어 趙素昻과 같이 國際間諜罪로 投獄當하여 金日成一派에 依하여 肅淸됨

118 張 斗 植 (장두식)

△判事 △1950年…6.25當時 拉北 △1951年 1月부터 1956年 7月까지 平壤市敎化所에 收容 △1956年 8月頃…咸北 靑平炭礦 勞動者로 强制 移住됨

119 張 連 松 (장련송)

△서울出身 △1946年 12月…過渡立法議員 △1950年 5月…無所屬으로 서울東大門區에서 2代民議員으로 當選 △1950年 6月…北傀 南侵時 拉北 △1956年 7月…在北 平和統一促進協議會 中央委員 △1956年 10月…死亡함

120 張 炳 晩 (장병만)

△慶北出身 △1948年 5月…制憲國會議員 當選 △1950年 6月…北傀南侵時 拉北 △1956年 7月…在北平和統一促進協議會 中央委員 △1958年 12月頃…平北朔州方面의 協同農場으로 移住

121 張 永 彬 (장영빈)

△檢事 △1950年…6.25南侵當時 拉北됨 △1954年末까지 北傀 平壤敎化所 拘禁 △1956年 7月…在北 平和統一促進協議會의 會員資格審査에 通過치 못하여 繼續 拘禁中이나 그後 行方不明

122 張 元 順 (장원순)

△醫師 △1950年…6.25南侵當時 拉北 △1951年 4月…平壤에서 後方部隊 病院으로 配置되었음 △1959年初에 成分關係로 肅淸되었음

123 張 熙 昌 (장희창)

△前財務部 次官 △6.25當時 拉北 △1956年 7月…在北 平和統一促進協議會 中央委員 △1958年 8月頃…咸北方面으로 强制移住 그後 消息不明

124 全 德 允 (전덕윤)

△會社 社長 △1950年…6.25當時 拉北 △1956年 7月…在北 平和統一促進協議會 參席함 △1956年 8月頃…咸北 各協同農場 및 水力發電所 勞務者로 移動됨

125 全 采 愚 (전채우)

△辯護士 △1950年…6.25當時 拉北 △1951年 1月부터 1956年 7月까지 平壤市敎化所에 收容 △1956年 8月頃…咸北 靑年炭礦 勞動者로 强制 移住됨

126 鄭 光 好 (정광호)

△全南出身 △1948年 5月…韓國民主黨所屬으로 全南 光州에서 制憲國會議員 當選 △1950年 6月…北傀 南侵時 拉北 △1956年 7月…在北 平和統一 促進協議會 中央委員 △1958年 12月頃…平北 義州方面의 協同農場으로 移住

127 鄭 潤 煥 (정윤환)

△判事 △1950年…6.25當時 拉北 △1951年 1月부터 1956年 7月까지 平壤市敎化所에 收容 △1956年 8月頃…咸北 靑年炭礦勞務者로 强制 移住됨

128 鄭 寅 普 (정인보)

△歷史學者 △前審計院長 △1950年 6月…北傀 南侵當時 拉北 △1950年 11月…北傀軍 逃走時 妙香山 近處에서 死亡하였다 함

129 鄭 仁 植 (정인식)

△全南出身 △1950年 2月…全南 光山에서 2代民議員 當選 △1950年 6月…北傀 南侵時 拉北 △1956年 7月…在北 平和統一促進協議會 中央委員 △1958年 12月…平北 義州農牧場으로 移住

130 鄭 駿 模 (정준모)

△大學敎授 △1950年…6.25當時 拉北 △1955年末까지 平壤 甘興里收容所 收容됨 △1956年 8月…平北 義州方面 强制移住 勞務者로 轉落함

131 鄭 太 龍 (정태용)

△判事 △1950年…6.25當時 拉北 △1955年末까지 平壤敎化所에 拘禁됨 △1956年 8月頃…平北 咸北 咸南地方으로 强制移動 勞動함

132 曺 圭 卨 (조규설)

△慶北出身 △1950年 5月…慶北 永川에서 2代民議員 當選 △1950年 6月…北傀 南侵時 拉北 △1956年 7月…在北 平和統一促進協議會 中央委員 △1956年 10月…病患으로 療養所에 收容되어 있었음

133 趙 明 鎬 (조명호)

△醫師 △1950年…6.25南侵當時 拉北 △1951年 4月…平壤에서 後方部隊 病院으로 配置되었음 △1959年初에 成分關係로 肅淸되었음

134 趙 文 濟 (조문제)

△中央廳 局長 △1950年…6.25當時 拉北 △1956年 9月頃…咸北方面으로 移住 强制勞動에 從事함

135 趙 炳 漢 (조병한)

△慶北出身 △1948年 5月…制憲國會議員 當選 (慶北 聞慶에서) △1950年 6月…北傀 南侵時 拉北 △1956年 7月…在北 平和統一促進協議會 中央委員 △1958年 12月…平北 江界方面農場으로 移住함

136 趙 素 昻 (조소앙)

△京畿道出身 △1919年…中國에 亡命

拉北人士名録

上海臨時政府 參加 △1943年…重慶臨時政府 外交部長 △1945年 11月…金九先生一行과 歸國 △韓國獨立黨 副委員長 △1946年 2月…民主議員 反託獨立鬪爭委員會 副委員長 △1948年 4月…所謂 南北協商 參加次 平壤行 △社會黨 黨首 (1948年 12月) △1950年 5月…2代民議員 當選 △1950年 6月…南侵時 拉北 △1956年 7月…在北 平和統一協議會 最高委員 △1959年末…嚴恒燮과 같이 反革命分子로 捏罪되어 拘束됨

137 趙 秀 俊 (조수준)

△中央廳 局長 △1950年…6.25當時 拉北 △1956年 7月까지 平壤敎化所 分所 拘禁됨 △1956年 8月頃…平北 水豊發電所 近處로 强制移住되어 勞動者로 轉落함

138 趙 玉 鉉 (조옥현)

△全南出身 △1948年 5月…全南 順天에서 制憲國會議員 當選 △1950年 6月…北傀 南侵時 拉北 △1956年 7月…在北 平和統一促進協議會 中央委員 △1958年 12月頃…咸南 北靑果樹農場員으로 移住 勞動者生活

139 趙 琓 九 (조완구)

△1919年…3.1運動時 中國 亡命 獨立運動에 從事 △1943年…重慶 韓國臨時政府 財務部長 韓國獨立黨 常務委員 △1945年 11月…金九先生과 같이 歸國 △1950年…6.25當時 拉北 △1952年 10月頃…大同郡 收容所에서 死亡함

140 趙 鍾 勝 (조종승)

△忠北出身 △1948年 5月…忠北 丹陽에서 制憲國會議員 當選 △1950年 5月…2代民議員 當選 (國民黨) △1950年 6月…北傀 南侵時 拉北 △1956年 7月…在北平和統一促進協議會 發起人 兼 中央委員 △1959年 3月頃…平壤市 生産協同組合員

141 趙 重 顯 (조중현)

△京畿道出身 △1948年 5月…京畿道 長湍에서 制憲國會議員 當選 △1950年 6月…北傀 南侵時 拉北 △1956年 7月…在北 平和統一促進協議會 中央委員 △1958年 12月頃…黃北 古茂山으로 移住됨

142 趙 之 峰 (조지봉)

△前財務局長 △1950年…6·25當時 拉北됨 △1956年 7月…平壤敎化所 分所에 拘禁됨 △1956年 9月頃…平北으로 移住

143 趙 春 大 (조춘대)

△辯護士 △1950年…6.25當時 拉北 △1955年末까지 平壤敎化所에 拘禁됨 △1956年 8月頃…平北 咸北 咸南地方으로 强制移動 勞動함

144 趙 憲 泳 (조헌영)

△慶北出身 △日本 早稻田大學 卒業 △新幹會 東京支會長 △1932年…朝鮮理療會 組織하여 秘密結社 組織 △1945年 9月…韓國民主黨 組織部長 △1946年 2月…民主議員 △1948年 5月…慶北 英陽에서 韓民黨所屬으로 制憲國會議員 當選 △1950年 5月…2代民議員 當選 △1950年 6月…北傀 南侵時 拉北 △1956年 7月…在北 平和統一促進協議會 執行委員 △1956年 3月頃…東方漢醫硏究所 硏究員 △1962年 5月…경락硏究所員

145 車 周 弘 (차주홍)

△中央廳 局長 △1950年…6.25當時 拉北 △1956年 7月 現在…平壤 甘興里收容所 收容中에 있었음 △1957年以後…平北道로 移動하였음

146 崔 奎 東 (최규동)

△서울大學 前總長 △1950年 6月…北傀 南侵時 拉北 △1950年 10月 中旬頃…北傀軍 逃走時 平壤刑務所에서 射殺當함

147 崔 東 旿 (최동오)

△平南出身 △1919年…3.1獨立運動時 上海에 亡命 獨立運動 繼續從事함 △1943年…重慶臨時政府 法務部長 △1945年 11月…金九先生과 飛行機로 歸國 △1946年 12月…過渡立法議員 同副議長 △1946年 7月…左右合作委員會 右派代表 △1950年 6月…北傀 南侵時 拉北 △1956年 7月…在北平和統一促進協議會 執行委員 兼 常務委員 △1959年 3月頃…重慶臨政派를 反革命分子로 捏罪되어 投獄됨 以後 行方不明

148 崔 麟 (최 린)

△咸興出身 △1919年…3.1獨立宣言 33人中의 1人 △天道敎 道領 △1950年 6月…北傀 南侵時 拉北 △1950年 8月부터 平壤刑務所에 收容 △北傀軍 逃走時 江界까지 移動 △1952年 5月頃…平壤市 大同郡罪囚收容所 監禁 △1956年 5月頃…老患으로 呻吟中에 있었음 △1958年初에는 行方不明

149 崔 丙 柱 (최병주)

△全北出身 △1950年 5月…全北 扶安에서 無所屬으로 2代民議員 當選 △1950年 6月…北傀 南侵時 拉北 △1956年 7月…在北 平和統一促進協議會 中央委員 △1958年 12月頃…平北 朔州地方의 農場으로 移動勞動者로 轉落

150 崔 乙 是 (최을시)

△會社 社長 △1950年…6.25當時 拉北 △1956年 7月…在北 平和統一促進協議會 參席함 △1956年 8月頃…咸北 各協同農場 및 水力發電所 勞務者로 移動됨

崔 泰 奎 (최태규)

△江原道出身 △1948年 5月…江原道 旌善에서 無所屬으로 制憲國會議員 當選 △1949年 6月…南勞黨 國會프락치事件에 關與 投獄됨 △1950年 6月…北傀 南侵時 脫獄 越北 △1952年 8月頃…平壤市 消費協同組合中央會 事務員으로 就職 △1956年 7月…在北 平和統一促進協議會 發起人 兼 中央委員 △1959年 3月…平南地方의 農業協同農場의 農場員으로 轉落함

151 韓 相 範 (한상범)

△判事 △1950年…6.25當時 拉北 △1955年末까지 平壤敎化所에 拘禁됨 △1956年 8月頃…平北 咸北 咸南地方으로 强制移動

152 韓 祖 洙 (한조수)

△前國會 總務局長 △1950年…6.25南侵當時 拉北 △1956年 6月까지 北傀 平壤 甘興里收容所 收容됨 △1956年 8月頃…平北方面으로 移動함

153 韓 哲 勳 (한철훈)

△檢事 △1950年…6.25 南侵當時 拉北 △1954年末까지 北傀 平壤敎化所 拘禁 △1956年 7月…在北 平和統一促進協議會의 會員資格審査에 通過치 못하여 繼續 拘禁中이나 그後 行方不明

154 韓 致 明 (한치명)

△牧師 △1950年…6.25 南侵當時 拉北 △1950年 12月…滿浦鎭 到着 (監禁) △1951年初~1954年 5月頃…北傀 平壤敎化所 臨時收容所 監禁 △1955年 以後 行方不明

155 許 南 洙 (허남수)

△慶南出身 △國會 總務課長 歷任 △1950年 6月…拉北됨 △1956年 7月…在北 平和統一促進協議會 席席함 △1958年 9月頃…平壤 家禽協同組合 勞務者로 있음

156 許 永 鎬 (허영호)

△慶南出身 △1949年 1月…制憲國會議員 補缺選擧 當選 △1950年 6月…南侵戰爭時 拉北 △1956年 7月…在北 平和統一促進協議會參席 △1958年 12月頃…咸北 農場으로

157 玄 相 允 (현상윤)

△文學博士 △中央高普校長 △1946年普成專門學校長 △1947年…高麗大學總長 △1950年 6月…北傀 南侵時 拉北 △1956年 7月…病席에 있었으나 在北 平和統一促進協議會 中央委員으로 推薦 △1956年 2月…龍崗養老院에 入院 病에 呻吟中이었다

158 荊 德 基 (형덕기)

△前判事 △1950年 6月…拉北 △1956年 7月…在北 平和統一促進協議會議 參席 △1957年初…江界方面 勞務者로 移住함

159 洪 淳 玉 (홍순옥)

△京畿道出身 △1948年 5月…忠北 淸原에서 制憲國會議員 當選 △1950年 6月…北傀 南侵時 拉北 △1959年 牧場으로 移住

黃 潤 鎬 (황윤호)

△慶南出身 △1948年 5月…制憲國會議員 當選 △1946年…南勞黨 國會프락치事件으로 投獄 △1950年 6月…脫獄 越北 △1956年 7月…在北 平和統一促進協議會 發起人 兼 執行委員 △1959年 3月頃…反革命分子로 逮捕됨

부록

1. 단행본
2. 가족회 발간 계간 「뜻」지 총목차
3. 언론 보도
4. 중요 발굴자료 목록
5. 연표

연구논문 김명호(강릉대학교 교수)

6 · 25전쟁 납북자 실태의 실증적 분석에 관한 연구

감수를 마치고 허동현(경희대학교 교수)

망각의 늪에서 납북자를 구해낼 때

부록

단행본 1-1

압록강변의 겨울

지은이 이태호(李泰昊)
증언자 신경완(申敬完, 필명)
출판사 다섯수레
발행일 1991년 발행

1. 단행본

책 소개

『압록강변의 겨울: 납북요인들의 삶과 통일의 한』은 증언자 신경완이 북한의 여러 핵심 부서직을 역임하던 중 김규식, 조소앙, 조완구, 최동오, 오하영, 윤기섭, 류동열, 엄항섭씨 등 임정요인들의 납북 상황과 북한에서 이들의 부자연스럽고 고뇌에 찬 생활을 직접 목격하고 그동안에 일어났던 사실을 밝힌 글이다. 그는 서두에 그분들의 생활과 활동에 대한 정당하고 올바른 평가에 도움을 주고 싶은 심정으로 이를 세상에 알리기로 했다고 밝히고 있다.

책은 6·25 전쟁 때 '모시기 공작'을 채택하고 조직적으로 남한 인사들을 북한으로 납치하게 되는 배경과 작전명령 등에 관해 구체적으로 증언하고 있으며, 납북인사들이 공산 정권 아래서 어떤 대접을 받았으며, 주어진 환경을 어떻게 극복하면서 자신들의 삶을 마무리했는가를 보여주고 있다. 한편 에필로그에 수록된 납북인사의 최후의 유언은 독자로 하여금 분단의 아픔과 가족에 대한 진한 그리움을 가슴에 묻고 죽어가야만 했던 납북인사의 통한의 삶에 대하여 진한 연민의 정을 느낄 수 있게 한다. 주로 정계, 종교계 등 핵심 요인들의 납북 실태를 기록한 『죽음의 세월』과 더불어 한국전쟁 납북 사건을 이해하는 데 도움을 준다.

저자

지은이 이태호(李泰昊)

1945년 전남 광주 출생. 서강대학교 사학과 졸업. 「동아일보」사 기자. 「한겨레신문」사 편집위원보 및 초대 기자평의회 의장, 평화방송 해설위원

저서 ▲『火花… 』(1979, 일본 신교출판사)
▲『70년대 현장』(1982, 한마당)
▲『불꽃이여 이 어둠을 밝혀라』의 일본어판 번역본(1984, 돌베게)
▲『80년대의 상황과 논리』(1984, 아침) 外

증언사 신경완(申敬完, 필명)

69세. 평남 안주 출신. 일본 메이지대를 졸업하고 북한에서 1951년부터 1968년까지 조국통일 민주주의전선 중앙위원회 간부, 정무원 부부장 등 요직을 역임. 북한 현대사의 한복판에 참여하였던 그는 납북인사들이 북으로 끌려가 한분 두분 숨질 때까지 그들과 함께 생활했다. 노동당의 공식 임무를 수행한 바 있으며 우여곡절을 겪고 우리 곁으로 돌아온 후 지금은 제 3국에 머물고 있다. 1951~1968년까지 조국통일 민주주의전선 중앙위원회 간부였다.

목차

단행본 1-2

귀양의 애가

지은이 마리 마들렌
발 행 서울 여자 깔멜수녀원
발행일 1977년 6월

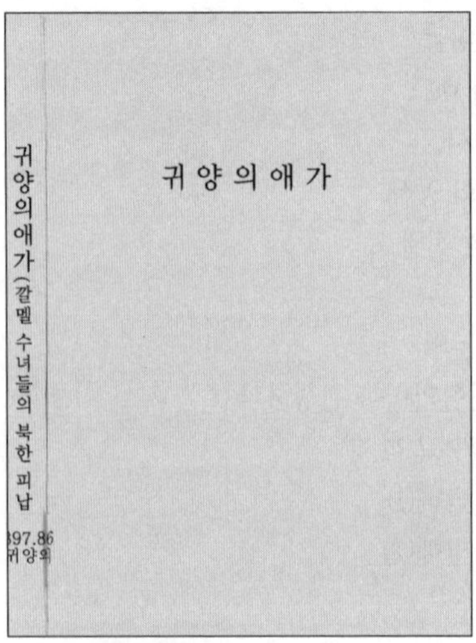

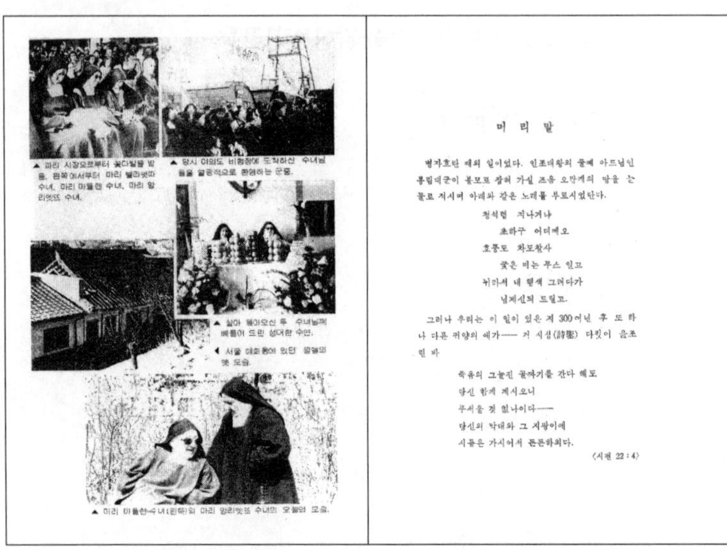

▲ 파리 시장으로부터 꽃다발을 받음. 왼쪽에서부터 마리 벨라뎃따 수녀, 마리 마들렌 수녀, 마리 앙리엣뜨 수녀.

▲ 당시 여의도 비행장에 도착하신 수녀님들을 열광적으로 환영하는 군중.

▲ 살아 돌아오신 두 수녀님께 베풀어 드린 성대한 수연.

◀ 서울 혜화동에 있던 깔멜의 옛 모습.

▲ 마리 마들렌수녀(왼쪽)와 마리 앙리엣뜨 수녀의 오늘의 모습.

머 리 말

병자호란 때의 일이었다. 인조대왕의 둘째 아드님인 봉림대군이 볼모로 잡혀 가실 즈음 오랑캐의 땅을 눈물로 적시며 아래와 같은 노래를 부르시었단다.

청석령 지나거나
초하구 어디메오
호풍도 차도찰사
궂은 비는 무스 일고
뉘라서 내 행색 그려다가
님계신되 드릴고.

그러나 우리는 이 일이 있은 지 300여년 후 또 하나 다른 귀양의 애가── 저 시성(詩聖) 다윗이 읊조린 바

죽음의 그늘진 골짜기를 간다 해도
당신 함께 계시오니
무서울 것 없나이다──
당신의 막대와 그 지팡이에
시름은 가시어서 든든하외다.

〈시편 22 : 4〉

책 소개

한국 최초의 봉쇄수도원인 서울 여자 깔멜수도원에서는 6·25 전쟁 중 북한군에 의해 수녀들이 납치되어 죽음의 행진을 하게 된다. 초대 원장 마리 맥필드 수녀(피랍 중 사망), 2대 원장 데레사 수녀(피랍 중 사망), 3대 원장 마리 앙리엣뜨 수녀, 프랑스엘 깔멜 소속 마리 벨라뎃따 수녀, 초대 수련장이었던 마리 마들렌 수녀 5명이다.

『귀양의 애가』는 이들의 납북 과정과 추위와 기아 속에서의 혹독한 고난, 그리고 생환까지의 과정을 마리 마들렌 수녀가 직접 증언한 수기이다.

북한에 의한 납치 사건은 남한인뿐만 아니라 외국인도 무차별 포함되어 있었다. 본 책은 외국인의 납치 형태 및 납치 사건을 바라본 외국인의 시선을 파악할 수 있어 더욱 의미가 있다.

저자

마리 마들렌은 프랑스인으로 서울 수유리에 있는 깔멜수녀원을 창설한 수녀이다. 1940년 처음으로 한국 땅을 밟은 그녀는 초대 수련장을 맡아 봉사했으며 6·25 전쟁 중 납북, 고통의 시간을 보낸 후 1953년 7월 본국인 프랑스로 생환된다. 이후 1953년 12월 서울로 귀환, 깔멜수도원에서 지내다 1979년 2월5일 숨을 거두었다.

목차

머리말(최민순 신부)
귀양의 애가
서울 깔멜
사랑하는 서울 깔멜이여, 언제 너를 다시 보리!
공포 속의 피랍
평양으로 가는 지옥 열차
절망 속의 만포행
생사간을 헤매는 피랍 행렬
죽음의 행진, 중간진으로 가는 길
길섶에 가엾은 두 무덤
역경 속에도 동료애가 샘솟고
만포 수용생활의 일장춘몽
중공군 감시하의 포로생활
드디어 자유의 문턱에
자유 조국의 품안에서 흐느끼고
아! 다시 듣게 된 서울의 종소리
후기

단행본 1-3

죽음의 세월

지은이 조철
펴낸이 조성출
출판사 성봉각
발행일 1965년 1월 5일 재판 발행(1964년 – 1,000부 한정판)

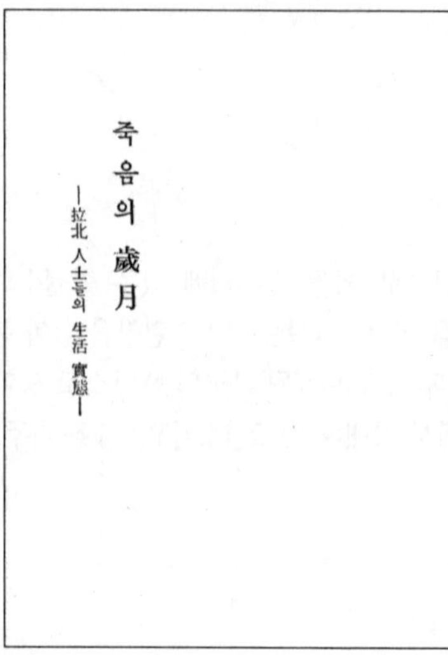
죽음의 歲月
—拉北 人士들의 生活 實態—

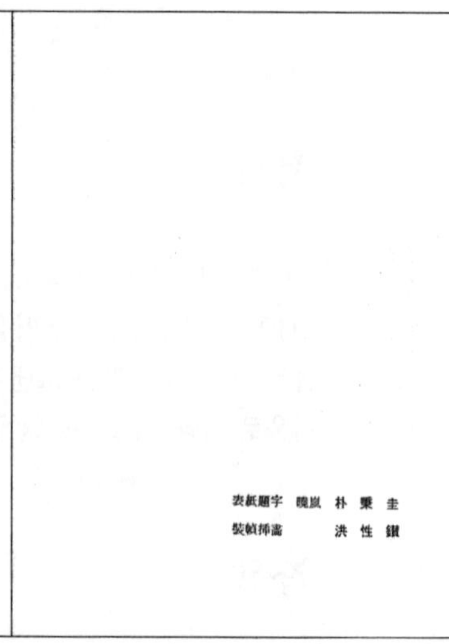
表紙題字 曉嵐 朴 秉 圭
裝幀挿畵 洪 性 鑽

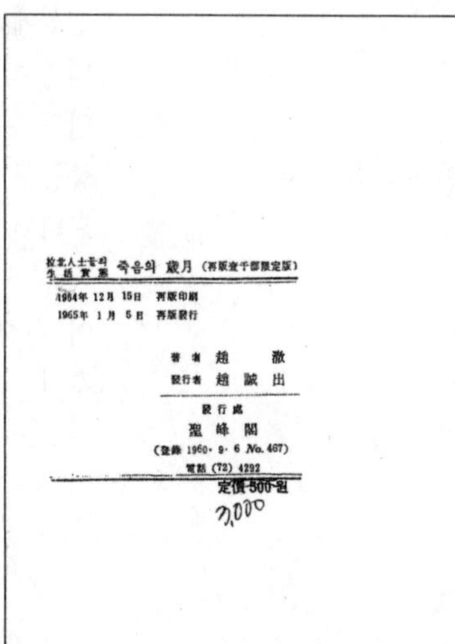
拉北人士들의 生活實態 죽음의 歲月 (再版壹千部限定版)

1964年 12月 15日 再版印刷
1965年 1月 5日 再版發行

著者 趙 徹
發行者 趙 誠 出

發行處
聖 峰 閣
(登錄 1960· 9· 6 No. 467)
電話 (72) 4292

~~定價 500원~~ 2,000

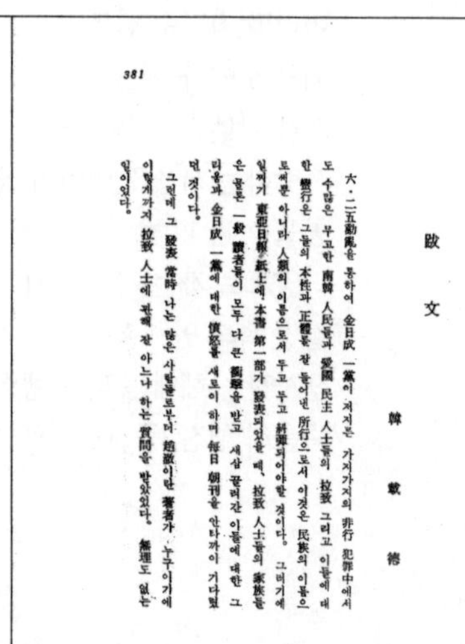
381

跋 文

韓 載 德

六·二五動亂을 통하여 金日成 一黨이 저지른 가지가지의 非行 犯罪中에서도 수많은 무고한 南韓 人民들과 愛國 民主 人士들의 拉致 그리고 이들에 대한 蠻行은 그들의 本性과 正體를 잘 들어낸 所行으로서 이것은 民族의 이름으로서뿐 아니라 人類의 이름으로서 두고 두고 糾彈되어야할 것이다. 그러기에 일찌기 東亞日報紙上에 本書 第一部가 發表되었을 때, 拉致 人士들의 家族들은 물론 一般 讀者들이 모두 다 큰 衝擊을 받고 새삼 끌려간 이들에 대한 그리움과 金日成 一黨에 대한 憤怒를 새로이 하며 每日 朝刊을 안타까이 기다렸던 것이다.

그런데 그 發表 當時 나는 많은 사람들로부터 趙徹이란 著者가 누구이기에 이렇게까지 拉致 人士에 관해 잘 아느냐 하는 質問을 받았었다. 無理도 없는 일이었다.

책 소개

『죽음의 세월』은 1962년 3월 29일~6월 14일까지 「동아일보」에 연재되었던 납북인사의 북한 생활기를 책으로 엮은 것이다. 같은 내용의 『삼팔선(三八線)』이라는 제하의 단행본도 있다. 『죽음의 세월』은 저자가 납북인사들과 북한에서 생활을 같이하면서 보고, 듣고, 느낀 점을 기록한 책으로, 여기에는 납북된 정치인, 법조계·종교계·예술계· 학계 등 근 500 명에 달하는 인사들의 실태가 기록돼 있다. 『압록강변의 겨울: 납북요인들의 삶과 통일의 한』(신경완, 前 북한 조국통일 민주전선 부국장 정무원 부부장)과 더불어 한국전쟁 납치 사건에 대한 주요 증언 책이다.

저자

조철은 일본에서 대학 졸업 후, 독립운동에 투신하던 중 중경 임시정부 당시 광복군 간부로 활동하다가 6·25 전쟁 중 8월에 납북되었다. 이후 1964년 남한 인사들로 조직된 '재북평화통일촉진협의회' 의 총무부에서 일을 보았으며, 북한 상업성 부장 등을 역임했다.

목차

단행본 1-4

한 선교 사제의 포로 수기

기나긴 겨울

지은이 조선희(Philip Grosbie)
옮긴이 허종열
출판사 가톨릭출판사
발행일 2003년

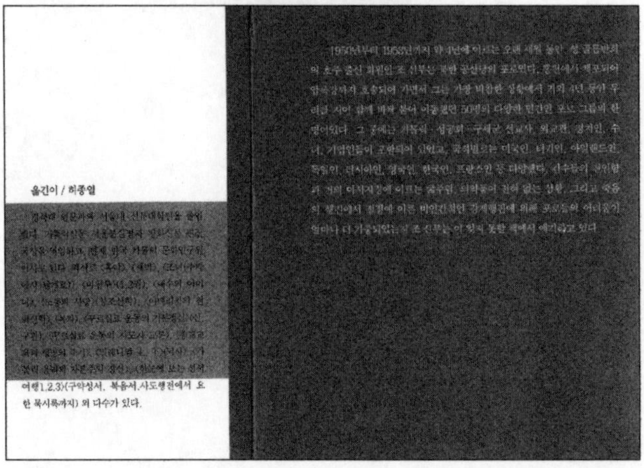

책 소개

저자는 1950년 7월부터 1953년 5월까지 북한 조선민주주의 인민공화국의 포로였다. 이 이야기는 1952년과 1953년 사이의 겨울에 기록·작성된 것이다. 열악한 환경에서도 기록을 소홀히 하지 않던 저자는 석방될 경우를 대비하여 사본을 만들어 동료에게 맡겼으나, 원고와 사본을 자유 세계로 가지고 나오려던 기도는 실패한다. 그러나 저자는 과거에 두 번이나 써 생생하게 각인된 것을 다시 종이에 옮겨 적게 되고 그것이 『기나긴 겨울』로 빛을 보게 된 것이다.

홍천에서 체포되어 압록강까지 호송되어 가면서 그는 가장 비참한 상황에서 거의 4년 동안 무리를 지어 함께 바싹 붙어 이동했던 50명의 다양한 민간인 포로 그룹의 한 명이었다. 그중에는 가톨릭 성공회 구세군 선교사, 외교관, 정치인, 수녀, 기업인들이 포함되어 있었고, 국적별로는 미국인, 터키인, 아일랜드인, 독일인, 러시아인, 영국인, 프랑스인 등 다양했다. 간수들의 잔인함과 거의 아사 지경에 이르는 굶주림, 의약품이 전혀 없는 상황, 그리고 죽음의 행진에서 절정에 이른 비인간적인 강제 행진에서 얼마나 많은 포로들이 죽어갔는지 조 신부는 이 잊지 못할 포로 생활을 책에서 얘기하고 있다.

저자

Philip Grosbie(한국명: 조선희)

1915년 11월	오스트레일리아에서 태어남
1939년 12월	아일랜드의 성 골롬반 신학교에서 서품
1940년	한국에 입국, 춘천지목구의 홍천본당 보좌신부로 부임
1941년 12월	태평양전쟁 발발로 연금당함
1942년 5월	본국으로 강제 출국당함
1947년 2월	한국에 재입국, 홍천본당에 주임신부로 부임
1950년 6월	한국전쟁 발발로 인민군에 체포되어 '죽음의 행진'에 끌려감. 이후 평양, 중강진, 만포진, 고산, 초산리, 하창리 등의 포로수용소에 억류됨
1953년 5월	인민군 포로에서 석방되어 본국인 오스트레일리아 멜버른으로 귀국
1954년 8월	한국으로 재입국, 홍천본당 주임신부로 부임
1969년 12월	포천본당 주임신부
1975년 8월	간성본당 주임신부
1986년 4월	신남 준본당 주임신부, 은퇴

1990년 12월 강원도 인제군 남면 부평리에서 보속을 위한 피정의 집 준비
'게세마니 기도의 집' 에서 피정 지도
1998년 11월 본국인 오스트레일리아로 귀국

목차

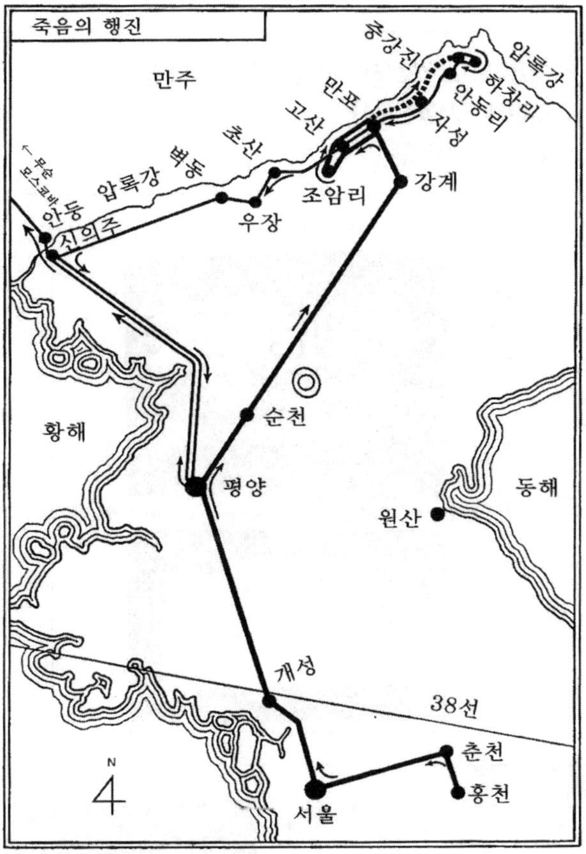
죽음의 행진
만주
중강진
압록강
하창리
안동리
만포
자성
고산
초산
벽동
압록강
무순
모스크바
안동
신의주
우장
조암리
강계
순천
황해
평양
동해
원산
개성
38선
춘천
홍천
서울
N

'죽음의 행진' 약도

해부(解剖)된 흑막(黑幕)

- 남로당원(南勞黨員)이 본 북한(北韓) -

지은이 조석호(전 인민군 정치부 연대장)
출판사 서울신문사
발행일 1953년

나는 忠實한 共產主義者였다
=自序에 代身하는 書頭로서=

붓을 들기前에, 나는 내가 過去에 있어서 가장 忠實한 共產主義者였음을 率直히 告白하여둔다. 이告白이 있음으로써 나는 이붓을 들수있는 勇氣를 얻었고 冊으로 엮는 勇氣를 갖는것이다.

過去 八年間의 나의 共產主義者生活은 그다지 긴것은 아니었지만 나에게는 一生을 通하여 貴重한 經驗을 받았다. 그만큼 八年의 時日은 荊路의 行跡이었다.

自由와 平等을 憧憬하던 純直한 나의理想은 當初, 『맑스』主義에 共鳴을 느끼였다. 그것은 오랜 期間을 두고 侵略과 抑壓에 시달린 이나라의 가난한 百姓을 救援하는 길은 오직, 이主義의 實踐으로써만 可能하다는 結論을 얻었기때문이다.

책 소개

『해부된 흑막』은 1953년 「서울신문」사에서 발행된 전 인민군 정치부 연대장이었던 조석호의 단행본으로 북한 조선 노동당의 정체 및 공산주의 사회의 허구를 주장하고, 6·25 사변 중 납치 피해자들의 사례와 정황을 직접 본 대로 기술해 당시 납북 사실을 증명하고 있다.

저자

조석호는 마르크스 사상에 심취한 충실한 공산주의자로 6·25 전쟁 당시 조선 중앙민청 간부로 불철주야로 복구 사업, 의용군 조직 사업, 선전 사업 등에서 활동함. 이후 인민국 정치부 연대장으로, 정치공작대 책임자로, 공산주의 사회에서 특권적인 생활 과정을 통하여 모든 실정을 목격하고 체험했다. 그러나 공산주의 사회의 실제를 알고는 회의를 느끼고 탈출, 반공 투쟁 노선에서 적극적인 활동을 벌였다.

목차

단행본 1-6

돌아오지 못한 언론인들

- 6·25 전쟁 言論受難史 -

지은이 정진석 외 엮음
발행인 이정석
발행사 사단법인 대한언론인회
발행일 2003년 2월

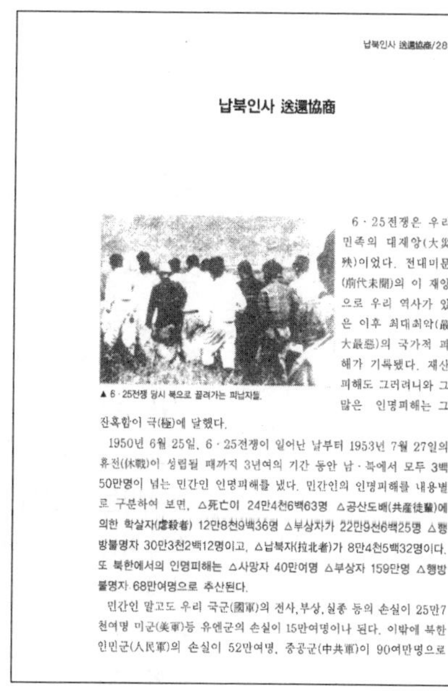
납북인사 送還協商/289

납북인사 送還協商

6·25전쟁은 우리 민족의 대재앙(大災殃)이었다. 전대미문(前代未聞)의 이 재앙으로 우리 역사가 있은 이후 최대최악(最大最惡)의 국가적 피해가 기록됐다. 재산피해도 그러려니와 그 많은 인명피해는 그 잔혹함이 극(極)에 달했다.

▲ 6·25전쟁 당시 북으로 끌려가는 피납자들.

1950년 6월 25일, 6·25전쟁이 일어난 날부터 1953년 7월 27일의 휴전(休戰)이 성립될 때까지 3년여의 기간 동안 남·북에서 모두 3백50만명이 넘는 민간인 인명피해를 냈다. 민간인의 인명피해를 내용별로 구분하여 보면, △死亡이 24만4천6백63명 △공산도배(共産徒輩)에 의한 학살자(虐殺者) 12만8천9백36명 △부상자가 22만9천6백25명 △행방불명자 30만3천2백12명이고, △납북자(拉北者)가 8만4천5백32명이다. 또 북한에서의 인명피해는 △사망자 40만여명 △부상자 159만명 △행방불명자 68만여명으로 추산된다.

민간인 말고도 우리 국군(國軍)의 전사,부상,실종 등의 손실이 25만7천여명 미군(美軍)등 유엔군의 손실이 15만여명이나 된다. 이밖에 북한 인민군(人民軍)의 손실이 52만여명, 중공군(中共軍)이 90여만명으로

책 소개

6·25 전쟁 중 납북되어 간 언론인들의 총체적 규모와 관련 자료들을 면밀하게 정리한 『돌아오지 못한 언론인들-6·25 전쟁 언론 수난사(受難史)』가 대한언론인회(회장 이정석)에서 3월 11일 출간됐다. 6·25 전쟁 중 납북 또는 피살된 언론인들에 대한 생사확인 및 유해 송환 운동을 벌이고 있는 대한언론인회가 그 운동의 일환으로 펴낸 이 책은 전쟁 후 반세 기 만에 최초로 납북 언론인들의 전모를 체계적으로 발굴·정리했다는 점에서 앞으로 귀중한 자료가 될 것으로 평가되고 있다.

317쪽에 이르는 이 책에 따르면 6·25 전쟁 중 납북된 언론인은 모두 238명으로 이 중 12명은 피살된 것으로 판명됐고, 나머지 226명은 지금까지 생사가 확인되지 않고 있다. 이 책은 정진석(鄭晉錫) 교수(한국외국어大 언론학)가 정부 당국과 대한적십자사에서 조사·작성한 5개 관련 자료 명부에서 언론인을 일일이 찾아내 이름, 소속사, 주소, 약력 등은 물론 많은 언론인에 대해서 유족이나 친지들의 증언 등 납북 당시의 상황까지를 기술함으로써 객관성을 높여주고 있다.

목차

단행본 1-7

한 사학자의 6·25일기

역사 앞에서

지은이 김성칠
발행인 김윤수
출 판 창작과 비평사
발행일 1993년

책 소개

6·25 전쟁 당시 서울대 사학과 교수였던 김성칠(金聖七, 1913~1951)이 보고 겪은 6·25에 대한 생생한 기록. 40여 년 만에 처음 공개되는 이 일기는 해방 직후인 1945년 12월부터 다음해 4월, 1950년 1월, 1950년 6월부터 다음해 4월 8일까지의 체험기이자 관찰기이다. 철저한 중도적 입장에서 좌우익의 전변(轉變)을 꿰뚫어본 역사가의 기록이라는 점에서 사료로서의 가치가 높고, 저자의 뛰어난 통찰력과 문화 의식이 잘 드러나 있다.

저자

김성칠

1913년 경북 영천 출생
1928년 대구고보 재학 중 독서회 사건으로 검거되어 1년간 복역, 3년간 독학
1932년 「동아일보」 농촌구제책 현상 모집에 당선, 큐슈의 풍국(豊國)중학에 유학
1937년 경성법전 졸업
1941년 경성제대 입학, 법문학부 사학 전공
1944년 학병 소동을 피해 휴학, 금융조합 근무
1946년 경성대학 졸업, 경성법전 출강
1947년 서울대 사학과 조교수 취임
1951년 작고

저서로 『조선역사』(1946), 『동양사 개설』(공저, 1950), 『역사 앞에서』(유고, 1993) 등과 역서로 펄벅의 『대지』, 강용흘의 『초당』, 박지원의 『열하일기』(5권), 『주해 용비어천가』(2권) 등이 있음

목차

단행본 1-8

이산가족백서

발행사 대한적십자사
발행일 1976년 9월 15일

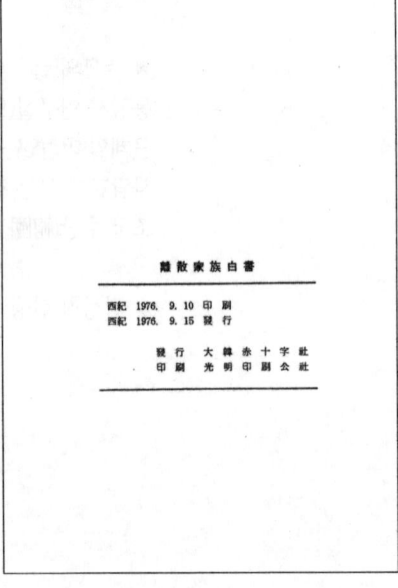

離散家族白書

大韓赤十字社

離散家族白書

西紀 1976. 9. 10 印刷
西紀 1976. 9. 15 發行

發行 大韓赤十字社
印刷 光明印刷公社

책 소개

대한적십자사는 남북 분단과 6·25 전쟁으로 인한 이산 가족의 문제를 인도적 차원에서 해결하고자 노력을 기울여왔다. 그중에서 북한이 6·25 전쟁 중 남한 민간인들을 납치하여 북송한 사건에 대한 발생 배경과 여러 납치 유형에 따른 경위 및 목적 등을 상세하게 기록하고 있다. 이어서 정부가 납북인사들의 송환을 위하여 휴전 협상에서 노력한 내용과 실향사민이라는 용어 사용으로 인한 송환 실패 등 실책에 관한 기록이 있고, 대한적십자사가 국제적십자사를 통하여 어떠한 활동을 했는가에 관한 기록이 있다.

일반적으로 납북인사라 하면 북한에서 이용 가치가 있다고 생각하는 각계 주요 인사들과 반동이라고 규정짓는 남한 정치범들의 경우로 범위를 제한하여 온 것이 보편적이다. 그러나 이 책에는 다른 자료에서 볼 수 없는 의용군에 관한 기록이 상당 부분 있다.

전쟁 중에 북한이 강제로 징집해간 20만 명에 달하는 의용군 피해자에 대하여 인도주의적 관점으로 기록하고 있다.

마지막으로 납북인사들의 사례와 유명인사들의 납북 후 삶이 기록되어 있다.

목차

2. 가족회 발간 계간 「뜻」지 총 목차

"여러분의 관심은 6·25 전쟁 납북인사 인권 보호와 송환의 뜻을 이루는 힘입니다"

2001년 10월, 6·25전쟁납북인사가족협의회가 사단법인으로 공인되면서 주요 사업의 일환으로 계간지 「뜻」의 발간에 착수하였다. 역사 속에 묻혀 있던 6·25 전쟁 납북인사들의 실태를 세상에 널리 알리고, 관련 자료를 축적할 것을 목적으로 발간된 「뜻」지에는 가족회 회원을 비롯하여 내부 관계자 및 외부 정계, 학계 인사들의 의견이 다채롭게 게재됐다.

2001년 11월 제 1호를 시작으로 2003년 3월 제 6호까지 총 6권이 발간되었고, 주요 도서관을 비롯해 정부 관련 기관과 여러 중요 단체 및 가족회 회원들에게 배포되었다. 「뜻」지 발간 이후, 한국전쟁 납북 문제에 관련해 인식을 함께 한 다양한 계층의 인사들이 결집할 수 있는 계기가 마련됐고, 가족회 회원도 400여 가정으로 늘어나는 긍정적인 성과가 있었다.

특히 대한민국 정부에서 1952년에 작성한 82,959명의 명단이 기록된 「6·25 사변피랍치자명부」를 발견하여 공개한 것은 6·25 전쟁 납북자의 존재를 확인하고 이들에 대한 관심을 정부와 사회를 향하여 환기시킬 수 있을 만한 계기를 마련했다는 점에서 큰 수확이라고 할 수 있다.

계간지 발간이 잠정 중단된 이후부터 현재 가족회 및 자료원은 매월 소식지를 발행하고 있으며, 영상물이나 사료집 등의 형태로 자료를 축적하고 알리는 작업을 계속하고 있다.

뜻
2001. 11. 통권 제1호

목차

뜻
2002. 3. 통권 제2호

목차

뜻
2002. 6. 통권 제3호

목차

뜻
2002. 9. 통권 제4호

목차

뜻
2002. 12. 통권 제5호

목차

뜻
2003. 3. 통권 제6호

목차

3. 언론 보도

(1) 2000년 12월 1일 ~ 2006년 7월 4일

보도 일자	언론사	기사 제목
2006.7.4	국민	납북자 단체 "돌발입국 주장 김영남 발언 실망"
2006.7.4	문화	납북자, 상봉 아닌 송환이 해결책
2006.6.27	동아	전쟁 중 납북 남편 금강산 만남 무산…유정옥 할머니의 분노
2006.6.26	조선	6·25피랍 민간인 생사확인 시급
2006.6.25	국민	〈한마당-이강열〉 56년의 한
2006.6.24	동아	〈시론/송우혜〉 이제 기억이 필요하다
2006.6.22	동아	전쟁 납북자 8만 2959명 아직 생사조차 모르다니
2006.5.8	매일경제	납북자 문제는 北 과거 청산
2006.5.5	국민	지식인 납북은 김일성 지시
2006.5.5	국민	6·25 전쟁 나고 3개월 내 집중 납북. 김일성 지시로 南 젊은 지식인 조직적 납치
2006.4.29	조선	美하원 '탈북 · 납북 청문회' 피해 가족들 눈물의 증언
2006.4.25	문화	이미일 납북인사가족협 이사장-北 인권청문회 참가차 美 출국
2006.4.25	한겨레	18차남북장관급회담 결산 / 납북자, 국군포로 의제화 일단 성공
2006.4.25	한국	납북자, 국군포로 상봉, 이산 가족과 별도 추진
2006.4.25	세계	남북, 납북자 국군포로 해결 적극 협력키로 합의
2006.4.21	한겨레	갈길 먼 납북자, 국군포로 문제 / 정부 차원 실태 조사 제대로 안 돼
2006.3.18	SBS	한국전쟁 당시 납북자 가족 첫 상봉
2006.2.24	한국	납북자, 국군포로 생사확인 협의키로
2006.1.26	한겨레	납북자 가족, 청와대 홈피에 편지 릴레이
2006.1.25	조선	납북자 가족, 盧 대통령, 김대중 前 대통령에 눈물의 편지 / 가슴아픈…
2006.1.23	경향	〈시론〉 납북자 문제 정책 전환 절실
2006.1.19	세계	〈설왕설래〉 납북자 송환 소송
2006.1.18	한겨레	납북자 가족들, 국가 상대 손배소
2006.1.18	국민	6·25납북자 가족 국가 상대 첫 손배소
2006.1.18	동아	6·25납북자 가족도 국가 상대 손배소
2006.1.18	조선	6·25 전쟁 중 납북 가족, 정부에 첫 소송/납북돼 가는 길…어머니!…
2006.1.18	경향	송환 노력 안 한 정부는 직무유기 6·25납북 가족 국가 상대 첫 손배訴
2006.1.17	문화	6·25납북자 가족 국가 상대 손배訴
2006.1.17	MBC	6·25납북자 소송
2006.1.17	노컷	6·25 전쟁 中 납북자 가족協, 국가 상대 소송 제기
2006.1.17	머니투데이	6·25납북자 가족, 국가 상대 손배소
2005.12.27	경향	6·25 때 아들 납북…9순 노모의 애타는 세모

보도 일자	언론사	기사 제목
2005.12.16	조선	〈이덕일 사랑〉 병자호란 포로와 납북자
2005.12.15	동아	6·25 전쟁 납북자 가족 국가 상대 손배소 낸다
2005.12.8	국민	6·25납북자 서울, 경기 3만3,599명
2005.11.22	세계	6·25납북인사가족협 노 대통령 면담 요청 공문
2005.11.1	오마이뉴스	납북자 문제도 다뤄야 한다
2005.11.1	국민	6·25납북자 가족, 북송 비전향 장기수에 편지… "사상 이념 떠나…"
2005.10.27	국민	6·25납북자 가족 20여 명 "국가 상대 1원 손배訴"
2005.8.24	서울	6·25행불자 생사 北, 의제로 첫 제시
2005.8.24	한국	北 전쟁 시기 行不者 논의
2005.7.27	조선	北, 6·25납북인사 묘역 공개
2005.7.27	세계	춘원 이광수 사인은 폐결핵
2005.7.27	동아	北, 납북–월북 62人 평양묘역 공개
2005.6.28	조선	6·25납북자 이번엔 生死 확인돼야
2005.6.24	KBS	납북자 반 세기 恨 풀리나
2005.6.24	한국	北, 국군포로 납북자 사실상 인정
2005.6.22	노컷	말로만 하는 합의 필요없다!
2005.6.22	노컷	납북자 가족, 남북 장관급 회담장에서 시위
2005.6.22	노컷	가족의 생사를 확인해 달라
2005.6.22	노컷	강제 해산되고 있는 납북자가족 협의회
2005.6.22	한국	단장의 미아리 고개엔 아직도 애끓는 아픔이
2005.6.22	국민	납북자 가족들 6·25 55돌 납북길 걷기 행사
2005.6.21	한국	끌려간 부모형제 생사만이라도…
2005.6.16	국민	북한군, 서울 수복 직전 정치범 대거 납북·학살…美 국무부 기밀 문서…
2005.6.15	노컷	한국전쟁 당시 "납북·학살"관련 美 기밀 문서 최초 공개
2005.4.22	브레이크뉴스	납북 가족들 "아직 끝나지 않은 전쟁"
2004.10.26	동아	탈북자 6·25납북지 北요원에 피랍
2004.10.6	조선	기고/납북자 가족들의 인권 / 제성호
2004.6.26	조선	〈시론〉"조국은 국민에게 무엇인가" / 이미일
2004.6.26	조선	6·25납북·실종자 찾기 "중요한 실마리…" 정부는 납북자 찾기…
2004.6.26	조선	6·25납북·실종자 찾기 "중요한 실마리…" 한글 포로 명단 첫 발굴
2004.6.26	한국	6·25납북인사 가족協 김성호 이사장/美 자유아시아방송 통해 안부 인사
2004.6.25	제일	납북자 가족, "납북자 문제 조속히 해결해야"
2004.6.2	한겨레	한국전쟁 월북·납북인사 묘 이장
2003.7.26	국민	"한국전쟁" 정전 50주년/(中)아물지 않은 전쟁의 그늘
2003.7.25	조선	끌려간 아버지를… 대한민국은 잊었다
2003.7.15	조선	6·25 때 피살·납북된 인사 14만 명 담긴 명부 첫 발간…월간조선 사서

보도 일자	언론사	기사 제목
2003.6.30	조선	韓赤, 납북언론인 225명 生死확인 요청
2003.6.25	동아	납북언론인 225명 생사확인-송환 촉구
2003.6.25	한국	"납북인사 즉시 송환" 한·일 납북자 가족 공동성명
2003.6.14	동아	〈기자의 눈〉 납북자 외면하는 인권 정부
2003.6.11	조선	韓國납북자 가족 대표, 유엔 北대표부 방문…拉北者 8만명 명단 전달
2003.6.6	동아	"한국정부 납북자 송환 무관심" 관련 단체 美서 국제 지원 촉구
2003.5.20	조선	〈내 생각은〉 일본서 대접받은 우리 납북자 가족들
2003.5.6	조선	납북자 가족 등 11명 집회 참석차 日 방문
2003 4.7	세계	납북자 단체 대표 5월 초 美 나들이…방위포럼재단 숄티 회장 초청받아
2003.3.14	동아	정진석 교수 납북 언론인 자료집 "北으로 끌려간 언론인은 238명"
2003.3.13	KBS	납북 언론인은 KBS 26명 포함 238명
2003.2.1	월간조선	6·25 전쟁 拉北者 명단 분석
2002.11.29	동아	6·25납북언론인 213명 명단 밝혀져…백관수 사장 등 동아일보 17명
2002.11.4	조선	北"납북자 존재하지 않는다"…남북적십자회담 결렬
2002.11.1	월간조선	〈사람들〉 6 ·25 납북인사가족협의회 李美一 이사장
2002.10.28	문화	〈시론〉 우리가 외면한 납북자들
2002.10.12	세계	韓-日 납북자 가족 연대 / 양국 단체 회견 "송환 위해 힘 모을 것"
2002.10.12	한국	韓日납북자 단체 연대 합의
2002.10.12	조선	납북 해결 공동 대응 韓日 시민 단체 뭉쳤다
2002.10.9	한국	납북자 가족 정부 규탄 시위/인공旗 태우려다 경찰과 충돌
2002.9.25	조선	"납북자 남북회담서 다뤄달라" 가족협 요구…丁통일 "적십자 회담서…
2002.9.25	세계	외면받는 납북자/실태-해결책- "정부 직접 나서 문제 풀어야"
2002.9.20	국민	납북자 문제 우선 해결하라…납북자가족協 등 남북회담 주요 의제
2002.9.20	국민	정부 "납북자 처리" 새 고민
2002.9.20	동아	납북자가족協 통일부 항의 방문 "납북자 문제 즉각 다뤄라"
2002.9.20	서울	한국戰 납북자 수 8만4,532명 추산
2002.9.19	한겨레	국내 납북자 문제 해결하라 / 납북자 가족들 정부에 촉구
2002.9.19	한국	납북자가족단체 "정부도 송환 나서라"
2002.3.14	세계	김기림-이광수 등 10여 명 납북 확인
2002.9.13	조선	기고/행불 확인 시간이 없다 / 이미일
2002.9.10	국민	6·25 전쟁 때 납북된 유명인사 누가 있나/제헌의원 55명 등 절반이…
2002.9.9	문화	6·25行不者 확인 납북자 가족 반응
2002.9.9	세계	면회소 설치 이산 가족 반응 / 혈육 상봉 恨 풀게 됐다 기대감
2002.9.9	한국	北 언급 6·25行不者 범위는
2002.9.9	조선	〈사설〉 6·25행불자 이제는 알 수 있을까
2002.8.21	동아	〈클로즈업〉 강릉대 김명호 교수, 제자들과 넉 달 작업 인터넷에 올려

보도 일자	언론사	기사 제목
2002.3.9	세계	인물포커스 / 6·25납북인사가족協 이미일
2002.3.9	세계	〈설왕설래〉 6·25납북자
2002.3.8	동아	6·25피랍자 가족 두 번 운다
2002.3.6	동아	6·25납북자 8만명 명단 첫 발견
2002.3.6	세계	6·25납북자 명단 첫 발견
2002.3.5	SBS	납북자 신원 · 생사확인에 정부 대처 촉구
2002.3.5	SBS	납북자 명단, 정부가 만든 공식 문건
2002.3.5	매일경제	납북가족협의회, 6·25피랍자 추가 공개
2002.3.4	SBS	8만여 명 납북자 명단 SBS 최초 발견
2002.3.1	월간조선	6·25납북자 명부 발견 이후-피랍자 가족들 이야기
2002.2.7	동아	〈여론마당〉 6·25납북인사들의 역사 복원을
2002.2.1	동아	납북가족협, 납북자 특별법 제정해야
2002.2.1	조선	납북자 보상법 제정을 납북인사가족협 주장
2002.1.28	국민	납북자 조속한 송환 촉구… 내달 1일 서울 탑골공원서 기도회
2002.1.22	서울	6·25 당시 서울 피해자 명단 첫 공개
2002.1.21	문화	전쟁납북인사가족협 서울 피해자 명단 공개
2002.1.21	국민	6·25납북자 명단 첫 공개
2002.1.18	조선	6·25납북 민간인 명부 발견… 월간조선 2월호 입수
2001.10.19	조선	한 · 일 납북자 가족 단체 여성 대표 3명 한 자리에
2001.3.23	서울	6·25납북자 가족회 생사확인 촉구 서명 운동
2001.3.20	문화	6·25납북자 생사확인 촉구 100만인 서명 운동
2001.3.20	조선	납북자 생사확인 100만명 서명 운동
2001.3.19	조선	반 세기 한맺힌 이미일씨의 사연 / 이제 우리 아버지를 돌려주세요
2001.2.16	한겨레	납북자 생사확인, 송환 국회 청원
2001.2.5	매일경제	6·25 사변 중 납북자 보내달라
2001.1.22	한국경제	6·25납북인사 7034명, 민주 김성호 의원 밝혀
2001.1.22	문화	6·25납북자 7천34명
2001.1.22	경향	6·25납북자 7,034명 신원 확인
2001.1.22	세계	6·25 전쟁 당시 납북자 7034명 첫 명단 공개
2001.1.22	한겨레	강제 자의 헷갈려?/납북 337명 북한 생존 관련 정부 구분 근거 없다
2001.1.21	한겨레	6·25 전쟁 납북자 7천34명
2001.1.19	조선	6·25납북자 가족 청와대에 탄원서
2001.1.19	경향	6·25납북자 가족 생사확인 상봉 요구
2000.12.4	경향	6·25납북자는 상봉 안 되나요, 가족회 결성한 이미일 회장
2000.12.1	국민	6·25납북자 송환 가족들이 나섰다
2000.12.1	조선	6·25납북 가족 모임 발족/생사확인, 송환 활동

(2) 1950년 12월 24일 ~ 1998년 12월 30일

① 조선일보

보도 일자	기사 제목
1998.12.30	김동환문학자료 집대성. 3남이 논문 평론 기사 750편 모아
1994.08.10	납북인사 송환 총력 촉구
1994.08.02	납북자 실태. 저명인사 선원 등 총8만5천여 명線, 本紙 30년 전 「납북자 송환 운동」 벌여
1991.11.22	납북인사 15人 추모제
1991.10.18	[사설] 북에 「납북인사」 소식 요구를
1991.10.05	납북인사 유해奉安 허용 촉구. 통일준비協 성명
1991.10.04	〈증언3〉 납북인사 그때 그 순간. 趙素昻 항의 斷食 끝에 숨져
1991.10.03	[사설] 民族主義者들의 비극
1991.10.03	〈증언2〉 납북인사 그때 그 순간. 탈진 金奎植 入院 요구 거부당해
1991.10.02	납북인사 사망 경위 처음 밝혀져. 金奎植, 趙素昻, 鄭寅普, 嚴恒燮, 方應謨, 白寬洙씨 등
1991.10.02	〈증언1〉 납북인사 그때 그 순간. 폭격 피해 야간 「북송」 처지면 산 속 버려
1990.04.14	임정수립 71주년 기념식. 첫 정부 주관 文昌範 선생 등 18명 포상
1990.04.10	13일 臨政수립 71周 맞아 민족지사 18인 勳章추서 납북인사 5명 포함
1989.10.06	6·25 때 납북자 명부철 발견. 玄相允, 孫晋泰씨 등 2천4백 명 납북 처형 구분에 큰 도움줄 듯
1989.02.28	風蘭을 키우며. -6·25납북 할아버님 民世 安在鴻의 14번째 追慕祭를 89년 3·1절에-
1989.02.10	포상받는 납북독립유공자 功績
1989.01.31	납북 독립유공자 22명 포상. 3 1절에 趙素昻, 金奎植, 安在鴻 선생 등 포함
1987.08.14	[사설] 납북문인의 작품. 進取的 시대 정신으로 對應하길
1983.08.02	制憲의원 朴允源씨 납북 후 북한에 生存
1983.03.04	납북작가 작품집 출판 건의. 文協, 문학사 연구 도움될 사람 選別
1983.02.23	[사설] 납북문인들의 작품
1982.09.04	납북된 김 목사 遺稿출판 기념 예배
1982.04.16	납북시인 鄭芝溶 작품 재평가. "宗教思想 결여"는 인식 잘못
1977.02.22	「납북작가」 터부視 돼야 하나. 「越北」과는 선별하여 평가해야, 史的연구에 空白생겨 어려움
1971.08.13	「백만인의 열의」 세계에 호소. 64년엔 납북인사 송환 서명운동
1970.03.13	지금 당신의 죽음은 알 길 없지만. 어느 납북인사의 장례
1965.07.14	〈램프 안팎〉 30년간 한국과 같이해 온 코요스 신부, 휴양차 귀국 6·25 때 납북 죽음의 행렬서 살아나 유명
1965.07.02	지방서도 적극 호응. 공무원들이 앞장
1965.06.02	국제적십자 총재 구나르 총재, 청와대 방문. "납북인사 소식 전달 노력"
1964.12.13	백만인 서명철 유엔에 제출. 내년 3월 인권위에 상정, 납북인사 송환 호소
1964.12.10	백만인 서명철 곧 인권위에 전달. 본사 方又榮 대표 일행 유엔 방문
1964.12.05	납북인사 송환운동. 백만인 서명철 어제 유엔으로
1964.12.04	납북인사 송환을 위한 백만인 서명철. 오늘 유엔으로 공수
1964.11.25	납북인사 송환 위한 백만인의 서명 곧 유엔에. 朴대통령 본사에 감사서한, "3천만의 염원을 대변"
1964.11.03	[사설] 유엔군의 개입을 요청하게 된 납북인사 문제
1964.11.01	납북인사 8만4천명 송환. 유엔에 조정 요청
1964.08.26	[사설] 납북인사 송환 위한 백만인 서명의 완결에 제하여
1964.08.25	뜨거운 성원 감사합니다. 8월 말로 일단 마감
1964.08.25	납북인사 송환을 위한 서명운동 마침내 백만을 돌파. 55일 동안 백1만천 명
1964.08.02	백만인 서명운동 한 달 동안의 집계

보도 일자	기사 제목
1964.08.01	백만인 서명운동. 재향군인회서 7만 명분
1964.07.31	〈레이디 살롱〉 아버지가 납북되던 날 김명자
1964.07.29	납북인사와 그 가족(7) 一光 明濟世씨
1964.07.22	백만인 서명운동 3주간의 집계. 메아리 50만선에 육박
1964.07.22	납북인사 송환을 위한 서명운동에 북괴서 억지 성명. "있지도 않고 있어 본 적도 없다" 고
1964.07.17	납북인사와 그 가족(6) 제헌국회 부의장이던 誠隱 金東元씨
1964.07.15	납북인사 송환을 위한 백만인 서명운동, 통운직원 전원, 1군단 장병도
1964.07.15	납북인사와 그 가족(5) 건군의 아버지 중의 한 사람 柳東悅 장군
1964.07.12	납북인사 송환을 위한 백만인 서명운동 날로 고조. 서명 인파… 25만
1964.07.12	납북인사와 그 가족(4) 생존 소식 전해진 幾堂 玄相允씨
1964.07.10	납북인사 송환을 위한 백만인 서명운동
1964.07.10	납북인사와 그 가족(3) 菊史 吳夏英씨
1964.07.08	소리없는 절규… 북녘을 넘는 메아리. 백만인 서명운동
1964.07.08	납북인사와 그 가족(2) 孫晉泰씨
1964.07.07	백만인 서명운동. 대한공륜사 전사원들도
1964.07.05	납북인사 송환을 위한 백만인 서명운동. 메아리치는 이 인간의 절규가… 북녘에 들리지 않는가
1964.07.05	납북인사와 그 가족(1) 爲堂 鄭寅普씨
1964.07.04	세계향군연맹 사무총장 이성호 향군회장에 서한 "납북인사 송환에 노력 유엔 통해"
1964.07.04	납북인사 송환을 위한 백만인 서명운동
1964.07.03	납북인사 송환을 위한 백만인 서명운동
1964.07.02	손은 도장찍고 눈은 북녘으로. 전국에서 일제히 백만인 서명운동 전개, 납북인사 가족들이 먼저
1964.07.02	납북인사 송환을 위한 백만인 서명운동. "이 메아리에 대답하라…"
1964.07.01	판문점 남북기자회담에서 "납북인사 송환하라" 에 북괴기자는 딴전 부려
1964.07.01	납북인사 송환을 위한 백만인 서명운동. 오늘부터 전국적으로
1964.07.01	납북인사 송환 위한 백만인 서명은 이렇게. 한사람 한사람의 서명이 빼앗긴 자유를 회복한다
1964.07.01	〈시론〉 제네바조약 조인 백주년. 납북인사 송환을 위한 백만인 서명운동에 붙여 전호진
1964.06.30	겨레의 가슴에 메아리쳐 납북인사 송환 위한 백만인 서명운동, 숙대 등 각계서 호응
1964.06.28	세계의 여론에 묻는 납북인사 송환요구. 백만인 서명운동 그 의의와 방안 좌담회 長利郁, 李丙璘 , 金信實, 金浩鎭, 崔貞熙
1964.06.26	[사설] 백만인의 서명운동을 벌이면서. 민족의 서러움이 이에나마 반영되기를
1964.06.25	막부회담 참석했던 卞英泰씨 회고담 "휴전협상 때 잘했더라면"
1964.06.25	납북인사 송환을 위한 백만인 서명운동. 금년 가을 유엔총회까지 실현 목표, 6·25 열네 돌 기해 전국적으로 전개
1964.06.25	사선을 밟고 끌려간…「애끊는 14년」 납북인사 7천여 명의 안부, 그동안의 송환 교섭
1961.04.19	한국대표단, 유엔정치위서 납북인사 송환 요구 계획. 북괴에 「유엔」 존중 실증토록 / 북괴의 미국 입국 가능할 듯
1960.12.13	납북인사 등 송환. 정부 국제적십자와 교섭 지령
1960.12.10	인권선언 열두 돌 기념식서 납북자 귀환 촉구
1960.09.20	人情奔流 궁금할 뿐
1960.08.28	"납북자가 구출안을 채택" 白鐵 "펜클럽" 대표 귀국 보고
1960.08.27	서신 연락에 최선. 쥬노씨, 납북인사 문제에 밝혀

보도 일자	기사 제목
1960.08.26	쥬노씨에 납북인사에 우선 행방 조사 제의
1960.08.24	납북인 소식 알려주도록 쥬노씨에 호소
1960.08.21	[사설] 「쥬노」 박사 내한과 교포북송 및 납북인사 송환 문제
1959.12.10	인권선언 11돌. 교포 북송을 규탄, 납북인 송환촉구. 시공관에서 기념식. 8순의 魚允姬 여사 표창
1959.09.12	[사설] 피랍치인사 송환을 위한 쥬노씨의 성명을 환영함
1959.09.11	피랍북인사 귀환에 노력. 쥬노씨 각계 대표 면담 석상서 언명
1959.09.11	적십자 정신에 호소. 교포북송 납북인사 미귀징용. 쥬노씨 각계의 진정을 경청
1959.09.09	孫 총재담. "피랍인사 가족 면접으로 북괴의 만행 설명할 터"
1959.08.12	[사설] 거주 선택의 자유와 6·25 때의 납치인사의 경우. 국제적십자 위원회에 묻노라
1959.03.19	유 대표 국적위에 우선 검토 요구. 납북인 송환 조치
1958.12.10	인권과 납치인사
1958.08.05	납치인사를 간첩으로 괴뢰 남파를 획책. 당국 가족들의 신고를 요청
1958.06.26	[사설] 무명 전몰용사와 납치인사의 그후
1958.03.09	교총에서도 성명. 피랍인사들의 송환 등
1958.03.09	[사설] 사변 때의 납치인사를 속히 돌리라
1958.03.08	사변 때 납북인도 송환하라고 납북인 가족회 성명
1957.11.22	납치인사 즉시 송환하라. 괴뢰측서 명단 보낸 것은 범죄를 자인, 曺正煥 장관 유엔 등에 조치 요구
1957.11.21	피랍인사 신원조사 치안국 관하에 지시
1957.11.20	피랍치인사 중 제1차 회보분. 알려진 생존자
1957.11.20	실망 말고 기다리시오. 적십자사 孫昌煥 총재 밝혀
1957.11.20	[사설] 납치인사 명단을 받고
1957.11.19	피랍치 인사 중 알려진 생존자 명단. 1차로 3백여 명, 18일 적십자사서 일부 공표
1957.11.19	피랍인사의 소식과 가족. 희비 교차하는 발표 본부
1957.11.19	적십자사 총재 언명. 명단에 없다고 실망은 말라, 회복 또 있을 터
1957.11.19	발표 듣고 웃음짓는 가족들 "살아 있어요"
1957.11.19	납치한 일 없다고… 엉뚱한 괴뢰. 金信實 대표 적십자회의 경과를 발표
1957.11.15	피랍인사 생사확인 가능 14일 귀국한 적십자사 金代表談
1957.11.04	피랍인사 송환요구. 金信實 여사 괴뢰측 비난
1957.11.03	피랍인사 송환요구
1957.10.21	피랍인사 송환되진. 21일 「國赤」 한국대표 向發
1957.10.08	납북인사들의 생사여부 판명 24일 개최되는 국적회의에 기대 희망적 견해 표명
1957.01.25	납북인 명단 국적에서 괴뢰에 수교. 생사는 확인될 것인가?
1956.11.01	괴뢰에 납치된 張連松씨 병사
1956.10.13	7천5백명의 생사 년내회보에 努力 국제적십자위서 회신
1956.09.30	7천건의 피랍인사 명단 등 국제적십자사에 각종 자료 송부
1956.09.23	피랍인사 생사 연내에 판명 1차로 약6천 명
1956.08.30	실향사민 등록 지금도 되나
1956.08.17	실향사민 신고 근 8천건. 정무 접수 6천4백
1956.08.02	납치인사 신고 마감 接近
1956.08.01	7월 말 현재로 5천 서명. 실향사민 신고 마감은 15일
1956.07.27	실향사민의 등록은
1956.07.13	12일 현재 4만6천 서명 접수된 실향사민 등록 신고

보도 일자	기사 제목
1956.06.16	행여나의 희망에 졸이는 가슴. 적는 이름에도 유가족들은 눈물
1956.06.08	오는 15일부터 접수. 적십자사서 피랍치자 신고
1956.05.17	피랍인사의 귀환. 국제적십자 대표 16일 韓談
1956.05.12	피랍인사 자료 제공. 정부측 「國赤」 대표와 회담
1956.05.11	[사설] 납치인 송환과 국제적십자사의 활동
1956.05.10	10일 회담을 개시. 국제적십자 대표 9일 내한
1956.05.09	납치인사 송환도 交涉 국제적십자사 대표 2명 내한
1955.11.23	[사설] 피랍치인 구출을 세계에 호소하라
1955.11.19	유엔총회서 여론 환기. 납북 민간인 1만7천명 송환 문제. 李 대통령 林炳稷 대사에게 훈령
1955.11.12	[사설] 납치인 문제는 「유엔」이 해결해야 한다
1955.09.03	유엔총회 계획 등 林炳稷 대사 언급. 「이면교섭」을 진행 중, 납북인과 포로의 송환 문제
1955.07.30	[사설] 被拉致인사 문제를 검토하라
1954.11.21	실향사민 유해 20일부터 봉도
1954.11.20	납북되었다 귀환한 어부위 북한실정담. 대부분 토굴에서 생활, 허위선전만을 일삼는 괴뢰집단
1954.08.13	피랍자 구출은 막연. 卞英泰 총리 국회질의 답변
1954.08.07	포로와 납치인 석방 당연. 조 외무부 장관 서리 첫 기자회견
1954.05.26	납북인 동태 성명. 유엔측, 군사휴전위서 요구
1954.03.20	북한의 식량난 혹심. 납북자의 거처는 극비
1954.03.13	내 남편 내 아들을 돌려보내라. 8만 피랍자 구출을 절규. 11일 가족들 대회 열고 시위
1954.03.11	실향사민 送還 當分 無望. 9일 군사휴전위서 쌍방 논란
1954.03.05	北韓同胞는 자유를 憧憬. 납북되었던 귀향외인이 暴露
1954.03.04	[사설] 실향사민 미귀환과 요청되는 대책
1954.03.03	혹시나 하던 希望도 "꿈" 공산측 외국인민 19명만 還送
1954.02.21	납치인사 귀환은 기대난. 朴術音 사회부 장관, 괴뢰집단 처사에 언급
1954.02.20	사민환송에 공산측 성의없다. 우리 측은 70명, 적은 외국인만 10명. 판문점서 숫자를 교환
1954.02.20	귀환사민 공산측의 성의 여하 26일 반응 주목
1954.02.19	귀향사민들의 쌍방 숫자 교환 예정대로 18일에 실시
1954.02.18	[사설] 염려되는 민간인 교환. 맹랑한 평양방송 듣고
1954.02.17	"귀향 희망자 한 사람도 없다" 15일 맹랑한 평양방송
1954.02.14	돌려 보내줄까? 납치된 사람은 8만2천여 명
1954.02.13	보호 기간은 2주일. 귀향사민의 방역 조치를 강구
1954.02.12	실향사민 인수에 대비. 국방부서 담당자 임명
1954.02.10	예산조치도 결정. 귀향사민 인수에 만전
1954.02.08	귀환하게 될 납치인사는 26일에 명단교환. 사회부에선 약 만 명으로 추산
1954.02.08	귀향할 사민수용지로 영천으로 재결정
1954.02.01	귀향사민 수용소로 태릉설이 대두
1954.01.26	거제도냐 논산이냐. 귀향할 실향사민 수용소에 양론
1954.01.18	논산이 최적당. 귀환사민 수용소로 당국자 합의
1954.01.15	실향사민 교환에 준비 진척. 2월25일경에 명부 교환, 귀환 숫자는 2월20일 판명
1954.01.14	교화는 단시일 내에. 실향사민 교환준비위에서 협의
1954.01.12	[사설] 우려되는 피랍치인사의 송환
1954.01.11	3월10일부터 송환. 越境은 하루 한 쪽씩

보도 일자	기사 제목
1954.01.08	인수절차를 결정 3월에 돌아올 민간인. 거제도 거쳐 귀향, 한두 달간 교화받게 한다고
1954.01.01	3월1일에 송환 개시. 납치된 민간인, 하루 백 명씩
1953.12.29	민간인 송환 등 대책을 협의. 국회서 간담회 개최
1953.12.22	한국대표의 참석을 거부. 실향사민송환위의 부당한 처사
1953.12.18	납치인사 귀향교섭 급속도로 진전. 문제는 매회 송환 수 괴뢰「격일 백 명씩」을 주장,「성의를 다할 터」
1953.12.15	[사설] 납치인사의 완전송환을 재강조
1953.12.14	납치 민간인의 송환회의. 11일, 공동위 제1차로 회합
1953.12.08	납치 민간인의송환. 曺 차관, 완전합의를 확인
1953.12.08	[사설] 납치인 송환과 적측 성의 여하
1953.12.07	약 8천 명의 납치민간인. 공산측과 합의 도달, 유엔군 사정전위서 공개
1953.12.03	납치의 인사들 명춘엔 돌아올까. 송환 원칙에 합의, 任興淳 의원 국회서 보고
1953.11.15	납치인사 송환 추진위 구성. 국회당국 분위서
1953.10.16	납치민간인 송환위를 조직. 국회 當該분위 회합에서 합의
1953.10.02	피랍치인사 반환을 추진. 국회에서 위원회를 구성
1953.09.09	[사설] 포로와 민간납치인을 無漏송환하라
1953.09.02	납치된 인사 일부 소식
1953.08.30	납치인사 귀환 촉진. 국회서 건의안 토의
1953.08.19	납치된 민간인 송환토록 대한국민당에서 각계에 메시지
1953.08.14	찾아달라! 남편을 아들을 피눈물어린 가족들의 호소. 덕수궁에서 피랍치인 구출대회
1953.08.12	피랍치인사 구출대회 개최. 12일 덕수궁에서
1953.08.08	[사설] 납치자를 돌아오게 하라
1953.08.06	납치된 민간인 석방 요청
1953.05.21	국방부에 송환주선을 진정. 이북에 납치된 자
1953.04.27	[사설] 납치민간인을 귀환케 하라
1952.04.15	납치민간인 무조건 송환
1952.03.09	납치인사의 송환 요구 등 국회 메시지에 릿쥬웨이 장군 回翰(회한)
1952.02.09	민간인 교환을 포기. 적 誠意打診(성의타진)에 我側(아측)諸主張(제주장) 撤回(철회) 考慮(고려)
1952.02.09	[사설] 납치인 교환 요구 포기에 대해
1952.02.06	납치민간인을 송환. 북한 및 중공적십자 요청
1952.02.04	적측 납치민간인 보호책에 냉담
1952.02.03	유엔측 초안 一讀會(일독회) 완료. 적 납치민간인 인권보장안 거부
1952.01.03	납치된 민간인 교환. 유엔側(측) 요구에 敵原同意(적원동의)
1952.01.03	과연 11만을 석방할 것인가 막연한 납치인 한계,「전부 교환」동의에 연심 집중
1952.01.02	납치자 석방 강력 주장. 이형근 대표 단호한 결의 표명
1952.01.01	외국 납치인사 擧皆(거개)가 선교사
1952.01.01	납치된 남한인사 문제 제기 확실
1951.12.27	납치인 11만여 릿 사령부에 명단 제출
1951.12.24	선교사 외교관 기자 상인 납치당한 外人(외인) 포로 명단에 없다
1951.12.24	납치인 교환을 강력 주장! 실현 안 될 시에 탈퇴도 불사. 이형근 대표 강경한 태도

② 기타언론

보도 일자	언론사	기사 제목
1950.10.25	경향	북한 압송 생존자-계광순
1951.4.6	부산	보라! 괴뢰의 기만 선전-납치된 인사는 자강도에서 유폐 생활
1951.7.29	경향	민간인 75명 포함-포로교환에 UN측 대변인담
1951.8.1	경향	납북자 반환 요청 국민대회
1951.8.22	경향	납북자 구출 요청에 릿 사령부, 留意를 회답
1962.6.25	한국	돌아오지 않는 사람들
1962.3.29 ~1962.6.14	동아	죽음의 세월-조철의 납북인사 북한 생활기(1)~(56)
1970.6.17	중앙	가장 길었던 3일- 한강폭파:피난 행렬 둔 채 한강교 폭파
1970.10.28	중앙	적 치하의 3개월(4)-지하의 시련(1)
1970.10.30	중앙	적 치하의 3개월(5)-지하의 시련(2)
1970.11.2	중앙	적 치하의 3개월(6)-지하의 시련(3)
1970.11.4	중앙	적 치하의 3개월(7)-지하의 시련(4)
1970.11.6	중앙	적 치하의 3개월(8)-지하의 시련(5)
1970.11.9	중앙	적 치하의 3개월(9)-옥고와 학살(1)
1970.11.11	중앙	적 치하의 3개월(10)-옥고와 학살(2)
1970.11.13	중앙	적 치하의 3개월(11)-강제모병(1)
1970.11.16	중앙	적 치하의 3개월(12)-강제모병(2)
1970.11.18	중앙	적 치하의 3개월(13)-적중횡단(1)
1970.11.20	중앙	적 치하의 3개월(14)-적중횡단(2)
1970.11.23	중앙	적 치하의 3개월(15)-적중횡단(3)
1970.11.25	중앙	적 치하의 3개월(16)-적중횡단(4)
1970.11.30	중앙	적 치하의 3개월(17)-잔류의원(1)
1970.12.2	중앙	적 치하의 3개월(18)-잔류의원(2)
1970.12.7	중앙	적 치하의 3개월(19)-종교수난(1)
1970.12.9	중앙	적 치하의 3개월(20)-종교수난(2)
1970.12.11	중앙	적 치하의 3개월(21)-종교수난(3)
1970.12.14	중앙	적 치하의 3개월(22)-종교수난(4)
1970.12.16	중앙	적 치하의 3개월(23)-종교수난(5)
1970.12.18	중앙	적 치하의 3개월(24)-요인납북(1)
1970.12.21	중앙	적 치하의 3개월(25)-요인납북(2)
1970.12.23	중앙	적 치하의 3개월(26)-요인납북(3)
1970.12.25	중앙	적 치하의 3개월(27)-요인납북(4)
1970.12.28	중앙	적 치하의 3개월(28)-요인납북(5)
1970.12.30	중앙	적 치하의 3개월(29)-요인납북(6)
1971.8.13	중앙	북의 가족에보내는편지(1)〈할아버지(납북된 조지훈씨 부친 조헌영)께〉
1971.8.14	중앙	북의 혈육에(2)〈남편(국학자 정인보)에게〉
1971.8.14	중앙	북의 혈육에(2)〈아내(목사 윤두환씨의 부인)에게〉
1971.8.16	중앙	북의 혈육에(3)〈할아버지(전 고대총장 현상윤)에게〉
1971.8.16	중앙	북의 혈육에(3)〈아버지 「국경의 밤」 시인 김동환)에게〉
1971.8.17	중앙	북의 혈육에(4)〈아버지(전 연대상경대학장 이순탁)에게〉
1971.8.17	중앙	북의 혈육에(4)〈아들(안낙헌씨의 아들 길수씨)에게〉

4. 중요 발굴 자료 목록

정부발간 자료

년 도	제 목	저 자	출처 / 출전
1950.12.1	서울특별시 피해자 명부	공보처 통계국	한국전쟁납북사건자료원
1951.9.1	6·25사변 피랍치인사 명부	6·25사변피랍치인사가족회	당시 국회의장 신익희 소장품
1952	6·25사변 피랍치자 명부	대한민국 정부(공보처 통계국)	국립중앙도서관
1952	6·25로 인한 피랍류북인사	한국인사명감편찬회	한국인사명감
1952	납치·피살된 판검사 및 변호사	대한연감사	대한연감 1952년
1952	각부처 역대 장관일람	대한연감사	대한연감 1952년
1952.10.	대한민국통계연감	대한민국 공보처 통계국	국립중앙도서관
1953	대한민국통계연감	대한민국 공보처 통계국	국립중앙도서관
1953	납치민간인사 송환촉진 위원회	국회사무처	국회도서관 / 제2대국회 회의록
1953	납치민간인사 송환대책위원회 중간보고서	국회사무처	국회도서관 / 제2대국회 회의록
1953.6.3 ~10.21	납치민간인사 송환촉진에 관한 건의안	국회사무처	국회도서관 / 제2대국회 회의록
1953.7.16	대통령 이승만 박사 담화집	대통령 비서실	공보처
1953.9.20	민간인 억류자 귀환에 관한 건	김윤학(육군대위 / 휴전대책위원회 간사)	〈한국전쟁 사료(95)〉 -작전일지/육군본부발간
1954	6·25동란으로 인한 피랍치자 명부	내무부 치안국	내무부 치안국정보과
1956	실향사민 등록자명단	대한적십자사	대한적십자사
1956	실향사민신고서	대한적십자사	대한적십자사
1956~1967	납북인사일람	대한민국 정부	대한연감(56~57년)
1982.12.	2. 의원과 위원	국회사무처	제2대 국회경과 보고서
1985	서울지검 재직 경력 검사 명단	서울지방검찰청	서울지방검찰사
1992.12.	제2대국회 특별뤼원회 현황 (59. 납치민간인사송환대책위원회)	국회특별위원회	국회도서관 / 특별위원회 활동개요
1994	4. 납북자 송환촉구 관련 결의안/성명	남북회담 사무국	적십자회담 수첩
1994	6. 전쟁포로 관련 국제법규	남북회담 사무국	적십자회담 수첩
1994	납북자 송환촉구 관련 대북조치 일지	남북회담 사무국	적십자회담 수첩
1995	국정감사 결과시정 및 처리사항	대한민국 국회	대한민국 국회
2000.11.	국군포로 및 납북자 문제는 어떻게 해결할 것인가?	통일부	대북정책, 사실은 이렇습니다
	한국전쟁(6·25)관계자료 문헌집	한국전쟁연구소 편	국회도서관
	납북의원의 현황과 이에 대한 국회와 정부가 해야할 일	김진현(제헌국회의원유족회장)	국회도서관 / 국회보

국가기록원 자료1

년 도	제 목	작 성	비 고
1950	공산악마의 죄악이 가득해서	대통령 비서실	대통령 대국민 담화문
1950.9.23	북한동포에게 보내는 메세지	대통령 비서실	대통령 대북한동포 담화문
1950.9.29	수도 입성에 대하여	대통령 비서실	
1950.10.1	공무원 가족 거처에 관한 지시	대통령 비서실	이승만 대통령 → 각 부처장관
1950.10.4	피난 못한 공무원 신분에 관한 건	대통령 비서실	이승만대통령 → 국무총리, 각부장관, 각처장, 각위원장
1950.10.11	각 부처의 피해 상황 및 동태에 관한 건	대통령 비서실	이승만 대통령 → 각 부처장관이 공문 하달 후 서울시 피해자 조사를 시행한 것으로 사료됨
1950.10.15	6·25사변 피해 상황 조사에 관한 건	대통령 비서실	이승만 대통령 → 내무부장관
1950.10.20	6·25사변 피랍치자 구출에 관한 건	대통령 비서실	이승만 대통령 → 국방부장관
1950.11.8	이 대통령 국민에게 경고	대통령 비서실	대통령 대국민 2차 담화문
1950.12.21	국회의원 재적 수에 관한 특별 조치법(법률제173호)	법제처	
1951.6.15	이 대통령 각하 보이스 어브 아메리카에 녹음한 원고	대통령 비서실	
1951.9.1	6·25사변피랍인사 석방에 관한 청원문	장기빈(6·25사변 피랍치인사가족회장)	6·25사변피랍치인사가족회 → 국회의장 신익희
1951.10.24	6·25사변 후 납치혹은 행방불명된 공무원 조사에 관한건	총무처	총무처장 → 각부 장관, 처장, 청장 원장, 양위원장, 서울특별시장, 각도지사
1951.11.21	6·25사변 후 납치 혹은 행방불명된 공무원 조사에 관한 건	문교부	문교부장관 → 각직속기관장 각국립학교장
1951.12.22 / 12.24	6·25사변 중 납치자 석방에 관한 청원 이송의 건	총무처	국회의장 신익희 → 이승만 대통령 총무처장 → 국무총리 서리
1951.12.24	6·25사변 중 납치자 석방에 관한 청원 이송의 건	총무처	총무처장 → 국방부장관
1952.1.19 / 1.22	6·25사변 납치자에 관한 청원서 처리의 건	국방부 총무처	국방부 장관 이기붕 → 총무처장국무총리 서리 허정 → 국회의장 신익희
1952.8.28	납치 행방불명 등 공무원에 대한 신분 및 봉급 조치에 관한 질의의 건	법무부	법무부장관 → 검찰총장 외 4
1953.10.20 / 10.23	납치 민간인사 송환 촉진에 관한 건의 이송의 건	총무처	민의원 의장 신익희 → 이승만 대통령 / 총무처장 → 내무, 외무, 국방, 사회, 공보처 / 총무처장 → 대통령, 국무총리
1953.10.31	납치 민간인사 송환 촉진에 관한 건의 이송의 건	총무처공보처	총무처장→ 공보처장 → 총무처장

년도	제목	작성	비고
1953.11.14 / 11.17	납치 인사 송환 대책에 관한 건의 이송의 건	총무처	민의원 의장 신익희 → 대통령 이승만 / 총무처장 → 외무장관, 국방부장관 / 총무처장 → 대통령, 국무총리
1953.11.25	납치 인사 송환 대책에 관한 건의에 대한 회보의 건	총무처	국무총리 백두진 → 민의원의장 신익희 / 외무부 장관 → 민의원의장,총무처장
1954.4.30	납치인 송환 공론 환기의 건	대통령 비서실	이승만 대통령 → 변영태 외무부 장관
1954.5.11	납치인의 신분조치에 관한 건	법무부	법무부장관 → 보건부장관
1954.7.7	피랍치 인사에 관한 회의록	외무부	피랍치인사가족회 편찬 명부2권 (1책 2,815명, 2책1, 791명)에 대한 기록과 국제적십자사에 제출할 6·25전쟁납북자 명단 재작성 방안 결의 회의 장소: 외무부 정보국장실
1954.7.12	피랍치인 문제 관계부처 대표연석회의 개최의 건	외무부	외무부 장관(휴전대책연구회장) → 민의원국방위원장, 내무·국방·사회부 장관, 공보처장, 대한적십자사 총재
1954.7.24	피랍치인 문제 관계부처 대표연석회의록	외무부	내무부에서 명부 작성하기로 결정. 회의 장소: 외무부 장관실
1954.7.30	피랍치인 명부 재조사 실시의 건	외무부	외무부 장관 → 내무·국방·사회 부장관, 공보처장
1957.2.4 / 2.19 / 3.12	피랍치 작가 출판물 문제에 관한 문의의 건	법무부	인간사 대표 박거영 → 문교부장관 → 법무부장관 → 문교부장관
1958.1.8	실향사민 명부 송부에 관한 건	외무부	외무부 정무국장 → 군사정전위원회 대한민국수석대표 〈외교안보연구연 자료 참고〉
1958.1.27	납치인사 건재자 명단 송부	군사정전위원회	군사정전위원회 대한민국수석대표 이성호 → 외무부 정무국장
1950	공산 악마의 죄악이 가득해서	대통령 비서실	
1950.10.1	공무원 가족 거처에 관한 지시	대통령 비서실	이승만 대통령 → 각 부처장관
1950.10.20	6·25 사변 피랍치자 구출에 관한 건	대통령 비서실	이승만 대통령 → 국방부 장관
1950.11.8	이 대통령 국민에게 경고	대통령 비서실	
1950.12.12	국회의원 제적 수에 관한 특별 조치법	법제처	
1954.4.30	납치인사 송환 공론 환기의 건	대통령 비서실	이승만 대통령 → 변영태 외무부 장관
1951.6.15	이 대통령 각하 보이스 어브 아메리카에 녹음	대통령 비서실	

국가기록원 자료2 (6·25 사변피랍치인사가족회 관련)

년 도	제 목	작 성	비 고
1951.9.1	청원문	장기빈(6·25사변피랍치인사 가족회 회장)	납북인사 구출을 위해 서울 수복 후 조직된 단체. 부산에서 창립총회를 갖고 당시 신익희 국회의장에게 납북인사 명단과 함께 조속한 구출을 청원함
1951.9.14	사회단체등록증명원	공보처	6·25사변피랍치인사가족회 → 공보처장 → 가족회
1953.8.12	6·25사변피랍치인사가족회 회칙 총회 회의록	6·25사변피랍치인사가족회	회원 2천 2백 명이 참석. 임시의장 김종길씨 사회, 정복희씨 경과보고, UN에 보내는 멧시지 채택, 양매륜 회장 선출, 고문 9인 위촉
1953.12.	승낙서	6·25사변피랍치인사가족회 각 회원	승락서 - 고문(9인), 역원(6명), 이사(13명)
1954.1.7	단체등록계	한국6·25사변피랍치인사가족회	양매륜 가족회 회장 → 공보처장
1954.1.14	정당단체 등록의 건	공보처	공보처 → 양매륜 가족회 회장 단체등록증 교부〈단체등록번호 141호〉
1954.1.14	보고서	한국6·25사변피랍치인사가족회	양매륜 가족회 회장 → 공보처장회원이 1만 7,900명으로 증원됨
1955.6.6	등록사항 변경계 제출에 관한 건 사무소 이전(종로2가→필운동)	한국6·25사변피랍치인사가족회	가족회 회장→ 공보실장
1955.12.31	등록사항 변경계 제출에 관한 건 사무소 이전(사직동→서린동)	한국6·25사변피랍치인사가족회	가족회 회장→ 공보실장
1956.7.31	사무소 이전에 관한 건 사무소 이전(서린동→필운동)	한국6·25사변피랍치인사가족회	가족회 회장→ 공보실장
1956.8.22	정당단체 등록증 교부 (사무소주소: 서린동)	공보실	공보실장 → 가족회 회장 단체등록증 교부〈단체등록번호 93호〉
1956.12.4	주소이전 및 역원 변경에 관한 건	한국6·25사변피랍치인사가족회	가족회 회장→ 공보실장
1957.3.21	제4기 정기보고서 제출에 관한 건	한국6·25사변피랍치인사가족회	가족회 회장→ 공보실장
1957.4.20	단체주소 이전에 관한 건	한국6·25사변피랍치인사가족회	가족회 회장→ 공보실장
1957.4.24	단체주소 변경의 관한 건	공보실	공보실장 → 가족회 회장 단체등록증 교부(사무소주소: 필운동)
1957.5.7	단체주소 이전에 관한 건 (필운동→경운동)	한국6·25사변피랍치인사가족회	가족회 회장→ 공보실장
1957.6.7	1957년도 제1기 정기보고서 제출에 관한 건	한국6·25사변피랍치인사가족회	가족회 회장→ 공보실장
1957.6.11	단체주소 변경에 관한 건	공보실	공보실장 → 가족회 회장
1957.6.30	제2기 정기보고서 제출에 관한 건	한국6·25사변피랍치인사가족회	가족회 회장→ 공보실장
1957.9.30	제3기 정기보고서 제출에 관한 건	한국6·25사변피랍치인사가족회	가족회 회장→ 공보실장
1957.12.31	제4기 정기보고서 제출에 관한 건	한국6·25사변피랍치인사가족회	가족회 회장→ 공보실장
1958.3.15	제1기 정기보고서 제출에 관한 건	한국6·25사변피랍치인사가족회	가족회 회장→ 공보실장
1958.6.30	제2기 정기보고서 제출에 관한 건	한국6·25사변피랍치인사가족회	가족회 회장→ 공보실장
1959.12.31	제3·4기 정기보고서 제출에 관한 건	한국6·25사변피랍치인사가족회	가족회 회장→ 공보실장
1959.3.31	제1기 정기보고서 제출에 관한 건	한국6·25사변피랍치인사가족회	가족회 회장→ 공보실장
1959.6.30	제2기 정기보고서 제출에 관한 건	한국6·25사변피랍치인사가족회	가족회 회장→ 공보실장
1959.9.30	제3기 정기보고서 제출에 관한 건	한국6·25사변피랍치인사가족회	가족회 회장→ 공보실장
1960.3.31	제1기 정기보고서 제출에 관한 건	한국6·25사변피랍치인사가족회	가족회 회장→ 공보실장
1960.6.30	제2기 정기보고서 제출에 관한 건	한국6·25사변피랍치인사가족회	가족회 회장→ 공보실장

북한관련자료

년 도	제 목	작 성	출전 / 출처
1946.7.31	남조선에서 인테리들을 데려올데 대하여	조선민주주의인민공화국	김일성전집 4권 / 북한자료센터
1950.6.6	기술 간부 수요인원 보고에 대하야	조선민주주의인민공화국 〈민족보위성〉	국회도서관
1950.6.27	특수 기능자 우대에 관한 규정	조선민주주의인민공화국 〈내무성〉	국회도서관
1950.6.	군사위원회 조직에 관하여	조선민주주의인민공화국 〈최고 인민회의 상임위원회〉	북한자료센터
1950.7.2	소위 국회의원은 '50. 7. 20일까지 자수를 요망'		로동신문 / 북한자료센터
1950.7.4	김일성 수상 최고사령관에 임명함에 관하여	조선민주주의인민공화국 〈최고 인민회의 상임위원회〉	北朝鮮의 極秘文書(일본에서 출판된 미국 국립공문서관 소장 영인자료)
1950.7.14	조선민주주의인민공화국〈내각 결정 129호 〉 4. 인민위원회 선거를 위한 중앙선거 지도부원 구성	조선민주주의인민공화국	(상동)
1950	내무성 군관 하사 및 인민자위대원들에게 대한 훈장 수여 전달식 거행		로동신문 / 북한자료센터
1950.8	문화부 사업 종합보고서(8.1~8.10) 전출자 총수, 의용군 총수	북한 노획문서	북한관계사료집 10 / 국회도서관
1950.9.5	서울시민 전출사업에 관한 협조에 대하여 〈강원내 제 3440호〉	조선민주주의인민공화국 〈강원도 내무부〉	북한관계사료집 16 / 국회도서관
1950.9.14	해방구역에서 입북한 기술자 기능자 및 로무자 신원증명에 관하여	조선민주주의인민공화국 〈보건성〉	보건성 비밀문건 제1904호 / 국회도서관
1950.9.17	남조선 애국적정계인사들의 입북을 안전하게 보장할데 대하여	조선민주주의인민공화국	김일성전집 12 / 북한자료센터
1950.9.30	남반부 해방지구에서 각공장 기업소에 파견된 로동자 기술자들에 대한 정보사업 진행에 대한 이첩지시〈평남정 제 2443호〉	조선민주주의인민공화국 〈평남도 정치보위부〉	북한관계사료집 18 / 국회도서관
1950.10.2	군사위원회 명령 제74호 집행보장에 대한 지시 〈평남정3제2751호〉	조선민주주의인민공화국 〈평남도 정치보위부〉	북한관계사료집 18 / 국회도서관

년 도	제 목	작 성	출전 / 출처
1950.11.1	김규식 선생을 비롯한 남조선 정계 인사들의 생활을 잘 돌봐줄데 대하여	조선민주주의인민공화국	김일성전집 12 / 북한자료센터
1951.6.24	강원도 지방의 전재소개민 이주대책에 관하여 〈내각지시 제727호〉	조선민주주의인민공화국	국회도서관
	인민군 점령 정책	노민영	다시보는 한국전쟁 / 국회도서관
	남침 초기의 양민 학살		북한군의 양민학살에 관한 연구 /국회도서관
	북괴 간첩 밀봉교육의 전모	공산권문제연구소	북한자료센터
	북괴의 10대 罪惡相		
	북괴의 비밀경찰: 국가정치보위부	이대길(국제홍보연구위원)	통일생활 / 국회도서관
	제네바 협약 가입과 관련한 성명	북괴 외무성	중앙정보부 / 북한자료센터
1957	재북평화통일촉진협의회는 조국통일 위업에 적극 이바지하여야 한다	조선민주주의인민공화국	김일성전집 21 / 북한자료센터
1957.11.27	국제적십자 대회에 참가하였던 북한 적십자회	로동신문 / 북한자료센터	대표단 단장 기자의 질문에 답변
1966.9.	북한인명록(492명)	세대 편집자	세대 1966년 9월호
	납북인사의 숙청	공산권문제연구소	북한총람45-68 / 국회도서관
1970	북괴의 대남 전략을 해부한다	김정기	재일 한국신문사
1983	재북평화통일촉진협의회 / 조국평화통일위원회	과학, 백과사전 출판사(북한)	북한자료센터
1986	북한사 자료목록	국사편찬위원회	북한자료센터
	북한주민의 인권과 국제법	김명기	
	납북인사의 숙청 / 인민경제대학 / 재북평화통일	공산권문제연구소	북한자료센터
	촉진협의회 / 점거지역에서의 서명운동		
1991	최초공개 평양 애국열사릉에는 누가 묻혔는가	안동일(재미언론인)	「역사비평」계간 14호 / 국회도서관
1977	분단 27년의 증언	대공문제연구소	국회도서관
	산천의 슬픈 침묵: 돌아온 사람과 돌아오지 못한 사람들	장문평, 이동식	멸공홍보회 / 국회도서관
2004.4.	영원한 삶의 언덕에		로동신문

해외자료

년도	제목	작성	출전
1950.8.17	다음과 같은 문서를전합니다 〈북조선군사위원회결정사항제18호 1950.7.17〉	주북한소련대사 T. 스티코프	해금된 러시아기밀문서
1950.10.13	SENT DEPARTMENT 251 REPEATED INFORMATION TOKYO OCTOBER 11	Office of Northeast Asian Affairs	남북한관계사료집 16
1950.10.19	COMMUNIST ARTOCITIES AGAINST KOREAN CIVILIANS IN SEOUL	Foreign Service of the United of States	남북한관계사료집 12
1950.7.8	SENT DEPARTMENT 30,REPEATED INFO TOKYO UNNUMBERED	Office of Far Eastern Affairs	〈RG59, Central File,The Decimal File, 1910-63, 795A Series (1950-54) Despatch from Seoul to Department of State: Soviet Rule in North Korea〉
1950.8.13	Conditions in North Korea occupied areas	Office of Northeastern Affairs	(상동)
1950.11.15	Seoul Despatch No. 30, November 15, 1950	Mr. Emmons	(상동)
1951.12.19	The Ambassador in Korea (Muccio)to the Secretary of State	무초(주한미대사)	Foreign Relations of theUnited States 1951 Volume VII Korea & China Part 1
1968	人材の北送	사사키 하루다카(편집장)	朝鮮戰爭史 仁川上陸作戰
1992	元北韓軍工兵將校의 手記 "政治犯을 北送"	주영복(前북한군공병장교)	朝鮮戰爭의 眞實
2002.12.12	拉致行爲と國際法	調査と情報 / 立法及び考査局	ISSUE BRIEF
	INTO THIS BLACKNESS	GEOFFREY ROBERTSON QC	CRIMES AGAINST HUMANITY THE STRUGGLE FOR GLOBAL JUSYICE
	六カ月 の 申立期間		European Human Rights
	委員?の 時間的權限	Miyazaki Shigeki	國際人勸協約
2003.1.30	A battle of interpellation about abduction-issue in the House of Councilars	Qestioner-Mr. Nookki Shimazaki replier-Minister Koizumi, Forein Minister Kawaguchi	參議院豫算委員會締 めくくり質疑速報
	第6章 歐洲拉致ルート	石高健次	KIM JUNG IL'S KIDNAP COMMAND
2003.12.8~27	일본인 납치 연속 보도		新潟日報
2003	拉致問題と北朝鮮問題の眞の解決とは	Nakano Tetsuzo	拉致·國家·人勸

한국전쟁사료

년도	제목	작성	비고
1953.9.20	민간인 피랍치자 귀환에 관한 건 보고	김윤학 육군대위(휴전대책연구회 간사)	수신 : 국방부차관

국사편찬위원회 자료

년도	제목	작성	비고
1950.7.8	SENT DEPARTMENT 30, REPEATED INFO TOKYO UNNUMBERED.	Office of Far Eastern Affairs	RG59, Central File, The Decimal File, 1910-63, 795A Series(1950-54) Despatch from Seoul to Department of State:Soviet Rule in North Korea
1950.7.15	한국전쟁 관련 북경주재 헝가리 대사관 보고서2	헝가리 대사관	
1950.8.13	Conditions in North Korea occupied areas.	Office of Northeastern Affairs	RG59, Central File, The Decimal File, 1910-63, 795A Series(1950-54) Despatch from Seoul to Department of State:Soviet Rule in North Korea
1950.8.23	한국전쟁 관련 북경주재 헝가리 대사관 보고서1	헝가리 대사관	
1950.12.5	Seoul Despatch No. 30, November 15, 1950	Mr. Emmons	RG59, Central File, The Decimal File, 1910-63, 795A Series(1950-54) Despatch from Seoul to Department of State:Soviet Rule in North Korea
1950.12.7	한국전쟁 관련 북경주재 헝가리 대사관 보고서1	헝가리 대사관	
1962	국제적십자사를 통한 남북한 소식 교환의 건 1960~1962	외무부 특수지역과 / 국제기구과	
1962	납북인사 귀환 추진 문제 행정연구서	외무부 특수지역과 / 국제기구과	
1962	납북인사와 월남인사 행방 조사요청	대한적십자사	
1984	대한민국사연표	국사편찬위원회	

외교안보연구원 자료

년도	제목	출처
1954.7.10	[한국전쟁시] 피랍치인 명부관계 1954~59 〈피랍치인문제 관계부처 대표 연석회의 개최의 건〉	외무부 주관 회의
1958.1.8	인도에 송환된 반공포로 관계철, 1958	외무부 특수지역과 생산
1958.1.9	실향사민 명부 송부에 관한 건	외무부 정무국
1958	납치인사 건재자 명단 송부 및 명단	국련군 총사령부 군사정전위원회→외무부장관
1958	국제적십자사와 대한적십자사 간의 납치 민간인 문제에 대한 영문 서한	
1964.8.23	[한국전쟁시] 피랍치인 명부관계 1960	외무부 정무과
1965	납북인사 송환 백만인 서명과 진정서 유엔 제출(1964~65) 관련 서한	외무부 국제연합과 생산

단행본

년도	제 목	저 자	출 전
1950	고난의 90일	조규동(중앙대학교수), 예관수(육군중령)	한국의 동란 (병학연구사)
1952	6·25로 인한 피랍류북 인사		한국인사명감 (한국인사명감 편찬회)
1966	6·25와 문단	김윤성	해방문학20년 (정음사)
1970	죽음의 북행열차 평양 외국인 납북자 수용소	김중희	한국전쟁 (徽文出版社)
1971	교역자 납치 사건	선문출판사 박완	실록 한국 기독교 100년 제 6권
1973	요인 체포와 숙청	편집부	한국동란 (한국홍보협회)
1976	붉은 만행 외	대한적십자사	이산가족백서
1978	회한의 25년 · 거문도 04호	김용규(前 귀순간첩)	
1978	시효인간 2	김용규(前 귀순간첩)	
1979	죽음의 행진에서의 탈출	장진관(경남 남해 치안심판소장)	6·25비화 (자유평론사)
1980	혁명가 박열의 납북 진상 1 장의숙(박열 부인)- 증언	김철	증언 6·25 (반공교육문화사)
1980	혁명가 박열의 납북 진상 2	김철	증언 6·25 (반공교육문화사)
1982	북괴포로수용소	이기봉(국제문제연구소 수석정책연구원)	전환기의 내막 (조선일보사)
1982	광주의 입성	한명욱(전 북괴군 대좌)	나는 남침의 선봉이었다 (을지사)
1985	6·25사변을 통한 천주교 피해상황 언급	한국가톨릭대사전편찬위원회	한국가톨릭대사전
1987	평양으로 간 사람, 평양에서 온 사람	정정화	여자 독립군 정정화의 낮은 목소리 「녹두꽃」
1991	38선 초기 전투와 遲延 作戰	이원복 譯	일본육전사연구보급회편 (명성출판사)
1991	부산 橋頭堡 確保	이원복 譯	일본육전사연구보급회편 (명성출판사)
1991	인천상륙작전	이원복 譯	일본육전사연구보급회편 (명성출판사)
1991	북한 인권문제에 대한 배경 설명	국제사면위원회	북한인권백서 (평화문제연구소)
1994	남북적십자회담 · 납북자 · 미전향출소자 등 관련서신 · 전통문	남북회담사무국	적십자회담 수첩
1994	북한의 정치범수용소 실태	통일원	북한의 인권실태
1994	나의 슬픈 역사를 말한다	김신조(전 무장간첩)	
1995	북한 억류자 송환의 법적 문제와 해결방안	유병화(고려대 교수)	북한인권의 이해 (북한인권개선운동본부)
1996	이산가족, 남북인사, 비전향장기수송북, 인권문제	양성철, 이용필 공저	북한체제 변화와 협상전략 (박영사)

년도	제 목	저 자	출 전
	잔인한 세월		다큐멘타리 한국전쟁 (금강서원)
	한국전쟁으로 인한 내무부 민간인 피해표와 기타 자료	국방부 군사편찬연구소	6·25전쟁 50주년 기념 한국전쟁사의 새로운 연구 2
	북한의 점령정책		증언과 자료로 본 한국전쟁 6·25
	전쟁 기간(1950~ 1953) 조선인민공화국 총 손실규모	소련 군사고문단장 라주바예프 : 국방부 군사편찬연구소 譯	6·25전쟁 보고서3
	6·25전쟁 보고서 4 – 러시아어 원전	소련 군사고문단장 라주바예프 : 국방부 군사편찬연구소 譯	6·25전쟁 보고서4 – 러시아어 원전
	장개석의 스파이로 몰린 납북인사	고봉기 (김일성의 비서실장)	김일성의 비서실장 고봉기의 유서 (도서출판 천마)
	思父曲	구자호 (前 언론인)	사부곡 (녹원출판사)
	3. 납북이냐 월북이냐? 정지용은 월북자다	한민성 편저 (갑자문화사 간)	추적 정지용–고오노 에이지氏에게 경고한다 (흑백문고)
	서울 목사들 집단 납북	이찬영 지음	북한 기독교 100장면 (한국기독교총연합회)
	소설가 박계주		한국현대문학사탐방
	납북 대열에서 필사의 탈주	임택근(방송인)	방송에 꿈을 심고 보람을 심고
	우사 김규식– 생애와 사상	서중석 지음	남북협상 김규식의 길 (우사연구회)
	납북인사 송환 백만인 서명운동		
	납북인사명록	함재덕(공산권문제연구소장)	북한총람: 공산권문제연구소
	춘원 이광수 전기실화소설	방인근	
	평신도와 학생을 위한 기독교사전 – 6·25사변	한영재	기독교문사
	재북평화통일촉진협의회/납북인사의 숙청	북한대사전	(사)공산권문제연구소
	물질적·인적피해	제1공화국	대한민국 50년사
	통일에의 갈망 6·25와 9·28	김재준	장공 김재준 자서전 「범용기」 (장공자서전출판위원회)
	6·25일지(家宅 明渡令)	박찬웅	6·25일지(강산려4)
	7. 한국전쟁 김규민(심계원 제1국장)의 전쟁발발 국무회의 참석 증언	한국정신문화연구원 현대사연구소(편)	격동기 지식인의 세가지 삶의 모습 (한국정신문화연구원 현대사연구소)
	대한민국 정부수립과 6·25전쟁	함평군사편찬위원회	함령군사(2)
	6·25전쟁의 피해와 그 유산	전쟁기념 사업회	한국전쟁사 제6권

정기간행물

년도	제목	저자	출전
1951	사변피해 및 구호상황	공보처 통계국	자유대한
1953.3	拉北人士의 歸還 問題의 焦點: 어떻게 하면 올 수 있나?	주요한(시인, 정당인)	여성계
1953.5	東海의 英雄들: 海兵東海部隊를 찾아서	이한직	신세대
1953. 6	비사: 판문점휴전회담의 내막	죠이중장	신천지
1953.10.	死線을 넘어서	신태악(법조인)	문화춘추
1955.3	나는 이렇게 탈주했다 : 납북인사 생환기	배상하(연합통신 편집국장)	희망
1955.3	춘풍에 부치는 님에의 書	최정희(소설가)	희망
1955.4	春園 李光洙 傳記實話小說	방인근	아리랑
1955.5	현대소설 탄금의 서	최정희(소설가)	희망
1956.8	아버지 언제면 오시려나~ 拉北된 북쪽하늘에 붙이는 怨恨의 章	이현숙	삼천리
1957	6·25以後 殉教 및 拉致教職者名簿		기독교 연감
1957.1	拉致人士는 과연 돌아올 것인가	손창환(대한적십자사총재)	신태양
1957.6	소위再北平和統一 促進協議會의 全貌		멸공
1958.1	남편 맞으러 일본에서 돌아온 백린제박사 부인	김연길	신태양
1958.6	내가 당한 인민재판	김팔봉(소설가)	반공
1958.6	再北平和統一 促進協議會재의 正體	김창순	반공
1958.6	아버님 파인을 잃은 슬픔	김아란(김동환 문인의 자녀)	학생시대
1960.6	납북된 국학자 정인보씨	정양완(정인보 선생 자녀, 성신여대 국문학과 교수)	여원
1964	拉致人士 337명 生存 通報를 받기까지	편집부	신태양
1964.8	拉北人士들은 이렇게 殺害됐다	조철(전 북괴 평양시 산업국장)	자유
1964.8	拉北人士들은 돌아올 것인가? 백만인 서명운동을 중심으로	신범식	자유
1964.11	拉北人士迫害糾彈運動을 展開하자	김 혁	자유
1965.6	6·25전란의 순교자들	안철구	가톨릭청년
1965.6	李在現 神父 등 被拉記	안철구	가톨릭청년
1965.7	6·25전란의 순교자들 (2)〈교황사절 '번'주교의 순교〉	안철구	가톨릭청년
1965.10.	6·25전란의 순교자들 (3)〈명동성당 총회장의 납치〉	안철구	가톨릭청년
1965.12	6·25전란의 순교자들 (4)〈조종국 청년회장 편〉	안철구	가톨릭청년
1966.1.	6·25전란의 순교자들 (5)〈경향신문사 김한수씨 편〉	안철구	가톨릭청년
1966.3.	6·25전란의 순교자들 (完)〈김정희씨 편〉	안철구	가톨릭청년
	同族受難記 (4)拉北된 醫師들이 받은 대우와 終末	조철	자유
1967.1	反動文學作家로 行方을 감춘 春園	전일경(발행인)	북한 실화집 제2집
1968	1950년~ 1965년간 우리나라의 주요 군사외교 현안에 대한 고찰	김영석(중위 / 제 3726부대 정보처)	국제안보
1969.9	이박사 피난 수행기	황규면(前 경무대 비서)	월간 중앙
1969.9	한강철교 폭파의 내막	옥황남(변호사)	월간 중앙

년도	제목	저자	출전
1970.6	돌아오지 않는 拉致人士들 韓國人 27명과 宣教師 6명 拉北 證言	계광순 (당시 한국광업진흥공사사장)	신동아
1972.2	이달의 인터뷰 (3) 拉北人士家族 명제세선생 부인 洪鍾任 여사	편집부 편	북한
1972.6	아버님(최규동)을 생각한다	최성장(중동고등학교 이사장)	북한
1975.11	북괴 '政治保衛部'의 정체	김봉현(북한문제 전문가)	정훈
1976.8	특집: 악몽의 90일-북괴 만행에 대한 여러 증언납북길에서 다시 찾은 太極旗	홍명희(상원초등학교 교사)	시사
1977.1	나의 證言; 공산당의 만행 낮과 밤이 다른 세상에서	최낙현(계성제지 상무)	자유공론
1977.5	납북되거나 월북한 문인들의 문제	선우 휘(소설가)	뿌리 깊은 나무
1977.5	6·25납북인사록	이경남(언론인)	신동아
1978.6	6·25의 참상과 교훈	민만식(한국외국어대 교수)	월간 정훈
1978.6	납북인사들의 비참한 말로	김용규(귀순 간첩)	월간 정훈
1982.6	납북된 당숙 이야기	민동근(충남대학교 철학교수)	통일
1982.8	납북인사들은 지금 어떻게 되었나	이항구(북한문제연구가)	신동아
1983.6	敵治下, 90日의 서울	박완신(북한연구소 연구회원)	북한
1983.9	특집 9·28 서울 收復과 赤治 1백일 그 現場 赤治 1백일, 그들의 蠻行 그 現場 - 이것이 적 치하의 서울이었다	편집부	호국 117호
1984.4.20	6·25전란 중의 국회활동을 되새기며	특별기획 (좌담회)	
1984.5	북한의 종교박해사윤공희 대주교가 증언하는홍용호 주교 피랍사건	변진흥	북한
1984.6	납북행렬에서의 기적 같은 생환	전봉초(첼리스트)	문학사상
1985	죽음의 행진 1천 일	자비엣 마들렌 수녀 (당시 갈멜수녀원)	호국
1985.9	특집 감격의 9·28 서울 收復 35돌敵治下 90日, 그 만행, 그 殘虐相	鄭雲宗(언론인. 평통상임위원)	호국
1986.3	6·25는 내 일생 최초의 실수다	황규면(前 이승만 대통령 비서)	월간조선
1986.9	敵治 90日, 그 蠻行과 잔학상	조풍연(색동회 회장)	호국
1987	국회의원의 수난	한국언론자료간행회	한국전쟁 종군기자
1988	한국현대사의 증언: 남로당 지방당 조직의 활동상을 밝힌다	김창우(성균관대 4학년)	역사비평 계간 3호
1989.3.1	납북인사의 올바른 평가	홍사덕 칼럼	출전 미상
1989.12	최초공개: 6·25사변 납북인사2, 316명은 누구인가	편집부	통일한국
1990.8	6·25전쟁 後 숙청피해 소련, 중국, 일본으로 탈출	허동찬(북한연구가)	월간전망
1990.8	소련으로 간 북한 망명객들	黃鐘澤(세계일보 '세계와나' 기자)	세계와나
1991.6	발굴자료 6·25때 서울지역 拉北者 전모 밝혀 2천2백여명의 인적사항·피랍일자 기록한 '명부'	편집부	역사산책
1991.7	마야자키 해안 납치사건 또 하나의 납치	권영기(「월간조선」 기자)	월간조선
1992.7	북한의 인간사냥, 납치공작을 고발한다	김하경(북한문제 전문가)	월간동화

년 도	제 목	저 자	출 전
1992.8	월북·납북인사들의 인생역정과 현주소	이기봉(前 국제문제조사 연구소 수석연구원)	월간동화
1994.10.	6·25사변과 천주교회의 순교자들	차기진(한국교회사연구소 책임 연구원)	사목
1994.12	납북자에 대한 남북 쌍방간 해결 방안 모색	전현준(민족통일연구원연구위원)	통일원
1995.2	북한의 남한인 납치. 억류 진상	이기봉(前 국제문제조사 연구소 수석연구원)	월간중앙
1995.12	납북자 문제 해결을 위한 국제적 사실 심사제도 도입방안 검토	최태현(한양대 교수)	통일원
1995.12	납북자 문제	통일원	남북간인도주의문제
1996.3	이제라도 송환 요구해야 한다 9만명의 국군포로와 납북인사 문제	오문균(내외정책연구소 연구위원)	민족정론
1996.5	북한의 대남기구와 납북자 처리실태	김정민(前 북한노동당 간부)	새물결
1996.7	한국전쟁과 서울의 피해(상)	손정목(서울시사편찬위원장)	국토정보
1996.9	6·25때 납북인사 생사확인도 서둘러야 한다	이기봉(前 국제문제조사 연구소 수석연구원)	민족정론
1998.10.	노동당 대남 공작부서 테러 납치, 대남공작의 총 본산	오병만(자유민주연구소 연구위원)	자유공론
1998.12	거리는 온통 붉은 벽보 천지	손정목(서울시립대 명예초빙교수)	서울
1999	북한인권상황 관련 제50차 유엔인권소위 결의안	통일연구원	북한인권백서 (통일연구원)
1999.3	노동신문, 국군포로 및 납북어민 존재 부인	편집부	북한동향 제425호
1999.6	납북·월북자들의 기구한 역사	김정민(前 북한노동당 간부)	북한
1999.6	민족의체험 6·25전쟁 50년의 재조명두 목격자의 증언 서울대병원국군 부상병 집단학살 사건	김형식(「월간조선」기자)	월간조선
1999.여름	비전향 장기수 송환문제, 어떻게 풀 것인가? 비전향장기수송환 후 납북자, 국군포로 문제 해결해야 한다	윤미향(민화협 정책실 조사부장)	통일 통권 제 3호
1999.12	'납북' 할아버지, '해직' 아버지, '구속' 아들	유기홍(현 국회의원 열린우리당)	신동아
2000.5	전쟁은 술로 시작 됐다 開戰 새벽 술 덜 깬 채병덕 총참모장 서울점령 後 술취한 최용건 민족보위상	이정훈(「주간동아」 기자)	신동아
2000.6	美 합참 秘密文書로 본 6·25전쟁 秘史美, 남한 주요인사 2만 명 해외소개 계획 세웠다	이흥환(재미 언론인)	신동아
2000.6	전 민족적 체험 6·25전쟁 기념 수기 응모작한 대학생이 쓴 적 치하 서울 90일간의 일기나는 살아 났다	정한조(서울 관악구 봉천4동)	조선일보 별책부록
2000.9	"납치범인 당신은 북으로 가고 납치당한 일본인과 오빠 잃은 나의 恨은 어떻게 하나?" / 일본인 납치범- 신광수(비전향장기수)	김미영(「월간 KEYS」편집장)	주간조선 제1620호
2001.1	국군포로와 납북인사의 송환을 당당하게 추진하라	양창식(「군사세계」 논설위원)	군사세계

년 도	제 목	저 자	출 전
2001	"북한, 6·25전쟁때 서울시민 50만북송추진" 舊 소련 기밀문서에서 밝혀져	편집부	리뷰 통권 101호
2001	북한 사회주의 체제와 인권	통일연구원	북한인권백서 (통일연구원)
2001.10.	정치범수용소는 6·25전쟁의 산물이었다	이천명(중국 거주 탈북자, 전쟁 당시 함북 내무서원)	북한 통권 358호
2002.2	발굴특종: 국가작성 6·25납북자 8만 명 명부 발견	김성동(「월간조선」기자)	월간조선
2002.3	속보: 6·25납북자 명부발견 이후 6·25전쟁 피랍자 가족들 이야기	김성동(「월간조선」기자)	월간조선
2002.6	6·25납북자 명단에서 찾아낸 200여 언론인 공개세계 어디서도 없었던 언론인의 수난	정진석(한국외국어대 교수)	월간조선
2002.7	휴전의 제물이 된 軍 포로와 납북인사들	이혜복(6·25종군기자 / 前 대한언론인회 회장)	북한 통권 367호
2002.7	최초공개: 평양시 신미리 재북통협 특설묘지	신준영(「민족21」기자)	민족21
2002 통권 제4호	북. 일 수교교섭과 '납치문제'	편집부	통일논의 리뷰
2002.12	납북자 문제 일축하는 북한의 이중성북한 일본인 납치 인정-정부의 강력한 의지 보여야	이용호(「자유공론」기자)	자유공론
2003.1	납치 고백 외교의 파장	박문규(성우회 안보평론위원)	자유
2003.1	탈북자 체포 전담했던 북한 국가안전보위부 공작원 육필 수기 "나는 공화국의 저승사자였다"	이춘길(가명)	신동아
2003.2	6·25전쟁 납북자 명단 분석납북자는 8만1731명, 수도권 지식인이 많아	김명호(강릉대 교수)	월간조선
2003.3	김동식 목사 납북사건의 진상집단 탈북 막기 위한 北보위부의 유인 공작	이정훈(「신동아」차장)	신동아
2003.6	공산군측과 한국전쟁 정전회담:스탈린, 모택동의 협상지도와 전략적 목표의 차이점	이병주(전 영남대교수)	전사
2003.7	北 윤정희. 백건우 拉致 工作 公式 是認	우종창, 이세민	월간 조선
2003.10.	발굴특종: 피살·납북된 목사·신부 등 358명 명단 발굴	정진석(한국외국어대 교수)	월간조선
2004	3. 납북자·국군포로 문제 해결 노력	통일부	2004년 통일백서
2004.7	납북자 관련 대북협상의 경과와 성과	윤미량(통일부 이산가족 제 1과장)	통일로
2004.8	북한 인권 어디까지 왔는가납북 억류자와 북한 이탈주민의 인권침해 실태	편집부	통일로
	人間이 본 共産圈內暴露狀 罪없는 罪人의 血淚 公開狀 / 붉은地獄 拉致手記	이성진	實話
	정부는 납북인사 문제에 吾不關焉할 것인가	이철승(자유민주민족회의 의장)	정론
	한국전쟁 중의 북한 억류 900일	라종일(경희대학교 정치학과 교수)	

참고 논문

년 도	제 목	저 자	출 전
1968	1950~1965년간 우리나라의 주요 군사외교 현안에 대한 고찰	김영석(중위, 제3726부대정보처)	국제안보
1978	北韓의 對南工作變遷과 그 展望에 관한 考察	변삼현(연세대 행정대학원 사법행정)	연세대 행정대학원
1995	북한억류자 송환의 법적문제와 해결방안	유병화(現국제법률경영대학원대학교 총장)	국제법률경영
1995	권태양선생의 증언으로 구성된 납북인사의 삶	김광운(국사편찬위원회 편사연구사)	통일 독립의 현대사
1996.12.	한국전쟁 以前 北韓의 統一論과 그 性格	양영조(국방군사연구소 주임연구원)	군사33
1997	국제협력을 통한 납북억류자 송환방안	변상전(現국제문제조사연구소연구원)	정책논집
1998	국군포로 및 납북자 송환문제 연구	서주선(한국국방연구원)	북한조사연구
2000.6.1	납북자 송환에 관한 법적고찰과 송환에 관련된 법적문제와 피해구제	전승만(변호사)	제1회 통일포럼에서 발표문
2001.11.	한국전쟁 당시 납북자 문제해결을 위한 현실적 모색	신율(명지대 정외과 교수)	뜻-창간호
2002	납북자 실태와 해결방안	윤여상(한국정치발전연구소 선임연구원)	통일문제연구 제 14권 1호
2002	6·25전쟁납북인사 생사확인의 현실적 해결방안	노병춘(고려대 북한학과 교수)	6·25전쟁납북인사가족협의회 논문공모전 우수상 당선
2002	6·25전쟁납북인사 생사확인의 현실적 해결방안	김용범(서울대 외교학과 석사과정)	6·25전쟁납북인사가족협의회 논문공모전 우수상 당선
2002.2	피랍/억류/귀국자의 인권상황	허만호(경북대 교수), 유재건(국회의원), 니시오까 츠토무(일본, 피랍일본인구출회)	북한인권·난민문제 국제회의제3세션 발표문(동경 개최)
2004.4.	임진왜란에 납치된 조선인의귀환과 잔류로의 길	민덕기(청주대 사학과 부교수)	한일관계사연구20집
2004.7.	임진왜란에 납치된 조선인과 정보의 교류	민덕기(청주대 사학과 부교수)	사학연구
2004.8.	6·25전쟁납북자 실태분석과 정책적 대응 방안 모색	김명호(강릉대 경영학과 교수)	한국사회과학회 사회과학연구제4권 제1호
2004	한국역사에 있어 전쟁피로자. 피랍자의 송환문제: 임진. 정유왜란, 정묘. 병자호란. 6·25전쟁의 사례를 중심으로	김용욱(원광대 정외과 교수)	국제정치논집 제44집
2004	6·25전쟁납북자 문제의 성격과 해결 방안	윤여상(영남대학교 교수)	한국정치학회보
	북한정권형성기와 정권초창기의 북한 연구1	김학준(서울대 교수)	
	한국전쟁기에 미군이 노획한 북한 문서에 관한 소개를 중심으로		
	노획北韓筆寫文書解題(1)	방선주(재미사학자, 한림대객원교수)	
	韓國 戰爭 當時 北韓의 南韓占領地域에 대한 Soviet 北政策研究	신인항(한국 제3군사학교 조교수)	
	북한군의 양민 학살에 관한 연구	김행복(군사편찬역구소전쟁사부장)	한국전쟁의 새로운 연구2
	국내 납북자에 관한 정부의 입장과 그 문제점 중심으로	신율(명지대 정외과 교수)	탈북자문제해결방안 모색 토론화
	1954년 Genova평화회의의 국제법적 의의	최운상(연세대학교 국제학대학원 교수)	
	왜 북한 인권인가? 통일의 관점에서	최운상(연세대학교 국제학대학원 교수)	

5. 연표

(1) 납북자 송환 활동 일지

1951. 9. 1	6·25 사변피랍치인사가족회 결성. 부산 새들공원에서 총회를 개최해 회장에 장기빈씨 선출함. 청원문을 채택하여 그동안 작성해 온 「6·25 사변피랍치인사명부」 1차분(2,316명)과 함께 신익희 국회의장에게 송부. 가족회에서 납북인사 명부 계속 작성하기로 결정. 후에 국회의장 신익희씨의 유품에서 가족회에서 작성한 총 2,316명의 피랍인사 명부가 발견됨.
1952. 8. 27	국회에서 납북 국회의원 보궐선거 보류를 결의함.
1953. 8. 12	서울 덕수궁에서 2,200여 명이 참석한 가운데 가족회 총회 개최. 양매륜씨를 회장으로 뽑고 사무실은 종로 2가 장안빌딩에 둠. 덕수궁 뒤뜰에서 "찾아 달라 남편을 아들을" 이라는 구호를 내걸고 납북인사 구출대회를 함.
1954. 3. 1	휴전협정에 따라 실향민 교환이 있었으나 북한은 외국인 19명만 송환. 납북자는 포함되지 않았음.
1954. 3. 11	제 2회 납북자 구출대회. "내 남편 내 아들을 돌려 보내라" 는 구호로 가족들 시위.
1954. 5	변영태 외무부 장관이 국제적십자사에 서한을 보내 납북인사 송환을 주선해줄 것을 요청.
1954. 7. 26	가족회에서 국제적십자사에 서한을 보내 한국에 대표를 파견해줄 것을 요청. 이 문제를 유엔 총회에서 다룰 수 있을지에 대해 문의함.
1954. 9. 21~10. 10	유엔, 국제적십자사 등에 납북자 명부 발송.
1955. 9. 11	정부, 납북인사 및 국군포로를 유엔을 통해 송환할 것을 추진.
1955. 12. 11	가족회, 제 7회 세계인권선언일 기념식에서 납북인사 구출을 전세계에 호소.
1956. 6. 15~8.15	대한적십자사, 두 달간 납북자 신고 접수. 최종 7,034명이 접수. 「실향사민안부탐지신고서」라는 이름으로 접수됨. 현재 유필 신고서 원본이 대한적십자사에 보관돼 있음.
1956. 10	대한적십자사에서 납북자들의 명단을 국제적십자사에 전달하고 국제적십자사가 나서 북한적십자사와 교섭해줄 것을 요청.
1957. 2. 26	국제적십자사는 "문제 해결을 위해 남북 쌍방이 직접 회담을 하자"는 북한적십자사의 제안을 남측에 전달해왔으나 대한적십자사가 이를 거절함.
1957. 11. 7	북한적십자사가 337명의 납북자들의 생존 사실과 주소와 직업을 '실향사민소식조사회답서' 라는 제목으로 회신해옴. 대한적십자사와 국제적십자사가 긴밀히 연락을 취해 납북자 전원의 생사를 알도록 노력하기로 함.
1957. 12. 3	북한적십자사, 국제적십자사를 통해 월남인사 14,132명의 행방 조사 요청. 그후 12 차례에 걸쳐 북한이 이들의 생사를 문의했으나 우리측은 이를 불문에 붙이고, 이 문제를 중앙정보부에 이첩했음.

1960. 6. 30	가족회 회원들이 납북자 명단을 작성하고 있는 용산의 휴전협정위원회에 3차례 방문하고, 정기 보고서를 작성한 이후 가족회 활동이 중단됨. 이유는 1959년 9월 3기 보고서에 형사가 나와 가족회 목적과 역원, 간부 명단 조사가 있었다는 기록이 있는 것으로 보아 연좌제 적용이 시작되어 활동에 제재를 받게 된 것과 4·19의 영향으로 보임.
1964. 12. 5	대한적십자사와 「조선일보」가 공동으로 '납북인사 송환을 위한 백만인 서명운동' 전개. 이 서명철을 유엔에 전달함.
1971. 8. 12	남북한 적십자사가 이산 가족 찾기를 위해 접촉, 주소 및 생사확인, 자유로운 방문과 상봉, 서신 왕래, 자유 의사에 의한 재결합 등 인도주의적 5개 의제를 놓고 협상을 벌였으나 결국 교착상태에 빠짐.
1984	북한적십자사가 남한측에 수재민 구호물자를 보내옴.
1985. 5. 27~30	8·15 광복 40주년을 맞아 이산가족고향방문단과 예술공연단의 교환 방문 추진. 같은 해 9월 남북적십자 총재(남한 김상협, 북한 손성필)가 각각 151명씩의 방문단과 함께 서울과 평양을 방문.
2000.6	이산 가족 문제 해결해 나가기로 합의. "납북자는 없다"는 북한의 기존 입장은 계속됨.
2000. 11	전후 납북자 강희근(동진 27호 갑판장)씨와 남쪽 어머니 김삼례씨와 상봉한 이후 통일부에서 국군포로 및 납북자에 대해 '특수이산가족' 으로 범주화하여 따로 다루게 됨.
2001. 9. 6	통일부 산하 사단법인 6·25전쟁납북인사가족협의회 창립.(2000년 11월 30일 창립한 6·25 사변납북자가족회가 사단법인으로 전환)
2002. 9	제4차 적십자회담에서 처음으로 전쟁 시기 생사를 알 수 없게 된 사람들의 생사와 주소 확인 문제를 협의하기로 함.
2002. 10. 22	제8차 남북 장관급 회담에서 전쟁시기 소식을 알 수 없게 된 자들의 생사 주소를 확인하는 적십자 단체들의 사업을 적극 지원하기로 함.
2005. 6.	제15차 남북 장관급 회담에서 제6차 적십자회담부터 전쟁 시기 생사를 알 수 없게 된 사람들의 생사확인 등 인도주의 문제 해결을 협의하기로 함. 사실상 납북자 문제 해결을 위한 물꼬를 트려는 남측의 노력의 결과라고 할 수 있음.
2005. 9. 16	제16차 남북 장관급회담에서 전쟁시기 소식을 알 수 없게 된 사람들의 생사확인 문제를 적십자 회담에서 계속 협의하기로 함.
2006. 2. 23	제7차 남북 적십자회담에서 북한은 6·25 전쟁 후 납북자 존재를 첫 공식 인정, 납북자와 국군포로 생사확인 문제를 남측과 협의하기로 함. 대신 용어는 '소식을 알 수 없게 된 사람들' 이라고 표현함.
2006. 3. 22	제13차 이산 가족 상봉시 처음으로 전쟁납북자를 특수 이산 가족으로 포함시켜 줌. 4명 신청하였지만 납북 당사자인 부친은 모두 확인 불가능. 4명 중 이경찬씨의 경우 전시 행불자인 숙부는 사망, 생존한 숙모와 사촌동생 상봉.
2006. 6	제14차 이산 가족 상봉시 전쟁납북자 8명 상봉 신청함. 그중 유정옥씨만 북측에서 부친 이봉우의 생존과 추가로 이복남매를 확인해 주었으나 2주일 후 북측에서 다른 사람이라고 번복하여 상봉 무산시킴. 결국 8명 모두 확인 불가능.

(2) 6 · 25전쟁납북인사가족협의회 활동

■ 기관 창설

2000. 11. 30	서울 기독교100주년기념관에서 '6·25 사변납북자가족회' 창립총회.
2001. 9. 6	통일부 인가 사단법인 설립. '6·25전쟁납북인사가족협의회' 로 개칭.
2005. 6. 25	한국전쟁납북사건자료원 (Korean War Abductees Research Institute) 개원 및 홈페이지(www.kwari.org) 개설.

■ 납북자 명부 발굴 일지

2001. 1.	1956년 대한적십자사 「실향사민등록자명부」 및 1957년 북한 조선적십자사 중앙위원회가 생사와 주소를 알려온 337명에 대한 회신서 사본 대한적십자사에서 입수.
2001. 12.	1950. 12. 1 공보처 통계국 작성 「서울특별시 피해자 명부」 납치 피살 행불자 명단 고서 장서가로부터 구입. 납치 2,438명 명단 확보.
2002. 2.	1952년 대한민국 정부가 작성한 전국 82,959명 명단이 실린 「6·25 사변 피랍치자 명부」 국립중앙도서관에서 사본 입수.
2002. 3.	1954년 내무부 치안국 작성 전국 17,940명 명단이 실린 「6·25동란으로 인한 피랍치자 명부」 국가기록원에서 마이크로필름 영인본 입수.
2002. 8.	6·25 전쟁 납북인사 가족들이 1956년 6월부터 2개월간 대한적십자사에 신고한 7,034명의 육필 신고서 「실향사민 안부탐지신고서」 대한적십자사에서 사본 입수.
2005. 1.	1954년 내무부 치안국 작성 전국 17,940명 명단 「6·25동란으로 인한 피랍치자 명부」 외교 정책 자료실에서 사본 입수.

■ 국내 활동

2001. 12. 19	'6·25 전쟁 납북자 생사확인 그날까지… 100만인 전국서명운동' 시작. 2006년 8월 현재 114,363명 서명.
2001. 2. 22	제1회 가속회 주최 토론회 개최. (주제: 한국전쟁 중 납북자 실태와 해결방안)
2001. 6. 20	가족회 소식지 창간. 매월 발간해 2006년 8월 60호 발간.
2001. 6. 25	6·25 전쟁 체험 제1회 '납북길 따라 걷기' 행사 개최.
2001. 11	가족회 기관지 계간 「뜻」 창간. 2003년 3월까지 6회 발간.
2001. 12. 3	창립 1주년 공청회 및 자료전시회. (장소: 세종문화회관 컨퍼런스홀)
2002. 1. 21	〈서울특별시 피해자명부〉 1950. 12. 1 공보처 통계국 작성. 피랍치자 2,438명 명단 최초 공개 기자회견.
2002. 2. 21	논문공모전 「6·25 전쟁 납북인사 생사확인의 현실적 해결 방안」 실시.
2002. 3. 6	〈6 · 25사변 피랍치자 명부〉 1952년 대한민국 정부 작성 전국 82,959명 명단 발견 기자회견.
2002. 3. 13	6 · 25전쟁 납북자 생사확인 촉구 시위. (세종문화회관 분수대 앞)

2002. 8. 13	납북자 송환 촉구 결의 대회. (중구 장충동 신라호텔 앞)
2002. 9. 19	17일 일본이 일본 피랍자 귀환 및 북한의 사과와 재발 방지 약속을 받아낸 것에 대해 통일부 항의 방문.
2002. 9. 23~	강릉대학교 특강 연 2회 진행. 주제: 6 · 25전쟁과 납북자 문제, 대상: 학부 대학생 약 150여명
2002. 10. 8	덕수궁 대한문 앞에서 '6·25납북자 문제를 남북협상에서 최우선 의제로 채택하라' 는 시위.
2003. 6. 25	「월간조선」과 공동으로 『6·25납북자 82,959명』 책 발간.
2003. 12. 16	제3회 토론회. (주제: 6·25 전쟁 납북 피해자 문제를 어떻게 해결할 것인가?)
2005. 2. 17	「6·25 전쟁 납북자명예회복및지원에관한법률안」이 16대 국회에서 전여옥 의원 대표 소개 발의로 통일외교통상위원회 상정.
2005. 4. 14~16	「6·25 전쟁 납북자명예회복및지원에관한법률안」 제정 촉구. 자료전시회 개최. (장소: 국회의원 회관 로비)
2005. 6. 21	제2회 '납북 길 따라 걷기' 서대문형무소 → 우이동 솔밭(16km 걷기) 한탄강에서 귀환납북자 박명자 다큐 상영 후 1박.
2005. 6. 22	월정리에 생사확인 기원 기념식수 및 남북장관급회담이 개최된 워커힐에서 생사확인 즉시 이행 촉구 시위.
2005. 6. 25	가족회 홈페이지 개명. www.625.in
2006. 1. 17	국가 상대 손해 배상 청구 소장 2건 서울지방법원에 접수. 공무원의 가족과 일반 가족으로 구분해 제소.
2006. 2. 16	「돌아오지 못한 사람들」 전시납북자 다큐멘터리 상영회. (장소: 명동성당 코스트홀)
2006. 3. 22	국가인권위원회 주최 남북 인도주의 관련 단체 초청 토론회. 이미일 이사장 발표 및 토론자로 참석.
2006. 6. 21	6·25 전쟁 56주년 행사 10만 전쟁납북자 송환 촉구대회. '10만 전쟁납북자를 가족의 품으로' –서대문형무소.
2006. 7. 11	프레스 센터에서 전시·전후납북자 가족회 공동으로 전시 납북자 유정옥 가족 상봉 좌절 및 전후 납북자 김영남 가족 상봉에 관한 입장 표명.

■ 국외 활동

2002~현재	피랍일본인구출회 초청 동경 국민대집회에 가족회 대표 참가.
2003. 6. 3	미국 디펜스포럼 초청 '납북자 송환 및 북한 인권 개선 촉구 국제대회' 참가 상하의원 면담 및 명부 자료 전달 UN인권위원회 방문.
2003. 6. 23~24	'납북자 송환 한일 공동 촉구대회' 서울에서 개최. (주제: 북한의 납치 테러의 시작과 현재)
2004. 4. 27	미국회도서관에 납북자 명단 책 〈6 · 25납북자 82,959명〉기증.

2004. 5. 3	가족회 대표, 뉴욕 UN인원위원회 방문. 뉴욕 UN 북한대표부에서 북한 참사관 면담.
2005. 11. 2	피랍일본인구출회 초청 동경 기자회견 참가 연대함.
2005. 12. 6~7	미국 프리덤 하우스 주최 '북한인권 국제대회' (서울 신라호텔) 참가. 서울 시청 앞 자료전시회. 6·25 전쟁 납북자 생사확인 서명.
2006. 4. 25~28	미국 워싱톤에서 Defense Forum이 주최한 북한 인권 주간 참석.
2006. 4. 27	미국 하원청문회에서 본회 이미일 이사장 증언.
2006. 5. 9	본회 다큐멘터리 뉴욕국제독립영화제 입선하여 뉴욕 Screen & Village East Cinemas 극장에서 상영.

■ 자료원 활동

2005. 5.~	가족 증언을 채록, 2006년 8월 현재 57건의 시청각 자료 축적.
2005. 6. 23	자료원 개원 기념 제4회 6·25 전쟁 납북 문제 세미나 개최. (주제: 6·25 전쟁 납치 피해에 관한 법적 대응 방안 모색)
2006. 9.	『한국전쟁납북사건사료집』 발간.

6·25 전쟁 납북자 실태의 실증적 분석에 관한 연구

김 명 호(강릉대학교 경영학과 교수)

Ⅰ. 서 론

1946년, 김일성은 '남조선에서 인테리들을 데려올데 대하여'의 담화 내용에서 "부족한 인테리 문제를 해결하자면, 북조선에 있는 인테리들을 다 찾아내는 한편, 남조선에 있는 인테리들을 데려와야 합니다."라고 발표하였다.[1]

이러한 목적에 의하여 북으로 납치된 6·25 전쟁 중의 납북자 수에 대하여, 대한적십자사는 7,034명으로, 이 가운데 337명이 생존해 있는 것으로 발표하였다. 그러나 6·25 전쟁납북인사가족협의회는 6·25 전쟁 때 납북자의 수가 대한적십자사 자료의 11배가 넘는 82,959명이라고 한다.[2] 이와 같이 정확한 자료가 없는 상황에서 납북자들의 인권 문제는 그동안 철저하게 무시되어 왔다.

그리고 김대중 정부가 공식적으로 밝히고 있는 휴전 이후의 납북자 수는 3,790여 명이며, 이 가운데 480여 명이 아직 북한에 잔류하고 있는 것으로 정부는 파악하고 있다. 이 수치에서 알 수 있듯이 김대중 전 대통령조차 6·25 전쟁 중 납북자 8만여 명에 대해서는 납북자로 보지 않고 있는 것이다.[3]

1) 김일성, '남조선에서 인테리들을 데려올데 대하여', 『김일성전집 4』, 1946년 7월 31일, pp.66-69.
2) 6·25 전쟁납북인사가족협의회, '6·25납북자 자료 발굴', 「뜻」, 통권 2호, 2002, pp.6-9.
3) 김성동, 현 통일부는 이런 문건의 존재조차 모르고 있었다!, 6·25납북자 82,959명, 「월간조선」사, 2003년 6월 25일, pp.30-31.

2000년 11월에 창립된 6·25전쟁납북인사가족협의회는 창립 이후 정부 관련 기관에 납북자 명단이 보관되어 있는지 확인을 요청하는 공문을 보내는 등의 납북자 명단 확보 노력을 해왔다. 이 단체의 납북자 명단 보관 확인 요구에 대한 행자부, 경찰청, 국정원 등 정부 관련기관들의 답은 "그런 자료는 없다."였다.[4]

이러한 상황에서도 6·25전쟁납북인사가족협의회 회원들이 6·25 전쟁의 납북자 명부를 찾으러 정부 유관 기관, 도서관, 고서점 등을 찾아다니며 많은 노력을 기울였다. 그 결과, 6·25전쟁납북인사가족협의회는 2002년 2월 국립중앙도서관에 소장된 「6·25 사변 피랍치자 명부」를 발견하였으며, 같은 해 6월, 이 명부를 DB화하여 온라인상에서 검색하도록 하였다.[5] 그러자 6·25전쟁납북인사가족협의회의 DB화 요구에 미온적인 태도를 보였던 정부가 2002년 12월 통일부의 홈페이지에 납북자 명부를 올려놓았으나 자료의 구성이 6·25전쟁납북인사가족협의회의 그것과 너무 흡사하다.[6] 뒤늦게나마 다행스러운 것은 정부도 6·25 전쟁 납북자의 존재를 공식적으로 인정하고 있다는 사실이다.

그러나 지난 50여년간 정부는 6·25 전쟁의 납북자 관련 사항들을 전혀 다루지 않았으며, 최근까지도 북한과의 관계를 우려하여 6·25 전쟁의 납북자 관련 사항들을 공식 안건으로 채택하지도 못하고 있다. 더구나 납북자와 관련된 기초적인 자료 확보나 분석도 매우 미흡한 실정이다.

따라서 본 연구는 그동안 발견된 5개의 6·25 전쟁 납북자 명단이 수록된 문서들을 바탕으로, 납북자들을 데이터베이스화하고 납북자들의 인적 구성 데이터를 분석하여 6·25 전쟁 납북자 연구에 기초적인 자료를 제시하고자 한다. 그리고 납북자와 관련된 분석 방법은 SPSS V.12의 빈도분석과 교차분석을 사용하였다.

Ⅱ. 6·25 전쟁 납북자 관련 문헌

지금까지 발견된 6·25 전쟁 납북자 관련 문서는 ① 공보처 통계국에서 작성한 「서울특별시 피해자 명부」(2,438명), ② 대한민국 정부가 발행한 「6·25 사변 피랍치자 명부」(82,959명), ③ 해공 신익희 선생 유품에서 나온 「6·25 사변 피랍인사 명부」(2,316명), ④ 1956년 대한적십자사의 「실향사민 등록자 명단」(7,034명), ⑤ 내무부 치안국에서 작성한 「피랍치자 명부」(17,940명) 등 5개의 문서가 있다.

4) 상게서, p.29.
5) http://www.625.in에서 검색이 가능하며, ① 공보처 통계국에서 작성한 「서울특별시 피해자 명부」(2,438명), ② 대한민국 정부가 발행한 「6·25 사변 피랍치자 명부」(82,959명), ③ 해공 신익희 선생 유품에서 나온 「6·25 사변 피랍인사 명부」(2,316명), ④ 1956년 대한적십자사의 「실향사민 등록자 명단」(7,034명), ⑤ 내무부 치안국에서 작성한 「피랍치자 명부」(17,940명) 등 5개의 문서가 수록되어 있음.
6) http://reunion.unikorea.go.kr(자료실의 납북자 명부)에서 검색이 가능하며, ① 50년 「서울특별시 피해자 명부」(2,438명), ② 52년 「6·25 사변 피랍치자 명부」(82,575명), ③ 54년 내무부 치안국의 「6·25 사변 피랍치자 명부」(16,816명), ④ 56년 「실향사민 등록자 명단」(7,021명)을 수록함.

1. 공보처 통계국의 「서울특별시 피해자 명부」

6·25전쟁납북인사가족협의회가 고서 수집가로부터 입수한 것으로, 공보처 통계국이 작성한 「서울특별시 피해자 명부」는 표지 하단에 '공보처 통계국'으로 표기되어 있어 정부가 작성한 문건임을 알 수 있다. 문서 표지 상단에는 '檀紀4283년 自6월25일 至 9월 28일(6·25 사변 중)'이라고 적어, 조사 대상이 된 피해 발생 기간을 밝히고 있다. 즉, 6·25 전쟁 발발 직후부터 9·28 서울 수복까지의 인민군에 의한 민간인 피해자 명단을 조사한 것이다.

그리고 발행일이 단기 4823년(1950년) 12월 1일로 되어 있는 「서울특별시 피해자 명부」는 서울 시내 9개 구청별로 조사한 명단이다. 문서에 기록된 피해자 수는 4,616명이며, 이 가운데 '납치'가 가장 많은 2,438명이고, 납치자 가운데 여성은 93명으로 나타났다. 그리고 행방불명자는 1,202명, 피살자가 976명이었다. 정부는 지금까지 6·25 납북자들의 경우 납치를 당한 것인지, 자진 월북한 것인지 구분이 모호하다는 입장을 밝혀 왔지만, 이 문서는 북한에 의해 강제로 납치된 인사들을 명확하게 구분해주고 있다.

공보처 통계국은 이 문서가 애초에는 유명인사들을 대상으로 했다가 피해자 전체로 대상을 확대했음을 밝히고 있다. 피해자 조사 대상을 만 14세 이상으로 했고, 의용군으로 입대한 사람은 제외했다는 점도 기록되어 있다.[7]

2. 대한민국 정부 발행의 「6·25 사변 피랍치자 명부」

「6·25 사변 피랍치자 명부」는 6·25전쟁납북인사가족협의회가 2002년 2월 중순경 국립중앙도서관에서 발견한 문서이다. 이 문서는 1952년 10월경 대한민국 정부의 실제 조사에 의해 작성된 것으로, 82,959명의 명단이 실려 있다. 작성 경위는 전쟁 중 각계각층의 유명인사들을 비롯하여 너무나 많은 분들이 북한으로 납치되어 갔으므로, 그 당시 정부가 국가적 인명 피해로 여기고 전국 일선 행정 기관에 명령을 시달하여 실제로 납치 여부를 확인한 후 명단을 올렸다고 한다.[8]

이 문서는 전국의 납북자 수가 기록되어 있으며, 이 숫자는 1952년에 발행한 대한민국 통계연감과 완전 일치한다. 1953년에 발행한 『대한민국 통계연감』에는 납북자 수를 84,532명으로 집계하고 있는데, 이는 1953년에 추가된 사람들이 반영된 것으로 추측

---

7) 6·25전쟁납북인사가족협의회, 「6·25납북자 자료 발굴」, 「뜻」, 통권 2호, 2002년 3월, p.9.
8) 상게서, p.8.
9) 김성동, 전게서 p.18.

된다. 이승만 정부가 6·25 전쟁 당시 북한에 의해 납치된 인사들의 명단을 작성해 문서로 남겼으나 납북 가족 문제를 다루는 주무 부서인 통일부는 그런 문서들이 작성됐다는 사실조차 모르고 있었다.[9]

3. 신익희 선생의 「6·25 사변 피랍인사 명부」

「6·25 사변 피랍인사 명부」는 1952년에 결성된 '6·25사변피랍치인사가족회'에서 작성하여 당시 국회의장인 신익희 선생에게 제출된 것이다. 그 뒤, 이 문서는 신익희 선생의 유품에서 발견되어 고서 장서가 신영균씨가 소장하고 있고 그 사본을 6·25전쟁납북인사가족협의회가 입수하였다. 문서에 수록된 피랍치자는 대부분 서울 지역 거주자이며, 모두 2,316명의 명단이 실려 있다.[10]

4. 대한적십자사의 「실향사민 등록자 명단」

「실향사민 등록자 명단」은 대한적십자사에서 납북자들의 안부를 탐지해 주겠다고 하며, 납북자 가족들로부터 1956년 6월 15일부터 8월 15일까지 2개월에 걸쳐 실향사민 재등록을 받아 전국적으로 7,034명의 명단이 새로이 작성되었다.[11]

이때 '납북자' 대신에 '실향사민(Displaced Civilians)'이라는 용어를 쓴 것은 북한에 안부 탐지를 하기 위한 궁여지책이었고 한다.[12]

5. 내무부 치안국의 「피랍치자 명부」

「피랍치자 명부」는 1954년 내무부 치안국에서 작성한 것으로 17,940명의 명단이 수록되어 있다.[13] 이 자료는 그동안 국가기록원에서 마이크로필름 상태로 보관하고 있던 것을 영인하여 2003년 6·25전쟁납북인사가족협의회에 전달한 것이다. 그러나 자료가 선명하지 못하여 문자를 읽기에 많은 어려움이 있어 DB화 할 수가 없었다. 그 후 6·25전쟁납북인사가족협의회가 2005년 1월 외교정책 자료실에서 동일한 명부가 2권의 책으로 제책된 것을 발견하였고 그 사본을 입수하여 DB화 할 수 있었다.

---

10) 상계서, p.10.
11) 대한적십자사, 「실향사민 등록자 명단」, (서울: 1956). p.3.
12) 신율, 「한국전쟁 중 납북인사 실태와 해결 방안」, 「뜻」 창간호, 2001년 11월, p.21.
13) 6·25전쟁납북인사가족협의회에서 제시한 자료에 의함.

Ⅲ. 6·25 전쟁 납북자의 기초자료 분석

1. 연구의 범위 및 방법

6·25 전쟁 납북자 실태 분석을 위하여 본 연구에서 다루는 6·25 전쟁 납북자 관련 자료는 ① 공보처 통계국 작성 「서울특별시 피해자 명부」(2,438명), ② 대한민국 정부 발행 「6·25 사변 피랍치자 명부」(82,959명) ③ 해공 신익희 선생 유품에서 나온 「6·25 사변 피랍인사 명부」(2,316명) ④ 1956년 대한적십자사의 「실향사민 등록자 명단」(7,034명) ⑤ 1954년 내무부 치안국의 「피랍치자 명부」(17,940명) 등 5개 문서에 등재된 명단을 토대로 하였다.

먼저, 5개 문서에 기재된 112,687명의 납북자들을 액셀을 이용하여 모두 데이터베이스화하였다. 데이터베이스화하는 과정에서 모든 문서들의 내용이 한문으로 작성되었고, 당시에 사용된 약자로 쓰여진 한문들이 간혹 발견되어 어려움이 있었다. 이를 40여 명의 대학생들이 3개월 동안 작업을 하여 데이터베이스를 마무리할 수 있었다.

데이터베이스에 구성된 필드는 한글 성명, 한자 성명, 성별, 당시 나이, 직업, 납치 장소, 납치일, 주소 등으로 문서에 기록된 내용을 그대로 나타내었다. 그리고 문서에 따라 필드의 구성이 조금씩 다른 경우에도 조정하여 전체 데이터베이스의 통일성을 기하였다.

그러나 동일인이 여러 문서에 등재된 경우가 많이 발견되어, 납북자들의 기초 자료 분석을 하기 전에 소트 방법을 이용하여 동일인은 하나의 명단만 남겨두고 나머지는 모두 삭제하였다. 이렇게 여러 문서에서 동일한 명단이 나타난 이유는 각각 다른 시기에 다른 기관에서 조사가 되었기 때문이다. 또한 동일한 문서에 중복되어 등재된 이유는 유가족들이 전국에 흩어져 각각 납북자로 신고함으로서 나타난 결과로 분석된다. 그러므로 5개 문서에 등재된 112,687명 가운데 중복된 명단을 제외한 96,013명을 분석 대상으로 하였다. 최종 밝혀진 시도별 납북자 수는 다음과 같다.

〈표 1〉 시도별 납북자 수

서울시	경기도	강원도	충청도	경상도	전라도	합 계
22,348	18,270	11,375	23,664	9,503	10,853	96,013

그리고 6·25 전쟁 납북자 실태 분석은 SPSS V.12의 빈도분석을 사용하여, 지역별 납북자 분포, 성별에 따른 지역별 납북자 분포, 연령대에 따른 지역별 납북자 분포, 직업에 따른 지역별 납북자 분포 등을 분석하였다.

2. 지역별 납북자 분포

본 연구의 분석 결과에 의하면, 6·25 전쟁 당시 모두 96,013명이 납북되었으며, 각 시도 납북자 수는 다음과 같다.

서울시의 구별 납북자 수는 성북구(3,679명), 동대문구(3,196명), 종로구(2,684명) 등의 순으로 나타났다.

〈표 2〉 각 시도의 지역별 납북자 수

서울시 구별 납북자 수

		빈도	퍼센트	유효퍼센트	누적퍼센트
유효	성북구	3679	16.5	16.7	16.7
	동대문구	3196	14.3	14.5	31.2
	종로구	2684	12.0	12.2	43.4
	성동구	2413	10.8	11.0	54.4
	용산구	2236	10.0	10.2	64.6
	서대문구	2143	9.6	9.7	74.3
	마포구	2114	9.5	9.6	83.9
	중구	1832	8.2	8.3	92.3
	영등포구	1698	7.6	7.7	100.0
	합계	21995	98.4	100.0	
결측	시스템 결측값	353	1.6		
합계		22348	100.0		

경기도 시군별 납북자 수

		빈도	퍼센트	유효퍼센트	누적퍼센트
유효	인천시	1773	9.7	9.7	9.7
	강화군	1485	8.1	8.1	17.8
	김포군	1384	7.6	7.6	25.4
	파주군	1383	7.6	7.6	33.0
	화성군	1231	6.7	6.7	39.7
	여주군	1110	6.1	6.1	45.8
	안성군	1028	5.6	5.6	51.5
	부천군	1004	5.5	5.5	57.0
	고양군	818	4.5	4.5	61.4
	가평군	807	4.4	4.4	65.9
	포천군	800	4.4	4.4	70.2
	광주군	771	4.2	4.2	74.5
	시흥군	671	3.7	3.7	78.1
	용인군	649	3.6	3.6	81.7
	양주군	542	3.0	3.0	84.7
	수원시	531	2.9	2.9	87.6
	이천군	523	2.9	2.9	90.4
	평택군	453	2.5	2.5	92.9
	개성시	402	2.2	2.2	95.1
	양평군	309	1.7	1.7	96.8
	옹진군	258	1.4	1.4	98.2
	연백군	115	0.6	0.6	98.9
	개풍군	105	0.6	0.6	99.4
	장단군	93	0.5	0.5	100.0
	연천군	6	0.0	0.0	100.0
	합계	18251	99.9	100.0	
결측	시스템 결측값	19	0.1		
합계		18270	100.0		

경기도의 시군별 납북자 수는 인천시(1,773명), 강화군(1,485명), 김포군(1,384명), 파주군(1,383명) 등의 순으로 나타났다. 그리고 강원도의 시군별 납북자 수는 강릉군이 3,736명으로 가장 많았으며, 홍천군(1,364명), 원주군(1,294명), 삼척군(1,216명) 등의 순으로 나타났다.

강원도 시군별 납북자 수

		빈도	퍼센트	유효퍼센트	누적퍼센트
유효	강릉군	3736	32.8	32.8	32.8
	홍천군	1364	12.0	12.0	44.8
	원주군	1294	11.4	11.4	56.2
	삼척군	1216	10.7	10.7	66.9
	평창군	1054	9.3	9.3	76.1
	횡성군	648	5.7	5.7	81.8
	춘성군	563	4.9	5.0	86.8
	울진군	513	4.5	4.5	91.3
	영월군	324	2.8	2.8	94.1
	정선군	283	2.5	2.5	96.6
	춘천시	276	2.4	2.4	99.1
	명주군	53	0.5	0.5	99.5
	화천군	16	0.1	0.1	99.7
	고성군	9	0.1	0.1	99.7
	원성군	9	0.1	0.1	99.8
	철원군	7	0.1	0.1	99.9
	양양군	3	0.0	0.0	99.9
	금화군	3	0.0	0.0	99.9
	인제군	2	0.0	0.0	100.0
	합계	11373	100.0	100.0	
결측	시스템 결측값	2	0		
합계		11375	100.0		

충청도의 시군별 납북자 수는 청원군이 3,063명으로 가장 많았으며, 충주군(2,009명), 공주군(1,810명), 진천군(1,779명) 등의 순으로 나타났다.

충청도 시군별 납북자 수

		빈도	퍼센트	유효퍼센트	누적퍼센트
유효	충북 청원군	3063	12.9	13.0	13
	충북 충주군	2009	8.5	8.5	21.5
	충남 공주군	1810	7.6	7.7	29.1
	충북 진천군	1779	7.5	7.5	36.7
	충북 음성군	1645	7.0	7.0	43.6
	충남 논산군	1611	6.8	6.8	50.4
	충북 제천군	1410	6.0	6.0	56.4
	충남 예산군	1407	5.9	5.9	62.3
	충북 괴산군	1045	4.4	4.4	66.8
	충북 영동군	890	3.8	3.8	70.5
	충북 단양군	768	3.2	3.2	73.8
	충남 부여군	671	2.8	2.8	76.6
	충남 서천군	618	2.6	2.6	79.2
	충남 당진군	557	2.4	2.4	81.6
	충남 서산군	519	2.2	2.2	83.8
	충남 보령군	497	2.1	2.1	85.9
	충남 대덕군	480	2.0	2.0	87.9
	충남 홍성군	440	1.9	1.9	89.8
	충남 대전시	411	1.7	1.7	91.5
	충북 보은군	410	1.7	1.7	93.2
	충남 연기군	370	1.6	1.6	94.8
	충남 천안군	293	1.2	1.2	96.0
	충남 아산군	282	1.2	1.2	97.2
	충남 청양군	255	1.1	1.1	98.3
	충북 청주시	247	1.0	1.0	99.4
	충북 옥천군	156	0.7	0.7	100.0
	충북 중원군	7	0.0	0.0	100.0
	합계	23650	99.9	100.0	
결측	시스템 결측값	14	0.1		
합계		23664	100		

경상도의 시군별 납북자 수는 예천군이 1,744명으로 가장 많았으며, 안동군(866명), 문경군(775명), 영덕군(730명) 등의 순으로 나타났다.

그리고 전라도의 시군별 납북자 수는 김제군(794명), 진안군(766명), 군산시(674명) 등의 순으로 나타났다.

경상도 시군별 납북자 수

		빈도	퍼센트	유효퍼센트	누적퍼센트
유효	경북 예천군	1744	18.4	18.4	18.4
	경북 안동군	866	9.1	9.1	27.5
	경북 문경군	775	8.2	8.2	35.7
	경북 영덕군	730	7.7	7.7	43.4
	경북 상주군	650	6.8	6.9	50.3
	경북 영주군	613	6.5	6.5	56.7
	경북 봉화군	527	5.5	5.6	62.3
	경남 사천군	361	3.8	3.8	66.1
	경남 산청군	338	3.6	3.6	69.6
	경남 하동군	302	3.2	3.2	72.8
	경북 금릉군	256	2.7	2.7	75.5
	경남 함양군	245	2.6	2.6	78.1
	경북 성주군	241	2.5	2.5	80.7
	경북 의성군	220	2.3	2.3	83.0
	경북 영양군	206	2.2	2.2	85.2
	경북 선산군	176	1.9	1.9	87.0
	경북 고령군	156	1.6	1.6	88.7
	경북 대구시	141	1.5	1.5	90.1
	경북 영천군	120	1.3	1.3	91.4
	경남 진주시	95	1.0	1.0	92.4
	경북 청송군	91	1.0	1.0	93.4
	경북 칠곡군	77	0.8	0.8	94.2
	경남 고성군	77	0.8	0.8	95.0
	경북 영일군	76	0.8	0.8	95.8
	경남 합천군	72	0.8	0.8	96.6
	경남 의령군	49	0.5	0.5	97.1
	경남 거창군	48	0.5	0.5	97.6
	경북 군위군	39	0.4	0.4	98.0
	경남 함안군	36	0.4	0.4	98.4
	경남 남해군	36	0.4	0.4	98.7
	경북 달성군	20	0.2	0.2	99.0
	경남 울산군	18	0.2	0.2	99.1
	경북 포항시	15	0.2	0.2	99.3
	경남 통영군	13	0.1	0.1	99.4
	경남 창녕군	9	0.1	0.1	99.5
	경남 양산군	7	0.1	0.1	99.6
	경남 마산시	6	0.1	0.1	99.7
	경북 경주군	5	0.1	0.1	99.7
	경북 김천군(금산군)	5	0.1	0.1	99.8
	경남 부산시	5	0.1	0.1	99.8
	경남 동래군	4	0.0	0.0	99.9
	경남 창원군	3	0.0	0.0	99.9
	경북 구미군	2	0.0	0.0	99.9
	경남 진양군	2	0.0	0.0	99.9
	경남 충무시	2	0.0	0.0	100.0
	경북 울진군	1	0.0	0.0	100.0
	경북 청도군	1	0.0	0.0	100.0
	경남 진해시	1	0.0	0.0	100.0
	경남 협천군	1	0.0	0.0	100.0
	합계	9483	99.8	100.0	
결측	시스템 결측값	20	0.2		
합계		9503	100		

전라도 시군별 납북자 수

		빈도	퍼센트	유효퍼센트	누적퍼센트
유효	전북 김제군	794	7.3	7.3	26.0
	전북 진안군	766	7.1	7.1	33.1
	전북 군산시	674	6.2	6.2	39.3
	전북 완주군	485	4.5	4.5	43.8
	전남 목포시	465	4.3	4.3	48.1
	전북 장수군	462	4.3	4.3	52.3
	전남 담양군	397	3.7	3.7	56.0
	전북 임실군	330	3.0	3.0	59.0
	전남 영암군	319	2.9	2.9	62.0
	전북 남원군	319	2.9	2.9	64.9
	전남 전주시	316	2.9	2.9	67.8
	전남 장성군	297	2.7	2.7	70.6
	전남 함평군	287	2.6	2.6	73.2
	전남 강진군	265	2.4	2.4	75.7
	전북 순창군	257	2.4	2.4	78.0
	전남 광산군	239	2.2	2.2	80.2
	전북 무주군	214	2.0	2.0	82.2
	전북 부안군	201	1.9	1.9	84.1
	전남 나주군	178	1.6	1.6	85.7
	전남 화순군	153	1.4	1.4	87.1
	전남 여수시	140	1.3	1.3	88.4
	전남 순천시	137	1.3	1.3	89.7
	전남 광양군	125	1.2	1.2	90.8
	전남 영광군	120	1.1	1.1	91.9
	전남 무안군	120	1.1	1.1	93.1
	전남 장흥군	119	1.1	1.1	94.2
	전남 구례군	100	0.9	0.9	95.1
	전남 곡성군	95	0.9	0.9	95.9
	전남 보성군	88	0.8	0.8	96.8
	전남 광주시	86	0.8	0.8	97.6
	전남 승주군	56	0.5	0.5	98.1
	전남 고흥군	52	0.5	0.5	98.6
	전북 금산군	45	0.4	0.4	99.0
	제주도	44	0.4	0.4	99.4
	전남 해남	39	0.4	0.4	99.7
	전남 벌교군	13	0.1	0.1	99.9
	전남 진도	7	0.1	0.1	99.9
	전남 완도군	4	0.0	0.0	100.0
	전북 고창군	3	0.0	0.0	100.0
	합계	10838	93.6	100.0	
결측	시스템 결측값	15	6.4		
합계		10853	100		

3. 성별에 따른 지역별 납북자 분포

6·25 전쟁 당시 모두 96,013명이 납북되었으며, 이 가운데 1,842명(1.9%)의 여성들이 포함된 것으로 나타났다. 〈표 3〉에서 미기재는 성별에 대한 사항이 기재되지 않은 데이터로, 여기에도 일부 여성이 있을 것으로 생각된다. 그러므로 납북된 여성의 숫자는 보다 많을 것으로 판단된다.

그러나 남성에 비하여 여성의 숫자가 매우 적은 것은 시대적으로 여성의 사회 활동이 매우 제한적으로 이루어졌으며, 북한이 요구하는 지식인들이 여성으로는 아주 적었음을 알 수 있다.

〈표 3〉 성별에 따른 지역별 납북자 수

시도 성별	서울시	경기도	강원도	충청도	경상도	전라도	합 계
남 자	21,760	18,024	11,350	23,303	9,387	10,115	93,939
여 자	575	246	25	361	116	519	1,842
미기재	13	0	0	0	0	219	232
합 계	22,348	18,270	11,375	23,664	9,503	10,853	96,013

위의 표를 분석해보면, 납북자 중 상당수가 서울을 비롯한 수도권에 집중되어 있음을 알 수 있다. 즉, 납북자 가운데 약 42.3%(40,618명)가 서울을 비롯한 수도권에 집중되어 있음을 알 수 있다. 그리고 강원도(11,375명, 11.8%)는 인구수에 비하여 납북자의 비율이 가장 높은 것으로 나타났는데, 이것은 북한과 백두대간으로 연결되어 있는 지리적인 특성에 기인한 것으로 판단된다.

4. 연령대에 따른 지역별 납북자 분포

납북자들의 연령대에 따른 지역별 납북자 수를 살펴보면, 당시 나이로 10대가 20,785명(21.6%), 20대가 51,436명(53.6%), 30대가 14,773명(15.4%)으로, 10~20대의 납치가 집중된 것으로 나타났다. 그리고 338명의 10세 이하의 영아 및 어린이들도 납북된 사실을 발견할 수 있다. 특히, 영아들은 어머니의 등에 업혀 어머니와 함께 납북된 것으로 판단된다. 그리고 60세 이상의 고령자들도 746명이 납북된 것으로 나타났다.

〈표 4〉 연령대에 따른 지역별 납북자 수

연령 \ 시도	서울시	경기도	강원도	충청도	경상도	전라도	합 계
0~5세	14	11	6	61	2	100	194
6~10세	11	33	2	56	0	42	144
11~15세	71	56	23	112	22	92	376
16~20세	3,330	3,243	2,545	6,303	2,494	2,494	20,409
21~25세	5,743	6,479	3,732	8,927	3,782	3,694	32,357
26~30세	4,602	3,902	2,584	4,334	1,775	1,882	19,079
31~35세	3,061	1,959	1,336	1,663	598	778	9,395
36~40세	2,080	1,100	574	822	285	517	5,378
41~45세	1,232	523	209	459	196	340	2,959
46~50세	1,335	345	114	331	96	276	2,497
51~55세	0	252	104	231	64	204	855
56~60세	297	159	46	152	37	129	820
61~65세	170	78	30	76	22	79	455
66~70세	52	27	6	44	11	34	174
71~75세	23	23	0	8	1	15	70
76~80세	10	12	1	7	1	5	36
80세 이상	1	6	0	1	3	0	11
미기재	316	62	63	77	114	172	804
합 계	22,348	18,270	11,375	23,664	9,503	10,853	96,013

주) '공란' 의 값은 특정한 값이 기재되지 않은 데이터의 수를 나타냄.

5. 직업에 따른 지역별 납북자 분포

납북자들의 직업별 분류를 살펴보면, 여러 직업들이 골고루 분포되어 있으며, 이 가운데는 국회의원(63명), 판검사(90명), 변호사(100명), 경찰(1,613명), 행정공무원(2,919명), 군인 및 군속(879명), 교수 및 교원(863명), 의사 및 약사(526명) 등이 있는 것으로 나타났다. 여기서 농업이 전체의 60.8%에 달하는 것은 그 당시의 1차 산업구조하에서 국민의 대부분이 농업에 종사한 것을 감안한다면, 다른 직업에 비하여 결코 많은 비율은 아닌 것으로 판단되며, 이 가운데는 각 지역의 이장들이 대부분 납치된 것으로 나타났다. 직업에 따른 지역별 납북자 수는 다음 〈표 5〉와 같다.

〈표 5〉 직업에 따른 지역별 납북자 수

직업 \ 시도	서울시	경기도	강원도	충청도	경상도	전라도	합 계
국회의원	53	2	1	2	0	5	63
정당인	63	3	0	4	0	36	106
사회단체	466	125	11	119	29	129	879
행정공무원	1,516	555	137	333	88	290	2,919
경찰	539	295	29	296	80	374	1,613
판검사	71	7	2	5	1	4	90
변호사	90	0	2	4	1	3	100
교수	98	9	1	3	0	0	111
교사	350	193	23	87	59	40	752
기자	69	5	2	4	3	6	89
기타 언론인	64	3	2	5	0	1	75
의사	221	31	95	10	7	4	368
약사	14	2	132	6	0	4	158
간호사	43	8	2	1	1	1	56
통역	28	2	0	0	1	1	32
미군무원	49	3	1	1	0	0	54
기독교인	119	15	3	16	2	23	178
기타 종교인	15	16	2	4	1	1	39
기업체 임원	333	20	2	12	9	12	388
공업	346	156	54	96	29	31	712
임광업	26	8	135	52	3	0	224
상업	3,296	509	293	391	152	156	4,797
문인	22	1	0	0	0	0	23
연극 · 영화	67	1	0	0	0	0	68
화가, 서예가	13	3	0	0	0	0	16
기술자	2,264	270	52	156	44	50	2,836
회사원	1,681	138	86	42	21	28	1,996
농업	880	13,174	9,445	19,566	8,189	7,119	58,373
어업	1	106	210	5	214	13	549
대학생 이상	1,173	314	1	220	158	89	1,955
고등학생 이하	1,222	280	9	445	144	168	2,268
노동자	2,095	918	480	272	42	177	3,984
군인 및 군속	365	279	13	112	29	81	879
무직	3,297	647	125	576	125	438	5,208
기타	172	54	14	65	45	89	439
미기재	1,227	118	11	754	26	1,480	3,616
합 계	22,348	18,270	11,375	23,664	9,503	10,853	96,013

이 분석 결과를 이용하여 유추할 수 있는 것은 서울을 비롯하여 전국적으로 지식인 및 지도 계층의 사람들이 주로 납북되었다는 사실이다.

Ⅳ. 납북자 실태에 대한 실증 분석

1. 납북자들의 납치 관련 사항 분석

납북자들의 납치 관련 사항을 분석하기 위하여 납북자 명부에 등재된 96,013명을 각 지역별로 분석하였으며, 분석 방법은 SPSS V.12의 빈도분석을 사용하였다.

1) 납치일

납북자들의 납치일을 살펴보면, '1950년 7월' 부터 '1950년 9월' 사이의 3개월에 걸쳐 납북자들의 88.2%(84,659명)가 집중적으로 납북되었다. 즉, 북한군이 남한을 침공한 다음 달부터 김일성의 지시에 따라 전국적으로 계획적인 납치 작전이 수행되었음을 알 수 있다. 그리고 서울시, 경기도, 충청도에서 대규모 납치가 일어났음을 알 수 있다.

〈표 6〉 시도별 납북자들의 납치일 분포

납치일 \ 시도	서울시	경기도	강원도	충청도	경상도	전라도	합 계
1950년 6월 이전	47	49	22	32	30	257	437
1950년 6월	708	310	188	95	23	142	1,466
1950년 7월	8,623	5,833	2,813	6,122	690	517	24,598
1950년 8월	8,559	7,492	5,393	10,795	3,739	4,302	40,280
1950년 9월	3,447	2,844	1,890	3,905	4,092	3,603	19,781
1950년 10월~12월	39	455	348	169	175	1,113	2,299
1951년 이후	240	421	629	399	711	772	3,172
미기재	685	866	92	2,147	43	147	3,980
합 계	22,348	18,270	11,375	23,664	9,503	10,853	96,013

2) 납치 장소

북한군들이 납북자들의 개인별 인적 사항을 사전에 알고 직접 찾아와 납치한 경우로서, 납치 장소가 납북자들의 '자택'(72.1%)이나 '자택 근처'(8.2%)에서 납치된 경우가 전체 납북자들의 80.3%나 되었다. 이로써 납북자들은 북한의 의도적인 납치에 의하여 강제로 납북되었음을 짐작할 수 있다.

〈표 7〉 전체 납북자들의 납치 장소 분포

납치 장소 \ 시도	서울시	경기도	강원도	충청도	경상도	전라도	합 계
자택	16,417	9,145	9,612	18,643	6,109	9,256	69,182
자택 근처	422	832	1,501	3,266	1,146	707	7,874
직장	664	78	29	8	6	4	789
노상	966	338	10	11	13	14	1,352
기타	1,104	5,896	179	410	514	113	8,216
미기재	2,775	1,981	44	1,326	1,715	759	8,600
합 계	22,348	18,270	11,375	23,664	9,503	10,853	96,013

2. 납북자의 개인별 특성에 대한 관계분석

김일성은 '남조선에서 인테리들을 데려올 데 대하여'의 담화 내용에서 "부족한 인테리 문제를 해결하자면, 북조선에 있는 인테리들을 다 찾아내는 한편 남조선에 있는 인테리들을 데려와야 합니다."라고 발표하였으며, 추가하여 "우리가 새 민주조선 건설에서 직면하고 있는 가장 큰 난관의 하나는 대학교원, 학자를 비롯한 인테리가 매우 부족한 것입니다. 인테리가 부족하기 때문에 산업 운수 시설을 복구 정비하고 관리 운영하는 데서 지장을 받고 있으며, 교육과 과학, 문화 예술을 발전시키는 데도 애로를 느끼고 있습니다. 남조선에서 인테리들을 데려오는 것은 그들을 미제와 그 주구들의 탄압으로부터 구원하고 민주건국의 올바른 길로 이끌어주기 위해서도 필요합니다. 우리는 남조선에 있는 인테리들을 데려다가 그들에게 새 생활의 길을 열어주어야 하며, 그들이 자기의 희망에 따라 교육 사업과 과학 연구 사업, 문화 예술 사업을 마음껏 할 수 있게 하여야 하겠습니다."라고 하였다.[14]

이러한 내용을 실행에 옮긴 결과로 납북자들을 납치하였다는 가정하에 다음과 같은 내용들을 분석하였다. 주요 항목으로는 납북자의 직업과 납치 장소의 관계분석, 납치 지역과 납치일의 관계분석, 직업과 납치일에 대한 관계분석 등이다. 그리고 설문 자료는 항목별 관계분석을 위하여 SPSS V.12의 교차분석을 사용하였다.

1) 납북자의 직업과 납치 장소의 관계분석

납북자의 직업에 따른 납치 장소간의 관계를 분석하기 위하여 교차분석을 실시하였다. 관계분석 결과를 살펴보면, 6·25 전쟁이 나자마자 북한군의 납치가 집중적으로 이루어졌음을 알 수 있다. 특히, 경찰 및 군인, 학생, 국회의원 및 정치인, 공무원, 법조인 등이 이 기간 동안 집중적으로 납치되었음을 알 수 있다. 각 시도별 교차분석 결과는 다음과 같다.

서울시는 거의 대부분의 직종에 걸쳐 납치가 자택에서 이루어졌음을 알 수 있다.

14) 김일성, 전게서, pp.66-69.

〈표 8〉 시도별 납북자의 직업과 납치 장소의 관계분석 결과

빈도

서울시 직업 – 납치 장소 교차표

		납치 장소					전체
		자택	자택 근처	직장	노상	기타	
직업	국회의원	22	2	0	5	10	39
	정당인	31	1	0	1	9	42
	사회단체	217	5	1	7	28	258
	행정공무원	901	48	81	75	103	1208
	경찰	265	15	2	32	63	377
	판검사	29	0	3	6	11	49
	변호사	49	1	0	1	7	58
	교수	49	2	8	5	9	73
	교사	196	7	50	23	18	294
	기자	41	2	2	9	5	59
	기타 언론인	24	4	7	2	9	46
	의사	123	5	28	6	15	177
	약사	6	0	2	1	2	11
	간호사	21	0	18	0	0	39
	통역	18	2	1	2	1	24
	미군무원	30	2	0	5	5	42
	기독교인	61	0	3	2	18	84
	기타 종교인	14	0	0	0	1	15
	기업체 임원	176	10	7	18	29	240
	공업사	263	18	4	16	15	316
	임광업	11	1	0	4	4	20
	상업	2618	69	12	150	188	3037
	문인	11	1	0	2	1	15
	연극·영화	36	1	2	9	3	51
	화가, 서예가	6	2	0	1	2	11
	기술자	1753	53	95	103	80	2084
	회사원	1100	43	102	101	112	1458
	농업	788	14	1	6	20	829
	어업	1	0	0	0	0	1
	대학생 이상	782	20	93	67	70	1032
	고등학생 이하	905	18	100	60	55	1138
	노동자	1865	10	19	25	34	1953
	군인 및 군속	218	4	4	20	41	287
	무직	2913	44	6	175	81	3219
	기타	135	1	0	3	5	144
전체		15678	405	651	942	1054	18730

주) 교차표상의 전체 합계가 앞에 제시된 표의 합계와 다른 것은 직업이나 납치 장소 가운데 하나라도 공란이 있을 경우, 분석 자료에서 자동으로 제외되었기 때문임.

빈도

경기도 직업 – 납치 장소 교차표

		납치 장소					전체
		자택	자택 근처	직장	노상	기타	
직업	국회의원	0	0	0	0	2	2
	정당인	3	0	0	0	0	3
	사회단체	62	7	0	0	29	98
	행정공무원	304	18	40	3	125	490
	경찰	124	12	8	10	121	275
	판검사	3	0	1	0	2	6
	교수	8	0	0	0	0	8
	교사	101	11	4	1	42	159
	기자	3	1	0	0	1	5
	기타 언론인	2	0	0	0	1	3
	의사	15	1	1	0	10	27
	약사	1	0	0	0	1	2
	간호사	4	2	0	0	2	8
	통역	2	0	0	0	0	2
	미군무원	1	0	0	0	0	1
	기독교인	12	1	0	0	1	14
	기타 종교인	4	1	0	0	0	5
	기업체 임원	9	1	0	0	3	13
	공업사	71	9	0	13	53	146
	임광업	4	1	0	0	1	6
	상업	252	24	0	31	181	488
	연극·영화	1	0	0	0	0	1
	화가, 서예가	1	0	0	0	2	3
	기술자	134	18	4	3	84	243
	회사원	64	13	2	10	40	129
	농업	6500	530	1	121	4516	11668
	어업	99	3	0	0	4	106
	대학생 이상	194	16	1	8	68	287
	고등학생 이하	116	24	0	20	97	257
	노동자	481	99	2	95	202	879
	군인 및 군속	151	12	0	1	84	248
	무직	360	25	0	22	157	564
	기타	29	3	0	0	5	37
전체		9115	832	64	338	5834	16183

빈도

강원도 직업 – 납치 장소 교차표

		납치 장소					전체
		자택	자택 근처	직장	노상	기타	
직업	국회의원	1	0	0	0	0	1
	사회단체	10	1	0	0	0	11
	행정공무원	123	9	3	0	2	137
	경찰	23	1	1	0	4	29
	판검사	1	0	0	0	1	2
	변호사	2	0	0	0	0	2
	교수	1	0	0	0	0	1
	교사	19	2	0	0	2	23
	기타 언론인	2	0	0	0	0	2
	의사	72	14	2	0	7	95
	약사	93	18	18	0	2	131
	간호사	2	0	0	0	0	2
	미군무원	1	0	0	0	0	1
	기독교인	2	0	0	0	1	3
	기타 종교인	2	0	0	0	0	2
	기업체 임원	2	0	0	0	0	2
	공업사	48	4	0	0	2	54
	임광업	133	1	0	0	1	135
	상업	250	29	1	1	11	292
	기술자	42	6	0	1	3	52
	회사원	77	6	1	0	2	86
	농업	7900	1370	1	5	129	9405
	어업	208	0	0	2	0	210
	대학생 이상	1	0	0	0	0	1
	고등학생 이하	6	3	0	0	0	9
	노동자	446	28	2	0	3	479
	군인 및 군속	10	1	0	0	1	12
	무직	113	5	0	0	7	125
	기타	9	3	0	1	1	14
전체		9599	1501	29	10	179	11318

빈도

충청도 직업 – 납치 장소 교차표

		납치 장소					전체
		자택	자택 근처	직장	노상	기타	
직업	국회의원	0	0	0	0	2	2
	정당인	2	2	0	0	0	4
	사회단체	98	8	0	0	2	108
	행정공무원	253	34	1	0	20	308
	경찰	223	10	0	0	12	245
	판검사	3	0	0	0	2	5
	변호사	1	1	0	0	2	4
	교수	3	0	0	0	0	3
	교사	64	12	0	1	5	82
	기자	3	1	0	0	0	4
	기타 언론인	1	0	0	0	1	2
	의사	8	0	1	0	1	10
	약사	5	0	0	0	0	5
	간호사	1	0	0	0	0	1
	외국기관 근무	0	0	0	0	1	1
	기독교인	10	0	0	0	1	11
	기타 종교인	4	0	0	0	0	4
	기업체 임원	11	1	0	0	0	12
	공업사	72	17	3	2	1	95
	임광업	27	8	0	1	4	40
	상업	325	23	0	5	15	368
	기술자	118	17	0	0	9	144
	회사원	32	3	0	1	2	38
	농업	15518	2839	0	0	265	18622
	어업	5	0	0	0	0	5
	대학생 이상	162	26	0	0	15	203
	고등학생 이하	343	67	0	0	13	423
	노동자	232	24	1	0	5	262
	군인 및 군속	88	0	2	0	3	93
	무직	392	141	0	0	23	556
	기타	52	9	0	0	2	63
전체		18056	3243	8	10	406	21723

빈도

경상도 직업 – 납치 장소 교차표

		납치 장소					전체
		자택	자택 근처	직장	노상	기타	
직업	사회단체	15	0	0	0	2	17
	행정공무원	35	9	0	1	22	67
	경찰	15	7	0	0	30	52
	변호사	0	0	0	0	1	1
	교사	27	4	0	1	9	41
	기자	0	0	0	0	2	2
	의사	2	1	0	0	3	6
	간호사	1	0	0	0	0	1
	통역	0	0	0	0	1	1
	기독교인	1	0	1	0	0	2
	기타 종교인	1	0	0	0	0	1
	기업체 임원	2	2	0	0	4	8
	공업사	13	3	0	0	1	17
	임광업	2	0	1	0	0	3
	상업	48	46	0	0	11	105
	기술자	25	8	0	0	4	37
	회사원	7	0	0	0	12	19
	농업	5565	966	1	8	339	6879
	어업	21	12	0	0	12	45
	대학생 이상	85	25	2	0	29	141
	고등학생 이하	90	23	0	0	4	117
	노동자	28	3	0	1	3	35
	군인 및 군속	16	2	1	0	5	24
	무직	80	19	0	2	7	108
	기타	24	10	0	0	3	37
전체		6103	1140	6	13	504	7766

빈도

전라도 직업 – 납치 장소 교차표

		납치 장소					전체
		자택	자택 근처	직장	노상	기타	
직업	국회의원	3	1	0	0	0	4
	정당인	12	20	0	0	4	36
	사회단체	81	24	0	0	15	120
	행정공무원	191	47	3	2	11	254
	경찰	258	75	0	1	16	350
	판검사	2	0	0	0	2	4
	변호사	2	1	0	0	0	3
	교사	35	2	0	0	1	38
	기자	5	1	0	0	0	6
	기타 언론인	1	0	0	0	0	1
	의사	3	1	0	0	0	4
	약사	3	1	0	0	0	4
	간호사	1	0	0	0	0	1
	통역	1	0	0	0	0	1
	기독교인	18	0	0	0	4	22
	기타 종교인	1	0	0	0	0	1
	기업체 임원	8	4	0	0	0	12
	공업사	22	4	0	0	1	27
	상업	128	18	0	1	1	148
	기술자	41	3	0	0	3	47
	회사원	16	6	0	0	2	24
	농업	6569	340	1	4	35	6949
	어업	10	3	0	0	0	13
	대학생 이상	74	3	0	1	0	78
	고등학생 이하	150	6	0	0	2	158
	노동자	158	13	0	0	0	171
	군인 및 군속	55	15	0	0	3	73
	부직	396	23	0	3	1	423
	기타	60	10	0	2	2	74
전체		8304	621	4	14	103	9046

2) 납북자의 납치 지역과 납치일의 관계분석

납북자의 납치 지역과 납치일의 관계분석에 의하면, 1950년 7월, 8월, 9월의 3달 동안 전국적으로 거의 동시에 납북이 이루어진 것으로 나타났다.

서울시와 경기도, 충청도는 1950년 7월과 8월에 집중적으로 납북이 이루어졌으며, 강원도는 1950년 8월, 경상도와 전라도는 1950년 8월과 9월에 집중적으로 납북이 이루어진 것으로 나타났다.

〈표 9〉 시도별 납치 지역과 납치일의 관계분석 결과

서울시 납치 지역 – 납치일 교차표

빈도

		납치일							전체
		1950년 6월 이전	1950년 6월	1950년 7월	1950년 8월	1950년 9월	1950년 10월~12월	1951년 이후	
납치 지역	중구	4	79	732	666	275	4	15	1775
	종로구	2	83	1050	1030	379	5	29	2578
	동대문구	4	107	1219	1239	470	4	44	3087
	성동구	5	65	945	907	394	4	25	2345
	성북구	10	129	1370	1436	590	4	38	3577
	서대문구	4	60	857	853	299	3	18	2094
	마포구	4	62	798	804	343	7	27	2045
	용산구	8	64	859	840	372	3	26	2172
	영등포구	4	50	657	655	264	3	14	1647
전체		45	699	8487	8430	3386	37	236	21320

주) 교차표상의 전체 합계가 앞에 제시된 표의 합계와 다른 것은 납치 지역이나 납치일 가운데 하나라도 공란이 있을 경우, 분석 자료에서 자동으로 제외되었기 때문임.

빈도

경기도 납치 지역 – 납치일 교차표

		납치일							전체
		1950년 6월 이전	1950년 6월	1950년 7월	1950년 8월	1950년 9월	1950년 10월~12월	1951년 이후	
납치 지역	인천시	7	6	681	986	87	0	1	1768
	개성시	3	118	133	36	18	5	9	322
	수원시	0	3	164	201	159	0	2	529
	광주군	0	3	466	241	58	0	2	770
	가평군	13	7	125	141	214	197	110	807
	이천군	0	2	193	310	17	0	0	522
	용인군	0	1	378	227	32	1	7	646
	부천군	5	9	372	498	115	0	1	1000
	김포군	0	0	424	912	25	0	19	1380
	강화군	1	39	438	523	418	54	3	1476
	안성군	1	2	287	536	191	10	1	1028
	시흥군	0	1	285	269	107	0	0	662
	파주군	1	25	248	191	139	7	45	656
	평택군	0	0	133	248	68	2	2	453
	포천군	1	11	170	166	272	97	73	790
	양주군	3	30	193	168	72	20	49	535
	양평군	0	1	120	158	26	4	0	309
	화성군	0	2	401	620	201	2	1	1227
	고양군	2	11	322	384	77	2	18	816
	여주군	0	3	107	528	470	0	0	1108
	동두천시	0	0	0	1	0	0	0	1
	의정부시	0	0	0	0	1	0	0	1
	개풍군	0	5	43	39	13	0	5	105
	남양주시	0	0	0	1	0	0	0	1
	남양군	0	0	0	1	0	0	0	1
	부평군	0	0	1	1	0	0	0	2
	연백군	4	14	20	31	17	6	23	115
	연천군	1	0	0	3	1	0	1	6
	옹진군	1	14	83	48	32	46	34	258
	장단군	6	3	37	20	10	2	14	92
전체		49	310	5824	7488	2840	455	420	17386

빈도

강원도 납치 지역 – 납치일 교차표

		납치일							전체
		1950년 6월 이전	1950년 6월	1950년 7월	1950년 8월	1950년 9월	1950년 10월~12월	1951년 이후	
납치 지역	춘천시	0	15	183	37	18	7	6	266
	춘성군	4	4	360	41	69	23	58	559
	홍천군	10	4	77	440	516	33	283	1363
	강릉군	1	112	802	2091	413	151	101	3671
	평창군	0	2	214	649	153	17	16	1051
	삼척군	1	28	322	696	107	29	33	1216
	원주군	1	12	299	697	258	3	20	1290
	횡성군	3	1	208	287	82	30	36	647
	영월군	0	1	102	148	40	17	15	323
	울진군	0	4	133	149	196	22	9	513
	고성군	0	1	0	2	2	0	2	7
	양양군	0	0	0	1	1	0	1	3
	인제군	0	0	1	1	0	0	0	2
	정선군	2	2	88	113	23	11	44	283
	철원군	0	0	1	0	2	1	3	7
	명주군	0	1	14	33	3	0	1	52
	원성군	0	0	7	2	0	0	0	9
	금화군	0	0	1	1	0	1	0	3
	화천군	0	1	1	4	7	3	0	16
전체		22	188	2813	5392	1890	348	628	11281

빈도

충청도 납치 지역 – 납치일 교차표

		납치일							전체
		1950년 6월 이전	1950년 6월	1950년 7월	1950년 8월	1950년 9월	1950년 10월~12월	1951년 이후	
납치 지역	충북 청주시	0	0	35	175	37	0	0	247
	충북 음성군	0	3	521	893	198	11	8	1634
	충북 단양군	2	4	363	300	62	6	11	748
	충북 충주군	4	11	516	951	520	2	3	2007
	충북 보은군	0	20	173	200	17	0	0	410
	충북 옥천군	0	0	52	66	34	3	0	155
	충북 영동군	0	0	499	329	57	2	2	889
	충북 제천군	7	3	481	703	197	8	9	1408
	충북 괴산군	3	7	769	229	23	1	11	1043
	충북 진천군	0	9	382	1019	360	1	8	1779
	충북 청원군	5	5	930	1794	319	9	1	3063
	충북 중원군	0	0	0	2	5	0	0	7
	충남 대전시	0	0	8	9	29	10	0	56
	충남 대덕군	0	26	44	69	68	8	0	215
	충남 연기군	2	0	95	200	68	4	0	369
	충남 공주군	3	0	314	991	471	8	0	1787
	충남 부여군	3	0	131	423	114	0	0	671
	충남 논산군	1	3	245	170	111	31	28	589
	충남 서천군	0	0	133	308	196	0	0	637
	충남 청양군	0	0	92	90	63	10	0	255
	충남 홍성군	0	0	3	33	125	54	0	215
	충남 예산군	0	0	154	791	438	0	24	1407
	충남 서산군	0	0	2	18	205	0	294	519
	충남 당진군	0	3	60	356	138	0	0	557
	충남 아산군	2	0	29	243	8	0	0	282
	충남 천안군	0	1	13	18	24	1	0	57
	충남 보령군	0	0	74	406	17	0	0	497
	충남 금산군	0	0	1	0	0	0	0	1
전체		32	95	6119	10786	3904	169	399	21504

빈도

경상도 납치 지역 - 납치일 교차표

		납치일							전체
		1950년 6월 이전	1950년 6월	1950년 7월	1950년 8월	1950년 9월	1950년 10월~12월	1951년 이후	
납치 지역	경북 대구시	1	2	32	23	75	0	8	141
	경북 영양군	2	0	37	124	41	1	1	206
	경북 안동군	0	1	43	509	270	4	35	862
	경북 의성군	1	0	2	67	115	0	20	205
	경북 상주군	0	0	1	187	462	0	0	650
	경북 예천군	0	2	250	988	469	10	23	1742
	경북 봉화군	0	6	94	123	138	1	165	527
	경북 금릉군	0	0	8	99	128	7	13	255
	경북 선산군	0	1	4	77	94	0	0	176
	경북 영주군	2	2	45	211	326	23	2	611
	경북 청송군	2	0	3	43	28	0	15	91
	경북 영덕군	0	0	74	71	578	4	0	727
	경북 성주군	0	1	36	99	70	29	2	237
	경북 칠곡군	0	0	0	77	0	0	0	77
	경북 영천군	10	2	3	24	37	7	35	118
	경북 고령군	0	0	0	26	122	3	1	152
	경북 문경군	0	0	9	368	375	2	21	775
	경북 경주군	0	0	0	3	1	0	0	4
	경북 구미군	0	0	2	0	0	0	0	2
	경북 군위군	0	0	1	21	9	0	8	39
	경북 김천군(금산군)	0	0	2	1	2	0	0	5
	경북 달성군	0	1	0	3	14	1	0	19
	경북 영일군	0	0	2	45	29	0	0	76
	경북 울진군	0	0	1	0	0	0	0	1
	경북 청도군	0	0	0	1	0	0	0	1
	경북 포항시	0	0	1	9	5	0	0	15
	경남 진주시	0	0	1	2	91	0	0	94
	경남 의령군	1	0	3	27	12	0	6	49
	경남 함안군	0	0	3	11	19	2	0	35
	경남 동래군	0	1	0	1	0	0	2	4
	경남 하동군	0	1	1	58	15	4	223	302
	경남 사천군	0	0	6	93	251	0	11	361
	경남 고성군	0	0	0	13	56	0	8	77
	경남 통영군	0	0	0	11	2	0	0	13
	경남 남해군	0	0	0	35	1	0	0	36
	경남 양산군	1	0	0	3	0	2	1	7
	경남 함양군	8	0	5	62	99	45	26	245
	경남 거창군	2	0	0	0	7	18	21	48
	경남 합천군	0	0	1	19	39	0	13	72
	경남 울산군	0	0	6	6	0	1	5	18
	경남 산청군	0	0	1	181	101	9	46	338
	경남 마산시	0	1	1	2	1	1	0	6
	경남 부산시	0	2	1	1	0	0	0	4
	경남 진양군	0	0	0	2	0	0	0	2
	경남 진해시	0	0	0	1	0	0	0	1
	경남 창녕군	0	0	0	6	3	0	0	9
	경남 창원군	0	0	2	1	0	0	0	3
	경남 충무시	0	0	1	0	0	0	0	1
	경남 협천군	0	0	0	1	0	0	0	1
전체		30	23	682	3735	4085	174	711	9440

빈도

전라도 납치 지역 – 납치일 교차표

		납치일							전체
		1950년 6월 이전	1950년 6월	1950년 7월	1950년 8월	1950년 9월	1950년 10월~12월	1951년 이후	
납치 지역	전북 군산시	0	0	13	80	513	0	58	664
	전북 전주시	0	0	21	84	95	9	5	214
	전북 완주군	1	1	14	102	261	38	67	484
	전북 이리시	0	0	3	7	2	0	0	12
	전북 진안군	17	0	44	321	302	52	29	765
	전북 금산군	0	0	4	0	0	0	0	4
	전북 무주군	5	6	37	42	17	89	15	211
	전북 장수군	0	0	3	246	146	4	0	399
	전북 임실군	36	8	4	70	32	108	28	286
	전북 순창군	21	1	10	83	22	75	45	257
	전북 김제군	0	0	38	343	358	29	23	791
	전북 남원군	0	5	5	32	89	26	110	267
	전북 고창군	0	1	0	2	4	2	0	9
	전북 부안군	2	0	0	51	36	25	0	114
	전북 정읍군	2	8	62	278	249	96	61	756
	전북 익산군	0	1	112	467	161	22	19	782
	전북 정주군	0	1	3	11	30	22	8	75
	전남 영광군	1	0	1	43	52	23	1	121
	전남 장성군	2	2	11	46	80	131	19	291
	전남 담양군	4	30	7	191	135	29	1	397
	전남 곡성군	0	3	0	89	1	2	0	95
	전남 구례군	5	1	0	64	11	14	5	100
	전남 함평군	53	2	12	75	92	18	35	287
	전남 나주군	70	0	1	17	10	39	41	178
	전남 광주시	0	11	5	42	28	0	0	86
	전남 화순군	10	3	10	49	33	22	26	153
	전남 순천시	0	19	0	102	4	0	12	137
	전남 광양군	2	33	17	46	2	11	14	125
	전남 목포시	0	0	2	380	45	36	0	463
	전남 영암군	0	3	3	186	127	0	0	319
	전남 보성군	4	0	5	60	17	2	0	88
	전남 여수시	0	0	0	9	100	0	31	140
	전남 진도	0	0	0	0	3	4	0	7
	전남 해남	0	0	0	6	33	0	0	39
	전남 강진군	0	0	4	105	127	24	3	263
	전남 장흥군	0	0	0	99	0	2	18	119
	전남 고흥군	1	0	6	36	8	1	0	52
	전남 완도군	0	0	0	0	1	2	1	4
	전남 광산군	0	0	1	57	171	5	6	240
	전남 무안군	0	0	32	41	14	33	0	120
	전남 벌교군	0	0	0	0	13	0	0	13
	전남 승주군	0	0	0	25	5	16	10	56
	제주도	12	0	0	0	0	1	31	44
전체		248	139	490	3987	3429	1012	722	10027

3) 납북자의 직업과 납치일의 관계분석

직업에 따른 납치일 간의 관계를 분석하기 위하여 교차분석을 실시하였다. 관계분석의 결과를 살펴보면, 경찰 및 군인, 학생, 국회의원 및 정치인, 공무원, 법조인 등 인테리들이 집중적으로 납치되었음을 알 수 있다. 각 시도별 납북자의 직업과 납치일에 대한 관계분석 결과는 다음과 같다.

〈표 10〉 시도별 납북자의 직업과 납치일의 관계분석 결과

서울시 직업 – 납치일 교차표

빈도

		납치일							전체
		1950년 6월 이전	1950년 6월	1950년 7월	1950년 8월	1950년 9월	1950년 10월~12월	1951년 이후	
직업	국회의원	0	5	20	8	16	0	0	49
	정당인	0	2	26	17	9	0	1	55
	사회단체	1	22	198	167	51	1	7	447
	행정공무원	6	61	626	534	223	2	6	1458
	경찰	0	57	234	169	62	0	3	525
	판검사	0	4	46	14	5	0	0	69
	변호사	0	3	35	40	11	0	1	90
	교수	0	2	36	43	10	0	1	92
	교사	1	13	125	124	56	0	6	325
	기자	0	3	28	30	6	0	0	67
	기타 언론인	1	2	26	22	9	0	1	61
	의사	1	3	71	74	63	1	0	213
	약사	0	1	2	5	5	1	0	14
	간호사	0	0	18	12	9	0	0	39
	통역	0	2	8	11	7	0	0	28
	미군무원	0	3	22	13	8	0	0	46
	기독교인	1	5	38	50	18	3	0	115
	기타종교인	0	1	2	10	2	0	0	15
	기업체임원	1	6	101	154	59	0	1	322
	공업사	1	9	142	127	57	1	1	338
	임광업	0	0	11	9	3	0	0	23
	상업	6	85	1248	1324	532	4	46	3245
	문인	0	0	11	7	3	0	0	21
	연극영화	0	0	23	28	9	0	1	61
	화가, 서예가	0	0	5	3	4	0	0	12
	기술자	0	73	942	871	332	3	12	2233
	회사원	3	44	634	617	297	3	12	1610
	농업	2	12	399	301	128	3	13	858
	어업	0	0	1	0	0	0	0	1
	대학생 이상	1	45	408	437	230	4	4	1129
	고등학생 이하	4	29	431	478	221	3	15	1181
	노동자	3	107	861	783	231	2	35	2022
	군인 및 군속	0	32	148	125	48	2	0	355
	무직	8	59	1258	1421	453	3	55	3257
	기타	0	3	61	69	21	0	1	155
전체		40	693	8245	8097	3198	36	222	20531

주) 교차표 상의 전체 합계가 앞에 제시된 표의 합계와 다른 것은 직업이나 납치일 가운데 하나라도 공란이 있을 경우, 분석 자료에서 자동으로 제외되었기 때문임.

빈도

경기도 직업 – 납치일 교차표

		납치일							전체
		1950년 6월 이전	1950년 6월	1950년 7월	1950년 8월	1950년 9월	1950년 10월~12월	1951년 이후	
직업	국회의원	0	0	1	1	0	0	0	2
	정당인	0	0	1	1	1	0	0	3
	사회단체	0	12	66	26	9	1	2	116
	행정공무원	3	46	203	129	113	11	6	511
	경찰	0	42	179	43	29	0	2	295
	판검사	0	2	3	0	2	0	0	7
	교수	0	0	2	3	3	0	0	8
	교사	0	3	64	50	44	8	2	171
	기자	0	1	2	0	2	0	0	5
	기타 언론인	0	0	1	0	1	0	0	2
	의사	0	0	12	7	8	2	1	30
	약사	0	0	0	1	1	0	0	2
	간호사	0	0	2	1	5	0	0	8
	통역	0	0	1	0	0	0	0	1
	미군무원	0	0	2	1	0	0	0	3
	기독교인	0	1	8	4	1	0	0	14
	기타 종교인	0	5	6	0	2	1	0	14
	기업체 임원	0	0	9	3	1	1	0	14
	공업사	0	1	51	74	28	0	0	154
	임광업	0	0	2	3	2	1	0	8
	상업	0	10	212	154	106	13	12	507
	문인	0	0	0	0	1	0	0	1
	연극·영화	0	0	0	1	0	0	0	1
	화가, 서예가	0	0	2	0	1	0	0	3
	기술자	2	6	101	96	49	9	3	266
	회사원	0	5	53	46	26	1	1	132
	농업	35	98	3874	5808	2011	319	298	12443
	어업	0	0	43	34	18	1	2	98
	대학생 이상	0	3	106	124	61	3	9	306
	고등학생 이하	0	0	87	120	51	6	8	272
	노동자	3	7	342	459	93	7	2	913
	군인 및 군속	0	31	139	59	41	1	2	273
	무직	5	18	198	183	110	65	63	642
	기타	0	5	18	18	3	0	4	48
전체		48	296	5790	7449	2823	450	417	17273

빈도

강원도 직업 - 납치일 교차표

		납치일							전체
		1950년 6월 이전	1950년 6월	1950년 7월	1950년 8월	1950년 9월	1950년 10월~12월	1951년 이후	
직업	국회의원	0	0	1	0	0	0	0	1
	사회단체	0	0	6	2	0	0	3	11
	행정공무원	0	5	48	30	24	19	8	134
	경찰	0	1	16	0	3	6	2	28
	판검사	0	1	1	0	0	0	0	2
	변호사	0	0	2	0	0	0	0	2
	교수	0	0	0	0	1	0	0	1
	교사	0	0	4	9	5	0	4	22
	기타 언론인	0	0	0	1	1	0	0	2
	의사	0	1	28	41	12	10	0	92
	약사	1	2	46	50	16	8	6	129
	간호사	0	0	0	1	1	0	0	2
	미군무원	0	0	1	0	0	0	0	1
	기독교인	0	0	1	0	1	0	0	2
	기타 종교인	0	0	1	1	0	0	0	2
	기업체 임원	0	1	0	1	0	0	0	2
	공업사	0	2	15	14	8	7	7	53
	임광업	1	0	30	73	28	3	0	135
	상업	1	10	91	124	27	26	12	291
	기술자	0	0	24	18	6	2	0	50
	회사원	0	3	35	30	10	5	2	85
	농업	18	128	2233	4561	1652	245	540	9377
	어업	0	9	43	112	36	0	10	210
	대학생 이상	0	0	1	0	0	0	0	1
	고등학생 이하	0	0	4	1	1	0	3	9
	노동자	1	17	121	261	45	4	29	478
	군인 및 군속	0	1	8	2	1	1	0	13
	무직	0	5	46	47	10	11	3	122
	기타	0	2	6	2	2	1	0	13
전체		22	188	2812	5381	1890	348	629	11270

빈도

충청도 직업 - 납치일 교차표

		납치일							전체
		1950년 6월 이전	1950년 6월	1950년 7월	1950년 8월	1950년 9월	1950년 10월~12월	1951년 이후	
직업	국회의원	0	1	1	0	0	0	0	2
	정당인	0	0	0	0	2	0	0	2
	사회단체	1	0	7	58	25	0	2	93
	행정공무원	0	2	55	99	130	12	13	311
	경찰	2	1	27	123	111	2	1	267
	판검사	0	0	1	1	3	0	0	5
	변호사	0	0	1	1	1	0	0	3
	교수	0	0	0	3	0	0	0	3
	교사	0	1	18	38	21	4	2	84
	기자	0	0	0	0	4	0	0	4
	기타 언론인	0	0	1	3	1	0	0	5
	의사	0	0	1	7	1	0	0	9
	약사	0	0	3	2	0	0	0	5
	간호사	0	0	0	0	1	0	0	1
	외국기관 근무	0	0	0	0	1	0	0	1
	기독교인	0	0	1	4	9	0	2	16
	기타 종교인	0	0	1	3	0	0	0	4
	기업체 임원	0	0	1	7	2	0	0	10
	공업사	0	0	26	32	22	1	1	82
	임광업	0	0	20	22	10	0	0	52
	상업	1	2	82	119	105	3	21	333
	기술자	0	1	40	78	29	3	1	152
	회사원	0	0	9	15	15	0	1	40
	농업	28	80	5357	9468	2976	133	292	18334
	어업	0	0	0	1	3	0	1	5
	대학생 이상	0	2	70	91	32	1	13	209
	고등학생 이하	0	3	124	206	76	2	23	434
	노동자	0	2	73	140	41	2	6	264
	군인 및 군속	0	0	11	37	45	0	14	107
	무직	0	0	123	182	209	3	4	521
	기타	0	0	23	33	8	0	1	65
전체		32	95	6076	10773	3883	166	398	21423

빈도

경상도 직업 – 납치일 교차표

		납치일							전체
		1950년 6월 이전	1950년 6월	1950년 7월	1950년 8월	1950년 9월	1950년 10월~12월	1951년 이후	
직업	사회단체	0	0	4	3	11	0	11	29
	행정공무원	3	1	12	26	39	1	6	88
	경찰	2	3	14	26	13	0	22	80
	판검사	0	0	0	0	1	0	0	1
	변호사	0	0	1	0	0	0	0	1
	교사	4	0	8	15	22	1	8	58
	기자	0	0	0	3	0	0	0	3
	의사	0	0	2	2	2	1	0	7
	간호사	0	0	0	0	1	0	0	1
	통역	0	0	0	0	0	0	1	1
	기독교인	1	0	0	0	1	0	0	2
	기타 종교인	0	0	0	0	1	0	0	1
	기업체 임원	0	0	4	3	2	0	0	9
	공업사	0	0	4	10	13	0	1	28
	임광업	0	0	1	0	2	0	0	3
	상업	0	1	10	45	83	0	9	148
	기술자	0	0	1	16	24	2	0	43
	회사원	1	1	4	9	5	0	0	20
	농업	17	10	563	3343	3458	154	619	8164
	어업	0	0	9	21	182	1	1	214
	대학생 이상	1	1	21	67	57	4	1	152
	고등학생 이하	0	1	6	75	52	3	5	142
	노동자	0	0	5	17	17	1	1	41
	군인 및 군속	0	0	3	9	6	0	11	29
	무직	0	2	10	21	74	4	13	124
	기타	0	0	5	20	16	2	2	45
전체		29	20	687	3731	4082	174	711	9434

빈도

전라도 직업 – 납치일 교차표

		납치일							전체
		1950년 6월 이전	1950년 6월	1950년 7월	1950년 8월	1950년 9월	1950년 10월~12월	1951년 이후	
직업	국회의원	0	0	1	1	1	0	0	3
	정당인	0	0	0	0	6	30	0	36
	사회단체	0	1	20	24	32	15	2	94
	행정공무원	2	0	28	90	101	49	5	275
	경찰	1	4	68	71	185	26	8	363
	판검사	0	0	1	1	2	0	0	4
	변호사	0	0	1	0	2	0	0	3
	교사	0	0	4	14	10	9	2	39
	기자	0	0	0	0	4	0	0	4
	기타 언론인	0	0	0	0	1	0	0	1
	의사	0	0	1	2	1	0	0	4
	약사	0	0	0	1	2	1	0	4
	간호사	0	0	0	0	0	0	1	1
	통역	0	0	1	0	0	0	0	1
	기독교인	0	0	4	4	9	1	5	23
	기타 종교인	0	0	0	0	1	0	0	1
	기업체 임원	0	1	3	5	1	1	1	12
	공업사	0	0	1	15	12	3	0	31
	상업	1	0	12	54	56	19	12	154
	기술자	1	0	5	19	14	6	2	47
	회사원	0	0	7	4	10	6	0	27
	농업	159	90	274	2847	2427	658	610	7065
	어업	0	0	0	6	1	0	6	13
	대학생 이상	0	2	11	39	23	7	6	88
	고등학생 이하	2	3	6	69	57	20	9	166
	노동자	1	4	6	95	61	7	3	177
	군인 및 군속	2	1	7	17	36	8	6	77
	무직	5	2	9	101	245	54	22	438
	기타	1	0	6	25	14	23	9	78
전체		175	108	476	3504	3314	943	709	9229

V. 결 론

1946년, 김일성은 담화 내용에서 "부족한 인테리 문제를 해결하자면, 북조선에 있는 인테리들을 다 찾아내는 한편, 남조선에 있는 인테리들을 데려와야 합니다."라고 발표하였다. 그리고 그 목적을 달성하기 위하여 1950년 6·25 전쟁 발발과 동시에 7월, 8월, 9월의 3개월에 걸쳐 대한민국의 국민들을 대규모로 납북하였다.

북한의 이러한 목적 달성의 행위로, 대다수의 납북자들이 본인의 의지와는 무관한 상태에서 북한으로 납치되어 지금까지 억류된 자들임에도 불구하고, 그동안 정부는 이들을 자진 월북자들로 취급하여 왔다. 그러므로 납북자 가족들은 가장이 북으로 납치된 가정적인 결손의 아픔뿐만 아니라 용공분자의 취급을 받아, 이중적 고통에 시달려야 했다.

그러나 대북 화해와 협력 정책으로, 어느 때보다 남북 교류 협력이 활발하게 이루어지지만 아직도 6·25 전쟁 납북자 문제는 공식적으로 제기되지 못하였으며, 기초적인 관련 자료조차도 거의 없는 실정이다. 따라서 본 연구는 발견된 6·25 전쟁 납북자 관련 5개의 문서를 바탕으로 수록된 자료들을 데이터베이스화하여 납북자의 인적 데이터를 분석하여 6·25 전쟁 납북자 연구에 기초적인 자료를 제시하고자 한다.

먼저, 납북자 관련 기초 자료 분석을 위하여 발견된 5개의 문서에 등재된 납북자들을 데이터베이스화하였다. 그러나 동일인이 여러 문서에 등재된 경우가 많이 발견되어, 납북자들의 기초 자료 분석을 하기 전에 소트 방법을 이용하여 동일인은 하나의 명단만 남겨두고 나머지는 모두 삭제하였다. 그래서 5개 문서에 등재된 112,687명 가운데 중복된 명단을 제외한 96,013명을 분석 대상으로 하였다.

먼저, 지역별 납북자 분포, 성별에 따른 지역별 납북자 분포, 연령대에 따른 지역별 납북자 분포, 직업에 따른 지역별 납북자 분포 등을 조사하였다. 분석 방법은 SPSS V.12의 빈도분석을 사용하였다. 그리고 김일성의 담화 내용을 실행에 옮긴 결과로 납북자들을 납치하였다는 가정하에 납북자의 직업과 납치 장소의 관계, 납치 지역과 납치일의 관계, 직업과 납치일에 대한 관계 등의 내용을 분석하였다. 그 결과, 상당한 부분이 북한의 의도적인 납치에 의하여 납북자들이 납북된 것으로 나타났다.

이제, 이러한 문제는 현정부에서 추진하고 있는 '과거사 청산 작업'의 일환으로, 그 진실을 밝히는 과정이 반드시 필요하다고 하겠다. 그리고 그동안 실추된 납북자들의 명예를 복원시키고, 유가족들의 바람인 납북자들의 생사확인을 앞장서서 밝혀주어야 할 것이다. 왜냐하면 6·25 전쟁 이후 50여 년이 지났으므로 납북자들의 생존 가능성이 희박할 수도 있기 때문이다. 그리고 이 방안은 민간 차원에서 이루어지는 것보다 정부의 보다 적극적이고, 성의 있는 태도가 필요하다고 하겠다.

따라서 정부는 납북자 문제를 해결함에 있어 ① 납북자들에 대한 인권 회복, ② 인도주의 차원의 즉각적인 송환 강구, ③ 북한에 대한 정부의 조속하고 적극적인 해결, ④ 북한의 인식 전환을 위한 단계적인 접근, ⑤ 통일을 위한 과거 역사적인 단면의 해결 등의 기본 방향에 의하여 모색하여야 할 것이다. 국회와 각 정당도 납북자 문제에 보다 많은 관심을 가지고 정부가 올바른 대응을 할 수 있도록 건전한 비판과 협조를 아끼지 말아야 할 것이다.

참고문헌

김명호,(2004), "6·25 전쟁 납북자 실태 분석과 정책적 대응 방안 모색", 「사회과학연구」, 한국사회과학회, 제4권 제1호.
김용범,(2002), "6·25 전쟁 납북인사 생사확인의 현실적 해결방안", 「Keys」, 6월.
김일성,(1946), '남조선에서 인테리들을 데려올데 대하여', 『김일성전집 4』, 1946년 7월 31일.
남북이산가족교류협의회 학술분과위원회,(1999), "남북통일에 대비한 이산 가족의 법적 문제", 서울, 한민족통일여성협의회.
대한민국정부,(1952), 「6·25 사변 피랍치자 명부」, 각 도별.
대한적십자사,(1956), 「실향사민등록자명단」, 서울.
대한적십자사,(1976), 「이산가족 백서 I」, 서울.
「동아일보」,(2002), 6·25 피랍자 8만명 DB로 부활, 8월 21일.
신율,(2000), 「납북자 문제의 해결 방안 연구」, 국군포로 및 송환대책 마련을 위한 공청회, 한나라당 국군포로 및 납북자 대책 특별위원회.
___,(2001), "한국전쟁 중 납북인사 실태와 해결 방안", 「뜻」, 창간호.
정연식 기자, "6·25 전쟁 때 납북된 유명인사", 서울 연합뉴스.
「조선일보」,(2002), "뭐 拉北者 없다고?", 11월 4일.
조웅규,(2000), 정부는 국군 포로·납북자 문제 해결에 적극 나서야, 국회보.
6·25전쟁납북인사가족협의회,(2002), "6·25납북자 자료 발굴", 「뜻」, 통권 2호.
한국사회문화연구원,(1997), "이산가족 상봉을 위한 공개토론회", 19차 공개토론회

김명호 교수는 성균관대에서 전기공학을 전공하고 한양대 경영학과와 성균관대 산업공학과에서 박사학위를 받았다. 현재 강릉대학교 경영정책과학대학원 원장을 맡고 있다. 2002년 6·25전쟁납북인사 8만여명의 명부를 디지틀 데이트베이스화했으며 현재 6·25 전쟁납북인사가족회와 부설 자료원의 자문 연구위원을 맡고 있다.

망각의 늪에서 납북자를 구해낼 때

허동현(경희대 교양학부 교수)

자유여 그대는 불사조 / 우리는 조국의 강산을 뒤에 두고 / 홍염만장(紅焰萬丈) 철의 장막 속 / 죽음의 지옥으로 끌려가노라 / 조국이여 UN이여 / 지옥으로 가는 우리를 / 구출하여 준다는 것은 / 우리의 신념이다.

1950년 10월 평양형무소에 갇혀 있던 한 납북시민은 구출의 손길이 오길 절규하는 시구(詩句)를 감옥 벽에 새겼다. 그러나 국가나 UN은 답하지 않았다. '6 · 25전쟁피랍치인사가족회' 가 전쟁 중인 1951년 당시 이승만 대통령에게 보낸 「청원서」에 담긴 국가에 대한 가족들의 절절한 바람 역시 대답 없는 메아리가 되고 말았다. 납북시민들의 존재는 망각의 강 저편으로 사라져 버렸다.

한편으로는 경악하고 한편으로는 커다란 희망을 가지는 바는 다름이 아니라 6·25 당시 납치되어 간 외국인 선교사 · 외교단원 및 외국시민의 반환을 요구한 휴전회담 중의 요구였었습니다. 이 요구는 정의와 인도의 상징인 UN의 위대하고 고매한 정신이 아닐 수 없으며 또 저희들이 높이 찬양하는 바입니다. 그렇다면 같은 시간에 같은 입장에 같은 환경에서 오직 자유를 위하여 거창한 사업의 도중에 납치된 우리들 조국의 지도자도 여기에 곁들여 요구할 수 있지 않을까 하는 것입니다. 그 이유는 이것이야말로 UN의 지상과업일진데 우리들의 지도자라 하여 여기에서 제외될 리 없고 나아가 제외되어서는 UN정신에 위배가 되는 때문입니다. 각하, 이 납치인사의 구출책을 하루라도 속히 수립하여 관계 국가에 좋은 조치가 있게 하여 주시와 UN으로 하여서는 더욱 박해의 제거라는 사명에, 그리고 자유의 옹호의 신으로서의 과업에 티가 없게 하고 우리 조국으로 하여서는 더욱 결핍한 인재의 보충과 요원한 희망에 한낮의 청량제로서 역사에 찬양의 페이지를 더하게 하고 우리들 가족으로 하여서는 납치와 피난인 지난의 이중운명에서 국은의 망극함을 알게 하는 동시에 생의 약동을 찾게 하여 다시금 조국에 활발히 이바지할 수 있는 기틀을 만들어 주시옵기를 열렬히 바라며 탄원하는 바입니다.

포연이 그치고 '민족' 의 이름으로 남북화해가 모색되던 냉전시대에도 납북인사들은 여전히 잊혀진 존재였다. 그때를 산 이들의 머릿속에는 제방에 난 구멍을 고사리 손으로 막아 마을을 구한 네덜란드 소년의 이야기가 담겨 있었다. "우리는 민족중흥의 역사적 사명을 띠고 이 땅에 태어났다." 1994년 국민교육헌장이 역사의 뒤안길로 사라지기 전까지 우리는 민족의 중흥을 위해 살기를 강요당했다. 아이의 손바닥 하나로 둑에 난 구멍을 막을 수는 없는 법이다. 이에 맞서 민중의 이름으로 새 세상을 꿈꾼 이들의 눈에도 개인은 비치지 않았다. 이데올로기가 모든 것을 지배하던 시대에 자신들이 상상하는 세상에 정당성을 주기 위해 만들어진 개인 동원을 위한 거대담론의 수사일 뿐이며, 민족과 민중은 전체의 이름으로 낱낱의 희생을 강요하던 시절 국가가 국민을 동원하기 위해 만든 신화에 불과하다.

지금 장년인 386세대가 질풍노도의 청춘이었던 그 시절 유행했던 정수라의 '아! 대한민국' 의 노랫말과 달리, 그때 이 땅은 '하늘엔 조각구름 떠 있고/강물엔 유람선이 떠 있고/저마다 누려야 할 행복이 언제나 자유로운 곳' 이 결코 아니었다. 인간은 시대의 속박에서 자유로울 수 없기에, 신군부 정권에 맞서 학교와 거리와 일터에서 민주주의의 회복을 외치던 젊은이들은 민족과 민중을 위해 살아야 한다는 거대담론의 명제에서 놓여날 수 없었다.

그러나 올해 6월에 광장과 거리에 구름처럼 모여든 붉은악마들은 이제 몬태규와 캐풀릿 집안 사이의 해묵은 증오 때문에 목숨을 던진 로미오와 줄리엣처럼 살려 하지 않는다. 그들은 앞선 세대들의 가슴을 짓누르던 동족상잔의 아픈 기억과 민족과 민중의 거대담론을 넘어 낱낱의 행복을 추구하며 생각과 지향을 달리하는 타자와 더불어 살려 하는 자유로운 개인으로 거듭났다. 개인은 국가와 민족 · 민중에 종속되는 하찮은 존재가 아니라, 국가와 민족이 개인을 위해 존재한다는 것이 세계 보편의 진리이자 상식이다. 자국민을 보호하지 못하는 나라는 존재할 이유가 없다. 개인으로 진화한 시민들이여! 이제 냉전과 독재의 이중주가 울려 퍼지던 어두운 시절 눈 감았던 우리 이웃의 고통에도 눈을 돌려야 할 때다.

그러나 개개인의 인권과 자유가 보장되는 시민사회가 도래한 오늘에도 납북인사들이 이 땅의 시민이었음을 기억하지 못하는 기억상실증이 만연하고 있는 것이 부정할 수 없는 우리의 현실이다. 6·25 전쟁이 일어난 지 56년이 지난 지금까지도 사랑하는 이들을 잃은 가족들의 기억 속에 그들은 여전히 살아 숨쉰다. 「6·25전쟁납북인사가족협의회」의 이태영 이사가 엄친 이길용 선생('동아일보 일장기 말소사건' 당시의 기자)을 그리워하며 쓴 부치지 못한 편지의 한 구절은 읽는 이의 마음을 울린다.

민족공동체의 화해협력과 평화정착이라는 구실 아래 고위인사들이 남북을 오고가지만 납북자들의 생사확인조차 못하는 현실, 나라를 위해 몸바친 분들이 보호받지 못하는 세상에서 그건 허위요 기만입니다. 과연 우리에게 나라는 무엇인지, 비전향장기수는 조건 없이 보내면서, 우리가 받아낸 것은 무엇인지, 따져 묻고 싶습니다. 아버님께서 잘 아시는 민족시인 김소월은 이렇게 노래했지요. '부르다가 내가 죽을 이름이여 / 선 채로 이 자리에 돌이 되어도 / 부르다가 내가 죽을 이름이여' 저는 오랜 세월 기다림에 지쳐 버렸지만 그래도 희망을 버리지 않았습니다. 그리고 '그날이 오면 / 가슴 벅찬 그날이 오며는 / 이 목숨 끊기기 전에 와주기만 하량이면 / 두개골이 깨어져 산산조각 나도 / 기뻐서 죽사오매 오히려 무슨 한이 남으리까.' 이렇게 노래한 심훈의 시처럼 이 생명 다하기 전에 아버님 마지막 모습, 유골 아닌 영혼이라도 만나고 싶습니다. 목이 메도록 부르고 싶은 아버지의 이름, 고난 속에 더욱 당당하셨던 그 모습을 저희 가족들은 잊지 않을 것입니다.

망각의 저편으로 사라진 10만여 명을 헤아리는 납북시민들에 대한 기억을 되살리는 작업에 나선 이들은 국가나 사회, 학계가 아닌 반 세기를 넘어 그리운 이들의 소식을 기다리고 있는 그들의 가족 '6·25전쟁납북인사가족협의회' 였다.

이미일 한국전쟁납북사건자료원장과 가족회 회원들은 고서점의 먼지 앉은 서가에서, 도서관의 깊숙한 수장고에서, 그리고 행정관청의 문서 창고에서 바스러져 가던 문서와 명부들을 찾아냈다. 뿐만 아니라 흐르는 세월 속에 아스라이 사라져가는 납북인사 가족들의 기억들을 되살리는 증언도 채록해 후대를 비출 역사의 거울로 삼았다. 수년에 걸쳐 기울인 땀과 노력의 결실이 1,000쪽이 넘는 「한국전쟁납북사건사료집」의 출간으로 세상에 선보이게 되었다.

이 사료집 제1부에는 한국전쟁납북사건자료원이 2005년과 2006년에 57분의 납북인사 가족들을 상대로 직접 녹취한 육성 증언이 담겨 있다. 반 세기가 흐른 뒤에도 생생하게 묘사되는 피랍인사들의 납북 당시의 상황과 경위를 비롯해, 창졸간에 사랑하는 가장을 잃은 가족들이 겪어야 했던 삶의 행로에 대한 진술도 실려 있어 전쟁이 한 개인의 삶에 미치는 영향이 어떠한지를 손에 잡히게 보여준다.

제2부에는 1956년 대한적십자사가 납북인사들의 안부를 북한측에 묻기 위한 목적으로 피랍인사 가족들이 직접 작성해 신고하도록 한 7,000여 건에 달하는 「실향사민신고서」 중에서 엄선한 44건의 문건, 탈출에 성공한 이동욱 선생 등 4명의 피랍 경험자들의 진술을 자료원에서 녹취한 증언록, 그리고 신문과 잡지에 실린 탈출기 중에서 선별한 4건의 체험담이 담겨 있다.

제3부에는 자료원이 발로 뛰며 발굴해낸 5종의 납북인사 명부, 그리고 전쟁 이후 정부가 작성한 납북인사 관련 행정문서와 국회 의사록, 북한에서 만든 납북정책 관계 자료, 그리고 미국대사관 등이 만든 기밀자료 등을 발췌해 실어 놓았다. 끝으로 부록에는 가족들이 납북인사들의 귀환을 위해 벌인 활동을 종합한 송환 활동 자료도 실려 있다.

이 자료집은 당연히 해야 했을 일을 방기(放棄)한 국가와, 이를 바로잡는 데 게을리 한 우리 시민사회에 대한 작지만 강한 질책을 담고 있다. 민주화가 이루어진 오늘 우리의 정부와 학계는 6·25 전쟁의 와중에 일어난 양민학살사건과 같은 과거 우익들이 범한 과오를 파헤치는 데 보인 노력 이상으로 북한이 자행한 또 하나의 전쟁범죄인 시민 납치의 진상 규명에도 관심을 기울여야만 했다.

이제 망각의 늪에서 납북시민들을 건져내 우리의 역사 기억 속으로 되돌리는 데 국가와 시민사회, 그리고 학계가 관심을 기울여야 한다. 자국민 보호의 의무를 져버린 국가와 우리 이웃의 고통에 눈감은 시민사회는 성찰이 필요하다. 그간 거대담론에 매몰되어 작은 기억과 낮은 목소리에 눈을 감고 귀를 막아 버린 역사학계도 자성해야만 한다. 역사를 연구하는 한 사람으로서 자책에 가슴이 답답해온다.

한국전쟁납북사건사료집 ❶

초판 1쇄 인쇄 - 2006년 9월 8일
초판 1쇄 발행 - 2006년 9월 20일

펴낸이 이미일
엮은이 이미일 김미영 김세연
편집/디자인 ANND

펴낸곳 한국전쟁납북사건자료원
등록번호 제6-807호
주소 (130-011)서울시 동대문구 청량리동 317 성일빌딩 2층
전화 (02) 967-0625 / 965-9151
팩스 (02) 964-1205
홈페이지 www.kwari.org
E-mail milee625@hanmail.net

ISBN 89-958475-0-6
책값: 70,000원